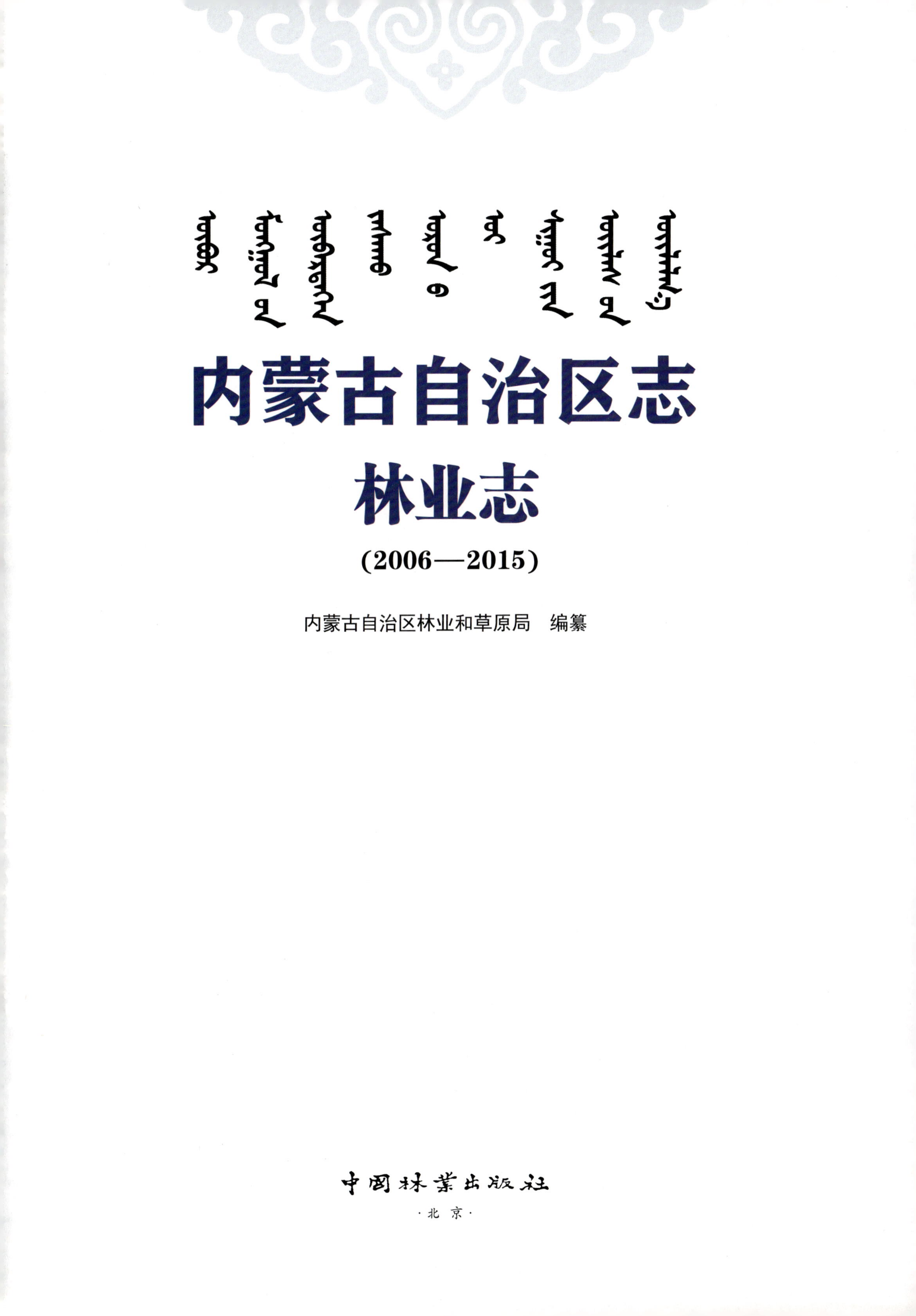

# 内蒙古自治区志

## 林业志

(2006—2015)

内蒙古自治区林业和草原局　编纂

中国林業出版社
·北京·

**图书在版编目（CIP）数据**

内蒙古自治区志·林业志 : 2006-2015 / 内蒙古自治区林业和草原局编纂.
-- 北京 : 中国林业出版社,2020.7
ISBN 978-7-5219-0716-2

Ⅰ. ①内… Ⅱ. ①内… Ⅲ. ①内蒙古－地方志②林业史－内蒙古－2006-2015 Ⅳ. ①K292.6

中国版本图书馆CIP数据核字(2020)第134180号

**责任编辑：**何　蕊　许　凯
**蒙文翻译：**牡　丹
**英文翻译：**李　茗

---

**出　版：**中国林业出版社（100009 北京市西城区德内大街刘海胡同7号）
**网　址：**http://www.forestry.gov.cn/lycb.html
E-mail：cfybook@163.com　　　**电　话：**010-83143580
**发　行：**中国林业出版社
**印　刷：**河北京平诚乾印刷有限公司
**版　次：**2020年10月第1版
**印　次：**2020年10月第1次
**开　本：**889mm×1194mm　1/16
**印　张：**36
**彩　插：**36P
**字　数：**1200千字
**印　册：**2070册
**定　价：**300.00元

# 内蒙古自治区森林分布图

根据第八次全国森林资源清查结果，内蒙古自治区林地面积4398.89万公顷，森林面积2487.9万公顷，森林覆盖率21.03%，活立木总蓄积148415.92万立方米，森林蓄积134530.48万立方米，森林每公顷蓄积量78.53立方米。内蒙古自治区森林覆盖率列居全国各省（自治区、直辖市）第21位，森林面积和森林蓄积分别列居第1位和第5位。

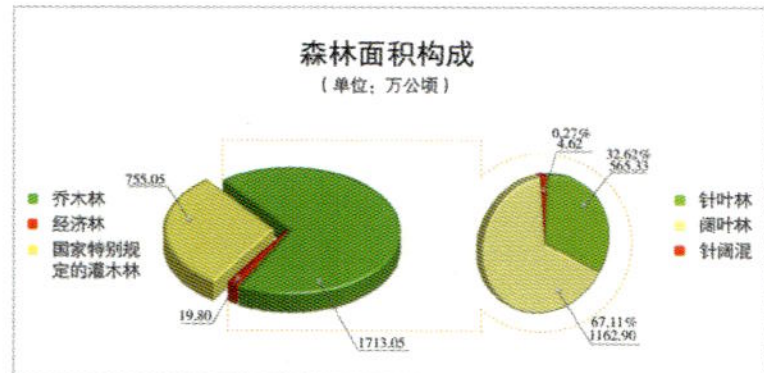


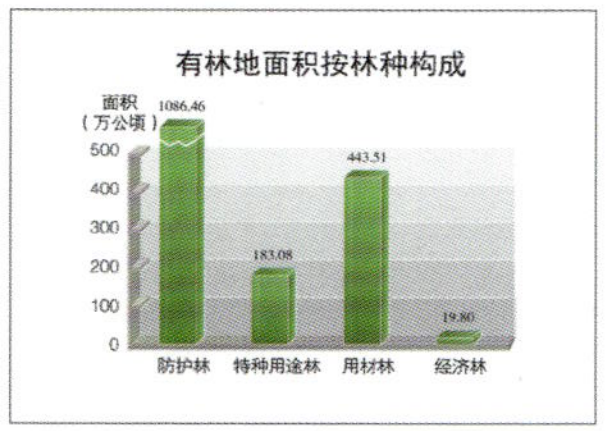


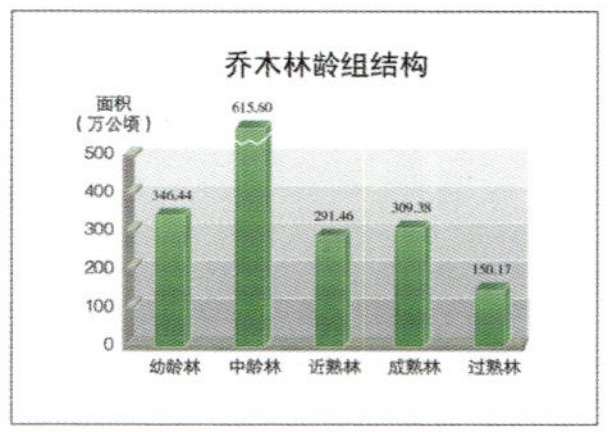


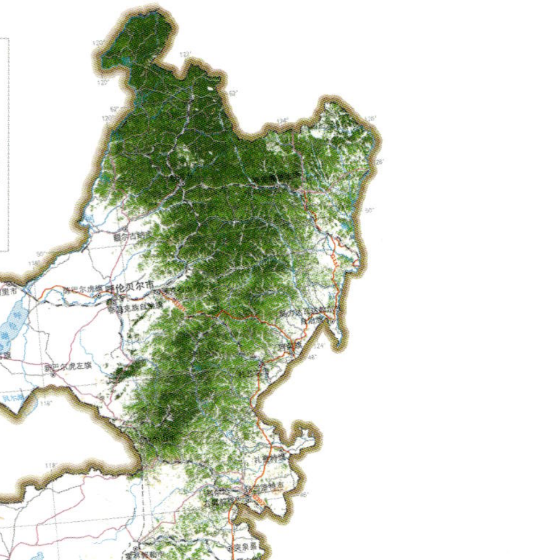

内蒙古自治区林业厅监制　国家林业局调查规划设计院编制　编制时间：二〇一四年二月

审图号：蒙S（2020）045号

内蒙古自治区林业监测规划院　编制人员：刘海松　王晓宇　年学东

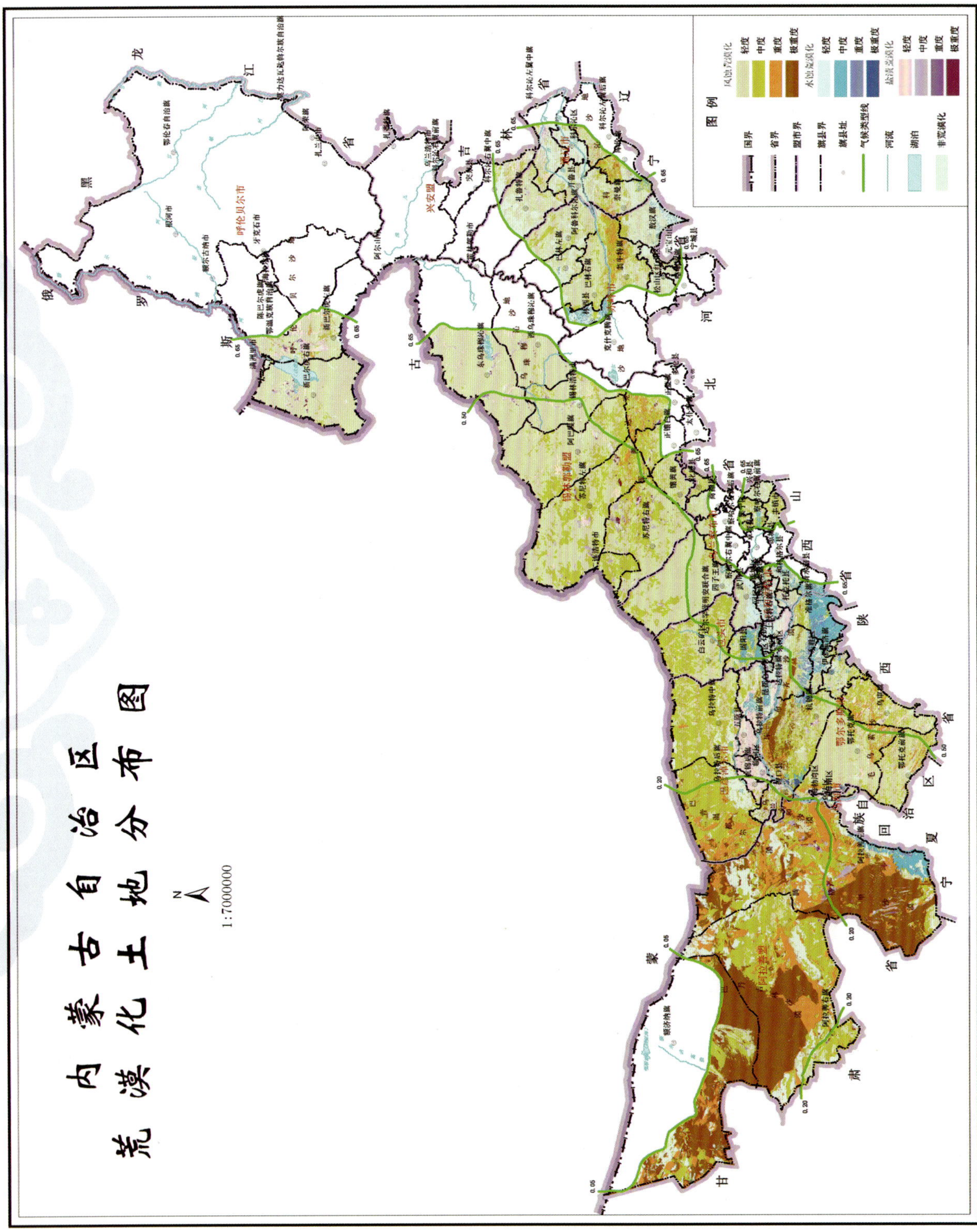


审图号：蒙S（2020）045号

内蒙古自治区林业监测规划院　编制人员：刘海松　王晓宇　年学东

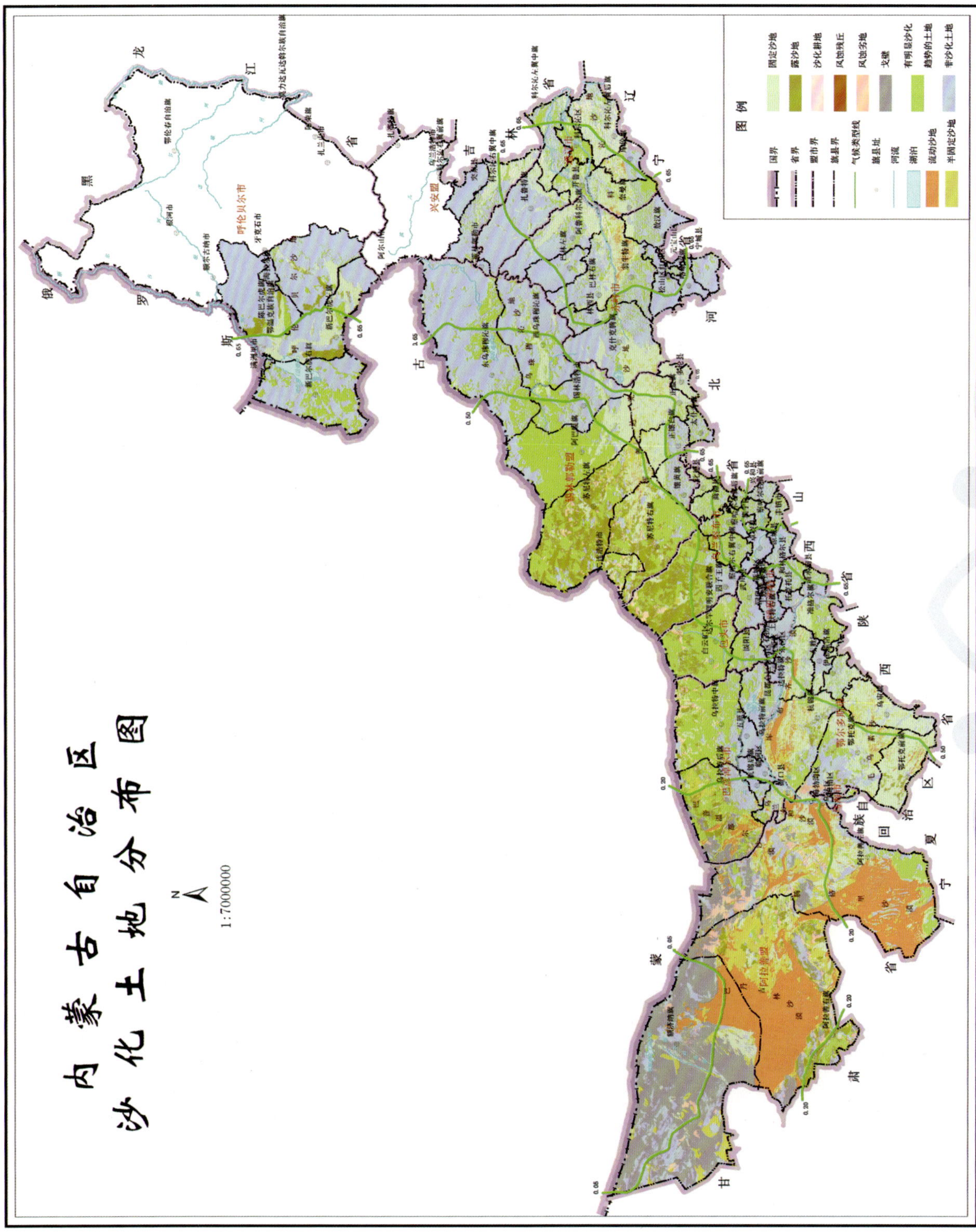


审图号：蒙S（2020）045号

内蒙古自治区林业监测规划院　编制人员：刘海松　王晓宇　年学东

2006年4月25日，国家林业局局长贾治邦（右二）一行深入内蒙古自治区呼伦贝尔市红花尔基林业局考察调研资源保护和防火工作

2009年4月12日，自治区党委书记储波（右一）在呼和浩特市大青山参加党政军义务植树活动

2012年4月25日，国家林业局局长赵树丛（左二）到内蒙古自治区乌兰察布市商都县参加北京军区官兵义务植树活动

◀ 2012年4月16日，自治区党委书记胡春华（左一）在呼和浩特市大青山参加党政军义务植树活动

▼ 2015年4月13日，自治区主席巴特尔（右一）在呼和浩特市大青山参加党政军义务植树活动

▲ 2015年4月13日，自治区党委书记王君（右一）在呼和浩特市大青山参加党政军义务植树活动

▶ 2015年10月23日，国家林业局局长张建龙（左二）到内蒙古自治区阿拉善盟额济纳旗调研并看望“时代楷模”苏和（左一）

◀ 2006年8月，内蒙古自治区大兴安岭北部原始林区

▶ 2008年10月，赤峰市克什克腾旗草原秋色

▲ 2013年6月，鄂尔多斯市乌审旗无定河镇大沟湾湿地

▶ 2013年，呼伦贝尔市莫尔道嘎兴安杜鹃

◀ 2015年6月，呼伦贝尔市额尔古纳湿地

▼ 2015年10月，阿拉善盟阿拉善左旗贺兰山国家级自然保护区

2008年9月，锡林郭勒盟多伦县百万亩樟子松造林工程

2013年4月18日，巴彦淖尔市磴口县京津风沙源项目区

2013年7月，锡林郭勒盟正蓝旗浑善达克沙地治理成效

▶ 2010年7月，鄂尔多斯市伊金霍洛旗三北防护林建设成效

◀ 2012年6月，赤峰市敖汉旗三北防护林建设成效

▼ 2012年10月30日，全区三北防护林四期工程总结表彰暨五期工程启动会议在呼和浩特市召开

▶ 2006年9月，乌兰察布市四子王旗退耕还林项目区

◀ 2008年9月9日，全区退耕还林工程现场会在锡林郭勒盟多伦县召开

▶ 2015年6月，锡林郭勒盟多伦县曲家湾退耕还林项目区

▲ 2007年，内蒙古自治区大兴安岭

▶ 2009年11月，兴安盟白狼峰雾凇

◀ 2011年9月8日，全区天然林资源保护工程工作会议在呼和浩特市召开

▲ 2014年4月17日，巴彦淖尔市机关干部义务植树

▶ 2015年4月28日，北京军区官兵在内蒙古自治区乌兰察布市集宁区义务植树基地植树

▶ 2015年7月，内蒙古自治区乌兰察布市集宁区军民义务植树基地

▲ 2013年8月，包头市大青山南坡绿化

◀ 2014年5月，赤峰市热电厂园区绿化

▲ 2015年7月，巴彦淖尔市磴口县黄河三盛公水利枢纽工程绿化

◀ 2006年，鄂尔多斯市准格尔旗境内，树龄900余年的油松王

▼ 2008年，锡林郭勒盟正蓝旗浑善达克沙地边缘400余年的老榆树

◀ 2007年，呼伦贝尔市红花尔基樟子松

▼ 2014年，阿拉善盟额济纳旗胡杨王

▲ 2007年3月，巴彦淖尔市乌拉特后旗乌兰布和沙漠埋设草沙障

▲ 2007年6月，鄂尔多斯市杭锦旗穿沙公路两侧草方格沙障

▲ 2008年9月，阿拉善盟阿拉善左旗腾格里沙漠飞播造林治沙项目区

▲ 2009年6月，呼伦贝尔市陈巴尔虎旗防沙治沙造林大会战

▲ 2012年6月，赤峰市翁牛特旗飞播造林治沙区

▲ 2015年7月，全国防沙治沙现场经验交流会在内蒙古自治区锡林郭勒盟多伦县召开

◀ 2007年5月，兴安盟扎赉特旗图牧吉国家级自然保护区

▶ 2007年7月，呼伦贝尔市红花尔基樟子松国家级自然保护区

◀ 2012年9月，呼伦贝尔市根河市汗马国家级自然保护区

▼ 2009年8月，赤峰市克什克腾旗白音敖包国家级自然保护区

▲ 2010年3月，赤峰市克什克腾旗黄岗梁国家森林公园

◀ 2013年8月，锡林郭勒盟多伦县榆木川滦河源国家森林公园

▶ 2015年5月，兴安盟阿尔山市好森沟国家森林公园

▲ 2007年7月，巴彦淖尔市乌拉特后旗国家Ⅰ级重点保护动物——蒙古野驴

▲ 2013年7月，鄂尔多斯市遗鸥国家级自然保护区世界濒危物种——遗鸥

▲ 2013年7月，兴安盟图牧吉国家级自然保护区国家Ⅰ级重点保护动物——大鸨

▶ 2015年3月，鄂尔多斯市乌审旗萨拉乌苏国家湿地公园国家Ⅱ级保护动物——白琵鹭

◀ 2005年9月，鄂尔多斯市鄂托克前旗药用植物——草麻黄

▲ 2011年8月，鄂尔多斯市乌审旗毛乌素沙地柏自然保护区固沙树种——沙地柏

▶ 2013年7月，乌海市国家Ⅰ级保护植物——四合木

▶ 2011年11月17日，全区林业有害生物防治工作会议在呼和浩特市召开

▶ 2015年4月，赤峰市阿鲁科尔沁旗飞机防治鼠害

◀ 2015年7月，赤峰市敖汉旗喷雾防治杨干象

▶ 2008年7月，兴安盟白狼林业局护林员巡护

◀ 2013年1月，赤峰市阿鲁科尔沁旗森林公安民警正在巡护

▶ 2014年12月，内蒙古大兴安岭金河森林公安局民警冬季巡护

▲ 2007年11月24日，中华人民共和国内蒙古自治区政府援助蒙古国政府防扑火设备交接仪式在呼和浩特市举行

▲ 2009年4月3日，“为身边增绿　护绿色家园”防火宣传活动在呼和浩特市新华广场举行

◀ 2012年6月29日，全区森林草原防扑火工作暨表彰会议在呼和浩特市召开

▶ 2015年9月，呼伦贝尔市鄂温克旗红花尔基地方专业防扑火队员进行灭火演练

◀ 2006年夏季，呼伦贝尔市陈巴尔虎旗森林公安民警进行法制宣传

▼ 2009年8月，集体林权制度改革后，赤峰市林西县农民在自家林地饲养七彩山鸡

▲ 2010年6月23日，巴彦淖尔市杭锦后旗林农签订林改合同

▲ 2011年5月16日，全区集体林权制度改革电视电话会议在呼和浩特市召开

▶ 2014年7月，赤峰市林西县七合堂村林下特色养殖

▶ 2006年8月，兴安盟阿尔山市白狼镇鹿村特色养殖

◀ 2007年6月10日，全区林业产业现场会在呼和浩特市召开

▲ 2009年9月，通辽市奈曼旗林粮间作

▲ 2010年4月，巴彦淖尔市乌兰布和沙漠旅游

▶ 2011年9月，兴安盟五岔沟木制工艺品产业

◀ 2014年8月，赤峰市敖汉旗文冠果喜获丰收

▶ 2015年6月，阿拉善盟阿拉善左旗肉苁蓉产业

▲ 2009年9月，荒漠化和沙化土地监测人员在锡林郭勒盟正蓝旗外业作业

▶ 2009年，林业数表编制人员在锡林郭勒盟东乌珠穆沁旗宝格达山林场外业作业

▲ 2013年4月，国家第七次森林资源清查人员在呼和浩特市赛罕区外业试点作业

▲ 2015年，国家碳汇计量监测人员在鄂尔多斯市准格尔旗外业作业

2009年12月1日，全区林业科技工作会议在呼和浩特市召开

2013年4月1日，内蒙古自治区林业厅送科技下乡活动启动仪式在乌兰察布市凉城县蛮汉山林场举行

2014年5月，内蒙古自治区林业科学研究院聘请客座首席专家会议在呼和浩特市召开

▲ 2009年5月14日，中韩合作乌兰布和沙漠治理项目启动仪式在巴彦淖尔市举行

▲ 2011年2月22日，中日合作2010年度内蒙古自治区营造林技术和管理培训班在呼和浩特市举办

▶ 2011年3月20日，内蒙古自治区林业厅与南京林业大学科技合作启动仪式在鄂尔多斯市举行

▶ 2013年5月31日，内蒙古自治区林业厅与北京林业大学产学研合作协议签约仪式在呼和浩特市举行

▶ 2007年6月，中外记者到锡林郭勒盟正蓝旗浑善达克沙地采访

◀ 2010年10月，内蒙古自治区林业厅宣传工作者深入赤峰市巴林右旗调研采访

▶ 2010年12月，全区林业新闻通讯员培训班在呼和浩特市举办

◀ 2007年5月，包头市获“国家森林城市”称号

▶ 2010年4月，呼和浩特市获“国家森林城市”称号

◀ 2012年7月，呼伦贝尔市获“国家森林城市”称号

▶ 2013年9月，赤峰市获“国家森林城市”称号

◀ 2015年11月，鄂尔多斯市获“国家森林城市”称号

▲ 2008年10月14日，内蒙古自治区林业厅系统召开“学习实践科学发展观活动”动员大会

▲ 2010年2月4日，内蒙古自治区林业厅召开“推进惩防体系建设和落实党风廉政建设责任制检查”考核大会

▲ 2012年9月15日，内蒙古自治区林业厅召开“廉政风险防控工作”动员大会

▲ 2013年5月3日，内蒙古自治区林业厅召开“严肃工作纪律　整顿工作作风”动员大会

▲ 2013年7月12日，内蒙古自治区林业厅召开“党的群众路线教育实践活动”工作会议

▲ 2014年11月，中共内蒙古自治区林业厅召开第四次党员代表大会

▲ 2009年，内蒙古自治区赤峰市林西县七合堂村获首批“全国生态文化村”称号

◀ 2009年9月28日，内蒙古自治区林业系统庆祝新中国成立60周年电视知识竞赛

▼ 2010年5月8日，内蒙古自治区林业厅与内蒙古农业大学联合开展“爱鸟周”宣传活动

▶ 内蒙古自治区林业厅获省部级以上荣誉

◀ 内蒙古自治区林业厅获省部级以上荣誉

▶ 内蒙古自治区林业厅获省部级以上荣誉

▲ 2020年自治区林业和草原局领导班子成员。左起：郝永富、东淑华、王才旺、苏和、牧远、阿勇嘎、娄伯君、杨俊平、乔云

▶ 2019年9月23日，《内蒙古自治区志·林业志》评审会议

▲ 2019年9月23日，《内蒙古自治区志·林业志》评审会议合影

# 编纂人员

总　　纂：贺　彪

副 总 纂：查干浪涛　孟秀芳

责任编纂：张晓虹　孟国荣　芙　蓉　何晓伟

编　　纂：赵在旺　姚思泰　冰　霜　韩　泽
赵海渊　郝文强　徐媛英　齐迎春
李　洋　吴斯日古楞　李向兵
秦倩倩　玉　红　赵　婧　董丽娜

《内蒙古自治区志·林业志》

# 编纂委员会

# 评审委员会

主任委员　牧　远　自治区林业和草原局党组书记、局长

　　　　　贺　彪　自治区地方志办公室主任

副主任委员　乔　云　自治区林业和草原局副巡视员

　　　　　郝永富　自治区林业和草原局总工程师

　　　　　王艳华　自治区林业和草原局总经济师

　　　　　孟秀芳　自治区地方志办公室副主任

委　　员　冰　霜　自治区地方志办公室地情资料处负责人

　　　　　孟国荣　自治区地方志办公室自治区志业务处副处长

　　　　　齐迎春　自治区地方志办公室地情资料处主任科员

　　　　　何晓伟　自治区地方志办公室自治区志业务处主任科员

　　　　　吴斯日古楞　自治区地方志办公室地情资料处主任科员

　　　　　李向兵　自治区地方志办公室综合处副主任科员

　　　　　杨峻山　自治区森林公安局局长

　　　　　牛喜山　自治区林业和草原局办公室主任

　　　　　赵显民　自治区林业和草原局机关党委专职副书记

　　　　　罗洪文　自治区林业和草原局规划财务处处长

　　　　　董建林　自治区林业和草原局国有林场和种苗管理处处长

　　　　　包国庆　自治区林业和草原局监督专员

　　　　　佈　和　自治区天然林资源保护管理局局长

　　　　　刘林福　自治区绿化工作站站长

武国庆　自治区林业灾害应急办公室主任

苏密清　自治区林业和草原局森林资源管理处调研员

敖　东　自治区林业和草原局办公室副主任

赵胜国　自治区森林病虫害防治检疫站副站长

于晓君　自治区林业灾害应急办公室副主任

闫　峰　自治区野生动植物保护中心副主任

雅　洁　自治区林业监测规划院正高级工程师

王玉芝　自治区林业科学研究院副研究员

云杰超　自治区林业和草原局治沙造林处主任科员

冯海叶　自治区林业和草原局湿地和野生动植物保护管理处副主任科员

鲁智丛　自治区林木种苗站科长

范明浩　自治区林业工作总站科长

吴建新　自治区退耕还林和外援项目管理中心主任科员

《内蒙古自治区志·林业志》

# 编纂办公室

**主　　任：**乔　云

**副 主 任：**武国庆

**责任编辑：**高智常　马玉明

**特约编辑：**（以姓氏笔画为序）

于　杰　马芯蕊　王　泽　王　胜　王　莉　王　晔　王　磊　王玉芝
王守礼　王建和　王昭才　王晓东　云杰超　白　敬　包国庆　冯海叶
乔文贵　多化豫　刘　军　刘　博　刘元直　刘世杰　刘树海　刘晓辉
刘瑞龙　闫　峰　闫宇峰　那日苏　孙福琴　苏密清　李亚莉　李志超
李昌隆　李艳慧　杨　波　吴建新　吴春玲　何泉玮　辛睿文　宋　涛
迟晓旭　张　芳　张　明　张　梁　张　磊　张凤娇　张建忠　张树文
张新宇　陈　杰　范明浩　金宇利　金黎光　郑　伟　赵伟波　赵学军
赵胜国　胡　涛　胡双成　胡新培　秦家炜　敖日格勒　徐　静　高　阳
高　利　高吉峰　高建平　郭利平　郭博男　黄　东　梁　斌　梁振金
葛　芳　韩　芳　韩　英　雅　洁　鲁智丛　赖文柱　滕　飞　薛　敏
薛俊鹏

**图片编辑：**敖　东　于　杰　郭利平　高晓龙　赵学军　王志强　杨茂勇　吴文俊
邢桂春　宋　涛　席青虎　胡双成　李昌隆　谭靖然　李晓龙　张　燕
刘　涛　李晓军

# 序

内蒙古拥有森林、草原、河流、湖泊、湿地、沙漠以及山地、丘陵、平原等丰富多样的自然形态，是祖国北方面积最大、种类最全的生态功能区，生态区位十分重要。习近平总书记指出“内蒙古生态状况如何，不仅关系全区各族群众生存和发展，而且关系华北、东北、西北乃至全国生态安全”。在各种生态系统中，森林是陆地生态系统的主体，在维持生态平衡、保护生物多样性、满足人民群众对优美生态环境的需要中发挥着不可替代的作用。“十一五”和“十二五”期间，在党中央、国务院和自治区党委、政府的正确领导下，内蒙古林业人辛劳奉献、苦干实干，守林海、钻深山、进大漠，为祖国护绿增绿，在荒滩戈壁、深山大漠上演了一幕幕的绿色奇迹，推动全区森林面积和蓄积持续“双增长”，荒漠化和沙化土地面积持续“双减少”，全区生态环境实现了“整体遏制、局部好转”的重大转变。

特别是党的十八大以来，以习近平同志为核心的党中央深刻回答了为什么建设生态文明、建设什么样的生态文明、怎样建设生态文明的重大理论和实践问题，提出了一系列新理念新思想新战略，形成了习近平生态文明思想，将生态保护建设提升到了前所未有的高度，顶层设计密集出台，体制机制改革加速推进，加快林业发展、满足群众生态需求逐步成为全社会共识，林业生态保护建设迎来新的黄金发展期。

盛世修志，志载盛世。经过三年多紧张编修，《内蒙古自治区志·林业志》（2006—2015年）即将出版面世。此次付梓出版的《林业志》全书共十六章，客观全面记载了2006—2015年十年间我区林业事业发展历程、重要事件、工作业绩、机构人员沿革等，内容全面、结构合理、特点鲜明，凝聚了全体编纂人员的努力和付出。

作为内蒙古林业事业的后来人，我们有义务、有责任，忠实纪录、完整还原内蒙古林业人的奋斗足迹，铭记他们的付出与奉献，向默默无闻的林业人致敬。作为新时代内蒙古林业事业的见证人、参与者，我们有职责、有使命，讲好新时代内蒙古林业故事，让后人感受到这段承前启后、继往开来伟大时代的气息和脉搏，吸引更多有为青年投身生态文明建设，久久为功、持之以恒筑牢祖国北疆万里绿色长城和我国北方重要生态安全屏障。

2020年10月

# 凡例

一、《内蒙古自治区志》（以下简称《区志》）以马列主义、毛泽东思想、邓小平理论、“三个代表”重要思想、科学发展观、习近平新时代中国特色社会主义思想为指导，坚持辩证唯物主义和历史唯物主义，严格遵守国家的有关法律、法规。

二、第二轮《区志》上限原则上以首轮志书下限为起点（新规划第二轮志书追溯至事物发端），下限原则上断至2010年；志书编纂坚持越界不书原则。涉及外地或国外的业务时，只记与业务有关部分，其他不作记述。

三、第二轮《区志》是以各专业为记述对象的志书，志书坚持详独略同的原则。篇目根据“以类系事、事以类从、类为一志”的原则设计。除大事记、人物、附录，志书主体内容按照篇、章、节或章、节、目层次设置。

四、志书行文坚持横排竖写的体例，用现代语体文，采用述、记、志、传、图、表、录7种基本体裁，以志为主。志书文字记述要严谨准确、朴实规范、简明流畅，坚持述而不论，客观真实地反映事物的本来面目。符合《内蒙古自治区地方志书行文规则》。

五、大事记以编年体为主，辅以记事本末体。各大事的记述要素要齐备。

六、人物坚持生不立传的原则。人物名录以表格为宜，严格录入标准。

七、资料要反映本行业的工作特色，突出工作亮点。资料要真实、准确，具有代表性、权威性，注重使用原始资料。所用资料，不随文注明出处，难以记入正文的重要内容，可集中在附录中记述。

八、语言文字、标点符号、数字、计量单位等均按照国家有关部门现行规定执行。志文所引用数据，均以统计部门或专业部门的权威数据为准。

九、各种组织机构、法律法规、文件、会议等专用名称使用全称，出现频率较高的名称在章内首次出现用全称，括注简称，再次出现时用简称，简称准确规范。

十、历史地名、机构、职官一律使用原名，在历史地名后括注今地名。对国名、地名、人名的译名，以新华社译名为准。

十一、历史纪年，清代以前采用帝王纪年或年号纪年；民国时期采用民国纪年；中华人民共和国成立后采用公元纪年。帝王纪年、年号纪年、民国纪年均括注公元纪年。

十二、各专业志封面、格式、开本由自治区地方志办公室统一设计。

# 编纂说明

一、《内蒙古自治区志·林业志》（2006—2015）（以下简称林业志）以马克思列宁主义、毛泽东思想、邓小平理论、“三个代表”重要思想、科学发展观、习近平新时代中国特色社会主义思想为指导，坚持辩证唯物主义和历史唯物主义，严格遵守国家的有关法律、法规。

二、林业志是内蒙古自治区林业志编纂委员会编纂的第二部《内蒙古自治区志·林业志》，是第一轮《内蒙古自治区志·林业志》的续志。上限2006年，下限2015年底。个别内容根据需要突破上限。领导名录、2006年在任者，列出实际任职时间；2015年在任者，列出实际免职时间，最后限至2019年12月。全志力求突出行业特点、地区特点、民族特点、时代特点，全面、系统、准确记述了内蒙古自治区林业在这一时期的发展历史。

三、林业志遵循国家地方志编纂规定，按照《内蒙古自治区志》凡例进行编纂。志书行文坚持横排竖写的体例，用现代语体文记述，采用述、记、志、传、图、表、录等体裁，以志为主。志文坚持述而不论，客观真实反映事物本来面貌。本志征集、收录了百余幅珍贵历史照片，编排在志书首部。

四、林业志基本遵循上部志书篇目编纂。篇目设置力求分类科学，归属得当，层次分明，纲举目张。按照地方志科学分类与部门工作实际相结合进行列编，多数内容尽量保持林业部门工作的完整性。志书主体内容按章、节、目、子目依次设置，部分章节下根据内容需要设无题序，反映总体概要内容。本志共分16章、89节，全书62万字。由地图、彩页、序、凡例、编纂说明、专记、概述、大事记、林业机构、森林湿地野生动植物资源、造林育林、防沙治沙、林业重点工程、森林资源保护、林业产业、林政管理与法治建设、林业改革、森林草原防火、森林公安、林业调查监测与规划设计、林业科技 交流合作 宣传 教育、林业计划 统计 财务、党群工作、盟市及大兴安岭林管局林业概况、人物、附录、修志始末组成。集体奖项，收录获省部级（含）以上奖项者，列表于精神文明创建内，以报送先后为序。附录收集了自治区法规、政策等文献和防火典型战例生动纪实资料。

五、大事记以编年体为主，记事本末体为辅。重点记述内蒙古自治区林业工作的大事、特事、重要工作及重要事件。

六、凡机构、法律法规、文件等专有名称第一次出现时使用全称，并括注简称；在特殊需要时使用全称。不同年份的机构、职务等名称，均用当时名称；凡人称，单位、职务在前，姓名在后。同一文件逐级转发，保留一套全名。特定名词、专用名词、带引号的简缩句，在章节中第一次出现，根据实际注明全意。行文一律使用第三人称，引文、附录例外。

七、人物篇，坚持生不立传原则。设人物传、人物简介、人物名录表。人物传收录了全区林业系统因公殉职且有影响力的两位逝者；人物简介收录了获得国家级奖项者；人物名录以表格反映，收录了自治区绿化委员会、自治区防火指挥部（含）以上获奖者及正高级技术职称人员。排序以报送先后为序。

八、数据依次使用统计部门数据、普查调查数据、部门数据、单位数据。数据表示，从1位到多位用阿拉伯数字，不分节；带小数点数据，保留点后两位数。中华人民共和国建立后的年份记述，均用公元纪年4位数表示。

九、本志使用国家法定计量单位，文字以《国家通用语言文字表》为准，标点符号按照国家发布的《标点符号用法》执行。

十、本志资料来源于内蒙古自治区林业厅档案室、林业系统各处室及直属单位及档案室、内蒙古自治区党史研究室档案室及本系统老同事的回忆。

# 目录

ᠭᠠᠷᠴᠠᠭ

# Contents

# 专　记

## 中共中央总书记、国家主席、中央军委主席习近平考察内蒙古自治区纪实

2014年1月26日至28日，中共中央总书记、国家主席、中央军委主席习近平深入内蒙古自治区兴安盟、锡林郭勒盟、呼和浩特市考察指导工作，慰问各族干部群众和戍边官兵，沿途作了许多重要指示。

**一、讲话摘要**

内蒙古是我国北方面积最大、种类最全的生态功能区，具有森林、草原、湿地、河流、湖泊、沙漠、戈壁等多种自然景观，保留着大面积的原始生态区域。内蒙古的生态状况如何，不仅关系内蒙古各族群众生存和发展，也关系华北、东北、西北乃至全国生态安全，要努力把内蒙古建成我国北方重要的生态安全屏障。

近年来，内蒙古加大生态文明建设力度，探索出了很多保护生态环境的有效做法，实现“整体遏制、局部好转”的转变，走到了“进全胜、不进则退”的历史关头。

**二、考察内蒙古大兴安岭林区**

在前往阿尔山林业局的棚户区途中，内蒙古森工集团（内蒙古大兴安岭林管局）董事长张学勤向习近平总书记汇报了林区的基本情况。当听到林业工人爬冰卧雪，为国家经济社会发展作出巨大贡献……当前，坚决贯彻以生态保护建设为主的林业发展战略，全林区大幅度调减产量，阿尔山林区已全面停止采伐，正处在艰难转型期时，习近平总书记说：“对林区要分历史阶段看，林区人民顶风雪、斗严寒，是为国家作出贡献的。阿尔山林区过去砍木材支援国家建设是贡献，现在停伐保护生态是更大的贡献。我们发展生产，搞各项事业，什么时候都要守住生态底线，保护好生态就是发展。你们现在正处在转型发展的艰苦时期，国家已加大对棚户区改造的支持力度，每年安排大概3000多万平方米，林区的事业会好起来的，阿尔山的旅游会火起来的。”当听到林区北部有94万公顷的原始林区、30万公顷的自然保护

区从没有进行过砍伐，是北疆保存完整的、集中连片的原始林，林区在天保工程实施后森林资源得到持续恢复增长，生态环境更加健康稳定的情况后，习近平总书记高兴地说："我们就是要重视生态建设，就是要加强生态建设。一定要保护生态，保护生态是林业的主要职能，发展经济、搞活经济不能以破坏生态和环境为代价。"

下午3点，习近平总书记考察了林区棚户区，看望慰问了林区的困难职工。在棚户区74岁林业老工人郭永财家中，习近平总书记看地窖、摸火墙、压水井……坐在炕头上同老工人一家促膝谈心。习近平总书记对郭永财一家人说："快过节了，知道你们生活有困难，我特地来看望你们。林业工人为国家作出贡献，党和国家是不会忘记大家的。"在交谈中，习近平总书记详细询问了郭永财一家的生活状况。问道："年货买齐了没有？治病费用如何解决的？孩子上学住宿、伙食条件好不好？子女的工作和收入怎么样……"听完郭永财一家的回答后，习近平总书记语重心长地说："你们有什么困难提出来，党委政府会帮助解决的。"看到郭永财住房简陋的情况，习近平总书记十分关心，向张学勤董事长了解棚户区改造的时间表。这片棚户区已列入计划，习近平总书记表示满意。对郭永财说："希望你们住房条件尽快改善，日子越过越好。"习近平总书记要求，林区要加快棚户区改造进度，早日让林区职工群众住上新房。习近平总书记坚定地鼓励大家："林区的政策会越来越好，林区人民的生活会越来越好。"

周边几十户棚户房居民听说习近平总书记来到郭永财家，100多名群众聚拢过来，大家激动地向习近平总书记问好。习近平总书记不顾严寒，与大家一一亲切握手。送别时，习近平总书记握住张学勤董事长的手说："你的汇报很好，你给我汇报了这么多林业的情况，让我对林业有了更多的了解。林业的政策会越来越好，林区百姓的生活会越来越好。"临上车前，习近平对张学勤董事长说："阿尔山的旅游会越来越好，希望来这里旅游的人会越来越多，尤其是经济会更加繁荣，日子越过越好。"张学勤董事长请习近平总书记今年夏季再来阿尔山。习近平总书记说："如果时间允许，今年会再来。"

在慰问完林业职工前往阿尔山机场的途中，习近平总书记边看《阿尔山画册》边说："阿尔山自然风光四季都很美啊。"并嘱咐随行工作人员把资料带回去。

习近平总书记离开阿尔山登机前，对当地的干部叮嘱说："这次来看了很多，了解了很多，印象很深。你们这里算一个林草兼备型的地方，生态很好，旅游资源丰富。你们做了很多工作，有自己的特点。发展要尊重自然，尊重规律，要把经济发展好，把老百姓的事办好，要全心全意为人民服务。祝大家节日快乐！"

下午4点，习近平总书记离开阿尔山市前往锡林郭勒盟和呼和浩特市考察慰问。

# 概 述

内蒙古自治区位于中国北部边陲，地处北纬37°24′—53°23′、东经97°12′—126°04′。东部与黑龙江、吉林、辽宁3省相连，西和甘肃省为邻，南部与河北、山西、陕西省以及宁夏回族自治区彼连，北部和东部分别与蒙古国、俄罗斯交界，国境线长达4200公里。南北最宽处约1700公里，东西直线长达2400多公里，呈狭长的弧形，土地面积118.3万平方公里。平均海拔1000米左右，海拔最高点贺兰山主峰3556米。全区拥有大森林、大草原、大湿地、大沙地，地域辽阔，风光旖旎，是中国北方游牧民族成长的历史摇篮，传承着蒙元古韵，彰显着历史与现代融合的神韵。

内蒙古是祖国北方面积最大、种类最全的生态功能区，从东至西分布着森林、草原和荒漠3个类型完备、全国独一无二的生物气候带。东部大兴安岭是国家北方天然的水源涵养区，中部是国家重点治理的防风固沙区，西部是国家重要的黄河流域水土保持区。内蒙古森林资源丰厚，既有广袤的大兴安岭原始林区和11片次生林区，更有经过长期建设形成的绿意盎然的人工林区。2013年，全区第七次森林资源连续清查结果为：全区林地面积4400万公顷，占全国的12%。其中：森林面积2487万公顷，居全国第一位；活立木蓄积量14.84亿立方米，占全国的9%，居全国第五位；人工林总面积648.6万公顷，占全国的9.4%，居全国第二位；全区有宜林地1373万公顷，约占全国的三分之一。内蒙古湿地类型多样，2010年全区湿地第二次调查显示，全区有河流湿地、湖泊湿地、沼泽湿地和人工湿地4类19型，湿地总面积601.06万公顷，占全国湿地面积的11%，居全国第三位。

内蒙古整体上属于干旱半干旱温带气候区，降水量从东至西逐步递减，阿拉善盟平均年降水量仅为50多毫米。全区分布有五大沙漠（巴丹吉林、腾格里、乌兰布和、库布齐、巴音温都尔）和五大沙地（呼伦贝尔、科尔沁、浑善达克、毛乌素、乌珠穆沁），荒漠化和沙化土地面积分别为6093万公顷和4080万公顷，均居全国第二位。自治区把国土绿化作为构筑生态安全屏障的突破口，抓住了内蒙古生态治理的关键点。国土绿化不但是自治区自身经济社会发展的重要根基，同时也深刻影响着华北、东北和西北地区，是保护和支持国家可持续发展的重要生态安全屏障。

内蒙古是全国六大林业重点工程唯一全覆盖的省份。京津风沙源治理工程、“三北”防护林工程、天然林资源保护工程、退耕还林工程、野生动植物和自然保护区工程、速生丰产林工程，已成为自治区建设祖国北方重要生态安全屏障的坚强后盾。2006—2015年，自治区完成国家林业重点工程造林面积

555.63万公顷，全区森林覆盖率达21.03%。这一巨大的绿色成绩单，是干旱半干旱的内蒙古自治区建立后最值得自豪的成就。

天然林资源保护工程。天然林作为森林资源的精华，是森林生态系统的重要组成部分，结构稳定，生物多样丰富。实施天然林资源保护工程，对于维护国家生态安全，促进生态文明建设和经济社会可持续发展具有不可替代的作用。内蒙古是天保工程建设大区，工程建设任务和投资位居全国17个省（区、市）之首。天保工程二期实施后，天然林资源由过度消耗向恢复性增长转变，生态状况由持续恶化向逐步改善转变，森林面积和蓄积量持续实现“双增长”。截至2015年，内蒙古天保工程区森林面积增加139.36万公顷；森林蓄积量增加8998.16万立方米。产业结构升级转型，使2015年国有林区职工平均工资达4.72万元，重点国有林区林业职工平均工资五连增，年均增幅17.67%；国有林区职工的住房、饮水、取暖、交通等生产生活条件均得到改善。2015年4月起，内蒙古全面停止国有林区天然林商业性采伐。

京津风沙源治理工程。2006年后，内蒙古继续实施京津风沙源治理工程，在不同区域突出不同的治理重点。工程区域主要分为两大类，一类为以流动沙地和半固定沙地为主的大沙区，一类是以水土流失为主的远山区。在治理过程中，在不同区域突出不同的治理重点，采取分区施策、科学治理、生态移民的治理措施。经过建设和保护，工程区植被覆盖度、植被高度以及植被地上生物量都有明显增加。土地沙化趋势减轻，流动沙地逐步向半固定和固定沙地转化，中度、重度和极重度沙化面积减少，轻度沙化面积增加，重点治理区生态状况明显改善。2006—2015年，全区完成京津风沙源治理工程268.40万公顷。其中：人工造林92.27万公顷，飞播造林30.76万公顷，无林地和疏林地封山育林145.37万公顷。

“三北”防护林建设工程。“三北”地区建设防护林体系的重大举措，开创了中国重点生态工程建设的先河。其规模和速度超过美国“罗斯福大草原林业工程”、苏联“斯大林改造大自然计划”和北非五国的“绿色坝工程”，在国际上被誉为“中国的绿色长城”，在全球生态工程建设上堪称世界之最。内蒙古“三北”防护林体系建设工程的实施，加快了推进全区绿色生态屏障的建设进程。治理区初步形成乔灌草、点线面、带网片相结合的区域性防护体系，有效地增加森林资源。2006—2015年，全区完成“三北”防护林工程116.77万公顷。其中：人工造林76.08万公顷，飞播造林3.04万公顷，封山育林37.65万公顷。

退耕还林工程。2006—2015年，自治区完成退耕还林工程造林面积50.80万公顷。其中：退耕地造林3.87万公顷，荒山荒地造林31.81万公顷，无林地和疏林地新封育15.12万公顷。实施退耕还林加快了国土绿化进程，生态效益整体凸显。同时为全区破解三农三牧难题发挥了重要作用，为全区新农村建设和精准扶贫作出贡献。

野生动植物保护、自然保护区工程。2006—2015年，自治区实施野生动植物保护工程30个，建成10处国家级、31处自治区级陆生野生动物疫源疫病监测站。同期，自治区实施湿地保护和恢复工程18个，湿地保护基础设施得到不断完善，功能不断提高。截至2015年，自治区野生脊椎动物达712种，野生植物逾2781种；全区85%以上的陆地生态系统类型、85%以上的野生动物种群和65%以上的野生植物群落生存环境不断好转。全区林业系统建立包括森林、湿地、野生动植物、荒漠等多种类型的保护区148处，面积1053万公顷。其中，国家级自然保护区24处，面积326.53万公顷。

速生丰产林工程。按照《全国重点地区速生丰产用材林基地建设工程规划》，工程分两个阶段，2006—2015年为第二阶段。自治区财政投入专项资金，在水土条件较好的兴安盟、通辽市、巴彦淖尔市、鄂尔多斯市等灌区建设示范基地，先后引进速生新品种27个，经过苗圃地和造林地实验，确定12个表现良好的新品种继续试验推广，并探索速生丰产林建设的林草、林粮间作模式，把速生丰产林建设与农牧业产业结构调整和“三农”问题紧密结合，拓展一条林业发展、农牧民致富的可持续发展道路。

自治区党委、政府依托国家林业重点工程，有力推进了国土绿化进程，生态建设实现“整体遏制，局部好转”，为建设祖国北方重要生态安全屏障奠定了坚实基础。2014年，第五次全国荒漠化和沙化土地监测公报显示：全区荒漠化土地面积由2009年的61.34万平方公里减少至2014年的60.92万平方公里，净减少4169平方公里；沙化土地由41.13万平方公里减少至40.79万平方公里，净减少3432平方公里；沙化土地年均减少幅度是第四次监测的2.7倍；自治区荒漠化土地和沙化土地面积连续15年保持“双减少”。

自治区党委、政府将实施国家林业重点工程与城市绿化、全民义务植树、部门绿化相结合，发展城区绿岛、城边绿带、城郊森林，在城区、近郊、远郊、村屯协调配置靓丽的城市森林生态网络体系；在黄河、辽河、嫩江流域，坚持生物措施与工程措施相结合，努力营造水源涵养林、水土保持林、护岸林，治理水患，减少泥沙输入量；在公路、铁路沿线，实施通道绿化工程，推进绿化美化的大环境治理。2013年，自治区党委、政府启动实施全区重点区域绿化工程。2013—2015年，全区累计完成重点区域绿化41.03万公顷。其中：公路绿化14796.1公里、12.09万公顷；城镇绿化746个、12.39万公顷；村屯绿化3230个、8.99万公顷；厂矿园区绿化1160个、2.79万公顷；黄河两岸绿化3.27万公顷；大青山前坡绿化1.49万公顷。六大重点区域绿化累计投入资金478亿元，打造各级各类精品工程380多个。

林业既是公共生态的公益事业，也是提供丰富林产品的基础产业。2006年，自治区政府制定印发《内蒙古自治区林业产业发展规划纲要（2006—2010年）》，从改变产业结构根本问题上保障林业持续有效的发展。“十五”期间，全区林业第一产业占总产值的60%，第二产业的25%，第三产业仅占15%。“十二五”期间，经过自治区政策调控和有效措施，以种植业为主的第一产业所占比重逐步下降至45%，以林业生态旅游及服务为主的第三产业比重明显增加，占比提升至25%，产业结构日趋合理。2015年，全区林业产业总产值达到418亿元，比2005年增长2.49倍。农牧民人均林业纯收入达到780元。

深化改革成为推进林业发展的根本动力。2004年，自治区进行集体林权制度改革试点，2008年全面启动实施。至2012年底，主体改革基本完成，确权率和发证率均超过国家要求的95%，实现用5年时间基本完成明晰集体林产权和承包到户改革任务的总体目标。明晰产权后，自治区以维护广大农牧民的根本利益为核心，继续深化集体林权制度改革，放活经营权、落实处置权、保障收益权。通过林权制度改革，充分赋予农牧民自主权，调动了各方参与林业建设的积极性。各地发展工业原料林、饲料林、能源林、经济林等基地建设，促进农村牧区产业结构调整，提高农牧区生产集约化程度、质量和效益，增加农牧民收入，生态建设和产业发展互动双赢。2015年，中共中央、国务院印发《国有林场改革方案》和《国有林区改革指导意见》后，自治区党委、政府立即开展相关工作，印发《内蒙古大兴安岭重点国有林区改革总体方案》和《内蒙古自治区国有林场改革方案》，国有林场和国有林区改革在全区全面启动。

森林防火工作由单一部门负责转变为在各级党委政府统一领导下，各部门、各方面齐抓共管，各负其责；由单纯依靠行政管理转变为行政、经济、法律、科技信息等多方面结合的综合管理。2006—2015年，国家和自治区累计投入森林草原防火资金7亿多元，全区建成防火检查站592个，防火瞭望台727座，专业机械防火站18个，火险自动气象站350多个，物资储备库398座。“四网二化”建设初具规模，防扑火综合能力达到一定水准。广大森防战士、扑火队员英勇顽强、不怕牺牲，成功扑灭多起特大森林火灾，谱写了一曲曲感天动地的壮丽诗篇，为捍卫祖国北方生态安全作出重大贡献。

经过大转折、大跨越、大发展的努力与探索，全区资源保护管理开创新局面，灾害预防管控收到新成效，林业惠民措施取得新成果，林业改革工作有新突破，林业总体支撑保障能力得到新提升，生态整体建设再上新台阶。在构筑祖国北方重要生态安全屏障的过程中，自治区不断强化法治和科技支撑保障。2006—2015年，自治区出台林业地方性法规5部、政府规章4件，对全区林业生态建设起到重要的保障和促进作用。同时，不断加大林业科技创新、林业科技推广和成果转化。2006—2015年，全区经鉴定验收的林业科技成果400余项，获国家发明专利6项、实用新型专利19项，获得国家和省级以上科技成果奖118项。全区完成150余项示范推广建设项目，建立林业技术示范推广基地160余个。全区完成林业技术推广面积650万公顷，适用技术推广覆盖率89%，84项林业科技推广项目获得内蒙古自治区农牧业“丰收奖”。

2011年，《国务院关于进一步促进内蒙古经济社会又好又快发展的若干意见》出台，明确内蒙古为祖国北方重要生态安全屏障的战略定位。中共十八大后，以习近平总书记为核心的党中央高度重视林业工作，将生态文明建设提高至建设中国特色社会主义“五位一体”的战略高度。习近平总书记关于林业的重要批示、指示、讲话多达100余次，涉及林业改革、造林绿化、生态保护、产业发展等各个方面，内蒙古的林业生态建设提升到了前所未有的新高度。

自治区在构筑祖国北方重要生态安全屏障的过程中，逐步形成林业建设的基本做法和举措：其一，解放思想、创新驱动，加快改革进程。通过改革和创新提升林业地位，拓展了林业发展新优势。其二，科学谋划发展规划，合理确定发展目标，严密制定配套措施，积极做好跟进指导，全区林业发展形成了勇于争先、积极向上的态势。其三，突出重点工程建设、打造精品，提升建设质量。在国家和自治区重点工程带动下，各地启动一批地方林业重点工程，形成以国家和自治区工程为主体，地方工程和社会造林为两翼，共同推进林业生态建设的新格局。其四，完善制度、健全体系，规范发展秩序，把林业发展建设纳入法治化轨道，依法行政、依法治林，确保林业建设持续健康发展。其五，落实政策、兴林富民，增加农牧民收入。林业惠民有力推动生态保护和建设。

《内蒙古自治区国民经济和社会发展第十三个五年规划纲要》和《内蒙古自治区构筑北方重要生态安全屏障规划纲要（2013—2020年）》，为全区林业建设作出全面细致的规划，确定了林业建设总体原则，坚持把系统治理作为推进林业现代化的基本策略，坚持把改善民生作为林业发展重要任务，创造更丰富的生态产品，发展绿色富民产业，实现生态建设产业化，产业发展生态化，促进社会和谐发展。把林区转型作为推进林业发展的重要基础，发挥国有林场、林区生态功能，把国有林场、林区打造成为建设生态文明的主力军。

总结历史承前启后，展望未来任重道远。全区各族人民在党中央正确路线、方针政策指引下，在自治区党委政府的带领下，在自治区各级林业部门精心指导下，坚持保护和建设并重，走生态建设为主的林业可持续发展道路，全民动手、全社会办林业，着力建立以森林植被为主体、林草结合的国土生态安全体系，努力构筑祖国北方重要的生态安全屏障。全区各族人民及广大林业人，要牢固树立创新、协调、绿色、开放、共享的发展理念，坚守党中央、国务院确立的林业发展战略定位，全面落实自治区党委政府的决策部署，以建设生态文明为总目标，以构建祖国北方重要生态安全屏障为总任务，以增绿增质增效为基本要求，为全面建成小康社会和壮美内蒙古作出新的更大贡献！

# 大事记

## 2006年

**1月1日**　《自治区级森林公园设立、撤销、合并、改变经营范围或者变更隶属关系审批管理办法》开始施行。该《办法》明确自治区级森林公园设立、撤销、合并、改变经营范围或者变更隶属关系应具备的条件，以及行政许可的时间、许可和被许可人应该承担的责任。

**1月12日**　内蒙古自治区林业厅和财政厅联合印发《关于组织开展天然林保护工程资金检查工作的通知》，在全区开展天然林保护工程资金自查自纠及全区林业重点工程检查工作。

**3月14日**　内蒙古自治区绿化委员会第二十次全体会议决定，从2006年起，每年的4月10—16日为自治区"全民义务植树周"。

**3月15日**　阿拉善盟额济纳旗林业局局长李德平遭遇交通事故因公殉职。根据其生前事迹，全国绿化委员会、人事部、国家林业局追授李德平为"全国模范公务员"；内蒙古自治区党委追授李德平为"全区优秀共产党员"，并号召在全区开展学习李德平先进事迹活动。

**4月25日**　国家林业局局长贾治邦一行，深入呼伦贝尔市红花尔基林业局考察调研林业和防火工作。自治区副主席雷·额尔德尼、自治区林业厅厅长高锡林、武警内蒙古森林总队政委张维国、呼伦贝尔市党委书记梁铁城、内蒙古森工集团总经理孙扎根等陪同调研。

**5月16日**　呼伦贝尔市红花尔基林业局辉河林场施业区内因干雷暴引发特大森林火灾。18日17时火场明火全部扑灭。火场过火面积18299公顷。其中林地面积16789公顷。扑救火灾投入扑火兵力3361人，其中森林部队1775人。动用飞机8架；出动各种机动车345台；动用风力灭火机、电台、水枪等扑火设备、工具6545件。

**5月25日**　呼伦贝尔市免渡河林业局三根河林场因雷击而引发森林火灾。内蒙古森林工业集团有限责任公司（以下简称内蒙古森工集团）先后调集2973名扑火队员赴火场扑救。在国务院扑火前线总指挥部、国家林业局和自治区党委、政府的现场指导下，经全体参战人员的奋力扑救，大火于6月1日20时扑灭。中共中央政治局委员、国务院副总理回良玉亲临火场一线，慰问扑救“5·25”森林火灾前线林业职工和森警官兵。火灾过火面积35400公顷，受害面积33630公顷。共出动扑火人员95840人。其中：森林部队3103人，专业扑火队4165人。出动各种车辆1492台，飞机143架次，扑火工具1750台（把、套）。

**5月31日** 北部原始林区乌玛林业局伊木河林场发生俄罗斯越境火，投入兵力1195人，出动车辆74台、飞机4架、装甲车4台，于6月3日扑灭。过火面积6606公顷。

**6月** 内蒙古林业职工中等专业学校划转给内蒙古电子信息学院管理。

**7月3日** 内蒙古自治区人民政府（以下简称自治区政府）印发《内蒙古自治区林业产业发展规划纲要（2006—2010年）》。纲要的宗旨是：在国家宏观经济发展战略的指导下，结合全区经济及林业产业发展实际，坚持一、二、三产业协调发展，巩固提高第一产业，做大做强第二产业，积极发展第三产业。

**8月10日** 中共中央政治局委员贺国强、回良玉一行10人到内蒙古自治区红花尔基视察调研。其间，红花尔基森林公安分局执行安全警卫任务。

**8月20—22日** 自治区政府在通辽市和赤峰市召开全区林业产业现场会。自治区副主席雷·额尔德尼出席会议并讲话。会议介绍并组织参观通辽市、赤峰市林业产业发展的先进典型和做法。各盟（市）、旗（县、区）林业局局长等参加会议。

**9月20日** 自治区林业厅、财政厅根据《财政部关于下达2006年中央森林生态效益补偿基金的通知》，印发《关于下达第二批国家重点公益林补偿面积的通知》，启动国家级公益林补偿面积515.43万公顷，补偿资金3.86亿元/年。11月12日，自治区林业厅、财政厅印发《关于下达2006年地方公益林生态效益补偿面积的通知》，启动地方公益林补偿面积22.22万公顷，补偿资金999.78万元/年。

**9月** 内蒙古扎兰屯林校划转给呼伦贝尔市政府管理。

**11月1日至12月10日** 按照国家林业局统一部署，由自治区政府组织林业、监察、环保、交通、国土资源厅等部门在全区范围内开展“绿盾行动”。会同法院、检察院组成联合调查组赴全区各地检查征占用林地情况。破获刑事案件37起，查处林政案件1127起，清理非法征占用林地项目27个，清理野生动物驯养繁殖场所24处，收复林地10.48公顷，挽回直接经济损失50余万元。2007年1月17日，国家林业局关于《表彰“绿盾行动”先进单位的通报》中，自治区林业厅被评为优秀组织单位。

## 2007年

**3月20日** 中央机构编制委员会办公室印发《关于为森林公安和林业法检机构核定政法专项编制等事项的通知》（中央编制办发〔2007〕19号），正式为全国森林公安机关核定了编制人数，其中内蒙古自治区核定编制人数6896名（含内蒙古大兴安岭森林公安机关2371名）。

**4月26日** 自治区政府召开全区防沙治沙工作会议。自治区主席、分管林业工作的副主席出席会议，自治区林业厅、发展改革委、财政厅、国土厅、水利厅、农牧业厅等有关部门负责人参加会议。会上，自治区政府同各盟行署、市政府签订防沙治沙责任状，对全区防沙治沙先进集体和先进个人进行表彰。

**同日** 包头市被全国绿化委员会和国家林业局授予国家森林城市称号，成为中国西部地区首家获此殊荣的城市。

**5月31日**　自治区第十届人民代表大会常务委员会第28次会议，审议通过《内蒙古自治区湿地保护条例》，从2007年9月1日起实行。

**6月9—10日**　自治区政府在鄂尔多斯市、呼和浩特市召开全区林业产业现场会。自治区副主席雷·额尔德尼出席会议并讲话。

**7月18—19日**　国家京津风沙源治理工程第9次省部联席会暨现场会在内蒙古锡林郭勒盟召开。国家发展改革委、西部大开发办公室、财政部、国家林业局、农业部、水利部、环保部、国土部八部委和北京市、天津市、河北省、山西省、内蒙古自治区五省（区）政府领导参加会议。

**8月14日**　内蒙古森工集团甘河林业局、克一河林业局、根河林业局下央格气林场先后发生雷击火灾。经过一昼夜的扑救，火势得到控制，于8月15日11时火线合围。16日17时，火场全线告捷，明火全部扑灭。

**9月27日**　自治区政府第8次常务会议审议通过《内蒙古自治区退耕还林管理办法》《内蒙古自治区公益林管理办法》，并于10月23日以政府令第152号公布。

**9月28日**　自治区政府办公厅印发《内蒙古自治区林业产业化重点龙头企业认定管理暂行办法》。

**12月26日**　自治区副主席雷·额尔德尼主持召开专题会议，研究大青山自然保护区建设有关事宜。会议决定，成立内蒙古大青山国家级自然保护区管理局筹建工作领导小组，负责大青山国家级自然保护区建设协调工作。领导小组办公室设在大青山自然保护区管理局。会议明确三级管理机构：管理局—管理分局—管理站，管理体制实行“双重领导，地方为主，分级负责，业务归口管理”等。

## 2008年

**1月28日**　自治区政府专题研究内蒙古森工集团剥离办社会职能改革事宜，印发《内蒙古自治区人民政府研究内蒙古森工集团剥离办社会会议纪要》。

**2月22日**　自治区政府召开主席办公会议，通过《内蒙古森林工业集团有限责任公司剥离社会职能改革总体方案》，内蒙古森工集团分离企业办社会工作进入实质操作阶段。

**3月8日**　内蒙古自治区林木种苗站申请建设国家林业局林木种苗质量检验检测中心（呼和浩特），通过国家林业局专家现场评审。3月17日，国家林业局同意在内蒙古自治区林木种苗站建设国家林业局林木种苗质量检验检测中心（呼和浩特）并颁发授权证书。

**4月13日**　内蒙古森工集团毕拉河林业局点烧防火隔离带，形成地下暗火引发森林火灾，迅速形成多个火场。同时，乌尔旗汉、毕拉河、扎文其汉、吉文地区也由于点烧防火隔离带相继发生森林火灾。内蒙古森林总队奉命出动大兴安岭、呼伦贝尔市、兴安盟支队2166名官兵，连续奋战13天，转战11个火场，圆满完成灭火任务。

**同日**　国家森林防火指挥部总指挥、国家林业局局长贾治邦，率中央农村改革调研组在内蒙古考察调研，到自治区林业厅检查指导春季森林防火工作，看望自治区林业厅工作人员。贾治邦考察了内蒙古自治区林木良种繁育中心后，给予充分肯定。对今后内蒙古林业的建设与发展提出殷切希望。

**4月16日**　内蒙古森工集团乌尔旗汉林业局防火办报告该局点烧防火线复燃引发一起明火。大兴安岭林管局森林防火指挥部重兵投入，领导靠前线设防火指挥部，经2879名森警官兵和林业扑火队员4昼夜扑救，火灾于20日彻底扑灭。动用飞机7架、坦克11辆，出动各种机动车辆81辆，使用风力灭火机、油锯、水泵、水枪、组合工具等各种扑火工器具3600余件套。火场过火面积997公顷，其中有林地面积291公顷。

**4月17日** 内蒙古森工集团吉文林业局吉库林场木奎施业区150林班，因点烧防火隔离带暗藏地下火复燃引发火灾。4月20日，在调集森警部队实施机降灭火增援扑救时，运输森警扑火人员的直升机发生坠机事故，引发新的火场，形成"4·17"重大森林火灾。共调集2540名森警官兵和林业职工投入扑火救灾。坠机事故造成14名森警官兵不同程度烧（创）伤。火场于4月21日实现全线合围，23日明火扑灭转入全面清理阶段。过火总面积2305公顷，受害森林面积1929公顷，扑火总经济损失7635.08万元。其中：扑火直接费用为580.16万元，其他损失折款7054.92万元。

**6月3日** 内蒙古森工集团与呼伦贝尔市、兴安盟正式签订剥离企业办社会职能移交协议，首批教育、卫生、电视等行业的资产和人员全部移交政府管理。10月20日，新华社就内蒙古森工集团剥离办社会职能改革发表专文：内蒙古森工集团以剥离办社会职能改革为契机，走出一条老林业企业减包袱、创和谐、建生态、谋发展的科学发展之路。

**9月26日** 自治区党委、政府印发《关于深化集体林权制度改革的意见》《内蒙古自治区集体林权制度改革工作方案》。提出用5年时间，基本完成明晰集体林产权和承包到户的改革任务。在此基础上，逐步建立起集体林业管理体制和经营机制，实现资源增长、生态改善、产业壮大、农牧民增收、生态与经济社会和谐发展的目标。

**12月21—22日** 内蒙古林业产业协会成立大会暨自治区林业产业工作会议在呼和浩特市召开，国家林业局副局长张建龙、自治区副主席郭启俊出席大会，并为内蒙古林业产业协会揭牌。

**12月** 自治区政府办公厅公布首批自治区级林业产业化重点龙头企业名单。

**年内** 自治区林业厅组织开展全区第六次森林资源清查：全区林地面积4394.93万公顷，森林面积2366.40万公顷，均居全国第一位；森林覆盖率20.00%；活立木总蓄积量13.61亿立方米，森林蓄积量11.77亿立方米，均居全国第五位。

## 2009年

**1月14日** 国家林业局公布第一批国家重点林木良种基地，内蒙古自治区有5处林木良种基地被确定为国家重点林木良种基地。

**1月始** 自治区进行第四次全国、全区荒漠化监测，至2010年3月末，历时15个月完成各项监测任务。形成《内蒙古自治区荒漠化和沙化状况公报》。全区荒漠化土地面积6173.33万公顷，占全国荒漠化土地面积26233.33万公顷的23.50%，占自治区总土地面积的52.2%；全区沙化土地面积4146.67万公顷，占全国沙化土地面积17313.33万公顷的23.95%，占自治区总土地面积的35.05%。监测总体结果表明，内蒙古自治区荒漠化和沙化土地面积持续双减少，重点治理区生态环境明显改善。

**2月18日** 自治区党委、政府召开全区集体林权制度改革暨退耕还林工作会议。贯彻落实《中共中央国务院关于全面推进集体林权制度改革的意见》《内蒙古自治区党委、政府关于深化集体林权制度改革的意见》，总结全区集体林权制度改革试点的成效和经验，安排部署集体林权制度改革工作。自治区党委副书记、自治区副主席任亚平，自治区副主席郭启俊出席会议。

**3月4日** 自治区政府办公厅印发《关于进一步加强林木种苗管理工作的通知》，要求加强宏观调控，确保种苗供应。加强种苗质量监管，强化种苗行政执法。开展林木种质资源普查，抓好林木良种选育推广工作。落实种子储备资金，做好种子采收储备。加强种苗管理机构建设，提高种苗行政管理能力。

**4月12日** 自治区党委书记储波，自治区党委副书记、自治区主席巴特尔，内蒙古军区司令员郑传福以及全区党政军领导与呼和浩特市千余名干部群众、部队官兵、共青团员和少先队员代表一起，在呼和浩特市郊段家窑的自治区党政军义务植树基地参加植树劳动，种下杏树、云杉和樟子松等树苗5000多株。

**4月17日** 锡林郭勒盟东乌珠穆沁旗发生特大草原火灾，当日扑灭。受害草原面积8333公顷，被迫转移牲畜6900头（只）。出动扑火人员378人。其中，森林部队98人，专业扑火队100人，其他扑火人员180人。出动各种车辆88台、扑火工具679台（把、套）。

**4月25日** 北京军区内蒙古自治区京津风沙源治理商都植树基地揭碑仪式，在乌兰察布市商都县举行。北京军区主要领导，自治区党委副书记、自治区主席巴特尔，国家林业局副局长孙扎根等有关军地领导出席揭碑仪式，并与6000多名官兵和4000多名群众一起栽植树苗，为内蒙古再添新绿。

**5月2日** 内蒙古森工集团图里河林业局南沟林场因地方农业点中午做饭跑火引发一起森林火灾，于4日凌晨扑灭。火场过火面积4165公顷，其中有林地面积981公顷。扑救火灾共出动扑火人员3660人，其中森警1540人；出动飞机9架、各种机动车辆171辆，使用风力灭火机、油锯、水泵、水枪、组合工具等各种扑火工器具3800余件（套）。直接扑火损失248.84万元。犯罪嫌疑人张××与滕××于5月3日因涉嫌失火罪被图里河森林公安局刑事拘留，后经牙克石市人民检察院依法批准逮捕，5月26日被判刑。

**5月31日至6月1日** 中共中央政治局委员、国务院副总理回良玉视察呼伦贝尔市森林草原防火工作。

**6月15日** 自治区林业厅印发《内蒙古自治区林木品种审定办法》。

**8月13日** 根据《财政部关于下达2009年中央森林生态效益补偿基金的通知》，自治区启动国家级公益林补偿面积762.37万公顷，补偿资金5.72亿元/年。

**9月1—3日** 自治区政府在通辽市和赤峰市召开全区集体林权制度改革现场会，传达中央林业工作会议精神，总结交流集体林权制度改革的经验、做法，安排部署下一步集体林权制度改革工作。自治区副主席郭启俊、国家林业局副局长张建龙、自治区林业厅厅长高锡林出席会议并讲话。会议期间，与会代表参观考察了开鲁县、奈曼旗、敖汉旗、翁牛特旗、林西县、喀喇沁旗的集体林权制度改革工作开展情况。

**9月10日** 巴彦淖尔市在乌拉特梭梭林-蒙古野驴国家级自然保护区边境内，开辟4条野生动物迁徙专用通道。这是内蒙古自治区4000公里边防线上首次为野生动物开辟的专用通道，标志着全国首例开放式野生动物通道在中蒙边境开通。

**9月23日** 自治区政府印发《大青山国家级自然保护区开展清理整顿矿山和占用林地专项行动方案的通知》，成立由自治区林业厅、国土资源厅厅长为组长，环保厅、监察厅、公安厅、安全监察局为成员单位的清理整顿专项行动领导小组。呼和浩特、包头、乌兰察布三市随即成立相应的领导小组。2009年11月至2012年底，累计整合关停矿山226家。

**11月27日** 自治区第十一届人大常委会第十一次会议，审议通过《内蒙古自治区义务植树条例》，2010年2月1日起施行。

# 2010年

3月20日　全区林业改革办主任暨牧区林业改革座谈会议在锡林郭勒盟召开。会议总结全区牧区集体林权制度改革经验，研究部署全区集体林权制度改革工作。

4月13日　自治区党委书记胡春华，自治区党委副书记、自治区主席巴特尔等党政军领导到呼和浩特市郊段家窑自治区党政军义务植树基地，与首府千余名干部群众、部队官兵、共青团员和少先队员代表等各界人士一起参加植树活动。

4月27日　在湖北武汉举行的第七届中国城市森林论坛上，呼和浩特市被全国绿化委员会、国家林业局授予“国家森林城市”称号。

4月28日　北京军区主要领导，国家林业局局长贾治邦，自治区党委书记胡春华，自治区党委副书记、自治区主席巴特尔等领导齐聚商都，以座谈会的形式共商军地合作构建北疆生态屏障大事，达成军地合作、军民携手，加快北疆大地绿化进程的共识。座谈会后，与会领导参观前两年建设成就，并与广大官兵和当地干部群众一起参加植树活动。

5月26日　内蒙古自治区防火指挥部与蒙古国苏和巴托省突发事件应急指挥部，在锡林郭勒盟锡林浩特市召开边境地区森林草原防火协商会议，签订《中华人民共和国政府和蒙古国政府关于边境地区森林草原防火联防协定》，并就预防、扑救、通信联络、越境扑火、经验技术交流、死伤人员抚恤等事宜作出明确规定。

7月8日　自治区政府批准《内蒙古自治区珍稀林木保护名录》。自治区林业厅于8月3日公布施行。

8月29日　东北、内蒙古四大重点国有林区首次年会，在内蒙古自治区森工集团（林管局）莫尔道嘎林业局举行。会议的主题是“重点国有林区生态地位、作用和贡献”。

9月6—8日　全国绿化委员会副主任、国家林业局局长贾治邦一行到包头市调研林业生态建设情况，自治区副主席、包头市委书记郭启俊，自治区林业厅厅长高锡林等陪同，贾治邦一行先后到包头市大青山南坡绿化区、黄河湿地进行实地调研。

9月14日　自治区党委、政府在呼和浩特市召开全区林业工作会议。自治区党委副书记、自治区主席巴特尔，国家林业局副局长张建龙，自治区副主席郭启俊出席会议并讲话，自治区党委副书记、自治区副主席任亚平主持会议。

9月20日　内蒙古自治区林业监测规划院举办成立60周年庆典，并出版《辉煌60年（1950—2010）》纪念图文集。

10月29日　国家林业局印发《表彰全国林木种苗先进单位和先进工作者的决定》。其中：授予内蒙古自治区林木种苗站等7个单位“全国生态建设突出贡献奖——林木种苗先进单位”称号；授予林国华等10人“全国生态建设突出贡献奖——林木种苗先进工作者”称号。

11月18日　根据《财政部关于下达2010年中央财政森林生态效益补偿基金的通知》，自治区启动国家级公益林补偿面积762.37万公顷，补偿标准提高，补偿资金达到8.95亿元/年。

12月　内蒙古大兴安岭毕拉河森林公安局破获“2·23盗伐林木案”，摧毁以张氏兄弟二人为首的盗伐林木团伙，抓获犯罪嫌疑人29名。该团伙在毕拉河林业局施业区内的达尔湖林场21林班内和扎文河林场87林班内，用油锯盗伐落叶松、杨树、桦树计2011株，立木材积120.24立方米。

**年内** 内蒙古自治区第二次湿地资源调查结果显示：8公顷以上湿地总面积601.06万公顷，占全区国土面积5.1%，占全国湿地面积的11%，居全国第三位。其中：河流湿地46.37万公顷，湖泊湿地56.62万公顷，沼泽湿地484.89万公顷，人工湿地13.18万公顷。

**截至2010年** 自治区执行国家"十一五"湿地保护工程计划，5年实施工程项目12个，完成项目投资2.4亿元。其中，国家投入1.9亿元。保护湿地面积75万公顷，占全区湿地总面积12.5%。

**截至2010年** 全区组织实施三北防护林体系建设四期工程后五年建设任务，涉及除锡林郭勒盟外的11个盟市、69个旗县区。5年国家下达内蒙古自治区林业建设任务55.21万公顷，其中，人工造林43.77万公顷，封山育林11.45万公顷，国家投资9.36亿元。

## 2011年

**1月19日** 中共中央政治局委员、中组部部长、全国创先争优活动领导小组组长李源潮，在内蒙古森工集团创先争优汇报材料上作出批示："内蒙古大兴安岭在创先争优活动中'红了党旗，绿了森林，乐了群众'的做法很好。建议宣传他们的先进经验。"中央《深入开展创先争优活动简报》第808期（2011年2月12日）刊登了内蒙古森工集团创先争优的做法。2月24日，自治区党委书记胡春华作出批示："贯彻源潮同志指示精神，自治区要加强宣传，同时要向大兴安岭林管局学习。"

**3月15日** 自治区政府召开全区森林草原防火工作电视电话会议，贯彻全国森林草原防火工作电视电话会议精神。会议通报全区"十一五"期间（2006—2010年）森林草原防火工作情况；自治区副主席刘新乐出席会议并讲话。自治区防火指挥部副总指挥、林业厅厅长高锡林主持会议。

**3月16日** 自治区党委常委曹征海一行到自治区防火指挥部办公室检查指导春季防火工作。

**4月5日** 在春季森林草原防火的关键时期，自治区副主席、防火指挥部总指挥刘新乐到乌兰察布市、呼和浩特市检查指导森林草原防火工作。自治区防火指挥部副总指挥、自治区林业厅厅长高锡林，林业厅副巡视员乔云及有关部门负责人陪同检查。

**4月11日** 自治区绿化委员会在呼和浩特市召开全体成员会议。自治区副主席、绿化委员会主任刘新乐出席会议，并安排部署2011年及今后一个时期全区义务植树及国土绿化工作。会议由自治区绿化委员会副主任于清理主持；自治区绿化委员会副主任、林业厅厅长高锡林总结2010年全区义务植树及国土绿化工作。

**4月15日** 自治区党委副书记、自治区主席巴特尔以及自治区党政军领导与自治区林业厅等单位的千余名干部群众、部队官兵、共青团员和少先队员代表，到呼和浩特市郊段家窑自治区党政军义务植树基地，一起参加植树活动。

**4月28日** 北京军区主要领导，自治区党委书记胡春华，自治区党委副书记、自治区主席巴特尔，自治区党委副书记、自治区政协主席任亚平，北京军区副司令员黄汉标，国家林业局副局长张永利以及有关军地领导，到北京军区商都义务植树基地，听取北京军区4年在商都基地植树造林情况汇报，参观野营村及野营装备。随后与北京军区7000多名官兵、商都县3000多名民兵预备役、干部群众一同植树，为商都再添新绿。

**5月10日** 自治区林业厅印发《内蒙古自治区林木种苗发展“十二五”规划》。

**5月16日** 自治区党委、政府召开全区集体林权制度改革电视电话会议，分析形势，交流经验，对全区林改工作再安排、再部署。会议由自治区副主席刘新乐主持，自治区党委常委曹征海讲话，自治区林业厅厅长、林改办主任高锡林通报全区集体林权制度改革进展情况。

**5月30日** 北京军区在赤峰市红山军马场举行植树造林启动仪式，北京军区副司令员黄汉标、国家林业局副局长张永利，内蒙古军区副司令员海力斯，自治区林业厅厅长高锡林以及解放军总后勤部、赤峰市等有关领导参加项目启动仪式。该项目规划5年完成造林任务2666.67公顷，2011年是项目实施的第一年。北京军区2000多名官兵5月23日进驻赤峰市乌兰布统植树。至5月30日，完成植树造林483.33公顷。

**6月27日** 自治区林业厅举办庆祝中国共产党成立90周年暨创先争优活动表彰大会。自治区林业厅党组书记、厅长高锡林讲话。大会对先进基层党组织、优秀共产党员和优秀党务工作者进行表彰。

**6月30日** 自治区政府在通辽市召开欧洲投资银行碳汇造林项目启动会。国家林业局世行中心主任姜喜山、自治区副主席刘新乐、自治区林业厅厅长高锡林等领导出席会议。国家林业局世行中心主任姜喜山讲话，自治区副主席刘新乐与各项目所在市政府领导签订项目责任书。

**7月1—4日** 国家林业局党组副书记、副局长赵树丛一行到内蒙古自治区就天然林资源保护工程实施情况和《森林法》修改进行专题调研，自治区党委常委曹征海陪同调研。其间，自治区党委常委、宣传部长乌兰会见了赵树丛一行。

**7月7—8日** 国家“十一五”防沙治沙目标责任制考核组到锡林郭勒盟多伦县，实地考核“十一五”防沙治沙目标落实情况。经考核，各项目标均达到考核标准。

**7月12日** 自治区党委书记胡春华到赤峰市考察调研生态建设。他实地考察了赤峰和润农业高新科技产业园、翁牛特旗乌敦套海镇林果基地、图哈线沙地综合治理工程、阿鲁科尔沁旗原野现代农林示范园等。

**9月8日** 自治区党委、政府召开全区天然林资源保护工程工作会议。自治区党委常委曹征海出席会议并讲话，自治区副主席刘新乐主持会议并作总结讲话。国家林业局驻内蒙古自治区森林资源监督专员办事处，自治区人大农牧委、政协农牧委、法院、检察院有关负责人出席会议。

**9月9日** 自治区政府印发《关于加快林木种苗业发展的意见》。

**11月17日** 自治区政府召开全区林业有害生物防治工作会议，传达全国林业有害生物防治工作会议精神。自治区副主席刘新乐安排部署松材线虫病等重大林业有害生物防控工作。自治区发展和改革委员会、财政厅、林业厅有关负责人和各盟行政公署、市人民政府分管林业的副秘书长、林业局局长参加会议。自治区林业厅代表自治区政府与各盟行政公署、市人民政府签订《2011—2013年松材线虫病等重大林业有害生物防控目标责任书》。

**年内** 内蒙古自治区林木良种繁育中心等9处良种基地，被国家林业局确定为内蒙古自治区重点林木良种基地。

**年内** 按照国务院的统一部署，内蒙古启动天保工程二期，建设期限为10年（2011—2020年）。工程二期实施范围为3个工程区，即黄河上中游、岭南八局及三旗县、森工集团工程区。天保工程区涉及9个盟市（不涉及赤峰市、通辽市和锡林郭勒盟），与工程一期保持一致。旗县级实施单位75个，较工程一期增加9个。

# 2012年

**1月7日** 国家林业局与自治区政府在北京签署合作共建内蒙古农业大学协议，力争将内蒙古农业大学建成祖国西部高水平大学，为服务现代林业建设和内蒙古自治区“富民强区”，提供更好的人才、智力和科技支持。国家林业局局长贾治邦，自治区党委副书记、自治区主席巴特尔签署合作协议。国家林业局副局长赵树丛和自治区副主席王玉明分别讲话。国家林业局副局长孙扎根出席签字仪式，自治区政府秘书长常海主持签字仪式。

**2月7日** 国家林业局公布第二批国家重点林木良种基地。内蒙古自治区有4处林木良种基地被确定为第二批国家重点林木良种基地。

**2月21日** 自治区政府召开全区森林草原防火工作会议，全面总结2011年全区森林草原防火工作，安排部署2012年工作。自治区政府与各盟市签订防火责任状。会议由自治区政府办公厅副巡视员任茂主持，自治区副主席、自治区防火指挥部总指挥王玉明，自治区林业厅厅长高锡林，自治区防火指挥部专职副总指挥阿勇嘎，武警内蒙古森林总队政委张维国，自治区防火指挥部成员单位人员，各盟市分管副盟市长、林业局局长、防火办主任参加会议。

**2月22日** 赤峰市人民政府与美国大自然保护协会签订《赤峰市生态建设战略合作框架协议》，明确《赤峰市生态建设与保护规划》制定、技管人员培训、政府资金和社会资金筹资路径探索等合作事宜。

**3月27日** 在全国造林绿化表彰动员大会上，赤峰市被全国绿化委员会授予“国土绿化突出贡献单位”称号。

**4月13日** 自治区重点盟市森林草原防火工作会议在兴安盟阿尔山市召开。自治区党委常委曹征海出席会议并部署工作，自治区防火指挥部副总指挥、自治区林业厅厅长高锡林主持会议，自治区防火指挥部以及呼伦贝尔市、兴安盟、锡林郭勒盟、内蒙古森工集团等重点单位负责人参加会议并进行工作汇报。

**4月15日** 呼伦贝尔市政府与自治区林业厅就合作共建内蒙古扎兰屯林业学校事宜签署协议。自治区林业厅厅长高锡林，副巡视员乔云，呼伦贝尔市委书记罗志虎，市委常委、秘书长王伟，副市长王国林出席签字仪式。

**4月16日** 自治区党委书记胡春华，自治区党委副书记、自治区主席巴特尔等领导到自治区党政军义务植树基地参加年度义务植树活动。自治区党政军领导与自治区党政机关、内蒙古军区、武警内蒙古总队、中国石化内蒙古分公司、中小学校及社会团体等单位干部群众、部队官兵、共青团员和少先队员代表约1500人参加义务植树。

**4月16—17日** 中蒙两国森林防火部门在呼伦贝尔市召开中蒙第一次边境地区森林防火联防会议。中国国家森林防火指挥部专职副总指挥杜永胜，国家森林防火指挥部办公室副主任焦德发，国家林业局国际合作司副司长章红燕，自治区林业厅厅长高锡林，防火指挥部专职副总指挥阿勇嘎，武警内蒙古森林总队总队长肖燕波，呼伦贝尔市副市长王国林，国家森林防火指挥部、国家林业局、内蒙古自治区及直属边境盟市的有关负责人，蒙古国国家紧急事务管理局副局长特·巴达日拉以及蒙古国边境省区紧急事务局领导及有关人员出席会议。

**4月20日** 距兴安盟边境50公里处，蒙古国境内发生草原大火，火线长约80公里全线向中方推进，严重威胁中国北部重点林区。兴安盟及时成立扑火前线指挥部，立即启动扑救火灾应急预案。自治区党委、政府领导亲临火场一线指挥，前线防火指挥部勘察地形、判断火情，运用点烧迎面火、直接扑打等战术。24日，蒙古国草原火被堵截在国境线以外，堵截扑救工作取得全面胜利。

**4月28日** 北京军区举行内蒙古自治区京津风沙源治理商都义务植树总结表彰大会，北京军区部分单位和商都县七台镇人民政府等14个军民融合共建义务植树基地先进集体和郭杰、李树平等40名先进个人受到通报表彰。自治区党委书记胡春华、国家林业局局长赵树丛、解放军总后勤部基建营房部副部长张忍奎分别讲话，自治区党委副书记、自治区主席巴特尔宣读联合表彰通报。军地有关领导参加表彰大会并参加植树活动。

**5月11日** 自治区政府办公厅印发《关于进一步加强集体林权登记发证工作的通知》，要求全区各地巩固集体林权制度改革，加快集体林权登记发证工作进度，做好林木林地权属争议调处工作，继续深化集体林权制度改革。

**5月14日** 经国务院同意，国家林业局对“十一五”期间（2006—2010年）省级政府防沙治沙目标责任综合考核结果进行通报。通报显示，内蒙古自治区为工作突出省份。

**5月23—25日** 由联合国防治荒漠化公约秘书处、国家林业局、新华通讯社和韩国山林厅联合主办的“亚洲防治土地退化、荒漠化及干旱区域媒体研讨会”在内蒙古赤峰市举行。来自韩国、印度、乌兹别克斯坦、泰国、越南、孟加拉国等国的40多位官员和媒体记者出席研讨会。其间，代表们参观考察赤峰市林西县新城子镇七合堂村蒙古野果经济林、翁牛特旗图哈线和苏都线综合治理工程、松山区太平地农田防护林工程等治理典型。

**5月31日** 自治区党委办公厅、自治区政府办公厅印发《关于加快推进集体林权制度改革有关工作的通知》，要求各地加快推进集体林确权工作，加快林权证核发进度。

**6月19日** 自治区政府第六次常务会议审议通过《内蒙古自治区森林公园管理办法》。

**6月29日** 自治区政府召开全区森林草原防扑火工作暨表彰会议，对呼伦贝尔市政府等20个先进集体和高锡林等70名先进个人进行表彰，授予武警内蒙古森林总队大兴安岭加格达奇大队等5个单位先进集体称号。自治区党委副书记、自治区主席巴特尔，自治区副主席王玉明，自治区防火指挥部领导参加会议。

**7月4日** 自治区党委副书记李佳、自治区副主席王玉明一行到自治区林业厅检查指导工作。与自治区林业厅领导班子进行座谈。自治区林业厅党组书记、厅长高锡林代表厅党组作工作汇报。

**7月9—10日** 第九届中国城市森林论坛在内蒙古呼伦贝尔市召开。9日举行开幕式，中共中央政治局委员、全国政协副主席、森林活动组委会主任王刚讲话。国家林业局党组书记、局长赵树丛，自治区党委书记胡春华，《经济日报》总编辑张小影分别致辞。自治区政协主席任亚平，自治区党委常委、秘书长符太增，自治区副主席王玉明，自治区政协副主席杨成旺出席开幕式。

**7月** 呼伦贝尔市被全国绿化委员会、国家林业局授予“国家森林城市”称号。

**8月26日** 庆祝内蒙古大兴安岭林区开发建设60周年暨“兴安脊梁”表彰大会在呼伦贝尔市牙克石召开。大会表彰获得“兴安脊梁”金质奖状的34个单位、获“兴安脊梁”银质奖状的91个单位、获“兴安脊梁”铜质奖状的36个单位，表彰2203名获得“兴安脊梁”奖章、1953名获得“内蒙古大兴安岭林区开发建设60周年”荣誉纪念章的个人。

**同日** 国务院在山西省朔州市召开“三北”防护林建设四期工程总结表彰暨五期工程启动大会。内蒙古通辽市林业局被授予“全国生态建设突出贡献奖先进集体”称号。

**9月22日** 国家造林补贴项目乌珠穆沁沙地治理工程启动仪式在锡林郭勒盟西乌珠穆沁旗巴彦胡硕苏木赛罕淖尔嘎查举行。自治区林业厅厅长高锡林，锡林郭勒盟党委书记于永泉，盟委副书记、盟长刘俊臣等领导，自治区林业厅有关处室、锡林郭勒盟有关部门负责人，厂矿企业职工代表、当地牧民、青年志愿者计300人参加仪式。

**10月2—5日** 国家森林防火指挥部副总指挥、国家林业局副局长孙扎根及国家森林防火指挥部办公室副主任焦德发一行，在自治区林业厅厅长高锡林、自治区防火指挥部专职副总指挥阿勇嘎等陪同下，赴内蒙古大兴安岭林管局和呼伦贝尔市进行森林防火检查指导。

**10月10日** 自治区党委书记胡春华一行考察包头市大青山南坡绿化工作。自治区副主席、包头市委书记郭启俊等陪同考察调研。

**10月30日** 自治区政府召开全区三北防护林四期工程总结表彰暨五期工程启动会议，自治区副主席王玉明出席会议并讲话。

**12月31日** 内蒙古自治区三北防护林工作站（内蒙古自治区林业技术推广中心）申报的瓦勒拉尼系统集雨抗旱造林技术示范基地通过国家外国专家管理局评审，被命名为国家级引进国外智力成果示范推广基地。并于2013年1月16日，在北京外国专家大厦举行授牌仪式。

**12月** 《京津风沙源治理工程二期规划（2013—2022年）》由国务院正式批准。2013年，自治区京津风沙源治理二期工程启动。工程建设范围包括赤峰市、锡林郭勒盟、乌兰察布市、呼和浩特市、包头市、鄂尔多斯市、乌海市、巴彦淖尔市8个盟市的70个旗（县、市、区）。工程区总土地面积54.2万平方公里。

**年内** 内蒙古自治区林木良种繁育中心被国家林业局确定为“国家沙生植物重点林木良种基地”。

**年内** 巴彦淖尔市林业局被国家林业局授予“全国生态建设突出贡献奖先进集体”。

## 2013年

**2月27日** 自治区政府召开全区森林草原防火工作电视电话会议，全面总结2012年全区森林草原防火工作，安排部署2013年工作。自治区副主席王玉明出席会议。自治区政府与各盟市签订防火责任状。会议由自治区政府办公厅副巡视员任茂主持，自治区林业厅等单位负责人在自治区主会场参加会议。

**3月11日** 阿拉善盟阿拉善左旗吉兰泰镇发现一只国家Ⅰ级保护动物雪豹，护养后放归哈日根希勒草原。中央电视台全程跟踪拍摄救助雪豹的过程并在新闻频道播发，新华网、人民网、新浪网、凤凰网等转发消息。央视10套（科教频道）制作两集专题片《大漠豹影》，真实记录内蒙古森林公安救助濒危野生动物的事迹。

**3月27日** 自治区政府召开全区森林草原防火和造林绿化工作电视电话会议，贯彻全国森林草原防火和造林绿化工作电视电话会议精神，对全区2013年森林草原防火工作进行再部署，对2013年及今后一个时期全区造林绿化工作进行具体安排。自治区副主席王玉明出席会议并讲话。会议由自治区林业厅厅长高锡林主持，自治区森林草原防火指挥部、绿化委员会各位成员、防火办主任、绿委办主任、有关厅局、单位负责人在自治区主会场参加会议。

**3月至2015年12月** 内蒙古自治区进行第五次全国荒漠化和沙化土地监测，历时两年9个月。荒漠化监测范围涉及12个盟市80个旗（县、市、区），监测区总面积70.09公里×104公里，占自治区总土地面积的59.2%；沙化土地监测区包括所有存在沙化土地的地域和有明显沙化趋势土地的地区，涉及12个盟市91个旗（县、市、区），监测区面积93.89公里×104公里，占自治区总土地面积的79.37%。全区荒漠化和沙化土地面积均居全国第二位，分布有五大沙漠和五大沙地，在阴山北部还分布有大面积严重的风蚀沙化土地。

**4月12日** 自治区党委书记王君，自治区党委副书记、自治区主席巴特尔，自治区政协主席任亚平等领导到自治区党政军义务植树基地参加年度义务植树活动。自治区党政军领导及各界干部群众参加义务植树活动。

**4月25日** 北京军区7000余名部队官兵、民兵预备役3000多人和当地干部群众，在乌兰察布市集宁区马莲渠乡植树基地植树造林。标志着北京军区在乌兰察布市的第二个义务植树绿化工程全面启动。北京军区、国家林业局、自治区党政军领导与万余名官兵一同植树。北京军区第二个义务植树绿化工程，规划5年建设面积4333.33公顷，投入建设资金6亿元。采取“部队出兵植树，地方维护管理”的模式。

**4月27日** 自治区党委组织部派员参加自治区林业厅干部会议，宣布自治区党委关于自治区林业厅主要领导职务任免决定：免去高锡林自治区林业厅党组书记、厅长职务，任自治区人大常务委员会委员；自治区林业厅副厅长呼群任林业厅党组书记、厅长。

**同月** 内蒙古森工集团被中华全国总工会授予“全国五一劳动奖章”称号。

**6月21日** 国家林业局副局长张建龙到巴彦淖尔市调研指导林业生态建设及沙地治理工作，详细了解城乡林业生态建设及沙地治理情况，就加强生态建设提出指导意见。

**6月26—27日** 自治区人大常委会集体考察了大青山生态环境建设与保护情况，常委会副主任呼尔查、杭桂林、吴团英、李荣禧及常委会部分委员参加考察活动。

**7月13日** 国家林业局林木种苗质量检验检测中心（呼和浩特），通过国家林业局科技司现场复评审。9月11日，国家林业局印发《关于对国家林业局林木种苗质量检验检测中心（呼和浩特）继续授权的行政许可决定》，并颁发授权证书。

**7月25日** 全国政协副主席兼秘书长张庆黎、全国政协人口资源环境委员会主任贾治邦、全国政协副秘书长卢昌华、环保部总工程师万本太、国家林业局副局长张永利等全国政协调研组一行考察包头市大青山南坡绿化工程。

**同日** 自治区政府印发《关于加快推进重点区域绿化工作的意见》，要求各级政府把重点区域绿化作为当前生态建设的重要任务，加快推进公路两旁、城镇周边、村庄前后、矿区园区、黄河两岸、大青山前坡六大重点区域绿化工作。

**8月2日** 第四届库布其国际沙漠论坛在内蒙古鄂尔多斯库布其沙漠七星湖开幕。中共中央政治局常委、国务院总理李克强发来贺信，中共中央政治局委员、国务院副总理汪洋出席开幕式，宣读贺信并讲话。联合国秘书长潘基文发来视频贺词。全国政协副主席、科技部部长万钢，自治区党委书记、自治区人大常委会主任王君出席开幕式。自治区党委副书记、自治区主席巴特尔，联合国环境规划署执行主任阿齐姆·施泰纳，联合国前副秘书长、“里约+20”峰会秘书长沙祖康联合主持开幕式。日本前首相鸠山由纪夫，新西兰前总理迈克·穆尔，联合国防治荒漠化公约秘书处执行秘书吕克·尼亚卡贾等应邀参加论坛并发表主题演讲。中央统战部副部长、全国工商联党组书记、常务副主席全哲洙，国家林业局局长赵树丛，环境保护部副部长李干杰出席并发表演讲。以色列驻华大使马腾·威尔耐，科技部副部长王伟中，中科院副院长詹文龙，自治区领导符太增、王玉明、杨成旺等出席论坛开幕式。来自30多个国家的政府官员、科学家、企业家、各界知名人士等中外来宾300余人参加该届论坛。

**8月5日** 国家林业局局长赵树丛一行到巴彦淖尔市检查指导林业工作，自治区林业厅厅长呼群等陪同。

**8月9日** 自治区党委书记王君，自治区党委副书记、自治区主席巴特尔检查指导包头市大青山南坡绿化工作。自治区党委常委、秘书长符太增，自治区人大常委会副主任、自治区总工会主席呼尔查，自治区党委常委、包头市委书记王中和，自治区副主席王玉明，自治区政协副主席郭启俊，自治区林业厅厅长呼群等陪同。

**9月24日** 2013年中国城市森林建设座谈会在南京召开。赤峰市被全国绿化委员会、国家林业局授予“国家森林城市”称号。

**9月27日** 自治区政府召开构筑祖国北方重要生态安全屏障工作电视电话会议。自治区党委副书记、自治区主席巴特尔出席会议并讲话。自治区人大常委会副主任赵忠，自治区副主席王玉明，自治区政协副主席、发展改革委主任梁铁城，内蒙古军区副司令员海力斯等出席会议。

**9月29日** 自治区第十二届人民代表大会常务委员第五次会议通过《内蒙古自治区大青山国家级自然保护区条例》《内蒙古呼伦湖国家级自然保护区条例》，条例自2013年12月1日起施行。

**10月** 国家林业局确定首批20家“国家林下经济示范基地”，内蒙古王爷地苁蓉生物有限公司名列其中。这是内蒙古自治区唯一获此殊荣的沙产业企业。

**11月21日** 国家林业局林木种苗质量检验检测中心（呼和浩特）通过国家林业局国有林场和林木种苗工作总站现场评审。11月29日，国家林业局印发《关于同意颁发国家林业局林木种苗质量检验检测中心（呼和浩特）林木种苗质量检验机构资质证书的行政许可决定》。

**12月31日** 国务院办公厅审定公布23处新建国家级自然保护区名单中，内蒙古通辽市罕山自然保护区晋升为国家级自然保护区，也是通辽市第二个国家级自然保护区。

**年内** 自治区第七次森林资源清查结果：内蒙古森林面积由1947年自治区成立初期的913.8万公顷，增加至2487.9万公顷，占全国森林面积的12%，居全国第一位；林木蓄积量达14.84亿立方米，居全国第五位；森林覆盖率由7.7%提高至21.03%，提高13.33个百分点。此外，自治区林业用地面积居全国第一位，全区人工林保存面积居全国第二位。

## 2014年

**1月26—28日** 中共中央总书记、国家主席、中央军委主席习近平到内蒙古自治区考察调研。调研期间，习近平看望大兴安岭林区阿尔山林业局林业棚户区职工群众。习近平指出，林业工人为国家作出贡献，党和国家不会忘记大家。林业的政策会越来越好，林区人民的生活会越来越好。我们要重视生态建设，要加强生态建设。发展经济、搞活经济不能以破坏生态和环境为代价。他多场合发表重要讲话：内蒙古生态状况如何，不仅关系到内蒙古各族群众生存和发展，也关系华北、东北、西北乃至全国生态安全，要努力把内蒙古建成中国北方重要生态安全屏障。他强调，内蒙古的生态环境实现“整体遏制，局部好转”的转变，走到“进则全胜，不进则退”的历史关头。要继续组织实施好重大生态修复工程，搞好京津风沙源治理、三北防护林体系建设、退耕还林、退牧还草等重点工程建设；探索加快生态文明制度建设，大胆先行先试，建立可持续的生态环境保护制度。努力走出一条符合自然规律、具有地区特色的生态文明建设之路，筑牢祖国北方重要生态安全屏障。

**2月25日** 自治区政府召开全区林业暨森林草原防火工作会议，全面总结2013年全区林业及森林草原防火工作，安排部署2014年工作。自治区副主席王玉明、国家林业局驻内蒙古森林资源监督专员办专员刘树人出席会议并讲话。自治区林业厅党组书记、厅长呼群作工作报告。自治区林业厅党组成员、巡视员曹文仲传达国务院副总理汪洋在听取国家林业局工作汇报时的讲话和全国林业厅局长会议精神。王玉明与各盟行政公署、市人民政府和大兴安岭林管局签订防火责任状。

**同日** 国家林业局公布2013年第八次全国森林资源连续清查结果。其中：内蒙古大兴安岭林区1067.75万公顷经营范围内，林地面积为1014.98万公顷，有林地面积为813.51万公顷，灌木林面积13.34万公顷，森林面积826.85万公顷，森林覆盖率77.44%；活立木总蓄积量9.498亿立方米，有林地蓄积量8.521亿立方米。与2008年第七次结果比较，林区林地面积增加90.24万公顷，有林地面积增加10.12万公顷，森林面积增加9.49万公顷；森林覆盖率由76.55%提高至77.44%，提高0.89个百分点；活立木总蓄积量增加6257.76万立方米，年均增加1251.55万立方米；有林地蓄积量增加1.046亿立方米，年均增加2091.17万立方米。

**3月22—23日** 国家林业局党组副书记、副局长张建龙带队到包头市调研指导生态建设与保护工作。自治区林业厅巡视员曹文仲、副厅长龚家栋，自治区发展改革委副主任杨崇义，包头市市委副书记、市长包钢等陪同调研。

**3月27—28日** 中共中央政治局常委、国务院总理李克强到党的群众路线教育实践活动联系点赤峰市翁牛特旗考察调研。提出国家对翁牛特旗、赤峰市防沙治沙、林业建设等方面将给予重点支持的意见。

**4月10日** 自治区政府办公厅印发《内蒙古自治区林业产业化重点龙头企业认定管理办法》。

**4月25日** 北京军区、国家林业局、自治区党委政府和内蒙古军区在集宁区开展义务植树活动。北京军区司令员张仕波，自治区党委副书记、自治区主席巴特尔，国家林业局党组副书记、副局长张建龙，全国绿委办常务副秘书长赵良平等军地领导与北京军区7000多名官兵、民兵预备役3000多人和当地干部群众共同参加义务植树活动。4月16—25日，北京军区出动7000多名官兵，在集宁区义务植树基地栽植各类苗木75万株。

**5月19日** 自治区政府在乌海市召开全区造林绿化现场会。自治区党委书记、人大常委会主任王君作出批示，自治区副主席王玉明出席会议并讲话。会议对加强林业重点工程建设、加快重点区域绿化步伐、创新造林绿化机制、加大管护和防治力度、加大资金投入和监管力度等工作进行安排部署。自治区林业厅厅长呼群通报2013年全区造林绿化工作情况。乌海市等11个单位作典型发言。与会代表参观乌海市甘德尔山造林绿化工程等建设项目。

**5月22—23日** 中共中央政治局常委、国务院总理李克强率相关部委负责人到赤峰市调研。在考察调研期间，李克强对赤峰市林业生态建设作出重要指示，要求加大对赤峰市防沙治沙的扶持力度。翌年，赤峰市翁牛特旗被国家林业局确定为防沙治沙联系点，翁牛特勃隆克沙漠公园和赤峰森林生态系统定位观测研究站获国家林业局批复。

**6月16—18日** 全国政协副主席罗富和，全国政协常委、人口资源环境委员会主任贾治邦，国家林业局副局长张永利一行，到鄂尔多斯市、包头市等地调研“三北”防护林建设，指出内蒙古为“三北”防护林工程作出重大贡献，希望内蒙古继续重视生态文明建设。自治区政协主席任亚平、副主席郑福田、秘书长王志诚等陪同调研。

**8月** 国家林业局批准《内蒙古大青山国家级自然保护区总体规划（2013—2023年）》。国家环境保护部牵头，国土资源部、水利部、农业部、国家林业局、中科院、国家海洋局等7部委联合开展对内蒙古大青山国家级自然保护区进行“国家级自然保护区管理工作评估”。大青山国家级自然保护区获得良好成绩。

**9月中旬至10月中旬** 自治区林业厅在巴彦淖尔市、通辽市和乌兰察布市分片召开全区林业工作座谈会。贯彻落实习近平总书记系列重要讲话及全国推进林业改革座谈会精神，研究解决全区林业工作中存在的突出问题，努力推进全区林业工作进程。与会代表围绕如何提高营造林质量、强化资源管理保护和林业重点工程项目及资金管理、深化集体林权制度改革和推进国有林场改革、加快林业产业发展、推进重点区域绿化、加强基层林业机构及队伍建设和基层基础设施建设等问题进行深入交流和探讨。

**9月22—23日** 全国旱区造林绿化工作现场会在内蒙古自治区赤峰市召开。会议总结推广了旱区造林绿化先进经验和实用技术，安排部署旱区造林绿化工作。与会代表参观赤峰市翁牛特旗沙化土地综合治理工程和赤峰市松山区干旱山地经济林项目区和干旱山地综合治理工程。国家林业局副局长张永利指出，要学习推广赤峰的成功经验，弘扬赤峰的宝贵精神，全面加快旱区造林绿化步伐，推动全国生态林业、民生林业发展。

**10月16—20日** 国家林业局检查组对国家林业局与内蒙古自治区政府签订《2011—2013年松材线虫病等重大林业有害生物防控目标责任书》履责情况进行检查考核。考核组实地察看了乌兰察布市四子王旗和化德县等地，听取自治区政府的工作汇报。内蒙古自治区圆满完成各项指标和任务。

## 2015年

**2月3—6日** 中共中央政治局委员、国务院副总理汪洋，到内蒙古森工集团根河森工公司调研国有林区改革工作。自治区政府、呼伦贝尔市政府、森工集团分别作了汇报。汪洋看望林区各族职工群众。

**2月10日** 自治区党委召开常委会议，自治区党委书记王君主持会议并讲话。会议研究讨论国务院副总理汪洋考察内蒙古重要讲话贯彻意见，贯彻落实中共中央、国务院《国有林场改革方案》和《国有林区改革指导意见》，全面启动自治区国有林区改革工作。

**2月16日** 国家林业局印发《关于扎实做好全面停止商业性采伐工作的通知》，从2015年4月1日起，内蒙古森工集团、岭南8个林业局（呼伦贝尔市免渡河、乌奴耳、巴林、南木、柴河、红花尔基林业局，兴安盟白狼、五岔沟林业局）和天然林资源保护工程区外大兴安岭山脉范围内的呼伦贝尔市、兴安盟、通辽市、赤峰市、锡林郭勒盟102个国有林场全面停止木材商业性采伐。

**2月25日** 自治区政府办公厅印发《关于成立自治区国有林区改革工作领导小组的通知》，自治区党委常委、自治区副主席符太增任组长，副主席王玉明任副组长。

3月27日　自治区政府召开全区绿化委员会全体会议暨自治区重点区域绿化领导小组工作会议，贯彻落实全国国有林场和国有林区改革电视电话会议、全区农村牧区工作会议精神，通报2014年工作完成情况，安排部署2015年全区国土绿化工作。自治区副主席王玉明出席会议并进行工作部署。

4月13日　自治区党政军领导义务植树活动在呼和浩特市新城区保合少镇的自治区党政军义务植树基地展开。自治区党政军领导王君、巴特尔、任亚平、车华松等与首府干部群众共同栽植新绿。

4月20日　自治区党委副书记、自治区主席巴特尔主持召开自治区政府第26次主席办公会议，听取《内蒙古森工集团混岗集体工养老保险有关问题的汇报》。4月30日，自治区政府印发第26次主席办公会议纪要。

4月21—29日　北京军区6000余名官兵、3000多名民兵预备役人员和当地干部群众在集宁义务植树基地进行植树活动，共同完成植树面积933.33公顷，植树约90万株。其间，北京军区司令员宋普选，国家林业局局长张建龙，自治区党委书记、人大常委会主任王君，自治区党委副书记、自治区主席巴特尔等军地领导到植树现场，与部队官兵和干部群众一起为义务植树基地再添新绿。

4月27日　自治区政府办公厅印发《内蒙古自治区关于加快林下经济发展的实施意见》。

6月4—11日　自治区政府林业改革专题调研组赴内蒙古森工集团开展调研。向自治区政府提交调研报告。

6月15日　自治区政府第42次常务会议研究通过《内蒙古自治区森林草原防火工作责任追究办法》，该《办法》于2015年8月1日正式施行。

6月24日　自治区政府在包头市召开全区造林绿化现场会，总结交流全区造林绿化特别是重点区域绿化工作经验，安排部署当前和今后一个时期全区造林绿化任务。自治区副主席王玉明出席会议并讲话。

7月28—29日　主题为“沙漠生态文明、共建丝绸之路”的第五届库布其国际沙漠论坛，在内蒙古鄂尔多斯库布其沙漠开幕。中共中央政治局委员、国务院副总理汪洋出席开幕式并发表主旨演讲。联合国秘书长潘基文发来贺信，来自40多个国家和地区的500余人参加此次论坛。

7月29—30日　全国防沙治沙现场经验交流会在内蒙古锡林郭勒盟多伦县召开。国家林业局党组书记、局长张建龙出席会议并讲话，国家林业局副局长张永利、自治区副主席王玉明出席会议并讲话。

7月31日　自治区政府对“自治区国有林区改革工作领导小组”组成人员进行调整，自治区党委副书记、自治区主席巴特尔任组长，自治区党委常委、副主席符太增和副主席王玉明任副组长。

8月11—12日　自治区副主席王玉明率自治区林改领导小组赴兴安盟白狼和五岔沟林业局调研林区改革工作。

8月18日　自治区党委副书记、自治区主席巴特尔主持召开第28次主席办公会议，研究并原则通过《内蒙古大兴安岭重点国有林区改革方案》和《内蒙古自治区国有林场改革方案》。

8月24日　自治区森林公安队伍组建25周年座谈会在呼和浩特市召开。国家林业局森林公安局政委焦德发，自治区林业厅党组书记、厅长呼群，自治区公安厅副厅长张有恩出席会议并讲话。会议由林业厅副厅长阿勇嘎主持。会议总结森林公安队伍组建以来取得的成绩，并对当前和今后一个时期的工作进行部署。会上，自治区林业厅和公安厅联合表彰森林公安工作中涌现出的先进集体和先进个人。

9月20日　自治区党委书记、人大常委会主任王君主持召开自治区党委常委会议，研究通过《内蒙古大兴安岭重点国有林区改革方案》和《内蒙古自治区国有林场改革方案》。9月28日，自治区政府向国家林业局、国家发展改革委报送《内蒙古大兴安岭重点国有林区改革总体方案》和《内蒙古自治区国有林场改革方案》。12月3日，国家发展改革委、国家林业局批复两个方案。12月31日，自治区党委、政府印发方案。

**10月15—16日** 全区防沙治沙现场经验交流会在赤峰市翁牛特旗召开。会议传达了国务院副总理汪洋在“第五届库布其国际沙漠论坛”上的讲话精神和全国防沙治沙现场经验交流会会议精神，并就全区下一步防沙治沙工作进行安排部署，与会人员现场参观翁牛特旗治沙典型。

**11月23日** 自治区党委、自治区政府印发《关于加快推进生态文明建设的实施意见》。

**11月** 全国绿化委员会、国家林业局授予鄂尔多斯市“国家森林城市”称号。

**12月3日** 自治区党委常委、副主席符太增和副主席王玉明召开会议，专题研究重点国有林区改革工作。会议听取《内蒙古自治区国有林区改革机构编制核定工作调研报告》，研究讨论下一步国有林区改革重点工作。

**12月10日** 自治区国有林区林场改革工作领导小组向自治区党委报送《关于内蒙古大兴安岭重点国有林区改革相关工作的报告》。12月15日，自治区党委书记、人大常委会主任王君在报告上作出批示，要求加大工作力度，推进国有林区改革工作。

**12月21日** 自治区党委常委、自治区副主席符太增主持召开国有林区林场改革会议，研究推进自治区国有林区和国有林场改革事宜。会议议定，在新机构成立前，大兴安岭林管局领导班子主持全面工作，确保机构正常运转和工作不受影响，全力配合自治区工作组做好工作；内蒙古森工集团不再按企业管理，2016年停止原森工集团各级领导班子实行的年薪制；做好停伐富余人员转岗安置工作。

**12月31日** 自治区党委、自治区政府正式印发《内蒙古大兴安岭重点国有林区改革总体方案》和《内蒙古自治区国有林场改革方案》。

# 第一章

# 林业机构

## 第一节　自治区林业机构

### 一、内蒙古自治区绿化委员会

1982年2月，自治区人民政府决定成立内蒙古自治区绿化委员会（以下简称自治区绿委会）及办事机构，各盟市、旗县相继成立绿委会及其办事机构。自治区绿化委员会成员单位主要有自治区党委宣传部、发展改革委、教育厅、科技厅、经信委、财政厅、人社厅、国土厅、住建厅、环保厅、交通厅、水利厅、农牧业厅、林业厅、文化厅、新闻出版广电局、气象局，内蒙古军区后勤部、武警内蒙古总队，自治区总工会、团委、妇联，呼和浩特铁路局，内蒙古集通铁路（集团）有限责任公司、内蒙古民航机场集团公司。自治区绿委会主任由自治区人民政府分管农口的副主席兼任，副主任由自治区人民政府副秘书长、自治区林业厅厅长、呼和浩特市政府副市长等兼任。自治区绿委会按照《内蒙古自治区绿化委员会工作规则》进行工作。自治区绿委会为常设议事机构，下设自治区绿化委员会办公室（以下简称自治区绿委办），自治区绿委办设在自治区林业厅，办公室主任由林业厅厅长兼任。

自治区绿委会主要通过全体成员会议，研究、协调、部署工作，印发自治区绿委会文件付诸实施。自治区绿委会全体会议由主任主持。出席会议的人员为主任、副主任、成员，必要时可扩大到各盟市绿化委员会负责人等。列席会议的人员根据会议需要确定。自治区绿委办根据会议研究的结论性意见，整理形成会议纪要。会议纪要由自治区绿委会主任签发，发送各成员单位。必要时可根据内容扩大印发范围。自治区绿委会全体会议议题由成员单位和有关部门提出，由自治区绿委办按程序报主任确定。自治区绿委会全体会议主要听取成员单位工作情况报告、研究决定重大事项、部署国土绿化和全民义务植树工作。自治区绿委会全体会议一般每年召开一次，如有重大事项可随时召开。自治区绿委会文件由主任或主任委托的副主任签发。自治区绿委会出台相关办法和规定，应征求各成员单位意见。有关部门制定出台涉及国土绿化和义务植树工作的重要政策，必须征求自治区绿委会意见。各地区、各部门上报自治区人民政府涉及国土绿化和义务植树重大问题的请示、报告，应抄送自治区绿委会。自治区绿委会组成人员根据人事变动情况进行不定期调整。

自治区绿委办主要工作任务是宣传国家和自治区有关国土绿化的法律、法规、方针、政策；组织协调全民义务植树工作，负责城乡、机关、事业单位、企业、部队、学校等绿化活动的协调联系工作；负责国土绿化工作的宣传动员、督促检查、评比表彰工作；承办自治区绿委会交办的工作。

2006—2015年，自治区绿委会组成人员先后进行3次调整，最后一届调整是2014年3月，全体成员名单如下：

主　任：王玉明　自治区副主席

副主任：牧　远　自治区人民政府副秘书长

呼　群　自治区林业厅厅长

张英奎　内蒙古军区副司令员

苏　雅　自治区发展和改革委员会副巡视员

奇巴图　呼和浩特市副市长

委　员：郭　宇　自治区党委宣传部副部长

奇锦玉　自治区教育厅副厅长

乌伟东　自治区人力资源和社会保障厅副厅长

陈　伟　自治区国土资源厅副厅长

云雯婧　自治区交通运输厅副巡视员

牛　明　自治区水利厅副厅长

靳延平　自治区农牧业厅总畜牧师

乔　云　自治区林业厅副巡视员

任福生　自治区环境保护厅副厅长

赵新民　自治区文化厅副厅长

田颖男　自治区科学技术厅副厅长

白培珠　自治区经济和信息化委员会副主任

罗麦尔根　自治区新闻出版广电局副局长

李彰俊　自治区气象局副局长

包铁强　自治区地方税务局纪检组长

王爱平　自治区工商行政管理局副局长

冯广存　自治区煤矿安全监察局纪检组长

李云峰　内蒙古军区后勤部副部长

袁旭红　武警内蒙古总队医院院务处处长

杨之峰　自治区公安边防总队后勤部部长

苏日娜　自治区总工会巡视员

李中增　自治区团委副书记

张淑华　自治区妇联副主席

姜春阳　内蒙古民航机场集团有限责任公司副总经理

王　福　呼和浩特铁路局副局长

刘三俊　内蒙古集通铁路有限责任公司副总经理

2006—2015年，自治区绿化委员会办公室与自治区绿化工作站合署办公，人员编制为8人。2015年，实有在职人数7人。

自治区绿委办主任：高锡林（自治区林业厅厅长兼，2006.1—2013.4）

呼　群（自治区林业厅厅长兼，2013.4—2015.12）

## 二、内蒙古自治区防火指挥部

1987年，内蒙古自治区政府护林护场防火指挥部更名为内蒙古自治区防火指挥部。自治区防火指挥部负责组织、协调和指导全区森林草原防火工作，贯彻执行国家森林防火指挥部、国家林业局、农业部草原防火指挥部和自治区党委、政府的决策部署，指导全区森林草原防火工作，协调有关部门解决森林草原防火工作中的问题，检查各地各部门贯彻执行森林草原防火有关方针政策、法律法规和重大措施情况，监督有关森林草原火灾案件查处和责任追究，决定森林草原防火的其他重大事项。自治区防火指挥部实行自治区政府领导下的总指挥负责制。总指挥负责自治区防火指挥部全面工作，各副总指挥协助总指挥组织、协调和指导军地森林草原防火工作，专职副总指挥协助总指挥具体负责相关工作。自治区防火指挥部总指挥由自治区副主席担任；副总指挥由自治区政府副秘书长、自治区林业厅厅长、自治区农牧业厅厅长和自治区气象局局长担任；专职副总指挥设在林业厅，级别为副厅级。

自治区防火指挥部的成员单位在自治区防火指挥部的领导下按照职责开展工作，成员单位有自治区林业厅、自治区财政厅、自治区发展和改革委员会、自治区农牧业厅、自治区气象局、自治区公安厅、自治区高级人民法院、自治区人民检察院、自治区人力资源和社会保障厅、自治区交通运输厅、自治区民政厅、自治区卫生和计划生育委员会、自治区政府外事办、民航内蒙古机场集团有限责任公司、自治区通信管理局、自治区新闻出版广电局、内蒙古军区、自治区政府新闻办、自治区教育厅、武警内蒙古总队、武警内蒙古森林总队、内蒙古公安消防总队、自治区旅游发展委员会。

自治区防火指挥部各成员单位是自治区森林草原防火组织领导体系的重要组成部分，根据职责分工，各司其职，各负其责，密切协作，确保森林草原防火工作任务完成。

自治区林业厅：负责全区森林草原防火工作的管理和监督；承担自治区森林防火指挥部具体工作，协调指导指挥部各成员单位做好防扑火相关工作。

自治区农牧业厅：负责牵头做好秸秆禁烧管理监督工作，配合做好草原防火相关业务工作。

自治区财政厅：除国家安排的航空护林经费外，负责组织安排需自治区承担的森林草原防火专项经费，并纳入本级财政预算，以保障预防和扑救工作。

自治区发展和改革委员会：将森林草原火灾预防、扑救和保障内容纳入国民经济和社会发展总体规划，安排自治区预算内投资的森林草原防火建设项目，对执行情况加强监督检查。

自治区民政厅：负责协调指导灾区民政部门及时设置避难场所和救灾物资供应点，紧急转移并妥善安置受灾群众，开展受灾群众基本生活救助、有关伤残人员的抚恤和重点防火区域的迁坟、文明扫墓祭祀等工作，减少森林草原火灾隐患。

自治区交通运输厅：负责保障森林草原火灾扑救人员、物资的公路、水路紧急运输，森林草原防火车辆道路通行和执行森林草原防火任务车辆免交收费公路通行费等工作；利用高速公路、省际通道沿线设施设备，配合开展森林草原防火宣传、火情视频监测等工作。

自治区教育厅：负责指导各级各类学校开展森林草原防火安全教育和管理工作，监督重点林区牧区的学校和教育单位落实森林草原防火安全责任和措施。

自治区卫生和计划生育委员会：指导地方及时做好灾区医疗救助和卫生防疫工作。

自治区旅游发展委员会：负责督促旅游景区管理机构抓好森林草原资源保护，开展对游客和导游的森林草原防火安全宣传教育，对旅游区防火工作进行监督检查。处置旅游景区发生的森林草原大火时，根据需要协调做好景区安全保卫、疏导等相关工作。

自治区公安厅：配合防火主管部门组织公安消防力量参与森林草原火灾扑救任务，做好扑火救灾交通管制保障工作。指导地方及时查处森林草原火灾案件，加强灾区社会治安和稳定管理工作。

自治区政府外事办：负责对外协调与俄罗斯、蒙古国边境地区烧入境、烧出境森林草原火灾的防范与扑救等涉外工作，为相互支援扑救火灾人员、设备等出入境提供帮助。

自治区政府新闻办：负责组织新闻媒体做好森林草原防火宣传工作，指导协调有关部门做好突发事件的信息发布和舆论引导工作。

自治区新闻出版广电局：负责协调全区广播电视系统开展森林草原防火的宣传报道工作，及时播报森林草原火险等级和森林草原防火公益广告等，配合防火部门做好重特大火灾的电视广播宣传报道。

自治区气象局：负责全区及重点林区牧区、重点时段的气象监测，发布森林草原火险气象等级预报；提供火场气象服务，组织开展森林草原防火和火灾扑救的人工影响天气作业；与有关部门共同开展森林草原火险监测研究，提供雷电灾害监测预警服务，参与利用遥感手段进行森林草原火灾损失评估，开展森林草原火灾气象成因分析。

自治区通信管理局：负责协助防火部门做好森林草原火灾扑救中的应急通信保障工作；协调各基础电信运营企业配合防火部门通过通信网开展防火宣传教育，及时发送防火警示短信息。

自治区高级人民法院：指导和督促地方法院及时审理森林草原火灾案件。

自治区人民检察院：指导全区各级检察机关依法办理森林草原火灾案件的立案监督、审查逮捕、审查起诉等工作。

内蒙古军区：负责协调军事区域及重要军事设施的森林草原防火基础设施建设，组织、指导和协调民兵预备役人员加强森林草原防扑火知识和技能培训演练，协助相关部门开展森林草原火灾联防联控工作；必要时协调军队参与处置重特大森林草原火灾。

民航内蒙古机场集团有限责任公司：负责协调和督促有关部门、单位做好森林草原火灾扑救人员、物资的空中紧急运输工作；配合森林航空消防、航空护林场站基础设施建设及相关飞行保障工作。

武警内蒙古森林总队：负责组织指挥武警森林部队执行森林草原火灾预防和扑救任务，加强军地森林草原防火“五联”（联防、联训、联指、联战、联保）机制建设工作。

武警内蒙古总队：负责组织指导武警部队做好防扑火知识普及和技能训练，必要时组织调动武警部队参与森林草原火灾扑救行动。

公安消防总队：负责协助地方开展消防知识和业务技能培训，组织协调综合应急救援队伍在需要时参与森林草原火灾的扑救。

自治区防火指挥部办公室设在自治区林业厅，办公室主任由林业厅处级干部担任，为防火指挥部日常办事机构，为正处级行政单位，编制为5人。负责防火指挥部的日常工作；承担防火宣传教育、火情监测、火险预警预报、火灾调度统计和火灾信息发布工作；组织协调武装森林警察部队、航空护林站、扑火队伍开展防扑火工作，指导和监督火灾案件查处工作；协调指导边境地区境外火防范工作；管理防扑火物资；协调解决地区之间、部门之间有关森林草原防火的重大问题。

2015年1月，根据工作需要，自治区防火指挥部成员调整为：

总 指 挥：王玉明　自治区副主席

副总指挥：牧　远　自治区人民政府副秘书长
呼　群　自治区林业厅厅长
郭　健　自治区农牧业厅厅长
乌　兰　自治区气象局局长
曹　龙　武警内蒙古森林总队总队长
阿勇嘎　自治区防火指挥部专职副总指挥
自治区林业厅副厅长

成　　员：苏　亚　自治区发展和改革委员副巡视员
孟福祥　内蒙古军区副参谋长
张有恩　自治区公安厅副厅长
赵建平　自治区高级人民法院副院长
杨世林　自治区人民检察院反渎职侵权局局长
徐宏光　自治区司法厅副厅长
王永明　自治区人力资源和社会保障厅副厅长
郭少华　自治区审计厅副厅长
戴　贵　自治区交通厅副厅长
黄志江　自治区民政厅副厅长
张小勤　自治区卫生和计划生育委员会副主任
王斯琴　自治区粮食局局长
姜春阳　民航内蒙古机场集团有限责任公司副总经理
王　斌　呼和浩特铁路局副局长
刘宝钧　自治区通信管理局副局长
邹　韬　自治区广播电影电视局副局长
张子旗　自治区邮政局局长
王东海　武警内蒙古总队副司令员
刘国民　自治区公安边防总队总队长
淡永再　内蒙古公安消防总队防火部部长
姜德明　武警内蒙古森林总队副总队长
刘永志　自治区农牧业厅副厅长
杨志捷　自治区气象局副局长
龚家栋　自治区林业厅副厅长

何庆军　自治区防火指挥部办公室主任

## 三、内蒙古自治区林业厅

### （一）机构沿革

民国36年（1947年），成立内蒙古自治区林业管理机构，时称林矿总局。民国3 7 年（1948年）—1966年，先后更名为林务局、林业总局、林业部、林业厅。1966—1978年，又先后更名为农牧林业委员会、生产建设指挥部农林局、自治区林业局。1980年8月，恢复自治区林业厅建制，1985年4月，更名为自治区林业局，1994年，重新恢复为自治区林业厅。2015年末，名称未变。

### （二）内设机构

1994年恢复林业厅建制后，林业厅内设办公室、资源林政处、治沙造林处、森林经营处、林业产业处、林业公安处（森林公安局）、自治区防火指挥部办公室、计划财务处、科技教育处、野生动物和森林植物保护处、老干部处、人事处12个职能处室和机关党委，核定行政编制为93名。另设森林资源监督专员办事处（驻地：呼伦贝尔），核定行政编制4名。

2000年，按照国家机构改革要求，对内设机构进行重新设置，职能处室调整为办公室、森林资源林政管理处、治沙造林处、森林公安局（处）、发展计划与资金管理处、科技宣传处、人事教育处7个职能处室和机关党委；并设离退休人员工作机构。自治区森林草原防火指挥部办公室设在林业厅。

2009年，自治区编制委员会办公室重新核定自治区林业厅“三定”方案，对机关内设处室进行再次调整，将人事教育处更名为人事处，增加农村林业改革发展处、林业产业处，并将原设在林业厅的自治区森林草原防火指挥部办公室调整为林业厅内设处室，名称定为防火指挥部办公室。

2011年，发展计划与资金管理处加挂内蒙古自治区林业对外合作办公室牌子。

2014年，农村林业改革发展处加挂政策法规处牌子。

至2015年末，自治区林业厅机关设12个处室，其中核定内设机构10个，分别是办公室、人事处、发展计划与资金管理处（内蒙古自治区林业对外合作办公室）、治沙造林处、森林资源林政管理处、科技宣传处、农村林业改革发展处（政策法规处）、林业产业处、森林公安局（内蒙古自治区森林公安局）、防火指挥部办公室，另设机关党委、离退休人员工作处2个工作部门。此外，设大兴安岭森林公安局、自治区森林公安局大青山分局、自治区森林公安局磴口沙漠林业分局3个直属行政单位。林业厅机关行政编制123名，3个直属行政机构编制2182名，行政编制总数2305名。

自治区林业厅领导名录：

党组书记、厅长：高锡林（蒙古族，2000.2—2013.4）

党组书记、厅长：呼　群（蒙古族，2013.4—2017.6）

党组成员、副厅长：曹文仲（2000.6—2011.3）

党组成员、巡视员：曹文仲（2011.3—2015.8）

党组成员、驻厅纪检组组长：李树平（2001.1—2011.9）

党组成员、巡视员：李树平（2011.9—2015.12）

党组成员、副厅长：田选明（2002.4—2013.5）

党组成员、巡视员：田选明（2013.5—2015.2）

党组成员、副厅长：呼　群（蒙古族，2003.7—2013.4）

党组成员、副厅长：龚家栋（2010.9—2018.3）

党组成员、总工程师：高桂英（女，2010.9—2015.10）

党组成员、驻厅纪检组组长：汪治和（2012.4—2016.12）

防火专职副总指挥：阿勇嘎（蒙古族，2011.10—2015.9）

党组成员、防火专职副总指挥：阿勇嘎（蒙古族，2011.10—2015.9）

党组成员、副厅长：阿勇嘎（蒙古族，2013.12—2018.10）

党组成员、防火专职副总指挥：王才旺（2015.9—2018.10）

党组成员、总工程师：东淑华（女，2015.12—2017.7）

副厅长：娄伯君（2015.12—2018.10）

副巡视员兼森林公安局局长：谢振有（2003.11—2007.1）

副巡视员：李纯英（2004.12—2006.3）

副巡视员：杨俊平（2005.11—2018.11）

副巡视员：云　岚（女，蒙古族，2007.1—2010.6）

副巡视员：乔　云（2007.5—2018.11）

副巡视员：肖文武（2007.5—2016.12）

副巡视员：王福英（女，蒙古族，2010.7—2013.5）

副巡视员：魏　江（2010.10—2014.6）

**四、内蒙古大兴安岭林管局**

2006年，内蒙古大兴安岭林管局（森工集团）内设处室35个：办公室、组织部、宣传部、纪委机关、工会机关、社会治安综合治理委员会办公室、团委、机关党委、调查研究室、发展计划部、经济管理部、财务部、营销部、人事处、劳动和社会保障处、监察处、科技处、审计处、统计处、营林生产处、天保办、林产工业处、多种经营处、基本建设处、安全设备处、资源林政管理处、法律事务处、野生动植物保护办公室、森林防火指挥部办公室、对外贸易经济合作处、清收货款办公室、信访处、卫生处、机关事务处、房地产管理处。直属机构7个：森林公安局、教育局、电信局、广播电视局、物资局、职工培训中心、旅游局。有在岗职工93950人。2008年，林管局（森工集团）机关机构改革，机关职能部门调整为28个，直属机构调整为2个。2009年，多种经营办公室并入林产工业处，林产工业处更名为产业处；法律事务处更名为政策法规处，同时由部门管理机构改列为职能部门。2014年，社保局由部门管理三级机构变更为正处级直属机构。2015年，森工集团内设处室27个：办公室、组织部、宣传部、纪委（监察处）、工会、团委、计划处、财务处、人事处、劳动和社会保障处、审计处、统计处、信访处、机关事务处、政策法规处、资源林政管理处、天然林保护办公室、森林防火指挥部办公室、野生动植物保护办公室、经营管理处、营林生产处、市场营销处、产业处、基本建设处、安全设备处、对外贸易经济合作处、科学技术处。直属机构3个：电信局、旅游局、社会保险事业局。有在岗职工50269人。

2015年，森工集团辖管企事业单位45家，其中：阿尔山、绰尔、绰源、乌尔旗汉、库都尔、图里河、伊图里河、根河、金河、阿龙山、满归、得耳布尔、莫尔道嘎、克一河、甘河、吉文、阿里河、大杨树、毕拉河林业局（森工公司）19家。汗马、额尔古纳、毕拉河国家级自然保护区管理局3家。内蒙古大兴安岭北部原始林区管理局1家。森林调查规划院、科研所、党校、林业干部学校、林海日报社、社会保险和再就业第一办事处、社会保险和再就业第二办事处、社会保险和再就业第三办事处、事业单位退休管理中心、根河航空护林站、满归航空护林站、驻北京联络处、驻北戴河干休所、驻呼和浩特办事处、兴安石油有限公司、林业房地产开发有限公司、牙克石宾馆、矿业公司、兴安浆纸公司、兴安国际贸易公司等企事业单位22家。

领导名录：

（一）党委成员

党委书记：扎　布（达斡尔族，2002.10—2009.5）
张学勤（2009.5—2015.12）
张晓兵（2015.12—2016.10）

党委副书记：孙扎根（1999.8—2007.11）
石玉峰（蒙古族，2005.10—2011.9）
李冶红（2005.10—2008.2）
崔志博（2005.10—2011.9）
安国通（蒙古族，2007.11—2011.9）
巴树桓（蒙古族，2011.9—2015.12）
周思伟（2011.9—2014.8）
陈佰山（蒙古族，2011.9—2017.1）
张学勤（2015.12—2017.1）

党委常委（委员）：曹克山（2005.10—2009.5）
张日成（2005.10—2009.5）
张　良（2005.10—2013.5）
段　英（女，2005.10—2013.5）
周思伟（2009.5—2011.9）
陈佰山（蒙古族，2009.5—2011.9）
郭燕吉（蒙古族，2011.9—2017.2）
李国英（2011.9—2014.8）
赵宝军（2011.9—2017.1）
白俊山（蒙古族，2011.9—2016.10）
曹起武（2011.9—2014.8）
金　钱（蒙古族，2014.5—2017.1）
韩锡波（2014.8—2019.12）
徐鹤忠（2014.8—2017.1）
张小平（2014.8—2017.1）
哈　斯（蒙古族，2015.1—2017.1）

（二）董事会成员

董事长：张学勤（2011.9—2017.1）

董　事：巴树桓（蒙古族，2011.9—2015.12）
郭燕吉（蒙古族，2011.9—2017.2）

李国英（2011.9—2014.11）

曹忠魁（2011.9—2015.12）

丁礼兵（2011.9—2012.8）

李普强（2011.9—2012.8）

王　耀（2012.8—2015.12）

吴永新（2012.8—2014.9）

白俊山（蒙古族，2014.11—2016.10）

（三）经理层成员

总经理：孙扎根（1999.8—2007.11）

安国通（蒙古族，2007.11—2011.9）

巴树桓（蒙古族，2011.9—2015.12）

张晓兵（2015.12—2016.10 ）

副总经理：马春元（1999.8—2011.9）

张学勤（2002.6—2011.9）

王　财（2002.6—2009.5）

郭燕吉（蒙古族，2002.11—2011.9）

鹿占山（2005.12—2009.5）

曹克山（总经济师，2005.12—2009.5）

周思伟（2005.12—2009.5）

李国英（总工程师，2005.12—2007.10）

李国英（2007.10—2011.9）

赵宝军（总工程师，2007.10—2009.5）

赵宝军（2009.5—2017.1）

张　良（2009.5—2013.5）

王彦伟（2009.5—2014.8）

韩锡波（总经济师，2009.5—2011.9）

韩锡波（兼总经济师，2011.9—2017.1）

徐鹤忠（总工程师，2009.5—2014.8）

田凤奇（2011.9—2017.1）

娄伯君（2011.9—2015.12）

李　冰（女，总会计师，2011.9—2014.8）

曹起武（2014.8—2018.4）

宋德才（2014.8—2017.1）

周艳昌（总会计师，2014.8—2017.1）

（四）林管局成员

局　长：孙扎根（2002.11—2007.11）

安国通（蒙古族，2007.11—2011.9）

巴树桓（蒙古族，2011.9—2015.12）
张晓兵（2015.12—2016.10）
副局长：石玉峰（蒙古族，1995.7—2011.9）
宋秉杰（2011.9—2015.12）

## 第二节　自治区林业厅直属行政事业单位

### 一、直属行政单位

（一）内蒙古自治区森林公安局

1990年2月，自治区林业局设立林业公安处，同时列入公安厅序列，实行林业局、公安厅双重领导，以林业局领导为主的行政管理体制。

1996年7月，内蒙古自治区林业公安处更名为“内蒙古自治区林业公安局”，对内称林业厅森林公安局。

2000年10月19日，内蒙古自治区林业公安局正式更名为“内蒙古自治区森林公安局”，全区各级林业公安机关一律将名称中“林业”改为“森林”。

2007年3月，中央机构编制委员会办公室印发〔2007〕19号文件，为内蒙古自治区森林公安核定政法专项编制6896名，其中大兴安岭森林公安2146名。5月，自治区林业厅制定订《落实中央编制办发〔2007〕19号文件实施方案》，上报自治区政府和自治区编制委员会。12月，自治区政府确定全区森林公安落实政法专项编制的指导性意见，同意自治区森林公安局的增编方案。

2008年1月，自治区机构编制委员会印发《关于全区森林公安纳入国家政法专项编制管理体系的通知》。10月，自治区机构编制委员会核定自治区森林公安局政法专项编制60名，核定局长1名，副局长2名，副处级领导职数3名。11月，自治区编制委员会核准内蒙古自治区森林公安局内设政治部（加挂警务督察室）、办公室（加挂指挥中心）、法制室、装备室、信息通信室、刑警支队、森保支队7个科级机构，中国林科院磴口沙漠林业实验中心森林公安机构由自治区森林公安局管理。

2009年，自治区编制委员会办公室核准，新增包头市昆区森林公安局等21个森林公安机构，面向社会公开考录部分民警，充实到全区森林公安机关。

2010年，内蒙古自治区森林公安局面向社会考试录用森林公安217人。同年，成立包头市森林公安局大青山自然保护区森林公安分局，成立锡林郭勒盟多伦县2个森林公安派出所和苏尼特右旗1个森林公安派出所。

2015年9月16日，自治区编制委员会核减自治区森林公安局机关政法专项编制1名，核减后政法专项编制为59名。

（二）内蒙古自治区大兴安岭森林公安局

1953年，组建内蒙古自治区大兴安岭森林公安机构。1998年更名为内蒙古自治区大兴安岭森林公安局（以下简称大兴安岭森林公安局）。直属21个森林公安局。2008年11月，经自治区机构编制委员会批准从森工集团剥离，为自治区林业厅直属处级机构，实行林业厅和公安厅双重领导，党政工作以林业厅管理为主，公安业务接受公安厅领导。下设21个森林公安局，核定政法专项编制2146名。2011年，经自治区机构编制委员会批准大兴安岭森林公安局局长高配为副厅级，直属21个森林公安局局长高配为副处级。21个森林公安局：牙克石、乌尔旗汉、库都尔、图里河、伊图里河、根河、金河、阿龙山、满归、得耳布尔、莫尔道嘎、克一河、甘河、吉文、阿里河、大杨树、毕拉河、绰尔、绰源、阿尔山、北部原始林区森林公安局；同年，将内设的行动技术支队更名为技术侦查支队、公共信息网络安全监察支队更名为网络安全保卫支队、刑事警察支队更名为刑事侦查支队。2012年，设立网络安全保卫支队、警卫科、情报中心、北部原始林区森林公安局骑警大队，技术侦察支队不再挂网安支队牌子，调整后大兴安岭森林公安局政法专项编制2166名。2013年，经内蒙古自治区机构编制委员会批准，将内蒙古大兴安岭森林公安局2名副局长高配为正处级。2015年，设立特警支队，为正科级内设机构，核定编制30名，核定科级领导职数4名（2正，2副）；同年，自治区控编减编核减机关政法专项编制1名，核减直属机构政法专项编制7名。

（三）内蒙古自治区森林公安局大青山自然保护区分局

2008年1月，成立内蒙古自治区森林公安局大青山自然保护区分局，是自治区森林公安局直属副处级机构，内设综合科、法制科、刑警队3个科级机构，核定政法专项编制15名；2011年，经自治区机构编制委员会批复同意，自治区森林公安局大青山自然保护区分局局长高配为正处级，呼和浩特市大青山自然保护区管理局森林公安分局、包头市森林公安局大青山自然保护区森林公安分局、乌兰察布市森林公安局大青山自然保护区森林公安分局局长高配为副处级。

（四）内蒙古自治区森林公安局磴口沙漠林业分局

2009年5月，成立内蒙古自治区森林公安局磴口沙漠林业分局，是自治区森林公安局直属科级机构，核定政法专项编制9名，科级领导职数4名（2正，2副）。

**二、直属事业单位**

（一）事业单位沿革、编制

1994年，恢复自治区林业厅建制，核定10个事业单位，编制1496名。截至2015年末，林业厅18个直属事业单位核定编制总数1057名。

1994年10月，成立内蒙古自治区林业综合利用多种经营站。同年，按照国家关于机关后勤管理体制改革的要求，成立自治区林业厅机关事务服务中心。

1995年，自治区编制办批复林业厅直属事业单位“五定”方案：林业厅设内蒙古自治区林业科学研究院（相当于副厅级）、内蒙古自治区林业勘察设计院、内蒙古林业职工中等专业学校、内蒙古自治区三北防护林工作站、内蒙古自治区森林病虫害防治检疫站、内蒙古自治区林木种苗站、《内蒙古林业》杂志社、内蒙古扎兰屯林业学校和内蒙古第二林业勘察设计院9个直属事业单位，其中《内蒙古林业》杂志社和内蒙古第二林业勘察设计院实行差额拨款事业单位。

2000年，根据政事分开的机构改革要求，自治区编制办批准成立内蒙古自治区野生动植物保护中心（挂国家林业局濒危物种进出口管理中心呼和浩特办事处牌子），2007年12月加挂内蒙古自治区湿地保护中心（内蒙古自治区国际湿地公约履约办公室）牌子，2008年2月批准参照《中华人民共和国公务员法》管理。

2000年，自治区机构编制委员会批准成立内蒙古自治区天然林保护工程服务中心。2005年，增挂自治区森林分类经营服务中心牌子。2007年12月，更名为内蒙古自治区公益林管理中心（挂内蒙古自治区天然林保护工程管理中心牌子）。2008年4月，批准参照《中华人民共和国公务员法》管理。2011年7

月，撤销内蒙古自治区公益林管理中心（自治区天然林保护工程管理中心），成立内蒙古自治区天然林资源保护管理局（挂内蒙古自治区公益林管理中心牌子）。

2001年，成立内蒙古自治区森林草原防火信息中心。2007年，更名为内蒙古自治区森林草原防火协调调度中心；2010年，撤销并成立内蒙古自治区林业灾害应急办公室，2011年批准参照《中华人民共和国公务员法》管理。

2001年，成立内蒙古自治区林业培训中心。2007年，增挂内蒙古自治区森林资源资产评估管理中心牌子。2010年，撤销森林资源资产评估管理中心牌子，加挂内蒙古自治区林木种苗示范基地牌子。2012年11月，自治区开展全区事业单位清理工作，将内蒙古自治区林业培训中心（挂内蒙古林木种苗示范基地牌子）更名为内蒙古自治区林木种苗科研教育示范基地管理中心。

2002年11月，内蒙古自治区林业勘察设计院加挂自治区林业监测规划院牌子、内蒙古自治区第二林业勘察设计院加挂内蒙古自治区第二林业监测规划院牌子。2007年6月，两院分别更名为内蒙古自治区林业监测规划院（挂自治区林业勘察设计院牌子）、内蒙古自治区第二林业监测规划院（挂内蒙古自治区第二林业勘察设计院牌子）。

2003年1月，将内蒙古自治区林业综合利用多种经营站更名为内蒙古自治区国有林场站，2009年12月批准参照《中华人民共和国公务员法》管理。

2003年，自治区林业厅成立内蒙古自治区林业基金管理站。2005年，更名为内蒙古自治区退耕还林和外援项目管理中心，2008年4月，批准参照《中华人民共和国公务员法》管理。

2004年7月，成立内蒙古自治区林业厅森林资源监督专员办公室。2008年2月，批准参照《中华人民共和国公务员法》管理。

2005年4月，内蒙古自治区森林病虫害防治检疫站增挂内蒙古自治区防止外来林业有害生物入侵管理中心牌子。2008年10月，批准参照《中华人民共和国公务员法》管理。

2006年6月，内蒙古林业职工中等专业学校划转给内蒙古电子信息学院管理。

2006年9月，内蒙古扎兰屯林校划转给呼伦贝尔市政府管理。

2007年10月，撤销《内蒙古林业》杂志社，杂志由内蒙古自治区林业科学研究院承办。12月，内蒙古自治区三北防护林工作站加挂内蒙古自治区林业技术推广中心牌子。2008年4月，批准参照《中华人民共和国公务员法》管理。

2007年，成立内蒙古大青山自然保护区管理局。2008年10月，批准参照《中华人民共和国公务员法》管理。2009年，更名为内蒙古大青山国家级自然保护区管理局。

2007年3月，成立内蒙古自治区绿化工作站，2008年10月，批准参照《中华人民共和国公务员法》管理。

2008年7月，内蒙古自治区林木种苗站加挂内蒙古自治区林木种苗质量监督检验站的牌子。同年7月，批准参照《中华人民共和国公务员法》管理。

2010年6月，重新成立内蒙古自治区森林资源资产评估管理中心。

2011年，成立内蒙古自治区林业信息中心。2012年12月，加挂内蒙古自治区林学会办公室牌子。

2012年，按照事业单位调整规范要求，对直属事业单位进行调整撤并，调整保留18个事业单位。分别是：内蒙古自治区天然林资源保护管理局（挂内蒙古自治区公益林管理中心牌子）、内蒙古自治区林业灾害应急办公室、内蒙古自治区林业厅森林资源监督专员办公室、内蒙古自治区绿化工作站、内蒙古自治区林业厅机关事务服务中心、内蒙古自治区大青山国家级自然保护区管理局、内蒙古自治区三北防护林工作站（挂内蒙古自治区林业工作站、内蒙古自治区林业技术推广中心牌子）、内蒙古自治区林木种苗站（挂内蒙古自治区林木种苗质量监督检验站牌子）、内蒙古自治区森林病虫害防治检疫站（挂内蒙古自治区防止外来林业有害生物入侵管理中心牌子）、内蒙古自治区国有林场和森林公园管理局、内蒙古自治区野生动植物保护中心［挂国家林业局濒危物种进出口管理中心呼和浩特办事处、内蒙古自治区湿地保护管理中心（内蒙古自治区国际湿地公约履约办公室）牌子］、内蒙古自治区退耕还林和外援项目管理中心（挂内蒙古自治区林业基金管理站牌子）、内蒙古自治区森林资源资产评估管理中心、内蒙古自治区林业信息中心、内蒙古自治区林业监测规划院（挂内蒙古自治区林业勘察设计院牌子）、内蒙古自治区第二林业监测规划院（挂内蒙古自治区第二林业勘察设计院牌子）、内蒙古自治区林业科学研究院、内蒙古自治区林木种苗科研教育示范基地管理中心。其中内蒙古自治区大青山国家级自然保护区管理局和内蒙古自治区林业科学研究院为副厅级事业单位，其他16个为正处级事业单位。内蒙古自治区林木种苗科研教育示范基地管理中心为自收自支单位，其他17个均为全额拨款事业单位。

2015年1月，根据自治区编制委员会《关于自治区林业厅直属事业单位分类意见的批复》，确定自治区林业厅直属18个事业单位类别均为公益一类。

（二）事业单位概况

1．内蒙古自治区野生动植物保护中心

2000年4月，经内蒙古自治区机构编制委员会批准成立内蒙古自治区野生动植物保护中心（挂国家林业局濒危物种进出口管理中心呼和浩特办事处牌子），为自治区林业厅直属正处级事业单位，内设办公室、保护科。核定事业编制10名，核定处级领导职数2名（1正、1副），科级职数3名（2正、1副）。经费实行全额拨款。2007年12月，加挂内蒙古自治区湿地保护中心牌子（内蒙古自治区国际湿地公约履约办公室），增加事业编制2名，副处级领导职数1名，调整后事业编制共12名。2008年2月，经自治区人事厅批准参照《中华人民共和国公务员法》管理。2012年11月，调整规范职责，编制、机构、职数没有变化。2015年，确定为公益一类事业单位。

2．内蒙古自治区国有林场和森林公园管理局

1994年4月，成立内蒙古自治区林业综合利用多种经营站，为内蒙古自治区林业厅直属正处级全额拨款事业单位，核定编制18名。2003年1月，内蒙古自治区林业综合利用多种经营站更名为内蒙古自治区国有林场工作站。2009年，列入参照《中华人民共和国公务员法》管理单位。2010年12月，经自治区机构编制委员会同意，内蒙古自治区国有林场工作站加挂内蒙古自治区森林公园管理办公室牌子，增设森林公园管理科，增加科级领导职数1名。2012年11月，内蒙古自治区国有林场工作站更名为内蒙古自治区国有林场和森林公园管理局，为自治区林业厅直属正处级事业单位，核定事业编制16名。2015年末，内设办公室、森林经营科、项目科、森林公园管理科4个科级机构，核定事业编制16名，核定处级职数3名（1正、2副），科级职数6名（4正、2副）。同年，确定为公益一类事业单位。

3．内蒙古自治区天然林资源保护管理局

2000年4月，成立内蒙古自治区天然林保护工程服务中心，为自治区林业厅直属正处级事业单位，核定事业编制6名，处级领导职数2名（1正、1副）。经费实行全额拨款。2005年10月，加挂自治区森林分类经营服务中心牌子，内设综合科、天然林保护科、森林分类经营科。增加事业编制5名，增加后事业编制为11名，核定正科级职数3名。2007年12月，更名为自治区公益林管理中心，挂自治区天然林保

护工程管理中心的牌子。2008年4月批准参照公务员法管理。2011年7月，批准成立自治区天然林资源保护管理局，挂自治区公益林管理中心牌子，核定事业编制15名，核定处级领导职数3名（1正、2副），内设综合科、天然林资源保护科、公益林管理科、工程核查与效益监测科4个科级机构，核定科级领导职数6名（4正、2副）。2015年1月，确定为公益一类事业单位。

4．内蒙古自治区退耕还林和外援项目管理中心

2003年1月，成立内蒙古自治区林业基金管理站，为自治区林业厅直属正处级事业单位，内设办公室和业务科。核定事业编制10名，核定处级领导职数2名（1正、1副），正科级领导职数2名。2005年1月，更名为内蒙古自治区退耕还林和外援项目管理中心，并挂内蒙古自治区林业基金管理站牌子。2008年4月，批准参照公务员法管理。2012年11月，调整规范职责，编制数、机构、职数没有变化。2015年，确定为公益一类事业单位。

5．内蒙古自治区林业灾害应急办公室

2001年，成立内蒙古自治区森林草原防火信息中心，为自治区林业厅直属正处级事业单位，核定事业编制7名，核定处级领导职数2名（1正、1副）。2007年12月，更名为内蒙古自治区森林草原防火协调调度中心。2010年11月，撤销自治区森林草原防火协调调度中心，成立自治区林业灾害应急办公室，核定事业编制7名，处级领导职数2名（1正、1副）。2011年2月，批准参照公务员法管理。2012年4月，重新核定自治区林业灾害应急办公室事业编制10名，处级领导职数2名（1正、1副），副调研员职数1名，主任科员职数3名，副主任科员职数3名。2015年1月，确定为公益一类事业单位。

6．内蒙古自治区森林病虫害防治检疫站

1989年，成立自治区森林病虫害防治检疫站，为自治区林业厅直属正处级事业单位，核定编制数15名。内设检疫科、防治科、办公室3个科级机构，核定处级领导职数3名（1正、2副），正科级领导职数3名。2005年，经自治区机构编制委员会批复同意，增挂“内蒙古自治区防止外来林业有害生物入侵管理中心”牌子。2008年，批准参照公务员法管理。2012年，核定编制数14名。2015年，确定为公益一类事业单位。

7．内蒙古自治区林木种苗站

1974年1月，成立内蒙古自治区林木种苗站。1979年，改建为内蒙古自治区林木种子公司。1989年11月，内蒙古自治区林木种子公司更名为内蒙古自治区林木种子管理站。1995年9月，内蒙古自治区林木种子管理站更名为内蒙古自治区林木种苗站，为自治区林业厅直属正处级事业单位，内设6个科室，核定事业编制38名，其中处级领导职数3名，科级领导职数9名；专业技术人员30人，行政工勤人员8人。2008年7月，列入参照《中华人民共和国公务员法》管理单位。2012年11月，内蒙古自治区林木种苗站内设7个科室，核定事业编制35名，其中处级领导职数4名，科级领导职数11名；同年12月，编制调整为33名。2015年，确定为公益一类事业单位。

8．内蒙古自治区林业厅森林资源监督专员办公室

2004年7月，成立内蒙古自治区林业厅森林资源监督专员办公室，为自治区林业厅直属正处级事业单位，在呼和浩特、通辽、巴彦淖尔派驻专员办事处，分别负责中部、东部和西部各4个盟市的森林资源监督工作，核定编制数12名。派驻专员办事处各配1名专员（正处级）、1名副专员（副处级）。2008年2月，批准参照《中华人民共和国公务员法》管理。2015年，确定为公益一类事业单位。

9．内蒙古自治区绿化工作站

2007年3月，成立内蒙古自治区绿化工作站，是自治区绿化委员会的办事机构，是自治区林业厅直

属正处级事业单位，核定事业编制数8名，其中专业技术人员6名、行政工勤人员2名；核定处级领导职数2名（1正、1副）。2008年10月，批准参照《中华人民共和国公务员法》管理。2015年，确定为公益一类事业单位。

10．内蒙古大青山国家级自然保护区管理局

2007年10月，成立内蒙古自治区大青山自然保护区管理局，为自治区林业厅直属副厅级事业单位，内设办公室、资源保护处、经营管理处，核定事业编制28名，其中副厅级领导职数2名，处级领导职数8名［5正（含局领导副职2名）、3副］，专业技术人员中22名，行政工勤人员6名。2008年10月，批准参照《中华人民共和国公务员法》管理。2009年5月，内蒙古自治区大青山自然保护区管理局更名为内蒙古大青山国家级自然保护区管理局。2009年7月，划入2名编制，调整后事业编制为30名，其中：副厅级领导职数2名、正处级领导职数5名、调研员职数2名、副处级领导职数3名、副调研员职数2名。2010年，自治区党委办公厅、政府办公厅调整和完善大青山自然保护区管理体制，将自治区编委批准成立的大青山自然保护区管理局呼和浩特、包头、乌兰察布分局明确为内蒙古大青山国家级自然保护区管理局和三市政府双重管的直属机构。2012年重新核定事业编制30名。2015年，确定为公益一类事业单位。

11．内蒙古自治区林业工作总站

1988年1月，成立内蒙古自治区三北防护林工作总站，为自治区林业厅直属正处级事业单位，内设办公室、技术推广科、生产科、林工站管理科4个科级机构，核定事业编制18名，其中专业技术人员14名，行政工勤人员4名，核定处级干部职数2人（1正、1副），科级干部职数4名。1995年，内蒙古自治区三北防林工作总站内设办公室、防护科、育林科、管理科4个科室，核定事业编制19名，核定处级领导职数3名（1正、2副）、科级领导职数6名（4正、2副）。2007年，加挂内蒙古自治区林业工作站和内蒙古自治区林业技术推广中心牌子。2008年，列入参照公务员法管理单位。2012年，林业厅直属事业单位调整规范，核定事业编制17名，干部职数没有变化。同年，编制划转至自治区林业信息中心1名，编制减少至16名。2013年，编制数恢复为17名。2015年，确定为公益一类事业单位。

12．内蒙古自治区林业监测规划院

1995年9月，成立内蒙古自治区林业勘察设计院，核定编制数390名，核定处级领导6名（2正、4副）、科级领导职数34名（17正、17副）。内设党委办公室、人事教育科、办公室、财务科、物资供应科、总工程师办公室、情报资料室、森林资源监测队、电算室、总体设计室、森林勘察设计大队、野生动物调查队、线路勘察设计室、工业与民用建筑设计室、复制一室、复制二室、保卫科17个科级机构。2002年11月加挂内蒙古自治区林业监测规划院牌子。2007年6月，更名为自治区林业监测规划院并挂自治区林业勘察设计院牌子。2012年11月，事业单位调整规范，核定编制数342名，核定处级领导职数7名（2正、5副），科级领导职数39名（20正、19副），内设党委办公室、行政办公室、工会、人事老干部科、财务项目科、保卫科、生产技术科、总工办、情报档案室、森林资源调查中心、森林资源监测中心、规划一室、规划二室、规划三室、规划四室、计算机中心、复制室、景观园林规划室、碳汇计量与监测中心。林木林地纠纷司法鉴定中心。2015年，核减事业人员编制3名，编制调减为339名。年末，全院职工人数510人，其中在编327人；院聘42人（2007年开始实行院聘制度，用来补充技术人员缺乏）；离退休141人。具有正高级专业技术资格22人，副高级专业技术资格101人，中级专业技术资格86人，初级专业技术资格42人。有博士研究生3人，硕士研究生42人，本科91人，专科及以下191人。同年，确定为公益一类事业单位。

13．内蒙古自治区第二林业监测规划院

内蒙古自治区第二林业监测规划院前身为内蒙古自治区政府林务局森林调查班，于1949年2月成立，成立时职工人数10人。1950年，调查班人员扩编到27人，正式命名为“内蒙古林野调查队”，下设4个小队。1955年4月，队部设在乌兰浩特市，隶属内蒙古自治区林业厅领导，人员为216人。1959年，变更为“内蒙古林业厅勘察设计院第二大队”。1963年2月，更名为“内蒙古林业厅建设局森林经营勘察设计大队”，核定编制180人。1995年，更名为内蒙古第二林业勘察设计院，为自治区林业厅直属正处级事业单位，核定事业编制400名，内设党委办公室、纪检委、工团办公室、人事科、保卫科、行政办公室、物资供应科、财务科、生产技术科、情报档案室、资源监测一室、资源监测二室、专业调查研究室、总体设计室、道路设计室、地质室、电算室、工民建设计室、环境规划设计室、绘图室，核定处级领导职数6名（2正、4副）、科级领导职数40名（20正、20副）。专业技术人员320人、行政工勤人员80人。2002年，增挂内蒙古自治区第二林业监测规划院牌子。2007年，更名为内蒙古自治区第二林业监测规划院。2012年，事业单位调整规范，核定事业编制357名。其中，专业技术人员编制287名，其他人员70名。核定处级领导职数7名（2正、5副），科级领导职数43名（22正、21副）。内设党委办公室、行政办公室、人事科、财务科、保卫科、生产技术科、物资供应科、情报档案室、总工办、工会、团委、森林资源监测中心、荒漠化沙化监测中心、林业工程监测中心、专业调查研究室、野生动植物监测中心、规划设计一室、规划设计二室、林业经济分析研究室、绘图室、数据处理中心、复印室22个机构。2015年，确定为公益一类事业单位，核减事业编制7名，事业编制为350名。

14．内蒙古自治区林业科学研究院

1954年，成立内蒙古自治区林业科学研究院，是全国最早创建的省级林业科研机构之一，为自治区林业厅直属正处级事业单位。1995年，由正处级事业单位升格为副厅级，内设8个正处级机构。核定事业编制225名。核定副厅级领导职数2名，正处级领导职数11名（包括院领导副职职数3名），副处级领导职数12名。经费实行全额拨款。2001年，重新核定内蒙古林科院全额拨款事业编制113名。2009年，事业编制调整为114名。2012年事业单位调整规范，核定内设处级机构3个，核定事业编制114名。核定副厅级领导职数2名，处级领导职数6名（5正、1副）。2013年，同意设置处级内设机构12个，核定处级领导职数24名（12正、12副）。至2015年末，内蒙古林科院设有17个非独立法人机构，其中6个研究所、6个管理处室、3个科技服务中心、1个实验室及《内蒙古林业》杂志社；1个正处级直属独立法人事业单位；5个联合共建分院。有5个科研试验基地、1个国家林业局重点开放性实验室、1个自治区重点实验室和5个国家林业局陆地生态系统定位观测研究站。全院有职工155人（其中在编100人，院聘用40人，项目聘用15人），专业技术人员111人，其中正高级职称24人，副高级职称28人，中级职称及以下专业技术人员59人。在专业技术人员中，有博士研究生11人、硕士研究生36人；享受国务院政府特殊津贴人员7人（在职2人，离退休和调离5人）；获自治区有突出贡献的中青年专家称号7人（在职4人，离退休和调离3人）。同年，确定为公益一类事业单位。

15．内蒙古自治区林木种苗科研教育示范基地管理中心

2001年，成立内蒙古自治区林木种苗示范基地，为自治区林业厅直属正处级事业单位，核定事业编制15名，内设办公室、财务科、业务科3个科级机构，处级领导职数3名（1正、2副）。2010年，内蒙古自治区林业培训中心挂内蒙古自治区林木种苗示范基地牌子，核定事业编制30名，内设办公室、财务科、培训科、良繁科、经营科5个科级机构，处级领导职数2名（1正、1副）。2012年，更名为内蒙古自

治区林木种苗科研教育示范基地管理中心，由自治区林业厅管理调整为内蒙古自治区林业科学研究院管理。核定事业编制数25名，内设办公室、财务科、良繁科、经营科、教育培训科5个科级机构，核定处级领导职数2名（1正、1副）。2015年，确定为公益一类事业单位。

16．内蒙古自治区林业厅机关事务服务中心

1994年，成立内蒙古自治区林业厅机关事务服务中心，为正处级事业单位，核定事业编制37名，其中处级领导职数3名（1正、2副），内设行政科、总务科、房管科、水暖科、车队5个科室，科级职数8名（5正、3副）。同年，自治区区直机关事务服务中心重新核编，核定处级领导职数3名（1正、2副），内设行政科、总务科、经营管理科、车队4个科室，科级职数6名（4正、2副）。2001年，核定事业编制29名（全额拨款19名，自收自支10名）。核定处级领导职数3名（1正、2副），科级领导职数6名（4正、2副）。2015年，确定为公益一类事业单位。

17．内蒙古自治区林业信息中心

2011年7月，成立内蒙古自治区林业信息中心，是林业厅直属正处级事业单位，核定事业编制5名，核定处级领导职数2名（1正、1副）。2012年，加挂内蒙古自治区林学会办公室牌子，核定事业编制9名，核定处级领导职数3名（1正、2副）。2015年，确定为公益一类事业单位。

18．内蒙古自治区森林资源资产评估管理中心

2010年6月，成立内蒙古自治区森林资源资产评估管理中心，是自治区林业厅直属全额拨款正处级事业单位。内设评估管理科和综合科。核定正处职数1个，8名全额拨款事业编制。2011年8月，自治区森林资源资产评估管理中心事业编制调整为12名。2012年11月，事业单位调整规范，内设机构调整为办公室、综合业务科和评估管理科3个科级机构，核定事业编制15名，核定处级领导职数2名（1正、1副），科级领导职数4名（3正、1副）。2013年3月，内设机构科级领导职数调整为6名（3正、3副）。2015年，确定为公益一类事业单位。

## 第三节　自治区林业厅系统干部配备

2000—2015年，自治区林业厅系统行政事业机构干部配备情况见下表。

表1-3-1　2000—2015年自治区林业厅机构干部配备一览表

| | 机构设置及沿革 | 职　务 | 姓　名 | 任　期 |
|---|---|---|---|---|
| 1 | 办公室 | 主　任 | 乔　云 | 1997.12—2007.5 |
| | | 主　任 | 东淑华（女） | 2007.7—2015.12 |
| | | 副主任 | 张爱军 | 2005.11—2009.1 |
| | | 副主任 | 高　娃（女，蒙古族） | 2009.4—2016.3 |
| | | 副主任 | 高妍岭（女） | 2011.6—2014.4 |
| | | 副主任 | 赵显民（蒙古族） | 2014.4—2016.3 |

（续表）

| | 机构设置及沿革 | 职　务 | 姓　名 | 任　期 |
|---|---|---|---|---|
| 2 | 人事教育处 | 处　长 | 肖文武 | 2000.6—2007.5 |
| | | 处　长 | 杨峻山 | 2007.9—2009.12 |
| | | 副处长 | 邹书静（女） | 2000.7—2009.4 |
| | 人事处 | 处　长 | 杨峻山 | 2009.12—2011.11 |
| | | 处　长 | 武来才 | 2011.11—2013.12 |
| | | 处　长 | 王莉英（女） | 2013.12—2019.12 |
| | | 副处长 | 赵显民（蒙古族） | 2009.4—2014.4 |
| | | 副处长 | 苏丽娅（女，蒙古族） | 2011.4—2016.3 |
| 3 | 机关党委 | 专职副书记 | 赛希娅娜（女，蒙古族） | 1997.12—2009.3 |
| | | 专职副书记 | 张博文 | 2009.3—2016.3 |
| 4 | 纪检组监察室 | 纪检监察室主任 | 索伦高娃（女，蒙古族） | 2001.3—2007.9 |
| | | 纪检组副组长<br>监察室主任 | 韩宝峰（蒙古族） | 2009.2—2016.12 |
| | | 正处级纪检员 | 夏玉山 | 2001.9—2008.10 |
| | | 正处级纪检员 | 韩宝峰（蒙古族） | 2007.11—2009.2 |
| | | 正处级纪检员 | 连慧文 | 2009.3—2010.6 |
| | | 正处级纪检员 | 郭向民 | 2010.12—2016.7 |
| 5 | 离退休人员工作处 | 处　长 | 王姝环（女） | 2000.7—2010.11 |
| | | 处　长 | 张爱军 | 2010.11—2013.8 |
| | | 处　长 | 牛喜山 | 2014.4—2016.3 |
| | | 副处长 | 迟晓旭 | 2014.2—2016.3 |
| 6 | 治沙造林处 | 处　长 | 周路明 | 2000.7—2006.8 |
| | | 处　长 | 武来才 | 2006.8—2013.12 |
| | | 处　长 | 郝永富 | 2014.4—2018.3 |
| | | 副处长 | 丁　荣（女） | 2000.7—2010.3 |
| | | 副处长 | 张博文 | 2001.7—2009.1 |
| | | 副处长 | 格日乐（女，蒙古族） | 2009.3—2018.3 |
| | | 副处长 | 佟金壮（蒙古族） | 2010.3—2013.8 |
| | | 副处长 | 金宇利（女，蒙古族） | 2015.7—2016.7 |
| 7 | 森林资源林政管理处 | 处　长 | 王才旺 | 2004.6—2014.4 |
| | | 处　长 | 刘大中（满族） | 2014.4—2015.7 |

（续表）

| | 机构设置及沿革 | 职　务 | 姓　名 | 任　期 |
|---|---|---|---|---|
| 7 | 森林资源林政管理处 | 处　长 | 白锦贤 | 2015.7—2016.7 |
| | | 副处长 | 白锦贤 | 2004.8—2010.12 |
| | | 副处长 | 张根喜 | 2009.8—2018.3 |
| 8 | 自治区森林草原防火指挥部办公室 | 主　任 | 阿勇嘎（蒙古族） | 2000.7—2009.5 |
| | | 主　任 | 何庆军（蒙古族） | 2010.12—2018.12 |
| | | 副主任 | 浩毕斯嘎拉图（蒙古族） | 2004.12—2007.7 |
| | | 副主任 | 何庆军（蒙古族） | 2007.7—2010.12 |
| 9 | 发展计划与资金管理处 | 处　长 | 周路明 | 2006.8—2016.9 |
| | | 副处长 | 白晓明（蒙古族） | 2011.06—2018.3 |
| 10 | 科技宣传处 | 处　长 | 高桂英（女） | 2005.7—2010.9 |
| | | 处　长 | 王艳华（女） | 2010.12—2019.2 |
| | | 副处长 | 王艳华（女） | 2001.7—2008.10 |
| | | 副处长 | 罗洪文 | 2008.10—2010.12 |
| | | 副处长 | 敖　东（达斡尔族） | 2011.6—2019.5 |
| 11 | 农村林业改革发展处（2014年12月加挂政策法规处牌子） | 处　长 | 郝永富 | 2010.3—2014.4 |
| | | 处　长 | 张爱军 | 2014.4—2018.3 |
| | | 副处长 | 包国庆（蒙古族） | 2010.3—2019.5 |
| | | 副处长 | 高妍岭（女） | 2014.4—2019.5 |
| 12 | 林业产业处 | 处　长 | 刘大中（满族） | 2010.4—2014.4 |
| | | 处　长 | 王才旺 | 2014.4—2015.9 |
| | | 副处长 | 张希斌 | 2007.6—2019.6 |
| 13 | 森林公安局（处） | 局（处）长 | 谢振有 | 2000.6—2007.1 |
| | | 局　长 | 肖文武 | 2007.5—2009.12 |
| | | 副局（处）长 | 杨峻山 | 2000.7—2007.9 |
| | | 副局长（副处级） | 冯　虎 | 2007.9—2009.12 |
| | | 副局长（正处级） | 赛希娅娜（女，蒙古族） | 2009.3—2009.12 |
| | | 副处长 | 王肖冰（女） | 2008.10—2009.6 |
| 14 | 森林公安局（对外称内蒙古自治区森林公安局） | 局长（副巡视员兼任） | 肖文武 | 2009.12—2011.11 |
| | | 局长（副厅级） | 杨峻山 | 2011.11—2019.12 |
| | | 政委（正处级） | 赛希娅娜（女，蒙古族） | 2013.7—2019.12 |
| | | 副局长（正处级） | 张爱军 | 2009.10—2010.11 |

（续表）

| | 机构设置及沿革 | 职　务 | 姓　名 | 任　期 |
|---|---|---|---|---|
| 14 | 森林公安局（对外称内蒙古自治区森林公安局） | 副局长（正处级） | 赛希娅娜（女，蒙古族） | 2009.12—2013.7 |
| | | 副局长（副处级） | 冯　虎 | 2009.12—2010.12 |
| | | 副局长（正处级） | 冯　虎 | 2010.12—2019.12 |
| | | 副局长（正处级） | 白锦贤 | 2013.8—2015.7 |
| | | 副局长（正处级） | 罗洪文 | 2015.7—2017.1 |
| | | 政治部主任（副处级） | 王肖冰（女） | 2009.6—2015.7 |
| | | 刑警支队队长（副处级） | 甄志勇 | 2009.6—2016.7 |
| | | 刑警支队政委（副处级） | 莫尔根（女，蒙古族） | 2009.6—2016.7 |
| 15 | 内蒙古自治区森林公安局大青山自然保护区分局 | 局长（副处级） | 谢永辉 | 2008.1—2010.6 |
| | | 局长（副处级） | 田宗利 | 2010.6—2011.12 |
| | | 局长（正处级） | 田宗利 | 2011.12—2018.8 |
| | | 政委（副处级） | 赵显民（蒙古族） | 2008.1—2009.4 |
| | | 政委（副处级） | 田宗利 | 2009.4—2010.6 |
| | | 政委（副处级） | 谢永辉 | 2010.6—2019.8 |
| 16 | 内蒙古自治区森林公安局磴口沙漠林业分局 | 局长（正科级） | 曹良图 | 2010.9—2019.12 |
| | | 政委（正科级） | 陈建芳 | 2010.9—2016.3 |
| 17 | 内蒙古大兴安岭森林公安局 | 局长（正处级） | 葛日新 | 2008.8—2011.11 |
| | | 局长（副厅级） | 葛日新 | 2011.11—2013.7 |
| | | 局长（副厅级） | 费纯林 | 2013.7—2016.7 |
| | | 政委（正处级） | 费纯林 | 2008.8—2013.7 |
| | | 政委（正处级） | 蒋国平 | 2013.8—2016.7 |
| | | 副局长（副处级） | 苏　贺 | 2008.8—2013.8 |
| | | 副局长（副处级） | 蒋国平 | 2008.8—2013.8 |
| | | 副局长（副处级） | 李广文 | 2008.8—2013.8 |
| | | 副局长（正处级） | 李广文 | 2013.8—2019.12 |
| | | 副局长（副处级） | 倪荣光 | 2014.12—2019.12 |
| | | 副局长（副处级） | 石宝森 | 2014.12—2019.12 |
| | | 纪委书记（副处级） | 刘　军 | 2008.8—2009.6 |
| | | 纪委书记（副处级） | 徐文华 | 2009.6—2014.12 |
| | | 纪委书记（副处级） | 林英武 | 2014.12—2019.12 |
| | | 消防支队队长（副处级） | 孟令军 | 2008.8—2015.4 |

（续表）

| | 机构设置及沿革 | 职　务 | 姓　名 | 任　期 |
|---|---|---|---|---|
| 17 | 内蒙古大兴安岭森林公安局 | 消防支队政委（副处级） | 张海涛 | 2008.8—2016.2 |
| | | 国保支队队长（副处级） | 刘国亮 | 2009.8—2016.3 |
| | | 刑侦支队队长（副处级） | 王海金 | 2009.8—2012.10 |
| | | 刑侦支队队长（副处级） | 兰德才 | 2014.12—2017.12 |
| 18 | 内蒙古自治区森林病虫害防治检疫站（2005年4月加挂内蒙古自治区防止外来林业有害生物入侵管理中心牌子） | 站　长 | 宋　钢 | 2000.8—2010.4 |
| | | 站　长 | 特木钦（蒙古族） | 2010.4—2018.3 |
| | | 副站长 | 特木钦（蒙古族） | 2000.9—2010.4 |
| | | 副站长 | 刘林福 | 2003.4—2010.4 |
| | | 副站长 | 王世泰 | 2010.4—2011.2 |
| | | 副站长 | 林　岩（蒙古族） | 2011.3—2013.10 |
| | | 副站长 | 吴国华 | 2011.8—2019.12 |
| | | 副站长 | 赵胜国（蒙古族） | 2014.4—2019.12 |
| 19 | 内蒙古自治区三北防护林工作站（2007年12月加挂内蒙古自治区林业技术推广中心牌子） | 站　长 | 武来才 | 2004.12—2006.8 |
| | | 站　长 | 董建林 | 2006.8—2011.3 |
| | | 站　长 | 曹建军 | 2011.3—2016.11 |
| | | 副站长 | 康　宏 | 2005.3—2009.4 |
| | | 副站长 | 单炜（满族） | 2008.2—2016.11 |
| | | 副站长 | 刘婉荣（女） | 2010.4—2011.3 |
| 20 | 内蒙古自治区林木种苗站（2008年7月加挂内蒙古自治区林木种苗质量监督检验站的牌子） | 站　长 | 王生军 | 1997.12—2018.3 |
| | | 副站长 | 杜英杰（满族） | 2000.8—2010.3 |
| | | 副站长 | 宁明世 | 2006.3—2019.8 |
| | | 副站长 | 王文祥 | 2008.8—2010.10 |
| | | 副站长 | 邵文亮 | 2010.4—2019.12 |
| | | 副站长 | 王政文 | 2010.9—2019.12 |
| 21 | 内蒙古自治区天然林保护工程服务中心（2005年10月加挂内蒙古自治区森林分类经营服务中心牌子） | 主　任 | 郭　中 | 2000.8—2007.12 |
| | | 副主任 | 苏喜富 | 2006.5—2007.12 |
| | 内蒙古自治区公益林管理中心（2007年12月加挂内蒙古自治区天然林保护工程管理中心牌子） | 主　任 | 郭　中 | 2007.12—2011.1 |
| | | 主　任 | 董建林 | 2011.3—2013.9 |
| | | 副主任 | 苏喜富 | 2007.12—2009.3 |
| | | 副主任 | 高　利 | 2009.3—2010.4 |
| | | 副主任 | 刘建瑞 | 2010.4—2013.9 |

（续表）

| | 机构设置及沿革 | 职　务 | 姓　名 | 任　期 |
|---|---|---|---|---|
| 21 | 内蒙古自治区天然林资源保护管理局（2011年7月加挂内蒙古自治区公益林管理中心牌子） | 局　长 | 董建林 | 2013.9—2018.3 |
| | | 副局长 | 高建平 | 2011.9—2019.12 |
| | | 副局长 | 刘建瑞 | 2013.9—2014.4 |
| | | 副局长 | 曹淑云（女） | 2014.4—2019.12 |
| 22 | 内蒙古自治区退耕还林和外援项目管理中心（2012年11月加挂内蒙古自治区林业基金管理站牌子） | 主　任 | 王　海（蒙古族） | 2003.1—2018.3 |
| | | 副主任 | 贾翠萍（女） | 2003.3—2009.4 |
| | | 副主任 | 斯琴（女，蒙古族） | 2009.7—2014.8 |
| | | 副主任 | 高建平 | 2010.4—2011.9 |
| | | 副主任 | 田　霞（女） | 2011.9—2019.12 |
| 23 | 内蒙古大青山国家级自然保护区管理局 | 局　长 | 李全基 | 2009.1—2014.8 |
| | | 局　长 | 张全如 | 2014.12—2019.6 |
| | | 党委书记 | 张　亮 | 2008.11—2016.6 |
| | | 副局长 | 浩仁塔本（蒙古族） | 2009.3—2019.12 |
| | | 副局长 | 杨正正 | 2009.3—2018.5 |
| | | 办公室主任 | 邓海生 | 2009.3—2019.12 |
| | | 资源保护处处长 | 苏喜富 | 2009.1—2009.8 |
| | | 经营管理处处长 | 张团员 | 2009.3—2015.11 |
| | | 办公室副主任 | 袁洪祥 | 2009.3—2019.12 |
| | | 资源保护处副处长 | 刘义忠 | 2009.3—2019.12 |
| | | 经营管理处副处长 | 王宝林 | 2009.3—2010.4 |
| | | 经营管理处副处长 | 魏　洁（女） | 2010.4—2019.12 |
| 24 | 内蒙古自治区林业厅森林资源监督专员办公室 | 驻呼和浩特专员 | 焦俊清 | 2004.12—2019.9 |
| | | 驻通辽专员 | 王瑞杰 | 2004.12—2014.4 |
| | | 驻通辽专员 | 任瑞才 | 2014.4—2019.12 |
| | | 驻巴彦淖尔市专员 | 郭向民 | 2004.12—2010.12 |
| | | 驻巴彦淖尔市专员 | 王骏章 | 2011.3—2014.9 |
| | | 驻巴彦淖尔市专员 | 王永祥 | 2015.6—2018.3 |
| | | 驻呼和浩特副专员 | 孙素林 | 2004.12—2009.4 |
| | | 驻呼和浩特副专员 | 金宇利（女，蒙古族） | 2010.4—2014.5 |
| | | 驻呼和浩特副专员 | 张振荣 | 2015.6—2019.12 |
| | | 驻通辽副专员 | 任瑞才 | 2004.12—2014.4 |

（续表）

| | 机构设置及沿革 | 职　务 | 姓　名 | 任　期 |
|---|---|---|---|---|
| 24 | 内蒙古自治区林业厅森林资源监督专员办公室 | 驻巴彦淖尔市副专员 | 赵　锐 | 2004.12—2007.6 |
| | | 驻巴彦淖尔市副专员 | 王永祥 | 2007.7—2015.7 |
| 25 | 内蒙古自治区绿化工作站 | 站　长 | 赵　锐 | 2007.6—2013.10 |
| | | 站　长 | 刘林福 | 2014.4—2019.12 |
| | | 副站长 | 郑娣红（女） | 2007.6—2014.4 |
| | | 副站长 | 谢明玉（蒙古族） | 2014.4—2019.8 |
| 26 | 内蒙古自治区森林草原防火信息中心 | 主　任 | 李国军 | 2005.7—2007.12 |
| | | 副主任 | 白　彤（蒙古族） | 2006.3—2007.12 |
| | 内蒙古自治区森林草原防火协调调度中心 | 主　任 | 李国军 | 2007.12—2010.11 |
| | | 副主任 | 白　彤（蒙古族） | 2007.12—2009.4 |
| | | 副主任 | 李树森 | 2009.5—2010.11 |
| | 内蒙古自治区林业灾害应急办公室 | 处　长 | 李国军 | 2010.11—2018.3 |
| | | 副处长 | 李树森 | 2010.11—2018.12 |
| 27 | 内蒙古自治区国有林场工作站 | 站　长 | 魏　江 | 2003.1—2009.12 |
| | | 站　长 | 郝永富 | 2009.12—2010.4 |
| | | 站　长 | 佈　和（蒙古族） | 2010.4—2013.9 |
| | | 副站长 | 郝永富 | 2003.1—2009.12 |
| | | 副站长 | 佈　和（蒙古族） | 2003.1—2010.4 |
| | | 副站长 | 春　英（女，蒙古族） | 2010.4—2013.9 |
| | | 副站长 | 郝建利 | 2010.4—2013.9 |
| | 内蒙古自治区国有林场和森林公园管理局 | 局　长 | 佈　和（蒙古族） | 2013.9—2018.3 |
| | | 副局长 | 春英（女，蒙古族） | 2013.9—2019.12 |
| | | 副局长 | 郝建利 | 2013.9—2019.12 |
| 28 | 内蒙古自治区野生动植物保护中心（2000年4月加挂国家林业局濒危物种进出口管理中心呼和浩特办事处牌子；2007年12月加挂内蒙古自治区湿地保护中心［内蒙古自治区国际湿地公约履约办公室］牌子） | 主　任 | 张全如 | 2002.1—2014.12 |
| | | 主　任 | 张　宏 | 2015.7—2019.2 |
| | | 副主任 | 群　力（女，鄂温克族） | 2005.9—2009.4 |
| | | 副主任 | 邹晓林（女） | 2008.3—2019.8 |
| | | 副主任 | 张　宏 | 2009.6—2015.7 |
| | | 副主任 | 张俊华 | 2015.6—2019.12 |
| 29 | 内蒙古自治区林业科学研究院 | 院　长 | 李　昊 | 2005.12—2010.6 |
| | | 院　长 | 郭　中 | 2011.1—2019.12 |

（续表）

| | 机构设置及沿革 | 职　务 | 姓　名 | 任　期 |
|---|---|---|---|---|
| 29 | 内蒙古自治区林业科学研究院 | 党委书记 | 秦进保 | 1997.5—2007.5 |
| | | 党委书记 | 王福英（女，蒙古族） | 2007.5—2010.7 |
| | | 党委书记 | 滕晓光 | 2010.7—2018.10 |
| | | 党委副书记 | 包世明（蒙古族） | 2000.8—2010.9 |
| | | 副院长 | 曹建军 | 2006.6—2011.2 |
| | | 副院长 | 张文军 | 2006.6—2019.12 |
| | | 副院长 | 乐　林 | 2006.6—2016.8 |
| | | 副院长 | 刘新前 | 2011.11—2019.12 |
| 30 | 内蒙古自治区林业勘察设计院（2002年11月加挂内蒙古自治区林业监测规划院牌子） | 院　长 | 滕晓光 | 2001.6—2007.6 |
| | | 党委书记 | 王骏章 | 2003.3—2007.6 |
| | | 党委副书记 | 高鸿江 | 2000.12—2006.5 |
| | | 副院长 | 董建林 | 1998.12—2006.7 |
| | | 副院长 | 郭世芳 | 2001.6—2007.6 |
| | | 副院长 | 田　棢 | 2001.6—2007.6 |
| | | 副院长 | 刘远平 | 2006.5—2007.6 |
| | 内蒙古自治区林业监测规划院（2007年6月加挂内蒙古自治区林业勘察设计院牌子） | 院　长 | 滕晓光 | 2007.6—2011.3 |
| | | 院　长 | 田　棢 | 2011.3—2019.12 |
| | | 党委书记 | 王骏章 | 2007.6—2011.3 |
| | | 党委书记 | 郭世芳 | 2011.3—2019.12 |
| | | 副院长 | 郭世芳 | 2007.6—2011.3 |
| | | 副院长 | 田　棢 | 2007.6—2011.3 |
| | | 副院长 | 刘远平 | 2007.6—2017.9 |
| | | 副院长 | 赵学军 | 2008.3—2019.12 |
| | | 副院长 | 邢利军 | 2008.9—2019.12 |
| | | 副院长 | 罗洪斌 | 2011.3—2019.12 |
| | | 副院长 | 郭金海 | 2011.3—2019.12 |
| 31 | 内蒙古自治区第二林业勘察设计院（2002年11月加挂内蒙古自治区第二林业监测规划院牌子） | 院长、党委书记 | 李全基 | 1996.03—2007.6 |
| | | 党委副书记 | 宋连城 | 2005.7—2006.5 |
| | | 党委副书记 | 苏世君 | 2006.5—2007.6 |
| | | 副院长 | 苏世君 | 1995.2—2006.5 |
| | | 副院长 | 安志美 | 2000.8—2007.6 |
| | | 副院长 | 宋连城 | 2006.5—2007.6 |
| | | 副院长 | 由海忠 | 2006.5—2007.7 |

（续表）

<table>
<tr><th></th><th>机构设置及沿革</th><th>职　务</th><th>姓　名</th><th>任　期</th></tr>
<tr><td rowspan="9">31</td><td rowspan="9">内蒙古自治区第二林业监测规划院（2007年6月加挂内蒙古自治区第二林业勘察设计院）</td><td>院长、党委书记</td><td>李全基</td><td>2007.6—2009.1</td></tr>
<tr><td>院　长</td><td>安志美</td><td>2014.3—2019.12</td></tr>
<tr><td>党委书记</td><td>苏世君</td><td>2009.3—2014.3</td></tr>
<tr><td>党委书记</td><td>宋连城</td><td>2014.3—2019.12</td></tr>
<tr><td>党委副书记</td><td>苏世君</td><td>2007.6—2009.3</td></tr>
<tr><td>副院长</td><td>安志美</td><td>2007.6—2014.3</td></tr>
<tr><td>副院长</td><td>宋连城</td><td>2007.6—2014.3</td></tr>
<tr><td>副院长</td><td>由海忠</td><td>2007.6—2019.12</td></tr>
<tr><td>副院长</td><td>李玉宝</td><td>2010.3—2019.12</td></tr>
<tr><td rowspan="11">32</td><td rowspan="11">内蒙古自治区林业厅机关事务服务中心</td><td>主　任</td><td>刘大中（满族）</td><td>2006.3—2010.3</td></tr>
<tr><td>主　任</td><td>阚丽梅（女，蒙古族）</td><td>2011.11—2015.12</td></tr>
<tr><td>副主任</td><td>陈全瑞</td><td>2000.8—2008.2</td></tr>
<tr><td>副主任</td><td>白　彤（蒙古族）</td><td>2003.1—2006.4</td></tr>
<tr><td>副主任</td><td>艾克新</td><td>2004.7—2008.10</td></tr>
<tr><td>副主任</td><td>荆卫民</td><td>2008.2—2014.4</td></tr>
<tr><td>副主任</td><td>斯　琴（女，蒙古族）</td><td>2009.4—2009.7</td></tr>
<tr><td>副主任</td><td>苏丽娅（女，蒙古族）</td><td>2009.10—2011.4</td></tr>
<tr><td>副主任</td><td>乔　波</td><td>2010.8—2011.11</td></tr>
<tr><td>副主任</td><td>李秀芳（女）</td><td>2011.7—2019.12</td></tr>
<tr><td>副主任</td><td>苏毅杰（满族）</td><td>2015.12—2019.8</td></tr>
<tr><td rowspan="2">33</td><td rowspan="2">内蒙古自治区林木种苗示范基地</td><td>法定代表人</td><td>王生军</td><td>2005.2—2008.3</td></tr>
<tr><td>法定代表人</td><td>李　昊</td><td>2008.3—2010.6</td></tr>
<tr><td rowspan="3">34</td><td rowspan="3">内蒙古自治区林业培训中心</td><td>主　任</td><td>乐　林</td><td>2001.11—2008.3</td></tr>
<tr><td>主　任</td><td>段　菁（女）</td><td>2008.3—2011.8</td></tr>
<tr><td>副主任</td><td>段　菁（女）</td><td>2002.1—2008.3</td></tr>
<tr><td rowspan="2">35</td><td rowspan="2">内蒙古自治区森林资源资产评估管理中心</td><td>主　任</td><td>王文祥</td><td>2010.8—2018.12</td></tr>
<tr><td>副主任</td><td>王　波（女）</td><td>2014.4—2018.6</td></tr>
<tr><td rowspan="2">36</td><td rowspan="2">内蒙古自治区林业信息中心（2012年12月加挂内蒙古自治区林学会办公室牌子）</td><td>主　任</td><td>段　菁（女）</td><td>2011.8—2019.12</td></tr>
<tr><td>副主任</td><td>乔　波</td><td>2011.11—2019.12</td></tr>
<tr><td rowspan="2">37</td><td rowspan="2">内蒙古自治区林木种苗科研教育示范基地管理中心</td><td>主　任</td><td>段　菁（女）</td><td>2012.11—2014.8</td></tr>
<tr><td>法定代表人</td><td>郭　中</td><td>2014.8—2019.8</td></tr>
</table>

（续表）

| | 机构设置及沿革 | 职　务 | 姓　名 | 任　期 |
|---|---|---|---|---|
| 38 | 《内蒙古林业》杂志社 | 副总编 | 高　利 | 2000.8—2007.10 |
| 39 | 内蒙古林业职工中等专业学校 | 校　长 | 赵　瑞 | 1997.6—2006.6 |
| | | 书　记 | 泓　鸥（蒙古族） | 2000.8—2006.6 |
| | | 副校长 | 弓彩霞（女） | 1998.12—2006.6 |
| | | 副校长 | 丛培林 | 1998.12—2006.6 |
| | | 副校长 | 翟永在 | 2000.12—2006.6 |
| 40 | 内蒙古扎兰屯林校 | 书记兼校长 | 张泰强 | 2000.6—2006.9 |
| | | 副校长 | 李广述 | 2000.8—2006.9 |

# 第四节　盟市林业机构及干部配置

## 一、呼和浩特市林业局

2006年，呼和浩特市林业局内设7个职能科（室）：办公室、党委办公室、人事教育科、造林绿化科（呼和浩特市绿化委员会办公室）、资源林政科、森林公安科、防火办公室。局机关有25人。2007年，增设林圃产业科。2006年，市林业局下设二级单位6个，职工总数202人。市林业局内设10个机构：党委办公室、办公室、人事科、财务科、造林绿化科、资源林政科、防火办公室、场圃产业科、农村林业改革发展科、行政事项审批办公室、纪检监察室；编制26名。2015年，市林业局内设10个机构：党委办公室、办公室、人事科、财务科、造林绿化科、资源林政科、防火办公室、场圃产业科、农村林业改革发展科、行政事项审批办公室，林业局机关27人。局下设8个二级机构：呼和浩特市森林公安局、内蒙古大青山国家级自然保护区管理局呼和浩特分局、呼和浩特市绿化委员会办公室、呼和浩特市森林保护站、呼和浩特市林业工作站、呼和浩特市林业综合行政执法大队、呼和浩特市乌素图实验林场、呼和浩特市林业局机关事务服务中心，职工总数255人。全局有工作人员282人。

2006—2015年呼和浩特市林业局领导名录

党委书记、局长：张　瀛（1999.5—2009.2）

局长：张　瀛（2013.2—2014.10）

党委书记：云俊义（2009.4—2013.2）

边金良（2013.2—2014.9）

党委书记、局长：张仲东（2014.10—2017.9）

党委副书记：王晓津（女，1999.9—2013.8）

副 局 长：高平小（2001.11—2012.3）

陈红芬（女，2002.5—2019.12）

云维达（2003.12—2013.2）

荣国珍（2004.6—2010.1）

王安元（蒙古族，2014.6—2019.12）

纪委书记：刘金山（2002.5—2013.2）

张少君（2013.12—2017.12）

## 二、包头市林业局

2006年，市林业局机关核定行政编制20名，设置处级领导职数3名（1正、2副）、科级领导职数10名（6正、4副）；核定内设科室7个：办公室、政工科（纪检监察室）、发展计划与资金管理科、治沙造林科、森林资源林政管理科、森林公安科、森林草原防火指挥部办公室。2010年，增设农村林业改革和产业发展科，撤销政工科，设人事科（精神文明办公室、纪检监察室），另单设局机关党委，增设机关党委专职副书记（正科级）岗位1个。2012年，增设农村牧区绿化科。2013年，增设纪检监察室。2015年，纪检监察实行纪委垂直管理。

截至2015年底，市林业局机关行政编制为23名，设处级领导职数5名（1正3副，1名总工程师，1名副调研员），科级领导职数14名（10正、4副）。设内设8个机构：办公室、人事科（精神文明办公室）、发展计划与资金管理科、治沙造林科、森林资源林政管理科、农村林业改革和产业发展科、森林草原防火指挥部办公室、农村牧区绿化科，另单设局机关党委专职副书记（正科级）岗位1个。

2006年，设直属事业单位5个：包头市林业工作站（加挂包头市林业科学技术研究所牌子）、包头市森林病虫害防治检疫站、包头市森林资源管理站（加挂包头市野生动植物保护站牌子）、包头市林木种苗站（加挂包头市林木种苗质量监督检验站牌子）、包头市木材检查站。2008年，撤销森林公安科成立包头市森林公安局，包头市森林资源管理站（加挂包头市生态湿地保护管理中心牌子）。2009年，成立内蒙古自治区大青山自然保护区管理局包头分局和包头市林业信息中心。2011年成立包头黄河国家湿地公园管理处，内蒙古自治区大青山自然保护区管理局包头分局实行垂直管理。截至2015年底，市林业局直属单位在编人数160名，单位8个：包头市森林公安局、包头市生态湿地保护管理中心（同时挂“包头市森林资源管理站”“包头市野生动植物保护站”牌子）、包头黄河国家湿地公园管理处、包头市林业工作站（加挂“包头市林业科学技术研究所”牌子）、包头市林木种苗站（加挂“包头市林木种苗质量监督检验站”牌子）、包头市森林病虫害防治检疫站、包头市木材检查站、包头市林业信息中心。

2006—2015年包头市林业局领导名录：

党组书记、局长：胡福云（2006.1—2011.2）

王秀莲（女，2011.2—2014.8）

李丹夫（2014.8—2019.12）

党组成员、副局长：苑　华（2006.1—2006.5）

郭军军（2006.1—2006.7）

吕尚飞（2006.1—2011.2）

李卫东（2008.1—2012.11）

王高桧（2009.7—2011.2）

袁　栩（2011.2—2019.12）

李茂森（2012.12—2019.12）

党组成员、总工程师：王　敏（2011.12—2016.9）

党组成员、纪检组长：李玉辉（2006.7—2014.9）

王　斌（2015.12—2019.12）

## 三、呼伦贝尔市林业局

2006年，市林业局机关核定行政编制32名，设置处级领导职数6名（1正、5副），科级领导职数17名（11正、6副），核定内设科室11个，办公室、人事科教科、计划财务科、资源科、林政科、造林治沙科、森林草原防火预防科、森林草原防火扑救科、森林草原防火装备通讯管理科、森林公安局、政治工作办公室。2008年，森林公安局纳入国家政法专项编制管理体系。2010年，资源科和林政科合并为森林资源林政科，增设科技信息科、林业改革发展科、林业产业科、行政审批科、信访办公室。2011年，撤销林业产业科，设立项目审计监督科。

截至2015年底，市林业局机关行政编制为37名，设置处级领导职数7名（1正、6副），科级领导职数19名（15正、4副），核定内设科室15个，办公室、政治工作办公室、人事教育科、计划财务科、森林资源林政科、科技信息科、林业改革发展科、造林治沙科（呼伦贝尔市绿化委员会办公室）、森林草原防火预防科、森林草原防火扑救科、森林草原防扑火通讯装备科、项目审计监督科、森林公安局、行政审批科、信访办公室。

2006—2015年，市林业局直属事业单位为13个，即：呼伦贝尔市林业科学研究所（呼伦贝尔市勘察规划设计院、呼伦贝尔市防沙治沙管理监测站）、呼伦贝尔市蚕业科学研究所（呼伦贝尔市蚕业管理站）、海拉尔航空护林站、扎兰屯航空护林站、内蒙古红花尔基樟子松林国家级自然保护区管理局、呼伦贝尔市林业工作站（市绿化委员会办公室、市林业技术推广站）、呼伦贝尔市林木病虫害防治检疫站（呼伦贝尔市防止林业外来有害生物入侵管理站）、呼伦贝尔市种苗站（市林木种苗监督检验站）、内蒙古乌奴耳林业技工学校、呼伦贝尔市国有林场工作站、呼伦贝尔市天然林资源保护管理局、呼伦贝尔市野生动物森林植物资源保护管理站、呼伦贝尔市森林草原防火预警监测信息中心。

截至2015年底，市林业局直属事业单位在编人数231名。

2006—2015年呼伦贝尔市林业局领导名录：

党委书记、局长：张德柱（蒙古族，2001.11—2010.8）

党委书记：张德柱（蒙古族，2010.8—2011.3）

党委副书记、局长：胡连义（2010.8—2015.10）

党委书记、局长：潘金生（2015.10—2019.1）

党委副书记：陈秀芳（女，2000.5—2011.3）

胡连义（2015.10—2016.7）

党委副书记、纪委书记：陈秀芳（女，2011.3—2014.12）

党委委员、纪委书记：李　岗（2014.12—2017.10）

党委委员、副局长：张建国（2001.4—2006.6）

鲁书泉（2001.4—2008.4）

郭鸿君（2001.4—2012.12）

张建伦（2005.8—2019.4）

胡立森（2008.11—2019.4）

王玉华（2011.11—2016.6）

党委委员、防火办副主任：张国君（2001.4—2006.6）

岳长安（2006.6—2016.6）

刘忠华（2008.11—2015.12）

总工程师：金维林（2011.12—2017.8）

党委委员、森林公安局长：蔡高敏（2011.12—2019.4）

党委委员、工会主席：张殿成（2001.4—2011.3）

姜海东（2011.12—2019.4）

**四、兴安盟林业局**

2006—2015年，兴安盟林业局机构分为局机关和盟防火办、盟森林公安及直属11个事业单位（其中副处级单位2个，科级单位9个）。局机关有22个公务员编制。11个事业单位分为4个参照公务员法管理事业单位和7个全额拨款事业单位。2015年，兴安盟林业局内设9个机构：办公室、人事科、发展计划与资金管理科、治沙造林科、森林资源林政管理科、科技宣传科、林业改革发展科、林业产业科、防火科、监察室。公务员编制22人。盟森林公安局（含五岔沟森林公安分局和白狼森林公安分局），编制99名。参照公务员法管理事业单位：盟林业工作站，编制7人；盟林木种苗站，编制7人；盟野生动植物保护中心，编制3人；盟森林病虫害防治检疫站，编制8人。全额拨款事业单位：林业局后勤服务中心，编制4人；盟森林资源管理站，编制6人；盟林业科学研究所，编制15人；航空护林站，编制21人；林业灾害应急办公室，编制8人；国有林场和森林公园管理局，编制12人；盟天保局（蚕业办公室），编制5人。

2006—2015年兴安盟林业局领导名录：

党组书记、局长：李 宪（2004.10—2011.9）

党组书记、局长：张 峰（2011.9—2019.2）

党组成员、副局长：周玉林（2000.8—2019.2）

付书永（2001.12—2007.12）

包正平（蒙古族，2006.1—2019.2）

袁 军（2006.8—2019.12）

巴 图（蒙古族，2007.12—2017.11）

韩志成（2007.12— 2015.10）

纪检组长：韩志成（2006.1—2007.12 ）

李泽民（2007.12—2012.6）

郝宝霞（女，2012.6—2017.5）

防火办副主任：胡宝山（2006.1—2007.1）

陈德忠（蒙古族，2007.4—2012.6）

刘恒华（2011.5—2019.5）

**五、通辽市林业局**

2006年，通辽市林业局内设8个科室：办公室、发展计划与资金管理科、造林治沙科、森林资源林政管理科、国有林场和产业发展科、森林公安局、退耕还林办公室、通辽市防火指挥部办公室，全局有26个工作人员。2008年，森林公安局整建制转为行政单位。2009年，退耕还林办公室转为参公管理事业单位，成立人事教育科、林业产业科、林业改革与发展科。2014年，成立监察室。2015年，全局内设科室为10个：办公室、人事教育科、发展计划与资金管理科、造林治沙科、森林资源林政管理科、国有林场管理科、林业产业科、林业改革与发展科、监察室、通辽市防火指挥部办公室，全局有24个工作人员。

2015年，通辽市直林业系统共设有11个二级单位，其中政法序列行政单位1个，市森林公安局；参照公务员法管理事业单位5个，退耕还林办公室、林业工作站、森林病虫害防治检疫站、林业种苗站、天然林资源保护管理局；事业单位5个，机关后勤服务中心、绿化委员会办公室、林业灾害应急管理办公室、林业科学研究院、森林公园管理处。

2006—2015年通辽市林业局领导名录：

党组书记、局长：马　琢（2003.12—2008.2）
赵国江（2008.2—2013.3）
姜晓东（2013.3—2017.9）

党组成员、副局长：倪海清（1998.11—2012.4）
徐振喜（蒙古族，2003.12—2019.6）
盛　勤（2004.8—2007.11）
姜晓东（2007.11—2013.3）
徐振喜（2003.12—2015.12）
包宝君（蒙古族，2011.5—2019.12）
贺希格（蒙古族，2013.12—2019.12）

党组成员、防火办主任：白古拉（蒙古族，2003.9—2008.2）
罗　君（2008.2—2019.2）

纪检组长：林静春（2006.1—2013.12）
张国强（2013.12—2015.11）

系统党委书记：包色音那（蒙古族，2006.1—2006.8）
谷凤芝（女，2006.8—2007.11）
赵国江（2008.2—2013.3）
姜晓东（2013.3—2017.9）

**六、赤峰市林业局**

2006年，赤峰市林业局行政内设7个科室：办公室、计划财务科、资源林政科、治沙造林科、森林公安局、森林经营科、防火科；直属事业单位10个：林业科学研究所、森林草原防火信息服务中心、林业工作总站、林业种苗站、森林病虫害防治检疫站、林业治沙管理站、林业对外合作项目管理办公室、森林公安局刑侦治安支队、野生动植物保护中心、公益林管理站。全局有在职职工189人。2015年底，赤峰市林业局行政内设8个科室：办公室、审计计财科、森林资源林政管理科、治沙造林科、国有林场科、森林草原防火指挥部办公室、林业产业科、农村改革发展科；直属单位11个，分别为林业科学研究院、林业灾害应急管理办公室、林业工作总站、林业种苗站、森林病虫害防治检疫站、林业治沙管理站、林业对外合作项目管理办公室、野生动植物保护中心、天然林资源保护管理局、林权管理服务中心和市森林公安局。全局有在职职工219人。

2006—2015年赤峰市林业局领导名录：

党组书记、局长：白音巴特尔（蒙古族，2003.3—2007.12）

王国江（2008.1—2012.11）

韩　铭（2012.11—2019.12）

党组成员、副局长：陆丛森（1996.2—2009.1）

萨仁通拉嘎（蒙古族，2003.12—2012.11）

李　勤（蒙古族，2011.6—2016.8）

曹显军（蒙古族，2009.1—2019.12）

白志明（蒙古族，2012.3—2019.6）

副局长：张书理（蒙古族，2010.2—2019.12）

党组成员、系统党委副书记：刘为民（2002.1—2012.11）

党组成员、派驻纪检组长：张喜斌（2002.1—2010.1）

王丽萍（女，2010.1—2016.7）

党组成员、总工程师：白志明（蒙古族，2012.3—2019.6）

党组成员：邹国立（2006.1—2007.12）

洪　海（蒙古族，2010.10—2019.12）

李显玉（2012.3—2019.12）

杨志军（蒙古族，2012.11—2019.6）

**七、锡林郭勒盟林业局**

2006年，锡林郭勒盟林业局内设4个科室：办公室、计划财务科、林政资源科、治沙造林科（加挂“绿化委员会办公室”）；直属单位7个，分别为生态公益林管理站、林业调查规划设计院、林业防火办公室、森林公安分局、林业工作站、国有林场苗圃管理站、森林病虫害防治站。职工总数170人。2014年，锡林郭勒盟林业局获自治区政府“人民满意的公务员集体”荣誉称号。2015年，锡林郭勒盟林业局内设6个科室：办公室、发展计划与资金管理科、森林资源林政管理科、科技教育宣传科、林业产业科、治沙造林科；直属单位8个：绿化工作站、生态公益林管理站（加挂“盟森林资源资产评估管理中心”）、湿地与野生动植物资源管理站（林业调查规划设计院）、草原森林防火指挥部办公室、森林公安局、林业工作站、林木种苗工作站（国有林场苗圃管理站）、森林病虫害防治站。职工总数165人。

2006—2015年锡林郭勒盟林业局领导名录：

党组书记、局长：李连芳（2001.3—2008.12）

谢　军（2008.12—2013.1）

鲍文东（蒙古族，2013.1—2019.12）

党组成员、副局长：王　勇（1999.4—2016.7）

张喜智（2001.3—2007.12）

赵　宏（2005.3—2010.7）

闫树林（2006.8—2010.7）

李福生（满族，2007.10—2016.7）

薛万武（2010.7—2019.12）

张宝文（2013.1—2019.4）

党组成员、防火办主任：白文富（2014.12—2019.1）

党组成员、派驻纪检组长：巴拉木（蒙古族，女，2002.4—2006.8）

闫树林（2006.8—2009.11）

路　民（2009.11—2014.1）

张永成（蒙古族，2014.1—2018.7）

**八、乌兰察布市林业局**

2006年，乌兰察布市林业局内设5个职能科室：办公室、人事科技宣传科、森林资源林政管理科、计财科、公安科；下设11个二级事业单位，林草开发指挥部办公室、森林草原防火指挥部办公室、林业种苗站、国有林场管理站、森林病虫害防治检疫站、林业科学研究所、林业勘察设计队、经济林站、森林草原防扑火专业队、造林站、苗圃。2008年，公安科改建成立森林公安局，转为下设二级行政单位。下设二级机构增加至12个。2010年，撤销副处级事业单位市林草开发指挥部办公室，在此基础上成立市林业产业化办公室；原二级单位苗圃职能转变更名为绿化工作站，为全额拨款事业单位；原林业勘察设计队更名为林业监测规划站，仍加挂市林业勘察设计队牌子。2012年，局增设造林治沙科，增设二级事业单位农村林业改革发展管理站。2013年，增设二级事业单位禁牧工作办公室。2015年，乌兰察布市林业局内设5个科室：办公室、人事科技宣传科、森林资源林政管理科、计划与资金审计管理科、造林治沙科。下设二级行政单位1个，市森林公安局；下设二级事业单位13个：林业产业化办公室、林业种苗站、林业监测规划站、国有林场管理站、森林病虫害防治检疫站、造林站、天然林资源保护管理站、林业科学研究所、绿化工作站、森林草原防扑火专业队、森林草原防火指挥部办公室、农村林业改革发展管理站、禁牧工作办公室。

2015年底，乌兰察布市林业系统有在职干部职工2894人，其中行政人员748人，事业人员2146人。乌兰察布市林业局有干部职工310人，其中行政人员43人，事业人员267人。

2006—2015年乌兰察布市林业局领导名录：

党组书记、局长：梁润元（2004.7—2011.11）

刘治民（2011.12—2018.2）

党组成员、副局长：李惠成（满族，1994.7—2009.2）

樊　宏（1999.10—2009.2）

刘　杰（2002.7—2016.1）

张立江（2009.7—2019.5）

张有泉（2010.9—2012.12）

张建功（2011.12—2013.5）

陈树晓（2013.4—2019.12）

武　渊（2013.5—2016.7）

副局长：高　娃（女，蒙古族，2012.11—2016.7）

党组成员、纪检组长：牛金如（2002.12—2015.12）

王玉林（2015.12—2019.12）

党组成员、总工程师：张志国（2010.9—2019.2）

党组成员、防火指挥部副总指挥：渠　涛（2013.6—2019.2）

党组成员、草原办公室副主任：李万才（2002.7—2008.4）

**九、鄂尔多斯市林业局**

2006年，鄂尔多斯市林业局下设科室有办公室、绿化委员会办公室（与治沙造林科合署办公，2007年7月独立设置）、治沙造林科、发展规划与资金管理科、林沙产业办公室（2010年6月更名为林沙产业科）。2010年，设立人事科教科、政策法规科。2015年，鄂尔多斯市林业局设7个科室，分别为办公室、绿化委员会办公室、治沙造林科、发展规划与资金管理科、林沙产业科、人事科教科和政策法规科。鄂尔多斯市林业局下设直属单位17个，分别为鄂尔多斯遗鸥国家级自然保护区管理局、森林资源林政管理站、森林草原防火办公室、森林公安局、林业信息中心、退耕还林工程管理中心、森林病虫害防治检疫站、天然林资源保护管理局、林业工作站、林业治沙科学研究院、林业种苗站、防沙治沙工程管理中心、林业国际合作援助项目办公室、国有林场和森林公园管理局、野生动植物保护管理站、森林资源资产评估管理中心和造林总场。

2006年，鄂尔多斯市林业局有工作人员165人。2015年末，在职人员231人（不包括造林总场），其中局机关公务员19人，森林公安民警42人，其他参照公务员法管理人员、专业技术人员、工勤技能人员170人。

2006—2015年鄂尔多斯市林业局领导名录：

党组书记、局长：丁崇明（2006.6—2013.3）

党组书记：丁崇明（2013.3—2015.3）

党组书记、局长：韩玉飞（2015.3—2019.12）

局　长：钟乌拉（蒙古族，2013.4—2015.3）

党组成员、副局长：贾继良（2003.11—2012.3）

吴兆军（2005.2—2007.12）

胡亚格（蒙古族，2007.8—2013.4）

袁庆东（2007.4—2019.12）

贺丽萍（女，2010.11—2015.12）

武海涛（2015.11—2019.12）

党组成员、纪检组长：吴云峰（2003.8—2013.4）

梁占和（2013.4—2015.6）

邵新春（2015.6—2019.4）

机关党委书记：袁庆东（2012.6—2015.12）

武海涛（2015.12—2019.12）

**十、巴彦淖尔市林业局**

2006年，巴彦淖尔市林业局内设6个科室：办公室、人事科、计财科、林政科、森林公安科（森林公安局、森林公安信息中心）、造林科。直属事业单位13个：巴彦淖尔市乌拉特国家级自然保护区管理局（乌梁素海湿地水禽自然保护区管理局）、林业科学研究所、森林病虫害防治检疫站（防止外来林业有害生物入侵管理站）、国营林场管理站、林业种苗站（林业种苗质量监督检验站）、林业勘测设计队（森林资源监测中心）、造林技术推广站（退耕还林和外援项目管理中心）、封育飞播管理站（林业培训中心）、乌拉山林场（乌拉山国家森林公园、乌拉山自然保护区管理站）、乌北林场、巴音花木材检查站、临河木材检查站、磴口木材检查站。在职职工694人。

2015年底，巴彦淖尔市林业局行政内设7个科室：办公室、人事科、计财科、林政科、森林公安科（森林公安局）、造林科、产业科。直属事业单位14个：乌拉特国家级自然保护区管理局（乌梁素海湿地水禽自然保护区管理局，下设乌梁素海湿地水禽自然保护区管理站）、乌兰布和防沙治沙局（乌兰布和沙漠资源保护管理局）、林业科学研究所、森林病虫害防治检疫站（防止外来林业有害生物入侵管理站）、国营林场管理站（天然林保护和公益林管理中心）、林业种苗站（林业种苗质量监督检验站）、林业勘测设计队（森林资源监测中心）、造林技术推广站（退耕还林和外援项目管理中心）、封育飞播管理站（林业培训中心）、乌拉山林场（乌拉山国家森林公园、乌拉山自然保护区管理站）、乌北林场、林业综合行政执法局（市木材检查站）、森林资源资产评估管理中心、野生动植物和湿地保护中心。在职职工572人。

2006—2015年巴彦淖尔市林业局领导名录：

党组书记、局长：钱永喜（蒙古族，1998.12—2009.6）
刘志勇（2009.6—2018.10）

党组成员、副局长：马兆祥（回族，2004.8—2008.6）
马　勇（1993.9—2008.6）
王召宽（2001.3—2011.5）
张学军（2005.3—2018.10）
程志平（2008.6—2011.5）
苏亚拉图（蒙古族，2009.12—2011.6）
岳继雄（2008.6—2019.12）
闫　军（2011.5—2018.10）
陈　峰（蒙古族，2012.11—2019.12）
乔建荣（2012.11—2019.12）

党组成员、纪检组长：吕品光（2003.11—2011.4）
王　玮（2011.6—2018.10）

党组成员、总工程师：崔振荣（2010.12—2019.3）

**十一、乌海市林业局**

2006年，乌海市林业局行政内设5个科室：办公室、资源林政科、治沙造林科、生态建设办公室、森林公安局；下设二级单位4个：林业工作站、治沙站、野生动植物保护中心、林业科技推广中心。全局在职职工123人。2009年，撤销乌海市交通局公路绿化队，划归乌海市林业局，成立道路绿化管理站，正科级全额拨款事业单位，有职工39人。2010年，撤销生态建设办公室，新增计划财务审计科、产业科技科。乌海市林业局行政内设6个科室：办公室、计划财务审计科、治沙造林科、资源林政科、产业科技科、森林公安局，全局有在职职工180人。

2015年，乌海市林业局行政内设科室为6个：办公室、计划财务审计科、治沙造林科、资源林政科、产业科技科、森林公安局；下设二级单位6个：林业工作站、治沙站、野生动植物保护中心、林业科技推广中心、道路绿化管理站、湿地管理局。全局有在职职工185人。

2006—2015年乌海市林业局领导名录：

党组书记、局长：张永亮（2001.11—2008.3）

吴宝卿（满族，2008.4—2013.7）

韩宝龙（2013.7—2019.12）

党组成员、副局长：韩宝龙（蒙古族，2001.11—2009.2）

王　理（2002.5—2008.7）

张伟民（2009.4—2019.12）

贾永利（2008.7—2019.12）

党组成员、纪检组长：何　磊（2004.1—2011.9）

党组成员、纪检组长：杨少杰（女，蒙古族，2011.9—2018.4）

党组成员、总工程师：周峰冬（2011.9—2017.10）

党组成员、绿化办主任：何　磊（2011.9—2013.11）

党组成员：何　磊（2013.11—2015.10）

党组成员、调研员：王仁昌（2008.6—2009.7）

党组成员、防火指挥部副总指挥：王均喜（2011.10—2015.4）

副调研员：田　靖（2011.10—2019.12）

### 十二、阿拉善盟林业局

2006年，阿拉善盟林业局内设4个科室：办公室、发展计划与资金管理科、森林资源林政管理科、治沙造林科；直属二级单位7个：林业治沙研究所、森林公安分局、森林公安防火信息中心、中心苗圃、林业工作站、森林病虫害防治检疫站、生态公益林管理站，全局在职职工69人。2015年底，阿拉善盟林业局行政内设6个科室：办公室、发展计划与资金管理科、森林资源林政管理科、治沙造林科、自然保护区管理科、森林草原防火指挥部办公室；直属二级单位6个：林业治沙研究所、森林公安局、林木种苗站、林业工作站、森林病虫害防治检疫站、生态公益林管理站。全局在职职工88人。

2006—2015年阿拉善盟林业局领导名录：

党组书记、局长：范布和（2000.11—2008.9）

党组书记、局长：王维东（2008.9—2012.1）

党组书记、局长：陈君来（2011.12—2019.12）

党组成员、副局长：陈君来（2002.3—2008.11）

党组成员、副局长：王新民（2005.12—2019.12）

党组成员、副局长：徐世华（2008.11—2013.12）

党组成员、副局长：陈　海（2009.11—2012.1）

党组成员、副局长：乔永祥（2013.11—2019.12，其中，2012.3—2013.11任党组成员、总工程师，2003.10—2012.3任副调研员）

党组成员、纪检组长：哈斯乌拉（蒙古族，2012.4—2015.12）

副局长：梁守华（2010.11—2012.3）

党组成员、总工程师：郝　俊（2012.7—2013.11任副调研员，2013.11—2019.11任党组成员）

调研员：郭志强（2000.12—2014.3）

马凤英（2013.3—2015.12，其中，2005.1—2013.3任党组成员、纪检组长）

副调研员：马　涛（2013.11—2019.12，其中，2013.11—2019.1任副调研员，2019.1—2019.12任党组成员、副调研员）

孙智德（2015.12—2019.12）

## 十三、满洲里市林业局

2006年，满洲里市林业局设4个职能科（室）：综合科、计划财务科、治沙造林科（加挂市绿化委员会办公室）、资源林政科。全局有工作人员98人，其中局机关7人。下设三级机构 6个：满洲里市森林公安局、满洲里市林木种苗站、满洲里市林木病虫害防治检疫站、中苏护林防火联防满洲里联络站、濒危物种进出口管理办公室呼和浩特办事处满洲里检查站、满洲里市边防机械化林场，职工总数91人。

2015年，市农牧业局、水务局和林业局合并为满洲里市农牧林业水务局，涉及林业、草原相关科室6个：行政办公室、计划财务科（加挂审计科）、行政审批科、治沙造林科（加挂市绿化委员会办公室）、资源林政科、畜牧科，涉及林业、草原相关工作人员共135人，其中局机关14人。下设涉及林业、草原相关三级机构13个：满洲里市森林公安局、满洲里市林业工作站、满洲里市林木种苗站、满洲里市林木病虫害防治检疫站、中苏护林防火联防满洲里联络站、满洲里市防火指挥部办公室、濒危物种进出口管理办公室呼和浩特办事处满洲里检查站、满洲里市边防机械化林场、满洲里市草原工作站、满洲里市畜牧工作站、满洲里市兽医局、满洲里市动物疫病预防控制中心、满洲里市动物卫生监督所，职工总数121人。

2006.1—2015.4满洲里市林业局领导名录：

林业局党总支书记、局长：李忠军（2006.1—2012.3）

挂职局长：王艳军（女，2012.3—2012.10）

林业局党总支书记、局长：王云霞（女，2012.3—2013.3任市农牧林水局党委书记，2012.10—2013.3主持工作，2013.3—2015.4免市农牧林水局党委书记职务）

林业局副局长：王云霞（女，2006.1—2012.3）

2015.5—2015.12农牧林业水务局领导任职更迭：

党组书记、局长：张建明（2015.4—2016.2）

党组成员、副局长：王云霞（女，2015.5—2016.2）

周　博（2015.5—2019.3）

聂晓霞（女，2015.5—2019.3）

李抚洲（2015.5—2017.9）

哈　达（蒙古族，2015.5—2019.3）

李传刚（2015.5—2017.5）

范　丽（女，2015.5—2019.3）

## 十四、二连浩特市农牧林业局

2006年1月至2010年7月，二连浩特市林业水利局下设林业机构4个：办公室、林水科、森林公安局、林业工作站。2010年7月在职职工17人。2010年7月，市政府将二连浩特市林业水利局组建成二连浩特市水务局，二连浩特市农牧业局组建成二连浩特市农牧林业局，撤销二连浩特市生态环境保护与建设委员会办公室；市生态环境保护与建设委员会办公室的原有职能，以及市林业水利局的全部林业职能，移交二连浩特市农牧林业局。2010年7月至2015年12月，二连浩特市农牧林业局下设林业机构有办公室、林业科、生态科、森林公安局、农林综合工作站。2015年12月，二连浩特市农牧林业局在职职工20人。

2006—2015年二连浩特市农牧林业局领导名录：

支部书记、局长：孙向东（2004.6—2010.7）

支部书记、局长：张建雄（2010.7—2013.2）

支部书记、局长：贾玉虎（2013.2—2014.3）

总支书记、局长：乌云巴特尔（蒙古族，2014.3—2019.1）

副局长：斯钦朝克图（蒙古族，2006.1—2015.5）

副局长、支部委员：乌兰花（女，蒙古族，2010.7—2013.2）

副局长、支部委员：贾晓光（2010.11—2015.5）

副局长、支部委员：呼雅嘎（蒙古族，2011.8—2015.12）

副局长、总支副书记：郝翠枝（女，2015.5—2019.2）

副局长：哈　达（蒙古族，2015.5—2018.9）

## 第五节　内蒙古自治区野生动植物保护协会

### 一、协会成立

1987年10月31日，成立内蒙古自治区野生动物保护协会。2002年，第二届理事会将协会更名为：内蒙古自治区野生动植物保护协会。2015年，第三届理事会将原内蒙古自治区野生动植物保护协会更名为内蒙古自治区野生动植物与湿地保护协会。同年，第三届理事会换届选举产生理事87名，常务理事6名，自治区林业厅副巡视员杨俊平任协会会长，自治区林业厅原巡视员李树平任协会名誉会长。协会个人会员发展到3245名，团体会员90个。

### 二、科普宣传与学术交流

自治区协会每年在“爱鸟周”活动期间，组织各盟市林业局、各国家级自然保护区管理局在内蒙古开展形式多样的爱鸟护鸟、关爱自然的宣教活动。协会先后在呼和浩特市、包头市、赤峰市、巴彦淖尔市、鄂尔多斯市等地举办多次全区“爱鸟周”宣教活动。2006年，协会与呼和浩特市教育局共同组织全市小学生开展“爱护野生动物”主题征文书法绘画比赛，全市小学生踊跃参加，活动共评选出优秀获奖作品100多幅（篇），协会颁发了奖品证书。比赛的开展深受学生欢迎，比赛的形式取得良好的宣教效果。2007年，协会在呼和浩特市新华广场举办“保护野生动物·爱护鸟类”主题宣教活动。2008年，协会受邀参加自治区党委宣传部组织的自治区科普宣传周活动，协会展区的野生动物标本生动形象，受到领导好评；8月，协会与全国鸟类环志中心在呼和浩特市组织召开了“白鹤GEF项目”年会。2009年，协会与呼和浩特市职业学院师生在新华广场共同开展“爱鸟护鸟保护野生动物”宣教活动；9月，与中国野生植物保护协会在乌海市组织召开“野生肉苁蓉经营利用”研讨会，来自企业和国内知名专家学者共90余人参加会议。2010年，协会在内蒙古农业大学举办全区“爱鸟周”启动仪式，对全区近五年在野生动物保护宣教领域作出突出贡献的14个单位进行表彰，中央广播电台《中国之声》栏目进行全程直播。2011年，协会与包头林业局、包头市野生动植物保护协会在包头市南湖湿地公园共同开展“爱鸟周”活动。2012年，协会与中国野生动物保护协会共同组织北京市野生动物保护协会会员到巴彦淖尔市、鄂尔多斯市保护区开展保护野生动物宣教活动。

协会成立以后，开展的宣教活动得到厅领导，各理事、会员单位、会员的支持，各有关单位领导多次参加协会组织的活动。新华社内蒙古分社、新浪网、内蒙古电视台、内蒙古新闻网、《内蒙古日报》、内蒙古广播电台等媒体多次对协会宣教活动进行相关报道。协会开展的宣教活动图片入选《内蒙古林业60年》画集。2010年，由于协会工作业绩突出，被中国野生动物保护协会授予“全国省级协会先进集体”。

**三、配合职能部门开展工作**

协会充分发挥会员人数多、分布地区广的优势，为林业执法部门提供大量破坏野生动物资源案件的线索，参与案件查处及涉案野生动物物种鉴定工作。2010年后，由于生态环境的不断改善，野生动物的种群数量不断增加。受利益驱使，一些不法分子通过非法手段猎捕、毒杀、收购野生动物的案件时有发生，根据协会会员提供的可靠线索侦破野生动物资源案件多起，协会参与提供物种鉴定近100件。

2006—2015年，协会共参与救护国家重点保护野生动物130余次，救护野生动物近1.6万余只（头）次。协会救护的野生动物有国家Ⅰ、Ⅱ级重点保护野生动物蒙古野驴、盘羊、猎隼、金雕、大鸨、秃鹫、红隼、花头鸺鹠、大天鹅、小天鹅、蓑羽鹤、灰鹤等20余种。

# 第二章

# 森林、湿地和野生动植物资源

## 第一节　森林资源

内蒙古内连八省，外接俄蒙，横跨中国东北、华北、西北。在118.3万平方公里的大地上，从东至西渐次分布着森林、草原、农田和荒漠。东部大兴安岭是国家重要的水源涵养区，中部地区是国家重要的防风固沙区，西部黄河流域是国家重要的水土保持区，内蒙古的生态状况不仅与自身的经济社会发展密切相关，而且也深刻地影响着华北、东北和西北地区，是保护和支持国家可持续发展的重要生态安全屏障。

森林资源分布在内蒙古大兴安岭原始林区、11处次生林区、人工林区和黑龙江省大兴安岭林业公司经营的内蒙古部分（加格达奇）林区。

2013年全区第七次森林资源清查，内蒙古森林面积由民国36年（1947年）自治区成立初期的913.8万公顷，增加至2487.9万公顷，占全国森林面积的12%，居全国第一位；林木蓄积量达14.84亿立方米，居全国第五位；森林覆盖率由7.7%提高至21.03%，提高13.33个百分点。自治区林业用地面积4398.89万公顷，居全国第一位，其中：国有林地面积2274.26万公顷，集体林地面积2124.63万公顷。全区人工林保存面积331.65公顷，居全国第二位。

**一、资源分布**

（一）林地分布及数量

2008年全区第六次森林资源连续清查，全区有林地1694.46万公顷，占全区林地面积的38.56%；疏林地67.88万公顷，占全区林地面积的1.54%；灌木林地709.52万公顷，占全区林地面积的16.14%，其中，国家特别规定的灌木林地（简称特灌林）671.94万公顷，其他灌木林地37.58万公顷；未成林地170.03万公顷，占3.87%；无立木林地166.09万公顷，占3.78%；宜林地1582.36万公顷，占36%；苗圃地1.98万公顷，占0.05%；林业辅助生产用地2.61万公顷，占0.06%。森林面积2366.4万公顷，森林覆盖率20%。

2013年，全区第七次森林资源连续清查，全区有林地面积1732.85万公顷，占全区林地面积的39.39%；疏林地56.62万公顷，占全区林地面积的1.29%；灌木林地798.56万公顷，占全区林地面积的18.15%，其中，国家特别规定的灌木林地（简称特灌林）755.05万公顷，其他灌木林地43.51万公顷，各占灌木林地面积的94.55%和5.45%；未成林地112.40万公顷，占2.55%；无立木林地222.90万公顷，占5.07%；宜林地1370.12万公顷，占31.15%；苗圃地4.62万公顷，占0.11%；林业辅助生产用地100.82万公顷，占2.29%。

大兴安岭原始林区包括阿尔山、绰尔、绰源、乌尔旗汉、库都尔、图里河、伊图里河、克一河、甘河、吉文、阿里河、根河、金河、阿龙山、满归、得耳布尔、莫尔道嘎林业局17个森工局，大杨树、毕拉河林业局2个经营局，永安山、乌玛、奇乾、北大河林业局4个规划局，以及汗马自然保护区和诺敏森林经营所。2013年，林地面积为987.06万公顷。其中，有林地面积794.28万公顷，灌木林地面积38.13万公顷。森林覆盖率为78.97%。

次生林区包括大兴安岭南部、宝格达山、迪彦庙、克什克腾、茅荆坝、蛮汉山、大青山、乌拉山、贺兰山、罕山和额济纳11片次生林区。2013年，林地面积为713.41万公顷。其中，有林地面积457.98万公顷，灌木林地面积87.73万公顷，森林覆盖率为49.17%。

人工林区主要分布在赤峰市、通辽市、乌兰察布市、呼和浩特市、鄂尔多斯市和巴彦淖尔市等盟市92个旗（县、区）境内。2013年，林地面积为2551.25万公顷。其中，有林地面积366.55万公顷，灌木林地面积672.7万公顷，森林覆盖率为10.80%。

黑龙江省大兴安岭林业公司经营的内蒙古自治区境内部分是指加格达奇林业局和松岭林业局。2013年，林地面积147.17万公顷。其中，有林地面积114.04万公顷，森林覆盖率为60.88%。

**表2-1-1　2013年全区林区各类林地面积统计表**

单位：万公顷

| 统计单位 | | | 全区合计 | 原始林区 | 次生林区 | 人工林区 | 加格达奇 |
|---|---|---|---|---|---|---|---|
| 总　计 | | | 11830 | 987.4 | 1084.95 | 9570.34 | 187.31 |
| 林地 | 林地合计 | | 4398.89 | 987.06 | 713.41 | 2551.25 | 147.17 |
| | 有林地 | 小　计 | 1732.85 | 794.28 | 457.98 | 366.55 | 114.04 |
| | | 乔木林 | 1713.05 | 794.28 | 452.82 | 351.91 | 114.04 |
| | | 经济林 | 19.8 | — | 5.16 | 14.64 | — |
| | 疏林地 | | 56.62 | 29.02 | 4.51 | 20.53 | 2.56 |
| | 灌木林地 | 小　计 | 798.56 | 38.13 | 87.73 | 672.7 | — |
| | | 特灌林 | 755.05 | 12.18 | 75.47 | 667.4 | — |
| | | 其　他 | 43.51 | 25.95 | 12.26 | 5.3 | — |
| | 未成林地 | | 112.4 | 1.28 | 7.09 | 93.84 | 10.19 |
| | 苗圃地 | | 4.62 | — | — | 4.62 | — |
| | 无立木林地 | | 222.9 | 0.65 | 11.61 | 210.64 | — |
| | 宜林地 | | 1370.12 | 30.66 | 139.33 | 1180.38 | 19.75 |
| | 林业辅助用地 | | 100.82 | 93.04 | 5.16 | 1.99 | 0.63 |
| 非林地合计 | | | 7431.11 | 0.34 | 371.54 | 7019.09 | 40.14 |
| 森林覆盖率（%） | | | 21.03 | 78.97 | 49.17 | 10.8 | 60.88 |

表2-1-2 2013年全区林业用地统计表

单位：万公顷

| 土地权属 | 林地 | | | | | | | | | | | | | 森林覆盖率% |
|---|---|---|---|---|---|---|---|---|---|---|---|---|---|---|
| | 林地合计 | 有林地 | | | 疏林地 | 灌木林地 | | | 未成林地 | 苗圃地 | 无立木林地 | 宜林地 | 林业辅助用地 | |
| | | 小计 | 乔木林 | 经济林 | | 小计 | 特灌林 | 其他 | | | | | | |
| 合计 | 4398.89 | 1732.85 | 1713.05 | 19.8 | 56.62 | 798.56 | 755.05 | 43.51 | 112.4 | 4.62 | 222.9 | 1370.12 | 100.82 | 21.03 |
| 国有 | 2274.26 | 1431.5 | 1424.9 | 6.6 | 38.82 | 247.28 | 209.7 | 37.58 | 28 | 0.66 | 25.06 | 404.09 | 98.85 | — |
| 集体 | 2124.63 | 301.35 | 288.15 | 13.2 | 17.8 | 551.28 | 545.35 | 5.93 | 84.4 | 3.96 | 197.84 | 966.03 | 1.97 | — |

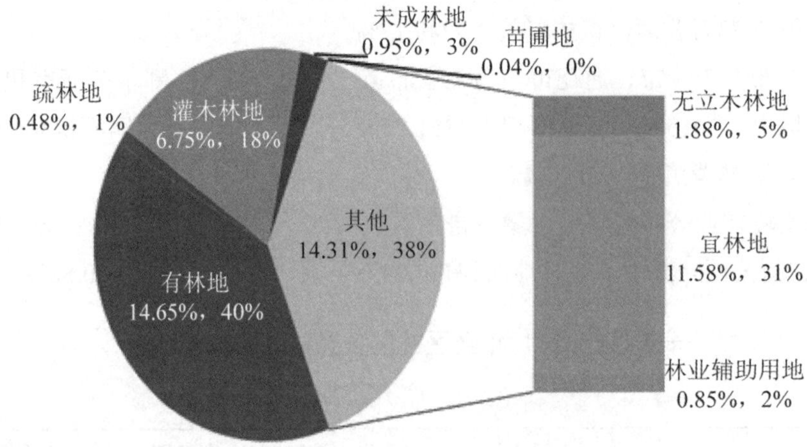


图2-1-1 2013年全区各类林地面积构成

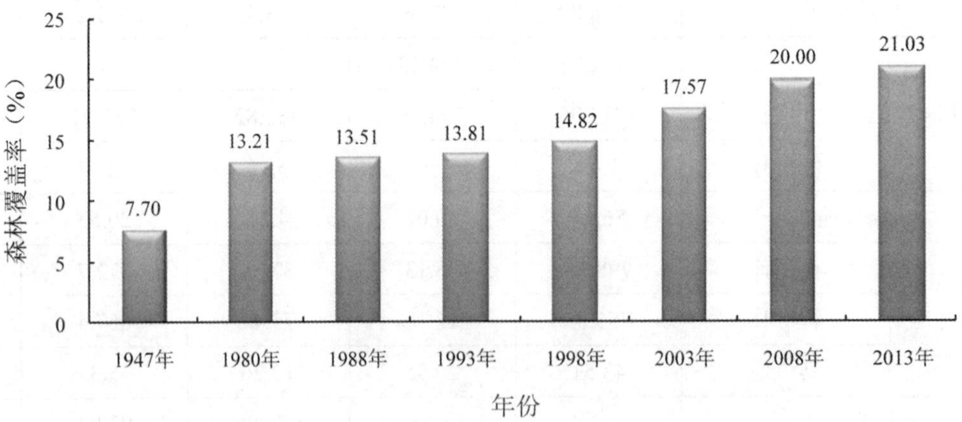


图2-1-2 全区七年清查森林覆盖率变化图

（二）林木蓄积量分布

2008年，全区活立木总蓄积量136073.62万立方米。活立木蓄积量中，有林地蓄积量117720.51万立方米，占活立木总蓄积量的86.51%；疏林地蓄积量1092.20万立方米，占0.81%；散生木蓄积量16781.42万立方米，占12.33%；四旁树蓄积量479.49万立方米，占0.35%。

2013年，全区活立木总蓄积量148415.92万立方米，枯立木蓄积量1405.60万立方米。活立木蓄积量中，有林地蓄积量134530.48万立方米，占活立木总蓄积量90.64%；疏林地蓄积量1007.27万立方米，占0.68%；散生木蓄积量12343.62万立方米，占8.32%；四旁树蓄积量534.55万立方米，占0.36%。全区森林蓄积量居全国第五位。

2013年，原始林区活立木蓄积量93373.63万立方米，占活立木总蓄积量的62.92%；次生林区活立木蓄积量35949.97万立方米，占活立木总蓄积量的24.22%；人工林区活立木蓄积量9843.74万立方米，占活立木总蓄积量的6.63%；黑龙江大兴安岭林业公司经营的内蒙古部分活立木蓄积量9248.58万立方米，占活立木总蓄积量的6.23%。

表2-1-3　2013年全区林木蓄积量按林区统计表

单位：万立方米

| 统计单位 | 活立木总蓄积量 | | | | | | 枯立木蓄积量 |
|---|---|---|---|---|---|---|---|
| | 合计 | 占比（%） | 有林地 | 疏林地 | 散生木 | 四旁树 | |
| 合　计 | 148415.92 | 100.00 | 134530.48 | 1007.27 | 12343.62 | 534.55 | 1405.60 |
| 原始林区 | 93373.63 | 62.92 | 83624.56 | 780.99 | 8968.08 | — | 808.89 |
| 次生林区 | 35949.97 | 24.22 | 33975.33 | 34.49 | 1931.33 | 8.82 | 268.47 |
| 人工林区 | 9843.74 | 6.63 | 8449.43 | 143.87 | 724.71 | 525.73 | 104.87 |
| 加格达奇 | 9248.58 | 6.23 | 8481.16 | 47.92 | 719.50 | — | 223.37 |

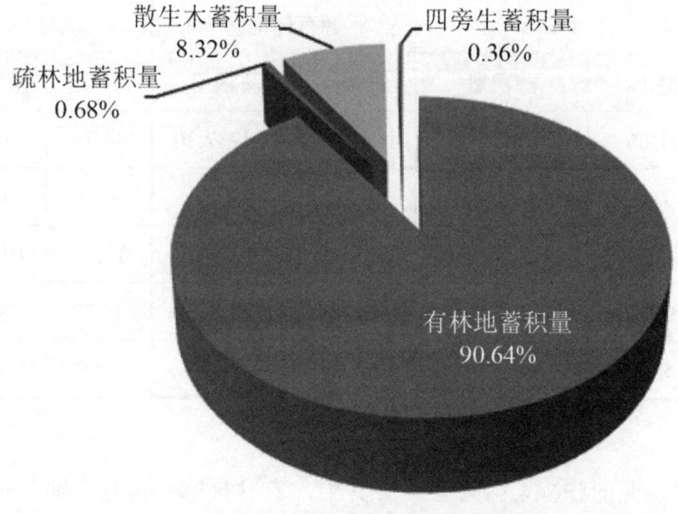


图2-1-3　2013年全区各类林木蓄积量比例分布图

## 二、资源结构

### （一）天然林资源

全区2008年天然林资源面积1997.76万公顷。其中，有林地1395.82万公顷，占69.87%；疏林地50.07万公顷，占2.51%；灌木林543.4万公顷，占27.20%；未成林封育地8.47万公顷，占0.42%。全区天然林资源蓄积量111106.10万立方米。其中，有林地蓄积量110146.56万立方米，疏林地蓄积量959.54万立方米。

全区2013年天然林资源面积2051.66万公顷。其中，有林地1401.20万公顷，占68.30%，平均每公顷

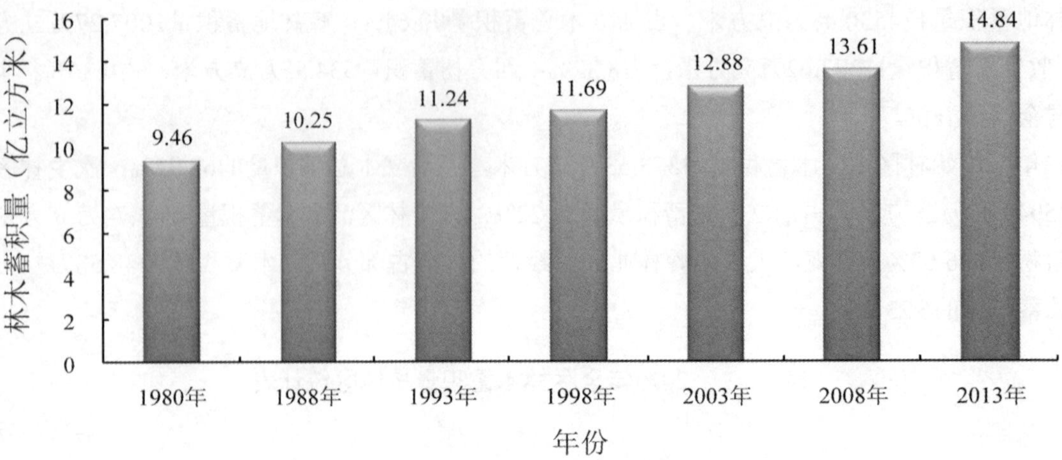


2-1-4　全区七次清查林木蓄积量变化图

蓄积量78.53立方米；疏林地44.75万公顷，占2.18%；灌木林594.86万公顷，占28.99%；未成林封育地10.85万公顷，占0.53%。全区天然林资源蓄积量125664.09万立方米，其中，有林地蓄积量124732.30万立方米，疏林地蓄积量931.79万立方米，分别占99.26%和0.74%。

表2-1-4　2013年全区天然林资源分布状况表

单位：万公顷、万立方米

| 统计单位 | 合　计 | | 有林地 | | 疏林地 | | 灌木林地面积 | 未成林地面积 |
|---|---|---|---|---|---|---|---|---|
| | 面积 | 蓄积量 | 面积 | 蓄积量 | 面积 | 蓄积量 | | |
| 全区总计 | 2051.66 | 125664.09 | 1401.20 | 124732.30 | 44.75 | 931.79 | 594.86 | 10.85 |
| 占比（%） | 100.00 | 100.00 | 68.30 | 99.26 | 2.18 | 0.74 | 28.99 | 0.53 |
| 内蒙古地方 | 1095.34 | 35484.26 | 525.55 | 35375.38 | 13.82 | 108.88 | 555.31 | 0.66 |
| 内蒙古大兴安岭 | 830.81 | 81743.64 | 762.89 | 80968.65 | 28.37 | 774.99 | 39.55 | — |
| 黑龙江大兴安岭 | 125.51 | 8436.19 | 112.76 | 8388.27 | 2.56 | 47.92 | — | 10.19 |

（二）人工林资源

2008年，全区人工林资源面积644.13万公顷。其中，有林地298.64万公顷；疏林地17.81万公顷；灌木林地166.12万公顷；未成林造林地161.56万公顷。全区人工林资源蓄积量7706.61万立方米，其中，有林地蓄积量7573.95万立方米，疏林地蓄积量132.66万立方米。

2013年，全区人工林资源面积648.77万公顷。其中，有林地331.65万公顷，占51.12%，平均每公顷蓄积量30.96立方米；疏林地11.87万公顷，占1.83%；灌木林地203.70万公顷，占31.40%；未成林造林地101.55万公顷，占15.65%。全区人工林资源蓄积量9873.66万立方米。其中，有林地蓄积量9798.18万立方米，疏林地蓄积量75.48万立方米，分别占99.24%和0.76%。

全区人工林保存面积居全国第二位。

表2-1-5　2013年全区人工林资源分布状况表

单位：万公顷、万立方米

| 统计单位 | 合　计 | | 有林地 | | 疏林地 | | 灌木林地面积 | 未成林地面积 |
|---|---|---|---|---|---|---|---|---|
| | 面积 | 蓄积量 | 面积 | 蓄积量 | 面积 | 蓄积量 | | |
| 全区总计 | 648.77 | 9873.66 | 331.65 | 9798.18 | 11.87 | 75.48 | 203.70 | 101.55 |
| 占比（%） | 100.00 | 100.00 | 51.12 | 99.24 | 1.83 | 0.76 | 31.40 | 15.65 |
| 内蒙古地方 | 622.43 | 7830.80 | 307.28 | 7761.32 | 11.21 | 69.48 | 203.70 | 100.24 |
| 内蒙古大兴安岭 | 25.06 | 1949.97 | 23.09 | 1943.97 | 0.66 | 6.00 | — | 1.31 |
| 黑龙江大兴安岭 | 1.28 | 92.89 | 1.28 | 92.89 | — | — | — | — |

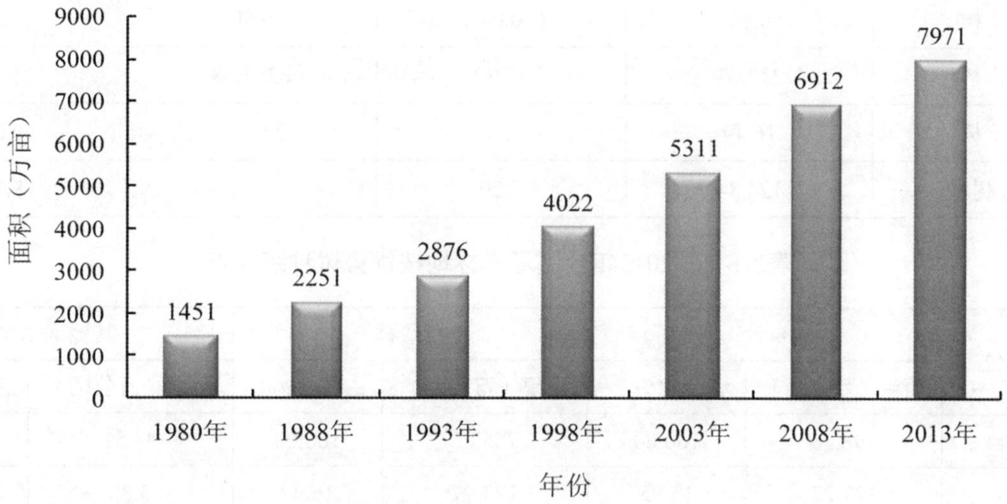


图2-1-5　全区七次清查人工林成林面积变化图

（三）树种结构

乔木林主要由落叶松、樟子松、白桦、杨树、黑桦、榆树、栎类等26个树种（组）构成，2008年乔木林面积1694.46万公顷，蓄积量11.77亿立方米；2013年，面积1713.05万公顷，蓄积量13.45亿立方米。灌木林由山杏、锦鸡儿、白刺、虎榛子、柠条锦鸡儿、绵刺等40个树种构成，2008年灌木林面积709.52万公顷；2013年面积798.56万公顷。

表2-1-6　2013年全区乔木林按优势树种（组）统计表

| 统计单位 | 面积（万公顷） | 占比（%） | 蓄积量（万立方米） | 占比（%） |
|---|---|---|---|---|
| 合　计 | 1713.05 | 100 | 134530.48 | 100 |
| 云　杉 | 2.64 | 0.15 | 268.40 | 0.20 |
| 落叶松 | 503.33 | 29.38 | 50305.71 | 37.39 |
| 樟子松 | 31.66 | 1.85 | 3615.03 | 2.69 |

（续表）

| 统计单位 | 面积（万公顷） | 占比（%） | 蓄积量（万立方米） | 占比（%） |
|---|---|---|---|---|
| 油　松 | 25.06 | 1.46 | 780.41 | 0.58 |
| 柏　木 | 2.64 | 0.15 | 15.61 | 0.01 |
| 栎　类 | 212.8 | 12.42 | 10866.39 | 8.08 |
| 白　桦 | 472.14 | 27.56 | 44548.79 | 33.11 |
| 黑　桦 | 77.17 | 4.51 | 4905.39 | 3.65 |
| 榆　树 | 32.33 | 1.89 | 337.62 | 0.25 |
| 刺　槐 | 0.66 | 0.04 | 0.47 | — |
| 椴　树 | 0.66 | 0.04 | 0.50 | — |
| 杨　树 | 210.63 | 12.30 | 6287.68 | 4.67 |
| 柳　树 | 16.49 | 0.96 | 831.29 | 0.62 |
| 其他树种 | 124.84 | 7.29 | 11767.19 | 8.75 |

表2-1-7　2013年全区灌木林地按优势树种统计表

| 统计单位 | 合计 | | 特灌林 | | 其他灌木林 | |
|---|---|---|---|---|---|---|
| | 面积（万公顷） | 占比（%） | 面积（万公顷） | 占比（%） | 面积（万公顷） | 占比（%） |
| 合　计 | 798.56 | 100.00 | 755.05 | 100.00 | 43.51 | 100.00 |
| 山　杏 | 127.27 | 15.95 | 123.97 | 16.42 | 3.30 | 7.59 |
| 锦鸡儿 | 99.60 | 12.48 | 99.60 | 13.19 | — | — |
| 白　刺 | 94.97 | 11.89 | 94.97 | 12.58 | — | — |
| 虎榛子 | 77.80 | 9.74 | 76.48 | 10.13 | 1.32 | 3.03 |
| 小叶锦鸡儿 | 56.06 | 7.02 | 52.11 | 6.90 | 3.95 | 9.08 |
| 绣线菊 | 44.17 | 5.53 | 36.92 | 4.89 | 7.25 | 16.66 |
| 绵　刺 | 37.59 | 4.71 | 37.59 | 4.98 | — | — |
| 丛　桦 | 31.63 | 3.96 | 15.14 | 2.01 | 16.49 | 37.90 |
| 沙　柳 | 29.01 | 3.63 | 29.01 | 3.84 | — | — |
| 杨　柴 | 19.14 | 2.40 | 19.14 | 2.53 | — | — |
| 柽　柳 | 18.47 | 2.31 | 18.47 | 2.45 | — | — |
| 红　沙 | 16.49 | 2.06 | 16.49 | 2.18 | — | — |
| 黄　柳 | 10.56 | 1.32 | 10.56 | 1.40 | — | — |
| 霸　王 | 9.90 | 1.24 | 9.90 | 1.31 | — | — |
| 沙冬青 | 8.57 | 1.07 | 8.57 | 1.14 | — | — |

（续表）

| 统计单位 | 合计 | | 特灌林 | | 其他灌木林 | |
|---|---|---|---|---|---|---|
| | 面积（万公顷） | 占比（%） | 面积（万公顷） | 占比（%） | 面积（万公顷） | 占比（%） |
| 沙棘 | 8.56 | 1.07 | 8.56 | 1.13 | — | — |
| 其他树种 | 64.60 | 8.09 | 53.40 | 7.07 | 11.20 | 25.74 |

（四）林种结构

乔木林林种结构：2013年，防护林占比重最大，面积、蓄积量分别占乔木林面积的63.4%和58.9%。

灌木林林种结构：2013年，在798.56万公顷灌木林中，防护林占比重最大，占86.95%。

表2-1-8　2013年全区乔木林面积蓄积量按林种统计表

单位：万公顷、万立方米

| 单位 | 合计 | | 防护林 | | 特用林 | | 用材林 | |
|---|---|---|---|---|---|---|---|---|
| | 面积 | 蓄积量 | 面积 | 蓄积量 | 面积 | 蓄积量 | 面积 | 蓄积量 |
| 自治区 | 1713.05 | 134530.48 | 1086.46 | 79211.60 | 183.08 | 19749.08 | 443.51 | 35569.80 |
| 占比(%) | 100.0 | 100.0 | 63.4 | 58.9 | 10.7 | 14.7 | 25.9 | 26.4 |

表2-1-9　2013年全区灌木林地面积林种统计表

单位：万公顷

| 单位 | 合计 | 防护林 | 特用林 | 用材林 |
|---|---|---|---|---|
| 自治区合计 | 798.56 | 694．36 | 94.96 | 9.24 |
| 占比（%） | 100.0 | 86.95 | 11.89 | 1.16 |
| 国家特别规定灌木林 | 755.05 | 660.75 | 94.30 | — |
| 其他灌木林 | 43.51 | 33.61 | 0.66 | 9.24 |

（五）乔木林龄组结构

2008年防护林占比重最大，面积、蓄积量分别占乔木林面积的65.23%和乔木林蓄积量的61.62%；2013年防护林占比重最大，面积、蓄积量分别占乔木林面积的63.4%和58.9%。

2013年，全区乔木中龄林和幼龄林面积占56.16%，多为近成过熟林面积。从林木蓄积量角度分析，全区中龄林、成熟林占绝对优势，分别占36.95%和24.02%。

表2-1-10　2013年全区乔木林按龄组结构统计表

| 统计单位 | 合计 | 幼龄林 | 中龄林 | 近熟林 | 成熟林 | 过熟林 |
|---|---|---|---|---|---|---|
| 面积（万公顷） | 1713.05 | 346.44 | 615.6 | 291.46 | 309.38 | 150.17 |
| 占比（%） | 100 | 20.22 | 35.94 | 17.01 | 18.06 | 8.77 |
| 蓄积量（万立方米） | 134530.48 | 6882.34 | 49714.5 | 29484.42 | 32309.79 | 16139.43 |
| 占比（%） | 100 | 5.11 | 36.95 | 21.92 | 24.02 | 12.00 |

# 第二节　陆生野生动物资源

内蒙古自治区幅员辽阔，生态环境类型多样，每种生态环境类型都有其典型的代表野生动物，在中国脊椎动物区系中占有特殊地位。有的野生动物在国内主要分布于内蒙古自治区，如大兴安岭北部是泰加林的一部分，其植被和俄罗斯新西伯利亚以东的落叶针叶林连为一体，国内的驯鹿、貂熊、黑嘴松鸡等主要分布于此。内蒙古高原的中东部地区是广阔的草原，它是欧亚典型草原的重要组成部分，典型草原的一些代表动物也集中分布在这里，如蒙古百灵、大鸨、草原旱獭、黄羊、草原黄鼠等。

1985—1989年和1995—2000年，内蒙古自治区林业厅（以下简称自治区林业厅）组织内蒙古林业勘察设计院对全区野生动物资源进行两次普查，查清了鸟兽资源的种类、分布、数量及利用情况，编写了野生动物资源调查报告，编绘了野生动物资源分布图。

截至2010年，全区共记录到包括水生到陆生动物过渡类型在内的陆生脊椎动物613种，分属于29目、93科、291属。

表2-2-1　2010年全区陆生脊椎动物种类数量

| 纲 | 目 | 科 | 属 | 种 |
|---|---|---|---|---|
| 两栖纲 | 2 | 5 | 5 | 8 |
| 爬行纲 | 3 | 7 | 14 | 27 |
| 鸟纲 | 17 | 61 | 196 | 442 |
| 哺乳纲 | 7 | 20 | 76 | 136 |
| 总计 | 29 | 93 | 291 | 613 |

2014年，自治区开始全国第二次野生动物资源调查，本次调查总面积为102.9万平方公里（不含内蒙古大兴安岭森工集团公司施业区和加格达奇林区），涉及全区12个盟（市）101个旗（县），为期5年，即2014—2018年。调查对象为陆生野生脊椎动物，即兽类、鸟类、爬行类和两栖类。调查采用常规调查、专项调查和同步调查3种形式，常规调查的物种共182种，专项调查的物种共23种，同步调查的物种共51种。由内蒙古林业监测规划院负责本行政区域内陆生野生动物资源调查的工作。

### 一、地理区划

内蒙古的陆生野生脊椎动物在全国陆栖脊椎动物区划中属古北界，界下分属3个亚界：欧洲-西伯利亚亚界、东亚亚界、中亚亚界；亚界下分4个区：大兴安岭区、东北区、华北区、蒙新区；区下又分为大兴安岭泰加林亚区、大兴安岭东麓亚区、松辽平原亚区、黄土高原亚区、东部草原亚区、西部荒漠亚区6个二级区及大兴安岭北部省、燕山北部省、内蒙古高原中温型典型草原省、西阿拉善戈壁荒漠省等12个三级区。

### 二、珍稀濒危动物

分布于内蒙古的613种陆生脊椎动物中，属于国家Ⅰ级重点保护的野生动物有27种，鸟类有白鹳、黑鹳、中华秋沙鸭、白肩雕、金雕、玉带海雕、白尾海雕、虎头海雕、胡兀鹫、黑嘴松鸡、白头鹤、丹顶鹤、白鹤、大鸨、波斑鸨、遗鸥，兽类有紫貂、貂熊、豹、雪豹、野驴、双峰驼、梅花鹿、普氏原羚、北山羊、原麝、马麝。国家Ⅱ级重点保护的野生动物有88种，鸟类有角䴙䴘、赤颈䴙䴘、斑嘴鹈鹕、黄嘴白鹭、黑头白鹮、白琵鹭、白额雁、疣鼻天鹅、大天鹅、小天鹅、鸳鸯、（黑）鸢、苍鹰、雀鹰、松雀鹰、棕尾鵟、大鵟、普通鵟、毛脚鵟、草原雕、乌雕、鹰雕、白腹海雕、凤头蜂鹰、灰脸鵟鹰、高山兀鹫、秃鹫、白尾鹞、鹊鹞、白腹鹞、铜色鹞（白头鹞）、短趾雕、鹗、猎隼、阿尔泰隼、矛隼、游隼、燕隼、灰背隼、红脚隼、黄爪隼、红隼、柳雷鸟、黑琴鸡、花尾榛鸡、蓝马鸡、暗腹雪鸡、灰鹤、白枕鹤、蓑羽鹤、花田鸡、小杓鹬、小鸥、黑浮鸥、红角鸮、领角鸮、雕鸮、毛腿渔鸮、褐渔鸮、雪鸮、猛鸮、花头鸺鹠、纵纹腹小鸮、长尾林鸮、乌林鸮、长耳鸮、短耳鸮、鬼鸮；兽类有豺、黑熊、棕熊、石貂、黄喉貂、水獭、草原斑猫、荒漠猫、丛林猫、猞猁、兔狲、马鹿、驼鹿、黄羊、藏原羚、鹅喉羚、斑羚（青羊）、岩羊、盘羊、雪兔。被列入国际自然保护联盟（IUCN）保护的51种，列入《濒危野生动植物国际贸易公约》（CITES）的99种，被国际鸟盟（Bird Life International）定为国际受胁种鸟类26种，列入《中国濒危动物红皮书》的鸟类184种，列入《中华人民共和国政府和日本国政府保护候鸟及其栖息环境的协定》的鸟类184种，列入《中华人民共和国政府和澳大利亚政府保护候鸟及其栖息环境的协定》的鸟类51种。

### 三、野生动物生态功能

分布于内蒙古的613种陆生脊椎动物中主要以植物性食物为生的有190种，它们中有多种啮齿动物和看似经济价值不显著的两栖类及爬行类。但是，它们的存在却养活了很多有重要经济价值的猛禽和食肉类动物。而两栖、爬行类动物又可消灭大量害虫。内蒙古分布有猛禽、食肉类及其他主要以动物性食物为生的动物近400种。啮齿类和昆虫与以它们为食的肉食性动物的数量保持平衡，不但保护了物种或基因的多样性，而且又不超过经济阀值，有害动物就不至于对人类造成危害。

### 四、野生动物经济价值

截至2015年，中国的有蹄类计35种，内蒙古拥有18种。内蒙古有鹿科动物7种，其中驯鹿主要分布于内蒙古，马鹿在内蒙古分布较广，除大兴安岭外，贺兰山亦有分布。经济价值重大的牛科动物在内蒙古有8种，都为中亚型和高地型种类，分布于内蒙古的中西部草原和荒漠地区，其中尤以黄羊的蕴藏量最大。

### 五、陆生脊椎动物

依据《全国陆生野生动物资源调查规程》，2014年调查全区陆生野生动物资源种类有104种。其中，两栖爬行类3种，鸟类76种，兽类25种。

#### （一）两栖爬行类

大蟾蜍（*Bufo gargarizans*）、黑斑蛙（*Rana nigromaculata*）、赤峰锦蛇（*Elaphe anomala*）。

#### （二）鸟类

斑嘴鹈鹕（*Pelecanus philipensis*）、鸬鹚（*Phalacrocorax carbo*）、黄嘴白鹭（*Egretta eulophotes*）、东方白鹳（*Ciconia boyciana*）、黑鹳（*Ciconia nigra*）、白琶鹭（*Platalealeucorodia*）、鸿雁（*Anser cygnoides*）、豆雁（*Anser fabalis*）、白额雁（*Anser albifrons*）、灰雁（*Anser anser*）、斑头雁（*Anser indicus*）、黑雁（*Branta bernicla*）、疣鼻天鹅（*Cygnus olor*）、大天鹅（*Cygnus cygnus*）、小天鹅（*Cygnus columbianus*）、赤麻鸭（*Tadorna ferruginea*）、翘鼻麻鸭（*Tadorna*

*tadorna*）、棉凫（*Nettapus coromandelianus*）、鸳鸯（*Aix galericulata*）、赤颈鸭（*Anas penelope*）、罗纹鸭（*Anas falcata*）、赫膀鸭（*Anas strepera*）、花脸鸭（*Anas formosa*）、绿翅鸭（*Anas crecca*）、绿头鸭（*Anas platyrhynchos*）、斑嘴鸭（*Anas poecilorhyncha*）、针尾鸭（*Anas acuta*）、白眉鸭（*Anas querquedula*）、琵嘴鸭（*Anas clypeata*）、白眼潜鸭（*Aythya nyroca*）、红头潜鸭（*Aythya ferina*）、青头潜鸭（*Aythya baeri*）、斑背潜鸭（*Aythya marila*）、凤头潜鸭（*Aythya fuligula*）、赤嘴潜鸭（*Netta rufina*）、斑脸海番鸭（*Melanitta fusca*）、鹊鸭（*Bucephala clangula*）、白秋沙鸭（*Mergus albellus*）、中华秋沙鸭（*Mergus squamatus*）、红胸秋沙鸭（*Mergus serrator*）、普通秋沙鸭（*Mergus merganser*）、雀鹰（*Accipiter nisus*）、松雀鹰（*Accipiter virgatus*）、鸢（*Milvus mgrans*）、普通鵟（*Buteo buteo*）、金雕（*Aquila chrysaetos*）、玉带海雕（*Haliaeetus leucoryphus*）、白尾海雕（*Haliaeetus albicilla*）、胡兀鹫（*Gypaetus barbatus*）、苍鹰（*Accipiter gentilis*）、凤头蜂鹰（*Pernis ptilorhynchus*）、灰脸鵟鹰（*Butastur indicus*）、猎隼（*Falco cherrug*）、游隼（*Falco peregrinus*）、燕隼（*Falco subbuteo*）、红隼（*Falco tinnunculus*）、黑嘴松鸡（*Tetrao parvirostris*）、花尾榛鸡（*Bonasa bonasia*）、黑琴鸡（*Lyrurus tetrix*）、暗腹雪鸡（*Tetraogallus himalayensis*）、蓝马鸡（*Crossoptilon auritum*）、雉鸡（*Phasianus colchicus*）、灰鹤（*Grus grus*）、白头鹤（*Grus monacha*）、丹顶鹤（*Grus japonensis*）、白枕鹤（*Grus vipio*）、白鹤（*Grus levcogeranus*）、蓑羽鹤（*Anthropoides virgo*）、骨顶鸡（*Fulica atra*）、大鸨（*Otis tarda*）、波斑鸨（*Chlamydotis undutata*）、红腰杓鹬（*Numenius madagascariensis*）、遗鸥（*Larus relictus*）、棕头鸥（*Larus brunnicephalus*）、（蒙古）百灵（*Melanocorypha mongolica*）、云雀（*Alauda arvensis*）。

（三）兽类

豺（*Cuon alpinus*）、狼（*Canis lupus*）、赤狐（*Vulpes vulpes*）、沙狐（*Vulpes corsac*）、棕熊（*Ursus arctos*）、紫貂（*Martes zibellina*）、猞猁（*Felis Lynx*）、貂熊（*Gulo gulo*）、豹猫（*Felis bengalensis*）、豹（*Panthera Pardus*）、雪豹（*Panthera uncia*）、蒙古野驴（*Equus hemionus*）、野猪（*Sus scrofa*）、双峰驼（*Camelus bactrianus*）、马麝（*Moschus sifanicus*）、原麝（*Moschus moschiferus*）、狍（*Capreolus capreolus*）、马鹿（*Cervus elaphus*）、驼鹿（*Alces alces*）、黄羊（*Procapra gutturosa*）、鹅喉羚（*Gazella subgutturosa*）、斑羚（*Naemorhedus goral*）、北山羊（*Capra ibex*）、岩羊（*Pseudois nayaur*）、盘羊（*Ovis ammon*）。

## 第三节　野生植物资源

### 一、地理区系与分布

自治区植物区系属于泛北极植物区域，并跨越了欧洲-西伯利亚植物区、东亚植物区、亚洲中部植物区和古地中海植物区。自第三纪以后受亚洲中部干燥化的影响很大，形成以旱生化植物种属为主导成分的区系组成。自治区北面与蒙古相邻，东侧与华北植物区相连，西南面通过贺兰山、祁连山与青藏高原相连接。因此，内蒙古的植物区系受多方面的影响和渗透，形成许多植物分布区在自治区内互相交迭的情况，丰富了区系地理成分。内蒙古地区横跨针叶林区、夏绿阔叶林区、草原区和荒漠区等几个大自然地带，而且又处于中国东北、华北及蒙古等植物区系成分相互渗透的地区，丰富了本区的植物区系组成。其中，山地的植物最丰富，东部的大兴安岭拥有很丰富的森林植物以及草甸、沼泽与水生植物；中部的阴山山脉及西部的贺兰山不但兼有森林和草原植物，而且还有草甸、沼泽成分。广大的高平原及平原地区则以草原和荒漠旱生型植物为主，只含有少数的草甸植物与盐生植物等。

2014年调查，自治区分布有维管植物2351种。其中，野生种子植物2106种，蕨类植物61种，引种栽培的植物184种。野生维管植物计2167种，分属于131科、660属。

**表2-3-1　2014年全区植物分类统计表**

单位：种

<table>
<tr><th colspan="3" rowspan="2">植物类群</th><th colspan="2">科</th><th colspan="2">属</th><th colspan="2">种</th></tr>
<tr><th>野生</th><th>栽培</th><th>野生</th><th>栽培</th><th>野生</th><th>栽培</th></tr>
<tr><td colspan="3">蕨类植物</td><td>17</td><td>—</td><td>29</td><td>—</td><td>61</td><td>—</td></tr>
<tr><td rowspan="3">种子植物</td><td colspan="2">裸子植物</td><td>3</td><td>—</td><td>7</td><td>—</td><td>23</td><td>3</td></tr>
<tr><td rowspan="2">被子植物</td><td>双子叶植物</td><td>92</td><td>2</td><td>483</td><td>52</td><td>1614</td><td>154</td></tr>
<tr><td>单子叶植物</td><td>19</td><td>—</td><td>141</td><td>8</td><td>469</td><td>27</td></tr>
<tr><td colspan="3">维管植物</td><td>131</td><td>2</td><td>660</td><td>60</td><td>2167</td><td>184</td></tr>
</table>

内蒙古植物区系组成中，植物种数多于40种的大科有15个科，是菊科、禾本科、豆科、莎草科、毛茛科、蔷薇科、藜科、十字花科、百合科、蓼科、石竹科、玄参科、杨柳科、唇形科、伞形科，其中100种以上的大科有6科，是菊科、禾本科、豆科、莎草科、毛茛科、蔷薇科；含有20种以上、40种以下的科有7科；10种以上、20种以下的科为14科，是虎儿草科、堇菜科、龙胆科、桔梗科、报春花科、蒺藜科、桦木科、景天科、忍冬科、鸢尾科、罂粟科、旋花科、萝藦科、茄科；其余95科植物均少于10种。植物区系组成中，最丰富的属是薹草属（*Carex*）（80种）与蒿属（*Artemisia*）（63种），它们也是地理分布很广的两属。其次是蓼属（*Polygonum*）、柳属（*Salix*）、黄耆属（*Astragalus*）、委陵菜属（*Potentilla*）、风毛菊属（*Saussurea*）、棘豆属（*Oxytropis*）、堇菜属（*Viola*）、葱属（*Allium*）8属，它们的植物种均不少于25种。含有15—22种植物的属还有毛茛属（*Ranunculus*）、早熟禾属（*Poa*）、鹅观草属（*Roegneria*）、虫实属（*Corispermum*）、乌头属（*Aconitum*）、马先蒿属（*Pedicularis*）、蒲公英属（*Taraxacum*）、繁缕属（*Stellaria*）、锦鸡儿属（*Caragana*）、绣线菊属（*Spiraea*）、沙参属（*Adenophora*）等。多于10种植物的属有30属。

## 二、野生植物经济价值分类

### （一）用材类树种

用材树种主要有兴安落叶松、华北落叶松、樟子松、油松、侧柏、青海云杉、红皮云杉、杜松等针叶树种。阔叶树种主要有白桦、黑桦、蒙古栎、辽东栎、钻天柳、甜杨、山杨、小叶杨、胡杨、香杨、水曲柳、紫椴、辽椴、家榆、大果榆、春榆、旱柳、黄檗、胡桃楸、色木槭、元宝槭等。

### （二）经济类植物

1．纤维植物

纤维植物纤维较长、韧性和强度达到一定标准，可作为纤维板、编织业、纺织业、造纸、绳索和麻袋等原料。内蒙古纤维植物种类很多，且质量优良。主要有兴安落叶松、华北落叶松、樟子松、油松、侧柏、青海云杉、红皮云杉、白桦、黑桦、甜杨、山杨、紫椴、糠椴、蒙椴、胡桃楸、水曲柳、色木槭、花楸、裂叶榆、春榆、蒙古栎、辽东栎、北沙柳、小红柳、鸡树条荚蒾、蓝靛果忍冬、黄花忍冬、小花金银花、蛇床、大麻、狭叶荨麻、麻叶荨麻、白麻、柳兰、野亚麻、宿根亚麻、蝎子草、乌拉草、细杆羊胡子草、荆三棱、羽茅、远东芨芨草、拂子茅、假苇拂子茅、芦苇等。

2．鞣料植物

鞣科植物即栲胶植物，这类植物或根、或皮、茎（干）、叶、果实、总苞等器官组织中富含鞣质（单宁），宜作为浸提栲胶的植物资源。鞣科植物主要有兴安落叶松、华北落叶松、樟子松、油松、偃松、侧柏、青海云杉、红皮云杉、蒙古栎、辽东栎、白桦、黑桦、甜杨、山杨、香杨、中国白蜡树、白榆、辽东桉树、稠李、杜香、山荆子、山刺玫、虎榛子、柳叶鼠李、乌苏里鼠李、小叶鼠李、兴安杜鹃、榛、红柳、河柏、皱叶酸模、叉分蓼、芍药、红升麻、鹅绒委陵菜、蚊子草、粗根老鹳草、兴安白头翁、狭叶荨麻、地榆、龙芽草、唐松草、地锦、盐角草等。

3．药用植物

药用植物体全部或部分器官组织或其分泌物，可直接入药或经提炼后可制成医病药物。主要有手掌参、地肤、芍药、沙参（所有种）、桔梗、地榆、黄耆、草麻黄、菖蒲、泽泻、草泽泻、茜草、艾、红升麻、乌头、白头翁、北马兜铃、紫菀、红花、祁州漏芦、苍术、关苍术、蓝刺头、曼陀罗、黄精、玉竹、七筋姑、草本威灵仙、铃兰、知母、槲寄生、接骨木、败酱、透骨草、党参、羊乳、茭白、东北天南星、拳参、枸杞、宁夏枸杞、柴胡、草苁蓉、肉苁蓉、地黄、列当、车前、远志、防风、黄芩、甘草、锁阳、半夏、大黄、萹蓄、旱麦瓶草、瞿麦、石竹、金莲花、兴安升麻、棉团铁线莲、大花飞燕草、野罂粟、白蘚、狼毒、狼毒大戟、峨参、短毛独活、兴安白芷、葛缕子、毛白花前胡、达乌里龙胆、秦艽、三花龙胆、龙胆、合掌消、徐长卿、菟丝子、日本菟丝子、鹤虱、多裂叶荆芥、益母草、细叶益母草、薄荷、香薷、黄花列当、山牛蒡、细叶百合、射干鸢尾、五味子、金银花、刺五加、短梗五加等。

农药类植物主要有辣蓼铁线莲、东北高翠雀花、麦毒草、白屈菜、播娘蒿、瓦松、龙芽草、披针叶黄华、狼毒大戟、藜芦、毒芹、皱叶酸模、卫矛、野菊、照山白、透骨草、菖蒲、独活、苍耳、马齿苋、苦参、胡桃楸、败酱、白头翁、侧柏、蒙桑、骆驼蓬等。

4．油料植物

种子或果实含油量达到20%以上，宜用作提取油脂原料的植物。主要有兴安落叶松、华北落叶松、樟子松、油松、偃松、蒙古栎、白桦、黑桦、红瑞木、接骨木、榛、家榆、大果榆、胡桃楸、黄檗、虎榛子、侧柏、水曲柳、文冠果、桃叶卫矛、毛樱桃、毛榛、山刺玫、草乌头、苍术、地肤、稠李、益母草、宿根亚麻、野亚麻、叉分蓼、碱蓬、骆驼蓬、皱叶酸模、元宝槭、刺五加、菟丝子、日本菟丝子、酸枣、播娘蒿、鸡树条荚蒾、乌苏里鼠李、山荆子、鼠李、葶苈等。

5．淀粉、酿造类植物

富含淀粉、宜经济利用的一类植物。主要有蒙古栎、榛、虎榛子、花楸树、笃斯越橘、越橘、水葡萄、稠李、山荆子、地榆、蓝靛果忍冬、蕨、东方草莓、山刺玫、库叶悬钩子、苍术、黄精、玉竹、细叶百合、毛百合、沙参、皱叶酸模、狭叶酸模、芍药、珠芽蓼、桔梗、毛樱桃、中国沙棘、打碗花、乌苏里鼠李、鼠李、旱榆、春榆、酸枣、岩高兰、山杏、欧李、山里红等。

6．染料植物

主要有白桦、辽东楤木、石松、鹅绒委陵菜、乌苏里鼠李、蓬子菜、地刷子、岩高兰、盔状黄芩、笃斯越橘、稠李、山刺玫、胡桃楸、山葡萄、草原霞草、柳叶鼠李、小叶鼠李、朝鲜鼠李、圆叶鼠李、酸模、狭叶酸模、皱叶酸模、黄檗、茜草等。

7．橡胶植物

橡胶植物体内含有丰富乳汁，可提取橡胶。主要有蓬子菜、狼毒、长柱沙参、地稍瓜、雀瓢、金银花忍冬、毛脉卫矛、桃叶卫矛、华北鸦葱等。

8．芳香油类植物

许多植物体的器官组织或分泌物中含有芳香油，其基本成分是醇、酮、醛、酚、酸、酯等化合物，是提取香精、香料的主要原料。主要有单穗升麻、草甸碎米芥、山刺玫、田葛缕子、狭叶杜香、宽叶杜香、照山白、兴安杜鹃、小叶杜鹃、青兰、香青兰、铃兰、百里香、丁香、藿香、薄荷、飞蓬、香薷、细穗香薷、裂叶荆芥、缬草、侧柏、菖蒲、独活、蒙古蒿、关苍术、野菊、风毛菊、泽兰、黄芩、蒙古莸、大花荆芥、山花椒、石竹等。

9．食用植物

主要有蕨、狭叶荨麻、偃松、榛、薄荷、白桦、家榆、拳参、手掌参、山楂、毛山楂、山刺玫、笃斯越橘、越橘、东方草莓、稠李、山荆子、酸枣、沙参、桔梗、地榆、库叶悬钩子、石生悬钩子、百合、木耳、黄花菜、东北扁核木、稠李、秋子梨、欧李、山杏、小果白刺、文冠果、山葡萄、中国沙棘、刺五加、松蘑、桦树蘑、草蘑、蓝靛果忍冬、蒙古栎、桑、蒙桑、毛樱桃、藿香、香薷、甘草、玉竹、黄精、沙枣、草本威灵仙、东风菜、葛枣猕猴桃、天栌、黑果天栌等。

10．观赏植物

主要有大花剪秋罗、石竹、珍珠梅、华北珍珠梅、鸡树条荚蒾、玫瑰、山刺玫、黄刺玫、大叶蔷薇、榆叶梅、丁香、瞿麦、黄金菊、金莲花、大花翠雀、东北高翠雀、华北耧斗菜、东陵八仙花、堇叶山梅花、柳叶绣线菊、土庄绣线菊、花楸、桔梗、金露梅、山桃、桃叶卫茅、红瑞木、锦带花、蒙古莸、接骨木、大花杓兰、紫点杓兰、樱草、柳穿鱼、兴安杜鹃等。

11．饲用植物

饲用植物资源主要为豆科、禾本科、菊科、莎草科、藜科的植物种类。其中：豆科主要饲用植物有直立黄耆、草木樨状黄耆、山竹岩黄耆、细枝岩黄耆、木岩黄耆、蒙古岩黄耆、塔落岩黄耆、小叶锦鸡儿、狭叶锦鸡儿、中间锦鸡儿、柠条锦鸡儿、藏锦鸡儿、胡枝子、达乌里胡枝子、牛枝子、尖叶胡枝子、野火球、草木樨、黄花苜蓿、天蓝苜蓿、扁蓿豆、细叶扁蓿豆、山野豌豆、多茎野豌豆、广布野豌豆、大叶野豌豆、歪头菜等。禾本科主要饲用植物有羊草、赖草、贝加尔针茅、大针茅、克氏针茅、长芒草、短花针茅、小针茅、沙生针茅、戈壁针茅、羊茅、紫羊茅、野古草、多叶隐子草、糙隐子草、无芒隐子草、中华隐子草、冰草、沙生冰草、沙芦草、芦苇、垂穗披碱草、肥披碱草、缘毛鹅观草、直穗鹅观草、星星草、落草、无芒雀麦、沙地雀麦、苇状看麦娘、短穗看麦娘、狗尾草、金狗尾草、虎尾草、白茅、稗、长芒稗、荩草、大油芒、大叶章、拂子茅、大拂子茅、假苇拂子茅、野青茅、水甜茅、早熟禾、林地早熟禾、硬质早熟禾、草地早熟禾、散穗早熟禾、偃麦草等。莎草科主要饲用植物有灰脉薹草、脚薹草、披针薹草、薹草、寸薹草、乌拉薹草、北方嵩草、高山嵩草、藨草等。菊科主要饲用植物有冷蒿、油蒿、籽蒿、差不嘎蒿、白莲蒿、褐沙蒿、准格尔沙蒿、裂叶蒿、猪毛蒿、华北米蒿、岩蒿、漠蒿、旱蒿、女蒿、线叶菊、戈壁短舌菊、蓍状亚菊、中亚紫菀木、花花柴、蓼子朴等。藜科主要饲用植物有驼绒藜、华北驼绒藜、珍珠柴、松叶猪毛菜、猪毛菜、短叶假木贼、木地肤、合头藜、盐穗木、梭梭、细枝盐爪爪、盐爪爪、尖叶盐爪爪、黄毛头、沙蓬、碱蓬等。其他科主要饲用植物有多枝柽柳、红砂、山杏、绵刺、地榆、鹰爪柴、东北木蓼、百里香、蒙古葱、碱韭、野韭、胡杨、家榆、沙芥、沙拐枣、沙棘、兔唇花、白刺、土庄绣线菊等。

## 第四节　珍稀树种

内蒙古自治区政府（以下简称自治区政府）2010年公布《内蒙古自治区珍稀林木保护名录》，共列入珍稀林木41科、70属、101种，基本包括了全区具有生态效益、经济效益和濒危的具备保护价值的木本植物物种，还列入了部分具有保护价值的散生和寄生物种。2012年9月，根据《全国绿化委员会办公室古树名木保护情况调研考察方案》和《关于开展古树名木保护情况调研考察的通知》要求，内蒙古绿化委员会办公室组织各盟市对全区珍稀林木和古树名木开展调研工作。截至2015年，内蒙古珍稀树种有：白扦（*Picea meyeri*）、沙地云杉（*Picea meyeri* var. *mongolica*）、青海云杉（*Picea crassifolia*）、红皮云杉（*Picea koraiensis*）、青扦（*Picea wilsonii*）、华北落叶松（*Larix principis-rupprechtii*）、油松（*Pinus tabulaeformis*）、樟子松（*Pinus sylvestris* var. *mongolica*）、西伯利亚红松（*Pinus sibirica*）、偃松（*Pinus pumila*）、圆柏（*Sabina chinensis*）、祁连圆柏（*Sabina przewalskii*）、兴安圆柏（*Sabina davurica*）、侧柏（*Platycladus orientalis*）、西伯利亚刺柏（*Juniperus sibirica*）、杜松（*Juniperus rigida*）、斑子麻黄（*Ephedra rhytidosperma*）、胡杨（*Populus euphratica*）、兴安杨（*Populus hsinganica*）、钻天柳（*Chosenia arbutifolia*）、胡桃楸（*Juglans mandshurica*）、角翅桦（*Betula ceratoptera*）、砂生桦（*Betula gmelinii*）、水冬瓜赤杨（*Alnus hirsuta*）、脱皮榆（*Ulmus lamellosa*）、裂叶榆（*Ulmus laciniata*）、旱榆（*Ulmus glaucescens* var. *glaucescens*）、沙地榆（*Ulmus pumila* var. *sabulosa*）、刺榆（*Hemiptelea davidii*）、辽东栎（*Quercus mongolica* var. *liaotungensis*）、阿拉善沙拐枣（*Calligonum alaschanicum*）、沙拐枣（*Calligonum mongolicum*）、圆叶木蓼（*Atraphaxis tortuosa*）、沙木蓼（*Atraphaxis bracteata*）、蒙桑（*Morus mongolica*）、梭梭（*Haloxylon ammodendron*）、肉苁蓉（*Cistanche deserticola*）、裸果木（*Gymnocarpos przewalskii*）、灌木铁线莲（*Clemalis fruticosa*）、细叶小檗（*Berberis poiretii*）、五味子（*Schisandra chinensis*）、东陵绣球（*Hydrangea bretschneideri*）、薄叶山梅花（*Philadelphus tenuifolius*）、海拉尔绣线菊（*Spiraea hailarensis*）、毛枝蒙古绣线菊（*Spiraea mongolica* var. *tomentulosa*）、鲜卑花（*Sibiraea laevigata*）、花楸树（*Sorbus pohuashanensis*）、花叶海棠（*Malus transitoria*）、绵刺（*Potaninia mongolica*）、小叶金露梅（*Potentilla parvifolia*）、银露梅（*Potentilla glabra*）、蕤核（*Prinsepia uniflora*）、蒙古扁桃（*Amygdalus mongolica*）、柄扁桃（*Amygdalus peduncnlata*）、欧李（*Cerasus humilis*）、沙冬青（*Ammopiptanthus mongolicus*）、粉刺锦鸡儿（*Caragana pruinosa*）、细枝岩黄芪（*Hedysarum scoparium*）、四合木（*Tetraena mongolica*）、黄檗（*Phellodendron amurense*）、东北岩高兰（*Empetrum nigrum var. japonicum*）、元宝槭（*Acer truncatum*）、细裂槭（*Acer stenolobum*）、大叶细裂槭（*Acer stenolobum* Rehd. var. *megalophyllum*）、

文冠果（*Xanthoceras sorbifolium*）、柳叶鼠李（*Rhamnus erythroxylon*）、山葡萄（*Vitis amurensis*）、蒙椴（*Tilia mongolica*）、紫椴（*Tilia amurensis*）、辽椴（*Tilia mandshurica*）、葛枣猕猴桃（*Actinidia polygama*）、黄花红砂（*Reaumuria trigyna*）、宽叶水柏枝（*Myricaria platyphylla*）、鄂尔多斯半日花 *Helianthemum ordosicum*）、沙枣（*Elaeagnus angustifolia*）、无梗五加（*Acanthopanax sessiliflorus*）、刺五加（*Eleutherococcus senticosus*）、红瑞木（*Swida alba*）、沙梾（*Swida bretschneideri*）、迎红杜鹃（*Rhododendron mucronulatum*）、越橘（*Vaccinium vitis-idaea*）、笃斯越橘（*Vaccinium uliginosum*）、红北极果（*Arctous ruber*）、黑北极果（*Arctous alpinus* var. *japonicus*）、小果红莓苔子（*Vaccinium microcarpum*）、水曲柳（*Fraxinus mandschurica*）、贺兰山丁香（*Syringa pinnatifolia* var. *alashanensis*）、互叶醉鱼草（*Buddleja alternifolia*）、白麻（*Poacynum pictum*）、蒙古莸（*Caryopteris mongholica*）、内蒙野丁香（*Leptodermis ordosica*）、北极花（*Linnaea borealis*）、锦带花（*Weigela florida*）、白花锦带花（*Weigela florida f.alba*）、六道木（*Ablia biflora*）、蝟实（*Kolkwitzia amabilis*）、戈壁短舌菊（*Brachanthemum gobicum*）、紫菀木（*Asterothamnus alyssoides*）、软叶紫菀木（*Asterothamnus molliusculus*）、贺兰山女蒿（*Hippolytia kaschgarica*）、内蒙亚菊（*Ajania alabasica*）。

## 第五节　古树名木

古树名木是历史上遗留下来的古老大树和有典故、享盛名的珍稀树木。

**一、分布**

按区域分布：2015年，全区城市建成区拥有古树名木1406株，农村牧区拥有古树名木4921309株。

按生长位置分布：全区古树名木分别位于寺院619株，公园和风景名胜区4063361株，单位或个人庭院319株，山林855991株，其他位置2425株。

按生长状态分布：全区古树名木处于散生状态279367株，群状4643348株。

按权属分布：内蒙古的古树名木属于国有或国有企事业单位所有4922325株，集体和个人所有390株。

**二、种类**

2015年，对全区古树名木资源树种的科、属、种进行统计分析，自治区古树名木隶属21科38属63种，其中裸子植物2科6属13种，被子植物19科32属50种。含属与种数量最多的科是蔷薇科，共6属11种。古树主要树种有榆树、旱榆、胡杨、旱柳等；名木树种为樟子松、旱柳和花叶海棠；既是古树又是名木树种的为牡丹和桑；古树群主要树种为侧柏、胡杨、油松、青海云杉、旱榆、杜松、榆树等。

全区古树名木与古树群均以乡土树种为主，其中古树名木乡土树种占到99.5%，主要树种是榆树、旱榆和胡杨；非乡土树种仅占0.5%，主要树种为牡丹、臭椿等。古树群均为乡土树种，主要树种为杜松、侧柏、胡杨、元宝槭、兴安落叶松、油松等。

（一）新疆五针松

新疆五针松的分布中心在西伯利亚，文献记载在中国仅见于新疆阿尔泰山，但20世纪50年代末期有人在黑龙江省漠河见过数株。2006年以后，又有人先后在内蒙古大兴安岭满归、阿龙山等地发现几十株，数量虽少，却具有重要的学术和生产价值，实属珍稀名木。在大兴安岭林区，新疆五针松被鄂温克民族称为“昂特儿”，供作神树。新疆五针松（有人称兴安松）以满归的依克赛马、贝尔尼次河谷地带的一片最大，约五六十株，占地约0.5公顷，40—60年生，树高9—12米，直径13—27厘米，枝叶丰茂，亭亭玉立。阿龙山艾雅素克的一株年龄最大，约110年，高10米。

（二）樟子松孤树

生长在樟子松现代自然分布区外最大的一株樟子松，位于锡林郭勒盟东乌珠穆沁旗与通辽市扎鲁特旗交界处，海拔820米，地属东乌乡北沙沦。1982年测定，160年生，直径60.5厘米，树高10.5米。

（三）沙地华北落叶松

华北落叶松分布在河北、山西的石质土地。然而，1981年经郑万均教授鉴定华北落叶松也见于内蒙古赤峰市喀喇沁旗、克什克腾旗等地。生长在西拉木伦河北岸，大兴安岭最南端白音敖包沙地的天然落叶松亦属华北落叶松。这株唯一生长在沙地的最大的华北落叶松，可能是这一带某间冰期曾经与白桦、油松等一起向北衍生的残遗种。这株约200年生的华北落叶松直径52厘米，近50年来直径每年的平均生长量达0.1厘米，而树高生长则因干旱大风而停滞，全株树高仅11米，且木质部已出现一半心腐。

（四）浑善达克一棵松

是浑善达克沙地残留下来的一棵百年以上的古松。这株油松占据了大沙丘的顶部，远看如鹤立鸡群，群众誉之“一棵松”。其实在它的附近尚有两片80余株大小油松。唯“一棵松”最大，树高8.5米，直径80厘米，宛如中国油松天然分布北线的一个标桩。

（五）边境古榆

古榆是干草原地带的天然树种。据调查，240余年前，锡林郭勒盟苏尼特右旗额仁淖尔乡境内曾有一座庙叫毛都庙，蒙古语意是指附近有树的庙，这里尚存一株340年生的古榆。树高8米，直径144厘米，因地处中蒙边界，故称边境古榆，具有特殊意义。

（六）胡杨王

胡杨的蒙古语叫“陶来”，为强抗盐树种。在内蒙古大面积分布于阿拉善盟额济纳河沿河地带。由于地理和历史原因，河套平原、乌兰察布市后山地区残存有小片或散生的胡杨。内蒙古境内最大胡杨出现在额济纳河西岸的亚布面村，树高23米，直径2.6米，有两根主干，直径分别为1.3米和1.01米，树势壮观夺目，堪称内蒙古的胡杨王。

（七）油松王

生长在鄂尔多斯市准格尔旗川掌乡的松树坞村，树龄近千岁，居全国之冠。直径134厘米，树高25米，立木材积13.5立方米。冠幅占地240平方米。在油松分布的12个省份能同它媲美的仅有2处。其一，北京市北海公园团城承光殿东侧金代种植的油松，高20米，直径100厘米，树龄近800年；其二，辽宁省千山油松，树龄700余年。在油松之乡的山西省沁县灵空山，陕西省秦岭，以及甘肃省白龙江和四川省岷江两岸，有直径1米、树高超过30米的油松，但树龄均不足二三百年。值得庆幸的是这株油松王虽年近千岁，仍然枝叶繁茂，色浓苍郁，且近15年直径生长量还有回升。油松王的健在有助于研究油松的地理分布和发展黄土地区油松的造林事业。

（八）油树王

文冠果堪称油树王，是中国北方特有的油料树种，种子含油率与核桃相近，略高于油茶，比大豆高得多。文冠果在内蒙古有散生的天然林，也有几百年栽培历史的大树。赤峰市翁牛特旗乾隆年间栽植的文冠果，直径90厘米，堪称油树王，但已遭雷击枯死。生长在伊克昭盟（现为鄂尔多斯市）伊金霍洛旗新庙乡、历经280年、直径78厘米的文冠果孤树，是内蒙古的油树王。

（九）九峰神树

九峰山乃阴山第二高峰，海拔2338米，原先这里云杉、油松、侧柏、杜松等“画屏森列”。其生境树木稀少，草地星布，包头市土默特右旗六道沟的两株油松则是历史见证。一株直径49厘米、树高21米，另一株直径为46厘米、树高19米。

（十）阴阳树

通辽市奈曼旗八仙筒镇一株柳树被命名为阴阳树。这里原是一株有3个主枝的大树。大树枯死后，1949年洪水使其重获新生，但叶形明显不同，北侧二枝枝叶繁密、叶短而宽，南侧枝叶稀疏、叶长而窄，故称阴阳树。

（十一）灰楸古木

灰楸原产陕西、河南、山东一带。约200年前由喇嘛引种乌兰察布市清水河县喇嘛湾乡院内（当时为一古庙）。2015年，该树树高19米，直径82厘米。

（十二）乌素图召古桑

乌素图召坐落在呼和浩特市北面、大青山脚下，建于清王朝，庙内保存有一株内蒙古最大的蒙桑，树高7米，冠幅104平方米，树干分二支，一粗一细，粗的直径13.2厘米，细的10.2厘米，为建庙时栽植的古桑。

（十三）油松古群

通辽市库伦旗格尔林乡有一群几十株二三百年的油松大树，大者直径130厘米，树高25米，树冠完整，枝叶翠绿，有的群居，有的单生，其中混有少许皂角（其中一株直径60厘米，高8米），这里原是王府的庙宇。

（十四）科尔沁榆王

通辽市开鲁县大榆树乡榆树村的一株约200年榆树，直径180厘米，树高20米，堪称科尔沁草原榆树之王。据《明成祖北征纪行初编》描述：“（六月）二十九日，发金沙苑，是程多水，途边多榆柳”，足见当时科尔沁草原不乏榆树，而今只剩下寥寥数片了。

（十五）护渠“功臣”

100多年前，河套地区人烟稀少，农民倾树尧乘船从宁夏平罗县运来旱柳树条，沿黄河灌渠栽植起旱柳树。今尚存一株树高18米、直径188厘米的大旱柳，后人视之护渠有功，专为纪念。

（十六）青城古榆

青城蒙古语“呼和浩特”为内蒙古自治区首府，由旧城和新城组成。旧城建于明代隆庆年间，新城于清乾隆二年竣工，为清政府驻兵营地。城内外榆柳成荫，特别是都统府院内有古榆一株，约200年历史，这株青城古榆现直径100厘米，高14米，通直饱满，树冠出现少量枯枝。

**三、古树名木数量**

2012年9月，自治区绿化委员会组织开展全区古树名木普查建档工作。经旗县普查、盟市审定、自治区统计汇总后，确定全区古树名木数量为4922715株。

至2015年，全区古树名木资源总量4922715株，主要集中在自然保护区之内。其中，兴安盟科尔沁右翼中旗代钦塔拉苏木五角枫自治区级自然保护区内有五角枫276000株；赤峰市克什克腾旗白音敖包沙地云杉国家级自然保护区内有沙地云杉701997株；阿拉善盟额济纳旗胡杨林国家级自然保护区有胡杨1234800株；阿拉善盟阿拉善左旗贺兰山国家级自然保护区有青海云杉270万株；其他古树9918株。按照古树分级，内蒙古行政区域内国家一级古树60045株，二级古树903473株，三级古树3959197株。全区古树名木累计认定4908472株，挂牌14243株。

## 四、古树名木管理

### （一）法规制度建设

2012年9月，自治区绿化委员会办公室根据《全国绿化委员会办公室古树名木保护情况调研考察方案》和《关于开展古树名木保护情况调研考察的通知》要求，印发《关于对全区古树名木保护情况进行调研的通知》，组织开展全区古树名木普查建档工作。

2014年，自治区绿化委员会根据全国绿化委员会《古树名木保护管理办法（征求意见稿）》《古树名木认定标准（征求意见稿）》《古树名木普查技术规范（修订稿）》，广泛征求各盟市、相关部门意见，并按时向全国绿化委员会反馈。同时，按照全国绿化委员会要求为中央电视台7套专题片《中国古树》推荐了内蒙古的古树名木。

全区大部分盟市为加强古树名木保护管理，先后出台地方性古树名木资源保护管理办法。2011年11月，赤峰市人民政府发布《赤峰市古树名木管理办法》；2012年，呼和浩特市人民政府印发《关于进一步加强古树名木保护工作的通知》《呼和浩特市古树名木普查建档工作方案》；2013年5月，鄂尔多斯市人民政府出台《鄂尔多斯市城市古树名木及重点树木保护管理办法》；2014年12月，乌海市人民政府办公厅发布《乌海市古树名木保护管理办法》； 2015年8月，呼和浩特市人民政府发布《呼和浩特市古树名木和古树后续资源保护管理办法》。各盟市林业局陆续印发古树名木保护管理通知或保护管理实施方案等，加强古树名木保护管理工作。

### （二）古树名木保护

内蒙古地域广阔，东西跨度大，社会经济、文化差异也较大，不同地区针对古树名木保护管理也采取了不同的办法和措施。加强古树名木保护的宣传工作，增强社会认知度，让广大人民群众加入到古树名木保护工作中来，全区各地根据资源状况，相继出版古树名木画册，宣传普及古树名木保护相关知识。鄂尔多斯市2011年出版《鄂尔多斯古树名木》，赤峰市2012年出版《赤峰古树名木》，呼和浩特市2015年出版《青城古树》，鄂尔多斯市鄂托克旗2012年出版《鄂托克古树名木》。各地、各相关部门采取电视、网络、报刊、宣传横幅等多种形式普及宣传古树名木保护知识，营造全社会参与的良好保护氛围。

2000—2015年，一些地区成立古树名木资源保护工作领导小组，设立保护专职办公室，多层次、多形式开展古树名木保护工作，加强对古树名木的调查、登记、鉴定和建档工作，设立标志，统一编号，划定保护范围，并设置保护围栏。全区各地，根据古树名木所在位置落实古树名木保护责任主体，位于寺院的由寺院负责管护；位于单位或个人庭院的由单位或个人负责管护；位于公园和风景名胜区的由公园或风景名胜区的管理单位负责管护；位于山林、草原的，由当地行业主管部门负责管护，明确管护责任单位或责任人，定期对古树名木的生长和管护情况进行监督检查。

# 第六节　湿地资源

内蒙古自治区属于湿地资源大省（区）之一。2010年，自治区第二次湿地资源调查结果显示，全区8公顷以上的湖泊、沼泽、人工湿地以及宽度10米以上、长度5公里以上的河流湿地总面积601.06万公顷，占自治区国土面积的5.08%，面积居全国第三位。与2000年第一次调查相比，由于起调面积降低，调查范围扩大，以及调查方法和技术手段不同等原因，内蒙古湿地面积增加176.56万公顷。

湿地具有非常丰富的生物多样性，是重要的生命支持系统之一。特别是湿地具有巨大的生态功能，在维持水资源安全、控制气候变暖、防治水土流失、减缓自然危害等方面发挥着巨大作用。

**一、湿地类型及面积**

内蒙古自治区湿地类型多样，根据2010年湿地第二次调查，全区有河流湿地、湖泊湿地、沼泽湿地和人工湿地4类19型，湿地总面积601.06万公顷。其中，天然湿地有河流湿地、湖泊湿地、沼泽湿地3类15型，总面积587.88万公顷，占全区湿地总面积的97.81%；人工湿地有库塘、输水河、水产养殖场、盐田4型，总面积13.18万公顷，占全区湿地总面积的2.19%。根据自治区农牧业厅提供的数据显示，有水稻田湿地类型面积8.4万公顷。

（一）河流湿地

全区河流湿地46.37万公顷，比2000年增加24.37万公顷，包括永久性河流、季节性间歇性河流和洪泛平原湿地3个湿地型。

1．永久性河流湿地

永久性河流湿地指常年有河水径流的河流，仅包括河床部分。全区永久性河流湿地面积达24.43万公顷，比过去增加2.43公顷，占河流湿地总面积的52.68%。

2．季节性间歇性河流湿地

季节性间歇性河流湿地指属于或依赖于某一特定季节的湿地地表积水或者有水流出状态，或湿地地表间歇的交替积水或者交替有水流出状态的河流。全区季节性间歇性河流湿地面积18.75万公顷，比2000年增加18.55万公顷，占河流湿地总面积的40.44%。

3．洪泛平原湿地

洪泛平原湿地指在丰水季节由洪水泛滥的河滩、河心洲、河谷、季节性泛滥的草地以及保持了常年或季节性被水浸润的内陆三角洲。全区洪泛平原湿地面积达3.20万公顷，占河流湿地总面积的6.90%。

（二）湖泊湿地

湖泊是湖盆、湖水及水中所含物质组成的自然综合体。内蒙古境内湖泊众多，湖泊湿地面积56.62万公顷。其中，永久性淡水湖10.09万公顷，永久性咸水湖25.06万公顷；季节性淡水湖1.98万公顷，季节性咸水湖19.49万公顷。

（三）沼泽湿地

全区沼泽湿地484.89万公顷。其中，藓类沼泽0.04万公顷，草本沼泽199.92万公顷，灌丛沼泽20.28万公顷，森林沼泽57.34万公顷，内陆盐沼52.43万公顷，季节性咸水沼泽92.30万公顷，沼泽化草甸62.35万公顷，地热湿地0.23万公顷。

（四）人工湿地

全区人工湿地13.18万公顷，占湿地总面积484.89万公顷的2.19%。包括库塘，运河、输水河，水产养殖场，盐田4种类型。

1．库塘湿地

库塘湿地主要是为灌溉、水电、防洪等而建造的、面积不小于8公顷的人工蓄水区。2010年，全区有各种水库396座，库塘湿地面积7.75万公顷，占人工湿地面积的58.78%。

2．运河、输水河

2010年，全区以灌溉、疏浚等为主要目的建造的人工沟、渠，面积为2.20万公顷，占人工湿地面积的16.66%。

3．水产养殖场

水产养殖场指以水产养殖为主要目的而建造的人工湿地。2010年，全区水产养殖场面积0.41万公顷，占人工湿地面积的3.13%。

4．盐田

盐田是指为获取盐业资源而修建的晒盐场或盐池。全区盐田面积2.82万公顷，占人工湿地面积的21.43%。

**表2-6-1　2010年全区湿地面积统计表**

单位：公顷

<table>
<tr><th>湿地类</th><th>湿地型</th><th>面积</th><th>湿地型比例（%）</th><th>湿地类面积</th><th>湿地类比例（%）</th></tr>
<tr><td rowspan="3">河流湿地</td><td>永久性河流</td><td>244271.57</td><td>4.06</td><td rowspan="3">463705.14</td><td rowspan="3">7.71</td></tr>
<tr><td>季节性或间歇性河流</td><td>187467.62</td><td>3.12</td></tr>
<tr><td>洪泛平原湿地</td><td>31965.95</td><td>0.53</td></tr>
<tr><td rowspan="4">湖泊湿地</td><td>永久性淡水湖</td><td>100858.37</td><td>1.68</td><td rowspan="4">566218.79</td><td rowspan="4">9.42</td></tr>
<tr><td>永久性咸水湖</td><td>250628.45</td><td>4.17</td></tr>
<tr><td>季节性淡水湖</td><td>19830.8</td><td>0.33</td></tr>
<tr><td>季节性咸水湖</td><td>194901.17</td><td>3.24</td></tr>
<tr><td rowspan="5">沼泽湿地</td><td>藓类沼泽</td><td>352.15</td><td>0.01</td><td rowspan="5">4848896.24</td><td rowspan="5">80.67</td></tr>
<tr><td>草本沼泽</td><td>1999170.31</td><td>33.26</td></tr>
<tr><td>灌丛沼泽</td><td>202838.59</td><td>3.37</td></tr>
<tr><td>森林沼泽</td><td>573390.68</td><td>9.54</td></tr>
<tr><td>内陆盐沼</td><td>524282.17</td><td>8.72</td></tr>
<tr><td rowspan="3">沼泽湿地</td><td>季节性咸水沼泽</td><td>923042.51</td><td>15.36</td><td rowspan="3">4848896.24</td><td rowspan="3">80.67</td></tr>
<tr><td>沼泽化草甸</td><td>623472.76</td><td>10.37</td></tr>
<tr><td>地热湿地</td><td>2347.07</td><td>0.04</td></tr>
</table>

（续表）

| 湿地类 | 湿地型 | 面积 | 湿地型比例（%） | 湿地类面积 | 湿地类比例（%） |
|---|---|---|---|---|---|
| 人工湿地 | 库塘 | 77456.64 | 1.29 | 131770 | 2.2 |
| | 运河、输水河 | 21958.46 | 0.37 | | |
| | 水产养殖场 | 4118.99 | 0.07 | | |
| | 盐田 | 28235.91 | 0.47 | | |

从全区各盟市湿地分布状况分析，湿地面积排在前三位的分别是呼伦贝尔市、锡林郭勒盟、赤峰市。

表2-6-2　2010年全区各盟市湿地型面积统计表

单位：公顷

| 名　称 | 河流湿地 | 湖泊湿地 | 沼泽湿地 | 人工湿地 | 合　计 |
|---|---|---|---|---|---|
| 合　计 | 463705.14 | 566218.79 | 4848896.24 | 131770 | 6010590.17 |
| 阿拉善盟 | 18463.94 | 25429.95 | 204818.81 | 19848.57 | 268561.27 |
| 乌海市 | 3561.41 | 103.66 | 3550.55 | 321.45 | 7537.07 |
| 鄂尔多斯市 | 72217.79 | 35010.49 | 84363.03 | 12555.94 | 204147.25 |
| 巴彦淖尔市 | 33435.42 | 16035.02 | 89856.75 | 14895.27 | 154222.46 |
| 包头市 | 31538.92 | 6941.76 | 51348.44 | 3767.14 | 93596.26 |
| 呼和浩特市 | 16487.09 | 2131.6 | 9384.52 | 5299.9 | 33303.11 |
| 乌兰察布市 | 23351.25 | 28020.2 | 192471.82 | 1614.31 | 245457.58 |
| 锡林郭勒盟 | 12937.53 | 140993.87 | 1100216.47 | 7472.82 | 1261620.69 |
| 赤峰市 | 88824.81 | 31392.55 | 169536.09 | 10126.39 | 299879.84 |
| 兴安盟 | 25186.17 | 8571.93 | 213553.24 | 14970.72 | 262282.06 |
| 通辽市 | 44741.79 | 15904.21 | 109904.5 | 16609.83 | 187160.33 |
| 呼伦贝尔市 | 92959.02 | 255683.55 | 2619892.02 | 24287.66 | 2992822.25 |

## 二、湿地植物资源

内蒙古湿地植物物种统计方法：苔藓植物统计按照陈邦杰系统，蕨类植物统计按照秦仁昌系统，裸子植物统计按照郑万钧系统，被子植物统计按照恩格勒系统。

2010年，第二次湿地调查，内蒙古有湿地高等植物463种，隶属93科213属。其中，苔藓类植物82种，隶属25科37属；蕨类植物11种，隶属4科4属；裸子植物3种，隶属1科3属；被子植物367种，隶属63科169属（其中单子叶植物143种，隶属18科66属；双子叶植物224种，隶属45科103属）。

在463种高等植物中，乔木、灌木仅有43种，占总种数的9.3%。主要集中在蔷薇科（Rosaceae）、杨柳科（Salicaceae）、桦木科（Betulaceae）中。草本植物占绝对优势，有420种，占总种数的90.7%。

内陆季节性咸水沼泽、盐沼湿地以芨芨草（*Achnatheherum splendens*）、盐爪爪（*Kalidium foliatum*）、碱蓬（*Suaeda glauca*）、角果碱蓬（*Suaeda corniculata*）、海乳草（*Glaux maritima*）、碱蒿

（*Artemisia anethifolia*）、白茅（*Imperata cylindrica*）、星星草（*Puccinellia tenuiflora*）等盐生植物为主。

淡水湿地分布的水生植物按照生活型可划分为沉水植物、漂浮植物、浮叶植物、挺水植物和湿生植物。

湿地植物分布受水分因素的影响较大，尤其是水生湿地植物的种类，既具有地带性和地域性的特点，又具有隐域性特点。常见植物种包括：

其一，湿地沉水植物：狸藻（*Utricularia vulgaris*）、金鱼藻（*Ceratophyllum demersum*）、狐尾藻（*Myriophyllum verticillatum*）、菹草（*Potamogeton crispus*）、小茨藻（*Najas minor*）、大茨藻（*Najas marina*）等。

其二，湿地漂浮植物：紫苹（*Spirodela polyrhiza*）、槐叶苹（*Salvinia natans*）、眼子菜（*Potamogeton distinctus*）、浮萍（*Lemna minor*）等。

其三，湿地浮叶植物：荇菜（*Nymphoides peltatum*）、睡莲（*Nymphaea tetragona*）、菱（*Trapa bispinosa*）、毛茛（*Ranunculus japonicus*）、茶菱（*Trapella sinensis*）等。

其四，湿地挺水植物：芦苇（*Phragmites australis*）、水烛（*Typha angustifolia*）、荻（*Triarrhena sacchariflora*）、菰（*Zizania latifolia*）、碎米莎草（*Cyperus iria*）、水葱（*Scirpus validus*）、扁秆藨草（*Scirpus planiculmis*）、千屈菜（*Lythrum salicaria*）、菖蒲（*Acorus calamus*）、泽泻（*Alisma plantago-aquatica*）、灯芯草（*Juncus effusus*）等。

其五，湿地湿生植物：稗（*Echinochloa crusgalli*）、三穗薹草（*Carex tristachya*）、沿沟草（*Catabrosa aquatica*）、薏苡（*Coix lacryma-jobi*）、小花野青茅（*Deyeuxia neglecta*）、发草（*Deschampsia caespitosa*）、野黍（*Eriochloa villosa*）、水麦冬（*Triglochin palustre*）、水甜茅（*Glyceria maxima*）、华扁穗草（*Blysmus sinocompressus*）、苦荬菜（*Ixeris polycephala*）、莎薹草（*Carex bohemica*）、东方藨草（*Scirpus orientalis*）等。

**三、湿地动物资源**

2010年，湿地第二次调查，内蒙古有湿地脊椎动物288种，隶属于6纲31目54科。其中，圆口纲1目1科1种，鱼类9目16科100种，两栖纲2目5科8种，爬行纲2目2科6种，鸟纲11目21科141种，哺乳纲6目9科32种。动物种类包括兽类、鸟类、两栖类、爬行类、鱼类及无颌的圆口类。

（一）湿地兽类

全区记录在湿地和水域活动的兽类有32种，占全区兽类总种数23.5%。主要有麝鼠、黑线仓鼠、东方田鼠、莫氏田鼠、布氏田鼠、狼、赤狐、沙狐、黄鼬、狗獾、水獭、狍等。其中麝鼠、赤狐、沙狐、黄鼬、狗獾、水獭、狍等经济兽类。水域生存的为水獭和麝鼠。

（二）湿地鸟类

全区记录的水鸟及湿地活动的鸟类有141种，隶属于11目21科。在湿地鸟类中，有国家Ⅰ级保护鸟类8种，有国家Ⅱ级保护鸟类21种，属《中日候鸟保护协定》规定的鸟类88种，属《中澳候鸟保护协定》规定的鸟类38种，属《濒危野生动植物物种国际贸易公约》目录的鸟类15种。

（三）湿地两栖类

全区记录的两栖类有8种。主要有极北鲵、东方铃蟾、中华蟾蜍、花背蟾蜍、无斑雨蛙、日本雨蛙、黑龙江林蛙、黑斑蛙、中国林蛙。

（四）湿地爬行类

全区记录的水生和在湿地附近活动的爬行动物有6种，主要有鳖、红点锦蛇、赤峰锦蛇、团花锦蛇、虎斑颈槽蛇。

（五）湿地鱼类

内蒙古已记录的鱼类有9目16科100种，以鲤科鱼类为主，有59种，其次是鳅科，有20种。从主要生活水域和洄游习性来看，内蒙古鱼类大体分为3个类型。其一，在江河、湖泊之间洄游的鱼类，称为半洄游性鱼类，该鱼类主要分布在额尔古纳河、嫩江、达里诺尔湖等地，如瓦氏雅罗鱼、鲫鱼等。其二，在湖泊中生长和繁殖的鱼类，不做有规律的洄游活动，称为定居性鱼类，在呼伦湖、达里诺尔湖、岱海、查干湖、乌梁素海等湖泊生活的鱼类属这种类型，如鲤、鲫、鲌、鲶科等。其三，河流、山溪定居性鱼类，如细鳞鱼、哲罗鱼、茴鱼、狗鱼、东北黑鲭鳈等。

**四、湿地旅游资源**

湿地旅游资源在内蒙古旅游资源中占有相当重要的位置，其以自然旅游资源为主体，人文旅游资源和社会旅游资源在不同地域与自然旅游资源进行不同程度的渗透、融合，使得内蒙古湿地旅游资源更具多样性和独特性。2010年第二次湿地调查，自治区有河流湿地旅游资源、湖泊旅游资源、水库旅游资源、矿泉疗养旅游资源4种。

2010年，第二次湿地调查，内蒙古有额尔古纳河风景、雅鲁河风景、黄河三峡风景及冰凌景观。

内蒙古河流湿地旅游资源与人文旅游景观结合在一起，可游览观赏、垂钓、游泳、宴饮、沙浴等。

自治区林业厅开展多种形式的湿地宣传。以《世界湿地日》为主题，中央电视台、内蒙古电视台、《内蒙古日报》等新闻媒体参与，开展各种主题和形式多样的湿地保护宣传，使社会熟悉和认识湿地。

**五、湿地保护区建设**

内蒙古湿地保护工作起步较晚。2007年9月1日，《内蒙古自治区湿地保护条例》出台。截至2015年，内蒙古林业系统已建立湿地类型自然保护区83处。其中，国家级18处，自治区级29处，盟市旗县级36处，部分湿地自然保护区建立管理机构。各盟市、旗县林业局加强湿地保护职能，配备专职管理人员。

2006—2015年，自治区实施湿地保护工程18个，总投资3.7亿元，其中，中央投资2.6亿元。保护湿地面积96万公顷，占全区湿地总面积14.23%。湿地保护工程的实施，不仅保护了湿地资源，促进湿地的自我调节和自我修复，而且全面提高工程涉及湿地的科研能力、资源保护和合理利用水平，最大限度地发挥湿地生态系统各种功能和效益，取得了良好的社会效益。

（一）呼伦湖国家级湿地保护与恢复工程

2014年，国家林业局批准内蒙古呼伦湖国家级自然保护区湿地保护与恢复工程，总投资7145万元，中央投资5140万元。该项目新建信息中心1处，建筑面积1000平方米；科普基地1处，建筑总面积2078平方米；更新界碑32块；改造巡护路1条，全程46.1公里；新建巡护步道2条，总长度8公里；新建梁桥1座，全长100延长米；桥头引道500延长米；河道防护8840立方米；河道疏浚22.1万立方米；设置河道防护围栏12公里；配备保护、科研监测、科普设备设施计437台（套）等。该项目建成有效提升保护区对湿地的监控能力，生态环境的显著改善，为鸟类的栖息繁殖提供良好场所，为实现湿地资源可持续利用奠定基础。

（二）乌梁素海湿地保护工程

2010年，保护工程总投资1065万元。铺设输电线路5公里，管护码头3座，管护航道疏浚任务1.8公里，输电线路4.5公里，建设瞭望塔2座，打生活机井2眼；购置小木船6只、摩托车3辆、豪华型巡护快艇1艘、普通巡护艇1艘。建设疑似疫病观测站1处、200平方米，疑似疫病留观区配套棚舍1个、400平方米，重点鸟类观测点100平方米。购置检疫救护站配套设施设备一套。该项目实施改善了湖区水质和周边生态环境质量，提高了自然保护区的资源保护、生态监测、科研宣教水平，提升了乌梁素海湿地生态服务功能。

（三）湿地保护补助项目

2009年，中央1号文件提出“启动湿地生态效益补偿试点”。为推进这项制度的建立，从2010年开始，国家林业局新设立湿地保护财政专项资金。财政部和国家林业局联合印发《关于湿地保护补助工作的实施意见》，确定先期开展湿地保护补助工作。2010—2015年，内蒙古自治区实施58个湿地保护财政补助项目，中央财政林业补助资金投入2.3亿元。通过国家财政湿地补助项目的实施，既解决了基层开展湿地保护的临时管护员工资，也调动了当地申报湿地公园和晋升保护区的积极性和主动性。

## 第七节　森林景观资源

内蒙古自治区是全国林业大省份之一。全区森林面积667万公顷，在全国名列前茅。位于自治区东部的大兴安岭林区，素有“绿色立体宝库”的美称，是中国最大的寒温带针叶林区和中国北方最大的天然林区之一。分布在东起大兴安岭南部山地西至弱水之间的罕山、燕山、阴山、乌拉山、贺兰山等地区的11片天然次生林犹如颗颗绿色明珠镶嵌在辽阔无垠的内蒙古大草原和浩瀚沙漠中，构成典型的森林草原、典型草原、荒漠草原和草原化荒漠景观，还有分布在上述景观类型中众多的湖泊和湿地，组成丰富多彩的景观系统。莽莽林海、无垠草地和众多河流湖泊，使内蒙古成为野生动植物的“天然乐园”。据调查，全区有脊椎动物712种，占全国脊椎动物总数的11.4%，其中，国家Ⅰ、Ⅱ级重点保护动物有116种；有高等植物2781种，其中，有珍稀濒危物种96种，是中国生物多样性最为丰富的省份之一。自治区的沙地针叶林景观（如沙地云杉、樟子松），白桦林、胡杨林为主体的针阔叶林景观，典型干旱区环境下的高山暗针叶林景观，在全国都占有突出位置。而且森林与草原景观的组合（大兴安岭西麓、克什克腾旗）、森林与火山熔岩景观的组合（阿尔山）、森林与湖泊景观的组合（达尔滨湖区）、森林与高山峡谷景观的组合（贺兰山）、森林与沙漠景观的组合（大青沟、额济纳）以及森林与“三少民族”（鄂温克、鄂伦春、达斡尔）风情的结合，在全国都具有独特性和不可替代性，丰富了内蒙古森林旅游资源类型，为打造森林旅游知名品牌奠定了良好的资源基础。而且以森林、草原、沙漠戈壁及其过渡类型构成的大地域（东部、中部、西部）自然景观环境差异和以森林、草原、沙漠、温泉、湖泊、山地景观在小区域范围内的多元化组合景观，有利于实现内蒙古森林旅游资源开发的多元化。

内蒙古森林景观资源特色从东到西依次划分为大兴安岭北部湿润原始林森林景观区，大兴安岭西麓湿润、半湿润天然次生林森林景观区，大兴安岭燕山余脉半湿润、半干旱天然次生林森林景观区，阴山山脉半干旱天然次生林森林景观区，贺兰山、鄂尔多斯干旱天然次生林森林景观区。在这些景观区内，山岳、冰川、洞穴、人文历史、民族风情、湿地、草地是内蒙古典型的景观特色，瀑布温泉、水景漂流分布很广。

### 一、大兴安岭北部湿润区原始森林景观区

该区位于内蒙古大兴安岭东北部呼伦贝尔市境内。该区森林面积广大，人迹罕至，所受破坏程度

小，保持着近乎原始的状态，生态系统完善，野生动植物资源丰富。与东北其他林区比较，具有较深厚的人文内涵，这里既有以鲜卑遗址嘎仙洞为代表的历史文化旅游资源，也有“三少民族”等民俗文化资源。该区北部分布有近百万公顷的原始林，为中国现有最大的原始林区，南部皆为次生林，森林覆盖率80%以上，而且长达5个月的积雪期，形成壮阔的“林海雪原”景色，具有开展森林原生态旅游、冰雪旅游的资源优势。该区已建公园有嘎仙洞自治区级森林公园和内蒙古森工集团直属的莫尔道嘎等国家森林公园。

### 二、大兴安岭西麓半湿润区天然次生林森林景观区

该区位于大兴安岭西麓，行政区域包括呼伦贝尔市及兴安盟的部分地区。以广袤的呼伦贝尔大草原、大兴安岭林海和以蒙古族、“三少”民族等民族文化为特色，森林、草原、民族风情相互融合，独特性强，品位高。特别是红花尔基原始樟子松林带，长250公里，宽15公里，总面积120万公顷，是中国乃至亚洲最大的沙地樟子松林区，是中国樟子松天然的“基因库”和“能源库”。这里还有中国最大的陆路边境口岸——满洲里市，该区是开展森林、草原、边境旅游的最佳旅游目的地。该区已建成的公园有红花尔基樟子松、巴林喇嘛山、海拉尔、阿尔山国家森林公园等。

### 三、大兴安岭半湿润半干旱区天然次生林森林景观区

该区位于内蒙古东南部燕山余脉，行政区域包括赤峰市、锡林郭勒盟、通辽市、兴安盟的部分地区。该区资源组合度高、风景资源独特，特别是赤峰的克什克腾旗融森林、草原、湖泊、高山、温泉、沙漠、古地质遗迹、冰臼、石林及浓郁的蒙古族风情和历史文化等多种旅游资源于一体，有“自然博物馆”的美誉，是地质学、地形学、气候学、动物学、植物学研究和教育的一个重要基地，更是不可多得的旅游胜地。其中位于黄岗梁林场境内的阿斯哈图冰川石林，是距今300万年前第四纪冰川时期形成的由花岗岩组成的冰石林，至2015年，在全世界为首次发现。冰川石林与云南石林形成作用不同，景致也各异，科学意义非常大，是开展地质科普的佳地。而且景观区域集草原、森林于一体，自然景色优美，综合性强，开发潜力很大，现已晋升为世界地质公园。位于克什克腾旗青山林场境内的大青山穴蚀群，学者们认为是一处保存完好的冰臼群，是世界范围内发现规模最大、类型最多、发育最良好的冰臼奇观。

白音敖包国家级自然保护区近4万亩原始云杉林是世界上唯一仅存的一片天然沙地云杉林，是中国特有种，被学术界称为“沙地云杉基因库”。还有位于通辽市科尔沁左翼后旗境内的神奇的地下森林——大青沟国家自然保护区，它有着古森林植物群落遗迹，是唯一生长着中古时期森林的地方。大青沟地形非常独特，深深的峡谷和茂密的森林构成沙漠中的独特景观；峡谷中已经发现有植物700多种、动物39种，大青沟被学者称为“动植物的宝藏”“世间罕有的地质奇观”。至2015年，该区已建公园有红山、桦木沟、黄岗梁、旺业甸、马鞍山国家级森林公园和大板、平顶山、罕山、乌兰坝等自治区级森林公园以及大青沟、白音敖包等森林旅游区。

### 四、阴山山脉半干旱区天然次生林森林景观区

该区位于内蒙古自治区中部，行政区域包括锡林郭勒盟、乌兰察布市、呼和浩特市、包头市、巴彦淖尔市、鄂尔多斯市的部分地区。

该区以森林、草原、沙漠相互交融为主要特色。森林景观主要分布在蛮汉山、大青山、九峰山、梅力更、乌拉山、阿贵庙等天然次生林区，人文景观以藏传寺庙五当召、成吉思汗陵、长城遗迹、古城遗迹和蒙古族风情等为主要特色。辅以周边著名的乌拉特草原、希拉穆仁草原和库布齐沙漠相衬托，提高森林旅游的品位和吸引力。已建森林公园有二龙什台、乌素图、哈达门、五当召、乌拉山国家森林公园

和南天门、苏木山、昆都仑、阿贵庙、九峰山等自治区级森林公园。

### 五、贺兰山干旱区天然次生林森林景观区

该区位于内蒙古自治区西部阿拉善盟境内，主要分布在贺兰山林区和额济纳林区。贺兰山为内蒙古境内最高的山地，南北走向，山地森林植被以青海云杉为主，山杨、油松也有一定分布。额济纳林区的胡杨林面积达3万公顷，是世界仅存的三大胡杨林之一，形成护卫河西走廊及华北和中原大地的绿色屏障。胡杨属于珍稀濒危野生物种，被国家列为二级保护植物。在著名的巴丹吉林、腾格里、乌兰布和沙漠背景衬托下，贺兰山原始次生林、额济纳胡杨林、海森楚鲁和诺尔公怪树林等森林奇观，成为难得的自然旅游胜境。已建森林公园有贺兰山、额济纳胡杨国家森林公园。

# 第三章

# 造林育林

2006年，中共内蒙古自治区第八次代表大会确定“把内蒙古建设成为中国北方最重要的生态屏障”，作为今后一个时期首要的战略任务。

2009年，中央林业工作会议召开。会议明确：在贯彻可持续发展战略中林业具有重要地位，在生态建设中林业具有首要地位，在西部大开发中林业具有基础地位，在应对气候变化中具有特殊地位。2011年，《国务院关于进一步促进内蒙古经济社会又好又快发展的若干意见》明确，“内蒙古发展战略定位是祖国北方重要的生态安全屏障。”2013年，中共十八大以后，以习近平为核心的党中央将生态文明建设纳入到中国特色社会主义“五位一体”总体布局中，林业建设被提升到前所未有的新高度。2014年初，中共中央总书记习近平在视察内蒙古自治区时指出，内蒙古生态环境实现“整体遏制，局部好转”的重大转变，走到“进则全胜，不进则退”的历史关头，要努力把内蒙古建成祖国北方重要的生态安全屏障。

自治区党委、政府全面贯彻党中央、国务院关于林业建设的各项方针、政策。2011年自治区第九次党代会首次将生态环境保护建设作为一个独立部分写入政府工作报告。2013年，自治区党委、政府出台《内蒙古自治区构筑北方重要生态安全屏障规划纲要（2013—2020年）》。2014年，为学习贯彻习近平总书记考察内蒙古重要讲话精神，自治区党委召开九届十一次全委（扩大）会议，进一步丰富完善发展思路，作出筑牢祖国北方重要生态安全屏障、打造祖国北疆生态文明亮丽风景线的重大部署。2014年、2015年，分别制定出台《关于加快生态文明制度建设和改革的意见》和《关于加快推进生态文明建设的实施意见》。

2006—2015年，自治区造林绿化以“建设祖国北方重要生态屏障”为目标，坚持造林绿化与发展地区经济、促进农牧民增收相结合，以国家天然林保护、退耕还林、京津风沙源治理、三北防护林体系建设等林业生态重点工程为主体，义务植树和社会造林并举，鼓励和支持社会各类主体参与生态建设。森林面积和蓄积量持续增长，荒漠化和沙化土地面积持续减少。五大沙漠周边重点治理区域沙漠扩展现象得到遏制，沙漠面积相对稳定；五大沙地林草盖度均有提高，沙地向内收缩。科尔沁沙地、毛乌素沙地生态状况呈现区域性逆转，重点治理的浑善达克沙地生态建设成效显著。一些地方初步形成乔灌草、带网片相结合的区域性防护林体系，全区近533.3万公顷农田、1000万公顷基本草牧场受到林网的保护，1733.3万公顷风沙危害面积和1000万公顷水土流失面积得到初步治理。通过防护林、工业原料林、饲料林、能源林、经济林、沙生药用植物等基地建设，加快了林沙产业的发展，促进农村牧区生产结构的调整，带动了农村剩余劳动力向二、三产业转移，增加农牧民收入，逆向拉动了生态保护和建设。以生态建设、生态安全、生态文明为主要内容的生态需求和生态意识逐步成为全社会的共识。全区广大干部群众把生态建设作为生存和发展中不可分割的一部分，加快改善生态状况，成为各级领导和广大干部群众的自觉行动。

2006年以后，全区年均建设任务66.7万公顷，占全国的1/10。2006—2015年，全区完成造林绿化面积684.97万公顷，其中，人工造林313.84万公顷，飞播造林75.93万公顷，封山（沙）育林295.2万公顷。森林资源连续清查及荒漠化和沙化土地监测结果显示，全区森林面积、森林蓄积量实现持续“双增长”，荒漠化面积和沙化土地面积实现持续“双减少”。植树造林推行举措：

第一，完善政策机制。落实“谁造谁有，合造共有”“谁治理、谁投资、谁受益”等政策，充分应用市场机制和物质利益原则，吸引各种社会主体投资发展林业，变“要我造林”为“我要造林”。结合集体林权制度改革，推行建设主体、经营主体、利益主体、责任主体“四统一”，任务到户、产权到户、责任到户、补助到户、服务到户“五到户”的管理模式。实行家庭承包、个体承包、大户承包、联户承包、股份合作以及企业造林和国有造林等多种形式。严格招投标制、报账制、监理制等管理制度，推广合同制造林、先造后补、专业队造林等造林机制，调动了全社会参与生态建设的积极性。

第二，落实领导负责制。各级党委、政府推行行政领导负责制、科技承包责任制、实绩考核制和责任追究制，形成党政一把手亲自抓、主管领导具体抓、部门领导常年抓、技术人员现场抓的良好氛围。

第三，强化科技支撑。其一，大力推广抗旱造林系列技术、干旱区节水造林技术、植物再生沙障治沙技术等林业适用技术。科学采用了机械开沟、“两行一带”、生物经济圈综合治理、宽林带大网格固沙等造林模式。其二，按照因地制宜、适地适树的原则，把造林绿化任务落实到山头地块，做到宜乔则乔、宜灌则灌，乔灌结合。其三，加大科技成果推广和应用力度，大力推广雨季容器苗造林，广泛采用苗木浸泡、坐水栽植、覆膜造林、膜下滴灌、ABT生根粉、保水剂等抗旱造林技术，加强适用技术的组装配套，发挥综合功能。其四，针对自治区地域辽阔和地理、自然条件差异较大的实际，在不同区域确定相应的治理重点，采取相应的技术模式。在沙区，以治理沙化土地为重点，“封、飞、造”相结合；在荒漠区，以保护原生植被为重点，封禁保护和人工治理相结合；在水土流失区，以小流域治理为重点，工程措施和生物措施相结合；在平原区，以平原绿化和农田防护林建设为重点，带、网、片相结合。

第四，加强后期管护。坚持保护与建设并重的方针，在加大建设力度的同时，实施严格的保护措施。在落实国家“三禁”制度的基础上，自治区政府制定“五个严格”的保护制度，即对国家重点生态工程项目区和自然保护区、生态移民工程迁出区和封育区、严重沙化退化和生态脆弱区、农区严格实行禁牧；对草原牧区严格实行草畜平衡制度，全面推行禁牧休牧轮牧。建立健全以森林公安为骨干，群众性管护组织为基础的林木管护体系，落实管护人员、任务和责任，打击破坏林草植被的行为，使生态建设成果得到有效保护。

# 第一节　造林绿化

## 一、防护林

内蒙古自治区的防护林建设主要包括农田防护林、防风固沙林、水土保持林、草牧场防护林、护路林。随着人们对生态环境的重视，防风固沙林和水土保持林成为建设重点。2006年后，阿拉善盟行署出台《阿拉善盟重点城镇营造防护林优惠政策》，通过给予补助等形式鼓励农牧民参与生态保护建设和发展林沙产业。阿拉善盟阿拉善左旗出台《阿左旗营造防护林优惠政策》、阿拉善右旗出台《群众性社会人工营造防护林资金补助与验收办法》、额济纳旗出台《额济纳旗营造人工林优惠办法》，有效地推进防护林建设。巴彦淖尔市林业系统各业务二级单位每年抓好1个新农村建设村庄绿化，1处不低于5公里的通道绿化，1处控制面积667公顷以上的农田林网化建设精品示范工程。各旗县区林业局每年要抓好2个新农村建设村庄绿化、1个集镇绿化、1处城郊绿化、1处不低于10公里的通道绿化、1处控制面积667公顷以上的农田林网化建设精品示范工程。鄂尔多斯市鄂托克前旗出台林业生态建设奖补政策，明确农牧民户种百棵树的目标，条件较好的嘎查村全部按户落实，农牧民每年每户栽植以杨树、旱柳为主的防护林不低于100株（约2.5亩），以沙柳、柠条为主的防护林不低于5亩，对于达到国家林业重点工程作业设计标准的，优先纳入国家重点工程项目或植被恢复项目。

2006—2015年，全区完成防护林建设面积635.48万公顷，占全区造林绿化面积的93%。

## 二、用材林

随着林业由木材生产为主向以生态建设为主的转变，各地营造用材林的力度大大降低。2006—2015年，全区完成用材林营造面积13.85万公顷。

## 三、经济林

经济林是自治区林业生态建设的五大林种之一。2013年，国家林业局召开全国经济林现场会。同年，自治区林业厅召开全区经济林建设座谈会，会议明确今后一个时期经济林建设的目标和任务。2014年、2015年，自治区财政预算每年安排经济林示范基地建设资金1000万元。国家和自治区加大经济林建设力度，经济林建设在林业生产中的作用越来越明显，已经成为调整农牧业产业结构，促进新农村、新牧区、新林区建设，增加农牧民收入，保障和改善民生的重要举措。

2014年，巴彦淖尔市出台《巴彦淖尔市经济林基地建设规划（2014—2020年）》，推动全市经济林呈现出新的发展势头。对酿酒葡萄种植面积达到200亩以上、成活率达到90%以上，并完成架杆设置以及建成良种繁育基地的种植单位，经巴彦淖尔市财政局、林业局、乌兰布和防沙治沙局联合验收合格后，每亩一次性补贴500元；良种繁育基地每亩按1000元给予补贴。2013年，乌海市葡萄种植面积发展到1600公顷，产量达到5000吨。从2013年起，新栽植的葡萄每亩一次性补贴自根苗4600元、嫁接苗6000元。通辽市科尔沁区制定发展经济林优惠政策，每栽植1亩酿造葡萄，政府补助400元，食用葡萄每亩补助200元；到2013年底，通辽市科尔沁区葡萄面积达到6300多公顷，其中酿造葡萄栽植面积达到2300多公顷。赤峰市林西县为充分调动全县广大农民发展经济林的积极性，制定出台以“农民自愿、政府购苗、乡村组织、部门指导、树随地走、受益归己”为主要精神的配套政策和措施，建立集体抓、个人管、个人得利的长效机制，在充分利用项目投资和市级配套资金的基础上，从县财政中拿出资金对每亩经济林补助250元，补助资金总量达到每亩1000元。从2010年开始，阿拉善盟围绕“政策扶持、规划引导、科技支撑、龙头带动”的思路，充分发挥地域优势，在生态保护优先的前提下，培育林沙产业和精品林果业基地，不断扩大规模，提升质量。推动梭梭、肉苁蓉、白刺、锁阳、黑果枸杞、沙地葡萄等产业发展，启动实施农灌区节水枣树、樱桃李等引种示范项目，稳步推进精品林果业基地建设。2012年，“阿拉善肉苁蓉”“阿拉善锁阳”被国家工商总局正式批准注册为地理标志证明商标。2006—2015年阿拉善盟完成梭梭人工林种植14.7万公顷，接种肉苁蓉3万公顷、锁阳4830公顷；完成精品林果业种植586公顷，其中黑果枸杞345公顷、红枣241公顷。

自治区经济林产品主要包括水果和干果两大类，水果有苹果、梨、葡萄、杏、小杂果等，干果有仁用杏、榛子、松子等。2006—2015年完成经济林建设面积11.42万公顷。至2015年，全区经济林总面积达到87.3万公顷，年产果量58万吨。

表3-1-1　2006—2015年全区植树造林情况表

单位：万公顷

| 年度指标名称 | 造林面积合计 | 按造林方式分 | | |
|---|---|---|---|---|
| | | 人工造林 | 飞播造林 | 新封山育林 |
| 合计 | 684.97 | 313.84 | 75.93 | 295.20 |
| “十一五”期间（2006—2010年） | 330.56 | 141.69 | 36.51 | 152.36 |
| 2006年 | 47.98 | 16.16 | 9.49 | 22.33 |
| 2007年 | 59.01 | 29.50 | 4.01 | 25.50 |
| 2008年 | 71.86 | 37.73 | 5.74 | 28.39 |
| 2009年 | 86.19 | 35.31 | 9.60 | 41.28 |
| 2010年 | 65.52 | 22.99 | 7.67 | 34.86 |
| “十二五”期间（2011—2015年） | 354.41 | 172.14 | 39.42 | 142.85 |
| 2011年 | 73.18 | 33.51 | 11.36 | 28.31 |
| 2012年 | 78.13 | 35.70 | 6.51 | 35.92 |
| 2013年 | 80.37 | 34.82 | 7.87 | 37.69 |
| 2014年 | 55.92 | 32.03 | 5.74 | 18.16 |
| 2015年 | 66.80 | 36.09 | 7.94 | 22.77 |

表3-1-2　2006—2015年全区林种主要指标完成情况表

单位：万公顷

| 年度林种 | 防护林 | 用材林 | 经济林 | 薪炭林 |
|---|---|---|---|---|
| 合　计 | 635.48 | 13.85 | 11.42 | 0.58 |
| “十一五”期间 | 293.82 | 8.36 | 4.71 | 0.38 |

（续表）

| 年度林种 | 防护林 | 用材林 | 经济林 | 薪炭林 |
|---|---|---|---|---|
| 2006年 | 24.05 | 0.52 | 1.08 | — |
| 2007年 | 55.04 | 1.80 | 1.27 | 0.02 |
| 2008年 | 67.73 | 2.90 | 0.99 | 0.23 |
| 2009年 | 83.12 | 2.12 | 0.82 | 0.13 |
| 2010年 | 63.87 | 1.02 | 0.54 | — |
| “十二五”期间 | 341.66 | 5.49 | 6.71 | 0.20 |
| 2011年 | 69.94 | 1.77 | 1.40 | — |
| 2012年 | 75.64 | 0.98 | 1.33 | 0.20 |
| 2013年 | 77.79 | 0.79 | 1.61 | — |
| 2014年 | 53.85 | 0.98 | 1.03 | — |
| 2015年 | 64.44 | 0.97 | 1.34 | — |

## 第二节　义务植树

1981年，中国开展全民义务植树活动以后，内蒙古自治区把全民义务植树作为加快造林绿化的重要举措列入各级政府工作议事日程，义务植树活动逐步走上法制化轨道。2006年3月14日，自治区绿化委员会第二十次全体会议决定，从2006年起，每年的4月10—16日为自治区“义务植树周”。2007年，内蒙古自治区绿化工作站正式成立，负责自治区绿化委员会办公室的职能工作。截至2015年，全区有8个盟市绿委办单设机构。2009年11月27日，自治区人大常委会正式通过《内蒙古自治区义务植树条例》，2010年2月1日起施行。《条例》强调全民义务植树的全民性、公益性、义务性和法定性。2014年4月，自治区绿化委员会通过《内蒙古自治区绿化委员会工作规则》，为规范自治区绿化委员会的工作程序，有效协调各部门开展国土绿化和义务植树工作提供了制度保障。

### 一、全民义务植树

2006年，是全民义务植树运动开展25周年。3月15日，自治区政府召开全区义务植树动员电视电话会议。自治区副主席、自治区绿化委员会主任雷・额尔德尼宣布了自治区绿化委员会第二十次会议所做的决定，提出搞好义务植树周的有关要求。4月初，自治区绿化委员会与呼和浩特市政府召开首府“义务植树周”动员大会。自治区“义务植树周”期间，呼和浩特市出动662.4万人次，植树2898.5万株，整地4833公顷。其中，机关干部30.2万人次，植树111.2万株，整地1033公顷。全区各级媒体加大宣传报道力度，自治区和盟市级电视台报道44条，广播电台报道24条，报纸报道内容51篇，发布信息200多条。

2006年，自治区绿化委员会起草《内蒙古自治区全民义务植树条例》。12月2—3日，自治区绿化委员会在包头市召开全区绿化委员会办公室负责人座谈会，总结2006年工作，部署2007年工作。2006年自治区全民义务植树累计出动1300万人次，植树6100万株。

2007年“义务植树周”期间，全区完成义务植树面积4.64万公顷，植树7158.6万株。全区参加义务植树劳动的人数1010.1万人，参加人数占全区适龄人数的71.43%，适龄公民人均植树5.1株。缴纳义务植树绿化费1008.1万元。缴纳绿化费人数67.2万人。

同年，根据全国绿化委员会《关于开展全民义务植树自查工作的通知》，自治区绿化委员会办公室编制《内蒙古自治区全民义务植树自查工作方案》。呼和浩特市、包头市、巴彦淖尔市、锡林郭勒盟等盟市相继颁布《全民义务植树实施办法》。

2008年，全区适龄公民1000余万人次参加义务植树，共植树7100万株。自治区党政军领导参加4月11日的义务植树活动。呼和浩特市以建设森林城市为契机，组织218个单位参加义务植树，植树613万株。兴安盟绿化委员会印发《关于做好全民义务植树和绿化周活动安排的通知》《2008年兴安盟全民义务植树实施方案》。全区各地义务植树运动开展得井然有序。

2008年4月，为加快构筑祖国北疆重要生态屏障，推进内蒙古的生态建设。北京军区内蒙古京津风沙源治理商都植树基地启动实施，计划用5年时间在商都县建设5.5万亩的义务植树基地。4月26日，军地协同商都万人义务植树誓师大会召开，北京军区、内蒙古自治区、国家林业局等单位相关领导参加大会。北京军区6000余名官兵和商都县4000多名民兵预备役官兵、干部群众等，利用10天时间完成高标准整地667公顷，栽植各类树木42.1万株。

2009年2月19日，为纪念中国第30个植树节，在呼和浩特市召开“内蒙古森林草原防火暨绿化委员会第二十一次全体（扩大）会议”。自治区副主席郭启俊对依法开展全民义务植树，健全和完善义务植树属地管理制度，提高义务植树尽责率，不断创新管理模式，丰富义务植树尽责形式，建立健全监督检查措施，完善表彰奖励办法等方面提出新的要求。会后内蒙古军区召开电视电话会议进行专门部署。锡林郭勒盟出台《关于深入开展全民义务植树活动意见的通知》。

4月12日，自治区第四个“义务植树周”期间，自治区党委、人大、政府、政协、内蒙古军区、武警内蒙古总队领导以及自治区、呼和浩特市、回民区三级干部群众共1000多人参加植树活动，植树5000多株，当年成活率95%。8月6日在乌海市召开全区绿化委员会办公室主任会议，会议传达中央林业工作会议和全国绿化委员会办公室主任会议精神，总结部署全区国土绿化和义务植树工作。

4月25日，北京军区内蒙古京津风沙源治理商都植树基地揭碑仪式在乌兰察布市商都县举行。北京军区、内蒙古自治区、国家林业局等单位相关领导出席揭碑仪式，并与6000多名部队官兵和4000多名群众一起栽植树苗，为内蒙古再添新绿。植树活动从4月18日开始至4月底结束，完成整地400公顷、挖植树穴33万个，栽植樟子松9.9万株、高干杨2.97万株，栽植各类灌木20.13万株。自治区林业厅厅长高锡林与林业厅相关处室负责人一同参加揭碑仪式和植树活动。

2009年，全区适龄公民819万人次参加义务植树，共植树7438万株。新建义务植树基地500余处，面积2.67万公顷。乌海市组成由市长担任绿委主任、各部门主要负责人为成员的新一届绿化委员会，制定出台《乌海市委、政府关于加快推进城乡一体化发展的意见》，将林业生态建设和城市园林绿化纳入城乡一体化建设，掀开煤城生态环境建设新的一页。乌兰察布市各级领导兴办绿化点，新建绿化点70多处，面积667公顷。呼伦贝尔市投入上亿元资金用于建设樟子松基地和沙地治理工程。呼和浩特市、鄂尔多斯市、锡林郭勒盟、满洲里市绿委办均已单独列编。

自治区人大常委会于2009年4月1日正式通过《包头市义务植树条例》，2009年7月1日起施行。自治区人大常委会于11月27日正式通过《内蒙古自治区义务植树条例》，2010年2月1日起施行。《条例》的出台标志着自治区全民义务植树活动迈上规范、健康发展的法制化轨道。

2010年，义务植树与新农村建设、通道绿化、城市基础建设、营区绿化、校园绿化和住宅区、街区以及庭院绿化等相结合，使新形势下的义务植树活动更具活力，更贴近生活。鄂尔多斯市以城郊区、景区、园区、通道区、重点生态移民区为主营造景观林，重点在东胜区、康巴什新区、伊旗核心区外围及重点生态区域营造生态经济林。乌兰察布市继续将通道绿化作为重点来抓，普遍采取“公开招标、竞争承包、费用包干、限期绿化、一次成型、成活兑现”的造林机制，科学设计，精心组织，既坚持适地适树原则，又体现景观生态效果。通辽市将义务植树与村屯绿化相结合，责任与利益挂钩，打造出一批绿色村屯，高标准完成村屯绿化202个。锡林郭勒盟建立完善义务植树和部门绿化基地80余处、面积1.73万公顷、植树1960万株，尽责率达到90%以上，完成通道绿化1600多公里。

同年，乌海市委、市政府作出创建“全国绿化模范城市”和“国家园林城市”的决定后，启动以甘德尔生态文明景区建设为核心的多项重点绿化工程，采取以“项目带动、机制促动、产业推动”的有力措施，通过实施国家林业重点工程和项目，累计投入造林建设资金8.3亿元，完成造林面积5.34万公顷。呼伦贝尔市提出“美丽与发展双赢”的奋斗目标，把启动樟子松行动与实施创建森林城市活动有机结合，掀开了呼伦贝尔造林绿化史上新的一页。

同年，《呼和浩特市全民义务植树条例》经自治区人大常委会第一次修正。

同年，全区适龄公民1000多万人（次）参加义务植树，共植树 7800多万株，超额完成国家下达的7100万株的任务。全区新建义务植树基地及绿化点500余处，面积2.67万公顷。各地自发组织参加义务植树活动呈现上升态势。鄂尔多斯市的“明星志愿者林”“家庭志愿者林”极具影响力。锡林郭勒盟多伦县的“大宝生态林”、通辽市的“记者林”已成为品牌。乌兰察布市兴和县的日本本田公司造林，质量更是为人称道。各种营造纪念林的活动，成为弘扬生态文明的重要载体，有宣传、示范等多方面作用，有着广泛的影响力。

同年，自治区对2009年获得“全国绿化奖章”“全国绿化模范县”和“全国绿化模范单位”荣誉称号的24人、5个模范旗县和3个模范单位进行通报表彰和奖励。

“十一五”期间（2006—2010年），全区累计6000万人（次）参加义务植树，共植树3.8亿株。

2011年，全区各地把植树造林作为考核领导干部政绩的一项重要工作，在巩固发展原有绿化工程和项目建设的基础上，又根据各自的特点，从实际出发，启动具有地方特色的绿化工程或项目、建立造林绿化点，增加绿化建设投入。乌海市印发《关于进一步加快国土绿化步伐推进生态环境建设的意见》；巴彦淖尔市印发《巴彦淖尔市义务植树管理办法》；赤峰市制定《赤峰市2011年直属单位义务植树活动实施方案》；兴安盟印发《关于做好全民义务植树周活动的通知》。

2011年4月11日，自治区绿化委员会召开全体成员会议；4月15日，开展自治区党政军义务植树活动；4月20—28日，北京军区在商都县开展植树造林活动；5月11日，内蒙古军区后勤部和自治区林业厅联合印发《关于进一步加强北京军区、内蒙古京津风沙源治理商都义务植树基地建设管理的通知》；5月30日，北京军区在红山军马场开展植树造林活动；7月26日，自治区绿化委员会在通辽市库仑旗配合全国妇联、国家林业局举行母亲公益林揭碑仪式；7月27日至8月1日，在呼伦贝尔市承办了10省区绿化交流会；4月和10月，分别对自治区西部和东部开展义务植树工作督察调研；10月14—16日，在乌兰察布市召开全区国土绿化及义务植树工作现场会。

同年，全区适龄公民1000多万人次参加义务植树，共植树 7103万株，超额完成国家下达的7100万株的任务。2011年全区新建义务植树基地及绿化点共424处，造林面积达1.97万公顷。

同年，鄂尔多斯市政府出台《鄂尔多斯市园林式单位、绿化先进单位考核标准》《鄂尔多斯市园林居住小区考核标准》，命名了13家园林式单位、13家绿化先进单位、13家园林式小区；鄂尔多斯市获得“内蒙古自治区园林城市”称号。

2012年2月21日，全区绿化委员会工作会议召开。3月，全国绿化委员会授予赤峰市人民政府、多伦县人民政府、清水河县人民政府、林西县新城子镇七合堂村民委员会“国土绿化突出贡献单位”荣誉称号。自治区绿化委员会授予乌海市人民政府等20家单位“自治区国土绿化先进集体”荣誉称号。4月16日，自治区党委书记胡春华、自治区主席巴特尔等领导到呼和浩特市回民区段家窑的自治区党政军义务植树基地参加当年的义务植树活动。

同年，自治区政府出台《内蒙古自治区绿化评比表彰实施办法》，正式把评比表彰纳入法制化轨道。乌海市制订《乌海市2012年全民义务植树实施方案》。巴彦淖尔市制订《巴彦淖尔市义务植树管理办法》。锡林郭勒盟正蓝旗颁布《沙区牧民户均三亩义务治沙》的决定。巴彦淖尔市杭锦后旗从非税收入和优惠政策返还税收中拿出10%作为义务植树绿化经费，每年筹资约1000万元。这些政策措施有力地促进了国土绿化事业的健康发展。

2012年，呼伦贝尔市举办以“城市森林·绿色增长·美丽发展”为主题的第九届中国城市森林论坛。

2013年，自治区启动重点区域绿化工作。各级党委、政府及相关部门将义务植树与重点区域绿化相结合。各地各部门、社会团体自发组织开展植树造林活动，营造的各种纪念林已成为弘扬生态文明建设的重要载体。通辽市、乌兰察布市、鄂尔多斯市、巴彦淖尔市、内蒙古大兴安岭、呼和浩特铁路局的“党员林”“计生林”“军警林”“青年林”“巾帼林”“红十字林”“文明祭祀林”“明星志愿者林”“公仆林”“安疆林”“屏壁林”“党员示范林”“青少年林”“夕阳林”等都极具影响力。全区1218万人次参加义务植树活动，共植树8673万株。

2014年3月，自治区绿化委员会调整组成人员，起草《内蒙古自治区绿化委员会工作规则》。4月10日，自治区绿化委员会全体会议暨重点区域绿化领导小组工作会议在呼和浩特市召开，自治区副主席王玉明出席会议并讲话；自治区绿化委员会副主任、林业厅厅长呼群通报全区国土绿化工作开展情况；自治区林业厅副巡视员乔云对《内蒙古自治区绿化委员会工作规则》作了起草说明，并在会议上审议通过。《工作规则》的出台，为规范自治区绿化委员会的工作程序，有效协调各部门间开展国土绿化工作提供了制度保障。

6月，自治区绿化委员会在全区开展首次全民义务植树成果普查工作，对义务植树活动开展以来的植树基地建设及各种形式的义务植树活动情况进行普查，调查统计各旗县辖区内所有不同形式、不同类别的义务植树活动和基地建设情况。此项工作于9月20日结束。

2014年，自治区国土绿化、义务植树等各项工作稳步推进。全区12个盟市都先后组织开展较大规模的义务植树活动。全区有600万人次参加义务植树活动，共植树7137余万株。

2015年4月13日，自治区党政领导王君、巴特尔等在呼和浩特市新城区保合少镇的内蒙古党政军义务植树基地，与首府地区的党政军领导、干部群众、少先队员一起植树1.6万株。4月21—29日，北京军区6000余名部队官兵，在集宁义务植树基地参加植树活动，植树约90万株。

2015年，全区各地开展形式多样的义务植树活动。包头市党机关和社会各界计60多个部门和单位、

3000多人参加大青山南坡义务植树活动，栽植樟子松1.2万株；全市35万人次参加义务植树，栽植树木200多万株。乌海市在乌海湖右岸环湖路义务植树基地，从3月23日至4月22日开展为期1个月的春季义务植树活动，全市义务植树完成145万株。阿拉善盟四大班子领导及盟直各部门工作人员1000余人开展义务植树活动，栽植梭梭7.7公顷，4.7万株；在阿拉善左旗通古淖尔基地和腾格里经济技术开发区基地，全盟完成义务植树95万株。乌兰察布市市委、政府召开机关干部义务植树动员大会，组织干部群众在面积达66.7公顷的如意湖公园义务植树基地，栽植各类苗木10万余株（丛），参加义务植树的市区两级机关企事业单位有178个，平均每天出动人员8000余人。锡林郭勒盟各级机关干部、驻锡部队官兵、学生、志愿者计1200余人，在锡林浩特市东山森林公园参加义务植树活动，共栽植各类苗木5000余株。赤峰市党政军五大班子领导及市、区两级干部职工、武警部队及学生等400余人参加义务植树活动，共植树12公顷，栽植苗木2000株；全市完成义务植树672.5万株，参与者达218.3万人次。通辽市主要领导与市林业局、科尔沁左翼后旗当地干部群众、武警官兵等共400多人在科尔沁左翼后旗努古斯台镇义务植树基地栽植云杉苗木600多株；全市200万人次参加义务植树活动，栽植各类苗木1000万株。兴安盟各族干部群众83.5万人次，完成义务植树436万株。呼伦贝尔市2000多名干部群众和部队官兵在海拉尔机场高速公路两侧的党政军义务植树基地栽植樟子松树苗2万余株；全市完成义务植树226.4万株，参加人数64.6万人次。满洲里市四大班子领导与各机关单位、武警官兵及蒲公英志愿者在林业工作站苗圃西侧党政军义务植树基地栽植糖槭5600余株，认养树木3500余株，庭院绿化3000余株。二连浩特市领导及驻市部队、机关、学校等单位4334人参加义务植树活动，栽植樟子松500株，榆、杨树61170株，花灌木18.5万株。内蒙古森工集团在乌尔旗汉组织开展义务植树活动，栽植云杉600余株。

2015年7月15日，自治区启动全国绿化模范单位和全国绿化奖章评选工作。经过逐级评选、审核和公示，全区推荐全国绿化模范城市1个、全国绿化模范县7个、全国绿化模范单位6个、全国绿化奖章候选人34名。8月26日，按照全国绿委、人力资源社会保障部、国家林业局的要求，启动又一轮高规格评优工作；推荐全国绿化先进集体10个、全国绿化劳动模范6名、全国绿化先进工作者5名。

2015年，自治区有1186万人次参加义务植树，植树6128万株。“十二五”期间（2011—2015年），全区累计有5133万人次参加义务植树活动，植树3.4亿株。

2006—2015年，全区各部门（系统）按照绿化分工负责制的要求，组织开展全民义务植树和国土绿化工作。农牧业系统的草原建设，水利系统的水土流失综合治理，国土系统的矿山地质环境治理，交通系统的公路绿化，团委、妇联的植绿爱绿行动等，都为自治区的生态安全屏障建设发挥出重要作用。

### 二、社会爱心造林

社会团体的爱心造林，拓展了全民义务植树的内涵。2008年，阿拉善盟阿拉善左旗盐业公司、月亮湖旅游区等社会团体，在加强单位义务植树、绿化建设的同时，承包荒地植树造林，为当地的国土绿化工作增添了新的活力。呼和浩特市新城区发动辖区内企业，开展认建认养绿地活动，在树立和宣传企业形象的同时，实现企业与国土绿化工作的互利双赢；北方新报社在凉城县营造了记者林；自治区律师协会在和林格尔县营造了律师林；托克托县工业园区，统一规划，统一标准，各社会团体同期施工，园区绿化面积快速增加、效果显著；巴彦淖尔市工商联组织临河区民营企业开展营造光彩林义务植树活动；鄂尔多斯市东胜区150余个家庭参加“家庭林”建设。

2009年4月24日，由中国蒙古语新闻网、内蒙古绿委办、回民区绿委办联合举办的“种植一棵树、奉献网友情”活动在呼和浩特市回民区段家窑义务植树基地举行。200多名网友参加此次活动。

鄂尔多斯市把营造各种各样的纪念林活动与身边增绿活动结合起来，开展“我为共和国献一份绿色礼物”“保护母亲河，爱我鄂尔多斯——2009植绿护绿行动”活动，激发了群众植树造林美化家园的积极性。鄂托克前旗20名日本友人连续7年栽植中日友好纪念林400余公顷。

2010年，呼和浩特市爱心车队500余名“的哥”“的姐”放弃一天挣钱的时间义务植树，连续7年在大青山上种下1.5万株树木。

2011年，以深圳证交所为主的证券金融系统成立的阿拉善生态基金会，针对腾格里沙漠、乌兰布和沙漠的扩张交汇处开展生态治理，采取“国家生态治理投资+基金会吸引社会投入”的模式治理沙化土地5万亩。中国绿化基金会10月在阿拉善盟启动的“绿色公民行动——手机短信带你走进阿拉善”项目，利用3年时间，筹资近3000万元，营造梭梭、胡杨为主的防风固沙林4000公顷，并援助2000户农牧民发展肉苁蓉种植等沙产业。参与阿拉善生态建设的还有SEE生态协会、日本小渊基金会、OISCA阿拉善沙漠生态研究会等国内外大型民间生态协会和基金会，这些社会团体的爱心造林，对加快阿拉善生态建设起到促进作用。

2012年4月8日，NPO绿色生命组织的14名台湾志愿者来到磴口县开展为期一周的植树造林活动。该组织与内蒙古青少年发展基金会、巴彦淖尔市磴口县政府于2011年签订《NPO绿色生命援建巴彦淖尔市磴口县生态林协议书》，计划用10年时间（2011—2020年）募集资金1000万元，在磴口县分期援建667公顷生态林。2012年，该组织在内蒙古游牧一族苁蓉生物科技有限公司项目基地植树66.7公顷。

2012年4月22日至世界地球日，自治区团委在鄂尔多斯市杭锦旗举办“保护母亲河—2012年黄河流域青少年植树行动内蒙古活动”。5月21日，在锡林郭勒盟多伦县举行“蒙京津冀青少年生态实践基地”启动仪式，来自北京市青联、青商会，天津市青联、青企协，河北省青联和内蒙古青联、青企协的100多位青年企业家以及多伦县干部群众、解放军和中小学生500余人参加植树活动。

同年，赤峰市敖汉旗完成中日合作“小渊基金”项目治沙造林面积200公顷；中韩合作内蒙古乌兰布和沙漠治理项目正式通过验收；中德合作造林等对外合作项目竣工完成；投资1000万欧元的欧洲投资银行贷款清洁发展机制碳汇造林项目在固阳县开始实施。2012年，实施碳汇造林1.27万公顷；盛乐国际生态示范项目进展顺利；中国大地财产保险股份有限公司内蒙古分公司以绿色公益事业为己任，响应巴彦淖尔市绿化委员会“人人植树栽花、让家园更绿更美”的倡导，提供经费以委托管养形式在巴彦淖尔临河区机场路认养一片绿地，期限为3年。

2014年，中国绿化基金会联合美国希捷公司共同开展内蒙古阿拉善公益造林项目，并于4月29日开展植树造林启动活动。

同年，中国烟草金叶基金筹集300万元资金在赤峰市巴林右旗栽植樟子松74.7公顷、12.56万株；2015年9月，筹集139万元资金在呼和浩特市清水河县栽植沙棘等灌木混交林40公顷。

2015年，阿拉善生态基金会确立“三个一百年”的奋斗目标，即“建党100周年建成生态公益林1.33万公顷，建军100周年建成生态公益林2万公顷，建国100周年建成生态公益林2.67万公顷”。形成阿拉善左旗巴彦浩特镇以西横宽10公里、纵长60公里“T”字形格局的防风固沙林带及集中连片的绿色屏障。2015年，春季完成新造林面积713.3公顷，造林地点达到6个片区。

# 第三节　重点区域绿化

## 一、重点区域绿化总体状况

内蒙古地域辽阔，森林资源总量不足、分布不均，生态体系尚不完备，尤其是公路、城镇、村屯、矿区园区、黄河两岸、大青山前坡等重点区域的绿化欠账较多。

2013年1月，自治区林业厅起草《重点区域绿化实施方案》。3月，自治区政府召开常务会议研究《自治区推进重点区域绿化工作方案》，正式启动公路、城镇、村屯、矿区园区、黄河两岸、大青山前坡六大重点区域绿化。4月，自治区政府召开全区推进重点区域绿化工作动员大会，自治区主席巴特尔安排部署重点区域绿化工作。5月，自治区林业厅成立推进重点区域绿化工作领导小组。7月，自治区政府印发《关于加快推进重点区域绿化工作的意见》，确定重点区域绿化的总体要求、建设内容和保障措施，明确至2015年，80%的公路实现绿化，70%以上的城镇、60%以上适宜绿化的村屯得到绿化，50%以上的矿区、园区实现绿化达标。全区森林覆盖率达到21.5%，重点区域绿化初显成效，人居环境得到基本改善。到2020年，公路适宜绿化地段、城镇、适宜绿化的村屯、矿区、园区及黄河两岸、大青山前坡全部绿化，全区森林覆盖率达到23%，人居环境和生态状况明显改善，主要生态系统步入良性循环，基本建成祖国北方重要生态安全屏障。

2013年9月，自治区林业厅组织召开全区重点区域绿化工作现场会。会议先后参观学习内蒙古乌兰察布市集宁区、凉城县，山西省大同市新荣区、左云县，朔州市右玉县和内蒙古鄂尔多斯市伊金霍洛旗、康巴什新区、东胜区等9个旗县区，近30个城镇、公路、园区、村屯、荒山绿化等示范点。9月12日，自治区重点区域绿化工作领导小组成立。9月13日，自治区政府办公厅印发《关于成立自治区重点区域绿化工作领导小组的通知》，成立由发改、财政、经信、水利、国土、住建、林业等组成的自治区重点区域绿化工作领导小组，领导小组办公室设在自治区林业厅，办公室主任由林业厅副巡视员乔云兼任，各盟市也先后成立重点区域绿化工作领导小组。9月17日，自治区政府对在重点区域绿化工作中做出突出成绩的呼和浩特市武川县等16个旗（县、市、区），乌海市林业局等9个部门单位，亿利资源集团公司等3家企业进行表彰，授予“重点区域绿化工作先进单位”荣誉称号。9月26日，全区构筑北方重要生态安全屏障电视电话会议召开，会议要求加快构筑祖国北方重要生态安全屏障。

11月5日，自治区政府2013年第3次常务会议决定，每年从自治区财政安排一定资金，对重点区域造林绿化进行奖补，以激励和调动各地、各部门及社会各界参与重点区域绿化的积极性，引导社会资金向重点区域绿化投入。自治区副主席、重点区域绿化领导小组组长王玉明带领林业厅厅长以及相关负责人，就内蒙古重点区域绿化工作向国家林业局进行专题汇报，争取国家在林业项目和资金方面给予扶持。

2013年，在自治区党委、政府的领导下，各地按照一体化布局、多元化投入、市场化运作、标准化建设的要求，加强组织领导，制定规划方案，明确工作目标，落实各项任务，强力推动全区重点区域绿化工作。

2014年4月初，自治区林业厅和自治区重点区域绿化工作领导小组办公室聘请经信、国土、住建、交通、水利等部门的20名科研、教学及工程技术人员组成了重点区域绿化科技支撑专家团队。在充分调研、反复论证、多方征求意见的基础上，制定《内蒙古自治区重点区域绿化技术导则》，发放到各相关单位和部门，并在通辽市、巴彦淖尔市组织开展由盟市、旗（县、区）林业局局长和重点办主任参加的“重点区域绿化业务骨干培训班”，聘请专家讲授《技术导则》，从技术层面上具体指导和规范全区的重点区域绿化工作。4月10日，自治区政府在呼和浩特市召开自治区绿化委员会全体会议暨重点区域绿化领导小组工作会议，自治区副主席王玉明出席会议并讲话，自治区林业厅厅长呼群对2014年度全区重点区域绿化工作进行全面部署。5月19日，自治区政府在乌海市组织召开全区造林绿化现场会，大力宣传乌海市在艰苦环境下搞精品项目的成功经验和做法。

2015年3月27日，自治区政府在呼和浩特市召开自治区绿化委员会全体会议暨重点区域绿化领导小组工作会议，自治区副主席王玉明出席会议并讲话，自治区林业厅厅长呼群通报情况并安排部署2015年度重点区域绿化工作。6月24日，自治区政府在包头市召开全区造林绿化现场会，组织学习包头市绿化精品示范项目建设的先进经验。

2013—2015年，全区完成重点区域绿化41.03万公顷。其中，公路绿化14796.1公里、12.09万公顷；城镇绿化746个、12.39万公顷；村屯绿化3230个、8.99万公顷；厂矿园区绿化1160个、2.79万公顷；黄河两岸绿化3.27万公顷；大青山前坡绿化1.49万公顷。自2013年自治区启动重点区域绿化工作以后，六大重点区域绿化累计投入各级各类资金478亿元，打造各级各类精品工程380多个。

## 二、公路绿化

公路绿化主要是在公路用地范围内、公路沿线区域、公路沿线视野范围第一层山脊线内宜林地段及服务区、收费站、出入口进行绿化。高速公路、国省干道、省际大通道在公路用地范围内和公路沿线区域内宜林地段，根据地形地貌、立地条件等综合情况，采取防护、景观兼顾和乔、灌、花、草结合的绿化模式，每侧林带不低于15米。公路沿线视野范围第一层山脊线内宜林地绿化要与公路绿化统一规划，整体推进；道路出口，根据地形、土壤、水源等情况，栽植乔灌木和铺植地被，高低错落，体现景观效果。服务区和收费站生活区、工作区绿化覆盖率达到30%以上。县乡公路两侧宜林地段各栽植2行以上林带。新建、改建公路绿化，与公路建设主体工程同步设计，同步实施，做到路成树就。在农田地段，建设高标准农田防护林体系；在草原、湿地地段，实行禁牧、休牧、轮牧，保护原生植被；在沙区地段，采取高标准沙障，生物措施和工程措施相结合；在荒漠化严重地区和极度干旱区，以封为主，在适宜地段选择乡土树种实施造林。

2013—2015年，全区公路绿化完成14796.1公里、120933.33公顷。其中，2013年公路绿化4537.1公里、35800公顷；2014年公路绿化4679公里、42133.33公顷；2015年公路绿化5760.9公里、43000公顷。全区公路绿化使1万公里以上国省干道得到有效保护，形成绿色长廊。

## 三、城镇绿化

城镇绿化主要是在城镇周边及城镇街道、庭院、公共绿地等开展绿化。与城镇建设统筹规划，将绿化美化、休闲游憩和防护功能有机衔接，与城镇周边环境相互协调。在具备条件的城镇实施环城绿化工程，营造高质量的人居生态环境。加大城镇主要出入口、干道、街巷的绿化。城镇周边宜林地绿化率达到100%，城镇内机关、企事业单位、社会团体等用地范围内绿化覆盖率不低于25%。盟行政公署、市人民政府所在地城区绿化覆盖率不低于36%，街道100%进行绿化，旗（县、市、区）人民政府所在地城镇绿化覆盖率不低于30%，苏木乡镇人民政府所在地绿化覆盖率不低于25%。盟行政公署、市人民政府、旗（县、市、区）人民政府所在地城镇至少打造1处功能完善、植物多样、景观优美、特色鲜明、内涵丰富、以人为本的生态公园。城镇新增规划区的绿化与城镇建设同步进行，绿地率不低于35%。

2013—2015年，全区城镇绿化完成746个、123933.33公顷。其中：2013年城镇绿化46666.66公顷；2014年城镇绿化355个、46000公顷；2015年城镇绿化391个、30600公顷。全区各地共评选出园林式小区47个，园林式单位51个。

**四、村屯绿化**

村屯绿化主要是在村旁、路旁、宅旁、水旁及主要街道、公共绿地、村屯四周视野范围内宜林地进行绿化。将村屯绿化纳入新农村、新牧区建设总体规划，先易后难，先行试点，典型示范，逐步推进。重点在基础条件好、人口相对集中的行政村、中心村、移民村、撤村并屯新建村实施绿化。根据不同地域条件，按照乡风文明、村容整洁的要求，合理布局，突出重点，探索建设生态园林型村屯、果树经济型村屯、生态防护型村屯等，实现人居环境、村屯环境、自然环境相互统一、相互协调。农区适宜绿化美化的村屯绿化覆盖率25%以上，绿化树种尽量选择经济效益较好的乡土树种。牧区嘎查由旗县人民政府根据自然、立地、劳力等条件视情安排。

2013—2015年，全区村屯绿化完成3230个、89866.66公顷。其中，2013年村屯绿化16200公顷；2014年村屯绿化1336个、25600公顷；2015年村屯绿化1894个、48066.66公顷。

2006—2015年，村屯绿化在建设过程中，结合美丽乡村建设，使农牧民的生产生活环境得到改善，村周环绿、身边增绿、富民增收氛围逐渐形成。鄂尔多斯市不断加大村屯绿化力度，印发《农村牧区村村绿化工程实施方案》《重点区域绿化和全民义务植树工作方案》，并对工作目标、质量标准、责任分工、保障措施等提出具体要求，实行"掏钱买活树""先建后买单""政府补苗木"等多种形式，调动社会各界参与重点区域绿化的积极性。

**五、矿区园区绿化**

2006—2015年，矿区、园区绿化主要是在矿区、园区内及其周边范围进行绿化。要求已建园区绿化覆盖率达到30%以上；新建园区绿化与园区基础设施建设同步规划、同步设计、同步实施，绿地率达到35%以上。进驻园区企业用地范围内绿化覆盖率达到25%以上。矿区绿化结合土地复垦、地质环境保护和恢复治理、生产生活区建设、采空区综合治理等工程进行。矿区、园区建设绿化、美化、香化、净化等多功能相结合的各类绿地，主要通道绿化率达100%。厂矿外绿化与城乡绿化相衔接，营造绿化林带。煤炭矿区井田范围内植被覆盖率达到80%以上，采空区、火区、沉陷区综合治理绿化率达到90%以上，露天煤矿土地复垦绿化率达到90%以上，排土场边坡具备固化绿化条件的100%进行固化绿化，煤炭矿区范围内宜林地全部进行造林绿化。

2013—2015年，全区厂矿园区绿化完成1160个、27866.66公顷。其中，2013年厂矿园区绿化372个、7600公顷；2014年厂矿园区绿化384个、11066.66公顷；2015年，厂矿园区绿化404个、9200公顷。厂矿园区绿化使1100多个矿区园区景观得到改变，"绿色矿山、生态园区"的面貌逐步形成。

**六、黄河两岸绿化**

黄河两岸绿化主要是在两岸10公里区域内、黄河干流堤防管理保护范围外的宜林地进行绿化。依据不同的立地条件，营造综合防护林、特色景观林和生态经济兼用林。与水利堤防建设紧密结合，保护好两岸现有植被，实施黄河两岸山、水、田、林、路的综合整治。在乌兰布和沙漠、库布齐沙漠地段建设大型综合防护体系；在河套平原和土默川平原地段建设带网片相结合的生态经济型防护体系；在荒漠地段实施封禁保护、生态移民，保护和恢复天然荒漠植被；在湿地地段加强湿地保护和治理，大力推进湿地公园、湿地保护区建设。

2013—2015年，全区黄河两岸绿化完成32733.33公顷。其中，2013年黄河两岸绿化16200公顷；2014年黄河两岸绿化10266.66公顷；2015年黄河两岸绿化6266.66公顷。黄河两岸绿化减少风沙危害，减轻水土流失，为保障人民群众生产生活安全作出了贡献。

**七、大青山前坡绿化**

2013—2015年，大青山前坡绿化主要在京藏高速和110国道以北，大青山前坡以南宜林地段进行绿化。大青山作为重要的水源涵养地，在落实自然保护区总体规划的基础上，对大青山前坡科学划定封禁保护区、恢复治理区和综合利用区，与公路、城镇、村屯、厂矿园区绿化相结合，将绿化建设、景观建设、林下经济、生态旅游等融为一体。严格禁牧、规范矿产开发及采石挖砂。对一些水源不足、生态破坏严重区域的农牧民，有计划实施生态移民，使原有植被得以休养生息，逐渐把大青山前坡打造成特色鲜明、环境优美、休闲宜居的综合型区域生态屏障，建设成首府后花园。

2013—2015年，全区大青山前坡绿化累计完成14933.33公顷。其中，2013年8400公顷，2014年4400公顷，2015年2133.33公顷。大青山前坡绿化使资源数量快速增加，绿化质量明显提升，集旅游观光、休闲娱乐、生态治理、林下经济为一体的绿化格局初步形成。

## 第四节　育林

**一、封山育林**

随着国家林业重点工程的进一步推进，内蒙古封山育林工作进入一个崭新的阶段。由过去单一的封禁管护，逐步转变成封禁、育林、管护等多种措施相结合的综合管理形式，封育面积不断扩大，封育成效逐年提高，森林综合效益日趋显著。2006—2015年，全区结合国家重点工程建设，在平原区、山区、丘陵区、沙漠边缘、沙地等地区，结合国家开展封山育林工作，累计完成封山（沙）育林面积295.2万公顷，约占全区营造林面积40%。特别是从2013年起，国家提高京津风沙源治理工程封山育林单位面积投资，由原来的70元/亩，提高至100元/亩。投资的增加，有力地保障了封山育林各项技术措施的全面实施，质量进一步得到提高。

自治区营造林实绩核查结果显示，2009—2013年，自治区造林连续5年核实面积率98%以上，合格面积率保持在75%以上。自治区封山育林坚持“自然生态修复与人工促进相结合、生物措施与工程措施相结合，乔、灌、草相结合”的原则，因地制宜地科学封育。优化封育林分结构，在保护原生植被，及时开展人工植被促进天然植被更新的基础上，在水分条件适宜的区域适度补植补造，进行有计划的植被重建。通过推广耐干旱、耐贫瘠、经济利用价值较高的优良乡土乔灌木树种，改善封育区林分结构，诱导多成分混交林分形成，使植被和林分结构得以优化。优化封育技术模式，结合生产，根据区域特点不断总结完善平原区、山区、丘陵区、沙漠、沙地封育技术模式，按封育类型划分乔木型、乔灌型、灌木型、灌草型封育措施。封育树种为柠条、山杏、樟子松、油松、榆树、黄柳、沙棘、白桦、杨柴等，逐步实现功能优化、生态优先的封育治理目标。这些封育模式，在全区原生植被破坏严重、水土流失严重、风沙危害严重和生态区位重要的宜封地段广泛应用。

内蒙古封山（沙）育林管护工作不断创新，各地的管护措施形式多样，各具特色。各地根据本地实际，分别采取了禁牧、季节性禁牧、轮牧等保护措施，有效地防止了牲畜对林草植被的破坏。加大育林抚育和管护力度，依法坚决禁止乱垦、滥伐、乱挖、乱采等违法行为。各地健全管护机构，旗县、乡镇、村组、护林员逐级落实管护任务。

至2015年底，锡林郭勒盟多伦县结合林业重点工程建设，实施封山（沙）育林，封育区林草植被综合盖度由不足30%提高至2015年的80%以上。赤峰市林西县封育天然山杏残林。至2015年底，全县山杏林面积达6.44万公顷，结实3.8万公顷，年产山杏核950万公斤，产值2900万元。

**二、森林抚育（中幼林抚育）**

内蒙古是全国林业大省份，森林面积和人工造林保存面积都位居全国前列。但由于立地条件差、开展森林经营工作滞后等原因，森林生长不良，林分质量低下，单位面积蓄积量很低，且森林有害生物危害频发，甚至出现大面积的退化林分和枯死木，严重影响了林业产业的发展和森林三大效益的发挥。2013年第八次全国森林资源清查结果显示，自治区森林面积2487.90万公顷，占全国的11.96%。居全国第一位；但森林蓄积量14.84亿立方米，仅占全国的9.8%，位居全国第五位；平均每公顷蓄积量仅为89.31立方米，低于全国平均水平，与世界平均水平更有较大差距。

2006—2015年，全区累计完成森林抚育面积417.25万公顷。森林抚育项目的实施，每年用工25000余人，安排林场富余职工15000余人，直接参与森林抚育工作的职工，人均增收6000—8000元。经过实施森林抚育补贴项目，开展森林抚育，有效地改变内蒙古森林经营严重滞后的状况，大幅减少森林抚育历史欠账，促进森林结构改善、森林资源增长、森林功能的发挥，进一步提高森林质量、增加森林蓄积量，改善林分、树种结构，促进林木生长量，增强了森林生态系统的稳定性。

森林抚育推行步骤：其一，编制、审批实施方案和作业设计。自治区林业厅安排两个林业甲级监测规划院承担设计任务，科学编制实施方案和作业设计；在相关专家充分论证的基础上，自治区林业厅及时予以批复。其二，明确目标任务，召开动员部署大会，层层签订责任状，成立森林抚育补贴项目领导小组和森林抚育补贴项目监督领导小组，坚持公开透明操作和职工充分参与的原则，将森林抚育补贴任务全部分解落实到基层场户，做到目标、任务、资金、责任“四到位”。其三，实行公开公示制度。按照国家和自治区的相关要求，各实施单位对国家的抚育补贴政策、本单位任务和资金安排及抚育人员等情况进行全面的公开公示。其四，规范施工作业流程。各相关盟市和实施单位都组织了强有力的工作小组，深入生产一线，提供技术服务，跟班作业，重点加强对作业场地区划、采伐界限、采伐方式、采伐强度、采伐质量的指导和监督，规范采伐作业流程。其五，强化监督管理。2014年，国家林业局修订颁布《森林抚育作业设计规定》《森林抚育检查验收办法》。2015年，国家林业局修订颁布《森林抚育规程》。自治区林业厅结合森林资源分布，制订《内蒙古自治区森林抚育补贴工作及资金使用管理实施办法》《内蒙古自治区森林抚育补贴试点核查验收办法》和《内蒙古自治区森林抚育成效监测方案》，印发《关于开展森林抚育补贴工作的指导意见》。各盟市、旗县林业局根据当地实际，制定《森林抚育质量管理办法》《森林抚育作业指导意见》《森林抚育技术操作标准》《质量检查评分标准》等相应的管理办法和制度60多项，规范了森林抚育行为。

**三、退化林分修复（低效林改造）**

内蒙古大部分地区降水偏少，部分地区经常连续干旱，林地受灾面积较大。20世纪七八十年代，在三北工程中营造的防护林，多以杨树为主，存在树种单一、结构简单、树龄老化、病虫害严重、林分生长不良等现象，导致林木损失较大、生态功能下降。2007年，国家林业局印发《低质林改造技术规程》。2014年，国家林业局印发《关于做好退化防护林改造工作的指导意见》。2007年后，通辽市、赤峰市、乌兰察布市、呼和浩特、包头市、鄂尔多斯市、巴彦淖尔市、乌海市等地区优先对生态区位重要地区，生长退化严重、遭受重大危险性林业有害生物灾害的防护林进行修复改造，取得较大进展。至2015年底，全区有退化林分220多万公顷。其中，重度退化林分150多万公顷，急需更新改造。2006—2015年，全区共改造退化林分6.35万公顷。

2015年，国家林业局在山西省大同市召开三北工程退化林分改造现场会，财政部和国家林业局在三北工程区9个省（区）选择50个旗县开展退化林分修复工作。内蒙古自治区突泉县、开鲁县、奈曼旗、伊金霍洛旗、乌审旗、鄂托克旗6个旗县列入试点范围，安排建设任务7600公顷，国家投资标准为每亩200元，共投资2280万元。同年，国家林业局三北局制定《三北工程退化林分改造技术指南》，组织编制年度实施方案和作业设计，进一步规范三北工程退化林分修复试点项目的实施。

通过开展退化林分修复，使全区部分地区枯死和濒死的林分得到科学更新，生长不良的成过熟林得到合理改造。随着林分结构的改善、林分质量的有效提升，森林的防风固沙、涵养水源、净化空气、美化环境、保持水土、防止水旱灾害等生态功能进一步增强。在退化林分改造过程中，通过平茬改造、补植补造、抚育、管护等方面为当地农民提供直接就业机会，增加农民的工资性收入。建设完备的防护体系，已为当地农牧业生产创造良好条件，农民产出可增加10%—20%。同时，通过加大对退化林分的改造力度，调动群众对生态保护与环境建设的积极性，带动高效农业、畜牧业、林业、养殖业的发展。改善了当地的小气候环境，减少“旱、涝、洪、风沙”等自然灾害，提高土地利用率，改善人民生产生活条件，进一步推进新农村、新牧区的建设。

退化林分修复措施：其一，规范管理。各级规范管理，将年度建设任务层层分解到各乡镇，实行目标责任制，建设任务落实到项目单位有关责任人，完善领导干部的考核机制，把退化林分改造作为考核干部政绩的重要内容，实行领导干部任期生态建设目标责任制和离任生态建设考核制度。其二，强化政策措施。各地根据实际情况，合理划分改造区域，采取统一规划、分区改造、确立改造目标，建立以利益驱动为核心的建设运行机制，推行承包、股份合作和公司化造林，吸引外商、社会团体、个体造林大户等多元化投资主体参与工程建设，尝试建立多种经济成分、多种经营方式、多种所有制结构并存的运行机制。其三，提升科技水平。在退化防护林改造工作中，牢固树立科技兴林的观念，将科学技术用于生产、经营、管理中，提高先进适用技术和科研成果的转化率和贡献率。围绕退化防护林改造工作中的难点问题组织科研攻关，退化防护林改造工作要固定科技依托单位，确定技术负责人，实行科技人员技术承包责任制；在良种选育、栽培技术、病虫害防治等方面取得突破；引进适生树种，进一步调整优化树种结构，增强内部活力；按照退化防护林改造工作的需要，提前抓好种苗工程建设，搞好种苗生产与造林需求的衔接，强化种苗质量管理，确保种苗质量。其四，加大宣传力度。加大社会公众宣传，充分利用广播、电视、报刊、网络等多种宣传媒体，广泛开展形式多样的宣传活动，宣传工作成果，树立公信心，增强植绿、爱绿、护绿的责任感和使命感，吸引和鼓励全社会投身到退化防护林改造事业，为退化林分改造营造良好的社会氛围。

# 第五节　飞播造林

## 一、面积与效益

从2006年开始，全区结合国家重点工程建设，在科尔沁沙地、浑善达克沙地、毛乌素沙地、腾格里沙漠、乌兰布和沙漠、库布齐沙漠开展飞播造林，取得较好的成效。2006—2015年，累计完成飞播造林75.93万公顷，大工程带动飞播造林的大发展。2013年起，京津风沙源治理工程飞播造林单位面积投资由120元/亩提高至160元/亩。投资的增加，有力地保障了飞播生产各项技术措施的实施，飞播造林质量进一步提高。全国和自治区营造林实绩核查结果显示，2009—2013年，自治区飞播造林连续5年核实面积率99%以上，合格面积率保持在70%以上。

飞播造林在全区人烟稀少、交通不便的沙漠、沙地实施，具有速度快、成本低、省劳力、效果好的优越性，加快了生态治理步伐，取得显著的生态效益、经济效益和社会效益。其一，生态效益。飞播增加植物种类，提高植被盖度，削弱了风力，增加地面粗糙度，减少输沙量，地表形成0.1厘米—1.0厘米的结皮，土壤有机质含量由0.07%提高至0.23%，起到明显的固沙效益。其二，经济效益。飞播区成林后，林木种子和地上生物量明显增加，播区周边农牧民通过采种增加收入，农牧民人均收入中林业比重逐年增长。其三，社会效益。通过飞播使全社会生态保护意识增强，全民参与生态建设积极性明显提高，保护森林资源、生态为主的理念深入人心，林草覆盖度增加，生态环境改善，环境容量都有所增强。

阿拉善盟在三北防护林工程、黄河上中游天然林保护工程实施中，加大飞播造林力度，2006—2015年，阿拉善盟完成飞播造林16.71万公顷，在腾格里沙漠东南缘建成长350公里、宽5—20公里的生物治沙带；在乌兰布和沙漠西南缘建成长110公里、宽3—10公里的生物治沙锁边带，使流动沙丘趋于固定和半固定，局部地区环境状况明显改善，有效阻挡了两大沙漠的前侵扩张，生态效果十分显著，形成“绿带锁黄龙”的景观。播区植被盖度已由播前的0.5%—5%提高至12.8%—50.4%，生物量（干重）由播前的1.0—2.5公斤/亩，增加至21.5—120公斤/亩，近地表输沙量减少85.5%—97.6%，取得显著的生态效益。

鄂尔多斯市飞播造林采取种子精选、种子包衣、GPS导航等技术取得较好成绩。特别是规划预备播区，尝试二次飞播造林技术后，成效显著。根据高大沙丘飞播治理较为困难的实际情况，在飞播前一年先行封禁作为预备播区，播区内天然植物如沙米等自然恢复较快，形成天然沙障，第二年进行飞播造林，既可以提高飞播成效又可降低成本。2006—2015年，鄂尔多斯市完成飞播造林任务20.25万公顷，年均完成2万公顷，占自治区年度飞播造林任务的三分之一。

## 二、技术与措施

第一，坚持“适地适树”。飞播造林尊重自然规律，坚持“适地适树”原则。在飞播地块选择时，选择水文条件相对较好、沙丘相对平缓低矮或具有沙质疏松宽广的丘间地，以便落种、覆沙；在飞播树种选择时，选择适应性强的乡土灌木树种和多年生草种，经过多年试验，确定以柠条、杨柴、沙拐枣、花棒和籽蒿为主。

第二，严把技术关。飞播造林技术概括起来为：“适时、适量、种子包衣和GPS导航”。“适时”

将飞播期选择在5月中旬至7月中旬的雨季前；“适量”发挥各飞播树种生物、生态学特性，合理确定混播比例与播种量，达到固定流沙的目的；“种子包衣”是对种子进行“驱避剂包衣”和“丸粒化”处理，预防种子鼠兔病危害，提高种子落地的准确度和发芽率；“GPS导航”即在飞播导航上采用GPS卫星定位导航技术，明显提高飞播落种质量，节约了人力物力。

第三，实行封育管护。播区管护采用提前设置机械围栏和人工管护相结合，实行全面严格的围封育措施，禁止一切人为活动。加强林业有害生物防治和防火工作，确保飞播成效。

第四，加大补植补播。飞播后，及时开展播后成苗效果调查，对达不到设计要求的地段，采取人工补植补播。

# 第六节　林木种苗

## 一、林木种苗生产

### （一）林木种苗生产供应

2006年初，全区林木种子库存量153.25万公斤，林木种子采收量249.85万公斤。苗圃处数2528处，苗圃可育苗面积1.36万公顷，实际完成育苗面积6300公顷。根据国家林业局国有林场和林木种苗工作总站要求，完成春季、雨季、秋季3次林木种苗生产供应情况调查。

2007年初，全区林木种子库存量125.18万公斤，林木种子采收量246.98 万公斤。苗圃处数2286处，苗圃可育苗面积1.36万公顷，实际完成育苗面积7726公顷。花卉栽培143公顷，产量3378万株。2007年呼伦贝尔市樟子松嫁接红松建设果园试验、兴安盟小黑杨提纯选优、锡林郭勒盟欧李良种选育、乌兰察布市文冠果嫩枝扦插育苗技术试验等林木种苗新技术研发取得一定成果。

2007年1月5—7日，自治区林业厅在呼和浩特召开全区林木种苗工作会议。研究如何进一步强化林木种苗工作，发挥林木种苗在生态建设中的基础和保障作用，推动生态建设又好又快发展。会议贯彻全国林木种苗发展座谈会精神，全面总结“十五”期间内蒙古林木种苗工作，分析存在的问题和面临的形势；研究部署“十一五”（2006—2010年）期间自治区林木种苗工作；表彰奖励“十五”期间在林木种苗工程建设、行业管理和生产经营工作中的先进集体和先进个人。自治区林业厅厅长高锡林作题为《抓住机遇开拓创新　努力实现林木种苗工作新突破》的讲话，要求增强做好林木种苗工作的责任感和紧迫感。自治区林业厅副厅长曹文仲作题为《再接再厉扎实工作　努力开创全区林木种苗工作新局面》的讲话，总结“十五”期间林木种苗工作成绩，提出“十一五”期间（2006—2010年）林木种苗发展总体思路和主要任务。

2007年4月17日，根据《中共中央国务院关于加快林业发展的决定》《内蒙古自治区党委、政府关于深化改革加快林业发展的决定》《国家林业局关于加快林木种苗发展的意见》精神，按照《中华人民共和国种子法》《内蒙古自治区林木种苗条例》和自治区发展和改革委员会、自治区林业厅《关于编制2004—2010年林木种苗工程建设发展规划的通知》的规定和要求，依据《内蒙古自治区林业发展“十一五”规划》《内蒙古自治区防沙治沙“十一五”规划》，为加强林木种苗生产建设的宏观指导，引导林木种苗行业快速发展，推进依法治种、科技兴种进程，本着科学规划、合理布局、突出重点、立足现状、着眼长远、长短结合原则，编制完成《内蒙古自治区林木种苗发展“十一五”规划》。

2008年初，全区林木种子库存量64.94万公斤，林木种子采收量184.62万公斤。林业种子销售量22.24万公斤。苗圃处数1810处，苗圃可育苗面积1.18万公顷，实际完成育苗面积7500公顷。花卉栽培14.9公顷，产量1480万株。

2009年初，全区林木种子库存量135.07万公斤，林木种子采收量222.83万公斤。飞播造林面积9.7万公顷，用种量70.29万公斤。直播造林面积24.64万公顷，用种量174.90万公斤。苗圃处数1993处，实际完成育苗面积0.88万公顷。花卉栽培7.9公顷，产量228万株。

2009年开始，自治区林木种苗站进行主要造林树种林木种苗价格行情监测，确定每年4月1日至5月31日为价格信息采集、报送和发布期。实行周报制。自治区林木种苗站审核统计后形成《内蒙古自治区主要造林树种春季种苗价格行情表》发布到自治区林木种苗网。及时提供林木种苗价格行情，引导生产者，服务使用者。

2010年初，全区林木种子库存量128.55万公斤，林木种子采收量222.43万公斤。飞播造林面积9.71万公顷，用种量62.28万公斤。直播造林面积13.65万公顷，用种量149.71万公斤。苗圃处数3278处，实际完成育苗面积1.50万公顷。花卉栽培9.8公顷，产量363万株。

2006—2010年（“十一五”期间），开展林木种苗需求预测分析，结合造林实际科学安排林木种苗生产，实行苗木提前订购和林木种子集中采购调拨，保障大规模生态建设需求。5年累计采收各类林木种子1126.71万公斤，年均采收林木种子225.34万公斤；年育苗面积0.91万公顷，苗木年产量23.45亿株，容器育苗2.11亿株。

2011年初，全区林木种子库存量129.93万公斤，林木种子采收量271.60万公斤。飞播造林面积12.00万公顷，用种量67.74万公斤。直播造林面积13.82万公顷，用种量157.94万公斤。苗圃处数3967处，实际完成育苗面积1.95万公顷。花卉栽培8.1公顷，产量1365万株。

2011年2月25日，自治区林木种苗工作会议在呼和浩特召开。国家林业局国有林场和林木种苗工作总站副总站长杨连清、自治区政府副秘书长于清理、自治区林业厅厅长高锡林等出席会议并讲话，各盟市相关人员参加会议。自治区林业厅厅长高锡林作题为《抓住机遇锐意进取　全面开创林木种苗工作新局面》的主题报告。5月，根据《中华人民共和国种子法》《内蒙古自治区林木种苗条例》和《内蒙古自治区林业发展“十二五”规划》，自治区编制印发《内蒙古自治区林木种苗发展“十二五”规划》。

2011年9月9日，自治区政府印发《关于加快林木种苗业发展的意见》，明确自治区林木种苗业发展的基本目标和要求是：以良种选育为基础，以保障供应为目标，以提高质量为核心，以执法监管为保障，全力推进良种化进程，完善生产供应基础，突出质检执法能力建设，着力抓好行政执法、质量监管工作，严格执行种苗生产经营许可制度，建立健全种苗专项投入与资金扶持制度，建立健全良种选育推广体系、种苗生产供应体系、种苗行政执法体系和种苗社会化服务体系，为自治区大规模生态建设奠定坚实基础。

2012年初，全区林木种子库存量112.35万公斤，林木种子采收量299.35万公斤。飞播造林面积7.93万公顷，用种量59.83万公斤。直播造林面积15.62万公顷，用种量176.24万公斤。苗圃处数3711处，实际完成育苗面积2.23万公顷。年末在圃苗木量34.97亿株（其中良种苗4.25亿株）。花卉产量272万株。

赤峰市下达育苗生产指导性计划，宏观调控全市育苗生产，重点工程造林用苗木由旗县林业局组织政府采购。巴彦淖尔市启动2012—2015年林木良种育苗技术推广与示范项目。锡林郭勒盟依托樟子松百万亩工程项目，培育以樟子松为主的大苗，除满足本地区园林绿化外，部分苗木还远销河北、山西等地。兴安盟五岔沟、赤峰市阿鲁科尔沁旗、呼和浩特市和林格尔县、包头市九原区、鄂尔多斯市乌审旗和巴彦淖尔市乌兰布和等地，企业带动下的区域性大型育苗基地开始显现。乌审旗育苗基地被国家林业局命名为“国家级林木种苗基地”。

2012年11月，自治区林木种苗站配合自治区人力资源和社会保障厅，在云南省昆明组织举办内蒙古生态环境保护专业技术人员知识更新工程高级研修班，12个盟市林木种苗站和主要从事林木种苗工作的副高级以上专业技术人员60人参加培训。参训学员到云南省林木种苗基地现场学习和交流，实地观摩学习南方省区林木品种引进、培育和区域化试验好的经验和做法。

2013年初，全区林木种子库存量110.74万公斤，林木种子采收量203.73万公斤。飞播造林面积7.49万公顷，用种量46.71万公斤。直播造林面积12.76万公顷，用种量161.90万公斤。苗圃处数16179处，实际完成育苗面积4.33万公顷，年末在圃苗木量51.59亿株（其中良种苗4.98亿株）。花卉栽培25.4公顷，产量1414万株。

2014年初，全区林木种子库存量103.75万公斤，林木种子采收量185.76万公斤。飞播造林面积17.99万公顷，用种量85.00万公斤。直播造林面积43.96万公顷，用种量112.20万公斤。苗圃处数17570处，实际完成育苗面积4.74万公顷，其中新育苗完成0.88万公顷。年末在圃苗木量46.13亿株（其中良种苗5.29亿株）。花卉栽培26.6公顷，产量1189万株。

2014年3月7日，内蒙古林木种苗行业协会成立大会在呼和浩特举行。自治区林业厅厅长呼群到会并讲话，大会通过《内蒙古林木种苗行业协会章程》，选举产生内蒙古林木种苗行业协会组织机构。

2014年，根据国家林业局国有林场和林木种苗工作总站安排，完成“国有林场和林木种苗森林公园数据库”基础数据录入工作，主要有：自治区主要造林树种育苗生产指标，林木种苗管理部门主要信息，林木种苗社会化服务，林木种苗工程建设项目基本情况。

2015年初，全区林木种子库存量74.20万公斤，林木种子采收量128.85万公斤。飞播造林用种量84.42万公斤。直播造林用种量57.12万公斤。苗圃处数18718处，年末在圃苗木量40.70亿株（其中良种苗4.00亿株）。

同年，自治区首次确定内蒙古乡土树种驯化繁殖指导名录，第一批106个树种。针对野生乡土树种驯化选育与推广利用不够，旗县级林木种苗管理机构不完善、基础工作开展不力等问题，自治区林业厅印发《关于开展乡土树种驯化繁殖试验示范的通知》。

（二）林木良种繁育

1．林木良种基地建设

2006年，进行林木良种基地、采种基地现状调查摸底工作。统计1998年以前建立的良种基地、采种基地和种苗工程启动以后新建良种基地、采种基地建设情况，包括规模、资金到位和使用、经营管理、效益和存在的问题等方面情况，针对存在的问题和不足之处，提出改进措施和对策。同年，全区有林木良种基地46处，总面积3443.3公顷，种子总产量1.85万公斤，穗条总产量847.3万条。采种基地80处，建设规模53890公顷，可采种面积44721公顷，可采种量241.94万公斤，2006年实际采种量99.99万公斤。

2007年，全区有林木良种基地31处，总面积3370.2公顷，种子总产量2.37万公斤，穗条总产量625.3万条。采种基地66处，可采种面积40656公顷，2007年实际采种量52.30万公斤。

2008年4月13日，国家林业局局长贾治邦调研内蒙古林木良种繁育中心。贾治邦强调，林木良种选育和引种试验工作，一定要着眼于乡土树种。尤其要注意的是，林木良种选育工作要与国家各项林业重点工程建设紧密结合。同年，配合国家林业局国有林场和林木种苗工作总站开展林木良种基地建设管理和运行情况调研。对林木良种基地进行分级分类管理，组织申报国家级良种基地10处、有发展潜力的良种基地60处。同年，全区有林木良种基地50处，总面积4715.6公顷，种子总产量3.21万公斤，穗条总产量421万条。采种基地86处，建设规模59355公顷，可采种量193.79万公斤，2008年实际采种量82.54万公斤。

2009年1月14日，国家林业局发布《关于公布第一批国家重点林木良种基地的通知》，确定第一批131处国家重点林木良种基地。内蒙古有5处林木良种基地被确定为第一批国家重点林木良种基地，它们是呼和浩特市土默特左旗万家沟林场国家油松良种基地、赤峰市宁城县黑里河林场国家油松良种基地、呼伦贝尔市红花尔基林业局国家樟子松良种基地、赤峰市喀喇沁旗旺业甸林场国家落叶松良种基地、赤峰市巴林左旗乌兰坝林场国家落叶松良种基地。同年，全区有林木良种基地51处，总面积5230公顷，种子总产量2.39万公斤，穗条总产量1988万条。采种基地88处，建设规模87119公顷，可采种面积75095公顷，可采种量202.33万公斤，2009年实际采种量43.20万公斤。

2010年，全区建成林木良种基地49处、面积4730公顷，种子总产量2.85万公斤，穗条总产量1014.60万条。建成林木采种基地90处、面积93804公顷，可采种面积54754公顷，可采种量209.82万公斤，2010年实际采种量99.52万公斤。

2011年，全区有林木良种基地55处、面积7108.6公顷，种子总产量4.55万公斤，穗条总产量1206.6万条。采种基地90处、面积69111公顷，可采种面积53607公顷，可采种量181.36万公斤，2011年实际采种量72.56万公斤。同年，内蒙古林木良种繁育中心等9处良种基地被确定为自治区重点林木良种基地。

2012年2月7日，国家林业局发布《关于公布第二批国家重点林木良种基地的通知》，确定第二批95处国家重点林木良种基地。内蒙古有4处林木良种基地被确定为第二批国家重点林木良种基地，分别是内蒙古林木良种繁育中心国家沙生植物良种基地、包头市全巴图林场国家杨树良种基地、通辽市林研所国家杨树良种基地、鄂尔多斯市杭锦旗国家柠条锦鸡儿良种基地。自治区林业厅编制《第二批国家重点林木良种基地发展规划（2012—2015年）》。3月27日，自治区林业厅根据《中华人民共和国种子法》第七十五条规定，结合造林绿化实际，确定沙地柏、李属、沙冬青、中间锦鸡儿、忍冬属、文冠果、沙拐枣属、梭梭8个属（种）为内蒙古自治区主要林木。

同年，全区有林木良种基地54处、面积5643公顷，种子总产量8.59万公斤，穗条总产量1225.9万条。采种基地88处、面积87119公顷，可采种面积75095公顷，可采种量202.33万公斤，2012年实际采种量43.20万公斤。

2013年，全区有林木良种基地60处，总面积8107.7公顷，种子总产量7.87万公斤，穗条总产量5117.2万条。其中：种子园713公顷，种子产量0.53万公斤；母树林6597公顷，种子产量7.34万公斤；采穗圃155公顷，生产穗条2814.2万条；无性繁殖圃104公顷，生产穗条2303万条；测定林126公顷；优树收集区21公顷；良种示范林238.7公顷；其他153公顷。采种基地89处、面积57263公顷，可采种面积43636公顷，可采种量194.67万公斤，2013年实际采种量74.98万公斤。

2014年，全区有林木良种基地53处，总面积8039公顷，种子总产量10.00万公斤，穗条总产量1964万条。其中：种子园568公顷，种子产量0.53万公斤；母树林6750公顷，种子产量9.47万公斤；采穗圃62公顷，生产穗条1164万条；无性繁殖圃46公顷，生产穗条800万条；测定林116公顷；优树收集区17公顷；良种示范林241公顷；其他239公顷。采种基地84处、面积60140公顷，可采种面积45573公顷，可采种量

161.84万公斤，2014年实际采种量47.79万公斤。

同年，全面考核5处第一批国家重点林木良种基地2010—2013年工作情况。在国家林业局网站建立9处国家重点林木良种基地子网站，更新国家林木种苗数据库2014年度基地数据。

2015年末，全区建成林木良种基地51处、面积7976.5公顷，种子总产量9.74万公斤。其中：种子园748.4公顷，种子产量0.24万公斤；母树林6433.2公顷，种子产量9.50万公斤；采穗圃310.5公顷；无性繁殖圃41.7公顷；测定林145.7公顷；优树收集区44.9公顷；良种示范林93.5公顷；其他158.6公顷。建成林木采种基地84处、面积54212.5公顷，可采种面积41604.6公顷，可采种量151.08万公斤；2015年实际采种量63.70万公斤。

2. 林木良种补贴

2010年10月8日，根据财政部和国家林业局《关于开展2010年林木良种补贴试点工作的意见》要求，自治区林业厅印发《内蒙古自治区林木良种补贴试点管理暂行办法》。11月1日，编制上报《内蒙古自治区2010年林木良种补贴试点实施方案》。自治区林业厅制定《良种苗木培育合同范本》《林木良种基地生产作业设计提纲》。11月23—24日，在呼和浩特召开全区林木良种补贴试点工作会议，学习《财政部　国家林业局关于开展林木良种补贴试点工作的意见》和《内蒙古自治区林木良种补贴试点管理暂行办法》，安排部署试点工作，与育苗单位签订《良种苗木培育合同》，组织专家审查林木良种基地生产作业设计。2010年，财政部拨付自治区林木良种补贴资金1080万元，全区安排6处国家重点林木良种基地，试点面积1909.3公顷，良种苗木培育任务3000万株。基地全年生产良种1419公斤。

2011年，财政部拨付自治区林木良种补贴资金880万元，安排6处国家重点林木良种基地试点面积1909.3公顷；安排6处育苗单位培育良种容器苗2000万株。基地全年生产良种3490公斤。

2012年，财政部拨付自治区林木良种补贴资金2080万元，15处国有育苗单位和8处国家重点林木良种基地承担林木良种补贴试点任务。

2013年，财政部拨付自治区林木良种补贴资金2080万元，10处国家重点林木良种基地和48处国有育苗单位承担林木良种补贴任务。

2014年，财政部拨付自治区林木良种补贴资金2210万元，11处国家重点林木良种基地（包括内蒙古森工集团直属2处）和52处国有育苗单位（包括内蒙古森工集团直属4处）承担林木良种补贴任务。

2015年，财政部拨付自治区林木良种补贴资金2360万元，11处国家重点林木良种基地和44处国有育苗单位承担林木良种补贴试点任务。

（三）林木种苗工程项目管理

1. 林木种苗工程项目审查

1998—2006年，自治区累计投入林木种苗工程项目建设资金4.3亿元。其中，中央投资3.5亿元，地方配套0.8亿元，新建和改扩建工程项目计485个。其中良种基地81个，采种基地96个，苗圃259个，种苗基础设施和种子加工、储藏等9个，种苗工程的实施，改善了林木种苗生产条件和技术装备水平，提高种苗生产能力，带动了社会育苗发展，加速了种苗产业化发展进程。2006年，审查2005年度6个林木种苗工程项目初步设计，对一些概算过高或不切合生产实际的建设内容全部进行调整。

2008年，根据《林木种苗工程建设标准》《林业固定资产投资建设项目管理办法》规定，自治区林木种苗站审核全区32个林木种苗工程可行性研究报告。2008年，国家批复内蒙古5处林木良种基地建设项目可行性研究报告，批复建设总规模180.4公顷，总投资计831万元，其中中央投资664万元，地方配套投资167万元。2008年，国家下达林木种苗工程投资计划，总投资439万元。其中，国家投资359万元，地方配套投资80万元。这些林木种苗建设项目有：内蒙古林科院树木园种质资源保存库建设项目中央投资100万元；内蒙古林木种苗站山杏种质资源保存库建设项目中央投资100万元；锡林郭勒盟镶黄旗林业局欧李灌木良种繁育基地建设项目中央投资73万元；呼伦贝尔市白桦采种基地建设项目中央投资86万元。

2．林木种苗工程项目竣工验收

2006年5—10月，自治区林业厅根据《内蒙古自治区林木种苗工程竣工验收暂行办法》组织检查组，对全区11个盟市林木种苗工程项目进行检查、验收，共验收25个项目。截至2006年，自治区共实施270个林木种苗工程项目，完成验收236个。其中，自治区林业厅直接组织完成验收57个，由盟市林业局组织完成验收179个。

2007年，基本完成全区林木种苗工程验收工作。

2008年，内蒙古林木种苗站根据国家林业局《关于开展全国林木种苗工程项目检查工作的通知》要求，对2000—2007年林木种苗工程项目进行全面梳理和总结。2000—2007年，实施建设林木种苗工程项目261个，竣工242个，验收228个。

（四）林木种质资源普查

2006年，成立内蒙古林木种质资源普查领导小组，印发《关于开展内蒙古自治区林木种质资源普查工作的通知》，在赤峰市开展林木种质资源普查试点工作。2007年，制定《内蒙古自治区林木种质资源普查实施细则》，编写《内蒙古自治区林木种质资源普查培训方案》。完成巴林左旗、巴林右旗、克什克腾旗、宁城县和喀喇沁旗5个旗县普查任务。2008年，国家林业局安排林木种质资源普查资金35万元。自治区发展和改革委员会在2008年预算内基本建设投资中安排种质资源普查投资30万元，自治区财政厅在2008年全区财政预算内落实全区林木种质资源普查经费400万元。2008年3月28日，自治区林业厅印发《关于尽快启动林木种质资源普查工作的紧急通知》，要求各盟市落实配套资金。根据国家林业局《林木种质资源调查技术规程（试行）》，制订《内蒙古自治区林木种质资源普查技术方法》，启动内蒙古自治区林木种质资源普查工作。2008年9月17—22日，自治区林木种苗站在呼和浩特举办全区林木种质资源普查技术培训班。聘请树木分类专家和森林调查专家，集中讲解《内蒙古自治区林木种质资源普查技术方法》和树种鉴定、标本制作，在土默特左旗白石头沟林场进行野外实习，培训技术人员40名。截至2010年，全区完成58个旗县、大兴安岭国有林区和岭南4个林业局外业普查任务，收集整理植物标本5000余份。各地在普查中发现很多国家级珍贵树种，填补了《内蒙古植物志》空白，对普查中发现的百年古树作为种质资源进行挂牌保护。

2011年，自治区林业厅安排普查经费100万元，全区累计完成66个旗县、岭南4个林业局，以及大兴安岭林管局19个林业局、3个规划局外业普查任务，共采集标本近4000余份。2013年，阿拉善盟完成3个旗、1个示范区和1个开发区外业普查，拍摄照片1000余张，采集标本500多份。乌海市完成3个区外业普查，拍摄照片800余张，采集标本300多份。2014年，全区安排种质资源普查经费140万元，5个盟市新制作标本658份，12个盟市整理完成电子版外业普查数据。

## 二、林木种苗管理

（一）管理组织与制度建设

2005年，全区有林木种苗站42个，其中自治区级1个，盟市级9个，旗县级32个。2006年，鄂尔多斯市准格尔旗成立林木种苗站。2007年，呼伦贝尔市鄂温克族自治旗、兴安盟突泉县、通辽市霍林郭勒市成立林木种苗站。2008年，阿拉善盟成立林木种苗站，兴安盟扎赉特旗、通辽市科尔沁左翼中旗、科尔沁区、科尔沁左翼后旗、奈曼旗、赤峰市松山区、阿鲁科尔沁旗、克什克腾旗、喀喇沁旗、锡林郭勒盟锡林浩特市、鄂尔多斯市伊金霍洛旗、巴彦淖尔市乌拉特后旗成立林木种苗站。2009年，呼和浩特市土默特左旗、清水河县、兴安盟科尔沁右翼前旗、通辽市开鲁县、赤峰市红山区、锡林郭勒盟太仆寺旗、苏尼特右旗、东乌珠穆沁旗、多伦县、乌兰察布市集宁区、鄂尔多斯市东胜区、巴彦淖尔市临河区成立林木种苗站。2010年呼伦贝尔市扎兰屯市、牙克石市、通辽市扎鲁特旗、乌兰察布市察哈尔右翼后旗、察哈尔右翼前旗成立林木种苗站。

2009年3月4日，自治区政府办公厅印发《关于进一步加强林木种苗管理工作的通知》，要求加强林木种苗管理机构建设，提高林木种苗行政管理能力。自治区林业厅制定《内蒙古自治区县级林木种苗站建设示范省实施方案》《内蒙古自治区旗县林木种苗站建设标准》《内蒙古自治区旗县林木种苗标准站建设考核办法》。

2009年10月21—25日，在呼和浩特举办全区首期旗县林木种苗站长岗位培训班。培训内容包括机构建设与业务工作、林木种苗行政执法、林木种苗质量监管、林木良种选育推广、林木育苗技术规程、林木种苗信息统计等，参加培训人员97人。

“十一五”期间（2006—2010年），自治区林业厅加强旗县级林木种苗站建设工作。引导旗县通过从现有林业事业单位分设或旗县级国有苗圃更名、转变职能的办法，成立具有独立法人资格的旗县级林木种苗站，并选择20个旗县林木种苗站，以抓好20项基础业务工作为核心，开展旗县级林木种苗站试点建设工作。至2010年末，全区有各级林木种苗站75个，其中自治区级1个、盟市级10个、旗县级64个。全区林木种苗管理体系得到巩固和加强。

2011年，自治区政府印发的《关于加快林木种苗业发展的意见》，明确全区各级林木种苗管理机构的性质和职能作用，为健全管理体系打下坚实基础。2011年，包头市东河区、呼伦贝尔市莫力达瓦达斡尔族自治旗、呼伦贝尔市阿荣旗、兴安盟阿尔山市、巴彦淖尔市乌拉特前旗成立林木种苗站。2012年，鄂尔多斯市鄂托克旗成立林木种苗站。

2012年和2013年，国务院办公厅先后印发《关于加强林木种苗工作的意见》《关于深化种业体制改革提高创新能力的意见》，两个《意见》对林木种苗发展作出顶层设计。2013年10月，自治区林业厅重新修订印发《内蒙古自治区旗县级林木种苗站建设标准》《内蒙古自治区旗县级林木种苗站考核办法》，各盟市对直属旗县种苗站开展年度考核，促进基层种苗站业务工作的有效开展，使基层林木种苗管理机构的职能作用发挥明显。同时，通过进行旗县林木种苗站全员岗位培训，全面提升行业职工的业务工作技能。

“十二五”期间（2011—2015年），全区各级林木种苗管理部门主动转变观念，强化服务职能，实现由过去的以管理行业内部为主转变为面向全社会的林木种苗行业管理。开展全区林木育苗企业调查，召开育苗企业家座谈会和种苗信息交流会，帮助两个大型育苗企业申报命名为国家级林木种苗基地。2013年起，建设内蒙古林木种苗网站种苗市场板块，网站注册企业会员262家，发布种苗供求信息752条，开通内蒙古林木种苗微信企业号和服务号，初步构建了“一个渠道两个平台”（短信沟通渠道、移动办公平台、种苗市场平台）的林木种苗信息化框架。这些措施有效保障了育苗企业健康发展，促进林木种苗市场的发育形成。截至2015年末，全区有各级林木种苗站81个，其中自治区级1个、盟市级10个、旗县级70个，共有专业技术及管理人员771人。有自治区级林木种苗协会1个，盟市区域性林木种苗协会3个。

（二）林木种苗质量管理

1．质检规制

2006年，内蒙古林木种苗站在原有实验室改造和设备购置等硬件建设基础上，完成自治区产品质量监督检验第二十站《质量手册》《程序文件》编写工作，制定有关规章制度。2007年4月30日，获得计量认证证书和授权证书。

2008年3月8日，内蒙古林木种苗站申请建设国家林业局林木种苗质量检验检测中心（呼和浩特），通过国家林业局现场评审。3月17日，国家林业局作出行政许可决定（《关于同意成立国家林业局林木种苗质量检验检测中心（呼和浩特）的行政许可决定》），颁发授权证书，同意在内蒙古林木种苗站建设国家林业局林木种苗质量检验检测中心（呼和浩特）。同年，完成国家林业局林木种苗质量检验检测中心（呼和浩特）全部筹建工作。同时，自治区林业厅申请成立内蒙古林木种苗质量监督检验站。7月3日，自治区机构编制委员会批准成立内蒙古林木种苗质量监督检验站，在全区范围内行使林木种苗质量监督检验职能。

2009年3月，内蒙古质量技术监督局批准更名申请（《关于撤销内蒙古自治区产品质量监督检验第二十站资质认定授权的函》），同时将计量认证证书名称予以变更。9月，国家林业局批准国家林业局林木种苗质量检验检测中心（呼和浩特）建设项目，总建筑面积2400平方米。完成赤峰市乡镇林木种苗质量检验员培训考核，充实和加强基层林木种苗质量检验员队伍建设，为开展造林现地林木种苗质量监管创造了条件。批准林木种苗检验员409人，换发检验员证189人。

“十一五”期间，内蒙古林木种苗站推行乡镇林木种苗质量检验员制度，开展检验技术培训，加强林木种苗质量检验队伍建设。兴安盟、赤峰市等6个盟市配备乡镇检验员。持证检验员总数达到1665人，其中盟市273人、旗县982人、乡镇410人。

2011年4月6日，自治区发展和改革委员会批准内蒙古旗县林木种苗质检执法能力建设一期工程项目可行性研究报告。8月8日，自治区发展和改革委员会、自治区林业厅印发《关于下达林木种苗工程2011年中央预算内投资计划的通知》，安排项目总资金1950万元，其中中央投资1050万元，地方配套投资900万元。2011年，投资计划安排资金384万元，其中中央投资334万元，地方配套投资50万元。2013年5月27日，自治区林业厅批准项目初步设计。年内，实施内蒙古旗县林木种苗站质检执法能力建设一期工程，对27个旗县林木种苗站配备质检、执法和信息化设备，改善办公条件，使项目旗县林木种苗站的质检执法和社会化服务能力得到全面提升。同年，新批准林木种苗质量检验员188名。

2011—2013年，根据国家林业局和内蒙古林木种苗质量监督检验机构考核办法和建设标准，自治区林业厅开展盟市级林木种苗质检机构资格评审考核工作。呼伦贝尔市、赤峰市、锡林郭勒盟、乌兰察布市、包头市、鄂尔多斯市、巴彦淖尔市林木种苗质量监督检验站符合《内蒙古自治区林木种苗质量监督检验机构建设标准》要求，获得内蒙古林木种苗质量检验机构资格证书。

2013年7月13日、11月21日，国家林业局林木种苗质量检验检测中心（呼和浩特）分别通过国家林业局科技司、国家林业局国有林场和林木种苗工作总站组织进行的现场评审。2013年9月11日、11月29日，国家林业局分别印发《国家林业局关于对“国家林业局林木种苗质量检验检测中心（呼和浩特）”继续授权的行政许可决定》和《国家林业局关于同意颁发国家林业局林木种苗质量检验检测中心（呼和浩特）林木种苗质量检验机构资质证书的行政许可决定》，并颁发授权证书。

“十二五”期间，全区旗县林木种苗质量检验制度基本确立，造林绿化重点工程使用的林木种苗和生产经营的林木种苗，基本实现全面质量检验和监督检查。全面推进盟市林木种苗质量检验机构建设。截至2015年，盟市级林木种苗质量检验机构达到9个，为全区林木种苗质量管理奠定良好的组织保障。印发《林木种苗质量管理手册》《林木种苗标签》《林木种苗生产经营档案》等规范及标准696册。举办15期林木种苗质量检验员培训班，经培训考核，全区持证林木种苗检验员达到2807人。

表3-6-1　全区旗县林木种苗质检执法能力建设一期工程实施地点

| 盟市 | 序号 | 一期工程实施旗县 | 直属布局范围 |
|---|---|---|---|
| 呼伦贝尔市 | 1 | 鄂温克族自治旗林木种苗站 | 东北老工业基地 |
| | 2 | 牙克石市林木种苗站 | 东北老工业基地 |
| | 3 | 扎兰屯市林木种苗站 | 东北老工业基地 |
| 兴安盟 | 4 | 扎赉特旗林木种苗站 | 东北老工业基地 |
| | 5 | 科右前旗林木种苗站 | 东北老工业基地 |
| 通辽市 | 6 | 科尔沁区林业种苗站 | 东北老工业基地 |
| | 7 | 科尔沁左翼中旗林业种苗站 | 东北老工业基地 |
| | 8 | 开鲁县林业种苗站 | 东北老工业基地 |
| | 9 | 奈曼旗林木种苗管理站 | 东北老工业基地 |
| 赤峰市 | 10 | 松山区国营种苗管理站 | 京津风沙源治理区 |
| | 11 | 巴林右旗林业种苗站 | 京津风沙源治理区 |
| | 12 | 克什克腾旗林业种苗站 | 京津风沙源治理区 |
| | 13 | 翁牛特旗林业局种苗站 | 京津风沙源治理区 |
| | 14 | 敖汉旗林业种苗管理站 | 京津风沙源治理区 |
| 锡林郭勒盟 | 15 | 多伦县林木种苗站 | 京津风沙源治理区 |
| | 16 | 太仆寺旗林木种苗管理站 | 京津风沙源治理区 |
| 乌兰察布市 | 17 | 卓资县种苗站 | 京津风沙源治理区 |
| | 18 | 兴和县种苗站 | 京津风沙源治理区 |
| | 19 | 察右后旗种苗站 | 京津风沙源治理区 |
| | 20 | 凉城县林木种苗站 | 黄土高原区 |
| 呼和浩特市 | 21 | 土默特左旗林木种苗站 | 黄土高原区 |
| 包头市 | 22 | 达茂旗种苗站 | 京津风沙源治理区 |
| 鄂尔多斯市 | 23 | 达拉特旗林业种苗站 | 黄土高原区 |
| | 24 | 杭锦旗林木种苗站 | 黄土高原区 |
| | 25 | 伊金霍洛旗林木种苗管理站 | 黄土高原区 |
| 巴彦淖尔市 | 26 | 临河区林业种苗站 | 黄土高原区 |
| | 27 | 五原县林木种苗站 | 黄土高原区 |

2．林木品种审定

按照国家林业局的要求，每年春季组织完成种苗质量自查工作，国家林业局抽查全区林木种子质量。

2006年，大兴安岭林区28名林木种苗技术人员参加自治区林业厅培训，经考核合格，获自治区林木种苗检验员资格。实行林木种苗质量检验持证上岗制度。2007年，对林区林木种苗质量检验员进行审查考核，75人通过核检，8人因退休或工作调动予以注销，12人具备种苗执法工作知识和能力，达到上岗要求。

2008年6月10日，大兴安岭林管局印发《关于开展全林区林木种质资源普查工作的通知》。组建林区普查工作领导小组和普查专家组，制订实施方案，开展对普查人员的技术培训，并根据方案对各生产单位提出相关要求。林区各林业局根据《通知》要求成立普查领导小组，同时组建普查专业队伍。开展林木种质资源普查工作。2012年，通过3年的外业普查成果，由东北林业大学出版社出版了《内蒙古大兴安岭林区林木种质资源图鉴》。共收录内蒙古大兴安岭地区林木种质资源30科61属180种（含变种及变型），每个树种以图片形式展示了全株、茎、叶、花、果等形态特征，附有中文名、拉丁名、别名，并简要描述了分布范围、形态特征、生境、繁殖方法、经济价值及用途，图文并茂，通俗易懂，为种质资源开发利用、建设林木种质资源库，提供了第一手资料。

2008年，内蒙古自治区林木品种审定委员会完成换届工作，新一届林木品种审定委员会由25人组成。印发《内蒙古自治区林木品种审（认）定办法》《内蒙古自治区林木品种审定申请表》。编写种子园、母树林、优良林分（采种基地）的林木良种审定范本，指导并组织开展林木品种审（认）定申报工作。年内，自治区林木品种审定委员会收到各盟市品种审（认）定申报材料9份，通过初步审核符合审定条件的有8份，即呼伦贝尔市红花尔基樟子松、内蒙古大兴安岭库都尔俄罗斯大果沙棘、乌兰察布市卓资县上高台林场华北落叶松母树林种子、乌兰察布市兴和县苏木山华北落叶松种子园种子、呼和浩特市土左旗万家沟油松种子园种子、鄂尔多斯市杭锦旗柠条锦鸡儿、鄂尔多斯市造林总场、鄂尔多斯市达拉特旗柠条锦鸡儿和鄂尔多斯市乌审旗沙地柏。

2009年6月15日，自治区林业厅印发《内蒙古自治区林木品种审定办法》，要求各盟市组织好每年林木品种审定的申报工作。“十一五”期间，经自治区林木品种审定委员会审定通过的林木品种有8个，认定通过的品种有1个，即大兴安岭库都尔林业局引种驯化的‘浑金’（俄罗斯大果沙棘）。

2012年，大兴安岭甘河林业局兴安落叶松种子园种子，通过自治区林木品种审定委员会审定。阿里河林业局西伯利亚红松采穗圃穗条，通过自治区林木品种审定委员会审定，认定期5年。2014年5月8日，大兴安岭乌尔旗汉林业局兴安落叶松种子园种子、大杨树林业局樟子松母树林种子、内蒙古大兴安岭林区兴安落叶松母树林种子，通过自治区林木品种审定委员会审定。

“十二五”期间，经国家林木品种审定委员会审定通过林木品种2个，经自治区林木品种审定委员会审定通过的林木品种50个、认定通过品种20个。

3．种苗质量抽查

2006年，根据国家林业局国有林场和林木种苗工作总站《关于部署2006年国家级林木种苗质量抽查和省级自查工作的通知》《内蒙古自治区林业厅关于做好2006年全区林木种苗质量监督抽查工作的通知》要求，国家林业局抽查3个盟市林木种子质量，抽查34个种批。自治区林业厅抽查了呼伦贝尔市、赤峰市、锡林郭勒盟、乌兰察布市、呼和浩特市、鄂尔多斯市、巴彦淖尔市7个盟市29个旗县工程造林使用的林木种苗质量。抽查20个种子批次，49个苗木批次，涉及35个单位。分别代表5.9万公斤林木种子和1318.42万株苗木质量。林木种子批次合格率为80%，苗木批次合格率为100%。各地严格执行“两证一签”制度和林木种苗质量抽检制度，从源头上杜绝不合格苗，对出圃苗木从灌水、起苗、假植、打捆、蘸根等环节进行全程监督管理，确保造林苗木数量充足、质量合格。

2007年，国家林业局抽查2个盟市林木种子质量，抽查21个种批。自治区林业厅抽查通辽市、锡林郭勒盟、乌兰察布市、呼和浩特市、包头市、巴彦淖尔市6个盟市24个旗县工程造林使用的林木种苗质量。抽查种子30个批次，苗木49个批次。分别代表5.45万公斤林木种子和1538.75万株苗木。林木种子批次合格率87%，苗木批次合格率100%。

同年，加强对盟市监督抽查。锡林郭勒盟飞播、封育用种受检率达到100%，乌兰察布市抽查林木种子占到用种量的78%，鄂尔多斯市重点旗县苗木抽检率达到95%。赤峰市、巴彦淖尔市抽查975个苗木批次。

2008年，全区林木种苗质量抽查实行自治区抽查和盟市自查方式进行。抽查重点为退耕还林工程、京津风沙源治理工程、天然林保护工程、三北防护林四期工程使用的林木种苗质量。林木种子全部抽查，苗木主要抽查造林现地成品苗木。每个旗县抽查2—3个乡镇苏木（林场）。抽查12个盟市61个旗县、103个单位（个人）、30个树种（品种）、110个种批、210个苗批。2009年抽查呼伦贝尔市、锡林郭勒盟、巴彦淖尔市等3个盟市林木种子质量，抽查66个种批。根据抽查结果，全区林木种苗质量保持稳定。

2010年，国家林业局抽查锡林郭勒盟京津风沙源治理工程林木种子质量，抽查30个种批。自治区林业厅调整规范林木种苗质量监管，主要由盟市组织开展本地区林木种苗质量监督抽查，逐步建立旗县全面自检、盟市监督抽查、自治区督促检查的质量监督管理模式。各盟市全面部署林木种苗质量监督检查工作，明确检查内容、时间，保证造林用种用苗质量。

2011年，国家林业局抽查赤峰市、锡林郭勒盟和鄂尔多斯市重点林业工程造林使用的林木种子和苗木质量，共抽查64个林木种子批次、14个苗木批次。

同年，自治区采取旗县全面自查、盟市监督抽查、自治区督促检查的质量监管模式，对重点工程造林的林木种苗进行重点抽查，共抽查953个林木种子批次、720个苗木批次，林木种子批次合格率87%，苗木批次合格率为95%。

2012年，抽查139个林木种子批次种批、386个苗木批次，林木种子批次合格率为97.1%，苗木批次合格率为99.2%。

2013年，重点对国家重点良种基地的种子，承担良种补贴任务的苗圃培育的苗木，林业重点工程造林使用的林木种子和苗木质量进行抽查，共抽查19个林木种子批次、35个苗木批次，林木种子批次和苗木批次合格率均为100%。

2014年，共抽查87个林木种子批次，85个苗木批次，林木种子批次和苗木批次合格率均为100%。

2015年，抽查乌兰察布市的林木种子，通辽市、赤峰市、包头市、巴彦淖尔市4个市的苗木。共抽查18个林木种子批次，林木种子批次合格率61.1%；69个苗木批次，苗木批次合格率为100%。

“十一五”期间，内蒙古林木种苗站连续开展年度林木种苗质量监督抽查工作，对工程造林使用的林木种苗做到了全部检验。飞播造林用种实行统一入库、统一检验、统一净选、统一包衣，保障了各项林业重点工程造林的种苗质量。实行乡镇林木种苗质量检验员制度，加强种苗质量检验队伍的建设。完成国家林业局林木种苗质量检验检测中心（呼和浩特）建设工作。

# 第七节　创建国家森林城市

2006年以后，内蒙古自治区林业部门按照国家林业局工作部署，开展创建“国家森林城市”工作，围绕“让森林走进城市、让城市拥抱森林”这一主题，按照适地适树的原则选择树种进行绿化建设，增加森林总量，形成水系林网、道路林网和农田林网，形成以城市森林为主体，郊外森林为屏障，具有多层次、多功能、多效益的大范围的森林生态防护体系。切实加强组织领导，始终坚持科学发展观、构建和谐社会、体现以人为本的原则，不断完善“创森”工作的主要目标和政策措施，把创建森林城市作为加强城市生态建设、提升城市品位、构建和谐城市的重要载体，全面推进城市走生产发展、生活富裕、生态良好的发展道路。

2007年4月，包头市被全国绿化委员会、国家林业局授予“国家森林城市”称号。

2010年4月，呼和浩特市被全国绿化委员会、国家林业局授予“国家森林城市”称号。

2012年7月，呼伦贝尔市被全国绿化委员会、国家林业局授予“国家森林城市”称号。

2013年9月，赤峰市被全国绿化委员会、国家林业局授予“国家森林城市”称号。

2015年11月，鄂尔多斯市被全国绿化委员会、国家林业局授予“国家森林城市”称号。

截至2015年底，国家先后授予全区5个地级市“国家森林城市”称号。

# 第四章

# 防沙治沙

## 第一节　荒漠化和沙化土地监测

内蒙古自治区荒漠化和沙化土地监测活动始于1959—1960年。1994年开始，国家林业局进行第一次荒漠化土地监测。1999年开始以省为单位，每隔5年在全国范围内定期开展荒漠化和沙化土地监测工作。截至2015年，自治区已进行5次荒漠化和沙化土地监测工作。

### 一、第四次全国荒漠化和沙化土地监测

2009年，荒漠化和沙化土地监测工作是在国家林业局统一组织部署下，由自治区第四次荒漠化和沙化土地监测领导小组统一领导，自治区荒漠化和沙化土地监测办公室具体组织实施；国家林业局调查规划设计院负责技术指导、质量监督检查。外业调查和内业统计工作由内蒙古自治区林业监测规划院和内蒙古自治区第二林业监测规划院完成。

第四次全区荒漠化监测于2009年1月开始，历时15个月。全区荒漠化监测范围共涉及12个盟（市）的79个旗（县、市、区）。监测区地理坐标：北纬37°24′—49°45′，东经97°10′—121°15′，面积7029.30万公顷，占全区总土地面积的59.4%。

沙化土地监测区涉及自治区12个盟市的90个旗（县、市、区）。监测区地理坐标：北纬37°24′—50°10′，东经97°10′—123°40′，面积9489.04万公顷，占自治区总土地面积的80.21%。

参加这次荒漠化沙化土地监测的工作人员共303人。其中，两个林业规划院抽调专业技术人员202人，地方配合专业技术人员101人。监测工作分为三个阶段。

#### （一）荒漠化土地监测结果

2004年第三次监测结果，全区荒漠化土地面积6223.82万公顷，占自治区总面积的52.58%。沙化土地总面积4159.36万公顷，占全区总面积的35.16%；有明显沙化趋势的土地面积18.08万平方公里，占全区总面积15.28%。

第四次（2009年）荒漠化土地监测与第三次荒漠化土地监测范围和面积完全一致。

第四次荒漠化土地监测结果，荒漠化土地面积由2004年的6223.82万公顷减少至6177.10万公顷，5年减少46.72万公顷，年均减少9.34万公顷，年减率0.15%。与2004年第三次监测数据相比较，全区荒漠化土地面积总体呈持续减少趋势。但从减少的比率值分析，各类型减少比率均不超过1%，说明监测区荒漠化土地的不同类型在监测期基本保持稳定。

从第四次监测结果分析，荒漠化土地转变为非荒漠化土地是多种因素共同作用的结果，是一个复杂的逆向发展过程，也是人类加强生态环境保护建设的结果。

第一，实施生态建设与保护工程。通过生态建设与保护工程的实施，使荒漠化土地转变为非荒漠化土地的面积占荒漠化土地减少面积的7.2%。工程区范围内的林草植被盖度恢复和增长明显，工程区土地荒漠化程度降低或转为非荒漠化土地。

第二，农田基本建设措施。内蒙古荒漠化耕地变为非荒漠化土地面积占荒漠化土地减少面积的22.6%。耕地的防护设施和灌溉设施的完善和增强；将旱作耕地改造为水田和水浇地；坡耕地改造成水平梯田；耕地土壤的改良，改变农田土壤结构等。这些措施的实施，促进农田产量的增加，耕地粮食产量达到稳定、高产，耕地荒漠化发生逆转，变为非荒漠化土地。

第三，盐碱地的改良。内蒙古盐碱地的改良通过洗盐、排碱，使土壤中盐碱含量降低。再通过耐盐碱植物的耕种和对土壤施肥，降低土地的盐碱含量，使得轻度盐渍化土地发生逆转，变为非盐渍化土地。

第四，土地利用类型变化。内蒙古由于居民、工矿、交通用地使荒漠化土地变为非荒漠化土地，面积占荒漠化土地减少面积的48.0%。随着经济社会的迅速发展，内蒙古工业化进程的加快，开发区建设、城镇建设、工矿企业及交通、能源等基础设施建设，改变土地利用类型。这类土地利用类型的变化均匀分布在全区范围，是全区荒漠化土地减少的一个方面。

第五，自然条件的变化。局部自然气候条件的好转，特别是降水的增加使得林草植被发生变化；大气的周期性变化，进入暖湿期，利于植被的生长。这些由于自然条件发生改变而引起地表植被发生变化，使得荒漠化土地转变为非荒漠化土地。

第六，科学垦植。2009年第四次监测结果，内蒙古通过土壤改良、水利灌溉设施的建设和防护设施的建设，使得原本荒山、荒沙、荒地等荒漠化土地，变为高标准的林地、耕地、草地，成为非荒漠化土地。

2009年第四次监测结果显示：内蒙古区域性降水的增加幅度较大，人们生态保护意识增强，一些地区地表植被恢复较快。这些地区的土地荒漠化程度降低或转为非荒漠化土地。从整体来看，全区的土地荒漠化较上期发生了小幅的逆转，区域生态环境出现好转。但这个好转还只是脆弱的、不稳定的，生态建设与植被保护任重道远，全区正处在土地荒漠化发展与逆转相持的关键阶段。

（二）沙化土地监测结果

2009年第四次监测结果表明：内蒙古沙化土地监测区总面积9489.04万公顷。其中沙化土地总面积为4146.83万公顷，占监测区总面积的43.70%，占自治区总面积的35.05%。有明显沙化趋势的土地总面积为1779.23万公顷，占监测区总面积的18.75%，占自治区总面积的15.04%；

与2004年相比，五年间全区沙化土地减少12.53万公顷，年均减少2.51万公顷，逆转速率为0.06%。减少的沙化土地主要是经过多年的治理、保护使得沙化土地程度减轻。同时，城镇、能源及基础设施建设占用沙化土地，使其转变为非沙化土地。

（三）监测成果

2009年第四次监测提交的主要成果：有内蒙古自治区荒漠化和沙化监测遥感解译标志库；内蒙古自

治区分盟（市）荒漠化和沙化土地面积统计表；内蒙古自治区分盟（市）荒漠化和沙化土地分布图以及E00、shape或coverage格式的地理信息数据；内蒙古自治区防治荒漠化、气象及社会经济情况调查数据和《内蒙古自治区荒漠化、沙化土地监测报告》《内蒙古自治区荒漠化、沙化土地监测质量检查报告》《内蒙古自治区荒漠化、沙化土地监测工作总结报告》《内蒙古自治区荒漠化、沙化土地监测成果评审意见》。

## 二、第五次全国荒漠化和沙化土地监测

2013年，第五次全国荒漠化和沙化土地监测（以下简称监测）工作在国家林业局统一组织部署下，由自治区第五次荒漠化和沙化土地监测领导小组统一领导，自治区荒漠化和沙化土地监测办公室具体组织实施；国家林业局调查规划设计院负责技术指导、质量监督检查。外业调查和内业统计工作由自治区林业监测规划院和自治区第二林业监测规划院完成。自治区林业监测规划院承担8个盟（市）62个旗（县、市、区）的外业调查及内业汇总工作，自治区第二林业监测规划院承担4个盟（市）30个旗（县、市、区）的外业调查及内业汇总工作。

监测工作从2013年3月开始至2015年12月结束，历时两年九个月，统称2014年全国第五次荒漠化和沙化监测。参加第五次监测工作人员574人。其中，两个自治区级林业规划院抽调专业技术人员472人，地方配合专业技术人员102人。

内蒙古荒漠化监测范围涉及12个盟（市）80个旗（县、市、区），地理坐标：北纬37°24′—49°45′、东经97°10′—121°15′，监测区总面积7008.51万公顷，占自治区总土地面积的59.2%。

沙化土地监测区包括所有存在沙化土地的地域和有明显沙化趋势土地的地区，全区共涉及12个盟市的91个旗（县、市、区），地理坐标：北纬37°24′—50°10′、东经97°10′—123°40′。监测区面积9389.23万公顷，占自治区总土地面积的79.37%。监测工作分为三个阶段。

### （一）荒漠化土地监测结果

2014年第五次全区荒漠化和沙化监测结果，内蒙古荒漠化土地总面积6092.04万公顷，占全区国土总面积的51.50%，占荒漠化监测区总面积的86.92%。其中，风蚀荒漠化土地占全区荒漠化监测区总面积的78.92%；水蚀荒漠化土地面积占全区荒漠化监测区总面积的3.81%；盐渍化土地面积占全区荒漠化监测区总面积的4.19%。

与2009年相比，5年减少荒漠化土地面积41.69万公顷，年均减少8.34万公顷，年减少率为0.14%。

2014年第五次监测结果表明，全区荒漠化土地面积减少41.69万公顷，极重度、重度和中度荒漠化土地面积共减少686.50万公顷；荒漠化土地面积持续减少，荒漠化程度持续减轻，显现了新世纪以后生态修复的成果。然而，内蒙古的生态环境依然脆弱，生态修复成果具有不稳定性和反复性的特性，局部地区荒漠化趋势仍有所反复。如：阿拉善盟重度、极重度荒漠化土地恶化趋势得到初步遏制，但荒漠化土地面积仍以每年0.04%的速率在扩展。

### （二）沙化土地监测结果

2014年第五次荒漠化和沙化监测，内蒙古沙化土地监测区总面积9389.23万公顷。其中，沙化土地总面积为4078.79万公顷，占监测区总面积的43.44%，占自治区总面积的34.48%。有明显沙化趋势的土地总面积为1740.03万公顷，占监测区总面积的18.53%，占自治区总面积的14.71%。除上述两类土地外的所有非沙化土地，总面积3570.41万公顷，占监测区总面积的38.03%，占自治区总面积的30.18%。

与2009年相比，五年间全区沙化土地减少34.32万公顷，年均减少6.86万公顷，减少速率为0.17%，

年均减少幅度是第四次监测的2.7倍。减少的沙化土地主要是经过多年的治理、保护使得沙化土地程度减轻，同时，城镇、能源及基础设施建设占用沙化土地，使其转变为非沙化土地。2014年监测结果，全区城镇居民、工矿交通用地占沙化土地面积12.53万公顷，占全区沙化土地总面积的0.3%。

2014年第五次监测表明，全区有明显沙化趋势土地1740.03万公顷，占自治区总土地面积的14.71%。有明显沙化趋势土地在全区广泛存在，主要集中分布在锡林郭勒盟和巴彦淖尔市，面积占其总面积的45.3%，但是总体呈减少趋势。内蒙古土地利用类型主要以草地为主，草地有明显沙化趋势土地面积占总面积的74.37%。此外，林地和耕地有明显沙化趋势土地面积分别占其12.78%和11.87%。五年，自治区有明显沙化趋势土地得到控制，生态建设取得明显成效。

（三）荒漠化、沙化土地监测成果

2014年第五次全国荒漠化和沙化监测提交的主要成果有：内蒙古自治区荒漠化和沙化监测遥感解译标志库，内蒙古自治区分盟（市）荒漠化和沙化土地面积统计表，内蒙古自治区分盟（市）荒漠化和沙化土地分布图以及shape或Geodatabase格式的地理信息数据，内蒙古自治区防治荒漠化、气象及社会经济情况调查数据和《内蒙古自治区荒漠化、沙化土地监测报告》《内蒙古自治区荒漠化、沙化土地监测质量检查报告》《内蒙古自治区荒漠化、沙化土地监测工作总结报告》《内蒙古自治区荒漠化、沙化土地监测成果评审意见》。

## 第二节　荒漠化和沙化土地状况

内蒙古是中国荒漠化土地最为集中、危害最为严重的省份之一。全区分布有巴丹吉林、腾格里、乌兰布和、库布齐、巴音温都尔五大沙漠和毛乌素、浑善达克、科尔沁、呼伦贝尔、乌珠穆沁五大沙地以及大面积有明显沙化趋势的土地。2014年全国第五次荒漠化和沙化土地监测结果显示，全区荒漠化土地面积6092.04万公顷，占全区国土总面积的51.50%，沙化土地总面积为4078.79万公顷，占全区国土总面积的34.48%。从行政区域看，沙化土地遍布全区12个盟市、2个计划单列市的91个旗县。全区荒漠化和沙化土地面积均居全国第二位。

### 一、荒漠化土地分布

荒漠化土地主要分布在内蒙古湿润指数0.05—0.65的干旱、半干旱和亚湿润干旱区的区域。范围包括：北纬37°24′—49°45′，东经97°10′—121°15′。

表4-2-1　内蒙古自治区荒漠化土地分布情况表

| 序号 | 盟市 | 监测区数量（个） | 监测范围（旗县名称） |
|---|---|---|---|
| 1 | 呼和浩特市 | 9 | 玉泉区、新城区、回民区、赛罕区、土默特左旗、托克托县、和林格尔县、清水河县、武川县 |
| 2 | 包头市 | 9 | 东河区、昆都仑区、青山区、石拐区、白云鄂博矿区、九原区、土默特右旗、固阳县、达茂旗 |
| 3 | 乌海市 | 3 | 海南区、海勃湾区、乌达区 |

（续表）

| 序号 | 盟市 | 监测区数量（个） | 监测范围（旗县名称） |
|---|---|---|---|
| 4 | 赤峰市 | 10 | 红山区、元宝山区、松山区、阿鲁克尔沁旗、巴林左旗、巴林右旗、林西县、翁牛特旗、喀喇沁旗、敖汉旗 |
| 5 | 兴安盟 | 1 | 科右中旗 |
| 6 | 通辽市 | 7 | 科尔沁区、开鲁县、科左中旗、科左后旗、奈曼旗、库伦旗、扎鲁特旗 |
| 7 | 鄂尔多斯市 | 8 | 东胜区、达拉特旗、准格尔旗、鄂托克前旗、鄂托克旗、杭锦旗、乌审旗、伊金霍洛旗 |
| 8 | 呼伦贝尔市 | 4 | 新巴尔虎左旗、新巴尔虎右旗、满洲里市、扎来诺尔区 |
| 9 | 锡林郭勒盟 | 10 | 二连浩特市、锡林浩特市、阿巴嘎旗、苏尼特左旗、苏尼特右旗、东乌珠穆沁旗、西乌珠穆沁旗、镶黄旗、正镶白旗、正蓝旗 |
| 10 | 乌兰察布市 | 9 | 集宁区、丰镇市、化德县、商都县、兴和县、察右前旗、察右中旗、察右后旗、四子王旗 |
| 11 | 巴彦淖尔市 | 7 | 临河区、五原县、磴口县、乌拉特前旗、乌拉特中旗、乌拉特后旗、杭锦后旗 |
| 12 | 阿拉善盟 | 3 | 阿拉善左旗、阿拉善右旗、额济纳旗 |
|  | 合计 | 80 |  |

## 二、荒漠化土地类型

（一）荒漠化土地按类型分布

内蒙古自治区荒漠化土地类型主要有风蚀、水蚀和盐渍化3种。呈现出以风蚀为主、水蚀和盐渍化为辅的特点。

2014年第五次全国荒漠化和沙化监测结果显示，在全区6092.04万公顷荒漠化土地中，风蚀荒漠化土地面积为5531.47万公顷，占全区荒漠化土地总面积的90.80%；水蚀荒漠化土地面积为267.22万公顷，占全区荒漠化土地总面积的4.39%；盐渍化荒漠化土地面积为293.35万公顷，占全区荒漠化土地总面积的4.82%。

**表4-2-2　全区荒漠化土地按荒漠化类型分布统计表**

| 土地类型 | 合计 | 风蚀 | 水蚀 | 盐渍化 |
|---|---|---|---|---|
| 面积（万公顷） | 6092.04 | 5531.47 | 267.22 | 293.35 |
| 百分比（%） | 100 | 90.80 | 4.38 | 4.82 |

第一，风蚀荒漠化土地。2014年第五次全国荒漠化和沙化监测结果，内蒙古风蚀荒漠化土地面积为5531.47万公顷。其中：轻度风蚀荒漠化面积最大，为2791.31万公顷，占风蚀荒漠化土地的50.46%，集中分布在半干旱与亚湿润干旱地区；中度风蚀荒漠化面积为1473.11万公顷，占风蚀荒漠化土地的26.63%；重度、极重度风蚀荒漠化面积分别为505.26万公顷和761.8万公顷，占风蚀荒漠化土地的9.14%和13.77%，集中分布于干旱区。

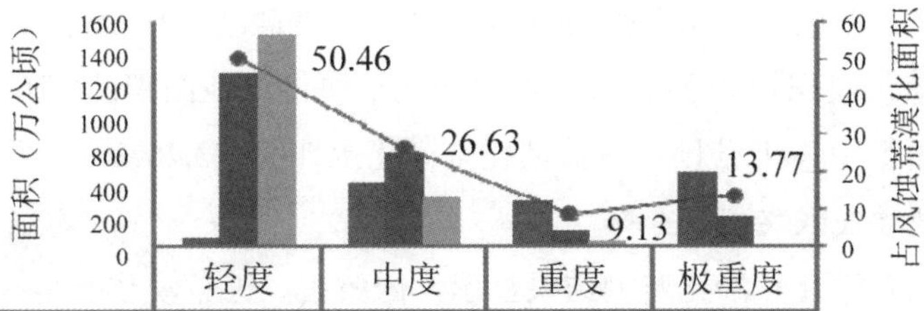


| | 轻度 | 中度 | 重度 | 极重度 |
|---|---|---|---|---|
| 干旱区 | 67.04 | 453.85 | 323.92 | 528.71 |
| 半干旱区 | 1230.11 | 666.42 | 126.18 | 228.43 |
| 亚湿润干旱区 | 1494.16 | 352.84 | 55.16 | 4.66 |
| 百分比 | 50.46 | 26.63 | 9.13 | 13.77 |

图4-2-1　全区各气候类型区风蚀荒漠化按程度分布（单位：万公顷）

第二，水蚀荒漠化土地。2014年第五次全国荒漠化和沙化监测结果，内蒙古水蚀荒漠化土地总面积267.22万公顷，轻度、中度、重度、极重度水蚀荒漠化面积分别为98.18万公顷、138.95万公顷、27.14万公顷和2.96万公顷。占水蚀荒漠化总面积的36.74%、52.0%、10.15%和1.11%。

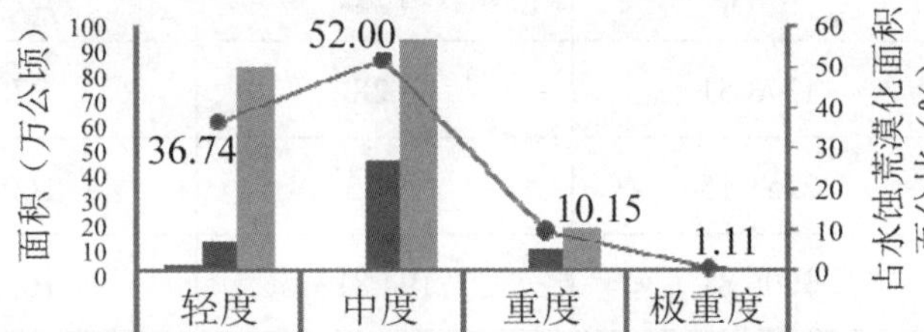


| | 轻度 | 中度 | 重度 | 极重度 |
|---|---|---|---|---|
| 干旱区 | 2.16 | 0.76 | 0.37 | 0.00 |
| 半干旱区 | 12.72 | 44.84 | 9.12 | 2.45 |
| 亚湿润干旱区 | 83.30 | 93.35 | 17.65 | 0.51 |
| 百分比 | 36.74 | 52.00 | 10.15 | 1.11 |

图4-2-2　全区各气候类型区水蚀荒漠化按程度分布（单位：万公顷）

第三，盐渍化荒漠化土地。2014年第五次全国荒漠化和沙化监测结果，内蒙古盐渍化土地总面积293.35万公顷。其中：轻度盐渍化面积为201.49万公顷，占盐渍化荒漠化土地面积68.68%，主要分布于

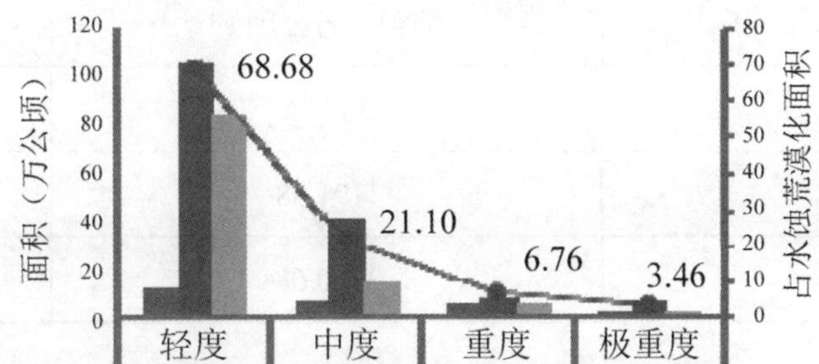


| | 轻度 | 中度 | 重度 | 极重度 |
|---|---|---|---|---|
| 干旱区 | 12.69 | 7.18 | 5.92 | 1.38 |
| 半干旱区 | 104.92 | 40.40 | 8.20 | 6.96 |
| 亚湿润干旱区 | 83.88 | 14.31 | 5.66 | 1.80 |
| 百分比 | 68.68 | 21.10 | 6.76 | 3.46 |

图4-2-3　全区各气候类型区盐渍化荒漠化按程度分布

半干旱、亚湿润干旱区；中度盐渍化面积为61.88万公顷，占盐渍化荒漠化土地面积的21.10%，主要分布于半干旱区；重度盐渍化面积19.84万公顷，占盐渍化荒漠化土地面积的6.76%，较均匀分布于各气候类型区；极重度盐渍化面积10.14万公顷，占盐渍化荒漠化土地面积3.46%，主要分布在半干旱地区。

（二）荒漠化土地按气候类型区分布

2014年第五次全国荒漠化和沙化监测结果显示，内蒙古风蚀荒漠化土地有1373.51万公顷分布在干旱区，2251.15万公顷分布在半干旱地区，1906.81万公顷分布在亚湿润干旱区；盐渍化荒漠化土地的27.17万公顷分布在干旱区，160.54万公顷分布在半干旱地区，105.64万公顷分布在亚湿润干旱区（大多集中分布于河套平原、土默川平原和几大沙地中的丘间低地上）；水蚀荒漠化土地有3.28万公顷分布在干旱区，69.13万公顷分布在半干旱区，194.81万公顷集中分布在亚湿润干旱区。

表4-2-3　全区荒漠化土地按气候类型区分布表

单位：万公顷

| 气候类型 | 荒漠化土地 | | | |
|---|---|---|---|---|
| | 风蚀 | 水蚀 | 盐渍化 | 合计 |
| 干旱区 | 1373.51 | 3.28 | 27.17 | 1403.96 |
| 半干旱区 | 2251.15 | 69.13 | 160.54 | 2480.82 |
| 亚湿润干旱区 | 1906.81 | 194.81 | 105.64 | 2207.26 |
| 合　计 | 5531.47 | 267.22 | 293.35 | 6092.04 |

（三）荒漠化土地按土地利用类型分布

2014年第五次全国荒漠化和沙化监测结果显示，内蒙古荒漠草原分布广，面积3710.68万公顷，占荒漠化土地面积的52.73%；未利用地面积居全国第二位，面积1322.17万公顷，占19.10%；林地面积为1191.88万公顷，居全国第三位，占16.98%；农田面积仅为567.76万公顷，占8.10%。

表4-2-4　全区荒漠化监测区土地利用现状面积统计表

| 土地类型 | 面积（万公顷） | 百分比（%） |
|---|---|---|
| 农　田 | 567.76 | 8.10 |
| 林　地 | 1191.88 | 16.98 |
| 草　地 | 3710.68 | 52.73 |

（四）荒漠化土地按程度分布

根据2014年第五次全国荒漠化和沙化监测结果，内蒙古荒漠化土地程度分为轻度、中度、重度、极重度4种。它直接反映土地退化的严重度、恢复生产力及生态系统功能的难易状况。全区轻度荒漠化土地广为分布，面积为3090.96万公顷，占荒漠化土地总面积的50.74%。轻度荒漠化土地是今后重点防范和治理地区。

表4-2-5 全区荒漠化土地按程度分布表

| 荒漠化程度 | 面积（万公顷） | 百分比（%） |
|---|---|---|
| 轻度 | 3090.96 | 50.74 |
| 中度 | 1673.95 | 27.48 |
| 重度 | 552.23 | 9.06 |
| 极重度 | 774.90 | 12.72 |
| 合计 | 6092.04 | 100.00 |

### 三、沙化土地分布范围

所有存在沙化土地的地域和有明显沙化趋势土地的地区均为沙化土地监测区。2014年第五次全国荒漠化和沙化监测，内蒙古共涉及12个盟市的91个旗（县、市、区），范围包括北纬37°24′—50°10′，东经97°10′—123°40′，监测区面积9389.23万公顷，占全区总土地面积的79.37%。沙化土地监测区全覆盖荒漠化土地监测区。

表4-2-6 全区沙化土地监测情况表

| 序号 | 名　称 | 监测区数量（个） | 监测范围（旗县名称） |
|---|---|---|---|
| 1 | 呼和浩特市 | 9 | 玉泉区、新城区、回民区、赛罕区、土默特左旗、托克托县、和林格尔县、清水河县、武川县 |
| 2 | 包头市 | 9 | 东河区、昆都仑区、青山区、石拐区、白云矿区、九原区、土默特右旗、固阳县、达茂旗 |
| 3 | 乌海市 | 3 | 海南区、海勃湾区、乌达区 |
| 4 | 赤峰市 | 12 | 红山区、元宝山区、松山区、阿鲁科尔沁旗、巴林左旗、巴林右旗、林西县、翁牛特旗、喀喇沁旗、敖汉旗、克什克腾旗、宁城县 |
| 5 | 兴安盟 | 2 | 科右中旗、突泉县 |
| 6 | 通辽市 | 8 | 科尔沁区、开鲁县、科左中旗、科左后旗、奈曼旗、库伦旗、扎鲁特旗、霍林郭勒市 |
| 7 | 鄂尔多斯市 | 8 | 东胜区、达拉特旗、准格尔旗、鄂托克前旗、鄂托克旗、杭锦旗、乌审旗、伊金霍洛旗 |
| 8 | 呼伦贝尔市 | 7 | 鄂温克自治旗、陈巴尔虎旗、新巴尔虎左旗、新巴尔虎右旗、海拉尔区、满洲里市、扎来诺尔区 |
| 9 | 锡林郭勒盟 | 12 | 二连浩特市、锡林浩特市、阿巴嘎旗、苏尼特左旗、苏尼特右旗、东乌珠穆沁旗、西乌珠穆沁旗、镶黄旗、正镶白旗、正蓝旗、多伦县、太仆寺旗 |
| 10 | 乌兰察布市 | 11 | 集宁区、丰镇市、化德县、商都县、兴和县、察右前旗、察右中旗、察右后旗、四子王旗、卓资县、凉城县 |
| 11 | 巴彦淖尔市 | 7 | 临河区、五原县、磴口县、乌拉特前旗、乌拉特中旗、乌拉特后旗、杭锦后旗 |
| 12 | 阿拉善盟 | 3 | 阿拉善左旗、阿拉善右旗、额济纳旗 |
|  | 合　计 | 91 |  |

## 四、沙化土地状况

2014年第五次全国荒漠化和沙化监测结果显示，内蒙古沙化土地监测区总面积9389.23万公顷。其中，沙化土地总面积为4078.79万公顷，占监测区总面积的43.44%，占自治区总面积的34.48%。

有明显沙化趋势的土地是介于沙化土地和非沙化土地之间的一种土地类型，是预警土地。由于内蒙古特殊的自然地理环境，决定了自治区生态环境的脆弱性。自治区有明显沙化趋势的土地广泛存在，全区12个盟市91个旗（县、市、区）均有分布，面积为1740.03万公顷，占监测区总面积的18.53%，占自治区总面积的14.71%。

非沙化土地总面积3570.41万公顷，占监测区总面积的38.03%，占自治区总面积的30.18%。

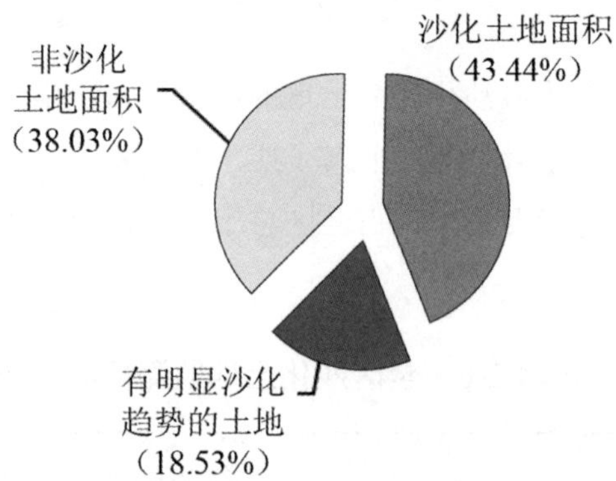


图4-2-4　全区沙化土地监测区土地类型比例图

### （一）沙化类型分布

2014年第五次全国荒漠化和沙化监测结果显示，内蒙古沙化土地面积有流动沙地（丘）面积为780.53万公顷，占全区沙化土地监测区总面积的8.31%；半固定沙地（丘）面积为493.70万公顷，占全区沙化土地监测区总面积的5.26%；固定沙地面积为1369.66万公顷，占全区沙化土地监测区总面积的14.59%。此外，露沙地面积为512.23万公顷，占全区沙化土地监测区总面积的5.46%；沙化耕地面积为44.42万公顷，占全区沙化土地监测区总面积的0.47%；风蚀残丘面积为0.44万公顷，占全区沙化土地监测区总面积的比例不足0.01%；风蚀劣地面积为167.71万公顷，占全区沙化土地监测区总面积的1.79%；戈壁面积为710.10万公顷，占全区沙化土地监测区总面积的7.56%。

表4-2-7　全区沙化土地分布状况统计表

| 类型 | 合计（万公顷） | 占监测区面积比例（%） | 占沙化土地面积比例（%） |
|---|---|---|---|
| 沙化土地监测区总面积 | 9389.23 | 100 | |
| 一、沙化土地面积 | 4078.79 | 43.44 | 100 |
| 1. 流动沙地（丘） | 780.53 | 8.31 | 19.14 |
| 2. 半固定沙地（丘） | 493.70 | 5.26 | 12.10 |
| 2.1 人工半固定 | 45.93 | 0.49 | 1.13 |
| 2.2 天然半固定 | 447.77 | 4.77 | 10.98 |

（续表）

| 类型 | 合计（万公顷） | 占监测区面积比例（%） | 占沙化土地面积比例（%） |
|---|---|---|---|
| 3. 固定沙地 | 1369.66 | 14.59 | 33.58 |
| 3.1 人工固定 | 491.59 | 5.24 | 12.05 |
| 3.2 天然固定 | 878.07 | 9.35 | 21.53 |
| 4. 露沙地 | 512.23 | 5.46 | 12.56 |
| 5. 沙化耕地 | 44.42 | 0.47 | 1.09 |
| 6. 风蚀残丘 | 0.44 | 0.00 | 0.00 |
| 7. 风蚀劣地 | 167.71 | 1.79 | 4.11 |
| 8. 戈壁 | 710.10 | 7.56 | 17.41 |
| **二、有明显沙化趋势的土地面积** | 1740.03 | 18.53 | |
| **三、非沙化土地面积** | 3570.41 | 38.03 | |

（二）沙化土地类型分布

2014年第五次全国荒漠化和沙化监测结果显示，全区的沙化土地中，以沙化草地居多，面积1792.86万公顷，占全区沙化土地总面积的43.96%，耕地相对较少。

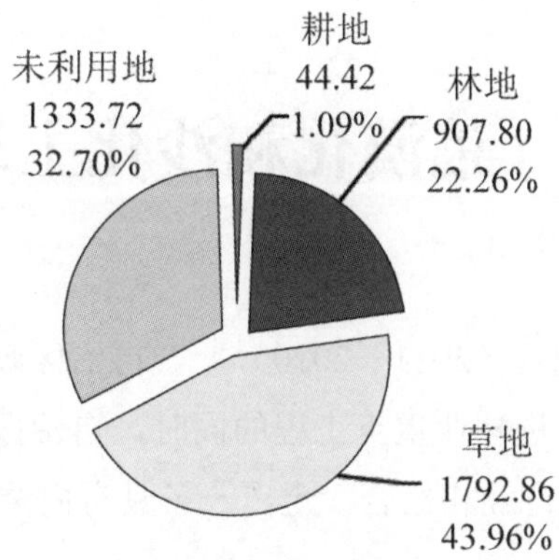


单位：万公顷

**图4-2-5　全区沙化土地土地类型分布图**

（三）沙化土地程度分布

2014年第五次全国荒漠化和沙化监测结果显示，内蒙古沙化土地中，极重度面积最大（1339.96万公顷），占沙化土地的32.85%。重度面积最小（780.74万公顷），占沙化土地的19.14%。

（四）沙化土地植被盖度级分布

2014年第五次全国荒漠化和沙化监测结果显示，内蒙古沙化土地以低植被盖度为主。其中，植被盖度在10%以下的未利用地面积为1333.83万公顷，占沙化土地总面积的32.7%；植被盖度在10%—19%的低盖度草原面积为457.36万公顷，占沙化土地面积的11.21%；植被盖度在20%—39%的中盖度草原面积为1055.82万公顷，占沙化土地面积的25.89%；植被盖度大于40%的高盖度草原面积为1187.36万公顷，占沙化土地面积的29.11%。有44.42万公顷沙化耕地不计算植被盖度，占1.09%。

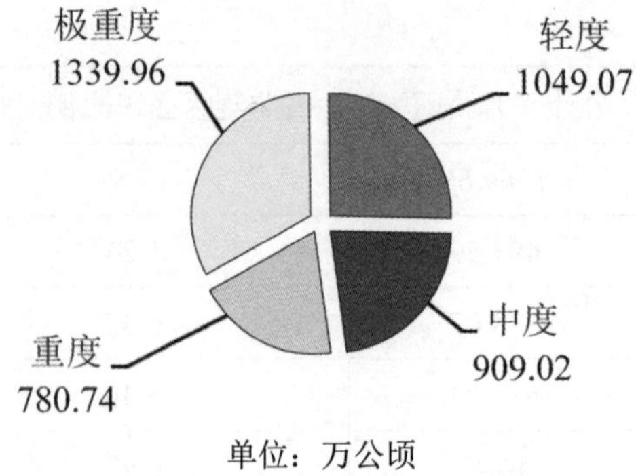


图4-2-6 全区沙化土地沙化程度图

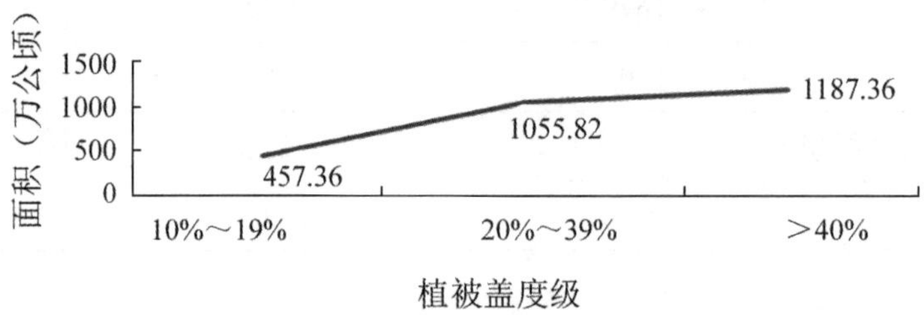


图4-2-7 全区沙化土地植被盖度级图

# 第三节 荒漠化和沙化土地治理

2011年，根据《全国防沙治沙规划（2011—2020）》，自治区政府组织编制《内蒙古自治区防沙治沙规划（2011—2020）》。在全力推进林业重点工程的同时，自治区从2000年开始将防沙治沙与生态移民、沙区公路建设、科学用水和发展产业相结合，走出一条具有内蒙古特点的治沙道路。

## 一、治理战略举措

### （一）沙区林草植被保护

从2006年开始，自治区政府制定出台《关于切实加强林地保护工作的通知》《草原管理条例实施细则》（包含草畜平衡、饲养方式转变等规定）、《关于进一步加强草原监督管理工作的通知》《关于严禁乱开滥垦加强生态环境保护与建设的命令》《关于加强草原保护和建设的决定》《关于严禁开垦草原的紧急通知》等一系列管理保护制度，建立健全以禁牧、禁樵、禁垦“三禁”和“五个严格”等为核心的植被保护制度，形成以林政和森林公安、草原监理、水保监督为骨干，群众性管护组织和乡村护林员为基础，自治区、旗县、乡镇苏木、村嘎查、户5级管护体系，坚持建设任务、管护人员、管护责任同步落实，制止和杜绝一切破坏林草植被的行为。通过严格执法，有效地保护了沙区林草植被，未发生大的毁林毁草案件。

2013—2014年，全区共建设呼伦贝尔市新巴尔虎左旗，通辽市扎鲁特旗、奈曼旗，赤峰市翁牛特旗，鄂尔多斯市鄂尔多斯造林总场、杭锦旗、鄂托克旗、巴彦淖尔市杭锦后旗、乌拉特后旗，阿拉善盟阿拉善左旗、阿拉善右旗、额济纳旗国家沙化土地封禁保护区12个。12个试点旗县主要分布在呼伦贝尔、科尔沁、毛乌素3个沙地和库布其、巴丹吉林、乌兰布和、腾格里、巴音温都尔5个沙漠。封禁区域类型主要有重要沙尘源区、沙尘暴路径区和重要交通干线沿线地区。土地权属全部为国有和未承包到户的集体土地，封禁期限均为10年。

（二）政策扶持

2006—2015年，自治区落实“谁治谁有，谁投资、谁经营、谁受益”政策。鄂尔多斯市乌审旗动员企业、个人等社会力量参与林业建设，对于造林规程集中连片造林50亩以上的农牧户、社会团体、企业和个人，经验收达标且符合项目要求的，落实生态建设项目，给予资金补助。同时乡（镇、苏木）组织适龄农牧民在房前房后以及敖包等地每人种植旱柳或常绿树种20株，杨柴或沙柳1亩，并设置沙障。

完善政策。提供优惠政策，政策带动和利益驱动，增添生态建设动力。2008年，自治区政府制定《关于切实加强防沙治沙工作的决定》，从防沙治沙资金投入、金融支持、税收优惠、科技支撑、非公有制防沙治沙事业发展等方面完善相关扶持政策。各地也相应出台防沙治沙政策性文件，以保障防沙治沙工作的持续、快速发展。

出台新政策。与时俱进，不断研究、探索和完善林业发展的新政策、新机制，为各种经济成分参与生态建设搭建平台，调动全社会防沙治沙的积极性，形成全社会参与防沙治沙和治理主体多元化的良好格局。2008年，赤峰市人民政府出台《关于进一步加强京津风沙源治理工程林业项目管理的通知》，对生态建设组织实施和资金管理等方面作出具体规定。在建设机制上，自治区全面推广“工程招投标造林”“合同制造林”和“先造后补造林”三种建设管理模式，提高生态建设工程质量和投资效益。

（三）实施生态移民

2000—2015年，内蒙古将治沙与治穷结合起来，实施异地扶贫搬迁工程、牧区生态移民工程等，把基本失去生存条件的农牧民搬迁到基础条件较好的地方，从事种植业、养殖业、商品批发零售业、餐饮服务业、运输业等产业，使之尽快致富。西部的阿拉善盟、鄂尔多斯市，中部的乌兰察布市、锡林郭勒盟，东部的通辽市、赤峰市，根据当地生态状况实施了扶贫移民工程，大多数移民离开生态脆弱地区，使生态得以自然恢复。在移民过程中，政府加大政策扶持，帮助移民发展产业和项目，真正使他们“移得出、稳得住、能致富”。

（四）公路切割治理

2006年后，鄂尔多斯市、赤峰市、通辽市分别在当地的沙漠、沙地推广穿沙公路这一做法，取得积极的治沙成效。开通穿沙公路、大规模切割治理成为全区防沙治沙工作的重要模式之一。穿沙公路不仅降低了运输成本，节省了运输时间，更为重要的是穿沙公路为沙漠治理提供了运输条件，穿沙公路修通后，与沙漠治理有关的物资、人员、技术等沿公路两侧向沙漠腹地延伸。

（五）科学调水用水

2000年，国务院批复的黑河向下游分水的计划付诸实施。2002年，东居延海首次恢复性进水，2005年以后再没有干涸，水面稳定在38平方公里，2008年10月达到40平方公里的最大水面。2006年以后，巴彦淖尔市在国家和自治区支持下，利用黄河凌汛水、浇灌间隙水，对乌梁素海进行生态补水，累计补水近10亿立方米，有效置换水体，改善了水质。呼和浩特市、赤峰市实施节水滴灌造林工程，既节约水资源，又促进绿化造林，收到积极的效果。

## 二、常规治理

### （一）坚持保护优先

2006—2015年，自治区党委、政府始终坚持保护与治理并重、保护优先的方针，实施了严格保护生态、预防土地沙化的各项措施。2006年以后，自治区政府在落实国家“三禁”制度的基础上，制定“五个严格”的保护制度。不断加强执法能力建设，加大执法力度，依法划定沙化土地封禁保护区，推行舍饲圈养，推广保护性耕作，发展沙区设施农业，优化沙区能源结构等综合措施，使沙区林草植被得到有效保护和恢复。鄂尔多斯市制定出台《鄂尔多斯市禁牧休牧划区轮牧和草畜平衡暂行规定》《鄂尔多斯市办公厅关于进一步加强禁牧工作的通知》，各旗区出台《禁牧令》《禁牧、休牧、轮牧暂行办法》《舍饲养畜实施办法》《草畜平衡管理实施细则》等文件，全市农区、半农半牧区和牧区的国家重点工程项目区及生态恶化地区一律全年禁牧，牧区其余地区每年4—6月休牧，休牧结束后，实行以草定畜和划区轮牧。

### （二）确定目标责任

2006—2015年，自治区党委、政府继续把防沙治沙作为改善沙区人民生产、生活、生存条件和促进农牧民增收的战略措施来抓，实行各级政府负总责的防沙治沙目标责任制。各级政府主要领导是防沙治沙第一责任人，分管领导是防沙治沙主要责任人。建立健全了责任目标考核制度，做到目标明确，责任到位，措施落实。各级政府每年召开会议，对防沙治沙、生态建设进行部署。

### （三）建设服务体系

2006—2015年，自治区建立健全自治区、盟市、旗县、乡镇4级防沙治沙科技服务体系，各级林业工作站和技术推广站500多个，人员2000多人；建立各级草原技术推广站110多个，人员1750多人；建立各级水土保持工作站110多个，人员2800多人。各级科技推广和服务体系，以重点生态工程为平台，鼓励和支持技术人员，到生产第一线，包工程、包项目，开展技术指导和技术服务，把技术承包结果与技术人员的业绩和晋级挂钩，调动了广大专业技术人员的积极性。同时各地广泛开展多形式、多层次、多内容的技术培训，培养和造就了一大批防沙治沙专业技术队伍，提高管理者和参与者的技术素质。

### （四）制定防治路线

各地从本地区自然条件、立地类型、气候特点出发，因地制宜地确定施之有理、行之有效的技术路线。做到“三结合、三为主”，即在建设内容上坚持乔、灌、草相结合，以灌草为主；在建设方式上坚持飞、封、造相结合，以封为主；在治理措施上坚持生物措施、工程措施相结合，以生物措施为主。大力推行混交林、行列式造林和引经入林、引草入林、引药入林等多种建设模式，努力向多种形式的生态、经济、社会效益相结合，乔灌草、带网片结合，长、中、短效益相结合的方向发展。

2006—2015年，“两行一带”在国家重点林业生态工程建设中得到广泛推广应用研究。“两行一带”配置是防护林、用材林和经济林的主要配置形式，普遍适用立地条件较好的沙地、平缓山地、平原及丘陵区。通过时间次序（长、中、短）和空间位置（乔、灌、草）合理配置，构成循环利用和多级生产的整体，提高土地产品的数量和质量，实现土地资源的科学利用。通过大间距、小间距带状配置，充分利用光、热、水、肥条件，使边行优势效应最大化，有效地促进林木生长，缩短采伐周期。通过对间作作物的抚育管理，改善幼树生长的小气候和土壤条件，起到以耕代抚的效果，促进幼树生长。同时，增加农牧民的收入，在一定程度上缓解林农、林牧争地矛盾，做到以短养长。

（五）工程治理

2006—2015年，自治区全面实施京津风沙源治理、“三北”防护林体系建设、退耕还林、天然林资源保护、自然保护区及湿地保护建设、退牧还草、水土保持、森林生态效益补偿、草原生态补奖等多项国家重点生态建设工程项目。在工程实施中突出重点：在大兴安岭林区和黄河中上游天然林区域，实施“天保工程”；在沙漠边缘和沙地采取“封、飞、种”，即通过封育、飞播和种草种树种灌木防沙治沙，恢复林草植被；在水土流失地区，把工程、生物和农艺措施有机结合起来，保持水土；在草原牧区，严格实行草畜平衡制度，全面推行禁牧、休牧、轮牧。合理布局，综合治理，整体推进，走出了一条大工程带动大治理的防治之路，强力拉动了防沙治沙工作，取得明显成效。

（六）推广科技治理

2006—2015年，内蒙古各级林业、农牧业、水利等部门根据防沙治沙的实际，以治沙、治水、治碱为重点，使用乡土植物种，科学配置防治模式。总结、筛选、组装配套适用技术，确立主推科技成果和适用技术，建立试验示范基地，带动和促进现有科技成果和适用技术的推广应用，科技成果和适用技术对防治重和效益的贡献率不断提升。全区指令性推广了飞播造林治沙技术、封沙育林技术、干旱区节水造林种草技术、植物再生沙障治沙技术、工厂化育苗技术、抗旱造林系列技术等20多项林业适用技术，推广覆盖率达到85%以上。锡林郭勒盟多伦县采取“两行一带”（1米×3米×6米）造林模式，采用沿等高线水平沟整地，每亩148株，树种以樟子松容器苗为主，林带间产草量每亩达100公斤以上。2009年多伦县已形成20万亩的樟子松造林基地。2010年春季多伦县开始樟子松疏密移植试点，移植出售大苗后再补植上容器苗，实现良好的循环利用。2012年，多伦县移植出售樟子松大苗13万株，大苗移植款达3000多万元，移植户户均4万元。在科学治沙方面，全区治沙单位筛选适用的科技成果和先进技术，加大示范应用力度，不断提高覆盖面，围绕保护和建设需要，加强对基层技术人员特别是沙区农牧民的技术培训，提高防治质量和成效。

（七）典型引路

2006—2015年，自治区在防沙治沙工作中始终坚持培养典型、以点带面的做法，全区涌现出一大批防沙治沙的典型。如呼伦贝尔沙地百万治沙造林工程、通辽市百万亩城郊森林工程、翁牛特旗百万亩综合治沙工程、多伦县百万亩樟子松治沙造林工程、杭锦旗百万亩治沙造林工程、阿拉善盟百万亩梭梭治沙造林工程等等。

（八）治用结合

2006—2015年，自治区在防沙治沙的同时，把防沙治沙与调整沙区农牧业产业结构、发展地方经济、增加农牧民收入紧密结合，探索和创建类型多样的产业化防治模式，重点培育发展沙生植物种植与开发利用、特种药用植物种植与加工经营、林纸一体化和生物质能源产业化、沙区特种资源综合开发和利用、沙漠景观旅游、节水灌溉和风能太阳能利用6种类型的产业。随着林业生态产业化的推进，不仅加快农村牧区剩余劳动力的转移，还带动了加工、贮藏、包装、运输等相关产业的发展，逆向拉动防沙治沙，增强防沙治沙的持续发展能力。

**三、重点治理**

（一）阿拉善盟三大沙漠治理

从20世纪90年代开始，阿拉善盟实施以“适度收缩、相对集中”为核心的转移发展战略，并按照“搬得出、稳得住、能致富”的原则，整合国家和自治区退牧还草工程、游牧民定居工程、草原生态补助奖励机制、移民扩镇等生态建设项目、资金，采取改造原有住房或建设移民新村、移民小区等措施，在城镇、工业园区和绿洲灌区等安置地进行住房、棚圈、日光温室、饲草料基地等生产生活基础设施建设，引导居住于生态重点保护区以及所处生态环境恶化且已失去生存条件的农牧民搬迁、转产。在此基础上，在腾格里沙漠东南缘、乌兰布和沙漠西南缘连续24年开展飞播造林，累计飞播造林340万亩。截至2015年，乌兰布和沙漠东缘形成长191公里、宽500—1000米的绿色防风固沙林带，腾格里沙漠东南、乌兰布和沙漠西南缘形成长280公里、宽3—10公里生物固沙带，沙漠周边重点治理区域沙漠扩展现象得到遏制，沙漠面积相对稳定。

（二）库布齐沙漠治理

位于内蒙古黄河大“几”字内侧的库布齐沙漠，总面积1.86万平方公里，是中国第七大沙漠，也是京津沙尘暴的重要发源地。2006年以后，内蒙古通过“政府政策性支持、企业产业化投资、农牧民市场化参与”等综合治理，库布齐沙漠绿化面积达到6000平方公里，沙漠三分之一的面积脱下“黄装”换上“绿装”。2015年12月1日，联合国环境署、联合国防治荒漠化公约组织等多家联合国机构在巴黎气候大会上首次向全球发布《中国库布齐生态财富创造报告》，褒扬中国在沙漠治理、消除贫困和应对气候变化方面的积极行动与巨大贡献。

（三）浑善达克沙地治理

浑善达克沙地是离北京最近的沙地。东起赤峰市克什克腾旗，西至锡林郭勒盟苏尼特右旗，横贯锡林郭勒草原，沙地南缘距北京直线距离仅180公里，沙化面积达43%，1987年到1999年的12年间，流动沙地年均增加63%，沙地以每年1.8公里的速度向外扩张。锡林郭勒盟经过集中连片、突出重点、综合治理，使沙地内部人工草地面积从不足9.3%上升到29.56%，并在沙地南缘建成长400公里、宽1—10公里、横跨5个旗县的生态防护体系。截至2015年底，浑善达克沙地流动、半固定沙地减少70.53万公顷。

（四）科尔沁沙地治理

科尔沁沙地是中国最大的沙地，面积约506万公顷。通辽市地处科尔沁沙地腹地，2006年以后，该市抓住国家实施西部大开发的战略机遇，依托“三北”防护林、防沙治沙、退耕还林等一系列国家重点生态建设工程，加快推进防沙治沙步伐，取得“人进沙退”的好成效，使科尔沁沙地在全国率先实现治理速度大于沙化速度的良性逆转。

（五）呼伦贝尔沙地治理

2009年，呼伦贝尔市委、市政府提出举全市之力实施呼伦贝尔草原沙化土地综合治理工程，确定每年治理沙地100万亩，到2014年实现草原生态状况根本好转的奋斗目标，并将沙区综合治理工程列为全市公共公益项目一号工程。通过多年的治理，呼伦贝尔沙区内植被盖度已由原来的不足10%提高至42.5%以上，半固定沙地由原来的不足25%提高至51.66%以上，封育区植被盖度达到65%以上。2014年全国第四次荒漠化和沙化监测结果显示，呼伦贝尔沙地沙化面积首次出现缩减，实现历史性转变。

（六）毛乌素沙地治理

毛乌素沙地东起陕西省神木县，西至宁夏回族自治区盐池县，南抵长城，北至鄂尔多斯高中部。从20世纪五六十年代开始，鄂尔多斯人便开始了对毛乌素沙地的治理，经过长期不懈努力，至2015年，实现“沙进人退”向“人进沙退”的重大转变。

（七）阴山北麓风蚀沙化区治理

阴山北麓风蚀沙化区是内蒙古土地风蚀沙化最为明显的地区之一。2006年之后，乌兰察布市依托国家林业重点工程防沙治沙。至2015年，从化德县七号乡到四子王旗大井坡乡筑起一座长约300公里、宽约50公里的绿色屏障。

截至2015年，分布在内蒙古的巴丹吉林、腾格里、乌兰布和、库布齐、巴音温都尔五大沙漠周边重点治理区域沙漠扩展现象得到遏制。呼伦贝尔、科尔沁、浑善达克、乌珠穆沁、毛乌素五大沙地林草盖度均有提高，沙地向内收缩，水土流失面积在逐步减少、流失程度在减轻，治理区生态环境明显好转。

**四、防治成效**

自治区从21世纪开始，实施京津风沙源治理、“三北”防护林五期、天然林保护、退耕还林及巩固成果、退牧还草、水土保持等国家生态重点工程。坚持大工程带动大治理、大发展战略，举全力实施好国家重点生态工程。

“十一五”期间，自治区完成沙化土地防治面积3172.02万公顷。其中，完成林业治理面积286.78万公顷，草原防治面积2703.33万公顷，水土流失治理面积181.91万公顷。

“十二五”期间，国家下达自治区防治任务为403万公顷，自治区实际完成沙化土地防治面积1045.86万公顷。其中，完成林业治理面积433.33万公顷，草原防治面积369.53万公顷，水土流失治理面积243万公顷。

1999—2014年，全区荒漠化面积、沙化土地面积实现同步双减少。此外，全区近8000万亩农田、1.5亿亩基本草牧场受到林网的保护，2.6亿亩风沙危害面积和1.9亿亩水土流失面积得到初步治理，荒漠化和沙化程度呈现出由极重度向轻度转变的良好趋势。

# 第五章

# 林业重点工程

2000年，是新旧世纪的分界线，也是内蒙古自治区林业生态建设实现跨越式发展的起点。从2000年开始，国家天然林资源保护工程、京津风沙源治理工程、退耕还林工程、“三北”防护林建设四期工程、野生动植物和自然保护区工程、速生丰产林工程等国家林业重点工程陆续启动实施，内蒙古自治区成为全国唯一一个六大林业重点工程全覆盖的省份。内蒙古自治区高度重视林业生态建设保护和防沙治沙工作，依托国家林业重点工程，坚持全民尽责、全社会参与，正确处理建设、保护和利用的关系，不断深化林业管理体制机制改革，不断推进林业科技创新，不断提升林业建设能力水平，不断加大生态保护和建设投入，在保持经济社会高速发展的同时，国土绿化和荒漠化治理取得显著成效，全区生态环境状况实现“整体遏制、局部好转”。

## 第一节　三北防护林建设工程

### 一、三北防护林工程建设概况

2009年8月21日，国务院办公厅印发《关于进一步推进三北防护林体系建设的意见》。2006—2010年，全区完成三北防护林体系建设工程任务55.99万公顷。其中：人工造林43.14万公顷，封山（沙）育林12.85万公顷。国家投资9.36亿元。

2010年5月28日，自治区政府出台《关于进一步加强三北防护林工程建设的意见》，明确自治区三北工程建设的指导思想、奋斗目标、建设布局等重大问题，完善投入、建设、金融、生态补偿等政策措施。

2006—2010年，全区组织实施三北防护林体系建设四期工程后5年建设任务，涉及除锡林郭勒盟外的11个盟市的69个旗（县、区），包括呼伦贝尔市海拉尔区、牙克石市、扎兰屯市、额尔古纳市、陈巴尔虎旗、鄂温克自治旗、新巴尔虎左旗、新巴尔虎右旗、满洲里市、阿荣旗、莫力达瓦达斡尔族自治旗、鄂伦春自治旗，兴安盟科尔沁右翼前旗、扎赉特旗、科尔沁右翼中旗、突泉县、乌兰浩特市、阿尔山市，通辽市科尔沁区、开鲁县、奈曼旗、库伦旗、扎鲁特旗、科尔沁左翼中旗、科尔沁左翼后旗、霍林郭勒市，赤峰市元宝山区、红山区，乌兰察布市凉城县、卓资县、察哈尔右翼中旗，呼和浩特市土默特左旗、赛罕区、回民区、玉泉区、新城区、托克托县、和林格尔县、清水河县、武川县，包头市土默特右旗、九原区、石拐区、青山区、昆都仑区、东河区、白云鄂博区、固阳县，鄂尔多斯市东胜区、准格尔旗、乌审旗、杭锦旗、达拉特旗、鄂托克旗、鄂托克前旗、伊金霍洛旗，巴彦淖尔市临河区、五原县、乌拉特前旗、杭锦后旗、磴口县、乌拉特中旗、乌拉特后旗，乌海市海勃湾区、乌达区、海南区，阿拉善盟阿拉善左旗、阿拉善右旗、额济纳旗。

2011年，国家启动实施三北防护林体系建设五期工程，国家发展和改革委批复《三北防护林体系建设五期规划（2011—2020年）》，自治区12个盟市的100个旗县列入建设范围。10年间营造林规模为533.33万公顷，退化林分修复37.33万公顷。根据国家有关规定，按照与京津风沙源治理工程不重复安排建设任务的原则，2011—2013年三北防护林建设任务安排在原三北四期工程范围的11个盟市69个旗（县、区）。2014年以后，由于京津风沙源治理二期工程启动实施，范围扩大到9个盟市70个旗县，三北工程建设任务只安排在呼伦贝尔市、兴安盟、通辽市、阿拉善盟4个盟市的30个旗（县、区），包括海拉尔区、牙克石市、扎兰屯市、额尔古纳市、根河市、陈巴尔虎旗、鄂温克自治旗、新巴尔虎左旗、新巴尔虎右旗、满洲里市、阿荣旗、莫力达瓦达斡尔族自治旗、鄂伦春自治旗、科尔沁右翼前旗、扎赉特旗、科尔沁右翼中旗、突泉县、乌兰浩特市、阿尔山市、科尔沁区、开鲁县、奈曼旗、库伦旗、扎鲁特旗、科尔沁左翼中旗、科尔沁左翼后旗、霍林郭勒市、阿拉善左旗、阿拉善右旗、额济纳旗。

2012年8月26—27日，国务院在山西省朔州市召开了全国三北防护林四期工程总结表彰暨五期工程启动大会。中共中央政治局委员、国务院副总理回良玉出席会议并作讲话。2012年10月30日，自治区政府在呼和浩特召开三北四期工程总结表彰暨五期工程启动大会，贯彻《国务院办公厅关于进一步推进三北防护林体系建设的意见》，落实国务院三北防护林四期工程总结表彰暨五期工程启动大会和国务院副总理回良玉讲话精神。自治区副主席王玉明出席并讲话。会议对过去取得的成绩、经验进行总结，表彰先进集体和先进个人，对继续推进三北工程建设进行动员。会上，呼伦贝尔市、通辽市、鄂尔多斯市、突泉县、乌拉特前旗人民政府作典型发言。

按照三北防护林工程突出重点、整体推进的原则，集中对科尔沁沙地、毛乌素沙地、呼伦贝尔沙地、乌兰布和沙漠东缘等重点区域进行规模治理。

2014年，通辽市科尔沁左翼后旗坚持规划先行，实施大工程带动大发展，在努古斯台镇、阿古拉镇和茂道吐苏木集中规划三北五期工程百万亩防护林基地，其中努古斯台镇40万亩、阿古拉镇30万亩、茂道吐苏木30万亩，将原有三北防护林建设、村屯绿化防护林网、通道绿化防护林绿化带融为一体。年底，努古斯台和阿古拉项目区完成百万亩防护林基地3.1万公顷，区域内16个村屯全部完成绿化，辉山1、2、3线及通村路的通道绿化全部建成。

2011—2015年，全区完成三北防护林体系建设工程任务60.78万公顷。其中：人工造林32.94万公顷，封山（沙）育林24.80万公顷，飞播造林3.04万公顷。国家投资16.62亿元。

**二、培育特色资源**

2006—2015年，通过三北防护林工程的实施，工程区林业、种养殖业、林产品加工业、旅游业等得到迅速发展，如以梭梭肉苁蓉、白刺锁阳、黑果枸杞等为原料的药品、保健品加工业和以森林、大漠、湿地等为依托的生态旅游业进入快速发展阶段，促进种养殖业、林沙产业、森林康养产业的发展，为农牧民增收和解决农村剩余劳动力作出较大贡献。呼伦贝尔市通过三北防护林项目带动，统筹生态治理与改善民生协调发展，在增绿的同时发展特色林副产品和森林旅游业等，增加林副产品的附加值，全力打造“蓝莓、榛子、沙棘、沙果、玫瑰”五大基地，促进旅游业经济发展，挖掘并发挥土地价值，改善了饮用水源、大气质量、生态环境以及居民收入，促进地区经济社会的和谐发展。至2015年底，兴安盟通过三北防护林工程建设，不仅带来森林面积的扩大、森林资源的增长，而且林产品也日益丰富，生态产业已具雏形；木材加工、山野菜加工、以养鹿为主的森林养殖业和鹿产品加工业、森林旅游业逐渐发展壮大，各类林产业企业达到200多家，带动社会就业，促进社会进步，经济效益和社会效益日益显著，成为农牧民脱贫致富的一条重要途径。

### 三、生态修复

2006—2015年，全区三北防护林体系建设取得显著的生态效益。重点治理区初步形成乔灌草、点线面、带网片相结合的区域性防护体系，风沙危害的减轻，使沙区周围土壤沙化现象得到有效控制，水冲沙压、风吹沙飞现象明显减缓，风雹灾害发生概率降低，生态环境得到明显改善。三北工程建设为实现自治区森林面积、蓄积量持续“双增长”和荒漠化土地面积、沙化土地面积持续“双减少”作出巨大贡献。经过建设，营造的防风固沙林使沙化土地得到初步治理，防护林体系初具规模，一些重点治理区域的风沙危害得到不同程度的缓解，平原农牧区初步实现林网化；封山育林和飞播造林促进林草植被恢复和自然生态状况逐步好转。重点治理的科尔沁沙地通辽市项目区水土流失、风蚀沙化得到有效控制，农田、草牧场得到防护林庇护，森林面积10年增加14.6万公顷，森林覆盖率达27.79%，生态环境得到明显改善。兴安盟森林面积10年增加21万公顷，森林覆盖率提高3.69%。呼伦贝尔沙地呈现出全面整治的新局面，固定沙地面积增加1万多公顷，沙区植被得到有效恢复，植被盖度大幅度增加，沙区生态平衡得到保护，生态环境明显改善。后续产业得到快速发展。通过防护林、工业原料林、饲料林、能源林、经济林等基地建设，促进农村牧区产业结构的调整，提高农村牧区生产的集约化程度、质量和效益，增加农牧民收入。

### 四、社会效益

三北防护林工程的实施，有效改善地区人居环境、推进林业产业发展、拉动地区经济发展。2009年起，呼伦贝尔市启动实施呼伦贝尔沙地治理工程，每年治理沙地6.67万公顷，呼伦贝尔沙地呈现出全面整治的新局面，2014年与2004年相比，林草植被盖度提高30%，流动沙地的植被盖度由不足5%提高至40%。通辽市在基本完成百万亩城郊森林建设的基础上，启动科尔沁沙地双千万亩治理工程。阿拉善盟“十二五”期间（2011—2015年）完成生态治理面积32.40万公顷，连续4年每年完成新造林任务百万亩。这些典型在国内外产生重要影响，树立良好形象。

## 第二节　天然林资源保护工程

### 一、天然林资源保护工程建设状况

内蒙古自治区从1998年开始实施天然林资源保护工程试点，2000年全面启动。天保工程范围涉及9个盟市（不涉及赤峰市、通辽市和锡林郭勒盟）66个旗县级实施单位，有3个工程区，即黄河上中游、大兴安岭岭南8个次生林林业局（以下简称岭南八局）和内蒙古森林工业集团有限责任公司（以下简称森工集团）工程区。自治区是全国唯一进入‘长江上游和黄河上中游’东北、内蒙古等重点国有林区两大天保工程区的省份。自治区天保工程区总面积0.41亿公顷，占全区土地面积的34.5%；森林面积0.14亿公顷，占全区森林面积的58.6%；林木蓄积量10.7亿立方米，占全区林木蓄积量的78.7%；天然林面积0.1亿公顷，占全区天然林面积的69%。天保工程一期（1998—2010年）国家累计投入内蒙古天保工程专项资金110亿元，约占国家工程一期总投入的10%。

按照国务院的统一部署，内蒙古天保工程二期从2011年开始启动，建设期限为10年（2011—2020年）。工程二期实施范围仍为黄河上中游、岭南八局及三旗县、森工集团3个工程区，涉及9个盟市75个旗县级实施单位，较工程一期增加9个旗县。

## 二、实施天保工程一期（2006—2010年）

### （一）核查管理

自治区严格天保工程核查管理，执行旗县自查、盟市复查、自治区抽查的三级核查机制，并配合国家林业局对自治区上年度实施情况进行核查。核查工作结束后，对国家和自治区核查中发现的问题进行通报，组织各盟市进行整改，并将通报问题整改情况及时上报国家林业局。

2006年1月，自治区林业厅和财政厅联合印发《关于组织开展天然林保护工程资金检查工作的通知》，在全区开展天然林保护工程资金自查自纠及自治区重点检查工作。配合国家审计署对内蒙古自治区2004—2005年天保工程资金使用和实施效益审计，审计署给予良好评价。6月，自治区林业厅会同财政厅编制完成《内蒙古自治区黄河上中游和岭南八局天然林保护工程区职工“四险”和混岗职工一次性安置实施方案》，并组织实施。10月18日，自治区政府办公厅印发《关于调整自治区天然林保护工程领导小组组成人员的通知》，调整自治区主席为领导小组组长，自治区副主席为副组长。年内，开展武川县和和林格尔县重点生态县和五岔沟示范点建设。

2007年3月1日，自治区财政厅印发《内蒙古自治区天然林保护工程财政资金管理规定实施细则》。按照国家林业局要求，开展天然林资源保护工程建设先进单位和先进个人评选工作。针对审计提出的天保工程建设中存在的问题，进行整改并提交整改情况报告。组织开展天保工程区森工企业“四险”和职工安置落实工作。开展黄河上中游天然林资源保护工程效益监测工作。11月9—10日，召开全区天保工程后续发展及天保办主任座谈会议，全面总结天保工程建设取得的成效和经验，分析工作存在的主要问题及原因，座谈讨论天保工程下一步工作重点、改革思路、途径和对策，探讨天保工程未来可持续发展的问题，林区经济、社会发展状况和前景，体制改革与机制创新以及天保工程后续产业发展等方面的内容。

2008年，组织开展天保工程第二批示范点建设工作，总结天保工程成效和示范点建设经验。为准确掌握天保工程实施情况，加强对天保工程资金使用的监督，在全区开展天然林保护工程资金自查自纠及自治区重点检查工作。组织开展天保工程区森工企业“四险”和职工安置落实工作。6月11日，自治区政府办公厅《关于调整自治区天然林资源保护工程领导小组组成人员的通知》，调整自治区天然林资源保护工程领导小组成员，自治区代主席巴特尔为领导小组组长，自治区副主席郭启俊为副组长。组织召开全区天然林资源保护工程座谈会议。

2009年，按照国家林业局计资司《关于编制国有林区棚户区改造工程有关事宜的通知》精神，对岭南八局职工住房情况开展翔实的调查摸底，填报基本情况，在研究现状的基础上参与编制自治区国有林区棚户区改造方案。根据国家林业局办公室、财政部办公厅《关于对天然林资源保护工程实施情况进行全面总结的通知》要求，精心组织力量，全面完成自治区天保工程10年工作总结的各项工作。按照国家林业局的要求，对自治区天保区各实施旗县（单位）基础数据进行详细摸底，填写了黄河上中游天保工程区分旗县有关数据、天保工程区职工社会保障情况、岭南八局天保工程区各类土地面积统计表和各阶段面积蓄积量表等，并上报国家林业局。

2010年，完成西部大开发战略实施10年天保工程建设总结、天保工程建设“十一五”总结，并提出下一步发展思路。结合自治区实际，对国家林业局长江上游、黄河上中游地区和东北、内蒙古等重点国有林区天然林资源保护工程二期实施方案，提出修改意见。

1998—2010年，天保工程一期使0.14亿公顷森林得到有效管护，完成公益林建设任务195万公顷、累计调减木材产量2346.26万立方米、安置富余职工10万多人，森工企业剥离社会职能改革顺利推进。自治区天保工程一期实施13年，在自治区党委、政府的领导下，经过各级党委、政府和工程区广大干部群众的不懈努力，始终坚持以资源休养生息和恢复发展为主题，以保护好现有森林资源、加快森林培育步伐、分流安置富余职工、实现工程区战略性转移和产业结构合理调整为目标，建设和改革成效显著。

（二）中央财政投资天保工程

2006—2010年为工程一期实施的攻坚阶段。中央财政投入自治区天保工程建设资金489540.5万元（黄河上中游及岭南八局工程区161788.5万元、森工集团工程区327752万元）。其中，中央财政专项资金455535.1万元（黄河上中游及岭南八局工程区147067.1万元、森工集团工程区308468万元），黄河上中游工程区公益林建设等基本建设资金68021.4万元；自治区财政专项资金34005.4万元（黄河上中游及岭南八局工程区19284万元，森工集团工程区14721.4万元）。

（三）落实任务

木材产量管理。2006—2015年，自治区严格执行限额采伐制度，杜绝超限额采伐及乱砍滥伐现象发生。强化天保工程区森林资源的保护，森林资源呈现持续增长的良好态势。

森林资源管护。2006年，自治区天保工程区管护森林资源面积512.23万公顷，至2010年，管护森林资源面积达到552.76万公顷，为实施方案规划管护面积339.8万公顷的162.67%。

公益林建设。2006—2010年，国家累计下达自治区公益林建设任务71.26万公顷，全部完成任务。

社会保险补贴。从2006年开始，中央财政给天保工程区在册职工四项基本保险补贴。工程区国有在册全民职工参加盟市、旗县“五险”社会统筹，达到应保尽保。至2010年底，全区工程区参加养老保险统筹人数达20086人，参加医疗保险统筹人数20066人，参加工伤保险统筹人数14085人，参加失业保险统筹人数14199人，参加生育保险统筹人数达13997人。

富余职工安置。至2008年底，天保工程区共转岗安置富余职工22440人，其中：森林管护6102人，公益林建设1920人，多种经营及其他4650人；累计一次性安置9768人。

（四）一期工程实施成效

2006—2010年，天保工程区实现森林面积和蓄积量双增长。至2010年底，黄河上中游天保工程区有林地面积增加27.6万公顷，森林覆盖率由5.17%提高至13.75%；森林蓄积量增加1993万立方米。灌木林面积增加206.93万公顷。岭南八局天保工程区有林地面积增加5.73万公顷；森林覆盖率由59.26%提高至64.15%；森林蓄积量增加3510万立方米。

至2010年底，工程区土壤侵蚀数量明显下降，输入黄河泥沙量每年减少3700万吨。毛乌素沙地结束了沙进人退的历史；嫩江流域和额尔古纳河流域及周边地区的生态状况得到明显改善。天保工程区野生

表5-2-1　2006—2010年全区天保工程一期目标任务完成情况表

| 年度 | 管护森林面积（万公顷） | 森林管护人员（人） | | 公益林建设（万公顷） | | | 木材产量 | | | 备注 |
|---|---|---|---|---|---|---|---|---|---|---|
| | | 计 | 其中：国有职工 | 计 | 飞播造林 | 封山育林 | 采伐限额（万立方米） | 实际产量（万立方米） | 完成百分比 | |
| 2006 | 1407.76 | 24768 | 24768 | 11.17 | 6.67 | 4.50 | 274.77 | 262.76 | 95.63% | |
| 2007 | 1407.89 | 26038 | 22156 | 12.28 | 3.00 | 9.28 | 230.83 | 221.96 | 96.16% | |
| 2008 | 1406.57 | 26585 | 22562 | 23.85 | 6.67 | 17.18 | 238.89 | 231.18 | 26585 | 第二批公益林建设任务11.36万公顷2009年完成 |
| 2009 | 1380.13 | 65220 | 61332 | 11.96 | 3.33 | 8.63 | 270.65 | 252.07 | 93.14% | |
| 2010 | 1440.52 | 65549 | 61538 | 12.00 | 3.33 | 8.67 | 264.61 | 263.61 | 99.62% | |
| 合计 | 1440.52 | 65549 | 61538 | 71.26 | 23.00 | 48.26 | 1279.75 | 1231.58 | 99.10% | |

动物的生存环境进一步得到改善，数量和种类明显增多。在黄河上中游天保工程区珍稀动物如天鹅、秃鹫、狍子相继出现。在岭南八局天保工程区如马鹿、驼鹿、猞猁、细嘴松鸡、花尾榛鸡、雪兔、飞龙、灰鹤、鸳鸯、野猪、狍子等野生动物的数量大大增加。

在黄河上中游天保工程区，加强灌木林建设，高度重视灌木原料林、经济林、饲料林、药用林等林种的开发利用；突出灌木饲料林和灌木原料林基地建设，以此为依托发展养殖业和以灌木为原料的人造板加工业；在沙产业开发中，大力培植以苁蓉、锁阳、甘草、沙棘为主的名贵中药材，发展沙漠景观旅游产业。在岭南八局天保工程区，重点发展林产工业、森林食品、森林生态旅游产业、药材培植、野生动物驯养繁殖等新兴产业。

工程区各旗县（局）建立健全了森林管护组织，基本形成旗县（局）、乡镇（场圃）、村三级管护网络和国有管护、集体管护、个体管护三种类型，森林资源得到有效管护，森林面积逐步扩大。通过人工看护、林政管理、森林防火、病虫害防治等措施，森林管护取得明显成效。森林案件发生率显著降低，人畜破坏林木现象减少，基本遏止了乱砍滥伐、人为火灾的发生。

国有林业职工初期的“一险”即养老保险，到“十一五”发展为“五险”，即养老、医疗、失业、工伤、生育保险，为职工解除后顾之忧。森工集团在岗职工平均工资由2006年的9352元提高至2010年的17903元，提高91.4%。国有林业职工人均收入达到15268元。

### 三、实施天保工程二期（2011—2015年）

2008年，中共十七届三中全会决定延长天然林保护工程实施期限。2010年12月29日，国务院常务会议审议批准天然林保护工程二期实施方案，明确此后10年天保工程建设的目标任务、主要措施和补助政策。2011年5月20日，国务院召开全国天然林资源保护工程工作会议，标志着天保工程二期的正式启动，建设期限10年（2011—2020年）。2011年9月8日，自治区党委、政府召开全区天然林资源保护工程工作会议，系统总结自治区天保工程一期13年工作，贯彻落实国家天然林资源保护工程工作会议精神，全面落实国家天保工程二期10年建设任务，明确提出自治区天保工程二期建设的主要目标任务：至2020年，增加森林面积200万公顷，增加森林蓄积量7000万立方米，增加森林碳汇2650万吨。内蒙古森工集团和岭南八局进一步调减木材产量，“十二五”期间，由上一期定产后年均243.2万立方米分3年调减到每年122.6万立方米，下调幅度49.6%；黄河上中游地区继续停止天然林商品性采伐。管护森林面积0.2亿公顷，建设公益林130万公顷，抚育国有中幼龄林463.2万公顷，培育后备森林资源70.67万公顷。提供林区、沙区就业岗位10万个以上，林业职工收入和社会保障接近或达到社会平均水平。

根据天保工程二期政策和任务测算，自治区天保工程二期中央总投入将达到390多亿元，约占全国天保工程二期中央总投入2440亿元的16%。与天保工程一期相比，天保工程二期的政策更加关注西部地区的经济发展，关注民生、森林资源培育和林业体制改革，有利于促进自治区生态建设和保护事业、林区体制改革和机制创新、区域经济发展和民生的改善。

（一）督导管理

2011年3月，自治区政府印发《关于调整自治区天然林资源保护工程领导小组组成人员的通知》，自治区天保工程领导小组组长由自治区主席巴特尔担任，副组长由自治区副主席刘新乐担任，成员由政府组成的相关部门主要领导担任；领导小组办公室设在自治区林业厅，林业厅党组书记、厅长高锡林兼任办公室主任。自治区进一步加强对天保工程的组织管理、机构和干部队伍建设。7月5日，完成“内蒙古自治区天然林资源保护管理局（内蒙古自治区公益林管理中心）”的组建工作。8月18日，自治区财政厅、林业厅联合印发《内蒙古自治区天然林资源保护工程财政专项资金管理实施细则》。9月8日，自治区党委、政府召开全区天然林资源保护工程工作会议，学习贯彻全国天保工程工作会议精神、表彰一期建设的自治区先进典型、交流经验，研究部署此后10年天保工程各项工作。自治区党委常委曹征海出席会议并讲话，自治区副主席刘新乐主持会议并作总结讲话，并代表自治区政府与涉及天保工程二期建设的9个盟市和森工集团负责人签订“天然林资源保护工程二期建设责任状”，将“四到省”责任制落实到“四到盟市”。9月28日，《内蒙古日报》刊发《实施天保工程构筑北方生态屏障》和《天然林资源保护工程建设辉煌的13年》，宣传天保工程一期的建设成效和天保工程二期的相关政策。10月27日，自治区林业厅召开自治区天保工程二期部署会议，贯彻落实全国天保工程二期部署会议的精神，部署内蒙古天保工程二期10年和当前的主要工作，自治区财政厅、林业厅等相关部门负责人就二期的相关政策进行讲解说明。自治区林业厅组织编制“内蒙古自治区天然林资源保护工程二期实施方案”，上报自治区政府。同时，自治区林业厅等4厅局联合印发《关于编制天然林资源保护工程二期盟市、旗县级实施方案有关事宜的通知》，全面部署盟市、旗县级实施方案编制工作。组织完成天保工程年度核查及整改工作，配合国家林业局完成年度核查工作。在全区范围启动旗县级国家级公益林综合效益监测工作，委托内蒙古农业大学编制效益监测工作方案和技术方案。

2012年，对2011年度天保工程二期实施情况进行全面督导。根据督导调研中发现的新情况和新问题，自治区林业厅印发《关于加强天然林资源保护工程和森林生态效益补偿管理工作的通知》，要求各地切实强化天保工程和森林生态效益补偿管理工作。组织编制2012年度实施方案。完成对2011年度天保工程二期实施情况的三级核查，配合国家林业局完成天保核查工作。4月25日，自治区政府办公厅印发《关于调整自治区天然林资源保护工程领导小组组成人员的通知》，调整自治区天然林资源保护工程领导小组组成人员。按照国家林业局办公室《关于开展天保工程（一期）档案验收工作的通知》要求，9月16日，自治区林业厅召开天然林资源保护工程和森林生态效益补偿档案管理工作会议，对天保工程一期档案收集整理归档工作进行部署，对规范管理天保工程二期和森林生态效益补偿档案提出要求；将自治区天保工程和森林生态效益补偿的档案资料委托林业监测规划院档案室整理归档。按照国家林业局要求，及时部署各实施单位的“人员机构和社保信息数据库”填报工作，组织各旗县级实施单位做好天保工程区人员机构和社保信息录入工作，着手构建基础信息数据库；在黄河上中游天保工程区选择1个国有林场和1个旗县，岭南八局天保工程区选择2个林业局开展天保工程监测工作。在天保工程区开展“加强节能减排、促进生态建设”竞赛活动。做好天保工程一次性安置职工社会保险补贴政策落实工作。11月15—16日，自治区林业厅召开全区天然林资源保护工程和森林生态效益补偿工作会议，会议系统总结自治区天保工程二期和森林生态效益补偿工作进展情况，分析工程实施和政策落实过程中存在的问题，对下一步工作提出具体要求。2012年底，国家林业局、财政部、人力资源社会保障部印发《关于切实做好天然林资源保护工程一次性安置职工社会保险补贴政策落实工作的通知》；财政部下达自治区安置职工社会保险补贴92835万元。自治区林业厅会同财政厅、人力资源和社会保障厅编制《内蒙古自治区天然林资源保护工程一次性安置职工社会保险补贴实施方案》。

2013年，中央财政提高集体国家级公益林生态效益补偿标准，由每年每公顷150元提高至225元。以天保工程年度核查为抓手，自治区抽查15个旗县级实施单位；配合国家林业局对4个旗县级实施单位2012年工程实施情况核查；配合国家林业局对4个旗县级实施单位进行的天保工程飞播成效调研、调查与评估工作；组织开展天保工程二期2011—2012年度实施情况自评估工作。3月5—15日，自治区林业厅组成3个调研组，赴9个盟市开展天保工程一次性安置职工社会保险补贴调研。6月，自治区政府召开专题会议，对《内蒙古自治区天然林资源保护工程一次性安置职工社会保险补贴实施方案》进行讨论。2013年开始，组织开展国家级公益林定期定点生态状况监测；开展阿拉善盟阿拉善左旗、鄂尔多斯市鄂托克旗、呼伦贝尔市乌奴耳林业局的高分辨率遥感影像在天然林保护业务中的应用示范工作。确定阿拉善盟阿拉善左旗、巴彦淖尔市乌拉特后旗、呼伦贝尔市红花尔基林业局、兴安盟五岔沟林业局4个实施单位为自治区天保工程二期试点示范单位；阿拉善左旗、红花尔基林业局为国家天保工程示范单位；确定呼伦贝尔市免渡河林业局、乌奴耳林业局为自治区天保工程二期森林改造培育试点单位；确定五岔沟、呼伦贝尔市柴河林业局为天保工程区转型发展经验典型单位。按国家要求建立完善天保工程人员机构信息库、天保工程基础数据库，详细掌握各盟市、旗县级实施单位的享受天保工程政策的人员以及资源、计划任务、经费等情况。组织开展全区旗县级实施单位天保工程一期档案验收，检查验收报告上报国家林业局，完成天保工程一期档案整理归档工作。10月30日，自治区林业厅参加内蒙古人民广播电台《行风热线》“走群众路线听百姓心声”直播访谈节目，宣传天保工程二期政策，对现场听众提出的问题给予解答。

2014年5月，自治区林业厅印发《内蒙古天然林资源保护工程二期森林培育绩效考评实施细则（试行）》。组织各地开展全区森林资源、天然林资源、国有林业单位和职工情况调查，开展扩大天保工程实施范围调研论证工作，摸清全区天然林资源和林业职工底数，向国家报送天然林资源基础数据，撰写扩大天保工程实施范围调研论证材料。完成2012年度、2013年度核查情况通报和督促整改工作。加强天保工程管理，印发《内蒙古自治区林业厅关于加强营造林质量管理的通知》《内蒙古自治区天然林资源保护管理局关于进一步加强天然林资源保护工程管理的通知》。以年度核查验收为抓手，推动工程管理和政策落实。对全区2013年度天保工程9个盟市的22个旗县级实施单位实施情况进行抽样核查，配合国家林业局完成天保工程年度核查工作。按照国家要求，及时组织相关盟市开展2011—2013年度天保工程二期资金和天保区森林抚育补贴资金自查自纠和自审计工作；6月下旬，组织召开全区天保工程二期和森林生态效益补偿资金稽查工作座谈会，听取各地自查自纠工作汇报。完成天保工程资金自查工作；配合自治区审计部门对全区天保工程二期资金进行全面审计。研究制订《内蒙古自治区公益林监测技术方案》，明确自治区天保工程和公益林监测工作目标和主要任务。分两次召开黄河上中游工程区和东部地区监测工作会议，讨论监测技术方案和技术路线，安排黄河上中游工程区和岭南八局工程区的3个监测样本单位，开展天保工程监测工作，10个公益林监测样本单位开展公益林监测，兼顾天保工程监测。稳步推进天保工程一次性安置职工社保补贴政策落实，7月18日，经自治区政府同意，自治区林业厅、财政厅、人社厅联合印发《内蒙古自治区天然林资源保护工程一次性安置职工社会保险补贴实施方案》，拨付中央财政补助资金9.28亿元，自治区财政筹集配套补助资金2.2亿元。10月中下旬，对各地实施方案编制、中央财政及地方财政配套资金落实、补贴政策落实情况进行督查。深入推动天保工程区转型发展，5月下旬，在红花尔基林业局召开内蒙古天保工程区转型发展工作座谈会，全面回顾天保工程实施后转型发展历程，系统总结以往工作。继续实施阿尔山林区全部停止木材采伐改革试点，自治区财政下达阿尔山林区木材禁伐财政补助资金1.15亿元。至此，自治区财政连续3年累计投入阿尔山林区木材禁伐补助资金3.22亿元。8月5—17日，开展完善地方公益林森林生态效益补偿基金制度调研工作。编纂了天保工程（1998—2010年）的大事记。组织完成自治区天保工程“十二五”（2011—2013年）实施情况总结，编制“十三五”规划。

2015年，全面完成扩大天然林保护范围的基础性工作，统计核报全区天然林资源基础数据（包括扩大天然林保护范围的基础数据），与国家发展改革委、国家林业局进行对接。4月1日开始，国家全面停止岭南八局、森工集团天保工程区和非天保工程区大兴安岭山脉102个国有林场的天然林商业性采伐，对停伐折算的木材产量以每年每立方米1000元的标准给予补贴，给予岭南八局每局1000万元、森工集团每局1500万元的社会运行支出补助。内蒙古自治区是全国首家扩大天然林保护范围的省区。中央财政对扩大天然林保护范围的国家级公益林继续执行原森林生态效益补偿资金渠道，对49.86万公顷天然商品林按照天保工程森林管护补助费标准给予管护补助。2015年，中央财政将天保工程森林管护补助费标准由每年每亩5元提高至6元，社会保险补助标准由原2008年社会平均工资为基数提高至2011年社会平均工资为基数测算补助资金，补助标准由原每人每年6267.36元提高至9955.44元。5月，部署了对2014年度天保工程二期实施情况的核查工作，制订并印发《年度核查工作方案》，安排旗县自查、盟市复查、自治区抽查工作；6月，对8个盟市的19个旗县级实施单位2015年天保工程实施情况进行抽查；配合国家对7个实施单位的年度天保工程进行核查和森林培育绩效考评、森林抚育绩效考评工作。11月13—14日，在通辽市召开全区天然林保护和森林生态效益补偿工作会议，全面贯彻中共十八大和十八届三中、四中、五中全会精神，总结“十二五”（2011—2015年）工作，部署“十三五”时期（2016—2020年）和近期重点工作。完成天保工程年度核查情况通报和整改工作。天保工程一次性安置人员社会保险补贴政策得到进一步落实。2015年，中央和自治区财政拨付补贴资金11.48亿元。其中，森工集团9.7亿元，黄河上中游和岭南八局1.78亿元，森工集团配套资金1.4亿元，地方财政配套补贴资金5063万元。黄河上中游和岭南八局工程区已兑现补贴人数10037人，兑现补贴资金近2亿元。

（二）二期工程资金投入

2011—2015年，自治区天保工程二期投入226.18亿元，其中：中央财政入220.88亿元（中央财政专项208.56亿元，中央财政基本建设12.32亿元）；自治区财政投入5.3亿元，其中，一次性安置职工社会保险补贴2.2亿元，木材禁伐补贴3.1亿元。

（三）任务落实

木材产量调减和停伐。黄河上中游工程区继续全面停止天然林商品性采伐。2012年，岭南八局和内蒙古森工集团木材产量调减到117.37万立方米。2013—2014年，岭南八局木材产量调减至10.3万立方米、森工集团木材产量调减到104.87万立方米。按照《国家林业局关于扎实做好全面停止商业性采伐工作的通知》要求，从2015年4月1日起，岭南八局、森工集团和非天保工程区大兴安岭山脉100个国有林场全面停止天然林商业性采伐，年停伐木材产量151.2万立方米。各工程区严格执行木材采伐限额，按规定和流程作业，未发现超限额采伐的现象。

森林资源管护。实施方案规定森林管护面积2057.43万公顷（含黄河上中游784.03万公顷，岭南八局及莫力达瓦旗、阿荣旗、额尔古纳市三旗市306.91万公顷、森工集团966.49万公顷）。至2015年，实际完成管护森林面积2092.34万公顷，多管护34.91万公顷。落实管护责任制，按照"人员、责任、地块、标志、奖惩"五落实的原则，落实森林管护地块，管护责任区划明确。黄河上中游和岭南八局及三旗市工程区有管护人员74517人（含黄河上中游68247人，岭南八局及三旗市6270人），设置1323个管护站点（含黄河上中游988个，岭南八局及三旗市352个）。森工集团工程区管护人员21774人，设置固定和流动管护站336个。

公益林建设。2011—2015年，国家累计下达黄河上中游工程区公益林建设任务51.05万公顷（含人工造林13.09万公顷，封山育林19.31万公顷，飞播造林18.65万公顷），均已完成。

森林培育。2011—2015年，国家累计下达后备资源培育任务9.83万公顷（含人工造林0.53万公顷，补植补造9.3万公顷），全部完成。经国家、自治区森林培育绩效考核评估，结果均达到良好以上水平。

森林抚育。2011—2015年，国家累计下达自治区中幼林抚育任务231.6万公顷（含黄河上中游3.15万公顷，岭南八局及三旗市54.49万公顷，森工集团173.96万公顷），年度任务全部完成。经自治区森林抚育绩效考核评估，考评结果评定为良好、优秀。

社会保障。2015年底，黄河上中游和岭南八局及三旗市工程区参加养老保险13400人、医疗保险17457人、工伤保险14401人、失业保险13918人、生育保险14453人。内蒙古森工集团在册职工54091人全部参加"五险"。

政策性社会性支出补助政策。2011—2015年，天保工程二期教育医疗卫生和社会公益事业的4430名职工，全部得到补助。天保工程区森林公安民警享受政策性、社会性补贴人员，全部纳入政法编制，森林公安补助资金全部用于基层森林公安局和派出所标准化建设。

（四）二期工程实施成效

截至2013年底，黄河上中游和岭南八局及三旗市天保工程区森林面积增加124.34万公顷，森林蓄积量增加1370.04万立方米，森林覆盖率由2010年的18.27%提高至2012年的22.35%。工程区森林资源面积、蓄积量实现持续"双增长"。森工集团工程区第八次全国森林资源清查与第七次清查相比，林区林地面积增加90.24万公顷，有林地面积增加10.12万公顷，森林面积增加9.49万公顷，森林覆盖率由76.55%增加至77.44%，增加0.89个百分点；活立木蓄积量增加6257.76万立方米。

2015年，自治区扩大了天然林资源保护范围，将非天保工程区大兴安岭山脉100个国有林场纳入全面停止天然林商业性采伐范畴，年停止采伐木材产量28.6万立方米，天然商品林管护补助面积49.86万公顷。

各地围绕解决国有林场生存困难和国有职工待遇低的问题，在保护好现有森林资源的前提下，下大力气发展林下经济，发展旅游业等第三产业，逐步实现由单一国有经济向多种所有制经济共同发展转变。2015年黄河上中游、岭南八局及三旗市天保工程区林业总产值完成100.7亿元，占全区林业总产值的26.3%，产业结构为79∶10∶11。

2015年，天保工程二期森林管护、森林抚育、公益林建设、后备资源培育等建设项目提供就业岗位142840人。工程区的就业方式呈现多元化，职工收入有了较大幅度提高。2015年，黄河上中游、岭南八局及三旗市工程区国有林业职工平均工资由2010年的15268元增加到44744元，增长193%；森工集团林业职工平均工资由2010年的17903元增加到40327万元，增长125.3%。林区职工社会保障体系逐步完善，养老、医疗、失业、工伤、生育保险“五险”参保和缴费工作有序开展。林区棚户区改造和国有林场危旧房改造等项目顺利实施，林区职工的住房、饮水、取暖、交通等生产生活条件得到改善。

## 第三节　退耕还林工程

### 一、退耕还林政策

退耕还林工程2000年开始在内蒙古自治区试点，2002年全面实施。自治区严格执行国家退耕还林政策，凡是水土流失、风蚀沙化严重和粮食产量低而不稳的坡耕地和沙化耕地，均按国家批准的规划，在农民自愿的基础上，实施退耕还林和宜林荒山荒地造林。经过林业部门对退耕地造林验收合格的，国家无偿向退耕户提供粮食、现金补助，每亩退耕地每年补助粮食（原粮）100公斤，每亩退耕地每年补助现金20元，粮食、现金补助年限和还草补助按2年计算，经济林补助按5年计算，生态林补助按8年计算。国家提供种苗造林补助费，补助标准按退耕地还林和配套的宜林荒山荒地造林每亩50元计算。2004年，国家对退耕还林补助的粮食改为现金，按每公斤1.4元计算，补助年限按原文件执行。

2007年，国家决定暂停安排退耕地还林任务，继续安排荒山荒地造林、封山育林任务。8月9日，《国务院关于完善退耕还林政策的通知》明确退耕还林目标和任务:其一，确保退耕还林成果切实得到巩固。加强林木后期管护，搞好补植补造，提高造林成活率和保存率，杜绝砍树复耕现象发生。其二，确保退耕农户长远生计得到有效解决。通过加大基本口粮田建设力度、加强农村能源建设，继续推进生态移民等措施，从根本上解决退耕农户吃饭、烧柴、增收等当前和长远生活问题。国家决定继续对退耕农户直接补助（又叫完善政策补助），退耕补助第一轮期满后，中央财政安排资金，继续对退耕农户给予适当的现金补助，解决退耕农户当前生活困难。补助标准为：每亩退耕地每年补助现金70元。原退耕地每年补助20元生活费，继续补助给退耕户，但需与管护挂钩。补助期为：还草补助2年，还经济林补助5年，还生态林补助8年。根据验收结果，兑现补助资金。同时，为集中力量解决影响巩固退耕还林成果和退耕农户长远生计的突出问题，中央财政按照退耕地造林每亩70元的标准，建立巩固退耕还林成果专项资金。自治区按工程旗县退耕地造林总量核定巩固退耕还林成果专项资金，实行目标、任务、资金、责任四到旗县，并从2008年起按8年集中安排，主要用于退耕农户的基本口粮田建设、农村能源建设、生态移民、补植补造及退耕农户后续产业建设。根据国家阶段验收结果兑现完善政策补助和巩固退耕还林成果专项资金。

2008年，种苗造林补助费提高至每亩100元、封山育林每亩70元；2009年，种苗造林补助费进一步提高至造乔木林每亩200元、灌木林每亩120元、封山育林每亩70元；2010年，造乔木林的种苗造林补助费再次提高至300元。

2014年，为贯彻落实中共十八大精神，根据中央有关文件和国务院领导批示要求，国家启动新一轮退耕还林还草工程，当年在25度以上坡耕地集中的10个省（区、市）安排退耕还林还草任务500万亩。国家核定内蒙古自治区严重沙化耕地新一轮（2015—2020年）退耕还林还草规模411万亩。

2013—2015年，中央财政追加自治区4.02亿元专项资金。

2015年，自治区启动新一轮退耕还林工程。新一轮退耕地还林还草国家政策相对于原退耕还林工程作了调整，不分生态林和经济林、乔木林和灌木林，5年每亩退耕补助1500元。每亩第一年补助800元（其中含300元种苗造林补助费）；第三年补助300元；第五年补助400元。检查验收后兑现。

## 二、实施退耕还林工程

### （一）退耕地造林

2006年，国家安排自治区退耕还林工程退耕地还林53万亩，分布在11个盟市。2015年，国家安排自治区新一轮退耕还林还草工程退耕地还林65万亩，分布在9个盟市。

表5-3-1　2006年、2015年全区退耕地还林任务一览表

单位：万亩

| 年　份 | 全区合计 | 呼伦贝尔市 | 兴安盟 | 通辽市 | 赤峰市 | 锡林郭勒盟 | 乌兰察布市 | 呼和浩特市 | 包头市 | 巴彦淖尔市 | 鄂尔多斯市 | 乌海市 | 阿拉善盟 |
|---|---|---|---|---|---|---|---|---|---|---|---|---|---|
| 合　计 | 118 | 1 | 5.5 | 13.5 | 28.01 | 9.16 | 24.43 | 6.4 | 14.5 | 4.93 | 10.47 | — | 0.1 |
| 2006 年 | 53 | 1 | 2.5 | 2.5 | 16 | 7 | 15 | 1.4 | 2.5 | 2.5 | 2.5 | — | 0.1 |
| 2015 年 | 65 | — | 3 | 11 | 12.01 | 2.16 | 9.43 | 5 | 12 | 2.43 | 7.97 | — | — |

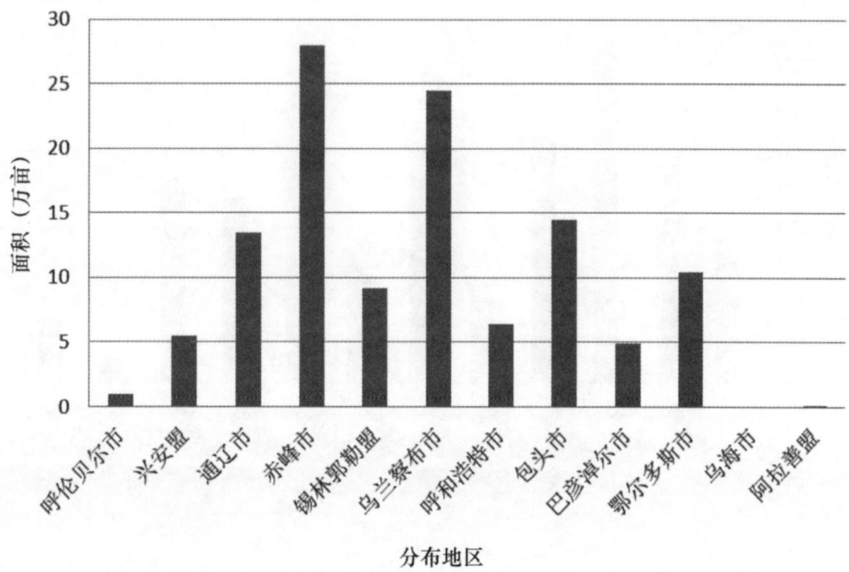


图5-3-1　2006—2015年全区退耕还林盟市分布图

### （二）荒山荒地造林

2006—2013年，国家安排内蒙古自治区退耕还林工程荒山荒地造林513万亩，分布在12个盟市。2015年，国家安排自治区新一轮退耕还林还草工程荒山荒地造林3.33万亩，安排在呼伦贝尔市。

表5-3-2　2006—2015年全区荒山荒地造林任务一览表

单位：万亩

| 年　份 | 全区合计 | 呼　伦贝尔市 | 兴安盟 | 通辽市 | 赤峰市 | 锡　林郭勒盟 | 乌　兰察布市 | 呼　和浩特市 | 包头市 | 巴　彦淖尔市 | 鄂　尔多斯市 | 乌海市 | 阿拉善盟 |
|---|---|---|---|---|---|---|---|---|---|---|---|---|---|
| 合　计 | 516.33 | 37.83 | 58.5 | 89.5 | 69 | 25.5 | 53 | 38.5 | 20.2 | 48 | 53 | 6 | 17.3 |
| 原工程合计 | 513 | 34.5 | 58.5 | 89.5 | 69 | 25.5 | 53 | 38.5 | 20.2 | 48 | 53 | 6 | 17.3 |
| 2006年 | 100 | 1 | 8 | 14 | 22 | 8 | 18 | 8 | 4 | 8 | 8 | 1 | — |
| 2007年 | 160 | 5 | 25 | 31 | 22 | 8 | 18 | 10 | 5 | 18 | 16 | 1 | 1 |
| 2008年 | 70 | 2 | 3 | 9 | 20 | 5 | 12 | 5 | 5 | 4 | 5 | — | — |
| 2009年 | 45 | 5 | 6 | 7 | 3 | 3 | 3 | 4 | 2 | 3 | 7 | 2 | — |
| 2010年 | 45 | 8 | 5 | 10 | 2 | 1.5 | 2 | 3 | 0.5 | 3 | 4 | 1 | 5 |
| 2011年 | 37 | 6 | 5 | 7 | — | — | — | 3 | 1 | 5 | 6 | 1 | 3 |
| 2012年 | 27.5 | 3.5 | 2.5 | 5.5 | — | — | — | 3 | 0.5 | 4.5 | 5 | — | 3 |
| 2013年 | 28.5 | 4 | 4 | 6 | — | — | — | 2.5 | 2.2 | 2.5 | 2 | — | 5.3 |
| 新一轮合计 | 3.33 | 3.33 | — | — | — | — | — | — | — | — | — | — | — |
| 2015年 | 3.33 | 3.33 | — | — | — | — | — | — | — | — | — | — | — |

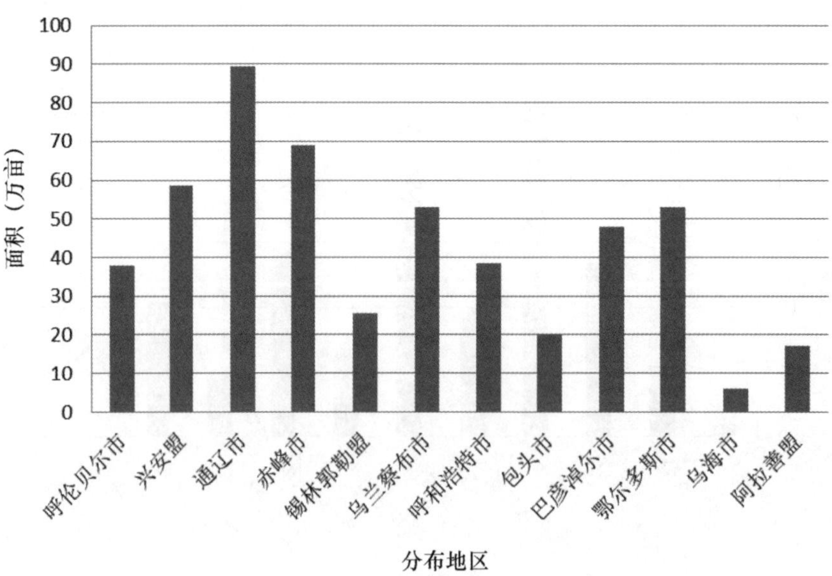


图5-3-2　2006—2015年全区荒山荒地造林盟市分布图

（三）封山育林

2008—2013年，国家安排自治区退耕还林工程封山育林191万亩，分布在9个盟市。

表5-3-3　2008—2013年全区封山育林任务一览表

单位：万亩

| 年　份 | 全区合计 | 呼伦贝尔市 | 兴安盟 | 通辽市 | 赤峰市 | 锡林郭勒盟 | 乌兰察布市 | 呼和浩特市 | 包头市 | 巴彦淖尔市 | 鄂尔多斯市 | 乌海市 | 阿拉善盟 |
|---|---|---|---|---|---|---|---|---|---|---|---|---|---|
| 合　计 | 191 | 31 | 34.5 | 32 | 0 | 0 | 0 | 13 | 8.5 | 28 | 30 | 1 | 13 |
| 2008年 | 70 | 8 | 14 | 13 | — | — | — | 6 | 3 | 11 | 13 | 1 | 1 |
| 2009年 | 40 | 7 | 5 | 5 | — | — | — | 3 | 2 | 8 | 6 | — | 4 |
| 2010年 | 30 | 4 | 6 | 4 | — | — | — | 2 | 1 | 5 | 6 | — | 2 |
| 2011年 | 23 | 3 | 2 | 4 | — | — | — | 2 | 1 | 4 | 4 | — | 3 |
| 2012年 | 13 | 4 | 4.5 | 3 | — | — | — | — | 0.5 | — | — | — | 1 |
| 2013年 | 15 | 5 | 3 | 3 | — | — | — | — | 1 | — | 1 | — | 2 |

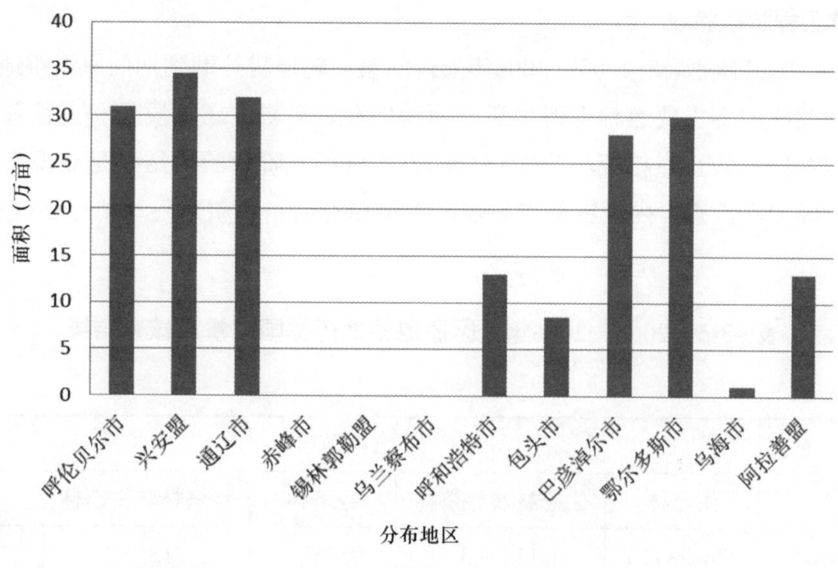


图5-3-3　2008—2013年全区封山育林盟市分布图

## 三、退耕还林工程国家投资

2006—2015年，国家累计安排自治区退耕还林资金265.46亿元，其中种苗造林补助费8.46亿元，退耕补助113.98亿元，完善政策补助61.83亿元，巩固退耕还林成果专项资金81.17亿元，工作经费0.02亿元。

表5-3-4　2006—2015年全区退耕还林工程国家投资统计表

单位：亿元

| 年　份 | 全　区总资金 | 种苗造林补　助 | 退耕补助 | 完善政策补　助 | 巩固退耕还林成果专项资金 | 专项资金（增加） | 工作经费 |
|---|---|---|---|---|---|---|---|
| 合　计 | 265.46 | 8.46 | 113.98 | 61.83 | 77.15 | 4.02 | 0.02 |
| 2006年 | 22.87 | 0.77 | 22.10 | — | — | — | — |
| 2007年 | 22.90 | 0.80 | 22.03 | 0.07 | — | — | — |

（续表）

| 年 份 | 全 区<br>总资金 | 种苗造林<br>补 助 | 退耕<br>补助 | 完善政策<br>补 助 | 巩固退耕还林<br>成果专项资金 | 专项资金<br>（增加） | 工作<br>经费 |
|---|---|---|---|---|---|---|---|
| 2008年 | 32.33 | 1.19 | 20.70 | 0.79 | 9.65 | — | — |
| 2009年 | 31.76 | 0.98 | 19.89 | 1.25 | 9.64 | — | — |
| 2010年 | 28.99 | 0.75 | 14.07 | 4.52 | 9.65 | — | — |
| 2011年 | 25.79 | 0.73 | 6.82 | 8.60 | 9.64 | — | — |
| 2012年 | 24.51 | 0.59 | 4.28 | 9.99 | 9.65 | — | — |
| 2013年 | 24.46 | 0.60 | 0.84 | 11.90 | 9.64 | 1.48 | — |
| 2014年 | 23.28 | — | — | 12.37 | 9.64 | 1.27 | — |
| 2015年 | 28.57 | 2.05 | 3.25 | 12.34 | 9.64 | 1.27 | 0.02 |

## 四、退耕还林工程阶段验收

2008—2014年，国家林业局对2000—2006年安排的第一轮退耕补助到期的原退耕地还林任务开展阶段验收工作。阶段验收内容主要包括退耕地还林面积保存、退耕地还林质量和工程管理等情况。采取省级全面检查验收和国家级重点核查验收相结合的方式进行。阶段验收结果是兑现完善政策补助和巩固退耕还林成果。经国家核查，内蒙古原退耕还林工程1383万亩退耕地还林，合格面积1382.89万亩，合格率99.99%。

表5-3-5　2000—2006年全区原退耕地还林国家重点核查结果

单位：亩

| 年 份 | 合 计 | 合格面积 | | | | | 不合格<br>面 积 |
|---|---|---|---|---|---|---|---|
| | | 生态林 | 生态林转经济林 | 经济林 | 经济林转生态林 | 草 | |
| 总 计 | 13830000.0 | 13688842.1 | 13809.3 | 95963.9 | 21532.8 | 8782.0 | 1069.9 |
| 2000年 | 800000.0 | 794890.8 | 27.0 | 2766.0 | 1351.0 | — | 965.2 |
| 2001年 | 500000.0 | 497204.0 | — | 2580.0 | 216.0 | — | — |
| 2002年 | 3670000.0 | 3615733.3 | 4438.4 | 37911.1 | 7509.2 | 4408.0 | — |
| 2003年 | 4570000.0 | 4525494.8 | 5110.4 | 26327.6 | 8693.2 | 4374.0 | — |
| 2004年 | 1600000.0 | 1586505.0 | 1219.0 | 10064.5 | 2211.5 | — | — |
| 2005年 | 2160000.0 | 2144326.1 | 2988.9 | 11313.7 | 1371.3 | — | — |
| 2006年 | 530000.0 | 524688.1 | 25.6 | 5001.0 | 180.6 | — | 104.7 |

## 五、退耕还林工程建设成效

### （一）生态效益

退耕还林工程为改善自治区生态环境，加快国土绿化进程，特别是为建设祖国北疆重要生态安全屏障提供了有力支持和保障。自治区退耕还林效益监测显示，工程区林草盖度由退耕前的15%提高至80%

以上，退耕地的地表径流量减少20%以上，泥沙量减少24%以上，地表结皮增加，制止了沙质耕地的进一步沙化，工程区的水土流失和风蚀沙化状况得到有效遏制，局部地区生态环境明显改善。

2015年，国家公布长江、黄河流域13个省区的退耕还林生态效益监测结果，内蒙古黄河流域6个盟市退耕还林工程物质量评估结果为优，6个盟市退耕还林工程产生生态效益价值1132.78亿元/年，占长江、黄河流域13个省份退耕还林年产生生态效益价值的11.2%。

表5-3-6　内蒙古黄河流域6盟市退耕还林工程总价值量评估结果

单位：亿元 / 年

| 总价值 | 涵养水源 | 保育土壤 | 固碳释氧 | 林木积累营养物质 | 净化大气环境 | | | 生物多样性保护 | 森林防护 |
|---|---|---|---|---|---|---|---|---|---|
| | | | | | 总计 | 滞纳 TSP | 滞纳 PM2.5 | | |
| 1132.78 | 365.79 | 102.29 | 161.27 | 23.04 | 216.3 | 6.91 | 117.35 | 133.34 | 130.75 |

2015年，国家林业局公布北方沙化土地退耕还林工程10个省份的生态效益监测结果，自治区沙化土地退耕还林工程总物质量评估结果优良，生态系统服务功能价值量为705.48亿元/年，占全国北方10个省份沙化土地退耕还林工程生态系统服务功能总价值量的55.9%。

表5-3-7　内蒙古沙化土地退耕还林工程总价值量评估结果

单位：亿元 / 年

| 总价值 | 森林防护 | 净化大气环境 | | | 固碳释氧 | 生物多样性保护 | 涵养水源 | 保育土壤 | 林木积累营养物质 |
|---|---|---|---|---|---|---|---|---|---|
| | | 总计 | 滞纳 PM10 | 滞纳 PM2.5 | | | | | |
| 705.48 | 256.01 | 207.87 | 3.83 | 162.47 | 63.58 | 77.75 | 50.52 | 39.59 | 10.16 |

（二）经济效益

退耕还林工程的实施，推进农牧民生产经营方式的转变，大力实施精种、精养、高产、高效战略，经济效益明显。全区粮食产量逐年稳步提高，从退耕前的粮食不能自给，至2007年以后稳定在250亿公斤以上，2015年达282.7亿公斤，稳居全国第十位，成为中国13个粮食生产区和6个商品粮净调出省份之一。退耕前，退耕户人均收益1512.4元，退耕还林工程实施后，2007年退耕户人均获得钱粮补助4282元，农牧民经济收入的路子得到拓宽，退耕户人均收益水平达到10832元，是退耕前的7.2倍。

（三）社会效益

实施退耕还林，为推进新农村建设、增强退耕户自我发展能力、脱贫致富提供了难得机遇，为自治区精准扶贫作出重要贡献。退耕还林工程的实施为农村牧区产业结构调整和劳动力转移提供了良好的契机和平台，促进大量资金和先进技术流向工程区，使区内粗放农业向设施农业、林果业、畜牧业、中药材和观光旅游等产业过渡，推动农业产业化经营，促进地方经济发展。同时退耕还林将农民从耕种低产低效的坡耕地和沙化耕地上解放出来，腾出劳动力从事效益更高的林果业、副业和多种经营或直接外出务工，促进农村劳动力向城镇和二、三产业转移，拓宽了增收渠道，帮助贫困区初步解决生产生活问题。

# 第四节　京津风沙源治理工程

2006—2012年，京津风沙源治理一期工程林业项目计划任务193.3万公顷，投资299850万元。完成林业建设任务195.8万公顷，占计划的101.3%，其中人工造林64.1万公顷、飞播造林23万公顷、封山（沙）育林108.7万公顷。

2012年12月，内蒙古自治区《京津风沙源治理工程二期规划（2013—2022年）》经国务院正式批准。2013年，京津风沙源治理二期工程启动，内蒙古工程建设范围包括赤峰市（松山区、阿鲁科尔沁旗、巴林左旗、巴林右旗、林西县、翁牛特旗，克什克腾旗、喀喇沁旗、敖汉旗、宁城县、红山区、松山区）、锡林郭勒盟（阿巴嘎旗、镶黄旗、苏尼特右旗、苏尼特左旗、西乌珠穆沁旗、东乌珠穆沁旗、锡林浩特市、正镶白旗、太仆寺旗、正蓝旗、多伦县、二连浩特市）、乌兰察布市（集宁区、四子王旗、察右前旗、察右后旗、丰镇市、化德县、商都县、兴和县、察右中旗、卓资县、凉城县）、呼和浩特市（土默特左旗、托克托县、和林格尔县、武川县、清水河县、赛罕区、新城区、回民区、玉泉区）、包头市（达茂旗、土默特右旗、固阳县、九原区、石拐区、青山区、昆都仑区、东河区）、鄂尔多斯市（鄂托克前旗、鄂托克旗、杭锦旗、乌审旗、达拉特旗、准格尔旗、东胜区、伊金霍洛旗）、乌海市（海勃湾区、海南区、乌达区）、巴彦淖尔市（临河区、五原县、磴口县、乌拉特前旗、乌拉特中旗、乌拉特后旗、杭锦后旗），共8个盟市70个旗（县、市、区）。工程区总土地面积54.2万平方公里。

2013—2015年，京津风沙源治理二期工程林业项目计划任务85万公顷，投资192439万元。其间完成林业建设任务72.6万公顷，其中人工造林28.2万公顷、飞播造林7.7万公顷、封山（沙）育林36.7万公顷。

通过封山育林、飞播造林、人工造林、工程固沙等生物措施以及其他措施的配套施治，工程区生态环境明显好转，有利促进了地区经济和社会发展，基本实现预期目标。经过治理，京津风沙源治理一期工程建设成果得到巩固和发展，生态环境明显改善，生态系统稳定性增强，风沙危害减轻，林木覆盖率大幅提高，物种多样性进一步丰富。2014年第五次全国荒漠化和沙化土地监测结果，与2009年第四次全国荒漠化和沙化土地监测相比，工程区沙化土地面积从2009年的975.21万公顷，减少至2014年的965.49万公顷，5年间减少9.71万公顷，年均减少1.94万公顷。工程区内沙化程度总体上较上期有明显减轻趋势，沙化轻度的面积增加188.81万公顷；沙化中度增加54.28万公顷；沙化重度减少216.7万公顷；沙化极重度减少36.11万公顷。京津风沙源治理工程区森林覆盖率增加1.56个百分点，植被盖度由低盖度级向高盖度级转化，植被盖度在10%以下的土地面积减少44.37万公顷；盖度级在10%—30%的土地面积减少343.01万公顷；盖度级在30%—50%的土地面积减少43.44万公顷；盖度级在50%以上的土地面积增加397.56万公顷。

工程区林地面积由2009年的567.56万公顷，增加至2014年的646.96万公顷，年均增加15.88万公顷，年均增幅达2.8%。其中灌木林地增幅较大，5年间增加92.96万公顷，年均增加18.6万公顷，年均增幅达6.8%。

通过京津风沙源治理工程实施，逐渐摸索出一条工程建设—生态改善—林沙产业发展紧密结合的可持续发展之路。工程建设与农牧民利益紧密挂钩，使民计民生极大改善。以工程建设为依托，以林业结构调整为突破口，以拓宽农牧民就业增收为目标，建设了一批灌木原料林、灌木饲料林、经济林基地；依托工程区资源，培育了一批以种苗、森林食品、特种中草药栽培、森林生态民俗旅游、沙漠景观旅游等为主的沙产业，区域经济社会可持续发展的贡献率不断提高。

# 第六章

# 森林资源保护

## 第一节　林业有害生物防控

### 一、防治检疫组织

自治区各级森林病虫害防治检疫站的工作任务是，宣传贯彻执行《森林病虫害防治条例》《植物检疫条例》《植物检疫条例实施细则（林业部分）》等相关法律法规；负责制定林业有害生物预测预报、防治、检疫工作的总体规划和计划，开展林业有害生物的监测调查、预测预报和防治技术指导，发布主要林业有害生物发生危害的生产性预报和中长期趋势预测，协助各级政府组织开展重大危险性林业有害生物防治工作，协助各级地方政府处置重大危险性及外来林业有害生物灾害；按照国家有关法律法规的规定，开展产地检疫、调运检疫和复检，向地方政府提出省级森林植物检疫对象名单。

2005年，经自治区机构编制委员会批准，在内蒙古自治区森林病虫害防治检疫站增挂“内蒙古自治区防止外来林业有害生物入侵管理中心”牌子。2006年，12个盟（市）森林病虫害防治检疫站都加挂了“防止外来林业有害生物入侵管理中心”，增加防范外来林业有害生物的入侵，以保护林业建设成果和生态安全。

2006年，自治区政府办公厅《关于公布行政执法机构的通知》明确：森林病虫害防治检疫站是由法律、法规授权，依据法律、法规的规定行使行政处罚权的执法机构。

截至2015年，全区有各级森林病虫害防治检疫站110个（不含内蒙古森工集团），专职检疫和测报人员886人。其中：专职检疫员831人，兼职检疫员673人，专职测报员379人，兼职测报员1676人，国家级中心测报点40个，省级测报点18个，国家级标准站58个，防治公司15个，防治专业队27个。全区有基层测报站点264个。其中，一般测报点206个，专职测报员379人，兼职测报员1676人，对全区140余种林业有害生物开展监测预报工作。通过加强测报站点管理，严格执行国家中心测报点管理办法，全区监测预报网络的建设得到进一步加强，测报水平不断提高。通辽市、鄂尔多斯市制订符合本地区实际的林业有害生物中心测报点管理办法；乌兰察布市四子王旗、化德县改扩建中心测报点；巴彦淖尔市乌拉特前旗将标准地基本情况在电脑上进行勾绘；阿拉善盟阿拉善左旗为乡（镇）林工站配备计算机等设施设备，实现乡（镇）通过电脑传输数据。每个测报站点每年发5—6期虫情简报，对做好生产性防治提供科学依据。

## 二、检疫人员培训、审批

自治区严格按照专职检疫员应具备的条件，根据工作需要，进行林业植物检疫员审核、审批工作，并经过自治区林业主管部门组织的岗位培训且成绩合格后发放林业植物检疫员证。

2005年，国家林业局印发《林业植物检疫员检疫执法行为规范》后，自治区组织林业植物检疫员进行学习，使林业植物检疫员文明执法、规范执法意识和能力显著提升。2012年，自治区林业厅对林业植物检疫员队伍进行清理整顿，共清理不在岗林业植物检疫员165名，新批林业植物检疫员125名，并按照国家林业局的要求，完成全区林业植物检疫员换证工作，林业植物检疫员队伍得到优化。2014年，自治区森防站印发《关于规范执法程序，加强检疫执法工作的通知》，要求各地严格检疫执法，规范执法程序，依法做好检疫执法工作。

2006—2015年，自治区林业厅举办检疫员岗位培训班7期，培训专职检疫员1000余人次。培训内容涵盖《植物检疫条例》《植物检疫条例实施细则（林业部分）》《行政许可法》《行政处罚法》《行政诉讼法》《国内森林植物检疫技术规程》《内蒙古自治区植物检疫条例实施办法（林业部分）》等相关法律、法规、技术规程以及林业行政处罚文书的规范使用和检疫性林业有害生物识别等。

各级林业植物检疫机构按照《植物检疫条例》《国家林业局关于林业植物检疫人员着装事宜的通知》《财政部、监察部、国务院纠风办关于做好统一着装工作的实施意见》的有关规定，规范检疫制服式样，严肃着装和换装。

## 三、监测预报

### （一）内蒙古本土主要林业有害生物分布

2006—2015年，呼伦贝尔市、兴安盟主要林业有害生物有落叶松早期落叶病、栎尖细蛾、柞褐叶螟、模毒蛾、落叶松毛虫、落叶松鞘蛾、落叶松八齿小蠹、云杉大墨天牛、桦尺蠖、中带齿舟蛾、黄褐天幕毛虫、榛实象甲、樟子松木蠹象、东北鼢鼠、达乌尔黄鼠等；通辽市和赤峰市主要林业有害生物有黄褐天幕毛虫、榆紫叶甲、落叶松毛虫、油松毛虫、杨柳毒蛾、青杨天牛、杨干象等；锡林郭勒盟、乌兰察布市主要林业有害生物有达乌尔黄鼠、春尺蠖、舞毒蛾等；呼和浩特市、包头市、鄂尔多斯市、巴彦淖尔市、乌海市主要林业有害生物有光肩天牛，大青叶蝉、青杨天牛、三趾跳鼠、五趾跳鼠等。另外，鄂尔多斯市是沙棘木蠹蛾、春尺蠖、杨柳毒蛾和灰斑古毒蛾、野兔等的主要发生区；阿拉善盟是胡杨天幕毛虫、云杉异色卷蛾、柠条广肩小蜂、大沙鼠等的主要发生区。

### （二）监测调查

从2006年开始，自治区森防站要求各地制订和完善监测调查方案，落实监测人员、监测任务和监测责任，开展监测调查工作。2007年，按照国家林业局要求，自治区对小蠹虫进行普查，对松材线虫病、枣实蝇进行专项调查，并将松材线虫病调查作为以后每年的例行工作。2009年，自治区对美国白蛾进行专项调查，并将美国白蛾专项调查作为以后每年的例行工作。2011年，自治区森防站印发《关于进一步加强美国白蛾监测预警工作的通知》，自治区林业厅印发《关于加强美国白蛾疫情监测工作的通知》，强化美国白蛾监测调查工作。2012年，自治区对落叶松八齿小蠹、柳脊虎天牛进行专项调查。2013年，自治区对松树蜂进行专项调查。同年，自治区森防站印发《美国白蛾监测预报方案》，规范指导各地开展美国白蛾监测预报工作。2014年，自治区对旱柳枯萎病进行专项调查。2015年，按照国家林业局的统一部署，启动历时3年的第三次全国林业有害生物普查工作。同年，自治区森防站印发《关于加强光肩星天牛监测预报工作的通知》，对光肩星天牛监测预报提出具体要求。通辽市建立群众举报热线；呼和浩特市完善全市监测预警体系；巴彦淖尔市、鄂尔多斯市、乌兰察布市、通辽市执行美国白蛾日报制度，其他盟市执行美国白蛾周报制度。2015年，自治区在锡林郭勒盟多伦县启动实施政府购买监测调查数据服务试点工作。

2006—2015年，自治区各级林业植物检疫机构累计完成产地检疫林木种子270万公斤，苗木17万公顷；调运检疫林木种子461万公斤，苗木263550万株，木材1986万立方米；复检林木种子746万公斤，苗木578920万株，木材397万立方米，花卉106012万株，药材999.77公斤。发现带疫批次 557批次，处理违章案件1500起。种苗产地检疫率由2006年的96%提高至2015年的100%。有效杜绝危险性林业有害生物的传播扩散和外来林业有害生物的入侵。

（三）部门合作

2010年，自治区林业厅与自治区气象局就林业有害生物监测预报签订了框架合作协议，自治区气象局为自治区林业有害生物灾害监测提供气象数据并依托天气预报发布平台联合发布林业有害生物灾害预警信息。2010—2015年，发布5期发生趋势预报。其中，松毛虫2期，青杨天牛1期，光肩星天牛2期。自治区林业厅与自治区气象局签订框架合作协议后，各盟市林业局与气象局都相继签订合作协议，开展部门间合作。

2013年，自治区森防站召开全区林业有害生物趋势会商会，邀请自治区农业厅、自治区出入境检验检疫局、自治区气象局、内蒙古农业大学、内蒙古林科院等部门专家一同对全区林业有害生物发生趋势进行会商，形成发生趋势预测分析报告。这是自治区首次开展林业有害生物趋势会商。之后，自治区和各盟市每年都要召开趋势会商会，对当年林业有害生物发生情况、原因进行分析研究，预测下一年度林业有害生物发生范围、发生程度、发生时间，提出防治对策。

（四）监测结果报送

2006—2015年，自治区向国家林业局森防总站直接报送林业有害生物发生防治情况报表，4—9月每月报送1次。月报报表通过国家林业局“林业有害生物防治信息系统”，由旗（县）逐级填报汇总上报，自治区森防站通过数据加密压缩包的形式，以电子邮件统一上报。2011—2012年，自治区森防站开展新版《林业有害生物防治信息系统》的培训工作，对全区12个盟（市）200多名专业技术人员进行培训，提高数据统计传输能力。经过10年努力，2015年全区测报准确率由2006年的87%提高至2015年的97%。

## 四、林业有害生物

（一）全国林业有害生物名单

2013年1月9日，国家林业局发布“全国林业检疫性有害生物名单”和“全国林业危险性有害生物名单”（国家林业局2013年第4号公告），自发布之日起生效。2004年7月29日发布的“林业检疫性有害生物名单”（国家林业局2004年第4号公告）和2003年4月7日发布的“林业危险性有害生物名单”（检防函〔2003〕14号）同时废止。

全国林业检疫性有害生物名单：

1．松材线虫 *Bursaphelenchus xylophilus*（Steiner et Buhrer）*Nickle*

2．美国白蛾 *Hyphantria cunea*（Drury）

3．苹果蠹蛾 *Cydia pomonella*（L.）

4．红脂大小蠹 *Dendroctonus valens* Le Conte

5．双钩异翅长蠹 *Heterobostrychus aequalis*（Waterhouse）

6．杨干象 *Cryptorrhynchus lapathi* L.

7．锈色棕榈象 *Rhynchophorus ferrugineus*（Olivier）

8．青杨脊虎天牛 *Xylotrechus rusticus* L.

9．扶桑绵粉蚧 *Phenacoccus solenopsis* Tinsley

10．红火蚁 *Solenopsis invicta* Buren

11．枣实蝇 *Carpomya vesuviana* Costa

12．落叶松枯梢病菌 *Botryosphaeria laricina*（Sawada）Shang

13．松疱锈病菌 *Cronartium ribicola* J. C. Fischer ex Rabenhorst

14．薇甘菊 *Mikania micrantha* H.B.K.

全国林业危险性有害生物名单：

1．落叶松球蚜 *Adelges laricis* Vall.

2．苹果绵蚜 *Eriosoma lanigerum*（Hausmann）

3．板栗大蚜 *Lachnus tropicalis*（Van der Goot）

4．葡萄根瘤蚜 *Viteus vitifolii*（Fitch）

5．栗链蚧 *Asterolecanium castaneae* Russell

6．法桐角蜡蚧 *Ceroplastes ceriferus* Anderson

7．紫薇绒蚧 *Eriococcus lagerostroemiae* Kuwana

8．枣大球蚧 *Eulecanium gigantean*（Shinji）

9．槐花球蚧 *Eulecanium kuwanai*（Kanda）

10．松针蚧 *Fiorinia japonica* Kuwana

11．松突圆蚧 *Hemiberlesia pitysophila* Takagi

12．吹绵蚧 *Icerya purchase* Maskell

13．栗红蚧 *Kermes nawae* Kuwana

14．柳蛎盾蚧 *Lepidosaphes salicina* Borchsenius

15．杨齿盾蚧 *Quadraspidiotus slavonicus*（Green）

16．日本松干蚧 *Matsucoccus matsumurae*（Kuwana）

17．云南松干蚧 *Matsucoccus yunnanensis* Ferris

18．栗新链蚧 *Neoasterodiaspis castaneae*（Russell）

19．竹巢粉蚧 *Nesticoccus sinensis* Tang

20．湿地松粉蚧 *Oracella acuta*（Lobdell）

21．白蜡绵粉蚧 *Phenacoccus fraxinus* Tang

22．桑白蚧 *Pseudaulacaspis pentagona*（Targioni-Tozzetti）

23．杨圆蚧 *Quadraspidiotus gigas*（Thiem et Gerneck）

24．梨圆蚧 *Quadraspidiotus perniciosus*（Comstock）

25. 中华松梢蚧 *Sonsaucoccus sinensis*（Chen）
26. 卫矛矢尖蚧 *Unaspis euonymi*（*Comstock*）
27. 温室白粉虱 *Trialeurodes vaporariorum*（Westwood）
28. 沙枣木虱 *Trioza magnisetosa* Log.
29. 悬铃木方翅网蝽 *Corythucha ciliate*（Say）
30. 西花蓟马 *Frankliniella occidentalis*（Pergande）
31. 苹果小吉丁虫 *Agrilus mali* Matsumura
32. 花曲柳窄吉丁 *Agrilus marcopoli* Obenberger
33. 花椒窄吉丁 *Agrilus zanthoxylumi* Hou
34. 杨十斑吉丁 *Melanophila picta* Pallas
35. 杨锦纹吉丁 *Poecilonota variolosa*（Paykull）
36. 双斑锦天牛 *Acalolepta sublusca*（Thomson）
37. 星天牛 *Anoplophora chinensis*（Foerster）
38. 光肩星天牛 *Anoplophora glabripennis*（Motsch.）
39. 黑星天牛 *Anoplophora leechi*（Gahan）
40. 皱绿柄天牛 *Aphrodisium gibbicolle*（White）
41. 栎旋木柄天牛 *Aphrodisium sauteri* Matsushita
42. 桑天牛 *Apriona germari*（Hope）
43. 锈色粒肩天牛 *Apriona swainsoni*（Hope）
44. 红缘天牛 *Asias halodendri*（Pallas）
45. 云斑白条天牛 *Batocera horsfieldi*（Hope）
46. 花椒虎天牛 *Clytus validus* Fairmaire
47. 麻点豹天牛 *Coscinesthes salicis* Gressitt
48. 栗山天牛 *Massicus raddei*（Blessig）
49. 四点象天牛 *Mesosa myops*（Dalman）
50. 松褐天牛 *Monochamus alternatus* Hope
51. 锈斑楔天牛 *Saperda balsamifera* Motschulsky
52. 山杨楔天牛 *Saperda carcharias*（Linnaeus）
53. 青杨天牛 *Saperda populnea*（L.）
54. 双条杉天牛 *Semanotus bifasciatus*（Motschulsky）
55. 粗鞘双条杉天牛 *Semanotus sinoauster* Gressitt
56. 光胸断眼天牛 *Tetropium castaneum*（L.）
57. 家茸天牛 *Trichoferus campestris*（Faldermann）
58. 柳脊虎天牛 *Xylotrechus namanganensis* Heydel.
59. 紫穗槐豆象 *Acanthoscelides pallidipennis* Motschulsky
60. 柠条豆象 *Kytorhinus immixtus* Motschulsky
61. 椰心叶甲 *Brontispa longissima*（Gestro）

62．水椰八角铁甲 *Octodonta nipae*（Maulik）

63．油茶象 *Curculio chinensis* Chevrolat

64．榛实象 *Curculio dieckmanni*（Faust）

65．麻栎象 *Curculio robustus* Roelofs

66．剪枝栎实象 *Cyllorhynchites ursulus*（Roelofs）

67．长足大竹象 *Cyrtotrachelus buqueti* Guer

68．大竹象 *Cyrtotrachelus longimanus* Fabricius

69．核桃横沟象 *Dyscerus juglans* Chao

70．臭椿沟眶象 *Eucryptorrhynchus brandti*（Harold）

71．沟眶象 *Eucryptorrhynchus chinensis*（Olivier）

72．萧氏松茎象 *Hylobitelus xiaoi* Zhang

73．杨黄星象 *Lepyrus japonicus* Roelofs

74．一字竹象 *Otidognathus davidis* Fabricuius

75．松黄星象 *Pissodes nitidus* Roel.

76．榆跳象 *Rhynchaenus alini* Linnaeus

77．褐纹甘蔗象 *Rhabdoscelus lineaticollis*（Heller）

78．华山松木蠹象 *Pissodes punctatus* Langor et Zhang

79．云南木蠹象 *Pissodes yunnanensis* Langor et Zhang

80．华山松大小蠹 *Dendroctonus armandi* Tsai et Li

81．云杉大小蠹 *Dendroctonus micans* Kugelann

82．光臀八齿小蠹 *Ips nitidus* Eggers

83．十二齿小蠹 *Ips sexdentatus* Borner

84．落叶松八齿小蠹 *Ips subelongatus* Motschulsky

85．云杉八齿小蠹 *Ips typographus* L.

86．柏肤小蠹 *Phloeosinus aubei* Perris

87．杉肤小蠹 *Phloeosinus sinensis* Schedl

88．横坑切梢小蠹 *Tomicus minor* Hartig

89．纵坑切梢小蠹 *Tomicus piniperda* L.

90．日本双棘长蠹 *Sinoxylon japonicus* Lesne

91．橘大实蝇 *Bactrocera minax*（Enderlein）

92．蜜柑大实蝇 *Bactrocera tsuneonis*（Miyake）

93．美洲斑潜蝇 *Liriomyza sativae* Blanchard

94．刺槐叶瘿蚊 *Obolodiplosis robiniae*（Haldemann）

95．水竹突胸瘿蚊 *Planetella conesta* Jiang

96．柳瘿蚊 *Rhabdophaga salicis* Schrank

97．杨大透翅蛾 *Aegeria apiformis*（Clerck）

98．苹果透翅蛾 *Conopia hector* Butler

99．白杨透翅蛾 *Parathrene tabaniformis* Rottenberg
100．杨干透翅蛾 *Sesia siningensis*（Hsu）
101．茶藨子透翅蛾 *Synanthedon tipuliformis*（Clerk）
102．核桃举肢蛾 *Atrijuglans hitauhei* Yang
103．曲纹紫灰蝶 *Chilades pandava*（Horsfield）
104．兴安落叶松鞘蛾 *Coleophora obducta*（Meyrick）
105．华北落叶松鞘蛾 *Coleophora sinensis* Yang
106．芳香木蠹蛾东方亚种 *Cossus cossus orientalis* Gaede
107．蒙古木蠹蛾 *Cossus mongolicus* Erschoff
108．沙棘木蠹蛾 *Holcocerus hippophaecolus* Hua, Chou, Fang et Chen
109．小木蠹蛾 *Holcocerus insularis* Staudinger
110．咖啡木蠹蛾 *Zeuzera coffeae* Nietner
111．六星黑点豹蠹蛾 *Zeuzera leuconotum* Butler
112．木麻黄豹蠹蛾 *Zeuzera multistrigata* Moore
113．舞毒蛾 *Lymantria dispar* L.
114．广州小斑螟 *Oligochroa cantonella* Caradja
115．蔗扁蛾 *Opogona sacchari*（Bojer）
116．银杏超小卷蛾 *Pammene ginkgoicola* Liu
117．云南松梢小卷蛾 *Rhyacionia insulariana* Liu
118．苹果顶芽小卷蛾 *Spilonota lechriaspis* Meyrick
119．柳蝙蛾 *Phassus excrescens* Butler
120．柠条广肩小蜂 *Bruchophagus neocaraganae*（Liao）
121．槐树种子小蜂 *Bruchophagus onois*（Mayr）
122．刺槐种子小蜂 *Bruchophagus philorobiniae* Liao
123．落叶松种子小蜂 *Eurytoma laricis* Yano
124．黄连木种子小蜂 *Eurytoma plotnikovi* Nikolkaya
125．鞭角华扁叶蜂 *Chinolyda flagellicornis*（F. Smith）
126．栗瘿蜂 *Dryocosmus kuriphilus* Yasumatsu
127．桃仁蜂 *Eurytoma maslovskii* Nikoiskaya
128．杏仁蜂 *Eurytoma samsonoui* Wass
129．桉树枝瘿姬小蜂 *Leptocybe invasa* Fisher et La Salle
130．刺桐姬小蜂 *Quadrastichus erythrinae* Kim
131．泰加大树蜂 *Urocerus gigas taiganus Beson*
132．大痣小蜂 *Megastigmus* spp.
133．小黄家蚁 *Monomorium pharaonis*（Linnaeus）
134．尖唇散白蚁 *Reticulitermes aculabialis* Tsai et Hwang
135．枸杞瘿螨 *Aceria macrodonis* Keifer.

136．菊花叶枯线虫 *Aphelenchoides ritzemabosi*（Schwartz）Steiner
137．南方根结线虫 *Meloidogyne incognita*（Kofoid et White）
138．油茶软腐病菌 *Agaricodochium camelliae* Liu
139．圆柏叶枯病菌 *Alternaria tenuis* Nees
140．冬枣黑斑病菌 *Alternaria tenuissima*（Fr.）Wiltsh
141．杜仲种腐病菌 *Ashbya gossypii*（Ashby et Now.）Guill.
142．毛竹枯梢病菌 *Ceratosphaeria phyllostachydis* Zhang
143．松苗叶枯病菌 *Cercospora pini-densiflorae* Hari. et Nambu
144．云杉锈病菌 *Chrysomyxa deformans*（Diet.）Jacz.
145．青海云杉叶锈病菌 *Chrysomyxa qilianensis* Wang, Wu et Li
146．红皮云杉叶锈病菌 *Chrysomyxa rhododendri* De Bary
147．落叶松芽枯病菌 *Cladosporium tenuissimum* Cooke
148．炭疽病菌 *Colletotrichum gloeosporioides* Penz.
149．二针松疱锈病菌 *Cronartium flaccidum*（Alb. et Schw. ）Wint.
150．松瘤锈病菌 *Cronartium quercuum*（Berk.）Miyabe
151．板栗疫病菌 *Cryptonectria parasitica*（Murr.）Barr.
152．桉树焦枯病菌 *Cylindrocladium quinqueseptatum* Morgan Hodges
153．杨树溃疡病菌 *Dothiorella gregaria* Sacc.
154．松针红斑病菌 *Dothistroma pini* Hulbary
155．枯萎病菌 *Fusarium oxysporum* Schlecht.
156．国槐腐烂病菌 *Fusarium tricinatum*（Cord.）Sacc.
157．马尾松赤落叶病菌 *Hypoderma desmazierii* Duby
158．落叶松癌肿病菌 *Lachnellula willkommii*（Hartig）Dennis
159．肉桂枝枯病菌 *Lasiodiplodia theobromae*（Pat. ）Griff. et Maubl
160．松针褐斑病菌 *Lecanosticta acicola*（Thum.）Sydow
161．梭梭白粉病菌 *Leveillula saxaouli*（SoroK.）Golov.
162．落叶松落叶病菌 *Mycosphaerella larici-leptolepis* Ito et al
163．杨树灰斑病菌 *Mycosphaerella mandshurica* M. Miura
164．罗汉松叶枯病菌 *Pestalotia podocarpi* Laughton
165．杉木缩顶病菌 *Pestalotiopsis guepinii*（Desm.）Stey
166．葡萄蔓割病菌 *Phomopsis viticola*（Saccardo）Saccardo
167．木菠萝果腐病菌 *Physalospora rhodina* Berk. et Curt.
168．板栗溃疡病菌 *Pseudovalsella modonia*（Tul.）Kobayashi
169．合欢锈病菌 *Ravenelia japonica* Diet. et Syd.
170．草坪草褐斑病菌 *Rhizoctonia solani* Kühn
171．木菠萝软腐病菌 *Rhizopus artocarpi* Racib.
172．葡萄黑痘病菌 *Sphaceloma ampelinum* de Bary

173．竹黑粉病菌 *Ustilago shiraiana* P. Henn

174．杨树黑星病菌 *Venturia populina*（Vuill.）Fabr.

175．冠瘿病菌 *Agrobacterium tumefaciens*（Smith et Townsend）Conn

176．柑橘黄龙病菌 *Candidatus liberobacter asiaticum* Jagoueix et al

177．杨树细菌性溃疡病菌 *Erwinia herbicola*（Lohnis）Dye.

178．油橄榄肿瘤病菌 *Pseudomonas savastanoi*（E.F.smith）Stevens

179．猕猴桃细菌性溃疡病菌 *Pseudomonas syringae* pv. Actinidiae Takikawa et al

180．桉树青枯病菌 *Ralstonia solanacearum*（E. F. Smith）Yabuuch

181．柑橘溃疡病菌 *Xanthomonas axonopodis* pv.*citri*（Hasse）Vauterin et al

182．杨树花叶病毒 *Poplar Mosaic* Virus

183．竹子（泡桐）丛枝病菌 *Ca. Phytoplasm astris*

184．枣疯病 *Ca. Phytoplasm ziziphi*

185．无根藤 *Cassytha filiformis L.*

186．菟丝子类 *Cuscuta* spp.

187．紫茎泽兰 *Eupatorium adenophorum* Spreng.

188．五爪金龙 *Ipomoea cairica*（Linn. ）Sweet

189．金钟藤 *Merremia boisiana*（Gagnep. ）Oostr.

190．加拿大一枝黄花 *Solidago canadens*

（二）全区主要林业有害生物灾害

2006年，全区发生各类林业有害生物灾害108万公顷，为重度发生。其中，鼠害发生39万公顷，呈暴发态势，对西部荒漠地区和中西部退耕还林项目区造成巨大损失；沙棘木蠹蛾发生4.4万公顷，对呼和浩特市和鄂尔多斯市水保林造成较大损失；光肩星天牛在巴彦淖尔市、乌海市、包头市、鄂尔多斯市、阿拉善盟、呼和浩特市、乌兰察布市发生1.88万公顷，灾害较上年有所减轻；白桦尺蠖在呼伦贝尔市陈巴尔虎旗、免渡河林业局、额尔古纳市发生6.88万公顷，落叶松鞘蛾在呼伦贝尔市和兴安盟发生6.22万公顷，均属暴发性害虫。

2007年，全区发生各类林业有害生物灾害110万公顷。其中，白桦尺蠖在呼伦贝尔市陈巴尔虎旗、免渡河林业局、额尔古纳市发生面积上升到8.53万公顷；光肩星天牛在中西部发生1.69万公顷，灾害较上年进一步减轻；鼠害发生38万公顷，危害有所减轻；呼和浩特市清水河县发现1.78万公顷油松不明原因感病。

2008年，全区发生各类林业有害生物灾害102万公顷。其中，青杨天牛在赤峰市、通辽市发生5.31万公顷，上升明显；白桦尺蠖发生面积下降到5.86万公顷；鼠害发生面积下降到33.45万公顷。

2009年，全区发生各类林业有害生物灾害106万公顷，危害进一步加重。其中，落叶松鞘蛾在大兴安岭岭南八局发生面积高达17.67万公顷，严重地块呈火烧状，局部地区出现枯死树木；野兔在鄂尔多斯市鄂托克旗、鄂托克前旗、杭锦旗发生面积9.14万公顷，局部地区泛滥成灾，给当地退耕还林工程造成很大损失。

2010年，全区发生各类林业有害生物灾害114万公顷，是自治区历史上发生最为严重的一年。其中，天幕毛虫在全区突然暴发，发生面积高达16.46万公顷，特别是对额济纳旗胡杨林造成巨大损失；大沙鼠、草原黄鼠、松毛虫、沙棘木蠹蛾、落叶松鞘蛾等危害持续加重。

2011年，全区发生各类林业有害生物灾害101万公顷，较上年明显减缓。除天幕毛虫发生面积略有增加外，光肩星天牛、青杨天牛、落叶松鞘蛾、白桦尺蠖、松毛虫、舞毒蛾、鼠害均呈下降态势。

2012年，全区发生各类林业有害生物灾害102万公顷。其中，落叶松落叶病在呼伦贝尔市柴河林业局哈布气林场、兴安林场、柴河林场、图里河林场暴发成灾，发生面积高达9.55万公顷；舞毒蛾在赤峰市、通辽市、鄂尔多斯市、兴安盟发生10.28万公顷；阿拉善盟额济纳旗首次发现柳脊虎天牛；鄂尔多斯市乌审旗、伊金霍洛旗首次发现旱柳枯萎病，发生面积600公顷。

2013年，全区发生各类林业有害生物灾害101万公顷，除落叶松落叶病发生9.38万公顷较为严重外，其他病虫鼠害发生都比较平稳；乌兰察布市卓资县首次发现北方美金翅蛾和双色鹿尺蠖；满洲里市和通辽市科左后旗发现国家检疫性有害生物松树蜂。

2014年，全区发生各类林业有害生物灾害98万公顷，旱柳枯萎病在鄂尔多斯市从2个旗县600公顷迅速扩散蔓延到7个旗（县、区）2.13万公顷，伊金霍洛旗和乌审旗以及鄂托克旗出现旱柳成片死亡；光肩星天牛在巴彦淖尔市套区5个旗（县）和乌海市发生面积和危害程度呈现双加重态势。

2015年，全区发生各类林业有害生物灾害84万公顷，是近10年来发生面积最少的一年。

2006—2015年，全区年均发生各类林业有害生物灾害101万公顷。突出表现在，常发性重大林业有害生物光肩星天牛、松毛虫、鼠兔害等发生面积居高不下，突发性病虫害落叶松鞘蛾、天幕毛虫、柽柳条叶甲、沙棘木蠹蛾、桦尺蠖等频发不断。特别是美国白蛾自2009年起先后入侵自治区5个市18个旗（县、区），内蒙古面临着本土有害生物猖獗危害和外来有害生物入侵的双重压力。

表6-1-1　2006—2015年全区林业有害生物发生情况表

单位：万公顷

| 年度 | 发生面积 | | | | | | |
|---|---|---|---|---|---|---|---|
| | 合计 | 轻度发生 | 中度发生 | 重度发生 | 病害 | 虫害 | 鼠害 |
| 2006 | 108.03 | 45.42 | 40.86 | 21.75 | 2.67 | 66.39 | 38.97 |
| 2007 | 110.86 | 54.91 | 41.43 | 14.52 | 7.44 | 65.32 | 38.10 |
| 2008 | 102.07 | 45.90 | 42.21 | 13.96 | 2.21 | 66.41 | 33.45 |
| 2009 | 106.27 | 54.45 | 34.24 | 17.58 | 1.85 | 70.38 | 34.04 |
| 2010 | 114.22 | 55.81 | 38.23 | 20.18 | 1.37 | 81.47 | 31.38 |
| 2011 | 101.61 | 55.69 | 33.02 | 12.90 | 2.29 | 71.19 | 28.13 |
| 2012 | 102.87 | 51.59 | 32.08 | 19.20 | 11.04 | 65.04 | 26.79 |
| 2013 | 101.94 | 54.79 | 34.49 | 12.66 | 13.02 | 65.09 | 23.83 |
| 2014 | 98.32 | 54.73 | 32.27 | 11.32 | 9.77 | 66.91 | 21.64 |
| 2015 | 84.84 | 46.28 | 25.63 | 12.93 | 7.61 | 54.93 | 22.30 |

## 五、有害生物防治

### （一）目标管理

2007年，自治区党委将“林业有害生物成灾率”纳入盟（市）、厅（局）政绩考核。2008年，自治区森防站出台《内蒙古林业有害生物综合目标管理工作绩效考核办法（试行）》。2010年和2011年，自治区对12个盟市及2个计划单列市进行目标管理大检查。

2011年，国家林业局与自治区政府签订《2011—2013年松材线虫病等重大林业有害生物防控目标责任书》。11月17日，自治区政府在呼和浩特市召开全区林业有害生物防治工作会议，自治区发展改革委、财政厅、林业厅有关负责人和各盟行政公署、市人民政府分管林业的副秘书长出席会议。会上，传达了全国林业有害生物防治工作会议精神，自治区分管副主席刘新乐发表书面讲话，自治区林业厅代表自治区政府与各盟行政公署、市人民政府签订《2011—2013年松材线虫病等重大林业有害生物防控目标责任书》。随后，各盟行政公署、市人民政府（市）也相继召开林业有害生物防治工作会议，与直属旗（县、区）人民政府签订《2011—2013年松材线虫病等重大林业有害生物防控目标责任书》。2014年10月16—20日，国家林业局检查组对国家林业局与自治区政府签订的《目标责任书》履责情况进行检查考核，检查组实地查看乌兰察布市四子王旗和化德县，听取自治区政府汇报，一致认为，内蒙古自治区圆满完成各项指标和任务。

2014年，《国务院办公厅关于进一步加强林业有害生物防治工作的意见》印发后，自治区政府办公厅及时进行转发，并对全面贯彻《国办意见》提出具体要求。

（二）绿色防治

2006年以后，各地大力推广噻虫啉、吡虫啉、灭幼脲、杀龄脲、绿色威雷、雷公藤甲素、莪术醇、世双鼠靶等无公害药剂和春尺蠖病毒、柳毒蛾病毒、舞毒蛾病毒等病毒制剂以及天敌繁殖释放招引，无公害防治率由2006年的87%提高至2015年的92%。

2010年，自治区在巴彦淖尔市召开人工招引啄木鸟控制光肩星天牛现场会，在中西部地区推广人工招引啄木鸟控制光肩星天牛技术。2011—2014年，乌兰察布市总结出的捆绑塑料胶带控制食叶害虫技术在全区推广4000万株，成为控制食叶害虫的主要手段。2013年起，鄂尔多斯市采取沙柳平茬复壮的办法防治柳毒蛾。2008年起，阿拉善盟阿拉善左旗采取设置招鹰架控制大沙鼠。

2013年，乌兰察布市启动自治区级生物防治示范区建设，建设地点为兴和县苏木山林场，建设规模866.67公顷，建设期限为3年。采取的措施有人工喷洒BT、阿维菌素、苦参碱和病毒制剂，捆绑塑料胶带，太阳能杀虫灯诱杀，人工收集卵块，悬挂鸟巢等，治理对象有舞毒蛾、落叶松尺蠖、落叶松毛虫、落叶松鞘蛾、落叶松球蚜。经过3年的建设，示范区林业有害生物发生面积由866.67公顷降至266.67公顷，实现有虫不成灾的目标，并总结出一整套防治技术。

2014年，兴安盟扎赉特旗凤兴柞蚕专业合作社通过柞蚕繁殖赤眼蜂防治榆紫叶甲和桑褶赤尺蛾。

（三）社会化防治

2006年，赤峰市阿鲁科尔沁旗成立林业有害生物防治公司，承包林业重点工程病虫害防治。2007年，乌海市成立林业有害生物防治专业队，防治西鄂尔多斯自然保护区红缘天牛。2010年，赤峰市敖汉旗总结出“两型”防治办法，即生态林由政府主导，实行群防群治；商品林由市场主导，实行联防联治。2011年，通辽市扎鲁特旗飞机防治天幕毛虫和桑褶翅尺蛾2万公顷。2012年，阿拉善盟额济纳旗和鄂尔多斯市伊金霍洛旗成立林业有害生物防治公司；赤峰市克什克腾旗飞机防治云杉扁叶峰1万公顷，阿鲁科尔沁旗飞机防治天幕毛虫0.67万公顷。2013年，赤峰市克什克腾旗飞机防治云杉扁叶峰0.24万公顷，阿鲁科尔沁旗飞机防治天幕毛虫0.33万公顷。2014年，通辽市扎鲁特旗飞机防治榆紫叶甲和桑褶翅尺蛾2万公顷。2015年，赤峰市阿鲁科尔沁旗启动飞机喷撒世双鼠靶颗粒灭鼠剂防治鼠害333.33公顷，成为林业上鼠害飞机防治“第一飞”；阿拉善盟启动政府购买防治服务试点工作，在额济纳旗飞机防治胡杨食叶害虫0.37万公顷；通辽市扎鲁特旗飞机防治榆紫叶甲1.2万公顷；赤峰市克什克腾旗飞机防治云杉扁叶蜂0.2万公顷；赤峰市启动专业合作社承担林业有害生物防治改革试点任务，试点单位为宁城县百氏兴林果合作社。

（四）区域性联防联治

2011年，辽宁省林业厅、吉林省林业厅、内蒙古自治区林业厅签署美国白蛾联防联治协议，在辽宁省召开3省区美国白蛾联防联治会议。2012年，辽宁省林业厅、吉林省林业厅、内蒙古自治区林业厅、黑龙江省林业厅签署联防联治协议，在吉林省召开4省（区）联防联治会议，标志着东北4省（区）联防联治机制正式建立。2013年，通辽市和鄂尔多斯市承办东北4省（区）联防联治会议。2015年，乌兰察布市、张家口市、大同市签订联防联治协议；乌海市与宁夏石嘴山市签订联防联治协议。为深化京蒙合作，借助京蒙合作平台，2015年在赤峰市举办林业植物检疫员培训班，授课老师均来自北京市林业保护站。

（五）重大危险性林业有害生物灾害应急处置

2007年，自治区政府办公厅印发《内蒙古自治区处置重大林业有害生物灾害应急预案》。

2014年，针对鄂尔多斯市旱柳枯萎病急剧扩散蔓延的实际，自治区林业厅邀请南京林业大学叶建仁、中国林科院张星耀、国家森防总站宋玉双等国内森林病理知名专家现场会诊；召开由鄂尔多斯市林业局及厅系统森防、种苗、造林、资源、公安、林场、林工、天保、退耕部门负责人参加的厅长办公会议，专题研究旱柳枯萎病防治对策；向国家林业局和自治区政府报告疫情。鄂尔多斯市林业局召开紧急会议，全面部署旱柳枯萎病防控工作，严禁带疫苗木外调，及时清理枯死虫害木。鄂尔多斯市森防站开展各项防治试验，加强疫情监测，启动与东北林业大学共同研究致病机理合作。截至2015年，旱柳枯萎病疫情得到初步控制。

2014年，光肩星天牛发生面积和危害程度在巴彦淖尔市和乌海市急剧上升。巴彦淖尔市召开全市动

表6-1-2　2006—2015年全区林业有害生物防治情况表

单位：万公顷

| 年度 | 防治面积 | | | | | |
|---|---|---|---|---|---|---|
| | 合计 | 生物防治 | 仿生防治 | 化学防治 | 人工防治 | 其他措施 |
| 2006 | 58.82 | 13.52 | 16.26 | 7.39 | 12.67 | 8.98 |
| 2007 | 57.27 | 14.01 | 13.76 | 7.54 | 13.08 | 8.88 |
| 2008 | 48.73 | 8.39 | 16.99 | 7.01 | 9.19 | 7.15 |
| 2009 | 43.07 | 5.42 | 14.74 | 6.88 | 9.32 | 6.71 |
| 2010 | 54.81 | 3.10 | 29.37 | 5.20 | 9.34 | 7.80 |
| 2011 | 33.15 | 5.09 | 16.50 | 2.65 | 6.65 | 2.26 |
| 2012 | 48.42 | 4.89 | 18.87 | 7.81 | 8.19 | 8.66 |
| 2013 | 46.77 | 10.43 | 12.55 | 5.47 | 10.69 | 7.63 |
| 2014 | 42.34 | 9.45 | 14.25 | 3.99 | 5.62 | 9.03 |
| 2015 | 46.14 | 5.86 | 14.74 | 3.58 | 8.77 | 13.19 |

员大会，全面开展光肩星天牛防控工作；巴彦淖尔市人民政府与旗（县、区）人民政府签订启动光肩星天牛防治责任状；光肩星天牛防控指挥部启动光肩星天牛应急预案，召开光肩星天牛防治应急演练、现场观摩和座谈会；各旗（县、区）党委、政府也高度重视光肩星天牛防治工作，调整防治策略，加大资金投入，落实各项防控措施；五原县还召开县委常委会议和党政联席会议，专题部署光肩星天牛防治工作。乌海市人民政府紧急拨付220万元资金用于光肩星天牛防治。乌海市林业局邀请国家和自治区专家进行现场会诊，组织三区林业部门开展防控工作。截至2015年底，光肩星天牛在巴彦淖尔市和乌海市得到明显遏制。

2015年，通辽市科左后旗发现美国白蛾幼虫后，通辽市林业局紧急印发《关于进一步加强美国白蛾防控工作的通知》和《美国白蛾幼虫调查方案》。科尔沁左翼后旗人民政府立即召开会议，启动美国白蛾应急预案，紧急安排部署美国白蛾防治工作，通过组织拉网式排查，确定防治范围，组建12个防治专业队，配备车载喷雾器，开展美国白蛾预防性防治。

2006—2015年，全区累计防治各类林业有害生物灾害479.52万公顷，年均防治各类林业有害生物灾害47.95万公顷，林业有害生物成灾率由2006年的6.9‰下降至2015年的1.5‰。

（六）美国白蛾检疫封锁防治

2009年4月，鄂尔多斯市伊金霍洛旗在从河北调入的国槐上发现美国白蛾成虫，这是自治区首次发现。鄂尔多斯市政府立即印发《关于对调运使用林木种苗进行严格检疫的通告》，规范全市苗木调运工作。鄂尔多斯市林业局召开全市森防工作紧急会议，部署疫情监测和检疫工作，并向自治区林业厅报告疫情。自治区林业厅接到鄂尔多斯市林业局报告后，以签报的形式向自治区分管副主席作了汇报。同时，印发《关于加强美国白蛾防范工作的通知》，派出2个检查组赴盟市督导检查。

2011年3月，自治区政府办公厅以明传电报的形式印发《关于进一步加强林业植物检疫工作的通知》，要求做好林业植物检疫工作。

2011年4月，鄂尔多斯市5个旗（县、区）在外省调入的苗木中截获美国白蛾成虫和卵；同年6月，通辽市科左后旗诱捕到美国白蛾成虫。鄂尔多斯市截获美国白蛾后，市人民政府印发《关于切实加强林木种苗调运管理严禁调入带有美国白蛾等病虫害林木种苗的紧急通知》，市政府督察组对重点旗（县）进行督查，林业部门对新造林地进行全面排查。通辽市科左后旗发现美国白蛾后，科左后旗人民政府印发《关于立即行动起来防治美国白蛾的紧急通知》，组织乡镇开展乡不落村、村不落户的地毯式排查。2012年5月，鄂尔多斯市东胜区和通辽市科左后旗使用诱捕器诱捕到美国白蛾成虫。

2013年4—6月，巴彦淖尔市乌拉特前旗、临河区、杭锦后旗、五原县、乌拉特后旗和乌兰察布市集宁区、兴和县、四子王旗以及鄂尔多斯市伊金霍洛旗先后使用诱捕器诱捕到美国白蛾成虫。2014年，呼和浩特市新城区、托克托县和鄂尔多斯市准格尔旗以及通辽市科左后旗、科左中旗、霍林河市使用诱捕器诱捕到美国白蛾成虫。2015年，通辽市科左后旗监测到美国白蛾幼虫。上述过程是国内重大危险性有害生物美国白蛾入侵自治区的轨迹，表明美国白蛾已入侵并在局部地区形成危害。2009—2015年，自治区有5个市的18个旗（县、区）相继截获或诱捕到美国白蛾。经过严密的检疫封锁和应急处置，有效地防范了美国白蛾的入侵。

2013年3月，自治区林业厅印发《关于春季造林期间加强种苗检疫检查工作的通知》，要求各地做好美国白蛾检疫工作。《通知》印发后，自治区森防站对各地春季造林检疫进行检查，检查结束后，以自治区林业厅名义印发《关于春季造林期间苗木检疫检查情况的通报》。从4月起，巴彦淖尔市乌拉特前旗、临河区、杭锦后旗、乌拉特后旗、五原县和乌兰察布市集宁区、兴和县、四子王旗以及鄂尔多斯市伊金霍洛旗相继检疫到美国白蛾。巴彦淖尔市人民政府和乌兰察布市人民政府召开了全市美国白蛾专题会议，成立美国白蛾防控指挥部。巴彦淖尔市人民政府发布《关于对调运使用林木种苗进行严格检疫的通告》，印发《巴彦淖尔市美国白蛾应急预案》；通辽市人民政府印发《关于进一步加强对美国白蛾监测预警及防控工作的通知》。巴彦淖尔市森防部门对疫区调入苗木土壤过筛检查；乌兰察布市森防部门对从疫区调入已栽植的树木使用纱网罩树监测；鄂尔多斯市森防部门要求用苗单位灌根预防。

2014年，呼和浩特市托克托县、新城区和鄂尔多斯市准格尔旗以及通辽市科左后旗、科左中旗、霍林河市复检和诱捕到美国白蛾。呼和浩特市人民政府召开紧急会议，印发防控通知和技术方案，与旗（县、区）人民政府签订责任状，落实专项防治经费；森防部门对带疫苗木及时进行除害处理。通辽市和鄂尔多斯市也加大调运检疫和复检力度，严密监测疫情动态。

**六、检疫执法**

2006年后，全区继续进行林业有害生物检疫执法工作。

2011年，呼伦贝尔市林业局在全市范围内开展代号“利剑2011”林业植物检疫执法专项行动。行动中，森防部门与森林公安、林政、资源部门密切配合，在甘南—阿荣旗、龙江—扎兰屯、乌兰浩特—扎兰屯、阿尔山—罕达盖4个交通要道实施检疫检查。

2012年，按照国家林业局开展“绿盾2012”林业植物检疫执法检查行动的统一部署，自治区林业厅成立“绿盾2012”林业植物检疫执法检查行动领导小组，印发《内蒙古自治区“绿盾2012”林业植物检疫执法检查行动实施方案》，在全区范围内启动“绿盾2012”林业植物检疫执法检查行动。全区各级森检机构共组织行动1762次，出动人员7855人次，检查涉木企业1350家，检查苗木花卉基地706个，检疫种苗花卉5.8亿株，检疫木材71万立方米，查处案件294起，涉案金额1500多万元。

2014年10月，自治区林业厅印发《关于开展全区林木种苗调运专项执法行动的通知》，启动全区林木种苗调运专项执法行动。各盟（市）森防、种苗和森林公安部门联合执法，共同查处违法调运林木种苗行为。自治区林业厅派出督察组，分赴各盟（市）督查专项行动。

**七、检疫防治资金**

（一）项目建设经费

2007年，启动内蒙古林业鼠兔害等林业有害生物预防体系基础设施建设项目，总投资791万元，其中中央投资633万元，地方配套158万元；满洲里市林木检验检疫处理场建设项目总投资316万元，其中中央投资253万元，地方配套63万元；内蒙古兴安盟天敌繁育场建设项目总投资376万元，其中中央投资150万元，地方配套226万元；内蒙古巴彦淖尔市生物农药加工厂改扩建项目总投资548万元，其中中央投资150万元，地方配套398万元。

2008年，启动内蒙古重点区域林业有害生物灾害应急除治建设项目，总投资473万元，其中中央投资378万元，地方配套95万元；满洲里市林业有害生物预防体系基础设施建设项目总投资241万元，其中中央投资193万元，地方配套48万元。

2009年，启动内蒙古杨树天牛等主要林业有害生物监测预警体系基础设施建设项目，总投资1284万元，其中中央投资1027万元，地方配套217万元；内蒙古乌海市乌兰布和沙漠四合木等珍稀濒危植物红缘天牛综合防治基础设施建设项目总投资394万元，其中，中央投资313万元，地方配套81万元。

2010年，启动内蒙古西部生态脆弱区林业有害生物防控体系建设项目，总投资840万元，其中中央投资672万元，地方配套168万元；内蒙古呼伦贝尔岭南次生林区林业有害生物综合治理基础设施建设项目总投资489万元，其中中央投资391万元，地方配套98万元；内蒙古锡林郭勒盟浑善达克沙地林业有害生物监测与防控基础设施建设项目总投资436万元，其中中央投资349万元，地方配套87万元；内蒙古通辽市森林昆虫天敌繁育基地建设项目总投资373万元，其中中央投资149万元，地方配套224万元。

2011年，启动内蒙古林业有害生物检疫御灾体系基础设施建设项目，总投资1653万元，其中中央投资1322万元，地方配套331万元；内蒙古巴彦淖尔市啄木鸟繁育场建设项目总投资350万元，其中中央投资140万元，地方配套210万元；兴安盟嫩江流域林业有害生物综合治理基础设施建设项目总投资614万元，其中中央投资491万元，地方配套123万元。

2012年，启动内蒙古大青山西段生态脆弱区林业有害生物综合治理基础设施建设项目，总投资603万元，其中，中央投资482万元，地方配套121万元。

2006—2015年，中央和地方累计投入基本建设投资10660万元，加强森防基础设施建设。2006年启动内蒙古杨树天牛等主要林业有害生物预防体系基础设施建设项目，总投资1308万元，其中中央投资1046万元，地方配套262万元。

（二）检疫费管理

截至2014年12月31日，自治区林业植物检疫收费按照国家物价局、财政部《关于发布中央管理的林业系统行政事业性收费项目及标准的通知》规定执行。检疫收费作为预算内收入，全部上缴自治区财政；依法处罚的罚金也全部上缴自治区财政。

2014年，国家财政部下达《关于取消、停征和免征一批行政事业性收费的通知》，对小微企业（含工商、个体）免征植物检疫费。按照《通知》要求，2015年1月1日起，自治区各地暂免小微企业检疫收费。为解决检疫执法资金缺乏的实际问题，自治区森防站印发《关于将林业植物检疫费列入当地财政预算的通知》，要求各盟（市）、旗（县）森防站严格执行《国务院办公厅关于进一步加强林业有害生物防治工作的意见》中将检疫工作经费纳入财政预算的要求，测算检疫执法所需费用，将检疫员着装、业务培训、宣传教育、购置实验仪器设备、检疫人员补助、执法车辆燃油及维修等费用作出预算，报送同级财政部门要求纳入预算，保障检疫工作正常开展。截至2015年底，包头市、满洲里市、兴安盟已将检疫工作经费纳入财政预算。

## 第二节　野生动植物保护

### 一、资源调查

1995—2000年，内蒙古自治区首次开展野生植物调查和湿地调查工作，全国第二次动物资源调查开始于2014年。内蒙古自治区本次调查总面积为102.9万平方公里（不含内蒙古自治区大兴安岭森工集团公司施业区和加格达奇林区），涉及全区12个盟（市）101个旗（县），为期5年，即2014—2018年。调查对象为陆生野生脊椎动物，即兽类、鸟类、爬行类和两栖类。调查采用常规调查、专项调查和同步调查3种形式，常规调查的物种共182种，专项调查的物种共23种，同步调查的物种共51种。由内蒙古自治区林业监测规划院负责本行政区域内陆生野生动物资源调查的工作。

全国第二次重点保护野生植物资源调查，内蒙古自治区的19种植物列入国家Ⅰ级保护物种2种，国家Ⅱ级保护物种16种。内蒙古珍稀濒危保护植物Ⅰ级的有5种，Ⅱ级的有7种，Ⅲ级的有2种。由内蒙古自治区林业监测规划院负责本行政区域内陆生野生植物资源调查的工作。

## 二、野生动（植）物地区命名

2000—2015年，内蒙古自治区野生动植物保护协会先后参与进行全区野生动（植）物地区命名：兴安盟扎赉特旗被授予“中国大鸨之乡”称号、赤峰市被授予“中国天鹅之乡”称号、锡林郭勒盟西乌珠穆沁旗被授予“中国百灵鸟之乡”称号、巴彦淖尔市乌拉特前旗被授予“中国疣鼻天鹅之乡”称号、阿拉善盟被授予“中国肉苁蓉之乡”称号、呼伦贝尔市被授予“中国鸿雁之乡”。

## 三、野生动植物驯养繁殖

### （一）野生动物驯养繁殖

内蒙古自治区有野生动物驯养繁殖场点近百余处，其规模各不相同，最大一处赤峰市巴林左旗乌兰坝林场从1966年就开始驯养繁殖马鹿，有50多年的驯养繁殖历史，2015年，发展到存栏数为1050头的大型马鹿驯养繁殖基地。乌兰坝养鹿场还具备科研、开发产品、销售等技术和管理力量，曾经是中国马鹿驯养繁殖试验基地，鹿产品销往国内外市场。全国各大、中城市的人民公园、野生动物园，也驯养了一批以观赏为主的野生动物，如：大熊猫、斑马、大象、黑熊、棕熊、梅花鹿、驯鹿、大天鹅、丹顶鹤等，这些公园和动物园同时也承担着部分野生动物的救护工作。内蒙古驯养繁殖野生动物的种类呈上升趋势。

2000—2015年，内蒙古自治区的野生动物进出口产品主要是人工繁育成熟的梅花鹿和马鹿产品的出口，在国内外市场有较大的竞争力和市场。

### （二）野生植物的培植和采集

2000—2015年，内蒙古自治区野生植物的培植和采集，以生态建设和园林建设中的人工栽培活动为主。主要树种为樟子松、沙地柏、油松、山杨、云杉等；还有一些以经济活动为主的，如栽培蝴蝶兰、沙棘、麻黄、甘草、库页红景天等。

内蒙古野生植物的进出口以木材和花卉种子为主。从俄罗斯和蒙古国进口红松、樟子松等圆木和板材；出口植物是人工培植的蝴蝶兰。

## 四、陆生野生动物疫源疫病监测

陆生野生动物疫源疫病监测是野生动物保护中的一项重要工作。主要任务是对野生动物疫源疫病进行严密监测，及时准确掌握野生动物疫源。在监测野生动物种群中发现行为异常或不正常死亡时，记录信息、科学取样、检验检测、报告结果、应急处理、发布疫情等全过程。

至2015年底，根据国家林业局的安排和指导，内蒙古自治区建立10处国家级陆生野生动物疫源疫病监测站，31处自治区级陆生野生动物疫源疫病监测站。各陆生野生动物疫源疫病监测站制订应急预案，并按照有关要求纳入本级政府突发公共卫生应急预案，全面做好疫源疫病监测防控工作，不断完善野生动物疫源疫病监测预警防控体系，对全区野生动物生态保护工作起到积极作用。

# 第三节　自然保护区

## 一、国家级自然保护区

截至2005年底，内蒙古自治区有国家级自然保护区15处，分别是内蒙古大青沟国家级自然保护区、内蒙古贺兰山国家级自然保护区、内蒙古达赉湖国家级自然保护区、内蒙古科尔沁国家级自然保护区、内蒙古西鄂尔多斯国家级自然保护区、内蒙古白音敖包沙地云杉国家级自然保护区、内蒙古赛罕乌拉国家级自然保护区、内蒙古乌拉特梭梭林蒙古野驴国家级自然保护区、内蒙古大黑山国家级自然保护区、内蒙古鄂尔多斯遗鸥国家级自然保护区、内蒙古图牧吉国家级自然保护区、内蒙古黑里河国家级自然保护区、内蒙古红花尔基樟子松林国家级自然保护区、内蒙古额济纳胡杨林国家级自然保护区、内蒙古大兴安岭汗马国家自然保护区。

2006—2015年，新增国家级自然保护区9处，分别是内蒙古哈腾套海国家级自然保护区、内蒙古大青山国家级自然保护区、内蒙古高格斯台罕乌拉国家级自然保护区、内蒙古古日格斯台国家级自然保护区、内蒙古罕山国家级自然保护区、内蒙古青山国家级自然保护区、内蒙古乌兰坝国家级自然保护区、内蒙古额尔古纳国家级自然保护区、内蒙古毕拉河国家级自然保护区。

### （一）内蒙古哈腾套海国家级自然保护区

1995年建立，2006年晋升为国家级自然保护区。位于巴彦淖尔市磴口县西北部的乌兰布和沙漠的东北缘，距磴口县城60余公里。其地理位置北纬40°30′—40°57′，东经106°09′—106°50′。南北宽约42公里，东西长约53公里，总面积123600公顷，其中：山地65700公顷，沙漠29910公顷，平原27990公顷，保护区内有湿地12处，总面积3600公顷。

哈腾套海国家级自然保护区内有高等植物53科160属302种（包括变种及栽培种），其中，蕨类植物1科1属3种，被子植物52科159属299种（野生植物有40科128属239种）。种子植物53科160属302种。植物区系属于亚非荒漠区-亚洲中部亚区-阿拉善荒漠植物省-东阿拉善州。植物区系地理成分相对丰富、区内单科、单属较多、特有种较多，植物区系独特，以灌木和半灌木为优势类群。植被类型划分为4个植被型、8个群系组、14个群系。哈腾套海国家级自然保护区内有陆生野生脊椎动物96种。其中，兽类有6目11科27种，占脊椎动物种数的28.1%；鸟类有14目28科62种，占脊椎动物种数的64.6%；两栖爬行类7种，占7.3%。

有国家重点保护野生动物22种，其中，国家Ⅰ级保护动物有6种，国家Ⅱ级保护动物有16种。保护区内有国家重点保护植物沙芦草，国家重点保护野生动物有22种，其中，国家Ⅰ级重点保护动物有北山羊（*Capra sibirica*）、金雕（*Aquila chrysaetos*）、黑鹳（*Ciconia nigra*）、白鹤（*Grus leucogeranus*）、大鸨（*Otis tarda*）、波斑鸨（*Otis undulata*）6种，国家Ⅱ级保护动物有盘羊、青羊、鹅喉羚、黄羊、岩羊、漠猫、大天鹅、疣鼻天鹅、蓑羽鹤、灰鹤、红隼、秃鹫、草原雕、鸢、大鵟、纵纹腹小鸮16种。另外，7种野生动物属于《濒危野生动植物种国际贸易公约》，13种鸟类属于《中日候鸟保护协定》的保护物种，8种鸟类属于《中澳候鸟保护协定规定》的保护物种。

为保证巡护工作的顺利开展，对重点保护的沙冬青、梭梭、柠条锦鸡儿等灌木林，采用细钢围栏进行全部围封，确保这些灌木不受到人、畜的破坏，并得到有效保护。保护区制定《哈腾套海自然保护区管理办法》，根据保护区管理特点制定《自然保护区管理局岗位职责、管理制度》等规章制度，保护区管理局与苏木政府和嘎查委员会签订自然保护协议。并通过在中小学开展“上好一节生态课，过好一个团队日活动”和家长承诺“不乱捕滥猎、不食野生动物”等宣传教育活动，使得周边社区乃至全县人民对野生动物的保护意识不断提高。

（二）内蒙古大青山国家级自然保护区

2008年经国务院批准晋升为国家级自然保护区。由原九峰山、呼和浩特大青山两个（自治区级）自然保护区和上高台（县级）自然保护区整合扩充而来。属森林生态系统类型的超大型自然保护区，是我国北方最大的森林生态系统类型自然保护区，全国第五大森林生态系统类型自然保护区；其面积列全国自然保护区第二十五位、内蒙古自然保护区第四位。

保护区东起乌兰察布市卓资县头道北山山脊，西至包头市昆都仑河谷；南起大青山山脚土默特右旗沟门，北至卓资县后房子村。地理坐标北纬40°34′—41°14′，东经109°47′—112°17′，东西长约217公里，南北平均宽18公里。保护区涉及乌兰察布、呼和浩特、包头3市，10个旗（县、区）。总面积388577公顷，据资源清查，森林覆盖率为44.36%，植被覆盖率达80%。保护区管理局下设呼和浩特、包头、乌兰察布3个分局，16个管理站，从东到西依次是上高台、古路板、回民区、乌素图、五道沟、五家村、井儿沟、白石头沟、大青山、万家沟、九峰山、五当召、青山、马鞍山、白彦沟、昆都仑管理站。

保护区地处内蒙古中部，属于阴山山脉中段，是一个以山地森林、灌丛等多种生态系统、珍稀野生动植物以及水源涵养地为主要保护对象的综合性自然保护区。是阴山山脉中段生物多样性的典型地段，是保护土默川平原乃至华北平原的一道绿色天然屏障。大青山既是黄河流域的北部界线，季风与非季风分界线，也是中国古代游牧文化与农耕文化的分界线。保护区山体相对高度800—1000米，最高峰九峰山海拔2338米，大青山山体高大，西高东低，呈东西方向坐落于草原区内，是蒙古高原草原区与黄土高原草原区的分水岭。南坡陡峭，受东南海洋季风的影响，为大青山南麓带来了较为温和的气候和雨水，而北坡平缓，直接承受和阻挡西伯利亚寒流、蒙古高原风沙对土默川平原、华北平原及首都北京的侵袭。区域内完好的山地森林、灌丛-草原生态系统，孕育了丰富的水资源，成为土默川平原、黄河上中游地区重要的水源补给区，每年向黄河输水2亿多立方米，在调节祖国北方水分平衡和水资源供给中起着重要的作用。

保护区山地东经灰腾梁台地与冀北山地相连，西经乌拉山、狼山与贺兰山、北大山、马鬃山相通，形成一条连接和沟通东北、华北、西北动植物区系的过渡带和大通道，构成了一条环中亚干旱、半干旱区南缘的生态交错带。这条生态交错带在祖国北方草原区占据了一个独特的生态区域，成为干旱、半干旱区森林的岛屿和诸多大型动物活动的渠道，在维护和保持内亚荒漠草原生态稳定性方面具有重要的意义。

保护区内分布有苔藓类植物163种1亚种6变种，蕨类植物11科14属26种，种子植物86科390属908种，大型真菌类333种，脊椎动物5纲27目68科145属248种，昆虫26目243科1512种，蛛形纲1目21科124种。保护区内有国家Ⅱ级保护野生植物1种，即蒙古扁桃；自治区Ⅱ级珍稀濒危保护植物11种（脱皮榆、毛果灰榆等），Ⅲ级珍稀濒危保护植物7种。特别是脱皮榆在中国分布范围很小，其数量极少，为国内榆科植物中的珍贵物种资源。保护区内有阴山特有植物9种：阴山苔草、阴山马先蒿、阴山毛茛、阴山棘豆、大青山棘豆、大青山嵩草、大青山沙参、毛披碱草、大青山黄芪。保护区内有国家Ⅰ级保护野生动物4种：黑鹳、胡兀鹫、金雕、雪豹；国家Ⅱ级保护野生动物20种：雀鹰、大鵟、秃鹫、猎隼、燕隼、红脚隼、鹏鸮、长耳鸮、斑羚等。

保护区建立后，实施保护建设工程：第一，基础设施建设。管理局、3个分局和16个管理站的办公用房等基础设施建设全部竣工；设立界碑749块、界桩25块、大型解说牌3块、高山造字一处、宣传牌400块；建成防火信息平台2处，防火监控前端10处，其中智能化监控前端1处。第二，开展保护区本底调查和森林资源二类专业调查以及航拍工作。第三，组织编制保护区总体规划（2014—2023年）和保护区生态旅游总体规划并获得国家林业主管部门的批准。第四，植被恢复工程万余公顷。第五，生态移民建设工程。包头辖区内核心区户数较2014年减少659户、2064人，缓冲区户数较2014年减少779户、2551人，实验区户数较2014年减少1000户、1411人。第六，规划生态旅游区19处。第七，科研监测与公众教育建设工程。组织开展科学考察，编辑出版《内蒙古大青山国家级自然保护区综合科考集》；完成“三北地区生态林可持续经营关键技术研究与示范”子项目——内蒙古大青山生态林可持续经营关键技术研究与示范，并出版《阴山中段生态公益林可持续经营关键技术研究》专著；开展“植物标本采集制作与植物资源信息库建立”项目；与内蒙古林业科学研究院合作建立内蒙古大青山森林生态系统国家定位研究站；与呼和浩特大青山野生动物园联合成立内蒙古大青山国家级自然保护区野生动物救护中心。

（三）内蒙古高格斯台罕乌拉国家级自然保护区

1997年建立，1999年晋升为市级自然保护区，2001年晋升为自治区级保护区，2011年晋升为国家级自然保护区。

保护区地处大兴安岭南麓，位于赤峰市阿鲁科尔沁旗北部的罕山林场境内，北与阿鲁科尔沁旗的巴彦包勒格苏木、巴彦温都尔苏木毗邻；南与内蒙古乌兰坝—石棚沟自然保护区和阿鲁科尔沁旗的巴彦温都尔苏木接壤，东与内蒙古通辽市相连，西接锡林郭勒盟的西乌珠穆沁旗。地理坐标：北纬44°41′03″—45°08′44″，东经119°03′30″—119°39′08″。保护区总面积106284公顷。

保护区是典型的山地森林—草原生态系统，是中国大兴安岭南部山地次生林保存最完好的地区，生物多样性丰富。分布有国家Ⅰ级保护动物黑鹳、大鸨2种，国家Ⅱ级保护动物马鹿、猞猁等37种，国家Ⅱ级保护植物紫椴，《国际野生动植物种贸易公约》保护植物手掌参、角盘兰、红门兰、绶草、大花杓兰5种，内蒙古珍稀濒危保护植物12种。

经过多年的保护与建设，特别是在保护区晋升为国家级自然保护区后，保护区内野生马鹿等国家重点保护动物适生生境得到明显改善。2014年马鹿种群数量达到3000只以上。高格斯台罕乌拉国家级自然保护区的建设，对保护大兴安岭南部山地生物多样性，构筑中国北方生态安全防护体系，发挥其生态屏障功能，为防止沙尘暴南侵，促进地区经济可持续发展发挥重要作用。

（四）内蒙古古日格斯台国家级自然保护区

1998年建立，1999年晋升为盟级自然保护区，2001年晋升为自治区级保护区，2012年经国务院批准晋升为国家级自然保护区。

保护区位于大兴安岭南段山地的北麓，内蒙古锡林郭勒盟东部的西乌珠穆沁旗（以下简称西乌旗）境内。保护区总面积98931.0公顷，共划分为3个功能区，即核心区、缓冲区、实验区。

大兴安岭山地和巴隆马格龙丘陵分别从东—南和北面环绕着的区域就是乌珠穆沁盆地。盆地的西缘为一组丘陵，使乌珠穆沁盆地与锡林郭勒高原相分离。海拔820米的盆地最低点形成国际重要湿地——乌拉盖湿地；盆地最高点1957米，位于保护区的古日格斯台山。乌珠穆沁盆地面积约7万平方公里，是一个相对封闭的自然地理单元。盆地内发育有9条内流河，其中4条发源于古日格斯台国家级自然保护区。源于保护区的4条河流是补充乌珠穆沁草原地下水的主要来源，确保了保护区周边地区的人、畜饮水安全。保护区坐落在乌珠穆沁盆地南缘，大兴安岭南段的北麓。从海拔1100米的山前平原到1900米的分水岭，形成由草甸草原带、中生灌丛带、夏绿阔叶林带和针叶林带组成的山地垂直带谱，并由此奠定保护区内植被空间分布格局的基本框架。在此框架的基础上，河源湿地、河流湿地形成的网络穿插在各个植被带中，华丽的林缘草甸则呈斑块状散布于各个植被带内，另外，还分布有独特的沙地—覆沙地复合植物群落。多样化的生态环境为多种野生动植物生存繁衍提供了良好的环境。

初步统计，保护区有20种植物区系地理成分。表明在历史上曾有不同起源的植物物种扩散、迁移到这里，从而使该保护区植物种类在组成和起源上具有复杂性和多样性的特点，使该区成为研究植物区系地理与历史的一个关键区域。

保护区有高等植物654种和6变种，分属于94科330属。其中蕨类植物10科12属16种，裸子植物3科5属7种，被子植物81科313属631种6变种。

经调查确定，保护区有脊椎动物223种，分属于24目67科137属，其中，鱼类6种，两栖类3种，爬行类5种，鸟类165种，兽类44种。保护区有国家重点保护动物33种，其中国家Ⅰ级重点保护动物4种，国家Ⅱ级重点保护动物29种。其中，游隼（*Falco peregrinus*）、金雕（*Aquila chrysaetos*）已被列为世界濒危珍稀动物。保护区被列为《中国濒危动物红皮书》的有21种，包括两栖类1种，鸟类14种，兽类6种。被列为《世界受胁鸟种》的有4种。属于《珍稀濒危野生动植物种国际贸易公约》附录所列的物种有29种。同时，该保护区是大鸨（*Otis tarda*）、黑鹳（*Ciconia nigra*）等珍稀鸟类的重要繁殖地，也是东北马鹿（*Cervus elaphus*）的主要栖息地。

内蒙古古日格斯台国家级自然保护区生态系统类型多样，气候多变，地形复杂，为昆虫的发生创造了有利的条件。调查结果表明，保护区有昆虫218种，隶属12目91科，其中以鳞翅目、鞘翅目、双翅目、半翅目为优势种。

保护区野生大型真菌资源16科52种，其中鬼伞科（11种）、口蘑科（8种）、马勃科（7种）种类比较丰富，分别占21.2%、15.4%、13.5%。许多为畅销国内外市场的珍品，如：雷花脸香蘑、蒙古口蘑、虎皮香蕈等。野生蘑菇常形成“蘑菇圈”，分布广，采集量也较大，有人工培养价值。木耳、灵芝是著名的野生山珍品，素有无污染“森林蔬菜”之美称，药食两用。

（五）内蒙古罕山国家级自然保护区

1996年建立，2000年晋升为自治区级自然保护区，2013年经国务院批准晋升为国家级自然保护区。

保护区位于扎鲁特旗境内，地处锡林郭勒草原和科尔沁草原之间的大兴安岭隆起带上，是集典型夏绿阔叶林、草甸草原生态系统和丰富的河流湿地生态系统为一体的综合型生态系统类型的自然保护区。保护区总面积91333公顷。

主要保护对象为珍稀物种及自然生态系统。保护区生物物种十分丰富，调查统计，有野生维管植物78科309属619种；野生动物22目50科160种，其中，国家Ⅰ级保护动物有大鸨和金雕2种，国家Ⅱ级保护动物灰鹤、蓑羽鹤、草原雕等24种。保护区在保护珍稀物种、保护生物多样性以及开展大鸨科研等方面，都具有很高的价值。

（六）内蒙古青山国家级自然保护区

1998年建立，2003年晋升为自治区级自然保护区，2013年经国务院审定，成为国家级自然保护区。

保护区位于科尔沁右翼前旗境内，地处大兴安岭南段东麓，以天然次生林、草原等自然生态系统及珍稀濒危物种为主要保护对象。保护区总面积75662公顷。保护区不仅保存着比较完好的以蒙古栎为优势树种的次生森林生态系统，而且兼容了半湿润草原、草甸草原、沼泽湿地等多种生态系统，植物区系成分复杂，植物种类丰富，保护区有维管束植物76科265属457种，其中有国家重点保护植物野大豆、五味子等；野生动物27目54科149种，其中有细嘴松鸡、金雕、棕熊、猞猁等近20种国家重点保护野生动物。保护区集中分布着大兴安岭典型的栎树林，对于研究次生林发生、发展及其演替规律，具有特殊意义。另外，保护区又是珍贵的次生林生态系统生物物种的基因库、能源库，特别是作为大兴安岭南段东麓森林向草原的过渡带，为研究动植物迁移、演替和发展提供了理想的场所。

（七）内蒙古乌兰坝国家级自然保护区

1997年建立，2001年晋升为自治区级自然保护区，2014年经国务院批准晋升为国家级自然保护区。

保护区位于赤峰市巴林左旗北部，地处于大兴安岭南部山地，距巴林左旗政府所在地林东镇90公里，地理坐标：北纬44°08′10″—44°47′00″，东经118°43′50″—119°24′10″。保护区北部与锡林郭勒盟接壤，东部与阿鲁科尔沁旗相邻，西部与巴林右旗毗邻，南与巴林左旗的乌兰达坝苏木、富河镇、碧流台镇、白音诺尔镇、哈拉哈达镇相连。保护区总面积78672公顷。保护区有高等植物1071种，隶属133科453属，其中种子植物862种，隶属84科353属。保护区维管植物种的区系成分复杂多样，有维管植物889种，可归纳为13个分布区类型，15个变型，体现了保护区植物区系成分的复杂性，反映了各地植物区系在保护区的汇集与融合。尽管保护区内植物区系成分多样而复杂，但多为年轻的植物区系成分，无任何本地区的特有成分，仅有如虎榛子、地构叶这两种中国特有种属的分布。

保护区已查明的脊椎动物有29目81科321种，占内蒙古种数的44.7%，占大兴安岭地区的52.6%。分布于保护区的303种陆栖脊椎动物中，古北界成分占比例最大，达85.5%，具有绝对优势，保护区脊椎动物区系反映出北方特色。

保护区野生动植物丰富，其中不乏珍贵稀有和濒危野生动植物。据初步调查统计，保护区有中国新记录苔藓植物共9种、内蒙古新记录苔藓植物6种、大兴安岭南部山地新记录苔藓植物6种。有珍稀濒危苔藓植物（参照IUCN濒危物种红色名录的等级和标准）17种，其中极危种（CR）3种、濒危种（EN）4种、易危种（VU）10种。保护区有第一批被列为国家重点保护的野生植物黄檗、紫椴2种，以及12种野生植物被列入《濒危野生动植物国际贸易公约》附录物种，另有国家重点保护的药用植物8种；有内蒙古重点保护的植物12种，内蒙古重点保护药用植物8种。其中黄檗在保护区形成稳定群落，在大兴安岭南部山地首次发现，更为珍稀。

保护区有60种脊椎动物被列为不同的保护级别。其中有国家Ⅰ级保护鸟类黑鹳、金雕、白肩雕、玉带海雕、大鸨、丹顶鹤6种；国家Ⅱ级保护物种44种；被IUCN评估为濒危的有鸿雁、丹顶鹤2种，评估为易危的有9种；列为CITES附录1保护的哺乳类有斑羚和鸟类白肩雕、丹顶鹤、白枕鹤和游隼等5种，列为附录2保护的物种28种；被中国物种红色名录评估为濒危的有丹顶鹤1种，评估为易危的有33种。保护区有碧凤蝶、橘凤蝶、金凤蝶、柳闪紫蛱蝶、红珠绢蝶和黄花蝶角蛉6种珍稀濒危昆虫。

上述珍稀濒危野生动植物体现该保护区在珍稀野生动物保护方面的重要生态价值。这些物种对生境要求较严格，发现这些物种说明乌兰坝保护区由于地形的复杂多样造成生境的多样性，地貌景观还存留有这些物种生存的原始生境。建立自然保护区保护现存的复杂多样的生境，对大兴安岭山地植被和珍稀濒危动植物种群的恢复具有十分重要的科学意义和生态学价值。

（八）内蒙古额尔古纳国家级自然保护区

1998年建立，2006年经国务院批准晋升为国家级自然保护区。

保护区位于大兴安岭北部西麓，以额尔古纳河为界与俄罗斯毗邻。东西长约120余公里，南北宽10余公里，总面积124527公顷，处于东西伯利亚泰加林南延的区域，保护区内保存着大面积的以兴安落叶松为主要植被类型的原始寒温带针叶林，是大兴安岭北部山地欧亚针叶林植物区的缩影。由于保护区同时受到东亚夏绿阔叶林植物区和欧亚草原植物区区系成分的渗透，这里的生物资源复杂多样，具有很强的典型性、自然性、多样性及脆弱性，在全国生物多样性保护中占有重要地位。

保护区现有野生维管植物654种（包括种下分类群），隶属于90科315属，其中国家级保护植物主要有钻天柳、浮叶慈菇、野大豆；自治区级珍稀濒危保护植物主要有偃松、樟子松、东北黄芪、蒙古黄芪、东北岩高兰、桔梗、蝙蝠葛、越橘、笃斯越橘、手掌参等。

保护区地衣植物有15科32属68种（含1变种和1亚种），苔藓植物52科97属199种，包括苔纲植物19科22属30种及藓纲植物33科75属169种。保护区有脊椎动物339种，占内蒙古脊椎动物种数（712种）的47.6%，其中：兽类48种，隶属于6目16科；鸟类238种，隶属于18目44科。

保护区的动植物区系复杂，种类多样，珍稀物种较多。在兽类中，大兴安岭寒温带针叶林（泰加林）特有种8种，它们也是大兴安岭寒温带针叶林稀有种或濒危种。保护区有国家Ⅰ级重点保护兽类3种，国家Ⅱ级重点保护兽类6种，占全国保护种数的10.0%。保护区鸟类特有种、珍稀种也十分丰富，有特有种7种，国家Ⅰ级重点保护鸟类8种；国家Ⅱ级重点保护鸟类35种。

（九）内蒙古毕拉河国家级自然保护区

2004年建立，2012年晋升为自治区级自然保护区，2014年经国务院办公厅批准晋升为国家级自然保护区。

保护区位于内蒙古大兴安岭毕拉河林业局达尔滨湖林场和扎文河林场境内，行政区域隶属于呼伦贝尔市鄂伦春自治旗诺敏镇，大兴安岭东南坡嫩江流域。保护区地理位置北纬49°19′39.5″—49°38′29.7″，东经123°04′28.9″—123°29′16.1″，保护区东与巴提克林场接壤，南与诺敏镇相邻，西与北大河林场毗邻，北与羊其河林场相接。保护区总面积为56604公顷。

保护区主要保护对象：原始自然湿地生态系统（沼泽、河流、湖泊等）和原始森林，以及包括在此停歇、栖息的迁徙鸟类在内的野生动植物。保护区植被类型多样，有森林、灌丛、草原、草甸、沼泽和草塘6个植被型，15个植被亚型，18个群系组，22个群系和42个群丛组或群丛。调查高等植物703种，低等植物415种；脊椎动物322种，无脊椎动物369种。国家Ⅱ级重点保护植物3种，自治区珍稀濒危保护植物8种；国家重点保护动物45种，其中国家Ⅰ级重点保护动物5种，国家Ⅱ级重点保护野生动物40种。毕拉河保护区国家级珍稀濒危保护植物6种，为钻天柳（国家Ⅱ级）、黄檗（国家Ⅱ级）、野大豆（国家Ⅱ级）、樟子松（渐危）、膜荚黄芪（渐危）和草苁蓉（渐危）。毕拉河保护区内中国特有植物仅有1种，即百合科知母。

保护区动物资源丰富。区内分布有野生脊椎动物6纲34目78科194属322种。毕拉河保护区位于大兴安岭东南部，在动物地理区划上属古北界、东北区大兴安岭亚区，哺乳动物种类较为丰富。北方型的猞猁、赤狐、马鹿、狼、雪兔、狍、松鼠、褐家鼠等种属于广布种；东北型的种类有东北兔、花鼠、东方田鼠、大林姬鼠等，都具有大兴安岭亚区动物地理分布特征的代表性。保护区鸟类资源十分丰富。据统计，有鸟类17目43科228种。保护区内有爬行动物2目3科5属7种，两栖类动物有2目4科5属6种，鱼类6目

12科34属35种。

毕拉河国家级自然保护区保护物种的稀有性高。在所调查统计到的物种中，列入《国家重点保护野生植物名录（第一批）》的国家Ⅱ级重点保护野生植物3种：钻天柳、黄檗和野大豆；列入《中国珍稀濒危保护植物名录（第一册）》有6种：钻天柳、黄檗、野大豆、樟子松、膜荚黄芪和草苁蓉。毕拉河保护区列入IUCN世界濒危动物名录的野生动物有54种，列入《濒危野生动植物种国际贸易公约》（CITES）附录种类的野生动物有44种，列入《中日候鸟及栖息地保护协定》名录的鸟类有121种，列入《中澳候鸟及栖息地保护协定》名录的鸟类有22种。分布有国家Ⅰ级重点保护哺乳动物紫貂，国家Ⅱ级重点保护哺乳动物棕熊、青鼬、猞猁、雪兔、马鹿、驼鹿；国家Ⅰ级重点保护鸟类有黑鹳、丹顶鹤、金雕等，国家Ⅱ级重点保护鸟类白额雁、大天鹅、鸳鸯、白枕鹤、乌雕、白尾鹞、鹊鹞、白腹鹞等。

## 二、自治区级自然保护区

截至2005年末，自治区级自然保护区数量37处，分别是内蒙古乌梁素海湿地鸟类自然保护区、内蒙古蔡木山自然保护区、内蒙古维纳河自然保护区、内蒙古荷叶花湿地水禽自然保护区、内蒙古毛乌素沙地柏自然保护区、内蒙古库布齐沙漠柠条锦鸡儿自然保护区、内蒙古白彦恩格尔荒漠濒危植物自然保护区、内蒙古巴丹吉林自然保护区、内蒙古梅力更自然保护区、内蒙古南海子自然保护区、内蒙古岱海自然保护区、内蒙古巴音杭盖自然保护区、内蒙古海拉尔西山自然保护区、内蒙古贺斯格淖尔自然保护区、内蒙古阿尔其山叉枝圆柏自然保护区、内蒙古室韦自然保护区、内蒙古额尔古纳湿地自然保护区、内蒙古五角枫自然保护区、内蒙古蒙格罕山自然保护区、内蒙古老头山自然保护区、内蒙古苏木山自然保护区、内蒙古黄旗海自然保护区、内蒙古乌拉山自然保护区、内蒙古杭锦淖尔自然保护区、内蒙古鄂尔多斯甘草自然保护区、内蒙古西鄂尔多斯毛盖图自然保护区、内蒙古阿拉善腾格里自然保护区、内蒙古东阿拉善自然保护区、内蒙古黄岗梁自然保护区、内蒙古桦木沟自然保护区、内蒙古乌拉盖湿地自然保护区、内蒙古白音库伦自然保护区、内蒙古阿尔山自然保护区、内蒙古阿鲁自然保护区、内蒙古兴安里自然保护区、内蒙古奎勒河自然保护区、内蒙古乌玛自然保护区。

2006—2015年，新增自治区级自然保护区12处，分别是内蒙古柴河自然保护区、内蒙古乌力胡舒湿地自然保护区、内蒙古杜拉尔自然保护区、内蒙古哈素海自然保护区、内蒙古浑善达克沙地柏自然保护区、内蒙古都呼木柄扁桃自然保护区、内蒙古都斯图河湿地自然保护区、内蒙古乌斯吐自然保护区、内蒙古乌旦塔拉自然保护区、内蒙古赤峰市松树山自然保护区、内蒙古双合尔湿地自然保护区、内蒙古赤峰市沙日温都自然保护区。

### （一）柴河自然保护区

保护区始建于2000年，2001年晋升为盟（市）级自然保护区，2007年晋升为自治区级自然保护区。

保护区位于柴河林业局境内，地理位置为北纬47°22′50″—47°32′08″，东经120°43′53″—120°57′17″。保护区总面积19036公顷。其中：核心区8220公顷，占43.2%，缓冲区4319公顷，占22.7%，实验区6497公顷，占34.1%。包括柴河口林场15个林班，哈布气林场53个林班，兴安林场4个林班。

保护区动物地理分区属古北界、欧洲-西伯利亚亚界、大兴安岭区、大兴安岭泰加林亚区，动物种类较为丰富。初步查明，有野生脊椎动物274种，分属于25目66科154属，其中：兽类58种，鸟类201种，两栖类8种，爬行类7种。有国家重点保护动物44种，其中，国家Ⅰ级重点保护动物5种（兽类2种，鸟类3种），国家Ⅱ级重点保护动物39种（兽类7种，鸟类32种）。据统计，保护区有植物886种，隶属160科（目）472属。其中：低等植物87种，隶属61属28科；高等植物799种，隶属130科411属。保护区有国家重点保护野生植物2种，即钻天柳和浮叶慈菇；有内蒙古珍稀濒危保护植物9种。保护区是中国大兴安岭北段南缘保存较为完整的山地森林生态系统，孕育了大面积的湿地，主要有河流湿地、森林湿地、灌丛湿地、草甸湿地、沼泽湿地、草塘湿地等10余个湿地类型，这些保存完好的湿地植被类型具有较强的蓄水、集水和保水功能。保护区是嫩江流域绰尔河的源头，主要有红花尔基河、好莱河等河流汇入柴河，是嫩江上游重要的水源补给区和水源涵养区，每年向绰尔河补水约0.5亿立方米。

内蒙古柴河保护区是中国寒温带针叶林区森林生态系统自然保护区。区内具有寒温带针叶林森林生态系统的典型特征和比较完整、丰富的物种资源。本区森林与其他气候带森林相比，具有很多独有的特色，多单一建群种或优势种显著，树高与直径生长均明显受到气候的限制，在植被结构中缺乏层外植物（藤本或攀缘植物），也是其他气候带所不具有的现象。保护区主要有兴安落叶松林、白桦林、山杨林等5植被类型，10个植被亚型、9个群系、10个群系、17个群丛。在植物物种方面，大量的寒温带高山植物如岩高兰、毛蒿豆、杜香、越橘等都是反映寒温带气候特色的特征种。因此，保护这一完整的地貌景观和物种赖以生存的森林生态环境有着特殊的意义。

（二）乌力胡舒湿地自然保护区

保护区始建于1999年，2007年晋升为自治区级自然保护区。

保护区位于科尔沁右翼中旗南部，地理坐标为北纬44°23′—44°38′，东经121°48′—122°17′。北部和西部与科尔沁右翼中旗的巴彦芒哈苏木、巴彦淖尔苏木毗邻，南与好腰苏木相连，东与吉林省接壤，总面积38882.01公顷。

保护区是以保护湿地生态系统及鹤类等珍稀鸟类的栖息地和繁殖地为宗旨，以改善生态环境、调节气候、涵养水源、保持水土、防洪泄洪为目的，集生物多样性保护、科学研究、宣传教育、生态旅游和可持续利用等多功能于一体的综合性自然保护区。

保护区及周边地区有国家级重点保护鸟类37种。其中：国家Ⅰ级保护鸟类有8种，分别是丹顶鹤、白鹤、白头鹤、白鹳、黑鹳、大鸨、金雕和虎头海雕。保护区内有维管植物419种，分别隶属64科230属，其中裸子植物1科1属1种，被子植物63科229属418种。有陆生脊椎动物24目61科126属221种。

保护区境内有大面积的湿地、草甸和零星分布的沙地，得天独厚的自然条件为鹤类、鹳类及众多湿地鸟类提供了理想的繁殖和栖息条件。乌力胡舒湿地自然保护区是中国比较典型的湿地生态系统之一，保护区境内包括了湿地、草原、灌丛、草甸等多样生态系统，这些多样的生态系统中保存了众多的野生动植物资源，是一个生物基因库，这在内蒙古乃至全国生态系统多样性保护中占有重要地位。保护区特殊的地理位置、地形地貌确定保护区是大兴安岭南段松花江流域下游地区重要的蓄洪区，是涵养水源的绿色水库。

（三）杜拉尔自然保护区

保护区始建于1997年，2002年晋升为盟级自然保护区，2007年晋升为自治区级自然保护区。

保护区位于大兴安岭中段西麓，内蒙古兴安盟阿尔山市西北部的杜拉尔林场境内。东、南与大兴安岭的阿尔山林业局相邻，北与内蒙古呼伦贝尔市的新巴尔虎左旗接壤，西与蒙古国隔河相望。地理坐标北纬47°15′—47°35′，东经119°32′—120°01′。

2008年，阿尔山市人民政府与内蒙古杜拉尔自然保护区管理局研究决定对原《内蒙古杜拉尔自然保护区总体规划》进行必要的范围和功能区调整。范围调整：将原自然保护区面积40872.0公顷，调整至38567公顷。调整后的核心区，面积为14593.8公顷，占保护区总面积的37.8%；缓冲区，面积为4251.7公顷，占保护区总面积的11.0%；实验区面积为19957.5公顷，占保护区总面积的51.7%。

杜拉尔自然保护区的主要保护对象为：大兴安岭中部山地森林湿地生态系统及生物多样性、栖息于该生态系统中的珍稀濒危野生动植物物种和额尔古纳河源头湿地。

初步调查，保护区有植物644种，隶属于111科354属，其中苔藓植物119种，蕨类植物11种，裸子植物4种，被子植物510种。保护区有国家Ⅱ级保护植物2种，有自治区级保护植物10种。杜拉尔自然保护区有脊椎动物221种，分属于29目60科141属。其中，圆口纲1科1属1种，鱼纲3科7属7种，两栖类有4科4属7种，爬行类2科2属2种。鸟类36科96属162种，兽类14科30属42种。由于保护区的动物区系复杂，动物种类多样，因此，珍稀物种较多，保护区有国家重点保护的鸟类 34种，其中国家Ⅰ级重点保护的鸟类2种，Ⅱ级保护的32种。保护区有珍稀保护兽类8种，其中，国家Ⅰ级重点保护兽类有2种，即紫貂、貂熊，国家Ⅱ级保护物种6种。

保护区位于哈拉哈河上游托列拉河右岸，而哈拉哈河是贝尔湖、达赉湖乃至额尔古纳河的一级支流，因而，保护区的森林植被是这一系列湖泊、河流重要的水源涵养林地。因此，保护这片典型的天然次生林生态系统，对保护生物多样性，改善生态状况，促进国民经济发展，起着不可代替的作用。

杜拉尔自然保护区位于大兴安岭西北麓，这里的寒温带天然次生针阔叶林保存较为完好。保护区内森林覆盖率高，植被类型多样，充分发挥着森林生态系统的多种功效，对于防止自然环境恶化、生态系统失衡、改善大气质量均有重要意义。

（四）哈素海自然保护区

保护区始建于1996年，2008年晋升自治区级自然保护区。

保护区位于呼和浩特市土左旗西南部，距呼和浩特市70公里，西与内蒙古包头市土右旗相邻，北至呼包铁路，南以民生渠为界，东与善岱镇接壤。地理坐标：北纬40°33′—40°39′，东经110°52′—111°02′，总面积为18316公顷。

保护区东临乌兰察布高原，西南临鄂尔多斯台地，西与河套平原相接，大青山自西向东横贯北界，山北是起伏不大的丘陵地带，山南是冲积洪积扇组成的山前倾斜平原，呈带状作东西分布，宽6—10公里，微向南倾斜，坡度0.06—0.3。其南沿为扇前带，扇间往往形成洼地，如忽拉格气、秃力亥、妥妥岱等地，为地下水溢出带，亦是地表水汇聚处，扇前带以南为黄河、大黑河冲积平原。大青山以南平坦的平原，其地势北部高，南部低，东部高，西部低，坡度自北东向南西逐渐变缓。保护区地处半干旱草原地带，为典型的大陆性季风气候。年平均降水量为400毫米，降水多集中于夏季，保护区年平均气温为7.2℃，全年1月份气温最低，平均气温－12.7℃，7月份气温最高，平均气温22.2℃。保护区处于季风气候范围，冬夏具有明显的风向变化，冬季北风、西北风盛行，春季风向多变且紊乱，秋季偏北、偏西风占优势。平均风速一般为2—4米/秒，最大风速达15—17米/秒，特大风可达34米/秒。每年3月份进入风季，到5月份结束。保护区日照充足，光能资源丰富，年平均日照时数在2876.5小时。区内的地表水主要为哈素海海子中的集水，海子中的水来自三方面：其一，黄河水（通过民生渠将黄河水引入哈素海中），其二，是北部山区的万家沟、白石头沟、美岱沟、水涧沟等众多沟谷内流下来的水汇集在海子中，其三，地下水和大气降水。每年进入哈素海中的总水量达6741.48万立方米。保护区主要土壤类型为草甸土，属非地带性土壤，遍布整个区域；盐土主要分布在哈素海湖的周边，西南边缘面积较大，镶嵌于盐化草甸土之间。

保护区有维管植物226种，隶属40科149属，均为被子植物。其中：双子叶植物占保护区植物总科、属、种数的75%、71.8%、70.5%；单子叶植物占保护区植物总科、属、种数的25%、28.2%、29.5%。保护区有内蒙古自治区Ⅱ级珍稀濒危保护植物1种，即豆科的甘草。保护区草本沼泽植被主要有芦苇沼泽、香蒲沼泽、水葱沼泽；盐化草甸植被主要有赖草盐化草甸。保护区有陆生、水生脊椎动物172种，隶属29目56科123属。其中鱼纲38种，隶属5目7科29属，两栖纲4种，隶属1目2科2属；爬行纲8种，隶属3目4科6属；鸟纲102种，隶属16目35科69属；哺乳纲20种，隶属4目8科17属。保护区有国家重点保护鸟类16种，占保护区鸟类总种数的15.7%。国家Ⅰ级保护鸟类有黑鹳1种；国家Ⅱ级保护鸟类有（黑）鸢、白琵鹭、大天鹅、鹗、大鵟、苍鹰、白尾鹞、白头鹞、花头鸺鹠、灰背隼、红隼、红脚隼、黄脚隼、游隼、长耳鸮15种。

哈素海湿地保护区位于中国半干旱地区西端，这里气候寒冷、干燥，降雨少，植被生长发育缓慢。干旱的气候条件会使面积较浅的哈素海湖因大量蒸发而水面缩小，从而导致水质盐碱化，湖边草地退化，土壤沙化，因而，保护区每到旱季都要从黄河中抽取大量的河水来弥补湖水。此外，哈素海的存在对当地气候有重要影响，湿地生态系统与草原生态系统有着密切的联系，它们相互影响，任何一方的破坏都会引发连锁反应。加之保护区周边人口密度大，人为活动频繁，使哈素海的自然生态系统表现出相当的脆弱性。如不采取有效的保护措施保护好这一珍贵的湿地生态系统，鸟类和栖息于该生态系统中的生物种类将迅速减少甚至消失，湖泊也将会慢慢变成沼泽地、盐碱地。

保护区地处呼和浩特市西部、大青山南麓的冲积平原上，湖泊湿地是原黄河故道留下的。由于此处地势低，北部大青山上多条沟谷流下来的山洪也汇集于此而形成常年积水，已有100多年历史。哈素海是呼市地区唯一的淡水湖泊。2015年，水域面积4333公顷，在蓄水防洪抗旱、调节气候、防止水土流失，保障呼市地区生态安全等方面发挥着重要作用。哈素海湖泊、草甸湿地，能够将过多的降雨和山洪存储、缓冲，减轻洪水的危害，还可在旱季逐步放出，发挥着蓄水抗旱的巨大功能。此外，保护区广阔的水域及其茂密的水生植物，可以使周边地区的酷热降温（可降低气温1.3—4.3℃），增加空气湿度（相对湿度增加5%—23%），增加降水量。

（五）浑善达克沙地柏自然保护区

保护区始建于2002年，2007年晋升为自治区级自然保护区。位于锡林波状高平原中北部，阿巴嘎旗的南部，分布在洪格尔高勒镇和查干淖尔镇境内。保护区地理坐标为北纬43°07′—43°31′，东经115°20′—115°33′。总土地面积92800公顷，其中：核心区面积49600公顷，缓冲区面积34500公顷，实验区面积87公顷。

阿巴嘎旗为典型草原植被，大针茅草原和克氏针茅草原是两个最基本的群落类型。保护区处于阿阿巴嘎旗浑善达克沙地西北部的低山丘陵及沙地，植物区系主要由针茅属等组成。保护区的植物组成以被子植物为主，北温带分布种类多，灌木、半灌木和草本植物是基本的生活型。全旗有种子植物426种，分属于60科224属，主要建群植物有大针茅、克氏针茅、隐子草、冷蒿、小叶锦鸡儿等。在河谷低地、沙地还分布有沼泽、草甸、盐生和沙生植物。全旗范围内主要天然乔木树种有白桦、山杨、山楂、榆树等：亚乔木有山荆子、稠李等；灌木有沙地柏、小叶锦鸡儿、柄扁桃、山杏、黄柳、坑绣线菊、红柳、丛桦、山竹岩黄芪等。沙地柏是保护区唯一的针叶常绿灌木，也是该地区的顶级植物群落建群种。保护区主要植被类型划分如下：流动、半流动沙地先锋植被有沙蓬、沙竹、黄柳、山竹岩黄芪；固定、半固定沙地灌丛、半灌木植被有沙地柏、虎榛子、坑绣线菊、西伯利亚杏、小红柳、小叶锦鸡儿、褐沙蒿、冷蒿；森林植被有山杨+白桦、榆树。沼泽草甸植被有芦苇、芨芨草和苔草。保护区主要植物有沙地柏、沙地榆、沙生桦、驼绒藜、黄柳、小叶锦鸡儿、狭叶锦鸡儿、柄扁桃、达乌里胡枝子、大针茅、沙生冰草和西伯利亚蓼。动物资源相对贫乏，主要类群有水域生态类群鹳形目、雁形目和鸥形目的鸟类；阔叶林生态类群有大山雀、红角鸮和莺亚科的各类鸟。灌丛生态类群有石鸡、斑翅山鹑、灰眉岩鹀和小鹀；河谷草甸生态类群有寒鸦、角百灵、沙百灵和漠雀等；沙丘草原类群有毛角沙鸡、沙雕和沙百灵。

浑善达克沙地地处内蒙古中部，距离首都北京最近的地方不到150公里。其生态环境状况的好坏不仅关系到本地区安全，而且直接影响着华北地区的生态安全。沙地柏是极其重要的沙生灌木资源，在生态建设、绿化方面具有很高的利用价值，已被国家列为珍稀保护树种。

（六）都呼木柄扁桃自然保护区

保护区始建于2001年，2007年晋升自治区级自然保护区。位于锡林郭勒盟苏尼特右旗赛汉塔拉镇境内，地跨两个嘎查，即阿拉腾宝勒格嘎查、巴彦都呼木嘎查，距原都呼木苏木政府所在地约5公里。其西与吉呼郎图苏木接壤，南与四子王旗相望，东与布图木吉苏木相连，北与赛汉塔拉镇毗邻。保护区位于锡林郭勒高原的西部，二连盆地的南缘，海拔在1120—1250米。东西长度17.5公里，南北宽度16.5公里，其地理坐标为北纬42°30′01″—42°39′18″，东经112°22′44″—112°36′40″，总面积22331公顷。保护区年平均风速5米/秒，年平均降水量177.2毫米。保护区土壤划分为2个土类、5个亚类、9个土属。其中地带性土壤为棕钙土，非地带性隐域性土壤为风沙土。

主要保护对象：其一，柄扁桃灌丛群落；其二，以荒漠草原分布的天然柄扁桃为代表的草原-灌丛生态系统；其三，栖息于该生态系统中的珍稀濒危野生动物。

保护区种子植物207种，隶属43科129属，其中裸子植物1种，隶属1科1属，分别占保护区种子植物科、属、种数的2.3%、0.8%、0.5%；占内蒙古裸子植物科（3科）、属（7属）、种（22种）的33.3%、14.3%、4.5%。被子植物206种，隶属42科128属，分别占保护区种子植物科、属、种数的97.7%、99.2%、99.5%；占内蒙古被子植物科（112科）、属（664属）、种（2199种）的37.5%、19.3%、9.4%。保护区植物被列入《内蒙古珍稀濒危保护植物名录》重点保护植物有3种，其中，自治区Ⅱ级珍稀濒危保护植物1种：甘草；自治区Ⅲ级珍稀濒危植物2种：柄扁桃，沙木蓼。

保护区脊椎动物有124种，隶属3纲16目37科80属，分别占内蒙古目、科、属、种的59.3%、42.0%、25.0%、20.5%。其中，兽类有32种，隶属5目10科28属；鸟类85种，隶属8目23科52属。保护区内最具有代表性的野生动物种类有大鸨、蒙古百灵、草原鼢鼠等。保护区内被列为国家重点保护的动物有16种，国家Ⅰ级重点保护鸟类2种，即金雕、大鸨。国家Ⅱ级重点保护鸟类14种，即（黑）鸢、秃鹫、雀鹰、松雀鹰、苍鹰、普通鵟、大鵟、草原雕、红脚隼、红隼、猎隼、蓑羽鹤、纵纹腹小鸮、雕鸮。被列为《中国濒危动物红皮书》的有9种，包括两爬类1种，鸟类6种，兽类1种。被列为《世界受胁鸟类》的有大鸨。

柄扁桃的生活环境是干草原地带的固定或半固定沙地，海拔高度1200—1300米。柄扁桃于4月中旬至下旬开花，叶芽和花芽同时展开或先花后叶，开花盛期为5月中旬；始果期为6月初；果熟期为8月底；落叶期为10月下旬至11月上旬。

（七）都斯图河自然保护区

保护区始建于2003年，2007年晋升为自治区级湿地自然保护区。隶属于鄂尔多斯市鄂托克旗的包乐浩晓镇、查布苏木部分区域。保护区北与鄂托克旗的阿尔巴斯苏木、新召苏木相连，东与鄂托克旗的察汗淖尔苏木、乌兰镇、苏米图苏木、鄂尔和图苏木毗邻，南与本市的鄂托克前旗接壤，西与乌海市和宁夏回族自治区的陶乐县隔河相望（黄河）。其地理坐标为：北纬38°46′—39°00′，东经107°24′—107°58′。保护区东西长50公里，南北宽23.5公里，总面积38004公顷。主要保护对象：保护荒漠草原河流湿地生态系统及该河流湿地周边的水源地—沙地；保护区内的生物多样性。

保护区地处鄂尔多斯高原西南部，地形大部分为平缓起伏的波状高原，其中部从东至西贯通一条都斯图河流，河流两侧的洼地及沙地间有大小不一的湖泊和滩涂湿地。因此，保护区地貌主要由波状高原、河谷、滩涂、洼地等沙地地形组成。保护区地处内陆，属中温带季风型大陆性气候，其特点是：冬长夏短，春迟秋旱，气温年月较差大，寒暑变化剧烈，光照充足，积温有效高，降水量少，蒸发量大，干旱风多，灾害性气候多，素有“十年九旱”之称。保护区土壤呈水平地带性分布比较明显，随着地形的变化和生物气候等因素的限制，保护区内地带性土壤主要有棕钙土，此外还有风沙土、草甸土和盐土非地带性土壤，构成保护区土壤的四大类型。

保护区有维管植物249种，分属于52科157属。其中：蕨类植物1科1属1种，分别占保护区野生植物的2%、0.6%、0.4%；裸子植物1科1属2种，分别占保护区野生植物的2%、0.6%、0.8%；被子植物50科、155属、246种，分别占保护区野生植物的96%、98.8%、98.8%。具有10种以上的大科有：菊科（44种）、禾本科（42种）、豆科（17种）、藜科（13种），以上4科有植物116种，占保护区植物总数的46.6%，其他48科133种，占保护区植物总数的53%。根据国家和内蒙古珍稀濒危保护植物名录，保护区有重点保护植物5种，蒙古扁桃、甘草、沙木蓼、长叶红砂、草麻黄。都斯图河自然保护区有5个植被类型，即灌丛和灌草丛、草原、荒漠、草甸、沼泽，其中包括8个植被亚型，13个群系组，16个群系。根据实地调查，保护区有脊椎动物235种，分属于24目58科133属，占内蒙古脊椎动物种数（712种）的33%。其中两栖类4种（1目2科2属），占保护区脊椎动物种数的1.7%；爬行类11种（1目4科5属），占保护区脊椎动物种数的4.7%；鸟类191种（17目42科105属），占保护区脊椎动物种数的81.3%；哺乳类29种（5目10科21属），占保护区脊椎动物种数的12.3%。保护区有国家级保护动物32种，占保护区陆生脊椎动物种数的13.6%；其中，国家Ⅰ级重点保护动物4种（均为鸟类），国家Ⅱ级重点保护动物29种（哺乳类1种，鸟类31种）。

保护区的河流、滩涂、荒漠草原生态环境是经过千百年自然规律性变化形成的，该保护区内的湿地由降水自然形成，基本处于原生状态，在此环境内分布有草甸植被、挺水植被和草本植被。动物以鸟类居多，特别是湿地鸟类（多数为旅鸟）。保护区具有典型的自然属性，是研究都斯图河及河流两侧滩涂湿地、荒漠草原的演变及鸟类与环境关系的理想基地和天然实验室，也是绝好的教学基地。建立自然保护区，开展对保护区生态系统的保护与研究，能够促进这一湿地生态环境保持良性循环和平衡发展，并在宣传教育、科学研究、生态监测，探索自然演替及发展规律等方面都具有重要意义。

（八）乌斯吐自然保护区

保护区始建于1992年，2001年晋升为市级自然保护区，2009年，晋升为自治区级自然保护区。

保护区位于通辽市科尔沁左翼中旗南部沙沼地区。距科尔沁左翼中旗政府所在地保康镇40公里，距国道303线25公里。地理坐标：北纬43°38′23″—43°51′00″，东经123°07′37″—123°25′23″。保护区东西长24.5公里，南北宽23.5公里，总面积33823公顷。其中，核心区面积为8296公顷（核心区Ⅰ为4273公顷，核心区Ⅱ为4023公顷），占保护区面积的24.5%；缓冲区面积为9366公顷，占保护区面积的27.7%；实验区面积为16161公顷，占保护区面积的47.8%

保护区地质构造为内蒙古中部地槽褶皱系的温都尔庙-翁牛特旗加里东地槽褶皱带敖汉旗复合倾

斜，靠近西辽河东西向裂带。地表为广泛分布的第四系地层所覆盖，其下伏第三系、白垩系、侏罗系地层。保护区属风积冲积平原，并与河谷冲积平原相接，地表成波状起伏，相对高差20—30米，自西北向东南倾斜、延伸，形成垄状固定或半固定沙丘、低湿滩地镶嵌分布的景观。保护区地处中温带大陆性季风气候区，四季分明。春季回暖快，风沙大且干燥，夏季炎热、温差大，冬季干冷而漫长；降水量少，雨量集中，雨热同步，秋季雨少降温快。

保护区植物区系分为16种成分，有维管植物382种，隶属于63科216属。有脊椎动物205种，分属于21目59科121属，占内蒙古脊椎动物种数（712种）的28.8%。其中：两栖类7种（1目4科4属），占保护区脊椎动物种数的3.4%；爬行类9种（2目3科6属），占保护区脊椎动物种数的4.4%；鸟类157种（14目42科90属），占保护区脊椎动物种数的76.6%；哺乳类32种（45目10科21属），占保护区脊椎动物种数的15.6%。

内蒙古乌斯吐自然保护区的建立，对保护科尔沁沙地、松辽平原生物多样性、典型性，构筑西辽河流域水源涵养、防风固沙生态体系，发挥其生态效益功能，防止沙尘暴向松辽平原农田灌溉区侵蚀，促进地区经济可持续发展具有重要意义和作用。

（九）乌旦塔拉自然保护区

保护区始建于2001年，2002年晋升为市级自然保护区，2009年晋升为自治区级自然保护区。保护区位于科左后旗乌旦林场，地理坐标为北纬43°02′30″—42°57′20″，东经122°40′50″—122°49′00″。总面积23471公顷，核心区面积4882.8公顷，占保护区总面积20.8%；缓冲区面积3865.2公顷，占总面积16.5%；实验区面积14723公顷，占总面积62.7%。保护区地貌主要由垄状沙丘、平缓沙地组成。境内地表水主要为季节性水泡子，位于保护区北部边界上有一条季节性河流。保护区属温带季风森林草原气候区，年平均气温5.6℃，年降水量450毫米左右，蒸发量900—2000毫米，无霜期145天左右，大风日数50—70天，春秋两季气候干燥，雨量集中在7—9月。主要保护对象为科尔沁沙地原生植被的森林草原植物群落。保护区有维管束植物333种，隶属于56科、191属。其中，蕨类植物2种，隶属1科1属，裸子植物2种，隶属于1科1属，被子植物329种，隶属于54科189属。国家Ⅱ级重点保护植物有甘草和麻黄。保护区有脊椎动物148种，隶属17目、50科、79属，其中：两栖纲6种，隶属1目、4科、4属；爬行纲8种，隶属2目、4科、6属；鸟纲103种，隶属11目、32科、63属；哺乳纲31种，隶属4目、10科、6属。保护区国家Ⅰ级重点保护动物有金雕和大鸨。国家Ⅱ级重点保护动物有松雀鹰、秃鹫、雀鹰、（黑）鸢、苍鹰、大鵟、草原雕、白肩雕、燕隼、灰背隼、红隼、红脚隼、猎隼、蓑羽鹤、纵纹腹小鸮、长耳鸮、短耳鸮、雕鸮、豹猫和猞猁等20种。

乌旦塔拉自然保护区为森林、灌丛、草地、沙地等多样的自然景观，秀丽迷人，具非常优越的旅游资源。保护区中保存面积较大的原生温带阔叶落叶林，是科尔沁沙地生物多样性较丰富的区域，极具科尔沁沙地代表性。

（十）松树山自然保护区

保护区始建于1999年，2005年晋升为市级自然保护区，2011年通过专家评定为自治区级自然保护区。地理坐标为北纬42°50′04″—43°13′50″，东经119°14′32″—119°32′23″。总面积42377公顷，其中核心区14783公顷，缓冲区6805公顷，试验区20789公顷。保护区主要由低山和黄土丘陵组合而成，此地貌区位于大兴安岭隆起带东侧向辽河沉降带的过渡地段，地质构造下部属于大兴安岭构造体系中的第四纪堆积物，上覆地层以砾石黄土、马兰黄土为主。保护区气候属于典型的中温带半干旱大陆性季风气候，年均气温6.2℃，无霜期为145天，年有效积温为3059.4℃，年降水量为351毫米，雨量多集中在六七月份，占全年降水的69%，年蒸发量2352毫米。保护区土壤类型有主要棕壤、栗钙土、草甸土、沼泽土及风沙土。响水河流经保护区，流域面积670公顷。保护区内湿地总面积为4338公顷，占保护区总面积的10.2%。

保护区地处大兴安岭南部山地和燕山北部山地汇接地带，植物区系组成较为丰富，有高等植物612种，隶属于109科333属。其中苔藓植物20科40属73种，分别占保护区高等植物科、属、种的18.3%、12.0%、11.9%；蕨类植物4科4属12种，占保护区高等植物科、属、种数的3.7%、1.2%、2.0%；种子植物85科289属527种，占保护区高等植物科、属、种数的78.0%、86.8%、86.1%，其中，裸子植物3科4属5种，被子植物82科285属522种。保护区有内蒙古珍稀濒危保护植物名录中的10种，隶属于10属9科，均为被子植物。其中Ⅱ级保护植物有7种，即甘草、文冠果、党参、桔梗、穿龙薯蓣、手掌参、芍药；Ⅲ级保护植物3种，即油松、乌丹蒿、山丹。其中乌丹蒿也是保护区所在的科尔沁沙地的特有植物种。

保护区陆生脊椎动物有224种，分属于25目63科129属，其中两栖爬行类动物有15种，隶属于2目6科9属；鸟类183种，隶属于17目45科98属；哺乳类动物26种，隶属于6目12科22属。属国家重点保护脊椎动物的有5目6科13属27种，均为鸟类动物，其中国家Ⅰ级保护鸟类3种，即白鹳、黑鹳和金雕，国家Ⅱ级保护鸟类24种。属中国濒危动物红皮书名录中的有10种，隶属于8目8科8属，其中易危8种，濒危1种，稀有1种。保护区属世界受胁鸟有2种，即鸿雁和黄爪隼。属《濒危野生动植物种国际贸易公约》脊椎动物名录的有29种，其中Ⅰ级保护动物1种，隶属于1目1科1属，Ⅱ级保护动物23种，隶属于5目6科13属，Ⅲ级保护动物5种，隶属于2目2科2属。

松树山自然保护区是一个以森林、草原、湿地等多样的生态系统和珍稀濒危野生动植物为主要保护对象的综合性自然保护区。动植物资源独特，代表性较强，特别是沙地油松对于研究科尔沁沙地植被演变以及科尔沁沙地的变迁具有重要意义，具有潜在的科研价值。

（十一）双合尔湿地自然保护区

保护区始建于2001年，2014年晋升自治区级自然保护区。位于科尔沁左翼后旗南部，科尔沁沙地腹地，其东界与阿都沁苏木和海鲁吐镇接壤；南界与吉尔嘎朗镇和甘旗卡镇毗邻；西界与努古斯台镇相连；北界与茂道吐苏木相望，距旗政府所在地甘旗卡镇60公里。是一个以疏林、草原、湿地、湖泊等多样的生态系统、珍稀濒危动植物和科尔沁沙地水源地为保护对象的综合性自然保护区。地理坐标为北纬43°16′56″—43°26′18″，东经122°27′09″—122°50′20″。保护区总面积为28760公顷。

保护区位于天山—兴安岭地槽褶皱区与中朝准地台接壤部位。二级构造单元为松辽中断陷的边缘，哲南台拱的北部边缘。三级构造单元位于架玛吐隆起的西南，开鲁凹陷的东南、库伦复背斜的东北。是一个近东西向延续的中、新生代盆地，盆地底部有白垩系、第三系，上覆巨厚第四系。区域内断裂比较发育，以巨厚的沙类沉积物为主，第四系底界高程在50—60米，最高点在西北角，底界高程170米，东部为30米。

保护区整体地势由西向东逐渐倾斜下降，从252米下降到200米以下。地貌由垄状沙丘平缓沙地和带状平原组成，境内分布的平缓沙地稍有起伏，一般高差在0.5—1.0米。发育较好的部分已由粗细沙变为壤质沙土。境内为河成冲积平原，沙丘、丘间低湿地、沼泽、湖泡等相间分布。

保护区属于温带大陆性季风气候，受大气环流和地理位置的影响，四季较明显，春季气温回升快，空气干燥，降水量较少，多大风天气；夏季炎热短暂，雨热同期，降雨高度集中；秋季气温下降较快，降雨较少，霜冻来临较早；冬季漫长寒冷，空气干燥。年均气温6.4摄氏度，无霜期140天。保护区位于半湿润区的边缘地区，年均降水量358—483毫米，水量分布不均，多集中在夏季。保护区所在地冬季盛行偏北风，夏季多偏南风。保护区隶属于西辽河流域，水文较为丰富。境内没有河流穿越，但分布有较多的湖泡。属于保护区的地下水较丰富，且水位较高，一般埋深在1—3米，部分地区还有地表积水。

（十二）沙日温都自然保护区

保护区始建于1999年，2014年晋升为自治区级自然保护区。地处大兴安岭南部山地中东段向科尔沁沙地过渡地带，位于阿鲁科尔沁旗西北部。保护区总面积24740公顷。保护区是自治区仅存的大兴安岭南部山地山前低山丘陵的森林、灌丛—草原生态系统类型的自然保护区，分布着大量的珍稀濒危野生动植物种群。保护区还是野生马鹿等哺乳类珍稀野生动物种群及大鸨等国家珍稀濒危鸟类的栖息地和繁殖地，西拉木伦河下游重要的水源涵养地。

保护区内维管植物551种，隶属于82科297属。其中，国家Ⅱ级重点保护植物7种，自治区Ⅱ级珍稀濒危保护植物10种；陆生脊椎动物239种，分属于20目62科137属。其中，国家Ⅰ级重点保护野生动物2种，Ⅱ级重点保护动物365种，属中国濒危动物红皮书名录中的19种。

## 第四节　森林公园

内蒙古自治区森林公园大部分是在国有林场基础上兴建起来的。自1991年国家林业局批准内蒙古建立第一处国家级森林公园——红山国家森林公园以后，森林公园已成为内蒙古保护森林资源和自然文化遗产的重要阵地。随着国家将生态文化建设纳入推进现代林业体系建设，提升林业对现代文明发展的引领作用，森林公园作为国家林业生态文化体系建设的重要载体，在向社会展示林业建设成果、普及生态知识、增强生态意识、弘扬生态文明等方面发挥积极作用，森林公园越来越受到各级政府的重视，建设步伐加快。

至2005年底，全区建立森林公园35处，总经营面积62.64万公顷，其中：国家级森林公园17处，经营面积43.95万公顷；自治区级森林公园18处，经营面积18.69万公顷。2007年，自治区林业厅批准设立阿善、恩格贝2处自治区级森林公园。2009年，国家林业局批准设立滦河源、宝格达乌拉2处国家森林公园。2010年，国家林业局批准设立宝格达乌拉国家森林公园，自治区林业厅批准设立乌良苏、飞云渡2处自治区级森林公园。2015年，国家林业局批准设立敕勒川、成吉思汗2处国家森林公园。

截至2015年底，全区建有森林公园47处，总经营面积77.40万公顷。其中：国家级森林公园24处，经营面积56.05万公顷；自治区级森林公园22处，经营面积20.82万公顷；盟市级1处，经营面积0.53万公顷。建立国家生态公园（试点）2处，经营面积0.87万公顷。

内蒙古森林公园分布在除乌海市、满洲里市、二连浩特市外的11个盟市。初步建立起以国家级森林公园为主体、自治区级森林公园为骨干的森林旅游发展新格局。森林公园的建设与发展不仅促进内蒙古森林景观资源保护，更推动林业产业结构调整和林区经济发展。

2006年，全区森林公园收入总额为3597.31万元；2010年（“十一五”期末），全区森林公园收入总额为6414.31万元，旅游总人次254.44万人次；2015年，全区森林公园收入总额为10210.75万元。森林旅游逐步成为具有活力的林业新兴产业之一。

## 一、森林公园建设

### （一）设立森林公园

2006—2015年，全区共新建森林公园13处，其中国家级7处，分别为喇嘛山国家森林公园、滦河源国家森林公园、河套国家森林公园、宝格达乌拉国家森林公园、龙胜国家森林公园、敕勒川国家森林公园、成吉思汗国家森林公园。新建自治区级森林公园6处，分别为通辽市森林公园、阿善森林公园、恩格贝森林公园、乌良苏森林公园、飞云渡森林公园、库布其沙漠森林公园。

2014年10月，包头市昆都仑国家生态公园获得国家林业局首批试点批复。2015年1月，内蒙古鄂尔多斯国家生态公园试点获国家林业局批准建设。

表6-4-1　2006—2015年全区新建森林公园情况表

| | 公园名称 | 批建时间 | 公园面积（公顷） | 建设单位 |
|---|---|---|---|---|
| 国家级森林公园（7处） | 喇嘛山国家森林公园 | 2006.12 | 9379.00 | 呼伦贝尔市巴林林业局 |
| | 滦河源国家森林公园 | 2009.08 | 12666.70 | 锡林郭勒盟多伦县三道沟林场 |
| | 河套国家森林公园 | 2009.12 | 9652.33 | 巴彦淖尔市杭锦后旗林业局 |
| | 宝格达乌拉国家森林公园 | 2010.09 | 32562.80 | 锡林郭勒盟东乌珠穆沁旗宝格达山林场 |
| | 内蒙古龙胜国家森林公园 | 2014.02 | 1077.00 | 乌兰察布市卓资县 |
| | 敕勒川国家森林公园 | 2015.01 | 10329.17 | 包头市土默特右旗九峰山林场 |
| | 成吉思汗国家森林公园 | 2015.01 | 38600.00 | 伊金霍洛旗森林公园管理中心 |
| 自治区级森林公园（6处） | 通辽市自治区级森林公园 | 2006.03 | 2510.00 | 通辽市林业局 |
| | 阿善自治区级森林公园 | 2007.09 | 5615.00 | 包头市新天地林业生态建设有限责任公司 |
| | 恩格贝自治区级森林公园 | 2007.09 | 5298.08 | 鄂尔多斯市恩格贝生态示范区 |
| | 乌良苏自治区级森林公园 | 2010.08 | 3000.00 | 赤峰市松山区国营老府林场 |
| | 飞云渡自治区级森林公园 | 2010.08 | 13704.00 | 赤峰市克什克腾旗广兴林场 |
| | 库布齐沙漠自治区级森林公园 | 2011.04 | 19287.00 | 鄂尔多斯市造林总场 |
| 国家生态公园（试点）（2处） | 昆都仑国家生态公园 | 2015.1 | 7425.00 | 包头市昆都仑农牧林水局 |
| | 鄂尔多斯国家生态公园 | 2015.01 | 1278.17 | 鄂尔多斯市林业局 |

### （二）森林公园基础设施建设

2006—2015年，各级林业主管部门和森林公园管理机构积极争取项目扶持，多渠道筹集资金，继续加大对森林公园建设和森林风景资源保护资金投入。森林公园基础设施逐步完善，景区服务品质稳步提高，为弘扬生态文化、传播生态知识奠定基础。

2006年，全区森林公园投入资金8147.92万元，其中：国家投入1072万元，自筹6221.42万元，引资854.5万元。2010年，全区森林公园投入资金28601万元，其中：国家投入15854万元，自筹10282万元，招商引资2465万元。2015年，全区森林公园投入建设资金54810.32万元，其中:国投8624.52万元，自筹

39672.80万元，招商引资6513.00万元。

截至2015年，全区森林公园拥有车船总数456（台/艘），建成游道2061.30公里，住宿床位总数6799张，餐位总数14960个，建成游客接待中心22673平方米、博物馆12600平方米、标本室1050平方米。拥有职工1777人，专业导游209人，社会旅游从业人员6333人。

## 二、森林公园管理

自治区林业厅先后出台森林公园政策法规，推动引导森林旅游行业快速发展，加强行业培训与宣传教育，全区森林公园行业管理逐步走向法制化、规范化，为新形势下森林公园健康持续发展保驾护航。

### （一）管理组织

2008年4月，自治区林业厅上报自治区机构编制委员会《关于内蒙古自治区国有林场工作站工作职能调整的请示》中，自治区国有林场工作站的工作职能包括：贯彻国家和自治区有关森林公园建设和森林旅游开发的政策、法规，管理和指导全区森林公园建设与森林旅游开发，制定全区森林公园、森林旅游发展计划、规划并组织实施。

2010年4月，为进一步加强全区森林公园行业管理，经自治区机构编制委员会同意，在自治区国有林场工作站基础上加挂内蒙古自治区森林公园管理办公室牌子。挂牌后，根据工作需要增设森林公园管理科，并增核科级领导职数1名。

2012年11月，在自治区机构编制委员会《关于自治区林业厅直属事业单位调整规范意见的批复》中，自治区国有林场工作站（挂内蒙古自治区森林公园管理办公室牌子）更名为内蒙古自治区国有林场和森林公园管理局，具有编制全区森林公园建设以及森林旅游业发展长期规划，管理和指导森林公园建设和森林旅游开发，承担国家级和自治区级森林公园设立、撤销、合并、改变经营范围或变更隶属关系审核审批的相关事务性工作，以及对国家级、自治区级森林公园总体规划设计或变更设计审核审批的相关事务性工作的职能。内设科级机构4个：办公室、森林经营科、项目科、森林公园管理科。核定处级领导职数3名（1正，2副），科级领导职数6名（4正，2副）。

### （二）制度建设

为规范自治区级森林公园设立、撤销、合并、改变经营范围或者变更隶属关系审批行为，自治区林业厅于2005年12月印发《自治区级森林公园设立、撤销、合并、改变经营范围或者变更隶属关系审批管理办法》，该《办法》自2006年1月1日开始施行。《办法》共18条，对自治区级森林公园设立、撤销、合并、改变经营范围或者变更隶属关系应具备的条件、提交的材料都作出明确要求，规定了行政许可的时间及许可和被许可人应该承担的责任。

2012年6月19日，《内蒙古自治区森林公园管理办法》（内蒙古自治区政府令第188号）经自治区政府第六次常务会议通过，2012年9月1日起正式施行。《办法》共六章34条，其中明确森林公园的建设和保护属于社会公益事业，规定旗县级以上人民政府应当将森林公园建设纳入本地区国民经济和社会发展规划，并将森林公园的保护和管理经费纳入本级人民政府财政预算，为森林公园明确性质、争取财政资金提供了政策保障。突出森林公园以资源保护为主的建设方针，对自治区级森林公园设立审批、森林公园总体规划编制等作出明确规定。

### （三）森林公园监管

2011—2015年，自治区林业厅组织各级林业主管部门开展国家级森林公园监督检查工作。在全面部署各盟市组织开展国家森林公园监督检查自查工作的基础上，组成国家森林公园监督检查组，由自治区林业厅分管森林公园工作的厅领导带队，赴部分盟市进行重点监督检查。检查采取与盟市、旗县政府、林业局、森林公园负责人召开座谈会，到现场检查等方式。自治区林业厅针对部分森林公园存在的问题印发国家森林公园监督检查整改意见书，要求各盟市组织森林公园整改，并将整改情况上报自治区林业厅。

（四）森林公园规划编制

2007年，红花尔基樟子松、桦木沟、五当召3处国家级森林公园和阿善自治区级森林公园总体规划获自治区林业厅批复并报国家林业局备案。

2011年，宝格达乌拉、乌拉山、喇嘛山、滦河源4处国家森林公园和恩格贝自治区级森林公园总体规划获自治区林业厅批复并报国家林业局备案。

2014年，库布其沙漠森林公园总体规划获自治区林业厅批复。

2015年，龙胜国家森林公园总体规划获国家林业局批复。

（五）森林公园业务培训

2006—2015年，自治区林业厅举办森林公园主任培训班3期。系统了解和学习国家级森林公园建设和管理相关知识。

2012年12月，自治区林业厅举办全区国有林场场长和森林公园主任培训班，组织学习《国家级森林公园管理办法》和《内蒙古自治区森林公园管理办法》，并对其中重点内容进行详细解读。

2014年11月，自治区林业厅召开全区国家级森林公园监督检查工作座谈会。参会人员为全区23处国家森林公园主任、部分旗（县、区）林业局局长、盟市森林公园管理人员。会议主要内容：学习国家林业局《国家级森林公园管理办法》《内蒙古自治区森林公园管理办法》《国家级森林公园监督检查管理办法》以及国家林业局有关征占用林地、总体规划编制等相关文件；座谈交流森林公园近五年取得的成效、存在的主要问题以及做好新时期森林公园工作的对策和建议；部署森林公园配合做好国家和自治区林业厅开展的清理整治国有林地专项活动，切实保障森林公园的合法权益。

2015年9月，在阿拉善盟举办全区森林公园主任培训班，各盟市林业局分管局长、科长和部分森林公园主任60多人参加培训。培训班采取理论学习和实地教学相结合的方式，到阿拉善盟直属的贺兰山和额济纳胡杨2个国家森林公园进行现场教学；结合《内蒙古自治区森林公园行政管理工作指南》相关内容进行培训。

## 三、森林旅游

（一）森林旅游发展

2006—2015年，自治区林业厅与旅游等相关部门合作，进行顶层设计，建立和完善森林旅游发展的长效机制，推动森林旅游持续快速健康发展。

2011年1月，自治区林业厅成立森林旅游协调领导小组，由厅长担任组长，领导小组办公室下设在国有林场工作站。

2012年10月，自治区林业厅在呼和浩特市召开“全区森林旅游工作会议”，自治区林业厅森林旅游协调领导小组成员、各盟市林业局局长、科室负责人，部分森林公园、自然保护区、湿地公园负责人及新闻媒体等参加会议。国家林业局场圃总站森林旅游处副处长李玉洁、自治区旅游局局长赵广华、自治区林业厅副厅长田选明等出席会议并讲话。会议内容主要是贯彻落实全国森林旅游工作会议精神，回顾总结全区森林旅游发展情况，研究和部署下一步工作。会上还表彰“自治区森林旅游管理与建设”10个先进单位和10位先进工作者。内蒙古额济纳胡杨国家森林公园、大青沟国家级自然保护区等3个先进单位进行经验交流发言。会议传达国家林业局、国家旅游局出台的一系列促进森林旅游业发展的政策和做法，分析全区森林旅游发展面临的形势和良好机遇，明确全区森林旅游发展目标。

2013年10月，为贯彻落实国家林业局、国家旅游局《关于加快发展森林旅游的意见》和自治区政府《贯彻落实国务院关于加快发展旅游业意见精神的实施意见》。自治区林业厅、自治区旅游局联合出台《关于加快发展森林旅游的意见》，该《意见》明确，要充分发挥内蒙古的区位优势和资源特色，做优做强一批森林公园、湿地公园和自然保护区，建设一批森林旅游示范点，实现森林旅游景区数量与质量“双增长”，资源保护和旅游开发“双盈利”。

（二）森林旅游宣传

1．参加全国会览、旅游节活动

2011年，国家林业局主办“中国（海口）森林旅游博览会”；2013年，国家林业局主办“中国最美森林旅游景区系列推选活动”； 2015年，国家林业局主办“中国（武汉）森林旅游节”。自治区林业厅为利用这些平台集中展示全区林业保护建设和森林旅游发展成就，提高内蒙古森林旅游地知名度，精心组织全区优秀森林公园、自然保护区和湿地公园等单位参展，通过筹备布展、制作森林公园宣传片、印制森林旅游宣传册，编排蒙古族歌舞表演等多种形式，充分展示内蒙古类型多样、各具特色的森林旅游资源，得到有关领导、社会各界的广泛好评并获有关奖项殊荣。

2006年，内蒙古自治区森林旅游在中国森林旅游博览会获得综合展示银奖、展品制作奖、演示奖和组织奖4个奖项；2011年，在中国（海口）森林旅游博览会上获得优秀组织奖；2013年，中国最美森林旅游景区系列推选活动中，红花尔基樟子松、滦河源、好森沟、内蒙古桦木沟4处国家森林公园被评选为“中国最美森林旅游景区”；2015年，在中国（武汉）森林旅游节获得最佳展示奖、最佳组织观摩奖。

2．举办节庆活动

2006年以后，全区森林公园不断加强森林自然博物馆、标本馆、游客中心、解说步道以及宣传科普的标识、标牌、解说牌等生态文化基础设施建设，为人们了解森林、认识林业、探索自然提供良好的场所和条件。

全区各森林公园依据自身特点，探索多种传播、弘扬生态文化的有效途径。额济纳胡杨国家森林公园充分利用胡杨林这一自然景观，2000年开始，举办首届“国际金秋胡杨旅游节”，至2015年，已连续举办16届。已经成为国内具有影响力的旅游盛会，旅行者不远万里来此一睹胡杨林的万千风情。

全区各森林公园不断推出“寓教于游、寓教于乐”的旅游活动，使人们在游览休闲过程中拓宽对自然的认知，受到自然生态知识的科普教育。2012年后，苏木山自治区级森林公园、乌拉山国家森林公园梅力更景区举办3期“登山节”；恩格贝自治区森林公园联合机关单位和中小学生举办6期拓展训练、科普夏令营；宝格达乌拉国家森林公园联合地方政府，将生态文化和民俗文化有机结合，每年举办“银色乌珠穆沁冰雪节”和“蒙古族传统祭火仪式”等活动，以展览、展示等形式开展生态文化宣传教育活动。2015年，红花尔基樟子松国家森林公园举办首届呼伦贝尔森林草原徒步活动；喇嘛山国家森林公园依托兴安杜鹃的特色景观资源于2014年、2015年举办“杜鹃节”。

**四、国家级森林公园**

截至2005年底，内蒙古自治区有国家级森林公园17处，分别是海拉尔国家森林公园、察尔森国家森林公园、好森沟国家森林公园、红山国家森林公园、兴隆国家森林公园、马鞍山国家森林公园、旺业甸国家森林公园、黄岗梁国家森林公园、桦木沟国家森林公园、二龙什台国家森林公园、哈达门国家森林公园、乌素图国家森林公园、乌拉山国家森林公园、贺兰山国家森林公园、额济纳胡杨国家森林公园、五当召国家森林公园、红花尔基樟子松国家森林公园。

2006—2015年，内蒙古新增国家级森林公园7处。分别是喇嘛山国家森林公园、滦河源国家森林公园、河套国家森林公园、宝格达乌拉国家森林公园、龙胜国家森林公园、敕勒川国家森林公园、成吉思汗国家森林公园。

（一）喇嘛山国家森林公园

2006年，国家林业局批准晋升为国家级森林公园。公园位于呼伦贝尔市巴林林业局喇嘛山林场境内，隶属于呼伦贝尔市巴林林业局，行政区划为牙克石市辖区，占地面积9379公顷。

喇嘛山国家森林公园南邻松嫩平原，北接呼伦贝尔大草原，主要是以大兴安岭落叶松、白桦、山杨、杜鹃、胡枝子和经济植物为主的乔灌草植被类型，共161科439属808种；野生动物267种，受国家保护的40余种。公园以其林海茫茫、碧水蓝天、奇峰怪石、云海雾涛的天然品质受到游人的瞩目。公园含布5个景区1个庙宇，有喇嘛峰景区、药王洞景区、万寿岩景区、石雨谷景区、雅鲁河景区和保安寺。

喇嘛山国家森林公园以生态保护为前提，以森林景观资源为基础、奇峰怪石景观为主体，充分利用喇嘛山旅游要素，进行科学保护，合理布局，适度开发建设。公园完成园区围栏、公园大门、石阶步道、停车场、景区柏油路基础设施建设；建成旅游度假村、民族风情园、多功能服务厅；以药王洞为中心开发建设了第二景区，修建药王洞、醒狮岩至喇嘛峰木栈行道，并进行园区内的整体绿化；以苗圃为基础建成植物生态园、水上公园和喇嘛湖瀑布；新建雅鲁河源头漂流码头并开展漂流旅游项目，建成雅鲁河钢索吊桥，初具登山、攀岩、漂流、休闲度假、摄影娱乐、科普考察等多项旅游功能。

（二）滦河源国家森林公园

2009年，国家林业局批准滦河源森林公园晋升为国家级森林公园。公园位于锡林郭勒盟多伦县三道沟林场境内，距多伦县城东南35公里处。总面积12667公顷。

滦河源国家森林公园地处半干旱地区森林草原地过渡带，滦河上游，内蒙古高原南端低山丘陵地段。榆木川是森林公园内的重要景观。至2015年，公园完好地保留了2000公顷天然榆树林，平均树龄60—80年，树高达10米以上，形体伟岸挺拔，生长茂盛，形态各异，是中国乃至亚洲迄今发现的面积最大、尚存最古老、保存最完好的天然榆树林景观。滦河源国家森林公园境内森林与草原的比例为6∶4。森林以榆树天然林和杨桦天然林为主，间有以华北落叶松、油松、樟子松、杨树、沙地云杉为主的人工林镶嵌组成，类型多样。公园地处滦河上游，蜿蜒的滦河源头流经北部边缘，并由北向南纵贯公园中部10余公里，是锡林郭勒盟草原唯一一条入海的外流河，也是引滦入津工程的主要水源。

至2015年，滦河源国家森林公园植物种类丰富，生物多样性较高，有野生维管植物77科255属497种。公园中栖息着100余种野生动物，其中国家Ⅰ级保护动物有大鸨和蒙古野驴。

（三）河套国家森林公园

2009年，国家林业局批准河套森林公园晋升为国家森林公园。公园由乌兰布和沙漠景区和黄河景区两部分组成，规划总面积9652.33公顷，其中黄河景区1212.33公顷，乌兰布和沙漠景区8440公顷。

河套国家森林公园是中国西部河套平原地区的典型，区域内风景资源属于黄河河套平原地区景观类型。2015年，森林公园内，乌拉山沙地林带长约6公里，长100—400米，总面积约800公顷，主要以人工速生杨、新疆杨、钻天杨为主。森林公园西南面有乌兰布和沙漠穿过，形成不同高度和形态的沙丘地貌景观。公园乌兰布和景区北部和西部区域分布着大大小小的海子几十个，湿地面积1046.66公顷，其中最大的是永明海子、李之海子与天鹅海子。海子岸边芦苇、蒲草郁郁葱葱，每年春秋季节，是天鹅、大雁、鸿雁等候鸟过路的重要中转站，共同组成物种多样、富有活力的湿地生态系统。

（四）宝格达乌拉国家森林公园

2010年，国家林业局批准宝格达乌拉森林公园晋升为国家级森林公园。公园位于锡林郭勒盟东乌珠穆沁旗东北部的宝格达山林场境内。总面积29652.8公顷。

宝格达乌拉国家森林公园由国防林保护区、生态保护区、天然白桦林景区、乌珠穆沁敖包景区、乌拉盖河源景区、草甸草原景区组成。至2015年，公园森林覆盖率达到46.98%。

宝格达乌拉国家森林公园东北依大兴安岭林区，西南临锡林郭勒草原，正北与蒙古国草原接壤，坐落在大兴安岭南段西麓，自然植被处于森林向草原过渡的狭窄地区，地带性植被类型为森林草原，森林以白桦天然林为主，形成以草原和森林共存的独特景观。主要植被类型有森林、灌丛、草甸草原、沼泽、水塘。主要景点有老头山、望乡石、乌珠穆沁敖包、天外飞来石、天鹅湖、乃林高勒。

宝格达乌拉国家森林公园是大兴安岭西麓乃至大兴安岭北部山地夏绿阔叶林（小叶林）景观的缩影，也是森林向草原过渡的典型地带。良好的森林、草原、湿地生态环境，具有很高的保护、观赏和科研价值。公园具有水文景观、地文景观和人文景观的景点20余处，组合较好，再加上比较突出的区位优势，为开展森林旅游提供了优越的条件。

（五）龙胜国家森林公园

2014年，国家林业局批准龙胜森林公园晋升为国家级森林公园。公园位于乌兰察布市卓资县政府所在地卓资山镇内。森林规划总面积1077公顷，公园内林地面积计893公顷，其中森林面积达439公顷，森林覆盖率为45.44%，植被类型多样，属城郊型森林公园。

龙胜国家森林公园地处北温带，属典型的大陆性半干旱季风气候。园内气候和土壤较好，植物资源较为丰富。公园内各区域自然条件差异性较大，地形高低起伏，错落有致。有海拔高的连片华北落叶松林，有侵蚀沟底带状丛生或散生的杨树，有陡坡天然草原，有丰富的花灌木，形成各自独特的景观要素。

（六）敕勒川国家森林公园

2015年，国家林业局批准敕勒川森林公园晋升为国家森林公园。公园位于包头市土默特右旗九峰山，属阴山山脉大青山的西端。

敕勒川国家森林公园所在的九峰山最高海拔达2338米，是大青山主峰所在地。这里处于典型草原区向荒漠草原区的过渡地带，植物区系和植被表现得异常丰富和复杂，同时这里是大青山海拔最高的地段，植被的垂直带谱也表现得相当鲜明和多彩，是大青山植物资源最具代表性的地段，生物多样性很丰富，区内分布有多种国家重点保护野生动植物。

敕勒川国家森林公园内有枣沟、西九峰、一线天等多样的地文景观，也有石河、水涧沟、纳令沟级枣沟瀑布等水文景观，生态景观丰富。同时森林公园内还有朝阳洞、美岱召等历史文化景观，文化内涵丰富，和周边生态环境能够良好地彼此融合。其中朝阳洞大法会、美岱召庙会、三娘子旅游文化节，融旅游、商贸、文艺演出等于一体，吸引大量游客前来参加宗教活动。森林公园周边交通便捷，带动了森林公园内其他旅游活动的开展。

（七）成吉思汗国家森林公园

2015年，国家林业局批准成吉思汗森林公园晋升为国家级森林公园。公园位于鄂尔多斯市伊金霍洛旗中部，距伊金霍洛旗政府所在地2公里，距鄂尔多斯市康巴什新区10公里，规划面积38600公顷。由两个独立区域组成，分别为：成吉思汗陵片区和红碱淖片区。

成吉思汗国家森林公园地貌类型多样，资源丰富，涵盖了森林、草原、沙地、河流、湿地等多种生态类型，同时依托成吉思汗陵所展现的蒙元文化、民族文化，属自然生态与人文景观完美融合的沙地绿洲型森林公园。尤其是以成吉思汗陵为代表的蒙元文化，有着独一无二的资源优势，对游客有较大吸引力。

成吉思汗国家森林公园内水资源丰富，河流主要有乌兰木伦河和扎萨克河。水库有乌兰木伦水库、札萨克水库。有中国最大的沙地淡水湖红碱淖、巴音昌呼格草原湿地。红碱淖融草原风光与湖水为一体，是世界濒危物种、国家Ⅰ级保护动物遗鸥的主要繁殖和栖息地，每年成千对的遗鸥来这里筑巢产卵，景色壮观。巴音昌呼格草原湿地由地下泉水形成，泉水在草原的分布，形成河流湿地、沼泽湿地。

## 五、自治区级森林公园

截至2005年底，有自治区级森林公园18处，分别是嘎仙洞森林公园、科尔沁沙地森林公园、吐尔基山森林公园、罕山森林公园、兴隆沼森林公园、乌斯吐森林公园、乌兰坝森林公园、大阪森林公园、大冷山森林公园、平顶山森林公园、大黑山森林公园、苏木山森林公园、南天门森林公园、耿庆沟森林公园、昆都仑森林公园、阿贵庙森林公园、巴林喇嘛山森林公园、九峰山森林公园。

2006—2015年，新增自治区级森林公园6处，分别是通辽市森林公园、阿善森林公园、恩格贝森林公园、乌良苏森林公园、飞云渡森林公园、库布其沙漠森林公园。

### （一）通辽市森林公园

2006年，自治区林业厅批准晋升为自治区级森林公园。公园位于通辽市南郊，距市中心直线距离5公里，占地面积267公顷，是通辽市唯一一处集休闲、娱乐、科教为一体的多功能文化游憩型城中森林公园。

通辽市森林公园内地形起伏，丰富多彩的植物景观错落有致。森林公园以人工景观与原生态景观相结合，为市民休闲游憩健身提供了场所。森林公园内可以欣赏到迷人的疏林草地风光、游历抗日战争遗址、浏览全国最大的元代百年长卷浮雕墙。

### （二）阿善森林公园

2007年，自治区林业厅批准晋升为自治区级森林公园。公园位于包头市东河区北部山区，属阴山山脉大青山山地，东以阿善沟为界，北和西以石拐区、九原区的行政界线为界，南以国道110高速公路为界，行政隶属包头市东河区。规划面积5615公顷。

阿善森林公园地处半干旱草原亚带，植被区系比较复杂。山地植被从下至上，呈现草原、灌丛、森林景观，如山麓地带和山地下部（海拔1100—1200米）是本氏针茅－冷蒿、本氏针茅－百里香草原群落和保利香群落所组成，零星分布的榆树树林；山地中部和上部（海拔1200—1400米）发育着并不茂密的森林，阳坡以稀疏的侧柏、杜松、灰榆为主，阴坡以林地或疏林地的侧柏、杜松为主，山地上部主要以柄扁桃、黄刺梅、小叶鼠李、铁线莲、蒙古莸、野山楂等形成旱生群落。

### （三）恩格贝森林公园

2007年，自治区林业厅批准晋升为自治区级森林公园。公园位于鄂尔多斯市达拉特旗恩格贝镇境内。东至黑赖沟、西至西园城、南至恩格贝响沙湾、北至沿黄线，总经营面积5298.08公顷。

恩格贝森林公园地处荒漠和干旱草原过渡带，森林植被特征为人工乔、灌、草相间分布。地带性干旱草原植被长茅草、牛枝子、百里香、冷蒿、羊草，非地带性沙生植物有油蒿、芨芨草、寸草苔、沙蓬及人工植被柠条锦鸡儿、杨柴、花棒、沙棘。位于恩格贝森林公园中段的沙漠峡谷南北纵向穿越库布齐沙漠主沙带，是经洪水冲刷切割而形成的一条深沟，沟底有多处泉眼出露，经人工筑坝截水，形成独特的沙漠湖泊景观。湖内水质清澈透明，甘洌如醇，可乘坐快艇进入沙漠腹地领略沙漠峡谷奇观；登高望远，可眺望绵延起伏的沙漠壮观景色。

历史上的恩格贝是一处水草丰美、风景秀丽、蒙古族人民世代生息的地方，由于长期掠夺性开垦、超载过牧等原因，生态环境遭到了严重破坏。经过恩格贝人及国内外志愿者十几年的艰苦开发和顽强建设，投入2亿元的资金，开发了植树旅游、观赏沙漠绿洲和沙漠珍稀野生动物养殖以及水上娱乐等旅游项目，为恩格贝发展旅游业创造了基础条件。

（四）乌良苏森林公园

2010年，自治区林业厅批准晋升为自治区级森林公园。公园位于赤峰市松山区西部，距赤峰市区70公里。园区东至松山区王府镇与老府镇行政区划交界处，西至松山区二道河子水库，南至松山区城子乡碾房川，北至松山区西路嘎河川。森林公园规划面积3000公顷。

乌良苏森林公园坐落于蒙古营、大乌梁苏、计代沟、高营子4个营林区。公园内天然次生林1100公顷，天然灌木林500公顷、山杏林500公顷、人工林（油松、落叶松）800公顷、其他林地面积100公顷。乌良苏森林公园分布在海拔800—1700米，森林动植物资源十分丰富。截至2015年，仅收录在册的植物就有500余种，动物30余种，基本涵盖了赤峰地区所有动植物物种。

（五）飞云渡森林公园

2010年，自治区林业厅批准晋升为自治区级森林公园。公园位于赤峰市克什克腾旗南部，燕山山系七老图余脉。东临托河林场，南部与桦木沟林场交界，西与大局子林场接壤，北部与联丰林场毗邻。森林公园规划总面积13704公顷，包括广兴、永兴和、马架子、南园子4个营林区。

飞云渡森林公园位于燕山山系原始次生林区，处于大兴安岭、蒙古、华北三大植物区系交错地带。乔木以落叶松、白桦、山杨为主，灌木以绣线菊、山杏、杜鹃、虎榛子、山玫瑰为主，草本植物以禾本科、莎草科、菊科植物为主。公园内植物群落随着海拔的变化分布着森林、植物类型，1600—1900米，分布着原始的沙地云杉和华北落叶松林草甸林；1000—1600米以山杨、白桦林及山杨、白桦混交林为主。人工落叶松林、人工云杉林、人工樟子松林、天然山杏等灌木林成片状或群团状分布，相互交错，并与森林草原成镶嵌状。优美壮阔的原始森林景观，是华北地区保存较为完整的植物群落，具有较高的观赏价值。素有“千山百药之山”的美称。

（六）库布其沙漠森林公园

2011年，自治区林业厅批准晋升为自治区级森林公园。公园位于鄂尔多斯达拉特旗境内，处于库布其沙漠中段，属于鄂尔多斯市造林总场经营区域。东界罕台川西岸，南界红塔沟北段，途经寸草壕北段向西至越家沟到乌兰斯太沟的终点与西柳沟闭合，西界西柳沟东岸，北界东起从展旦召嘎查四社经南沙畔、哑子壕，在龙头拐与西柳沟交汇处闭合。总经营面积19287公顷。

库布其沙漠森林公园地理位置独特，这里不仅有奇特的沙漠景观，而且有丰富的植物种类和沙漠特有的植被类型。

# 第五节　森林生态效益补偿

## 一、公益林补偿制度

国家实施森林生态效益补偿制度，就是要探索出进一步提高重点防护林和特种用途林林分质量、充分发挥其生态功能的有效途径和针对不同经营主体的重点防护林和特种用途林的经营管理模式，找出切实可行的管理措施；就是要总结探索出重点防护林和特种用途林经营管护的有效的资金投入机制和管理机制以及在社会主义市场经济条件下，如何处理好资源保护同社会稳定和区域经济协调发展的关系。这是林业利益机制的重大创新，可以使公益林的所有者和经营者得到应有的利益，维护广大林农的合法权益，进一步调动他们保护和建设公益林的积极性。同时，这一制度的确立可以吸引更多的社会资金投入公益林建设，推进林业分类经营改革，促进林业可持续发展。

2007年，国家对森林生态效益补偿政策进行调整。自治区修订《内蒙古自治区财政森林生态效益补偿基金管理办法》，并颁布《内蒙古自治区公益林管理办法》。2009年，国家提高集体（个人）所有的国家级公益林森林生态效益补偿标准，自治区相应修订《内蒙古自治区财政森林生态效益补偿基金管理实施细则》。2011年，印发《内蒙古自治区森林生态效益补偿基金检查验收办法》。森林生态效益补偿制度的建立和完善，为进一步推进内蒙古林业建设持续快速健康发展，保障林业生态建设成果，构筑祖国北疆重要的生态安全屏障，提供了强有力的政策支持。同时，对促进全区林业下岗职工再就业、增加农牧民收入起到积极作用。改善了林区职工和农村、牧区广大农牧民的生产、生活条件，增强了全社会参与生态建设和保护的意识。

## 二、公益林区划界定

2009年，国家林业局、财政部出台《国家级公益林区划界定办法》，要求全国各省（区、市）进行国家级公益林补充区划界定工作。2010年1月，自治区林业厅部署开展补充区划界定工作。4月初，自治区林业厅对各盟市上报的补充区划界定成果进行汇总，并上报国家。经国家林业局、财政部审核认定，内蒙古自治区国家级公益林总面积1164.51万公顷。其中，2004年认定面积932.16万公顷，2010年补进面积232.35万公顷。

2012年，根据国家林业局印发的《关于国家级公益林补充区划审核结果的通知》和《国家林业局办公室关于进一步做好国家级公益林区划落界工作的通知》，自治区林业厅印发《关于国家级公益林和天保工程一期禁伐区、限伐区林地落界的紧急通知》，要求各盟市高度重视，立即部署旗县落界工作，采取切实可行的措施，加强检查督促，按时完成落界工作。为确保落界工作顺利完成，全区各级林业部门成立落界工作组，组织与协调本辖区落界工作。国家级公益林落界工作，由自治区林业厅林政资源处、公益林管理中心负责，旗县林业部门负责地块调查和核实工作；盟市林业部门负责组织督促检查所辖旗县落界工作，汇总上报落界成果。自治区林业监测规划院和自治区第二林业监测规划院负责落界工作的技术服务和汇总工作。国家级公益林落界工作，以审核后的国家级公益林总面积为控制数，严格按照《国家级公益林区划界定办法》规定的区划范围和标准，结合旗县级林地保护利用规划林地落界成果，将各旗县的国家级公益林林地落实到小班地块。全区共落界国家级公益林1164.51万公顷。其中：国有

481.73万公顷，集体317.97万公顷，个人364.81万公顷；按地类：有林地382.25万公顷，疏林地22.02万公顷，灌木林地703.25万公顷，未成林地8.98万公顷，无立木林地2.48万公顷，宜林地45.53万公顷；按工程区：非天保区781.35万公顷，天保区383.16万公顷；有1032.34万公顷纳入中央财政森林生态效益补偿，132.17万公顷纳入天保工程二期国有林管护。落界工作于2013年5月完成。

### 三、公益林效益补偿

2006—2015年，内蒙古自治区实施森林生态补偿工作按照国家和自治区的总体要求，以保护和培育公益林资源为中心，抓住质量管理和资金管理两条主线，确保责任落实、资金落实、检查监督“三到位”，使全区森林生态效益补偿工作稳步推进。

#### （一）国家级公益林

国家全面建立和实施森林生态效益补偿制度，对内蒙古林业生态建设和林业可持续发展具有巨大的推动作用。2006年，新增启动重点公益林补偿面积202.1万公顷，补偿区域由原来涉及6个盟市41个旗县增加至10个盟市63个旗县。2006—2015年，重点（国家级）公益林补偿面积由515.43万公顷增加至1032.34万公顷，国有国家级公益林（2009年之前称重点公益林）补偿标准提高至每年每公顷90元，集体（个人）国家级公益林补偿标准提高至每年每公顷225元，补偿区域涉及12个盟市、2个计划单列市、104个旗县及实施单位。中央财政10年累计投入内蒙古森林生态效益补偿基金1030142万元。

表6-5-1　2006—2015年全区国家级公益林森林生态效益补偿统计表

| 统计年度 | 补偿资金（万元） | 补偿面积（万公顷） | 国有 | | 集体、个人 | |
|---|---|---|---|---|---|---|
| | | | 面积（万公顷） | 补偿标准（元/公顷） | 面积（万公顷） | 补偿标准（元/公顷） |
| 合计 | 1030142 | — | — | — | — | — |
| 2006年 | 38657 | 515.43 | — | 75 | — | 75 |
| 2007年 | 38657 | 515.43 | — | 75 | — | 75 |
| 2008年 | 38657 | 515.43 | — | 75 | — | 75 |
| 2009年 | 57178 | 762.37 | 331.42 | 75 | 430.95 | 75 |
| 2010年 | 89509 | 762.37 | 331.42 | 75 | 430.95 | 150 |
| 2011年 | 98055 | 819.40 | 331.40 | 75 | 488.00 | 150 |
| 2012年 | 128050 | 1032.34 | 357.37 | 75 | 674.97 | 150 |
| 2013年 | 178673 | 1032.34 | 357.37 | 75 | 674.97 | 225 |
| 2014年 | 178673 | 1032.34 | 357.37 | 75 | 674.97 | 225 |
| 2015年 | 184033 | 1032.34 | 357.37 | 90 | 674.97 | 225 |

#### （二）地方公益林

2006年，自治区地方公益林生态效益补偿面积达到22.22万公顷，2007年地方公益林补偿面积达到33.35万公顷，补偿标准为每年每公顷45元，每年投入资金1500万元。补偿范围涉及8个盟市44个旗（县、市、区）。2006—2015年，自治区财政累计投入地方公益林补偿资金14498万元。

表6-5-2　2006—2015年全区地方公益林森林生态效益补偿统计表

| 统计年度 | 补偿资金（万元） | 补偿面积（万公顷） |
|---|---|---|
| 合计 | 14500 | 322.37 |
| 2006年 | 1000 | 22.22 |
| 2007年 | 1500 | 33.35 |
| 2008年 | 1500 | 33.35 |
| 2009年 | 1500 | 33.35 |
| 2010年 | 1500 | 33.35 |
| 2011年 | 1500 | 33.35 |
| 2012年 | 1500 | 33.35 |
| 2013年 | 1500 | 33.35 |
| 2014年 | 1500 | 33.35 |
| 2015年 | 1500 | 33.35 |

（三）公益林补偿

随着公益林补偿面积的逐步扩大，中央财政投入内蒙古森林生态效益补偿基金由2006年的38657万元增加至2015年的184033万元，资金投入增加4.8倍。自治区财政投入资金也由496万元增加至1500万元，资金投入增加3倍。

通过实施森林生态效益补偿制度，使全区公益林得到有效保护和建设，森林火灾、林木病虫害得到有效控制，生态系统功能逐步提高。通过公益林管护，共安排近1.2万名国有林场下岗职工重新走上工作岗位，解决农村牧区剩余劳动力3.3万人；通过公益林补偿，有近320万农牧民直接受益。

## 第六节　森林保险

2010年12月，国家林业局林业工作管理总站和中国人民财产保险股份有限公司联合印发《关于共同推进森林保险试点工作的通知》，要求人保财险各省级分公司和省级林业管理部门参照《共同推进森林保险的合作框架协议》推进森林保险工作。

2012年初，自治区政府成立以分管主席为组长的自治区森林保险工作领导小组。5月，自治区政府印发《内蒙古自治区森林保险保费补贴试点方案》《内蒙古自治区森林综合保险条款》。此后，又先后出台《内蒙古自治区农业保险大灾风险准备金管理办法》《内蒙古自治区农业保险防灾减损资金管理办法》《内蒙古自治区农业保险绩效考核管理办法》《内蒙古自治区森林保险灾后治理及植被恢复管理暂行办法》《内蒙古自治区森林保险专家委员会管理办法》等规定。具体为：其一，农业保险大灾风险准备金制度。以保险承办机构省级分公司为核算单位，按照各保险公司当年森林保险保费收入的5%计提森林保险大灾风险准备金，自治区财政安排一定的专项资金予以补充。大灾风险准备金主要用于重大灾害的保险资金储备和防灾减灾。其二，农业保险防灾减损资金分担机制。以保险承办机构省级分公司为核算单位，以各保险公司按照不低于当年种植业、养殖业、森林保险保费收入的一定比例提取。其中，保费收入在10亿元以上（含10亿元）的，按2.5%提取，保费收入在10亿元以下的按3%提取，自治区财政按不超过核定的防灾减损项目总投资的50%进行奖补。其三，保险赔款的使用与灾后治理结合的制度。公益林保险灾后治理及植被恢复实行项目管理，保险赔偿资金专项用于原地原发灾害的治理及植被恢复等项目。原灾害发生地无法进行灾后治理及植被恢复的，其异地治理或恢复须经自治区森林保险工作领导小组办公室批准后，单项实施。商品林保险灾后治理及植被恢复，在基层林业部门监督、指导下，由林业经营者负责在灾后二年内完成。

2013年，全区林业、财政、保险三方配合，12个盟市、2个计划单列市所辖的102个旗县区，以及内蒙古森工集团所辖区域森林，全部开展森林保险工作。自治区森林保险统一采取森林综合保险，保险费率确定为2.5‰，公益林项下乔木林地的保险金额为800元/亩，灌木林地的保险金额为500元/亩；商品林项下的乔木林地保险金额为900元/亩，灌木林地的保险金额为600元/亩。2013－2014年保险期间，全区实现参保森林面积2500万公顷（含部分疏林和未成林造林地），各级财政保费投入总计达到6.4亿元，其中：争取国家保费补贴3.2亿元，自治区配套保费补贴2.6亿元，盟市旗县配套保费补贴0.6亿元。2013－2014年保险期间，全区参保森林发生保险责任灾害479起，其中森林火灾252起、林业有害生物灾害172起、其他旱灾、暴风、洪水等55起，保险赔付总额1.93亿元，直接赔付率达到30%。在直接赔付的基础上，森林保险林业部门工作经费按保费6%—10%列支，森林保险大灾风险准备金按保费5%逐年累计计提，森林保险防灾减损资金按保费2.5%—3%提取，林业行业总体受益率近50%。

《内蒙古自治区2013—2014年度森林保险灾后治理及植被恢复核查报告》显示，全区地方林业森林保险灾后治理及植被恢复总面积17.73万公顷，核实面积11.6万公顷，面积核实率65.39%；合格面积11.53万公顷，核实合格率99.26%。2014—2015年保险期间，进一步扩大森林参保面积，全区参保森林面积2540万公顷，各级财政保费投入总计达到6.5亿元，全区参保森林保险最大风险保障金额达1650亿元。2014—2015年保险期间，全区（含森工集团）发生森林保险责任灾害47.33万公顷，共计赔付额度31669.77万元。2014—2015年，地方林业简单赔付率达到45.09%，森工集团简单赔付率达到41.09%，全区森林保险简单赔付率达到43.39%，结合政策调整等因素，全区综合赔付率接近65%。

《内蒙古自治区2014—2015年度森林保险灾后治理及植被恢复核查报告》和《内蒙古森工集团2013—2015年度森林保险灾后治理及植被恢复核查报告》显示，全区地方林业核查面积24.8万公顷，核实面积21.07万公顷，面积核实率84.9%，核实合格率98.72%。森工集团核查面积7.47万公顷，核实面积6.33万公顷，面积核实率85.53%，核实合格率100%。

2015年4—6月，自治区林业厅重点在鄂尔多斯市、赤峰市、兴安盟和呼伦贝尔市开展林下经济保险试点调研，推动赤峰市、呼伦贝尔市开展经济林产品产量保险商业试点工作，实现经济林产品产量保险零的突破。

截至2015年末，全区形成具有内蒙古特点的森林保险政策制度体系，实现森林保险全覆盖，森林参保面积居全国首位。林业生态抵御森林灾害的能力和信贷抵押能力得到加强，保险规模、各级财政保费补贴总量和综合理赔额度，均居全国第一位。

# 第七节 森林资源档案管理

2006年4月，开始研建内蒙古自治区森林资源管理信息系统，利用数据库技术、3S技术（遥感RS、全球定位系统GPS、地理信息系统GIS）和网络技术，实现对森林资源的信息化管理，建立起全区统一、开放、可扩展的森林资源管理业务系统，达到全区森林资源信息共享和森林资源的数字化管理。在自治区林业勘察设计院设立“森林资源数据管理中心”，负责对信息系统的管理，在自治区林业勘察设计院和自治区第二林业勘察设计院建立2个数据处理站，负责对数据进行维护和更新。

内蒙古自治区森林资源管理信息系统构建自治区、盟市、旗县和乡镇（国有林场）4级用户系统，从不同层次、不同级别上满足资源林政管理部门的需求，建成可以兼容国家标准、行业标准，同时具有内蒙古特色的森林资源数据库。从2007年开始，自治区林业勘察设计院和自治区第二林业勘察设计院逐步对二类调查成果数据进行标准化改造以及资源数据归档工作。先后对呼和浩特市、通辽市、包头市、乌兰察布市、鄂尔多斯市，锡林郭勒盟、阿拉善盟、兴安盟全部旗县，以及呼伦贝尔市、赤峰市部分旗县的二类调查小班数据经过标准化改造并归档，建立以二类调查小班为基础的各小班100多项调查因子森林资源数据档案。

森林资源档案实时反映森林资源状况，通过资源档案数据年度更新，实现动态化管理，才能为林业建设保护提供服务。传统更新方式是以旗县、乡镇为单位进行森林资源档案数据更新，从2011年开始，开展森林资源档案年度更新工作。对有经营活动的小班按照营造林、采伐等林业生产经营活动引起的变化和征占用林地、火灾、毁林等非林业生产经营活动引起的变化小班按照更新流程和更新规则替代原小班各项因子，进行数据更新，对没有经营活动的小班，通过树种生长模型、生长率表、林木生长过程表对小班进行自然消长变化更新。在乌兰察布市和呼伦贝尔市免渡河林业局开展数据更新试点工作，通过两年努力，将森林资源档案数据更新至2012年，完成森林资源档案数据更新软件、更新流程和更新规则。包头、呼伦贝尔市、阿拉善盟、鄂尔多斯市、锡林郭勒盟已经应用森林资源管理信息系统进行数据更新工作，建立起自治区、盟市、旗县统一的森林资源电子档案，并由内蒙古自治区林业监测规划院进行管理。2013年，完成包头市、阿拉善盟、呼伦贝尔市各旗县林业局的二类资源数据更新培训；2014年，完成鄂尔多斯市、锡林郭勒盟资源更新培训工作；从2015年开始，随着二类调查工作的开展，逐渐对赤峰市、兴安盟、呼和浩特市、巴彦淖尔市二类调查数据进行标准化改造入库。

# 第七章

# 林业产业

2006年，内蒙古自治区林业产业总产值为158亿元，农牧民人均林业收入280元。2010—2015年，林业产业总产值年均增速15.6%，全区林业产业呈现“稳中有进，特色突出”的发展态势。2015年，自治区林业总产值达到418亿元，较2006年增长1.64倍；农牧民人均林业收入790元，较2006年增长1.82倍。全区已形成以林木培育、特色经济林、种苗花卉、野生动植物驯养繁育、森林食品、木材和人造板加工、灌木饲料、森林旅游等产业为主导，以龙头企业为引领，以“企业+合作社+基地+农户”为利益联结机制的林业产业发展格局，初步形成一批具有一定规模、区域特色鲜明、产品品牌独特、市场反响良好的特色产业，涌现出一批经营水平较高、产品质量效益较好、辐射带动作用大、农牧民增收效果明显的林业产业发展典型。林业产业在推动绿色增长、惠民富民等方面发挥了重要作用。

## 第一节　发展林业产业

2006年，自治区人民政府印发《内蒙古自治区林业产业发展规划纲要（2006—2010年）》。在国家宏观经济发展战略的指导下，结合全区经济及林业产业发展实际，坚持林业一、二、三产业协调发展，巩固提高第一产业，做大做强第二产业，积极发展第三产业。

2006年自治区林业一、二、三产业产值分别为87.23亿元、47.94亿元、23亿元，2015年自治区林业一、二、三产业产值分别达到197.36亿元、119.38亿元、101.05亿元，第一产业产值10年来增长1.26倍，第二产业产值增长1.5倍，第三产业产值增长3.39倍。2015年，自治区林业一、二、三产业结构比例从2006年的55：30：15调整为2015年的47：29：24。以种植业为主的第一产业所占比重逐步下降，以林业生态旅游及服务为主的第三产业比重明显增加，产业结构日趋合理。

表7-1-1　2006—2015年全区林业产业产值统计表

单位：万元

| 年份 | 合计 | 第一产业 | | 第二产业 | | 第三产业 | |
|---|---|---|---|---|---|---|---|
| | | 产值 | 比例（%） | 产值 | 比例（%） | 产值 | 比例（%） |
| 2006年 | 1582367 | 872348 | 55.13 | 479388 | 30.30 | 230631 | 14.58 |
| 2007年 | 1929957 | 1042754 | 54.03 | 615348 | 31.88 | 271855 | 14.09 |
| 2008年 | 2082648 | 1096377 | 52.64 | 664941 | 31.93 | 321330 | 15.43 |
| 2009年 | 1795755 | 1030362 | 57.38 | 542705 | 30.22 | 222688 | 12.40 |
| 2010年 | 2022097 | 1145325 | 56.64 | 556491 | 27.52 | 320281 | 15.84 |
| 2011年 | 2178434 | 1190042 | 54.63 | 635051 | 29.15 | 353341 | 16.22 |
| 2012年 | 2448955 | 1379044 | 56.31 | 666865 | 27.23 | 403046 | 16.46 |
| 2013年 | 2801456 | 1545569 | 55.17 | 761655 | 27.19 | 494232 | 17.64 |
| 2014年 | 3836321 | 1941184 | 50.60 | 1155493 | 30.12 | 739644 | 19.28 |
| 2015年 | 4180150 | 1973569 | 47.21 | 1193769 | 28.56 | 1010514 | 24.17 |

## 一、林业第一产业

2006年，自治区林业第一产业产值87.23亿元。其中：林木的培育和种植37.03亿元；木材和竹材的采运19.46亿元；经济林产品的种植与采集15.29亿元，林产中药材的种植与采集5.81亿元；森林食品的种植与采集2.06亿元；水果及干果的种植与采集6.23亿元；花卉种植0.60亿元；陆生野生动物繁育与利用1.20亿元。木材产量达336.81万立方米，果品产量达35.48万吨，水果32.49万吨，干果产量2.40万吨。干果中山杏核占比最大，产量2.22万吨；中药材产量9.00万吨，其中，枸杞产量3.72万吨，麻黄产量1.67万吨；森林食品中木耳产量0.13万吨，蘑菇产量1.26万吨。

2010年，自治区林业第一产业产值114.53亿元。其中：树木育种和育苗56.64亿元，育种和育苗10.71亿元，造林31.39亿元，林木的抚育与管理14.54亿元；木材和竹材的采运22.51亿元；经济林产品的种植与采集20.34亿元，林产中药材5.38亿元；森林食品的种植与采集1.70亿元；水果和干果的种植和采集11.11亿元；花卉种植1.28亿元；陆生野生动物繁育与利用1.48亿元。木材产量达320.55万立方米。果品中，水果30.42万吨，干果1.70万吨（榛子0.40万吨）；中药材产量2.24万吨（枸杞1.62万吨）；森林食品0.64万吨（食用菌0.33万吨）、山野菜0.29万吨。

2015年，自治区林业第一产业产值197.36亿元。其中：树木育种和育苗33.69亿元，营造林78.55亿元；木材和竹材的采运10.34亿元；经济林产品的种植与采集44.52亿元，森林药材种植7.35亿元，林产品采集7.36亿元，水果种植20.59亿元，森林食品种植5.06亿元；花卉及其他观赏植物种植2.33亿元；陆生野生动物繁育与利用9.76亿元。各类经济林产品总产量57.97万吨，水果48.58万吨；干果4.83万吨（榛子1.17万吨）；中药材产量2.05万吨（枸杞1.35万吨），沙棘0.20万吨；森林食品2.52万吨（食用菌1.63万吨），野山菌0.80万吨。

## 二、林业第二产业

2006年，自治区林业第二产业产值47.94亿元。涉林产业产值合计38.97亿元。其中：木材加工及木、竹、藤、棕、苇制品制造29.24亿元，锯材木片加工14.89亿元，人造板10.62亿元，木制品3.68亿元；木、竹、藤家具制造0.51亿元；木、竹、苇浆造纸4.70亿元；林产化学产品制造0.14亿元；木质工艺品和木质文教体育用品制造0.11亿元；非木质林产品加工制造业0.75亿元；其他3.54亿元。主要林业产品产量情况：锯材264.86万立方米；人造板86.76万立方米；木片、木粒加工品19.09万立方米。林业系统非林产业8.95亿元。

2010年，自治区林业第二产业产值55.65亿元。涉林产业产值合计44.92亿元，其中：木材加工及木、竹、藤、棕、苇制品制造34.25亿元，锯材木片加工26.15亿元，人造板6.53亿元，木制品1.55亿元；木、竹、藤家具制造0.07亿元；木质工艺品和木质文教体育用品制造0.13亿元；非木质林产品加工制造业0.72亿元；其他9.75亿元。主要林业产品产量情况：锯材400.33万立方米；人造板82.93万立方米；木片、木粒加工品12.47万立方米；木竹地板8.83万立方米。林业系统非林产业10.73亿元。

2015年，自治区林业第二产业产值119.38亿元。其中：涉林产业产值104.76亿元，林业系统非林产业产值14.61亿元。涉林产业中：木材加工和木、竹、藤、棕、苇制品制造89.79亿元；木、竹、藤家具制造1.60亿元；木、竹、苇浆造纸和纸制品2.51亿元；木质工艺品和木质文教体育用品制造65万元；非木质林产品加工制造业5.35亿元，其中木本油料、果蔬及茶饮料等加工制造3.73亿元，其他1.62亿元。主要产品产量：锯材761.46万立方米；人造板49.47万立方米；木片、木粒加工品6.24万立方米；木竹地板8.08亿立方米。

### 三、林业第三产业

2006年，自治区林业第三产业产值23.06亿元。涉林产业产值合计8.55亿元，其中：林业旅游与休闲服务5.98亿元，其中森林旅游1.92亿元，自然保护区旅游0.54亿元，森林动植物旅游与休闲0.16亿元，湿地旅游0.38亿元，沙地旅游与休闲0.25亿元，其他森林类型景区旅游与休闲2.74亿元，林业旅游直接带动其他产业产值2.15亿元；森林动物餐饮与租赁业0.03亿元；林业专业技术服务0.14亿元；林业科技推广与中介服务0.12亿元；自然保护管理服务0.14亿元；森林公园管理服务0.02亿元；城市林业管理服务2.11亿元。林业系统非林产业14.51亿元。

2010年，林业第三产业产值32.03亿元。涉林产业产值合计18.92亿元，其中：林业旅游与休闲服务12.39亿元，森林旅游11.55亿元，森林疗养与休闲0.84亿元，林业旅游直接带动其他产业产值7.41亿元；湿地产业0.44亿元；林业生态服务0.40亿元；林业专业技术服务0.56亿元；林业公共管理及其他组织服务5.57亿元。林业系统非林产业13.10亿元。

2015年，林业第三产业产值101.05亿元。涉林产业产值合计52.62亿元，其中：林业旅游与休闲服务31.34亿元，林业旅游29.59亿元，林业疗养与休闲1.75亿元，林业旅游直接带动的其他产业产值20.14亿元；湿地产业0.52亿元；林业生态服务3.92亿元；林业生产服务5.77亿元；林业专业技术服务2.61亿元；林业公共管理及其他组织服务8.97亿元。林业系统非林产业48.43亿元。

## 第二节　重点国有林区林业产业

内蒙古大兴安岭林管局（森工集团）一、二、三产业的发展和结构性变化，给国有林区带来了巨大变化。2015年内蒙古大兴安岭重点国有林区活立木总蓄积量增长量达到1200万立方米，年植被恢复1万亩以上。内蒙古大兴安岭林管局（森工集团）财务性指标包括剔除棚改配套资金支出，净利润5000万元；净资产收益率达到行业平均值；替代产业企业直接收入增长率20%以上。

2015年，经自治区国有资产监督管理委员会党委研究决定，授予森工集团“业绩优秀企业奖”。

## 一、林区第一产业

2006—2015年，重点国有林区内蒙古大兴安岭林管局（森工集团）在第一产业营林生产上，累计完成育苗面积1008.27公顷，其中新育253.51公顷，容器育苗195公顷；生产苗木113798万株，其中大地新育50391万株，容器苗27676万株。

### （一）林木种苗及良种繁育生产

2006年，国家林业局批复内蒙古大兴安岭库都尔林业局沙棘良种基地建设项目可行性研究报告，同意在内蒙古大兴安岭林区库都尔林业局营建沙棘良种繁育基地。

2007年，国家林业局印发《确定林管局级（省级）林木良种基地的通知》，确定内蒙古大兴安岭重点国有林区8个基地：甘河林业局兴安落叶松种子园、乌尔旗汉林业局兴安落叶松种子园、阿里河林业局西伯利亚红松采穗圃、库都尔林业局俄罗斯大果沙棘采穗圃、莫尔道嘎林业局樟子松母树林基地、伊图里河林业局兴安落叶松母树林基地、阿龙山林业局兴安落叶松母树林基地、克一河林业局兴安落叶松母树林基地。同年，国家林业局批复同意，在吉文林业局营建五味子良种繁育基地，在得耳布尔林业局营建白桦良种繁育基地。

2009年1月14日，国家林业局印发《关于公布第一批国家重点林木良种基地的通知》，明确甘河林业局兴安落叶松良种基地为国家第一批重点林木良种基地。同年，国家林业局批复同意在大杨树林业局营建蓝莓引种繁育基地。2012年2月7日，国家林业局印发《关于公布第二批国家重点林木良种基地的通知》，确定乌尔旗汉林业局兴安落叶松种子园为国家第二批重点林木良种基地。

“十二五”期间，内蒙古大兴安岭林管局（森工集团）累计投入资金3500余万元，加强种苗生产、加工、贮藏、质量监督、检验、信息化等基础设施建设，实现育苗良种化、容器化。同时，加强林区现有苗圃基础设施的建设，革新育苗机械，修缮厂房、圃窖、围墙、喷灌设施，建设温室大棚，改善苗圃育苗条件，推进苗木生产的现代化、基地化和产业化。

### （二）人工更新造林及森林培育

2006—2015年，内蒙古大兴安岭林管局（森工集团）在林业第一产业发展中，累计完成荒山荒地造林、火烧迹地更新恢复、虫害木迹地恢复、公路两侧及局场址周边造林绿化、植被恢复、天保造林等各类人工更新造林6.19万公顷。“十二五”期间，累计完成天保工程二期森林培育补植补造8.23万公顷。

#### 1．珍贵树种培育

2011年，绰源林业局珍贵树种示范基地建设获得国家林业局批复，建设规模66.67公顷，中央投资50万元，地方配套10万元。中央预算内投资计划下达后，绰源林业局开展实施方案、作业设计的编制，计划完成68.88公顷樟子松珍贵树种培育。2014年10月，开展省级考核工作，并在示范基地以外各林场开展建设面积200公顷，珍贵树种培育模式和管理经验得到推广。

2014年，国家林业局印发《关于公布国家珍贵树种培育示范县、市名单的通知》，批准阿里河林业局为国家珍贵树种示范县，项目建设期为2015—2017年。

2．天保工程二期森林培育

2011年，天保工程二期正式启动后，实施森林培育补贴资金制度，补植补造200元/亩，人工造林300元/亩。

2011—2015年，国家总计下达内蒙古大兴安岭重点国有林区森林培育建设补植补造计划8.2万公顷，完成8.23万公顷。2015年，下达人工造林计划3333公顷，当年完成3353公顷。

3．碳汇计量监测试点建设

2012年5月30日，国家林业局造林绿化管理司（气候办）印发《关于开展全国林业碳汇计量检测体系建设试点工作的通知》，确定在森工集团开展全国林业碳汇计量检测体系建设试点。

2014年，内蒙古大兴安岭林区选择4家有资质的单位在林区进行森林碳汇项目合作开发，分别在绰尔、乌尔旗汉、根河、克一河、满归、金河6个林业局试点开发碳汇项目。

2011—2015年，森工集团与国内3家碳资产交易中介公司签署合作协议，确定根河、绰尔、乌尔旗汉、克一河、满归5个碳汇交易试点，国家发展改革委对20.5万亩人工林项目进行审查备案。森工集团以根河种苗基地为中心，大力发展6个中心苗圃，5年累计投资3500万元，全部实现容器育苗，具备园林绿化、生态治理等项目承接能力，加快种苗产业基地化、规模化、产业化步伐。

（三）经济林种植

1．蓝莓、榛子

截至2015年底，内蒙古重点国有林区有人工种植蓝莓面积近166.67公顷并区划了1666.67公顷的野生蓝莓资源，进行集约化经营。同时，营造榛子经济林1068公顷，推广农户和职工种植266.67公顷并区划集中连片的野生榛子933.33公顷。

2．沙棘种植

2012年库都尔林业局营造沙棘林373.33公顷，2013—2015年每年营造沙棘林133.33公顷，累计完成沙棘造林906.67公顷。沙棘基地建设框架已经形成，项目累计完成投资2999.42万元。沙棘后续产业开发项目被内蒙古森工集团（林管局）列入了重点产业项目之一。

3．偃松承包

2013年7月，满归林业局对施业区内的偃松林资源向在岗职工实行采摘权有偿转让。2015年，满归施业区内偃松林承包总面积达5296.93公顷，参与承包的在岗职工有561人，林业局实现创收119.68万元。

（四）中草药种植

内蒙古重点国有林区中草药产业开发一直以野生资源利用为主。2005年后，随着生态保护与建设意识的加强，在图里河、绰源、吉文等林业局逐渐开始对一些品种开展人工驯化和种植，主要品种有赤芍、金莲花、返魂草、北五味子等地产中药材。2015年，内蒙古林区北药产业发展已呈现出良好态势，各类中草药种植面积约有400公顷，种植户100余户。

（五）食用菌产业

内蒙古重点国有林区食用菌培植规模较大的主要有克一河、阿里河、库都尔等林业局。2013年，克一河林业局职工培植黑木耳600万袋；吉文林业局培植木耳46万袋；库都尔林业局培植食用菌200万袋；阿里河林业局培植食用菌800万袋；莫尔道嘎培植食用菌30万袋。其他林业局食用菌也有少量种植。2015年，内蒙古重点国有林区培植各类食用菌近3000万袋。

（六）特种动物养殖

1．狐貂养殖

2005年，金河林业局投资400万元建设2处北极狐良种繁育基地，注册内蒙古北极狐开发有限公司和“金寒”北极狐品牌。2006年，金河林业局受中国农学会特产协会委托，承办“2006年中国毛皮动物养殖发展战略研讨暨科技信息交流会议”，金河林业局被确定为种狐供应基地和商品狐皮供应基地。2007年，新建金河北极狐养殖示范基地，北极狐饲养以家庭经济模式进行推广。2015年，金河林业局按照“林户+基地+龙头”的模式，引导、鼓励单位集体和职工家庭扩大养殖规模，存栏种狐1.78万只，出栏8万只；种貂300只，出栏1000只；野猪出栏500头。

2006年，阿龙山林业局扩建特种动物养殖园区，有7个品种2500只种貂，注册了“森龙”牌系列狐貂产品。森龙公司被中国野生动物保护协会养殖委员会评为“中国毛皮动物养殖十佳单位”并被授予“毛皮动物养殖示范基地”称号。在2007年1月召开的第33届北京国际裘皮革皮制品交易会上被芬兰国际拍卖行总裁格薇尼（女）赞誉为国内最优皮毛产品。2015年，阿龙山林业局狐貂貉存栏量8000只，驯鹿、梅花鹿、狍子105头。

2．獭兔养殖

2006年，满归林业局投资400万元，引进獭兔养殖项目，屠宰加工厂当年繁殖獭兔10万只。

2006年，伊图里河林业局投资200万元建成年产5万只獭兔的种兔繁育场，当年优质种兔存栏1000只。

2007年，伊图里河种兔厂进行扩建，年存栏种兔规模达到5000只，供应林区优质种兔5万只，生产皮张10万张。同年，公司引进了山东科华兔业有限公司，就合作开发林区獭兔产业签订了长期意向，为林区獭兔产品打入国内市场开辟了通道。2008年全面改制。

3．驯鹿养殖

2013年，森工集团批复内蒙古根河林业局野生动物驯养观赏区建设项目，自治区财政资金投资计划500万元，从长春双阳购进马鹿20头，驯鹿5头。通过繁育，2014年基地存有马鹿34头，驯鹿6头。2014年，计划从芬兰引进驯鹿570头，2015年完备了从芬兰引进570头驯鹿的相关手续。

4．马匹养殖

内蒙古林区马匹养殖在1952年林管局成立以后一直存在，马匹用途主要是参与木材生产的集运环节。2015年，林区有马匹7888匹，从事马匹养殖324户，草场面积9187公顷，涉及养殖林场33个。2015年，内蒙古大兴安岭林管局与内蒙古农业大学、牙克石畜牧工作站、内蒙古建兴集团等单位，联合开展大兴安岭森林马选育工作。

## 二、林区第二产业

内蒙古重点国有林区的林产工业起步于20世纪50年代，经过50多年的建设，从无到有，从小到大。2001—2005年（“十五”期间），内蒙古森工集团通过与玖龙公司合资、中集的引进、根河板业公司的组建以及一些工厂的技术改造等重大举措，林产工业有了较快的发展。

“十一五”期间，已形成人造板、锯材、木制品、林化产品和制浆造纸五大类产品组成的初具规模的林产工业体系。2007年底，有加工厂点近200个，从业人员3万余人，机械设备近5000余台套。林产工业产值16.2亿元。

2008年，内蒙古大兴安岭林管局（森工集团）辅助产业全部剥离改制，对200家辅助产业全部进行产权制度改革，所有改制企业完成国有资产、国有职工身份“双退出”，林区的林产工业全部改制。

（一）木材生产

内蒙古大兴安岭林管局（森工集团）为自治区最大的木材生产组织管理机构。从上至下分为：林管局（森工集团）营林生产处—林业局（森工公司）营林生产处—林场，实行三级管理。主伐生产工队是木材的直接生产者。

2015年，国家林业局印发《关于扎实做好全面停止商业性采伐工作的通知》，决定从2015年4月1日起全面停止东北、内蒙古重点国有林区商业性采伐，结束内蒙古重点国有林区开发建设60余年的采伐历史。停伐后木材生产管理科转变职能，主要负责林区公路养护质量管理和关键岗位持证上岗管理。2015年底保留场级建制林场124个。主要从事森林经营、资源管理和防扑火。

**表7-2-1　2006—2015年内蒙古重点国有林区木材产量统计表**

单位：万立方米

| 项目 | | 2006年 | 2007年 | 2008年 | 2009年 | 2010年 | 2011年 | 2012年 | 2013年 | 2014年 | 2015年 |
|---|---|---|---|---|---|---|---|---|---|---|---|
| 计划 | 合计 | 253.12 | 275.73 | 244.95 | 253.18 | 243.39 | 116.53 | 117.29 | 110.00 | 110.00 | 110.00 |
| | 商品材 | 229.60 | 229.60 | 229.60 | 229.60 | 229.60 | 115.60 | 116.17 | 110.00 | 110.00 | 110.00 |
| | 其他 | 23.52 | 46.13 | 15.35 | 23.58 | 13.79 | 0.93 | 1.12 | — | — | — |
| 完成 | 合计 | 245.69 | 266.54 | 237.40 | 231.41 | 241.98 | 114.39 | 115.78 | 109.36 | 109.03 | 76.87 |
| | 商品材 | 226.68 | 225.58 | 227.72 | 225.45 | 241.98 | 113.56 | 114.99 | 109.36 | 109.03 | 76.87 |
| | 其他 | 19.01 | 40.97 | 9.68 | 5.96 | — | 0.83 | 0.79 | — | — | — |

注：统计表项目中的其他包含灾害木采伐等新增限额。

（二）人造板

内蒙古重点国有林区人造板工业自1958年开始起步，在20世纪90年代初具规模。人造板产品主要为中密度纤维板、刨花板和胶合板。人造板生产企业主要有图里河人造板厂、根河刨花板厂、金河中密度纤维板厂、满归人造板厂、得耳布尔刨花板厂、阿里河电工层压木厂。2005年图里河、根河、金河、满归、得耳布尔5个板厂整合为根河板业有限责任公司。

2008年前，内蒙古重点国有林区林产工业企业主要是根河板业公司。设备设计生产能力为23.5万立方米/年。其中：刨花板设备设计生产能力为15.5万立方米/年，纤维板设备设计生产能力为8万立方米/年。2008年胶合板销量为1400立方米、纤维板销量为10.12万立方米、刨花板销量为17.26万立方米。

2008年，按照林管局（森工集团）辅助产业全部剥离改制的整体部署，对林区人造板企业进行整体改制，人造板工业均改为股份制企业。

（三）落叶松栲胶业

栲胶公司的前身是牙克石木材加工栲胶联合厂。1998年8月，栲胶分厂和热电分厂从联合厂剥离出来，重组为内蒙古森工栲胶制品有限责任公司。栲胶公司主产品是落叶松栲胶，系列产品有落叶松单宁胶粘剂、高温堵水调剖剂、混凝土减水剂、复鞣剂等。

2008年11月3日，内蒙古大兴安岭林管局与牙克石市政府联合印发《关于加强支持协作、共同推进生态建设地域经济社会发展、改善民生有关问题的会议纪要》，双方商定共同推进栲胶公司热电厂改造改制。内蒙古大兴安岭林管局将栲胶公司热电厂资产无偿转让给牙克石市政府，由牙克石市政府负责招商引资，进行扩容，使之成为牙克石市区新热源基地，以适应不断增长的市区生产、生活热力需求。

2009年1月17日，“牙克石市拓孚林化制品有限责任公司”完成工商注册和税务登记，正式挂牌投入运营。

2009年10月至2010年9月，公司与吉林北华大学合作，开发了以落叶松树皮为主要原料，替代苯酚为主研方向的改性单宁胶。新产品从研制、开发到建设，总投资约300万元。

（四）纸浆业

扎兰屯纸浆厂，轻工部1966 年投资兴建，1975年正式投产，设计能力年产纸浆5万吨，是国家重点制浆造纸企业之一，国家二级企业。1999年11月，扎兰屯市政府与内蒙古森工集团签订“森工集团整体收购原纸浆厂合同”，森工集团及其直属的绰尔、绰源、库都耳、满归、乌尔旗汉和伊图里河林业局（森工公司）6家子公司，共同出资设立内蒙古富伦纸业有限责任公司，资产总额3.2亿元。2004年，森工集团与东莞玖龙纸业共同出资组建玖龙兴安浆纸公司。

2008年，玖龙兴安浆纸公司被评为“内蒙古自治区林业产业化重点龙头企业”。

2013年3月，东莞玖龙纸业撤资。为维护企业和职工稳定，内蒙古森工集团克服自身经济困难，投资1.5亿多元重新组建内蒙古大兴安岭浆纸有限公司。

2014年11月，内蒙古大兴安岭浆纸有限公司举办3500特种纸机启动仪式暨特种纸产品业务洽谈会，特种纸产品受到来自全国各地50余家客商的青睐。

表7-2-2　2015年内蒙古大兴安岭林区卫生筷子生产厂家统计表

| 单位名称 | 成立年份 | 生产能力（万箱） | 职工人数（人） | 设备台数（台） | 单位名称 | 成立年份 | 生产能力（万箱） | 职工人数（人） | 设备台数（台） |
|---|---|---|---|---|---|---|---|---|---|
| 绰尔元博木业 | 1996 | 25000 | 123 | 18 | 克一河隆美筷子厂 | 1989 | 18000 | 70 | 21 |
| 绰尔鼎盛木制品加工厂 | 1996 | 60000 | 279 | 36 | 克一河隆达筷子厂 | 1998 | 20000 | 73 | 20 |
| 绰源外经外贸加工厂 | 1994 | 20000 | 140 | 13 | 甘河筷子厂 | 1992 | 30000 | 155 | 25 |
| 乌尔旗汉雅玛飒公司 | 1995 | 10000 | 268 | 50 | 吉文林产公司 | 1988 | 38000 | | |
| 乌尔旗汉煤田筷子厂 | 1989 | 5000 | 89 | 48 | 吉文林森筷子厂 | 1998 | 30000 | 180 | 24 |
| 乌尔旗汉林场 | 1996 | 5000 | 72 | 35 | 阿龙山兴林木制品厂 | 1981 | 20000 | 85 | 15 |
| 库都尔爱林经营所 | 1974 | 50000 | 198 | 56 | 阿龙山恒丰木业 | 1997 | 20000 | 86 | 7 |
| 库都尔育林经营所 | 1980 | 30000 | 162 | 32 | 阿龙山蒙星细木厂 | 1980 | 20000 | 101 | 35 |
| 库都尔原林经营所 | 1984 | 40000 | 157 | 28 | 阿龙山兴发木业 | 1999 | 50000 | 172 | 70 |
| 库都尔小舅亚经营所 | 1978 | 50000 | 351 | 63 | 阿龙山木制品厂 | 2001 | 20000 | 350 | 20 |
| 库都尔新长房综合厂 | 1982 | 30000 | 140 | 24 | 阿龙山昌杰木业 | 2004 | 20000 | 90 | 15 |
| 库都尔岩山经营所 | 1980 | 20000 | 168 | 31 | 阿龙山龙兴木业 | 2002 | 20000 | | |
| 图里河新达筷子厂 | 1993 | 40000 | 202 | 19 | 满归兴达木业厂 | 1997 | 60000 | 390 | 21 |
| 图里河鹤丰筷子厂 | 1996 | 40000 | 134 | 22 | 得耳布尔筷子厂 | 1985 | 5000 | 605 | 151 |
| 伊图里河博兴木业 | 1996 | 30000 | 60 | 20 | 莫尔道嘎林产公司 | 2002 | 40000 | 205 | 24 |

2015年，内蒙古大兴安岭浆纸有限责任公司生产纸浆370吨、生产纸54500吨。

（五）木制品及其他产品

2006—2015年，内蒙古重点国有林区的林产工业产品除人造板系列、林产化工产品外，还包括其他木制品，主要品种有集成材、抽屉板、实木家具、雪糕棒、卫生筷子、诺顿托架、地板块、木旋、电工层压木等。出口创汇企业达12家，产品主要出口美国、丹麦、韩国、日本、瑞典、德国、英国、加拿大、法国、奥地利等国家。

2006年，内蒙古重点国有林区生产地板块135立方米，雪糕片19049吨，卫生筷子779286标箱，食品棒666吨，各种柄把12万个，木珠55886万粒，木衣架34639万个，细木家具产值2029.3万元。

2007年，内蒙古重点国有林区生产地板块47立方米，雪糕片21184吨，卫生筷子514299标箱，食品棒1036吨，木珠44899万粒，细木家具产值2014.8万元，集成材11687立方米，医用压舌片544吨，冰棍杆4146箱，木衣夹842吨，木制工艺品1480件，复合地板19922平方米，牙签10吨。

表7-2-3　2015年内蒙古大兴安岭林区雪糕棒生产厂家统计表

| 单位名称 | 成立年份 | 生产能力（吨） | 职工人数（人） | 设备台数（台） | 单位名称 | 成立年份 | 生产能力（吨） | 职工人数（人） | 设备台数（台） |
|---|---|---|---|---|---|---|---|---|---|
| 阿尔山劳服加工厂 | 1983 | 2000 | 258 | 22 | 根河佳兴木业 | 2002 | 3000 | 456 | 69 |
| 绰尔桦杨木业 | 1999 | 1250 | 266 | 18 | 金河恒丰木业 | 2003 | 2000 | 150 | 10 |
| 图里河森亚雪条棒厂 | 1990 | 2800 | 738 | 15 | 阿龙山恒丰木业 | 1997 | 3000 | 200 | 20 |
| 克一河隆华木制品厂 | 2003 | 130 | 135 | 23 | 满归华茂木制品厂 | 1999 | 2000 | 100 | 15 |
| 吉文林产公司 | 1988 | 1000 | 170 | 20 | 得耳布尔森华木业 | 1995 | 1000 | 237 | 139 |
| 阿里河雪糕棒厂 | 1995 | 162 | 307 | 20 | 莫尔道嘎森洋木制品厂 | 1987 | 2600 | 560 | 55 |

2008年，内蒙古重点国有林区生产雪糕片19272吨，卫生筷子584079标箱，食品棒658吨，木珠29681万粒，细木家具产值710.7万元。2008年在北京举办的中国国际林业博览会上，绰尔木珠、莫尔道嘎乱尺地板、乌尔旗汉儿童套房、库都尔的集成材白桦餐台10项产品被评为银奖。同年，阿龙山、克一河森工公司完成木制品加工企业改制工作，电工木（含层压板）产量已经突破4000吨。

2009年，内蒙古林区利用三剩物加工的企业约45家，解决就业人数约5700人。生产雪糕棒7456.42吨，卫生筷子53.3万标箱，集成材1828.24立方米，家具12.7万套。

2009年6月30日，内蒙古大兴安岭林管局（森工集团）直属范围内的国有林产工业企业全部改制到位。林区所有木制品企业变成民营、股份、合资等形式，由于企业性质的变化，森工集团退出对原有全民企业的管理。同年，内蒙古大兴安岭林业产业协会成立，森工集团业务转移到产业协会。2010年，参加协会的52家林产企业完成产值5.3亿元，较2009年增加1.1亿元，23家盈利，盈亏相抵实现利润2650万元，有10家实现股份分红1165万元，职工收入普遍比改制前增加30%。

## 三、林区第三产业

2006—2010年，内蒙古大兴安岭林管局将发展旅游业作为富民产业，主动融入地区旅游大格局，坚持整体布局、资源共享、突出重点、打造精品的原则，与新林区建设相结合，打造了点、线、面相结合的旅游景观格局。全面加强重点景区基础设施建设，普遍改善林区旅游接待条件，阿尔山森林公园投入6000多万元修筑翻新景区沥青75公里，景区容载能力大幅提升；投资4800万元的莫尔道嘎白鹿岛宾馆开创了呼伦贝尔景区大型宾馆建设一年完工投入使用的先例，当年实现收入900万元；阿里河相思谷景区、阿尔山银江沟温泉度假中心投入运营。2010年林区共接待游客31万人次，同比增加12.92%，实现综合收入2.1亿元，同比增长14.8%。

2011—2015年，内蒙古大兴安岭林管局主动融入地区旅游经济发展大局，规划建成以阿尔山、北部原始林区、毕拉河为中心的南、北、东三大旅游板块，5年累计投资8.36亿元，着力推进森林公园、旅游景区的保护、开发和建设。各景区累计接待游客485.65万人次，年均增幅32.64%；旅游综合收入25.42亿元，年均增幅34.98%。旅游产业由投入增长期向效益回报期过渡。

## 第三节　林业产业经营

### 一、政策支持

2006年和2007年，自治区政府分别召开两届全区林业产业现场会，围绕自治区经济发展总体规划及林业发展总体思路，以资源优势为依托，以市场需求为导向，以资源转化利用为目的，对自治区林业产业发展情况进行总结、分析和规划，积极推进。2006年印发《内蒙古自治区林业产业发展规划纲要（2006—2010年）》，2007年印发《内蒙古自治区林业产业化重点龙头企业认定管理办法》，2010年印发《内蒙古自治区加快发展沙产业的若干意见》，2014年印发《内蒙古自治区加快林下经济发展的实施意见》等。

各盟市根据地区林业产业发展特点，出台地方林业产业发展规划、意见或办法等文件，指导林业产业发展。赤峰市政府印发《百万亩高效节水经济林五年发展规划（2011—2015年）》和《加快经济林产业发展实施方案》，把经济林建设纳入旗县责任目标考核内容专项推进；鄂尔多斯市政府印发《关于扶持沙棘产业发展的意见》《全市渔业和林沙产业企业科技创新补贴奖励验收方案》，对沙棘等林沙产业给予扶持；阿拉善盟委行署把发展肉苁蓉等林沙产业，列入全盟经济社会发展九大支柱产业；兴安盟行署印发《关于推进绿色有机食品产业基地建设实施意见》，将发展食用菌纳入国有林区的支柱产业；乌海市政府《关于加快葡萄产业发展的指导意见》和巴彦淖尔市政府《加快乌兰布和沙区酿酒葡萄产业发展实施方案》，明确对发展葡萄产业给予补贴。呼伦贝尔市政府为做大做强龙头企业，组建呼伦贝尔林业集团有限公司。

### 二、资金扶持

2007年起，自治区每年投入资金1000余万元，对林业产业化项目进行重点扶持，重点对培育壮大龙头企业、巩固和加强林业产业基地建设、加大优势林产品产业集群的建设、强化林下经济发展、提高林产品的科技含量和水平、促进林业产业化服务体系的提升等方面的林业产业化项目进行扶持。林业产业化项目扶持资金对树立典型示范，培育区域、县域特色林业产业，逆向拉动生态建设，促进农牧民增收致富，调动非公经济、龙头企业投入林业产业的积极性等发挥了重要作用。国家林业局对自治区的林业产业发展给予了大力支持，除国家重点工程投入外，每年提供2亿多元林业项目贴息贷款，扶持自治区企业、合作组织、个人等发展林沙产业。

### 三、建设产业化基地

2006年以后，自治区在产业化基地建设中，夯实原材料基地建设，把发展效益林业作为工作重点，以提高林分质量为重点，以强化管理为突破口，坚持把培育高质量森林资源作为基础来抓。把原材料基地建设和低产低效林改造以及退耕还林、农防林等生态工程相结合，按照“公司加基地、基地连农户”的模式，积极发挥造林大户和非公有制在林沙产业基地建设中的作用，努力提高集约经营水平。

2006年集体林权制度改革后，自治区2180万公顷的集体林地确权到户。各地依托林地资源大力发展林下经济，探索总结出林药、林菌、林畜、林禽、林粮等多种林地复合经营模式，积极拓展设施林业及野生动物驯养繁殖利用产业，林业产业发展迅速，林地经营效益突出。

### 四、培植龙头企业

根据《内蒙古自治区林业产业化重点龙头企业认定管理办法》，努力培育发展壮大林业重点龙头企业。自治区于2008年、2011年和2014年先后组织三批自治区级林业产业化重点龙头企业的评选，认定具有一定规模和经济效益，示范带动作用突出、发展前景较好的林业产业化重点龙头企业82家，由自治区政府认定授牌。2013年和2015年，国家林业局组织开展国家林业重点龙头企业认定工作，自治区有8家企业获得认定。通过不断发展，龙头企业在推动自治区林业产业结构更加合理、扩大产业规模、提高产业质量和效益、实现产业转型升级、促进农牧民就业增收方面，发挥了典型示范带动作用。

### 五、科技支撑

2008年以后，各地通过推广丰产栽培等林业适用技术、新品种新模式引进推广、新产品新技术开发、林业标准制定、林业科技下乡、农牧民科技培训等措施，有效支撑基地集约经营、产品品牌创建、产业质量效益提升。盟市与区内外大专院校、科研单位合作，以龙头企业为科技创新主体，产学研结合、协作攻关，取得较好效果。阿拉善盟、巴彦淖尔市与北京大学、中国医学科学院药用植物研究所等20多家国内知名高校和科研院所以及国外科研机构开展项目合作，建立梭梭、肉苁蓉栽培繁育、技术集成、成果转化、产品研发等多学科联合试验和创新平台，开展多项关键技术研发。赤峰市与北京林业大学、内蒙古农业大学等多所院校建立战略联盟，举办果树培训班100多期，培训农牧民1万多人。

### 六、健全服务体系

2008年，为加强政府与企业之间的沟通和联系，自治区成立内蒙古林业产业协会。2009年，自治区编制办正式批准林业产业处为林业厅机关处室。全区12个盟市全部成立林业产业管理机构，队伍建设不断加强，人员逐步充实。各级林业部门强化指导服务，积极组织林业产业管理机构、涉林企业、个人等参与国家、自治区开展的相关招商引资、产品推介、交流合作、论坛等各种活动，对自治区林业产业的宣传和指导起到助推作用。

### 七、品牌建设

2015年，为充分发挥自治区区域特色林业产业优势，提升特色林产品质量水平，增强林产品市场竞争力，内蒙古林业产业协会组织开展肉苁蓉地理标志认证工作。12月28日，国家质量监督检验检疫总局发布2015年第162号公告，正式批准对内蒙古肉苁蓉产品实施地理标志产品保护。获批地理标志保护产品后，“内蒙古肉苁蓉”产品对保持地域特色，进一步提高知名度，提升品牌价值和市场竞争力起到积极作用，也为自治区其他特色林产品品牌建设奠定了基础。自治区有中国驰名商标的林产品商标5件、内蒙古著名商标12件、市级知名商标6件。

# 第八章

# 林政管理与法治建设

## 第一节　林政管理

内蒙古自治区林政管理的工作任务是：贯彻执行林业政策法规，组织拟订林业规章制度，完善林业法规体系；依法保护和管理森林资源，对采伐限额、凭证采伐、木材运输、木材经营加工等活动进行管理和监督，及时制止和查处违法行为；依法办理征占用林地审核审批手续等。

2011年，经内蒙古自治区政府批准，重新布局木材检查站295处，负责木材运输检查、野生动植物运输检查、防火期内防火检查、森林植物检疫检查。至2015年，各盟市林业局都已设立资源林政科，旗县级林业局都已设立资源站或林政股，以及林场、苗圃、乡镇林工站等单位和部门。全区林政管理队伍共4000多人。

### 一、林权管理

#### （一）林地确权登记发证

2012年，国家林业局《关于进一步加强林地确权登记发证工作的通知》强调，进一步巩固集体林权制度改革成果，加快集体林权登记发证工作进度，继续深化集体林权制度改革。5月11日，自治区政府办公厅印发《关于进一步加强集体林权登记发证工作的通知》，要求全区各地进一步巩固集体林权制度改革，加快集体林权登记发证工作进度，做好林木林地权属争议调处工作，继续深化集体林权制度改革。5月31日，自治区党委办公厅、自治区政府办公厅印发《关于加快推进集体林权制度改革有关工作的通知》，要求加快推进集体林确权工作，加快林权证核发进度。

2012年3月，自治区林业厅组织召开贯彻落实全国集体林权登记发证座谈会，进一步推动和完善全区集体林地确权登记发证工作。2013年，开展全区林地权属初始登记和变更登记情况调查统计工作，组织对林业“三定”（稳定山权林权、划定自留山、确定林业生产责任制）以后各类林地权属登记发证情况进行调查统计。自治区林地面积4398.89万公顷，其中，内蒙古大兴安岭森工集团981.80万公顷和大兴安岭林业集团147.17万公顷的国有林地，已由原林业部颁发林权证。内蒙古地方林地面积3267.29万公顷，累计发证面积3148.36万公顷，发放林权证187.43万本，发证率96.36%。其中国有林地发证面积1013.33万公顷，发证率90.48%；集体林地发证面积2168.73公顷，发证率99.5%。基本完成全区集体林权制度改革任务，全面完成集体林业用地确权发证工作，初步建立以家庭承包为基础，多种经营形式并存、责权利相统一的集体林业经营体制。

（二）集体林权流转管理

2013年，国家林业局《关于进一步加强集体林权流转管理工作的通知》，对规范集体林权流转工作提出具体要求。自治区林业厅组织开展全区林权登记发证和林权流转情况监督检查工作，规范和推进林权登记发证和林权流转工作，遏制国有林地流失，维护林权权利人合法权益，巩固林业生态建设成果。

2015年，自治区着力推进深化集体林权制度改革工作，自治区林业厅出台《关于进一步规范集体林权流转管理工作的意见》，明确集体林权流转范围，规范集体林权流转行为，建立健全集体林权流转服务体系，强化集体林权流转监督工作。自治区林业厅按照《不动产登记暂行条例》相关规定，开始进行与自治区国土资源厅不动产统一登记发证工作的衔接，维护现有林权证登记发证成果。

## 二、林地管理

（一）林地保护管理政策法规

2006年，按照自治区政府法制办要求，自治区林业厅对林业系统行政执法行为和现行有效的法律、法规、规章以及部门“三定”规定进行全面梳理。理清自治区林业系统实施行政处罚、行政许可、行政确认、行政征收、行政给付、行政强制、行政裁决等执法项目。

2007年5月，自治区政府出台《关于切实加强林地保护管理工作的通知》，从提高认识、严格审批制度、完善补偿办法、明确林地权属和严厉打击违法占用林地行为等六个方面提出加强林地保护管理工作的要求，为全区林地保护管理工作指明方向和目标。自治区林业厅转发《内蒙古自治区政府关于切实加强林地保护管理工作的通知》，从进一步严格和完善征占用林地管理、切实加强国有林场林地保护管理、依法严厉打击违法占用林地行为等方面提出具体要求。2007年，自治区林业厅印发《关于加强林地保护管理的紧急通知》，从加强监管、规范征占用林地管理和严厉打击违法占用林地行为三个方面提出要求。通过采取一系列的措施，使全区林地保护管理工作不断加强，各级政府和用地单位依法使用林地意识明显增强，各级林业部门服务于经济社会发展的意识显著提升，林权权利人的合法权益得到切实保障和维护。

2008年，自治区林业厅建立健全林地保护管理一系列规章制度，林地保护管理工作全面加强。在林地保护管理方面建立五项制度，即林地用途管制制度、征占用林地总量控制定额管理制度、征占用林地分级管理制度、征占用林地专家评审制度和征占用林地跟踪监管制度。在恢复森林植被管理方面建立四项制度：“占一补二”制度，即征占用林地项目恢复森林植被面积达到被征占用林地面积的2倍以上；恢复森林植被作业设计专家评审制度，凡征占用林地的植树造林、恢复森林植被项目作业设计都由自治区或盟市林业部门组织有关方面专家进行评审论证，技术上由专家把关；旗县级森林植被恢复费实行“先申请、后返还”制度，先由旗县提出申请、作出恢复森林植被规划、编制作业设计，对恢复森林植被作出详细安排，经自治区林业厅审查同意后安排返还森林植被恢复费；恢复森林植被质量年度核查制度，自治区林业厅每年组织专业技术队伍，对完成恢复森林植被项目的质量、效果等情况进行专项检查，有力地促进恢复森林植被工作，恢复森林植被合格率逐年提高。

2009年，国家林业局印发《关于加强对勘查、开采矿藏占用东北、内蒙古重点国有林区林地审核监督管理的通知》。同年，自治区林业厅为强化重点国有林区林地保护管理工作，发布《内蒙古自治区征占用林地核查实施细则》，对征占用林地核查和森林植被恢复检查工作标准、程序、提交成果要求等进行规范。

2010年，按照《全国林地保护利用规划纲要（2010—2020年）》和国家林业局《关于编制省级县级林地保护利用规划的通知》要求，启动自治区级和旗县级林地保护利用规划编制工作。自治区政府办公厅印发《关于编制自治区级和旗县级林地保护利用规划的通知》，自治区林业厅召开全区林业局长会议，具体安排全区林地保护利用规划编制工作，制定内蒙古自治区林地保护利用规划编制工作方案和技术方案。自治区林业厅组织全区111个旗县级单位编制林地保护利用规划。109个旗县级单位的林地保护利用规划经当地人民政府批准实施。建成全区林地“一张图”，为实施林地用途管制制度提供依据，实现“以图管地”和“以规划管地”。

2013年，组织开展林地年度变更调查试点工作，为全区开展年度林地变更调查工作总结经验。

2014年4月，自治区政府批复《内蒙古自治区林地保护利用规划（2010—2020年）》，是全区编制实施的第一个中长期林地保护利用规划，将林地和耕地摆到同等重要的位置，引导全社会严格保护和合理利用林地资源，提高林地保护利用效率。

2015年，自治区按照国家林业局要求，着手启动全区林地年度变更调查工作。

（二）建设项目使用林地规定

2008年，自治区林业厅印发《关于使用林地可行性报告编制的有关规定》，对使用林地可行性报告编制资质、状况调查、勘界范围、图面编绘、统计分析等进行规范。2009年，自治区林业厅转发国家林业局森林资源管理司《关于规范省级林业主管部门上报文件内容的通知》，对建设项目征占用林地申请上报文件内容进行规范。

2014年，自治区林业厅启动《内蒙古自治区占用征用林地收费标准和管理使用规定》的修订工作。经广泛征求意见、深入调查研究，2015年，修订完成建设项目使用林地补偿标准，由自治区政府印发《内蒙古自治区建设项目使用林地补偿标准》，于2016年2月1日起执行。提高林木补偿标准，林地补偿费实现与自治区征地统一年产值标准和征地区片综合地价的衔接。

同年，自治区林业厅与财政厅联合印发《内蒙古自治区森林植被恢复费征收使用管理实施办法》，规范森林植被恢复费的征收、使用管理。

2014年，实行建设项目使用林地审核审批《全国建设项目使用林地审核审批管理系统》网上申报制度。通过建设项目网上申报，进一步强化建设项目使用林地审核审批监管工作。

2015年，国家财政部和国家林业局联合印发《关于调整森林植被恢复费征收标准引导节约集约利用林地的通知》，依据国家林业局要求，结合自治区实际，提出调整森林植被恢复费征收标准意见。同年，自治区林业厅转发国家林业局《建设项目使用林地审核审批管理办法》和《建设项目使用林地审核审批管理规范》《关于加强临时占用林地监督管理的通知》，明确：建设项目使用林地遵守林地分级管理的规定，建设项目使用林地审核审批条件、权限、程序。规定建设项目临时占用林地的审批权限，细化和规范使用林地公示制度，统一、规范使用林地申请材料组件内容等。

2006—2015年，审核审批和上报国家林业局审核审批征占用林地项目6589项，使用林地面积9.89万公顷。

“十二五”期间（2011—2015年），审核审批和上报国家林业局审核审批征占用林地项目4188项，使用林地面积5.14公顷。在审核审批的征占用林地项目中，重点项目、基础设施、公共事业和民生建设项目占80%。

（三）依法打击违法占用林地行为

2006年，自治区林业厅配合参与国家林业局开展的“绿盾行动”。2007年，自治区林业厅在全区范围内组织开展代号为“绿盾二号”的林业执法和治理整顿专项行动。从2008年开始，自治区林业厅与自治区监察厅每年联合开展林业专项检查行动，对全区林业生态建设质量、征占用林地和森林采伐管理情况以及林业建设资金使用情况，开展专项检查。2008年，自治区林业厅部署临时占用林地清理整顿工作，进一步规范临时占用林地行为。2011年，自治区政府办公厅专题部署打击违法占用林地专项行动，重点查处《内蒙古自治区政府关于切实加强林地保护管理工作的通知》印发以后，全区发生的未能依法查处或查处不到位的各类工程项目违法占用林地、国家和自治区领导批办、信访部门批转的案件388起，有力地震慑了违法占用林地行为。2014年结合国家林业局“非法侵占林地清理排查专项行动”，在全区范围内开展清理整治破坏和非法占用林地专项行动，排查出各类违法侵占林地和毁林开垦疑似案件1032起，对751起案件依法受理并进行查处，有力地震慑了乱占林地的违法行为。

## 三、林木采伐管理

（一）森林采伐限额

2005年12月19日，国务院批转《国家林业局关于各地区“十一五”期间年森林采伐限额审核意见》，核定内蒙古年森林采伐限额451.6万立方米。其中，商品材319.2万立方米，非商品材132.4万立方米。按林分起源分，天然林166.4万立方米，人工林285.2万立方米。按采伐类型分，主伐177.5万立方米，抚育采伐132.5立方米，更新采伐73.8万立方米，低产林改造35.3万立方米，其他采伐32.5万立方米。

“十一五”期间（2006—2010年），自治区地方编制限额的单位共477个。其中，国有林业局8个，国有林场（治沙站、苗圃）299个，旗县集体、个体88个，非林业部门82个（自治区直属非林业部门6个，盟市、旗县直属75个，其他1个）。

2011年，国务院批转林业局《关于全国“十二五”期间年森林采伐限额审核意见的通知》，依法批准内蒙古自治区“十二五”期间（2011—2015年）年森林采伐限额571.2万立方米（不包括内蒙古大兴安岭林管局）。其中，公益林采伐限额225.8万立方米，商品林采伐限额345.4万立方米；按森林起源，天然林采伐限额177.3万立方米，人工林采伐限额393.9万立方米；按采伐类型，主伐限额184.6万立方米，抚育采伐限额174.8万立方米，更新采伐限额118.7万立方米，其他采伐限额93.1万立方米。依据2011年国发3号文件规定，在国务院批准的“十二五”年采伐限额中，自治区预留26.9万立方米的限额（占限额总量的5%），用于解决因自然灾害、征占用林地、森林经营保护等特殊情况的采伐需要。

2010—2015年（“十二五”期间），按照国有林业局、国有林场、治沙站、苗圃等经营的森林和林木资源，以国有为单位编制；集体、个人所有的森林和林木分别以旗县区的集体或个体为单位编制，其中，林分蓄积量500立方米的森林经营主体，根据经营者的意愿可以单独编制采伐限额；铁路、公路、城建、水利、部队、农场、厂矿等非林部门所有的林木，按照属地管理原则，以所在地盟市、旗县非林业部门为单位编制。全区共587个编限单位，其中，国有317个、集体94个、个体86个、非林业部门83个；其中，直属自治区单独编制6个，盟市、旗县直属78个。

（二）森林采伐管理与改革

2009—2010年，自治区林业厅根据《国家林业局关于开展森林采伐管理改革试点工作的通知》，结合自治区林业改革和建设的实际，在通辽市开鲁县、赤峰市敖汉旗，巴彦淖尔市临河区围绕改进采伐限额管理、转变采伐管理方式、简化采伐审批程序、调整采伐管理政策等方面，开展森林采伐管理改革试点工作。通过减少审批环节，提供“一站式”服务，建立便捷高效的审批机制，彻底改变“申请指标难、采伐批复难”的状况。改革采伐管理方式，对集体商品林实行简易伐区作业设计，实行森林经营者伐前、伐中和伐后自主管理，林业部门提供指导服务和监督，落实农民经营自主权。创新更新模式，通过熟化土地，延长更新时间，有效保证造林成活率，调整农田防护林采伐林龄，减免和取消育林基金等改革措施，让利于群众。改进采伐限额指标管理，通过调整森林采伐类型，商品林限额指标串项使用，连年结转使用，避免因单项指标需求不平衡造成的采伐指标结构性矛盾，既放活商品林经营，又拓展公益林保护利用。明确非规划林地的林木采伐不纳入采伐限额管理，解决农民因为调整种植结构在农田等非规划林地上造林后采伐难的问题。完善政策，通过森林采伐管理政策的调整，妥善解决农牧民关心的林木采伐难问题，规范林改后的“树怎么砍，采伐怎么管”问题。

2010年，在开鲁县、敖汉旗、临河区试点工作基础上，自治区林业厅制订印发《集体人工商品林采伐管理办法》《公益林采伐更新管理办法》《农田防护林采伐更新管理办法》和《灌木林采伐更新管理办法》，进一步完善森林采伐管理政策。2015年，对上述管理办法进行修订完善。

2013年8月1日起，全区应用森林资源管理信息系统核发林木采伐许可证，实现林木采伐许可证核发的电子化，大大提高了林木采伐许可证核发效率和质量。并依照《行政许可法》和《森林法实施条例》第三十二条第二款规定，取消呼伦贝尔市、兴安盟林业局核发林木采伐许可证的委托，并将岭南八局等13个国有林业单位、呼和浩特铁路局等5个其他国有企业事业单位的林木采伐许可证核发工作，纳入到自治区森林资源管理信息系统，由林业厅网上核发。

（三）森林可持续经营

2011年11月，国家林业局部署开展以森林采伐管理改革为核心的森林资源可持续经营管理试点。呼和浩特市和林格尔县，通辽市开鲁县、奈曼旗，赤峰市敖汉旗、克什克腾旗、巴彦淖尔市临河区列入国家林业局森林资源可持续经营管理试点旗县。随后，自治区林业厅组织两个直属林业监测规划院和试点单位，编制内蒙古自治区森林资源可持续经营管理试点实施方案，并于2011年12月19日召开由试点盟市分管局长和资源科长、试点旗县分管局长和负责试点工作业务人员，两院分管院长和森林经营方案编制技术人员参加的森林可持续经营试点工作会议，就试点方案和开展森林可持续经营试点工作征求意见。2012年7月，自治区林业厅印发《关于开展森林资源可持续经营管理试点的通知》和《内蒙古自治区森林资源可持续经营管理试点实施方案》，成立以林业厅厅长呼群为组长，资源林政处、科技处、造林处、林场站、林业监测规划院、第二林业监测规划院主要负责人为成员的森林可持续经营领导小组，正式启动试点工作。2013年，呼和浩特市和林格尔县等六旗县森林资源可持续经营管理试点工作进入具体实施阶段。

## 四、木材流通管理

（一）木材运输检查机构及人员

2006—2009年，国家为内蒙古自治区一级木材检查站建设投入基本建设资金和物资设备，有约10%的木检站得到国家的资金补助。国家统一配发的执法专用设备、仪器交由一级木材检查站集中管理使用。从2010年开始，全区每年有7—8个一级木材检查站获得国家林业基本建设投资10万元，用于基础设施建设，改善木材检查站办公条件。

随着全区各地公路网络布局的变化，原有木材检查站布局已不适应木材运输管理的新要求。2011

年，自治区政府批准，自治区林业厅对原342处木材检查站采取保留、迁址、新建和撤销等方式进行调整。调整后撤销木材检查站47处，保留、更名、迁址、新建木材检查站295处，其中：保留原木材检查站115处，更名、迁址木材检查站136处，新建木材检查站44处。

为严格规范木材运输执法检查行为，自治区林业厅与相关部门多次联合开展“公路三乱”清理整顿。对执法人员进行严格培训和考核，规范木材运输执法行为，实现全区林业系统无公路“三乱”发生。2008年，自治区林业厅印发《关于全区林政执法人员统一穿着工作服上岗执法事宜的通知》，全区经自治区政府批准设立的木材检查站在编工作人员全部实行统一着装，规范执法行为，提升执法形象。

（二）木材经营加工管理

2006—2015年，始终坚持木材经营加工许可制度，全面实行木材凭证加工，严厉打击违法经营加工木材行为，有效地维护木材经营加工的正常秩序，强化木材经营加工管理。

2015年，自治区林业厅贯彻落实国家林业局《关于进一步加强木材经营加工监督管理的通知》，印发《关于开展木材经营加工单位清理整顿工作的通知》，在全区部署开展木材经营加工单位清理整顿工作。企业的木材经营加工资格经县级以上林业行政主管部门认定后，再向工商部门申请登记注册，实行年检制度，对经营管理不规范，产、销、存台账不清，木材来源无正常渠道，甚至私收滥购原料的木材经营加工单位一律予以取缔。切实维护木材经营加工市场秩序，促进木材流通规范、有序、持续健康发展。

按照国家林业局2006年第6号公告规定，重点国有林区设立木材经营（加工）单位审批实施机关为国家林业局。2015年，国家林业局第1号公告，将重点国有林区经营（含加工）木材审批下放至省级政府林业主管部门。自治区林业厅《转发国家林业局关于扎实做好全面停止商业性采伐工作的通知》，将重点国有林区木材经营（加工）许可证核发委托内蒙古大兴安岭林业管理局。

（三）木材运输管理

2010年，自治区林业厅制定《内蒙古自治区进口原木加工锯材出口试点管理办法实施细则》，规范进口木材的凭证运输。对防止国内砍伐的木材通过二连浩特、满洲里市倒流至国内市场，从源头上杜绝非法运输木材、运输证和实际运输木材数量不符等情况的发生起到重要作用。

自2010年1月1日起，全区使用国家林业局统一样式的“木材运输证”。2010年7月1日起原《出省木材运输证》和《内蒙古自治区区内木材运输证》停止使用，并在全区范围内启用全国木材运输管理系统，对木材运输进行统一的动态管理。2013年按照国家林业局要求，统一木材凭证运输的范围，规范办证点的管理，明确核发程序，严肃核发纪律，提高办证效率。2014年，按照自治区政府关于简政放权的要求，核发木材运输证下放盟市林业主管部门。

按照2006年第6号国家林业局公告规定，重点国有林区木材运输证核发实施机关为国家林业局。2015年第1号国家林业局公告，将重点国有林区木材运输证核发下放至自治区政府林业主管部门。自治区林业厅《转发国家林业局关于扎实做好全面停止商业性采伐工作的通知》，将重点国有林区木材运输证的核发，委托内蒙古大兴安岭林业管理局。

## 五、营造林综合核查

营造林综合核查每年开展一次，综合核查主要有造林年度完成情况及历年保存情况检查、森林采伐限额及更新情况检查、林地执法检查三项内容。

（一）造林核查

2006—2015年，全区每年检查造林旗县35个左右，检查人工造林、飞播造林和封山育林合计面积

100万亩左右，10年内完成检查任务量达1000万亩以上。检查以林业统计数据为基数，以旗县（林业局）为样本，抽取核查样本面积，进行实地检查，对全区各项林业生产完成情况及其质量进行评价。2006—2015年各项核查指标和检查结果见下表：

**表8-1-1　2006—2015年全区营造林核查结果统计表**

单位：%

| 年份 | | 营造林方式 | | 面积核实率 | 核实面积合格率 | 保存率/成效率 | 成林率 |
|---|---|---|---|---|---|---|---|
| 2006 | 2005 | 营造林实绩 | 人工造林 | 98.81 | 69.30 | — | — |
| | 2005 | | 飞　播 | — | — | — | — |
| | 2005 | | 封　育 | 100.00 | 87.48 | — | — |
| | 2000—2004 | 营造林成效 | 人工造林 | 98.4 | — | 88.8 | — |
| | 2000 | | 飞　播 | 75.35 | — | 69.17 | — |
| | 2000 | | 封　育 | 74.16 | — | 74.05 | — |
| 2007 | 2006 | 营造林实绩 | 人工造林 | 99.73 | 79.04 | — | — |
| | 2006 | | 飞　播 | 100.00 | 93.61 | — | — |
| | 2006 | | 封　育 | 98.33 | 82.30 | — | — |
| | 2004 | 营造林成效 | 人工造林 | 98.59 | — | 78.59 | — |
| | 2001 | | 飞　播 | 98.43 | — | 91.24 | — |
| | 2001 | | 封　育 | 98.89 | — | 81.39 | — |
| 2008 | 2007 | 营造林实绩 | 人工造林 | 94.10 | 53.80 | — | — |
| | 2007 | | 飞　播 | 100.00 | 85.00 | — | — |
| | 2007 | | 封　育 | 99.10 | 95.80 | — | — |
| | 2005 | 营造林成效 | 人工造林 | 92.00 | — | 62.70 | — |
| | 2002 | | 飞　播 | 99.50 | — | 90.70 | — |
| | 2002 | | 封　育 | 77.40 | — | 70.20 | — |
| 2009 | 2008 | 营造林实绩 | 人工造林 | 98.00 | 50.50 | — | — |
| | 2008 | | 飞　播 | 100.00 | 68.90 | — | — |
| | 2008 | | 封　育 | 99.60 | 82.50 | — | — |
| | 2006 | 营造林成效 | 人工造林 | 98.10 | — | 61.50 | — |
| | 2003 | | 飞　播 | 99.70 | — | 54.20 | — |
| | 2003 | | 封　育 | 93.60 | — | 71.40 | — |
| 2010 | 2009 | 营造林实绩 | 人工造林 | 97.96 | 56.71 | — | — |
| | 2009 | | 飞　播 | 100.00 | 42.52 | — | — |
| | 2009 | | 封　育 | 98.36 | 76.43 | — | — |

（续表）

| 年份 | | 营造林方式 | | 面积核实率 | 核实面积合格率 | 保存率/成效率 | 成林率 |
|---|---|---|---|---|---|---|---|
| 2010 | 2007 | 营造林成效 | 人工造林 | 97.76 | — | 58.81 | 26.70 |
| | 2004 | | 飞　播 | 100.00 | — | 51.61 | 21.22 |
| | 2004 | | 封　育 | 99.14 | — | 56.37 | 40.15 |
| 2011 | 2010 | 营造林实绩 | 人工造林 | 99.40 | 67.70 | — | — |
| | 2010 | | 飞　播 | 100.00 | 56.57 | — | — |
| | 2010 | | 封　育 | 99.06 | 74.93 | — | — |
| | 2008 | 营造林成效 | 人工造林 | 97.90 | — | 76.25 | 39.78 |
| | 2005 | | 飞　播 | 100.00 | — | 98.14 | 44.03 |
| | 2005 | | 封　育 | 100.00 | — | 73.03 | 68.09 |
| 2012 | 2011 | 营造林实绩 | 人工造林 | 95.24 | 77.42 | — | — |
| | 2011 | | 飞　播 | 98.95 | 97.19 | — | — |
| | 2011 | | 封　育 | 84.40 | 80.12 | — | — |
| | 2009 | 营造林成效 | 人工造林 | — | — | 74.61 | 30.38 |
| | 2006 | | 飞　播 | — | — | 68.77 | 58.73 |
| | 2006 | | 封　育 | — | — | 78.72 | 54.44 |
| 2013 | 2012 | 营造林实绩 | 人工造林 | 98.55 | 73.60 | — | — |
| | 2012 | | 飞　播 | 100.00 | 68.20 | — | — |
| | 2012 | | 封　育 | 98.02 | 81.86 | — | — |
| | 2010 | 营造林成效 | 人工造林 | — | — | 65.89 | 19.39 |
| | 2007 | | 飞　播 | — | — | 35.73 | 21.02 |
| | 2007 | | 封　育 | — | — | 79.30 | 33.52 |
| 2014 | 2013 | 营造林实绩 | 人工造林 | 87.74 | 75.20 | — | — |
| | 2013 | | 飞　播 | 95.97 | 66.93 | — | — |
| | 2013 | | 封　育 | 93.70 | 64.26 | — | — |
| | 2011 | 营造林成效 | 人工造林 | 94.17 | — | 62.75 | 32.69 |
| | 2008 | | 飞　播 | 100.00 | — | 64.12 | 10.94 |
| | 2008 | | 封　育 | 98.64 | — | 51.32 | 29.25 |
| 2015 | 2014 | 营造林实绩 | 人工造林 | 87.79 | 71.40 | — | — |
| | 2014 | | 飞　播 | 100.00 | 38.10 | — | — |
| | 2014 | | 封　育 | 85.68 | 79.47 | — | — |
| | 2012 | 营造林成效 | 人工造林 | 96.67 | — | 61.51 | 18.06 |
| | 2009 | | 飞　播 | 100.00 | — | 14.71 | 6.51 |
| | 2009 | | 封　育 | 98.46 | — | | 9.79 |

（二）森林采伐限额及更新检查

2006—2015年，全区每年对森林采伐限额与木材生产计划（“十二五”期间实行备案制）执行情况、林木采伐制度执行情况和采伐迹地更新情况进行检查。全区检查旗县131个，检查采伐量415.9万立方米，发现无证采伐0.3万立方米；采伐迹地更新检查107个旗县，抽查面积10万多公顷，实测样地面积1.8万公顷。各年度检查结果如下：

表8-1-2　2006—2015年全区采伐更新检查情况统计表

单位：个、立方米、%

| 限额执行年度 | 采伐情况 | | | | | | 更新情况 | | |
|---|---|---|---|---|---|---|---|---|---|
| | 检查旗县 | 检查总采伐量 | 发证合格率 | 凭证采伐率 | 作业质量合格率 | 无证采伐 | 检查旗县 | 更新率 | 合格率 |
| 2006 | 24 | 513955 | 94.1 | 99.6 | 87.8 | 1 | 20 | 96.6 | 68.3 |
| 2007 | 9 | 945819 | 91.3 | 95.8 | 62.6 | 93.9 | 9 | 98.5 | 75.6 |
| 2008 | 11 | 471913 | 83.6 | 99.9 | 77.8 | 1520 | 8 | 94.1 | 78.9 |
| 2009 | 7 | 270971 | 93.5 | 99.9 | 97.7 | — | 7 | 91.9 | 84.0 |
| 2010 | 10 | 130456 | 91.5 | 100.0 | 93.8 | — | 9 | 85.2 | 97.5 |
| 2011 | 12 | 594855 | 98.3 | 100.0 | 96.8 | 1160 | 9 | 91.7 | 89.4 |
| 2012 | 8 | 183206 | 88.3 | 100.0 | 96.6 | — | 5 | 93.8 | 95.4 |
| 2013 | 8 | 367291 | 90.6 | 99.7 | 97.5 | 70 | 8 | 84.5 | 81.2 |
| 2014 | 13 | 129662 | 89.1 | 97.8 | 95.0 | 17 | 9 | 66.0 | 65.4 |
| 2015 | 16 | 381960 | 95.9 | 99.7 | 98.1 | 7 | 13 | 90.3 | 74.8 |

（三）林地执法检查

2006—2015年，每年平均检查24个旗县，平均每5年全区旗县检查一次。10年内完成审核、审批占地项目检查2500多项，完成植被恢复项目检查4500多项。各年度检查结果如下：

表8-1-3　全区林地执法检查情况统计表

| 检查年度 | 超占项目数（个） | 超占面积（公顷） | 违法占用林地项目数（个） | 违法面积（公顷） |
|---|---|---|---|---|
| 2007 | 22 | 90.9349 | 11 | 36.4076 |
| 2008 | 35 | 128.8835 | 24 | 141.2618 |
| 2009 | 11 | 86.5346 | 19 | 34.2708 |
| 2010 | 6 | 76.099 | 13 | 56.0106 |
| 2011 | 12 | 55.3828 | 11 | 19.398 |
| 2012 | 14 | 14.3466 | 41 | 422.7058 |
| 2013 | 8 | 12.5418 | 123 | 1135.8619 |
| 2014 | 19 | 52.6367 | 173 | 1549.2173 |
| 2015 | 16 | 35.4865 | 318 | 1927.6582 |

## 六、林木种苗行政执法

截至2006年初，全区林木种苗行政执法人员达到529人，发放《林木种子生产许可证》《林木种子经营许可证》3474套。全区发生林木种苗违法案件133起，查处118起。涉案种子36570公斤，涉案苗木385万株，涉案金额143万元。

2006年，发生林木种苗违法案件43起，查处案件42起。涉案苗木63万株，涉案林木种子4.5万公斤、涉案金额146万元。完成自治区林木种苗行政执法人员信息库及林木种苗执法业务数据统计；编制完成行政许可事项公示表。

2007年，各盟市采取多种形式宣传贯彻《种子法》《内蒙古自治区林木种苗条例》《林业行政处罚程序》等有关法律法规。包头市组织林木种苗执法人员深入育苗生产单位进行法律知识宣传，鄂尔多斯市、阿拉善盟借助“3·12”植树节、“12·4”普法宣传日，以宣传车、宣传牌、传单、电台“行风热线”等多种形式大力宣传《种子法》《内蒙古自治区林木种苗条例》等法律法规。乌兰察布市查处林木种苗案件9起，涉案苗木数量24390株，涉案金额4.6万元。

2008年，开展依法取缔无证生产经营林木种苗专项执法行动。5月16—18日，内蒙古林木种苗站在呼和浩特举办全区林木种苗行政执法专题培训班。全区各盟市和部分旗县林木种苗行政执法人员共80多人参加培训。培训的主要内容是《林业行政处罚程序规定》《林业行政处罚文书制作》等，涉及调查取证、行政处罚、强制执行等林木种苗行政执法各个环节。突出操作，强调实务，重在练兵。通过培训，林木种苗执法人员进一步熟悉《种子法》和《种苗条例》的有关条款，消除畏难情绪，树立执法意识，掌握执法方法。内蒙古林木种苗执法人员计467人，设立盟市级林木种苗执法机构15个。结合自治区行政执法机构及执法依据清理工作，依据《种子法》《产品质量法》《内蒙古自治区林木种苗条例》，对林木种苗行政执法依据进行重新梳理，其中许可11项、处罚30项、确认7项、强制3项、给付2项、其他3项。

2008年，内蒙古自治区林木种苗站印发《关于对林木种苗生产经营户进行调查的通知》《继续开展对林木种苗生产经营户进行调查的通知》。各盟市旗县林木种苗行政执法人员通过深入基层，走访生产经营户，或者通过当地工商行政管理部门查询，基本掌握了林木种苗生产经营户的生产经营地点、数量、品种以及是否依法生产经营等情况。4月和7月，分别对通辽市、乌兰察布市、巴彦淖尔市、鄂尔多斯市及其14个旗县的林木种苗执法工作进行调研，深入了解14个旗县林木种苗执法工作中存在的困难和问题。截至10月31日，根据各盟市上报汇总结果，全区林木种苗生产经营企业和个体工商户约为1641户。已发放林木种苗生产许可证886份。发放林木种苗经营许可证823份。

2008年3月，自治区林业厅印发《关于开展依法取缔无证生产经营林木种苗专项执法行动的通知》，制订《全区取缔无证生产经营林木种苗违法行为专项执法行动方案》，部署依法取缔无证生产经营林木种苗违法行为专项执法行动。截至2008年10月底，全区依法查处各类林木种苗案件 443起，取缔无证生产林木种苗违法案例25起，查出已过期生产经营许可证959份；确认经营许可证454份，生产许可证505份。鄂尔多斯市开出林业行政处罚书384份，取缔生产经营户7户，处罚非法经营者65人，对312户责令停产并限期整改，计销毁苗木6000多株，实地销毁苗木3000余株。

2006—2010年（“十一五”期间），林木种苗行政执法取得突破。全区查处各类林木种苗违法案件955起，依法销毁苗木6.6万株，依法注销无效林木种苗生产经营许可证1262份。

2011年9月9日，自治区政府出台《关于加快林木种苗业发展的意见》，明确规定“各级林木种苗管理机构是具有公共事务管理职能的行政执法单位”。强化各级林木种苗管理机构的执法主体地位和林木种苗行政执法职能，为建立健全全区林木种苗质检执法管理体系打下坚实基础。2012年2月3日，自治区政府办公厅发布《关于公布第二批自治区本级行政执法机构名单的通告》，内蒙古林木种苗站被确定为由法律、法规授权，依据法律、法规的规定行使行政执法权的执法机构。2012年9月7日，自治区林业厅印发《关于进一步加强林木种苗行政执法工作的通知》，明确指出全区林木种苗违法案件的立案、调查、处罚等行政工作职责由各级林木种苗站负责，林木种苗管理机构的执法主体地位得到明确，为各级种苗站开展行政执法工作提供了有力支持。内蒙古林木种苗站和赤峰市、包头市、鄂尔多斯市林木种苗站已列为“由法律、法规授权，依据法律、法规的规定行使行政执法权的执法机构”。通过这些规范性文件，确立全区各级林木种苗管理机构的执法主体地位。

从2011年起，在全区范围内开展打击侵犯知识产权和制售假冒伪劣商品专项行动。2011年，全区共调查林木种苗生产经营户1437户，查处无证生产经营户141户、经营范围或有效区域与许可证不符的3户，对违法生产经营林木种苗的单位和个人进行清理和整顿，使林木种苗许可制度进一步得到有效落实。2012年3月27日，自治区林业厅印发《打击制售假冒伪劣林木种苗和保护植物新品种权工作实施方案》，成立打击制售假冒伪劣林木种苗和保护植物新品种权工作领导小组。2012年，全区查处林木种苗违法案件69起，涉案金额4.78万元，林木种苗市场秩序进一步规范。2012年9月，针对林木种苗行政处罚案件查处问题，在呼和浩特市举办为期3天的全区林木种苗行政执法培训班。对盟市林木种苗站分管林木种苗行政执法的站长、旗县林木种苗站站长及林木种苗行政执法人员共230多人，开展林木种苗行政违法行为确认、行政处罚种类、行政处罚程序、行政处罚文书制作及案例分析、申请人民法院强制执行的方法与程序、城管执法经验介绍等内容的强化培训。

2013年，全区各地开展不同形式的林木种苗行政执法活动。赤峰市各旗县公开举报电话，共随机抽查73个生产经营单位，对查出的问题提出限期整改措施。乌兰察布市林业局联合工商局共同开展林木种苗执法专项行动。行动中对林木种苗生产经营单位的生产经营许可证、营业执照及林木种苗生产经营档案进行查验，对生产经营单位、林业部门库存林木种子及新招标入库林木种子进行抽检，查处库存劣质林木种子1.2万公斤，涉案金额约24万元。赤峰市出台《赤峰市林木种苗行政执法处罚自由裁量权基准》。2013年，内蒙古林木种苗站分别在兴安盟、通辽市和赤峰市开展林木种苗行政处罚实地训练。参加训练的9个旗县执法人员采用简易程序和一般程序对无证生产经营林木种苗违法行为进行模拟处罚。通过实地训练，进一步加深基层执法人员对行政处罚程序的运用、询问笔录制作、勘验笔录制作和法律文书填制等方面工作的理解和把握。

2014年3月11日，自治区林业厅印发《关于开展全区林木种苗调运专项执法行动的通知》。2014年3月15日至5月15日，开展全区春季林木种苗调运专项执法行动，自治区林业厅成立全区林木种苗调运专项执法行动领导小组。各盟市结合本地实际制订专项执法行动工作方案，成立领导小组，并向社会公布举报电话和举报信箱。自治区林业厅及各盟市林业局分别组成多个由森林公安、种苗站、森防站为成员单位的联合执法督查组，对专项行动开展情况进行督导检查。全区查处林业行政违法案件162起，罚款约33万元，退回原产地不合格苗木1.5万株。

2015年12月，自治区林业厅在呼和浩特举办新《种子法》培训班。全区各盟市及100多个旗县林木种苗站站长和相关业务人员210多人参加培训学习。截至2015年底，全区林木种苗管理机构有396人取得林业行政执法资格证。

2011—2015年（“十二五”期间），全区林木种苗管理机构有404人取得林业行政执法资格证。全区查处各类林木种苗违法案件234起，共处罚款61.78万元，退回原产地不合格苗木1.5万株，移交法院案件1个，涉案金额12.4万元。截至2015年底，全区核发有效林木种苗生产经营许可证3291份，其中生产许可证1612份，经营许可证1653份。2012年至2015年底，全区共发放林木良种生产经营许可证44份。

## 第二节　林业法治建设

### 一、法规建设

林业立法工作是林业法治建设的基础，是依法治林、依法兴林的重要步骤。

2007年5月31日，内蒙古自治区第十届人民代表大会常务委员会第二十八次会议通过《内蒙古自治区湿地保护管理条例》。同年9月27日，自治区政府第8次常务会议审议通过《内蒙古自治区退耕还林管理办法》《内蒙古自治区公益林管理办法》。

2009年7月30日，内蒙古自治区第十一届人民代表大会常务委员会第九次会议通过《内蒙古自治区实施中华人民共和国农村土地承包法办法》。11月27日，内蒙古自治区第十一届人民代表大会常务委员会第十一次会议通过《内蒙古自治区义务植树条例》。

2010年7月8日，自治区政府批准印发《内蒙古自治区珍稀林木保护名录》。

2012年3月31日，自治区第十一届人民代表大会常务委员会修订《内蒙古自治区珍稀林木保护条例》。

2012年6月19日，自治区政府第六次常务会议审议通过《内蒙古自治区森林公园管理办法》。

2013年9月29日，内蒙古自治区第十二届人民代表大会常务委员会第五次会议通过《内蒙古自治区大青山自然保护区管理条例》。

2006—2015年，自治区出台涉林地方性法规5部、政府规章4件。这些地方性法规和国家法律构成了较为完善的林业法律体系，对全区林业生态建设起到重要的保障和促进作用。

### 二、普法工作

2006年，国家林业局表彰全国“四五”普法中涌现出的先进集体和个人，自治区2个单位和5名人员被授予全国林业系统普法先进集体和个人称号，并通报表彰。同年，林业系统采取多种形式，广泛宣传“四五”普法依法治理成就和“五五”普法的指导思想、工作目标和主要任务，为启动“五五”普法依法治理规划营造舆论氛围。自治区林业厅在“12·4全国法制宣传日”系列宣传活动期间，组织了全区林业系统的年度普法考试。

2007年，根据国家林业局和自治区普法依法治理领导小组部署，自治区林业厅制定全区林业系统普法依法治理工作规划，全面启动林业“五五”普法工作。各级林业主管部门按照“条块结合、以块为主”的原则，结合自身实际和林业特点，参照全区林业系统“五五”普法规划，制定本地区、本单位的“五五”普法实施规划或计划，以保障林业“五五”普法规划全面贯彻执行。

2009年9月，自治区林业厅举办全区林业行政执法培训班，各盟市旗县林业局分管局长和执法骨干140多人参加培训。10月，为纪念行政复议法颁布10周年，举办全系统行政复议法法制讲座。

2011年，是“五五”普法工作总结验收之年。自治区林业厅全面总结5年工作，接受自治区检查验收，得到较好的评价。

2012年，按照国家林业局和自治区政府《“六五”普法依法治理工作规划》要求，自治区林业厅印发《内蒙古自治区林业系统法制宣传教育第六个五年规划》，对5年普法依法治理工作的目标、任务提出具体要求，全面启动“六五”普法工作。5月24日举办处级以上干部依法行政讲座，以行政强制法颁布为切入点讲授工作生活依法行政、依法办事的必要性，解答依法行政的疑点难点。10月24日，自治区林业厅在呼和浩特市党校开展行政执法人员行政强制法培训，厅系统全体执法人员174人参加培训，圆满完成自治区法制办部署的法制培训任务。

2013年，根据自治区依法治区领导小组、直属机关工委、司法厅、人社厅、教育厅、国资委《关于组织全区公务员事业单位工作人员及企业经营管理人员法律知识考试的通知》要求，11月，自治区林业厅对厅系统2385名领导干部和工作人员进行年度法律知识考试，达到“以考促学”的目的。

2013年，是“六五”普法工作中期检查之年，按照《林业系统“六五”普法中期抽查督导标准》，自治区林业厅进行自查和总结，接受了自治区的考核。经自查和接受考核，自治区林业厅普法工作得到自治区检查组的肯定，检查组认为，林业厅系统干部职工法制意识不断增强、法制队伍不断健全，为深入推进依法治林创造了良好的环境。

2015年，自治区林业厅制订《内蒙古自治区林业厅“谁执法谁普法”责任制实施方案》和《自治区全面推进依法治区2015年重点工作责任分工方案涉及林业厅相关内容责任分解意见》，林业厅依法治区重点工作共11项，其中地方立法1项，依法行政10项。重点工作任务分解到14个执法单位。

**三、依法行政**

2006年，按照自治区政府《关于深入推行行政执法责任制的实施意见》要求，自治区林业厅梳理林业厅系统行政执法依据，共梳理出行政处罚163项、行政许可36项、行政确认6项、行政征收3项、行政给付2项、行政强制25项、行政裁决1项、其他35项，合计271项，为依法界定执法职责，建立权责明确、行为规范的林业执法体制奠定基础。

2008年，在自治区林业厅行政管理中遵循诚实信用原则，资源林政处、森林公安局、野生动植物保护中心、森林病虫害防治检疫站、林木种苗站、国有林场站等有行政许可、行政处罚职能的窗口部门，在林业厅门户网站上均设置政务公开栏目。公示行政许可、行政处罚的内容、条件、程序等，接受广大群众监督，方便了广大群众。

2010年，按照自治区政府办公厅《关于尽快清理行政许可审批项目的紧急通知》要求，自治区林业厅全面清理本部门涉及的所有行政许可事项。把35项行政许可事项中下放或改变管理方式13项，减少行政许可项目38%，达到自治区政府压缩任务1/3的要求，完成此次行政许可改革工作任务。

2011年，自治区林业厅在全区依法行政工作会议上被评为自治区依法行政先进单位。

2012年，为充分发挥网络在法制宣传中的重要平台和示范带动作用，自治区林业厅加强法制工作电子信息化建设。林业厅门户网站上建立林业法制子站，设立法律法规、行政许可、普法宣传、政策解读、典型案例等专栏，公开法制工作动态、林业法律法规和行政许可项目等有关信息。

2014年，自治区林业厅印发《内蒙古自治区林业厅行政许可工作管理办法》《内蒙古自治区林业厅行政处罚监督办法》《内蒙古自治区林业厅规范性文件制定和备案办法》《内蒙古自治区林业厅行政复议工作规则》《内蒙古自治区林业厅重大行政决策法律咨询论证审核办法》《内蒙古自治区林业厅系统普法依法治理工作制度》6个文件，为规范林业法制工作提供了制度保障。同年，按照自治区政府《关于切实做好行政权力梳理工作的通知》要求，自治区林业厅开展行政权力梳理工作，梳理出行政权力共

213项。其中行政处罚117项、行政许可18项、行政强制措施12项、行政强制执行3项、行政确认10项、行政给付6项、行政奖励18项、行政征收5项、行政监督检查21项、其他行政权力3项。同年，按照自治区政府《关于进一步加强行政许可审批项目监督管理工作的通知》要求，自治区林业厅对行政许可项目进行清理，保留18项，下放6项，承接3项，达到集中清理、简政放权目的，巩固了行政审批制度改革成果。同年，按照自治区政府《关于切实做好行政权力梳理工作的通知》要求，自治区林业厅对行政许可事项作出流程图和服务指南，限定每个许可环节的工作时间，规定许可范围、条件、申请材料，公布咨询和监督电话，最大限度地减少审批部门和人员的自由裁量权，达到优化许可流程的目的。

2015年8月，根据自治区政府办公厅《关于开展责任清单编制工作的通知》要求，林业厅以行政权力清单确认的行政权力事项为基础，逐项梳理责任事项。自治区林业厅行政权力责任清单计218项，其中涉及行政许可22项，行政处罚118项，行政强制措施12项，行政强制执行3项，行政征收5项，行政确认10项，行政给付6项，行政奖励18项，行政监督检查21项和其他行政权力3项。

同年，按照自治区政府法制办《关于组织开展自治区2015年度行政执法案卷评查工作的通知》要求，自治区林业厅对大兴安岭森林公安机关2014年下半年及2015年上半年林业行政执法情况开展评查工作，查阅林业行政处罚卷宗188册。同年，根据信访局关于印发《分类处理信访投诉请求的主要法定途径及相关法律依据的通知》要求，自治区林业厅分类梳理信访事项45项，厘清信访与诉讼、仲裁、行政复议等途径的受理范围，为解决群众合理诉求提供了合法有效途径。

### 四、规范文件管理

2007年，按照自治区政府法制办要求，自治区林业厅严格执行规范性文件制定备案审查机制，对制发的2件规范性文件进行审查备案制度。全年没有被上级行政机关确认违法的规范性文件。

2008年，按照《内蒙古自治区规范性文件制定和备案审查办法》和自治区政府办公厅《关于进一步加强规范性文件制定和备案审查工作的通知》要求，自治区林业厅制定《内蒙古自治区林业厅规范性文件制定和备案审查程序规定》，进一步明确规范性文件制定、公布、定期评估清理、责任追究等制度，严格执行规范性文件制定备案审查机制。

2010年，按照自治区政府办公厅《关于做好规章和规范性文件清理工作的通知》精神，印发《关于做好规范性文件清理工作的通知》，按照“谁制定，谁清理”的原则，废止和失效《关于开展封山育林、封沙育林育草工作的通知》等27件规范性文件。同年，对制发的《内蒙古自治区林业科技项目管理办法》等5件规范性文件进行前置法律审查，并依照规范性文件制定备案制度，及时向自治区政府上报备案。

2012年，对林业厅制发的160件规范性文件进行全面清理，废止不符合中华人民共和国主席令16号、18号和行政强制法的规范性文件23件，继续有效规范性文件137件。

2013年，根据自治区政府办公厅《关于开展规范性文件全面清理工作的通知》要求，按照下位法必须符合上位法的原则，完成地方性法规、政府规章和规范性文件清理工作，废止或失效不符合规定的规范性文件，继续有效56件。按照自治区政府法制办《关于规范性文件清理工作有关事宜的通知》要求，对法制办梳理出的以自治区政府名义发布、由自治区林业厅起草或执行的规范性文件23件进行清理，废止7件。同年，自治区林业厅印发《内蒙古自治区中央财政林业科技推广示范资金项目管理办法》《内蒙古自治区中央财政林业科技推广示范资金项目档案管理办法》2个规范性文件。

2015年，自治区林业厅在自治区政府法制办行政规范性文件管理系统中申请及报备《公益林采伐更新管理办法》等6个规范性文件，报备率、规范率、及时率均达100%。同年7月，根据政府法制办《关于规范性文件清理工作的有关事宜的通知》要求，对自治区政府现行有效规范性文件目录中涉及林业厅的11个文件进行清理，其中继续有效规范性文件8个，废止和失效2个，拟修改后重新公布1个。同时，对林业厅印发的规范性文件进行清理，清理出继续有效规范性文件33个。

**五、执法队伍建设**

2006年，按照自治区政府法制办全面清理执法单位要求，认定自治区林业厅和森林公安局、森林病虫害防治站、防火办等部门为林业系统执法单位。此外，林业厅野生动植物保护中心、林木种苗站、绿化委员会办公室、三北站等部门一直按照相关法律法规规定承担着执法工作，自治区林业厅以委托形式授予其执法权，提高林业系统的执法效率和执法能力。按照国家林业局林业综合行政执法试点工作会议精神，自治区林业厅制订《综合行政执法试点方案》。确定呼伦贝尔市牙克石市、通辽市科尔沁左翼中旗、赤峰市宁城县、呼和浩特市武川县、鄂尔多斯市杭锦旗5个林业局为试点单位。各试点单位按照实施方案，结合林业行政管理体制改革，进行职能、机构和人员调整，经当地编委批准，成立“林业综合执法大队”，挂靠在森林公安局，统一行使林业行政处罚权。同年，根据国家林业局要求，自治区林业厅开展全区林业行政执法证审查工作，注册登记3131人，注销258人。

2007年，继续探索林业综合执法有效途径，以5个试点单位为基础，将各类涉林案件统一交森林公安机关办理，做到林业行政执法职责不交叉、不重复。

2008年，自治区林业厅举办全区林业行政执法人员培训班，抽取2%的林业行政执法人员进行培训和法律考试，对考试成绩不合格人员取消执法资格。

2009年，自治区林业厅成立农村林业改革发展处，把法制工作职能并入农村林业改革发展处。

2010年，自治区林业厅86名林业执法人员参加自治区法制办培训考试，按时完成自治区法制办部署的换证工作。同年，全区5431个林业执法人员档案资料全部输入执法人员数据库，实行无纸化管理。

2011年，按照国家林业局换发林业行政执法证要求和《林业行政执法证件管理办法》规定，开展全区林业行业行政执法证审查、申报和换发工作，8207名人员注册成为林业行政执法人员。

2011年，按照自治区政府办公厅《关于开展全区行政执法机构主体资格清理和确认工作的通知》要求，全面清理自治区林业厅系统各执法单位和执法依据，梳理出306项林业执法权和相关的法律依据，做到依法执法，按时完成清理和确认工作。

2012年，按照国家林业局要求，自治区林业厅启动全区林业行政执法证换发工作，并严格按照规定进行。考虑全区执法人员多、交通不便等情况，安排工作组赴各盟市旗县进行新申领《林业行政执法证》人员培训和考试，共派出工作人员32人次，举办培训班12次，培训1600余人。

2014年，按照自治区政府“法制机构建设年”要求，进一步完善法制机构，自治区编制办正式批复林业厅在农村林业改革发展处增挂政策法规处牌子。

2015年，根据自治区政府办公厅《关于开展行政执法主体资格清理和确认工作的通知》要求，结合机构改革、行政审批制度改革和建立政府权力清单等工作，根据已公布的行政权力清单，对自治区林业厅行政主体资格进行全面清理和确认，梳理出14个行政执法机构，其中1个法定执法机关和13个授权执法单位，没有受委托执法。

**六、执法监督**

2007年，自治区林业厅配合自治区人大开展《野生动物保护法》执法检查工作，组成执法检查组，赴鄂尔多斯市、巴彦淖尔市、呼伦贝尔市、兴安盟和锡林郭勒盟，对学习宣传贯彻《野生动物保护法》情况进行抽查，并对存在问题提出改进建议。

2008年，自治区林业厅开展《森林草原防火条例》执法检查工作。配合自治区人大组成执法检查组，赴鄂尔多斯市、巴彦淖尔市、阿拉善盟、呼伦贝尔市、兴安盟和锡林郭勒盟，对学习宣传贯彻《森林草原防火条例》情况进行检查。

2008年，按照《内蒙古自治区行政执法监督条例》，自治区林业厅在全区开展林业行政执法大检查，抽检6个盟市、15个旗县资源林政管理、森林公安、野生动物保护、森林防火、林业有害生物检疫、林木种苗等行政执法工作，进一步规范各项林业执法行为。按照《内蒙古自治区行政机关行政许可案卷评查内容和标准》《内蒙古自治区行政机关行政处罚案卷内容和标准》，对全区林业行业2007年作出的行政许可（审批）和行政处罚的案卷进行评查。

2009年，配合自治区人大农牧委，赴呼和浩特市、呼伦贝尔市、兴安盟、阿拉善盟4个盟市8个旗县开展实施《中华人民共和国森林法》和《内蒙古自治区实施〈中华人民共和国森林法〉办法》执法调研。

2010年，为落实好《种子法》和《林木种子生产经营许可证管理办法》，自治区林业厅印发《关于注销无效生产经营许可证的通知》，进一步规范自治区林木种苗“两证”管理和林木种苗生产经营市场。自治区林木种苗站开展林木种苗生产经营执法检查。兴安盟林业局对涉案金额12.4万元的假冒伪劣种苗生产者作出移交司法机关的决定，对林木种苗生产经营违法犯罪行为起到震慑作用。呼和浩特市林业综合执法大队查处非法运输林木种苗行为35起，涉案苗木3万多株，处罚金额3万多元，有效规范种苗市场秩序。

2011年，自治区林业厅与自治区人大赴呼伦贝尔市、兴安盟、乌兰察布市、包头市、巴彦淖尔市进行《内蒙古自治区湿地保护条例》执法检查，并对达赉湖、额尔古纳、图牧吉、黄旗海、岱海、南海子、乌梁素海等重要湿地进行实地考察调研。

2012年，按照自治区政府法制办《关于开展2012年度案卷评查工作的通知》要求，自治区林业厅印发《关于开展行政许可案卷评查工作的通知》，开展厅系统行政许可案卷自查工作。同年，按照自治区法制办《关于进一步规范处罚裁量权工作的指导意见》，根据大兴安岭地区案件处理情况，出台《大兴安岭森林公安机关部分行政处罚自由裁量执行标准》，对治安管理处罚法、森林法、野生动物法、防火条例等法律法规的法律责任，明确规定具体条件、标准、幅度。

2013年，自治区林业厅配合自治区人大赴呼伦贝尔市、兴安盟、阿拉善盟、鄂尔多斯市、巴彦淖尔市开展《内蒙古自治区珍稀林木保护条例》执法检查工作。同年，按照《关于进一步规范处罚裁量权工作的指导意见》要求，自治区林业厅印发《内蒙古自治区林业行政处罚裁量适用规则》和《内蒙古自治区林业行政处罚裁量标准》，对10种处罚行为、24部法律法规、292项违法行为明确规定了具体条件、处罚标准，严格了行使行政处罚幅度，为全区涉林行政处罚提供规范的执法准则。

2014年，在全区范围内开展《内蒙古自治区实施〈中华人民共和国防沙治沙法〉办法》执法检查，实地检查了呼伦贝尔市、通辽市、乌兰察布市、鄂尔多斯市、阿拉善盟实施情况。

### 七、林业案件司法鉴定

内蒙古林业监测规划院依托专业人才、仪器设备、资源信息等技术优势，于2010年12月成立全区首家林业司法鉴定机构，并获得自治区司法厅颁发的司法鉴定许可证书。2011—2015年，先后开展各类涉林案件司法鉴定220项，为自治区生态保护与林业法治建设发挥出重要作用。

# 第九章

# 林业改革

## 第一节　集体林权制度改革

2008—2012年，自治区集体林权制度改革主要内容是明晰集体林地使用权和林木所有权，也就是依法实行农村集体林地承包经营制度，以家庭承包的方式明晰集体林地、林木的产权，确立本集体经济组织的农牧户作为林地承包经营权人和林木所有权人的主体地位。这一时期称为“主体改革”。

2013年起，自治区集体林权制度改革主要内容是放活经营权、落实处置权、保障收益权，也就是依照《物权法》《农村土地承包法》《森林法》等法律规定，完善制度建设和深化集体林业体制机制改革，保障农牧民和林业经营者依法占有、使用、收益、处分林地林木的权利。这一时期称为“配套改革”或“深化改革”。

### 一、主体改革

#### （一）组织领导与培训

2008年4月23日，自治区人民政府办公厅印发《关于调整自治区农村牧区综合改革领导小组组成人员和增设专项指导办公室的通知》，在自治区农村牧区综合改革小组下增设集体林权制度改革指导办公室，办公室设在自治区林业厅。

2008年9月26日，自治区党委、政府按照《中共中央、国务院关于全面推进集体林权制度改革的意见》，结合自治区实际，制定自治区《关于深化集体林权制度改革的意见》和《集体林权制度改革工作方案》，明确基本原则、改革范围、工作目标、主要内容、方法步骤和保障措施，为集体林权制度改革的实施提供了政策保障。

2009年2月，自治区党委、政府组织召开全区集体林权制度改革暨退耕还林工作会议，总结全区集体林改试点经验成效，全面部署集体林权制度改革工作。6月19日，自治区林业厅印发通知，统一了《集体林地家庭承包合同》《集体林地其他方式承包合同》和《林权流转合同》式样。9月，自治区政府召开全区集体林权制度改革现场会，对全区集体林权制度改革工作进行再部署。

2010年3月18—20日，自治区林业厅在锡林郭勒盟召开全区林改办主任会暨牧区林改座谈会，总结商品林改革和公益林改革试点工作，全面部署2010年集体林权制度改革的具体工作，研究开展配套改革。

2011年5月16日，自治区党委、政府召开全区集体林权制度改革电视电话会议，要求加快改革步伐，全力推进改革，按时完成改革任务。自治区党委、政府召开专题会议安排部署集体林权制度改革工作，并在自治区人代会、经济工作会议、农村牧区工作会议、党委常委扩大会议等重要会议上，专门强调和部署集体林权制度改革工作。

各地区各有关部门重视集体林权制度改革工作，制订宣传方案，明确总体要求、宣传重点、宣传方式和组织领导。在宣传形式上，除了充分利用电视、广播、报刊、网络等媒体开设专栏，开办专题节目进行宣传报道外，还采用印刷标语、小册子、宣传单、公开信、树立标牌、手机短信等多种方式，广泛开展宣传，让广大干部群众认识到集体林改是关系老百姓的大事、好事和实事，消除顾虑，增强信心，自觉参与到林改中来。《内蒙古日报》开设林改专栏，内蒙古电台连续播报林改情况，《人民日报》《经济日报》《中国绿色时报》、国家林业局网站、《内蒙古林业》等媒体先后对自治区林改工作进行专题报道。

2011年11月15日，自治区党委组织部和林业厅联合举办全区集体林权制度改革党政领导干部研修班，组织各旗县党委书记学习林改政策。2008—2012年，自治区林业厅和林改办先后组织5期林改培训班，对盟市、旗县林改工作负责人和业务骨干近千人进行培训，内容涉及林改政策、勘界发证、林改档案、林改软件。

（二）实施改革

在集体林权制度改革推进过程中，各地采取有效措施，保证改革工作稳步推进。第一，体现群众路线，做到“五个必须”：政策必须到户，参与必须到位，决策必须民主，意愿必须尊重，结果必须满意。第二，以家庭承包为主，多种形式明晰产权。农牧民愿意分林到户的，将产权直接落实到户；农牧民愿意联户承包的，将产权落实到联户；农牧民愿意股份经营的，将股权落实到户；农牧民愿意实行集体经营的，继续由集体统一经营；对于不宜家庭承包经营的，可根据村民会议决议，采取招标、拍卖、公开协商等方式发包。第三，程序依法依规。严格执行《物权法》《农村土地承包法》《村民委员会组织法》《合同法》《森林法》等法律法规和有关政策，做到程序依法、规范、有序。第四，改革过程规范有序。自治区集体林权制度改革大体分为四个阶段：宣传发动，开展培训；调查摸底，制订方案；组织实施，确权发证；检查验收，总结完善。在具体实施过程中，村集体经济组织按10个流程组织实施：其一，开好会议，宣传发动；其二，民主选举，成立组织；其三，培训骨干，强化指导；其四，调查摸底，全面普查；其五，梳理问题，处理争议；其六，因地制宜，制订方案；其七，审核修订，公示通过；其八，公开实施，现地划分；其九，公示结果，签订合同；其十，验收发证，归档备案。第五，操作公开透明。对林权状况、改革方案、程序方法、改革结果公开公示；以稳定为前提，妥善处理各种矛盾和各方利益，做到公平公正；严肃纪律，决不允许党政干部、林业干部、村干部利用职权为本人和亲友谋取私利，与农牧民争利。

（三）检查指导

为保证集体林权制度改革工作质量和进度，自治区各级党委政府、人大政协和林业部门组织开展全方位、多层次的林改专项检查和督查，及时发现改革中存在的问题和不足，切实解决改革中遇到的难题。2009年11月9—21日，自治区政府组成3个督查组，对全区12个盟市的集体林权制度改革工作进行督查。

2010年11月16日，自治区集体林权制度改革指导办公室印发《关于开展集体林权制度改革“回头看”活动的通知》。通过开展“回头看”活动，查漏补缺，规范完善，进一步巩固“主体改革”成果，维护广大农牧民的合法权益。

2011年12月5—12日，由自治区党委督查室牵头，自治区党委政研室、农村牧区工作办公室、林业厅等部门参加，组成9个督查组，深入呼和浩特市等9个盟市、24个旗县、29个苏木乡镇、30多个嘎查村，对集体林权制度改革进展情况进行督查。自治区林业厅每年开展林改督查，各盟市、旗县也组织多层次的林改督查，深入一线督查、指导工作。重点加强对苏木乡镇和嘎查村林改工作的督查与指导，将事前指导与事后检查、日常督导与专项检查、阶段性检查与年度考核结合起来，把林改的各项任务和措施一件一件地落到实处，确保按期按质完成林改工作任务。

自治区集体林权制度改革涉及12个盟市、96个旗（县、市、区）。截至2012年底，全区集体林地确权率和发证率均超过95%，完成“用5年时间基本完成明晰集体林产权和承包到户”的主体改革任务。开鲁县、敖汉旗、宁城县、杭锦旗、乌拉特前旗被评定为全国集体林改典型县，敖汉旗在2010年10月举行的全国集体林权制度改革百县经验交流会上作了典型发言。

## 二、配套改革

### （一）稳定完善集体林地家庭承包制度

2013年5月27日，自治区政府办公厅印发《关于进一步巩固和扩大集体林权制度改革成果的通知》，提出稳定和完善集体林地家庭承包经营制度，全面深化集体林权制度改革。自治区林业厅加强集体林地承包经营管理，继续稳定和落实家庭承包制度。对尚未承包到户的进一步明晰产权，切实做好确权发证后续工作；对联户经营的集体林地，承包户要求分山到户的，继续勘界、确权、登记发证，进一步把集体林地承包经营权落实到户；对主体改革存在的问题进行分析总结、整改完善，切实解决好改革不到位、政策执行有偏差、工作程序不规范等问题。同时，以强化林改档案建设为重点，推进整改工作。

### （二）集体林权流转抵押

按照《国家林业局进一步加强集体林权流转管理工作的通知》和《关于林权抵押贷款的实施意见》的要求，自治区林业厅坚持“依法、自愿、有偿、规范”的原则，完善抵押流转政策，建立健全林权流转抵押制度，规范流转抵押行为，不断拓展融资渠道，解决农牧民发展资金短缺问题。2015年2月，在全区推行由国家林业局和国家工商行政管理总局共同制定的集体林权流转合同示范文本，推动和引导合同当事人使用合同示范文本。2015年11月30日，自治区林业厅印发《关于进一步规范集体林权流转管理工作的意见》，指导规范全区集体林权流转工作。

### （三）建设林权管理服务体系

自治区林业厅从提高林权管理、流转交易、社会化服务的能力和水平出发，推进林权管理服务体系和旗县林权管理服务中心规范化建设，努力在法律政策宣传、市场信息、价格咨询、资产评估、合同签订等方面为农牧民做好服务，为林农开展林业生产提供便利。2015年11月30日，自治区林业厅印发《关于加强基层林业组织建设的意见》。同年，全区有47个旗县被列为全国重点县级林权管理服务中心。

### （四）发展林下经济

充分利用内蒙古集体林地面积大、林下资源多、发展潜力和空间巨大的优势，积极鼓励和引导农牧民大力发展以林下种植、林下养殖、林下产品采集加工业和森林景观利用等为主的林下经济。2013年，王爷地苁蓉生物有限公司被国家林业局认定为国家林下经济示范基地。2015年，巴彦淖尔市磴口县、阿拉善盟阿左旗、阿右旗3个旗县和恩格贝沙漠生态旅游文化有限公司被国家林业局认定为国家林下经济示范基地。同年，自治区政府办公厅印发《关于加快林下经济发展的实施意见》。

（五）建设林业专业合作社

2006年后，全区坚持“政府扶持、部门指导、市场化运作”，通过典型引导、示范带动、政策扶持，以国家和自治区农牧民林业专业合作社示范社评选工作为抓手，开展多层次、多渠道、多形式的服务，指导林业专业合作社的建设与发展。全区农民林业专业合作社建设从小到大、从无到有。2014年，全区有12家林业专业合作社被评为国家农民合作社示范社，64家被评为自治区级林业专业合作社示范社。2015年3月5日，自治区政府出台《关于推进农牧民合作社持续规范发展的意见》。11月30日，自治区林业厅印发《关于加快农牧民林业专业合作社发展的意见》，进一步加快推进林业合作社的发展。

### 三、建立林改档案

2009年5月，自治区林业厅、自治区档案局制订《内蒙古自治区集体林权制度改革档案管理办法（试行）》，对林改档案的组织管理、整理归档、保管移交、开发利用，以及归档范围与保管期限等都作出明确具体规定。

2009年8月19—26日，自治区林业厅、自治区档案局在扎兰屯市举办两期全区集体林权制度改革档案管理培训班，来自全区12个盟市、101个旗（县、区）的470人参加培训。

2013年3月下旬和4月上旬，分别在鄂尔多斯市和赤峰市举办两期档案培训班，对各盟市林业局林改办主任、档案局林改档案工作负责人和有关旗县林改档案业务人员共120多人进行培训。

2014年9月10日，自治区林业厅印发《关于进一步加强林改档案建设工作的通知》。在集体林权制度改革过程中，各级林业部门依据国家、自治区有关规定，按照“统一管理、分级负责、集中保管、同步进行、规范运作”的原则，依据档案归档范围、保管期限，做好林改档案收集整理、保管利用等各项工作。

## 第二节　国有林场改革

### 一、国有林场建设

截至2006年，内蒙古自治区共有国有林场303个。按行政隶属关系划分：盟市直属国有林场14个，旗县国有林场289个，总经营面积1193万公顷。其中，有林地面积560万公顷，林木蓄积量25778万立方米；职工总数5.9万人，林业专业技术人员0.58万人。2006—2015年，自治区陆续新建国有林场13个。

2006年1月，呼和浩特市人民政府批准成立呼和浩特市回民区国有林场。2008年，呼和浩特市回民区国有林场划入内蒙古大青山国家级自然保护区，成为保护区16个管理站（原国有林场）之一。2009年11月27日，加挂回民区林业工作站、回民区林业推广站和回民区林业执法大队牌子。2011年3月27日，大青山国家级自然保护区回民区管理站（以下简称管理站）成立。2012年5月21日，回民区国有林场加挂内蒙古大青山国家级自然保护区回民区管理站牌子，与林场一个机构、两块牌子。回民区国有林场东西长17.8公里，南北最宽处18.3公里，有林地面积9920.94公顷。

2007年2月，兴安盟扎赉特旗人民政府将国有小城子苗圃更名为扎赉特旗小城子国有林场，为股级自收自支事业单位，拥有职工46人，林场总经营面积505公顷。

2008年，新建国有林场6个。分别是包头市昆都仑国有林场、青山区山林建设工作站、东河区阿善国有林场，兴安盟突泉县北河国有林场、突泉县六户国有林场，赤峰市巴林右旗国有林业机耕林场。

包头市昆都仑国有林场。2008年7月，随着包头市行政区划调整，包头市成立昆都仑国有林场，由原九原区梅力更国有林场整体划归，为股级全额拨款事业单位，林场总经营面积1.2万公顷。2010年5月，包头市昆区编制办公室根据包头市机构编制办公室《关于内蒙古大青山国家级自然保护区包头辖区管理站有关事宜的通知》，批复成立内蒙古大青山国家级自然保护区昆都仑管理站，为正科级全额拨款事业单位，与昆都仑国有林场管理实行“一套人员两块牌子”。

包头市青山区山林建设工作站。青山区山林建设工作站前身为九原区山林建设工作站，始建于1970年11月，是内蒙古西部地区较大的以培育和保护为目的的国有管护型林场。2008年7月，按照包头行政区划要求与属地管理原则，天然次生林管理权也随之移交，原管辖森林资源面积分别划入东河区、石拐区、青山区和昆都仑区，山林建设工作站也整建制划入了青山区。2010年3月，自治区政府批准成立内蒙古大青山国家级自然保护区青山管理站，与青山区山林建设工作站实行“一套人员两块牌子”，为正科级全额拨款事业单位，林场总经营面积1.5万公顷。

包头市东河区阿善国有林场。2003年东河区山林管理站成立， 2008年7月包头市行政区划后，在东河区山林管理站人员、管护面积都有所增加的基础上增挂东河区阿善国有林场牌子，为东河区林业水务局全额拨款的副科级事业单位，林场总经营面积2.2万公顷。

兴安盟突泉县北河国有林场。2008年12月，突泉县机构编制委员会决定，将北河国营苗圃更名为北河国有林场，为正股级自收自支事业单位，建场规划总面积5047公顷。

兴安盟突泉县六户国有林场。2008年12月，突泉县机构编制委员会决定，将六户国营苗圃更名为六户国有林场，为正股级自收自支事业单位，建场规划面积388.47公顷。

赤峰市巴林右旗国有林业机耕林场。2008年12月，巴林右旗机构编制委员会决定，将巴林右旗林业机耕站更名为巴林右旗国有林业机耕林场，为股级自收自支事业单位，林场总经营面积1.02万公顷。

2010年，新建锡林郭勒盟锡林浩特市国有林场。2010年11月，锡林浩特市编制委员会批准成立锡林浩特市国有林场，为股级全额拨款事业单位，林场总经营面积4667公顷。

2012年，新建国有林场2个，通辽市国有科尔沁林场和呼和浩特市土左旗万家沟国有林场。2012年7月，通辽市机构编制委员会决定，通辽市森林公园管理处对外增挂通辽市国有科尔沁林场牌子，为正科级全额拨款事业单位，林场总经营面积1000公顷。2012年11月，呼和浩特市土左旗成立万家沟国有林场，为准科级建制的差额拨款事业单位，实行企业化管理，隶属于土左旗林业局，林场经营总面积37264.6公顷。

2013年，新建国有林场2个，兴安盟科右中旗哈日努拉国有林场和乌兰浩特市乌兰哈达国有林场。2013年7月，兴安盟机构编制委员会决定，科尔沁右翼中旗哈日努拉机械防火站对外增挂科尔沁右翼中旗哈日努拉林场牌子，实行“一个机构两块牌子”，为副科级自收自支事业单位，建场规划面积4.63万公顷。2013年7月，兴安盟机构编制委员会决定，将乌兰浩特市乌兰哈达苗圃更名为乌兰哈达林场，对外增挂乌兰哈达苗圃牌子，实行“一个机构两块牌子”，为副科级自收自支事业单位，林场总经营面积3526.7公顷。

截至2015年，自治区有国有林场（局）316个，其中国有林场308个、岭南次生林经营局8个，分布在12个盟市93个旗（县、市、区）。国有林场总经营面积1199.8万公顷，占全区国土面积的10.1%；森林面积719.6万公顷、占全区森林面积的28.9%，其中天然林631.7万公顷、人工林87.9万公顷；森林蓄积量3.44亿立方米，占全区森林蓄积量的25.9%。

全区316个国有林场中，120个属于天然林经营林场，主要承担东起大兴安岭岭南、西至额济纳等11片天然次生林区的经营、管护任务；196个属于造林治沙林场，主要承担五大沙漠、五大沙地以及平原农区、河流湖泊等生态脆弱地区的造林绿化、防沙治沙任务。

全区国有林场人口177981人，总户数55543户。林场职工总数54038人，其中在职职工37633人，离退休职工16405人。

全区国有林场按隶属关系划分：盟市直属林场15个，旗县直属林场301个。按级别建制划分：正处级林场10个，正科级84个，副科级72个，股级150个。按财政供养情况划分：全额拨款林场44个，差额拨款73个，自收自支199个。

**二、国有林场管理**

1994年，为开发利用全区林业资源，使林业资源优势变为经济优势，经自治区林业厅申请，自治区机构编制委员会批复，同意成立内蒙古自治区林业综合利用多种经营站。

2003年，根据自治区林业综合利用多种经营站职能调整的实际，自治区机构编制委员会批复，同意将自治区林业综合利用多种经营站更名为自治区国有林场工作站，为相当于处级规格的事业单位，内设办公室、生产科、项目科，拟定人员编制18人。

2012年，为加强国有林场管理，经自治区林业厅申请，自治区机构编制委员会批复，同意将自治区国有林场工作站更名为内蒙古自治区国有林场和森林公园管理局，为自治区林业厅直属的正处级事业单位。主要任务是：编制全区国有林场和森林公园建设以及森林旅游业发展的长远规划和年度计划，并组织实施；指导全区国有林场改革与建设、分类经营工作、森林经营和林木采伐更新工作；承担国有林场林木、林地使用权流转审核工作、林业生产活动技术指导与服务，引进推广先进技术；管理和指导森林公园建设和森林旅游开发，承担国有林场、国家级和自治区级森林公园设立、撤销、合并、改变经营范围或变更隶属关系审核审批相关事务性工作，对国家级和自治区级森林公园总体规划设计或变更设计提出建议；承担全区林业贴息贷款项目的审核论证工作。

全区各盟市林业局均设有国有林场管理机构。2013—2014年，鄂尔多斯市、乌兰察布市、兴安盟参照自治区国有林场管理机构，成立盟市国有林场和森林公园管理局（站）。

**表9-2-1　2015年全区盟市国有林场管理机构名称一览表**

| 序号 | 盟市林业局 | 国有林场管理机构名称 |
|---|---|---|
| 1 | 呼伦贝尔市林业局 | 国有林场工作站 |
| 2 | 兴安盟林业局 | 国有林场和森林公园管理局 |
| 3 | 通辽市林业局 | 国有林场管理科 |
| 4 | 赤峰市林业局 | 国有林场科 |
| 5 | 锡林郭勒盟林业局 | 国有林场苗圃管理站 |

（续表）

| 序号 | 盟市林业局 | 国有林场管理机构名称 |
|---|---|---|
| 6 | 乌兰察布市林业局 | 国有林场和森林公园管理站 |
| 7 | 呼和浩特市林业局 | 场圃产业科 |
| 8 | 包头市林业局 | 造林科 |
| 9 | 鄂尔多斯市林业局 | 国有林场和森林公园管理局 |
| 10 | 巴彦淖尔市林业局 | 国有林场管理站 |
| 11 | 乌海市林业局 | 治沙造林科 |
| 12 | 阿拉善盟林业局 | 资源科 |
| 13 | 满洲里市林业局 | 林业科 |

### 三、国有林场改革

2003年6月，中共中央、国务院出台《关于加快林业发展的决定》；12月，自治区党委、政府印发《关于深化改革加快林业发展的决定》，提出深化国有林场改革，逐步将国有林场界定为生态公益型林场和商品经营型林场，对其内部结构和运营机制作出相应调整。生态公益型林场以保护和培育森林资源为主要任务，按从事公益事业单位管理，所需资金按行政隶属关系由同级政府承担，生产生活基础设施建设纳入基本建设投资计划。按照中央和自治区党委的要求，结合天然林保护工程和森林生态效益补偿制度的实施，各盟市试点先行，推动国有林场进入改革发展新阶段。

同年，阿拉善盟阿拉善左旗结合天然林保护工程的实施，进行国有林场（站）改革，通过发放工龄补助金、分配生产资料和代缴养老统筹金等措施，解除部分职工与国有林场（站）的劳动关系，转换身份，移交当地苏木镇，就近划归嘎查管理。阿拉善左旗政府拨专款解决转换身份职工在土地改良、修建机井、渠道维修等配套基础设施建设支出。对于从事种植业的转换身份职工，其土地使用年限与国家农牧区土地承包使用政策一致，享受当地农牧民在信贷、扶贫、救灾等方面的待遇和政策。2008年，阿拉善左旗政府为彻底解决林场转制职工的后顾之忧，决定将转制职工的养老保险、医疗保险缴纳至法定退休年龄，并聘用为公益林护林员。

2007年，阿拉善盟阿拉善右旗林业局按照国家、自治区关于国有林场改革的有关精神和各项政策，对巴彦高勒林场和雅布赖治沙站进行改革。通过成立自然保护区管理机构，将两个国有林场（站）的工作职能由以生产为主转变为以管理为主，隶属阿拉善右旗林业局管理，通过财政拨款和森林生态效益补偿资金解决国有林场（站）的人员和机构经费支出等。

2007年，赤峰市宁城县对直属5个国有林场进行改革，将国有林场商品林和划定的可处置其他资产统一评估作价、统一招标拍卖，变现后对职工进行补偿，重点保障职工基本养老保险和医疗保险，不足部分由全县统一调剂解决。宁城县通过改革彻底置换了国有林场工人身份，解除工人与林场的劳动关系，改革后国有林场全部确定为生态公益型林场，定性为全额事业单位，主要职能为森林资源保护与管理，人员工资纳入县财政预算。

2007年，兴安盟开展以“生态受保护、产业得发展、场容场貌有改观、职工收入有增加”为主要内容的标准化林场建设，并对场部周围进行绿化、美化和硬化，加快推进国有林场改革发展。截至2012年，兴安盟完成标准化林场场房建设37处，占国有林场总数的94.9%，建筑总面积达5.2万平方米，累计投入资金8000余万元。结合天然林保护工程和森林生态效益补偿制度的实施，兴安盟又建设国有林场管护站房208个，完成补植面积5067公顷，网围栏37万延长米，安排2000余名林场富余职工就业，国有林场森林资源保护能力得到加强，森林面积不断增加，林分质量显著提高。

2009年，通辽市结合国家的农牧场税费改革政策，出台《关于进一步完善国有农牧场税费改革的实施意见》，重新核定国有农牧林场管理人员的事业编制，管理人员经费纳入本级财政预算。通过改革，通辽市55个林场的1181名管理人员减至686人，国有林场的管理体制和管理人员的身份得到明确，管理人员待遇得到保障。

2011年，国家林业局、国家发展改革委在河北、江西、湖南等省（区）开展全国国有林场改革试点工作。2013年自治区林业厅组织第一、第二林业监测规划院100多人分成12个调查组，对全区国有林场管理体制、林业生产、经营状况、人员情况等进行详细调查，摸清了全区国有林场底数，为制定自治区国有林场改革政策提供了依据。

2015年2月8日，中共中央、国务院印发《关于印发〈国有林场改革方案〉和〈国有林区改革指导意见〉的通知》，国有林场改革全面启动。

2015年2月25日，自治区政府办公厅印发《关于成立自治区国有林区改革工作领导小组的通知》，自治区国有林区改革工作领导小组成立。9月26日，自治区政府办公厅印发《关于自治区国有林区改革工作领导小组更名为自治区国有林区林场改革工作领导小组的通知》，将自治区国有林区改革工作领导小组更名为自治区国有林区林场改革工作领导小组，领导小组下设办公室，办公室主任由自治区副主席王玉明兼任。

2015年5月起，自治区林业厅起草《内蒙古自治区国有林场改革方案（初稿）》，经多次讨论修改，并充分征求国家林业局、自治区改革领导小组成员单位和各盟市林业局等相关单位意见，形成《内蒙古自治区国有林场改革方案（送审稿）》。8月18日，自治区主席巴特尔主持召开第28次主席办公会议，原则通过《内蒙古自治区国有林场改革方案》。9月20日，自治区党委书记王君主持召开自治区党委常委会第128次会议，审议通过《内蒙古自治区大兴安岭重点国有林区改革方案》和《内蒙古自治区国有林场改革方案》。9月28日，自治区政府向国家林业局、国家发展改革委报送《内蒙古大兴安岭重点国有林区改革总体方案》和《内蒙古自治区国有林场改革方案》。12月3日，获国家发展改革委、国家林业局正式批复。

2015年12月31日，自治区党委、政府印发《关于印发〈内蒙古大兴安岭重点国有林区改革总体方案〉和〈内蒙古自治区国有林场改革方案〉的通知》，明确自治区国有林场主要功能定位于保护培育森林资源、维护生态安全，与功能定位相适应，将全区国有林场全部定性为公益性事业单位。方案主要内容包括：明确界定国有林场生态责任和公益属性；推进国有林场政事、事企分开；完善以购买服务为主的公益林管护机制；健全责任明确、分级管理的森林资源监管体制；强化森林资源保护，保障国有林场权益；妥善安置富余职工，完善社会保障6个方面。提出到2020年实现生态功能显著提升，管理体制全面创新，职工生产生活条件明显改善的改革总体目标。

# 第三节　国有林区改革

内蒙古大兴安岭重点国有林区是东北、内蒙古四大国有林区中面积最大、林木蓄积量最多的林区。地跨呼伦贝尔市、兴安盟的9个旗市，规划总面积10.67万平方公里，林权证面积9.53万平方公里。林区总人口近100万，林业人口26.4万。森林面积827万公顷，活立木总蓄积量9.5亿立方米，森林覆盖率77.44%。由内蒙古森林工业集团有限责任公司（内蒙古大兴安岭林业管理局，简称森工集团、林管局）经营，直属企事业单位45家，其中森工公司17家、森林经营局2家，北部原始林区管护局1家，国家级自然保护区管理局2家，航空护林、森调规划、旅游、房地产等企事业单位23家；在册全民职工9.4万人，其中在岗54091人，混岗集体工5.8万人，退休职工8.5万人，改制人员0.45万人。

2000年，林业自办的原广播电视大学、林业学校、卫生学校、师范学校大中专院校移交呼伦贝尔市管理，林业电业纳入地方电力系统。2008年，自治区党委、政府作出剥离森工集团（林管局）社会职能改革的重大决策，呼伦贝尔市和兴安盟承接了相应的社会管理工作，原森工集团（林管局）管理的教育、卫生、防疫、电视系统138个机构（单位）的13088名在职人员和9635名退休人员及5.3亿元资产全部剥离移交属地政府。2008年，森工集团对196家辅助企业全部进行产权制度改革，所有改制企业都完成国有资产、国有职工身份“双退出”，按《公司法》组建法人治理结构，成为市场经营主体。辅业改制涉及全民职工10388人，对38000名混岗大集体职工按国家政策标准给予解除身份补偿。2009年，2160名森林公安民警从企业编制纳入国家政法编制序列。

2015年2月3—6日，国务院副总理汪洋到内蒙古大兴安岭林区调研，强调“林区改革必须坚持生态为本、保护优先的政策导向，必须坚持以改善民生为前提，必须坚持促进林区发展方式的转变，必须坚持上下互动、以解决问题为标尺”，要求内蒙古先行一步、作出表率。

2月8日，中共中央、国务院印发《关于印发〈国有林场改革方案〉和〈国有林区改革指导意见〉的通知》，国有林区改革工作全面启动。

2月10日，自治区党委召开常委会议，自治区党委书记王君主持会议并讲话，传达学习了汪洋副总理考察内蒙古自治区讲话精神，研究讨论贯彻落实意见。

2月25日，自治区政府办公厅印发《关于成立自治区国有林区改革工作领导小组的通知》，成立自治区国有林区改革工作领导小组，自治区副主席符太增任组长，自治区副主席王玉明任副组长，领导小组办公室设在自治区林业厅。7月31日，自治区政府办公厅印发《关于调整自治区国有林区改革工作领导小组组成人员的通知》，调整自治区国有林区改革工作领导小组组成人员，自治区主席巴特尔任组长，自治区副主席符太增、王玉明任副组长，自治区政府相关副秘书长以及发展改革委、财政厅、林业厅、人社厅、编制办、国资委、林管局等15个部门和单位主要负责人为成员。9月16日，自治区政府办公厅印发《关于调整自治区国有林区改革工作领导小组办公室组成人员的通知》，调整了领导小组办公室组成人员，办公室主任由自治区副主席王玉明兼任。9月26日，自治区政府办公厅印发《关于自治区国有林区改革工作领导小组更名为自治区国有林区林场改革工作领导小组的通知》，将自治区国有林区改革工作领导小组更名为自治区国有林区林场改革工作领导小组。

3月26日，自治区林业厅转发《国家林业局关于扎实做好全面停止商业性采伐工作的通知》，从4月1日起，内蒙古森工集团、内蒙古大兴安岭岭南8个次生林林业局和大兴安岭山脉102个国有林场全面停止木材商业性采伐。2015年森工集团停止天然林商业性采伐木材产量33万立方米。

4月20日，自治区主席巴特尔主持召开第26次主席办公会议，研究内蒙古森工集团混岗集体工养老保险有关问题。4月30日，自治区政府印发第26次主席办公会议纪要，明确森工集团1992年底前招收的未参加养老保险的混岗集体工，可按照“内人社发〔2011〕249号”精神，纳入城镇职工基本养老保险。在不改变集体工身份的前提下，1991年前的实际工作年限视为缴费年限，混岗集体工参加养老保险个人按照20%的比例缴费。

6月4—11日，自治区政府成立专题调研组，由自治区政府办公厅巡视员杨泽荣任组长，林业厅副厅长龚家栋、国资委副主任朝克图任副组长，自治区政府办公厅、林业厅、发展改革委、政研室、人社厅、国资委等部门参加，对国有林区改革开展调研。

自治区国有林区改革工作领导小组办公室在充分调研的基础上，历经10余次专题会议研究，起草了《内蒙古大兴安岭重点国有林区改革总体方案（讨论稿）》。8月18日，自治区主席巴特尔主持召开第28次主席办公会议，原则通过《内蒙古大兴安岭重点国有林区改革方案》。9月20日，自治区党委书记王君主持召开自治区党委常委会议，研究通过《内蒙古大兴安岭重点国有林区改革总体方案》，9月28日自治区政府分别向国家林业局、发展改革委报送，12月3日获得批复。12月31日，自治区党委、政府正式印发《内蒙古大兴安岭重点国有林区改革总体方案》和《内蒙古自治区国有林场改革方案》。

2015年9月26日，经自治区政府同意，内蒙古自治区国有林区林场改革工作领导小组办公室印发《关于成立机构编制核定组的通知》，成立机构编制核定组，组长由自治区林业厅厅长呼群担任，自治区编制办副主任高娃、自治区林业厅副厅长龚家栋担任副组长，成员由自治区党委组织部、自治区编制办、发展改革委、财政厅、人社厅、林业厅抽调业务干部组成。10月13－24日机构编制核定组一行11人，赴森工集团（林管局）开展国有林区改革机构编制工作实地调研；调研结束后形成《内蒙古大兴安岭重点国有林区机构、人员配置调研情况》和《内蒙古大兴安岭重点国有林管理机构设置、人员核定的建议》。

12月3日，自治区副主席符太增、王玉明主持召开专题会议，研究重点国有林区改革工作，听取国有林区改革机构编制核定工作调研情况汇报。

12月10日，自治区国有林区林场改革工作领导小组向自治区党委上报了《关于内蒙古大兴安岭重点国有林区改革相关工作的报告》。12月15日自治区党委书记王君在报告上作出批示：“请鹏新同志阅研。太增、玉明要加大工作力度，推进国有林区改革工作。”

2015年12月21日，受自治区主席巴特尔委托，自治区副主席符太增主持召开国有林区林场改革会议，研究推进自治区国有林区改革事宜，自治区副主席王玉明出席会议。会议要求在新机构成立前，林管局领导班子要主持全面工作，确保机构正常运转和工作不受影响。森工集团不再按企业对待、不按企业管理，2016年停止森工集团各级领导班子年薪制，国有林管理机构性质确定后，按照相应职级核定工资。对因职能转变的停伐人员，做好转岗安置、转岗业务技能培训，调整新岗位，确保其有工作、有工资。

2015年12月27—29日，自治区林业厅厅长呼群、副厅长龚家栋、财政厅副巡视员丛建华、国资委巡视员丁礼冰、呼伦贝尔市委常委、副市长闫宏光一行到林区，传达国有林区改革会议精神，宣布正式启动国有林区改革工作，并召开剥离办社会、企业划转工作座谈会。

2015年12月30日，自治区国有林区林场改革工作领导小组办公室印发《关于成立企业划转组和剥离办社会组的通知》，成立企业划转组和剥离办社会组。企业划转组组长由自治区林业厅厅长呼群担任，副组长由自治区国资委巡视员丁礼冰、自治区森林草原防火指挥部专职副总指挥王才旺担任，成员分别由财政厅、国资委、林业厅、发展改革委、银监局、兴安盟财政局、呼伦贝尔市国资局业务干部组成。剥离办社会组由呼伦贝尔市委常委、副市长闫宏光担任组长，副组长由财政厅副巡视员丛建华担任，成员分别由林业厅、人社厅、发展改革委、财政厅、呼伦贝尔市政府、兴安盟林业局业务干部组成。

2015年12月，自治区国有林区林场改革领导小组研究制定出内蒙古自治区重点国有林区改革时间表、路线图。计划2016年6月底前完成国有林管理机构组建工作，2017年8月底前完成剥离企业办社会工作，2020年全面完成内蒙古重点国有林区改革工作。

## 第四节　森林资源资产负债表编制

2013年，中共十八大强调，加强生态文明制度建设，保护生态环境必须依靠制度。要把资源消耗、环境损害、生态效益纳入经济社会发展评价体系，建立体现生态文明要求的目标体系、考核办法和奖惩机制。中共十八届三中全会通过的《关于全面深化改革若干重大问题的决定》明确提出，加快生态文明制度建设，要健全自然资源资产产权制度和用途管制制度，划定生态保护红线，实行资源有偿使用制度和生态补偿制度，改革生态环境保护管理体制。特别强调，探索编制自然资源资产负债表，对领导干部实行自然资源资产离任审计，建立生态环境损害责任终身追究制。中共中央、国务院出台《关于加快推进生态文明建设的意见》，提出协同推进新型工业化、信息化、城镇化、农业现代化和绿色化，并再次强调探索编制自然资源资产负债表。

自治区党委、政府全面贯彻落实《中共中央关于全面深化改革若干重大问题的决定》要求，出台《关于推进生态文明建设的实施意见》《〈关于全面深化农村牧区改革加快推进农牧业现代化的实施意见〉重要政策措施分工方案》。自治区林业厅成立全面深化林业改革工作领导小组，印发《自治区林业厅全面深化改革工作方案》和《〈关于全面深化农村牧区改革加快推进农牧业现代化的实施意见〉重要政策措施分工方案涉及林业厅相关内容责任分解意见》，明确由厅财务审计处（厅内设机构）牵头负责组织编制森林资源资产负债表。

编制自然资源资产负债表是以资产核算账户的形式，对一个地区主要自然资源资产的存量及增减变化进行分类核算。可以客观地评估当期自然资源资产实物量和价值量的变化，摸清某一时点上自然资源资产的“家底”，准确把握经济主体对自然资源资产的占有、使用、消耗、恢复和增值情况，全面反映经济发展的资源消耗、环境代价和生态效益，从而为环境与发展综合决策、政府生态环境绩效评估考核、生态环境补偿等提供重要依据。同时，也对领导干部实行自然资源资产离任审计提供重要依据，有利于形成生态文明建设的倒逼机制，破除和扭转唯GDP的发展模式，对促进绿色发展、低碳发展、循环发展、可持续发展和引领经济发展新常态具有战略意义。

建立林业自然资源资产负债表，就是要核算林业自然资源资产的存量及其变动情况，以全面记录当期自然和各经济主体对林业自然资产的占有、使用、消耗、恢复和增值活动，评估当期林业自然资源资产的实物量和价值量变化。根本目的是要促进自然资源资产的增值和降低对生态环境的损害。因此，现实中需要科学编制森林经营方案，强化森林资源管理。通过加大森林保护和培育力度，促进林地、林木和森林数量和质量提高，增加林地林木价值，提高森林生态服务功能；实行采伐限额管理，对天然林实施全面停伐，加强林地用途管制，规范林地征用占用行为，减少林地、林木和森林消耗，不断提高林地、林木、森林使用效率。

**一、编制原则**

依据《森林法》《会计法》《预算法》《价格法》《野生动物保护法》《种子法》《防沙治沙法》《农业法》《农业技术推广法》《森林防火条例》等相关法律法规编制。

依据《国有林场与苗圃财务制度（暂行）》《国有林场与苗圃会计制度（暂行）》《林业行政执法监督办法》《林业行政处罚程序规定》等相关的会计准则、内部控制制度及林业办法、规定编制。

依据GB/T26424－2010《森林资源规划设计调查技术规程》、GB/T26423－2010《森林资源术语》、LY/T 1606－2003《森林生态系统定位观测指标体系》、LY/T 1721－2008《森林生态系统服务功能评估规范》、LY/T 1952－2011《森林生态系统长期定位观测方法》、国资办《森林资源资产评估技术规范（试行）》、LY/T 1438－1999《森林资源代码森林调查》、LY/T 1439－1999《森林资源代码树种》、LY/T 2007－2012《森林经营方案编制与实施规范》等相关国家、行业标准编制。

**二、组织编制**

（一）成立组织机构

按照自治区林业厅改革领导小组的总体部署，由财务审计处牵头负责组织研究编制森林资源资产负债表，计划统计处、治沙造林处、森林资源林政管理处、林业改革发展处、天然林资源保护管理局、国有林场和森林公园管理局、野生动植物保护中心、森林资源资产评估管理中心、林业科学研究院、林业监测规划院和第二林业监测规划院协作配合。

（二）确定试点、目标

赤峰市翁牛特旗是国务院总理李克强开展党的群众路线实践活动的联系点。2014年8月13日，自治区林业厅组织召开专门会议，将翁牛特旗作为探索编制森林资源资产负债表试点，厅资源林政处、国有林场和森林公园管理局、林业科学研究院、林业监测规划院、第二林业监测规划院，赤峰市林业局、赤峰市林业科学研究院、翁牛特旗林业局等单位参加。根据翁牛特旗各林场森林资源状况、特点以及森林群落，特别是人工林类型的丰富度和代表性，确定桥头、高家梁子、亿合公3个国有林场作为森林资源试点林场，着手探索编制内蒙古森林资源资产负债表。

（三）开展试点林场森林资源调查

摸清试点林场现时森林资源实物量数据，是编制森林资源资产负债表的基础或前提。内蒙古第二林业监测规划院严格遵循森林资源二类调查技术规程的标准、要求和程序，于2014年11月完成翁牛特旗桥头、高家梁子、亿合公3个国有林场的森林资源二类调查，形成森林资源调查报告、小班属性库、统计表、森林分布图和林相图等成果。

以森林资源二类调查数据为基础，内蒙古第二林业监测规划院森林资源资产评估中心（拥有乙级评估资质）开展林地林木资产评估和森林生态系统服务功能评估。按照森林资源资产评估技术规范的要求，完成试点林场林地林木价值评估工作，形成评估报告和各小班林地林木评估明细表。同时，与中国林业科学研究院合作，遵照森林生态系统服务功能评估行业标准，完成试点林场森林生态系统服务功能评估工作，形成评估报告和各小班生态服务功能实物量、价值量明细表。

（四）出具试点数据

翁牛特旗位于大兴安岭山脉西南段与七老图山脉北端结合地带，科尔沁沙地西南缘横贯中北部，东西长250公里，南北宽84公里，总土地面积11882平方公里，为半农半牧旗。全旗辖12个苏木（乡镇），6个国有农牧场，12个国有林场，346个村（嘎查）。总人口475055万人，其中农业人口409453万人、农牧业劳动力217074万人。

按现行林地分类系统，林地包括有林地、疏林地、灌木林地、未成林地、苗圃地、无立木林地、宜林地和林业辅助生产用地。2014年开展的森林资源二类调查结果显示，赤峰市翁牛特旗亿合公等3个国有林场林地面积30188.7公顷。其中有林地面积20575.9公顷，占林地面积的68.16%；疏林地面积456.9公顷，占1.51%；灌木林地面积4245.8公顷，占14.06%；未成林地面积1170.0公顷，占3.88%；苗圃地面积367.6公顷，占1.22%；无立木林地面积1233.6公顷，占4.09%；宜林地面积709.9公顷，占2.35%；林业辅助生产用地面积1429公顷，占4.73%。活立木总蓄积量431951立方米。森林覆盖率为82.60%。

2014年开展林地林木价值和森林生态系统服务，评估的翁牛特旗高家梁子、桥头、亿合公3个林场林地面积30161.7公顷，林木、林地评估值为3.42亿元，其中林木评估值为1.32亿元、林地评估值为2.10亿元。森林生态系统服务功能的总价值量为11.23亿元，单位面积价值量为4.53万元。

其一，高家梁子林场试点数据。高家梁子林场原是昭乌达盟鸭鸡山机械林场高家梁分场，于1953年建场，1978年归属翁牛特旗林业局，为股级事业单位，职工总数54人。2014年，高家梁子林场有林业用地11555.4公顷，其中有林地面积8944.7公顷，占林地面积的77.41%；疏林地139.7公顷，占1.21%；灌木林地面积541.3公顷，占4.68%；未成林地688.3公顷，占5.96%；苗圃地13.2公顷，占0.11%；无立木林地226.9公顷，占1.96%；宜林地201.7公顷，占1.75%；林业辅助生产用地799.6公顷，占6.92%。活立木总蓄积量217404立方米。森林覆盖率82.09%。

高家梁子林场林地面积11529.9公顷，林木、林地评估值为1.21亿元，其中林木评估值为0.55亿元，林地评估值为0.66亿元。经2014年评估，2014年高家梁子林场森林生态系统服务功能总价值量为4.20亿元。

其二，桥头林场试点数据。桥头林场于1953年建场，为自收自支的事业单位，职工总数95人，其中在职66人，退休职工29人。2014年，桥头林场有林业用地10305.3公顷，其中有林地面积7077.7公顷，占林地面积的68.68%；疏林地面积219.1公顷，占2.13%；灌木林地面积915.1公顷，占8.88%；苗圃地面积309.2公顷，占3.00%；无立木林地面积1006.7公顷，占9.77%；宜林地面积296.1公顷，占2.87%；林业辅助生产用地面积481.4公顷，占4.67%。活立木总蓄积量112144立方米。森林覆盖率达到77.56%。

经2014年评估，桥头林场林地面积10304.1公顷，林木、林地评估值为1.35亿元，其中林木评估值为0.44亿元，林地评估值为0.91亿元。森林生态系统服务功能总价值量为3.62亿元。

其三，亿合公林场试点数据。亿合公林场于1953年建场，为自收自支的事业单位，职工总数40人。2014年，亿合公林场有林业用地8328.0公顷，其中有林地面积4553.5公顷，占林地面积的54.68%；疏林地面积98.1公顷，占1.18%；灌木林地面积2789.4公顷，占33.49%；未成林地面积481.7公顷，占5.78%；苗圃地面积45.2公顷，占0.54%；宜林地面积212.1公顷，占2.55%；林业辅助生产用地面积148.0公顷，占1.78%。活立木总蓄积量102403立方米。森林覆盖率88.17%。

经2014年评估，亿合公林场林地面积8327.7公顷，林木、林地评估值为0.86亿元，其中林木评估值为0.34亿元，林地评估值为0.52亿元。森林生态系统服务功能总价值量为3.41亿元。

### 三、编制成果

（一）探讨编制森林资源资产负债表的方法学

2014年，对试点林场森林资源实物量、价值量数据进行登记。按照中华人民共和国财政部颁发的《国有林场与苗圃财务会计制度》设置3个账户，即一般资产账户、森林资源资产账户和森林生态系统服务功能账户。将2014年翁牛特旗高家梁子、桥头、亿合公3个林场的森林资源二类调查数据以及林地林木价值评估数据、森林生态系统服务功能评估数据，在“国有林场与苗圃财务会计制度软件”中登记入账，形成森林资源资产负债表的原始数据，进行森林资源资产化管理，会计核算分析，编制报表。

2015年，对试点林场森林资源实物量、价值量数据进行确定。以登记入账的2014年森林资源实物量、价值量数据为2015年期初数（由2014年期末数自然过渡）。一般资产账户以会计核算期末数为依据，森林资源资产账户和森林生态系统服务功能账户均按照《森林资源资产负债表数据更新指导意见》的方法进行数据更新，以更新后的数据为2015年期末数，进行会计核算，编制报表。

利用“内蒙古自治区森林资源管理信息系统”进行动态管理及数据年度更新。应用森林资源管理软件和财务管理软件，实现跨系统数据、信息共享。内蒙古自治区森林资源管理信息系统设有森林资源二类调查模块，但没有林地林木价值评估和生态服务功能评估模块。自治区森林资源二类调查，形成一套已经在其他盟市、旗县实践应用、相对成熟的林地地类、面积、蓄积量年度更新的方法。赤峰市林业局已应用开展森林资源二类调查属性数据和矢量化数据进行年度更新。

（二）设置三个账户及相应的会计科目

三个账户即一般财务账户、林业资源资产账户、森林生态服务功能账户。按需分别登记核算资源资产，把森林系统生态服务功能纳入森林资源资产负债表编制当中，使森林资源资产负债表的编制趋于完整。体现了森林资源的经济、生态、社会三大效益，并在此基础上确立森林资源资产负债表编制方法学。

（三）实现森林资源资产化动态管理

即采用资源、财务网络信息化相结合手段，做到资源数据与财务数据共享，强化森林资源管理，实现森林资源资产负债表按年度编制。

编制《森林资源资产负债表数据更新指导意见》，通过数据模型等的建立，使资源数据可持续核算，保障了森林资源资产负债表编报的连续性。解决了森林资源资产化靠评估核算的技术手段。

# 第十章

# 森林草原防火

## 第一节　防火组织及队伍建设

### 一、全区防火指挥系统

1987年前，内蒙古自治区护林护场防火指挥部负责防火工作，1987年，更名为内蒙古自治区防火指挥部。自治区防火指挥部实行自治区政府领导下的总指挥负责制。总指挥负责自治区防火指挥部全面工作，各副总指挥协助总指挥组织、协调和指导军地森林草原防火工作，专职副总指挥协助总指挥具体负责相关工作。自治区防火指挥部办公室设在自治区林业厅，办公室主任由林业厅处级干部担任。

2010年，为加强森林草原防火工作，成立内蒙古自治区林业灾害应急办公室，协助自治区防火指挥部进行森林草原防火的日常工作，以增强全区森林草原防火工作应急处置能力。

2006—2015年，全区各级设有防火指挥部151个，其中自治区级1个，盟市级13个，旗县级137个，有专职人员4051人。各级防火指挥部设立办事机构森林草原防火办公室，设有防火办公室189个，其中自治区级2个，盟市级13个，旗县级174个，有专职人员2623人，兼职人员369人。各级防火组织构成上下协调有序的应急指挥系统。

### 二、防火联防联络组织

#### （一）中俄、中蒙防火联防

呼伦贝尔市与俄罗斯联邦后贝加尔边疆区是山水相连的近邻，该市新巴尔虎左旗、新巴尔虎右旗和陈巴尔虎旗、满洲里市、额尔古纳市分别与俄罗斯联邦后贝加尔边疆区接壤，中俄段边境线长1048公里。自建交以后，中俄双方在地区事务中进行多方友好交流与合作，在森林草原防火方面，经双方多次晤谈，建立良好的联防合作机制，双方相继多次就双方边境地区森林草原防火工作进行会晤协商，签订相关协定、协议，建立防火机制。

2014年6月3—8日，应蒙古国东方省突发事件应急指挥部邀请，以呼伦贝尔市林业局局长胡连义任团长的呼伦贝尔市代表团赴蒙古国东方省执行两国边境地区森林草原防火工作会晤任务，出席两国双方边境地区森林草原防火联防会议。经双方会谈协商：两国双方边境地区森林草原防火工作建立五项森林草原防火联防机制。同时，双方就边境地区森林草原防火联防工作，分别从市、旗两个层次签订双方边境地区森林草原防火联防协议和边境地区森林草原防火联防合作协议。

2015年4月11日，以尼·钢特木尔为首的蒙古国东方省森林草原防火代表团与中方就中蒙两国边境地区防火联防定期会晤、防火联防联络、防火联防火情通报和跨界扑火救援4个方面问题进行进一步晤谈和磋商，并达成一致共识，签署会议纪要。

2015年12月6日，应蒙古国东方省米·巴达玛苏荣省长及德·吉日嘎拉处长提请，蒙古国东方省与呼伦贝尔市森林草原防火代表团在蒙古国东方省乔巴山市，举行蒙古国东方省与中国内蒙古自治区呼伦贝尔市共同预防森林草原火灾联席会议，签署会议纪要。

（二）盟市与盟市、盟市与毗邻省市之间的防火联防

2006年，兴安盟、锡林郭勒盟、赤峰市、通辽市、河北省承德市在内蒙古自治区通辽市建立联防组织。由通辽市牵头，开展两盟三市联防联络活动。

2008年，兴安盟、锡林郭勒盟、赤峰市、通辽市、河北省承德市在兴安盟建立联防组织。由兴安盟牵头，开展两盟三市联防联络活动。

2009年，乌兰察布市、河北省张家口市加入联防组织，乌兰察布市牵头，建立联防组织，开展盟市之间、毗邻旗县之间的联防联络活动。重点加强跨盟市、跨旗县边界地段森林草原火灾预防和扑救工作。

2010年，兴安盟、锡林郭勒盟、赤峰市、通辽市、乌兰察布市、河北省承德市、张家口市在锡林浩特市，由锡林郭勒盟牵头，建立联防组织，开展二盟五市联防联络活动。

2012年，兴安盟、锡林郭勒盟、赤峰市、通辽市、乌兰察布市、河北省承德市、张家口市在赤峰市建立联防组织。由赤峰市牵头，开展二盟五市联防联络活动。

2013年，兴安盟、锡林郭勒盟、赤峰市、通辽市、乌兰察布市、河北省承德市、张家口市，由乌兰察布市牵头，建立联防组织，开展二盟五市联防联络活动。同年，兴安盟、吉林省白城市在兴安盟的阿尔山市，建立联防组织，开展区域联防联络活动。

2014年，兴安盟、锡林郭勒盟、赤峰市、通辽市、乌兰察布市、河北省承德市、张家口市，由张家口市牵头，建立联防组织，开展二盟五市联防联络活动。

2015年，兴安盟、锡林郭勒盟、赤峰市、通辽市、乌兰察布市、河北省承德市、张家口市，由承德市牵头，建立联防组织，开展二盟五市联防联络活动。

2006—2015年，全区各地广泛建立起地区间联防组织，各级联防联络组织在森林草原防火工作中发挥着积极作用。

**三、防火指挥系统建设**

2007年，结合现有实际业务需求，对2003年建设的森林（草原）防火信息管理系统中的地理信息系统基础数据、防火信息管理系统报表管理模块进行升级改造。2015年，对森林（草原）防火信息管理系统进行全面升级改造。升级后的系统，以先进计算机、网络、通讯、GPS、管理信息系统、地理信息系统技术为手段，满足全区各级森林防火指挥中心日常工作、林火监测、值班管理、指挥和调度的业务需要，以实现森林防火工作的信息资源化、传输网络化、决策科学化、指挥快速化、调度实时化。

建设森林草原防火视频监控中心。该中心是集视频监控流处理、电子计算机技术、数据信息管理、软件开发、3S技术应用等综合技术为一体的工程。中心在常态时，可以为自治区森林草原防火工作提供

基础监控、通信和办公互动平台；在火灾发生等非常态应急时，借助各种系统内通信资源完成指挥中心与远程火场前线防火指挥部互联，完成现场视频图像、现场音频话音、当地气象数据、遥感图像的接收和采集，为中心指挥人员提供充足的现场数据进行综合分析处理，为防火决策提供全面科学的依据；向下可把扑火指令传至每个基层单位或扑火队，同时获取火险区域的火情综合信息；最终实现防火扑火工作的科学指挥和调度，尽快控制和扑灭火灾，降低火灾损失。

建设森林草原防火信息指挥卫星通信系统。该系统主要用于在发生重、特大森林草原火灾时，迅速赶赴到火灾发生地区设立的通信前线防火指挥部，建立扑火指挥中心和通信中心，保障扑火前线防火指挥部作战指挥调度和对上与国家业务部门、自治区防火办的话音、数据和图像传输的畅通。

建设森林草原防火信息指挥系统。该系统日常可以作为防火办公的互动平台和火情的监控预警前哨，必要时可以为领导处理突发森林草原火灾事件提供应急联动指挥、综合辅助决策等功能，进而减少森林草原火灾的发生次数并且降低森林草原火灾造成的损失。该系统的主要建设内容是通过基础网络及物理支撑平台、信息安全、视频调度指挥、数据中心及多媒体指挥室系统等，实现全区森林草原防火指挥系统信息网络的全覆盖，满足森林草原防火指挥系统统一管理、统一指挥的需求。并以此推动全自治区林业信息化建设，初步实现信息网络互联互通、网上办公、视频会议等功能。

## 四、防火队伍建设

### （一）地方和林业防扑火队伍

截至2015年底，全区有地方专业扑火队211支、6036人，半专业防扑火队822支、3.28万人；群众义务扑火队7803支、12万余人；防火检查站592处、人员2764人；全区有专职护林员29636人，兼职护林员18114人。

各类防扑火队伍配备必要的装备，适时开展防扑火培训和演练，确保反应迅速，火情处置及时有力。进入防火期，各类消防队伍全部靠前布防，处于临战状态。这些队伍熟悉地理环境，一旦发生火情，迅速出击，能集中优势兵力打歼灭战。扑火队员相对稳定，素质较高，扑火经验丰富，既能及时有效扑救各类火灾，又不容易发生伤亡事故；扑火队员责任心强，战斗力强；扑火队员年富力强，行动迅速，敢打敢拼，有连续作战和奉献精神，为扑火工作提供了有力保障。

### （二）武警森林部队

2015年，武警内蒙古森林总队下辖6个支队，2个直属大队，总兵力5000人。分别布防在大兴安岭林区、呼伦贝尔市、兴安盟、通辽市、赤峰市、锡林郭勒盟、呼和浩特市、阿拉善盟、包头市、巴彦淖尔市、鄂尔多斯市。

### （三）航空护林队伍

2015年，全区有航空护林基地6个，移动航站3个。主要布设在呼伦贝尔市、兴安盟和大兴安岭林区。每年春秋两季租赁飞机40余架，飞行2500余小时。海拉尔、乌兰浩特航站是依托民航机场进行保障和飞行的航站。同时，还有4处直升机加油站和6个机降队，担负着防火重点地区的防扑火任务。

# 第二节 火灾时令隐患及成因

## 一、时令隐患

内蒙古自治区地处祖国北部，属温带大陆性气候，由于受大气环流影响，春季寒暖多变，风大物燥，秋季多数地区天高气爽，植被干枯，成为客观存在的火灾成因。夏季雨量较多，植被湿润，但雷击火致火灾的概率均在30%—40%。每年5月和10月是火灾发生最多的月份。冬季酷寒，积雪封冻，基本没有燃烧条件。根据自然条件和火灾发生规律，自治区规定每年3月15日至6月15日、9月15日至11月15日为防火期；4月15日至5月31日、10月1—31日为防火戒严管制期。东部地区实行自治区规定的防火期和戒严管制期；中西部地区防火期为10月1日至下年5月1日，防火戒严管制期为3月15日至4月15日、11月1日至12月1日。

随着生态建设和保护步伐的加快，加之植物的枯枝落叶层不断增厚，可燃物大量积累，部分地段可燃物载量超过临界值的2倍，一旦遇到火种，极易造成燎原之势。内蒙古枯草期最长达9个月，正常年份枯草裸露且有失火危险的时期长达5个月，是自治区防火工作最紧要的时期。

自治区横跨“三北”（西北、华北、东北），外与蒙古、俄罗斯两国接壤，内与甘肃、宁夏、陕西、山西、河北、辽宁、吉林和黑龙江8省（区）相邻，国境线长4200多公里，易过火地段达2000余公里。蒙古、俄罗斯境内靠近自治区边境地区年有发生长时间、大面积的火灾，对内蒙古的森林草原构成严重威胁。

内蒙古自治区森林、草原面积大，均居全国第一位。除大兴安岭国有林区外，从东到西还分布有11片次生林区和大量的人工林区。草原面积0.88亿公顷，主要分布在呼伦贝尔、科尔沁、锡林郭勒、乌兰察布、鄂尔多斯和阿拉善等几大草原。随着各地禁牧、休牧、轮牧以及围封等措施的实施，草原植被迅速恢复，防火任务也在逐年加重。同时，大兴安岭林区西连呼伦贝尔、锡林郭勒两大草原，南与嫩江平原和科尔沁草原毗邻，森林、草原分布明显，拥有很宽的森林植被和草原植被过渡带，林中有草，草中有林，草原火极易引发森林火灾，所以既要防森林火，又要防草原火。加之，经济活动频繁，进入林区、牧区流动人口逐年增加。林、牧区人员结构社情复杂，火险隐患增多，火源管理难度越来越大。原防火任务较轻的中西部地区，随着生态保护和生态建设力度加大，火险等级逐年升高，防火工作重点逐步由东向西扩展，森林草原防火任务艰巨而繁重。

## 二、火灾成因

2006—2015年，已查明引起森林火灾的原因：人为火源占48.97%，自然火源（主要是雷击火）占34.36%。人为火中生产性用火占15.13%，非生产性用火占48.97%，国外烧入占0.64%，外省烧入占0.76%，其他火因0.12%。在生产性用火中，烧茬地跑火占7.56%，机械跑火占0.64%，烧防火线跑火占1.92%。在非生产性用火中，吸烟跑火占8.59%，上坟烧纸跑火占29.49%。

2006—2015年，引起草原火灾的原因：生产性火源占32.35%，非生产性火源占65.97%，其他火因占1.26%；国外烧入占3.36%，外省烧入占0.42%，区境内火因占96.22%。生产性用火中，烧茬地跑火占

9.24%，机械跑火占13.87%；在非生产性用火中，智障者弄火占1.26%，野外吸烟占6.30%，上坟烧纸占39.08%，电线引发占6.30%。

## 第三节　火灾预防

### 一、制度建设

2013年，自治区政府印发《内蒙古自治区森林草原火灾应急预案》。2014年，自治区防火指挥部重新制定《自治区防火指挥部办公室工作职责》《自治区防火指挥部办公室防火值班工作制度》《森林草原火灾处置制度》《森林草原火灾报告制度》《航空护林飞机使用管理及租赁办法》《森林草原防火物资储备库管理暂行规定》《机耕防火隔离带开设及经费管理办法》和《森林草原防火信息网络管理办法》。2015年6月15日，经自治区政府第42次常务会议研究通过《内蒙古自治区森林草原防火工作责任追究办法》，于2015年8月1日正式执行。

2006—2015年，各地根据自治区统一部署和要求，逐步建立和完善防火工作各个环节规章制度。特别在火源管理和依法治火方面，坚持见烟就查、违章就罚、犯罪就抓，发生一起、查清一起、处理一起。教育广大人民群众，震慑不法分子。

### 二、行政防范

#### （一）防火责任制度

强化以行政首长负责制为主的各项责任制度，划区分组，分片包干，细化责任，层层落实。强化落实国有林场、农牧场、苏木（乡镇）、嘎查（村）等领导责任，将各项责任措施有效落实到人头、地块及防火工作各个环节。防火期内，林区、牧区主要领导把防火工作作为重中之重，亲自部署、检查、落实防扑火措施，着力处理好防火工作与发展地区经济、维护社会稳定、确保生态安全的关系，形成横向到边、纵向到底的防火责任体系。2015年自治区政府出台《内蒙古自治区森林草原防火工作责任追究办法》，从行政层次明确防火责任。

#### （二）宣传教育

各地运用多种宣传手段，深入开展防火宣传教育。其一，电台、电视台定时发布火险天气及形势预报，及时播放防火专题讲话、宣传短片和公益广告，主要报刊用蒙汉两种文字定期刊登防火宣传和新闻报道，充分发挥新闻媒体的舆论导向作用。其二，通过增设防火标志、组织宣传队巡回宣传、入户宣传，开展防火宣传月、宣传周、宣传日活动、发放宣传材料、群发手机短信、举办知识竞赛、学校开设防火教育课程、发布防火戒严令等形式，普及防火知识，增强全民防火意识。特别是针对智障者的监护人、外来人员、厂矿、分散居民户及信息闭塞区域，组织专门人员进行重点宣传，切实消除各类死角盲区。其三，组织各级领导、专业人员以及基层干部群众的培训，全面提高组织指挥、安全扑火和自救能力。开展地区间经验交流，拓展工作思路。其四，宣传防火典型案例，对火灾案件公开曝光。开展以宣传防扑火先进人物、先进事迹为主要内容的学习教育活动，切实做好重点时段的宣传教育工作。

#### （三）火源管理

自治区防火指挥部每年向全区12个盟市和内蒙古大兴安岭林区派出副处级以上督查员和多个专项

检查组，深入各地检查落实防火工作。自治区各级防火指挥部相应加强督查、检查、自查力度，落实和整改各项措施。自治区各地利用卫星遥感、飞机巡护、瞭望塔哨和地面巡护等多种手段，加大监测巡护力度，确保火情及早发现、及时扑救。切实做好对进入林区、牧区人员、车辆的管理，严格按规定审批各类野外用火，落实用火责任，采取有效防范措施。对林区、牧区生产、生活用火，严格按照有关规定从严管理。清明节、“五一”劳动节、国庆节等紧要节点和防火戒严期，坚决禁止一切野外用火，对违规用火者，从严惩处。在高火险区，及时组织开展武装“三清”工作。对火灾易发的重点区域，做到重点防范，死看死守。切实强化对墓地祭祀管理，划定戒严范围，组织足够力量采取蹲坟头、站山头、守村头、在入山口加点设岗等方式，严防死守，坚决禁止随处烧纸、烧香、燃放鞭炮。同时，开展迁坟工作，提倡安全文明祭祀方式，有效减少火情火灾的发生。

（四）基础设施建设与投入

2006—2015年，全区有防火站592处，修建防火瞭望台727座，防火物资储备库398座，面积30598.4平方米；架设专用电话线3154.83公里，修筑防火公路36164.43公里，开通各类防火隔离带71955.53公里，营建防火林带14327.5公里。同时，配有望远镜925部，有线电话机1026部，卫星电话50部，无线电台7588部，中继台63台，专用电话线3154.83公里，数据终端机43部，图文传真机246部，微型计算机818部，防火专用车辆（包括指挥车、运输车、装甲运兵车、拖拉机、摩托车）3378辆，专用马匹160匹，扑火机具183431台（把、套），其中风力灭火机38138台。以提高预防和控制火灾的综合能力。

2006—2015年，投入防火经费18291万元，其中中央投入森林防火项目经费11051万元，草原防火基础建设经费4040万元，自治区投入防火经费1200万元，安排扑救草原大火经费2000万元。项目建设做到有规划设计、有施工监管、有检查验收。项目建设保重点、抓全面，确保有限的资金发挥较大作用。落实项目建设责任人，严格按审批方案进行施工，做到专款专用，管好用好国家及自治区防火建设项目资金。

（五）处置火灾

武警森林部队、地方和林业专业扑火队伍、航空护林飞机全部在防火期靠前布防，保持高度战备状态。一旦发生火灾，能快速反应、科学指挥、重兵扑救，火灾当日扑灭率始终在95%以上。同时，为堵截境外火，地方领导长期坚守边境一线，有力组织了堵截扑救工作。

## 三、技术防范

（一）预测预报体系

预测预报一般分为：火险天气预报、火灾发生预报和火行为预报。中国根据最高气温、最小相对湿度、降雨后的连旱日数、最大风力、生物及非生物物候季节5项因子的指数确定火险天气等级，共分5个

**表10-3-1　　全国森林火险天气等级标准查对表**

| 火险天气等级 | 危险程度 | 易燃程度 | 蔓延程度 | 火险天气指标（HTZ） |
|---|---|---|---|---|
| 一 | 没有危险 | 不燃烧 | 不蔓延 | ≤25 |
| 二 | 低度危险 | 难燃烧 | 难蔓延 | 26—50 |
| 三 | 中度危险 | 能燃烧 | 能蔓延 | 51—72 |
| 四 | 高度危险 | 易燃烧 | 易蔓延 | 73—90 |
| 五 | 极度危险 | 极易燃烧 | 极易蔓延 | ≥91 |

等级。

（二）火情监测体系

火情监测是实现“打早、打小、打了”的第一步。通常分为4个空间层次，即地面巡护、瞭望台定点观测、空中飞机巡护和卫星监测。地面巡护通常由护林员、武警森林部队等专业人员执行，主要进行防火宣传，清查和控制非法入山人员，依法检查和监督防火规章制度执行情况，及时发现报告火情并积极组织扑救。瞭望台，以登高望远发现火情，确定火场位置，及时报告。这是内蒙古林区、牧区主要的监测手段。航空巡护，利用飞机沿一定航线在林区上空巡逻，观察火情，及时报告，航空护林对及时发现火情、详尽侦察火场起着极为重要的作用。气象卫星监测，监测范围广、时间频率高、准确率高。既可用于宏观的火情早期发现，也可用于对重大火灾的发展蔓延情况进行连续跟踪监测，制作火灾报表和火场态势图，对过火面积的概略测算、火灾损失的初步测算、地面植被的恢复情况监测、火险等级预报。

（三）防火通讯网

防火通讯分为有线通讯和无线通讯两大类。利用公众通讯网实现防火有线通讯，是调度指挥的常用通讯方式。无线通讯分为短波通讯、超短波通讯、微波通讯和卫星通讯等。短波通讯设备简单、成本低廉、灵活机动、通讯距离远。超短波通讯为视距传输通讯，受高山和地面崎岖度的影响，通讯距离不能过远，组网需进行中继通讯。微波通讯和卫星通讯因价格昂贵，正在渐渐扩大应用。内蒙古自治区基本实现防火三级通讯网，加之并入国家网，共为四级。即国家、自治区、盟市、旗县四级通讯网络。

（四）建立阻隔系统

利用林区、牧区的公路、防火隔离带、防火林带和河流、湖泊等人为或天然防火障碍物阻隔火的蔓延。

道路（包括公路、铁路及林、牧区非等级公路等）既是火灾的阻隔带又是林、牧区的交通线。道路建设是长远性的预防措施，特别是闭塞林区、牧区、老火灾区和边境地区，与长远开发建设相结合进行。一定密度的道路网，可畅通无阻地及时运送扑火人员和物资，有利于防火的现代机械化作业。

机耕或点烧防火隔离带。主要有以下几种：其一，边境防火隔离带：在中国国境一侧开设，开设长度2000余公里，宽度为100米以上，主要阻隔蒙古国、俄罗斯境内火的越境蔓延。其二，铁路防火隔离带：在铁路两侧开设，宽度为50—100米，以防止火车机械火源和人为火源引起林、牧区火灾，起到阻隔火的作用。其三，林缘防火隔离带：在森林与农地、草原、居民点的交界处开设，以防止火灾相互蔓延，其宽度根据地形、植被和气候等条件而定，一般为30—100米。其四，草原防火隔离带：在高火险的牧场开设，以阻止草原火的蔓延，宽度一般为50—100米。其五，其他防火隔离带：在贮木场、重要设施、仓库周围等开设的防火隔离带，以防止家火与草原火或森林火相互蔓延，宽度为50—100米。开设方式采用机耕、人工割打、化学除草和火烧法。

绿色防火隔离带，也叫生物防火隔离带。内蒙古有防火林带和种植农作物带两种。防火林网密度根据自然条件、火险区等级、经营强度和防火要求确定。已开发和有条件的林区网格控制人工林面积为100—200公顷，次生林和原始林为3000—5000公顷。防火林带采用多层次结构，形成大乔木、小乔木与灌木混交的复层林带。防火林带的树种选择抗火性能强，适应本地生长的树种。

（五）计划烧除

清除可燃物，降低燃烧性，阻隔或减缓火的蔓延。除防火作用外，计划烧除还有益于准备造林地、促进森林更新、改善林内和草牧场的卫生状况、控制病虫鼠害及改良牧场等。计划烧除类型有：

烧除沟塘。常在低火险时期进行。一方面消除火灾隐患，另一方面火烧过的沟塘可作为良好的防火隔离带，能有效阻隔火的蔓延。烧除沟塘一般在雪融安全期、霜后安全期和霜前安全期进行。

烧除采伐剩余物。采伐剩余物是森林火灾的隐患，常采用火烧的方法清除。

林内计划烧除。采用火烧的办法减少林内可燃物积累，不仅能降低森林自身的燃烧性，减少林火发生，而且还能阻隔或减缓林火蔓延。

2010年后，内蒙古大兴安岭林区进行林内计划烧除，取得良好效果。

## 第四节　火灾扑救

2006年5月5日，大杨树林业局查拉巴奇因村民孩子烧“草爬子”蜱虫引发农田林缘火灾，过火面积3650.4公顷。经1500余名森警官兵和林业扑火队伍的奋力扑救，历时48小时将火彻底扑灭。这是一次在较短时间内主要依靠人力迅速扑灭大范围火灾的成功战例，受到国家林业局、自治区防火指挥部的赞誉。

2006年5月16日16时20分，呼伦贝尔市红花尔基林业局辉河林场施业区因干雷暴引发特大森林火灾。18日5时火场得到全面控制，6时扑灭火场外围明火，17时火场明火全部扑灭。火场过火面积17000公顷，其中林地面积16789公顷。扑救火灾投入扑火3361人，其中森林部队1775人。动用飞机8架，出动各种机动车345台，动用风力灭火机、电台、水枪等扑火设备、工具6545件。

2006年5月25日，呼伦贝尔市免渡河林业局三根河林场因雷击发生森林火灾。扑救火灾出动扑火人员11980人，于6月1日将大火扑灭，受害森林面积35400公顷。

2006年5月31日，北部原始林区乌玛林业局伊木河林场发生俄罗斯越境火，投入兵力1195人，出动车辆74台，飞机4架，装甲车4台，于6月3日扑灭。过火面积6606公顷。

年内，全区发生森林火灾143起，其中重大火灾2起，特大火灾3起（重特大火灾均为雷击和境外火引发），受害森林面积60244.5公顷，森林火灾受害率2.91‰。全区发生草原火灾32起，其中，特大火灾1起，受害草原面积33841.37公顷，草原火灾受害率0.39‰。几起重特大森林火灾得到有效处置，创造出在短时间内主要依靠人力扑灭特大森林火灾的战绩，得到党中央、国务院、中央军委的充分肯定。

2007年，全区发生森林火灾154起，其中，火警111起，一般火灾41起，重大火灾2起，受害森林面积3020公顷。发生草原火灾10起，其中，火警8起，一般火灾2起，受害草原面积486.67万公顷。实现“不发生大的人为火灾，不发生人员伤亡事故”的工作目标。

2008年4月17日，内蒙古大兴安岭吉文林业局因点烧防火隔离带残留的地下火复燃引发森林火灾。4月20日，在调集武警森林部队实施机降灭火增援扑救时，运输扑火人员的直升机发生坠机事故，引发新的火场。形成“4·17”重大森林火灾区，经2540名武警森林部队官兵和林业职工投入扑救，于4月21日实现全线合围，23日明火扑灭，转入全线清理阶段。火灾过火总面积2305公顷，受害森林面积1929公顷，扑火总经济损失7635.08万元。其中：扑火直接费用为580.16万元，其他损失折款7054.92万元。坠机事故造成14人不同程度烧伤，机上有毕拉河大队十七中队指导员黄国才，班长刘福利、张利武，战士张勤浩、吉日伍沙、李彭彭、李日飞、彭凯、张航飞9人重度烧伤，青岛直升机航空公司机长姚晓旭、机械师蔺德军、机务郭际书、副驾驶何红昂和根河航空护林站观察员崔俊峰5人摔伤。吉文林业局党政主要领导和27名责任人受到撤职等党政纪律处分与经济处罚。

年内，全区发生森林火灾138起，其中，火警80起，一般火灾54起，重大火灾4起；受害森林面积2439公顷，森林火灾受害率0.11‰。发生草原火灾12起，其中，火警10起，一般火灾2起，受害草原面积751公顷，草原火灾受害率0.009‰。

2009年11月5日，蒙古国草原火在大风推动下烧入白狼林业局施业区。当地出动1865人，于11月7日将大火扑灭，受害森林面积716公顷。

年内，全区发生森林火灾62起，其中，一般火灾31起，较大火灾28起，重大火灾3起（均由雷击引发），受害森林面积2703.8公顷，森林火灾受害率0.13‰。发生草原火灾7起，其中，火警5起，一般火灾1起，特大火灾1起，受害草原面积8744.86公顷，草原火灾受害率0.1‰。

2010年6月7日，呼伦贝尔市红花尔基辉河林区发生雷击火灾。上午10时35分，接到火情通报后，呼伦贝尔市立即启动扑火应急机制，就近快速调动专业扑火队员、预备队、驻红花尔基森林部队与后续支援的森警鄂温克大队、海拉尔大队、额尔古纳大队共787人投入火灾扑救。火场前线防火指挥部由总指挥张万成，副总指挥贾树仁、张道光、于少华、包文玖、冯占卿组成。经过11个小时奋战，7日晚21时明火全部扑灭。此次火灾受到国家防火总指挥部及上级部门的高度关注，是一次地空配合、指挥得力、决策果断、及时部署、出兵迅速、重兵投入、英勇顽强决胜的一次战斗。将火灾损失降到最低限度，有效阻止了大火的蔓延，保护了国家森林资源和人民生命财产安全。出动扑火人员1167人，飞机13架次，车辆42辆，过火面积716.49公顷。

年内，全区发生森林火灾88起，其中，一般火灾31起，较大火灾48起，重大火灾8起，特大火灾1起（重特大火灾均由雷击引发）。受害森林面积8559公顷，森林火灾受害率0.36‰；草原火灾13起，其中，一般火灾12起，较大火灾1起。受害草原面积407.7公顷，草原火灾受害率0.005‰。

2011年，全区发生森林火灾57起，其中，一般火灾21起，较大火灾36起，受害森林面积1088.57公顷；发生草原火灾8起，其中，一般火灾6起，较大火灾1起，重大火灾1起。受害草原面积11544公顷。顺利堵截蒙古国、俄罗斯火灾21次，扑救森林草原火灾均无人员伤亡事故发生。

2012年4月7日11时30分，锡林郭勒盟东乌珠穆沁旗满都宝力格镇境内发生特大草原火灾。东乌珠穆沁旗防火指挥部立即派出扑火、紧急疏散转移、医疗救助、物资筹备等6个工作组，全力开展火灾扑救，经过近11个小时的艰苦奋战，于7日22时10分扑灭全部明火，转入清理留守火场阶段。此次火灾因高压输变线路受大风天气影响形成短路引发，扑救出动部队官兵、干部职工和牧民群众1700余人，各种机械车辆128台（辆）、风力灭火机190台、二号扑火工具480把。火灾涉及满都宝力格镇额仁宝力格、套森诺尔、阿尔善宝力格、额仁高毕、满都宝力格等5个嘎查，受灾牧户120户、烧毁草场76576公顷，死亡2人、轻伤8人，损失牲畜19936头（只），烧毁房屋354平方米、棚圈6765平方米。

年内，全区发生森林火灾57起，其中，一般火灾26起，较大火灾31起。受害森林面积649.21公顷，森林火灾受害率0.027‰；发生草原火灾31起，其中，一般火灾15起，较大火灾11起，重大火灾 3起，特大火灾2起。受害草原面积12.17万公顷，草原火灾受灾率1.383‰。所有火灾均在最短时间内成功扑灭，当日灭火率达到98.9%，其中森林火灾当日灭火率100%。成功堵截蒙古国和俄罗斯境外火21次。

2013年10月5日10时40分，呼伦贝尔市新巴尔虎右旗达赉苏木布尔敦嘎查由于机车喷火发生较大草原火灾。旗防火指挥部立即启动森林草原防火应急预案，迅速组织扑救。并令达赉苏木负责人立即组织人员赶赴火场进行扑火。10时45分，由旗宣传部部长特力根白乙拉带队赶赴现场展开扑救，于14时40分将明火扑灭。此次扑救新巴尔虎右旗投入兵力120余人，出动大小车辆30台次，风力灭火机60余台、二号工具60余把，火场面积4600公顷。

年内，全区发生森林火灾74起，其中，一般火灾33起，较大火灾41起。受害森林面积242公顷，森林火灾受害率0.01‰；发生草原火灾37起，其中，一般火灾17起，较大火灾16起，重大火灾4起。受害草原面积33800公顷，草原火灾受害率0.38‰。所有火灾均在短时间内被成功扑灭，火灾当日扑灭率达到100%。边境地区受蒙古国和俄罗斯火袭扰20余次，11次大的火灾被自治区完成堵截，确保了边境地区的安全。

2014年4月30日，俄罗斯森林大火越过界河烧入大兴安岭北部原始林区伊木河林场。火场投入兵力1400人，于5月2日23时将外线明火全部扑灭，受害森林面积2703公顷。

年内，全区发生森林火灾162起，其中，一般火灾82起，较大火灾79起，特大火灾1起。受害森林面积3426.67公顷，森林火灾受害率0.137‰；发生草原火灾96起，其中，一般火灾90起，较大火灾5起，重大火灾1起。受害草原面积35933.33公顷，草原火灾受害率0.409‰。火灾当日扑灭率达到99.4%。成功堵截蒙古国和俄罗斯大的境外火25起。

2015年3月29日14时45分，俄罗斯火烧入陈巴尔虎旗巴彦哈达苏木境内，发生特大入境火。当地出动1900人，历经11小时30分将大火扑灭。火灾造成1名牧民烧伤，烧死烧伤牲畜1131头（只），烧毁房屋棚舍15座，烧毁车辆和机械设备40台，烧毁饲草料1710万公斤。受害草原面积13500公顷，直接经济损失1380多万元。

2015年3月31日16时10分，呼伦贝尔市新巴尔虎左旗嵯岗镇因俄罗斯火烧入引发较大草原火。当地投入兵力239人，历经1小时50分将火灾扑灭。受害草原面积4666.6公顷，直接经济损失10.5万元。

2015年4月13日10时30分，俄罗斯火在大风助推下蔓延到陈巴尔虎旗巴彦哈达苏木八大关境内，并烧入额尔古纳市黑山头镇，引发特大入境火。当地投入兵力1800人，历经23小时将外线明火全部扑灭。火灾烧毁房屋棚舍97座、车辆和机械设备105台、饲草料2615万公斤，受害草原面积28600公顷，直接经济损失2850多万元。

2015年4月14日14时，新巴尔虎右旗克尔伦苏木牧民家烟囱跑火发生特大草原火灾。当地投入兵力1100人，历经9小时40分将外线明火全部扑灭。火灾烧毁饲草料1100万公斤，受害草原面积20183公顷，直接经济损失1280万元。

2015年4月16日11时40分，在满洲里市和新巴尔虎右旗交界地，因满洲里市国家基准气候站院内倾倒炉渣，引发特大草原火灾。当地迅速组织5120人展开扑救，历经12个小时将大火扑灭，成功地保护了西郊机场储油库、满洲里市木材加工园区、扎赉诺尔风力变电站等重要设施安全。但因火场风向突变，造成1死4伤的人员伤亡事故。火灾损失1640万公斤饲草，7682公顷草原受害，直接经济损失1950万元。

2015年4月22日11时10分，西乌珠穆沁旗高力罕牧场，因交通局公路段维修公路时违章操作装有沥青加热罐的农用车，引发较大草原火灾。当地投入兵力600人，历经7小时将火灾扑灭。扑火过程中，由于火场风向突变，西乌珠穆沁旗农牧业局局长吉日嘎拉为掩护其他人员先行撤离，被大火卷入后不幸牺牲。火灾造成1死14伤的人员伤亡事故，并烧死烧伤牲畜453头（只），烧毁房屋9间、棚圈150间、储草棚13处、饲草40万公斤，受害草原面积4533公顷，直接经济损失286.44万元。

2015年6月18日16时11分，大兴安岭北部原始林区奇乾地区发生森林火灾。自治区火灾扑救工作组及时赶赴火场一线协调指挥扑救，动用4架直升机、590人展开扑救，于20日凌晨将火场外线明火全部扑灭，顺利实现合围。起火原因为雷击火，过火面积估算320公顷。

年内，全区发生森林火灾120起，发生草原火灾37起，受害率均在国家控制指标以内。对149次蒙古国、俄罗斯境外火灾进行全线守护和堵截。在扑救草原火灾过程中，死亡2人、伤19人。

2006—2015年，全区发生森林火灾1058起，火警285起，一般火灾404起，较大火灾340起，重大火灾24起，特大火灾5起，受害森林面积8.56万公顷；全区发生草原火灾284起，火警50起，一般火灾179起，较大37起，重大火灾10起，特别重大火灾8起。受害草原面积35.41万公顷。

火灾较多的地区主要集中在大兴安岭林区、呼伦贝尔市、兴安盟、锡林郭勒盟等地区。这些地区森林草原面积大，集中连片，可燃性高，防火期干旱多风，火源复杂不易控制，加之地区偏远，扑救困难，极易造成大的森林草原火灾，是防火工作的重点。2012年后，随着生态保护和建设力度的不断加大，防火任务逐年增加，防火工作重点逐步向中西部扩展。

表10-4-1　2006—2015年全区森林火灾发生统计表

| 年份 | 森林火灾（1058 起） | | | | | | 受害森林面积（公顷） |
|---|---|---|---|---|---|---|---|
| | 小计 | 火警 | 一般 | 较大 | 重大 | 特大 | 85626 |
| 2006 | 143 | 94 | 44 | — | 2 | 3 | 60245 |
| 2007 | 154 | 111 | 41 | — | 2 | — | 3020 |
| 2008 | 138 | 80 | 54 | — | 4 | — | 2439 |
| 2009 | 62 | — | 31 | 28 | 3 | — | 2704 |
| 2010 | 88 | — | 31 | 48 | 8 | 1 | 8559 |
| 2011 | 57 | — | 21 | 36 | — | — | 1089 |
| 2012 | 57 | — | 26 | 31 | — | — | 649 |
| 2013 | 74 | — | 33 | 41 | — | — | 242 |
| 2014 | 162 | — | 82 | 79 | — | 1 | 3425 |
| 2015 | 123 | — | 41 | 77 | 5 | — | 3254 |

表10-4-2　2006—2015年全区草原火灾发生统计表

| 年份 | 草原火灾（284 起） | | | | | | 受害草原面积（万公顷） |
|---|---|---|---|---|---|---|---|
| | 小计 | 火警 | 一般 | 较大 | 重大 | 特大 | 35.4138 |
| 2006 | 32 | 27 | 4 | — | — | 1 | 3.3841 |
| 2007 | 10 | 8 | 2 | — | — | — | 0.0487 |
| 2008 | 12 | 10 | 2 | — | — | — | 0.0751 |
| 2009 | 7 | 5 | 1 | — | — | 1 | 0.8745 |
| 2010 | 13 | — | 12 | 1 | — | — | 0.0408 |
| 2011 | 8 | — | 6 | 1 | 1 | — | 1.1544 |
| 2012 | 31 | — | 15 | 11 | 3 | 2 | 12.17 |

（续表）

| 年份 | 草原火灾（284 起） | | | | | | 受害草原面积（万公顷） |
|---|---|---|---|---|---|---|---|
| | 小计 | 火警 | 一般 | 较大 | 重大 | 特大 | 35.4138 |
| 2013 | 37 | — | 17 | 16 | 4 | — | 3.38 |
| 2014 | 96 | — | 90 | 5 | 1 | — | 3.5933 |
| 2015 | 38 | — | 30 | 3 | 1 | 4 | 10.6929 |

# 第五节　火灾预防科研

进入21世纪以后，随着社会的发展进步，生态环境保护已成为社会关注的热点，防火科学研究比例也在逐年加大。在研究各种防火技术的同时，还特别重视火生态的研究，为科学评价和保护环境提供基础理论。世界发达国家防火科研深入到微生物领域，他们在研究筛选加速可燃物分解的微生物，“微生物防火”有加强趋势。火灾预防在技术运用方面的做法：

第一，黑色防火。在预防和控制火灾的同时，提倡火的应用。截至2015年，无论是西方发达国家还是发展中国家，都不能完全控制火灾的发展。因此，预防和控制火灾是世界各国普遍关注的问题。与此同时，世界各国充分利用火灾两重性的有利一面，大力发展计划烧除（“黑色防火”），变被动预防控制为主动预防控制，成为森林、草原防火一种有效手段，亦成为今后防火工作的发展方向。

第二，绿色防火。利用绿色植物（乔木、灌木、草本及栽培植物等），通过营造、补植及栽培等经营措施，来减少可燃物，改变火环境，增强难燃性和抗火性，建立“绿色防火带”，使防火带不仅自身具有难燃性和抗火性，同时能阻隔或抑制火灾蔓延。它不仅具有持久有效的防火作用，而且具有一定的经济效益和重要的生态意义。中国部分省份已开展这项工作，也成为今后防火工作发展的重要方向。

第三，应用高新技术。将卫星遥感、卫星通信、航空消防、重型机械、信息网络、“3S”等现代技术广泛应用于火灾预防和扑救过程中，是现代化防火的发展趋势。

# 第十一章

# 森林公安

## 第一节　内蒙古自治区地方森林公安

### 一、打击违法犯罪

（一）专项行动

2006年9月10日至10月31日，自治区森林公安局在黄河沿岸等全区重点水域及湿地组织开展“打击非法猎捕、收购、贩卖野生鸟类违法犯罪专项行动”。查处案件288起，破获刑事案件18起，收缴野生动物2.4万余只，活体1.12万只，全部放飞。11月1日至12月10日，按照国家林业局统一部署，自治区林业厅在全区范围内组织开展“绿盾行动”，破获刑事案件37起、查处林政案件1127起，清理非法征占用林地项目27个，清理野生动物驯养繁殖场所24处，清理木材、野生动物加工经营场所406处，收复林地10.48公顷，收缴林木树木、木材420立方米、收缴野生动物3700头（只），挽回直接经济损失50余万元。

2008年，自治区森林公安局先后组织开展“雪原二号行动”“飞鹰行动”“打盗抢抓逃犯专项行动”“保护候鸟专项行动”。全区各级森林公安机关出动警力96129人次，警车30790台次，清查野生动物驯养、经营、加工场所5852处，清理开矿企业46家，收缴野生动物2744头（只）、猎枪12支、子弹452发。4月至9月，自治区森林公安局组织开展林区禁毒专项行动，全区签订禁种责任书2650余份，出动车辆589台次，组织人力1.25万余人次。

2009年1月5—20日，自治区森林公安局在全区开展以打击非法猎捕、收购、贩卖、运输野生动物及其制品的专项行动，代号“冬季行动”。出动警力10474人次，出动车辆2929台次，查处行政案件122起，清理野生动物驯养繁殖场所239处，清理宾馆、饭店442家，行政处罚85人，收缴野生动物428只，收缴野生动物制品91.8公斤，收缴野生动物皮张41张，赃款3185元，涉案价值76138元。4月至5月上旬、9月至11月，自治区森林公安局按照国家林业局森林公安局部署，在全区范围内先后2次组织开展“保护候鸟专项行动”。全区各级森林公安机关出动警力42695人次，出动车辆18519台次，查处林业行政案件411起，巡查鸟类活动区域497处，清查宾馆、饭店5210家，清查市场、集散地732个，行政处罚551人，放飞野生鸟类1623只，收缴猎具小口径步枪1支，挽回经济损失41.51万元。

2010年4月至5月上旬、9月下旬至11月底，自治区森林公安局分两个阶段在全区范围内组织开展“保护过境候鸟专项行动”。全区共出动警力31832人次，出动车辆11127台次，查处林业行政案件628起、刑事案件2起，巡查鸟类活动区域739处，清查宾馆、饭店2663家，行政处罚684人，行政罚款58.58万元，收缴野生鸟类3440只，其中死体1331只，收缴其他野生动物154只，收缴猎具287件，放飞鸟类1462只。同年，按照公安部和国家森林公安局关于开展“2010严打专项整治活动”的工作部署，全区各级森林公安机关组织开展“雪原三号行动”“春季行动”等一系列严打专项整治行动。全区森林公安机关出动警力92227人次，出动警车29236台次，受理各类森林及野生动物案件4189起，查处各类森林及野生动物案件4183起。采取强制措施452人，打击处理各类违法人员4659人次，收缴林木木材571.98立方米，林地184公顷，清查木材市场438处，清查木材经营加工场所823处，清查征占用林地场点364处，收缴野生动物40622头（只），收缴猎枪猎具780件、车辆3台。行政罚款889.8万元，挽回经济损失1037.27万元。

2011年，自治区森林公安局根据全区森林资源状况，部署区域性严打行动。呼和浩特市森林公安局对大青山沿线非法占用林地行为进行重点打击，并开展“拆网、清套、收夹”保护野生动物专项行动；包头市森林公安局在矿区、山区开展“清矿专项行动”，对开矿非法占用林地行为进行重点打击；锡林郭勒盟森林公安局开展“保护百灵鸟专项行动”；乌兰察布市森林公安局开展“保护过境候鸟专项行动”等。同年，在全国公安机关开展的“清网行动”中，呼和浩特市非法私藏枪支弹药案主犯费某、乌兰察布市盗伐林木案武某、通辽市非法猎杀珍贵野生动物案宝某等一系列网上追逃人员相继落网。全区网上追逃人员26名，抓获网上追逃人员18名，行动后，网上追逃人员下降率69.23%，实现50%下降目标。

2012年3月和10月，自治区森林公安局分别组织2次保护过境候鸟专项行动，全区各级森林公安机关出动警力31832人次，出动车辆11127台次，查处林业行政案件628起、刑事案件2起，巡查鸟类活动区域739处，清查宾馆、饭店2663家，行政处罚684人，行政罚款585830元，收缴野生鸟类3440只，其中死体1331只，收缴其他野生动物154头（只），收缴猎具287件，放飞鸟类1462只。4月，自治区森林公安局按照国家森林公安局部署，在全区范围内组织开展以打击野生动物及其制品网络犯罪和非法贸易活动为主要内容的集中执法专项行动。全区出动警力7498人次，出动警车2016台次，清查整治古玩城、花鸟鱼虫市场368处，清理取缔小摊点、小档口、小店面、小柜台等479个，清理取缔定点生产销售企业101家，清理整治网站和论坛29个，收缴野生动物222头（只）。5—7月，自治区森林公安局在全区开展严厉打击非法猎捕、猎杀、贩卖、经营百灵鸟及掏鸟蛋、抓雏鸟等违法犯罪行为。收缴百灵鸟5000余只，收缴猎捕工具60余件。8—10月，自治区森林公安局在全区范围内组织开展打击违法征占用林地专项行动。全区出动警力9882人次，出动警车4114台次，破获违法征占用林地案件346起。查破自治区督办案件119起，完成自治区督办案件总数的71.7%，收回违法占用林地202.65公顷。9月，全区森林公安机关开展打击象牙等濒危物种及其制品非法贸易清理整治行动。森林公安机关与工商部门配合，对各类商品贸易、古玩市场和旅游景点市场等涉嫌非法经营野生动物场所进行集中整治。全区出动人员6831人次，其中森林公安民警5735人次，工商执法人员1096人次；出动车辆3289台次，清查古玩市场、旅游景区、土特产商店等297处，清理网站和论坛73个。11月27日至12月31日，按照国家森林公安局部署，全区森林公安开展打击破坏野生动物资源违法犯罪专项行动。全区出动警力44702人次，车辆17296台次，巡护清查野生动物分布区等地4086次、清理整治各类市场3009个，检查野生动物制品经营场所2140家、饭店9560家，破获125起野生动物案件，其中刑事案件10起，抓获15名犯罪嫌疑人，野生动物行政案件115起，处理违法人员168人。没收违法所得28520元，全部涉案价值71542元，行政罚款15.46万元。

2013年3月，自治区林业厅印发《关于开展保护过境候鸟专项行动的通知》，在全区范围开展保护候鸟专项行动。行动由林业厅牵头，工商、公安、交通运输、卫生防疫、海关等部门配合。4月，自治区森林公安局根据国家森林公安局部署，在全区范围内组织开展"天网行动"，重点打击非法猎捕野生动物，非法收购、运输、出售珍贵、濒危野生动物及其制品违法犯罪行为。6月，自治区森林公安局在全区范围内组织开展打击非法征占用林地专项行动。

2014年4月1日至6月30日，自治区森林公安局在全区范围内组织开展"2014天网行动"，集中打击破坏野生动物资源违法犯罪行为。6月，为遏制大青山国家级自然保护区内违法占用林地行为，大青山自然保护区公安分局开展"清山行动"，对呼和浩特市范围内的11条沟和乌兰察布市的 5 处重点区域进行突击检查。10月，自治区森林公安局按照国家森林公安局部署，在全区范围内组织开展为期2个月的打击破坏森林和野生动物资源违法犯罪的"利剑行动"。

2015年，自治区林业厅在全区范围内组织开展打击非法侵占林地专项行动，共立案737起。

2006—2015年，自治区地方森林公安机关查处各类森林和野生动物案件22万余起，打击处理各类违法犯罪人员25.3万人次，挽回直接经济损失5.56亿元。

（二）典型案例

2007年9月，自治区森林公安局根据情报线索，破获一个跨国、跨省收购、运输、出售野生动物及其制品的犯罪团伙，查获野生动物活体、标本等621件（其中Ⅰ级保护动物9种56只、Ⅱ级保护动物13种132只、"三有"动物14种433只），同时查获枪支2支、子弹764发、弹壳5851枚。

2012年12月，自治区森林公安局与山西省吕梁市森林公安联合查处一起跨区域利用网络非法收购、运输、出售珍贵、濒危野生动物制品案。捣毁以梁某为主的犯罪团伙，查获各类野生动物400余只。

2013年2月，呼伦贝尔市南木森林公安局破获一起使用农药非法猎捕中国林蛙案件。现场抓获犯罪嫌疑人李某、潘某，查获中国林蛙2464只、另有被毒杀的柳根鱼70余公斤，2人因涉嫌非法狩猎罪和投放危险物质罪被刑事拘留。

2013年6月，包头市"4·24"利用网络非法收购、出售、猎捕珍贵濒危野生动物系列案件成功侦破。抓获犯罪嫌疑人5人，查获国家Ⅰ级保护动物金雕1只，国家Ⅱ级保护动物22只，其中猫头鹰3只、猎隼2只、红隼1只、鹰隼类雏鸟15只，打掉一个利用互联网贩卖野生动物的犯罪团伙。

2014年1月，乌兰察布市化德县森林公安局刑侦队，破获一起非法猎捕、收购、运输、出售野生动物团伙案。收缴野生动物活体992只，涉案人员15人，作案工具24套。

2015年3月，通辽市库伦旗森林公安局接到报案，库伦旗先进苏木代西花村2株树龄在100年以上的古树被盗。民警连续作战6天，最终在山东省泰安市森林公安局配合下找到2株古树。3月14日，古树运回代西花村。

2015年，巴彦淖尔市森林公安局破获一起乌拉山自然保护区内盗挖侧柏及柏树根案。案中，祁某于2014年5月至12月雇佣社会闲散人员，在乌拉山自然保护区内盗挖柏树根销售获利，涉案金额高达100余万元人民币。经过5个多月努力，案件得以告破，抓获犯罪嫌疑人22名。

## 二、维护社会治安

2009年9月11日，自治区森林公安局召开全区森林公安局长座谈会，专题部署中华人民共和国60周年国庆安保工作。行动期间，全区森林公安破获刑事案件18起，查处治安案件122起，抓获违法犯罪嫌疑人176人，打掉犯罪团伙1个，端掉犯罪窝点1个，收缴财物13.7万元，整改治安隐患369处，整治治安乱点281处，投入巡逻防控警力32975人次，发动群防群治力量14178人次，新建技防设施2个。

2011年，印发《内蒙古自治区森林公安应对突发事件维护稳定工作预案》和《内蒙古自治区林业厅2011年维护社会稳定应急处置预案》，通过八项措施维护林区社会稳定。

2013年4月，按照国家林业局森林公安局和自治区党委政府防控人感染H7N9禽流感的有关要求，结合全区正在开展的“保护过境候鸟专项行动”和“天网行动”，自治区各级森林公安机关加大对辖区内湿地、水库、野生动物园、自然保护区、野生动物驯养繁殖场所、餐饮、农贸市场、花鸟市场等重点防疫场所巡查防控力度。5月，呼伦贝尔市红花尔基林业局施业区发生洪涝灾害，灾情发生后红花尔基森林公安局迅速出警，使施业区内103户204人全部安全撤离。

2014年9月23日，东北、内蒙古林区跨区域警务合作第四届联席会议在兴安盟乌兰浩特市召开。国家林业局森林公安局副局长张萍，治安处处长韩彦君，东北、内蒙古林区成员单位吉林省、黑龙江省、内蒙古自治区森林公安局，黑龙江省林业公安局、黑龙江大兴安岭森林公安局、内蒙古大兴安岭森林公安局局长及相关会议代表，以及会议观察员安徽、福建、贵州、新疆4省（区）森林公安局局长出席此次会议。

## 三、执法规范化建设

### （一）法制建设

2006年，内蒙古自治区森林公安局完成《内蒙古自治区森林公安执法手册（第二辑）》的编辑、印刷、发放工作。作为第一辑的补充，《手册》收集了森林公安执法工作中经常应用的24部法律法规、11个部门规章和地方政府规章、10个司法解释和32个文件。

2007年6月，内蒙古自治区森林公安局印发《内蒙古自治区森林公安“三考”工作方案》（“三考”为基本法律知识考试、执法办案卷宗考评、信访工作考查），确定赤峰市为自治区森林公安系统“三考”备考单位，在赤峰市巴林左旗、阿鲁科尔沁旗两地设立考点，森林公安机关的“三考”准备工作在全区正式开始。9月，自治区森林公安局印发《2007年内蒙古自治区森林公安机关“三考”工作实施方案》，确定“三考”检查小组成员，及“三考”工作具体程序。10月15—21日，自治区森林公安局派人到赤峰市组织考试工作。

2008年，自治区森林公安局为各地印发办理刑事案件、行政案件、信访案件样本，并按照国家林业局制定的林业行政处罚案件法律文书的样式制作蒙汉文对照的林业行政处罚案件文书，统一案卷装订顺序，规范办案程序。

2009年，根据《国家林业局森林公安局关于全国森林公安机关“三考”考试考评有关事项的通知》要求，全国公安机关“三考”工作正式开始。国家林业局森林公安局随机抽取确定赤峰市松山区等5个单位为执法办案卷宗考评参考单位，120名民警为基本法律知识考试参考人员。同年，内蒙古自治区森林公安局组织编印《林业行政处罚案件案卷易出现问题与分析》，指出规范的填写方式和法律依据，对林业行政处罚主体错误等27类问题逐一进行分析。并按照国家林业局林业行政处罚案件法律文书样式制作蒙汉文对照的林业行政处罚案件文书，组织研发林业行政处罚案件文书应用软件，规范全区林业行政处罚案件文书制作。

2011年2月，内蒙古自治区森林公安局在自治区森林公安网站开设《法制在线》栏目。同年9月24

日、25日和10月22日、23日，全区森林公安民警首次基本级执法资格考试分两批进行。按照国家林业局森林公安局要求，内蒙古自治区森林公安局成立执法资格考试工作领导小组，印发《2011年内蒙古自治区森林公安机关执法资格考试工作方案》。在全区设立5个考点，共39个考场。全区各级森林公安机关3781名民警参加考试，占应参考人员的98.9%。同年，为进一步落实执法责任制，加强全区森林公安机关内部执法监督管理，完善执法单位和民警执法办案考核机制，依据《森林公安机关执法质量考核评议实施办法》《森林公安机关内部执法监督实施办法》《森林公安派出所警务规范（试行）》等规定和执法规范化建设相关要求，内蒙古自治区森林公安局制订印发《内蒙古自治区森林公安机关执法档案管理办法》。

2013年，国家林业局修订《林业行政法律文书》，按照“内蒙古自治区应用的各类官方文书应当为蒙汉双语版”规定，内蒙古自治区森林公安局委托自治区党委翻译处对新修订的《林业行政法律文书》进行蒙汉双语翻译工作。11月，内蒙古自治区森林公安局印发《关于在全区建立开展网上办案试点单位的通知》，在全区确定呼伦贝尔市巴林森林公安局等24个试点单位率先实行网上办案。

2014年4月，自治区公安厅制定印发《关于重新明确涉林治安案件范围请示的批复》，内蒙古成为全国森林公安第一个明确此权限的省份。

（二）规范执法

2006年4月，内蒙古自治区森林公安局印发《内蒙古自治区森林公安机关开展“执法年”活动方案》，要求从4月1日至12月31日在全区森林公安系统内开展以“提高执法水平、规范执法行为”为目的的规范执法活动，并将2006年度定为“森林公安执法年”。

2009年，按照公安部、国家林业局森林公安局统一部署，内蒙古自治区森林公安局成立“执法规范化建设领导小组”，制订《内蒙古自治区森林公安机关执法规范化建设工作方案》。确定呼伦贝尔市免渡河等3个单位为全区森林公安机关执法规范化建设领导联系点，并要求每个盟市至少确定一个旗县森林公安机关作为局领导联系点开展分类指导，带动整个地区的工作。

2010年，内蒙古自治区森林公安局印发《内蒙古自治区森林公安机关执法质量考核评议实施办法》，自2010年4月1日起开始施行。同年10月，按照自治区公安厅《关于在全区公安机关开展执法规范化建设“五项”活动的通知》精神，各级森林公安机关围绕执法规范化建设开展为期半年的整治执法突出问题、规范执法制度、加强执法培训、保障执法安全、创建执法示范典型的“五项”活动。12月，内蒙古自治区森林公安局制订印发《2010年内蒙古自治区森林公安机关执法质量考核评议实施方案》，并选派民警组成4个考评小组，于2010年12月中旬至2011年1月底分两批在全区组织开展执法质量考核评议工作。

2011年3月，赤峰市克什克腾旗森林公安局白音敖包中心派出所被国家林业局森林公安局命名为“全国森林公安机关执法示范单位”。同时，根据《国家林业局森林公安局关于创建执法示范单位的实施意见》，经自治区森林公安局研究决定，命名克什克腾旗森林公安局等20个派出所为“全区森林公安机关执法示范单位”。

2012年，按照国家森林公安局的统一部署，内蒙古自治区森林公安局开展新一轮森林公安机关执法示范单位评选工作。经评比，呼伦贝尔市免渡河森林公安局和赤峰市克什克腾旗森林公安局白音敖包中心派出所被国家林业局森林公安局评为执法示范单位。3月，为推进全区森林公安执法规范化建设进程，内蒙古自治区森林公安局印发《内蒙古自治区森林公安机关办理林业行政处罚案件名称规范（试行）》。

2013年3月，为进一步落实公安部制定的《公安机关执法办案场所设置规范》，内蒙古自治区森林公安局印发《关于加快落实森林公安机关执法单位功能区设置工作的通知》，对加快落实森林公安执法办案场所功能区设置工作、提高森林公安执法单位安全防范水平和执法效能提出具体要求。4月，按照公安部和国家森林公安局加强森林公安机关执法规范化建设总体部署，内蒙古自治区森林公安局开展“全区森林公安机关执法规范化建设年”活动，同时印发《内蒙古自治区2013年“全区森林公安机关执法规范化建设年”实施方案》。

2014年5月，内蒙古自治区森林公安局根据国家林业局森林公安局有关精神，印发《关于组织申报内蒙古森林公安新一轮执法示范单位的通知》，开展新一轮执法示范单位选树活动。

2015年12月，内蒙古自治区森林公安局开展2015年度全区森林公安机关执法质量集中考评工作。考评内容包括：案卷评查、涉林治安案件调研、探讨执法过程中遇到的问题。采取盟市间案卷随机抽查、交叉评查、会议讨论等形式，对案卷中找出的问题进行登记、分析、逐项打分，考评中还选取几个典型案例进行展示讲解。

**四、队伍建设**

（一）教育训练

2006年3月8—23日，自治区森林公安局在南京森林公安高等专科学校举办为期18天的全区刑警队长培训班。3月20日至4月24日，在自治区公安厅刑警培训中心连续举办4期森林公安派出所所长培训班，参训人员计320人。

2006年12月22—28日和2007年4月22—28 日，国家森林公安局推进“三基”工作（抓基层、打基础、苦练基本功），在南京国家林业局警官培训中心举办2期全国县级林业部门主管领导和森林公安局长培训班，自治区部分重点旗县林业部门主管领导和森林公安局长分批参加培训。

2008年，自治区森林公安局选派48名民警参加全国森林公安机关专业法律知识训练班。同年，自治区森林公安局在呼和浩特市举办2期森林公安人事管理信息系统培训班，116名盟市、旗县级森林公安机关政工干部参加培训。

2009年1月，自治区森林公安局印发《2009—2010年内蒙古自治区森林公安民警大轮训实施方案》。同年，全区盟市、旗县枪支专管员、政工、刑侦、治安、法制等业务人员近480人，参加自治区森林公安局组织的业务岗位练兵活动。

2011年，自治区森林公安局举办刑事案件管理系统操作培训班，全区90余名业务骨干参加培训。同年，自治区森林公安局在云南省举办森林公安派出所所长培训班，全区220名派出所所长参加培训。

2012年，自治区森林公安局与内蒙古农业大学林学院联合举办2期全区森林公安民警林业专业知识培训班，160名民警受训。同年11月，自治区森林公安局在江西南昌举办全区森林公安局长培训班，126名盟市、旗县森林公安局局长分2批受训。

2013年4月，自治区森林公安局举办全区法制刑侦治安业务培训班，80余名业务骨干参加培训。同年5月，自治区森林公安局举办第三期全区森林公安民警林业专业知识培训，83名民警参加培训。

2014年4月，自治区森林公安局印发《全区森林公安机关“提效增力”大练兵活动实施方案》，举办全区森林公安机关依法使用武器警械专项训练教官培训班，140名业务骨干参加培训。6月26—29日，自治区森林公安局机关及直属分局全体民警在锡林郭勒盟苏尼特右旗开展为期4天的“提效增力”大练兵竞赛活动。

2015年3月，自治区森林公安局印发《全区森林公安机关实战化训练推进年活动实施方案》。同年7月15—24日，全国森林公安机关警务技能战术教官培训班在南京举办，全区14名具备一定警务技战术能力水平和教学训练经验的民警参加培训。

除组织、参加上述专业技术培训外，全区森林公安系统按照公安部“三个必训”制度等规定，每年组织民警参加人民警察初任培训、领导干部初任培训以及警衔晋升和职务晋升培训。

（二）警务督察

2008年，自治区森林公安局印发《森林公安民警违法违纪案例选编》，组织开展落实“五条禁令”警务督察活动，派出警务督察队154次，开展警务督察活动193次。2009年，自治区森林公安局在全区成立机动警务督察队。全年开展警务督察活动123次。2010年，全区7个盟市森林公安局相继成立警务督察室，42个旗县森林公安局成立警务督察机构，警务督察警力达到200人。同年，自治区森林公安局结合公安部《关于在全国公安机关开展“查思想查执法查纪律查作风”教育整顿活动的指导意见》，派出4个检查组，对全区12个盟市、32个旗县森林公安机关纪律作风教育整顿工作开展情况进行检查。按照纪律作风教育整顿工作的总体要求，内蒙古自治区森林公安局对队伍中的兼职人员进行清理。

2011年，自治区森林公安局制订涉案财物管理问题专项治理工作方案，在全区各级森林公安机关分阶段、分步骤开展涉案财物管理专项治理工作。排查清理2010年以后已办结和正在办理的行政、刑事案件2万余起，健全涉案财务管理台账制度。

2012年3月，自治区森林公安局组成6个组，开展为期2个月的民警违反“五条禁令”问题集中整治活动。对全区10个盟市、30个旗县、60个派出所民警，违反“五条禁令”问题集中整治工作的落实情况进行现场督察。6月，自治区森林公安局印发《内蒙古自治区森林公安机关纪律作风教育整顿工作方案》。

2013年1月，国家森林公安局机动警务督察队十四分队，对自治区2个盟市、5个旗（县、区）、6个派出所森林公安信息化建设情况进行督导检查。6月，自治区森林公安局印发《内蒙古自治区森林公安机关取保候审突出问题专项督察清理排查工作方案》，从6月上旬起至11月底，在全区森林公安机关集中开展取保候审突出问题专项督察工作。

2014年，自治区森林公安局将纪检督察职能从政治部剥离，单设纪检督察部门，配备专职警务督察人员，负责全区森林公安系统纪检督察和宣传工作。全区12个盟市森林公安局主要负责人兼任警务督察长职务。6个盟市设立专门的纪检督察机构，配备专职警务督察人员。

2015年9月，自治区森林公安局印发《全区森林公安重点工作检查方案》，组成14个检查组，对全区重点工作完成情况进行阶段性检查验收。同月，自治区森林公安局在全区森林公安机关集中开展以严格队伍管理、端正工作作风、严肃警规警纪等为主要内容的纪律作风整顿工作。重点从领导班子建设、机关管理和民警自身建设等方面对森林公安机关和民警纪律作风进行整顿。

（三）民警优抚

2006年5月，根据公安部、国家林业局森林公安局部署，成立自治区森林公安机关维护民警正当执法权益委员会。同时，制订工作方案，全面开展森林公安机关民警维权工作。

2007年，在国家林业局森林公安局支持下，全区2名牺牲民警家属各领到“因公牺牲特别补助金”10万元，1名民警领到“特别慰问金”5000元，3名民警子女领到助学金。部分地区筹措资金落实从优待警政策，为民警进行全面体检，建立健康档案；落实加班超时补助；为民警办理因公伤亡责任保险。

2008年，自治区森林公安局按照国家有关政策，为1名因公牺牲民警家属向国家林业局森林公安局申请“因公牺牲特别补助金”，为1名因公致残及贫困民警申请补助金，为作出特殊贡献牺牲、病故的6名人民警察家属申请了特别抚恤金。

2010年1月，根据《人力资源和社会保障部、财政部关于人民警察法定工作日之外加班发放补贴的通知》，森林公安民警在法定工作日之外加班，提供了固定补助经费。同年，自治区森林公安局制订上报《森林公安机关执法勤务机构人民警察警员职务套改方案》， 2011年9月，自治区人力资源和社会保障厅、林业厅、公务员局联合印发《全区森林公安机关执法勤务机构人民警察警员职务套改实施办法》， 10月底，召开全区森林公安机关执法勤务机构警员职务套改工作会议，对套改工作进行部署。2012年，全区有2932名民警参加套改，符合高套条件的民警913人，完成套改民警人数为1656人。其中，进行高套的民警为476人，工资全部得到兑现；1276名民警个人档案通过了当地人事部门审核。套改工作2012年全部结束，近3000名民警工资得到兑现。

（四）表彰奖励

2006年3月，阿拉善盟额济纳旗森林公安分局政委李德平因公殉职，根据其生前事迹，李德平被追授为“全国模范公务员”“全区优秀共产党员”。8月21日，国家森林公安局印发表彰决定，阿拉善盟额济纳旗森林公安分局等2个单位获得集体二等功。同年10月，国家森林公安局为自治区森林公安局局长谢振有记个人一等功。11月30日，国家森林公安局印发表彰决定，通辽市科尔沁区森林公安分局等2个单位获得集体二等功。

2007年1月，国家林业局印发《关于表彰林区禁毒工作先进集体和先进个人的决定》，呼伦贝尔市森林公安局等3个集体和白俊江等2名个人受到表彰。同月，国家林业局印发《关于表彰“绿盾行动”先进单位的通报》，自治区林业厅被评为优秀组织单位，自治区森林公安局等8个单位被评为先进集体。同年2月，国家林业局森林公安局评选表彰“模范森林公安民警家属”，阿拉善盟额济纳旗森林公安分局原政委李德平的妻子陆彩虹等3名民警家属受到表彰。5月，公安部“表彰奖励2005—2006年度全国公安系统优秀单位和优秀人民警察”，呼伦贝尔市森林公安局局长白俊江等2人被评为全国公安系统优秀人民警察。

2009年10月，国家林业局森林公安局授予自治区森林公安局“全国森林公安系统落实编制经费工作先进集体”；11月，国家林业局、公安部联合表彰“绿盾三号行动”优秀组织单位和先进集体，自治区森林公安局等4个单位被评为先进集体。

2010年3月，公安部授予阿拉善盟阿左旗贺兰山国家级自然保护区森林公安局北寺派出所“2009年全国公安机关爱民实践活动先进集体”。同年7月， 国家林业局森林公安局为赤峰市阿鲁科尔沁旗森林公安局刑事警察大队、乌兰察布市察右后旗森林公安局记集体二等功。

2012年5月，公安部《关于表彰全国公安系统优秀单位优秀人民警察的命令》，赤峰市克什克腾旗白音敖包派出所被评为“全国优秀公安基层单位”；阿拉善盟阿右旗雅布赖派出所岳丰元被评为“全国公安机关爱民模范”；赤峰市森林公安局洪海被评为“全国优秀人民警察”。7月，国家林业局森林公安局印发表彰命令，兴安盟科右前旗森林公安局等2个单位被评为“全国森林公安系统优秀公安局”；兴安盟森林公安局牛义仁等3人被评为“全国森林公安系统优秀人民警察”；包头市九原区森林公安局沼潭派出所等2个单位被评为“全国森林公安系统优秀基层单位”。

2014年9月，国家林业局森林公安局印发命令，为赤峰市森林公安局等3个单位记集体二等功。12月，国家林业局印发《关于表彰保护森林和野生动植物资源先进集体、先进个人的决定》，授予呼伦贝尔市森林公安局等3个单位"保护森林和野生动植物资源先进集体"；授予呼伦贝尔市阿荣旗森林公安局局长姜文忠等6人"保护森林和野生动植物资源先进个人"。

2015年12月，国家林业局森林公安局印发命令，为兴安盟森林公安局、锡林郭勒盟苏尼特右旗森林公安局、呼伦贝尔市柴河森林公安局、通辽市科左后旗森林公安局"2·22"专案组记集体二等功。

五、警务保障

（一）基层基础建设

2006年，自治区森林公安局印发《关于加强全区森林公安派出所内业建设及管理等工作的通知》，要求各地加强派出所的内业建设及管理等工作。

2008年，全区争取国家中西部地区森林公安派出所房屋建设项目41个，累计投入建设资金685万元，建设面积9945平方米。

2009年，按照国家林业局对"三基"（抓基层、打基础、苦练基本功）工程建设的总体部署，林业厅成立由分管厅长任组长，森林公安局局长任副组长，资源林政、计划、财务、科技、防火、宣传等部门负责人为成员的"三基"工作领导小组，制订《内蒙古自治区森林公安机关加强基层基础工作方案》。把森林公安"三基"工程建设作为林业工作的一项重要任务来抓。

2010年5月，自治区森林公安局按照国家林业局森林公安局《关于配合做好地（市）、县级森林公安机关业务用房建设规划编报工作的通知》，编制全区业务用房建设规划，并对未列入规划的派出所进行增补。同时，争取到2010年中西部地区森林公安派出所基础建设及中央预算内投资项目，涉及派出所184个。

2011年初，森林公安业务技术用房项目和森林公安派出所项目正式列入全区政法基础设施建设规划。同年，全区列入国家和自治区派出所建设项目的资金陆续拨付到位，涉及235个派出所。

2012年，全区新改扩建派出所办公用房169个，整体在建派出所40个。内蒙古中西部派出所建设项目涉及派出所235个。

2013年9月，自治区森林公安局命名呼伦贝尔市柴河森林公安局固里河派出所等37个派出所为内蒙古自治区森林公安第一批园林式派出所。

2014年3月，自治区森林公安局印发《关于进一步推进创建园林式森林公安派出所工作的通知》，要求各级森林公安机关抓好园林式派出所建设工作。

（二）派出所达标建设

2006年4月，国家森林公安局命名锡林浩特市森林公安分局白音锡勒派出所等6个派出所为2005年度全国森林公安机关二级公安派出所，南木森林公安分局务大哈气派出所等32个派出所得到重新认定。同年，内蒙古自治区森林公安局组织11个工作组，按照国家林业局森林公安局《森林公安派出所等级评定实施办法》和《考评细则》，对全区森林公安派出所进行检查验收。395个派出所中达到国家一级所建设标准的有182个，占45.6%；达到国家二级所建设标准的有154个，占38.6%。

2007年4月，国家林业局森林公安局印发《国家林业局森林公安局关于命名2006年度二级公安派出所的通知》，赤峰市宁城县森林公安分局头道营子派出所等11个森林公安派出所被命名为全国森林公安机关二级公安派出所，锡林浩特市森林公安分局白音锡勒派出所等29个派出所被重新认定为二级公安派出所。

2008年，公安部重新认定全区6个派出所为一级公安派出所；国家林业局森林公安局重新认定全区39个派出所和新命名5个派出所为全国森林公安机关二级公安派出所。

2009年，赤峰市克什克腾旗白音敖包森林公安派出所等2个所被公安部评定为全国公安机关一级公安派出所；巴彦淖尔市乌拉特中旗森林公安分局乌梁素太派出所等8个所被国家林业局森林公安局新命名为全国森林公安系统二级公安派出所；鄂尔多斯市乌审旗森林公安分局纳林河派出所等42个所被国家林业局森林公安局重新认定为全国森林公安系统二级公安派出所。

2011年1月，根据《森林公安派出所等级评定实施办法》，自治区森林公安局命名兴安盟扎赉特旗森林公安局神山派出所等73个派出所为2010年度内蒙古自治区森林公安系统三级公安派出所。

2012年5月，国家林业局森林公安局命名巴彦淖尔市五原县森林公安局新公中派出所等13个派出所为二级公安派出所；呼伦贝尔市南木森林公安局务大哈气派出所等48个派出所被重新认定为二级公安派出所。

2013年4月，国家林业局森林公安局印发《国家林业局森林公安局关于命名2012年度二级公安派出所的通知》，阿拉善盟贺兰山森林公安局哈拉乌派出所等15个派出所被评定为二级派出所。

2014年3月，自治区森林公安局命名呼伦贝尔市免渡河森林公安局三根河派出所等66个森林公安派出所为2013年度内蒙古自治区森林公安系统三级公安派出所。11月，国家林业局森林公安局印发《关于命名2013年度二级公安派出所的通知》，命名赤峰市克什克腾旗森林公安局桦木沟派出所等20个所为2013年度全国二级公安派出所。

2015年1月，公安部印发《关于命名一级公安派出所和撤销部分一级公安派出所的决定》，呼伦贝尔市扎兰屯市森林公安局新立屯派出所等3个所被命名为全国公安机关一级公安派出所。

截至2015年底，全区森林公安系统有国家一级所15个，二级所96个。

（三）项目经费

2006年，国家林业局将全区黄河中游天保工程区列入森林公安重点治安区设备购置项目，共投资290万元，建设项目包括呼和浩特市等6个盟市的100个森林公安派出所。

2009年，按照自治区发展改革委《关于做好全区政法系统基础设施建设规划工作的通知》，将森林公安纳入政法系统基础设施建设项目。

2010年，为贯彻落实《中共中央办公厅国务院办公厅印发〈关于加强政法经费保障工作的意见〉的通知》，财政部决定从2010年起安排中央财政森林公安专项转移支付资金，用于补助森林公安办案和业务、装备支出。同年10月，将本年度森林公安转移支付资金下达，自治区林业厅与财政厅共同研究制订转移支付资金相关管理办法，建立“明确责任、分类负担、收支脱钩、全额保障”的森林公安经费保障体制。

2012年5—6月，内蒙古自治区森林公安局成立11个检查组，对全区森林公安机关中央转移支付资金使用、派出所建设及列入国家中西部派出所建设项目的实施情况进行检查和督察。

2013年5月，按照国家发展改革委和自治区发展改革委做好政法项目2014年投资计划申报工作的相关要求，内蒙古自治区森林公安局印发《关于做好森林公安政法基础建设项目申报实施工作的通知》。同年9月，为进一步加强全区森林公安经费的使用管理，提高资金使用效益，自治区财政厅农牧业处、林业厅财务审计处和内蒙古自治区森林公安局抽调相关人员组成联合检查组对全区森林公安专项资金和公安标准化建设资金使用管理情况进行全面检查。11月，内蒙古自治区森林公安局印发《关于做好天保工程区森林公安局及派出所标准化建设有关问题的通知》，进一步规范资金的管理使用。

2015年6月，自治区林业厅在呼和浩特市召开全区中央财政森林公安补助资金全面自查和专项重点稽查部署会议。

(四)装备设备管理

2006年,国家林业局"森林公安重点治安区设备购置项目"第一批设备下拨到内蒙古自治区,包括计算机100台、打印机86台、传真机84台和照相机32台,设备全部配发到基层派出所。

2007年11月,内蒙古自治区森林公安局印发《内蒙古自治区森林公安机关警用车辆使用管理规定》,从车辆类别与标识、车辆管理部门、车辆号牌管理、车辆使用管理、驾驶员管理、事故报告、车辆报废与更新、责任与处理等几个方面对森林公安机关的车辆使用及管理作出详细的规定。

2008年,为严格警车的管理与使用,自治区森林公安局组织专人对全区森林公安机关警用车辆进行排查,对警车管理和使用中存在的问题进行集中整治。

2009年3—5月,自治区森林公安局对全区警用车辆进行统计摸底,全面清查全区警用车辆、牌照的数量及牌照使用情况。并根据公安部制定的车辆管理要求,对各盟市及旗县的编制人员和现有车辆情况进行评估,在此基础上加强对各盟市及旗县警用车辆牌照的管理和控制。同年,自治区森林公安局为41个旗县及基层派出所配备价值33万元的值班装备和300万元的单警装备。

2011年,自治区森林公安局利用中央拨付和地方配套资金购置了单警装备,达到全区基层森林公安民警人均一套。并对配发的单警装备建立档案,落实责任人,建立以保管、使用、维修、更换、变更、移交、报废为主要内容的有效制度。

2014年1月,为进一步加强公务用车管理,内蒙古自治区森林公安局制定印发《关于做好全区森林公安专段号牌清理整顿的通知》。清理不按规定使用"蒙O"专段号牌行为,加强"蒙O"专段号牌车辆的管理。

六、公安信息化建设

(一)公安网站建设

2005年,内蒙古自治区森林公安局分别印发《关于加快全区森林公安信息网络建设的通知》和《转发关于森林公安机关接入公安信息网有关问题的通知》。要求全区各级森林公安机关切实加强森林公安信息化建设步伐。

2006年,自治区森林公安局正式将盟市、旗县森林公安机关和基层派出所的网络接入工作列为各级森林公安年度考核内容。截至年底,有9个盟市森林公安机关接入公安网,接入率达到75%,35个县级森林公安机关接入公安网,接入率达到32%。

2008年,全区各级森林公安机关筹措资金,全面加强森林公安联网工作。截至年底,全区有11个盟市级森林公安机关、78个旗县级森林公安机关接入公安网,接入率分别达92%、70.9%。

2011年,自治区森林公安局印发《关于加快推进森林公安派出所网络建设的通知》,要求各级森林公安机关梳理本地区派出所网络接入情况,做好网络接入规划和实施,优先安排资金用于信息化建设,争取早日实现"全网覆盖"的目标。截至2011年底,全区森林公安网络盟市级接入率100%,县级机构接入率72.6%,派出所接入率8%。

2012年4月,全区盟市森林公安局长会议在呼和浩特市召开,会议确定2012年是全区森林公安信息化建设"强力推进年",并提出信息化建设具体目标和奖惩措施。同年5月,内蒙古自治区森林公安局被国家林业局森林公安局列为2012年省级森林公安信息化示范建设单位。自治区森林公安局印发《2012年内蒙古自治区森林公安信息化建设实施方案》,对信息化建设目标、主要任务等作了详细规定。6月,自治区森林公安局在阿拉善盟召开了全区信息化建设推进会,自治区森林公安局与12个盟市和满洲里、二连浩特市森林公安局签订《内蒙古自治区森林公安信息化建设工作责任状》。会后，自治区森林公安局印发《2012年内蒙古自治区森林公安信息化建设实施方案》和《关于加强全区森林公安信息化建设的指导意见》，成立全区信息化建设工作领导小组，并对信息化建设目标、任务及时间要求、保障措施和考核评测等内容进行明确。9月，自治区林业厅、公安厅联合印发《关于加快推进森林公安信息化建设的通知》，明确森林公安信息化建设工作目标和主要工作任务。

2014年7月，自治区森林公安局命名阿拉善盟森林公安局信息网等10个网站为首批“全区森林公安优秀网站”。9月，按照2014年森林公安信息化年度工作要点，自治区森林公安局确定柴河森林公安局等33个旗县级森林公安信息化建设应用示范单位。

2015年7月28日，全国森林公安信息化建设应用北方片会在通辽市召开。来自北京等18个省份（单位）森林公安机关的80余名代表参加会议。

（二）信息资源开发利用

2007年1月1日，内蒙古自治区森林公安局正式开通“内蒙古森林公安网站”，网站集成公文流转系统、电子邮箱、信息发布平台等内容。

2010年，国家林业局森林公安局组织开发森林公安刑事案件管理系统，并在全国推广应用。同年，内蒙古自治区森林公安局依托公安厅的短信系统开通了内蒙古自治区森林公安短信平台。

2011年5月，为做好《森林公安刑事案件管理系统》的搭建和培训工作，在落实信息系统硬件及网络设备的采购和安装工作的基础上，自治区森林公安局举办全区森林公安刑事案件管理系统培训班。

2012年，为进一步提高“内蒙古森林公安信息网”的建设和应用水平，自治区森林公安局对原网站进行改版升级，完善网站的安全管理、运行维护、信息发布等功能。

2013年4月，为建立健全高效指挥、快捷灵敏的森林公安指挥通信体系，自治区森林公安局制订《全区森林公安视频会议系统建设方案》。全区森林公安警务信息综合应用平台开始建设。

2013年12月，内蒙古自治区森林公安局印发《全区森林公安信息采集大会战实施方案》，在全区启动信息采集大会战，用半年时间实现林业基础信息和案（事）件信息应采尽采、全面覆盖的目标。

2014年12月，自治区森林公安局在赤峰市举办警综平台网上办案系统专题研讨会。征求基层办案部门对警综平台建设的意见和建议，听取各级办案部门办理林业行政案件存在的困难和问题，不断完善林业行政案件网上办理工作。

## 第二节　内蒙古大兴安岭森林公安

### 一、保卫森林资源

（一）制度建设

2009年初，内蒙古大兴安岭森林公安局提出“森保工作规范化建设三年目标”，制定《内蒙古大兴安岭林区森保工作规范化目标管理考核办法及标准》，编辑印制约32万字的《林业行政执法实用手册》，制定《林业行政处罚案卷规范标准及样本》，细化森保工作的考核项目，把绩效考核纳入管理体系中。各级森林公安机关本着“抓早、抓小、抓苗头”的原则，坚持主动出击，加大对重点区域、重点行业、重点路段、重点车辆检查和巡护的力度，积极预防可防性案件发生，最大限度减少森林和野生动物资源损失。

（二）森林和野生动物保护

2006—2015年，大兴安岭森林公安机关依林而生、护林为业，与林业企事业单位协调配合，形成合力，构建以森林公安为主体，资源林政、防扑火组织、动物保护组织、护林队、检查站、管护站为基础，以情报信息为依托，公开与秘密护林力量相结合的保护森林和野生动物资源的“打防控”一体化体系，形成齐抓共管、群防群治的保护网络。提高预防、发现、控制和打击破坏森林和野生动物资源违法犯罪能力。

（三）打击森林违法犯罪

2006年6月，破获吉文“5·30”非法占用林地案，收回红花尔基施业区非法开垦林地137块、710.3公顷。其中：林地31块、109.9公顷，宜林荒地106块、600公顷。

2008年1月，乌尔旗汉森林公安局依法查办非法占用农用地案，收回林地面积8.73公顷。

2009年11月，莫尔道嘎森林公安局破获一起特大非法收购、运输、出售国家珍贵濒危野生动物及其制品案。收缴国家Ⅰ级保护动物金雕等19只动物死体，国家Ⅱ级保护动物棕熊掌、熊胆等动物残体120余只，涉案价值180余万元。

2011年1月，满归森林公安局破获重大盗伐林木案件，抓获9名犯罪嫌疑人。收缴盗伐林木88.15立方米，桦木板方材、落叶板方材及桦木原木等木材400余立方米，挽回经济损失90余万元。

2015年1—3月，甘河森林公安局连续破获涉及珍贵、濒危野生动物案件6起。收缴国家Ⅰ级保护动物野生紫貂皮张17张、紫貂死体2只，国家Ⅱ级保护动物猞猁死体3只。

2006—2015年，大兴安岭森林公安机关多次组织开展严厉打击非法占用林地等涉林违法犯罪专项行动，查处毁林等非法占用林地案件2791起。在林区范围内组织开展打击滥砍盗伐专项行动18次，查处森林案件40425起。其中森林刑事案件833起。打击处理各类违法犯罪嫌疑人员40540人，收缴木材5957.1立方米，收缴野生动物4319只，为国家挽回经济损失2541.88万元。

（四）森林防火与火案侦破

大兴安岭林区各级森林公安机关在进行森林防火、武装“三清”和火源查控的同时，有针对性地制订工作预案，及时查明森林火灾原因，保护森林资源安全。2006—2015年，调查森林火灾起火原因378起。

2009年5月2日，图里河林业局南沟林场施业区发生重大森林火灾，过火面积4905公顷。经图里河森林公安局全力侦破，查明火灾是由图里河镇西尼气经管会第二农场使用明火做饭引燃距烟囱40米处的干枯杂草等可燃物造成。2009年5月7日，经牙克石市人民检察院批准，犯罪嫌疑人张某全、滕某洪因涉嫌失火罪被依法逮捕。

## 二、维护林区社会治安

（一）维护林区政治环境

内蒙古大兴安岭森林公安局为重点国有林区森林公安机关，不同于其他地方森林公安机关，具有“三项职能”：除行使森林公安保护生态的专业职权之外，还履行维护林区政治大局稳定的政治职能和维护辖区社会治安稳定的社会职能。

2012年，经自治区编制办批准正式成立内蒙古大兴安岭森林公安局警卫科，先后完成国务院副总理回良玉、中央纪委书记吴官正、全国人大常委会副委员长陈竺、全国政协主席贾庆林到林区考察警卫任务。完成2014年1月26日中共中央总书记、国家主席、中央军委主席习近平到阿尔山林业局退休老职工郭永财家走访慰问警卫任务。

2015年3月25日，根据内蒙古自治区编制办批复，成立特警支队，这是国内森林公安第一家接受正规特警技战术培训、拥有完整反恐装备和建制的特警队伍。

（二）打击刑事犯罪

2008年12月22日凌晨，牙克石市居民黄某某父子蒙面持刀闯入内蒙古大兴安岭兴安石油公司龙源加油站，将值班员捅伤后抢劫营业款16万余元逃离。经侦查，2009年1月18日，在云南省昆明市将犯罪嫌疑人抓获归案。

2010年4月29日，根河市发生一起抢劫杀人案。凌晨1时许，有群众发现个体出租车女司机赵某被杀死在出租车内。根河森林公安局立即成立破案专班，大兴安岭森林公安局派员指导侦破工作。现场勘查和走访调查同步展开，经多种侦查措施锁定犯罪嫌疑人，于5月1日在北京将抢劫杀人犯罪嫌疑人常某抓获归案。

至2015年底，网安和情报部门协助侦办涉网案件80余起，抓获犯罪嫌疑人120余人，核实身份200余人，参与侦破2015年互联网上影响较大的李某某非法收购野生动物案、阿尔山特大野生动物收购案、大杨树“4・14”非法盗窃树木案等重特大案件。

2006—2015年，林区发生各类刑事案件2303起，破案1932起，破案率为83.89%，抓获犯罪嫌疑人2194人，挽回经济损失816.15万元。

（三）禁毒

大兴安岭森林公安局开展禁毒人民战争，加大禁种铲毒宣传、扩大实地踏查范围、打击毒品犯罪专项行动，林区种植毒品原植物犯罪等活动得到有效遏制。2005年8月，破获了以周某某、李某某等为首的特大种植毒品原植物和贩卖毒品案件，打击处理涉案人员52人，缴获鸦片膏5850克，打掉了大杨树地区至呼和浩特的毒品犯罪团伙。2015年，破获“8・07”特大毒品案，缴获毒品甲基苯丙胺（冰毒）880余克，抓获涉嫌贩卖毒品、非法持有毒品、窝藏、包庇犯罪分子、吸食毒品等犯罪和违法嫌疑人员13人。至2015年，林区无大面积种植毒品原植物，实现国家禁毒委、自治区禁毒委提出的“零种植”的目标。

（四）城镇火灾扑救

2008年4月19日，根河市满归镇居民区发生火灾，烧毁住宅683户，受灾人数1400余人。除根河市现役消防队参战外，大兴安岭森林公安局投入消防车20台，森林公安民警、消防队员200余人，经40多个小时奋战，将大火扑灭。

2006—2015年，大兴安岭森林公安局持续开展清除火患专项行动，加强对辖区单位消防安全监督检查，消除火险隐患，确保林区的消防安全；加强消防队伍建设，提高城镇火灾扑救能力。10年接处火警4000余次，抢救财产价值6800余万元。

## 三、队伍建设

（一）实战化大练兵

2004年夏季始，大兴安岭森林公安局连续开展“全警大练兵”活动。在莫尔道嘎森林警察大队营地建立大练兵示范基地，实行军事化管理和训练，参训民警学习警察公共关系建设、公安礼仪、警务大数据实践与应用等10个主题的课程内容，开展队伍训练、武器警械使用、徒手防卫控制等警务实战训练。于2014年举行大练兵成果汇报演练，2015年，举行“全警大比武”活动。在演练和大比武活动期间，国家林业局森林公安局政委焦德发、大兴安岭林业管理局党委书记陈佰山等领导参加观摩活动。

（二）规范执法

大兴安岭森林公安局先后制定印发森林公安机关查办各类案件工作规范、涉案财物管理规定、执法过错责任追究制度、违法违纪案件查处机制、重大工作部署督促落实办法、党风廉政建设责任制实施办法、基层森林公安局党风廉政建设责任制检查考核办法、大兴安岭森林公安局党委“三重一大”决策制度实施办法、大兴安岭森林公安局党风廉政建设和反腐败工作任务分解意见、禁酒令、《制度汇编》和领导干部“一岗双责”和“一案双查”等多项公安执法和队伍监督管理制度。

2006—2015年，大兴安岭森林公安机关被公安部命名的执法示范单位1个（2次），被自治区公安厅命名的执法示范单位18个（公安局4个，所队14个），国家林业局森林公安局命名的执法示范单位6个（公安局1个，所队5个），自治区公安厅执法示范标兵2名（2次）。

（三）政治思想建设

大兴安岭森林公安局为关心、关爱民警，抓职业生涯规划。2012年，结合公安机关警员职务序列、警务技术职务序列改革，对1800余名民警进行职务套改，构建权责相等、人尽其能、待遇匹配的职业发展机制；优化干部选拔机制，形成“有为才有位”的职业导向，激发民警工作干劲；建立岗位“双向选择”制度，尊重民警选岗意愿，强化组织统筹管理，构建“人岗相适、以岗育人、人尽其才”的人才培育模式，实现民警价值多元化。

2006—2015年，组织开展社会主义法治理念教育和执法为民教育，加强基层党组织建设，先后开展开门评警、大走访、“三访三评”、群众路线教育实践、“三严三实”等主题教育活动。

2006—2015年，先后有17人次获得个人一等功，116人次获得个人二等功，23人获得全国优秀人民警察称号；大兴安岭森林公安局及21个基层局获得集体二等功36次；满归、阿龙山、莫尔道嘎森林公安局先后被评选为全国优秀公安局。

## 四、执法场所管理

2012—2015年，大兴安岭森林公安局直属21个森林公安局，除北部原始林区森林公安局与满归森林公安局共用1个办案中心外，其他各森林公安局在局址均建有办案中心。21个公安局所辖的89个派出所中，有60个派出所在所内设置询问室、讯问室，设有同步录音录像设备，实现执法办案全程录音录像。

## 五、警务保障与信息化建设

2012年，大兴安岭森林公安局启动“警综平台”建设、指挥中心建设，加快推进数据资源整合，完善优化实战平台采集、核查、应用功能，为基层一线提供多样化、订制式实战应用服务，提升实战效益。同时加大投入，争取专项资金保障，为实战单位配齐“警务通”等信息采集设备。为1600余名民警配备执法记录仪，一线民警的执法记录仪配备率达到100%。民警从接处警、进山林、下社区等源头环节开始，做到信息应采尽采，把基础信息化工作纳入日常公安工作系统。在指挥中心集中整合各基层公安局21个“天网”监控系统，实现实战价值。推动网上案件考评、录入及管理工作。同年11月，经自治区编制委员会办公室批准，大兴安岭森林公安局成立网络安全保卫支队、设立情报中心。年内，办理案件实现网上录入，法制部门跟进推行考评工作网上阅卷，实现刑事、公安行政案件网上阅卷。2012年11月，经自治区编制办批准，大兴安岭森林公安局成立网络安全保卫支队、设立了情报中心。2013年投入使用开启基础信息采集、情报线索搜集新警务模式。2014年5月1日，利用“电信诈骗犯罪案件侦查破案协作平台”，成功破获系列团伙电信敲诈勒索案、电信诈骗案，抓获犯罪嫌疑人5人，涉案价值30余万元。2015年，实现林业行政案件网上阅卷。

# 第十二章

# 林业调查监测与规划设计

林业调查监测与规划设计工作主要包括：森林与野生动植物资源、湿地资源、荒漠化和沙化土地调查监测和评价，森林分类区划界定，使用林地可行性报告编制，森林资源规划设计调查，实施方案编制，林业专项核查，林业作业设计调查，营造林规划设计，林业数表编制，国家、地方或行业林业标准制定，林业物证司法鉴定和森林资源资产评估，林业、农业、生态建设和环境、风景园林等工程咨询，规划咨询和评估咨询，编制项目建议书、项目可行性研究报告、项目申请报告、资金申请报告，林业工程、农业综合开发生态工程和风景园林工程设计，林业工程测量和林业水文地质勘察，林业专用地图编绘。

## 第一节　林业调查监测与规划设计组织

林业调查监测与规划设计组织承担全区森林资源调查监测、林业工程规划咨询、林业工程方案设计等任务。

1949年，内蒙古自治区政府林务局组建第一支由10人组成的林业勘察设计队伍，历经66年建设和发展，林业调查监测与规划设计机构数量和人员队伍不断发展壮大。至2015年，全区具有林业调查规划设计资质的机构有98家。按资质等级划分，具有甲A级资质的单位3家、具有甲B级资质的单位4家、具有乙级资质的单位9家、具有丙级资质的单位69家、具有丁级资质的单位13家。按单位性质划分，事业单位性质的73家、企业性质的25家。按主管部门级别划分，自治区直属2家、大兴安岭森工集团直属机构1家、盟市级14家、旗县级51家、大兴安岭岭南林业局直属机构6家、社会机构24家。按成立时间划分，2006年以前成立的59家、2006—2015年成立39家。

2015年，全区从事林业调查监测和规划设计工作的共3179人，其中工程技术岗位2130人，行政岗位1049人。

# 第二节　林业监测规划机构资质与业绩

## 一、内蒙古自治区林业监测规划院资质与业务

### （一）资质

内蒙古自治区林业监测规划院为综合类调查规划设计单位，有专业资质9个，主体资质为中国林业工程建设协会颁发的林业调查规划设计资质，证书等级：甲A级，证书编号：甲A05-001。其他资质包括：中华人民共和国国家发展和改革委员会颁发的工程咨询单位资格证书（甲级：工咨甲10520080015）；中华人民共和国国家发展和改革委员会颁发的工程咨询单位资格证书（丙级：工咨丙10520080015）；中华人民共和国住房和城乡建设部颁发的工程设计资质证书（甲级：A115002693）；中华人民共和国住房和城乡建设部颁发的工程勘察证书（甲级051141-kj）；内蒙古自治区住房和城乡建设厅颁发的工程设计资质证书（专项乙级A215002690）；内蒙古自治区住房和城乡建设厅颁发的工程勘察证书（专项乙级B215002690）；内蒙古自治区国土资源厅颁发的测绘资质证书（乙测资字15101023）；内蒙古自治区司法厅颁发的司法鉴定许可证（证号150110011）。

### （二）业务范围

第一，资源调查与监测。森林资源、野生动物资源、湿地资源以及荒漠化土地的调查、监测和评价；森林分类区划界定；使用林地可行性报告编制；森林资源规划设计调查；实施方案编制；林业专项核查；林业作业设计调查；营造林规划设计；林业数表编制；国家、地方或行业林业标准制定。

第二，咨询与规划设计。林业规划咨询、编制林业项目建议书、编制林业项目可行性研究报告、林业项目申请报告、林业资金申请报告、林业评估咨询、林业工程设计；生态建设和环境工程规划咨询、编制生态建设和环境工程项目建议书、编制生态建设和环境工程项目可行性研究报告、生态建设和环境工程项目申请报告、生态建设和环境工程资金申请报告；编制农业项目建议书、编制农业项目可行性研究报告、农业项目申请报告、农业资金申请报告、农业工程设计；编制市政公用风景园林工程项目建议书、编制市政公用风景园林工程项目可行性研究报告、市政公用风景园林工程项目申请报告、市政公用风景园林工程资金申请报告、市政公用风景园林工程设计；编制公路工程项目建议书、编制公路工程项目可行性研究报告、公路工程项目申请报告、公路工程资金申请报告。

第三，其他。生态建设和环境工程评估咨询；农林行业林业工程设计、农业综合开发生态工程专业设计；农林项目工程测量，工程水文地质勘察；风景园林工程设计；其他专用地图编绘；林业物证鉴定等。

### （三）业绩与成果

2006年，完成大兴安岭克一河林业局21.58万公顷森林资源二类调查；呼和浩特市4区及托克托县、土默特左旗的森林资源二类调查；鄂尔多斯市准格尔旗的森林资源二类调查；自治区林业厅下达的年度营造林实绩核查；天保工程年度检查验收、京津风沙源监测检查、边境防火隔离带检查；国家林业生态工程重点地区遥感监测乌兰察布市察右中旗黄羊城镇、三道沟乡监测地面调查、卫片区划；原林业职工中专校内绿化林木资源状况调查报告外业测量、内业统计和报告编写等工作。

2007年，完成大兴安岭吉文林业局36.3万公顷森林资源二类调查；包头市280.96万公顷森林资源二

类调查；赤峰市、锡林郭勒盟、乌兰察布市、二连浩特市、包头市（达尔罕茂明安联合旗）38个旗县京津风沙源工程检查验收、年度生态效益监测和评价；呼伦贝尔市、兴安盟、通辽市、锡林郭勒盟4个盟市30个旗县营造林实绩核查、采伐限额执行情况检查、征占用林地检查和植被恢复项目检查；内蒙古荒漠化土地176条样线布设及调查；呼伦贝尔市、兴安盟、通辽市、锡林郭勒盟4个盟市21个旗县重点公益林补偿基金检查验收；赤峰市、通辽市重点公益林区划调整认定等工作。

2008年，完成第六次森林资源连续清查内蒙古西部56个旗（县、市）范围内地面固定实测样地7150个，解译样地1974个，判读样地14.5万个的调查；内蒙古5个盟市16个旗县的营造林实绩核查；内蒙古5个旗县采伐限额执行情况检查及征占用林地检查和植被恢复项目检查；内蒙古自治区荒漠化、沙化土地201条样线调查等工作。

2009年，完成包头市、锡林郭勒盟6旗1市1030.59万公顷森林资源二类调查；大兴安岭阿尔山林业局48.37万公顷森林资源二类调查；内蒙古京津风沙源工程检查验收和年度监测；内蒙古营造林实绩综合核查、森林采伐限额执行情况检查、征占用林地检查以及植被恢复项目检查；全国第四次荒漠化和沙化监测工作以及内蒙古土地荒漠化、沙化年度趋势监测141条样线调查等工作。

2010年，完成大兴安岭毕拉河林业局47.16万公顷森林资源二类调查；阿拉善盟阿拉善左旗、阿拉善右旗、贺兰山国家级自然保护区森林资源二类调查；锡林郭勒盟、阿拉善盟、乌海市等12个旗（县、市、区）国家级公益林区划界定；乌海市海勃湾区等5个县（区）2010年森林生态效益补偿基金实施方案编制；赤峰市以西湿地资源调查外业；内蒙古退耕还林工程阶段性验收；内蒙古京津风沙源工程年度监测；内蒙古采伐限额执行情况检查及征占用林地和植被恢复项目检查；内蒙古重点公益林补偿基金检查验收；内蒙古荒漠化、沙化土地年度变化趋势样线调查；内蒙古征占用林地调查及可行性评估；内蒙古黄河中上游天然林资源保护工程2009年实施情况检查验收；呼伦贝尔市、兴安盟边境防火道检查验收等工作。

2011年，完成大兴安岭北大河林业局36.38万公顷森林资源二类调查；国家林业局设呼和浩特市沙尘暴监测站地面监测；内蒙古京津风沙源工程赤峰市、锡林郭勒盟特大灾害损失面积调查；内蒙古京津风沙源工程36个旗县检查验收和年度监测，以及京津风沙源乌兰察布市监测工作和外业防火检查；内蒙古15个旗县退耕还林工程阶段性验收；内蒙古7个盟市营造林实绩综合核查；内蒙古采伐限额执行情况检查；内蒙古征占用林地检查和植被恢复项目检查；内蒙古土地荒漠化、沙化年度趋势监测样线调查；内蒙古7盟市公益林补偿基金实施方案执行情况检查；内蒙古天保工程检查验收；赤峰市、锡林郭勒盟、呼和浩特市、包头市、巴彦淖尔市、乌海市、阿拉善盟等7盟市50个旗县林地落界及其补充调查工作；上述50个旗县《旗县级林地保护利用规划》编制等工作。

2012年，完成大兴安岭甘河林业局35.7万公顷森林资源二类调查；呼伦贝尔市阿荣旗110.8万公顷森林资源二类调查；呼伦贝尔市莫力达瓦达斡尔族自治旗103.6万公顷森林资源二类调查；内蒙古大青山国家级自然保护区39.4万公顷本底调查；内蒙古西部区杨树数表编制；包头市等4个盟市林权登记发证督查；呼和浩特市等7个盟市52个旗县（区、局）营造林实绩核查；内蒙古采伐限额执行情况检查；内蒙古征占林地检查和植被恢复项目检查；乌兰察布市等4盟市京津风沙源治理工程检查验收和年度监测；呼和浩特市等7盟市12旗县公益林补偿基金实施方案执行情况检查；内蒙古土地荒漠化、沙化年度趋势监测141条样线调查；内蒙古中西部6盟市集体林权制度改革检查验收；内蒙古51个旗县级林地落界与旗县政府数据交底；内蒙古51个旗县级林地保护利用图面规划等工作。

2013年，完成第七次森林资源连续清查内蒙古西部57个旗县范围内地面固定样地复位9124个，遥感判读样地室内判读145000个，遥感判读样地现地验证7250 个；内蒙古大青山国家级自然保护区内39.4万公顷森林资源二类调查；内蒙古西部7个盟市营造林实绩综合核查与森林生态效益补偿检查；赤峰市、锡林郭勒盟、乌兰察布市、包头市4个盟市京津风沙源治理工程作业设计检查；内蒙古土地荒漠化、沙化年度趋势监测141条样线调查；内蒙古西部地区20个旗县林业数表编制；内蒙古西部林业产业普查、国有林场调查、重点区域绿化核查；全国林业碳汇计量监测体系中，内蒙古10个盟市52个旗县200个植物样地和60个土壤样地外业调查取样、内业数据整理、室内化验和报告编制；内蒙古柠条灌木生物量调查建模工作范围内的5个盟市18个旗县105个样地外业调查取样和室内化验；京津风沙源治理内蒙古工程区监测4个盟市36个旗县外业调查取样、室内遥感判读、数据收集、汇总、化验及报告编写；内蒙古8个盟市50个旗县国家级公益林落界；内蒙古林地保护利用规划全区数据库汇总、入库和部分盟市数据更新等工作。

2014年，完成大兴安岭绰尔林业局42.7万公顷森林资源二类调查；赤峰市克什克腾旗189.1万公顷、满洲里市7.3万公顷森林资源二类调查；内蒙古大青山国家级自然保护区39.4万公顷森林资源二类补充调查；内蒙古中西部62个旗县第五次全区荒漠化沙化土地监测；内蒙古中西部4个旗县公益林监测和大青山生态状况综合监测；内蒙古西部7个盟市55个旗县营造林综合核查；呼伦贝尔市阿荣旗、扎兰屯市和兴安盟科尔沁右翼中旗森林采伐限额及更新情况检查；内蒙古7个盟市13个旗县公益林检查；内蒙古31个旗县造林补贴验收；内蒙古19个旗县中幼林抚育检查验收；内蒙古西部7个盟市50个旗县林业经济产业普查及国有林场调查；全国第二次陆生野生动物资源调查和珍稀植物调查内蒙古荒漠区地理单元外业调查；阿拉善盟、鄂尔多斯市、巴彦淖尔市3个盟市4个旗县封禁保护区检查验收；赤峰市、锡林郭勒盟、乌兰察布市3个盟市20个旗县沙源工程特大灾害调查；自治区林业“十三五”规划、自治区“十三五”生态建设研究课题和自治区“十三五”采伐限额编制等项工作。

2015年，完成大兴安岭克一河林业局诺敏经营所面积36.3万公顷森林资源二类调查；赤峰市、乌海市6个旗（县、区）188.1万公顷森林资源二类调查；内蒙古大青山国家级自然保护区功能区界线调整；《内蒙古自治区莫力达瓦达斡尔族自治旗国有林场1991—2015年林地开垦调查报告》编制；第二次全国野生动物资源阴山以北和阴山南坡地理单元17个样区调查；第二次全国重点保护植物内蒙古8个盟（市）113个单元调查；《内蒙古自治区2015年土地利用、土地利用变化与林业碳汇计量监测》外业调查；《内蒙古自治区大青山2015年生态状况综合监测》调查；《内蒙古西部四旗（县）2015年重点公益林监测》任务调查；内蒙古西部7个盟市、14个旗（县、区）天然林资源保护二期工程核查工作，13个旗（县、区）森林生态效益补偿核查，22个旗（县、区）营造林核查，56个旗（县、区）征占用林地及植被恢复项目核查，16个旗（县、区）重点区域绿化核查；内蒙古自治区森林保险灾后治理及植被恢复核查；内蒙古京津风沙源治理二期工程59个旗（县、区）检查；内蒙古7个盟市、12个旗（县、区）林地卫片执法检查；内蒙古8个盟市、10个旗（县、区）采伐更新造林检查；内蒙古中幼林抚育项目23个旗县地块落实、实施方案编制及检查；内蒙古3个盟市、20个旗（县、区）沙源工程特大灾害调查；内蒙古杨树全部样本采集和材积表编制等工作。

2006—2015年，内蒙古自治区林业监测规划院承担全区12个盟市88个旗（县、市、区）林业、农业、生态环境工程、风景园林工程、测绘、司法鉴定等项目计2288项。其中，资源调查类47项，核查与监测类20项，环境评价类30项，使用林地类720项，可行性研究类392项，项目建议书类31项，总体规划类120项，实施方案与作业设计类583项，初步设计类91项，林业司法鉴定类220项，其他类34项。

## 二、内蒙古自治区第二林业监测规划院资质与业务

### （一）资质

内蒙古自治区第二林业监测规划院专业资质：林业调查规划设计甲A级资质、林业行业工程咨询甲级资质、农林行业（营造林、森林工业）工程设计甲级资质、生态建设和环境工程咨询乙级资质、农业综合开发生态工程与森林资源环境工程设计乙级资质、测绘地图编制乙级资质、森林资源资产评估乙级资质、生态工程监理乙级资质。

### （二）业务范围

业务范围以森林资源调查监测、荒漠化与沙化土地监测、湿地资源调查、林业专业及野生动植物调查为主，承担林业和生态工程规划设计咨询、森林经营方案编制、森林资源资产评估与使用林地可行性报告编制、林业生态工程项目核查、生态工程监理、碳汇计量实验、工程地质勘查、测绘与制图等。

### （三）监测调查

1．森林资源规划设计调查

2006—2015年，承担完成呼伦贝尔市、乌兰察布市、鄂尔多斯市、锡林郭勒盟、兴安盟、阿拉善盟41个旗（县、区）和11个林业局森林资源规划设计调查。完成森林资源规划设计调查面积5390万公顷，占全区总土地面积的45.6%。其中，乔木林地和疏林地面积489.4万公顷，占全区乔木林和疏林地面积58.0%。区划林地图斑105.9万个，形成除空间位置之外的调查记录8474.9万条。形成森林资源调查报告52个，林业专项调查报告28个，编制森林经营方案52个，制作遥感影像图、森林分布图、林地保护利用规划图、国家级公益林落界图等近30种。

2．森林资源连续清查

参加2008年和2013年两次全区森林资源连续清查任务。承担除内蒙古大兴安岭林管局片区外兴安盟、呼伦贝尔市、通辽市、赤峰市和锡林郭勒盟4个盟（市）共6997块固定样地复查，以及该地区11万块室内样地遥感判读。调查乔木林、疏林地1131块，占全区总量的69.23%；调查天然乔木林、疏林地样地784块，占自治区国有林区之外地方部分总量的95.8%，参加全区森林资源报告撰写任务。

3．荒漠化与沙化土地监测

2009年，在全国第四次荒漠化和沙化土地监测工作中，承担通辽市、兴安盟、呼伦贝尔市17个旗（县、市）荒漠化和沙化土地监测。2014年，在全国第五次荒漠化和沙化土地监测工作中，承担赤峰市、通辽市、兴安盟、呼伦贝尔市29个旗（县、市）荒漠化和沙化土地监测。完成呼伦贝尔市、兴安盟、通辽市、赤峰市19个旗（县、市、区）土地荒漠化、沙化年度趋势监测样线调查，每年完成复位样线60条。

4．湿地资源调查

2010年，在内蒙古自治区开展第二次湿地资源调查工作中，完成呼伦贝尔市、兴安盟、通辽市湿地资源调查任务。完成湿地资源调查总面积180.82万公顷，其中：重点湿地面积92.54万公顷，一般湿地面积88.28万公顷。共区划湿地资源调查图斑5148个。其中：重点湿地图斑1742个，一般湿地图斑3406个。3个盟市湿地资源总量占全区湿地面积的60%。

5．林业专项调查、科学考察和数表编制

2006—2015年，完成28个旗（县、林业局）林业专项调查任务。调查内容11项，包括森林立地类

型、造林类型、森林经营类型、森林经营措施类型、森林土壤、森林更新、森林有害生物、森林消长、森林防火、野生动物和野生经济植物资源等。完成28份林业专项调查报告。完成内蒙古五角枫自然保护区科学考察和内蒙古罕山自然保护区科学考察工作，形成科学考察报告2份。编制完成技术指导类表7种，包括森林立地类型表、造林类型表、森林经营类型表、森林经营措施类型表、主要野生动物名录、主要野生植物名录、主要森林病虫鼠害名录。编制完成地方标准类表15个，包括内蒙古东部区一元立木材积表、内蒙古东部区一元材种出材率表、内蒙古自治区二元立木材积表、内蒙古自治区二元材种出材率表、内蒙古自治区根径材积表。

6．碳汇计量检测与生物量调查

从2009年开始，挂牌设立国家林业局东北森林资源监测中心森林生态监测实验室，具体负责东北、华北、西北地区建模树种生物量实验检测任务。建立森林碳汇计量体系。至2015年完成来自北京、天津等14个省（自治区、直辖市）的东北落叶松、侧柏、油松、柞树、山杨、云杉、人工杨树、华北落叶松、冷杉、柠条、山杏、白桦、黑桦13个建模树种1950株样木检测，获取碳量、储能、灰分、含水率等实验数据9750组。

2009—2013年，完成内蒙古东部地区25株兴安落叶松、25株侧柏、10株油松、10株山杨、30株人工杨、30株华北落叶松、105株山杏、40株白桦、40株黑桦生物量调查和建模样木采集。

7．林业工程规划设计与咨询

2006—2015年，完成内蒙古自治区防沙治沙规划、内蒙古自治区湿地保护工程规划以及自然保护区、森林防火、林地保护利用等各类林业工程规划70项。完成植被恢复、林木采伐、森林抚育、封山育林、低效林改造、区域绿化等作业设计695项。完成森林抚育补贴、公益林生态效益补偿、天然林保护工程、公益林补充区划界定各类实施方案318项；完成森林防火工程、良种繁育、野生动物救助、森林公园、森林旅游各类林业项目可行性研究156项和林业工程初步设计50项；完成征占林地可行性调查评估559项，森林资产评估33项、环境影响评估5项。

8．林业生态工程核查

2006—2015年，分别对东部五盟市和西部七盟市开展林业工程项目核查。完成营造林综合核查50.71万公顷。其中：人工造林17.78万公顷，飞播造林12.93万公顷，封山育林9.97万公顷，四旁植树1649.89万株，义务植树3147.32万株。完成建设项目使用林地检查2532项，检查面积16.80万公顷。其中：永久征占使用林地检查1427项，检查面积1.87万公顷；违法占地检查191项，检查面积0.16万公顷；临时占地检查240项，检查面积0.18万公顷；植被恢复检查854项，检查面积14.59万公顷。

## 三、内蒙古大兴安岭森林调查规划院资质与业务

### （一）资质

内蒙古大兴安岭森林调查规划院成立于1983年，现具有林业调查规划设计甲A级资质，农林行业（森林工业工程、森林资源环境工程、营造林工程）专业乙级资质，价格评估（森林和草原资源资产价格评估、咨询服务）乙级资质，测绘（不动产测绘、地理信息系统工程、工程测量）丙级资质，工程咨询（林业、生态建设和环境工程及农业）丙级资质及林业碳汇计量与监测资质。

### （二）业务范围

内蒙古大兴安岭森林调查规划院主要承担国家、自治区和内蒙古大兴安岭林业管理局下达的林业调查、规划设计和监测等任务。业务涵盖森林资源连续清查、规划设计调查、森林经营方案编制、森林资

源监测、湿地调查、野生动植物调查、林业专业调查、林业工程规划设计、建设工程咨询、生态工程监理、碳汇计量监测、林业生态监测评估、测绘、沙盘和卫星遥感影像制作、电子地形图及林业专业用图编绘等领域。

（三）业绩与成果

1．森林资源连续清查

2008年，完成全国第七次（内蒙古大兴安岭林区第六次）森林资源连续清查和报告编写工作，清查面积9809853公顷，样地复位率100%，样木复位率99.99%，判读一致率95.1%，全部达到国家林业局规定要求。2013年，完成全国第八次（内蒙古大兴安岭林区第七次）森林资源连续清查和报告编写工作，清查面积9809853公顷，调查样地1536块，遥感判读样地24601块。清查结果与第七次清查相比，林区森林资源继续保持“三增长”（森林面积、森林覆盖率、活立木蓄积量）态势，森林面积达826.85万公顷，增加9.46万公顷；森林覆盖率达77.44%，提高0.89个百分点；活立木总蓄积量94988.48万立方米，增加6257.76万立方米。完成林区一类调查卫星数据平台建设。

2．森林资源规划设计调查

2006—2015年，完成莫尔道嘎、阿龙山等14个林业局605.92万公顷森林资源规划设计调查和森林资源调查报告、森林经营方案编写工作。完成四川省北川县、云南省富民县和呈贡区、浙江省上虞区和衢江、俄罗斯4.5万公顷森林资源规划设计调查和报告编写及俄罗斯贝加尔林业公司踏查任务。

3．森林资源监测

2006—2015年，每年完成林区28个监测单位森林资源监测、森林资源统计汇总、森林资源档案数据库更新管理、各林业局档案更新技术指导及数据接收检查、三类调查设计技术指导、检查认证、伐区检查验收、采伐限额、“三总量”管理和征占用林地现地验证等项监测工作。编制完成内蒙古大兴安岭年度森林资源监测报告、森林资源统计简表及统计说明、森林资源统计表、森林资源变化分析等成果资料。

4．林业工程规划设计

2006—2015年，编制完成林区林业发展三级区划报告、林区森林资源价值核算报告、“根河、金河03—5.5火烧迹地”森林资源恢复工程总体设计、甘河林木种子园建设工程可行性研究报告、林区16个探矿权使用林地可行性报告、大兴安岭生态保护与经济转型规划、林区生态保护和经济转型规划、林区延长天保工程期限森林培育经营论证报告、林区森林可持续经营利用规划、林区国家级公益林区划调整报告、内蒙古大兴安岭林业管理局森林抚育补贴实施方案（2011—2020年）及“十二五”期间年森林采伐限额编制方案、林区林地保护利用规划方案（2010—2020年）、林区生态保护及森林经营实施方案、林区生态保护与经济转型规划实施方案、林区木材战略储备生产基地规划、林区森林资源管理信息系统建设项目可研报告、林区应急防火公路规划、北部原始林区森林公园可研报告、恩和哈达至奇乾三级公路建设项目使用林地可行性报告、国家级公益林区划落界成图、内蒙古大兴安岭国家级森林公园可研报告、林区森林培育总体规划、毕拉河及满归国家级森林公园总体规划修编、宝日希勒苗圃森林资源资产评估报告、恩和哈达至奇乾三级公路建设（新增占地）、海北—拉布达林—根河220千伏输变电工程、林管局“十三五”期间年森林采伐限额报告、林区森林培育总体规划、林区生态保护与建设示范区建设方案、阿里河等6个林业局湿地恢复项目实施方案等规划设计项目480余项。

每年完成莫尔道嘎、图里河等20个林业局天然林资源保护工程二期实施方案编制工作，并协同上级主管部门对森林资源管护实施情况进行检查验收，确保方案有效实施，为编制下一年度方案积累经验。

5. 碳汇计量监测

2006—2015年，完成全国林业碳汇计量监测体系建设内蒙古森工集团试点工作。开展林区碳汇计量监测调查，完成林区森林资源碳汇计量监测体系建设现地数据调查核准和碳储量核算等相关工作，建立了林区LULUCF数据库和2005—2013年林业与土地利用变化样地数据库。

6. 林业专项调查

2006—2015年完成林区120.35万公顷湿地资源调查和报告编写；乌玛林业局伊木河林场火烧迹地调查；得耳布尔林业局主要野生经济植物资源调查报告编写；满归、伊图里河等14个林业局自然环境、湿地、土壤、森林病虫害、森林防火、森林生长量与消耗量调查和报告编写；阿龙山、金河等11个林业局林下野生浆果调查；内蒙古大兴安岭北部原始林区资源本底调查；国家中医药管理局中草药调查项目根河、额尔古纳、阿尔山市中药资源普查；全国第二次陆生野生动物——林区北部地理单元鸟类、两栖爬行类和兽类调查；林区全国第二次重点保护野生植物数据检查汇总；林区开垦林地专项核查、林区森林生长率与枯损率调查；毕拉河、克一河等20个林业局（所）标准地和解析木调查，编制修订林区生长率与枯损率数表；克一河林业局生态功能区生态保护及产业发展规划外业调查；中国林科院典型森林可燃物载量研究课题——奇乾、永安山、满归，阿龙山白桦、落叶松、樟子松可燃物载量调查；大杨树、毕拉河林业局农地核查、伊敏至乌兰浩特输电线路占用林地三类调查；参与完成林区防火信息系统建设；完成林区25个林业局（区、所）1∶10万防火指挥图和林管局1∶25万防火指挥图编绘，25个林业局（区、所）214个林场林相图全部实现电子化；完成全国林地一张图管理系统建设，整合了国家公益林区划与林地年度变更数据成果；完成内蒙古大兴安岭林区森林生长可变密度动态模型推广示范工作。

## 第三节　林业区划

### 一、全国林业发展区划

2007年1月，国家林业局在全国林业厅局长会议上部署开展全国林业发展区划工作。3月7日，国家林业局下发《关于开展全国林业发展区划工作的通知》。8月27日，召开关于全国林业发展区划工作电视电话会议，要求各省（自治区、直辖市）于2007年11月完成三级区划任务，上报成果，并正式印发《全国林业发展区划大纲》《全国林业发展区划一级分区方案》和《全国林业发展区划二级分区方案》《全国林业发展区划三级分区区划办法》。

全国林业发展区划共区划10个一级区、62个二级区，涉及内蒙古自治区的有4个一级区、11个二级区。

### 二、全区林业发展区划

#### （一）三级区划

三级分区区划依据《全国林业发展区划大纲》和一、二级分区方案进行区划。三级区划既是二级区功能的落实和完善，也是二级区特殊地段和优势区域的反映，是实现林业宏观控制的基础。

2007年3月，内蒙古自治区林业厅成立全国林业发展区划内蒙古三级区划工作领导小组，自治区林业厅厅长高锡林任组长，副厅长呼群、田选明、副巡视员乔云任副组长，各处（站、院）负责人为成员。在自治区林业厅资源林政处设领导小组办公室。

内蒙古三级区划工作组设在内蒙古自治区林业监测规划院，林业监测规划院组织30多人开展区划工作。在二级区划范围和林业主导功能框架下，根据地域差异、区域林业发展潜力和林业主导功能，进行林业生态功能和林业生产力布局，提出森林经营、保护和治理措施及优化模式，分析区域优势和发展潜力，并完善区域林业政策和措施，明确林业发展科技需求。2007年底完成区划工作，组织自治区知名专家进行论证并通过评审，并向国家林业局报送图表文成果材料。

（二）区划结果

在全区11个二级区控制下，全区（不含内蒙古大兴安岭森工集团）共划分29个三级区。

Ⅰ. 大兴安岭寒温带针叶林限制开发区（大兴安岭森工集团单独区划）

Ⅰ. 01大兴安岭西北部特用林区

Ⅰ. 03伊勒呼里山南部用材防护林区

Ⅱ. 东北中温带针阔混交林优化开发区

Ⅱ. 01大兴安岭东部防护用材林区

Ⅱ. 01－01大兴安岭山地北部一般用材水源涵养林区

Ⅱ. 01－02大兴安岭东麓水源涵养林区

Ⅱ. 02松辽平原西部防护经济林区

Ⅱ. 02－01大兴安岭中部水土保持水源涵养林区

Ⅱ. 02－02科尔沁沙地南缘防风固沙水土保持林区

Ⅱ. 02－03七老图山山地水源涵养果树林区

Ⅷ. 蒙宁青森林草原治理区

Ⅷ. 01呼伦贝尔高原防护林区

Ⅷ. 01－01呼伦贝尔高原北部水源涵养牧防林区

Ⅷ. 01－02呼伦贝尔沙地防风固沙牧防林区

Ⅷ. 02锡林郭勒高原防护林区

Ⅷ. 02－01锡林郭勒高原牧防林区

Ⅷ. 02－02浑善达克沙地防风固沙林区

Ⅷ. 02－03乌兰察布高原北部荒漠草原封禁保护区

Ⅷ. 02－04乌兰察布高原南部防风固沙林区

Ⅷ. 02－05浑善达克沙地南部山地水土保持水源涵养林区

Ⅷ. 02－06阴山南麓黄土丘陵水土保持林区

Ⅷ. 03大兴安岭东南丘陵平原防护经济林区

Ⅷ. 03－01大兴安岭南部山地水源涵养林区

Ⅷ. 03－02科尔沁沙地防风固沙果树林区

Ⅷ. 04阴山防护特用林区

Ⅷ. 04－01阴山山地中段生物多样性自然保护林区

Ⅷ. 04－02阴山北麓防风固沙水土保持林区

Ⅷ. 04－03阴山山地南麓东段水土保持林区

Ⅷ．05黄河河套防护用材林区

Ⅷ．05－01河套平原农田防护工业原料林区

Ⅷ．05－02土默特平原农田防护果树林区

Ⅷ．05－03乌兰布和沙漠北缘防风固沙林区

Ⅷ．05－04西鄂尔多斯防风固沙果树林区

Ⅷ．05－05贺兰山西麓山地水源涵养自然保护林区

Ⅷ．06鄂尔多斯高原防护经济林区

Ⅷ．06－01鄂尔多斯高原黄土丘陵水土保持果树林区

Ⅷ．06－02毛乌素沙地防风固沙工业原料林区

Ⅷ．06－03鄂尔多斯高原西部荒漠草原封禁保护区

Ⅸ．西北荒漠灌草恢复治理区

Ⅸ．08阿拉善高原荒漠恢复区

Ⅸ．08－01阿拉善高原荒漠灌丛封禁保护区

Ⅸ．08－02弱水流域额济纳绿洲自然保护林区

Ⅸ．08－03乌兰布和沙漠东缘防风固沙护岸林区

## 第四节　林业调查监测

### 一、森林资源连续清查

森林资源连续清查属于国家级项目，以省份为单位，每五年清查一次。内蒙古自治区森林资源清查体系于1980年建立，至2013年已进行七次清查。2003年以全区范围作为一个总体，建立森林资源清查新体系，新体系分别于2008年、2013年进行两次复查。

（一）第六次森林资源连续清查

内蒙古自治区第六次森林资源连续清查由内蒙古自治区林业监测规划院、内蒙古自治区第二林业监测规划院和内蒙古大兴安岭森林调查规划院共同承担。

内蒙古自治区第六次森林资源清查工作于2008年完成，分为准备工作、外业调查、内业数据整理、数据汇总及成果编制四个阶段。

第六次森林资源连续清查工作投入885人，其中外业调查160个工组，每个工组4人，包括2名调查员，2名测工，共640人；内业遥感判读调查90个工组，每个工组2人，共180人；质量检查及管理人员65名。

1．技术路线

第一，利用地面固定样地和遥感判读样地，运用所获取的资源信息，把对变化结果的分析发展为对森林资源和生态状况综合监测信息及其变化原因的分析，改进森林资源连续清查体系，把体系的状况估计功能与动态估计功能有机地结合起来。第二，应用全球卫星定位系统（GPS）和掌上电脑（PDA）数据采集技术，提高连续清查工作的质量和效率。第三，丰富和完善连续清查工作内容，将荒漠化、沙化土地资源监测、湿地资源监测、林业工程建设监测等内容纳入连续清查体系。增加森林生态功能、森

林社会功能等监测指标，发挥连续效应，把握系统性、综合性、科学性、实用性的原则，构建森林资源和生态状况综合监测评价指标体系，增加成果产出量。第四，把森林资源的国家监测和地方监测结合起来，研究和探索建立盟（市）连续清查体系，逐步达到以盟（市）为单位提交连续清查成果。为建立森林资源信息管理系统打好基础，以满足国家和地方林业建设的多重需要。

2．技术设计

第一，对第五次森林资源连续清查固定样地进行复查。第二，在复查的基础上，按照森林资源和生态状况综合监测要求，在固定样地增加新的样地调查因子内容。其三，遥感判读调查。采用面积成数抽样、蓄积量系统抽样、地面调查与遥感调查相结合的技术方案；按照2003年样地布设方案，8×8公里布设地面固定样地，实际布设固定样地17951块；面积样地和蓄积量样地同位等大，采用面积0.06公顷、10米×60米矩形样地；根据前期样地位置记录描述，复查固定样地的现地定位可采用GPS直接定位和引点定位两种方式；凡落入沙漠、戈壁等偏远的、明显的非林地及军事禁区内的固定样地或当固定样地落在干旱地区的大面积非林地内，可采用遥感判读的方法调查，但判读的地面样地必须经内蒙古自治区林业厅连续清查办公室认定和批准，改设样地需经国家监测中心批准；引点、引线、样地、样木标志要按照隐蔽、固定、易保存、易复位的要求设置；遥感样地判读执行《遥感图像处理与判读规范》的有关规定；面积固定样地的地类，按样地中心地类确定，同时调查记载样地优势地类，跨角林样地除调查记载样地优势地类的有关因子外，还需调查记载跨角乔木林或疏林地的面积比例、地类、权属、林种、起源、优势树种、龄组、郁闭度、平均树高、平均胸径、森林群落结构、树种结构、商品林经营等级、自然度等因子，填写跨角林样地调查记录表；在前次清查样地因子调查内容基础上，增加调查因子；采用掌上电脑（PDA）作为数据采集器，进行调查因子记载和样木位置坐标录入；根据灌木树种分布情况，第六次森林资源连续清查灌木树种增加10个。

3．第六次森林资源连续清查成果

第一，内蒙古自治区第六次森林资源连续清查报告；第二，内蒙古自治区第六次森林资源连续清查质量检查验收报告；第三，内蒙古自治区第六次森林资源连续清查成果统计表；第四，内蒙古自治区第六次森林资源连续清查数据库；第五，内蒙古自治区第六次森林资源连续清查固定样地位置分布图；第六，内蒙古自治区森林分布图。

（二）第七次森林资源连续清查

内蒙古自治区第七次森林资源连续清查由内蒙古自治区林业监测规划院、内蒙古自治区第二林业监测规划院、内蒙古大兴安岭森林调查规划院共同承担。

自治区第七次森林资源清查工作于2013年完成，分为准备工作、外业调查、内业数据整理、数据汇总及成果编制四个阶段。

第七次森林资源连续清查工作3个规划院投入450人。其中：专业技术人员401人，工人和后勤人员49人。共分外业调查工组130个。在专业技术人员中，管理和检查人员53人，占13.2%；调查（判读）人员348人，占86.8%；高级职称人员120人，占29.9%；中级职称人员122人，占30.4%；初级职称人员159人，占39.7%。有连续清查工作经验的技术人员315人，占专业技术人员总数的78.6%。

1．技术路线

第一，利用地面固定样地和遥感判读样地，运用所获取的资源信息，分析其变化原因，对森林资源和生态状况进行综合监测，提升森林资源清查成果的服务功能。第二，应用“3S”技术和掌上电脑数据采集技术，提高连续清查工作的质量和效率。第三，把森林资源的国家监测和地方监测结合起来，研究和探索建立盟（市）连清体系，逐步达到以盟（市）为单位提交连续清查成果。为建立森林资源信息管理系统打好基础，以满足国家和地方林业建设的多重需要。增加森林生态状况，湿地生态状况，沙漠、荒漠生态状况等监测指标，发挥连续效应，把握系统性、综合性、科学性、实用性原则，构建森林资源和生态状况综合监测评价体系，增加成果产出量。

2. 技术设计

第一，沿用2003年内蒙古自治区第五次森林资源连续清查固定样地布设方案，全区统一技术标准和技术方法。布设地面固定样地17951块，样地间距8×8公里；同时按2×2公里布设遥感判读样地287278块。固定样地编号、样地形状和面积保持不变，面积样地和蓄积量样地同位等大，采用面积0.06公顷、10米×60米矩形样地。第二，在依照第六次清查的技术方法进行全面复查的同时，按照新的要求和方法增加调查因子，进行地面固定样地调查，并做好前后期衔接工作。按照《〈国家森林资源清查技术规定〉补充技术规定》，增加人工矮化乔木林调查、造林地情况调查、未成林造林地调查、经济林产期调查、平均样木冠幅和枝下高调查、样方植被调查、林地“侵蚀沟和崩塌面积比”调查、社会经济调查和访问问卷调查、中幼龄林抚育状况、抚育措施调查等。第三，凡落入沙漠、戈壁（有林业工程建设的地区除外）等偏远的、明显的非林地及军事禁区内的固定样地，能明确判定样地附近无乔灌植被分布且采用遥感影像能够准确判别样地地类等有关属性的，可采用遥感判读的方法调查，但判读的地面样地必须经内蒙古自治区林业厅连续清查办公室认定和批准。第四，遥感样地判读执行《遥感图像处理与判读规范》的有关规定。第五，按盟（市）旗县勘界结果确定固定样地直属行政范围，以及流域范围、各工程区区域范围；林业企业局、自然保护区、森林公园、国有林场、集体林场的固定样地也要确定直属范围，便于统计分析。第六，地面固定样地的地类，按样地中心地类确定，同时调查记载样地优势地类。继续进行跨角林样地的调查。第七，增加集体林地经营权情况调查内容。将“土地权属”为集体所有的林地，按农户家庭承包经营、联户合作经营和集体经济组织经营等三种情况调查。第八，黑龙江省大兴安岭林业公司经营的内蒙古部分，采用其最新连续清查成果参与全区统计。第九，充分应用样地调查成果，采用模型估算等方法对全区总体以及各盟市、流域、重点林业工程区、沙地、沙漠等进行森林资源和生态状况综合监测评价。

3. 第七次森林资源连续清查成果

第一，内蒙古自治区第七次森林资源连续清查数据分析报告；第二，内蒙古自治区第七次森林资源连续清查质量检查验收报告；第三，内蒙古自治区第七次森林资源连续清查成果统计表；第四，内蒙古自治区第七次森林资源连续清查固定样地因子和样木因子数据库；第五，内蒙古自治区第七次森林资源连续清查遥感判读样地因子数据库；第六，内蒙古自治区第七次森林资源连续清查固定样地和遥感判读样地的样地位置图；第七，内蒙古自治区第七次森林资源连续清查固定样地照片集；第八，内蒙古自治区森林分布图。

### （三）全区生态状况综合监测评价

2008年，内蒙古自治区结合第六次森林资源连续清查进行首次生态状况综合监测评价工作，2013年结合第七次森林资源连续清查进行第二次生态状况综合监测评价工作。该项工作是在内蒙古自治区林业监测规划院、内蒙古自治区第二林业监测规划院和内蒙古自治区大兴安岭森林调查规划院进行的第六次森林资源连续清查的基础上，由内蒙古林业科学承担的连续清查固定样地调查因子以外的指标调查工作。

生态状况综合监测评价工作确定森林生态状况、荒漠生态状况和湿地生态状况为主要监测与评价对象，研究确定资源类指标、生态特征类指标、生态功能类指标和社会经济类指标四大类指标的综合监测与评价指标体系。采用固定样地监测、遥感监测、生态定位监测、专项监测相结合的方法，建立生态系统—监测区域—核心监测区—固定样地—监测样方构成的五级生态定位监测框架体系。在三大生态系统22个监测区域、51个核心监测区建立固定监测样地94个、设置调查样方1215个、采集土壤分析样本280份。提交《内蒙古自治区生态状况综合监测报告》成果材料。

**二、森林资源规划设计调查**

森林资源规划设计调查（含森林经营方案）即森林经营调查，简称二类调查。

（一）遥感数据源

2006年开始使用法国SPOT5卫星影像，空间分辨率2.5米。2014年开始使用国产高分辨率遥感影像。森林资源规划设计调查主要依据《森林资源规划设计调查技术规程》（GB/T 26424—2010）。

（二）调查方法

2007年开始采用GIS软件直接在电脑上区划。2015年采用桌面端和移动端（平板电脑）相结合的方式。

按小班划分条件，在计算机上依据数字正射影像图影像进行小班判读划分，并进行小班归类。调查分为带状实测调查、现地验证调查和影像判读调查3种调查方法调查小班各项测树因子。依据调查数据用统计软件、绘图软件进行数据统计与成图。小班划分时参考各级林业局提供的造林地块位置、母树林位置、国家级公益林、其他公益林和商品林位置准确落在数字正射影像图上。

第一，带状实测调查小班确定。带状实测调查小班的选定原则是在5公顷以上的有林地中。根据林班归类统计表，选择类型比较集中且同一类型小班较多的类型中选取1个最大小班进行实测，尽可能选择面积大、有代表性的小班。单独一个小班的类型、陡坡以上类型、郁闭度级低（0.20—0.39）的幼龄林小班可不设计实测样地调查。实测样地调查小班确定后要在卫星影像上选择有代表性的地段设计实测样地位置和布设方向，查样地起点坐标和样地方位角，填写调查设计表。

第二，小班现地验证调查。根据林班归类结果，实测样地调查小班确定后，在剩余小班中按各归类类型设计现地验证调查小班。确定要遵循有大不选小的原则，而且不管任何地类小班必须有一个带状实测样地或现地验证调查的小班。选择行进路线上，要充分考虑林班各类型位置，对每个类型都要进行现地调查验证，填写调查设计表。调查时对于近、成、过熟林小班，采取角规调查。对于幼中龄林小班及沼泽地、无立木林地、灌木林地小班进行目测调查。角规点、目测点要有代表性，并在现地留有标记，注明点号，记载GPS坐标。

（三）森林资源规划设计调查成果

第一，森林资源调查报告；第二，林业专业调查报告；第三，森林经营方案；第四，森林资源分布图（1∶10万）；第五，地形林相图（1∶2.5万或1∶5万）；第六，森林资源统计表（共45表）；第七，森林资源调查簿；第八，森林资源数据库。

**三、林业专业调查**

林业专业调查（含科考调查）是森林资源规划设计调查的重要组成部分，一般情况下与二类调查同时进行，也可以根据需要分项单独进行。2006—2015年，林业专业调查都是和森林资源规划设计调查一起进行。内蒙古自治区林业监测规划院完成9个林业局、38个旗（县、区）的林业专业调查。

林业专业调查包括：立地类型、野生经济植物资源、森林天然更新、森林有害生物、湿地资源、森林生长量和枯损量、森林更新、森林防火、一元材积表检验等。

## 四、综合科学考察

综合科学考察是规范自然保护地科学考察活动，查清自然保护地内生物多样性、自然地理环境、社会经济状况和威胁因素，促进自然保护地的有效保护和科学管理。综合科学考察内容主要包括：自然地理环境专项调查、植物多样性专项调查、动物多样性专项调查、旅游资源专项调查、社会经济状况专项调查、威胁因素专项调查等。考察采用访问调查和现地调查相结合的方式。动物调查均采用样带法，植物调查采用样方法。调查结束后分别编制各自然保护区综合科学考察报告。

## 五、野生动物调查

野生动物资源调查是《中华人民共和国野生动物保护法》明确要求的一项法定工作。2011年，内蒙古自治区开始第三次野生动物资源调查，调查期为2011—2020年。第三次野生动物资源调查任务：第一，了解“全区野生动物保护与自然保护区工程”等林业重点生态工程实施后野生动物资源变化情况；第二，了解第二次调查以后，主要野生动物种群资源及栖息地状况及变化趋势；第三，了解国际上关注程度高的野生动物资源变化发展情况；第四，系统了解疫源物种。

## 六、野生植物调查

全国重点保护野生植物资源调查每十年进行一次。

2014年，根据国家林业局《关于全面启动第二次全国重点保护野生植物资源调查有关工作的通知》，内蒙古自治区开展第二次全国重点保护野生植物资源调查。调查工作由内蒙古自治区林业监测规划院作为全区调查的技术负责单位。2018年底完成全部工作。

第二次野生植物资源调查目的：第一，通过调查并与第一次全国重点保护野生植物资源调查内蒙古自治区调查结果比较分析，掌握野生植物资源本底、生境状况及动态变化，为野生植物保护管理科学决策和政策制定提供依据；第二，通过比较分析野生植物资源及生境与动态变化，为评估2001年以后“全区野生动植物保护与自然保护区工程”等林业重点生态工程实施后全区野生植物保护方面取得的阶段性成效提供依据；第三，通过调查掌握国际关注程度高的野生植物的状况与动态变化，为开展国际交流和履行国际公约与协定提供依据。

## 七、荒漠化与沙化土地监测

按照联合国《防治荒漠化公约》《防沙治沙法》要求，国家林业局从1994年开始，每5年在全国范围内开展荒漠化和沙化土地监测工作。内蒙古自治区分别于2009年、2013年进行第四次、第五次荒漠化、沙化土地监测。

### （一）内蒙古自治区第四次荒漠化、沙化土地监测

荒漠化土地监测区主要针对湿润指数在0.05—0.65的干旱、半干旱和亚湿润干旱区的区域；沙化土地监测区是针对所有存在沙化土地的地域和有明显沙化趋势土地的地区。

内蒙古自治区第四次荒漠化、沙化土地监测从2009年1月开始，至2010年3月结束，由内蒙古自治区林业监测规划院和内蒙古自治区第二林业监测规划院共同完成。内蒙古自治区林业监测规划院和内蒙古自治区第二林业监测规划院投入专业技术人员202人，地方配合专业技术人员101人。

1. 技术方案实施

监测采用地面调查与遥感相结合、划分图斑统计各类型荒漠化和沙化土地面积的监测方法。应用经

过几何校正和增强处理后的卫星遥感数据，在建立解译标志的基础上，利用计算机软件分别按荒漠化和沙化类型目视解译划分图斑并对调查因子进行初步解译，然后到现地核实图斑界线和调查、核实各项调查因子，获取荒漠化、沙化土地和其他土地类型的面积、分布及其他方面的信息。荒漠化、沙化土地的动态变化情况根据本次调查数据和前期调查结果获得。

2．工作步骤

第一，前期准备；第二，技术培训；第三，野外试点，建立解译标志库；第四，收集监测区域的相关资料，为遥感解译和成果分析提供辅助支持；第五，遥感数据（图像）目视解译划分图斑；第六，野外核实图斑界线和调查各项因子；第七，监测质量检查验收；第八，图像编辑、面积量算与统计；第九，监测报告编写。

3．监测成果

第一，内蒙古自治区荒漠化和沙化监测遥感解译标志库；第二，内蒙古自治区分盟（市）荒漠化和沙化土地面积统计表；第三，内蒙古自治区分盟（市）荒漠化和沙化土地分布图；第四，内蒙古自治区各类专题地图数据；第五， E00、shape或coverage格式的地理信息数据；第六，内蒙古自治区防治荒漠化、气象及社会经济情况调查数据；第七，内蒙古自治区荒漠化、沙化土地监测报告；第八，内蒙古自治区荒漠化、沙化土地监测质量检查报告；第九，内蒙古自治区荒漠化、沙化土地监测工作总结报告；第十，内蒙古自治区荒漠化、沙化土地监测成果评审意见。

（二）内蒙古自治区第五次荒漠化、沙化土地监测

内蒙古自治区第五次荒漠化、沙化土地监测范围同上期（2009年）监测范围一致。涉及内蒙古自治区12个盟（市）的80个旗（县、市、区）（因县级行政区域的变更新增1个呼伦贝尔市扎赉诺尔区）。监测区面积7009万公顷，占内蒙古自治区总土地面积的59.2%（第四次荒漠化土地监测面积是行政区域面积，第五次荒漠化土地监测面积是图斑实际面积，因此两次面积不同）。

沙化土地监测范围涉及自治区12个盟（市）的91个旗（县、市、区）（因县级行政区域的变更，新增1个呼伦贝尔市扎赉诺尔区）。监测区面积9389万公顷，占自治区总土地面积的79.37%（沙化土地面积变化原因和荒漠化土地面积变化原因一致）。

自治区第五次荒漠化和沙化土地监测工作从2013年3月开始，至2015年5月结束，监测工作分为三个阶段。内蒙古自治区第五次荒漠化、沙化土地监测由内蒙古自治区林业监测规划院和内蒙古自治区第二林业监测规划院共同完成，两院投入专业技术人员472人，外业工组95个。

1．技术实施方案

第五次荒漠化和沙化土地监测采用遥感判读与地面调查相结合、宏观监测与敏感地区监测相结合的监测方法。应用经过几何精校正和增强处理后的卫星遥感数据，在建立解译标志的基础上，利用计算机软件分别按荒漠化和沙化区划条件划分图斑并对调查因子进行初步解译，然后到现地核实图斑界线和调查、核实各项调查因子，按要求建立现地调查图片库，获取荒漠化、沙化土地和其他土地类型的面积、分布等方面的信息。

2．主要工作步骤

第一，前期准备；第二，技术培训；第三，收集监测区域的相关资料，为遥感解译和成果分析提供辅助支持；第四，内业区划图斑，初步解译；第五，野外调查，建立解译标志库及图片库；第六，遥感数据（图像）目视解译及属性因子录入；第七，野外核实图斑界线和调查各项因子；第八，监测质量检

查验收；第九，图形编辑、面积量算与统计；第十，监测报告编写。

3．监测成果

第一，内蒙古自治区荒漠化和沙化监测实施细则和工作方案；第二，内蒙古自治区荒漠化和沙化监测现地调查图片库；第三，内蒙古自治区分盟市、旗县各类型荒漠化和沙化土地面积统计表；第四，内蒙古自治区各类专题地图数据和内蒙古自治区分盟市、旗县、乡荒漠化和沙化土地分布图；第五，shape或Geodatabase格式的地理信息数据；第六，内蒙古自治区防治荒漠化、气象、水文及社会经济情况调查数据；第七，内蒙古自治区荒漠化、沙化土地监测报告；第八，内蒙古自治区荒漠化、沙化土地监测质量检查报告；第九，内蒙古自治区荒漠化、沙化土地监测成果评审意见；第十，内蒙古自治区荒漠化、沙化土地监测工作总结报告。

**八、湿地资源调查**

1995—2001年，内蒙古自治区开展首次全区湿地调查工作。2010—2011年自治区林业厅组织开展第二次全区湿地资源调查工作。

（一）调查范围

内蒙古自治区行政区域内所有面积为8公顷（含8公顷）以上的湖泊湿地、沼泽湿地、人工湿地以及宽度10米以上、长度5公里以上的河流湿地以及其他具有特殊重要意义的湿地。

（二）调查方法

按照第二次全国湿地调查工作方案的要求，采用以遥感（RS）为主、地理信息系统（GIS）和全球定位系统（GPS）为辅的“3S”技术，即通过遥感解译获取湿地型、面积、分布（行政区、中心点坐标）、平均海拔、植被类型及其面积、直属三级流域等信息。通过野外调查、现地访问和收集最新资料等方式获取水源补给状况、主要优势植物种、土地所有权、保护管理状况等数据。

（三）调查内容

第一，一般调查内容：所有符合调查范围的各湿地斑块的类型、面积等内容。调查因子包括：湿地斑块名称、湿地斑块序号、直属湿地区名称、湿地区编码、湿地型、湿地面积、湿地分布、平均海拔、直属流域、河流湿地的河流级别、植被类型及面积、水源补给状况、土地所有权、主要优势植物种、湿地斑块区划因子、保护管理状况16个主要调查项目。

第二，重点调查内容：除一般调查因子外，增加湿地自然环境要素、湿地水环境要素、湿地野生动物、湿地植物群落、湿地植被、湿地保护和利用状况、湿地受威胁状况等专项调查。

第三，自然环境要素调查：以重点调查湿地为调查单元。主要通过野外调查和收集最新资料获取。野外调查是对湿地设立典型样地进行调查，典型样地数量要求包含整个湿地的各种资源和生境类型。对野外难以获取的数据，可以从附近的气象站和生态监测站等收集。

第四，水环境要素调查：以重点调查湿地为调查单元。通过野外调查获取湿地水文数据。对无法开展野外调查的，可从附近水文站和生态监测站等收集相关资料，但应注明该站地理位置（经纬度）。水质调查则在野外选取典型地点采集地表水和地下水水样，由具有专业资质的单位进行化验分析，获取相关数据。

第五，湿地野生动物调查：野生动物调查时间应选择在动物活动较为频繁、易于观察的时间段内。湿地野生动物野外调查方法分为常规调查和专项调查。常规调查是指适合于大部分调查种类的直接计数法，对那些分布区狭窄而集中、习性特殊、数量稀少，难于用常规调查方法调查的种类，应进行专项调查。

（四）调查过程

内蒙古自治区为第二批开展全国第二次湿地资源调查的9个省份之一。2010年1月，内蒙古湿地资源调查工作全面启动，成立内蒙古自治区湿地资源调查工作领导小组、领导小组办公室、专家技术委员会，各盟（市）相应组建湿地资源调查工作领导小组。调查任务由内蒙古自治区3个甲级规划院承担完成。2010年6月，举办全区湿地资源调查培训班，全区150名从事湿地保护的业务骨干参加培训；7—10月开展外业工作；11月开始转入内业汇总、调查报告编写工作。

（五）湿地资源调查成果

内蒙古自治区第二次湿地资源调查全区湿地总面积601.06万公顷，湿地斑块16155个。其中，一般调查湿地斑块11497个，面积343.05万公顷；重点调查的湿地斑块4658个，面积258.01万公顷。

全区天然湿地587.88万公顷，占湿地总面积的97.81%；人工湿地13.18万公顷，占湿地总面积2.19%。有水稻田湿地类型面积8.4万公顷。全区有湿地4类19型，其中，天然湿地有河流湿地、湖泊湿地、沼泽湿地3类15型，人工湿地有库塘、输水河、水产养殖场、盐田4型。从湿地类分析，有河流湿地46.37万公顷，占湿地总面积的7.71%；湖泊湿地56.62万公顷，占湿地总面积的9.42%；沼泽湿地484.89万公顷，占湿地总面积的80.67%；人工湿地13.18万公顷，占湿地总面积的2.19%。

内蒙古自治区经过第二次全国湿地调查工作，基本摸清全区湿地资源的分布、类型、数量以及主要生态特征，完成自治区湿地植物资源调查、湿地动物资源调查、湿地自然保护区以及其他重点湿地保护与利用情况调查，编写自治区第二次湿地资源调查报告，建立全区湿地资源信息库，编绘全区湿地资源分布图。

**九、碳汇计量监测**

2007年，国务院印发《中国应对气候变化国家方案》，将植树造林、增加碳汇作为中国应对气候变化的重点领域之一，明确提出，林业在应对气候变化中具有重要地位，林业“双增”（到2020年，森林面积增加4000万公顷，森林蓄积量增加13亿立方米）目标是未来中国应对气候变化的三个重要承诺目标之一。2009年6月，中央林业工作会议特别强调，林业在应对气候变化中具有特殊地位，应对气候变化必须把发展林业作为战略选择。

2011年，国务院提出加快建立温室气体排放统计核算体系，建立温室气体排放基础统计制度，建立健全包括土地利用、土地利用变化与林业等领域适应温室气体排放核算的统计体系，目的是为满足国家和地方温室气体清单编制以及实现控制温室气体排放考核方面工作需要。

2014年，国家林业局启动林业碳汇计量监测体系建设工作。计划于2014—2016年建立全国土地利用变化与林业碳汇计量监测体系。

2015年，自治区林业厅在上述工作基础上，按照国家林业局《关于部署开展2015年全国林业碳汇计量监测体系建设工作的通知》精神，在2015年组织开展全区林业碳汇计量监测体系建设工作，成立“内蒙古自治区林业碳汇计量监测体系建设”领导小组，成员单位由对外协作办、资源处、造林处、天然林保护局、退耕办、自治区林业监测规划院组成。

（一）监测对象及方法

林业碳汇计量监测对象为森林、湿地和木质林产品三大领域。碳库包括地上生物量、地下生物量、枯落物、枯死木、土壤有机碳和木质林产品六大碳库。建设内容包括技术体系、数据体系、模型体系和评估体系四个部分。

具体调查方法：按照公里格网作为抽样单元，单元规格为24公里×24公里，内蒙古自治区范围内将设置公里格网1788块，在每个公里格网中心点设置4公里×4公里（1600公顷）样地进行调查。对2005年和2013年影像数据进行区划、判读和5%的现地验证，在样地中没有支撑森林碳库的数据时，需要增加布设碳库进行外业样方调查。此项工作使用到了二类调查、湿地、荒漠化、沙化土地监测和林地保护利用规划等基础数据。

（二）林业碳汇计量监测体系建设成果

第一，内蒙古监测体系建设技术方案；第二，内蒙古LULUCF数据库（包含空间和属性信息的2005年林业与土地利用样地数据库、2013年林业与土地利用样地数据库、2005—2013年林土与地利用变化样地数据库）；第三，内蒙古2005—2013年LULUCF碳汇计量监测报告；第四，内蒙古2006—2013年度林业管理活动水平统计数据；第五，内蒙古提交LULUCF数据库、林业管理活动水平数据表。

**十、区域生态状况综合监测**

2002年3月，国务院正式批准实施《京津风沙源治理工程规划（2001—2010年）》，并于当年全面启动。生态监测工作以第八次全国森林资源清查为平台，采用从宏观监测到典型剖析的遥感监测技术框架，结合现地土壤剖面的设置及工程区社会经济调查，利用宏观监测与典型监测相结合、定量分析与定性分析相结合的技术手段，对工程实施效果及生态状况进行动态监测与评价。

2013年，按照国家林业局统一部署，内蒙古自治区开展第七次森林资源清查。同时，组织开展以第七次森林资源连续清查为平台的自治区生态状况综合监测工作。2013年1月，自治区生态状况综合监测工作全面启动，成立内蒙古自治区生态状况综合监测工作领导小组、领导小组办公室，调查和监测任务由内蒙古自治区林业监测规划院、内蒙古自治区第二林业监测规划院、内蒙古大兴安岭森林调查规划院和自治区林科院共同承担。2013年4月，举办全区森林生态状况监测培训班，全区从事生态状况综合监测业务骨干共100余人参加此次培训，11月外业调查结束转入内业汇总、监测报告编写工作。

2014年，内蒙古自治区林业监测规划院启动大青山生态状况监测工作。监测工作以森林资源规划设计调查为基础，监测范围为西起包头市九原区的昆都仑沟，北与包头市固阳县、呼和浩特市武川县相连，东至乌兰察布市卓资县上高台林场，南为土默川平原。

（一）监测方法

2014年，自治区生态状况综合监测工作采用定位监测与资源清查相结合的方法。通过分区布设、点面结合和对固定样地进行长期定位监测，采取宏观（资源性）指标与微观（功能性）指标相结合，对区域性生态状况做出全面、系统、深入的分析。

（二）技术路线

2014年，生态系统监测以森林资源连续清查监测体系样地调查为基础，结合生态定位观测、典型调查、专题汇总统计、实验分析等信息采集方法，采用数理统计、模型技术等手段，分析森林资源、生态环境状况和森林生态效益。通过建立包含8项内在判断指标和4项外在判断指标的生态综合指数评价指标体系（4项外在指标是指人均GDP、恩格尔系数、公共投入占GDP比例、以工业反哺农业为代表的农业发展水平，8项内在判断指标是指评价区状况本身的变化情况，即从森林锐减、土地荒漠化和沙化、水土流失、生物多样性减少、湿地退化、草原退化等突出的生态问题入手，考虑层次性、系统性、现实性、重要性等原则），对陆地生态系统中森林、荒漠、湿地、草原4个自然生态系统和农田、城市2个人工生态系统在治理与破坏因素综合作用下的数量、质量、结构和功能的变化做出判断与评估。

（三）山地森林生态系统生态状况综合监测成果

经计算，2015年自治区生态状况综合评价指数为1.063。结果表明，全区荒漠化、沙化土地整体扩展趋势得到初步遏制，水土流失面积呈减少态势。

**十一、公益林监测**

2014年，为国家制定合理的生态资源价格及补偿措施，促进将环境纳入国民经济核算体系，最终促进区域和林业的可持续发展等方面提供基础资料，内蒙古自治区首次对公益林资源数量和结构具有典型代表性的乌兰察布市卓资县、呼和浩特市和林格尔县、包头市达尔罕茂明安联合旗、巴彦淖尔市乌拉特前旗4个旗县开展公益林监测工作。

根据国家对公益林资源状况、生态状况和效益状况的要求，结合社会关注的问题，主要监测内容包括生态建设工程状况、生态建设工程资源状况、生态建设工程生态状况、生态建设工程受灾状况和生态建设工程效益状况五个方面。生态状况综合评价的主要方法有三种：实物量法、综合指数法和货币价值法。

（一）监测任务

第一，建立并完善生态建设工程本底资源数据库；第二，森林资源变化监测；第三，掌握生态建设工程生态功能状况；第四，客观评价生态建设工程成效。

（二）监测成果

外业调查成果包括：公益林监测数据，包括乔木林、灌木林、宜林地、未成林地样地环境要素调查，乔木层调查成果，灌木层、草本层、枯落物样方调查数据成果，以及外业调查所拍摄的全部相片等内容。

内业测定数据成果包括：对实验室内测定的成果，分别为乔木、灌木与草本各器官测定数据。包括灌木、草本活植物体样品的鲜重、干重，计算出的各部分干鲜比和含水率等；测定的枯落物样品的鲜重、干重数据成果，计算出的含水率和干鲜比。

工作成果：第一，森林碳汇专项调查的样地、样方调查原始卡片；第二，公益林监测报告。

# 第五节　林业发展规划

**一、“十一五”林业发展规划（2006—2010年）**

（一）规划目标

《规划》确定的总体目标是：完成林业重点生态建设工程400万公顷。其中：人工造林193.3万公顷（退耕还林153.3万公顷，京津风沙源治理23.3万公顷，“三北”防护林16.7万公顷）；飞播造林30万公顷（黄河中上游天保20万公顷，京津风沙源10万公顷）；封山（沙）育林176.67万公顷（黄河中上游天保60万公顷，京津风沙源66.67万公顷，退耕还林以封代造33.33万公顷，三北防护林16.67万公顷）。

至2010年，森林覆盖率达到20%以上，每年完成全民义务植树6000万株；林业产业产值达到183亿元。实现全区生态状况“整体上稳定遏制，重点治理区全面好转”。

（二）总体布局

确定全区8个重点治理区。第一，东部风蚀沙化及水土流失治理区；第二，京津风沙源治理区；第三，黄河中上游流域治理区；第四，阿拉善自然封禁治理区；第五，大兴安岭天然林资源保育区；第六，重点生态保护区；第七，“两河”流域（黄河流域和西辽河流域）速生丰产林建设区；第八，北部边境封禁保护区。

（三）主要建设任务

1．林业生态体系建设

天然林资源保护工程80万公顷、退耕还林186.66万公顷、京津风沙源治理100万公顷、三北防护林建设33.33万公顷。争取晋升国家级自然保护区5个，新增自然保护区5处，扩建和新建湿地自然保护区10个。

2．林业产业体系建设

完成速生丰产林任务20万公顷；完成灌木工业原料林33.33万公顷、灌木饲料林133.3万公顷；完成经济林基地建设100万公顷；完成箱板纸年加工20万吨，人造板加工能力达到年45万立方米，中高板加工能力达到年60万立方米；果品年加工能力达到110万吨；林业特色养殖规模达到900万头（只）；完成中幼林抚育27.6万公顷，低产林改造28.4万公顷；新建生物质能源林23.33万公顷，改造10万公顷。

3．支撑保障体系和基础设施建设

包括林木种苗基础建设；森林防火体系建设；森林有害生物防治体系建设；森林公安建设；森林资源管理体系建设；林业工作站、科技推广站建设；国有林场、苗圃基础设施建设；林业信息化建设。

4．科教兴林体系建设

包括基础研究和应用研究；高新技术研究与应用；先进成果和实用技术的引进、转化与推广；林业标准化体系建设；高层次科技人才培养。

## 二、“十二五”林业发展规划

“十二五”期间（2011—2015年），自治区坚持以生态建设为主的林业发展战略，以建设祖国北疆生态屏障为目标，把生态保护和建设作为最重要的基础工作来抓，将林业建设与地区经济发展、农牧民增收相结合，在此基础上编制《内蒙古自治区林业发展“十二五”规划》（以下简称《规划》）。

（一）“十二五”林业发展总体目标

《规划》确定的林业发展总体目标是：完成林业重点生态建设任务400万公顷。其中：人工造林167.67万公顷，封山育林165.67万公顷，飞播造林66.67万公顷。至2015年，森林覆盖率达到21.5%，提高1.5个百分点，活立木蓄积量达到14.1亿立方米，年均增长1000万立方米。力争实现“全区生态环境恶化趋势得到有效遏制、治理区全面好转”的局面。全区林业产业总产值达到230亿元，农牧民年人均林业收入达到500元，通过优化产业结构，发展二、三产业，增加就业人口90万人。着力推进生态文化教育示范基地建设，提高全民国土绿化意识，至2015年全区森林公园总数达到50处；大力推动湿地公园建设，合理利用湿地资源，建设湿地公园10处，选择一批具有典型性、代表性且交通便利的森林公园、湿地公园、自然保护区命名为生态文化教育示范基地。继续开展国家森林城市、全国绿化模范城市（县、单位）创建活动，加快城乡绿化美化步伐，加强生态文化宣传，提高弘扬生态文化的能力和水平。着力加强基础保障能力体系建设，使森林火灾受害率稳定控制在1‰以下，有害生物成灾率控制在5‰以下，无公害防治率达到90%以上，灾害准确测报率达到90%以上，种苗产地检疫率达到99%，主要有害生物常发区监测覆盖率达到100%。

在生态建设布局上，继续沿用点、线、面合理布局且有机结合的生态网络体系。《规划》提出五大建设区域和四大体系建设。

（二）五大建设区域及重点规划

1．林区

林区包括大兴安岭林区。结合《大小兴安岭林区生态保护与经济转型规划》，以天然林资源保护工程和“三北”防护林工程为支撑，对现有天然林资源进行封育保护，开展幼中龄林抚育，提高林分质量。在嫩江流域及额尔古纳河流域，通过封山育林、人工造林提高森林覆盖度，增强水源涵养能力，减少水土流失，保障生态安全，实现区域经济社会的可持续发展。

2．沙区

沙区包括五大沙地和五大沙漠。该区域是风蚀、水蚀和风沙盐碱区。在“十一五”建设的基础上，继续加大森林资源保护及水土流失和土地沙化治理力度。第一，结合天然林资源保护工程对人工林资源进行封育保护。第二，结合退耕还林工程对陡坡耕地和严重风蚀沙化耕地实施退耕还林还草。结合自治区樟子松基地建设思路，以呼伦贝尔、科尔沁、毛乌素三大沙地及周边适宜区域为重点，建设3个樟子松基地。第三，结合防沙治沙工程，建设几大沙漠锁边工程，控制沙漠前移，防止几大沙漠“握手”。第四，结合天然林资源保护工程和“三北”防护林工程选择适宜地区，不断加大公益林建设，根据降雨条件适时进行飞播和围封。调整产业结构，改变生产经营方式，发展林沙产业，增强发展后劲。

该区重点以防沙治沙为主，集中抓好呼伦贝尔沙地、科尔沁沙地、浑善达克沙地、毛乌素沙地及乌兰布和沙漠东缘的防沙治沙工作。继续实施退耕还林工程，加大封山（沙）育林和飞播造林力度，大力营造防风固沙林、农田牧场防护林，实施围栏封育建设，加大移民力度，在北部边境地区建立封禁保护区，依靠自然恢复，增加林草盖度。

3．丘陵山区

该区包括大兴安岭南部余脉、阴山山脉及阴山北麓风蚀沙化地区。在“十一五”建设的基础上，继续加大森林资源保护、水土流失和土地沙化盐渍化治理力度。第一，结合天然林资源保护工程对现有天然次生林和人工林资源进行封育保护，对集中连片次生林开展幼中龄林抚育。第二，结合退耕还林工程和京津风沙源治理工程对陡坡耕地和严重风蚀沙化耕地实行退耕还林还草。第三，结合樟子松基地建设思路，在呼和浩特市周边低山丘陵区，建设以樟子松为主的百万亩防护林基地。

4．平原农区

该区包括黄河、西辽河及嫩江流域地势平坦、土壤肥沃、水源充足、农业生产较为发达的地区。在该区域以发展农田防护林和速生丰产用材林为主，积极引进优良速生品种，通过科学造林，集约经营，建设不同类型的速生丰产用材林基地。重点是抓好平原绿化和农田防护林建设，发展速生丰产林、防护用材兼用林、工业原料林和经济林等。

5．城镇区

主要是指中心城市和小城镇周边区域，以恢复和扩大森林植被、改善城镇生态环境为目标，将城市绿化、全民义务植树、部门绿化和林业重点工程相结合，建立起多林种、多树种相结合，生态结构稳定、功能完备，城区、近郊、远郊协调配置的城市森林生态网络体系，同时搞好村屯绿化。

（三）四大体系建设规划

1．林业生态体系建设

“十二五”期间，林业生态建设继续实施已规划的林业重点工程，以建设森林生态系统、保护和恢复湿地生态系统、重点治理荒漠生态系统、维护生物多样性为核心，大力推进林业生态体系建设，并在建设中按照总体布局进一步突出重点区域。

主要工程包括：防沙治沙工程、天然林资源保护工程、森林生态效益补偿、三北防护林体系建设工程、退耕还林工程、京津风沙源治理工程、沙化土地封禁保护建设工程、野生动植物保护及自然保护区建设工程、湿地保护与恢复工程、森林经营工程、林业国际合作。

2．林业产业体系建设

林业产业是生物产业的重要组成部分，也是一个包括一、二、三产业的独具特色的产业体系。2010年以后，自治区已经形成以林木种植、名特优新经济林、花卉、野生动植物繁育利用、木材加工、人造板制造、林产化工、木浆造纸、森林旅游等为主的林业产业体系。“十二五”期间（2011—2015年），将速生丰产林基地建设工程、林业生物质能源基地建设工程、特色经济林发展工程纳入国家及自治区的相关规划中，并付诸实施。

主要工程包括：速生丰产林基地建设、林业生物质能源林基地建设、特色经济林基地建设、野生动物养殖及中药材基地建设、林产品加工业能力建设、森林生态旅游业能力建设，通过“企业加基地，基地联农户”以及成立专业合作社等发展模式，推动一批产业重点建设项目。

3．生态文化体系建设

生态文化体系是社会主义先进文化的重要组成部分。主要通过普及生态知识，引导全社会牢固树立生态道德观、生态价值观、生态政绩观、生态消费观等生态文明观念，推动生态文明建设。包括生态文化教育示范基地建设、城乡绿化美化一体化建设、生态文化创造和宣传建设。

4．林业保障体系建设

包括森林防火工程建设、林业有害生物防治工程建设、林木种苗基础建设、国有林场基础设施建设、林业科技支撑体系建设、林业工作站管理体系建设、森林公安执法能力建设、森林资源管理体系建设、林业信息化建设、林业法制建设。

（四）全区林业“十二五”规划主要指标完成情况

**表12-5-1　全区林业“十二五”规划主要指标完成情况表**

| 指　标 | 2010年 | 规划目标 | 2015年 |
|---|---|---|---|
| 森林覆盖率（%） | 20.0 | 21.5 | 21.5 |
| 活立木蓄积量（亿立方米） | 13.6 | 14.1 | 14.84 |
| 林地保有量（万公顷） | 4393.33 | 6600 | 6600 |
| 自然湿地保护率（%） | 22.2 | 24.6 | 24.6 |
| 治理沙化土地面积（万公顷）（“十一五”“十二五”累计治理量） | 196 | 402.88 | 413.33 |
| 林业自然保护区面积占国土面积（%） | 9 | 9 | 9 |
| 林业产业总产值（亿元） | 202 | 230 | 418 |

## 三、构筑北方重要生态安全屏障规划纲要

把内蒙古建设成为中国北方重要生态安全屏障，是《国务院关于进一步促进内蒙古经济社会又好又快发展的若干意见》（国发〔2011〕21号）和内蒙古自治区发展战略定位。为此，内蒙古自治区林业厅

2013年编制了《内蒙古自治区构筑北方重要生态安全屏障规划纲要（2013—2020年）》。

（一）总体目标

《规划纲要》确定的总体目标是：至2020年，全区森林覆盖率达到23.0%，草原植被盖度稳定在45%以上，林木蓄积量达到14.6亿立方米。森林资源总量显著增加，林分质量明显提高；草原得到自我修复，植被明显恢复。全区森林、草原、湿地、农业四大生态系统趋于稳定，城市和荒漠生态系统明显好转，生态服务功能进一步加强，逐步形成完备的生态体系、发达的产业体系和健康的文明体系。北方重要生态安全屏障的架构初步成型。

生态建设布局以林草建设与保护为主线，结合林业建设、草原保护、水土流失治理、水资源保护等措施构建起一个以林草植被为主体的生态网络。

（二）“3522”建设布局

按照自治区规划的重点开发区、限制开发区和禁止开发区的战略布局，结合自治区生态保护和建设实际，以建立总量保证、布局均衡、结构合理、功能完善，点、线、面相结合的林草植被网络体系为目标，将自治区生态安全屏障划分为“3522”建设布局。“3”是指大兴安岭山脉、阴山山脉和贺兰山3个生态保护建设区；“5”是指沙地防治建设区、沙漠防治建设区、黄土高原丘陵沟壑水土保持治理区、草原保护建设区和平原农区建设区等5个生态保护建设区；“2”是指两类建设重点，一类是指自然保护区、森林公园及重要湿地，另一类是指城镇、村屯、工矿园区（包括废弃工矿地）两个点状分布的保护和建设重点；“2”是指交通网络和江河沿岸两个线状的保护和建设重点。

（三）八大建设治理区

1. 大兴安岭生态保护建设区

该区域属于水源涵养型地区，具有完整的寒温带森林生态系统，森林覆盖率高，是中国北方生态安全屏障的重要组成部分，同时也是国家木材战略储备基地。由于原始林区受到不同程度人类活动干扰，出现不同程度的生态退化现象。重点加大森林、草原、湿地、野生动植物资源保护力度，重点保护湿地、保护生物多样性，禁止乱开滥采、过度放牧等行为，在宜林地区大力植树造林，涵养水源，进一步维护和改善生态系统。

2. 阴山、贺兰山生态保护建设区

该区域属于防风固沙和水土保持型地区，土地贫瘠，水资源匮乏，干旱风大，耕地沙化严重，对华北、西北地区生态安全构成威胁。重点加大自然保护区建设力度，加强水资源保护，严格水功能区管理和入河排污口管理，推进重点公益林生态效益补偿和草原生态保护补助奖励机制，增加林草植被，控制水土流失，治理土地沙化，促进生态自然恢复。

3. 沙地防治建设区

包括呼伦贝尔沙地、科尔沁沙地、乌珠穆沁沙地、浑善达克沙地和毛乌素沙地。该区域属于防风固沙型区域，地处温带半湿润到半干旱地区，是典型草原分布比较集中的区域，气候干旱，多大风，土地沙化严重。重点推进防风固沙林建设，构建乔灌草、带网片相结合的防风固沙林体系。实施重点公益林生态效益补偿和草原生态保护补助奖励机制，推进禁牧休牧、划区轮牧和生态移民工程，积极转变畜牧业生产方式，实行以草定畜，推行舍饲圈养，严格控制载畜量，加大退耕还林、退牧还草力度，逐步恢复林草植被。

4．沙漠防治建设区

包括库布齐沙漠、乌兰布和沙漠、巴音温都尔沙漠、腾格里沙漠、巴丹吉林沙漠。该区域属于防风固沙型地区，绝大多数属半荒漠和荒漠地区，流动沙丘密布且沙丘高大。重点采取生物措施和工程措施，通过设置人工沙障、人工造林、飞播造林种草，围封禁牧，建设沙漠锁边防护林体系，建立封禁保护区，推进重点公益林生态效益补偿，采取自然修复和人工措施，逐步控制沙漠化扩展。

5．黄土高原丘陵沟壑水土保持治理区

该区域属于水土保持型地区，黄土堆积深厚，范围广大，土地沙漠化敏感程度高，对黄河中下游生态安全具有重要作用。2000年以后，治理区域坡面土壤侵蚀和沟道侵蚀严重，侵蚀产沙淤积河道、水库。重点采取工程措施、生物措施和保土耕作措施相结合，人工治理与生态修复相结合，“山、水、田、林、草、路”综合治理，加强小流域综合治理和植树造林，巩固水土流失治理、退耕还林、退牧还草成果，实行封山禁牧，恢复退化植被。加强黄河护岸林建设，加强能源和矿产资源开发及建设项目监管，加大矿山、废弃工矿地环境整治和生态修复力度，最大限度减少人为因素造成新的水土流失。

6．草原保护建设区

呼伦贝尔草原、锡林郭勒草原、科尔沁草原、乌兰察布草原和鄂尔多斯草原是自治区森林草原和典型草原的主要分布区，与呼伦贝尔沙地、浑善达克沙地、科尔沁沙地和毛乌素沙地交错分布。该区域范围广大，是内蒙古草原生态系统的主要组成部分。2000年前后，草原开发利用程度较高，土地退化、沙化现象严重。2006年以后，治理区域重点推进草原生态保护补助奖励机制，积极转变畜牧业生产方式，实施禁牧休牧、划区轮牧，实行以草定畜，推行舍饲圈养，严格控制载畜量，加大退牧还草力度，逐步恢复草原植被。

7．平原农区建设区

以控制农田土壤风蚀水蚀和沙尘污染，提高土壤肥力和抗旱保墒能力为目标，在自治区风蚀沙化严重的农牧交错带和优势农作物产业带，大力实施保护性耕作推进工程。结合自治区重点区域绿化工程、平原绿化工程，加强以农田防护林建设为主的平原绿化，增强和保障农业综合生产能力。同时加强水资源管理，划定城乡居民饮用水源地保护区，禁止在保护区内任何对水质、水量产生不利影响的行为。

8．两点、两线建设与保护

加大自然保护区、湿地保护区、森林公园和城镇、村屯、厂矿园区建设与保护力度（两点），加大交通网络、江河沿岸（两线）等重点绿化。结合自治区重点区域绿化工程、平原绿化工程、自然保护区建设项目、湿地保护与恢复项目、森林公园建设项目、湿地公园建设项目等工程项目实施，完善和提高点状、线状区域生态系统稳定性和生态防护功能，积极建设河湖联通工程，为湖泊湿地提供水源，逐步遏制湖泊湿地面积萎缩、水质恶化趋势，真正形成点、线、面，带、网、片相结合的生态网络体系。

## 第六节　林业规划种类

2006—2015年完成各类林业规划120项。其中全区林业发展规划3项，区域林业发展规划8项，专项规划109项。

## 一、全区林业发展规划

2006—2015年，完成全区林业发展规划三项。其中，2006年完成《内蒙古自治区林业发展“十一五”规划》，2011年完成《内蒙古自治区林业发展“十二五”规划》，2013年完成《内蒙古自治区构筑北方重要生态安全屏障规划纲要（2013—2020年）》。

## 二、区域林业发展规划

2006—2015年完成区域规划8项。其中，2006年完成《内蒙古自治区乌海市乌达区西山生态综合治理工程总体规划》《内蒙古乌审旗巴图湾库区生态建设工程总体规划》《内蒙古鄂尔多斯市鄂托克前旗上海庙镇生态建设与环境保护总体规划》《内蒙古包头市达茂旗百灵庙镇周边绿化工程总体规划》《内蒙古自治区包头市大青山地区2006—2015年生态绿色屏障建设总体规划》《内蒙古自治区鄂尔多斯市达拉特旗林业生态建设总体规划》6项。2007年完成《内蒙古自治区锡林郭勒盟镶黄旗新宝拉格镇生态建设与环境保护总体规划》。2012年完成《内蒙古自治区阿拉善地区生态综合治理规划》。

## 三、专项规划

2006—2015年完成各类林业专项规划109项。其中，2006年完成《内蒙古毛乌素沙地柏自然保护区总体规划》《内蒙古自治区额尔古纳国家级自然保护区总体规划》等6项；2007年完成《内蒙古锡林郭勒盟太仆寺旗示范区建设总体规划》《内蒙古乌兰察布市兴和县本田在华企业联合造林工程建设规划》《乌兰布和沙漠治理总体规划》等12项；2008年完成《内蒙古自治区乌兰布和沙漠乌海风口治理项目总体规划》等2项；2009年完成《内蒙古自治区科尔沁沙地综合治理项目总体规划》《内蒙古腾格里沙漠自治区级自然保护区总体规划》等14项；2010年完成《内蒙古西鄂尔多斯国家级自然保护区总体规划》《内蒙古自治区2011—2020年特色经济林产业发展规划》2项；2011年完成《内蒙古自治区平原绿化三期工程建设规划》《内蒙古高格斯台罕乌拉国家级自然保护区总体规划》等9项；2012年完成《内蒙古自治区春坤山生态旅游总体规划》《内蒙古锡林河国家湿地公园总体规划》等5项；2013年完成《内蒙古好森沟国家森林公园总体规划》《内蒙古杭锦淖尔自治区级自然保护区总体规划》《内蒙古自治区乌海市海勃湾区林地保护利用规划》等51项；2014年完成《内蒙古科尔沁国家级自然保护区总体规划（2014—2025年）》《内蒙古自治区锡林郭勒盟多伦县固定狩猎场建设项目总体规划》等专项规划3项；2015年完成《内蒙古莫合尔图国家湿地公园总体规划》《内蒙古大青山国家级自然保护区圣水湾生态旅游区总体规划（2015—2020）》等5项。

内蒙古自治区林业监测规划院围绕林业调查监测与规划设计工作需要，完成的相关科研工作主要有：2006年，内蒙古自治区林业监测规划院完成科研项目《内蒙古森林资源价值量核算研究》《内蒙古自治区森林资源资产负债表编制研究》；2009年，内蒙古自治区大兴安岭森林调查规划院完成《内蒙古大兴安岭林区生长模型研制》；2014年，内蒙古自治区林业监测规划院完成自治区发展与改革委员会科研项目《内蒙古“十三五”生态保护与建设研究》《涉案林地、林木及林产品价格鉴定方法研究》；2015年，内蒙古自治区林业监测规划院开展内蒙古林业厅科研项目《内蒙古森林灾害风险区划及评估指标体系研究》，合同约定2018年6月提交成果。

# 第七节　林业规划新技术与应用

## 一、林业规划新技术

### （一）汇总程序软件

内蒙古自治区林业监测规划院的营造林核查数据统计汇总从早期应用办公软件人工汇总，至2011年使用编制的汇总程序软件，工作效率、汇总速度和精准度明显提高。

### （二）卫星图片

内蒙古自治区林业监测规划院在2011年造林核查中利用了两期卫片对比，对达到成效年限的飞播和封育地块进行不同地类的区划。结合外业调查，减少外业时间，提高验收的准确性。以往的违法占用林地检查采用的是外业重点地区巡查和访问相结合的形式，费时费力，目标性不强。内蒙古自治区林业监测规划院从2012年开始使用卫片执法检查，采用最新的卫片和近3年的卫片相比较，在外业调查之前，将两期照片对比，区划出林地有变化的地类，在外业一一核实，此方法针对性强，能及时发现违法占地情况。

### （三）卫星影像数据源

内蒙古自治区林业监测规划院2006年开始使用法国SPOT5卫星影像，空间分辨率2.5米，2014年开始使用国产高分辨率遥感影像资源三号，高分一号，高分二号等，空间分辨率在0.8—2.1米。

### （四）平板电脑及无人机

最初的调查方法是把卫星影像打印，区划小班，然后再画到硫酸纸上扫描，校正，矢量化。从2007年开始，内蒙古自治区林业监测规划院采用GIS软件直接在电脑上区划，2015年开始使用桌面端和移动端（平板电脑）相结合的方式，桌面端用于内业区划，移动端用于外业修改和调查因子录入。内业区划按小班划分条件，在计算机上依据数字正射影像图影像进行小班判读划分，并进行小班归类。野外调查用平板电脑取代PDA和GPS，实现内、外业数据处理一体化管理。

2010年，内蒙古自治区林业监测规划院组建全区林业系统第一支专业无人机调查团队。

### （五）信息化设备与技术

2006年以后，自治区林业监测规划院先后配置了遥感图像处理系统、图形工作站、固定翼无人机和多旋翼无人机、彩色大幅面绘图仪、彩色大幅面工程扫描仪等设备，进行了遥感影像信息处理、三维动态演示、数据库开发与应用、地理信息系统开发与应用、林业信息采集与汇总、“3S”技术推广与应用、各类调查成果输出等方面的技术开发和应用。

## 二、林业规划新技术应用

### （一）利用“3S”技术评价重点建设工程

2006年以后，内蒙古自治区林业监测规划院以工程实施的森林资源连续清查几期影像所解译的土地利用类型、树种、植被盖度等数据为基本信息源，参考相关专项调查数据，基于GIS工具，结合景观生态学理论，选用斑块密度，廊道密度、斑块破碎度、分离度和斑块面积变异系数5个指标对国家林业重点建设工程区的生态系统类群格局、特点、综合森林资源状况等自然规律，以及人为干预下的演替趋势进行分析评价。

（二）分析植被指数评估工程区植被盖度

2006年以后，内蒙古自治区林业监测规划院利用MODIS遥感数据建立数字植被盖度模型，对重点林业工程实施以后植被盖度年际变化进行动态监测，并且对植被净第一性生产力（NPP）的年际变化做出分析评价。同时结合年降水量，分析年降水量与植被盖度的相关性。

（三）采集化验土壤为工程区改善土壤养分

2006年以后，内蒙古自治区林业监测规划院根据相关基础标准，在京津风沙源工程治理区共设置土壤剖面249个，采集3000多份土样，对其理化性状进行化验与分析，预测工程区内不同空间分布的森林生长、发育、演替能力，为评价治理工程对改良森林土壤的效能提供基础数据。

（四）利用风洞实验估算工程区风蚀模数

2006年以后，内蒙古自治区林业监测规划院利用风洞模型对工程区实施以后年风蚀模数、风蚀量进行估算。根据结果对工程区土壤风力侵蚀状况以及土壤风力侵蚀变化情况进行综合分析，分析了工程实施对减少土壤侵蚀、水土流失的影响。

（五）利用经济数据对工程区效益进行评价

2006年开始，内蒙古自治区林业监测规划院对京津沙源治理工程实施以后工程区涉及旗县的社会经济状况进行调查和统计分析，以旗县为单位进行数据的采集与统计，并以典型旗县及村为调查样本单元，对乡村贫困人口、农牧民家庭收入等情况进行抽样调查。根据统计和调查收集到的资料数据，客观地分析与评价工程区实施以后区域社会经济的发展变化及对当地农牧民脱贫致富的贡献。

## 第八节　林业工程咨询　设计　评估与标准

### 一、林业工程咨询与设计

（一）项目建议书

内蒙古自治区林业与生态建设重大项目在开展可行性研究以前，部分项目根据建设单位要求开展项目建议书的编制工作。但其主要用于在建设单位以及项目审批机关初步决策，其相关工作开展并不普及。2006—2015年，每年林业与生态建设项目的建议书编制在20—50项。

（二）可行性研究报告

根据国家林业局2006年颁布的《林业建设项目可行性研究报告编制规定（试行）》，依据国家、地方和行业相关标准，林业咨询单位在方案论证、建设的必要性和可行性、建设内容及规模、投资与效益等方面开展研究，编制可行性研究报告，建设项目经主管部门审批后进行核准或备案。可行性研究是项目建设前期工作的重要组成部分。2006—2015年，每年林业与生态建设项目的可行性研究报告编制在300—500项。

（三）初步设计

林业与生态建设项目的初步设计根据国家林业局2006年颁布的《林业建设项目初步设计编制规定（试行）》，依据国家、地方和行业相关标准，林业工程设计单位在建设规模、产品（功能）方案、技术路线和工艺流程等方面进行设计，编制初步设计说明书、设计概算书和设计图纸，建设项目初步设计经主管部门审批后进入项目实施阶段。初步设计是项目建设前期工作的重要组成部分。2006—2015年每年林业与生态建设项目的初步设计编制在240—380项。

（四）实施方案编制与作业设计

内蒙古自治区实施的国家重点生态工程和开展植树造林项目大部分都进行实施方案编制与作业设计工作，即将造林作业具体落实到小班地块。林业与生态建设项目实施方案编制与作业设计由具有林业调查规划设计资质单位完成，是林业调查规划设计机构的重要工作之一。2006—2015年，每年林业与生态建设项目完成的实施方案和作业设计在600—1000项。

### 二、林业司法鉴定与资产评估

（一）林业司法鉴定

内蒙古自治区林业监测规划院于2010年12月成立内蒙古自治区第一家林业司法鉴定机构，并获得内蒙古自治区司法厅颁发的司法鉴定许可证书。2011—2015年，先后开展各类涉林案件司法鉴定220项。

（二）森林资源资产评估

森林资源资产评估是指评估人员依据相关法律、法规和资产评估准则，在评估基准日，对特定目的和条件下的森林资源资产价值进行分析、估算，并发表专业意见的行为和过程。随着中国林业产业结构调整和林权流转制度改革，森林资源资产评估需求逐渐增多。内蒙古自治区林业监测规划院和内蒙古自治区第二林业监测规划院在2006—2015年，每年开展森林资源资产评估项目在80—320项。

### 三、地方标准及相关技术标准的编制

在林业地方标准及相关技术标准方面，内蒙古自治区林业监测规划院和内蒙古自治区第二林业监测规划院自2011年开始，先后参与起草和制定《森林资源资产评估核查技术规程》（DB15/T534－2013）、《灌木林资源资产评估技术规程》（DB15/T 1076－2017）等地方标准，并结合生产实际，开展林业数表和自治区主要树种材积表编制工作。

## 第九节　生态林业数据库

### 一、森林资源管理信息系统

内蒙古自治区森林资源管理信息系统是内蒙古自治区数字林业建设的主要内容之一，是推进传统森林资源管理向现代森林资源管理转变的重要步骤。2006年以后，利用网络技术、数据库技术、地理信息技术，建立全区统一的森林资源管理业务应用系统，实现对森林资源连续清查、森林资源规划设计调查、森林资源动态更新、森林资源数据共享、生态公益林管理、资源林政管理等方面数字化，为各级森林防火、森林病虫害防治、营造林工程等提供森林资源信息，达到全区森林资源信息共享。系统包括森林资源基础信息管理、生态公益林管理、森林资源监测管理、森林资源年度变化调查管理、资源林政管理等5个子系统。

### 二、大数据库

2015年，内蒙古自治区林业监测规划院已经建成覆盖全区的基础地理信息数据库、遥感影像数据库、森林资源一类清查数据库、森林资源二类调查数据库、林地保护利用规划数据库、国家级公益林数据库、荒漠化数据库及湿地数据库。

# 第十三章

# 林业科技 交流合作 宣传 教育

## 第一节 林业科学技术

### 一、林业科研组织

至2015年，内蒙古自治区有13个林业科研院所。其中自治区1家（内蒙古自治区林业科学研究院）、盟市10家（呼伦贝尔市林业科学研究所、呼伦贝尔市蚕业科学研究所、兴安盟林业科学研究所、通辽市林业科学研究院、赤峰市林业科学研究院、锡林郭勒盟林业科学研究所、乌兰察布市林业科学研究所、鄂尔多斯市林业治沙科学研究院、巴彦淖尔市林业科学研究所和阿拉善盟林业治沙研究所）、旗县2家（敖汉旗林业科学研究所和阿鲁科尔沁旗林业科学研究所），有科研人员约600人。

至2015年，内蒙古自治区已建成和批准在建的国家林业局生态站16个、国家林业局重点实验室1个、国家林业局林木种苗质量检验检疫中心1个。建立通辽市沙地综合治理与开发利用院士专家工作站、赛罕乌拉国家级自然保护区院士工作站、阿拉善沙生资源植物产业院士专家工作站、内蒙古自治区文冠果工程技术研究中心。

表13-1-1　2006—2015年全区已建和在建国家定位观测研究站统计表

| 类别 | 生态站名称 | 技术依托单位 | 建设单位 |
|---|---|---|---|
| 森林 | 内蒙古大兴安岭森林生态系统国家定位观测研究站 | 内蒙古农业大学 | 内蒙古农业大学 |
| | 内蒙古赛罕乌拉森林生态系统国家定位观测研究站 | 内蒙古农业大学 | 赛罕乌拉国家级自然保护区管理局 |
| | 内蒙古大青山森林生态系统国家定位观测研究站 | 内蒙古自治区林业科学研究院 | 内蒙古自治区林业科学研究院 |
| | 内蒙古鄂尔多斯森林生态系统国家定位观测研究站 | 内蒙古自治区林业科学研究院 | 内蒙古自治区林业科学研究院 |

（续表）

| 类别 | 生态站名称 | 技术依托单位 | 建设单位 |
|---|---|---|---|
| 森林 | 内蒙古特金罕山森林生态系统国家定位观测研究站 | 通辽市林业科学研究院 | 内蒙古罕山自然保护区管理局 |
| | 内蒙古赤峰森林生态系统国家定位观测研究站 | 赤峰市林业科学研究院 | 赤峰市林业科学研究院 |
| 荒漠 | 内蒙古呼伦贝尔沙地生态系统国家定位观测研究站 | 呼伦贝尔市林业科学研究所 | 呼伦贝尔市林业科学研究所 |
| | 内蒙古吉兰泰荒漠生态系统国家定位观测研究站 | 阿拉善盟林业治沙研究所 | 阿拉善盟林业治沙研究所 |
| | 内蒙古多伦浑善达克沙地生态系统国家定位观测研究站 | 内蒙古自治区林业科学研究院 | 内蒙古自治区林业科学研究院 |
| | 内蒙古达拉特荒漠生态系统国家定位观测研究站 | 内蒙古自治区林业科学研究院 | 内蒙古自治区林业科学研究院 |
| | 内蒙古巴丹吉林荒漠生态系统国家定位观测研究站 | 中国科学院寒区旱区环境与工程研究所 | 巴丹吉林自然保护区管理局 |
| | 内蒙古杭锦荒漠生态系统国家定位观测研究站 | 内蒙古农业大学 | 鄂尔多斯杭锦旗自然保护区管理局 |
| 湿地 | 内蒙古乌梁素海湿地生态系统国家定位观测研究站 | 内蒙古农业大学 | 乌梁素海自然保护区管理局 |
| | 内蒙古包头黄河湿地生态系统国家定位观测研究站 | 内蒙古自治区林业科学研究院 | 包头市生态湿地保护管理中心 |
| | 内蒙古呼伦湖湿地生态系统国家定位观测研究站 | 中国科学院南京地理与湖泊研究所 | 内蒙古呼伦湖国家级自然保护区管理局 |
| | 内蒙古额尔古纳湿地生态系统国家定位观测研究站 | 中国科学院沈阳应用生态研究所 | 内蒙古额尔古纳湿地自然保护区管理局 |

## 二、内蒙古自治区林业技术标准

2006年以后，自治区林业厅编制了《内蒙古自治区林业标准体系发展规划》，成立林业标准化委员会。审定发布地方标准16项、行业标准2项，立项林业行业标准3项、地方标准52项。为提高标准使用率，印发《关于加强适用技术推广应用，提高造林成活率和保存率的紧急通知》，要求在造林核查中检查林业标准使用率，推动标准化工作。推荐认定全国林业标准化示范企业3个，实施国家级标准化示范区项目1个，自治区级林业标准化示范区项目2个，建立标准化示范基地，带动农牧户5000余户。

**表13-1-2　2006—2015年全区发布实施林业地方标准一览表**

| 标准（计划）号 | 标准名称 | 起草单位 | 发布日期 |
|---|---|---|---|
| DB15/T283－2007 | 封山（沙）育林技术规程 | 内蒙古自治区林业厅 | 2007.2 |
| DB15/T534－2013 | 森林资源资产评估核查技术规程 | 内蒙古自治区林业厅 | 2013.1 |

（续表）

| 标准（计划）号 | 标准名称 | 起草单位 | 发布日期 |
|---|---|---|---|
| DB15/T535－2013 | 流动沙地沙障设置技术规范 | 内蒙古自治区林业厅 | 2013.1 |
| DB15/T556－2013 | 飞播治沙造林技术规程 | 内蒙古自治区三北防护林工作站 | 2013.7 |
| DB15/T557－2013 | 人工灌木林主要树种平茬复壮技术规程 | 内蒙古自治区林业科学研究院、内蒙古自治区林业厅造林处 | 2013.7 |
| DB15/T558－2013 | 蒙古栎育苗技术规程 | 呼伦贝尔市蚕业科学研究所、内蒙古自治区林业科学研究院 | 2013.7 |
| DB15/T559－2013 | 肉苁蓉种植技术规程 | 阿拉善盟林业治沙研究所 | 2013.7 |
| DB15/T689－2014 | 梭梭育苗技术规程 | 阿拉善盟林业治沙研究所、阿拉善盟林木育苗站 | 2014.7 |
| DB15/T707－2014 | 樟子松造林技术规程 | 呼伦贝尔市林业科学研究所、内蒙古农业大学 | 2014.10 |
| DB15/T708－2014 | 杨树低产低效林改造技术规程 | 通辽市林业科学研究院 | 2014.10 |
| DB15/T709－2014 | 文冠果造林技术规程 | 通辽市林业科学研究院 | 2014.10 |
| DB15/T836－2015 | 灰斑古毒蛾预测预报技术规程 | 内蒙古自治区林业厅、鄂尔多斯市森林病虫害防治检疫站 | 2015.2 |
| DB15/T837－2015 | 兴安落叶松人工用材林抚育规程 | 内蒙古农业大学、兴安盟林业科学研究所 | 2015.2 |
| DB15/T838－2015 | 沙柳丰产栽培技术规程 | 内蒙古自治区林业科学研究院 | 2015.2 |
| DB15/T943－2015 | 采煤沉陷区造林技术规程 | 内蒙古农业大学 | 2015.12 |
| DB15/T944－2015 | 风蚀坑治理技术规程 | 内蒙古自治区林业科学研究院 | 2015.12 |

## 三、林业科学研究成果

2006—2015年，国家林业局下达内蒙古自治区林业科学研究项目见表13-1-3。

**表13-1-3　2006—2015年国家林业局下达自治区科研项目一览表**

| 项目名称 | 项目性质 | 承担单位 | 投资规模（万元） | 起止时间（年） |
|---|---|---|---|---|
| 防治沙棘木蠹蛾多组份微胶囊技术引进 | 引进国际先进科学技术项目 | 内蒙古自治区森林病虫害防治检疫站、内蒙古农业大学 | 50 | 2006—2009 |
| 沙地云杉重齿小蠹信息素及其应用技术 | 引进国际先进科学技术项目 | 赤峰市克什克腾旗林业局 | 50 | 2006—2009 |
| 干旱、半干旱生态脆弱区深耕免冠植被恢复技术引进 | 引进国际先进科学技术项目 | 内蒙古自治区林业科学研究院 | 40 | 2006—2011 |
| 内蒙古干旱区抗逆性优良生态树种选育及栽培实验 | 国家林业局重点科学技术计划项目 | 内蒙古自治区林业科学研究院 | 20 | 2006—2010 |
| 沙漠（沙地）地区植被恢复技术引进 | 国家林业局重点科学技术计划项目 | 内蒙古农业大学 | 50 | 2007—2011 |

（续表）

| 项目名称 | 项目性质 | 承担单位 | 投资规模（万元） | 起止时间（年） |
|---|---|---|---|---|
| 沙地贫瘠土壤地力保育技术引进 | 引进国际先进科学技术项目 | 内蒙古自治区林业科学研究院 | 50 | 2009—2013 |
| 珍贵观赏树种欧洲银柳、西伯利亚野苹果资源及培育技术引进 | 引进国际先进科学技术项目 | 内蒙古自治区林业科学研究院 | 50 | 2010—2014 |
| 生物缓冲带荒漠化防治技术体系引进 | 引进国际先进科学技术项目 | 内蒙古农业大学 | 70 | 2010—2014 |
| 木材液化产物化学合成再生纤维关键技术引进 | 引进国际先进科学技术项目 | 内蒙古农业大学 | 50 | 2011—2013 |
| 臭柏固沙、碳汇林建设关键技术及后续产业开发 | 林业公益性行业科研专项 | 内蒙古农业大学 | 135 | 2011—2013 |
| 耐干旱优良地被植物品种爬地柏及繁育技术引进 | 引进国际先进科学技术项目 | 内蒙古自治区林业科学研究院 | 50 | 2011—2015 |
| 兴安落叶松与华北落叶松速生丰产栽培技术研究 | 林业公益性行业科研专项 | 内蒙古自治区林业科学研究院 | 84 | 2011—2015 |
| 流动沙地植被恢复一体化技术引进 | 引进国际先进科学技术项目 | 内蒙古自治区林业科学研究院 | 50 | 2012—2015 |
| 风积沙产业化利用及其迹地植被营建技术研究 | 林业公益性行业科研专项 | 内蒙古农业大学 | 185 | 2012—2015<br>在实施 |
| 科尔沁和毛乌素沙地人工灌木林林分结构优化调控技术研究 | 林业公益性行业科研专项 | 内蒙古自治区林业科学研究院 | 180 | 2013—2015<br>在实施 |
| 藻草灌复合植被恢复重建关键技术研究与示范 | 林业公益性行业科研专项 | 内蒙古自治区林业科学研究院 | 408 | 2014—2015<br>在实施 |
| 引进北美稠李等4种抗逆性树种培育技术 | 引进国际先进科学技术项目 | 内蒙古自治区林木良种繁育中心 | 20 | 2015—<br>在实施 |
| 浑善达克沙地疏林型植被建设技术研究 | 林业公益性行业科研专项 | 内蒙古农业大学 | 369 | 2015—<br>在实施 |
| 人工调控荒漠化灌丛生态空间构型技术引进 | 引进国际先进科学技术项目 | 内蒙古农业大学 | 40 | 2015—<br>在实施 |

2006—2015年，北方生态安全屏障建设对科技创新提出了新需求，围绕防沙治沙、林沙产业、抗逆性树种选育、经济林丰产栽培等，全区林业科研部门组织开展科研攻关，取得一批科技成果。全区经鉴定验收的林业科技成果400余项，并首次获批林业公益性行业科研重大专项。获国家发明专利6项、实用新型专利19项，获得国家和省级科技奖118项；组织开展“内蒙古林业科技贡献奖”“内蒙古林业青年科技奖”“优秀论文奖”评选活动，有19项科技成果、38名优秀林业青年工作者、97篇论文获奖。2010年，自治区林业厅与南京林业大学签署合作协议、2013年与北京林业大学签订产学研合作协议，在遗传育种、森林资源开发利用、林业产业技术开发、湿地保护、创新平台建设等方面开展全面合作。

## 四、林业科技推广

### （一）科技推广总体状况

2006—2015年，自治区林业厅逐步建立林业科技成果信息发布制度，遴选40多项具有先进性、成熟性、实用性，能够促进重点区域绿化、林业产业和经济林建设的科技成果，进行三次发布。总结并编印《“十五”林业科技成果集》《内蒙古自治区部分造林绿化树种简介》《内蒙古自治区主要造林树种及花灌木育苗技术手册》《内蒙古自治区林业适用技术手册》《内蒙古自治区林业科技成果集（2006—2010）》《林业实用技术集》《抗旱造林系列技术》等8项适用技术指南，编制《内蒙古自治区林业适用技术手册》《内蒙古自治区林业技术推广计划任务指南》等技术资料，印发到自治区各地，不断加大林业科技工作的宣传指导力度。每年组织各级林业部门开展科技培训和送科技下乡活动，指导各盟市每年利用冬春农闲季节，针对基层林业管理人员和技术人员、专业造林队伍、林业合作社、专业大户和农牧民开展以抗旱造林系列技术、经济林培育和林下经济等实用技术为主要内容的分类培训，自治区林业系统科技下乡和科技培训已进入常态化。

2006—2015年，每年筛选10项以上新成果、新技术，在林业重点工程中推广应用。重点推广控根苗、生根粉、保水剂等节水抗旱造林系列技术和沙地飞播造林、植物再生沙障、经济林丰产栽培等一批技术成熟、适应性强、见效快的林业科技成果。全区完成林业技术推广面积585.11万公顷，适用技术推广覆盖率达到87.68%。抗旱造林综合配套措施得到加强，容器苗造林面积逐年增加，抗旱造林技术的应用使得人工造林成活率提高20%以上，困难立地条件的封山育林成林合格率大幅提高。GPS导航、多效复合剂、生根粉拌种、飞播种子丸粒化等配套技术已普遍应用，飞播幼苗保存率提高20%—30%。

截至2015年底，全区已形成自治区、盟市、旗县三级推广网络体系，全区有负责技术推广的机构113个，设有内蒙古自治区林业技术推广中心（内蒙古自治区三北防护林工作站）1个，盟（市）级中心站12个，旗（县、区）级分站100个，有技术推广人员1979人，其中高级职称人员127人，中级职称人员399人，初级和其他技术人员1453人。各级林业技术推广单位根据中华人民共和国《农业技术推广法》，在全区林业生态建设中，参与制定林业技术推广计划并组织实施；组织林业技术专业培训，提供林业技术、信息服务；对确定推广的林业技术进行试验、示范；指导下级林业技术推广机构、群众科技组织和农牧民技术人员开展林业技术推广活动。

### （二）林业技术培训

2006—2010年（“十一五”期间），围绕林业重点工程开展林业适用技术培训，通过媒体宣传及举办各类培训班，将国家林业局、自治区林业厅及区内外最新林业科技动态、科技成果及先进适用技术等林业科技信息传送到基层科技工作者手中。全区各级林业技术推广机构结合当地林业生产，相继开展丰产栽培、抗旱造林技术等培训，全区共培训盟市、旗县、乡镇技术人员及林业重点工程区内农牧民80余万人次，培训印发科技资料10万余份（册）。

2011—2015年（“十二五”期间），逐步加强林业实用技术培训，主要对象是基层林业工作者、种植大户及林业专业合作经济组织。五年间，自治区通过集中培训、聘请区内外专家或本土专家现地指导等形式，多层次、多渠道开展形式多样、内容丰富、重点突出、针对性强的林农培训，全区共培训林农30余万人次，培养出一批具有一定经验的包括造林技术、种苗繁育、果树丰产栽培等专长的乡土专家。

### （三）技术推广基础设施建设与投入

从2005年开始，国家林业局启动基层林业技术推广站基础设施建设项目。2006—2010年，全区有55

个盟市、旗县技术推广站，得到国家林业局的支持，开展林业技术推广站的基础设施建设项目，中央财政投资566万元。

2011—2015年，自治区林业技术推广机构开展36个旗县级的林业技术推广站的基础设施建设项目，总投资435万元。其中，中央财政投资360万元，地方配套投资75万元。

经过林业技术推广站基础设施建设，自治区各级林业技术推广机构在2006—2015年共建设林业技术推广站91个，总投资1001万元，其中，中央财政投资926万元，地方配套投资75万元。自治区、盟市以及旗县3级林业技术推广站基础设施和设备全部得到加强，办公、推广条件得到很大改善，加快信息传播速度，录像、图片、多媒体技术的应用，提高技术推广的质量，有力地推动了林业技术推广工作的开展，推广能力得到进一步提高。

（四）林业技术示范推广项目

2006—2015年，在全区范围内有针对性地开展关键性林业技术的引进、试验、示范及适用技术的组装集成与推广，完成林业科技成果示范推广建设项目206项，建成林业技术示范推广基地200余个。其中：全区累计实施中央财政林业科技推广项目81个，投入资金6790万元，推广面积21.66万亩，辐射带动农牧户10万多户，建立大批示范基地，面积达20.80万亩；全区各级推广机构累计实施内蒙古自治区财政林业科技推广项目125个，投入资金1500余万元，推广面积10余万亩，辐射带动农牧户10万多户，建立大批示范基地和示范点。

**表13-1-4　2006—2015年中央财政下拨自治区林业科技推广示范项目统计表**

| 项目名称 | 承担单位 | 建设规模（亩） | 投资规模（万元） | 起止时间（年） |
|---|---|---|---|---|
| “三北”地区樟子松造林技术推广示范 | 呼伦贝尔市林业科学研究所 | 700 | 70 | 2010—2012 |
| 樟子松良种繁育技术推广示范 | 赤峰市敖汉旗林木种苗站、赤峰市敖汉旗林业科学研究所 | 50 | 50 | 2010—2012 |
| 科尔沁沙地抗逆性杨树无性系及配套栽培技术推广 | 通辽市林业科学研究所 | 150 | 80 | 2010—2011 |
| 河北杨良种繁育技术推广 | 巴彦淖尔市林业科学研究所 | 560 | 30 | 2010—2012 |
| 半干旱地区河岸滩地杨树良种速生丰产林栽培技术推广示范 | 赤峰市林业科学研究所 | 52 | 60 | 2010—2012 |
| 抗逆性杨树新品种造林推广示范 | 内蒙古三北防护林工作站 | 500 | 50 | 2010—2012 |
| 山杏林丰产配套技术推广示范 | 内蒙古自治区林业科学研究院 | 2500 | 70 | 2010—2012 |
| 低效山杏林改造、丰产技术推广示范 | 锡林郭勒盟林业工作站 | 1500 | 40 | 2010—2011 |
| 巴彦淖尔市梭梭人工接种肉苁蓉技术推广 | 巴彦淖尔市造林技术推广站 | 1000 | 50 | 2010 |
| 干旱荒漠区肉苁蓉人工接种综合配套技术 | 阿拉善盟林业治沙研究所 | 2400 | 50 | 2010 |
| 浑善达克沙地再生沙障治理流动沙丘技术推广项目 | 锡林郭勒盟林木种苗站 | 1600 | 50 | 2010—2012 |
| 乌海市珍稀濒危植物四合木人工造林技术推广 | 乌海市林业科技推广中心 | 300 | 60 | 2010—2012 |

（续表）

| 项目名称 | 承担单位 | 建设规模（亩） | 投资规模（万元） | 起止时间（年） |
|---|---|---|---|---|
| 包头市小胡系杨树抗旱耐盐碱造林推广示范 | 包头市林木种苗站 | 400 | 40 | 2010—2012 |
| 包头市种子包衣丸粒化抗旱造林技术示范推广 | 包头市林业工作站 | 1000 | 40 | 2010—2012 |
| 毛乌素沙地针叶树固沙造林技术推广应用 | 鄂尔多斯市林业治沙科学研究所 | 1200 | 60 | 2010—2012 |
| 高寒漫甸、低山丘陵区农田草场防护林体系营建技术推广示范项目 | 赤峰市克什克腾旗林业工作站 | 800 | 50 | 2010—2012 |
| 大青山干旱阳坡石质山地林业生态工程综合配套技术推广 | 呼和浩特市乌素图实验林场 | 750 | 60 | 2010—2012 |
| 华北落叶松人工林抚育经营技术推广示范 | 乌兰察布市林业科学研究所 | 3000 | 60 | 2010—2012 |
| 多伦县樟子松抚育经营技术科技推广示范项目 | 锡林郭勒盟多伦县林业技术推广站 | 1250 | 50 | 2010—2012 |
| 小林果实采收技术及配套装备成果推广与示范 | 内蒙古自治区林业科学研究院 | — | 80 | 2010—2012 |
| 大兴安岭南部地区兴安落叶松人工林抚育伐优化模式试验示范 | 兴安盟林业科学研究所 | 1250 | 100 | 2010—2012 |
| 低覆盖度生态林业体系及良繁技术示范 | 巴彦淖尔市乌兰布和防沙治沙局 | 2000 | 100 | 2010—2013 |
| 多效保水生物复合肥在沙区植被恢复中的应用 | 内蒙古自治区林业科学研究院 | 1630 | 100 | 2010—2013 |
| 灌木柳平茬复壮及利用技术推广示范 | 锡林郭勒盟林业科学研究所 | 2000 | 100 | 2011—2014 |
| 优良生态灌木树种繁育及人工林优化配置技术推广与示范 | 内蒙古自治区林业科学研究院 | 800 | 100 | 2011—2013 |
| 森林烟火智能预警系统的推广应用 | 呼伦贝尔市林业科学研究所 | — | 70 | 2011—2012 |
| 内蒙古林业鼠害防治技术推广示范 | 内蒙古森林病虫害防治检疫站 | 30000 | 60 | 2011—2013 |
| 土壤增水剂在大青山山地造林中的推广应用 | 内蒙古三北防护林工作站 | 500 | 80 | 2011—2013 |
| 风蚀沙化地区综合防护林体系建设推广示范 | 乌兰察布市林业科学研究所 | 800 | 60 | 2011—2013 |
| 流动沙地直播生物沙障综合治沙技术推广 | 内蒙古自治区林业科学研究院 | 6000 | 60 | 2011—2013 |
| “腾格里沙漠飞播种子大粒化新技术及植物生长调查研究”飞播造林示范推广 | 阿拉善盟林业治沙研究所 | 10000 | 50 | 2011—2013 |
| 行带式杨树樟子松混交造林技术推广示范 | 赤峰市敖汉旗林业科学研究所 | 1200 | 60 | 2011—2013 |
| 优良抗逆尖果沙枣和甘蒙锦鸡儿繁育技术推广与示范 | 内蒙古自治区林业科学研究院 | 200 | 50 | 2011—2013 |
| 美国西部沙樱繁育及营造林技术 | 内蒙古自治区林木种苗站 | 800 | 50 | 2011—2013 |

（续表）

| 项目名称 | 承担单位 | 建设规模（亩） | 投资规模（万元） | 起止时间（年） |
|---|---|---|---|---|
| 河套灌区大叶白蜡造林技术推广 | 巴彦淖尔市林业科学研究所 | 600 | 60 | 2011—2013 |
| 燕山丘陵区低效天然次生林改造技术推广示范 | 赤峰市林业科学研究院 | 1000 | 100 | 2012—2014 |
| 杨树低产低效林改造配套栽培技术推广 | 通辽市林业科学研究所 | 1100 | 100 | 2012—2014 |
| 肠式沙障固沙造林配套技术推广示范 | 锡林郭勒盟多伦县林业科技推广站 | 2000 | 100 | 2012—2015 |
| 乌兰察布市退耕还林地低产低效林改造技术示范 | 乌兰察布市造林站、乌兰察布市林业科学研究所 | 800 | 100 | 2012—2015 |
| 大青山南坡困难立地山杏、柄扁桃造林技术推广示范 | 包头市林业工作站 | 600 | 100 | 2012—2014 |
| 长柄扁桃造林技术推广与示范 | 鄂尔多斯市林业治沙科学研究所 | 500 | 100 | 2012—2015 |
| 艾米乐生物菌肥在营造林中的应用推广 | 满洲里市林业工作站 | 1000 | 100 | 2012—2015 |
| 三种园林景观树种繁育技术示范 | 内蒙古自治区林业科学研究院 | 150 | 100 | 2012—2015 |
| 沙棘蛀干害虫综合治理技术推广示范 | 内蒙古自治区林业科学研究院 | 2000 | 100 | 2012—2014 |
| 科尔沁沙地植被恢复技术模式推广 | 通辽市林业科学研究院、通辽市奈曼旗林业工作站 | 1500 | 100 | 2013—2015 |
| 半干旱农牧业交错区生态修复与综合治理技术推广示范 | 赤峰市林业科学研究院、赤峰市敖汉旗林业科学研究所 | 1000 | 100 | 2013—2015 |
| 林蚕复合经营技术推广示范 | 呼伦贝尔市阿荣旗林业工作站、呼伦贝尔市阿荣旗柞蚕实验种场、呼伦贝尔市阿荣旗珍珠蚕种场 | 8800 | 100 | 2013—2015 |
| 呼伦贝尔沙地治理技术模式推广 | 呼伦贝尔市林业工作站 | 1000 | 100 | 2013—2015 |
| 蒿柳天蚕林可持续经营技术推广示范 | 兴安盟林业科学研究所 | 300 | 100 | 2013—2015 |
| 呼和浩特市森林鼠害综合治理技术推广示范 | 呼和浩特市森林保护站 | 70000 | 100 | 2013—2014 |
| 包头市南海湿地遗鸥栖息繁育地生境营造技术示范 | 包头市生态湿地保护管理中心、包头市南海湿地风景区管理处 | 2000 | 100 | 2013—2015 |
| 河套平原盐碱地开沟起垄造林技术推广示范 | 巴彦淖尔市林业科学研究所 | 700 | 100 | 2013—2015 |
| 梭梭行带式造林接种肉苁蓉综合配套技术推广示范 | 阿拉善盟林业治沙研究所 | 4000 | 100 | 2013—2015 |
| 云杉优良树种繁育技术推广 | 内蒙古自治区林业科学研究院 | 200 | 100 | 2013—2016 |
| 两个优良树种繁育及栽培技术推广 | 内蒙古自治区林业科学研究院 | 200 | 100 | 2013—2015 |
| ‘塞外红’（锦绣海棠）良种培育及丰产栽培技术推广 | 通辽市林业科学研究院 | 160 | 100 | 2014—2016 |

（续表）

| 项目名称 | 承担单位 | 建设规模（亩） | 投资规模（万元） | 起止时间（年） |
|---|---|---|---|---|
| 内蒙古枸杞高效栽培经营技术推广示范 | 内蒙古自治区林业科学研究院 | 212 | 100 | 2014—2017 |
| 包金梨设施丰产栽培技术推广 | 赤峰市林业科学研究院 | 30 | 120 | 2014—2016 |
| 沙棘良种——圣果1号繁育示范推广 | 鄂尔多斯市林木种苗站、鄂尔多斯市高原圣果生态建设开发有限公司 | 2000 | 120 | 2014—2016 |
| 利用柠条种植食用菌技术推广与应用 | 乌兰察布市林业产业化办公室 | 6 | 80 | 2014—2016 |
| 中国沙棘快繁育苗技术推广示范 | 赤峰市敖汉旗林业科学研究所 | 120 | 100 | 2014—2016 |
| 三种优良乡土树种繁育技术推广与栽培示范 | 内蒙古自治区林业科学研究院 | 215 | 120 | 2014—2017 |
| 恩格贝环境修复优选树种造林技术推广与示范 | 鄂尔多斯市恩格贝生态示范区管委会、鄂尔多斯市林业治沙科学研究所 | 1000 | 100 | 2014—2016 |
| 流动沙丘分部位治理造林模式推广 | 内蒙古自治区林业科学研究院 | 800 | 100 | 2014—2017 |
| 额济纳旗戈壁人工造林技术推广 | 阿拉善盟国营额济纳旗经营林场 | 600 | 100 | 2014—2017 |
| 重齿小蠹聚集信息素应用技术推广 | 白音敖包国家级自然保护区管理局 | 30000 | 80 | 2014—2017 |
| 透气防渗砂技术在沙区旱区植物种植上的推广应用 | 内蒙古自治区三北防护林工作站 | 600 | 90 | 2014—2017 |
| 包头市园林绿化用耐旱植物推广 | 包头市林业工作站 | 388 | 80 | 2014—2017 |
| 阔叶树优良品种节水育苗技术推广示范 | 包头市林业工作站 | 60 | 100 | 2015—2017 |
| 兴安一号蓝莓种苗繁育与种植推广示范 | 呼伦贝尔市林业科学研究所 | 200 | 100 | 2015—2017 |
| 塞外红苹果高光效整形修剪技术推广 | 通辽市林业科学研究院 | 200 | 100 | 2015—2017 |
| 新苹红苹果优质丰产栽培技术推广与示范 | 赤峰市林业科学研究院 | 510 | 100 | 2015—2017 |
| 半干旱地区野生平榛丰产栽培配套技术推广示范 | 赤峰市林业工作总站 | 800 | 100 | 2015—2017 |
| 寒红梨优质丰产栽培技术推广与示范 | 赤峰市宁城县经济林管理站 | 500 | 100 | 2015—2017 |
| 沙棘造林系列技术标准化示范 | 赤峰市敖汉旗林业科学研究所 | 507 | 100 | 2015—2017 |
| 柠条生物饲料加工技术推广与应用 | 乌兰察布市林业产业化办公室 | 10 | 100 | 2015—2017 |
| 鄂尔多斯沙区红枣栽培技术推广与示范 | 鄂尔多斯市林业治沙科学研究院 | 200 | 100 | 2015—2018 |
| 枸杞优质丰产栽培技术推广示范 | 巴彦淖尔市乌拉特前旗林业工作站、巴彦淖尔市造林技术推广站、内蒙古自治区林业科学研究院 | 400 | 100 | 2015—2017 |
| 设施葡萄延后栽培技术集成应用推广示范 | 乌海市林业科技推广中心、乌海市田野农业科技有限责任公司 | 65 | 100 | 2015—2017 |

（续表）

| 项目名称 | 承担单位 | 建设规模（亩） | 投资规模（万元） | 起止时间（年） |
|---|---|---|---|---|
| 重点公益林区柽柳平茬复壮更新技术推广示范 | 阿拉善盟林业治沙研究所 | 2000 | 100 | 2015—2017 |
| 额济纳旗胡杨良种苗木种植培育及盐碱地造林技术推广 | 阿拉善盟额济纳旗林木种苗站 | 100 | 100 | 2015—2018 |

表13-1-5　2006—2010年自治区财政投资林业技术推广项目

| 序号 | 项目名称 | 推广单位 | 推广时间 |
|---|---|---|---|
| 1 | 呼伦贝尔市天然榛子残林封育改造丰产技术示范 | 呼伦贝尔市林业工作站 | 2006年 |
| 2 | 兴安盟天然山杏更新改造丰产技术示范 | 兴安盟林业工作站 | 2006年 |
| 3 | 通辽市科左后旗封造结合营建近自然林 | 通辽市林业工作站 | 2006年 |
| 4 | 赤峰市沙地针阔叶植被封育示范 | 赤峰市林业工作站 | 2006年 |
| 5 | 锡盟浑善达克沙地乔灌草植物种飞播示范 | 锡林郭勒盟林业工作站 | 2006年 |
| 6 | 乌兰察布市天然灌木封育改造 | 乌兰察布市造林站、乌兰察布市经济林站 | 2006年 |
| 7 | 呼市土左旗、武川县大青山水土流失区植被保护 | 呼和浩特市林业工作站、武川县林业局 | 2006年 |
| 8 | 包头市山地趴地柏封育保护 | 包头市林业工作站 | 2006年 |
| 9 | 鄂尔多斯市柠条飞播及天然沙生植物沙冬青封育示范 | 鄂尔多斯市飞播站、鄂尔多斯市林业工作站 | 2006年 |
| 10 | 巴彦淖尔市乌兰布和封沙育林及飞播种子丸粒化示范 | 巴彦淖尔市造林技术推广站、巴彦淖尔市封飞站 | 2006年 |
| 11 | 阿拉善盟飞播种子大粒化示范 | 阿拉善盟林业工作站 | 2006年 |
| 12 | 乌海市珍稀濒危植物半日花封育保护 | 乌海市林业工作站 | 2006年 |
| 13 | 满洲里市沙柳灌木林封育改造 | 满洲里市林业工作站 | 2006年 |
| 14 | 三北站荒漠、半荒漠区天然梭梭林封育保护 | 内蒙古自治区三北防护林工作站 | 2006年 |
| 15 | 呼伦贝尔沙地综合治理示范 | 呼伦贝尔市林业工作站 | 2007年 |
| 16 | 边防林更新改造试验示范 | 满洲里市林业工作站 | 2007年 |
| 17 | 樟子松全根容器苗造林示范 | 兴安盟林业工作站 | 2007年 |
| 18 | 抗逆性杨树无性系育苗造林示范 | 通辽市林业工作站 | 2007年 |
| 19 | 生物质能源林造林示范 | 赤峰市林业工作站 | 2007年 |
| 20 | 干果引进造林示范 | 敖汉旗林业局（赤峰市治沙站） | 2007年 |
| 21 | 樟子松菌根苗造林示范 | 锡林郭勒盟林业工作站 | 2007年 |
| 22 | 华北驼绒藜造林示范 | 乌兰察布市林业工作站 | 2007年 |
| 23 | 文冠果丰产栽培技术示范 | 乌兰察布市经济林站 | 2007年 |
| 24 | 油松菌根苗育苗示范 | 呼和浩特市林业工作站 | 2007年 |

（续表）

| 序号 | 项目名称 | 推广单位 | 推广时间 |
|---|---|---|---|
| 25 | 油松菌根苗造林示范 | 包头市林业工作站 | 2007年 |
| 26 | 沙漠近自然林造林示范 | 鄂尔多斯市林业工作站 | 2007年 |
| 27 | 老飞播区退化林分改造示范 | 鄂尔多斯市飞播站 | 2007年 |
| 28 | 抗盐碱新树种造林示范 | 巴彦淖尔市林业工作站 | 2007年 |
| 29 | 飞播造林GPS导航系统示范 | 巴彦淖尔市飞播站 | 2007年 |
| 30 | 四合木容器苗造林技术示范 | 乌海市林工站、推广站 | 2007年 |
| 31 | 沙冬青封育复壮技术示范 | 阿拉善盟林业工作站 | 2007年 |
| 32 | 山地丘陵区飞播造林示范 | 内蒙古三北防护林工作站 | 2007年 |
| 33 | 大青山乡土树种封育造林 | 内蒙古三北防护林工作站 | 2008年 |
| 34 | 天然柞树低价林改造技术示范 | 呼伦贝尔市林业工作站 | 2008年 |
| 35 | 蒙古栎育苗及直播造林技术示范 | 兴安盟林业工作站 | 2008年 |
| 36 | 沙地果林特色经济示范区建设 | 通辽市林业工作站 | 2008年 |
| 37 | 元宝枫集约栽培示范项目建设 | 赤峰市林业工作站 | 2008年 |
| 38 | 欧李人工栽培技术示范 | 锡林郭勒盟林业工作站 | 2008年 |
| 39 | 文冠果丰产栽培技术示范 | 乌兰察布市造林站 | 2008年 |
| 40 | 饲料型四倍体刺槐造林试验示范 | 乌兰察布市经济林站 | 2008年 |
| 41 | 黄土丘陵区樟子松造林示范 | 呼和浩特市林业工作站 | 2008年 |
| 42 | 梭梭引种试验示范 | 包头市林业工作站 | 2008年 |
| 43 | 流动沙丘柽柳造林技术示范 | 鄂尔多斯市林业工作站 | 2008年 |
| 44 | 丘陵沟壑区油松飞播造林示范 | 鄂尔多斯市飞播站 | 2008年 |
| 45 | 梭梭人工接种肉苁蓉技术示范 | 巴彦淖尔市造林技术推广站 | 2008年 |
| 46 | 流动沙丘多物种飞播、试验 | 巴彦淖尔市飞播站 | 2008年 |
| 47 | 白刺人工接种锁阳技术示范 | 阿盟林业工作站 | 2008年 |
| 48 | 沙冬青容器育苗及造林技术示范 | 乌海市林业工作站、林业推广中心 | 2008年 |
| 49 | 樟子松育苗基地建设 | 兴安盟白狼林业局 | 2009年 |
| 50 | 高加索白杨引种栽培技术示范 | 呼伦贝尔市林业工作站 | 2009年 |
| 51 | 平欧大果榛子引种示范 | 兴安盟林业工作站 | 2009年 |
| 52 | 杨树伐根嫁接更新改造技术推广 | 通辽市林业工作站 | 2009年 |
| 53 | 山杏高接换头大扁杏丰产技术示范 | 赤峰市林业工作站 | 2009年 |
| 54 | 沙地柏扩繁示范 | 锡林郭勒盟林业工作站 | 2009年 |
| 55 | 针叶树菌根化容器苗培育及造林示范 | 乌兰察布市造林站 | 2009年 |

（续表）

| 序号 | 项目名称 | 推广单位 | 推广时间 |
|---|---|---|---|
| 56 | 节水耐旱园林观察植物引种示范 | 乌兰察布市经济林站 | 2009年 |
| 57 | 梭梭接种肉苁蓉技术示范 | 鄂尔多斯市林业工作站 | 2009年 |
| 58 | 沙冬青飞播造林技术推广 | 鄂尔多斯市飞播站 | 2009年 |
| 59 | 抗天牛新品种引进试验示范 | 巴彦淖尔市造林技术推广站 | 2009年 |
| 60 | 硬梁地飞播试验示范 | 巴彦淖尔市飞播站 | 2009年 |
| 61 | 霸王容器育苗及造林技术示范 | 乌海市林业技术推广中心 | 2009年 |
| 62 | 多伦县生态环境变化评价 | 内蒙古自治区三北站 | 2010年 |
| 63 | 人工山杏嫁接仁用杏优良品种技术推广 | 兴安盟林业工作站 | 2010年 |
| 64 | 文冠果低效林改造技术推广 | 赤峰市林业工作站 | 2010年 |
| 65 | 葡萄新品种丰产栽培技术示范 | 元宝山区林业局 | 2010年 |
| 66 | 山杏低效林改造、丰产技术推广 | 锡林郭勒盟林业工作站 | 2010年 |
| 67 | 困难立地条件综合抗旱造林技术推广 | 乌兰察布市经济林站 | 2010年 |
| 68 | 浅山丘陵区直播造林综合技术推广 | 呼和浩特市林业工作站 | 2010年 |
| 69 | 种子包衣丸粒化抗旱造林技术示范推广 | 包头市林业工作站 | 2010年 |
| 70 | 丘陵沟壑区综合治理与复合经营模式推广 | 鄂尔多斯市林业工作站 | 2010年 |
| 71 | 毛乌素沙地沙地柏压枝扩繁技术推广 | 鄂尔多斯市飞播站 | 2010年 |
| 72 | 乌兰布和沙漠穿沙公路沙拐枣飞播造林试验示范 | 巴彦淖尔市飞播站 | 2010年 |
| 73 | 荒漠河谷天然胡杨人工断根促进更新技术推广 | 阿拉善盟林业工作站 | 2010年 |
| 74 | 沙木蓼良种选育驯化推广 | 乌海市推广中心 | 2010年 |

### 表13-1-6　2011—2015年自治区财政投资林业技术推广项目

| 序号 | 项目名称 | 推广单位 | 推广时间 |
|---|---|---|---|
| 1 | 甜仁山杏栽培技术示范推广 | 兴安盟林业工作站 | 2011年 |
| 2 | 仁用杏低产低效林改造技术推广 | 赤峰市公益林管理站 | 2011年 |
| 3 | 青海云杉造林技术示范推广 | 呼和浩特市林业工作站 | 2011年 |
| 4 | 欧李丰产栽培技术示范推广 | 包头市林业工作站 | 2011年 |
| 5 | 干旱半干旱丘陵区针阔叶树种人工保护与恢复综合配套技术推广 | 鄂尔多斯市飞播站 | 2011年 |
| 6 | 干旱区飞播造林技术推广 | 阿拉善盟林业工作站 | 2011年 |
| 7 | 樟子松嫁接红松技术试验示范 | 呼伦贝尔市林业工作站 | 2011年 |
| 8 | ‘双红’山葡萄栽培技术示范推广 | 通辽市林业工作站 | 2011年 |
| 9 | 柽柳接种肉苁蓉试验示范 | 巴彦淖尔市飞播站 | 2011年 |

（续表）

| 序号 | 项目名称 | 推广单位 | 推广时间 |
| --- | --- | --- | --- |
| 10 | 封育作业设计编制系统研究 | 内蒙古自治区三北站 | 2011年 |
| 11 | 坡地蒙古野果抗旱早产丰产栽培综合配套技术示范 | 兴安盟林业工作站 | 2012年 |
| 12 | 山杏低产林改造嫁接大扁杏技术 | 通辽市林业工作站 | 2012年 |
| 13 | 沙地榆造林推广示范 | 锡林郭勒盟林业工作站 | 2012年 |
| 14 | 华北驼绒藜饲料林示范建设技术推广 | 镶黄旗林业工作站 | 2012—2013年 |
| 15 | 退耕还林低产低效林改造技术示范 | 乌兰察布市造林站 | 2012年 |
| 16 | 柠条等植物种飞播造林技术推广 | 鄂尔多斯市飞播站 | 2012年 |
| 17 | 沙冬青容器育苗及盐碱地治理综合配套造林技术推广 | 巴彦淖尔市封飞站、造林技术推广站 | 2012年 |
| 18 | 飞播种子丸粒化技术推广 | 阿拉善盟林业工作站 | 2012年 |
| 19 | 绿圣林木胶粒型菌根剂林业应用科技示范项目 | 满洲里市林业工作站 | 2012—2014年 |
| 20 | 干旱、半干旱地区免灌造林技术应用 | 内蒙古自治区三北站 | 2012年 |
| 21 | 呼伦贝尔地区沙地云杉引种栽培技术示范推广 | 呼伦贝尔市林业工作站 | 2013—2014年 |
| 22 | 兴安盟大果白刺引种示范 | 兴安盟林业工作站 | 2013—2014年 |
| 23 | 赤峰市大果榛子丰产栽培示范推广 | 赤峰市林业工作站 | 2013—2015年 |
| 24 | 沙地柏良种繁育造林技术示范推广 | 阿巴嘎旗林业工作站 | 2013—2014年 |
| 25 | 植物生长调节剂“爱密挺”应用造林技术推广与示范 | 乌拉特前旗林业工作站 | 2013年 |
| 26 | 低压水冲种植长枝沙柳技术推广 | 鄂尔多斯市治沙造林飞播工作站 | 2013年 |
| 27 | 包头市小胡系杨树抗旱耐盐碱造林推广 | 包头市林业工作站 | 2013—2014年 |
| 28 | 梭梭冷藏苗避风造林及柽柳嫁接管花肉苁蓉技术推广 | 巴彦淖尔市造林技术推广站、飞播站 | 2013—2014年 |
| 29 | 白刺接种锁阳技术推广 | 阿拉善盟林业工作站 | 2013—2014年 |
| 30 | 油松、云杉应用菌根剂良种繁育技术示范推广 | 内蒙古自治区三北站 | 2013—2014年 |
| 31 | 集雨免灌植被恢复技术示范推广 | 呼伦贝尔市林业工作站 | 2014—2016年 |
| 32 | 兴安盟抗寒高效苹果引种示范 | 兴安盟林业工作站 | 2014—2016年 |
| 33 | 新苹红苹果引种栽培示范 | 赤峰市治沙管理站 | 2014—2016年 |
| 34 | 柄扁桃近自然栽培推广试验示范 | 锡林郭勒盟林业工作站 | 2014—2015年 |
| 35 | 沙地柏良种繁育造林技术示范推广 | 阿巴嘎旗林业工作站 | 2014—2015年 |
| 36 | 油松容器苗集水整地及菌根剂应用造林技术推广示范 | 乌兰察布市林业工作站 | 2014—2015年 |
| 37 | 包头市适宜造林绿化树种繁育技术示范推广项目 | 包头市林业工作站 | 2014—2015年 |

（续表）

| 序号 | 项目名称 | 推广单位 | 推广时间 |
|---|---|---|---|
| 38 | 巴彦淖尔市阴山山脉干旱石质阳坡造林技术推广 | 巴彦淖尔市造林技术推广站 | 2014年 |
| 39 | 阿尔山市白桦工厂化育苗技术示范推广 | 阿尔山市林业工作站 | 2014—2015年 |
| 40 | 突泉县葡萄新品种、新技术推广示范 | 突泉县林业工作站 | 2014—2015年 |
| 41 | 红莓、蓝莓引种试验示范 | 兴安盟林业工作站 | 2015—2017年 |
| 42 | 樟子松嫁接红松技术试验示范 | 通辽市林业工作站 | 2015—2016年 |
| 43 | 寒红梨栽培示范研究 | 赤峰市治沙管理站 | 2015—2016年 |
| 44 | 老播区林分质量改造示范推广 | 锡林郭勒盟林业工作站 | 2015—2017年 |
| 45 | 包头市耐旱植物繁育技术推广示范 | 包头市林业工作站 | 2015—2017年 |
| 46 | 巴彦淖尔市盐碱地胡杨造林技术推广 | 巴彦淖尔市造林技术推广站 | 2015—2016年 |
| 47 | 梭梭接种肉苁蓉丰产技术示范推广 | 巴彦淖尔市封育飞播管理站 | 2015—2017年 |
| 48 | 珍稀濒危植物平茬复壮技术示范推广 | 鄂尔多斯市林业工作站 | 2015—2016年 |
| 49 | 黑果枸杞引种繁育示范推广 | 阿拉善盟林业工作站 | 2015—2017年 |
| 50 | 梭梭引种造林技术试验示范 | 二连浩特市林业工作站 | 2015—2016年 |
| 51 | 困难立地机械化集雨植被恢复技术示范与推广 | 满洲里市林业工作站 | 2015—2016年 |

（五）科技推广成果奖励

经过开展林业科技推广，促进科研成果的转化和普及，科学技术服务于林业生产和农牧民群众，为社会和人民带来效益，64项效益显著的林业推广成果得到相关部门的认可和奖励。

2006—2010年，自治区有28项林业推广技术项目获得农牧业丰收奖。其中：一等奖8项，二等奖9项，三等奖11项；2011年，自治区林业厅表彰全区林业技术推广先进集体13个，林业技术推广先进个人32名。

2012年，三北防护林建设四期工程中受到表彰的先进集体25个，先进个人40名。其中：林业工作站、林业技术推广站获得先进集体2个，获得先进个人2名。

2013年，三项自治区林业优秀科技推广项目获国家林业局三北防护林管理局表彰，获得2005年以后三北防护林体系建设工程优秀科技推广项目二等奖1项，三等奖2项。

2011—2015年，全区各级林业技术推广机构有36项推广技术项目获得自治区农牧业丰收奖，其中一等奖12项，二等奖13项，三等奖11项。

表13-1-7　2006—2015年全区林业科技项目自治区农牧业丰收奖统计表

| 序号 | 项目名称 | 完成单位 | 获奖年度 | 获奖等级 |
|---|---|---|---|---|
| 1 | 鄂尔多斯市实施国家林业重点工程应用技术推广 | 鄂尔多斯市林业调查设计队、鄂尔多斯市天然林工程保护管理中心、乌审旗林业局、准格尔旗林业局、达拉特旗林业局、东胜区林业局、伊金霍洛旗林业局、杭锦旗林业局、鄂托克旗林业局、鄂托克前旗林业局、阿拉善盟林业工作站 | 2006年 | 一等 |

（续表）

| 序号 | 项目名称 | 完成单位 | 获奖年度 | 获奖等级 |
|---|---|---|---|---|
| 2 | 流动沙地沙障治理模式研究与推广 | 赤峰市治沙管理站、东北林业大学、赤峰学院、巴林右旗林业局、翁牛特旗林业局、阿鲁科尔沁旗林业局、克什克腾旗林业局、敖汉旗林业局、林西县林业局、锡林郭勒盟林业工作站、通辽市林业工作站 | 2006年 | 三等 |
| 3 | 天然榛子残林封育改造丰产技术推广 | 呼伦贝尔市林业工作站、扎兰屯市林业工作站、扎兰屯市成吉思汗林业工作站、扎兰屯市卧牛河林业工作站、扎兰屯市蒙森公司、阿荣旗林业工作站、阿荣旗那吉林场 | 2007年 | 一等 |
| 4 | 鄂尔多斯地区柠条等植物种飞播造林技术研究与示范 | 鄂尔多斯市天然林保护管理中心、鄂尔多斯市碧森种业有限公司、鄂尔多斯市鄂托克旗林业局、鄂尔多斯市达拉特旗林业局、鄂尔多斯市准格尔旗林业局、鄂尔多斯市伊金霍勒旗林业局、鄂尔多斯市杭锦旗林业局、鄂尔多斯市鄂托克旗林业局、内蒙古林业勘察设计院、巴彦淖尔市林业科学研究所 | 2007年 | 一等 |
| 5 | 漏斗式覆膜抗旱造林系列技术研究与推广 | 赤峰市巴林右旗林业局 | 2007年 | 二等 |
| 6 | 优良灌木柠条利用技术试验示范研究 | 鄂尔多斯市林业科学研究所、内蒙古林业勘察设计院、乌兰察布市林业科学研究院 | 2007年 | 二等 |
| 7 | 梭梭冷藏苗避风造林技术研究与应用 | 巴彦淖尔市磴口县林业工作站 | 2007年 | 二等 |
| 8 | 复合沙障治理流沙技术研究 | 敖汉旗林业局 | 2007年 | 三等 |
| 9 | 干河道生物综合治理及应用技术研究项目 | 敖汉旗林业局 | 2007年 | 三等 |
| 10 | 鄂尔多斯地区森林资源可持续发展动态系统预测研究 | 鄂尔多斯市森林资源林政管理站、准格尔旗林业局、伊金霍勒旗林业局、乌审旗林业局、东胜区林业局、鄂托克旗林业局、达拉特旗林业局、鄂尔多斯市造林总场 | 2007年 | 三等 |
| 11 | 内蒙古巴彦淖尔市枸杞几种病虫无公害防治技术的推广应用 | 巴彦淖尔市森防站、乌拉特前旗森防站 | 2007年 | 三等 |
| 12 | 文冠果能源林丰产栽培技术推广 | 赤峰市林业工作总站、赤峰市林业局林产业办公室、内蒙古自治区三北防护林工作站 | 2008年 | 一等 |
| 13 | 库布齐沙漠分区治理与综合利用试验示范技术的推广 | 鄂尔多斯市造林总场 | 2008年 | 一等 |
| 14 | 大青山干旱阳坡石质山地林业生态工程建设综合配套技术推广 | 呼和浩特市乌素图实验林场、呼和浩特市回民区林场、呼和浩特市新城区林场、呼和浩特市土左旗大青山林场、呼和浩特市土左旗白石头林场、呼和浩特市土左旗万家沟林场 | 2008年 | 一等 |
| 15 | 果树经济林抗旱丰产栽培技术推广 | 突泉县林业工作站、突泉县林业局、兴安盟林业工作站 | 2008年 | 二等 |

（续表）

| 序号 | 项目名称 | 完成单位 | 获奖年度 | 获奖等级 |
|---|---|---|---|---|
| 16 | 山区生态经济发展模式与试验示范技术推广 | 赤峰市林业科学研究所、赤峰市林业治沙管理站、赤峰市林业工作站、赤峰市宁城县林业局、赤峰市松山区林业局、赤峰市敖汉旗林业局、赤峰市喀喇沁旗林业局、赤峰市翁牛特旗林业局、赤峰市巴林右旗林业局、赤峰市阿鲁科尔沁旗林业局、赤峰市克什克腾旗林业局、锡林郭勒盟林业工作站、通辽市林业工作站 | 2008年 | 二等 |
| 17 | 巴彦淖尔市黄灌区杨树产业可持续发展管理模式推广 | 临河区林业规划队、临河区林业局、巴彦淖尔市林业局 | 2008年 | 二等 |
| 18 | 绿色植物生长调节剂GGR在“三松”造林中的推广应用 | 清水河县林业局、清水河县统计局、清水河县城关镇人民政府、清水河县北堡乡人民政府、清水河县韭菜庄乡人民政府 | 2008年 | 三等 |
| 19 | 杨树伐根嫁接更新造林生产技术研究及试验示范 | 开鲁县森林病虫害防治站、通辽市森林病虫防治站 | 2008年 | 三等 |
| 20 | 燕山丘陵区天然次生林改造技术示范推广 | 赤峰市林业科学研究所、赤峰市林业工作总站、赤峰市喀喇沁旗林业局、赤峰市宁城县林业局、赤峰市松山区林业局、赤峰市克什克腾旗林业局、赤峰市巴林左旗林业局、赤峰市林西县林业局 | 2009年 | 一等 |
| 21 | 乌兰察布市果桑引种驯化试验及造林示范推广 | 乌兰察布市造林站、内蒙古自治区三北防护林工作站、乌兰察布市林业科学研究所、乌兰察布市经济林站 | 2009年 | 二等 |
| 22 | 半干旱区次生林可持续经营模式的研究 | 克什克腾旗林业局国有林场管理站 | 2009年 | 三等 |
| 23 | 杨树新品种小黑14引种、示范推广 | 兴安盟林业局林业科学研究所、兴安盟林业局林业工作站、扎赉特旗林业局林工站、扎赉特旗中心林场、科右前旗林工站、科右前旗巴拉格歹乡林业站、突泉县林业工作站、突泉县六户苗圃、扎赉特旗五家户林业站乡 | 2009年 | 三等 |
| 24 | 封山育林技术推广应用 | 科右前旗林业工作站、科右前旗林业局、兴安盟林业工作站 | 2009年 | 三等 |
| 25 | 高寒漫甸、低山丘陵区防护林体系营建技术推广 | 赤峰市克旗林业局林工站、内蒙古林业监测规划院 | 2010年 | 一等 |
| 26 | 呼伦贝尔沙地治理分区及其技术模式推广 | 呼伦贝尔市林业工作站、呼伦贝尔市林业局、鄂温克旗林业工作站、新巴尔虎左旗林业工作站、新巴尔虎右旗林业工作站、陈巴尔虎旗林业工作站、满洲里市林业工作站、海拉尔区林业工作站、红花尔基林业局 | 2010年 | 二等 |
| 27 | 乌兰察布市落叶松毛虫无公害防治技术推广应用与研究 | 乌兰察布市森林病虫害防治检疫站 | 2010年 | 二等 |
| 28 | 濒危珍稀植物四合木硬枝扦插育苗及人工造林技术推广 | 乌海市林业科技推广中心 | 2010年 | 三等 |

（续表）

| 序号 | 项目名称 | 完成单位 | 获奖年度 | 获奖等级 |
|---|---|---|---|---|
| 29 | 丰产型农田防护林建设新技术推广 | 通辽市林业工作站 | 2011年 | 一等 |
| 30 | 鄂尔多斯绿化树种优选及营造技术研究 | 鄂尔多斯市林业治沙科学研究所 | 2011年 | 一等 |
| 31 | 通辽市杨树低产低效林分改造技术试验示范 | 通辽市林业科学研究所、通辽市森林防疫检疫站 | 2011年 | 二等 |
| 32 | 乌兰察布市春尺蠖核型多角体病毒人工林间扩繁试验及防治应用 | 乌兰察布市森林病虫害防治检疫站、内蒙古林业监测设计院 | 2011年 | 二等 |
| 33 | 生态型蚕场建设及高产优质新品种推广 | 呼伦贝尔市蚕业研究所、呼伦贝尔市林业工作站、扎兰屯市林业工作站、阿荣旗林业工作站 | 2011年 | 三等 |
| 34 | 河套平原盐碱地开沟起垄造林技术 | 临河区林业工作站、巴彦淖尔市造林技术推广站 | 2011年 | 三等 |
| 35 | 山杏嫁接优良仁用杏技术推广应用 | 突泉县林业工作站、突泉县林业局、兴安盟林业工作站、突泉县林木种苗站 | 2012年 | 一等 |
| 36 | 乌兰察布市退耕还林地低产低效林改造技术示范推广 | 乌兰察布市造林站 | 2012年 | 一等 |
| 37 | 封山（沙）育林技术推广 | 通辽市林业工作站 | 2012年 | 二等 |
| 38 | 文冠果播种育苗技术推广 | 赤峰市林业科学研究院 | 2012年 | 二等 |
| 39 | 瓦勒拉尼系统机械抗旱集雨造林示范 | 阿鲁科尔沁旗林业局 | 2012年 | 三等 |
| 40 | 山杏林丰产配套技术推广示范 | 内蒙古林业科学院、卓资县林业局上高台林场 | 2013年 | 一等 |
| 41 | 华北落叶松人工林抚育经营技术推广示范 | 乌兰察布市林业科学研究所 | 2013年 | 一等 |
| 42 | 沙棘优良品系栽培技术推广 | 鄂尔多斯市林业治沙科学研究所、内蒙古林业科学研究院 | 2013年 | 一等 |
| 43 | MB型土壤固化剂在防沙治沙中的推广与示范 | 内蒙古林业科学研究院、上海彼依西科技有限公司、内蒙古沙谷丰林环境科技有限责任公司 | 2013年 | 二等 |
| 44 | 落叶松优良无性系选择与示范推广 | 赤峰市林业科学研究院、宁城县林业局、林西县林业局、巴林左旗林业局 | 2013年 | 二等 |
| 45 | 科尔沁沙地抗逆性杨树无性系及配套栽培技术推广 | 通辽市林业科学研究院 | 2013年 | 二等 |

（续表）

| 序号 | 项目名称 | 完成单位 | 获奖年度 | 获奖等级 |
|---|---|---|---|---|
| 46 | 中国沙棘快繁育苗及丰产栽培可持续经营技术推广 | 敖汉旗林业局 | 2013年 | 二等 |
| 47 | 河套平原冬季造林技术推广 | 杭锦后旗林工站、巴彦淖尔市造林工作站 | 2013年 | 三等 |
| 48 | 阴山山脉干旱石质阳坡造林技术 | 乌拉特后旗林业局、巴音宝力格镇林业工作站、呼和温都尔镇林业工作站 | 2013年 | 三等 |
| 49 | 优良抗逆性树种繁育及综合造林技术推广应用 | 内蒙古林业科学研究院、土左旗国营苗圃、二连浩特市农牧林业局、巴彦淖尔市林研所、巴彦淖尔市磴口县防沙林场 | 2014年 | 一等 |
| 50 | 风蚀沙化地区综合防护林体系建设推广示范 | 乌兰察布市林业科学研究所、内蒙古林业科学研究院 | 2014年 | 一等 |
| 51 | 西鄂尔多斯地区几种珍稀濒危植物繁育与平茬复壮技术 | 鄂尔多斯市林业技术推广站、内蒙古农业大学、西鄂尔多斯国家级自然保护区管理局 | 2014年 | 二等 |
| 52 | 燕山浅山丘陵重点经济林丰产栽培模式推广 | 赤峰市林业科学研究院、赤峰市宁城县林业局、赤峰市喀喇沁旗林业局、赤峰市松山区林业局、赤峰市红山区林业局、赤峰市林西县林业局 | 2014年 | 二等 |
| 53 | 流动沙地直播生物沙障综合治沙技术推广 | 内蒙古林业科学研究院、呼伦贝尔市林业研究所、鄂温克旗林业局、陈巴尔虎旗林业局 | 2014年 | 三等 |
| 54 | 沙柳柳毒蛾SsNPV防治技术推广 | 鄂尔多斯市东胜区林业局、鄂尔多斯市林业治沙科学研究所 | 2014年 | 三等 |
| 55 | 包头市种子包衣丸粒化抗旱造林技术示范推广 | 包头市林业工作站 | 2014年 | 三等 |
| 56 | 环保型胶带阻隔技术防控林木食叶害虫研究与应用 | 乌兰察布市森林病虫害防治检疫站、兴安盟森林病虫害防治检疫站、锡林郭勒盟森林病虫害防治检疫站、包头市森林病虫害防治检疫站、赤峰市森林病虫害防治检疫站、巴彦淖尔市森林病虫害防治检疫站、通辽市森林病虫害防治检疫站、鄂尔多斯市森林病虫害防治检疫站 | 2015年 | 一等 |
| 57 | 利用柠条种植食用菌技术应用与推广 | 乌兰察布市林业产业化办公室、包头市土默特右旗农业推广中心 | 2015年 | 一等 |
| 58 | 优良生态灌木树种繁育及人工林优化配置技术推广与示范 | 内蒙古自治区林业科学研究院、乌兰察布市林业研究所、巴彦尔灯治沙林场、通辽市林业科学研究院、乌审旗乌兰陶勒盖治沙站、兴和县林业局公益林管理站、兴和县农业局、伊金霍洛旗公尼召治沙林场 | 2015年 | 一等 |
| 59 | 《敖汉旗沙棘营造林技术标准》推广应用 | 敖汉旗林业局 | 2015年 | 二等 |
| 60 | 呼伦贝尔沙地植被恢复樟子松经营模式推广 | 呼伦贝尔市林业科学研究所、呼伦贝尔市红花尔基林业局、呼伦贝尔市海拉尔区樟子松苗圃 | 2015年 | 二等 |

（续表）

| 序号 | 项目名称 | 完成单位 | 获奖年度 | 获奖等级 |
| --- | --- | --- | --- | --- |
| 61 | 流动沙丘低压水冲植柳技术与效果研究 | 亿利资源集团有限公司、内蒙古农业大学、内蒙古库布其沙漠技术研究院 | 2015年 | 二等 |
| 62 | ‘塞外红’（锦绣海棠）品种推广及配套栽培技术示范 | 通辽市林业科学研究院 | 2015年 | 三等 |
| 63 | 浅山丘陵区金红苹果丰产栽培模式研制与应用 | 赤峰市林业科学研究院、林西县林业局、克什克腾旗林业局、敖汉旗林业局、巴林左旗林业局、松山区林业局、喀喇沁旗林业局 | 2015年 | 三等 |
| 64 | 巴彦淖尔市乌兰布和有机酿酒葡萄种植技术推广 | 巴彦淖尔市乌兰布和防沙治沙局、西北农林科技大学葡萄酒学院 | 2015年 | 三等 |

**五、林业信息化建设**

在国家林业局与自治区党委、政府指导和支持下，内蒙古自治区林业信息化工作不断发展，2007年，设立内设机构内蒙古林业厅信息化管理办公室，全面负责全区林业信息化工作。2008年，新建自治区林业厅门户网站；建立内蒙古林业系统信息联络员制度，从组织、工作分工和职责上，明确信息联络员的工作任务和范围。2009年，对自治区林业厅大楼的互联网网络和电话线路进行布线和维修，进一步保证互联网网络和通讯线路的畅通和安全。2010年，开展自治区林业厅与国家林业局视频会议系统和公文传输系统的升级和建设工作，新建了视频会议室。2011年，经内蒙古机构编制委员会批复，成立内蒙古自治区林业信息中心；在全国第二届林业信息化工作会议上，内蒙古自治区林业厅被选为全国第二批林业信息化示范省区，示范主题为“信息化技术在林业主体业务管理中的应用”；编制并印发《内蒙古自治区林业信息化发展“十二五”规划》；编写《内蒙古林业信息化示范区建设项目实施方案》，并报国家林业局审核。参照国家林业局网站建设模式，改版升级自治区林业厅门户网站，建设成由一个主站和多个子站组成的网站群。2012年，在赤峰市承办首届全国林业信息办主任协作组会议。内蒙古林业信息中心加挂内蒙古林学会办公室牌子。2013年，编制《内蒙古自治区林业信息化服务体系建设总体规划（2014—2018）》；2013—2014年开展《内蒙古自治区林业示范省建设项目一期》建设项目，建设内容为内蒙古自治区本级视频会议系统建设、综合办公系统建设、电子公文传输系统建设及标准化机房建设。2014年，编制《内蒙古自治区生态环境保护（林业）信息化工程实施方案》；编制《内蒙古自治区林业信息化基础平台建设项目可行性研究报告》，并向内蒙古自治区发展和改革委员会申请立项；2014—2015年开展《内蒙古自治区林业示范省建设项目二期》建设项目，建设内容为自治区林业厅大楼互联网网络、内部办公网络及电话线路的综合布线、林业信息共享服务平台建设、内外网安全管理系统建设、内外网门户网站群建设等。2015年，建成自治区林业厅到12个盟市林业局、2个计划单列市林业局、大兴安岭森林公安局、内蒙古自治区林科院、内蒙古林业监测规划院、内蒙古第二林业监测规划院、内蒙古林木种苗站的林业专网；启动《内蒙古自治区林业信息化基础平台建设项目》，主要建设内容为行政审批系统、林产品信息服务平台、桌面虚拟化应用平台；起草《内蒙古自治区林业信息化发展“十三五”规划》。

截至2015年，自治区林业厅已基本完成信息化基础设施建设，建成覆盖全区各盟市林业局、二连浩特市农牧林业局、满洲里市农牧林水局的林业业务专网，实现数据互联互通、电子公文传输与召开视频会议功能，建成以自治区林业厅为主站，各盟市、各处室、各直属单位为子站的网站群。

## 第二节　林业国际交流合作

为弥补国内建设资金的不足，加快自治区生态建设步伐，改善生态环境，内蒙古自治区林业厅按照“积极、合理、有效”利用外资方针，引进外资，拓宽投资领域。2006年以后，连续开展中德财政合作内蒙古赤峰市治沙造林项目、中韩合作内蒙古重点生态治理项目和日元贷款造林项目等9个与外国政府、国际金融组织和外国民间组织合作的项目，累计利用外资14.3亿元，已完成建设面积352659公顷。通过林业国际合作项目的实施，不仅为自治区筹集了大量的资金，加快自治区生态建设步伐，而且学到国际先进的项目管理经验和项目运作方式，对自治区经济和林业事业发展起到积极作用。

2006—2015年，内蒙古自治区林科院先后与日本、美国、德国、俄罗斯、意大利、加拿大6个国家建立合作关系，完成国际合作项目11项。

### 一、中德财政合作赤峰市造林项目

中德财政合作内蒙古赤峰市治沙造林项目是内蒙古自治区实施的第一个林业无偿援助项目，项目建设期为2001—2011年，建设期10年。项目总投资为11370万元人民币。其中，德国政府无偿援助1600万马克（折合7200万元人民币），占总投资的63.3%；中方现金配套3334万元人民币，占总投资的29.3%；群众投劳折抵836万元人民币，占总投资的7.4%。

项目自2001年启动实施以后在赤峰市翁牛特旗、敖汉旗、巴林右旗和松山区4个旗区完成治沙造林5.67万公顷。其中：固沙林0.3万公顷，防护林18.3万亩，水保林5.2万亩，人工直播封育52.11万亩，飞播5.5万亩。项目造林共涉及4个项目旗区的68个苏木（乡、镇），219个村，22个林场，参与项目造林的农牧户近2万户。项目共培训各级项目人员1980人次，培训农牧民86618人次。

在项目咨询中，国内外专家克服困难，全力以赴开展培训、指导和咨询工作。国外专家尤根·夏德获得自治区政府授予的2004年度自治区“骏马奖”荣誉称号。

### 二、中韩合作内蒙古重点生态治理项目

2001—2010年，内蒙古自治区连续实施中韩合作巴彦淖尔市乌兰布和沙漠治理项目。韩国政府援助200万美元，完成建设面积11800公顷。

中韩合作内蒙古巴彦淖尔市乌兰布和沙漠治理项目是自治区第二个利用韩国政府无偿援助建设的林业项目。项目建设区位于巴彦淖尔市乌兰布和沙漠北部。该项目于2008年春季全面启动实施，在中韩双方的共同努力下，完成人工造林1000公顷，其中设置沙障880公顷，打组合井37眼，修作业路21公里，新建塑料温室1座。项目建设内容还包括项目工作用车辆和办公设备建设、中方赴韩管理和技术研修、韩方技术指导等。项目总投资为200万美元。其中，韩国政府无偿援助100万美元，国内配套100万美元，项目建设期为2008—2010年，建设期3年。

该项目的实施对农村经济合作社发展以种养加为主的林下经济提供了宝贵的林地资源。特别是中韩

合作乌兰布和沙漠治理项目建成后，在栽植的梭梭根部接种肉苁蓉，获得可观的经济收益，在沙区可持续发展和沙区资源的合理开发利用方面进行有益探索。

### 三、中日合作造林项目

2006—2015年，自治区实施日元贷款内蒙古植树造林项目和日元贷款内蒙古风沙治理项目。利用日本政府贷款12.72亿元人民币，完成建设任务28.84万公顷。

#### （一）日元贷款内蒙古植树造林项目

日元贷款是内蒙古植树造林首次利用日元贷款建设的林业项目。项目建设区分布在自治区黄河中游的4个市、11个旗（县、区）、169个建设地点。分别为呼和浩特市托克托县、清水河县，包头市九原区，鄂尔多斯市伊金霍洛旗、东胜区、乌审旗、杭锦旗，巴彦淖尔市磴口县、临河区、五原县、乌拉特前旗。

该项目建设任务是人工造林80222公顷，封沙育林10018公顷，飞播造林16225公顷，改建和扩建苗圃10个。该项目建设内容包括森林防护设施建设、环境监测、技术推广和服务等。项目竣工后，对项目区域内生态环境及水土流失变化还要进行为期7年的监测。项目建设任务已按计划全部完成，2013年已通过日方组织的项目后评价。

#### （二）日元贷款内蒙古风沙治理项目

日元贷款内蒙古风沙治理是自治区第二个利用日元贷款实施的造林项目。项目建设区涉及3个市，5个旗县，31个建设地点，分别为呼和浩特市的和林县，鄂尔多斯市的杭锦旗、达拉特旗、准格尔旗，巴彦淖尔市的磴口县。

该项目建设总任务18.19万公顷，其中：封沙育林10.62万公顷，营造防风固沙林6.43万公顷，苜蓿生产基地1533公顷，药材基地1000公顷，柠条采种基地2247公顷，苗圃地建设6737公顷；灌渠建设改造80.3公里；打井2974眼；修建作业道路467公里等。项目建设总投资13.28亿元人民币，其中贷款150亿日元（约合9.96亿元人民币），地方配套资金1.99亿元人民币，投劳折资1.33亿元人民币。

2015年8月10—12日，日本国际协力机构中国事务所所长助理川村怜子对项目区开展中期监理工作，对建设成果予以肯定。

#### （三）中日合作黄土高原新技术项目

中日合作“中国黄土高原林业新技术及管理方法推广普及项目”，在国家林业局国际合作司、对外合作项目中心和JICA中国事务所的高度重视和直接指导下，从2010年开始实施，至2014年10月底项目圆满结束。在项目实施的5年期间，自治区成功举办5期中日合作造林和管理培训班，共培训学员350人。组织自治区技术和管理人员近40人，参加由山西省项目办组织的实用技术培训和黄土高原7省（区）参观交流、调研及赴日研修活动。项目区涉及自治区黄河流域4个市16个旗县，建设总任务28万公顷。项目实施工作收到明显效果。

#### （四）与松下电器集团合作公益林项目

2013年，与松下电器（中国）有限公司开展合作造林，计划实施5年，松下电器（中国）有限公司每年捐资100万元人民币，栽植10万株苗木。2013—2014年，在鄂尔多斯市达拉特旗中和西林场造林80公顷，树种为樟子松、沙柳和大白柠条，栽植苗木20.26万株。经核查，造林成活率达90%以上。

#### （五）中日合作乌审旗治沙造林项目

中日合作鄂尔多斯市乌审旗治沙造林项目（又称“小渊基金项目”），内容是在乌审旗建设300公顷防风固沙林，项目总投资290.27万元人民币。其中：申请日本小渊基金240万元人民币，占总投资的

83%，地方投劳投资折合人民币50.3万元人民币，占总投资的17%。项目建设期为2014—2016年，建设期3年。

（六）中日绿化交流基金敖汉旗治沙造林项目

2008年，实施中日绿化交流基金治沙造林项目。该项目由日方绿化交流基金无偿投资2310万日元（折合人民币165万元），在赤峰市敖汉旗三义井林场、新惠林场和马头山林场营造防风固沙林200公顷。项目建设期为2008—2010年，建设期为3年。

**四、中意合作治沙造林项目**

（一）中意合作敖汉旗CDM造林项目

赤峰市敖汉旗CDM造林项目是意大利政府援助的碳汇造林项目，也是中国实施的第一个碳汇项目。项目总投资153万美元，其中，意大利政府无偿援助资金为135万美元，中方配套18万美元。2007年该项目获国际CDM执行理事会正式批准。项目在赤峰市敖汉旗的8个国有林场实施，2005—2008年完成造林试验3000公顷。2009年，通过国家林业局948项目鉴定验收，并同意在北方干旱半干旱地区进行推广应用。

（二）中意合作巴林左旗示范区造林项目

“瓦勒拉尼系统”是意大利荒漠化防治专家瓦勒拉尼发明的一项在干旱地区通过机械化集雨造林的新技术。该项目由国家林业局规划院负责实施，并将项目区选定在内蒙古赤峰市巴林左旗、巴林右旗、阿鲁科尔沁旗和克什克腾旗实施。该项目总投资53.5万欧元，其中，意大利环境领土部援助42万欧元，中方配套11.5万欧元。由意大利专家培训中方技术人员，根据各项指标对项目进行评价，为在中国干旱地区推广应用该项技术、大规模增加造林面积及实现一个真正的CDM造林项目积累经验和创造条件。

**五、与亚太森林恢复与可持续管理组织合作项目**

为推动和落实习近平主席提出的“丝绸之路经济带”战略，自治区与“亚太森林恢复与可持续管理组织”开展合作。陆续启动实施多功能林业示范基地建设试点示范项目、大中亚区域植被恢复与森林资源管理利用试点示范项目、大中亚荒漠化综合治理与生计保障国际培训等。

（一）旺业甸实验林场森林可持续经营示范项目

自2011年8月起，由亚太森林恢复与可持续管理组织（APFNet）资助的森林可持续经营示范项目，开始在赤峰市喀喇沁旗旺业甸实验林场正式启动实施。项目总投资1060.3万元，其中，APFNet资金为849.3万元，地方配套211万元。项目建设期3年（2011—2014年）。主要有森林多功能经营规划设计及示范林建设、非木质林产品可持续采集开发利用、多功能林业林场与社区合作共建共管、多功能林业管理站房改造和体验中心建设、多功能林业林场经营管理能力建设、项目实施效果监测评价6项内容，共包括29项具体的项目活动。

（二）亚太森林网络国际培训工作

2015年9月，由自治区林业厅承办、内蒙古林科院等单位协办的国际培训班在呼和浩特市顺利结束，培训来自哈萨克斯坦、吉尔吉斯斯坦、塔吉克斯坦、乌兹别克斯坦和蒙古国的高级林业官员及相关专家，培训内容包括荒漠化监测技术、防沙治沙基本理论与技术、防沙治沙技术与模式案例分析、退化草场改良与利用技术、抗旱造林技术和沙漠资源利用与沙产业发展等。培训期间培训班学员赴鄂尔多斯市现地观摩恩格贝综合治理模式、库布齐沙漠治理模式和准格尔旗5家牧业科技示范园区等综合治沙和沙产业示范点，并与当地政府、社区和企业进行交流和沟通，实地调研学习荒漠化综合防治、植被恢复与经营、固沙植物综合利用及沙产业发展等。

## 六、与大自然保护协会合作项目

内蒙古自治区林业厅与大自然保护协会（TNC）合作实施“内蒙古盛乐国际生态示范区”项目，2013年，落实2500公顷的造林地块并签订土地使用协议，2014年上半年，开展2000公顷植被恢复，并对项目区进行生态监测，完成和林县生态修复和保护规划，将此模式推广到赤峰市。协会还对呼和浩特市和巴彦淖尔市等6个盟市22个保护区进行考察筛选，确定在巴彦淖尔市乌拉特后旗保护区开展黑山羊保护合作项目。2015年，协会已与乌拉特后旗政府签署合作备忘录。

## 七、中国全球环境基金土地退化防治项目

全球环境基金（Global Environment Facility）于1991年启动，截至2004年3月有成员方176个。GEF-OP12项目，是中国和全球环境基金基于综合生态系统管理理念上的防治土地退化合作伙伴关系项目。2006年，中央项目执行办组织有关专家先后三次到内蒙古考察10个旗县的自然资源情况、经济发展和农牧民生活状况。经过科学论证，严格排序，先期启动3个条件比较成熟、代表性强的旗县作为示范点。分别是全区生物经济圈建设的典型——通辽市奈曼旗满都拉呼嘎查、典型草原向荒漠草原过渡带——乌兰察布市四子王旗巴音嘎查和设施农业的典型——乌海市乌达区北村进行示范性建设。

### （一）生物经济圈建设典型——通辽市奈曼旗

通辽市奈曼旗满都拉呼嘎查示范点建设目标为改变生产方式，提高种养效益，进行高效节水保护性种植，利用沼气池、太阳能热水器等节能设备，改善能源结构。示范点资金总投入57.74万元人民币，其中，社区自筹20万元，地方政府配套5万元，全球环境基金GEF项目支持投入32.74万元。

### （二）设施农业的典型——乌海市乌达区北村

乌海市乌达区北村示范点建设目标为推广设施节水灌溉技术，引进机械卷帘等种植新措施，实现农、林相互促进的生态发展新模式。项目资金总投入108.58万元人民币，其中，社区自筹68.98万元，地方政府配套10万元，全球环境基金GEF项目支持投入29.6万元。

### （三）典型草原向荒漠草原过渡带——四子王旗

乌兰察布市四子王旗巴音嘎查示范点建设目标为：实行以草定畜、羊品种改良，定期舍饲，改善肉质，减少羊在草场中的活动时间，自然修复草场。通过科学喂养，增加育肥分割肉的附加值，每年育肥1万只，全嘎查人均增加毛收入6500元。项目资金总投资77.16万元，其中，社区自筹资金8.1万元，地方政府现金配套9.2万元，实物配套31.2万元。全球环境基金GEF项目支持投入28.66万元。

## 八、全球环境基金土地退化防治政策支持项目

全球环境基金土地退化防治管理和政策支持项目执行期3年（2010—2013年）。2010年5月，伙伴关系第二阶段正式启动。项目赠款资金投入30万美元，地方配套9.3万美元。2013年5月，项目圆满完成。

## 九、全球环境基金中国西部可持续土地管理项目

全球环境基金（GEF）理事会于2014年6月正式批准“中国西部适应气候变化的可持续土地管理项目（三期项目）”。内蒙古自治区被确定为项目执行省份，3个示范点分别是呼和浩特市和林格尔县植被恢复可持续土地管理示范点、鄂尔多斯市公私伙伴关系示范点、呼伦贝尔市红花尔基生态恢复示范点。2015年项目启动，全球环境基金赠款53万美元，地方配套36万美元，地方实物配套240万美元。项目执行期为2016—2018年。

红花尔基生态恢复示范点：采用不同的造林模式人工营造樟子松固沙林60公顷，完成母树截顶试验

15公顷，母树林抚育管理200公顷，球果采集调制4万公斤。

和林格尔县植被恢复可持续土地管理示范点：采用工程治理与植被建设相结合的技术，开挖、夯实土方各137.2立方米，开挖鱼鳞坑1117个，铺设抗冲生物毯540.5平方米。开展草地整体管理，探索可持续的草地管理模式，同时开展生态监测。

杭锦旗公私伙伴关系示范点：开展人工营造沙柳固沙林250公顷，建生物沙障固沙50公顷，开展人工沙柳林平茬抚育250公顷。通过对灌木沙柳林进行抚育平茬，保护和提高林地的生态防护功能。

### 十、欧洲投资银行内蒙古碳汇造林项目

2007年12月，国家林业局将内蒙古自治区定为利用欧洲投资银行贷款开展碳汇造林项目试点省（区）。2008年2月，内蒙古林业勘察设计院完成项目可行性研究报告初稿的编制；2009年2月，自治区发展改革委对修改后的项目可行性研究报告进行批复；2009年4月，国家发展改革委批复项目资金使用申请报告。项目总投资37857万元人民币，其中，申请利用欧洲投资银行贷款26500万元（折合2500万欧元），占总投资的70%，地方配套11357万元，占总投资的30%。地方配套中，项目实施盟市、县财政资金配套7571万元，占项目总投资的20%；当地投工投劳3786万元，占项目总投资的10%。

该项目区域分布在呼和浩特市新城区、赛罕区、和林县，包头市固阳县，通辽市科尔沁区、科左中旗、科左后旗、扎鲁特旗，巴彦淖尔市综合治沙试验站。共4个市9个旗（县、区）。

至2015年底，完成人工造林31805.7公顷，修建作业道230.9公里，修建网围栏18.8公里，均为计划的100%。在项目区所栽的树种中，杨树、樟子松、榆树等乔木树种造林成活率均达到85%以上，柠条、梭梭、沙枣等灌木树种成活率达到70%以上。该项目的实施，改善了当地脆弱的生态环境，进一步阻止土地沙化进程。

### 十一、与俄罗斯合作项目

2010年10月，内蒙古森林工业集团有限责任公司与俄罗斯联邦阿木尔州洁雅木材生产联合体股份有限公司签订森林采伐与木材加工合同，合同号：NSJT2010-001。合同总金额2亿美元，年采伐木材10万立方米，加工锯材2万立方米，外派劳务人员260人，合作期限10年。

此项目合同经自治区商务厅审批并报国家商务部备案。由内蒙古森林工业集团有限责任公司直属企业乌尔旗汉森林工业有限公司实施执行。

2006—2015年，经过国际合作项目的实施，不仅转变思想观念、提高项目管理水平，而且项目区水土流失得到有效控制，生态环境明显改善，森林覆盖率迅速提高。随着造林面积扩大，地区内林沙产业、种植业、养殖业发展，形成具有一定规模的地区支柱产业链，安置了大批剩余劳动力，农牧民增收明显，实现生态、经济、社会三大效益共赢。

## 第三节　林业宣传

### 一、机构队伍建设

2014年，自治区林业厅调整宣传工作领导小组，林业厅党组书记、厅长呼群任组长。随之，林业厅党组根据工作需要对宣传办进行人员调整，制定《内蒙古自治区林业厅关于加强林业宣传工作的意见》

《内蒙古自治区林业厅新闻宣传工作制度》《林业宣传工作综合考评办法》《内蒙古自治区林业厅关于调整宣传工作领导小组的通知》等多个文件，明确今后一个时期林业宣传工作的目标及重点。宣传办与厅各处室、直属单位及盟市林业部门建立宣传工作联系机制，指定厅系统宣传工作联络员30人，盟市及重点旗县通讯员40人，基本形成覆盖全区林业系统的宣传工作网络，确保全区各盟市林业部门均有机构或专人负责林业宣传工作。在做好队伍建设的同时，厅宣传办注重对林业宣传队伍的培训，鼓励盟市、旗县宣传骨干参加国家林业局宣传办、中国绿色时报社、中国林业出版社组织的林业宣传培训，提升队伍的业务水平。为进一步加强林业宣传工作，提高林业宣传通讯员业务素质和专业技能，2009年11月，举办“全区林业宣传通讯员培训班”，盟市、旗县林业部门，林业厅各处室、直属单位100多名林业宣传通讯员参加了培训，邀请了中国绿色时报社、新华社内蒙古分社、内蒙古日报社资深记者为学员授课。2015年，召开“全区林业宣传工作会议”，通过以会代训的形式，对全区120名林业宣传骨干及优秀通讯员进行系统培训。

**二、社会宣传**

（一）林业重点宣传

2006年，以纪念“3·12”植树节25周年和“4·10”自治区植树周活动，集中在中央及自治区媒体发表纪念文章、系列报道、广播电视专题等，对全区开展全民义务植树活动情况进行集中报道。

2007年是全面推进现代林业建设的第一年，林业宣传围绕林业中心工作扎实开展。配合中央电视台《焦点访谈》报道内蒙古防沙治沙成就。为国家林业局组织的《关注森林——人与自然和谐》全国摄影大赛提供稿件。协调中央广播电台《穿越三北风沙线》系列报道采访团深入采访。配合完成“自治区六十年成就”展览。联合中央电视台于党的十七大前夕，在《精彩中国》报道乌审旗防沙治沙成效。组织第三届“关注森林”评奖活动，林业厅和自治区新闻媒体多人获奖。接受“庆祝内蒙古自治区成立60周年中央新闻采访团”集体采访，全面报道自治区60年来生态建设成就。协助“海峡两岸记者联合采访团”，报道内蒙古防沙治沙成效。与中央电视台合作报道鄂尔多斯林业生态建设和企业参与建设情况。

2008年“植树节”及“植树周”期间，全区各级各类媒体刊发稿件800余篇（条），张贴宣传画12万余张，发放宣传单162万份，悬挂宣传横幅1700条。各级林业部门分别以短信、电视台滚动字幕等形式发布植绿爱绿公益广告。鄂尔多斯市发放义务植树宣传扑克6000副，发放《林业知识手册》3000多册，向在校学生赠送《生态道德教育读本》960册。

同年，自治区林业宣传部门不断加强生态文化体系建设，利用植树节、湿地日、世界防治荒漠化与干旱日等纪念日，围绕林业改革30周年、三北防护林体系建设30周年、绿色奥运等主题，开展生态文化系列宣传活动。举办生态文明专家座谈会，开展以“坚持科学发展、建设现代林业、推进生态文明”为主题的学习实践科学发展观活动。赤峰市克什克腾旗防沙治沙综合示范区、内蒙古青少年绿色家园被中国生态文明高层论坛组委会授予“首批生态文明教育基地”；海拉尔国家森林公园被国家林业局批复为“森林景观与生态文化资源保护”首批项目实施点；组织申报红花尔基樟子松国家森林公园为2009年全国“森林景观与生态文化资源保护”项目实施单位。协助拍摄以额济纳旗原林业治沙局局长李德平先进事迹为主线的电视剧《大漠之子》；与内蒙古电视台等单位联合开展“农牧民新春大联欢”活动；与自治区文化厅等单位联合开展全区“科普之春”电影汇演活动；编辑制作以“绿色奥运”为主题的电视宣传片。

2009年，自治区林业厅宣传办组织新闻媒体赴北京军区内蒙古京津风沙源治理商都义务植树基地进行采访，新华社内蒙古分社、《中国绿色时报》《内蒙古日报》、内蒙古电视台、内蒙古电台等媒体进行宣传报道。《中国绿色时报》刊发《北京军区京津风沙源治理商都义务植树基地揭碑》；《内蒙古日报》刊发《北京军区内蒙古京津风沙源治理商都植树基地揭碑》《绿色终将屹立北疆》等文章；内蒙古电视台《新闻联播》对北京军区商都义务植树活动做了报道；内蒙古电台现场连线北京军区领导，对植树活动进行报道。同年4月，《内蒙古日报》（蒙文版）整版报道自治区生态建设情况。在“中央林业工作会议”召开期间，在《中国绿色时报》以《建设生态内蒙古构筑祖国北方重要生态屏障》为题刊发高锡林厅长署名文章。9月，在全区开展“倡导绿色生活，共建生态文明”公益招贴画进万家活动。在“庆祝中华人民共和国成立60周年”活动期间，国务院新闻办拍摄专题片《绿色中国——再造秀美山川》，向国际社会展示中国林业建设取得的伟大成就，林业厅宣传办为摄制组提供视频资料，并协助拍摄阿拉善盟生态建设成效专题片，同时在各类媒体对自治区生态建设进行深入报道。组织完成自治区党委办公厅“庆祝新中国成立60周年内蒙古发展成就宣传片和图片展”拍摄点的选取和报送工作，选取退耕还林工程、天保工程、自然保护区建设、林业产业、义务植树等20多个拍摄点。在自治区出版的《腾飞的内蒙古》中为自治区林业生态建设内容提供文字和图片。同年“植树周”期间，在呼和浩特市新华广场举行“为身边增绿，护绿色家园”活动，2000多人参加活动。同时义务植树公益广告在自治区各类媒体连续刊播。

2010年，绿化宣传形式趋向丰富，广播、电视、报刊联动，宣传车、传单、宣传横幅、宣传画、宣传卡上街道、进社区。宣传的内容纷呈、角度更为广泛，不仅号召人们植绿，倡导人们爱绿，而且促动人们护绿。“植树节”和“植树周”期间，自治区绿化委员会以“拥抱绿色——写在3·12中国植树节”为主题印制宣传单在呼和浩特市主要街口向广大群众发放，向机关、学校、部队以邮寄的方式广泛宣传。内蒙古电视台连续播放绿化公益广告。包头市开通的“护绿热线”引起社会广为关注，我们的家园大家共建同管的理念深受民众欢迎。

同年，林业宣传部门在开展义务植树、国土绿化和防沙治沙等方面宣传的同时，加强碳汇造林、森林防火等工作宣传。在《人民日报》低碳生活论坛特刊刊发《满城绿色满眼春——鄂尔多斯主城生态人居环境建设纪实》；在内蒙古电台《新闻联播》播出“鄂尔多斯栽植10万亩樟子松碳汇林”；《内蒙古日报》刊发《绿色的希冀——我区碳汇造林纪实》。4月初，配合自治区防火指挥部在新华广场举办以“加强森林草原防火　为低碳经济保驾护航”为主题的大型森林草原防火宣传活动。清明节期间，组织《内蒙古日报》等媒体记者赴包头、呼和浩特等地采访基层森林草原防火工作。

2011年，全区各地各有关部门开展林业改革及集体林权制度改革工作宣传，制订宣传方案，明确宣传总体要求、宣传重点、宣传方式和组织领导。在宣传形式上，开拓思路、拓宽渠道，通过电视、报刊、广播、网络等媒体开设专栏，开办专题节目进行宣传报道。采用印刷标语、手册、宣传单、公开信、粉刷标语、树立标牌、手机短信等形式，广泛宣传林改目的任务、内容方法、步骤措施，让广大干部群众认识到林改是关系老百姓的大事、好事和实事，消除顾虑，增强信心，自觉参与到林改中来。《内蒙古日报》开设林改专栏，内蒙古电台连续播报林改情况，《人民日报》《经济日报》《中国绿色时报》、国家林业局网站、《内蒙古林业》等媒体先后对自治区林改工作进行专题报道。

同年，时值“全民义务植树活动开展30周年”，各级媒体集中宣传自治区全民义务植树30年来取得的成效和经验。《中国绿色时报》刊发“内蒙古30年义务植树14亿株”；新华社内蒙古分社刊发《昔日风沙之源，30年筑起中国北方绿色屏障》；内蒙古电视台《新闻联播》播出“内蒙古30年义务植树14

亿株”等新闻报道。在防沙治沙宣传方面，《内蒙古日报》在蒙、汉文版全文刊发《内蒙古荒漠化和沙化状况公报》，公布自治区第四次荒漠化和沙化监测结果。此外，还刊发《我区荒漠化沙化面积持续双减少》《浑善达克又绿起来了》《翁牛特旗以路治沙》《鄂尔多斯市荒漠化正在全面逆转》《呼伦贝尔沙化土地面积首次出现缩减》《通辽5年完成沙地治理1513万亩》等报道，对自治区沙漠、沙地治理情况进行深入报道。《中国林业》以《构筑祖国防沙治沙绿色屏障》为题对自治区防沙治沙成就进行综合报道，刊发《风沙源头谱新篇》《绿色在毛乌素重生》《沙中淘金让绿洲延伸》《从沙中找绿到绿中找沙》等。《内蒙古日报》（蒙文版）以《内蒙古给力生态建设、构建祖国北疆生态安全屏障》为题，对内蒙古防沙治沙成就进行整版报道。林业厅宣传办协助中央电视台拍摄的六集高清电视专题片《大漠长河》在中央电视台七套播出。

2012年3月，林业厅宣传办协助英国BBC广播电视公司摄制组到内蒙古多伦县拍摄《中国荒漠化防治》纪录片。新华社《新华每日电讯》头版刊发《浑善达克沙地——京津风沙源“生态富民”实践》，《新民晚报》等数十家报纸及网站转载。

2013年，《人民日报》刊发《绿色向沙地深处延伸》《浑善达克沙地变安静了》《掘金沙漠崛起绿洲》等；《中国绿色时报》刊发《阿拉善生态沙产业高峰论坛》《达拉特旗治沙又富民》《心系荒漠的青年歌手》《杭锦后旗沙区边缘植新绿》等。

2014年3月12日，自治区绿化工作站通过宣传展板、发放纪念册、悬挂宣传横幅，结合“群众路线教育活动”在呼和浩特市城区各个广场展示绿化成果。同时在内蒙古广播电视台多频道、多频率播放“低碳减排绿化美化”公益广告，增强广大民众的绿化意识。林业厅厅长呼群在3月12日《内蒙古日报》上发表题为《让家园更绿让环境更美》的署名文章。

2014年3—4月，林业厅宣传办集中开展春季造林绿化和义务植树宣传活动。组织协调中央级自治区媒体进行系列报道，发稿50余篇，集中报道内蒙古近五年义务植树、国土绿化取得的成就。围绕弘扬生态文化，保护生态建设成果的工作要求，宣传森林防火、防沙治沙、林业执法、有害生物防治、森林生态效益补偿、野生动植物保护和自然保护区建设及湿地资源保护等工作成功做法和工作实效，深入总结推广生态保护方面的好经验、好典型，增强全社会生态保护意识和责任。在生态建设与保护方面，林业厅宣传办积极协调中央人民广播电台、内蒙古电视台等媒体，报道“内蒙古森林防火要点”“科尔沁沙地双千万亩综合治理工程筑牢生态屏障”等。

2015年，组织协调央视网、内蒙古广播电视台、《内蒙古日报》等新闻媒体记者采访厅领导及主要处室负责人10余次，在权威杂志刊登厅领导署名文章3篇。组织治沙造林处、绿化办等11个部门负责人做客《行风热线》，就广大群众关心的林业热点问题进行解答。

（二）林业主题宣传

在围绕林业重点工作宣传的同时，林业宣传部门积极策划，开展主题宣传。2009年，“自治区集体林权制度改革工作会议”召开后，组织协同《中国绿色时报》、新华社内蒙古分社、《内蒙古日报》、内蒙古广播电视台等媒体掀起集体林权制度改革宣传报道的高潮。林业厅厅长高锡林在《中国林业》发表题为《集体林权制度改革照亮未来行程》的文章；在内蒙古自治区党委《实践》杂志上刊发《林权改革造福百姓——访林业厅党组书记、厅长高锡林》。协助《经济日报》开展“走林区看林改”采访活动，以“西部沙区林改生态和增收双赢的探索”为内容采访报道赤峰市敖汉旗林改情况。为贯彻落实“全国集体林权制度改革宣传座谈会”精神，制订《内蒙古自治区集中时间开展集体林权制度改革宣传工作方案》，将自治区在中央和地方主要媒体刊发的林改消息每半个月向国家林业局报告一次，在国家林业局《各地林改宣传信息》上进行交流。通过合作宣传、开设专栏等形成持续不断的宣传声势。在《内蒙古日报》头版开设“集体林权改革”专栏，每周刊登1篇林改文章。与内蒙古广播电台开展合作宣传，开辟专栏，林业厅副厅长呼群做客新闻直播间介绍自治区林改进展情况，在线解答农牧民的问题。

2009年3月，组织内蒙古电视台、《内蒙古日报》记者深入鄂尔多斯市，对乌审旗毛乌素生物质热电厂进行报道。内蒙古电视台《新闻联播》头条播出“建设能源林基地，打造林业产业品牌产品”；《内蒙古日报》刊发《鄂尔多斯市林沙产业实现良好互动》。2010年，组织媒体记者赴赤峰、通辽等地对林沙产业进行采访报道，内蒙古电视台《绿野》播出《林沙产业发展，带动农民致富》《执著的林业人》等专题片。2011年，《中国绿色时报》“林改聚焦·进程”专栏中刊发《内蒙古集体林改进入攻坚阶段》，对自治区林改进展情况进行报道。中宣部新闻局和国家林业局宣传办联合编制的《林改新政惠民生——集体林权制度改革报道文集》“厅长谈林改”“县委书记谈林改”“林改典型县”“各地风采”“专栏报道”等专栏中，《尊重农牧民意愿推进林权主体改革——访内蒙古自治区林业厅厅长高锡林》《林改给沙区带来发展机遇——访内蒙古赤峰市敖汉旗旗委书记吉玉龙》《绿满山川利惠百姓》《开鲁县3.2万农户享受林权制度改革成果》《内蒙古敖汉旗：绿了沙丘富了林农》等12篇文章入选。

2013年4月，组织新华社内蒙古分社、内蒙古电视台、内蒙古广播电台、内蒙古日报社、中国县域经济报社内蒙古记者站等新闻媒体，以巴彦淖尔市为代表，全面报道内蒙古公路、村屯、城镇周边、厂矿园区、大青山前坡和黄河两岸六大重点区域造林绿化工作情况。内蒙古电视台播出“巴彦淖尔杨文亮种树千万守清平”“乌拉特前旗——效益捆绑让绿色可持续发展”“五原县义务植树”；《内蒙古日报》刊登《绿染河套》；内蒙古广播电台播出“加强区域造林绿化　打造祖国北疆生态屏障”“五原县重点区域造林绿化”“巴彦淖尔市积极探索生态保护与经济发展良性互动之路”；《中国县域经济报》刊登了《河套平原披绿衣》；《中国绿色时报》头版刊登《内蒙古重点区域绿化开局良好》等系列报道。2014年5月，林业厅宣传办组织中央、自治区媒体记者深入基层报道重点区域绿化一年来的建设成果。“让三千公里公路成为绿色生态屏障”“内蒙古森林面积增至3.73亿亩居全国首位”“内蒙古大力推进重点区域绿化”等57篇报道，全面反映了重点区域绿化开展以来取得的丰硕成果。

2010年开展西部大开发10周年主题宣传，《内蒙古日报》专访林业厅厅长高锡林，刊发题为《为可持续发展提供生态保障》的署名文章，对内蒙古西部开发10年来建设成效进行报道。《人民日报》刊发《科尔沁重焕生机》《内蒙古赤峰为京津筑起生态安全屏障》《400亿投资促内蒙古山川增绿百姓增收》《沙窝子有了好日子》等；《中国绿色时报》刊发了《内蒙古退耕九年生态改善惠民生》《实施退耕还林建设秀美山川——纪念退耕还林工程实施10周年系列专题·内蒙古篇》《青山绿水构建魅力内蒙古》等；《内蒙古日报》刊发《昔日京津风沙源如今塞上好景点》《浑善达克沙地沙丘面积10年减少460万亩》等。新华网、中国政府网对自治区实施西部大开发10年来取得的生态建设成就进行报道。自治区林业厅积极参与国家发改委与中宣部组织开展的“纪念西部大开发10周年宣传活动”，为自治区实施西部大开发战略领导小组办公室提供相关材料和图片。

（三）林业典型报道

2006—2015年，自治区林业厅宣传办先后选树出的典型有：退休后放弃安逸舒适的生活，十多年如一日坚守在荒漠戈壁中，治沙造林改善家乡恶劣的生态环境的原阿拉善盟政协主席、时代楷模——苏和。2014年，中央媒体对时代楷模苏和进行全面报道，根据国家林业局宣传办和自治区党委宣传部的指示，林业厅宣传办组织全区林业系统开展向苏和学习的活动。《中国绿色时报》《内蒙古日报》、内蒙古电台、电视台对苏和事迹进行专题报道。19年间，在科尔沁沙地植树造林30余万株，将承包的2500亩荒沙变成绿洲，同时带领当地农牧民治理沙漠6万多亩，被当地农牧民誉为“治沙女愚公”的通辽市奈曼旗治沙模范——宝秀兰。通过宣传，2013年宝秀兰获“全国防沙治沙标兵”称号。对年逾六旬，为带领当地农牧民致富，种植2000多亩梭梭，接种肉苁蓉，每亩收益可达1000多元的致富带头人——嘎布亚图进行专题报道。2013—2014年连续两年将赤峰市宁城县、林西县七合堂村作为地区经济林产业发展的典型在全国各大媒体进行宣传报道。先后将多伦县、新巴尔虎左旗、翁牛特旗等作为防沙治沙先进典型进行宣传；将鄂尔多斯作为林沙产业典型进行持续深入的宣传；对自治区党委政府在全区范围内全面开展重点区域绿化工程；自治区林业厅宣传办积极策划，组织新华社内蒙古分社、内蒙古广播电视台、《内蒙古日报》《中国县域经济报》等新闻媒体记者深入到巴彦淖尔市乌拉特前旗、五原县、杭锦后旗等重点区域，对造林绿化工作进行专题报道。

### 三、对外宣传

为让公众了解林业、认识林业、支持林业，树立良好的生态文明意识，林业宣传工作尤为重要。按照自治区党委宣传部开展对外宣传的意见，自治区林业厅每年召开1—2次新闻发布会，向社会发布全区林业发展改革情况和生态保护建设成果。2009年，召开新闻发布会，发布“第六次森林资源清查结果”。2014年，发布“第七次森林资源清查结果”。其他年份也就全区重点林业工作进行新闻发布。为形成内蒙古林业大宣传工作格局，自治区林业厅宣传部门主动出击，建立与省级以上主流媒体的长效工作互动机制。通过组建中央电视台第七套《绿色时空》内蒙古自治区林业厅工作室，与中央电视台和国家林业局宣传办建立起长期工作联系。与新华社、中央电视台、中央人民广播电台等驻区新闻单位，建立每季度新闻宣传工作联系制度，通报林业新闻宣传重点，了解媒体发稿情况。与新华社内蒙古分社、《内蒙古日报》、内蒙古电视台、内蒙古广播电台、《北方新报》等联系林业的记者，每月沟通联系不少于1次，及时了解宣传动态，有针对性地组织林业宣传稿件。确立全方位、多角度宣传格局，畅通外宣渠道，使新闻资源实现共享。同时也赢得了主流媒体对林业宣传工作的重视与支持。2011—2015年，组织策划“内蒙古天保工程建设十三年”、联合新闻媒体宣传第二届中国国际林业产业博览会；开展全区林业系统喜迎“十八大”系列报道；配合凤凰卫视《大地寻梦》摄制组到赤峰、通辽等地报道防沙治沙成就；邀请新华社内蒙古分社、《内蒙古日报》、内蒙古电视台等媒体，深入通辽市、赤峰市、锡林郭勒盟等地，围绕“防沙治沙改善生态、改变生活”主题，开展专题报道；配合新华社内蒙古分社完成“三北工程建设35周年”系列报道；组织中央驻自治区媒体记者深入基层对重点区域绿化成效进行专题报道；配合凤凰卫视《与梦想同行——绿色梦》摄制组，对自治区“三北”工程区防沙治沙项目、农田防护林建设等进行专题拍摄，并在国家林业局网站和凤凰卫视播出；完成国家林业局宣传办组织的“百家媒体百名记者进林场”采访任务；组织策划在《中国绿色时报》对全区林业生态建设成就进行系列深度报道。

2011—2015年，林业厅宣传办组织策划报道京津风沙源治理成就；配合中央电视台《绿色时空》《绿野寻踪》拍摄反映自治区林业产业、生态文化建设等八部专题节目；协调媒体以实地采访、做客直播间等形式采访厅领导和相关处室负责人40余次；在权威杂志刊登厅领导署名文章25篇；摄制各类反映全区林业生态建设电视专题片20余部；在主要报刊组织开展30多次专版报道。2014年，组织召开2次新闻发布会，发布自治区近四年森林资源增长和湿地保护建设成果。

据统计，2006—2015年，自治区林业厅宣传办与各级各类媒体合作，在电视、广播、报刊、网络等媒体共刊发各类稿件5万余篇（条）。

**四、形象宣传**

林业形象宣传是通过摄影、美术、展览以及电影、电视等艺术造型手段，宣传党的林业方针政策，宣传森林的效益和作用，宣传保护森林、发展林业的重要意义，普及林业科学技术知识。

2007—2015年，拍摄多部展现内蒙古生态建设成果的电视专题片，积累了大量素材。2007年，摄制完成《日元贷款一期工程情况汇报》《中国首届国际林业产业博览会》《中共十七大代表闫德仁》等电视专题片。2008年，制作完成《内蒙古林业六大重点工程》《内蒙古防沙治沙》电视专题片，自东向西拍摄林业生态工程，建设保护成就等电视素材。2009年，在国家林业局“绿色风采60年——庆祝新中国成立60周年网络电视展播”活动中，自治区林业厅制作报送《绿色的回归》《绿染杭后》《绿满草原写华章》等7部电视专题片。2010年，协助拍摄反映治沙英雄、额济纳旗原林业局局长李德平先进事迹的电影《李德平》。2014年，林业厅宣传办根据工作实际共拍摄电视专题片7部。其中，专题片《内蒙古生态文化第一村——七合堂的绿色小康路》在中央七套《绿色时空》栏目播出；专题片《沙中求富》《漫漫治沙路》在央视网中国林业频道播出；专题片《北疆绿韵——内蒙古生态建设巡礼》在全国“干旱区造林现场会”上播放。为全国生态文明协会与中央电视台“全国生态文化村——最美乡村”评选活动，制作电视专题片《兴安岭下生态村——扎兰屯市成吉思汗镇生态文化村纪实》《内蒙古生态文化第一村——七合堂的绿色小康路》。

2007年，组织配合“自治区六十年成就”展览，完成《内蒙古林业60年》画册组稿、编辑、印刷工作。

2011年，组织媒体报道第二届中国国际林业产业博览会。《中国绿色时报》刊发《第二届中国国际林业产业博览会召开在即，内蒙古参展准备工作有序进行》，博览会《现场专版》刊发《内蒙古自治区展厅：借力拓宽民族特色林产品市场》文章和图片，《内蒙古日报》刊发《内蒙古自治区40多家林企参加林博会森博会》《内蒙古自治区15个产品获林博会森博会金奖》，《北方新报》刊发《40多家林企代表参加义乌林博会森博会》等。2013年，组织全区林业系统职工摄影作品参加“碧绿的希望——内蒙古生态摄影展”，展览展示自治区生态建设成就，推进生态文明建设。2014年，“美丽中国——山川锦绣·原始森林杯”摄影大赛，组织全区林业系统职工选送作品200余幅。通过制作电视专题片、举办展览、参加摄影比赛和制作画册，自治区林业厅宣传办收集保存了大量珍贵影像资料。这些资料生动、形象、直观地反映了内蒙古生态文明建设的丰硕成果，宣传了林业保护与建设成就，既给人以美的享受，又增强了林业宣传的效果。

2014年1月，自治区林业厅创刊编发《林业e讯》，主要采集范围包括：人民网、新华网、国家林业局网等国家综合性主流媒体网站，省、直辖市、自治区政府网站有关林业信息，在自治区林业厅系统内部发行。年内发行44期，2015年发行19期。

**五、生态文化**

2009年，内蒙古电视台新闻频道《草原儿女》播出电视剧《李德平》。林业厅宣传部门组织参加国家林业局“新中国林业60年”图片展；组织开展生态文学作品大赛、“改革发展颂”书画大赛等文化活动。在国家林业局“绿色风采60年——庆祝新中国成立60周年网络电视展播”活动中，林业厅宣传办制作报送了《绿色的回归》《绿染杭后》《绿满草原写华章》等7部电视专题片。在内蒙古电视台录制

"庆祝新中国60华诞内蒙古林业系统知识竞赛"，展示全区林业系统职工饱满的精神风貌。认真组织各级林业部门参与第四届"关注森林奖"和"梁希林业宣传奖"评选活动。2011年，策划完成以"北疆生态党旗红"为主题的全区林业系统演讲比赛活动；组织开展"红旗飘飘构筑北疆生态屏障"征文活动。2012年，组织"内蒙古防沙治沙成就"专题图片展；举办全区林业系统喜迎中共"十八大"乒乓球比赛；协助自治区政协完成"发展中的内蒙古"大型图片展等。2013年，组织林业厅系统30多幅作品参加"碧绿的希望——内蒙古生态摄影展"。2014年，完成"第四届库布其国际沙漠论坛"宣传图片组稿审定工作；在全区林业系统开展评选表彰"全国林业系统模范职工之家、模范职工小家、优秀工会工作者、优秀工会积极分子、优秀工会之友"活动；组织评选"奋斗在林改一线的大学生村官"活动；组织参加"美丽中国——山川锦绣·原始森林杯"摄影大赛等。2015年，在全区范围内选拔优秀青少年参加国家林业局、共青团中央等单位联合组织的"全国青少年生态文明教育体验活动"；组织报送两部微电影，参加国家林业局首届"生态文明主题微电影展示交流活动"；广泛开展林业歌曲征集活动。

在鼓励林业系统干部职工积极创作生态文艺作品的同时，林业生态文化教育示范基地创建得到各级政府和林业部门的重视。

自治区将亿利集团库布齐生态示范区向团中央、教育部和国家林业局推荐为国家级生态文明教育示范基地，并于2014年10月通过验收，正式挂牌。此外还开展"中国生态文化村——美丽乡村"评选活动，2006—2015年，赤峰市林西县七合堂村等14个行政村获得"全国生态文化村"。

### 六、森林公安文化宣传

2006年1月，为庆祝"自治区森林公安局成立15周年"，自治区森林公安局举办"全区森林公安书画摄影展"。4月，自治区森林公安局出台《内蒙古自治区森林公安宣传工作管理办法（试行）》，从工作目的、组织管理、主要内容、表彰奖励等几个方面作出详细规定。8月21日，内蒙古电视台《故事》栏目组拍摄乌海市森林公安局救助、放飞国家Ⅰ级保护野生动物——黑鹳，9月6日，在内蒙古电视台播出。12月17日，中央电视台社会与法频道《中国法治报道》以纪实的手法详细报道自治区森林公安民警捣毁乌梁素海非法猎杀候鸟犯罪团伙一案。

2007年11月，国家林业局森林公安局对2007年全国森林公安系统书法摄影大赛获奖情况进行通报，全区8名民警作品获奖。

2009年7月，自治区森林公安局举办首届"卫林杯"森林公安征文大赛。评出二等奖4个、三等奖8个、优秀奖28个（一等奖空缺）。

2010年，自治区森林公安局举办"全区森林公安系统警务技能大比武"，内蒙古电视台、《北方新报》、新华网、《内蒙古林业》等媒体进行报道，向社会展示森林公安风采。

2011年，在第四届全国公安系统"卫士之光"书法、美术、摄影作品展览活动中，自治区森林公安民警1人获摄影类作品二等奖、1人获书法类作品二等奖、2人获书法类作品优秀奖，占全国森林公安系统获奖人数半数以上。同年，全国公安机关举办首届警务教官实战技能大比武，国家林业局森林公安局在全国抽调10人组成全国森林公安代表队参加，自治区森林公安2名民警在实战对抗中取得第四名，并获得"实战优秀教官"称号。

2012年5月24日，自治区森林公安局在呼和浩特市举办"弘扬人民警察核心价值观，忠实履行森林卫士职责"主题演讲比赛。来自全区各盟市13支代表队的25位选手参加比赛。比赛得到内蒙古电视台、《内蒙古日报》《北方新报》等媒体的关注和报道。同年6月，自治区森林公安代表队赴南京森林警察学院参加全国森林公安机关第一届“森林卫士杯”演讲比赛并荣获三等奖。年末，中央电视台《天网》播出锡林浩特市森林公安破获“12·8”特大贩卖野生动物案件侦破纪实。公安部《中国警察》摄制组深入自治区森林公安民警一线，记录了森林公安民警执法执勤、服务群众的画面，并在中央电视台播出。

2013年1月，呼伦贝尔市森林公安局打击破坏野生动物资源违法犯罪行为专项行动专题片《呵护生灵》，在呼伦贝尔市电视台《法制经纬》播出。同年3月，自治区森林公安局对2012年度宣传工作取得优异成绩的5个集体和10名个人进行专项表彰。同月，阿拉善盟阿拉善左旗吉兰泰镇发现一只国家Ⅰ级保护动物雪豹，阿左旗森林公安局对雪豹进行救护并于15日在吉兰太镇巴彦温都尔嘎查哈日根希勒草原放归大自然。这是自20世纪三四十年代后，阿拉善盟境内首次发现雪豹，引起了新华社、人民网等知名媒体以及社会各界的广泛关注。14日，中央电视台记者到自治区森林公安局进行采访。4月，中央电视台新闻频道、科教频道播出阿拉善右旗救助雪豹的全过程。中央电视台新闻频道播发两条消息，报道了牧民和森林公安民警救助、喂养雪豹的新闻，新华网、人民网、新浪网、凤凰网等国内知名网站纷纷转发了消息。同月，全区森林公安“天网行动”期间，在中央电视台、《人民公安报》《中国绿色时报》、内蒙古电视台、《内蒙古日报》、中国政府网、新华网、人民网等媒体报道55条。同时，各级森林公安机关与当地媒体联系，通过报纸、电视台播发“天网行动”相关新闻。

同年10月，国家林业局森林公安局在南京主办全国森林公安“应知应会”知识竞赛。内蒙古自治区代表队在全国34个代表队中获得团体第二名和个人二等奖的成绩。

## 第四节　林业教育

内蒙古自治区林学院是自治区唯一一所林业高等院校。1999年经自治区政府决定，国家教育部批准，与内蒙古农牧学院合并组建成内蒙古农业大学。

1952年，建立内蒙古扎兰屯林业学校。2006年6月，按照内蒙古自治区党委办公厅和政府办公厅〔2006〕9号文件，内蒙古扎兰屯林业学校由自治区林业厅划转呼伦贝尔市人民政府管理。

1984年，成立内蒙古林业职工中等专业学校。2006年6月，根据内机编发〔2006〕32号文件，学校划转内蒙古电子信息学院管理。

内蒙古大兴安岭林区基础教育是1951年在林区开发建设过程中逐步建立发展起来的企业办学体系。2008年9月，根据内蒙古自治区政府办公厅《关于印发内蒙古森林工业集团有限责任公司剥离办社会职能改革总体方案的通知》，按属地划归地方管理。

# 第十四章

# 林业计划 统计 财务

## 第一节 林业计划

### 一、林业项目管理

内蒙古自治区林业建设项目包括：森林防火基础设施建设项目；林业有害生物综合治理基础设施建设项目；国家级自然保护区基础设施建设项目；湿地保护与恢复工程项目；林木种苗基础设施建设项目；质量检验站、生态定位站等林业科技教育基础设施建设项目。2006—2015年，国家林业局、内蒙古自治区发展和改革委员会批复林业建设项目可行性研究报告156个，其中，森林防火项目55个；国家级自然保护区项目30个；林业有害生物防控项目17个；湿地保护与恢复工程项目17个；林木种苗工程项目27个；国家级生态定位研究站项目10个。下达林业建设项目总投资14.73亿元，其中，中央投资11.52亿元，地方配套投资3.21亿元。

2006年，国家林业局相继印发《林业固定资产投资建设项目管理办法》《林业建设项目可行性研究报告编制规定》《林业建设项目初步设计编制规定》《林业建设项目可行性研究报告审查规定》《林业建设项目初步设计审查规定》。对林业建设项目的前期工作管理、项目审批管理、项目建设内容及概算变更管理、项目招标管理、项目建设监理、项目监督管理、项目竣工验收、项目后评价、责任追究作出明确规定。

2009年7月，国家发展改革委、国家林业局印发《关于做好2009年油茶产业发展等有关工作的通知》，对林木种苗和林业湿地项目审批问题作出规定，林木种苗和林业湿地项目由各省级发展改革委商林业部门审批，各地发展改革委按基本建设项目程序审批项前，须征求本级林业部门书面意见。意见不一致的项目，暂缓审批。各地申报年度计划时，要将申报项目的批复文件及项目可行性研究报告报国家林业局审查。2013年12月，国家林业局修订并印发《林业固定资产投资建设项目管理办法》。对林业项目建设程序和行为作出规定，以提高林业项目建设质量和投资效益。新发布《办法》规定，中央投资3000万元以上的建设项目，必须编制项目建议书，投资3000万元以下的可直接编制项目可行性研究报告。项目建设单位根据项目申报指南，委托具有相应资质的咨询设计单位开展项目前期工作，并按程序上报省级林业主管部门。项目按批准设计建成后，建设单位应当于3个月内编制完成工程结算和竣工财务决算，并按照国家林业局《林业建设项目竣工验收细则》要求组织竣工验收。

2014年，国家林业局批准发布《森林火险区综合治理工程项目建设标准》《林业有害生物防治工程项目建设标准》《林木种苗工程项目建设标准》《森林航空消防工程建设标准》《林火阻隔系统建设标准》和《森林消防专业队伍建设标准》。2015年3月，国家林业局36号令发布新修订的《林业固定资产投资建设项目管理办法》。

## 二、林业年度计划

### （一）年度计划内容

林业年度计划是根据林业中长期发展规划总体目标和林业工程项目布局，结合现时自治区重大规划安排的年度造林生产投资计划。林业年度计划分为年度营造林生产计划、年度中央预算内基本建设投资计划。

年度营造林生产计划是林业中长期发展规划分年度各项生产指标任务计划，是国家指导性计划，没有相应的中央投资。

年度营造林生产计划包括：造林面积、人工造林面积、飞播造林面积、封山育林面积、育苗、林木种子采集、中幼林抚育等指导性计划。

年度中央预算内基本建设投资计划是根据国家年度林业生产建设任务、林业重点生态建设工程规划、林业重点项目规划等安排下达的投资计划，通过计划将国家林业资金安排下达各盟市或旗县，由地方配套资金共同实施，保证林业生产计划和基建项目的完成。

中央预算内基本建设投资计划主要包括林业重点生态建设工程和林业重点生态项目。林业重点生态建设工程包括：天然林资源保护工程、退耕还林（还草）工程、京津风沙源治理工程、重点防护林工程（三北工程）；林业重点生态项目包括：湿地保护工程、林木种苗工程、国家级自然保护区项目、森林防火项目、林业有害生物防控体系基础设施建设项目等。

### （二）年度计划安排原则

1．生态优先原则。国家拨款投资安排的项目必须是以生态效益为主的公益性项目。禁止搭车建设楼堂馆所和办公用房。

2．部分重点工程不重叠原则。从2013年开始，国家林业局要求，三北防护林工程和京津风沙源治理工程安排区域不得重叠。

3．突出重点原则。抓住当前林业生态建设关键，围绕林业重点生态建设工程，集中投入。

4．程序管理原则。拟列入年度计划新开工项目必须履行基本建设程序，项目要完成可行性研究报告和初步设计审批，并且具备开工条件。

5．保在建、保收尾原则。优先安排已开工项目，重点做好在建项目收尾工作。

为确保自治区党委、政府确定的林业发展目标顺利实现，必须科学确定年度生产建设任务，合理安排年度建设项目，按项目落实年度建设资金，科学调整林业建设资金投放结构和投放方式，确保重点工程和重点项目保质、保量、按时完成。

做好年度计划管理工作是确保资金安全运营的前提条件。凡列入年度基本建设计划的项目，必须纳入有关工程规划以及履行必要的基本建设前期审批程序。年度计划应包括建设地点、建设任务、年度投资量等细化指标，明确资金来源渠道。中央预算内基本建设投资计划集中体现了国家政策导向，属指令计划，必须严格予以执行。其调整也必须按规定履行审批手续。审计部门每年对有关单位和地区根据往年度投资计划执行情况进行审计，国家有关部门据此对投资计划安排进行监督和稽查。

（三）林业年度计划运行流程

1．国家林业局下达《关于做好中央预算内林业投资计划草案编报工作的通知》，自治区林业厅转发下达盟市，并安排相关业务处室。

2．盟市级林业主管部门接通知后，根据上一年度和本年度工程项目实施情况、现有宜林地面积、林业重点生态工程规划、当地林业发展需求等，向自治区林业厅报下一年度建议计划。

3．自治区林业厅汇总盟市建议计划后，根据林业重点生态建设工程规划、国家年度项目申报指南，围绕当前自治区林业发展方向、建设重点和资金结构，在综合平衡的基础上，拟定年度营造林生产建议计划和中央预算内基本建设投资建议计划，上报国家林业局。

建议计划内容应包括：本年度和上一年度营造林生产计划完成情况、林业重点生态工程完成情况、中央预算内投资计划执行情况、工程项目建设进展情况、中央投资安排使用情况、地方配套投资落实情况、工程项目建设效益分析及存在的主要问题和建议、下一年度营造林生产和中央预算内基本建设投资的规模和内容。

4．国家发展改革委、国家林业局联合下达各林业生态重点工程和部分林业重点生态项目计划，自治区林业厅提出初步分解意见；国家下达种苗和湿地项目计划是由发展改革委牵头，以“发改投资”文号与国家林业局联合下达；林业有害生物防治、森林防火、国家级自然保护区是由国家林业局以“林规发”文号单家下达，自治区林业厅直接分解转发下达，且不需要会盟市分解。

5．自治区林业厅提出初步计划意见后，会自治区发展改革委商定，形成一致意见后分盟市印发计划草案。

6．盟市发展改革委、林业局提出分旗县任务意见，并以正式文件联合上报自治区发展改革委、林业厅。其中：京津风沙源治理工程分旗县任务通知由自治区发展改革委直接发盟市政府，不与林业厅联合印发。

7．自治区发展改革委与林业厅对盟市申报文件进行汇总，达成一致意见后，由自治区发展改革委牵头，联合林业厅以“内发改投字”文号形成正式投资计划下达盟市。沙源工程还需联合其他厅局会商下达。

计划下达主要依据：林业重点生态工程规划、国家下达的年度营造林生产计划、中央预算内基本建设投资计划、自治区相关政策和规划、项目可行性研究报告的批复、盟市林业主管部门上报的年度计划建议方案。

（四）年度计划编制原则

1．处理好与行业发展战略规划、中长期计划、全国性或区域性发展规划、专项规划等的关系。

2．处理好与地方经济发展和社会发展规划的关系，特别是扶贫规划。

3．处理好与前期工作的关系，抓好工程项目建设全过程管理，抓好各项前期建设审批基础工作，审批程序不完整的，不得下达投资计划。

4．处理好与业务部门的关系。在坚持原则的前提下，充分结合业务部门意见建议，增加计划编制透明度和开放度。

5．处理好中央预算内基本建设投资与中央财政资金的关系。合理确定预算内投资和中央财政资金的不同重点投入领域，适时调整中央预算内投资结构。

（五）年度计划管理原则

1．增强计划的宏观性和战略性。贯彻落实新时期林业发展新思路，为林业重点生态工程建设提供资金保障，更好发挥计划管理宏观调控职能。

2．增强计划安排前瞻性。研究国家和自治区投资政策，结合国家经济体制改革方向，开展调查研究，了解生产建设基本情况，提高计划前瞻性，提高计划执行结果对林业重点工作影响的预见能力，适时提出对策建议。

3．增强计划安排的科学性和民主性。改进工作方法，增强计划编制参与度和透明度。与盟市和旗县林业局多沟通，了解基层实际需求；与自治区发展改革委及林业厅相关业务处室单位多沟通，科学民主决策。

4．加强计划执行监督检查，强化过程管理。确保投资用在重要领域，确保投资能够落实到基层单位。坚持完善计划执行情况定期报送制度，随时掌握工程进度。

5．维护计划严肃性。严禁任何单位擅自调减生产任务和中央预算内基本建设投资计划。确需调整的，经审核批准后，酌情调整造林方式或转入下一年度实施。对擅自调整计划的单位或部门，将视情节轻重，在投资安排和项目审批方面给予调控。

## 第二节　林业统计

### 一、林业统计管理办法

依据《中华人民共和国统计法》和《中华人民共和国统计法实施细则》，国家林业局于2005年印发《林业统计管理办法》，明确从事林业统计调查、统计分析，提供林业统计资料和统计咨询意见，进行林业统计监督等活动的要求、规范及责任。

### 二、林业统计主要指标

（一）生态建设总体情况

根据《造林技术规程》（GB/T15766－2006），国家于2006年起将无林地和疏林地新封山育林计入造林面积，造林面积包括人工造林、飞播造林、无林地和疏林地新封山育林。

2006年，全区完成造林面积47.98万公顷，其中：人工造林16.16万公顷，飞播造林完成9.49万公顷，无林地和疏林地新封山育林完成22.33万公顷。

2009年，全区完成造林面积86.19万公顷，其中：人工造林35.31万公顷，飞播造林完成9.60万公顷，无林地和疏林地新封山育林完成41.28万公顷。

2013年，全区完成造林面积80.52公顷，其中：人工造林34.96万公顷，飞播造林完成7.87万公顷，无林地和疏林地新封山育林完成37.69万公顷。

2015年，全区完成造林面积66.80万公顷，其中：人工造林36.09万公顷，飞播造林完成7.94万公顷，无林地和疏林地新封山育林完成22.77万公顷。

2006—2015年，全区累计完成造林面积684.98万公顷，其中：人工造林313.84万公顷，飞播造林75.93万公顷，无林地和疏林地新封山育林295.21万公顷。

（二）林业重点工程完成情况

1．林业重点工程总体完成情况

2006年，全区完成林业重点工程造林面积40.05万公顷，其中：人工造林11.82万公顷，飞播造林完成9.36万公顷，无林地和疏林地新封山育林完成18.87万公顷。完成林业重点工程造林任务占全部总造林完成面积的83.5%。

2008年，全区完成林业重点工程造林面积54.88万公顷，其中：人工造林23.53万公顷，飞播造林完成5.67万公顷，无林地和疏林地新封山育林完成25.68万公顷。完成林业重点工程造林任务占全部总造林完成面积的78.4%。

2014年，全区完成林业重点工程造林面积36.39万公顷，其中：人工造林18.37公顷，飞播造林完成5.61万公顷，无林地和疏林地新封山育林完成12.41万公顷。完成林业重点工程造林任务占全部总造林完成面积的65.1%。

2015年，全区完成林业重点工程造林面积39.68万公顷，其中：人工造林17.95万公顷，飞播造林7.17万公顷，无林地和疏林地封山育林14.56公顷。完成林业重点工程造林任务占全部总造林完成面积的59.9%。

2006—2015年，全区累计完成林业重点工程造林面积555.63万公顷，其中：人工造林215.59公顷，飞播造林74.68万公顷，无林地和疏林地新封山育林265.36万公顷。完成林业重点工程造林任务占全部总造林完成面积的81.1%。

2．天然林资源保护工程

2006年，全区天然林资源保护工程区木材产量266.36万立方米，占全区木材产量的79.1%。

2009年，全区天然林资源保护工程区木材产量253.52万立方米，占全区木材产量的79.1%。

2011年，全区天然林资源保护工程区木材产量138.52万立方米，占全区木材产量的81.3%。

2015年，全区天然林资源保护工程区木材产量90.44万立方米，占全区木材产量的63.4%。

2006—2015年，全区累计天然林资源保护工程区木材产量1898.30万立方米，占全区木材产量的71.3%。

2015年4月，国家全面停止大兴安岭重点国有林区天然林商业性采伐，因此天然林资源保护工程区木材产量持续较2006年大幅减少。

2006年，全区完成天保工程造林面积11.01万公顷，其中：飞播造林6.69万公顷，无林地和疏林地新封山育林4.32万公顷。

2009年，全区完成天保工程造林面积23.80万公顷，其中：人工造林328公顷，飞播造林6.67万公顷，无林地和疏林地新封山育林17.10万公顷。

2011年，全区完成天保工程造林面积8.73万公顷，其中：人工造林1.21万公顷，飞播造林4.69万公顷，无林地和疏林地新封山育林2.83万公顷。

2015年，全区完成天保工程造林面积10.81万公顷，其中：人工造林4.00万公顷，飞播造林3.58万公顷，无林地和疏林地新封山育林3.23万公顷。

2006—2015年，全区累计完成天然林资源保护工程造林面积119.66万公顷，其中：人工造林11.56万公顷，飞播造林40.88万公顷，无林地和疏林地新封山育林67.22万公顷。

3. 退耕还林工程

2006年，全区完成退耕还林工程造林面积5.82万公顷，其中：退耕地造林1.56万公顷，荒山荒地造林3.92万公顷，无林地和疏林地新封3467公顷。

2008年，全区完成退耕还林工程造林面积15.42万公顷，其中：荒山荒地造林10.30万公顷，无林地和疏林地新封5.12万公顷。

2014年，全区完成退耕还林工程造林面积1.64万公顷，其中：荒山荒地造林1.44万公顷，无林地和疏林地新封2000公顷。

2015年，全区完成退耕还林工程造林面积1.89万公顷，其中：退耕地造林3333公顷，荒山荒地造林1.53公顷，无林地和疏林地新封333公顷。

2006—2015年，全区累计完成退耕还林工程造林面积50.80万公顷，其中：退耕地造林3.87万公顷，荒山荒地造林31.81万公顷，无林地和疏林地新封15.12万公顷。

4. 京津风沙源治理工程

2006年，全区完成京津风沙源治理工程16.49公顷，其中：人工造林2.21万公顷，飞播造林2.67万公顷，无林地和疏林地封山育林11.61万公顷。

2008年，全区完成京津风沙源治理工程25.56万公顷，其中：人工造林10.40万公顷，飞播造林2.33万公顷，无林地和疏林地封山育林12.83万公顷。

2014年，全区完成京津风沙源治理工程13.24万公顷，其中：人工造林7.01万公顷，飞播造林1.21万公顷，无林地和疏林地封山育林5.02万公顷。

2015年，全区完成京津风沙源治理工程12.45万公顷，其中：人工造林5.16万公顷，飞播造林2.42万公顷，无林地和疏林地封山育林4.87万公顷。

2006—2015年，全区累计完成京津风沙源治理工程268.36万公顷，其中：人工造林92.23万公顷，飞播造林30.76万公顷，无林地和疏林地封山育林145.37万公顷。

5. 三北防护林体系建设工程

2006年，全区完成三北防护林体系建设工程6.48万公顷，其中：人工造林4.14万公顷，无林地和疏林地封山育林2.34万公顷。

2009年，全区完成三北防护林体系建设工程23.41万公顷，其中：人工造林20.63万公顷，无林地和疏林地封山育林2.78万公顷。

2013年，全区完成三北防护林体系建设工程8.55万公顷，其中：人工造林4.79万公顷，飞播造林3333公顷，无林地和疏林地封山育林3.43万公顷。

2015年，全区完成三北防护林体系建设工程15.06万公顷，其中：人工造林7.45万公顷，飞播造林1.18万公顷，无林地和疏林地封山育林6.43万公顷。

2006—2015年，全区累计完成三北防护林体系建设工程115.57万公顷，其中：人工造林76.08万公顷，飞播造林3.04万公顷，无林地和疏林地封山育林36.45万公顷。

（三）林业生产主要指标统计

表14-2-1 2006—2015年全区造林、木材产量完成情况统计表

| | 造林面积合计（万公顷） | 按造林方式分（万公顷） | | | 木材产量（万立方米） |
|---|---|---|---|---|---|
| | | 人工造林 | 飞播造林 | 无林地和疏林地新封山育林 | |
| 合计 | 684.97 | 313.84 | 75.93 | 295.21 | 2662.52 |
| “十一五”期间 | 330.56 | 141.69 | 36.51 | 152.36 | 1728.22 |
| 2006年 | 47.98 | 16.16 | 9.49 | 22.33 | 336.81 |
| 2007年 | 59.01 | 29.50 | 4.01 | 25.50 | 416.66 |
| 2008年 | 71.86 | 37.73 | 5.74 | 28.39 | 342.39 |
| 2009年 | 86.19 | 35.31 | 9.6 | 41.28 | 311.81 |
| 2010年 | 65.52 | 22.99 | 7.67 | 34.86 | 320.55 |
| “十二五”期间 | 354.41 | 172.14 | 39.46 | 142.85 | 934.3 |
| 2011年 | 73.18 | 33.51 | 11.36 | 28.31 | 217.88 |
| 2012年 | 78.13 | 35.7 | 6.51 | 35.92 | 208.83 |
| 2013年 | 80.37 | 34.82 | 7.87 | 37.69 | 186.23 |
| 2014年 | 55.92 | 32.03 | 5.74 | 18.16 | 178.74 |
| 2015年 | 66.80 | 36.09 | 7.94 | 22.77 | 142.62 |

表14-2-2 2006—2015年全区主要林业工业产品产量统计表

| | 锯材（万立方米） | 人造板产量（万立方米） | | | |
|---|---|---|---|---|---|
| | | 合计 | 其中：胶合板 | 其中：纤维板 | 其中：刨花板 |
| 合计 | 4864.23 | 761.16 | 277.02 | 120.47 | 201.96 |
| “十一五”期间 | 1575.44 | 391.43 | 124.88 | 74.35 | 94.27 |
| 2006年 | 264.86 | 86.76 | 39.32 | 15.38 | 25.58 |
| 2007年 | 456.15 | 71.82 | 12.70 | 23.91 | 19.63 |
| 2008年 | 362.40 | 80.60 | 15.42 | 6.76 | 2.78 |
| 2009年 | 391.73 | 69.32 | 32.41 | 13.99 | 20.06 |
| 2010年 | 100.30 | 82.93 | 25.03 | 14.31 | 26.22 |
| “十二五”期间 | 3288.79 | 369.73 | 152.14 | 46.12 | 107.69 |
| 2011年 | 570.44 | 87.83 | 26.74 | 15.81 | 25.99 |
| 2012年 | 604.21 | 83.89 | 25.41 | 13.58 | 26.69 |
| 2013年 | 641.70 | 75.43 | 29.34 | 6.39 | 26.63 |
| 2014年 | 710.98 | 73.11 | 32.11 | 6.39 | 26.49 |
| 2015年 | 761.46 | 49.47 | 38.53 | 3.95 | 1.89 |

表14-2-3　2006—2015年全区营林基本建设投资完成情况表

单位：万元

| 年　份 | 营林基本建设投资 |
| --- | --- |
| 2006年 | 287263 |
| 2007年 | 294832 |
| 2008年 | 309436 |
| 2009年 | 402740 |
| 2010年 | 549496 |
| 2011年 | 365533 |
| 2012年 | 434194 |
| 2013年 | 486115 |
| 2014年 | 545085 |
| 2015年 | 394593 |

表14-2-4　2006—2015年全区林业产值完成情况表

单位：万元

| 年　份 | 林业产值 |
| --- | --- |
| 2006年 | 1582367 |
| 2007年 | 1929957 |
| 2008年 | 2082648 |
| 2009年 | 1795755 |
| 2010年 | 2022097 |
| 2011年 | 2178434 |
| 2012年 | 2448955 |
| 2013年 | 2801456 |
| 2014年 | 3836321 |
| 2015年 | 4180150 |

（四）林业产业发展

1．产业产值

2015年林业产业产值达到418亿元，比2005年增加305亿元。其中：第一产业产值10年增长2.26倍。第二产业产值10年增长2.49倍，得益于国家开展的大规模基础设施建设。第三产业产值10年增长4.38倍，所占比例10年呈小幅增长态势。

2．木材生产及林产工业

2006年，自治区天保工程区木材产量336.81万立方米；2009年，全区天保工程区木材产量331.81万立方米；2011年，全区天保工程区木材产量217.88万立方米；2015年，全区天保工程区木材产量142.62万立方米。2006—2015年，自治区天保工程区累计木材产量2662.52万立方米。

表14-2-5 2006—2015年全区林业产业产值增长统计表

| | 合计 | 一产 | | 二产 | | 三产 | |
|---|---|---|---|---|---|---|---|
| | | 产值（万元） | 比例（%） | 产值（万元） | 比例（%） | 产值（万元） | 比例（%） |
| 2006年 | 1582367 | 872348 | 55.13 | 479388 | 30.30 | 230631 | 14.58 |
| 2007年 | 1929957 | 1042754 | 54.03 | 615348 | 31.88 | 271855 | 14.09 |
| 2008年 | 2082648 | 1096377 | 52.64 | 664941 | 31.93 | 321330 | 15.43 |
| 2009年 | 1795755 | 1030362 | 57.38 | 542705 | 30.22 | 222688 | 12.40 |
| 2010年 | 2022097 | 1145325 | 56.64 | 556491 | 27.52 | 320281 | 15.84 |
| 2011年 | 2178434 | 1190042 | 54.63 | 635051 | 29.15 | 353341 | 16.22 |
| 2012年 | 2448955 | 1379044 | 56.31 | 666865 | 27.23 | 403046 | 16.46 |
| 2013年 | 2801456 | 1545569 | 55.17 | 761655 | 27.19 | 494232 | 17.64 |
| 2014年 | 3836321 | 1941184 | 50.60 | 1155493 | 30.12 | 739644 | 19.28 |
| 2015年 | 4180150 | 1973569 | 47.21 | 1196067 | 28.61 | 1010514 | 24.17 |

随着1998年天保工程实施以后，内蒙古自治区木材产量逐年减少，进口木材逐年增长。

（五）林业投资

林业投资指用于林业生态建设与保护、林业支撑与保障、林业产业发展、林业民生工程等全部投资，内蒙古自治区属于经济欠发达省区，林业投资主要依靠中央投资，但自治区投资十年来也逐年增加。

2006年，自治区全部林业投资44.23亿元，其中，中央投资40.70亿元。2010年，全区全部林业投资84.98亿元，其中，中央投资81.02亿元。2012年，全区全部林业投资133.40亿元，其中，中央投资103.72亿元。2015年，全区全部林业投资155.31亿元，其中，中央投资130.75亿元。2006—2015年，内蒙古自治区全部林业投资955.23亿元，其中：中央投资815.73亿元。

（六）林业系统从业人员和劳动报酬

2006年，自治区林业系统有单位1505个，其中：机关单位110个，事业单位1324个，企业37个。有在册人员177977人，其中在岗职工141090人，67%是木材采运企业及国有林场职工。在岗职工年平均工资9827元。

2009年，全区林业系统有单位1564个，其中：机关单位153个，事业单位1366个，企业35个。有在册人员159514人，其中在岗职工112894人，离开本单位仍保留劳动关系人员15564人。在岗职工年平均工资20760元。

2012年，全区林业系统有单位1563个，其中：机关单位181个，事业单位1332个，企业50个。有在册人员181650人，其中在岗职工106273人，离开本单位仍保留劳动关系人员75377人。在岗职工年平均工资32436元。林业系统单位按行业分：农林牧渔业有单位1308个，在册职工163792人，其中在岗职工96738人，在岗职工年平均工资30748元；制造业有单位2个，在册职工60人，其中在岗职工60人，在岗职工年平均工资25142元；服务业有单位226个，在册职工6972人，其中在岗职工6955人，在岗职工年平均工资53992元；其他行业有单位27个，在册职工10826人，其中在岗职工2520人，在岗职工年平均工资38025元。

2015年，全区林业系统有单位1583个，其中：机关单位276个，事业单位1261个，企业46个。有在册人员198008人，其中在岗职工98362人，离开本单位仍保留劳动关系人员99646人。在岗职工年平均工资46013元。林业系统单位按行业分：农林牧渔业有单位717个，在册职工162555人，其中在岗职工76888人，在岗职工年平均工资39996元；制造业有单位3个，在册职工1049人，其中在岗职工1049人，在岗职工年平均工资29302元；服务业有单位840个，在册职工18157人，其中在岗职工18085人，在岗职工年平均工资56079元；其他行业有单位23个，在册职工16247人，其中在岗职工2340人，在岗职工年平均工资52409元。

## 第三节　林业财务

### 一、林业资金投入

林业资金主要包括中央和自治区、盟（市）、旗（县、区）各级财政安排的行政事业经费和林业专项资金。行政事业经费包括各级行政事业单位的人员经费、公用经费和专项业务费等；林业专项资金包括基本建设资金和财政补助资金，基本建设资金主要来自京津风沙源治理工程、三北防护林工程、退耕还林还草工程、林木种苗工程、自然保护区和湿地保护工程、森林防火和林业有害生物防治基础设施建设工程、棚户区（危旧房）改造等；财政补助资金主要有天然林保护补助、退耕还林补助、森林抚育补助、造林补助、自然保护区补助、森林救灾补助、林业技术推广示范补助等。

随着林业事业的不断发展，各级财政部门对林业的投资逐步增加。2006年，中央和自治区财政投入林业专项资金33.11 亿元，2010年突破100亿元，达到105.69亿元，“十五”期间累计投入专项资金219.02亿元；“十一五”期间，累计投入专项资金619.35亿元；2011年投入120.87亿元，2015年达到137.61亿元。

### 二、林业资金政策

（一）天然林资源保护补助

1．天保工程一期（2000—2010年）

财政补助政策。第一，森林管护费。按照每人管护面积5700亩、每年补助1万元的标准核定。第二，政策性社会性支出补助费。教育经费每人每年补助1.2万元；医疗卫生经费补助，东北、内蒙古重点国有林区每人每年补助0.25万元。第三，下岗职工一次性安置补助费。按不高于森工企业所在地企业职工上年平均工资收入的3倍计算。进入再就业中心的下岗职工基本生活保障，按自治区规定的1998年最低生活保障标准核定。第四，基本养老保险补助费。按自治区下岗分流后在职职工人数、职工应发工资和自治区规定的基本养老保险统筹比例确定。

从2006年起，中央财政对天保工程专项政策做了以下调整。第一，下岗职工一次性安置补助费、进入再就业中心的下岗职工基本生活保障费随着政策执行到期而停止安排。第二，从2006年起每年对实施单位负担的在职职工参加医疗、失业、工伤、生育四项基本保险给予缴费补助。第三，从2006年起，分三年对混岗职工和进入再就业中心协议期满下岗职工安置给予适当补助。第四，2006—2010年每年安排职工培训费补助。

基本建设政策。封山育林（草）每亩补助70元，飞播造林每亩补助50元，人工造林每亩补助200—300元。

税收金融优惠政策。其一，对实施单位用于天保工程的房产、土地和车船，分别免征房产税、城镇土地使用税和车船税。其二，对木材采伐企业无力偿还的金融机构债务，经债权金融机构核实确认后予以免除，并按实际免除额转增免债务企业的国有资本金。

2．天保工程二期（2011—2020年）

财政补助政策。第一，继续实施森林管护补助政策。对国有林，中央财政安排森林管护费每年每亩5元，2016年提高至每年每亩6元；对集体和个人所有的地方公益林每年每亩安排森林管护费补助3元。第二，完善社会保险补助政策。天保工程实施单位负担的在职职工基本养老、基本医疗、失业、工伤、生育五项社会保险补助按照天保工程实施单位人员数量和缴费基数及缴费比例分配。缴费基数为天保工程实施单位当地相关年份城镇单位就业人员中在岗职工平均工资的80%，缴费比例为30%。2011年缴费基数为2008年当地城镇在岗职工平均工资的80%，2015年提高到2011年的80%。第三，完善政策性社会性支出补助政策。中央财政继续对国有林业单位承担的公检法司、政府事务、教育、医疗卫生等政府职能，消防、环卫、街道等社会公益事业予以补助，并相应提高补助标准。根据核定的天保工程实施单位政策性社会性岗位职工人数，教育每人每年补助3万元、医疗卫生每人每年补助1万元、政府事务每人每年补助3万元、社会公益事业（消防、环卫、街道）按照2008年当地城镇单位在岗职工平均工资的80%，公检法司经费按天保工程一期基数。第四，天保区内森林抚育补助政策。中央财政对天保区国有中幼林抚育每亩补助120元。

2011年，根据财政部、国家林业局印发的《天然林保护工程财政专项资金管理办法》，自治区财政厅、林业厅联合印发《内蒙古自治区天然林资源保护工程财政专项资金管理实施细则》，对天然林资源保护工程财政专项资金的使用管理进行了规范。

基本建设政策：人工造林每亩补助300元，封山育林每亩补助70元，飞播造林每亩补助120元。内蒙古重点国有林区后备资源培育中的森林培育每亩补助200元。

3．全面停止天然林商业性采伐

2015年起，增加停止天然林商业性采伐试点补助，2016年起全面停止天然林商业性采伐，用于停止国有天然商品林采伐后，保障国有经营管理单位职工基本生活和社会正常运转等补助，包括天保工程区天然林停伐补助、天保工程区外天然林停伐补助和重点国有林区金融机构债务贴息补助。

（二）退耕还林还草补助

1．第一轮退耕还林还草政策

第一，粮食和现金补助政策。向退耕户无偿提供现金补助。从2004年起，粮食补助由实物折为现金发放，每亩补助160元，补助期限为还草补助2年、还经济林补助5年、还生态林补助8年。政策执行期为2000—2013年。第二，完善退耕还林政策补助。黄河流域及北方地区每亩退耕地每年补助90元。该项政策在粮食和现金补助政策到期后的第二年开始启动，补助年限为还草补助2年、还经济林补助5年、还生态林补助8年。政策执行期限为2007—2021年。第三，巩固退耕还林成果补助。中央财政安排资金，由各地发展改革委统筹使用，主要用于西部地区、京津风沙源治理区退耕农户的基本口粮田建设、农村能源建设、生态移民以及补植补造，中央财政按照退耕地还林面积核定各地巩固退耕还林成果专项资金总量。该项政策执行年限与巩固退耕还林成果专项规划（2008—2015年）实施期限一致。

2．新一轮退耕还林还草补助政策

从2014年起，国家启动新一轮退耕还林还草，自治区于2015年开始启动实施。按照退耕还林每亩1600元（其中：现金补助1200元、种苗造林费400元）、退耕还草每亩1000元（其中：现金补助850元、种苗种草费150元）的标准给予补助。退耕还林补助五年内分三次下达，每亩第一年900元（其中种苗造林费400元）、第三年300元、第五年400元；退耕还草补助资金三年内分两次下达，每亩第一年600元（其中种苗种草费150元）、第三年400元。

（三）森林资源管护补助

1．天然林保护管理补助政策

天然林保护管理补助包括天保工程区管护补助和天然林停伐管护补助。天保工程区管护补助是指天然林资源保护工程二期实施方案确定的国有林管护、集体和个人所有的地方公益林管护所发生的支出。天然林停伐管护补助是指全面停止天然商品林采伐后安排的管护支出。

2．森林生态效益补偿政策

在森林生态效益补助试点的基础上，2004年国家正式建立中央财政森林生态效益补偿基金，用于国家级公益林管护者发生的营造、抚育、保护和管理支出补助。自治区于2004年开始实施国家级公益林生态效益补偿，补偿标准为每年每亩5元。2005年启动地方公益林生态效益补偿，补偿标准为每年每亩3元。2011年，集体和个人国家级公益林补偿标准从每年每亩5元提高至10元，2013年提高至15元。2015年，国有国家级公益林补偿标准从每年每亩5元提高至6元。

（四）森林资源培育补助

1．林木良种培育补助政策

国家从2010年起开展了林木良种补贴试点工作，2012年起，正式建立林木良种补贴制度，2014年并入林业补助资金。2010年，自治区林业厅根据财政部、国家林业局《关于开展2010年林木良种补贴试点工作的意见》，印发《内蒙古自治区林木良种补贴试点管理暂行办法》，自治区林木良种补贴试点工作正式实施。补贴资金主要包括良种繁育补贴和林木良种苗木培育补贴。良种繁育补贴主要用于对良种生产、采集、处理、检验、贮藏等方面的人工费、材料费、简易设施设备购置和维护费，以及调查设计、技术支撑、档案管理、人员培训等管理费用和必要的设备购置费用补贴；补贴对象为国家重点林木良种基地和国家林木种质资源库；补贴标准：种子园、种质资源库每亩补贴600元，采穗圃每亩补贴300元，母树林、试验林每亩补贴100元。林木良种苗木培育补贴主要用于对因使用良种，采用组织培养、轻型基质、无纺布和穴盘容器育苗等先进技术培育的良种苗木所增加成本的补贴；补贴对象为国有育苗单位；补助标准：除有特殊要求的良种苗木外，每株良种苗木平均补贴0.2元。

2．造林补助政策

国家从2010年起开展造林补贴试点工作，2012年正式建立造林补贴制度。自治区从2010年开始试点实施，并根据财政部、国家林业局《关于开展2010年造林补贴试点工作的意见》，印发《内蒙古自治区造林补贴试点工作及资金使用管理实施办法》。造林补贴资金包括造林直接补贴和间接费用补贴。直接补贴是指对造林主体造林所需费用的补贴，补贴标准为：人工营造乔木林、灌木林和木本油料林每亩补贴

200元，水果、木本药材等其他林每亩补贴100元，迹地人工更新、低产低效林改造每亩100元。间接费用补贴是指对享受造林补贴的县、局、场林业部门组织开展造林有关的作业设计、技术指导所需费用补贴。

3．森林抚育补助政策

国家从2009年起开展森林抚育补贴试点工作，自治区从2009年同步开展试点，2012年正式建立森林抚育补贴制度。森林抚育对象为国有林中的幼龄林和中幼林，集体和个人所有的公益林中的幼龄林和中幼林。一级国家级公益林不纳入森林抚育范围。补贴标准为平均每亩100元，天保工程二期实施范围内的国有林森林抚育标准为平均每亩120元。森林抚育补贴用于森林抚育有关费用支出，包括直接支出和间接支出。直接支出主要用于间伐、补植、人工促进天然更新、修枝、除草、割灌、清理运输采伐剩余物、修建简易作业道路等生产作业的劳务用工和机械燃油等。间接支出主要用于作业设计、技术指导等。

（五）国家级自然保护区补助

国家从2008年开始下达林业国家级保护区能力建设补助资金，2009年更名为林业国家级自然保护区补助资金。补助用于林业国家级自然保护区的生态保护、修复与治理，特种救护、保护设施设备购置和维护，专项调查和监测，宣传教育，以及保护管理机构聘用临时管护人员所需的劳务补助等支出。

（六）湿地补助

从2010年起，国家设立湿地保护补助资金，主要用于湿地保护与恢复的相关支出，自治区同年启动实施。2014年，将建立湿地生态效益补偿机制和退耕还湿作为实施林业可持续发展战略的重要内容，支持启动湿地生态效益补偿、退耕还湿、湿地保护奖励和湿地保护与恢复等试点工作。湿地生态效益补偿主要用于候鸟迁飞路线上的重要湿地因鸟类等野生动物保护造成损失给予补偿支出；退耕还湿用于对退耕湿地补偿，每亩一次性补偿1000元；湿地保护奖励用于经考核确认对湿地保护成绩突出的县级人民政府相关部门奖励支出，每个县奖励500万元；湿地保护欲恢复补助用于国际重要湿地、国家重要湿地、湿地自然保护区及国家湿地公园开展湿地保护与恢复发生的监测监控设施维护、设备购置、退化湿地恢复以及湿地保护管理机构聘用临时管护人员所需的劳务支出等。

（七）沙化土地封禁保护区补助

从2013年，国家启动实施了沙化土地封禁保护区建设补助试点工作。补助资金主要用于对暂不具备治理条件和因保护生态需要不宜开发利用的连片沙化土地实施封禁保护的补助支出，包括：固沙压沙等生态修复与治理，管护站点和必要的配套设施修建和维护，必要的巡护和小型监测监控设施设备购置，巡护道路维护、围栏、界碑界桩和警示标牌修建，保护管理机构聘用临时管护人员所需的劳务补助等支出。

（八）国有林场改革补助

2011年，国家印发《关于开展国有林场改革试点的指导意见》，提出选择部分省区先行开展改革试点。2014年12月，国务院印发《国有林场改革方案》。2015年，自治区国有林场改革工作正式启动，中央财政安排了国有林场改革补助。国有林场改革补助作为一次性补助，主要用于补缴国有林场拖欠职工基本养老保险和基本医疗保险费用、国有林场分离场办学校和医院等社会职能费用、对先行自主推进国有林场改革的奖励补助等。国有林场改革补助按照国有林场职工人数（包括在职职工和离退休职工）和林地面积两个因素分配，每名职工补助2万元，每亩林地补助1.15元。

（九）林业防灾减灾补助

林业防灾减灾补助包括林业有害生物防治补助、森林防火补助（边境防火隔离带补助和森林航空消防补助）和林业生产救灾补助。林业防灾减灾的补助对象为承担林业防灾减灾任务的基层林业单位。

林业有害生物防治补助，设立于20世纪80年代。2002年，财政部印发《林业病虫害防治补助费管理规定》。2005年，财政部会同国家林业局修订出台《林业有害生物防治补助费管理办法》，明确林业有害生物防治补助用于对危害森林、林木、种苗正常生长的病、虫、鼠（兔）等重大灾害和有害植物的预防和治理等相关支出。

自治区从1994年设立边境森林防火隔离带补助。2015年起，为支持地方森林航空消防工作，将中央森林航空消防补助专列为中央补助地方专款。森林防火补助用于预防和扑救突发性重特大森林火灾支出，包括开设边境森林防火隔离带、购置扑救工具和器械、物资设备、租用防火所需交通工具、租用森林航空消防飞机、航站地面保障以及重点国有林区防火道路建设与维护等支出。

（十）森林公安补助

为贯彻落实中共中央办公厅、国务院办公厅印发的《关于加强政法经费保障工作的意见》要求，2010年，中央财政初步建立森林公安经费保障机制，2011年出台《中央财政森林公安转移支付资金管理暂行办法》。森林公安补助包括森林公安办案（业务）补助和业务装备补助。森林公安办案（业务）补助是指用于森林公安机关开展案件侦办查处、森林资源保护、林区治安管理、维护社会稳定、处置突发事件、禁种铲毒、民警教育培训等支出。业务装备补助是指用于森林公安机关购置指挥通信、刑侦技术、执法勤务（含警用交通工具）、信息化建设、处置突发事件、派出所和监管场所所需的各类警用业务装备的支出。

（十一）林业科技推广示范补助

从2008年起，国家设立了林业科技推广示范补助，2009年，下发《中央财政林业科技推广示范资金管理暂行办法》，将部分科技推广示范项目审批权限下放到各省林业主管部门。林业科技推广示范补助用于承担林业科技成果推广与示范任务的林业技术推广站（中心）、科研院所、大专院校、国有林场和国有苗圃等单位，开展林木优良品种繁育、先进实用技术与标准应用示范、相关基础设施建设、专用材料及小型仪器设备购置、技术培训、技术咨询等支出。

（十二）林业贷款贴息补助

2002年，国家出台《林业治沙贷款财政贴息资金管理规定》，决定从2003年起，对速生丰产林、经济林和沙区种植业及其综合利用贷款项目予以贴息。2005年，国家出台《林业贷款中央财政贴息资金管理规定》，打破对非公有制企业林业贷款不予贴息的限制，将天然林保护、退耕还林等重点生态工程后续产业项目纳入贴息范围。2009年，国家修订出台《林业贷款中央财政贴息资金管理办法》，将小额贷款公司发放的林业贷款纳入贴息范围。林业贷款贴息采取一年一贴、据实贴息的方式，年贴息率为3%。

**三、林业资金督查审计**

自治区林业厅财务处承担内部审计职能职责，主要对本级部门经济核算进行审计。2006年，自治区林业厅内部审计职能明确后，财务处主要工作内容包括：审计检查单位成本情况，检查单位费用列支情况，检查专项资金使用情况，检查财务收支、上缴、截留、利润情况，核查财务账表、账账、账实相符与否，检查会计工作规范化工作；审计基本建设程序，有无违反基本建设管理规定，搞计划外工程；审计向基层摊派费用，将本级支出转移到下级单位情况；设置“小金库”情况，检查出租、出借银行账号情况，检查多头开户，公款私存情况；检查“账外账”情况，审计化公为私、低价变卖和转移固定资产情况；审计流动资金使用情况，审计乱发“奖金、红包”现象，检查非法占用国家资产情况，检查其他财务日常支出不合理情况，检查公款吃喝、公款送礼情况。

## 四、林业资产

### （一）固定资产

2006年底，自治区林业厅本级部门固定资产累计账面价值为8672万元。2009年大兴安岭森林公安局划转自治区林业厅管理，固定资产一并划转。2010年，自治区林业厅本级部门固定资产账面价值为14939万元。

2014年11月，自治区林业厅按照《内蒙古自治区人民政府常务会议纪要》有关加强国有资产管理监督、强化国有资产处置审批和自治区财政厅关于开展事业单位产权登记工作的有关要求，组织各直属单位对截至2013年底的固定资产开展资产清查工作并核发产权登记证。

截至2015年底，自治区林业厅本级部门固定资产累计账面价值为6779万元，账面累计固定资产达到33441万元。

### （二）林木资产

林木资产是指国有林场、苗圃拥有或控制的以货币计量的活立木价值。按照累计营林成本的账面价值核算。根据1994年颁布的《国有林场与苗圃财务会计制度》规定和实际核算内容，林木资产所反映的只是现有林木累计培育成本的账面价值。包括人工林的累计营林成本，天然林按人工林实际成本水平估算的价值，以及产品变动和依法认定所取得的林木价值。

2006年初，财政部颁布《企业会计准则——生物资产》，作为生物资产重要组成部分的林木资产，也相应地分为消耗性林木资产、生产性林木资产和公益性林木资产。消耗性林木资产作为劳动对象，在采伐利用时“按其账面价值结转成本”；生产性林木资产作为劳动手段，在使用期间“应当按期计提折旧”；公益性林木资产，是以“环境保护为主要目的生物资产”，独立与生产经营过程之外，没有劳动对象和劳动手段的概念，不存在价值转移和折旧计提问题。

2013年，中共十八届三中全会提出：探索编制自然资源资产负债表，在森林资源实物量调查的基础上，进行林地、林木和森林生态系统服务功能价值初始评估，也就是对森林资源资产进行价值量核算。

2014年，自治区率先在赤峰市翁牛特旗3个国有林场启动森林资源资产负债表编制试点工作，通过对林木资产科学合理估价与核算，逐步形成森林资源价值观念，但因森林资源资产的核算较为复杂，科学核算森林资源资产价值工作方法还需不断探索完善。

## 五、林业税费

林业税费是指就木材、林材及其他衍生品征收的税费，由林业税收和林业收费两部分组成。

### （一）林业税收政策

农业特产税。为进一步推进农村税费改革，减轻农民负担，经国务院批准，财政部、国家税务总局联合印发《关于取消除烟叶外的农业特产税有关问题的通知》，从2004年起，对林业生产的原木、原竹产品不再征收农业特产税，也不征农业税。

增值税。根据财政部、国家税务总局《关于以三剩物和次小薪材为原料生产加工的综合利用产品增值税优惠政策的通知》和《关于若干农业生产资料免征增值税政策的通知》，从2001年起，对企业以林区三剩物和次小薪材为原料生产加工的综合利用产品企业实行增值税即征即退办法，对批发和零售的种子、种苗免征增值税。

所得税。根据财政部、国家税务总局《关于林业税收问题的通知》，自2001年1月1日起，对包括国有企事业单位在内的所有企事业单位种植林木、林木种子和苗木作物以及从事林木产品初加工取得的所得暂免征收企业所得税。

天保工程实施企业和单位有关税收。根据财政部、国家税务总局《关于天然林保护工程实施企业和单位有关税收政策的通知》规定，自2001年1月至2010年12月31日，对长江上游、黄河中上游地区，东北、内蒙古等国有天然林资源保护工程实施企业和单位用于天然林保护工程的房产、土地和车船分别免征房产税、城镇土地使用税和车船税。

（二）林业收费政策

根据《财政部国家发展改革委关于印发2008年全国性及中央部门和单位行政事业性收费项目目录的通知》，涉及林业的收费项目有7项：野生动植物进出口管理费、森林植物检疫费、绿化费、陆生野生动物资源保护管理费、林权勘测费、植物新品种保护权收费、证书工本费。

根据《财政部国家发展改革委关于印发2009年全国性及中央部门和单位行政事业性收费项目目录的通知》，涉及林业的收费项目有8项：野生动植物进出口管理费、森林植物检疫费、绿化费、陆生野生动物资源保护管理费、林权勘测费、植物新品种保护权收费、林权证工本费、林地补偿费。

根据《财政部、国家发展改革委关于公布取消和免征一批行政事业性收费的通知》，从2013年8月1日起，取消绿化费和林地补偿费，对陆生野生动物资源保护管理费予以免征，林地补偿费不作为行政事业性收费管理，林地补偿金由征占用林地单位按规定支付给被征占用林地单位和个人。

根据《财政部、国家发展改革委关于取消、停征和免征一批行政事业性收费的通知》，自2015年1月1日起，取消森林植物检疫费、林权勘测费和林权证工本费。

（三）林业政府性基金政策

根据《财政部关于发布2004年全国政府性基金项目目录的通知》，涉及林业的政府性基金有两项。

育林基金。育林基金制度始建于中华人民共和国初期。随着社会主义市场经济体制改革逐步深入，生态建设资金来源转向以政府和社会投入为主，育林基金收入呈下降趋势，育林基金征收、使用和管理已不适应林业发展的需要。2009年，自治区林业厅、财政厅联合印发《内蒙古自治区育林基金征收使用管理办法》，规定育林基金最高不超过林木产品销售收入的10%，具体征收标准由各盟（市）、旗（县、区）根据林业生产经营和个人经济承受能力核定。

森林植被恢复费。2014年，根据财政部、国家林业局关于印发《森林植被恢复费征收使用管理暂行办法》的通知规定，凡勘查、开采矿藏和修建道路、水利、电力、通讯等各项建设工程需要占用、征用或临时使用林地，经县级以上人民政府林业主管部门审核同意或者批准的，用地单位应按照规定向县级以上林业主管部门预缴森林植被恢复费。为进一步规范森林植被恢复费的征收、使用管理，2014年8月26日，自治区财政厅、林业厅联合印发《内蒙古自治区森林植被恢复费征收使用管理实施办法》。根据《国务院关于深化预算管理制度改革的决定》，从2015年1月1日起，森林植被恢复费由政府性基金列入一般公共预算，不再作为政府性基金项目管理。

2015年11月19日，财政部、国家林业局印发《关于调整森林植被恢复费征收标准引导节约利用林地的通知》，规定森林植被恢复费征收标准应当按照恢复不少于被占用征收林地面积的森林植被所需要的调查规划设计、造林培育、保护管理等费用进行核定。

## 六、林业会计

### （一）林业会计制度

林业会计制度是国家会计体制的一部分。2005年以前，国家颁布《关于森工企业贯彻执行新的财务会计制度有关问题的通知》《国有林场与苗圃财务会计制度》《天然林保护经费会计核算暂行办法》《天然林保护工程财政资金会计核算处理规定》《天然林保护工程财政资金会计核算操作规程》《林业重点生态工程建设资金会计核算办法》等一系列有关林业的会计规章制度。但一直没有一部完整、统一的关于林业整体的会计制度，林业会计制度中仍存在标准不统一、相互矛盾的现象。2006年，财政部颁发《企业会计总则》，森工企业会计核算以此作为依据。2012年财政部颁布《事业单位会计总则》和《事业单位财务规则》，林业系统相关部门以此作为会计核算依据。2015年，中共中央、国务院印发《国有林场改革方案》和《国有林区改革指导意见》，推进了林业会计制度改革的进程。

### （二）林业会计队伍

2006年，全区林业行业系统有财会人员2856人，其中：高级职称人员占20%，中级职称人员占30%，初级职称人员占50%；大专以上学历人员占66%，中专以上学历人员占27%，初高中以上学历人员占7%。

至2015年，全区林业系统财务人员6032人，高级职称人员占25%，中级职称人员占38%，初级职称人员占37%；大专以上学历人员68%，中专以上学历人员占29%，初高中以上学历人员占3%。

# 第十五章

# 党群工作

## 第一节　党组织机构

**一、林业厅党组及直属组织**

1954年3月，内蒙古自治区政府林业部和绥远省农林厅、林业局合并为内蒙古自治区林业局，同年成立党组。1967年11月1日，成立内蒙古自治区革命委员会，各厅局的工作由革委会生产建设委员会的对口小组领导。1970年6月，自治区革委会决定成立内蒙古革委会生产建设部农林局。1980年8月，恢复自治区林业厅建制，同时建立党组。1985年4月1日，更名为自治区林业局，隶属自治区农业委员会。1994年5月，恢复为自治区林业厅，林业厅党组隶属自治区党委。

至2015年，自治区林业厅党组织有：1个党组，下设5个直属单位党委（自治区大青山国家级自然保护区管理局、自治区林业科学研究院、自治区林业监测规划院、自治区大兴安岭森林公安局、自治区第二林业监测规划院），1个机关党委。有22 个基层党委和226个党支部，其中厅机关党委直属党支部23个。党组织建设实现全覆盖。

自治区林业厅党组书记名录：

王家祥（1994.5—2000.2）

高锡林（蒙古族，2000.2—2013.4）

呼　群（蒙古族，2013.4—2017.4）

**二、机关党委及支部**

1980年8月，恢复自治区林业厅建制，设立基层党委。1984年3月，更名为机关党委。1985年4月1日，更名为机关党总支部。1987年3月20日，重新恢复为机关党委。

2008年，自治区林业厅机关党委下设23个党支部。

2011年11月23日，自治区林业厅机关党委印发《关于自治区林业厅调整直属党支部委员会及组成人员的批复》，对部分基层党组织进行优化配置。配置后，自治区林业厅机关党委下设21个党支部。

2014年12月4日，自治区林业厅机关党委印发《关于调整厅属党组织及成员的通知》，对厅机关党委直属党支部进行调整，由原21个党支部调整为23个党支部。

机关党委书记：张纯良（1998.12.—2003.3）
李树平（2003.3—2014.11）
阿勇嘎（蒙古族，2014.11.—2015.12）
专 职 副 书 记：赛希娅娜（女，蒙古族，1998.12—2009.3）
张博文（2009.3—2016.3）

**三、直属党委**

（一）自治区林业科学研究院党委

1981年7月，自治区林业科学研究院成立党委。1995年12月6日，自治区林业科学研究院由处级事业单位升格为副厅级单位。

2005—2011年，林科院党委下设11个党支部。2012—2016年，林科院党委下设10个党支部。

2005—2007年，有党员131人。2008年党员为132人，2009年党员为126人，2010年党员为131人，2011年党员人数为136人，2012年党员为136人，2013年党员为140人，2014年党员为136人，2015年党员为141人。

党 委 书 记：秦进保（1997.5—2007.3）
王福英（女，蒙古族，2007.5—2010.7）
滕晓光（2010.8—2018.10）
党委副书记：包世明（蒙古族，2000.8—2010.9）
特木其勒图（蒙古族，2005.11—2012.8）

（二）自治区大青山国家级自然保护区管理局党委

2009年3月19日，根据自治区党委组织部《关于成立内蒙古自治区大青山自然保护区管理局党委的批复》，建立中共内蒙古自治区大青山自然保护区管理局委员会，隶属于自治区林业厅机关党委。至此，自治区大青山自然保护区管理局党委（以下简称"大青山管理局党委"）下设2个党支部，党员总数29人。

2010年，大青山管理局党委下设党支部2个，有党员29人。

2011年12月，经林业厅机关党委批准，建立自治区大青山自然保护区管理局呼和浩特分局党委、包头分局党委、乌兰察布分局党委。至此，大青山管理局党委下设3个基层党委，党支部2个，党员总数30人。

2012—2014年，大青山管理局党委下设3个基层党委，2个党支部，党员总数30人。2015年，大青山管理局党委下设3个基层党委，2个党支部，党员总数31人。

党 委 书 记：张　亮（2008.11—2016.5）
党委副书记：李全基（2009.1—2014.8）
张全如（2014.12—2018.10）

（三）自治区大兴安岭森林公安局党委

2005—2009年，自治区大兴安岭森林公安局党委为内蒙古大兴安岭林业管理局党委下设的基层党委，党委下设10个党支部。2009—2015年，自治区大兴安岭森林公安局党委下设22个基层森林公安局党委，下设基层党支部162个。为林业厅下属基层党委。

2012年，自治区大兴安岭森林公安局党委在工作岗位的党员1625人，2013年党员1505人。2014—2015年党员1566人。

党 委 书 记：葛日新（2004.1—2013.7）

费纯林（2013.7—2016.8）

党委副书记：费纯林（2004.1—2013.7）

蒋国平（2013.7—2016.8）

（四）自治区林业监测规划院党委

1959年，自治区林业勘察设计院建立党委。2002年增挂林业监测规划院牌子，2007年更名为林业监测规划院（加挂林业勘察设计院牌子）。

2010年10月，院长滕晓光、院党委书记王骏章离任。2010年10月至2011年3月，田相代院长、郭世芳代党委书记。2011年3月至2019年12月，郭世芳任党委书记。

党支部及党员：2010年，自治区林业监测规划院党委下设10个党支部，党员183人。2011年，党员178人。2012年，下设12个党支部，党员188人。2013年，党员189人。2014年，党员190人。2015年，下设14个党支部，党员198人。

党委书记：王骏章（2003.4—2011.3）

郭世芳（2011.3—2019.12）

（五）自治区第二林业监测规划院党委

1984年3月，自治区林业勘察设计大队建立党委。1987年，自治区林业勘察设计大队更名为自治区第二林业勘察设计院，2002年增挂第二林业监测规划院牌子，2007年更名为第二林业监测规划院（加挂第二林业勘察设计院牌子，简称“二院党委”）。

2005年4月，二院党委下设11个基层党支部，党员127人。

2006年5月，经自治区林业厅党组批准梁斌不再担任领导职务，增补由海忠为党委委员，苏世君任党委副书记。由李全基、苏世君、安志美、宋连城、孟庆丰、费树军（满族）、由海忠、张丽坤（女）等9人组成党委成员，下设6个基层党支部，有党员128人。

2008年10月，自治区党委组织部、自治区直属机关工委在自治区第二林业监测规划院组织开展公推直选党委书记试点工作。2009年1月16日，经自治区第二林业监测规划院全体党员直接选举，苏世君当选党委书记。同年3月16日，自治区人事厅党组、林业厅党组分别下文予以任命。由苏世君、安志美、宋连城、由海忠、孟庆丰、费树军（满族）、张丽坤（女）等8人组成党委成员。至此，二院党委下设6个基层党支部，有党员128人。

2010年3月，自治区人事厅任命李玉宝为二院副院长，增补为党委委员。

2013年，二院党委下设7个基层党支部，有党员135人。

2014年3月，宋连城担任党委书记。由安志美、宋连城、由海忠、李玉宝、孟庆丰、费树军（满族）、张丽坤（女）7人组成党委成员。二院党委下设7个基层党支部，有党员135人。

2015年，二院党委下设的7个支部调整为14个基层党支部，有党员147人。

党委书记：李全基（2005.5—2009.1）

苏世君（2009.1—2014.3）

宋连城（2014.3—2019.12）

党委副书记：宋连城（2005.4—2006.5）
苏世君（2006.5—2009.1）

## 第二节　党组织换届及党员代表大会

### 一、林业厅机关党委

1998年12月22日，召开中国共产党内蒙古自治区林业厅第一次代表大会，选举产生中共内蒙古自治区林业厅第一届机关委员会。

2004年1月16日，召开中国共产党内蒙古自治区林业厅第二次代表大会，选举产生了中共内蒙古自治区林业厅第二届机关委员会。

2008年，按照党章规定，经林业厅机关党委研究决定，对原15个直属党支部委员会进行换届选举，按照“便于组织、活动方便”的原则，按处室重新划分出23个党支部，党支部委员会进行换届改选，为基层党组织开展工作提供了组织保障。

2009年3月3日，召开中国共产党内蒙古自治区林业厅第三次代表大会，85名党员代表出席会议。自治区林业厅机关党委书记李树平代表中共内蒙古自治区林业厅第二届机关委员会作题为《全面贯彻落实党的十七大精神，努力开创林业厅党建工作新局面》的工作报告。中共内蒙古自治区纪委驻内蒙古自治区林业厅纪检组副组长、监察室主任韩宝峰作纪检监察工作报告。大会选举产生中共内蒙古自治区林业厅第三届机关委员会，5名党委委员是：李树平、张博文、杨俊山、东淑华（女）、张爱军。党委书记李树平，专职副书记张博文。

2014年11月7日，中国共产党内蒙古自治区林业厅召开第四次代表大会，101名党员代表出席会议。自治区林业厅机关党委书记李树平代表中共内蒙古自治区林业厅第三届机关委员会作题为《努力加强机关党建工作，为全区生态文明建设提供坚强保障》的工作报告。中共内蒙古自治区纪委驻自治区林业厅纪检组组长汪治和作纪检监察工作报告。自治区直属机关工委副书记孙艾芳讲话。林业厅党组书记、厅长呼群，就做好厅机关党的建设工作提出要求和希望。大会选举产生中共内蒙古自治区林业厅第四届机关委员会。5名党委委员是：阿勇嘎（蒙古族）、张博文、东淑华、王莉英、牛喜山。党委书记阿勇嘎（蒙古族），专职副书记张博文。大会选举产生中共内蒙古自治区林业厅第一届机关纪律检查委员会。3名纪委委员：张博文、东淑华、戴昂勤（蒙古族），纪委书记张博文。同年12月4日，自治区林业厅机关党委印发《关于调整厅属党组织及成员的通知》。为进一步加强和改进厅系统党组织建设，提高“一岗双责”建设能力，通过充分征求基层党组织和广大党员的意见，对厅机关党委直属党支部进行调整，由21个党支部调整为23个党支部。

### 二、自治区林业科学研究院党委

1992年1月17—18日，自治区林业科学研究院召开第一届党员代表大会进行选举，选举产生第一届党委委员：汪成林（蒙古族）、彭志军、韩德儒（蒙古族）、包文祥（蒙古族）、张振海。选举汪成林为党委书记。林业厅机关党委作出《关于中共内蒙古自治区林业科学研究院委员会组成人员的批复》备案。

2015年5月22日，自治区林业科学研究院召开第二次党员代表大会进行换届选举。选举产生第二届党委委员：滕晓光、郭中、乐林、刘新前、汪树枫（蒙古族）。选举滕晓光为党委书记。中共内蒙古自治区林业厅机关委员会作出《关于中共内蒙古自治区林业科学研究院第二届委员会换届选举结果的批复》备案。

**三、自治区大兴安岭森林公安局党委**

2009年6月18日，内蒙古自治区大兴安岭森林公安局党委召开第一次党员代表大会，选举产生第一届党委委员：葛日新、费纯林、苏贺（蒙古族）、蒋国平、李广文、徐文华、包景忠（蒙古族）等，选举葛日新为第一届党委书记，费纯林为党委副书记。

2016年12月7日，内蒙古自治区大兴安岭森林公安局党委召开第二次党员代表大会进行换届选举。选举产生第二届党委委员：蒋国平、李广文、倪荣光、石宝森、林英武、孙瑞等。选举蒋国平为第二届党委书记。

**四、自治区林业监测规划院党委**

2016年11月3日，自治区林业监测规划院党委根据《中共内蒙古自治区林业监测规划院党委召开党员代表大会进行换届选举的批复》精神，召开党员代表大会，进行换届选举。大会选举产生由郭世芳、田栢、刘远平、赵学军、邢利军、罗洪斌、郭金海、于振海、刘建秋（女）9人组成的党委委员。选举郭世芳为党委书记。大会选举产生中共内蒙古自治区监测规划院纪律检查委员会。3名纪委委员：于振海、李卓君（女，蒙古族）、弓文玄。纪委书记：于振海。

**五、自治区第二林业监测规划院党委**

2005年4月7日，自治区第二林业监测规划院召开第九次党员大会。会议选举产生由李全基、梁斌、苏世君、安志美、宋连城、孟庆丰、费树军（满族）、张丽坤（女）等9人组成的第九届党委委员。李全基任党委书记、宋连城任党委副书记。下设11个基层党支部，有党员127人。

## 第三节　发展党员

2004—2008年，自治区林业厅系统5年来共发展党员28名。

2007年，新发展党员2名，有4名转为中共正式党员。

2008年，注重把培养和发展党的后备力量作为基层党组织建设的重要内容，根据中老年党员较多、年轻党员较少的实际情况，在青年业务骨干中培养和发展党员。按照“坚持标准，保证质量，改善结构，慎重发展”的原则，经组织上严格考察，有3名预备党员按期转正，4名入党积极分子被批准吸收为中共预备党员，为党的机体增添了新的活力。同年，林业厅系统（在呼市地区）直属单位党委3个，党支部43个，有党员565名，其中在职党员367人，离退休党员198人。

2009—2014年，自治区林业厅系统6年来共发展党员179名（其中包含自治区大兴安岭森林公安局、自治区第二林业监测规划院）。科学调整或设置支部，按时换届选举，及时增补支部委员。林业厅系统有5个党委、76个党支部（其中林业厅机关21个党支部），有党员2600余名。

2014年，自治区林业厅机关党委贯彻落实中央新颁布的《中国共产党发展党员工作细则》，按照“控制总量、优化结构、提高质量、发挥作用”的总要求，各级党组织以增强党性、提高素质为重点，建立健全了教育、管理、服务党员长效机制。制定党员发展规划，严格党员“入口”关。严格落实“三会一课”、党性分析、民主评议等制度。开展承诺践诺、志愿服务等活动。

2015年，自治区林业厅机关党委贯彻落实《内蒙古自治区党委组织部关于学习贯彻〈中国共产党发展党员工作细则〉的通知》要求，进一步规范党员工作中的培养、教育、考察、政审等环节的工作，开展党员发展工作。截至2015年末，林业厅系统有党员 2349名。其中，女党员 171 名，少数民族党员147名，大学本科以上文化程度党员 330名。

## 第四节　思想政治教育

### 一、理论学习中心组

自治区林业厅党组和厅系统5个直属单位党委都建立党组（党委）理论学习中心组，由领导班子成员、巡视员、副巡视员组成，并吸收有关人员参加。党组（党委）书记是理论学习中心组学习第一责任人，主要负责审定学习计划，确定学习研讨主题，主持集体学习研讨，指导督查中心组成员的学习情况。党组（党委）配备学习秘书，负责起草学习计划、提供学习资料等学习服务保障工作。

2006年，自治区林业厅党组中心组成员学习胡锦涛总书记有关“八荣八耻”社会主义荣辱观教育的内容。

2007年，自治区林业厅党组中心组重点学习《中国共产党章程》《科学发展观学习读本》《江泽民文选》《理论热点面对面》《胡锦涛总书记在中央党校领导干部培训会上的讲话》《中共十七大报告学习辅导》《中共十七大党章学习百问》《中共十七大报告辅导百问》等内容。

2008年，自治区林业厅党组中心组重点学习《高举中国特色社会主义伟大旗帜，为夺取全面建设小康社会新胜利而奋斗》和中共中央纪委《关于严格禁止利用职务上的便利谋取不正当利益的若干规定》等内容。

2009年，中共十七大代表、自治区林业科学研究院沙漠研究所所长闫德仁，在自治区林业厅系统内作学习贯彻中共十七大精神巡回报告。

2010年，自治区林业厅党组理论学习中心组重点学习中共十七大和十七届三中、四中全会精神，重点学习十七届五中全会精神、自治区党委八届十三次全委会议精神和《中国共产党党员领导干部廉洁从政若干准则》《关于实行党政领导干部问责的暂行规定》《中国共产党党和国家机关基层组织条例》等内容。

2011年，自治区林业厅党组理论学习中心组重点学习中共十七大和十七届三中、四中、五中全会精神、胡锦涛总书记在中共中央纪委十七届六次全会上重要讲话及全会工作报告、胡锦涛总书记关于向杨善洲学习的重要指示、《中国共产党党员领导干部廉洁从政若干准则》《中国共产党党章》等党纪党规。

2012年，自治区林业厅党组理论学习中心组重点学习胡锦涛总书记在中共中央纪委十七届七次全会上的重要讲话和中共中央纪委十七届七次全会精神，学习《社会主义核心价值体系学习读本》，推进社会主义核心价值体系建设，增强广大党员干部对社会主义核心价值的认同感，凝聚人心、鼓舞斗志。

2013年，自治区林业厅党组理论学习中心组重点学习中共十八届三中全会精神，主要学习《中共中央关于全面深化改革若干重大问题的决定》等。

2014年，自治区林业厅党组理论学习中心组执行《自治区林业厅理论学习制度》，全年中心组学习19次，学习贯彻中共十八大、十八届三中、四中全会精神，习近平总书记系列重要讲话、特别是视察内蒙古时的重要讲话精神，自治区党委九届十一次、十二次、十三次会议精神，深入落实自治区“8337”发展思路。同时，采取封闭学习研讨、自学、发放学习试卷、撰写学习心得等方式，加深对中共十八届三中、四中全会精神的学习理解。

2015年，自治区林业厅党组理论学习中心组重点学习习近平总书记系列重要讲话精神、特别是考察内蒙古重要讲话精神，习近平总书记在中纪委五次全会、关于“三严三实”和“生态文明建设”的重要论述，重点研读《习近平谈治国理政》《习近平关于党风廉政建设和反腐败斗争论述摘编》《作风建设永远在路上》等内容。发放《习近平总书记系列重要讲话读本》等必读书目1000余册，编发《习近平总书记关于生态文明系列重要论述摘编》300余册。

**二、政治学习教育活动**

2005年，发挥党组织的政治核心作用和党支部的战斗堡垒作用，持续开展共产党员先进性教育活动。

2006年上半年，为巩固“党员先进性教育”成果，开展“党员先进性教育回头看”活动。下半年，开展中共十六届六中全会精神集中学习教育以及“中国共产党内蒙古自治区第八次代表大会精神”的集中学习教育活动。

2007年10月后，自治区林业厅党组开展中共十七大精神集中学习教育活动，并针对党的十七大对林业工作提出的新要求，开展“生态文明建设”大讨论活动。

2008年10月至2009年3月底，自治区林业厅党组开展学习实践科学发展观活动。作为自治区第一批开展活动的单位，自治区林业厅党组严格按照中共中央和自治区党委的统一部署和要求，精心组织，周密部署，扎实推进，完成学习调研、分析检查、整改落实3个阶段的各项规定活动，创造性地开展自选活动，提高广大党员干部特别是领导干部贯彻科学发展观的执行力、操作力和创新力，解决了一些全区林业发展和厅属单位改革发展的实际问题，推进林业科学发展的体制机制创新，实现“组织创先进，党员争优秀，林业事业科学发展，群众得实惠”的总体目标。通过开展深入学习实践科学发展观活动，各项整改措施全面落实，在提高思想认识、解决突出问题、促进科学发展、加强组织建设等方面取得明显成效。

2008年10月27日，国家林业局调查规划设计院党委书记王忠仁为组长的3人调研组，对自治区林业厅开展学习实践科学发展观活动进行调研。2008年11月6日，自治区林业厅党组举行深入学习实践科学发展观活动座谈会，自治区副主席、自治区林业厅学习实践活动联系领导郭启俊到会检查指导，自治区学习实践活动第六指导检查组有关成员出席会议。

2009年3月23日，在开展机关党建工作创新成果奖评选活动中，林业厅机关党委申报的《找准机关党建工作与生态建设的切入点，把机关党的建设更好地融入林业工作大局》项目成果，被中共内蒙古自治区直属机关工作委员会评为2008年度创新成果奖。

2010年3月19日，在自治区党委召开的全区深入学习实践科学发展观活动总结大会上，自治区林业厅党组作为唯一的厅局代表作大会典型发言。同年，在自治区林业厅系统各级党组织中广泛开展以“讲党性、重品行、作表率”活动为载体，以“强基础、增活力、保稳定、促发展”为内容的基层党组织建设年活动，通过基层党组织建设年主题实践活动，抓规范、抓提升、抓科学推进，确保了机关党建“走在前头”。

2010—2012年，自治区林业厅党组按照围绕中心、服务大局、拓宽领域、强化功能的目标，在林业厅直属的5个党委、21个党支部和2600多名共产党员中，开展争创“四强”基层党组织和争做“四优”共产党员活动。创先争优活动以“创先争优，发展现代林业”为主题，以“构筑生态防线”“推进生态文明”“争先树旗”为载体，紧扣“四个重点”扎实开展活动。

2012年，在开展创先争优活动中，自治区林业厅党组突出抓住公开承诺、承诺践诺等重点环节。结合林业行业职能职责和工作特点进行承诺，围绕年度工作责任制，层层制定“创先争优”活动目标。建立党员干部目标管理责任制及考核制度，组织各个党组织和党员按照确定的承诺事项，进行有组织的践行承诺。开展厅级领导点评承诺书，将点评结果作为对干部考核的依据。开展“一会四评”活动，领导点评指导18人次，党组开展点评133人次，群众评议133次，领导干部与党员群众谈心谈话14次。承诺践诺服务基层和群众，让创先争优活动进一步转化为建设生态林业和民生林业、推进林业科学发展的动力。9月16日，自治区林业厅党组召开厅系统创先争优总结表彰会，对在厅系统创先争优活动中表现突出的5个基层党组织和8名共产党员予以表彰。创先争优活动受到内蒙古自治区党委、直属机关工委、创先争优第5指导组、机关党建综合检查组的高度评价。

2013年7月3日，自治区林业厅召开党组扩大会议，传达中央和自治区党委会议精神，研究部署林业厅系统开展党的群众路线教育实践活动；成立林业厅开展群众路线教育实践活动领导小组。经自治区党委第七督导组审阅后，制订印发《林业厅系统深入开展党的群众路线教育实践活动工作方案》。同年，自治区林业厅机关党委受到自治区党委组织部、直属机关工委联合表彰，获得“自治区先进机关党委”称号。自治区林业厅机关党委的《推进学习型党组织建设，提高党员干部队伍素质的对策和思考》论文，获自治区党委组织部重点调研课题二等奖。自治区林业科学研究院季蒙先后获自治区“五一”劳动奖章和全国“五一”劳动奖章。在全区第八次民族团结进步表彰大会上，自治区监测规划院云秀丽获得先进个人。自治区林业厅系统东淑华、苏世君等4名党员被自治区直属机关工委授予“优秀共产党员和优秀党务工作者”称号。

2013年7月至2015年1月，按照自治区党委部署要求，自治区林业厅党组深入开展以为民务实清廉为主要内容的党的群众路线教育实践活动。2013年7月12日，自治区林业厅召开全系统党的群众路线教育实践活动工作会议，自治区林业厅党组书记呼群作动员讲话，自治区党委常委、内蒙古军区政委杨俊兴和自治区党委第七督导组组长王晓成分别讲话，直属5个党委、21个党支部党的群众路线教育实践活动全面启动。2014年4月30日，自治区林业厅党组召开党的群众路线教育实践活动整改落实情况督查工作汇报会，自治区林业厅党组书记呼群向自治区第三督导组汇报林业厅教育实践活动“两方案一计划一措施”整改落实情况，并按照习近平总书记在内蒙古自治区考察时提出的“坚持抓严、抓实、切实抓长”的要求，善始善终、善作善成，让“两方案一计划”整改落实到位、见到实效，让全区广大农牧民群众受益，让林业改革发展结出硕果。开展群众路线教育实践活动整改落实情况“回头看”活动，针对教育实践活动整改方案、专项整治、制度建设、作风建设等情况进行逐项督促落实，通过开展专题调研、发放调查问卷和召开座谈会等形式，梳理整改落实情况，并对直属单位落实情况进行抽检，整改工作已全部完成。2015年1月19日，自治区林业厅党组召开群众路线教育实践活动整改落实情况通报会，对林业厅教育实践活动“两方案一计划一措施”整改落实情况和厅级党员干部个人整改任务完成情况进行通报，并对下一步整改落实提出新要求。

2014年8月26日，在内蒙古大兴安岭乌尔旗汉森林公安局举办“尽责圆梦——推进生态文明与美丽内蒙古建设”主题实践活动现场经验交流会。自治区林业厅直属单位党委、林业厅机关部分党支部、自治区大兴安岭森林公安局直属21个基层公安局党组织书记、单位负责人参加会议。《志在兴安，梦在林海》《尽责圆梦——推进生态文明与建设美丽内蒙古（探索编制自然资源资产负债表）》《立足本职，尽责圆梦》等成果交流特色鲜明，自治区直属机关工委组织部部长翟慧军莅临会议并予以指导。

2014年，自治区林业厅党组贯彻落实“三重一大”集体决策制度，制定印发《自治区林业厅议事规则》《自治区林业厅理论学习制度》《党的基层组织生活制度》等。按照自治区党委组织部《关于进一步加强部门党组（党委）党建工作责任制的若干意见》，严格落实基层党建工作责任制。实施基层党组织书记“一岗双责”，建立厅级领导班子成员、各基层单位领导班子成员，结合业务分工抓党建工作联系点制度。自治区林业厅党组坚持开展基层党组织“晋位升级”，完善考核标准，实行动态管理，加强分类指导，提高整体水平。制订出台《内蒙古自治区林业厅落实基层党组织晋位升级长效机制实施意见的工作方案（试行）》及《内蒙古自治区林业厅基层党组织分类定级评分表》，科学推进基层党组织分类定级工作。按照《内蒙古自治区林业厅落实〈关于深入推进全区基层党建工作“三级联述联评联考”的实施意见〉的方案》和《中共内蒙古自治区林业厅机关委员会关于开展党建工作述职评议考核工作的意见》，开展党建工作述职。同时，对基层单位党建工作、党风廉政建设考核纳入自治区林业厅2014年度工作考核体系中，并增加党建工作考核权重。

2015年5月，按照自治区林业厅党组印发《关于在处级以上领导干部中开展“三严三实”专题教育实施方案》要求，在林业厅系统处级以上领导干部中开展“三严三实”专题教育。同年6月27日，林业厅机关党委举办全区林业行业庆祝建党94周年暨“中国梦·生态梦”演讲竞赛活动。同年9月18日至10月末，自治区林业厅党组抽调直属党组织部分党务工作者组成3个督查考核组，对5个党委、226个党支部，进行“三严三实”专题教育、“两个责任”落实、党支部建设及分类定级等四项工作，开展专项督查考核。林业厅党组围绕“严以修身”“严以律己”“严以用权”3个主题开展专题学习研讨，全年党组理论学习中心组学习27天。年末，自治区林业厅党组成功召开2015年度领导班子“三严三实”专题民主生活会。

## 第五节　廉政建设

2006年，自治区林业厅党组落实自治区纪律检查委员会部署的党风廉政建设责任制，制订《2006年党风廉政建设和反腐败工作安排》，由厅领导牵头，按照“谁分管、谁负责”的原则，依据各处室、各单位的职能，将任务和责任落实到位。坚持“标本兼治、综合治理、惩防并举、注重预防”的方针，积极构建符合林业自身特点的惩治和预防腐败体系，持续加大领导干部廉洁自律、政风行风建设、治理商业贿赂、查办违法违纪案件等反腐倡廉各项工作力度。

2007年，在自治区林业厅系统内集中一周时间，深入开展反腐倡廉主题教育活动。各党支部组织党员深入学习《中国共产党章程》《中国共产党纪律处分条例》《中国共产党党内监督条例（试行）》《中国共产党党员权利保障条例》《建立健全教育、制度、监督并重的惩治和预防腐败体系实施纲要》和林业厅纪检组组长李树平《在林业厅全体党员警示教育大会上的讲话》，坚定理想信念，不断增强党员干部拒腐防变的自觉性。组织全体党员干部参观呼和浩特市第一监狱，通过服刑人员现身说法，使大家深受教育。

2008年，自治区林业厅党组根据自治区党委贯彻落实《中共中央〈建立健全惩治和预防腐败体系2008—2012年工作规划〉实施办法》的要求，印发《中共内蒙古自治区林业厅党组贯彻落实中共中央〈建立健全惩治和预防腐败体系2008—2012年工作规划〉细则》和《〈细则〉分工方案》，明确今后5年的惩治和预防腐败工作方向、各项任务和进程。组织党员干部学习中共十七大精神，关于反腐倡廉建设的最新理论和胡锦涛关于反腐倡廉建设的重要讲话精神；以领导干部为重点，深入开展党纪政纪条规、法律法规教育。召开林业厅系统党员警示教育大会，深入开展预防涉林职务犯罪宣传教育；邀请自治区人民检察院工作人员作“预防职务犯罪，促进反腐倡廉建设”的讲座；组织林业厅机关公务员和直属单位处级领导，到内蒙古自治区预防职务犯罪警示教育基地，听取职务犯罪服刑人员现身说法，增强广大林业干部依法行政和预防渎职犯罪的自觉性。同年4月初至6月底，厅党组在林业厅系统内集中开展“为民、务实、清廉”主题教育实践活动。

2009年，自治区林业厅机关党委组织学习中共中央《关于严格禁止利用职务上的便利牟取不正当利益的若干规定》《中国共产党领导干部廉洁从政若干准则》《关于实行党风廉政建设责任制的规定》《关于各级领导干部接受和赠送现金、有价证券和支付凭证的处分规定》等文件；学习自治区党委书记储波在自治区纪委八届全体会议上的讲话，自治区纪委书记张力在自治区纪委八届四次全体会议上的工作报告等。同年4月，根据自治区党委和自治区纪委八届四次全会部署及自治区专项治理领导干部违反规定收送礼金电视电话会议精神，自治区林业厅开展专题治理领导干部违反规定收送礼金工作。自治区林业厅党组责成厅机关各处室、各直属单位在时限要求和范围内开展自查自纠工作，将这次专项治理工作的重点放在自治区林业厅系统副处级以上干部。专项整治范围的人员在自学和集中学习的基础上，对照本次治理工作内容，按规定进行自查自纠，并填写“林业厅专项治理领导干部收送礼金登记表”。针对存在的问题，制定新的制度措施，形成治理违反规定收送礼金的长效机制。同年6月，自治区林业厅与自治区监察厅制订《林业专项检查督查办法》，组成3个检查组，从15日开始，历时一个多月，分赴12个盟市30多个旗县，针对造林任务、造林质量、林业建设资金管理使用、林木采伐管理、征占林地情况等进行督促检查，发现30个问题，与所查盟市、旗县领导交换意见，得到政府（行署）领导的高度重视，及时督促相关部门进行整改。2009年，从9月7日开始，自治区党委第四巡视组对自治区林业厅开展巡视，经过近3个月的巡视，自治区党委巡视组对自治区林业厅班子在深入基层、联系群众方面的评价是：“作风建设以‘为民、务实、清廉’为宗旨。班子都能忠于职守勤勉工作，每年有一多半时间深入基层调查研究指导工作，为群众排忧解难，帮助基层解决实际问题。在帮扶兴安盟，呼伦贝尔市鄂伦春自治旗、莫力达瓦达斡尔族自治旗工作中，被评为‘帮扶工作先进集体’；在呼和浩特市社区共建中，所帮扶的老缸房社区被选树为‘全国和谐示范社区’。在深入农村、社区活动中，林业厅机关党员干部的作风进一步转变，保持了艰苦奋斗、勤俭节约的良好作风。加强林业干部队伍建设，增强林业干部‘想干事’的责任意识，提高‘会干事’的能力水平，确立‘干实事’思想作风，全厅上下呈现出奋发向上的良好工作局面。”

2010年，开展反腐倡廉宣传工作，通过集中学习、报告会、简报、专栏等形式，开展学习贯彻中共十七届中央纪委第五次全会精神和自治区纪委第八届五次全会精神宣传活动。同年4月23日，邀请自治区纪委监察厅案件管理室主任王亮山宣讲《中国共产党党员领导干部廉洁从政若干准则》，并联系区内外腐败案例产生的根源、发展形势及其后果，对自治区林业厅系统党员干部职工进行一次深刻的廉政建设警示教育，对预防涉林职务犯罪起到积极作用。同年5月和9月，自治区林业厅与自治区纪委监察厅培训中心，分别在长沙和上海举办全区林业系统预防涉林职务犯罪培训班，参加人员为盟（市）纪检组监察室、林业工作站、森防站、国有林场站、林木种苗站和森林公安局负责人、大兴安岭森林公安局所有分局的负责人及部分旗县林业局局长或纪检组组长，计138人。同年10月，自治区林业厅和自治区监察厅联合印发《关于继续开展林业专项检查的通知》，在盟市开展检查的基础上，驻厅纪检组牵头，由林业厅和自治区监察厅组成4个督查组，对12个盟市38个旗（县、区）的林业生态建设工程质量、征占用林地、林木采伐和林业专项资金管理使用等进行督查。

2013年，自治区林业厅党组坚持“标本兼治、综合治理、惩防并举、注重预防”的方针，始终把党风廉政建设贯穿于林业工作全过程，做到党风廉政建设和惩防体系建设与业务工作同部署、同落实、同检查、同考核。工作中，驻厅纪检组充分发挥组织协调和监督检查作用，厅党组承担主体责任，召开两次党组会议专门研究部署党风廉政建设工作，印发《内蒙古自治区林业厅2013年纪检工作安排》《2013年党风廉政建设和反腐败工作分解意见》，将党风廉政建设责任制细化为40项任务，落实到厅领导和有关处室单位。突出抓好政风行风建设，自治区林业厅印发《2013年全区林业系统政风行风建设实施意见》，对民主评议政风行风工作进行安排部署。林业厅领导在指导联系点林业生产建设的同时，负责抓好政风行风建设。林业厅系统各处室、各单位从依法行政、纠正不正之风等方面进行自查自纠，通过简化和公开办事程序、公开民生项目的落实情况、畅通群众诉求渠道等措施，进一步提高依法行政效率和群众满意度。当年，自治区林业厅参加自治区纠风办举办的面对面行风民主评议1次，参加内蒙古人民广播电台“行风热线”节目4次，其中主要领导参加2次。2013年，自治区纪委将自治区林业厅列入自治区经济综合部门政风行风面对面评议名单，评议结果在9个参评单位中位居前列。同时，自治区林业厅党组贯彻落实中央八项规定和自治区七项规定28条具体要求，深入开展正风肃纪活动，厉行勤俭节约，进行严格控制“三公经费”、清理办公用房、登记封存超编超标公用车辆等专项治理工作，共梳理、归纳整改问题40多项，机关干部队伍作风建设明显加强。

2014年，自治区林业厅党组、驻厅纪检组制定《贯彻落实〈中央建立健全惩治和预防腐败体系2013—2017年工作规划〉和自治区实施意见的实施办法细则》，统筹规划自治区林业厅党风廉政建设工作，明确年度工作任务和目标。制定《落实党风廉政建设主体责任和监督责任实施细则》，明确厅系统党组织落实主体责任措施，班子成员落实分管责任措施和派驻纪检组的执纪监督问责主业，建立健全落实“两个责任”的工作机制。将党组织、主要负责人、班子成员具体责任落实到位，切实将党风廉政建设主体责任放在心上，扛在肩上。做到守土有责、守土负责、守土尽责，推进自治区林业厅系统党风廉政建设各项工作。建立纪检组织机构，选举产生自治区林业厅机关纪委，负责厅系统纪检业务和协助厅党组开展党风廉政建设日常工作。大兴安岭森林公安局任命新的纪委书记，自治区森林公安局成立纪检督察室，厅直属单位党组织设立专职或兼职纪检人员，组织协调党风廉政建设工作。开展以党风廉政建设为重要内容的“三位一体考核”、主体责任落实情况督促检查和述责述廉工作，进一步推进主体责任落实。加强制度建设，在梳理权力流程、排查廉政风险点的基础上，建立《林业机关车辆管理办法》《林业厅公务接待管理办法》、灌木林、农田防护林、公益林、集体商品林《采伐更新办法》《厅机关财务管理办法》等制度体系，扎紧不能腐的制度笼子。组织学习中纪委、自治区纪委有关文件，及时通报区内外查处腐败、违反八项规定案例。专门召开全区林业系统党风廉政建设工作协调会，并在全区林业工作会、全区林业工作座谈会、林业厅系统干部职工大会、党组会、厅务会等会议上，对党风廉政建设和反腐败工作进行安排部署或提出相关要求。组织干部职工收看《沉痛的代价》《蜕变》《四风之害》《廉政中国》等警示教育片。贯彻落实中央八项规定和自治区七项规定28条具体要求，坚决反对“四风”，厉行勤俭节约。严格控制“三公经费”，对办公用房进行清理整顿，对超编超标公务车辆登记封存，奥迪车按要求上交。实行厅领导联系盟市包点制度，深入开展调查研究，指导基层分析问题、解决问题，密切了和基层群众的联系。

2015年，自治区林业厅党组持续开展“四风”整治工作。贯彻落实中央八项规定和自治区七项规定28条具体要求，持续狠抓“四风”整治，防止反弹。厉行勤俭节约，严格控制“三公经费”，配合自治区车改办，完成一般公务用车核定、封存、上缴工作。制定《林业厅联系盟市工作制度》，将厅领导联系盟市包点延伸到村嘎查，延伸到林场。调查研究开展得更深入，指导基层分析问题、解决问题更具有针对性。畅通群众诉求渠道，热情接待群众来访，及时处置群众来信和合理诉求，有力化解信访积案。围绕践行“三严三实”，关注解决老百姓的热点难点问题，五次做客内蒙古广播电台《行风热线》直播间，解答全区广大职工群众关注的热点问题。注重抓好干部培训，组织林业厅系统广大党员干部观看和学习《作风建设永远在路上》《领导干部违纪违法典型案例警示录》等影像、书籍。专门组织对厅系统财务人员开展《中国共产党廉洁自律准则》《中国共产党纪律处分条例》的学习教育。派出20名纪检干部参加全国林业系统纪检干部培训班，自治区林业厅机关党委专职副书记张博文代表山西、北京、内蒙古等100多名学员作《遵纪守规矩执纪严问责》典型发言。开展廉政文化活动，在全区广泛征集廉政文化主题书法美术摄影作品，共收集254件作品，其中书法作品110件、美术作品8件、摄影作品136件。

## 第六节　党务工作褒奖

2007年，自治区林业厅被自治区直属机关工委评为“党建工作先进厅局”。

2008年，自治区林业厅机关党委被内蒙古党委授予“基层党建‘五个创建’活动先进集体”。

2009年，自治区林业厅机关党委获得自治区直属机关先进基层党组织称号，林业监测规划院第一党支部获自治区直属机关工委先进基层党组织称号。

2011年，建党90周年之际，自治区党委、直属机关工委开展表彰活动，自治区林业厅获自治区直属机关党建工作先进厅局集体奖，自治区林业监测规划院第一党支部获自治区直属机关先进基层党组织，厅系统4名党员获自治区直属机关优秀共产党员和优秀党务工作者。同年6月27日，中共内蒙古自治区林业厅机关委员会决定，对取得优异成绩的15个先进基层党组织、20名优秀共产党员、9名优秀党务工作者予以表彰。

2010—2012年，按照围绕中心、服务大局、拓宽领域、强化功能的目标，在自治区林业厅直属的5个党委、21个党支部和2600多名共产党员中，开展争创“四强”基层党组织和争做“四优”共产党员活动，巩固和加强党的基层组织建设。

2012年，自治区林业厅把加强基层党组织建设与创先争优相结合，优化党组织的设置，强化基层组织的功能，初步建立起学习型党组织。林业监测规划院第一党支部获中共中央组织部颁发的“全国创先争优先进基层党支部”；大兴安岭森林公安局党委获自治区先进基层党组织；森林公安局党支部获得自治区直属机关基层党组织建设示范点；金河森林公安局汗马派出所党支部获得自治区直属机关工委创先争优服务群众先进党组织；莫尔道嘎森林公安局获全国优秀公安局、全国公安机关执法示范单位；自治区公安厅对大兴安岭森林公安局圆满完成中共十八大安保工作专发嘉奖令。同年9月16日，召开自治区林业厅系统创先争优总结表彰会，对在厅系统创先争优活动中表现突出的5个基层党组织和8名共产党员予以表彰。会上自治区林业厅党组书记、厅长高锡林作题为《履职尽责创先进，立足岗位争优秀，以优异成绩迎接党的十八大胜利召开》的工作报告。

2013年7月3日，自治区林业厅召开党组扩大会议，传达中央和自治区党委会议精神，研究部署自治区林业厅系统开展党的群众路线教育实践活动；成立自治区林业厅开展群众路线教育实践活动领导小组。经自治区党委第七督导组审阅后，制订印发《林业厅系统深入开展党的群众路线教育实践活动工作方案》。同年，自治区林业厅机关党委受到自治区党委组织部、直属机关工委联合表彰，获得自治区先进机关党委。林业厅机关党委的“推进学习型党组织建设，提高党员干部队伍素质的对策和思考”论文，获自治区党委组织部重点调研课题二等奖。林业科学研究院季蒙先后获得自治区“五一”劳动奖章和全国“五一”劳动奖章。在全区第八次民族团结进步表彰大会上，林业监测规划院云秀丽获先进个人。自治区林业厅系统东淑华、苏世君等4名党员被自治区直属机关工委，授予优秀共产党员和优秀党务工作者称号。

2014年，自治区林业厅党组贯彻落实“三重一大”集体决策制度。制定印发《自治区林业厅议事规则》《自治区林业厅理论学习制度》《党的基层组织生活制度》等。按照自治区党委组织部《关于进一步加强部门党组（党委）党建工作责任制的若干意见》，严格落实基层党建工作责任制。实施基层党组织书记“一岗双责”，建立厅级领导班子成员、各基层单位领导班子成员，结合业务分工抓党建工作联系点制度。林业厅党组坚持开展基层党组织“晋位升级”，完善考核标准，实行动态管理，加强分类指导，提高整体水平。制订出台《内蒙古自治区林业厅落实基层党组织晋位升级长效机制实施意见的工作方案（试行）》及《自治区林业厅基层党组织分类定级评分表》，科学推进基层党组织分类定级工作。按照《自治区林业厅落实〈关于深入推进全区基层党建工作“三级联述联评联考”的实施意见〉的方案》和《中共内蒙古自治区林业厅机关委员会关于开展党建工作述职评议考核工作的意见》，开展党建工作述职。同时，将基层单位党建工作、党风廉政建设考核纳入自治区林业厅2014年度工作考核体系中，并增加党建工作考核权重。

2015年6月27日，自治区林业厅机关党委举办全区林业行业庆祝建党94周年暨“中国梦·生态梦”演讲竞赛活动。同年9月18日至10月末，自治区林业厅党组抽调直属党组织部分党务工作者组成三个督查考核组，对5个党委、226个党支部，进行“三严三实”专题教育、“两个责任”落实、党支部建设及分类定级等四项工作，开展专项督查考核。

2015年，自治区林业厅机关党委被自治区直属机关工委评定为一类党组织。

# 第七节　群团工作

## 一、自治区林业厅系统工会

### （一）自治区林业厅工会

2003年7月，成立内蒙古自治区林业厅工会，是厅机关党委领导下的群众组织。同年12月，召开第一届会员代表大会，选举产生第一届工会委员会、经费审查委员会和女职工委员会。选举赛希娅娜为工会主席，王海为经费审查委员会主任，丁荣（女）为女职工委员会主任。

2012年8月17—18日，自治区林业厅及林业厅工会举办全区林业行业迎接中共十八大“兴林杯”乒乓球比赛活动。全区林业行业在职干部职工，林业厅机关及直属二级单位、各盟市林业局26个代表队参加比赛活动。同年，内蒙古林业监测规划院云秀丽获得全区民族团结进步模范。

2013年，自治区林业科学研究院季蒙获自治区“五一”劳动奖章。2014年，季蒙又获全国“五一”劳动奖章。

2015年3月8日，自治区林业厅工会举办纪念三八节“岗位职责·家庭美德”座谈会。7月30日，林业厅工会举办纪念“八一”建军节复转军人座谈会。

2015年5月，自治区林业厅工会召开第二届会员代表大会，进行工会换届选举工作。张博文、东淑华（女）、王莉英（女）、王波（女）、金宇利（女，蒙古族）、路薇娜（女）、张振国7人当选为林业厅工会第二届委员会委员。选举张博文为工会主席；王波（女）、李秀芳（女）、辛凤娥3人当选为林业厅工会第二届经费审查委员会委员，王波（女）为主任；金宇利（女，蒙古族）、刘建秋（女）、刘春霞（女）3人当选为第二届女职工委员会委员，金宇利（女，蒙古族）为主任。

### （二）直属单位工会

2015年10月，自治区工会颁发《工会法人资格证书》。林业厅下设20个直属单位，其中自治区林业科学研究院、自治区林业监测规划院和自治区第二林业监测规划院3个直属单位建立工会组织，有专职工会主席、工会干事。已建立工会组织的单位，工会主席实行党委任命制。自治区大兴安岭森林公安局、自治区大青山国家级自然保护区管理局等17个直属单位尚未单独建立工会组织。

各级工会落实职工福利待遇。每逢元旦、春节、中秋节等传统节日，在工会经费使用范围内，向会员发放节日慰问品。

## 二、林业厅共产主义青年团

### （一）组织建设

2012年2月17日，林业厅成立共青团自治区林业厅委员会。同年5月，建立共青团森林公安局支部。

2015年5月，为加强共青团组织建设，提升团委的凝聚力和吸引力，促进团工作的可持续发展，共青团自治区林业厅委员会召开会议，调整和增补了部分团委委员。

### （二）青年团重要活动

2012年4月，自治区林业厅团委组织厅系统“护林木、保生态”林木抚育活动。“五四”前夕，自治区林业厅团委组织召开自治区林业厅系统“五四”青年节座谈会。年内，完成自治区直属机关、企事业单位青年队伍情况调查。

2013年3月，自治区林业厅团委参加自治区直属机关“森林卫士践行雷锋精神，宣传环保共建美丽家园活动”，自治区森林公安局参加青年志愿者活动。2013年“五四”前夕，自治区林业厅团委组织召开林业厅系统“五四”青年节表彰暨座谈会。

2014年3月，林业厅志愿者参加自治区直属机关“志愿服务我先行”学雷锋活动。同年10月，自治区林业厅团委组织参加自治区直属机关团工委走基层调研活动。同年11月，林业厅团委参加自治区直属机关团工委举办的“做践行社会主义核心价值观表率，展区直机关青年风采”座谈汇报会。

2015年4月，自治区林业厅团委协助自治区直属机关团工委，组织营造“自治区直属机关青年林”活动。5月，参加自治区直属机关“区直机关青年干部素质提升训练营”。8月，参加团工委组织的区直机关交通协管青年志愿者服务年活动。10月14日，自治区林业厅团委参加自治区直属团工委、团市委、玉泉区团委联合开展的“青春建功新农村·真情融入全覆盖”主题活动，观摩玉泉区农村“十个全覆盖”工程。

（三）文体活动

2012年7月，自治区林业厅团委组织参加自治区直属机关干部职工第九套广播体操和拔河比赛。

2013年，自治区林业厅团委组织“五四”青年节厅系统趣味运动比赛。

2014年，自治区林业厅团委与厅工会共同组织林业厅系统“五四”青年节职工篮球比赛活动。同年7月，自治区森林公安局团支部组织“尽责圆梦庆祝建党93周年”活动。

2015年11月，自治区林业厅团委参加由自治区互联网信息办公室、自治区团工委、自治区妇女联合会联合发起的“中国梦·尽责圆梦·梦想进行时”主题征文活动。

（四）青年团主要荣誉

2013年，森林公安局获自治区直属机关团工委“青年文明号”称号。

2014年，自治区林业监测规划院生态监测与评估室获自治区直属机关团工委“青年文明号”称号。

2015年，自治区林业厅团委推荐自治区林业监测规划院生态监测与评估室及乌恩图，评选为“内蒙古青年创新创优标兵集体”和“内蒙古青年创新创优标兵个人”。同年11月，自治区林业厅团委组织参加自治区直属机关首届干部职工技能竞赛，牛锋获得普通话竞赛第一名，郑婕获得普通话竞赛第三名。

## 第八节　老干部工作

自治区林业厅离退休老干部工作，主要由离退休人员工作处和离退休人员工作处党支部开展工作。

2006年，自治区林业厅离退休工作，贯彻落实全国、全区老干部工作“双先”表彰大会精神。按照厅党组工作部署，落实离退休人员“两个待遇”，组织召开支委会、支部会、全体离退休人员大会等11次，280人（次）参加会议，发放学习资料400余份；组织厅系统离退休干部54人（次）参加自治区党委、政府召开的重要会议；在“七一”前夕，厅领导走访慰问了老红军张林君、老领导满达夫等12名老干部。先后组织离退休人员70余人到如意、金川等地参观考察，丰富文化生活。厅机关老年门球队参加自治区直属机关、呼和浩特市举办的各项赛事。中老年合唱队参加区直机关老干部纪念红军长征胜利70周年演唱会并获得优胜奖。9月，组织50余名老干部到清水河县参观考察林业生态建设并进行座谈。12月，离退休人员工作处获得由自治区党委组织部、党委老干部局、人事厅授予的“全区老干部工作先进集体”。

2007年7月，离退休人员工作处党支部获得林业厅先进基层党组织荣誉。

2008年8月，离退休人员工作处获得由自治区党委老干部局授予的“全区老干部工作系统信息宣传工作先进集体”荣誉。

2009年6月22—29日，国家林业局离休干部43人到内蒙古自治区进行生态考察和健康休养。“七一”前夕，离退休党支部获得由自治区党委组织部、党委老干部局授予的“内蒙古自治区离退休干部先进党支部”荣誉，第二林业监测规划院退休干部张经林被评为模范共产党员。自治区“9·1”老年节当日，组织离退休人员到哈达门森林公园参观考察。

2010年，在自治区林业厅离退休人员工作处党支部和党员中开展以创建离退休干部党支部、争当优秀离退休干部党员为主要内容的创先争优活动。林业厅离退休人员工作处落实离退休人员政治待遇，主动做好报刊征订、走访慰问、医疗费报销等工作。老年门球、台球、中老年合唱等文化活动有序开展。同年10月，离退休人员工作处原处长王姝环退休，由自治区林业科学研究院副院长乐林负责厅机关离退休工作。

2011年，离退休人员工作处党支部委员会进行改选，全年组织召开支部会、离退休干部大会13次，参加人数达到312人（次）。为使活动形式更为多样，先后组织40余名离退休人员赴白洋淀、冉庄参观抗日战争遗址。在自治区“9·1”老年节，组织离退休人员赴凉城参观贺龙革命活动旧址。主动参与上级组织的各类文体活动，在自治区党委老干部局组织的红歌大赛、区直机关老干部门球邀请赛中，自治区林业厅离退休人员代表队分别获得优秀组织奖并取得第一名的好成绩。

2012年，组织厅机关40余名老干部赴鄂尔多斯恩格贝参观考察。退休干部王扎布被评为林业厅党组优秀党务工作者，孙昌玉被林业厅党组评为优秀共产党员。

2013年，开展创先争优和党的群众路线教育实践活动，充分发挥党支部战斗堡垒作用，组织召开支委会8次、党员大会5次、离退休人员大会10余次，参加总人数达到1000多人（次）。主动为老干部做好服务保障工作，自治区“9·1”老年节，组织40余名老干部赴集宁市和兴和县苏木山林场开展生态考察。

2014年，共走访慰问老干部190人（次），探视生病住院老干部36人（次）。6月，经林业厅党组研究决定启动为离退休人员送生日蛋糕活动。以厅老干部活动中心为依托，组织好老干部文体活动，全年参与到各类活动的总人数超过800人（次）。

2015年，开展“三严三实”专题教育活动，抓好学习教育工作，为老干部发放《两个提纲学习手册》。分别在林业厅机关、自治区林业科学研究院、自治区林业监测规划院组织离退休老干部对“8337”发展思路进行座谈。积极组织活动，丰富文化生活。与明和园社区、内蒙古农业大学共同组织文体比赛，全年约有500余人次参与各类活动。9月，组织厅机关离退休老干部参观大青山生态建设。不断深化服务管理工作，全年走访慰问老干部50余人次，探视生病住院老干部30余人次。

# 第九节　精神文明创建

## 一、文明单位创建

2005年8月，自治区林业厅在呼和浩特市新城区东街老缸房社区创建“绿色社区”，开展绿色进社区结对共建活动。自治区林业厅机关参加第一批先进性教育活动的单位，共21个党支部，244名党员参与到共建活动之中。自治区林业厅在结对共建工作中，为呼和浩特市新城区东街办事处老缸房社区改善办公条件资助20万元。通过开展结对共建活动，不仅有力地推动社区基层党组织建设，落实“1133”目标任务，解决了社区工作中和群众生活中存在的一些困难和问题，而且丰富了厅机关工作内容，为厅机关加强作风建设和党的建设注入新的活力。同时，“结对共建”活动的开展，也为建立保持和发展共产党员先进性长效机制，做好新形势下党员联系和服务群众工作，进行积极有益的探索。

2006年，自治区林业厅结合“创建党的好干部、人民的贴心人”活动，以“八荣八耻”为主要内容开展社会主义荣辱观教育，组织宣传、学习李德平（生前为额济纳旗林业局局长）先进事迹，开展形式多样、富有成效的精神文明创建活动，培养干部职工良好的精神风貌和职业道德，推进机关作风的转变。坚持做工间操，组织文体活动，增强身体素质，丰富了文化生活。在“博爱一日捐”活动中，自治区林业厅系统捐款17286元，并向李德平家属捐款17580元。同年11月13日，自治区林业厅被自治区党委组织部、自治区直属机关工委表彰为区直机关与呼市社区结对共建活动先进单位。

2007年，自治区林业厅开展构建和谐机关建设，按照“巩固、提高、延伸、辐射”的工作思路，以解决文明言行、环境卫生、服务质量等方面存的问题为重点，不断加大精神文明创建力度。每两年开展一次“争先创优”表彰活动，不断激励党员干部在工作岗位发挥积极作用，组织党员干部参观自治区成立60周年成果展，抓好《公民道德建设实施纲要》的落实，深入开展社会公德、职业道德、家庭美德教育。组织开展送温暖、献爱心活动。春节前夕，组织动员厅系统全体干部职工为呼和浩特市新城区东街老缸房社区特困户家庭捐款3000元。同年2月，组织开展无偿献血活动，林业厅系统有70人参加。同年4月，开展“博爱一日捐”活动，共捐款22331元。同年11月，开展内蒙古红十字会倡导的“送温暖”捐款捐物活动，共捐款21770元，捐物70件。12月，自治区林业厅又开展“博爱一日捐、温暖千万家”活动，为新城区东街老缸房社区40户贫困家庭送去慰问金和慰问品。为扶贫济困，构建和谐社会作出贡献。这一年，为庆祝内蒙古自治区成立60周年，迎接中共十七大召开和2008年奥运会，自治区林业厅举办以“迎接自治区成立60周年”为主题的厅系统体育项目比赛活动，林业厅机关和13个直属单位、自治区第二林业勘察设计院参加比赛活动。

2008年，自治区林业厅各党支部以“构建和谐社区”为主题，深入开展“访民情、解难题”主题实践活动。各党支部分别与呼和浩特市新城区东街老缸房社区53户特困户结成帮扶对子，协助社区建立“爱心超市”，每逢“十一”、春节等重大节日，林业厅领导和各党支部走访慰问困难群众，送去慰问金和慰问品，帮助社区中的孤寡老人、残疾人员和下岗失业人员等弱势群体解决实际困难。同年5月12日，四川汶川地区发生强烈地震后，自治区林业厅积极组织开展援助活动，先后开展捐款4次，共为灾区捐款374950元。同年10月，林业厅系统58名干部职工参加义务献血活动。

2009年初，自治区林业厅与呼和浩特市新城区东街老缸房社区在原有联系点工作的基础上，建立党员执政为民教育基地，坚持以“党员受教育、发展上水平、群众得实惠”为目标，以构建祥和社区、组织互学互动、机关党员联系和服务群众的长效机制为抓手，紧密结合社区实际，制订工作计划，开展各项活动，收到良好的效果。同年“七一”前夕，自治区林业厅机关党委与呼和浩特市新城区东街老缸房社区党支部召开了纪念建党88周年座谈会，共同表彰优秀共产党员；组织党员到大青山小井沟、古路板林场开展党日互动及“促进生态文明、践行绿色生态观”活动；组织社区党员干部到大青山防火瞭望基地参观新城区生态建设成果等。这一年，在林业厅系统全体职工中举办庆祝新中国60华诞内蒙古林业系统知识竞赛。此次竞赛是内蒙古林业系统新中国建立以后首次举办的大型竞赛类活动，除林业业务知识外，还增加林业法律法规、党风廉政建设方面的知识。

2010年，自治区林业厅在开展“博爱一日捐”活动中，从厅领导到普通干部，从党员到群众，人人踊跃捐款，个个争献爱心，因公在外的也委托同事捐了款，林业厅机关与二级单位每一位都将一日工资捐献出来，并如数上交自治区红十字会。林业厅机关党委为配合自治区献血办公室的工作，组织职工参加义务献血活动，林业厅系统40多人参加义务献血活动；7月，林业厅与内蒙古医学院联合举办社区义诊活动，联系并组织医学专家深入新城区东街老缸房社区进行免费诊疗活动，此项活动持续1个月，受到了社区及贫困家庭的一致好评。玉树地震和舟曲特大泥石流灾害发生后，林业厅组织开展救助活动，广大干部职工响应，踊跃捐款。

2014年，自治区林业厅开展“尽责圆梦——推进生态文明与美丽内蒙古建设”主题实践活动，此次主题实践活动与林业中心工作紧密结合，在加强广大党员理想信念教育的同时，也有效推进林业中心工作。在重要时间节点开展活动，开展庆祝新中国60年华诞——内蒙古林业系统知识竞赛、庆祝中共建党90周年——“北疆生态党旗红”演讲比赛活动。举办全区迎接中共十八大“绿林杯”林业行业乒乓球比赛活动。组织林业厅系统140名干部职工参加自治区直属机关第四届职工运动会并取得较好成绩。在社区共建活动中，被帮扶的呼和浩特市新城区老缸房社区被评为“全国和谐示范社区”。

2015年，自治区林业厅开展以践行社会主义核心价值观为主要内容的精神文明创建活动，开展全区林业行业庆祝建党94周年暨“中国梦·生态梦”演讲比赛，全区各地林业战线21名选手参加演讲活动；召开了庆祝中国人民解放军建军88周年“八一”复转军人座谈会，厅办公室、人事处、机关党委以及厅系统呼和浩特市所在地部分复转军人代表40余人参加座谈；举办廉政教育主题的书法美术作品展评活动，活动覆盖范围大、参与人数多、活动效果明显。

## 二、帮扶脱贫工作

按照自治区党委“万名党员干部下基层”活动要求，林业厅组织服务基层、服务群众的帮扶活动。2006—2008年，按照自治区党委“真帮、真扶、帮关键、扶根本”工作要求，推进帮扶工作。自治区林业厅定点帮扶兴安盟突泉县永安镇巨有村。3年，厅党组成员先后8次带队入村调查，了解生产生活情况，建立贫困户档案，确定帮扶对象；编制《帮扶规划》；投资65万元打井20眼，增加水浇地2000亩，提前实现人均3亩水浇地的目标，年产粮食产量每亩增加250公斤，增收60万元，人均增收442元；安排退耕还林2000亩，年增收32万元，人均增收236元，连续补助8年；投资8万元为无畜贫困户提供200只基础母羊，扶持发展养殖业；投资20万元在巨有村道路两侧栽植路旁绿化树；投资10万元，为巨有村妇女提供种苗发展果树经济林；投资10万元，开展“送科技下乡”活动；投资2万元为巨有村新发屯修建70米过水路面，解决了村民雨天出行问题；开展“送温暖、献爱心”捐助活动，林业厅系统共捐款8745

元，棉衣等衣物609件。捐款3000元资助贫困学生完成学业，每年春节开展对贫困户的慰问活动，为困难群众送去米面、食用油等，使巨有村群众切实感受到了帮扶工作带来的实惠。

2008年，开始帮扶呼伦贝尔市鄂伦春自治旗和莫力达瓦达斡尔族自治旗。2008—2011年：帮扶鄂伦春旗项目29个，总计帮扶资金达2844.9万元；帮扶莫力达瓦达斡尔族自治旗项目26个，总计帮扶资金达2252.6万元。

2010年，自治区林业厅在帮扶兴安盟、呼伦贝尔市鄂伦春自治旗和莫力达瓦达斡尔族自治旗的工作，继续加大力度。重点在村屯绿化、生态建设工程、打井上电、解决生产生活条件和购置优质种羊，提高发展能力等问题进行具有针对性的帮扶。当年，自治区林业厅分别投入兴安盟突泉县、呼伦贝尔市鄂伦春自治旗和莫力达瓦达斡尔族自治旗2689.79万元（其中巨有村63.09万元）、584.2万元和79.2万元。

2011年，自治区林业厅开始帮扶兴安盟科尔沁右翼中旗代钦塔拉苏木查干诺尔嘎查。当年，自治区林业厅从锡林郭勒盟西乌珠穆沁旗为兴安盟科尔沁右翼中旗代钦塔拉苏木查干诺尔嘎查，购买100只优质基础母羊，无偿给嘎查20户贫困户每户投放5只基础母羊，解决嘎查部分无畜户的养畜问题，推动畜牧业结构调整步伐。

2013年，自治区林业厅加强对呼伦贝尔市鄂伦春自治旗、莫力达瓦达斡尔族自治旗和兴安盟科尔沁右翼中旗代钦塔拉苏木查干努拉嘎查等地的帮扶工作。厅级领导先后带领有关处室46人次深入到基层解决实际问题，在落实林业项目上给予倾斜，到位林业项目资金4527万元。启动省级领导干部联系38个贫困旗县林业扶贫开发工作，召开座谈会，研究落实工作重点，编制《林业扶贫开发规划（2013—2017年）》，确定38名处级干部作为联系人做好对接工作。加大对38个贫困旗县的林业工程项目倾斜力度。2013年，累计下达38个贫困旗县营造林任务672.8万亩，落实造林资金12.6亿元。

2014年，对兴安盟科尔沁右翼中旗的定点帮扶。组织专业技术队伍编制《兴安盟科尔沁右翼中旗生态建设规划》。先后启动和实施京津风沙源治理、三北防护林建设、退耕还林等国家林业重点工程。组织实施《内蒙古自治区省级领导干部联系贫困旗县林业扶贫开发规划（2013—2017年）》，将规划中的林业重点工程和项目分解细化为年度计划，并抓好落实。每个贫困旗县确定1名正处级干部作为联系人，主动与联系旗县搞好对接、做好服务，协助和指导贫困旗县做好林业扶贫开发工作。加大对38个贫困旗县的林业工程项目倾斜力度，本年度共下达38个贫困旗县重点工程285.5万亩，下达资金4.4亿元。

2015年，自治区林业厅有效实施帮扶工作。厅党组书记、厅长呼群先后3次、其他厅领导4次带队赴呼伦贝尔市的鄂伦春自治旗、莫力达瓦达斡尔族自治旗调研对口帮扶工作，累计安排生态建设项目资金4284万元。对兴安盟科尔沁右翼中旗实施精准帮扶，以环境治理、发展产业、改善民生为主要抓手，累计安排帮扶资金3800万元。通过帮扶工作的不断延伸，兴安盟科尔沁右翼中旗代钦塔拉苏木查干诺尔嘎查，人均年收入从2013年的3000元增加至2015年的6300元，帮扶工作收到实实在在的效果。

林业厅被评为“自治区直属机关、企事业单位2011—2015年定点帮扶兴安盟工作示范单位”。

### 三、林业工作集体荣誉

全区林业工作集体荣誉，包括全区林业系统的单位和全区盟市、旗县，获省部级（含）以上林业工作奖项，列表记述。以报送先后为序。

表15-9-1　2006—2015年全区集体组织获林业工作奖项统计表

| 序号 | 获奖单位 | 获奖年份 | 授奖单位 | 奖项名称 |
|---|---|---|---|---|
| 1 | 呼伦贝尔市森林公安局 | 2007 | 国家林业局 | 林区禁毒工作先进集体 |
| 2 | 呼伦贝尔市巴林森林公安分局 | 2007 | 国家林业局 | 林区禁毒工作先进集体 |
| 3 | 呼伦贝尔市南木森林公安分局 | 2007 | 国家林业局 | 林区禁毒工作先进集体 |
| 4 | 内蒙古自治区森林公安局 | 2009 | 国家林业局公安部 | “绿盾三号行动”优秀组织单位 |
| 5 | 呼和浩特市森林公安局 | 2009 | 国家林业局公安部 | “绿盾三号行动”优秀组织单位 |
| 6 | 赤峰市宁城县森林公安局 | 2009 | 国家林业局公安部 | “绿盾三号行动”优秀组织单位 |
| 7 | 巴彦淖尔市乌拉特前旗森林公安局 | 2009 | 国家林业局公安部 | “绿盾三号行动”优秀组织单位 |
| 8 | 赤峰市松山区森林公安局 | 2009 | 国家林业局 | 全国“三基”工程建设先进集体 |
| 9 | 阿拉善盟阿左旗贺兰山国家级自然保护区森林公安局北寺派出所 | 2010 | 公安部 | 全国公安机关爱民模范集体 |
| 10 | 赤峰市森林公安局 | 2010 | 国家林业局 | “春季行动”先进基层单位 |
| 11 | 通辽市扎鲁特旗森林公安局 | 2010 | 国家林业局 | “春季行动”先进基层单位 |
| 12 | 赤峰市克什克腾旗森林公安局白音敖包派出所 | 2012 | 公安部 | 全国公安优秀基层单位 |
| 13 | 准格尔旗人民政府 | 2011 | 全国绿化委员会 | 全国绿化先进集体 |
| 14 | 东胜区 | 2015 | 全国绿化委员会 | 全国绿化模范单位（县） |
| 15 | 杭锦旗人民武装部 | 2007 | 全国绿化委员会、人力资源和社会保障部、国家林业局 | 全国防沙治沙先进集体 |
| 16 | 内蒙古博源控股集团有限公司 | 2010 | 全国绿化委员会 | 全国绿化模范单位 |
| 17 | 内蒙古伊泰集团有限公司 | 2012 | 全国绿化委员会 | 全国绿化模范单位 |
| 18 | 蒙西高新技术集团有限公司 | 2013 | 全国绿化委员会 | 全国绿化模范单位 |
| 19 | 鄂尔多斯市生态环境学院 | 2015 | 全国绿化委员会 | 全国绿化模范单位 |
| 20 | 乌拉特前旗林业局 | 2009 | 全国绿化委员会、国家林业局、政协全国委员会人口资源环境委员会、国家广播电影电视总局、中华全国新闻工作者协会、中国绿化基金会 | 第四届关注森林组织奖 |
| 21 | 乌拉特前旗林业局旅游公路绿化工程 | 2009 | 国家林业局西北华北东北防护林建设局 | 2009年度三北防护林体系建设优质工程 |
| 22 | 乌拉特前旗林业局 | 2009 | 国家林业局、公安部 | “绿盾三号行动”先进集体 |

（续表）

| 序号 | 获奖单位 | 获奖年份 | 授奖单位 | 奖项名称 |
|---|---|---|---|---|
| 23 | 乌拉特前旗林业局 | 2010 | 中共内蒙古自治区委员会、内蒙古自治区人民政府 | 全区林业生态建设先进集体 |
| 24 | 乌拉特前旗人民政府 | 2011 | 全国绿化委员会、人事部、国家林业局 | 全国绿化先进集体 |
| 25 | 乌拉特前旗 | 2011 | 中国野生动物保护协会 | 中国疣鼻天鹅之乡 |
| 26 | 乌拉特前旗 | 2013 | 中国经济林协会 | 中国枸杞之乡 |
| 27 | 乌拉特前旗林业局 | 2016 | 全国绿化委员会 | 全国绿化模范单位 |
| 28 | 临河区林业局 | 2011 | 内蒙古自治区人民政府 | 天然林保护工程先进集体 |
| 29 | 临河区林业局 | 2012 | 内蒙古自治区人民政府 | 三北防护林工程建设先进集体 |
| 30 | 临河区林业局 | 2013 | 全国绿化委员会 | 全国绿化模范单位 |
| 31 | 临河区林业局 | 2013 | 内蒙古自治区人民政府 | 重点区域绿化先进区 |
| 32 | 磴口县林业局 | 2013 | 全国绿化委员会、人力资源和社会保障部、国家林业局 | 全国防沙治沙先进集体 |
| 33 | 磴口县林业局 | 2013 | 内蒙古自治区人民政府 | 生态建设先进集体 |
| 34 | 磴口县林业局 | 2015 | 国家林业局 | 国家林下经济示范基地 |
| 35 | 五原县林业局 | 2013 | 全国绿化委员会 | 全国绿化模范单位 |
| 36 | 五原县林业局 | 2013 | 全国绿化委员会 | 全国绿化模范单位 |
| 37 | 五原县林业局 | 2013 | 内蒙古自治区人民政府 | 重点区域绿化工作先进单位 |
| 38 | 乌拉特后旗林业局 | 2013 | 内蒙古自治区人民政府 | 内蒙古自治区生态建设先进集体 |
| 39 | 杭锦后旗林业局 | 2007 | 内蒙古自治区人民政府 | 人民满意的行政执法单位 |
| 40 | 杭锦后旗 | 2007 | 中宣部、全国绿化委员会、中央文明办、国家林业局 | 全国绿化小康县 |
| 41 | 杭锦后旗林业局 | 2008 | 国家林业局 | 全国林业系统文明单位 |
| 42 | 巴彦淖尔市林业局 | 2006 | 内蒙古自治区人民政府 | 2005年度林业建设全优奖 |
| 43 | 巴彦淖尔市林业局 | 2007 | 内蒙古自治区人民政府 | 全区防沙治沙先进集体 |
| 44 | 巴彦淖尔市林业局森防站 | 2007 | 国家林业局 | 全国林业有害生物监测预报工作先进集体 |
| 45 | 巴彦淖尔市林业局 | 2008 | 全国绿化委员会、国家林业局 | 三北防护林建设突出贡献单位（1978—2008） |
| 46 | 巴彦淖尔市林业局 | 2009 | 国家林业局西北华北东北防护林建设局 | 三北防护林体系建设优质工程 |
| 47 | 巴彦淖尔市林业局 | 2010 | 内蒙古自治区人民政府 | 全区林业生态建设先进集体 |
| 48 | 巴彦淖尔市林业局 | 2010 | 内蒙古自治区人民政府 | 内蒙古自治区生态建设先进集体 |

（续表）

| 序号 | 获奖单位 | 获奖年份 | 授奖单位 | 奖项名称 |
| --- | --- | --- | --- | --- |
| 49 | 巴彦淖尔市林业局 | 2012 | 内蒙古自治区人民政府 | 内蒙古森林草原防扑火先进集体 |
| 50 | 巴彦淖尔市林业局 | 2013 | 内蒙古自治区人民政府 | 内蒙古自治区生态建设先进集体 |
| 51 | 巴彦淖尔市林业局 | 2013 | 内蒙古自治区人民政府 | 重点区域绿化工作先进单位 |
| 52 | 兴安盟野生动植物保护中心 | 2015 | 国家林业局 | 国家级保护森林和野生动植物资源先进集体 |
| 53 | 扎旗林业局 | 2008 | 国家林业局 | 三北防护林建设30周年突出贡献单位 |
| 54 | 扎旗林业局 | 2010 | 国家林业局、国家森林防火指挥部 | 全国森林防火工作先进单位 |
| 55 | 突泉县森防站 | 2010 | 国家林业局森林病虫害防治总站 | 村级森防员培训工作先进集体 |
| 56 | 突泉县人民政府 | 2012 | 全国绿化委员会、人力资源和社会保障部、国家林业局 | 全国绿化先进集体 |
| 57 | 科右前旗森林公安局 | 2012 | 国家公安部 | 全国森林公安系统优秀公安局 |
| 58 | 五岔沟林业局 | 2001 | 国家森林防火指挥部、国家林业局 | 1998—2000年度全国森林防火工作先进单位 |
| 59 | 五岔沟林业局 | 2007 | 国家森林防火指挥部、国家林业局 | 2004—2006年度全国森林防火工作先进单位 |
| 60 | 图牧吉国家级自然保护区 | 2015 | 国家林业局 | 保护森林和野生动植物资源先进集体 |
| 61 | 开鲁县大榆树镇林业工作站 | 2006 | 国家林业局 | 全国林业工作站建设先进单位 |
| 62 | 通辽市林业局 | 2013 | 国家林业局 | 全国生态建设突出贡献奖先进集体 |
| 63 | 市林业科学研究所 | 2009 | 国家林业局 | “科技服务林改”先进集体 |
| 64 | 阿右旗林业局 | 2017 | 人力资源社会保障部、国家林业局 | 全国集体林权制度改革先进集体 |
| 65 | 内蒙古大兴安岭森林公安局行动技术支队 | 2006 | 内蒙古自治区人民政府 | 自治区级青年文明号集体 |
| 66 | 内蒙古根河森林看守所 | 2006 | 公安部 | 公安部一级看守所 |
| 67 | 内蒙古阿龙山森林公安局 | 2007 | 公安部 | 全国县级公安机关执法示范单位 |
| 68 | 内蒙古阿龙山森林公安局 | 2007 | 公安部 | 全国优秀公安局 |
| 69 | 内蒙古大杨树森林公安局 | 2007 | 国家林业局 | 林区禁毒专项行动先进集体 |
| 70 | 内蒙古根河森林看守所 | 2007 | 公安部 | 全国看守所勤务模式改革示范单位 |
| 71 | 内蒙古根河森林看守所 | 2007 | 公安部 | 公安部一级看守所 |

（续表）

| 序号 | 获奖单位 | 获奖年份 | 授奖单位 | 奖项名称 |
|---|---|---|---|---|
| 72 | 内蒙古得耳布尔森林公安局 | 2008 | 国家林业局 | 全国飞鹰行动先进集体 |
| 73 | 内蒙古乌尔旗汉森林公安局 | 2008 | 国家林业局 | 全国飞鹰行动先进集体 |
| 74 | 内蒙古大兴安岭森林公安局“绿盾三号行动”领导小组办公室 | 2009 | 国家林业局 | “绿盾三号行动”先进集体 |
| 75 | 内蒙古大兴安岭森林公安局 | 2009 | 国家林业局 | 全国森林公安“三基”工程建设先进集体 |
| 76 | 内蒙古大杨树森林公安局 | 2009 | 国家林业局 | “绿盾三号行动”先进集体 |
| 77 | 内蒙古阿尔山森林公安局森保大队 | 2009 | 国家林业局 | “绿盾三号行动”先进集体 |
| 78 | 内蒙古阿里河森林公安局森保大队 | 2009 | 国家林业局 | “绿盾二号行动”先进集体 |
| 79 | 内蒙古满归森林公安局 | 2010 | 公安部 | 全国执法示范单位 |
| 80 | 内蒙古大兴安岭森林公安局技术侦察支队综合办案大队 | 2012 | 公安部 | 全国优秀公安基层单位 |
| 81 | 内蒙古莫尔道嘎森林公安局 | 2012 | 公安部 | 全国优秀公安局 |
| 82 | 内蒙古莫尔道嘎森林公安局 | 2012 | 公安部 | 全国公安机关执法示范单位 |
| 83 | 内蒙古金河森林公安局森保大队 | 2012 | 公安部 | 全国优秀公安基层单位 |
| 84 | 内蒙古莫尔道嘎森林公安局 | 2012 | 公安部 | 中国野生生物卫士行动杰出卫士 |
| 85 | 内蒙古金河森林公安局森保大队 | 2012 | 公安部 | 全国公安机关爱民模范集体 |
| 86 | 内蒙古大兴安岭林业管理局 | 2009 | 国务院 | 全国民族团结进步先进集体 |
| 87 | 克一河森工公司防火办 | 2006 | 全国总工会 | 全国五一劳动奖状 |
| 88 | 内蒙古森林工业集团有限责任公司 | 2013 | 全国总工会 | 全国五一劳动奖状 |
| 89 | 乌尔旗汉森林工业有限公司 | 2013 | 全国总工会 | 全国五一劳动奖状 |
| 90 | 内蒙古森工集团满归林业局 | 2013 | 全国总工会 | 全国五一劳动奖状 |
| 91 | 金河林业局亚金沟林场 | 2008 | 全国总工会 | 全国“工人先锋号” |
| 92 | 金河林业局运输修理大队 | 2009 | 全国总工会 | 全国“工人先锋号” |
| 93 | 阿尔山林业局杜鹃山庄 | 2011 | 全国总工会 | 全国“工人先锋号” |
| 94 | 绰源林业局梨子山经营管护所女子巡护队 | 2012 | 全国总工会 | 全国“工人先锋号” |
| 95 | 克一河林业局森林消防一中队 | 2012 | 全国总工会 | 全国“工人先锋号” |

（续表）

| 序号 | 获奖单位 | 获奖年份 | 授奖单位 | 奖项名称 |
| --- | --- | --- | --- | --- |
| 96 | 乌尔旗汉林业局佰拉图森林管护所 | 2013 | 全国总工会 | 全国“工人先锋号” |
| 97 | 森林规划院森调三大队302调查队 | 2014 | 全国总工会 | 全国“工人先锋号” |
| 98 | 阿里河森工公司 | 2007 | 人事部、国家林业局 | 全国林业系统先进集体 |
| 99 | 根河森林工业有限责任公司（林业局） | 2012 | 人事部、国家林业局 | 全国林业系统先进集体 |
| 100 | 莫尔道嘎林业局 | 2006 | 国家林业局 | 全国绿化先进集体 |
| 101 | 大杨树林业局 | 2011 | 国家林业局 | 全国绿化先进集体 |
| 102 | 克一河林业局 | 2006 | 国家林业局 | 全国绿化模范单位 |
| 103 | 内蒙古森工集团公司营林生产处 | 2008 | 国家林业局 | 全国造林信息报告先进集体 |
| 104 | 阿里河林业局中心苗圃 | 2010 | 国家林业局 | 全国生态建设突出贡献奖——林木种苗先进单位 |
| 105 | 甘河林业局苗木培育中心 | 2010 | 国家林业局 | 全国生态建设突出贡献奖——林木种苗先进单位 |
| 106 | 内蒙古根河板业有限责任公司 | 2006 | 国家林业局 | 全国林业科技工作先进集体 |
| 107 | 内蒙古阿里河森工公司森林经营处 | 2012 | 国家林业局 | 全国生态建设突出贡献奖先进集体 |
| 108 | 乌尔旗汉林业局 | 2006 | 国务院扑火前线总指挥部 | 扑救呼伦贝尔市免渡河“5·25”雷击火扑火模范集体 |
| 109 | 林管局防火办 | 2006 | 国务院扑火前线总指挥部 | 扑救呼伦贝尔市免渡河“5·26”雷击火扑火模范集体 |
| 110 | 武警内蒙古大兴安岭森林支队 | 2006 | 国务院扑火前线总指挥部 | 扑救呼伦贝尔市免渡河“5·27”雷击火扑火模范集体 |
| 111 | 库都尔林业局专业森林消防队 | 2006 | 国务院扑火前线总指挥部 | 扑救呼伦贝尔市免渡河“5·25”雷击火扑火先进单位 |
| 112 | 莫尔道嘎林业局专业森林消防队 | 2006 | 国务院扑火前线总指挥部 | 扑救呼伦贝尔市免渡河“5·26”雷击火扑火先进单位 |
| 113 | 武警内蒙古大兴安岭支队一大队 | 2006 | 国务院扑火前线总指挥部 | 扑救呼伦贝尔市免渡河“5·27”雷击火扑火先进单位 |
| 114 | 得耳布尔林业局 | 2006 | 国务院扑火前线总指挥部 | 扑救呼伦贝尔市免渡河“5·25”雷击火优秀保障单位 |
| 115 | 乌尔旗汉林业局西日特其林场 | 2006 | 国务院扑火前线总指挥部 | 扑救呼伦贝尔市免渡河“5·26”雷击火优秀保障单位 |
| 116 | 绰源林业局 | 2006 | 国务院扑火前线总指挥部 | 扑救呼伦贝尔市免渡河“5·27”雷击火优秀保障单位 |

（续表）

| 序号 | 获奖单位 | 获奖年份 | 授奖单位 | 奖项名称 |
|---|---|---|---|---|
| 117 | 克一河林业局快速扑火队 | 2006 | 全国总工会 | 扑救呼伦贝尔市免渡河“5·25”雷击火五一劳动奖状 |
| 118 | 根河航空护林站 | 2006 | 内蒙古自治区人民政府 | 扑救呼伦贝尔市免渡河“5·25”雷击火先进集体 |
| 119 | 根河林业局 | 2006 | 内蒙古自治区人民政府 | 扑救呼伦贝尔市免渡河“5·26”雷击火先进集体 |
| 120 | 甘河林业局 | 2006 | 内蒙古自治区人民政府 | 扑救呼伦贝尔市免渡河“5·27”雷击火先进集体 |
| 121 | 阿里河林业局 | 2006 | 内蒙古自治区人民政府 | 扑救呼伦贝尔市免渡河“5·28”雷击火先进集体 |
| 122 | 图里河林业局西尼气林场 | 2006 | 内蒙古自治区人民政府 | 扑救呼伦贝尔市免渡河“5·29”雷击火先进集体 |
| 123 | 内蒙古大兴安岭林业管理局森林防火办公室 | 2007 | 国家林业局 | 2004—2006年度全国森林防火工作先进单位 |
| 124 | 绰尔林业局 | 2007 | 国家林业局 | 2004—2006年度全国森林防火工作先进单位 |
| 125 | 甘河林业局 | 2007 | 国家林业局 | 2004—2006年度全国森林防火工作先进单位 |
| 126 | 绰源林业局 | 2009 | 自治区党委、政府 | 全区森林草原防扑火先进集体 |
| 127 | 得耳布尔林业局 | 2009 | 内蒙古自治区人民政府 | 连续50年无重大森林火灾先进单位 |
| 128 | 内蒙古大兴安岭林管局 | 2010 | 国家森林防火指挥部、国家林业局 | 2007—2009年度全国森林防火工作先进单位 |
| 129 | 得耳布尔林业局 | 2010 | 国家森林防火指挥部、国家林业局 | 2007—2009年度全国森林防火工作先进单位 |
| 130 | 根河林业局 | 2010 | 国家森林防火指挥部、国家林业局 | 2007—2009年度全国森林防火工作先进单位 |
| 131 | 根河航空护林站 | 2010 | 国家森林防火指挥部、国家林业局 | 2007—2009年度全国森林防火工作先进单位 |
| 132 | 武警内蒙古大兴安岭森林支队 | 2010 | 国家森林防火指挥部、国家林业局 | 2007—2009年度全国森林防火工作先进单位 |
| 133 | 内蒙古森工集团（大兴安岭林管局）森林防火办公室 | 2012 | 内蒙古自治区人民政府 | 全区森林草原防扑火先进集体 |
| 134 | 内蒙古大兴安岭林业管理局森林防火办公室 | 2013 | 国家森林防火指挥部、国家林业局 | 2010—2012年度全国森林防火工作先进单位 |
| 135 | 内蒙古绰源林业局 | 2013 | 国家森林防火指挥部、国家林业局 | 2010—2012年度全国森林防火工作先进单位 |

（续表）

| 序号 | 获奖单位 | 获奖年份 | 授奖单位 | 奖项名称 |
|---|---|---|---|---|
| 136 | 内蒙古自治区森林病虫害防治检疫站 | 2014 | 国家林业局 | 全国生态建设突出贡献奖先进集体 |
| 137 | 内蒙古自治区鄂尔多斯市人民政府 | 2006 | 全国绿化委员会、人事部、国家林业局 | 全国防沙治沙先进集体 |
| 138 | 内蒙古自治区赤峰市林业局 | 2006 | 全国绿化委员会、人事部、国家林业局 | 全国防沙治沙先进集体 |
| 139 | 呼和浩特市林业局 | 2007 | 内蒙古自治区人民政府 | 全区防沙治沙先进集体 |
| 140 | 达尔罕茂明安联合旗林业局 | 2007 | 内蒙古自治区人民政府 | 全区防沙治沙先进集体 |
| 141 | 鄂温克族自治旗林业局 | 2007 | 内蒙古自治区人民政府 | 全区防沙治沙先进集体 |
| 142 | 陈巴尔虎旗人民政府 | 2007 | 内蒙古自治区人民政府 | 全区防沙治沙先进集体 |
| 143 | 科尔沁右翼中旗新佳木苏木人民政府 | 2007 | 内蒙古自治区人民政府 | 全区防沙治沙先进集体 |
| 144 | 科尔沁左翼后旗人民政府 | 2007 | 内蒙古自治区人民政府 | 全区防沙治沙先进集体 |
| 145 | 奈曼旗苇莲苏苏木人民政府 | 2007 | 内蒙古自治区人民政府 | 全区防沙治沙先进集体 |
| 146 | 库伦旗国有三家子林场 | 2007 | 内蒙古自治区人民政府 | 全区防沙治沙先进集体 |
| 147 | 阿鲁科尔沁旗人民政府 | 2007 | 内蒙古自治区人民政府 | 全区防沙治沙先进集体 |
| 148 | 克什克腾旗林业局 | 2007 | 内蒙古自治区人民政府 | 全区防沙治沙先进集体 |
| 149 | 翁牛特旗白音套海苏木人民政府 | 2007 | 内蒙古自治区人民政府 | 全区防沙治沙先进集体 |
| 150 | 太仆寺旗人民政府 | 2007 | 内蒙古自治区人民政府 | 全区防沙治沙先进集体 |
| 151 | 西乌珠穆沁旗林业局 | 2007 | 内蒙古自治区人民政府 | 全区防沙治沙先进集体 |
| 152 | 阿巴嘎旗洪格尔高勒镇萨茹拉图雅嘎查委员会 | 2007 | 内蒙古自治区人民政府 | 全区防沙治沙先进集体 |
| 153 | 兴和县林业局 | 2007 | 内蒙古自治区人民政府 | 全区防沙治沙先进集体 |
| 154 | 丰镇市林业局 | 2007 | 内蒙古自治区人民政府 | 全区防沙治沙先进集体 |
| 155 | 察哈尔右翼后旗贲红镇人民政府 | 2007 | 内蒙古自治区人民政府 | 全区防沙治沙先进集体 |
| 156 | 鄂尔多斯市林业局 | 2007 | 内蒙古自治区人民政府 | 全区防沙治沙先进集体 |
| 157 | 准格尔旗人民政府 | 2007 | 内蒙古自治区人民政府 | 全区防沙治沙先进集体 |
| 158 | 乌审旗林业局 | 2007 | 内蒙古自治区人民政府 | 全区防沙治沙先进集体 |
| 159 | 巴彦淖尔市林业局 | 2007 | 内蒙古自治区人民政府 | 全区防沙治沙先进集体 |
| 160 | 磴口县人民政府 | 2007 | 内蒙古自治区人民政府 | 全区防沙治沙先进集体 |
| 161 | 杭锦后旗双庙镇人民政府 | 2007 | 内蒙古自治区人民政府 | 全区防沙治沙先进集体 |

（续表）

| 序号 | 获奖单位 | 获奖年份 | 授奖单位 | 奖项名称 |
|---|---|---|---|---|
| 162 | 海南区林业局 | 2007 | 内蒙古自治区人民政府 | 全区防沙治沙先进集体 |
| 163 | 阿拉善盟林业治沙局 | 2007 | 内蒙古自治区人民政府 | 全区防沙治沙先进集体 |
| 164 | 内蒙古雅布赖盐化有限责任公司 | 2007 | 内蒙古自治区人民政府 | 全区防沙治沙先进集体 |
| 165 | 自治区林业厅 | 2007 | 内蒙古自治区人民政府 | 全区防沙治沙先进集体 |
| 166 | 自治区草原勘察设计院 | 2007 | 内蒙古自治区人民政府 | 全区防沙治沙先进集体 |
| 167 | 自治区水利厅水保处 | 2007 | 内蒙古自治区人民政府 | 全区防沙治沙先进集体 |
| 168 | 内蒙古军区环保绿化委员会办公室 | 2007 | 内蒙古自治区人民政府 | 全区防沙治沙先进集体 |
| 169 | 巴彦淖尔市林业局 | 2008 | 全国绿化委员会、人力资源和社会保障部、国家林业局 | 三北防护林体系建设突出贡献单位 |
| 170 | 赤峰市林业局 | 2008 | 全国绿化委员会、人力资源和社会保障部、国家林业局 | 三北防护林体系建设突出贡献单位 |
| 171 | 鄂尔多斯市林业局 | 2008 | 全国绿化委员会、人力资源和社会保障部、国家林业局 | 三北防护林体系建设突出贡献单位 |
| 172 | 鄂温克旗自治旗中心苗圃 | 2008 | 全国绿化委员会、人力资源和社会保障部、国家林业局 | 三北防护林体系建设突出贡献单位 |
| 173 | 科尔沁左翼中旗人民政府 | 2008 | 全国绿化委员会、人力资源和社会保障部、国家林业局 | 三北防护林体系建设突出贡献单位 |
| 174 | 太仆寺旗林业局 | 2008 | 全国绿化委员会、人力资源和社会保障部、国家林业局 | 三北防护林体系建设突出贡献单位 |
| 175 | 土默特右旗林业局 | 2008 | 全国绿化委员会、人力资源和社会保障部、国家林业局 | 三北防护林体系建设突出贡献单位 |
| 176 | 土默特左旗林业局 | 2008 | 全国绿化委员会、人力资源和社会保障部、国家林业局 | 三北防护林体系建设突出贡献单位 |
| 177 | 乌兰察布市林业局 | 2008 | 全国绿化委员会、人力资源和社会保障部、国家林业局 | 三北防护林体系建设突出贡献单位 |
| 178 | 扎赉特旗林业局 | 2008 | 全国绿化委员会、人力资源和社会保障部、国家林业局 | 三北防护林体系建设突出贡献单位 |
| 179 | 呼和浩特市清水河县人民政府 | 2010 | 中共内蒙古自治区委员会、内蒙古自治区人民政府 | 全区林业生态建设先进集体 |
| 180 | 呼和浩特市和林格尔县人民政府 | 2010 | 中共内蒙古自治区委员会、内蒙古自治区人民政府 | 全区林业生态建设先进集体 |
| 181 | 包头市土默特右旗人民政府 | 2010 | 中共内蒙古自治区委员会、内蒙古自治区人民政府 | 全区林业生态建设先进集体 |
| 182 | 呼伦贝尔市扎兰屯市人民政府 | 2010 | 中共内蒙古自治区委员会、内蒙古自治区人民政府 | 全区林业生态建设先进集体 |

（续表）

| 序号 | 获奖单位 | 获奖年份 | 授奖单位 | 奖项名称 |
|---|---|---|---|---|
| 183 | 呼伦贝尔市鄂温克族自治旗人民政府 | 2010 | 中共内蒙古自治区委员会、内蒙古自治区人民政府 | 全区林业生态建设先进集体 |
| 184 | 兴安盟突泉县人民政府 | 2010 | 中共内蒙古自治区委员会、内蒙古自治区人民政府 | 全区林业生态建设先进集体 |
| 185 | 通辽市林业局 | 2010 | 中共内蒙古自治区委员会、内蒙古自治区人民政府 | 全区林业生态建设先进集体 |
| 186 | 通辽市科尔沁区人民政府 | 2010 | 中共内蒙古自治区委员会、内蒙古自治区人民政府 | 全区林业生态建设先进集体 |
| 187 | 通辽市科尔沁左翼中旗人民政府 | 2010 | 中共内蒙古自治区委员会、内蒙古自治区人民政府 | 全区林业生态建设先进集体 |
| 188 | 赤峰市林业局 | 2010 | 中共内蒙古自治区委员会、内蒙古自治区人民政府 | 全区林业生态建设先进集体 |
| 189 | 赤峰市克什克腾旗人民政府 | 2010 | 中共内蒙古自治区委员会、内蒙古自治区人民政府 | 全区林业生态建设先进集体 |
| 190 | 赤峰市巴林右旗人民政府 | 2010 | 中共内蒙古自治区委员会、内蒙古自治区人民政府 | 全区林业生态建设先进集体 |
| 191 | 锡林郭勒盟林业局 | 2010 | 中共内蒙古自治区委员会、内蒙古自治区人民政府 | 全区林业生态建设先进集体 |
| 192 | 锡林郭勒盟多伦县人民政府 | 2010 | 中共内蒙古自治区委员会、内蒙古自治区人民政府 | 全区林业生态建设先进集体 |
| 193 | 锡林郭勒盟西乌珠穆沁旗人民政府 | 2010 | 中共内蒙古自治区委员会、内蒙古自治区人民政府 | 全区林业生态建设先进集体 |
| 194 | 乌兰察布市兴和县人民政府 | 2010 | 中共内蒙古自治区委员会、内蒙古自治区人民政府 | 全区林业生态建设先进集体 |
| 195 | 乌兰察布市凉城县人民政府 | 2010 | 中共内蒙古自治区委员会、内蒙古自治区人民政府 | 全区林业生态建设先进集体 |
| 196 | 鄂尔多斯市林业局 | 2010 | 中共内蒙古自治区委员会、内蒙古自治区人民政府 | 全区林业生态建设先进集体 |
| 197 | 鄂尔多斯市准格尔旗人民政府 | 2010 | 中共内蒙古自治区委员会、内蒙古自治区人民政府 | 全区林业生态建设先进集体 |
| 198 | 鄂尔多斯市乌审旗人民政府 | 2010 | 中共内蒙古自治区委员会、内蒙古自治区人民政府 | 全区林业生态建设先进集体 |
| 199 | 巴彦淖尔市林业局 | 2010 | 中共内蒙古自治区委员会、内蒙古自治区人民政府 | 全区林业生态建设先进集体 |
| 200 | 巴彦淖尔市乌拉特前旗人民政府 | 2010 | 中共内蒙古自治区委员会、内蒙古自治区人民政府 | 全区林业生态建设先进集体 |
| 201 | 巴彦淖尔市临河区人民政府 | 2010 | 中共内蒙古自治区委员会、内蒙古自治区人民政府 | 全区林业生态建设先进集体 |

（续表）

| 序号 | 获奖单位 | 获奖年份 | 授奖单位 | 奖项名称 |
|---|---|---|---|---|
| 202 | 乌海市海勃湾区人民政府 | 2010 | 中共内蒙古自治区委员会、内蒙古自治区人民政府 | 全区林业生态建设先进集体 |
| 203 | 阿拉善盟阿拉善左旗人民政府 | 2010 | 中共内蒙古自治区委员会、内蒙古自治区人民政府 | 全区林业生态建设先进集体 |
| 204 | 乌海市林业局 | 2010 | 中共内蒙古自治区委员会、内蒙古自治区人民政府 | 全区城乡绿化一体化建设先进集体 |
| 205 | 阿拉善盟林业治沙研究所 | 2012 | 国家林业局 | 全国生态建设突出贡献奖先进集体 |
| 206 | 赤峰市林业科学研究院 | 2012 | 国家林业局 | 全国生态建设突出贡献奖先进集体 |
| 207 | 兴安盟五岔沟林业局 | 2012 | 国家林业局 | 全国生态建设突出贡献奖先进集体 |
| 208 | 克什克腾旗联峰林场 | 2012 | 国家林业局 | 全国生态建设突出贡献奖先进集体 |
| 209 | 乌海市林业工作站 | 2012 | 国家林业局 | 全国生态建设突出贡献奖先进集体 |
| 210 | 包头市林业工作站 | 2012 | 国家林业局 | 全国生态建设突出贡献奖先进集体 |
| 211 | 巴彦淖尔市林业局 | 2012 | 国家林业局 | 全国生态建设突出贡献奖先进集体 |
| 212 | 鄂尔多斯市林业局 | 2012 | 国家林业局 | 全国生态建设突出贡献奖先进集体 |
| 213 | 呼伦贝尔市林业局 | 2012 | 国家林业局 | 全国生态建设突出贡献奖先进集体 |
| 214 | 通辽市林业局 | 2012 | 国家林业局 | 全国生态建设突出贡献奖先进集体 |
| 215 | 突泉县人民政府 | 2012 | 国家林业局 | 全国生态建设突出贡献奖先进集体 |
| 216 | 武川县林业局 | 2012 | 国家林业局 | 全国生态建设突出贡献奖先进集体 |
| 217 | 呼伦贝尔市林业局 | 2013 | 全国绿化委员会、人力资源社会保障部、国家林业局 | 全国防沙治沙先进集体 |
| 218 | 赤峰市翁牛特旗阿什罕苏木人民政府 | 2013 | 全国绿化委员会、人力资源社会保障部、国家林业局 | 全国防沙治沙先进集体 |
| 219 | 锡林郭勒盟林业局 | 2013 | 全国绿化委员会、人力资源社会保障部、国家林业局 | 全国防沙治沙先进集体 |
| 220 | 乌兰察布市兴和县林业局 | 2013 | 全国绿化委员会、人力资源社会保障部、国家林业局 | 全国防沙治沙先进集体 |
| 221 | 鄂尔多斯市林业局 | 2013 | 全国绿化委员会、人力资源社会保障部、国家林业局 | 全国防沙治沙先进集体 |
| 222 | 内蒙古亿利资源集团有限公司 | 2013 | 全国绿化委员会、人力资源社会保障部、国家林业局 | 全国防沙治沙先进集体 |
| 223 | 巴彦淖尔市磴口县林业局 | 2013 | 全国绿化委员会、人力资源社会保障部、国家林业局 | 全国防沙治沙先进集体 |
| 224 | 乌海市治沙站 | 2013 | 全国绿化委员会、人力资源社会保障部、国家林业局 | 全国防沙治沙先进集体 |
| 225 | 阿拉善盟阿拉善左旗林业局 | 2013 | 全国绿化委员会、人力资源社会保障部、国家林业局 | 全国防沙治沙先进集体 |
| 226 | 锡林郭勒盟多伦县草原工作站 | 2013 | 全国绿化委员会、人力资源社会保障部、国家林业局 | 全国防沙治沙先进集体 |

# 第十六章

# 盟市及大兴安岭林管局林业概况

## 第一节　呼和浩特市林业

### 一、自然环境与社会经济概况

呼和浩特位于内蒙古自治区中部，地处北纬40°51′—41°8′，东经110°46′—112°10′。市区平均海拔1050米，属中温带干旱半干旱大陆性季风气候，年平均气温3.5—8℃，年平均降水量337—418毫米，四季变化明显。呼和浩特市是内蒙古自治区首府，全区政治、经济、文化、科教和金融中心，是国家森林城市、中国优秀旅游城市。全市总面积1.72万平方公里，常住人口近300万人。

### 二、林木植造与保护

#### （一）林业建设概况

“十一五”期间（2006—2010年），呼和浩特市委、政府为提升首府城乡整体环境质量，作出创建国家森林城市的决定，并制定出台《呼和浩特市创建国家森林城市总体规划》，确定“五区、三环、两带”的总体建设布局，实施“十大重点工程”和巩固生态市“八大精品工程”。“十大重点工程”即绕城高速公路绿化隔离带建设工程，标准农田防护林建设工程，城市园林绿化美化工程，退耕还林和天然林保护工程，大青山前坡冲积扇经济林带建设工程，绿色通道工程，河流渠系绿化工程，自然保护区、湿地和森林公园建设与保护工程，旗（县、区）城镇绿化和各类园区绿化工程，全民义务植树和古树名木保护工程。截至2010年，全市完成人工造林28.75万公顷，完成封山育林18.01万公顷，完成天保工程人工模拟飞播造林10.53万公顷，完成全民义务植树5840.38万株，完成四旁植树2380.09万株。林业用地总面积达到69.87万公顷，活立木总蓄积量约为945.5万立方米。

“十二五”期间（2011—2015年），呼和浩特市依照《森林城市建设十年规划》和“建设一流首府城市，打造宜居青城”的要求，实施“环城、环水、环路、环村”绿化工程，对重要交通干线、出城口两侧进行大面积绿化，每侧绿化带宽100米。全市累计完成国家造林10.35万公顷，其中人工造林4.83万公顷，完成封山育林5.52万公顷。按照工程划分，完成退耕还林工程（包括新一轮退耕还林）1.03万公顷，三北防护林工程人工造林7333公顷，天然林保护工程5.7万公顷，京津风沙源治理二期工程2.59万公顷，造林补贴项目人工造林3000公顷，中央投资2.7亿元；累计完成重点区域绿化面积3.57万公顷，资金投入89.64亿元，其中公路绿化1169.43公里、面积8693公顷，村屯绿化73个、面积380公顷，厂矿园区绿化29个、面积1067公顷，城镇周边绿化13个、面积8033公顷，黄河流域绿化933公顷，大青山南坡绿化9367公顷，河流、渠道及小流域治理7180公顷。

2015年，呼和浩特市林用地面积69.4万公顷，其中有林地16.13万公顷，灌木林地20.73万公顷，未成林地2.4万公顷，宜林地14.47万公顷，无立木林地11.27万公顷，疏林地2000公顷，其他林地4.2万公顷。森林覆盖率21.4%，活立木蓄积量760万立方米。有散生古树115株（含1株名木），古树群8处。城市郊区农田林网覆盖率87.85%，基本实现农田林网化。大青山、蛮罕山两大绿色屏障初步形成，大青山森林覆被率63.3%，蛮罕山及黄土高原丘陵区的森林覆被率40.1%。城市建成区绿化覆盖率35.14%；人均公共绿地面积16.08平方米。

（二）地方造林

2012年以后，随着城镇化建设进程加快，造林绿化成为旗（县、区）国民经济发展的重要组成部分，融入城镇总体规划布局。旗（县、区）政府创新造林模式，结合扶贫工作，集中财力、物力、人力，扎实推进地方生态工程建设，组织开展“见缝插绿、身边增绿、美化家园创建”等活动。年均全市地方工程造林投入10亿多元，年均完成绿化面积6667公顷。建设内容涵盖厂矿园区、城镇周边、村屯、道路、黄河两岸、大青山等范围。建成乌素图森林公园、大青山野生动物园、内蒙古青少年生态园、哈拉沁生态公园、万亩生态育苗基地、百草园、呼和塔拉草原、雅玛图森林公园等示范工程。围绕高新农业产业园区、社会主义新农村建设项目，进行园林式精细化生态建设，增加呼和浩特市群众休闲活动空间，着力打造宜居首府环境；利用沿山小气候，以杏、123苹果、人参果、中晚熟李子、葡萄、脆枣等优质乡土经济林树种为主，植造适宜本地区的经济林果园带，引导群众发展休闲旅游采摘园，满足群众休闲娱乐、亲近自然的愿望。

（三）国土绿化

开展全民义务植树活动，丰富义务植树尽责形式，提高尽责率。建立义务植树登记卡和验收卡，开展义务植树基地建设，设立基地永久性标牌，标明建设单位和完成情况，发动各级机关单位、社会团体和个人开展纪念林基地建设，采取直接投劳、捐资捐物、以资代劳等形式，拓展义务植树形式。组织开展庭院绿化达标单位创建、绿色村庄、乡镇创建活动。经过公布“植树热线电话”，开展“爱心林”建设、“绿地认种认养”“婚育新风公益林”植树、“树木认种认养”等活动，激发全民植绿热情，推动义务植树尽责方式由被动接受到主动承担转变，推动国土绿化向纵深发展。做好古树名木保护，完成古树名木普查并建立完善档案，制订《呼和浩特市古树名木和古树后续资源保护管理办法》，修订《呼和浩特市义务植树条例》，完成《呼和浩特市古树名木管理办法》编制工作。

**三、林业资源保护管理**

坚持建设与保护并重。在重点林区实现森林防火视频监控系统全覆盖，坚持行政领导负责制，层层落实防火责任，建立市、县、乡（镇）、村四级防火责任体系，采取“占山头、把路口、守坟头”、设卡检查和流动巡护相结合等方式，严控野外火源。在重点防火期，发布《呼和浩特市防火戒严令》，完善应急防扑火预案，并开展实战演练。至2015年，7个旗（县、区）均建立防扑火专业队伍，防扑火人员达到175人。2010—2015年，年均防火资金投入达700万元，新增指挥车8辆，消防车11辆，各类运兵车36辆，宣传车3辆，配备各类灭火机具设备1659余台（套），灭火弹6800枚，通讯设备800余部。设立视频监控点13个、自动气象站18个，建成防火指挥中心2座，专业队营区1700平方米，防火检查站9座。制作各类固定宣传碑牌760余块，开设隔离带1300余公里，修建防火通道约84公里，维修养护防火通道约362公里。全民防火意识不断提高，文明祭祀、环保祭祀习惯逐步形成，森林防火形势总体平稳，未发生重、特大森林火灾和人员伤亡事故，年森林火灾受灾率低于1‰。2006年后，建立林业有害生物监测市、县预警网络系统，发挥各监测点动态职能作用，做到早发现、早预防，预测测报准确率达到90%，监测预警体系逐步形成。对所有调运苗木开展产地检疫和复检工作，防止疫情发生，产地检疫与复检率达100%，有效防治率达90%以上，年无公害防治率达到97.2%，成灾率远低于国家标准。以侦破大案要案为突破口，保持打击高压态势，严厉打击涉林违法犯罪行为。组织开展"打击破坏野生动物资源违法犯罪行动""清理整治非法侵占国有林地专项行动和严厉打击非法占用林地"等专项行动。在环境保护、国土资源等多个部门密切配合下，对自然保护区内的各项开发建设活动进行全面清理，对违法探矿、采矿企业进行关停，拆除机械设备厂房，责令限期退出自然保护区。

全市森林资源管理执行林地和林木管理规定，坚持限额不突破，林地占一补二，保障占补平衡。在采伐管理中，实行伐前调查、发证公示、伐中检查、伐后验收等制度，控制资源消耗量，对已批准的使用林地建设项目依法征收森林植被恢复费，并跟踪督查，坚持事前、事中、事后监管，防止少批多占等现象出现。以旗（县、区）政府为单位制定林地保护利用规划，形成全市"一张图"，将全市林地划分等级，执行用途管制，控制经营性项目占地，保障民生项目与重大基础设施项目用地需求。组织开展新一轮二类资源调查工作，建立资源数据库，以数据库管理森林资源，为开展林业生态红线划定、国土空间统一规划、自然资源资产负债表编制、领导干部自然资源资产离任审计等生态文明体制改革工作奠定基础。

**四、林业产业**

（一）龙头企业

至2015年，呼和浩特市有国家级龙头企业1家，即内蒙古宇航人高技术产业有限责任公司，8家自治区级龙头企业。

（二）林下经济

在政府引导、市场主导和农民自发组织下，呼和浩特市初步形成林果、林禽等林下经济模式。至2015年，全市办理野生动物驯养繁殖及经营加工许可证的企业60余家，驯养品种主要为梅花鹿、野鸡、野鸭、孔雀、野猪等。大力推进经济林建设，大青山前坡冲积扇沿线建成林果基地4667公顷；托县瑞沃葡萄酒庄，项目投资4亿元，流转种植土地333公顷用于葡萄种植，栽植十几种酿酒、鲜食葡萄品种，年产酿酒葡萄3000吨，鲜食葡萄750吨。清水河退耕还林嫁接大杏约133公顷。

（三）林业产业化项目

2015年，实施武川县食用菌产业建设和托克托县瑞沃酒庄建设2个林业产业化项目，自治区投资80万元。项目的实施带动了优质特色基地的建设，企业加基地联农户的发展模式得到发展，提高了林农户的收入，龙头企业的参与提升林产品的档次，增强企业科技创新和新技术开发的动力，扩大了产品市场知名度。同时，也促进和带动了相关新兴产业的发展，起到典型示范和辐射作用。

**五、林业改革**

2009年，启动集体林权制度改革工作，先期进行集体商品林改革，在清水河县窑沟乡、和林县羊群沟乡进行集体公益林改革试点。至2010年底，完成集体商品林和公益林改革。在商品林改革中，呼和浩特市以家庭承包经营、集体统一经营、联户合作经营、股份合作经营等方式为主。在公益林改革过程中确立四种改革模式：对于商品林和已成林的公益林，以家庭承包形式为主，统一按二轮土地承包人口为基数，按人口折算人均林地面积，以户为单位承包经营；对分户不易管理、部分村民在外地打工、效益不太明显的灌木林地，按族姓联户承包经营；股份合作经营，采用分股不分山，分林不分地，均等持有，经营效益按股分配；对新造幼林和封育林地暂时由村集体组织统一经营，待林木生长稳定后再实行家庭承包经营。确保改革合情合理合法，维护广大林农利益。明晰产权到户后，林农有了自主权，享有收益权，造林护林积极性得到充分发挥。随着配套改革的推进，林木林地评估、流转、抵押贷款等工作的开展，激发林农的造林热情。

# 第二节　包头市林业

## 一、自然环境与社会经济概况

包头市位于内蒙古自治区中部，北纬41°20′—42°40′，东经109°50′—111°25′。地处内蒙古高原南端，阴山山脉横亘市境中部，将包头市分成中部山岳地带，山北丘陵高平原和山南平原三大地貌单元，属于中温带大陆性季风气候。2015年，包头市常住总人口为282.90万人。其中，城镇人口233.90万人、乡村人口49.00万人，包头市城镇化率达到82.7%。包头市实现生产总值3781.9亿元，人均生产总值达134385元。全年公共财政预算收入252.3亿元，居民人均可支配收入33184元，其中：城镇常住居民人均可支配收入38098元，农村牧区常住居民人均可支配收入13667元。

2015年，包头市总土地面积27768平方公里，林业用地总面积84.37万公顷，其中有林地面积6.86万公顷，疏林地面积6211.9公顷，灌木林地面积41.02万公顷，未成林造林地面积12.15万公顷，苗圃地682.4公顷，无立木林地2.64万公顷，宜林地19.33万公顷，林业辅助生产用地1.69万公顷。活立木总蓄积量356.94万立方米。森林覆盖率17.2%。

## 二、林业生态建设

2006—2015年，包头市完成林业生态建设任务28.43万公顷，完成投资86.00亿元。“十一五”期间（2006—2010年），包头市完成国家林业重点工程建设13.54万公顷。其中：天保工程6.60万公顷，退耕还林工程1.22万公顷，京津风沙源治理工程3.99万公顷，“三北”防护林四期工程1.73万公顷；“十二五”期间（2011—2015年），包头市完成国家林业重点工程建设14.26万公顷。其中：天保工程4.8万公顷，退耕还林工程4133.3公顷，京津风沙源治理工程8.12万公顷，“三北”防护林五期工程9333.3公顷，完成自治区六大重点区域绿化工程1.67万公顷。

“三北”防护林工程。采取封山育林、人工造林等方式累计完成绿化和植被恢复面积2.67万公顷，完成投资5087万元。其中：“十一五”期间完成1.73万公顷，完成投资2950万元；“十二五”期间完成9333.3公顷，完成投资2137万元。对推进包头市林业生态建设、改善局部生态环境、提高整体绿化水平起到积极作用，有效提高生态防护效益。

退耕还林工程。按照集中连片退耕、分小流域治理的原则，大规模营造水土保持林。累计完成人工造林1.63万公顷，完成投资5639万元。退耕农户在退耕还林工程中普遍得到实惠，累计给农民发放退耕补助7.73亿元。

黄河上中游地区天然林资源保护工程。至2015年，累计完成人工造林和植被恢复面积11.40万公顷，完成投资1.29亿元。解决了876名国有林场职工的社会养老保险等问题，妥善分流安置职工64人。工程区内森林资源面积由实施前的11.92万公顷，增长至21.62万公顷，森林蓄积量由100万立方米增长至160万立方米，森林覆盖率由10.8%提高至18.37%。

京津风沙源治理工程。采取造、封、飞（人工模拟）相结合，乔、灌、草相结合，林业工程与水利工程、农牧业工程相结合，将抗旱造林等适用技术、围封禁牧、舍饲圈养、生态移民、小流域治理、水源配套等措施同步推进。至2015年，累计完成人工造林和植被恢复12.1万公顷，完成投资2.57亿元。经过治理与保护，植被盖度由2000年的8%提高至22%，森林覆盖率由2%提高至5.5%。

重点区域绿化工程。2011—2015年累计完成大青山南坡、村屯、城镇周边、道路两侧、厂矿园区、黄河北岸六大重点区域绿化2.35万公顷，完成投资81.07亿元。其中大青山南坡绿化4400公顷、村屯绿化1000公顷、城镇周边绿化4733.3公顷、公路绿化5000公顷、厂矿园区绿化1200公顷、黄河北岸绿化400公顷。特别是经过实施大青山南坡绿化二期工程，包头境内G6高速、110国道、210国道生态建设环境治理工程，京包、包兰铁路沿线生态环境综合治理工程和庭院绿化工程，努力改善包头市城乡生态宜居环境。

外资造林工程。包头市九原区承担日元贷款植树造林项目，建设内容包括造林、苗圃改扩建、森林保护、环境监测、办公设施、车辆采购、技术培训等。至2015年，项目总投资3682.2万元，其中日元贷款为2769.2万元、配套资金669万元、投工投劳折资244万元，完成造林1.07万公顷。2009年，固阳县实施欧洲投资银行贷款内蒙古碳汇林示范项目，项目建设期2009—2013年，建设内容造林面积1.59万公顷，总投资1.51亿元，经过5年建设，造林任务全面完成。

创建国家森林城市。2005年，市委、市政府提出“争创国家森林城市、促进城乡造林绿化一体化、打造城市新形象”的创建计划，列入包头“十一五”城市规划目标，对城市绿化系统进行合理规划，使包头市城市森林拥有好的发展空间。先后制定《包头市城市绿地建设规划》《包头市城市森林建设规划》《包头市创建国家森林城市实施意见》，明确包头森林城市规划布局，提出以市区为中心、以绿色通道工程为纽带，建设包头城区森林生态圈、近郊森林生态圈和远郊森林生态圈的城市森林建设总体格局。通过“拆墙透绿、添景增绿、见缝插绿、建路配绿、留地造绿”等方式，营造生态良好的森林植物景观和怡人的游园环境，森林生态景观成为包头鲜明的形象特征。2006—2015年，包头市共建成大型开放式公园15个，1万平方米以上的绿化广场37个，街头景点和小游园120多个，单位绿化达标率达70.03%，园林式居住区比例达62%，立体式垂直绿化年均完成5000延长米，中心城区公共绿地布局基本满足500米的服务半径要求。基本形成以乔木为主、灌木为辅、花草为茵的植物多样、景观优美的城市森林生态系统。在城区建起了贯穿“市四区”、长约百里、宽为60—100米的乔灌草立体结合的防护林带，形成一条“百里绿廊”。完成城郊造林24.56万公顷，其规模为西部大开发前30年包头市生态造林数量的总和。2007年4月26日，包头市被全国绿化委员会和国家林业局授予国家森林城市称号，成为中国西部地区首个获此殊荣的城市。

民营造林。包头市人民政府先后出台《包头市拍卖宜林荒地使用权进行造林绿化的实施意见》《包头市宜林荒地限期绿化的若干规定》《关于努力发展非公有制林业的意见》。许多民营企业家和城市个体工商户，在沿110国道北侧的大青山、乌拉山山前冲积扇和浅山区，大面积承包荒山荒坡开展植树造林、多种经营。截至2015年底，包头市个体承包造林大户发展至200多户，承包面积达3.73万公顷，其中天龙生态、华洋生态、卉祥圆等17家民营企业承包面积2.33万公顷，完成造林绿化和生态修复面积1.07万公顷，完成投资20亿元。基本形成“政府主导、社会参与、市场运作、龙头带动”的生态建设新机制，非公有制林业的发展为包头市造林绿化作出贡献。

全民义务植树。2006年，市政府把沿110国道北侧的大青山、乌拉山山前冲积扇和浅山区规划为包头市义务植树基地，并制订建设实施方案，开展声势浩大的全民义务植树活动。为解决义务植树后林木管护难的问题，出台政策，允许义务植树基地规划区的土地可以采取拍卖、承包、股份合作等形式落实土地使用权，限期绿化，确保林木种得上、管得住、见成效。在此基础上，包头市又采取义务植树适龄公民以资（物）抵劳尽责为主、专业队施工、基地化建设的新模式，对义务植树活动进行大胆探索和尝试，取得良好效果。《包头市义务植树条例》经内蒙古自治区十一届人大常委会批准，于2009年7月1日起正式施行。2011年，《条例》进行修改，于2012年5月10日颁布实施。《条例》的出台，把义务植树活动纳入法制轨道，适龄公民履行义务，坚持不懈地开展植树造林活动，每年植树都在450万株以上。

**三、林业产业**

2006年以后，包头市坚持把加快林业产业发展作为带动农牧民增收的切入点，着力推动林业生态建设和林业产业的协调发展。2015年，林业产值达到11.66亿元，林农人均纯收入510元。

**表16-2-1　包头市2006—2015年林业产业产值统计表**

| 年　份 | 林业产业产值（万元） | | | | 林农人均收入（元） |
|---|---|---|---|---|---|
| | 合计 | 第一产业 | 第二产业 | 第三产业 | |
| 合　计 | 745075 | 592000 | 27275 | 125800 | — |
| 2006年 | 38800 | 28300 | 1600 | 8900 | — |
| 2007年 | 41700 | 32400 | 1500 | 7800 | — |
| 2008年 | 44400 | 34900 | 1600 | 7900 | — |
| 2009年 | 45270 | 36300 | 70 | 8900 | — |
| 2010年 | 43600 | 33400 | 400 | 9800 | — |
| 2011年 | 57670 | 46000 | 670 | 11000 | 378 |
| 2012年 | 68000 | 51000 | 3000 | 14000 | 405 |
| 2013年 | 78000 | 51000 | 12000 | 15000 | 415 |
| 2014年 | 170335 | 152000 | 335 | 18000 | 1373 |
| 2015年 | 116600 | 95000 | 3600 | 18000 | 510 |

2013年，包头市编制出台《包头市林业产业发展总体规划（2014—2020年）》，与《包头市林业发展“十二五”规划》配套衔接。

培育林业产业龙头企业和专业合作社。截至2015年，全市林业专业合作社达到68家，其中土右旗瑞元农民专业合作社、沟门镇果树绿化树蔬菜专业技术研究开发中心、包头市正丰农民专业合作社、包头市鸣远种养殖专业合作社被评为第一批自治区级林业专业合作社示范社；林业龙头企业不断发展壮大，其中天龙生态公司、大圣生物技术公司、金骄特种新材料公司被评为自治区级林业产业化重点龙头企业。

森林旅游和森林康养。包头市依托北部达茂草原和固阳丘陵草甸、中部大青山森林、南部黄河湿地等自然资源，发掘和整合全市森林旅游项目，努力开发森林生态服务、森林旅游服务和其他森林服务，引导扶持森林公园建设，树立森林旅游品牌，努力将森林旅游业培育成为林业第三产业中的龙头。截至2015年，全市已初步形成“四片两线”的森林旅游格局。即梅力更、五当召、莲花山、九峰山4个森林旅游片区，大青山沿线、黄河沿线2条生态旅游线。建成五当召、梅力更、敕勒川3个国家森林公园，包头黄河、昆都仑2条国家湿地公园，大青山、南海湿地2个自然保护区和昆都仑国家生态公园。同时，以土右旗大雁滩为代表的集观光采摘、休闲度假、生态体验、餐饮娱乐为一体的森林康养项目不断兴起。2015年，全市森林旅游与休闲产业总收入1.44亿元，接待游客78.54万人次。

特色经济林。包头市发挥地理资源优势，扶持发展特色经济林产业，推动绿色增长和农牧民增收。截至2015年，全市种植经济林2133.33万公顷，果品总产量2900万公斤，总产值近1亿元。

## 第三节　呼伦贝尔市林业

### 一、自然环境与社会经济概况

呼伦贝尔市地处北纬47°05′—53°20′，东经115°31′—126°04′。东西630公里，南北700公里，总面积25.3万平方公里，占自治区总面积的21.4%。林地面积1630万公顷，森林面积1298万公顷，森林蓄积量11.3亿立方米，森林覆盖率51.3%。地方林地面积575.47万公顷，森林面积366万公顷，森林蓄积量2.67亿立方米，森林覆盖率25.5%。有野生植物1600多种，分属165科615属。野生食药用菌类120余种，分属23科30属。重点保护野生植物55种，其中被列入《国家重点保护野生植物名录（第一批）》的有黄檗、水曲柳、钻天柳、紫椴、野大豆、浮叶慈菇、乌苏里狐尾藻、松口蘑（真菌）8种。脊椎动物489种，占自治区总数的68.92%，占全国总数的11%。其中：国家Ⅰ级重点保护野生动物有17种，国家Ⅱ级重点保护野生动物有63种。呼伦贝尔市辖2个区、5个市、7个旗，有达斡尔族、鄂温克族、鄂伦春族等42个民族。2015年，常住人口252.65万人，实现地区生产总值1595.96亿元，地方财政总收入167.74亿元，居民人均可支配收入完成22461元，人均消费性支出16640元。

### 二、林木植造

2006—2015年，呼伦贝尔市相继实施沙区综合治理、重点区域绿化、三北防护林建设、退耕还林等工程，生态建设取得显著成效。造林绿化39.46万公顷，其中人工造林23.31万公顷，封山育林16.14万公顷。重点区域绿化2.51万公顷，全民义务植树5383万株。投入资金9.43亿元，完成国家退耕还林工程建设任务4.62万公顷，工程区覆盖11个旗（市、区）和呼伦贝尔市农垦集团的95个乡镇（苏木、场），2.6万农户、9万人。2009年1月，呼伦贝尔市红花尔基樟子松良种基地被国家林业局正式确定为第一批国家级重点林木良种基地。

#### （一）沙区综合治理

2008年，编制出台《呼伦贝尔沙地治理规划（2009—2013年）》《呼伦贝尔沙区生态用地管理办法》《呼伦贝尔沙区综合治理管护办法》。2009年，呼伦贝尔市将沙区综合治理作为呼伦贝尔市一号公共公益项目推进，经过整合林业、农牧、农业综合开发等项目，累计投入资金11.85亿元，治理沙地50.14万公顷。2014年第五次全国荒漠化和沙化土地监测结果，呼伦贝尔市沙化土地面积127.84万公顷，占沙区土地总面积的15.3%。与2009年监测相比，沙化面积持续缩减，流动沙地年均减少1266.67公顷，半固定沙地年均减少4693.33公顷，固定沙地年均增加1.29万公顷，露沙地年均减少8060公顷。呼伦贝尔土地沙化形势由“整体恶化，局部好转”转变为“总体遏制，局部改善”。林草植被大幅度增加，野生动植物种类增多。

（二）重点区域绿化

2014年，呼伦贝尔市人民政府印发《呼伦贝尔市重点区域造林绿化工作方案》《呼伦贝尔市重点区域绿化规划纲要（2013—2020）》。2013—2015年，累计完成公路绿化4960公顷、城镇绿化1.1万公顷、村屯绿化8040公顷、矿区园区绿化1106.67公顷，累计投入资金34.52亿元。连续三年被自治区政府授予“重点区域绿化先进单位”。打造呼伦贝尔市中心城区外环路和北出口绿化、扎兰屯市卧牛河镇扬旗山移民新村绿化、满洲里市南外环绿化、鄂温克旗沙化台地绿化、牙克石市新城带状公园绿化、海拉尔东山组团绿化等多个绿化精品工程，实现“精品带动、辐射全局”的目标。

（三）森林城市建设

2008年，呼伦贝尔森林城市建设确立“一核两翼十极”的总体建设格局，以呼伦贝尔市政府所在地海拉尔区为核心，以满洲里市和扎兰屯市为“两翼”，以林区牙克石市、额尔古纳市、根河市和鄂伦春自治旗，牧区鄂温克族自治旗、新巴尔虎左旗、新巴尔虎右旗、陈巴尔虎旗和农区阿荣旗、莫力达瓦达斡尔族自治旗作为“十极”，按照适地适树的原则选择乡土树种进行绿化建设，增加森林总量，形成水系林网、道路林网和农田林网，形成以城市森林为主体，郊外森林为屏障，具有多层次、多功能、多效益的大范围的森林生态防护体系。经过努力创建，2012年7月，全国绿化委员会、国家林业局授予呼伦贝尔市“国家森林城市”称号并成功承办第九届中国城市森林论坛。

**三、林业改革**

2006年，剥离完成直属林业六局中小学教育社会职能，林业六局11所学校505名在职教职员工和265名退休教职员工移交属地政府。2008年，自治区机构编制委员会印发《关于全区森林公安纳入国家政法专项编制管理体系的通知》，呼伦贝尔市森林公安完成专项编制过渡工作。2015年10月，呼伦贝尔市政府印发《呼伦贝尔市剥离地方林业六局医疗、广电社会职能实施方案》，确定2016年1月1日起，原属呼伦贝尔市地方林业六局承担的医疗、广电职能及机构、人员移交所在旗（市、区）管理。

2014年12月19日，经呼伦贝尔市委、市政府批准，注册成立呼伦贝尔林业集团有限公司。2015年呼伦贝尔市被列为自然资产负债表编制国家试点单位。2006—2015年，集体林权流转面积1.18万公顷，林权抵押贷款面积146.67公顷，贷款金额443万元。呼伦贝尔市林业专业合作社达到80个，加入合作组织农户1.1万户，合作社经营林地面积1.16万公顷。

**四、林业资源保护**

2009年，国家林业局对呼伦贝尔市重新进行公益林区划界定，呼伦贝尔市公益林补偿面积划定为120.40万公顷，增加13.80万公顷。其中，国家级公益林面积89.27万公顷，地方公益林面积31.13万公顷。2012年，呼伦贝尔市完成退耕3.45万公顷，还林还湿1.95万公顷。市森林公安受理各类涉林案件近1.7万起，打击处理违法犯罪人员1.7万余人次。收缴林木和木材4855.42立方米、野生植物7.02万株、野生动物近1.5万只（头）、野生动物皮418张，挽回经济损失4212.81万元。办理征占用林地手续340件，使用林地1.70万公顷。林业有害生物发生面积203.75万公顷，防治面积31.40万公顷，成灾率由6.1‰降到4.0‰。2013年，完成森林参保公益林面积786.15万公顷，保费补贴资金2.32亿元，发生森林保险责任范围内灾害66起，核实受灾面积8.34万公顷，理赔资金5597.09万元。2015年，呼伦贝尔市直属林业六局及直属旗（市、区）42个林场的天然林商品林全面实现停伐，面积93.73万公顷。实施天然林保护工程区管护238.18万公顷，非天然林保护工程区天然商品林停伐管护补助面积48.61万公顷。

**五、森林草原防火**

2006—2015年，累计发生森林草原火灾238起，其中森林火126起，草原火112起。年均森林过火面积5201公顷，森林受害率0.9‰；年均草原过火面积1.88万公顷，草原受害率1.8‰。中央财政投入防火基础建设资金1.81亿元。建立森林草原专业消防队伍80支1635人，半专业消防队伍132支3480人，应急消防队伍40支3768人，群众消防队伍223支1.73万人。专用消防营房39所，消防运输车958辆，防火储备库65座9302平方米，扑火机具41291台（把、套）。防火检查站123个，管护站291所，机械防火站6个，瞭望台105座，通讯台站185个，预警监测系统62个，视频监控点77个。

**六、林业产业**

2006—2015年，呼伦贝尔市营林生产总值56.34亿元，增加值35.04亿元，木材生产总值17.16亿元，增加值10.91亿元，林产工业总值52.21亿元，增加值20亿元，非林非木产业总值63.62亿元，增加值34.95亿元。

榛子产业。呼伦贝尔市大兴安岭岭南地带，适宜榛子生长。2013年，扎兰屯市、阿荣旗分别建立榛林基地，有效解决全市6.67万公顷榛林“大资源、小产业”的状况。指导林农开展对榛实象甲等虫害进行无污染、无残留的生物防治，推广榛子栽培技术，严格控制捋青现象，促进榛子产业的发展。

柞蚕产业。呼伦贝尔市开发利用宜柞蚕林面积近3.13万公顷，年均养蚕4000多把、放养户5035户，蚕茧产量750多万公斤，蚕业年总产值达2亿元。阿荣旗打造柞蚕产业，全旗11个乡镇和1个农场有蚕种基地1333.33公顷，养蚕专业示范村12个，蚕业生产专业合作社34个，茧贮藏窖8处和种茧贮藏窖2处，两蚕种场制种室及保种库6358.8平方米，年提供15万公斤优质种茧。

培植产业。2008年，扎兰屯市通过投放扶持金，投资100多万元，新建厂房2000平方米，晾晒场4000平方米，引进生产规模达300万袋的黑木耳流水线生产配套设备，建立了标准的制菌、接菌车间和培育、晾晒场地，食用菌生产流程进一步规范。全市地方林业黑木耳培植规模达1000万袋，部分黑木耳经过烘干等深加工后包装上市。

森林旅游。2006年，呼伦贝尔喇嘛山国家森林公园晋升为国家AA级森林公园。2013年，红花尔基森林公园晋升为国家AAAA级旅游景区。2006—2015年，地方林业管理的国家湿地公园（试点）达到7个，自然保护区18个。2015年森林公园全年累计接待游客达4万人次。

## 第四节　兴安盟林业

**一、自然环境与社会经济概况**

兴安盟位于内蒙古自治区的东北部，因地处大兴安岭山脉中段而得名。兴安盟地处北纬44°15′—

47°39′，东经119°28′—123°39′。兴安盟南北长380公里，东西宽320公里，总面积近6万平方公里。兴安盟地广人稀，密度平均为每平方公里26人。属温带大陆性季风气候。全盟无霜期为95—145天，年均降水量400—500毫米。兴安盟以蒙古族占主体，汉族占多数，有蒙、汉、朝鲜、回等20多个民族，下辖6个旗（县、市）。

2015年，实现地区生产总值502.31亿元，其中：第一产业增加值125.15亿元，第二产业增加值198.98亿元，第三产业增加值178.19亿元。一、二、三产业对地区生产总值增长的贡献率分别为15.0%、47.4%和37.6%。全盟人均地区生产总值31391元。2015年实现公共财政预算收入26.66亿元，比上年增长21.9%，全盟总人口164.56万人。

森林资源。兴安盟海拔较高，分布着以兴安落叶松为主的针叶林，大兴安岭西侧针叶林外围，分布一条狭窄的以白桦为主、混生山杨等林带，向南过渡到草甸草原，大兴安岭东侧的低山分布以蒙古栎、黑桦为主的落叶阔叶林，经草甸草原过渡到草原。截至2015年末，全盟森林面积186.45万公顷、森林覆被率31.99%，活立木蓄积量7299万立方米。

野生动植物资源。有鸟类16目46科310余种，两栖类1目4科6种，爬行类4目5科12种，兽类6目15科35种，鱼类9目19科59属77种。根据“国家陆生野生动物资源调查”，兴安盟有自然分布的国家重点保护野生动物约70种，其中国家Ⅰ级保护野生动物约15种。全盟有兽类6目15科35种。

湿地资源。境内有绰尔河、洮儿河、归流河、蛟流河、霍林河、哈拉哈河等大小河流200多条，大小湖泊70多个。盟内流域总面积约598.06万公顷，年径流量49亿立方米。兴安盟湿地约39.7万公顷，占全盟土地总面积6.6%，面积在120公顷以上的有264块。主要分布在科右中旗、科右前旗、阿尔山市和扎赉特旗境内。

旅游资源。大兴安岭、科尔沁草原、察尔森国家森林公园、科尔沁及图牧吉湿地珍禽自然保护区环境优美，成吉思汗庙和葛根庙民族风情浓郁。旅游胜地阿尔山市山清水秀。著名的阿尔山天池作为全国六大天池之一，被列入联合国A级自然保护区。阿尔山冬季滑雪场是全国冬季滑雪训练基地和比赛场。

## 二、林木植造

### （一）天然林保护工程

2000—2010年，兴安盟五岔沟、白狼林业局实施天保一期工程，工程区森林面积、活立木蓄积量、森林覆盖率由实施天保工程前的29.2万公顷、1797.4万立方米和42.45%分别提高至44.7万公顷、2983万立方米和65%。2011年开始，兴安盟进入天保二期工程建设，新增管护面积6万公顷，累计管护达到68.7万公顷。每年获得国家投资7842万元，实现工程区的全覆盖。

### （二）“三北”防护林工程

从2001年开始实施，截至2015年底，累计完成建设任务15.7万公顷。其中：人工造林完成面积8.86万公顷，封山育林完成面积6.8万公顷。

### （三）退耕还林工程

兴安盟从2002年开始实施退耕还林工程，工程建设范围涉及全盟6个旗（县、市）和农牧场管理局、123个乡镇（苏木、场）、847个村、91560户、32.1万人。截至2015年底，完成退耕地造林5.83万公顷，荒山造林15.1万公顷，封山育林3.3万公顷。通过国家对5.83万公顷退耕地造林任务的检查验收。

### （四）速生丰产林建设工程

从2003年开始启动实施，截至2015年底，累计完成速生丰产林面积12.8万公顷，其中，公司造林2.67万公顷，其他造林10.13万公顷。

（五）国家级公益林生态效益补偿项目

兴安盟从2004年开始实行实施公益林生态效益补偿项目。2010年补充区划界定全盟国家级公益林总面积95万公顷，其中国有90.4万公顷，集体及个人4.6万公顷。2012年经国家批准开始实施，纳入国家补偿范围为57.4万公顷，其中天保工程区35.6万公顷国家公益林享受天保待遇，每年获国家补偿资金4427.65万元。

（六）森林抚育试点项目

兴安盟自2009年开始实施森林抚育补贴试点项目，建设范围涉及全盟6个旗（县、市）及五岔沟林业局、白狼林业局。截至2015年底，累计完成自治区下达任务11.4万公顷，国家累计投入资金19258万元。

（七）造林补贴试点项目

从2010年开始启动实施，截至2015年底，累计完成自治区下达建设任务1.76万公顷，国家累计投入资金3935万元。

（八）禁止天然林商品性采伐

2015年，国家林业局批复兴安盟阿尔山市、科右前旗、扎赉特旗计17个国有林场全面停止天然林商品性采伐，国家每年给予禁伐补助资金7862万元。

**三、林业资源保护**

（一）森林草原防火

全面落实防火工作行政首长负责制，形成盟、旗（县、市）、乡（镇、苏木）、村屯（嘎查）四级责任体系，层层签订责任状。2005—2015年，全盟境内未发生人为森林草原火灾，森林火灾受害率控制在3‰以内，草原火灾受害率控制在5‰以内，并多次成功堵截了蒙古国草原靠境入境火。

（二）林业有害生物防治

全面完成自治区林业厅下达的林业有害生物“四率”指标。设美国白蛾监测点50余处，至2015年，全盟境内没有发现美国白蛾入侵迹象。

（三）各项资源保护工程项目

在天然林资源保护、公益林生态效益补偿、湿地及自然保护区建设、野生动植物保护等各类保护工程和项目上均完成规定建设内容。2015年，兴安盟6个旗（县、市）全面停止天然林商品性采伐，同时阿尔山市、科右前旗、扎赉特旗计17个林场被国家林业局列入天然林禁伐范围。

（四）征占用林地管理

2006—2015年，组织开展多次专项治理行动，配合自治区林业厅督查组进行清理整治破坏和非法占用林地专项行动。涉林行政刑事案件查处率100%。

**四、林业产业**

（一）经济林产业

2006—2015年，以沙果、123苹果为主的鲜果类经济林造林面积2.13万公顷，完成山杏丰产林改造0.53万公顷。引资企业内蒙古金格乐公司350公顷欧李基地全面建成，科右中旗两支箭林场利用柠条资源生产生物质颗粒项目达产。蓝莓、榛子等经济林产业逐渐兴起。

（二）林木种苗产业

2006—2015年，育苗面积2260公顷，分布于6个旗（县、市）和五岔沟、白狼林业局，年产苗木3.7亿株，五岔沟和白狼林业局成为生产、销售针叶树苗木的集散地。

（三）食用菌产业

2006—2015年，年培育黑木耳500万棒，产量17.5万公斤，产值1000万元。在阿尔山市启动以野生草本植物为培养基的食用菌研发工作。

（四）森林旅游产业

兴安盟有好森沟、察尔森、阿尔山国家森林公园三处，科尔沁、图牧吉、青山国家级自然保护区三处，白狼及乌兰浩特市洮儿河国家级湿地公园两处，还有扎旗神山林场、杨树沟林场等一些风景独特、生态资源优良的旅游景区。

**五、林业改革**

至2015年，兴安盟有林改任务的5个旗（县、市）均完成林改综合服务大厅建设。成立农民林业专业合作社28家，总出资额4500余万元，经营林地面积1322公顷，入社成员800余户。启动国有林场改革工作，完成全盟国有林场改革预方案编制工作。

**六、林业科技**

2006年后，盟林业局科学研究所承担的五柳栽植实验、野生榛子培育、蒿柳养蚕、沙葱等科研项目有序推进。寒富苹果、高酸一号沙果、蓝莓、新帅苹果等果树新品种引种栽植均获得成功。2015年，兴安盟与“中国生物多样性保护与绿色发展基金会”和IUCN（世界自然保护联盟）形成合作关系，达成包括建立中国生物多样性保护与绿色发展基金会兴安盟生态文明研究院、建设“动植物园”等一系列合作共识。2015年，北京林业大学专家编写完成《科右前旗碳汇造林可行性研究报告》，报至国家发展改革委。

## 第五节　通辽市林业

**一、自然环境及社会经济概况**

通辽市地处科尔沁沙地腹部，北纬42°15′—45°41′、东经119°15′—123°43′。总面积5.9万平方公里，其中沙地面积272.4万公顷，占科尔沁沙地总面积517万公顷的52.7%。总人口319.73万人，其中蒙古族人口153.5万人，是全国蒙古族人口最聚集的地区。

通辽市地处干旱和半干旱气候区，年平均气温0—6℃，年平均日照时数3000小时左右，无霜期140—160天，年平均降水量350—400毫米，蒸发量是降水量的5倍左右。2015年，全市林业用地面积234.7万公顷，占总土地面积的39.4%，森林面积136.3万公顷，活立木蓄积量2208万立方米，森林覆盖率22.89%。全市有林业自然保护区62个，66.7万公顷，其中：国家级2个、自治区级4个；国家级湿地公园试点3个，国家沙漠公园2个；全市有56个国有林场，9个国有苗圃，经营面积47.8万公顷，职工总数近1.5万人；全市有公益林92万公顷，其中国家级公益林87.8万公顷。有国家Ⅰ级保护动物5种，国家Ⅱ级保护动物近30种。粮食产量和肉类产量在自治区位居前列，是国家重点农畜产品生产基地。风能资源可利用规模为3000万—5000万千瓦；已探明煤炭、石油、硅沙等矿藏41种。2015年，通辽市完成地区生产总值（GDP）1877.27亿元。全年固定资产投资完成1362.38亿元，公共财政预算收入120.48亿元，全体居民人均可支配收入16989元。

**二、林木植造**

通辽市是内蒙古林业生态建设重点盟市之一，每年承担着全区造林绿化任务的1/5以上，是全国防沙治沙综合示范区，也是国家“三北”防护林工程建设唯一的地级示范市。2006—2015年，完成林业生态建设任务120万公顷，134万多公顷沙地得到初步治理。

（一）三北防护林工程

2001年开始，通辽市实施三北防护林建设四期工程，截至2010年末，共投资3.76亿元，完成造林18.4万公顷；2011年，实施三北防护林建设五期工程，截至2015年末，共投资5.4亿元，完成造林16.6万公顷。三北工程的实施，使通辽市境内科尔沁沙地达到“生态状况恶化整体稳定遏制，重点治理区域全面好转”的局面。通辽市先后被授予“全国林业生态建设先进地区”“全国平原绿化先进市”“全国绿化模范城市”等称号。

（二）退耕还林工程

2002年，通辽市开始实施退耕还林工程，工程范围涉及9个旗（县、市、区）、125个苏木镇，约14万户70万农牧民。至2013年末，完成退耕还林40.78万公顷，其中：退耕地还林9.15万公顷，荒山荒地造林29.03万公顷，封山（沙）育林2.6万公顷。从2015年开始，通辽市启动实施国家新一轮退耕还林工程，完成退耕还林0.73万公顷。退耕还林工程的实施，近35万贫困人口在退耕还林工程建设中直接受益，实现“生态良好、减地不减产、增收增效”的目标。

（三）“323”林业示范工程

2008—2012年，通辽市启动实施“323”林业示范工程，重点实施“三区”（自然保护区、封禁保护区、封山育林区）修复，“两线”（辽河沿线、国有干线公路沿线）治理、三大产业（商品用材林产业、经济林产业、生物质能源产业）建设，沙地综合治理取得显著成效。

## 第六节　赤峰市林业

**一、自然环境与社会经济概况**

赤峰市位于内蒙古自治区东南部，地处北纬41°17′—45°24′，东经116°21′—120°58′。南北最长457.5公里，东西最宽375公里，总面积9万平方公里。

2015年底，总人口464.3万人，全市实现地区生产总值1861.27亿元，全年完成公共财政预算收入104.46亿元。全市粮食作物播种92.16万公顷，牧业年度（六月末）牲畜存栏2285.08万头（只）。全年居民人均消费性支出11455元，城镇常住居民人均消费性支出14597元，农村牧区常住居民人均消费性支出8922元。

2015年底，赤峰市林业用地面积425.2万公顷，森林面积300.78万公顷，森林覆盖率35.5%，活立木总蓄积量达6414万立方米。全市林业产值达59.7亿元。全市各类自然保护区28处，其中国家级自然保护区8处；建立各级森林公园14处，其中国家级森林公园6处；建立林业专业合作社78家，其中国家级示范社2家；全市累计纳入国家级公益林补偿面积226.93万公顷，年补偿资金达3.55亿元。

## 二、林业生态建设

2006—2015年，赤峰市完成林业建设投资124.6亿元，年均12.46亿元；累计完成营造林面积140万公顷，年均14万公顷。全市北部旗（县）6级以上大风和沙尘暴灾害性天气明显减少，农田、草牧场沙化的趋势得到初步遏制，生态状况呈现出“总体控制，局部好转”的局面。

### （一）三北防护林体系建设工程

从2001年开始，三北防护林工程在赤峰市的建设范围调整为红山区、元宝山区、松山区。至2013年底，全市累计完成投资708万元，完成三北防护林四期和五期工程建设2900公顷。森林覆盖率比工程实施前提高15.7个百分点，防护林体系初步形成。

### （二）生态建设与保护工程

工程于1999年经国家发展改革委批复实施，至2007年底，全市完成建设任务14.46万公顷，其中人工造林8.14万公顷，飞播造林2.53万公顷，封山育林3.79万公顷，林木种苗工程806.33公顷；累计完成投入资金1.9亿元。

### （三）退耕还林工程

2000年，启动试点工作，工程实施范围覆盖10个旗（县、区）。2004年，红山区、元宝山区纳入实施范围。至2015年底，赤峰市完成退耕还林43.73万公顷，完成国家投资73.8亿元。工程区林草盖度由退耕前的15%提高至70%以上，退耕地的地表径流量减少20%以上，泥沙量减少24%以上，有效遏制了耕地沙化势头。

### （四）实施京津风沙源治理工程

该工程于2000年6月启动试点工作，2001年全面铺开。赤峰市12个旗（县、区）全部列入工程建设范围。至2015年，赤峰市完成工程建设142.56万公顷，其中完成人工造林55.7万公顷，飞播造林12.14万公顷，封山（沙）育林74.27万公顷，工程固沙0.31万公顷；累计完成工程投资23.43亿元。

### （五）国家森林城市

2009年5月5日，赤峰市委、市政府作出关于创建“国家森林城市”的决定。2010—2013年，全市累计投入建设资金33.55亿元，完成森林工程建设总任务8.24万公顷，各项指标全部达到或超过国家评价指标要求。2012年10月，赤峰市创森工作顺利通过专家组验收。2013年9月，全国绿化委员会、国家林业局授予赤峰市“国家森林城市”称号。

### （六）百万亩高效节水经济林基地

2010年开始，赤峰市启动百万亩节水经济林工程。至2015年底，全市累计完成高效节水经济林6.83万公顷，圆满完成百万亩节水经济林建设任务，年产值达15.57亿元。

### （七）重点区域绿化工程

自2013年启动实施重点区域绿化，至2015年底，全市累计完成重点区域绿化4.29万公顷，其中完成公路绿化1675.4公里、面积8900公顷，城镇绿化159个、面积1.08万公顷，村庄绿化582个、面积2.01万公顷，厂矿园区绿化246个、面积3300公顷；全市完成重点区域绿化投资30.55亿元。

### （八）对外合作造林工程

2001年，赤峰市第一个国际合作项目——中德财政合作赤峰市治沙造林项目实施。至2010年底，项目区累计完成治沙造林5.67万公顷。10年累计培训各级项目管理人员1980人次，培训农牧民8.66万人次。至2015年底，全市先后实施中德、中意CDM和“瓦勒拉尼系统”技术示范、中日合作、亚太森林恢复与可持续管理网络——“多功能林业示范基地建设试点示范”（APFNET）等多个对外合作项目，累计引进无偿援助资金1.11亿元，完成治沙造林6.14万公顷。

## 三、林业资源保护

### （一）野生动植物保护

2003年，赤峰市成立野生动植物保护中心。2006年以后，持续开展陆生野生动物疫源疫病监测防控工作，经过10年监测，基本掌握全市候鸟种类及其迁徙规律，完成黑鹳、大鸨、天鹅等多个珍稀濒危物种野外救护与繁殖项目和鸟类多样性保护研究。2013年，全市重点开展创建中国天鹅之乡保护活动。2014年2月，赤峰市被中国野生动物保护协会授予“中国天鹅之乡”称号。

### （二）湿地和自然保护区管理

2006年，赤峰市政府批复《赤峰市森林、野生动植物及湿地类型自然保护区建设总体规划（2005—2030年）》。至2015年，全市建立林业系统管理的保护区16处，总面积63万公顷，占全市国土面积的7%，其中国家级自然保护区6处。

### （三）公益林管理

2004年开始，国家启动重点公益林补偿基金制度。2011年，赤峰市开始探索小范围实行补偿资金发放公示，全市集体组织成员和个体林农补偿面积全公示。国家公益林管护资金公示。至2015年，赤峰市纳入中央财政森林生态效益补偿基金范围的国家级公益林面积达220万公顷，中央财政森林生态效益补偿资金累计达26.44亿元。

## 四、林业改革

2008年，赤峰市制定出台《关于全面深化集体林权制度改革的意见》。截至2015年，全面完成集体林权制度主体改革任务，累计明晰产权面积279.94万公顷，占总数的99.3%；核（换）发林权证276.34万公顷，占应发证的98.7%，调处林权纠纷957起。组建全区第一家林业要素市场，成立林权管理服务中心12家。指导建立林业专业合作社78家，其中有12家被评为自治区级林业专业合作社示范社，2家被评为国家级林业专业合作社示范社。2011年，根据国家和自治区有关政策，赤峰市选择11个国有林场，先行开展创新经营机制改革试点，使部分国有林场逐渐走出困境。2015年，赤峰市在开展国有林场资源普查的基础上，摸清国有林场底数，启动国有林场改革。

## 五、林业产业

### （一）林产业基地

至2015年，全市发展经济林面积6.83万公顷，设施林业基地达1800公顷，年销售食用菌类2.4万吨，年均木材年消耗量53万立方米。宁城县发展经济林面积1.02万公顷，覆盖14个镇（乡、街道）、116个行政村，从业7.6万余人，年产水果7.1万吨，实现产值3.9亿元。元宝山区设施林果面积666.67公顷，覆盖6个乡（镇）24个行政村，从业6000多人，年产水果6000吨，年产值1.2亿元，果农人均增收5000元以上。

### （二）龙头企业

2013年起，全市重点在设施林业、果品、山杏核、沙棘果和灌木深加工利用方面扶持优势企业，运用现代科技和装备培育一批原料有保障、规模适度、辐射面广的企业，引导其创名牌产品，以品牌拓展市场，占领市场。内蒙古沙漠之花生态产业科技有限公司利用沙棘、山杏资源打造绿色健康饮品，产品发展至两大系列40多个品种，销往上海、广州、沈阳、济南等12个城市，销售网点50多个，成为行业的领头羊。

（三）品牌战略

全市推进木材加工、林果、山野菜、食用菌、中药材、种苗、花卉、野生动物（马鹿、野猪、山鸡）、饮料产品、森林生态旅游十大品牌建设，努力形成规模效益和市场效应。做好“地理标志”“森林认证”以及标准化工作，培植林产品龙头企业创建名牌产品。至2015年，内蒙古健元鹿业获“中国驰名商标”，内蒙古弘坤蒙野酒业有限责任公司获“内蒙古著名商标”称号。

（四）特色产业

巴林左旗马鹿养殖加工企业有3家，养殖马鹿6000头，并与3800个养殖户建立长期合作关系，生产的产品六大系列，130多个品种深受消费者青睐，年销售收入1.68亿元。赤峰天虹花卉市场是以花卉引进、繁育、销售为一体的自治区级龙头企业，具有2.1万平方米花卉展厅，44栋高标准日光温室，仓储保险配送中心1.4万平方米，综合服务区6200平方米，辅助设施6000平方米。该企业与内蒙古农大等院校合作培育组培花卉品种5个，具有自繁自育的能力，还为北京等地代培花卉。2014年营业额达1.15亿元，解决200多人就业。

2006—2015年，赤峰市林产业依托森林资源，发展经济林果品、木材加工、林下种养采集加工、森林沙漠生态旅游、林木种苗花卉“五大”主导产业。2015年，全市林业总产值达59.7亿元，其中第一产业31.45亿元，第二产业8.88亿元，第三产业19.37亿元。

（五）科技支撑

赤峰市与科研院所、高等院校合作进行科技攻关，不断加大林业名特优新品种培育和高新林业技术研发及推广工作，努力提高科技对林业产业发展的支撑力和贡献率。2010年，赤峰市与北京林业大学、大连民族大学、内蒙古农业大学等多所院校建立战略联盟，逐步建立科技与产业相结合的新机制，不断提高林业产业技术创新能力，促进林业产业向优质、高产、高效发展。

## 第七节　锡林郭勒盟林业

### 一、自然环境与经济社会概况

锡林郭勒盟位于内蒙古自治区中部，首都北京正北方，地处北纬43°02′—44°52′，东经115°13′—117°06′，土地总面积20.3万平方公里，总人口103.6万人。属中温带半干旱、干旱大陆性季风气候，平均海拔1000—1300米，年均气温1—4℃，年均降水量130—380毫米，年均日照时数2700小时，无霜期90—130天。受降水量影响，由西向东渐次为荒漠半荒漠草原、沙地植被、典型草原、草甸草原。2015年，锡林郭勒盟林业用地面积390.7万公顷，其中有林地33.4万公顷，灌木林地119.4万公顷，疏林地8.5万公顷，未成林造林地91.3万公顷，苗圃地0.1万公顷，宜林地138万公顷，森林覆盖率7.53%。同年，锡林郭勒盟地区生产总值1002.6亿元，财政收入93.84亿元，居民人均可支配收入23574元。

### 二、林业生态建设

2006—2015年，全盟累计完成林业生态建设任务88.6万公顷，其中人工造林16.6万公顷，封山育林43.8万公顷，飞播造林24.3万公顷，工程固沙0.6万公顷，退耕还林2.3万公顷，森林抚育1万公顷。全盟林草植被盖度年平均提高15%以上。林业生态建设平均每年以百万亩以上规模推进，森林覆盖率由2006

年的2.99%提高至2015年的7.53%。2015年与2005年相比，流动、半固定沙地减少48.3万公顷。浑善达克沙地南缘长420公里、宽1—10公里、横跨5个旗县的生态防护体系基本形成，有效遏制了沙地的扩展蔓延。期间以“两大沙地综合治理、四个水系保护治理和重点区域绿化”为重点，着力推进“六个百万亩工程”，百万亩樟子松造林已实现目标；百万亩沙地榆、灌木柳、水源涵养林和低效林改造已完成过半，其中在内蒙古最大的内陆河源头宝格达山建设水源涵养林2万公顷，实现再造一个宝格达山林场的目标；百万亩重度沙化区治理正以3年一个百万亩的梯次推进。退耕还林工程覆盖整个农区，27.8万农民直接受益，从工程启动至2015年，人均累计享受补贴7600余元。公益林涉及牧区6.5万户25.9万人，人均累计享受补偿资金4900余元。同时保护培育灌木林地110多万公顷，退耕地林草、林药、林经间作2.3万公顷，“以造代育”樟子松大苗1.3万余公顷，开发森林沙地生态旅游区30余处。建立国家级森林类自然保护区1处，国家级森林公园2处，国家级湿地类公园3处，自治区级自然保护区6处。全盟湿地资源126.13万公顷。

（一）京津风沙源治理工程

国家于2000年启动实施，锡林郭勒盟12个旗（县、市、区）均列入工程范围。2006—2015年，累计下达并完成建设任务84.4万公顷，中央投资15.1亿元。其中人工造林13.4万公顷，封山育林43.8万公顷，飞播造林24.3万公顷，工程固沙0.6万公顷，退耕还林2.3万公顷。经过工程实施，治理沙化土地85万公顷，控制风沙危害面积130余万公顷，流动、半固定沙地减少48万公顷。

（二）退耕还林工程

2006—2015年，完成建设任务2.3万公顷，其中退耕地造林0.47万公顷，荒山荒地造林1.83万公顷。其间，退耕户累计享受政策补助资金18.7亿元，人均6707元。退耕还林工程的实施，使农区森林覆盖率由7.3%增加至22%。

2015年，锡林郭勒盟完成新一轮退耕还林工程任务0.14万公顷，建设地点多伦县，涉及5个乡（镇）、41个行政村、5829人。下达政策补助资金1728万元，人均2964元。

（三）重点区域绿化

2013—2015年，锡林郭勒盟累计完成重点区域绿化建设任务1.53万公顷，其中城镇绿化4900公顷、通道绿化6800公顷、村屯绿化700公顷、厂矿园区绿化2900公顷。完成投资29.2亿元，其中地方投资19.7亿元。

**三、林业产业**

灌木饲料加工。至2015年，结合灌木平茬复壮，建立灌木饲料加工厂5个，其中已试投产运营1个。灌木饲料加工产业的形成，可促进森林资源优势向经济优势、多效优势转化，助推舍饲畜牧业和良种肉牛产业发展，为沙地生态修复与保护及农牧民增收开拓出一条新型发展之路。

林间中草药种植。2006年后，太仆寺旗马房子乡建忠专业合作社种植黄芪，亩产800—900公斤，每年每亩纯利润达2100元，种植规模1000多公顷，带动100多户农民种植，每年每亩为农民增加收入2000元。多伦县大北沟乡十三里滩种植板蓝根，种植规模21公顷，每年每亩保底利润600元。

林果种植。成功种植小苹果（123黄太平系列）、大棚油桃、黄桃、葡萄等林果。至2015年，林果栽植面积280公顷。

林木种苗。2015年，锡林郭勒盟育苗面积突破万亩，蓄苗量4亿多株，其中企业、合作组织、个人育苗比重占到了一半以上，基本形成国有为带动、企业为重点、个人为补充的林木种苗产业格局。多伦县依托退耕还林工程，“以育代造”培育樟子松大苗，面积达1万多公顷，蓄集产值近20亿元。

林下养殖。以国有林场和农牧民特色养殖专业合作社为主，在林下和林缘开展野猪、鹿、山鸡、大雁等特色养殖。2015年养殖规模1.5万余头（只）。

林副产品加工。至2015年，以木材加工和其他林副产品为主的加工企业有10余家，加工的原料大部分来源于口岸进口。同时利用蕨菜、黄花、山杏、蘑菇、金莲花、沙棘果等林地资源，经过招商引资或培育地方企业，开展林副特色产品采集加工。西乌珠穆沁旗的林地山野菜加工厂，年加工能力达20万公斤，销售市场较好。

森林沙地旅游。至2015年，开办设立森林生态旅游景点111家，其中企业12家、个人99家；年接待游客18万人次，年森林旅游业产值4317万元。

## 第八节　乌兰察布市林业

### 一、自然环境与经济社会概况

乌兰察布市地处内蒙古自治区中部，北纬39°37′—43°28′，东经109°16′—114°49′。总面积5.45万平方公里。2015年，总人口287万人，是一个以蒙古族为主体、汉族居多数的少数民族地区。地形自北向南由蒙古高原、乌兰察布丘陵、阴山山脉、黄土丘陵四部分组成。习惯上将大青山以南部分称为前山地区，以北部分称为后山地区。前山地区地形复杂、丘陵起伏、沟壑纵横、间有高山，平均海拔1152—1321米。北部丘陵山间盆地相间，有大小不等的平原。最南部为黄土丘陵。

2015年，乌兰察布市林业用地262.53万公顷，占国土面积的48.2%，其中有林地面积169.73万公顷（灌木林107万公顷），宜林地面积92.8万公顷。森林覆被率23.14%，活立木总蓄积量1246万立方米。13个国有林场，国有林面积15.13万公顷。市境内有树种200余种，其中天然乡土树种119种。市内栖息各类野生动物200余种，其中，国家Ⅰ级保护动物10余种，国家Ⅱ级保护动物30余种。国家公园5处，其中森林公园2处，湿地公园2处，生态公园1处。自然保护区9个，其中，国家级1个、自治区级3个、盟市级5个。各类苗圃200多处，育苗面积6333.37公顷，苗木生产总量5.2亿株，年出圃苗木2亿株。有各类林木采种基地1.13万公顷，年采集以柠条、山杏为主的各类林木种子40多万公斤。

### 二、林业生态建设

2000年开始，乌兰察布启动和实施黄河上中游退耕还林（草）工程、京津风沙源治理工程和天然林资源保护工程等国家重点林业生态建设工程，2006年进入快速发展的阶段。2006—2015年，累计完成林业生态建设任务71万公顷，投入资金近190亿元。林业用地面积由2006年末的259.55万公顷增加至2015年的262.58万公顷，森林覆盖率由2006年末的13.42%提高至2015年的23.14%。

#### （一）国家重点林业生态工程

2006—2015年，乌兰察布市累计完成国家重点林业生态建设工程62.67万公顷，投入资金68亿元。

京津风沙源治理工程。2000年开始实施，涉及11个旗（县、市、区）。2006—2015年，国家投入建设资金9.1亿元，累计完成林业生态建设56.67万公顷。

天然林资源保护工程。2000年开始实施，涉及3个旗县的6个国有林场和3个国有苗圃。2006—2015

年，国家下达公益林建设任务5.88万公顷，实际完成5.91万公顷，其中封山育林4.59万公顷。国家投入资金6.5亿元。

退耕还林工程。2000年开始实施，涉及11个旗（县、市、区）。至2006年累计退耕23.93万公顷。2006—2015年，国家完善退耕还林政策补助资金累计投入45亿元。

2006年，乌兰察布市被列入国家重点公益林补偿范围，补偿面积1.58万公顷，补偿标准为国有林5元/（年•亩），集体和个体林5元/（年•亩）；涉及7个旗（县、市、区），之后多次增加补偿面积和扩大补偿范围，至2015年，国家级公益林生态效益补偿涉及11个旗（县、市、区），补偿面积73.63万公顷，补偿资金1.5亿元。补偿标准为：集体和个人国家级公益林15元/亩，国有国家级公益林8元/亩。2006—2015年，累计投入补偿资金7.4亿元。

2006年，启动地方公益林补偿8333.3公顷，其中，自治区补偿4666.6公顷，旗县补偿3666.7公顷。涉及察右后旗和四子王旗，补偿资金每年37.5万元。

2008年，巩固退耕还林成果项目在乌兰察布市开始实施，至2015年，累计完成国家下达巩固退耕还林成果建设任务22.93万公顷，其中补植补造20.07万公顷，林业后续产业2.86万公顷。

实施重点工程后，2015年，全市耕地由160万公顷减少至66.67万公顷左右，粮食产量由过去的6亿公斤左右翻了一番。退耕还林政策补助直接增加农民收入，项目惠及全市53万户，188万人，覆盖全市85%的农牧民及所有贫困村。每年近30万农村剩余劳动力从事多种经营和副业生产。农区林草盖度达67%，工程区林草盖度达90%以上。

（二）地方重点区域绿化项目

2011年，开始实施“进退还”生态建设工程。2012年3月，印发《乌兰察布市生态建设实施方案》。2006—2015年，乌兰察布市地方累计投资120多亿元，完成绿化面积8.33万公顷。京藏、二广、省际大通道乌兰察布境内两侧及视野范围内宜林地全部进行高标准绿化；各通道出口和其他国省道、县乡公路也进行了重点绿化，全市完成通道绿化2000多公里、3.33万公顷。完成城镇及周边绿化4万公顷、村屯绿化0.67万公顷、厂矿园区绿化0.34万公顷。

（三）义务植树基地建设

2006开始，乌兰察布市将义务植树与城镇绿化、通道绿化等林业重点工程相结合，至2015年，累计完成义务植树1亿多株。2013年，乌兰察布市党委、政府启动集宁区卧龙山市区两级机关干部义务植树活动。2013—2014年，完成绿化面积586.67公顷，栽植各类苗木44.5万株（丛）。2015年，在霸王河南岸如意湖公园建立市区两级机关干部义务植树基地，完成绿化面积133.33公顷，栽植各类苗木10万株（丛）。各旗县都建起一处万亩义务植树基地和一处万亩生态公园，旗县义务植树基地每年完成绿化面积200公顷以上。

2008年开始，北京军区与内蒙古自治区军民义务植树基地建设项目在商都县启动，北京军区每年春季出动官兵7000余人、地方民兵3000多人，与地方干部群众一起进行义务植树，至2012年4月，完成植树造林3667公顷，栽植各类苗木250万株，取得良好的生态效益、经济效益和社会效益。2013年，军民义务植树基地建设项目在集宁区继续实施，5年完成造林3000公顷，栽植各类苗木250万株。

**三、林业生态保护**

（一）禁牧工作

2001年3月，乌兰察布盟党委、行署作出实施禁牧舍饲的决定，经过十多年的实践，全市的生态环境得到一定程度改善。但由于传统观念和散养放牧习惯根深蒂固，禁牧工作没有专门的机构队伍进行监管，几度出现反弹。

2012年，市党委、政府从“生态立市”的战略高度出发，果断决策，制定出台《关于进一步加强禁牧舍饲工作的意见》《关于乌兰察布市禁牧执法指导意见》。除四子王旗中部牧区执行国家草畜平衡、轮封轮牧政策外，在全市范围实行封山禁牧、舍饲养畜。专门成立禁牧督查组，不定期、不间断深入乡村明察暗访禁牧舍饲工作。2013年，乌兰察布市在市、县、乡三级增设禁牧工作办公室。2015年，乌兰察布市三级禁牧机构专职工作人员577名，其中市级8名、旗（县、市、区）级63名、苏木（乡镇）级506名，并有126名禁牧执法人员。禁牧工作步入规范化、常态化管理轨道。

（二）资源林政管理

2006年以后，乌兰察布市规范征占用林地审核审批手续。2012年，市政府印发《乌兰察布市征用占用林地管理办法（试行）》，有效遏制违法使用林地现象。木材运输管理始终执行采伐证制度，严把木材流通关。2006—2015年，全市查处各类涉林案件2万多起，挽回经济损失2000多万元。

（三）森林草原防火

2006年，乌兰察布市成立森林草原防火指挥部办公室，全面加强防扑火制度建设，初步构建起森林草原火灾预防和扑救管理体系。2010—2015年，全面落实行政首长负责制，市、县、乡、村逐级签订防火责任状。集宁区自筹资金，在重点林区安装林火视频监控系统。同时，与毗邻地市开展区域合作，启动乌兰察布、大同、张家口三市森林草原防火、林业有害生物防治、苗木检疫和林区案（事）件防控处置等协作机制，加强“二盟六市”森林草原防火联防协作机制，促进相邻地区间生态建设成果的保护。2015年，全市有专业扑火队9支、272人；半专业扑火队104支、1928人。

（四）森林病虫害防治

2006年以后，乌兰察布市加强监测预报、检疫、防治工作。完成林业有害生物普查工作。至2015年，有国家级中心测报点4个，自治区级中心测报点2个。2006—2015年，年成灾率、无公害防治率、测报准确率和种苗产地检疫率“四率”指标均控制在自治区目标之内。年林业有害生物发生面积约75万亩，发生危害的种类以本土有害生物为主。

**四、林业产业**

2006年以后，特别是“十二五”时期，依托国家重点林业生态建设工程，努力发展以金红苹果、大接杏等为主的经济林，推广山杏嫁接大扁杏的低产林改造模式。建成占地226.67公顷的设施林业基地，大棚种植鲜桃、樱桃、优质矮化苹果等反季节林果，辐射带动3000余农户脱贫致富。部分旗县发展设施林业示范基地，销售水果及挂果盆景。重点改造山杏低产低效林，兴和县、凉城县每年改造山杏嫁接133.33公顷，并逐步在前山地区推广。同时，引进外地企业到乌兰察布市开展果品精深加工生产，开发药酒、沙棘饮料、枸杞补品、杏仁饮料等绿色林产品。此外，建立二龙什台森林公园、苏木山森林公园等多处森林旅游景点，林业旅游与休闲景区面积达到8.47万公顷，年收入1.5亿元。

2012年，市政府出台《关于加快林木种苗发展的意见》。2015年，全市育苗面积6000多公顷，苗木生产总量5.2亿株，年出圃苗木2亿株，除个别特需苗木外，能满足全市用苗量需求。

2013年，结合柠条平茬复壮项目，重点在察右后旗、察右中旗和四子王旗实施柠条饲草料加工示范项目，经过林地有偿流转、柠条加工机具研制、饲料产品开发，在保证生态效益的同时，农民流转林地每亩每年可增收15元。柠条加工后销售价1500—1800元/吨，解决了舍饲圈养饲草问题。

2015年，第一产业有经济林地4万公顷，各类苗圃6000多公顷，陆生野生动物驯养繁殖1.5万头（只），产值约20亿元；第二产业主要有经济林产品和特色养殖产品加工利用，年产值7亿多元；第三产业主要有林下特种养殖业和森林旅游业，年产值近2亿元。

**五、林业改革**

2008年，乌兰察布市启动集体林权制度改革。2012年，成立乌兰察布市农村林业改革发展管理站。至2015年，完成集体林确权到户235万公顷。在完成主体改革的基础上，推进林权流转、林权抵押、森林保险等各项配套改革，共流转林地面积1200公顷，有效促进森林资源向资产和资本转化。

# 第九节　鄂尔多斯市林业

**一、自然环境与社会经济概况**

鄂尔多斯市位于内蒙古自治区西南部，北纬37°35′—40°51′，东经106°42′—111°27′，西、北、东三面被黄河环绕，黄河流经728公里。总土地面积86752平方公里。境内属典型的温带大陆性季风气候。年平均气温5.3—8.7℃。全年降水量由西北向东南为192—400毫米。全年盛行西北风，最大风速29米/秒，大风日数24.6—45.6天。境内地貌类型分为5种，即毛乌素沙地区、库布其沙漠区，约占全市总面积的48%；丘陵沟壑区、干旱硬梁区约占48%；黄河冲积平原区约占4%。全市有植物种1054种，植物分类为99科437属。境内地带性土壤有栗钙土、棕钙土、灰钙土、灰漠土，依次从东南向西北过渡。非地带性土壤有风沙土、粗骨土、盐土、潮土和沼泽土类，风沙土是面积最大的土类。

鄂尔多斯市总土地面积86752平方公里。2015年末全市常住人口204.51万人，以蒙古族为主体、汉族占多数。全市地区生产总值4226.1亿元，公共财政预算收入445.9亿元，城镇常住居民人均可支配收入37432元，农村牧区常住居民人均可支配收入14420元。

**二、林业生态建设**

截至2015年，鄂尔多斯市森林面积达到230.3万公顷，森林覆盖率达到26.51%。荒漠化土地面积比2004年减少38.7万公顷，沙化土地总面积减少2.9万公顷，毛乌素沙地治理率达到70%，库布齐沙漠治理率达到25%。生态状况实现由严重恶化到整体遏制、大为改观的历史性转变。

2006—2015年，全市完成造林面积134.7万公顷。其中：人工造林88.9万公顷，飞播造林20.6万公顷，封育24万公顷，其他造林1.2万公顷。完成国家林业重点工程58.5万公顷，国家投资82.59亿元；完成日元贷款风沙治理项目建设任务11.2万公顷；完成地方林业工程44.68万公顷，地方投资200亿元；其他造林20.32万公顷。

（一）国家林业重点工程

天然林保护工程。2001年，鄂尔多斯市被整体纳入天然林保护工程实施范围。截至2015年，全市完成造林30.9万公顷。

退耕还林工程。2000年，准格尔旗、达拉特旗、乌审旗被列入全国退耕还林工程试点县。2002年，全市整体被列入实施范围。截至2015年，完成造林12.8万公顷，其中人工造林4万公顷，封山封沙育林2万公顷，巩固退耕还林成果人工造林6.8万公顷。

“三北”防护林工程。截至2015年，完成人工造林10.3万公顷。

京津风沙源治理二期工程。2012年，鄂尔多斯市整体被纳入京津风沙源治理二期工程建设范围，2013年正式实施。截至2015年，国家累计投资1.66亿元，完成建设任务4.5万公顷。

（二）地方林业工程

“六区”绿化工程（城区、通道区、村庄前后、厂矿园区、重点生态移民区、新农村新牧区）。2006—2012年，全市投资111.9亿元，完成“六区”绿化面积7.4万公顷。2013年后，将“六区”绿化并入全区重点区域绿化工程。

碳汇林工程。自2010年1月1日起，鄂尔多斯市开始实施碳汇林工程。市政府决定，全市煤炭企业每生产10吨煤捐植1棵“节能减碳”树，计划造林0.67万公顷。截至2013年，全市实际营造碳汇林0.8万公顷，完成计划的119%。

“四个百万亩生态林”工程。2009—2015年，完成造林22.28万公顷，油松、樟子松、山杏、沙棘面积分别达到8.6万公顷、7.66万公顷、5.66万公顷、11.73万公顷，完成预期任务。

城市核心区百万亩生态圈防护林工程。防护林西线工程于2012年启动，截至2014年，完成新造林1.2万公顷、抚育改造5000公顷。

重点区域绿化工程。2013年制定《鄂尔多斯市重点区域绿化规划（2013—2020年）》，至2015年，完成绿化13万公顷，是任务的108%，其中完成村屯绿化4万公顷。

（三）林业国际援助项目

2005年启动日元贷款风沙治理项目，至2015年，投资8.85亿元，建设任务12.8万公顷。

（四）其他造林

截至2015年，全市完成其他项目造林20.32万公顷。908.9万人次参加全民义务植树，建立全民义务植树基地180个，面积2.6万公顷。完成农业综合开发林业项目造林、农牧民自发造林、企业自筹资金造林、四旁植树等17.72万公顷。

**三、林业资源保护**

（一）林业执法

森林公安基础设施建设。“十二五”期间（2011—2015年）累计投入4646.85万元，新建基层派出所9个、改造39个，完成17个基层派出所功能区改造工作。

森林资源保护专项行动。开展“保护过境候鸟”“打击违法占用林地”“雷霆行动”等专项行动32次，查处案件3009起。打击违法行为人3335人，收缴罚没款3240.8万元。

（二）林业防灾减灾

2006—2015年，累计投入资金5680万元，建成森警营房1处，组建专业扑火队伍3支、60余人，半专业防扑火队伍113支、1700余人。建成1个市级、6个旗（区）级防火监控指挥中心和具有69个野外监控点的防火远程监控系统，监控覆盖率达到89.1%。建成国家级森林病虫害防治检疫标准站9个、国家级森林病虫害中心测报点5个。全市主要森林病虫害成灾率控制在1.91‰以下，远低于自治区7‰的控制目标。测报准确率、成灾率分别为93.97%、1.92‰，无公害防治率达到96.54%，产地检疫率100%，“四率”全部达标。编制完成《鄂尔多斯林业有害生物防治实务全书》《灰斑古毒蛾预测预报技术规程》。2013—2015年，鄂尔多斯市与中华联合财产保险股份有限公司签订保单，参保面积666.1万公顷，保费金额1.32亿元。理赔面积9.6万公顷，理赔金额6186万元。

（三）湿地和野生动植物资源保护

截至2015年，全市建成自然保护区10个，面积89.8万公顷，占国土总面积的10.35%。其中有国家级保护区2个、自治区级7个、旗县级1个。建成国家湿地公园（试点）1处。建立野生动物疫源疫病监测预警控制中心和中国科学院流感研究与预警中心鄂尔多斯工作站。

（四）森林资源管护

“十二五”期间，全市规划森林管护面积242.2万公顷，落实管护人员1.26万人。于2006年启动国家级公益林森林生态效益补偿工作，2009年全面实施，国家级公益林落界面积134.1万公顷，补偿面积124.4万公顷，累计补偿资金11.05亿元，农牧民人均收入3067元。2009年完成全市森林资源二类调查工作，编制完成《鄂尔多斯市旗区级林地保护利用规划（2010—2020年）》和《鄂尔多斯市森林经营方案》。累计审核申报征收占用林地项目1257个，面积1.75万公顷，审核审批率100%；采伐森林8.35万立方米，为自治区下达采伐限额的7.7%，凭证采伐率100%。

## 四、林业产业

2015年，全市林沙产业总产值达到44亿元，农牧民人均林沙产业纯收入2700元，占当年农牧民人均可支配收入的19%。

原料林基地建设。截至2015年，建成原料林147.3万公顷，其中沙柳41.9万公顷、柠条67万公顷、杨柴31万公顷、沙棘4万公顷、山杏2.7万公顷、梭梭5000公顷、红枣1300公顷、葡萄1300万公顷。

林产品加工业。建成国家级林业产业龙头企业2家、自治区级14家。林产品加工企业累计实现销售收入54.7亿元。2006年，东胜区政府投资6200万元，在铜川镇建成沙棘产业园区。2008年，毛乌素生物质热电厂及源丰生物质电厂相继建成并网发电。2009年，内蒙古水域山饮品有限责任公司在伊金霍洛旗建成投产。2013年，东达集团10万立方米无醛环保均质刨花板项目建成投产。建成以成吉思汗陵为代表的“天骄圣地”，以响沙湾和七星湖为代表的“大漠风光”，以恩格贝为代表的“沙漠文化”，以萨拉乌苏与阿尔寨为代表的“古代文明”等重要生态旅游景区20多处，面积20多万公顷。建成国家生态公园1处、国家森林公园1处、国家沙漠公园2处，建成自治区级森林公园3处。七星湖生态旅游区被确定为世界沙漠论坛永久会址，鄂尔多斯市获得“中国最佳生态旅游城市”称号。2006—2015年，全市生态旅游景区累计接待游客近1000万人次，实现收入24.6亿元。

## 五、林业改革

2008年，鄂尔多斯市出台《关于全面推进集体林权制度改革的意见》和《全面推进集体林权制度改革工作方案》，建立鄂尔多斯市及8个旗（区）林权管理服务机构，推动全市集体林权制度改革全面开展。截至2015年，全市累计完成集体林地勘界确权378.8万公顷，确权率为97.9%；出证9.2万本，出证面积378.8万公顷，出证率为100%。达拉特旗被国家林业局确定为全国集体林业综合改革试验示范区，旗政府相继制定《森林林木所有权证发证操作规程》《集体林地经营权流转管理试行办法》和《集体林权抵押登记管理试行办法》，推进改革工作深入开展。

## 六、林业科技

2006—2015年，完成13项科技项目的研究，9项获奖。全市推广“干旱、半干旱地区再生灌木树种平茬复壮技术推广应用”“抗旱造林系列技术”“低压水冲造林技术”和“灌木平茬复壮更新技术”等30多项林业适用技术，完成指令性推广任务80.9万公顷。

### 七、林业信息化建设

2009年，完成全境8.7万平方公里无人机航拍工作，制作完成全市1∶10000的正射影像电子地图、1∶25000的正射影像纸质地图、三维漫游影像地图和具备地形图信息的六层数字高程图。2010年，鄂尔多斯市林业局互联网门户网站系统搭建完成，基本形成多种功能为一体的“一站式”网络服务体系。

## 第十节　巴彦淖尔市林业

### 一、自然环境及社会经济概况

巴彦淖尔市位于内蒙古自治区西部，北纬40°13′—42°28′，东经105°12′—109°53′。东与包头为邻，西与阿拉善盟毗连，南隔黄河与鄂尔多斯市相望，北与蒙古国接壤，有国界线368.89公里，总面积64413平方公里。属温带大陆性气候。巴彦淖尔区域差异较大，按照地貌特征分为北部乌拉特高平原区、中东部山地丘陵区、西部乌兰布和沙区、南部河套平原区4个区域。河套平原为亚洲三大平原之一。

至2015年底，巴彦淖尔市林业用地总面积253.45万公顷。其中：有林地12.71万公顷，疏林地1.55万公顷，灌木林地67.77万公顷，未成林造林地29.8万公顷，苗圃地0.15万公顷，宜林地137.95万公顷，无立木林地1.06万公顷，林业辅助生产用地2.46万公顷。森林覆盖率12.21%，活立木总蓄积量1445.26万立方米。市辖4旗2县1区，68个乡镇、苏木（办事处），总人口167.73万人，其中乡村人口79.55万人，城镇人口88.18万人。地区生产总值887.4亿元，公共财政预算收入65.8亿元，全体居民人均可支配收入19435元，其中，城镇常住居民人均可支配收入24314元，农村牧区常住居民人均可支配收入13479元。

### 二、林业生态建设

2000年后，巴彦淖尔市依托天然林保护、退耕还林、京津风沙源治理和“三北”防护林等国家林业重点工程，林业生态建设迈上大工程带动大发展的新阶段。2006—2015年，完成林业生态建设56.36万公顷，其中，人工造林22.9万公顷、飞播造林12.47万公顷、封山育林20.72万公顷、工程固沙2700公顷，投入林业生态建设资金113.1亿元。林业产值27亿元。整体生态状况有了明显改善。全市森林覆盖率和林木蓄积量实现“双增长”。据资源年报统计，森林覆盖率由2010年的8.79%提高至2015年的12.21%，林木总蓄积量由2010年的1274万立方米提高至2015年的1445万立方米。

#### （一）三北防护林工程

2006年，各地将造林补助直接兑现到造林主体手中。2007—2008年，出台《新农村造林绿化“以奖代投”实施办法》《巴彦淖尔市林业建设“以奖代投”考评奖励办法》《巴彦淖尔市新农村建设村庄绿化模式》。造林树种结构由以乔木为主向乔、灌、草合理配置的方向转变，造林方式由过去单一的人工造林向人工造林、飞播造林、封山育林转变，造林季节由“一季造林”向“多季造林”转变。2006—2011年，完成“三北”四期防护林工程6.95万公顷。2009—2010年，全面实施以国省干道为核心的各级通道绿化，以身边增绿和城郊防护林为核心的城乡一体化森林生态体系建设，以总干渠防护林和农田林网化为核心的河套灌区农防林体系建设，以乌兰布和沙漠和黄河湿地资源保护为核心的综合治理、科学开发，以乌拉特高平原封禁保护区建设为核心的阴山山脉和山地丘陵区的植被保护、生态移民、轮封轮牧五大工程建设。

（二）天然林资源保护工程

2000年开始，巴彦淖尔市启动实施天然林保护工程。成立天然林保护和公益林管理中心，出台《天然林保护工程森林资源管护办法》《天然林保护工程核查验收办法》《天然林保护工程招标和承包管理办法》《天然林保护工程档案管理实施意见》和《森林生态效益补偿管理办法》。

2006—2010年，中央财政每年下达补助资金1616.7万元。其中森林管护补助资金689.4万元（管护面积32.73万公顷），国有场圃职工“五险”和政策性补助927.3万元；5年中央预算内投资1.24亿元，用于16.89万公顷飞播造林和封山育林。2011—2015年，国家投入天保和生态效益补偿资金12.5亿元，其中，中央预算内投资2.24亿元，中央财政专项资金10.26亿元。经过实施天然林保护工程，至2015年底，森林面积达到80.47万公顷，比2006年增加34.27万公顷；活立木总蓄积量1445万立方米，比2006年增加513万立方米。

（三）退耕还林工程

主要安排在乌兰布和沙区、山旱区、沿黄河一线和阴山南麓水土流失区，以及乌梁素海周边阴渗耕地。2006—2010年，完成退耕还林4.17万公顷。其中：退耕地造林0.17万公顷，荒山荒地造林2.4万公顷，封山育林1.6万公顷。国家补贴退耕农户粮食和现金补助4.86亿元，涉及退耕户6.6万户、23万人，退耕农户人均累计获得补助2098元。2011—2015年，完成退耕还林1.23万公顷。其中：退耕地造林0.16万公顷，荒山荒地造林0.8万公顷，封山育林0.27万公顷。国家补贴退耕农户粮食和现金补助5.99亿元，退耕农户人均累计获得退耕补助2852元。生态得到有效治理。

（四）京津风沙源工程

2013年开始实施京津风沙源工程，主要分为人工造林、飞播造林、封山育林、工程固沙。2013年完成0.95万公顷建设任务，2014年完成2万公顷建设任务，2015年完成0.4万公顷建设任务。

（五）防沙治沙造林工程

境内有沙化土地214.33万公顷，占国土总面积的32.51%，有明显沙化趋势土地221.8万公顷，占国土总面积的33.65%。2006年，市政府出台《乌兰布和沙漠综合治理规划》。完成日本海协贷款造林项目1.77万公顷。2007年，完成日本海协贷款造林项目1.55万公顷，新争取韩国援助乌兰布和沙漠治理项目，投资100万美元。2008年，制定《乌兰布和沙漠综合治理规划（2008—2015年）》，工程获国家立项。2008年，中韩合作乌兰布和沙漠治理项目，完成治沙面积1000公顷。2009年1月，启动乌兰布和沙漠刘拐沙头综合治理项目，历时4个月，完成建设任务1300公顷。2010年，自筹资金修建乌兰布和沙区32公里穿沙公路。2011年，启动实施欧洲投资银行贷款清洁发展机制造林项目。2011—2015年，全市完成防沙治沙面积15.9万公顷，项目区林草覆盖度达到50%以上。乌兰布和沙漠东缘更新重建长154公里、平均宽50米的大型防风固沙林带，有效地遏制了沙漠的东侵。遥感影像显示，2012—2015年，乌兰布和沙漠东北部边缘林地增加2700公顷，增幅为4.37%，行道树面积增加2900公顷，增幅为35.31%。巴音温都尔沙漠经过飞播造林，形成3.33万公顷集中连片绿洲，成功锁住沙漠东缘流动沙丘。苏集沙地建起锁边林带。套内零星沙丘全部治理。在治沙造林中，将技术瓶颈问题列为重点公关课题。应用柴草压沙障造林技术，提高造林成活率；组合井高压水打孔植苗造林技术，实现地表水和地下水有效衔接，保证建设成效；冷藏苗避风造林技术，将沙区造林时间延长至6月中旬，回避风季、风蚀和沙埋的危害；梭梭人工接种肉苁蓉技术，实现“治沙”与“致富”的有机结合，为沙产业发展培育新的经济增长点。

（六）飞播封育

封山（沙）育林区主要分布在乌拉特高平原区、乌兰布和沙区，封育方式分为全封、半封、轮封。

工程实施以后，探索出适宜有效的飞播治沙造林技术和方法，形成完整的施工作业技术。其中种子包衣、GPS导航技术及Mapsource数据处理软件的应用，成为不同时期推进飞播治沙造林进程的亮点。2006—2015年，完成飞播治沙造林11.53万公顷，完成封育面积18.54万公顷。大部分项目区由原来的流动、半流动沙地转变成固定、半固定沙地，林草植被恢复迅速。

（七）重点区域绿化

2013年，巴彦淖尔市出台《重点区域绿化方案》，完成重点区域绿化6400公顷，获得自治区奖补重点区域绿化资金4480万元。2014年，完成重点区域绿化1.26万公顷，各地投入重点区域绿化资金14.54亿元，获得自治区奖补重点区域绿化资金1980万元。巴彦淖尔市成功创建自治区级园林城市，乌拉特前旗成功创建自治区级园林县城。2015年，完成重点区域绿化1.3万公顷，是自治区下达任务的111%，投入重点区域绿化资金9.85亿元，获得自治区重点区域绿化奖补资金2390万元。打造一大批规模大、标准高、质量好的典型精品示范工程。

**三、自然保护区建设及湿地保护**

2007年，乌梁素海湿地二期保护示范工程正式启动实施，建设期2年，核定项目总投资982万元。哈腾套海国家级一期建设项目批准建设。至2015年，巴彦淖尔市建成各级自然保护区9处，总面积58.44万公顷，其中国家级自然保护区2处（乌拉特梭梭林—蒙古野驴自然保护区、哈腾套海自然保护区），自治区级自然保护区3处（乌梁素海湿地水禽自然保护区、乌拉特中旗阿其山叉枝圆柏自然保护区和乌拉山天然次生林自然保护区），旗县级自然保护区4处。实施了镜湖、润昇湖等一系列湿地保护与恢复工程，新增湿地7100公顷，全市有湿地面积15.4万公顷。已建成磴口纳林湖、五原巴美湖国家湿地公园2处，磴口奈伦湖、临河黄河湿地公园在国家湿地公园试点建设阶段。

**四、林业改革**

2009年，市委、政府出台《关于深入开展集体林权制度改革的实施意见》。至2012年，全市完成集体林地确权发证213.35万公顷，发放林权证9.61万本，涉及17.56万农户、71.47万人。集体林权制度主体改革工作顺利经过自治区验收。2013年，巴彦淖尔市成立林权管理服务中心6个，市林业局正式成立森林资源资产评估管理中心；成立各类林业合作组织13个，林业专业合作社19个，参社农户4000余户，入社人员5000多人；签订森林保险保单面积73.45万公顷。2014年，巴彦淖尔市集体林权确权发证工作全部完成。林权档案“双建”及整改工作基本结束。至2015年底，完成集体林地确权发证面积221.79万公顷，确权率100%。全市成立林业专业合作组织40家，有 1 家被评为全国农民林业专业合作社示范社，有7家被确定为自治区级农民林业专业合作社示范社，入社农户1200户、经营林地1000公顷，在果品生产经营、苗木生产销售等方面起到良好效果。巴彦淖尔市完成林权抵押贷款2.88亿元，有效盘活巴彦淖尔市森林资源。累计承保生态公益林251.67万公顷，保费5010.8万元，受理报灾理赔案件44起、面积1.41万公顷，赔付总金额1271万元。

**五、林业有害生物防治**

2015年，已建立各级林业有害生物防治检疫站8个，建成5处国家级森林病虫害中心测报点，2处自治区级中心测报点。2006—2015年，发生各类病虫（鼠）害69.3万公顷，完成有效防治面积67.1万公顷，成灾率由2006年的8‰下降至2015年的3.55‰以下，无公害防治率达93%以上，测报准确率达到98%以上，种苗产地检疫率达100%。

### 六、林业产业

2006—2015年，巴彦淖尔市采取有效措施，林产业呈现出规模化、多元化、特色化、综合型的发展趋势。林业产值由2005年底的8亿元增长至2015年的27亿元。

#### （一）政府扶持

巴彦淖尔市先后出台《关于加快乌兰布和沙区产业治沙的工作意见》《加快乌兰布和沙区酿酒葡萄产业发展的实施方案》《巴彦淖尔市经济林基地建设规划（2014—2020年）》《关于加快经济林基地建设的意见》，激发林产业发展后劲。

#### （二）科技支撑

2002年，乌兰布和沙区人工接种肉苁蓉试验成功后，肉苁蓉企业与国内知名院校及科研院所合作，开展20多项科研项目的实施与研究。2014年，在磴口县成立内蒙古自治区肉苁蓉产业技术创新战略联盟，有47家单位和个人加入，为肉苁蓉产业向更高层次、更广领域发展提供技术支撑和创新平台。2014年，巴彦淖尔市的肉苁蓉经过国家地理标志认证。王爷地公司自主研发的肉苁蓉种子营养块、肉苁蓉种植机械等7项专利获得国家专利证书，游牧一族公司肉苁蓉接种技术获得3项国家专利证书。

2013年起，沙区19家酿酒葡萄企业中有4家的酒庄建设通过了审批，2014年新建2个葡萄品比园，新引进46个葡萄品种进行对比选优。乌拉特前旗先锋镇枸杞专业合作社自主研制以苦豆根液提取烟碱、苦参碱等制成生物药剂，研究成果获国家绿色产品认证。

#### （三）产业基地建设

2006年，巴彦淖尔市速生丰产林、肉苁蓉等产业化基地建设初具规模，“公司+基地+农户”的林业产业发展模式初步形成。至2015年，建成各类林业产业基地16.69万公顷，其中防护用材兼用林基地4.67万公顷，枸杞基地0.55万公顷，苹果梨基地0.17万公顷，柠条饲料林基地10万公顷，人工接种肉苁蓉基地0.58万公顷，酿酒葡萄基地0.1万公顷，小杂果0.15万公顷，文冠果0.01万公顷，种苗繁育基地0.47万公顷。

#### （四）发展经济林

在乌兰布和沙区重点发展酿酒葡萄、肉苁蓉，在河套灌区重点发展苹果梨、小杂果、枸杞、枣类等，在山地丘陵区重点发展油用牡丹、文冠果、扁桃等。2014年，经济林面积1.23万公顷。至2015年，全市经济林达到1.45万公顷。经济林经营方式由过去单一的果园建设向采摘园、农家乐、民俗村、旅游观光、农事体验相结合转变。

#### （五）扩张经营领域

巴彦淖尔市有林业产业企业230余家，其中：国家林业产业重点龙头企业1家、自治区级林业产业化重点龙头企业10家；建成林业产业协会及专业合作社45家。2012年开始，过去从事肉苁蓉接种及系列产品研发、销售的林产企业，扩大业务范围，兼顾沙漠养殖、有机农业种植、果品采摘、旅游观光等，形成一业为主、多业共生的综合业态。

#### （六）品牌营销战略

2009年，在磴口县举办全国第五届肉苁蓉及沙生药用植物学术研讨会暨沙产业产品展示会。2011年，林产业企业参加第二届中国国际林业产业博览会暨第四届中国义乌国际森林产品博览会，游牧一族生物科技有限公司获得博览会“最佳参展奖”，王爷地苁蓉生物有限公司的御品苁蓉、华融扶祥农贸专业合作社的扶祥牌枸杞、游牧一族生物科技有限公司的苁蓉黄精茶，获得博览会“金奖产品”。乌拉特前旗华融扶祥农民枸杞专业合作社的“扶祥”牌有机枸杞，通过国家农业部绿色农产品认证。2012年，王爷地肉苁蓉生物科技有限公司的“王爷地”商标和游牧一族生物科技有限公司的“游牧一族”商标被自治区工商局认定为著名商标。

## 第十一节　乌海市林业

### 一、自然环境与社会经济概况

乌海市位于黄河上游，北纬39°15′—39°52′，东经106°36′—107°05′。乌海市属温带干旱大陆性气候，风大沙多，降水量少，日照时间长，干旱严重。年均日照时数为3138.6小时，平均无霜期为156—165天。年均降水量100毫米，平均蒸发量3400毫米。年均风速3.18米/秒，瞬间最大风速33米/秒。属于干旱荒漠区，以荒漠植被型、草甸型为主。市辖海勃湾、乌达、海南3个县级行政区，国土面积1668平方公里。乌海市享有“乌金之海、葡萄之乡、黄河明珠、书法之城、赏石之城”美誉。2015年常住人口55.58万人，有蒙、汉、回等40个民族，人均GDP达到10.99万元。有林业用地面积为4.57万公顷，非林地面积12.11万公顷。有林地、灌木林地面积1.46万公顷，活立木总蓄积量21.86万立方米，森林覆盖率8.8%。

### 二、林业生态建设

2006年开始，陆续开展海勃湾区金沙湾露天排土场、乌达区西山沉陷区、海南区北出口采空区恢复治理项目，造林面积466.67公顷。2008年，将公路、铁路两侧100米范围内土地规划为绿地建设区。包括机场路、110国道、京藏高速公路、运煤通道、包兰铁路等12条通道绿化规划总长度达520公里，至2015年，造林绿化面积5333.33公顷。完成城镇周边沿山、沿沙、沿河造林绿化面积3333.33公顷，其中，完成黄河沿岸防护林建设666.67公顷、甘德尔山白独贵湾沙地造林1333.33公顷、海勃湾区城区北部金沙湾造林1066.67公顷、东山生态园造林266.67公顷。先后获得全国绿化委员会、国家林业局和内蒙古自治区党委、政府授予的“全国绿化先进集体”“全国生态建设突出贡献奖先进集体”“全国绿化模范城市”“全区绿化先进集体”“全区城乡绿化一体化建设先进集体”“国家园林城市”等称号。全国绿化委员会对乌海市绿化工作满意度进行问卷调查，满意度达100%。

### 三、防沙治沙

乌海市的风沙危害主要源自乌兰布和沙漠。全市荒漠化面积占国土总面积的60%。2006年后，全市开展大规模以防沙治沙为主的生态建设，集中治理沙化较为严重的地区。截至2015年，累计完成治理面积3.4万公顷。经过治理，风蚀沙化和水土流失情况得到有效遏制。保障国家交通动脉包兰铁路、110国道、109国道、京藏高速公路的安全畅通，阻止乌兰布和沙漠流沙进入黄河，减少黄河泥沙含量，确保黄河下游重要水利枢纽工程的正常运行。2013年，乌海市治沙站被评为“全国防沙治沙先进集体”。

### 四、地方林业重点工程建设

#### （一）甘德尔山生态综合治理工程

位于乌海市三区中心位置，与乌兰布和沙漠隔河相望，有1333.33公顷风积流动沙地。2005年，市委、市政府开始对白独贵湾沙地进行全面治理。经过十年努力，建成甘德尔山生态文明景区。工程累积完成人工造林1333.33公顷，投入绿化资金近6亿元。

（二）京藏高速公路绿化工程

2009年，对京藏高速公路乌海段全长50公里进行绿化美化。道路两侧种植50—100米宽的绿化带，绿化面积933.33公顷。高速公路绿化累计种植树木约65万株，其中乔木15万株、灌木50万株。实现人口、资源、环境的良性循环，对乌海的生态环境保护起到积极作用。2013年，对海南区出口互通立交至黄河边全长9.5公里路段进行加宽绿化，双侧19公里，新增绿化宽度25米，面积44公顷。改造后高速两侧各形成宽52米的绿化带，提升了城市形象。

（三）城际快速通道绿化工程

2012年，对海勃湾区至海南区城际快速通道两侧100米宽进行绿化，项目北起海勃湾区城际通道入口，南至海南区拉僧仲大桥，东至运煤通道，西至甘德尔山东麓及四合木保护区边。造林区全长22.1公里、绿化面积1133.33公顷。

（四）乌达区西山生态治理工程

工程位于乌达区西部，经40年矿区开发形成较大面积的采空沉陷区域。2006年，启动乌达区西山生态治理工程，每年参与造林人数达到10万人次左右。截至2015年，完成造林面积333.33公顷，种树60余万株。造林成活率达到85%以上，常年苗木保存率在80%以上。乌达区西山建成集植物科普教育基地、居民休闲娱乐场所、山体造林绿化示范基地为一体的生态区。

（五）海南区共产党员先锋林工程

位于海南区城区南出口，南起乌海市中蒙制药有限责任公司延109国道连接线至京藏高速海南出口处止，全长约5公里，由林区和建筑区两部分组成，面积约66.67公顷。2010年7月，“共产党员先锋林”正式开工建设。2015年，种植乔木4.77万株，建成海南区党团员教育基地、党员宣誓广场、民族团结广场、廉政文化广场4个集教育、休闲、观赏于一体的园林小镇，成为海南区环城绿化带的重要组成部分。

**五、生物多样性保护**

乌海市建成1.69万公顷的西鄂尔多斯国家级自然保护区，实施龙游湾国家湿地公园、金沙湾国家沙漠公园，强化生物多样性保护，特别是有效保护了以四合木、半日花、沙冬青等孑遗、濒危物种为主的荒漠植被生态系统，野生动物种类、数量明显增加，栖息地胁迫程度大幅降低。

**六、林业科技**

乌海市种植的树木依靠人工灌溉存活。为提高树木成活率，降低造林成本，市林业科技推广中心与内蒙古农业大学合作，开展四合木不同季节硬枝扦插育苗技术试验，经过100多次实验，2005年人工繁育四合木获得成功。此后4年，乌海市累计育苗约15万株，成活率达到85%以上。四合木硬枝扦插繁育技术，通过自治区科技厅鉴定，获得自治区科技进步三等奖和自治区农牧业丰收三等奖。2010年，被列入内蒙古林业科技支撑项目。

2009年开始，全面铺设节水灌溉系统，利用以色列反冲洗过滤技术和设备，经过从黄河二级提水，实现高效节水灌溉，节水灌溉技术的大面积推广对于提高造林成活率和保存率起到重要作用。滴灌造林年均成活率和保存率分别达到90%和80%以上，与漫灌相比，每亩林地一次灌水量由60吨下降至12吨，节约用水80%。2013年，乌海市在局部地区试验成功植被毯边坡造林、雨季播种造林等实用技术，大大降低绿化成本，创造了干旱荒漠地区造林成活率、保存率保持在85%以上的业绩。

七、林业生态服务

2006—2015年，乌海市每年新造森林生态系统的固碳量为8.73万吨，固碳经济价值为2276.8万元；植被释氧量为23.34万吨，释氧经济价值为1.87亿元。经过吸收、过滤、阻隔、分解等过程降解大气中有毒物质，二氧化硫和氟化物的净化量分别为2561吨和242吨，每年经济价值分别为1016.6万元和96.1万元。年滞尘能力为33万吨，滞尘经济价值为5630万元。上述生态系统服务价值年均累计为2.76亿元，若加上防风固沙和改良土壤的价值，乌海市林业生态服务价值则更高。

八、林业产业

乌海市利用自然气候条件优势，大力发展葡萄产业，不断推广葡萄速生丰产栽培技术和葡萄酒生产实用技术。至2015年，引种选育优质葡萄品种130多个，种植葡萄近2000公顷。“乌海葡萄”通过国家首批农产品地理标志认证，多个葡萄品种被确定为北京奥运会推荐果品，被国家林业局确定为国家优质葡萄生产基地。汉森葡萄酒获得“中国驰名商标”称号，汉森酒业集团公司、西口风农业发展有限责任公司、吉奥尼葡萄酒业有限责任公司的葡萄酒总加工能力均超过1万吨，其产品在国际、国内各类评比中屡获殊荣。乌海市有国家级林业产业化重点龙头企业1家，自治区级林业产业化龙头企业10家，林业和沙产业年产值达到6.73亿元，形成以葡萄、梭梭、育苗、生态旅游为主的林沙产业基地6666.67公顷。

金沙湾旅游景区。依托保护区珍稀植物，建立沙生动植物园，开发以沙漠观光为主题的AAAA级金沙湾生态旅游区，成功举办多届全国沙漠汽车越野拉力赛。

乌海市坚持推广“公司带基地，基地连农户”的模式，努力发展非公有制林业。从2002年开始，连续13年对集中连片发展葡萄、梭梭、林木种苗、花卉给予资金补贴和其他政策扶持。2009年，乌海市出台《关于加快推进城乡一体化发展的意见》《林业产业化龙头企业认定管理暂行办法》，先后两批次评审确认23家市级林业产业化龙头企业。2011年9月，市政府出台《关于进一步加快国土绿化步伐推进生态环境建设的意见》，加大对林业建设的信贷支持。2013年，出台《关于加快葡萄产业发展的指导意见》，进一步加大对葡萄产业发展的政策补贴。同时，乌海市连续出台对非公有制林业包括土地使用、水资源利用、税收减免、投资融资、葡萄产业专项贴息、酿酒葡萄收购价格补贴、葡萄、葡萄酒研发、优良葡萄品种园、砧木圃建设专项资金、葡萄专项担保基金等方面的一系列优惠政策。2015年，林沙产业年产值达到6.73亿元，形成以葡萄、梭梭、育苗、生态旅游为主的林沙产业基地近6666.67公顷。乌海逐步探索出符合地区实际的林业生态建设产业化发展道路。

## 第十二节　阿拉善盟林业

一、自然环境与社会经济概况

阿拉善盟位于内蒙古自治区最西部，东与巴彦淖尔市、乌海市、鄂尔多斯市相连，南与宁夏回族自治区毗邻，西接甘肃省，北与蒙古国接壤，边境线长734.57公里，地理坐标北纬37°24′—42°47′，东经97°10′—106°53′，东西长831公里，南北宽598公里，总面积约27万平方公里，占全区总面积的22.8%。荒漠化土地面积16.41万平方公里，占全盟国土面积的60.78%，占全区荒漠化土地总面积的26.94%。沙化土地面积19.87万平方公里，占全盟国土面积的73%，占全区沙化土地总面积的48.7%。境内分布有巴丹吉林、腾格里、乌兰布和、巴音温都尔四大沙漠，面积近9.48万平方公里，占全盟国土面积的35%，适宜人类生产生活面积仅占总面积的6%，是国家沙尘暴主要起源地之一。阿拉善盟是自治区生态安全屏障的重要组成部分。2005年，阿拉善盟被国家林业局确定为全国防沙治沙综合示范区。2015年，常住人口为24.57万人，其中：城镇人口18.96万人，乡村人口5.61万人。全盟实现地区生产总值（GDP）315.62亿元。

## 二、林业生态建设

2006—2015年，林业建设任务由以前每年不足1.33万公顷增加至6.66万公顷以上；森林覆盖率由4.04%提高至7.65%；森林资源面积由108.80万公顷增加至206.40万公顷；沙化土地面积由2042.66万公顷下降至1987万公顷；林业生态建设保护投资达到31.76亿元。

### （一）沙区综合治理

2006—2015年，阿拉善盟在腾格里沙漠东南缘、乌兰布和沙漠西南缘形成长350公里、宽3—20公里的锁沙、治沙防护带。这一成果打破了降水200毫米以下地区不能飞播的论断。植被覆盖度由0.5%—5%，提高至12.8%—50.4%。飞播造林成为阿拉善生态建设的一大亮点。

### （二）重点工程项目

2006—2015年，全盟完成天然林资源保护工程建设面积23.65万公顷，完成“三北”防护林工程建设面积12.99万公顷，完成退耕还林工程建设2.03万公顷。

2010年后，全盟完成造林补贴项目任务3.12万公顷。2005年，在实施国家防沙治沙示范区建设工程后，完成项目建设任务4900公顷。2013年，阿拉善左旗沙化土地封禁保护区被列入首批补助试点旗县。2014年，阿拉善右旗和额济纳旗沙化土地封禁保护区也被国家列入沙化土地封禁保护补助试点旗县，三个保护区获中央预算内投资6000万元，围封面积3万公顷。

截至2015年底，完成三大沙漠治理面积59.93万公顷。三大沙漠“握手”治理工程进入实施阶段，区域内沙尘暴发生造成的危害减弱。非公有制造林占比达34%。

## 三、林业资源保护

### （一）自然保护区建设

2015年，全盟有国家级林业自然保护区2处、自治区级林业自然保护区3处，总面积196.96万公顷，占全盟国土面积的7.3%。

### （二）湿地建设

截至2015年，居延海湿地水域40平方公里左右，越来越多的珍稀野生鸟类在这里栖息。2010年，阿拉善黄河湿地公园列入国家湿地公园试点，总面积770.52公顷。2015年，阿拉善盟湿地面积268561.27公顷。其中：河流湿地18463.94公顷，湖泊湿地25429.95公顷，沼泽湿地204818.81公顷，人工湿地19848.57公顷。同年，巴丹吉林沙漠湖泊保护区被确定为自治区重要湿地。

### （三）野生动植物资源保护

2005年，阿拉善右旗巴丹吉林自然保护区确定为国家级陆生野生动物疫源疫病监测站，重点对巴丹吉林沙漠腹地有水域的各种候鸟和雅布赖山地国家二级保护动物盘羊、岩羊以及其他野生动物疫源疫病发生发展情况进行监测。

### （四）公益林生态效益补偿

2004年，启动实施国家级公益林森林生态效益补偿项目。经过5次扩面提标，由2004年年补偿面积117.88万公顷、年补偿资金7956.9万元提高至2015年年补偿面积152.63万公顷、补偿资金达到28222

万元。截至2015年，全盟累计获得补偿资金187088万元。600多万公顷荒漠植被得到休养生息、更新复壮。国家级公益林补偿惠及全盟26个苏木（镇）、94个嘎查、5096户，15413人直接受益，人均获得经济补偿15000元以上。盟、旗（区）、苏木（镇）三级均成立公益林管理机构，聘用护林员4570名。

（五）林业有害生物防治

2015年，已建立各级林业有害生物防治检疫站4个，建成2处国家级森林病虫害中心测报点，1处自治区级中心测报点。2006—2015年，发生各类病虫（鼠）害114.2万公顷，完成有效防治面积55.35万公顷，成灾率由2006年的7.8‰下降至2015年的4.5‰以下，无公害防治率达90%以上，测报准确率达到92%以上，种苗产地检疫率达100%。

（六）森林防火

2006—2015年，阿拉善盟累计投入森林防火资金1774万元。2015年，全盟设防火中心管理站5个、防火检查站27个、瞭望塔19座、警务区7个；配备专职护林员138人，专业森林消防队3支、队员106人；义务森林消防队17支，队员875人。监控重点林区面积达25.05万公顷，贺兰山和胡杨林两大林区实现连续67年无重大森林草原火灾。

**四、林业产业**

2010年后，阿拉善盟在造林绿化中逐步形成以梭梭—肉苁蓉、白刺—锁阳产业为主的发展模式。2014—2015年，完成梭梭基地建设18万公顷，完成肉苁蓉接种3.6万公顷，年产肉苁蓉1300吨，封育保护恢复白刺20万公顷，接种锁阳1.3万公顷，年产锁阳2000吨。建成2万公顷以上规模的人工梭梭林基地3处、1.33万公顷规模2处、1万公顷规模1处、3300公顷规模4处，产业基地在13.00万公顷以上。全盟27个林业专业合作社有2个被评为国家级示范社。截至2015年，完成林果业示范种植2130公顷。围封天然黑果枸杞地块2400公顷。建成特色林沙产业示范基地6处。特色沙生植物年产值达9亿元以上。

森林沙漠湿地旅游。2006年后，依托大漠、森林、湿地等自然风光，大力发展生态旅游。阿拉善胡杨林、巴丹吉林沙漠湖泊、腾格里沙漠越野等体验式旅游已成为国内知名旅游品牌，为“苍天圣地”阿拉善提供了支撑。

林沙产业企业。2015年，全盟有林沙产业企业10余家。形成种植、加工、生产、销售于一体的沙生植物产业链，企业年产值达到3亿元。成功申报苁蓉、锁阳原产地地理标志认证，阿拉善被命名“中国肉苁蓉之乡”。林沙产业已成为农牧民增收新的经济增长点，全盟建成具有一定规模的沙产业试验示范基地。全盟禁牧区70%左右牧户从事沙产业生产经营活动，沙产业收入占纯收入三分之一，约7000元左右。达到农牧民转移、转产、不减收的目的。

**五、林业科技**

2015年，全盟有26个科研项目获得37项国家、自治区、盟市科技奖项，其中获国家科技进步二等奖2项；获国家林业局科技进步三等奖1项；获教育部科技进步一等奖1项；获内蒙古自治区农牧业丰收一等奖1项；获内蒙古自治区科技进步一等奖1项；获内蒙古自治区林业科技贡献一等奖2项、二等奖5项、三等奖5项。出版《荒漠肉苁蓉及其寄主梭梭栽培技术》《管花肉苁蓉及其寄主柽柳栽培技术》等学术专著5部，核心期刊发表论文28篇。2012年，阿拉善盟林研所获得“全国生态建设突出贡献奖先进集体称号”。

**六、林业改革**

2008—2012年，盟委、行署先后出台《加快林业发展的意见》《集体林权制度改革实施方案》《重点城镇营造防护林优惠政策》《关于推进国有林场、治沙站改革的实施意见》等政策性文件。阿拉善盟完成确权面积364.41万公顷，发放林权证11743本，发证率100%。

# 第十三节　满洲里市林业

## 一、自然环境与社会经济概况

满洲里市位于内蒙古自治区呼伦贝尔市西北部，东依大兴安岭、南濒呼伦湖、西临蒙古国、北接俄罗斯。边境线长290公里，是中国最大的陆路口岸。地理坐标北纬49°18′—49°37′，东经117°13′—117°51′。东西长51公里，南北宽25公里，土地总面积732.44平方公里。满洲里属呼伦贝尔高平原低山丘陵漫岗区，地貌主要由山地丘陵、波状高平原和河湖冲积平原三部分组成。地处欧亚大陆东部的中高纬度地带，属于中温带半干旱大陆性气候，春季大风，夏季温凉，秋季气温骤降，冬季寒冷而漫长。地处栗钙土带的暗栗钙土亚带，土壤以暗栗钙土为主。有草原3.4万公顷，人工边防林、城护林3300余公顷。林业用地9800公顷，森林面积2000公顷，森林覆盖率为4.52%。

2015年，满洲里市总人口约30万人，常住人口25万人。生产总值达225.8亿元，全市人均地区生产总值达9万元。地方财政总收入22.4亿元，地方财政支出40.1亿元，居民人均可支配收入2.97万元，居民消费价格总指数为101.5%。

## 二、林业生态建设

### （一）重点工程防护体系建设

面对恶劣的自然环境，满洲里市党委、政府从2008年开始，实施三北防护林建设工程。截至2015年，累计完成人工造林10.2万公顷，封育1000公顷，全部为乔木造林。同时，开展重点区域绿化工程，截至2015年，完成重点区域绿化面积833公顷，累计植树1015.7万株，完成投资5.25亿元，重点建设南外环、机场立交桥、机场出口、鹰山植物园等地。大力开展城市生态环境综合整治，先后建成体育公园、环湖带状公园等休闲绿地，城区森林植被不断增加，建成区绿化覆盖率由2008年的28%增加至2015年的35.8%；工矿园区内绿化面积由26.7公顷增加至133.3公顷。

### （二）全民义务植树

2006—2015年，全市上下始终坚持全民动员，全社会参与，扎实开展全民义务植树运动。适龄公民每年义务植树3株；建立健全义务植树登记卡制度；建立义务植树纪念林基地。累计参加义务植树近100万人次，尽责率达到85%。全市建起鹰山东坡义务植树基地、内蒙古大学满洲里学院大学生纪念林和家庭林、四大班子纪念林、人大代表示范纪念林、党政四大班子、青年林、双拥林、巾帼纪念林等10余个义务植树基地，占地面积24.7公顷，栽植树木7万余株。2015年，采取树木认养和单位庭院绿化等多种形式，计认养树木7000余株，各单位庭院绿化2.4万余株（含灌木绿篱折合量）、草坪及花卉5000余平方米。

## 三、生态环境保护

满洲里市相继建立二卡国家湿地公园和霍勒金布拉格国家湿地公园。其中霍勒金布拉格国家湿地公园总体规划获得国家批复。满洲里市加强对二卡湿地的管理，严禁污染与破坏，通过开展退耕还湖、退渔还苇等工程恢复二卡湿地，在农田开展生态种植、生物防害、拒绝农药和减少化肥使用，避免造成湿地水质污染。满洲里市先后开展“打击破坏野生动物资源违法专项行动”“打击违法侵占林地专项行动”“集中开展缉抢治爆专项行动”等专项行动，依法严厉打击各种破坏森林资源和野生动植物资源的违法犯罪活动，保护地区物种多样性。

实施林草封育工程，对超载过牧而中度退化的草场实行季节性休牧，推广设施圈养方式。截至2015年底，封育草场面积3.4万公顷，禁牧面积1.7万公顷，季节性休牧1.7万公顷。生态公益林保护规模达868.8公顷。

预防森林、草原火灾，全市各防火区设有专门机构和人员。2015年，组建半专业扑火队6个，队员55人。每年3月起，机务队对防火机械设备进行检修。灭火设备常年保持完好状态。春秋防火期，坚持24小时值班制度，随时保持临战状态。每年保质保量完成290公里长、100米宽的跨区域边境防火隔离带开设任务，完成市域范围内铁路、公路、机场、林缘等重点防区93公里防火道开设任务。加强火险天气预测预报，严格控制火源。

**四、林业科技**

遵循适地适树，因地制宜，科学种植乡土树种，引进驯化外地树种。每年抚育山杏、榆树400公顷。樟子松、小城黑、紫叶李、云杉和丁香、榆叶梅等花灌木，成为造林治沙和绿化美化的主要树种。2006年后，加大科学研究和科技推广力度，促进生态治理。引进困难立地机械化集雨整地技术，整地效率提高6倍，大大提高林木生存量，降低了整地、造林成本。对栽植的樟子松大范围使用生物菌肥，促进苗木生根，保证其吸收营养，林木的成活率及保存率比2005年提高15%—20%。强化中心测报点抵御病虫害能力，加强对外来林业有害生物的监测，确保苗木质量。

**五、林业产业**

（一）进口木材加工

满洲里市林业产业依托口岸地缘优势，发展进口木材加工产业。自2006年后，满洲里口岸每年从俄罗斯进口木材量超过1000万立方米。20余家木业企业在俄罗斯伊尔库茨克、赤塔、后贝加尔、布里亚特等地区建立采伐基地和锯材加工厂，建立30多个木材原料基地，产业原材料的保障能力进一步增强。2010年后，进口木材加工产业长足发展，产业规模逐步扩大、产品质量进一步提升、效益明显增加，木材加工产业实现集成化、规模化，拉动经济明显。2012年，投资建设占地211万平方米的满洲里国际木材交易市场，年营业收入额超百亿元，成为内蒙古自治区的百亿园区、全国最大的樟松锯材集成材生产集散基地。

木材加工园区木材烘干，所需蒸汽均由分散小锅炉供给，存在烟尘及$SO_2$排放浓度严重超标问题。2013年后，在满洲里国际木材交易市场建设联众热电厂项目，取缔传统自备锅炉，实现园区集中供热和木材集中烘干，实现能源资源综合利用，彻底摒除木业生产造成的大气污染，改善城市环境质量。

2015年，满洲里市有木材加工企业100余家，产品20多种，加工产品销往20多个省（区、市）及欧洲、美洲、东南亚一些国家和地区。锯材年加工能力为600万立方米；年烘干木材能力为360万立方米；木结构建筑企业7家，有生产线29条，年生产能力为130万平方米；家具年加工能力24.5万套；集成材年加工能力35万立方米；木门窗年加工能力35万平方米；木质颗粒年加工能力45万吨；防腐木年加工能力140万立方米。

（二）旅游与生态发展

2013—2015年，在东湖区农业基地建设科技生态智能温室和露西格拉斯小镇，在欧式古典风格建筑和南林北种智能温室之间，传统与现代交相辉映，体现了景观林业建设对旅游发展的带动作用。着力打造现代林业产业基地，至2015年底，累计建成3座现代化温室，果树经济林13.33公顷，以生态旅游为主的第三产业快速发展。

## 第十四节　二连浩特市林业

### 一、自然环境与社会经济概况

二连浩特市位于内蒙古自治区北部边境，地处北纬43°22′—43°45′，东经110°53′—112°14′，隶属锡林郭勒盟，是自治区计划单列市。境内以棕钙土和风沙土为主，小部分地段有类似盐碱土，总体土质营养成分低，地表风蚀沙化明显，植被综合覆盖度低。二连浩特市行政区域有国境线68.3公里，总土地面积4015平方公里。

2015年，全市总人口7.28万人，城市建成区27平方公里，地区生产总值100.73亿元，公共财政预算收入5.1亿元，全体居民人均可支配收入38299元；农牧业人口1935人、711户，农牧民人均纯收入20189元；口岸进出口贸易额175.9亿元，进出口货物总量1435.7万吨，进出境人数210.8万人次。

### 二、林业生态建设

2006—2015年，全市完成国家投资造林绿化（包括园林绿化）总面积2.51万公顷。其中，人工造林387.19公顷，封沙育林2.47万公顷。

人工造林。2006—2007年，完成西环路、北环路绿化11.67公顷，南环路绿化4.93公顷，北疆街绿化2.4公顷；2008—2013年，完成市区南208国道两侧造林6.67公顷，北疆街绿化带延长造林、增加栽植高杆榆、垂榆、柽柳等0.73公顷，飞机场进场路绿化带13.33公顷，通往地质公园路两侧绿化带20公顷，新联检通道（创业路北段）绿化带6.67公顷，208国道市门至市区南环路段两侧近自然组团景观林63.33公顷，西环路（更名为驿林大道）5公里长度路段两侧城市公园景观（更名为驿路文化公园）造林75公顷。2014—2015年，完成城区西戈壁公园和市区东北污水湖湿地公园的部分景观造林绿化25公顷，完成赛乌苏农场绿化，新种植林木37.46公顷，完成市区南部208国道两侧新种植树木20公顷，完成牧区居民点乔木景观防护林和柠条草牧场防护林100公顷。

封沙育林。2006—2015年，完成封沙育林2.47万公顷。主要分布在格日勒敖都苏木54户牧户承包经营的草场上，全部灌草型封沙育林项目，采取铁丝围栏封闭和禁牧措施，封育年限5年，主要目的树种以柠条、红砂、驼绒藜为主。

截至2015年底，全市林地面积11.79万公顷。其中：国有林地1.13万公顷，包括乔木林307公顷，国家特别规定灌木林2319.67公顷，宜林地8693.33公顷；集体林地10.66万公顷，包括乔木林513公顷，国家特别规定灌木林1.32万公顷，宜林地及封育未成林地9.29万公顷。

### 三、造林灌溉设施建设

为提高城市造林成活率，二连浩特市建设利用生活污水灌溉造林地设施。2005年末，建成城市生活污水汇集地（天鹅湖）简易泵站，并配套直径350毫米地埋冻土层下输水管线7000米和末端二级加压泵站，用于造林灌溉。建成污水湖四周挡水坝、前进路两侧3000米绿化带自来水滴灌设施，以及城北防护林和恐龙公园管径110毫米塑料管道9000米。

2006—2008年，天鹅湖简易泵站被改造建成机电、厂房、引水渠配套的泵站，建成天鹅湖主管道向市区东北通往恐龙化石馆路两侧造林地输水的直径100毫米管线5000米，向市区北边境线造林地输水的直径100毫米管线6000米；在市区南部乌兰污水收集站增加用于造林的抽水设施，并建设成与其配套的208国道市区南出口到市门道路两侧，污水灌溉造林直径160毫米输水线11公里；建成天鹅湖泵站主管道向市区西环路防护林输水的直径100毫米管道5000米；建成赛乌苏飞机场进场路绿化灌溉造林的直径100毫米输水线3500米，水源为机电配套的深机井。2010年，市污水处理厂投入使用，生活污水得到净化后达到中水标准，用于城市造林绿化。2011年，建成市区创业路北部两侧绿化带中水灌溉输水管线2000米。至2015年，城市绿化带滴灌等微灌设施得到大面积推广，天鹅湖泵站及其配套的管线成为污水处理厂输水的部分设施，同时市委、市政府从建设节水型社会的战略出发，酝酿在利用生活污水净化后的中水，并保持天鹅湖水量足够支撑其湿地功能的基础上，开辟二连盐池周边等地下苦咸水，解决城市造林绿化浇灌。

### 四、苗木培育

2006—2007年，城北防护林林间育苗地和恐龙公园北区育苗地总面积13.3公顷，苗木储备200万株左右，育苗品种30多个。2008年，赛乌素管理部门在赛乌苏新建苗圃地1处、面积4.67公顷。2009年，市人大、工会、科协等部门，在齐哈日格图原苗圃地开展义务造林绿化，以抚育保护原有树木、引种树木新品种、培育乡土树种相结合的方式进行造林绿化及苗木培育。

2009年，市科协等单位在城北防护林用0.67公顷育苗地，进行培育蒙古莸、石竹、薄荷等稀有树种。2009年末，城北防护林间及恐龙公园北区部分育苗地共8.33公顷，由于采用间苗方式出圃苗木，留下的部分苗木，成为永久性景观林。2010年，市园林所在市污水处理厂附近建设育苗地1处，定向培育高规格城市园林景观苗木。2015年，赛乌素苗圃苗木品种在原有的榆树、沙枣、柄扁桃、柽柳、柠条基础上，相继增加定植梭梭、驼绒藜。

2015年末，市林业部门和园林部门经营的育苗地总面积14.53公顷，当年培育大田苗木和少量温室花卉面积7.83公顷。

### 五、林业改革

2010—2012年，进行集体林权制度改革，完成家庭承包经营林地的确权发证面积2.21万公顷、确权家庭承包经营林牧户84户，完成集体统一经营林地的确权发证面积8.45万公顷、确权统一经营林地的集体组织4个。

## 第十五节　内蒙古大兴安岭林业

### 一、自然环境及社会经济概况

内蒙古大兴安岭重点国有林区位于自治区东北部，地处呼伦贝尔市、兴安盟所辖的9个旗（市）境内，经营总面积10.67万平方公里。2015年，森林面积8.27万平方公里，活立木总蓄积量9.5亿立方米，森林覆盖率77.44%。森林面积、蓄积量均居全国国有林区之首，是国家重点的纳碳贮碳基地，其森林生态系统在涵养水源、保育土壤、碳汇制氧、净化环境、保护生物多样性等方面发挥着重要作用，保障着呼伦贝尔大草原和东北粮食主产区的生态安全，被誉为祖国北方重要生态屏障。

内蒙古大兴安岭重点国有林区属寒温带大陆性季风气候区，年平均气温－5—0℃，极端最低气温－50.2℃，无霜期76—120天，年平均降水量350—500毫米。有国家Ⅰ级重点保护动物白鹳、黑鹳、金雕、紫貂等16种；国家Ⅱ级重点保护动物灰鹤、鸳鸯、天鹅、棕熊、猞猁、马鹿、雪兔等56种。2015年，内蒙古大兴安岭森林工业集团有企事业单位45家，其中森工公司（林业局）19家，国家级自然保护区管理局3家，北部原始林区管理局1家，其他航空护林、森调规划、纸浆、外贸、科研、旅游、房地产等企事业单位22家，区域内有涉林人口100余万人。经过林区上下努力，森工集团2009年获得全国民族团结进步模范集体，森工集团（林管局）党委2011年被自治区党委授予“自治区先进基层党组织”称号， 2012年获得“全国企业党建创新示范基地”“党建十年·企业党建创新先进单位”称号。2013年获得全国五一劳动奖状。

## 二、林业资源保护

### （一）天然林保护工程

天保工程一期建设。自1998年天保工程试点至2010年末，森工集团累计调减木材产量1669万立方米。完成公益林建设73.36万公顷，超过国家下达任务1.16万公顷。截至2010年末，落实森林资源管护面积887.8万公顷，超过《天保工程实施方案》规划管护面积79.7万公顷。

天保工程二期建设。2011年，天保工程二期工程正式启动。森工集团（林管局）木材产量一步调减到位，调减幅度为52%，调减后木材产量为110万立方米。2015年4月1日，林区全面停止天然林商业性采伐。森工集团（林管局）各单位按照《二期实施方案》规划和要求，建立专职管护队伍，设立专职天保技术员和工程档案管理人员，形成林业局、管护所（林场）、管护站（班组）三级管护体系。截至2015年末，林区森林管护人员总计22068人，管护站412座，面积3.58万平方米；移动管护岗64个；管护标志牌390块；有效管护林地面积966.49万公顷，管护责任落实率为100%。

天保二期工程后备资源培育。2011—2015年，国家实际下达人工造林任务3300公顷，实际完成3400公顷；下达补植补造8.20万公顷，完成8.23万公顷。

国有中幼林抚育。2011—2015年，国家下达森林抚育计划174.80万公顷，完成175万公顷。

2013年，国家林业局第八次全国森林资源连续清查结果表明，内蒙古大兴安岭林区1067.75公顷经营范围内，林地面积为1014.98万公顷，有林地面积为813.51万公顷；国家特别规定的灌木林面积13.34万公顷，森林面积达826.85万公顷，森林覆盖率77.44%；活立木总蓄积量9.50亿立方米，有林地蓄积量8.52亿立方米。

### （二）野生动植物保护和自然保护区建设

2006年，额尔古纳自然保护区经国务院批准成为国家级自然保护区；2006年10月，汗马自然保护区被批准为国家林业系统示范自然保护区，并成为中国“人与生物圈”成员之一；2014年，毕拉河自然保护区经国务院批准成为国家级自然保护区；2015年6月9日，内蒙古大兴安岭汗马国家级自然保护区被联合国教科文组织“人与生物圈计划”国际协调理事会列入“世界生物圈保护区”网络。截至2015年底，建立国家森林公园9处，总面积42.21万公顷；国家湿地公园10处，总面积11.88万公顷；3处国家级自然保护区、5处省部级自然保护区，总面积123.02万公顷。各类保护区面积占林区总面积的16.5%以上。

（三）林政管理

2006—2010年，协调属地政府，明确林权证的法律地位，明确林权证内林农、林牧用地纠纷处置的基本原则。资源林政、森林公安、资源监督、纪检监察协调当地检法部门共同开展打击毁林、侵林专项行动，收回林地2000公顷。落实国家林地管理制度，严格审核程序，科学使用征占用林地定额，推进林地恢复工程，实现林地“占补平衡”。结合布局调整和棚改工程，有效推进生态移居，移居的林场办公区、居民区、废旧贮木场、工程作业区，恢复植被866.66公顷。结合管护体系建设，清理807家达不到要求的家庭生态林场，扩大无人区面积22万公顷。

2011—2015年，坚守林缘红线，持续开展林地清理专项行动，依法严厉打击毁林开垦、蚕食林地、偷猎盗采等危害生态资源安全的行为。累计立案查处林政案件12700余起，收回林地1333.33公顷；连续在北部原始林区开展武装“三清”行动，杜绝非法采金和猎捕野生保护动物的行为。

2015年，按照国家林业局《关于组织开展森林可持续经营试点的有关要求》，确定乌尔旗汉林业局为林区森林可持续经营试点单位。开展打击毁林开垦非法侵占林地专项行动，查处毁林开垦、非法侵占林地、滥砍盗伐、非法捕猎野生动物等林业行政案件2869起，收缴木材137.43立方米，收回违法占用林地面积28.23公顷，遏制了涉林违法行为的势头。全面完成林地年度变更调查、林地保护等级调整和国家级公益林级别变更等工作，信息与成果上报国家林业局。

（四）森林防火和林业有害生物防治

2006—2010年，倡导实施“投重兵、打小火、当日灭、立大功”的扑火理念，争取上级投入1.49亿元，企业自筹6300万元，加强防扑火基础和装备建设，充实和强化专业扑火队伍，形成森警、专业扑火队、基干扑火队、航空护林四位一体的专业扑火力量和警民协调、联防联动、主要领导靠前指挥的扑火组织指挥体系，使“打早、打小、打了”成为现实。各单位创新方法，形成管护人员严防死守、瞭望塔站全面覆盖、用火制度严明、火源查处及时、社会人员参与的火源管理体系。林区森林火灾发生率、森林受害面积和蓄积量损失环比下降70%，扑火费用环比年减少1500万元左右。2010年，林火当日灭火率达到96.2%。通过严把检疫关，准确预报、及时防治，推广无公害防治技术等手段，完成国家林业有害生物防治“四率”指标。

2011—2015年，深入研究林区森林火灾发生规律特点，强化全民防火意识，严格火源管理；确立“投重兵、打小火、当日灭”的扑火原则，全面提高森林消防队伍的实战能力，提升装备和科技水平。5年累计发生森林火灾115起，受害面积5700公顷，年均23起、1140公顷，较“十一五”期间（2006—2010年）平均值分别下降71.4%和89.0%。加强有害生物预报监测，推广无公害防治技术，累计投入资金2.1亿元，防治71.09万公顷，优质完成国家森林有害生物防治“四率”指标。每年投入近5000万元开展森林保险业务，有效增强灾后再恢复、再生产能力。

三、林业改革

（一）企业办社会职能改革

2008年，完成教育、医疗、防疫、电视4个系统138个机构单位的属地化移交，13088名在职人员、9635名退休人员和1014名遗属当年兑现了工资待遇。进一步理顺移交和委托管理8个方面的社会职能，落实托管期间的事业经费补贴。完成“内蒙古特色的企业办社会职能改革”。森林公安纳入政法编制序列，改革顺利完成。协议移交了牙克石林业热电厂和阿尔山、根河镇区棚改新增供热职能。2010年，顺利完成牙克石、鄂伦春、根河旗市所在地和大杨树林业局的城镇消防灭火职能移交。牙伊公路、根白公路实行协议移交。社会职能的有序归位，大量减少企业“非经营性支出”，大幅提高移交人员的待遇，促进林区社会事业资源的有效整合，实现公共基础设施建设与属地、行业同步发展。

（二）职工安置

2006年5月，国家林业局、财政部联合印发《关于做好天然林保护工程区森工企业职工“四险”补助和混岗职工安置等工作的通知》，经国务院同意，从2006年起，在天保工程实施期间，对森工企业参加医疗、失业、工伤、生育4项保险以及混岗职工和进入再就业中心协议期满下岗职工安置予以补助。2008年6月3日，经自治区政府批复印发《内蒙古大兴安岭林区混岗（大集体）职工一次性安置实施方案》。至2010年末，累计安置混岗职工38471人；医疗、工伤、失业、生育保险均按要求参加属地盟、市级保险统筹。

（三）辅助产业改制

为抓住国家主辅分离、辅业改制政策的最后机遇，利用“三类资产”安置人员的优惠政策，落实自治区批复的辅业改制方案，2008年下半年，林区对森工木材生产以外的所有辅助产业进行以产权制度为核心的体制改革。在国有企业改制环境不复存在、金融危机持续加剧的背景下，同时实施200家涉及账面资产16.3亿元、国有企业职工10388人的大规模彻底改制。在坚持依法依规的同时，坚持因企、因厂施策，把政策运用到上限，让利于企业和职工。完成改制资产的报批、审核、备案、产权变更登记，理顺改制人员档案、社保、身份、组织关系等各项手续，依法建立规范的法人治理结构。扶持发展坚持地企协同。将改制企业纳入属地监管范围，在市场准入、金融信贷、技术改造等方面享受与属地非公企业同等待遇，落实减免所得税、降低土地出让金等优惠政策。组建行业协会，按协议全面兑现了木质原料供应承诺。

（四）森工集团管理改革

2011—2015年，坚持建立完善法人治理结构，增强企业市场竞争能力。在集团层面建立现代企业制度，修订完善公司章程和董事会、党委会、经理层各项议事规则，制定提案管理、投资管理、重大信息披露等相关制度，形成决策、执行、监督三位一体，既协调统一又相互制衡的现代企业经营管理体制。深化内部改革。结合现代企业制度要求，逐步建立起以资产为纽带的母子公司管理体制；对集团内部组织机构、岗位结构、管理考评模式进行适应性调整；建立人力资源统一管理信息系统，清理2000多名“吃空饷”人员；强化计划投资管理，取消二级法人的投资决策权，实现投资与预算管理无缝对接；实行全额预算管理，科学合理调度资金；开展岗位绩效和计件工资改革，加大收入分配向一线岗位倾斜力度，薪酬激励作用得到发挥。夯实管理基础。建立健全40多项管理制度，紧缩非经营性支出，严格执行基本建设程序和项目管理制度，加大审计和效能监察力度，有效提高经营管理水平。2013年和2014年在国资委经营业绩综合考核中，被评为A级。5年累计实现林业产业总产值363亿元，森工集团资产由2010年末的111.61亿元增加至2015年的217.6亿元，年均增长21.2亿元；所有者权益由2010年末的26.9亿元增加至2015年的54.9亿元，累计上缴税金2亿多元，经济运行平稳，全面完成国资委下达的各项年度指标。

（五）国有林区改革

2015年，贯彻落实中共中央、国务院《国有林区改革指导意见》和内蒙古自治区党委、政府《内蒙古大兴安岭重点国有林区改革总体方案》精神，成立国有林区改革领导小组，重点围绕健全森林资源监管体制和建立精简高效的重点国有林管理机构，开展社会管理和公共服务职能移交、国有企业划转、机构编制核定工作，形成相关建议方案。

## 四、林业产业

### （一）森林经营

2006—2010年，森工集团完成《林区三级区划方案》编制工作，调整重点公益林的区域、范围。同时，编制《森林可持续经营利用方案》，为科学经营森林，合理利用森林资源，推进森林分类经营提供了依据。封山育林、人工促进更新、人工造林相结合，生态移居、恢复植被、四旁绿化相结合，全面提高造林成效，5年林区无林地面积减少67.84万公顷，其中宜林荒地减少63.4万公顷，采伐迹地减少5.8万公顷。5年完成幼中林抚育71万公顷，平均作业合格率达到93分以上。森林集团编制《2011—2020年森林抚育补贴实施方案》，全面完成森林抚育试点任务，有效促进森林生长。林木良种化进程加快，2009年甘河种子园晋升为国家级木材良种基地。推进林缘地带经济林建设试点，引种和立项工作取得重大进展。

2011—2015年，累计完成森林抚育174.33万公顷，更新造林1.50万公顷，补植补造8.23万公顷，育苗生产540.05公顷，促进森林面积的扩大、森林蓄积量的增长，确保生态系统的健康稳定。5年争取国家级科技项目9类43项，项目资金3478万元；争取自治区级科技项目2类4项，项目资金900万元；设立林管局本级科技项目7项，投入资金400万元，助推了林业技术发展升级。

2015年，国家林业局下达补植补造任务2.37万公顷，完成2.38万公顷，为计划的100.6%；完成森林抚育35万公顷，为计划的100%；完成人工造林3353.34公顷，为计划的100.6%；完成育苗生产126.47公顷，为计划的247%；义务栽植绿化苗木35.2万株，各项作业质量均达到或超过行业标准。

### （二）森林旅游业

2006—2010年，全面加强重点景区基础设施建设，阿尔山森林公园投入6000多万元修筑翻新景区油路75公里，景区容载能力大幅提升；投资4800万元的莫尔道嘎白鹿岛宾馆，开创呼伦贝尔景区大型宾馆建设一年完工投入使用的先例，当年实现收入900万元；阿里河相思谷景区、阿尔山银江沟温泉度假中心投入运营。2010年林区接待游客31万人次，同比增加12.92%，实现综合收入2.1亿元，同比增长14.8%。

2011—2015年，规划建设以阿尔山、北部原始林区、毕拉河为中心的南、北、东三大旅游板块，5年累计投资8.36亿元，着力推进森林公园、旅游景区的保护、开发和建设。“十二五”期间（2011—2015年），各景区累计接待游客485.65万人次，年均增幅32.64%；旅游综合收入25.42亿元，年均增幅34.98%，旅游产业正由投入增长期向效益回报期过渡。2015年，各旅游景区景点共接待游客133.1万人次，旅游综合收入7.98亿元。

### （三）绿色林特产品

2008—2010年，3年投放家庭经济扶持金600万元，争取贴息贷款3000多万元，在林特产品销售、林下资源采集等方面实施鼓励优惠政策，致富职工。2011—2015年，林区栽培蓝莓、大果沙棘、榛子等经济林近2666.66公顷，食用菌培植形成基地化、规模化；在绰源、乌尔旗汉、图里河等地种植中草药340公顷；形成年养殖森林马近万匹，其他经济动物10万头（只）以上的规模。林下经济的发展有效安置了转岗职工，拓宽了职工就业增收渠道。

2015年，克一河森工公司建成三级菌生产线，培植黑木耳1120万袋，产值2964万元；滑子菇12万袋，产值45.48万元。阿里河森工公司与大连泰和食品有限公司投资4140万元，建立“鲜卑鲜食用菌加工有限责任公司”，设计规模年产速冻鲜品1万吨；产值8000万元。吉文北五味子栽培推广示范项目获得国家林业局立项，已扩繁33.34公顷。经济林果，阿里河营造榛子经济林668公顷，集约经营野生榛子933.34公顷，划定野生蓝莓保护区1333.34公顷，实行果园化管理；大杨树局建成有机蓝莓示范园97.14公顷，种苗10万株，野生榛子驯化繁育面积133.34公顷；库都尔培育沙棘经济林773.34公顷。特种动物养殖，金河北极狐种狐17800只，出栏8万只，种貂300只，出栏1000只，冷水鱼2.5万尾。绰尔、绰源、吉文等局扶持职工发展家庭经济，推广林间草场养殖，有马匹存栏7888匹，从事马匹养殖324户，草场面积9187公顷，涉及养殖林场33个。

（四）碳汇和种苗产业

2011—2015年，与国内三家碳资产交易中介公司签署合作协议，确定根河、绰尔、乌尔旗汉、克一河、满归5个碳汇交易试点，国家发展改革委对1.37万公顷人工林项目进行审查备案。以根河种苗基地为中心，发展6个中心苗圃，5年累计投资3500万元，全部实现容器育苗，具备园林绿化、生态治理等项目承接能力，加快种苗产业基地化、规模化、产业化步伐。

（五）矿产、水资源综合利用产业

2006—2010年，投入8000万元，注册成立新体制的森工矿业公司，以990万元投入获得了自治区协议转让的矿权20个，突破林区发展矿业的核心难题。明确点状布局，少办矿、办大矿，生态、环保双达标。矿业勘探达到专业化水平，勘探工作取得重大突破。合资建成日处理千吨矿石的选矿厂，扩大森鑫矿业和绰尔铁矿的持股比例，2010年分别实现利润2000万元和4600万元，企业获得分红980万元和690万元，获得较好的投资收益。2011—2015年，以自治区有偿转让的20个探矿权为依托，引进风险探矿合作伙伴进行勘探。根河市比利亚谷铅锌矿99万吨采选项目一期工程进展顺利。探明优质矿泉水资源3处，正在进行矿权申报和引资开发。重点推进毕拉河水利枢纽工程建设前期工作。

（六）林木资源精深加工和对俄森林资源开发

2006—2010年，调整理顺赴俄森林资源开发产业的管理体制，明确生产组织形式和经营风险责任，扭转长期投入、效益不佳、承担无限责任的状况，推动赴俄作业取得实效性进展。2010年，3个对俄森林采伐合作项目，计采伐木材16.6万立方米，加工板材1万立方米，过货15.1万立方米，外输劳动力574人。与俄罗斯阿穆尔州洁雅木材生产联合体有限公司签订合同，合作项目总金额2亿美元，年采伐规模15万立方米，加工锯材4万立方米。新增签订外派劳务合同156人。

2011—2015年，投入1.2亿元，进行大兴安岭浆纸公司浆改特种纸技改项目，形成年7.5万吨浆纸的生产能力，保证公司的正常经营和1200人的就业。持续开展对俄森林资源合作开发，年均赴俄采伐木材20万立方米以上。

# 人　物

## 一、人物传

### 李德平

李德平（1966.7—2006.3.15），男，汉族，内蒙古额济纳旗人，祖籍河北。大学学历，1993年4月加入中国共产党。1985年8月至1991年11月，任内蒙古阿拉善盟额济纳旗森防站技术员、副站长；1991年11月至1994年4月，任旗科委副主任；1994年至2002年，先后任旗农牧林业局副局长、旗林业局副局长；2002年7月后，任额济纳旗林业局局长、旗林业治沙局局长兼旗公安局森林公安分局政委。

李德平19岁从内蒙古伊克昭盟（现为鄂尔多斯市）农牧学校毕业，分配到额济纳旗林业站从事技术工作。刚从学校毕业的他，看到居延绿洲发生大面积树木被条叶甲虫危害，心急如焚，毅然深入虫灾腹地，克服常人难以想象的困难，花了整整4年时间进行边防治边研究，终于摸清条叶甲虫的生物学特征和生态学特性，提出行之有效的防治措施和办法，为大面积防控蔓延成灾的条叶甲虫提供了科学依据。李德平在防控条叶甲虫的艰苦岁月里，冒酷暑、战高温，忍受着蚊虫叮咬，徒步辗转数千公里，奋战在茫茫柽柳丛中，配药、打药，做记录、查资料，攻克了防治技术一道道难关。功夫不负有心人，柽柳条叶甲虫防治技术经专家评审，达到国际先进水平。先后获得阿拉善盟和自治区林业厅科技进步三等奖。该项科技成果的推广应用，使额济纳225万亩柽柳林免遭虫害的洗劫。他扎根戈壁，以坚强的毅力奋斗在林业治沙科技第一线，成为基层林业科技工作者的杰出代表。

李德平是“额济纳旗弱水下游近河戈壁人工绿洲生态建设试验研究”团队的主要负责人，在他的带领下，项目被专家认证鉴定为“技术先进、措施可行、达到国内领先水平”，试验项目的成功，开创了近河戈壁造林的先河，为综合治理居延绿洲环境提供了宝贵的科学依据。同时，推广近河戈壁人工造林1960公顷，在达来库布镇西部形成一道长6.5公里，宽4.6公里的人工绿色屏障。2005年，华北五省（区）的林业厅（局）长参观完这片郁郁葱葱的林地后感慨地说："想不到在这样恶劣的戈壁环境中，人工造林能获得成功，真是奇迹啊！"他情系绿洲，成为额济纳绿洲的守护神。

李德平为额济纳国家级胡杨林自然保护区的立项四处奔波，辛勤工作，额济纳旗胡杨林自然保护区被国务院批准晋升为国家级自然保护区。为争取国家对公益林的补偿，他以个人的名义贷款40万元，请自治区林业勘察设计院开展全旗森林资源二类清查，为争取国家重点公益林保护基金奠定坚实基础。从2004年开始，额济纳旗219800公顷森林资源列入国家重点公益林补偿范围。在退耕还林工程实施中，为使农民得到实惠，李德平带领技术人员到各苏木进行宣传、组织、技术指导、质量监督，同退耕户同吃、同住、同劳动，以务实的行动调动了群众退耕还林的积极性，确保了工程建设的成效。为让牧民主动参与到退耕还林工程中，李德平和技术人员走家串户，往返于各个畜群点，向牧民讲授造林技术、样板区小生物经济圈的林草料间种方法、技术要求和管理方式，很快在农牧区得到普及。至2006年，以草为中心，水草林料机"五位一体"模式的小生物经济圈达630多处1000公顷。牧民们赞扬李德平："这样的干部才是共产党的好干部，我们老百姓的贴心人"。

李德平在任森防站副站长、旗科委副主任、林业局副局长、局长、森林公安局政委等职务期间，从没有利用职权为自己的家人、亲属办过一件私事。他常对家人说，我手中的权力不属于我自己，是党和人民的。我做的一切都要对党和人民负责。

2006年3月15日20点，他在参加阿拉善盟林业工作会议返回途中，因交通事故因公殉职，年仅40岁。李德平受命于绿洲危难之时，投身于保护绿洲之中，献身于建设绿洲之业。他二十年如一日，把人生最美好的年华奉献给额济纳生态建设的土地。

他生前先后多次获各类表彰奖励。1991年，他被阿拉善盟行署授予科技进步三等奖；1999年被阿拉善盟科委授予科学技术一等奖；2000年获自治区林业厅颁发的林业青年科技奖；2002年被全国绿化委员会、人事部、国家林业局授予全国防沙治沙先进个人称号；2003年被自治区森林公安局授予三等功；2004年被自治区政府评为劳动模范；2005年获自治区林业系统纪检工作先进个人称号。他去世以后，根据其生前事迹，全国绿化委员会、国家人事部、国家林业局追认李德平为全国模范公务员；自治区党委追授李德平为全区优秀共产党员，号召全区开展学习李德平先进事迹活动。

## 吉日嘎拉

吉日嘎拉（1973.8—2015.4.22），男，蒙古族，内蒙古锡林郭勒盟西乌珠穆沁旗人。1990年12月参加工作，2002年12月毕业于内蒙古自治区党校经济管理专业。2006年12月加入中国共产党。先后任锡林郭勒盟西乌珠穆沁旗杰仁苏木政府副苏木长，西乌珠穆沁旗吉仁高勒镇政府副镇长，西乌珠穆沁旗农牧业局产业办主任，西乌珠穆沁旗农牧业局副局长，西乌珠穆沁旗高日罕镇党委副书记、镇长，西乌珠穆沁旗农牧业局局长。

吉日嘎拉参加工作以后，时刻把人民群众的利益放在首位，做事脚踏实地，做人清白。无论是走访牧户、调查研究、项目建设、救灾抢险，总承担起最难、最艰苦的任务。在农牧业产业化、牧区经营管理、草原生态保护建设、社会主义新牧区规划建设工作中发挥出重要作用，有力推动了全旗生态保护和畜牧业的繁荣和发展。

吉日嘎拉在基层任职期间，从改善群众生产生活条件、生态环境保护和牧区基础设施建设入手，深入基层一线立项目、跑资金。积极引进基础设施建设和扶贫开发项目，致力发展家庭牧场和合作社产业，引导和帮助牧民群众致富增收，为新牧区建设呕心沥血地做了大量工作。为改善牧区交通、水利、房屋、畜棚、电力等基础设施建设，解决畜牧业产业化发展瓶颈问题，给嘎查牧民多争取些惠民工程和民生项目，他经常四处奔波，与交通、农开办、住建、金融、电力等相关部门建立了顺畅的工作沟通协商机制。在高日罕镇的四年里，累计新修砂石路、改建水泥路等总里程110多公里，修建过河漫水桥4座。先后为937户完成危房改造，建设标准化棚圈62处，打机井129眼，并让690户牧户结束了无电可用的历史。牧民人均收入由2011年的9485元，增长至2014年的17486元。全镇社会事业发展有了明显提升。牧民生活水平、基础设施建设、草原环境保护、嘎查集体经济、社会和谐稳定等方面都发生了新变化，展现了新面貌。

2015年3月30日，吉日嘎拉调任锡林郭勒盟西乌珠穆沁旗农牧业局局长，在调任后的短短22天里，他写下整整29页密密麻麻的工作笔记。下基层、入牧户，调研工作。向上级部门申请报告，跑项目、谈业务，联系各方协调工作，井然有序忙碌他的每一天。在他人生最后的22天中，他下乡7次，而每次傍晚回来直接到办公室，仔细整理一天的工作笔记，安排第二天需办事宜，一直忙到深夜。

2015年4月22日上午11：10，西乌珠穆沁旗高日罕镇发生草原大火。吉日嘎拉第一时间赶赴现场，投入激烈的扑火战斗中，深入火海指挥灭火战斗。在风大火急、风向突变的情况下，为最大程度保护牧民群众生命财产安全，救助其他扑火队员突围，直至坚持到最后一刻。在生与死的考验面前，吉日嘎拉把生的希望让给了队员，把危难留给自己，英勇献出了自己宝贵的生命。他的生命永远定格在42岁。大火经600多名官兵和干部职工、牧民群众7个小时奋力扑救，当日下午18：00明火扑灭。火灾造成1死14伤的人员伤亡事故。

吉日嘎拉把青春、汗水和生命献给了这片生他养他的广袤草原，献给了为人民服务的事业，他为西乌珠穆沁旗的经济社会发展作出毕生的贡献。

吉日嘎拉在2011年被锡林郭勒盟党委、行署评为“锡林郭勒盟劳动模范”，2012年、2013年、2014年连续3年被西乌珠穆沁旗党委、政府评定为优秀领导干部，荣立“三等功”嘉奖一次。

2015年，吉日嘎拉被追认为烈士。吉日嘎拉的名字永远留传在广袤的西乌珠穆沁草原。

## 二、人物简介

### 2010年“全国劳动模范”称号获得者·王学力

王学力，男，汉族，1970年1月出生。中共党员，高中学历， 2010年，担任克一河林业局贮木场装车组组长。

王学力吃苦耐劳，有一股不服输的拼搏精神。他的钻研劲，在单位出了名。场领导了解后，当即把

他调到修理段当了一名学徒。他废寝忘食，虚心向老师傅请教，了解各种机械性能，钻研机械原理，掌握修理工艺。两年后，他就对各种机床应用自如，而且对贮木场生产所需的电、气、焊、钳等技术样样精通，成为一名机械修理能手。作为技术骨干，他整天油一身、泥一身的，只要他接手的活，从没误过事。本来，凭他的技术和人缘走向市场后，个人肯定会在市场经济的大潮中获得丰厚的收入，可他割舍不了那份深深植根于心灵深处、凝聚两代林业人对企业母亲般的眷恋，他毅然决定，申请留在场内，到生产一线去，做了一名绞盘机司机。在一个平凡的工作岗位上作出不平凡的贡献。2007年，被人事部、国家林业局授予“全国林业系统劳动模范”。2010年，被中华全国总工会授予“全国劳动模范”称号。

## 2010年“全国劳动模范”称号获得者·李涛

李涛，男，达斡尔族，1963年1月出生。中共党员，大专学历，2010年，担任内蒙古绰源林业局防火办主任。

在他的人生词典里从来没有“困难”二字。为探索新形势下专业森林消防队伍科学发展之路，他对自己的专业森林消防队伍高标准、严要求。他借鉴军队建设管理上“内务条令”“队列条令”和“纪律条令”等制度的成功经验，结合单位实际，在专业森林消防队伍中实施军事化管理。内勤管理、日常管理及队伍训练方法完全按部队的标准进行，实行兵营式生活，封闭式管理，集中食宿，集中训练，统一行动，增强了全体队员的组织纪律性和整体作战能力。做到有令就行，有禁则止。他还专门聘请转业军人担任教官，负责训练、内勤及队伍管理，使队伍更加贴近军事化，从而带出了一支作风优良、纪律严明、敢打硬仗的专业森林消防队伍。在历次扑火战斗中屡建战功。2007年，被人事部、国家林业局授予“全国林业系统劳动模范”；2010年，被中华全国总工会授予“全国劳动模范”称号。

## 2014年获中共中央宣传部表彰者·苏和

苏和，男，蒙古族，内蒙古自治区阿拉善盟原政协主席，2004年从正厅级领导岗位退休，到阿拉善盟黑城植树治沙造林，一干就是十几年。

作为一位正厅级退休干部，他放弃城市安逸舒适的生活，在人生暮年，做出让常人难以理解的决定——到荒无人烟的沙漠里种树。在沙漠中种植梭梭，困难是常人难以想象的。年迈的苏和夫妇居住地距额济纳旗旗府所在地有30多公里，而且只有一条简易的石子路，路况极差，他们只能每个月开车去镇上一次，买一些生活必需品。沙漠没有电，靠蜡烛照明，无法存放蔬菜和肉食，多数时间只能用白开水煮面条充饥。沙漠中的夏天，气温高达40℃以上，苏和夫妇顶着似火的骄阳给梭梭浇水。几经艰辛，梭梭培育终于成功了，苏和成了远近闻名的种梭梭专家。他把自己的种植经验毫无保留地传授给前来求教的牧民。在他的感召下，越来越多的人加入治沙造林的行列。额济纳旗仅先进造林企业和造林大户就有60多户，全旗个体、企业造林面积达到27.8万亩。截至2018年，他已经义务植树14年，在额济纳旗“黑城”遗址的周边栽植约3000多亩梭梭树，形成长约3公里多、宽500米左右的一大片林地，在漫漫沙海中建造了一片绿洲。当地老百姓说：“他消瘦了，也苍老了许多，但黑城却变美了！”家人常劝他：“你的心愿基本上实现，该功成身退了。”苏和却说：“这只是个开头，生态治理的路还很长。”他要带领大伙把梭梭林规模发展到5000亩，把黑城的沙害治理好，搞沙产业开发，形成治沙产业链，为农牧民依靠沙产业致富探探路。他要在这个特殊的“岗位”上坚守到走不动的那一天。2014年4月23日，中共中央宣传部授予苏和老人“时代楷模”称号。

## 2015年“全国劳动模范”称号获得者·杜彬

杜彬，男，汉族，1963年5月出生。中共党员，大学学历，2015年，任内蒙古森工集团（林管局）资源处处长。

1990年，杜彬调入内蒙古森工集团（林管局）资源林政处以后，在森林采伐限额管理上，采取分类经营、分区施策的原则，确保合理采伐。林地管理实行前置审核、专家评审、现场查验。利用“3S”技术提高管理水平。研究森林采伐更新技术，应用于资源管理和森调工作中。杜彬带领资源系统干部、职工，高标准、严要求，使林区森林资源取得长足发展。第六、第七、第八次全国森林资源连续清查结果显示，林区森林资源持续保持森林面积、蓄积量、覆盖率“三增长”态势，资源保护管理成效显著。杜彬探索适应林区资源管理工作的办法和机制，发表论文20多篇，主持或参与内蒙古大兴安岭林区森林可持续监测体系研究、森林可变密度生长模型的研究与推广应用、林区采伐更新方式的研究等科研项目。2012年，被人事部、国家林业局授予“全国林业系统劳动模范”。2015年，被中华全国总工会授予“全国劳动模范”称号。

## 2006年“全国五一劳动奖章”获得者·田德山

田德山，男，蒙古族，1963年8月出生。中共党员，大专学历，1983年9月参加工作。2006年，担任乌尔旗汉森工公司（林业局）办公室主任。

在扑救2006年“5·25”森林大火时，他承担着扑救火灾后勤保障工作。在火灾发生第一时间，他组织人力调动给养，快速送到山上的扑火前线。在坚守火场的8个昼夜里，他几乎没有合眼，主动参与到灭火扑救当中，把个人安危置之度外。他热爱家乡，怀揣绿色；作为领导干部，他运筹帷幄，一张蓝图干到底；他率先垂范、处处起模范带头作用。他敬业奉献、知难而进、勇挑重担、锐意进取的实际行动和榜样力量，激励着每一名员工。2006年5月，被全国总工会授予“全国五一劳动奖章”。

## 2006年“全国五一劳动奖章”获得者·陈永秋

陈永秋，男，汉族，1967年2月出生，中共党员，中专学历。1983年7月参加工作。历任公安消防队战士、班长、队长，曾7次被大兴安岭林业公安消防支队评为“先进个人”。1999年10月，调入得森公司防火办，任森林消防中队长。2006年，担任内蒙古得耳布尔林业局防火办快扑班班长。在工作中，他以坚定的政治思想作为核心保障，精益求精的战略战术为基本条件，良好的作风纪律为基本养成。坚持党性原则为建队之魂、立队之本，以他高尚的职业道德影响着整个团队。在灭火作战中，他要求队员具备全面、深刻、迅速、创新的工作能力和借鉴能力，善于运用先进技术和科学战法，选择方案，统一扑火的最佳布局。强化过硬的专业技能，把练业务、练技术、练战术、练作风和练意志有机结合起来，使每位队员具有独立作战的能力。做到实战有战术，灭火有战法，以优良的作风，吃苦耐劳的精神，顾全大局、英勇顽强、机智灵活、敢打敢拼的精神，开展扑火救灾。在现代化条件下，培养出新时期的“铁脚板、活地图、山里通”扑火救灾劲旅。2006年5月，被全国总工会授予“全国五一劳动奖章”。

## 2006年“全国五一劳动奖章”获得者·徐广汉

徐广汉，男，汉族，1971年7月出生，初中学历。2006年，担任内蒙古根河林业局防火管理处主任。

徐广汉是有近20年扑火经验的森林消防队员，多年的扑火工作使他不断地成熟起来，成为一名优秀的扑火队员，并练就了他精明强干的业务能力和娴熟的扑火技能，在他的带领下，所在班成为森林消防大队的尖刀班。他身先士卒、奋勇当先，严格要求自己，以自己的实际行动为防火办队员树立了楷模。在打火时，他冲在最前线，清理火场时，艰、难、险段抢着干。坚守火场、背负给养是一项艰苦的工作，背负几十斤的给养，往返十几里地，爬山过河，非常辛苦，但他每次都抢着去背给养，挑最重的背包背。他的腿累肿了，脚底磨起血泡，但他从未说过一声苦，喊过一声累。他任劳任怨，冲锋在前，用他独特的人格魅力引导大家，激励大家，使大家团结成为一个朝气蓬勃、奋发向上的战斗集体。诠释防火办“首战用我，用我必胜”的精神信念。2006年，被中华全国总工会授予“全国五一劳动奖章”。

## 2006年“全国五一劳动奖章”获得者·孙德志

孙德志，男，蒙古族，1958年8月出生。中共党员，大学学历。2006年，担任内蒙古根河林业局贮木场（贮木段）主任。

2000年以后，在他的带领下，根河贮木场在开展技术创新、合理化建议、成本节余等活动中，共创533.22万元的效益。他非常重视安全生产，把全场职工的思想从“要我安全”，提升到“我要安全”上来。实现建场以后安全生产事故“零”目标，被评为林管局安全生产先进单位。他本人也先后被国家林业局评为全国林业系统合理化建议和技术革新活动先进个人，全国林业系统合理化建议和技术革新最佳建议者，内蒙古大兴安岭林区第十八届劳动模范，2004年被评为全国职工“经济技术创新”能手。

2006年5月，被中华全国总工会授予“全国五一劳动奖章”。

## 2007年“全国五一劳动奖章”获得者·邓兴安

邓兴安，男，汉族， 1964年11月出生，中共党员，大学学历。2007年，担任内蒙古阿尔山林业局贮木场（贮木段）主任。

贮木场是森工企业木材生产流程中重要的生产车间，他针对木材生产接、卸、造、选、归、装等各岗位，先后制定37项岗位责任制和45项管理办法，逐步使贮木场各项管理规范化、效益最大化。2001年，针对原有生产工艺落后导致油脂电能消耗过大问题，他及时提出合理化建议，主持进行全面技术改造，每年为企业节能降耗近百万元。2003年3月，他主持的“生产管理体系与微机应用软件的研究”获得内蒙古自治区第九届企业管理现代化创新成果三等奖；2005年9月，他主持参与创造的“森工企业应用每元产值工资含量办法实现企业主产品效益最大化”获第十一届内蒙古自治区企业管理现代化创新成果二等奖。仅此一项，为企业多创效益200余万元，节约生产成本41万元。2007年4月，被中华全国总工会授予“全国五一劳动奖章”。

## 2008年“全国五一劳动奖章”获得者·李孝发

李孝发，男， 1964年2月出生，本科学历，1988年参加工作。2008年，担任内蒙古库都尔林业局园林苗圃科研组长。历任营林处技术员、业务股长，营林处副主任，库都尔林业局中心苗圃主任。

2008年，他带领15位职工，成立牙克石市源天玉饮品有限责任公司，自负盈亏、自主经营北纬48°矿泉水等系列产品。在库都尔林业局工作30年期间，他在林业战线上获得首届、第二届林业科技标兵，林业部合理化建议先进个人等荣誉，多项科研成果获得内蒙古自治区、大兴安岭林管局科技进步一、二等奖，参与编写的《大兴安岭植物志》一书，获得国家农业科学院技术委员会颁发的先进个人奖状。2008年，被中华全国总工会授予“全国五一劳动奖章”。

## 2008年全国“三八”红旗手称号获得者·刘朝霞

刘朝霞，女，汉族，1963年生，准格尔旗人，中共党员，1984年毕业于内蒙古林学院沙漠治理专业，大学学历，林业正高级工程师。先后任鄂尔多斯市林业治沙科学研究所所长、市林业局治沙造林科科长、市森林病虫害防治检疫站站长、内蒙古自治区技术标准化委员会委员、自治区重点区域绿化专家委员会委员、自治区林业行业高级职称评审委员会委员。参加或主持完成30多项科研项目，获奖项目17项。个人荣誉：1997年被蒙古国达尔罕奥特奇有限公司授予工作业绩突出荣誉奖；1998年被内蒙古自治区林业厅评为自治区第二届林业青年科技奖；2003年被内蒙古自治区人事厅、科学技术协会评为内蒙古自治区优秀科技工作者，被鄂尔多斯市委、市政府评为鄂尔多斯市拔尖人才、先进工作者；2005年被内蒙古自治区政府评为内蒙古自治区劳动模范（先进工作者），被内蒙古自治区妇女联合会授予内蒙古自治区“三八”红旗手；2008年被中华全国妇女联合会评为全国“三八”红旗手、被鄂尔多斯市政府评为鄂尔多斯市中青年科技创新奖；2012年被鄂尔多斯市政府评为鄂尔多斯市草原英才。公开发表论文40余篇，35篇获优秀奖。出版论著4部，其中主编《鄂尔多斯林业有害生物防治实务全书》。

## 2009年“全国五一劳动奖章”获得者·陈方文

陈方文，男，汉族，1963年3月出生，中共党员，大学学历。2009年，担任内蒙古满归林业局北岸林场主任。

陈方文20多年来穿林海、过雪原、爬冰卧雪，恪尽职守，用自己的实际行动在大山深处为林业作出突出贡献。2010年后，他在经济技术创新及合理化建议创效方面，为林业局创经济效益百万余元。在资源管护上，北岸林场连续19年获国家一类伐区，有他的贡献；在技术革新上，他研制成功以J50拖拉机为动力的装车装置，年节约资金20多万元，并有10余项小技改、小发明项目，为企业创造显著的经济效益；在工队建设上，由他建议实施的把传统的“三三制”或“四四制”改成“一一制”的劳动组织方式，降低生产成本，提高工作效率。他多方调研并建议工队实行一体化承包经营方式，在全场推广后取得良好的经济和社会效益。2009年，被中华全国总工会授予“全国五一劳动奖章”。

## 2011年“全国五一劳动奖章”获得者·白俊山

白俊山，男，蒙古族，1956年1月出生，中共党员，大学学历。2011年，担任内蒙古满归林业局局长。

他坚持“以改革促发展、向管理要效益”的工作原则，建立起“管人、管事、管钱、管物”的新机制。从生产源头抓起，把经济效益摆在突出位置。生产管理上主伐全部原条进场，细化产品结构，千方百计提高优质材下山的比重，实现效益最大化的目标，两年增加收入4000余万元。实现不欠工资、不欠上缴、不欠税收“三不欠”的经营目标。通过深化改革，强化管理，短短的两年时间便使企业经济焕发勃勃生机，年产值近2亿元，职工生活从根本上得到改善。在他的带领下，满归林业局全面加强森林资源管理，推进生态基础设施建设，保护了生态功能区的完整和安全，加大打击破坏森林资源违法犯罪行为的力度，森林蓄积量3159万立方米，森林覆盖率达到93.26%，实现森林面积和蓄积量双增长。2011年，被中华全国总工会授予“全国五一劳动奖章”。

## 2011年“全国五一劳动奖章”获得者·马淑梅

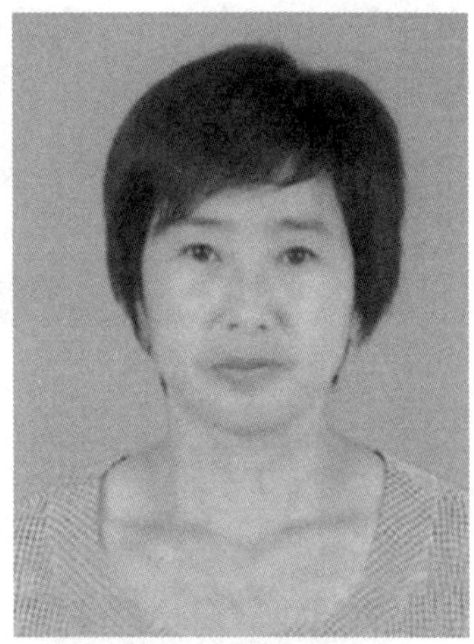

马淑梅，女，汉族，1966年10月出生，高中学历。2011年，担任内蒙古绰尔林业局敖尼尔林场管护员。

马淑梅所在的309管护站，紧靠公路干线，过往车辆和行人较多，管理难度比较大。为防止盗伐林木的发生，不允许无证或无正当理由的闲散人员进山。她每次外出巡护都是天刚刚亮就和丈夫骑上摩托车出去巡护。因她们管护林地面积较大，从南到北要翻过十几座山，穿过十几道沟。为不耽误巡护，夫妻二人从来都是带着干粮，饿了对付一口就继续巡护，一个林班一个林班地走下去。每月两次连续巡护，要3天才能在整个管护区巡护一遍，细算一下，一天要走100多公里山路。十年来，他们管护的8490公顷森林没有发生过一次森林火灾，没有发生过一次滥砍盗伐案件。马淑梅夫妻已经累计走了8万公里巡护路。她在平凡的工作岗位上为林业管护作出不平凡的贡献。2011年，被中华全国总工会授予“全国五一劳动奖章”。

## 2012年“全国五一劳动奖章”获得者·高希明

高希明，男，汉族，1964年5月出生，中共党员，大学学历。2012年，担任内蒙古根河林业局局长。

高希明努力创新企业管理，大胆改革，不仅还清1亿多元的历史欠账，每年还为企业创造1000多万元的利润。作为森林的守护者、改革的带头人、企业的好管家、职工的贴心人，他带领公司广大职工攻坚克难，忘我拼搏，在大兴安岭这片土地上，创造了危困企业实现跨越发展，享誉全国林业系统，为大兴安岭林区的生态保护和经济转型发展作出重要贡献，成为林区的一面旗帜。根河的森林面积、蓄积量连续增长，森林覆盖率由

81%提高至83.62%。他先后获得全国森林防火先进个人、全国保护森林和野生动植物资源先进个人、全国林业系统技术革新先进个人、内蒙古自治区劳动模范、自治区五一劳动奖章、自治区优秀企业家等20多项省部级以上称号和荣誉。2012年，被中华全国总工会授予“全国五一劳动奖章”。

## 2012年“全国五一劳动奖章”获得者·李学万

李学万，男，汉族， 1968年11月出生，中共党员，大学学历。2012年，担任内蒙古大兴安岭森工矿业有限责任公司工程师。

李学万毅然放弃了在西部矿业北京分公司担任工程师的优厚待遇，与夫人一起调到林区工作。林区地质勘探的每一个进展都饱含着李学万的智慧和辛勤的汗水，在4年的工作时间里，他基本上没有节假日，走遍了林区的山山水水，辗转奔波于各勘查区之间。林区的矿产资源，大多分布在深山之中，远离局址和生活区，勘查区距离林业局局址都有几十甚至上百公里，有的勘查区车辆不能进入，下车后要步行几个小时才能到达。他大多数时间都在路上和山上度过，亲自设计方案、指导勘探，付出大量的时间和劳动。他亲自指导完成土壤测量5000平方公里，地形测量340平方公里，物探264平方公里，采样化验近10万件，完成钻探18万延长米。用3年时间完成勘查单位5年都难以完成的工作。为森林矿业发展作出突出贡献。2012年，被中华全国总工会授予“全国五一劳动奖章”。

## 2013年“全国五一劳动奖章”获得者·陈国相

陈国相，男，汉族， 1964年11月出生，中共党员，中专学历。2013年，担任根河林业局贮木场班组长。

陈国相20多年来始终工作在贮木生产一线。在工作中，他凭着坚韧不拔的努力，逐渐成为一名优秀的贮木量材员。做榜样，重实效，带领职工开拓创新、锐意进取，不断推动贮木场效益造材工作取得新突破，为企业创造良好的经济效益。贮木场最繁忙的作业区域就是造材台，而造材台上的量材员又是把好效益选材关的关键技术人员。担任台检组组长以后，他以踏实稳健、求真务实、敬业忠诚的工作态度成为职工学习的榜样。在工作中，始终带头发挥共产党员的先锋模范作用。通过强化造材工作效益，加强指导台检组职工提高量材、木材评定技术，带领台检组职工以抓好效益造材、使有限的林木资源实现效益最大化目标，为公司创造了良好的经济效益和社会效益。2013年，被中华全国总工会授予“全国五一劳动奖章”。

## 2014年“全国五一劳动奖章”获得者·季蒙

季蒙，男，汉族，1962年10月生，内蒙古林学院林业专业学士学位，高级园林工程师，2011年被评

聘为研究员，担任林业研究所所长、内蒙古林木种苗示范基地负责人。

2007年后，季蒙负责内蒙古林木种苗示范基地生产管理，从事森林培育、林木遗传育种等林业科研和林业、园林规划设计工作。累计生产各类苗木100多万株，花卉50余万盆，潜在经济价值近千万元。2010—2015年林业研究所推向市场后，取得数百万元的经济收益，示范作用显著，经济和社会效益良好。他主持和参与完成课题研究30余项，主持完成林业生态规划及园林绿化设计40多项。获科技进步奖四项、科技贡献奖一项、农牧业丰收奖一项、推广奖一项、其他奖一项。出版专著6部，发表论文40余篇。1992—2011年，多次被自治区林业厅、内蒙古林科院评选为先进工作（生产）者；提交的“关于在矿产资源开发中不容忽视对生态环境有效保护”政协提案，在内蒙古政协第十届四次全体会议上被评为优秀提案，受到表彰；被内蒙古林学会授予林业青年科技奖；2011年被内蒙古自治区党委、政府评为内蒙古自治区深入生产第一线作出突出贡献科技人员；2013年获“内蒙古自治区五一劳动奖章”；2014年，被中华全国总工会授予“全国五一劳动奖章”。

## 2014年“全国五一劳动奖章”获得者·孙贤录

孙贤录，男，汉族，1961年8月出生，中共党员，高中学历。1978年参加工作。2014年，任莫尔道嘎林业局长青林场二队党支部书记兼队长。

他是一名生在林区、长在林区、奉献在林区的普通务林人。他创造了单车月产量1664立方米和日产量73立方米的两项林场记录，被队友们称为“拼命三郎”。他踏查伐区、寻找作业场地、指挥组织木材生产。顶严寒、冒酷暑，带领全队职工圆满地完成各项生产任务，伐区作业质量连续多年达标。天保工程实施以后，他牢记“青山常在、永续利用”方针，带领工队及时转变观念，主动配合林场变“砍树”为护林，不断加大对森林的保护力度。他满怀激情，忘我工作，淡泊名利，求真务实，用实际行动书写着岗位诚信和无私奉献，先后多次获得单位安全标兵、先进个人称号。

2014年3月，被中华全国总工会授予“全国五一劳动奖章”。

# 三、个人获奖名录

收录自治区绿化委员会、自治区防火指挥部及以上表彰奖励者。以报送先后为序。

人物-表-1　2006—2015年自治区林业系统个人获奖名录表

| 序号 | 姓名 | 性别 | 民族 | 工作单位及职务 | 获奖时间 | 授奖部门 | 授奖名称 |
|---|---|---|---|---|---|---|---|
| 1 | 阿勇嘎 | 男 | 蒙古族 | 自治区林业厅防火办主任 | 2006 | 国务院前线总指挥部 | 扑火先进个人 |
| 2 | 于晓君 | 男 | 汉族 | 自治区森林草原防火信息中心科长 | 2004—2006 | 国家森林防火指挥部、国家林业局 | 全国森林防火工作先进个人 |
| 3 | 李树森 | 男 | 汉族 | 自治区森林草原防火协调调度中心科长 | 2006 | 国务院前线总指挥部、国家森林防火指挥部 | 扑火先进个人 |
|  |  |  |  | 自治区林业灾害应急办公室副主任 | 2010—2012 | 国家森林防火指挥部、国家林业局 | 全国森林防火工作先进个人 |
| 4 | 于　燕 | 男 | 蒙古族 | 自治区林业厅防火办副调研员 | 2013—2015 | 国家森林防火指挥部、国家林业局 | 全国森林防火工作先进个人 |
| 5 | 师迎柱 | 男 | 蒙古族 | 自治区林业灾害应急办公室科长 | 2013—2015 | 国家森林防火指挥部、国家林业局 | 全国森林防火工作先进个人 |
| 6 | 张文军 | 男 | 汉族 | 自治区林业科学研究院副院长 | 2010 | 自治区党委组织部 | 自治区“草原英才” |
|  |  |  |  |  | 2013 | 自治区政府 | 自治区科技进步三等奖（项目：流动沙地植被重建综合配套技术研究） |
|  |  |  |  |  | 2014 | 国务院 | 国务院政府特殊津贴 |
| 7 | 刘新前 | 男 | 汉族 | 自治区林业科学研究院副院长 | 2006 | 自治区政府 | 自治区科学技术一等奖（项目名称：飞播林草种子处理配套技术研究） |
| 8 | 季　蒙 | 男 | 汉族 | 自治区林业科学研究院所长 | 2011 | 自治区党委、自治区政府 | 自治区深入生产第一线作出突出贡献科技人员 |
|  |  |  |  |  | 2013 | 自治区政府 | 自治区五一劳动奖章 |
|  |  |  |  |  | 2014 | 中华全国总工会 | 全国五一劳动奖章 |
|  |  |  |  |  | 2015 | 国务院 | 全国先进工作者 |
| 9 | 崔清涛 | 男 | 汉族 | 自治区林业科学研究院所长 | 2006 | 国家林业局 | 全国优秀林业科技工作者 |
|  |  |  |  |  | 2012 | 国家林业局 | 全国生态建设突出贡献奖先进个人 |

（续表）

| 序号 | 姓名 | 性别 | 民族 | 工作单位及职务 | 获奖时间 | 授奖部门 | 授奖名称 |
|---|---|---|---|---|---|---|---|
| 10 | 姚建成 | 男 | 汉族 | 自治区林业科学研究院主任 | 2013 | 自治区政府 | 自治区科技进步一等奖（项目名称：低覆盖度防风治沙的原理与模式） |
| | | | | | 2015 | 自治区政府 | 自治区突出贡献专家 |
| 11 | 闫德仁 | 男 | 汉族 | 自治区林业科学研究院所长 | 2011 | 自治区政府 | 自治区中青年科学技术创新奖 |
| | | | | | 2012 | 自治区政府 | 自治区有突出贡献中青年专家 |
| | | | | | 2011 | 自治区党委、自治区政府 | 自治区深入生产第一线作出突出贡献科技人员 |
| | | | | | 2008 | 国务院 | 国务院政府特殊津贴 |
| | | | | | 2010 | 中国科学技术协会 | 全国优秀科技工作者 |
| | | | | | 2011 | 自治区党委组织部 | 自治区“草原英才” |
| | | | | | 2013 | 自治区政府 | 自治区科技进步三等奖（项目名称：流动沙地植被重建综合配套技术研究） |
| 12 | 张幼军 | 女 | 汉族 | 自治区林业科学研究院副处长 | 2006 | 自治区政府 | 自治区科技进步奖二等奖（项目名称：内蒙古节水灌溉的原理和优化灌溉制度研究与示范） |
| 13 | 郭永盛 | 男 | 汉族 | 自治区林业科学研究院所长 | 2013 | 自治区党委、自治区政府 | 自治区深入生产第一线作出突出贡献科技人员 |
| | | | | | 2009 | 自治区政府 | 自治区科技进步二等奖（项目名称：绿色名优农产品产业化配套技术研究——绿色食品枸杞开发研究） |
| | | | | | 2013 | 自治区政府 | 自治区科技进步奖一等奖（项目名称：低覆盖度防风治沙的原理与模式） |
| 14 | 云林强 | 男 | 汉族 | 自治区林业科学研究院 | 2006 | 自治区政府 | 自治区科技进步奖二等奖（项目名称：内蒙古节水灌溉的原理和优化灌溉制度研究与示范） |
| 15 | 梁建平 | 男 | 汉族 | 自治区林业科学研究院副所长 | 2006 | 自治区政府 | 自治区科技进步奖二等奖（项目名称：内蒙古节水灌溉的原理和优化灌溉制度研究与示范） |

（续表）

| 序号 | 姓名 | 性别 | 民族 | 工作单位及职务 | 获奖时间 | 授奖部门 | 授奖名称 |
|---|---|---|---|---|---|---|---|
| 16 | 王晓江 | 男 | 汉族 | 自治区林业科学研究院副所长 | 2006 | 自治区政府 | 自治区科技进步奖二等奖（项目名称：内蒙古节水灌溉的原理和优化灌溉制度研究与示范） |
| 17 | 王熠清 | 男 | 汉族 | 自治区林业科学研究院副所长 | 2006 | 自治区政府 | 自治区科技进步奖三等奖（项目名称：生物定时水开发及造林应用研究） |
| 18 | 曹建军 | 男 | 汉族 | 自治区林业科学研究院 | 2006 | 自治区政府 | 自治区科技进步奖三等奖（项目名称：生物定时水开发及造林应用研究） |
| 19 | 胡小龙 | 男 | 汉族 | 自治区林业科学研究院 | 2013 | 自治区政府 | 自治区科技进步三等奖（项目名称：流动沙地植被重建综合配套技术研究） |
| 20 | 梁海荣 | 女 | 汉族 | 自治区林业科学研究院 | 2013 | 自治区政府 | 自治区科技进步一等奖（项目名称：低覆盖度防风治沙的原理与模式） |
| 21 | 王伟峰 | 男 | 蒙古族 | 自治区林业科学研究院 | 2014 | 国家林业局科学技术委员会、中国林学会 | 第四届梁希优秀学子奖 |
| 22 | 敖　东 | 男 | 达斡尔族 | 自治区林业厅 | 2007 | 全国政协人口资源环境委员会、全国绿化委员会、国家广播电影电视总局、中华全国新闻工作者协会、中国绿化基金会、国家林业局 | 梁希林业宣传突出贡献奖 |
| | | | | | 2007 | 全国政协人口资源环境委员会、全国绿化委员会、国家广播电影电视总局、中华全国新闻工作者协会、中国绿化基金会、国家林业局 | 关注森林新闻奖一等奖（作品《被遗忘的鸥鸟》） |
| | | | | | 2009 | 全国政协人口资源环境委员会、全国绿化委员会、国家广播电影电视总局、中华全国新闻工作者协会、中国绿化基金会、国家林业局 | 第四届关注森林新闻奖一等奖（作品《为绿色奥运》） |
| | | | | | 2013 | 全国政协人口资源环境委员会、全国绿化委员会、国家广播电影电视总局、中华全国新闻工作者协会、中国绿化基金会、国家林业局 | 第五届关注森林梁希新闻奖一等奖（《内蒙古荒漠化和沙化土地首次实现双减少》） |

（续表）

| 序号 | 姓名 | 性别 | 民族 | 工作单位及职务 | 获奖时间 | 授奖部门 | 授奖名称 |
|---|---|---|---|---|---|---|---|
| 23 | 董建林 | 男 | 汉族 | 自治区林业监测规划院 | 2006 | 国家林业局 | 第三次全国荒漠化和沙化先进个人 |
| | | | | 自治区三北防护林工作站 | 2009 | 中国林学会 | 第二届梁希科普奖 |
| 24 | 林国华 | 男 | 汉族 | 兴安盟林木种苗站 | 2010 | 国家林业局 | 全国生态建设突出贡献奖——林木种苗先进工作者 |
| 25 | 牛林龙 | 男 | 汉族 | 宁城县黑里河林场 | 2010 | 国家林业局 | 全国生态建设突出贡献奖——林木种苗先进工作者 |
| 26 | 辛庆瑞 | 男 | 汉族 | 锡林郭勒盟林木种苗工作站 | 2010 | 国家林业局 | 全国生态建设突出贡献奖——林木种苗先进工作者 |
| 27 | 张　峰 | 男 | 汉族 | 土默特左旗万家沟林场 | 2010 | 国家林业局 | 全国生态建设突出贡献奖——林木种苗先进工作者 |
| 28 | 段　霞 | 女 | 汉族 | 固阳县林木种苗站 | 2010 | 国家林业局 | 全国生态建设突出贡献奖——林木种苗先进工作者 |
| 29 | 王治国 | 男 | 汉族 | 巴彦淖尔市林业种苗站 | 2010 | 国家林业局 | 全国生态建设突出贡献奖——林木种苗先进工作者 |
| 30 | 杨雪芹 | 女 | 汉族 | 额济纳旗林木种苗站 | 2010 | 国家林业局 | 全国生态建设突出贡献奖——林木种苗先进工作者 |
| 31 | 高继承 | 男 | 汉族 | 内蒙古绰尔林业局 | 2010 | 国家林业局 | 全国生态建设突出贡献奖——林木种苗先进工作者 |
| 32 | 徐成才 | 男 | 满族 | 内蒙古大兴安岭林管局营林生产处 | 2010 | 国家林业局 | 全国生态建设突出贡献奖——林木种苗先进工作者 |
| 33 | 王生军 | 男 | 汉族 | 国家林业局林木种苗质量检验检测中心（呼和浩特） | 2010 | 国家林业局 | 全国生态建设突出贡献奖——林木种苗先进工作者 |
| 34 | 李德平 | 男 | 汉族 | 阿拉善盟额济纳旗林业局局长、森林公安局政委 | 2006.12 | 全国绿化委员会、人事部、国家林业局 | “模范公务员”荣誉称号 |
| 35 | 谢振有 | 男 | 汉族 | 自治区森林公安局局长 | 2006.10 | 国家林业局森林公安局 | 个人一等功 |
| 36 | 于　燕 | 男 | 汉族 | 自治区森林公安局鉴定中心主任 | 2006.8 | 国家林业局森林公安局 | 个人二等功 |
| 37 | 王　莉 | 女 | 汉族 | 自治区森林公安局民警 | 2006.8 | 国家林业局森林公安局 | 个人二等功 |

（续表）

| 序号 | 姓名 | 性别 | 民族 | 工作单位及职务 | 获奖时间 | 授奖部门 | 授奖名称 |
|---|---|---|---|---|---|---|---|
| 38 | 包永祥 | 男 | 蒙古族 | 通辽市科左中旗森林公安局局长 | 2006.8 | 国家林业局森林公安局 | 个人二等功 |
| 39 | 何兰英 | 女 | 汉族 | 包头市石拐区森林公安分局民警 | 2006.8 | 国家林业局森林公安局 | 个人二等功 |
| 40 | 姜广春 | 男 | 汉族 | 呼伦贝尔市柴河森林公安分局局长 | 2006.8 | 国家林业局森林公安局 | 个人二等功 |
| 41 | 刘振宇 | 男 | 汉族 | 锡林郭勒盟公安局森林公安分局局长 | 2006.8 | 国家林业局森林公安局 | 个人二等功 |
| 42 | 刘　威 | 女 | 汉族 | 自治区森林公安局民警 | 2006.11 | 国家林业局森林公安局 | 个人二等功 |
| 43 | 马忠波 | 男 | 汉族 | 通辽市扎鲁特旗森林公安局分局长 | 2006.11 | 国家林业局森林公安局 | 个人二等功 |
| 44 | 张连玉 | 男 | 汉族 | 呼伦贝尔市南木森林公安分局副局长 | 2006.11 | 国家林业局森林公安局 | 个人二等功 |
| 45 | 苗小平 | 男 | 汉族 | 鄂尔多斯市东胜区森林公安分局民警 | 2006.11 | 国家林业局森林公安局 | 个人二等功 |
| 46 | 白俊江 | 男 | 蒙古族 | 呼伦贝尔市森林公安局局长 | 2007.5 | 公安部 | 全国优秀人民警察 |
| 47 | 刘延年 | 男 | 汉族 | 赤峰市松山区森林公安局局长 | 2007.5 | 公安部 | 全国优秀人民警察 |
| 48 | 白俊江 | 男 | 蒙古族 | 呼伦贝尔市森林公安局局长 | 2007.1 | 国家林业局 | 林区禁毒工作先进个人 |
| 49 | 张全卫 | 男 | 汉族 | 自治区森林公安局民警 | 2007.1 | 国家林业局 | 林区禁毒工作先进个人 |
| 50 | 吴国华 | 男 | 汉族 | 自治区森林病虫害防治检疫站副站长 | 2014 | 国家林业局 | 全国生态建设突出贡献奖先进个人 |
| 51 | 赵胜国 | 男 | 蒙古族 | 自治区森林病虫害防治检疫站 | 2008 | 自治区政府 | 科技进步二等奖（项目名称：沙棘木蠹蛾无公害防治研究） |
| | | | | 自治区森林病虫害防治检疫站副站长 | 2015 | 自治区农牧业丰收奖评审委员会 | 农牧业丰收一等奖（项目名称：环保型胶带阻隔技术防控林木食叶害虫研究与应用） |
| 52 | 杨生宝 | 男 | 回族族 | 阿拉善盟阿左旗森林公安分局政委 | 2007.6 | 国家林业局森林公安局 | 全国森林公安系统优秀人民警察 |
| 53 | 谢永辉 | 男 | 汉族 | 自治区森林公安局民警 | 2007.6 | 国家林业局森林公安局 | 全国森林公安系统优秀人民警察 |
| 54 | 徐凤才 | 男 | 汉族 | 呼伦贝尔市免渡河森林公安分局局长 | 2007.6 | 国家林业局森林公安局 | 全国森林公安系统优秀人民警察 |

（续表）

| 序号 | 姓名 | 性别 | 民族 | 工作单位及职务 | 获奖时间 | 授奖部门 | 授奖名称 |
|---|---|---|---|---|---|---|---|
| 55 | 牛义仁 | 男 | 汉族 | 兴安盟森林公安局局长 | 2007.6 | 国家林业局森林公安局 | 全国森林公安系统优秀人民警察 |
| 56 | 李文浩 | 男 | 汉族 | 赤峰市松山区森林公安局安庆沟派出所所长 | 2007.6 | 国家林业局森林公安局 | 全国森林公安系统优秀人民警察 |
| 57 | 郭春生 | 男 | 汉族 | 乌海市森林公安局局长 | 2007.6 | 国家林业局森林公安局 | 全国森林公安系统优秀人民警察 |
| 58 | 丁坤玉 | 男 | 满族族 | 兴安盟科右前旗森林公安分局局长 | 2008.6 | 国家林业局森林公安局 | 个人二等功 |
| 59 | 闫文忠 | 男 | 汉族 | 赤峰市森林公安局克什克腾旗森林公安分局局长 | 2008.6 | 国家林业局森林公安局 | 个人二等功 |
| 60 | 殷亚林 | 男 | 汉族 | 呼伦贝尔市森林公安局红花尔基森林公安分局局长 | 2008.6 | 国家林业局森林公安局 | 个人二等功 |
| 61 | 李世忠 | 男 | 汉族 | 呼伦贝尔市森林公安局南木森林公安分局政委 | 2008.6 | 国家林业局森林公安局 | 个人二等功 |
| 62 | 姜　飞 | 男 | 蒙古族 | 包头市森林公安局副局长 | 2008.6 | 国家林业局森林公安局 | 个人二等功 |
| 63 | 张春祥 | 男 | 汉族 | 自治区森林公安局民警 | 2008.6 | 国家林业局森林公安局 | 个人二等功 |
| 64 | 姚清瑞 | 男 | 汉族 | 赤峰市松山区森林公安局安庆沟派出所指导员 | 2008.6 | 国家林业局森林公安局 | 个人二等功 |
| 65 | 张子林 | 男 | 汉族 | 通辽市科尔沁区森林公安局局长 | 2008.12 | 国家林业局森林公安局 | 个人二等功 |
| 66 | 吴宏才 | 男 | 蒙古族 | 赤峰市阿鲁科尔沁旗森林公安分局局长 | 2008.12 | 国家林业局森林公安局 | 个人二等功 |
| 67 | 牛义仁 | 男 | 汉族 | 兴安盟森林公安局局长 | 2008.12 | 国家林业局森林公安局 | 个人二等功 |
| 68 | 肖文武 | 男 | 汉族 | 自治区森林公安局局长 | 2009.10 | 国家林业局森林公安局 | 个人二等功 |
| 69 | 于　燕 | 男 | 汉族 | 自治区森林公安局主任科员 | 2009.10 | 国家林业局森林公安局 | 个人二等功 |
| 70 | 王肖冰 | 女 | 汉族 | 自治区森林公安局政治部主任 | 2009.10 | 国家林业局森林公安局 | 个人二等功 |
| 71 | 李国强 | 男 | 汉族 | 呼伦贝尔市巴林森林公安分局局长 | 2009.11 | 国家林业局森林公安局 | 个人二等功 |
| 72 | 李文峰 | 男 | 蒙古族 | 通辽市森林公安局副局长 | 2009.11 | 国家林业局森林公安局 | 个人二等功 |
| 73 | 潘存忠 | 男 | 汉族 | 阿拉善盟阿左旗贺兰山森林公安分局局长 | 2009.11 | 国家林业局森林公安局 | 个人二等功 |

（续表）

| 序号 | 姓名 | 性别 | 民族 | 工作单位及职务 | 获奖时间 | 授奖部门 | 授奖名称 |
|---|---|---|---|---|---|---|---|
| 74 | 蔺永旺 | 男 | 汉族 | 巴彦淖尔市五原县公安局森林公安分局局长 | 2009.11 | 国家林业局森林公安局 | 个人二等功 |
| 75 | 张继武 | 男 | 汉族 | 包头市森林公安局民警 | 2009.11 | 国家林业局森林公安局 | 个人二等功 |
| 76 | 李　琪 | 男 | 汉族 | 乌兰察布市兴和县森林公安分局局长 | 2009.11 | 国家林业局森林公安局 | 个人二等功 |
| 77 | 石利平 | 男 | 汉族 | 鄂尔多斯市杭锦旗森林公安局副政委 | 2009.11 | 国家林业局森林公安局 | 个人二等功 |
| 78 | 赵彦青 | 男 | 汉族 | 包头市土右旗森林公安局局长 | 2010.7 | 国家林业局森林公安局 | 个人二等功 |
| 79 | 张大军 | 男 | 汉族 | 锡林郭勒盟森林公安局副局长 | 2010.7 | 国家林业局森林公安局 | 个人二等功 |
| 80 | 王　平 | 男 | 汉族 | 鄂尔多斯市达拉特旗森林公安局局长 | 2010.7 | 国家林业局森林公安局 | 个人二等功 |
| 81 | 苏　俊 | 男 | 汉族 | 乌兰察布市化德县森林公安局局长 | 2010.7 | 国家林业局森林公安局 | 个人二等功 |
| 82 | 张全卫 | 男 | 汉族 | 自治区森林公安局森保支队支队长 | 2010.7 | 国家林业局森林公安局 | 个人二等功 |
| 83 | 张秀敏 | 女 | 汉族 | 阿拉善盟森林公安局副政委 | 2010.7 | 国家林业局森林公安局 | 个人二等功 |
| 84 | 王志国 | 男 | 汉族 | 赤峰市克什克腾旗森林公安局民警 | 2010.7 | 国家林业局森林公安局 | 个人二等功 |
| 85 | 翟建莉 | 女 | 回族族 | 呼伦贝尔市满洲里市森林公安局局长 | 2010.12 | 国家林业局森林公安局 | 个人二等功 |
| 86 | 岳丰元 | 男 | 蒙古族 | 阿拉善右旗森林公安局雅布赖派出所所长 | 2012.5 | 公安部 | 全国公安机关爱民模范 |
| 87 | 洪　海 | 男 | 蒙古族 | 赤峰市森林公安局局长 | 2012.5 | 公安部 | 全国优秀人民警察 |
| 88 | 刘　枫 | 女 | 汉族 | 乌兰察布市四子王旗森林公安局局长 | 2012.2 | 国家林业局森林公安局 | 个人二等功 |
| 89 | 王景利 | 男 | 汉族 | 兴安盟森林公安局白狼分局局长 | 2012.2 | 国家林业局森林公安局 | 个人二等功 |
| 90 | 白广平 | 男 | 汉族 | 鄂尔多斯市伊旗森林公安局局长 | 2012.2 | 国家林业局森林公安局 | 个人二等功 |
| 91 | 曹　磊 | 男 | 汉族 | 乌兰察布市卓资县森林公安局局长 | 2012.2 | 国家林业局森林公安局 | 个人二等功 |
| 92 | 何立明 | 男 | 汉族 | 阿拉善盟阿左旗贺兰山森林公安局古拉本派出所所长 | 2012.2 | 国家林业局森林公安局 | 个人二等功 |

（续表）

| 序号 | 姓名 | 性别 | 民族 | 工作单位及职务 | 获奖时间 | 授奖部门 | 授奖名称 |
|---|---|---|---|---|---|---|---|
| 93 | 那贡达来 | 男 | 蒙古族 | 鄂尔多斯市鄂托克前旗森林公安局局长 | 2012.2 | 国家林业局森林公安局 | 个人二等功 |
| 94 | 王一斌 | 男 | 汉族 | 包头市东河区森林公安局局长 | 2012.2 | 国家林业局森林公安局 | 个人二等功 |
| 95 | 王　学 | 男 | 汉族 | 自治区森林公安局刑警支队副主任科员 | 2012.2 | 国家林业局森林公安局 | 个人二等功 |
| 96 | 尤永亮 | 男 | 回族族 | 兴安盟科右前旗森林公安局刑警队科员 | 2012.2 | 国家林业局森林公安局 | 个人二等功 |
| 97 | 牛义仁 | 男 | 汉族 | 兴安盟森林公安局局长 | 2012.7 | 国家林业局森林公安局 | 全国森林公安系统优秀人民警察 |
| 98 | 刘　枫 | 女 | 汉族 | 乌兰察布市四子王旗森林公安局局长 | 2012.7 | 国家林业局森林公安局 | 全国森林公安系统优秀人民警察 |
| 99 | 吴宏才 | 男 | 蒙古族 | 赤峰市阿鲁科尔沁旗森林公安局局长 | 2012.7 | 国家林业局森林公安局 | 全国森林公安系统优秀人民警察 |
| 100 | 赵树军 | 男 | 汉族 | 呼伦贝尔市南木森林公安局副局长 | 2012.11 | 国家林业局森林公安局 | 个人二等功 |
| 101 | 丁坤玉 | 男 | 满族族 | 兴安盟科右前旗森林公安局局长 | 2012.11 | 国家林业局森林公安局 | 个人二等功 |
| 102 | 张爱军 | 男 | 汉族 | 巴彦淖尔市乌拉特前旗森林公安局副局长 | 2012.11 | 国家林业局森林公安局 | 个人二等功 |
| 103 | 董　伟 | 男 | 汉族 | 赤峰市巴林左旗森林公安局局长 | 2012.11 | 国家林业局森林公安局 | 个人二等功 |
| 104 | 张晓红 | 女 | 汉族 | 乌兰察布市兴和县森林公安局局长 | 2012.11 | 国家林业局森林公安局 | 个人二等功 |
| 105 | 张兴亚 | 男 | 汉族 | 呼伦贝尔市巴林森林公安局副局长 | 2012.11 | 国家林业局森林公安局 | 个人二等功 |
| 106 | 刘　洁 | 女 | 汉族 | 阿拉善盟额济纳旗森林公安局民警 | 2012.11 | 国家林业局森林公安局 | 个人二等功 |
| 107 | 郭　峰 | 男 | 汉族 | 包头市森林公安局刑侦治安支队支队长 | 2012.11 | 国家林业局森林公安局 | 个人二等功 |
| 108 | 丽　星 | 女 | 蒙古族 | 阿拉善森林公安局办公室主任 | 2013.6 | 国家林业局森林公安局 | 个人二等功 |
| 108 | 潘　金 | 男 | 汉族 | 赤峰市巴林右旗森林公安局局长 | 2013.6 | 国家林业局森林公安局 | 个人二等功 |
| 109 | 王学仁 | 男 | 蒙古族 | 呼伦贝尔市乌奴耳森林公安局局长 | 2013.6 | 国家林业局森林公安局 | 个人二等功 |

（续表）

| 序号 | 姓名 | 性别 | 民族 | 工作单位及职务 | 获奖时间 | 授奖部门 | 授奖名称 |
|---|---|---|---|---|---|---|---|
| 110 | 魏　峰 | 男 | 汉族 | 兴安盟森林公安局刑侦支队支队长 | 2013.6 | 国家林业局森林公安局 | 个人二等功 |
| 111 | 魏向东 | 男 | 汉族 | 兴安盟阿尔山市森林公安局局长 | 2013.6 | 国家林业局森林公安局 | 个人二等功 |
| 112 | 吴云清 | 男 | 汉族 | 兴安盟阿尔山市森林公安局刑侦队长 | 2013.6 | 国家林业局森林公安局 | 个人二等功 |
| 113 | 尹　坤 | 男 | 汉族 | 锡林郭勒盟森林公安局刑侦支队队长 | 2013.6 | 国家林业局森林公安局 | 个人二等功 |
| 114 | 魏丽娜 | 女 | 汉族 | 锡林郭勒盟锡林浩特市森林公安局科员 | 2014.3 | 国家林业局森林公安局 | 个人二等功 |
| 115 | 李晓明 | 男 | 汉族 | 赤峰市敖汉旗森林公安局局长 | 2014.3 | 国家林业局森林公安局 | 个人二等功 |
| 116 | 郝耀光 | 男 | 汉族 | 巴彦淖尔市森林公安局局长 | 2014.3 | 国家林业局森林公安局 | 个人二等功 |
| 117 | 马忠波 | 男 | 汉族 | 通辽市扎鲁特旗森林公安局局长 | 2014.3 | 国家林业局森林公安局 | 个人二等功 |
| 118 | 康　学 | 男 | 蒙古族 | 通辽市奈曼旗森林公安局局长 | 2014.3 | 国家林业局森林公安局 | 个人二等功 |
| 119 | 司冬伟 | 男 | 汉族 | 锡林郭勒盟锡林浩特市森林公安局副局长 | 2014.3 | 国家林业局森林公安局 | 个人二等功 |
| 120 | 石金福 | 男 | 汉族 | 锡林郭勒盟锡林浩特市森林公安局局长 | 2014.3 | 国家林业局森林公安局 | 个人二等功 |
| 121 | 白武杰 | 男 | 满族族 | 呼伦贝尔市南木森林公安局通讯室主任 | 2014.7 | 国家林业局森林公安局 | 个人二等功 |
| 122 | 沈志宏 | 男 | 蒙古族 | 兴安盟突泉县森林公安局局长 | 2014.7 | 国家林业局森林公安局 | 个人二等功 |
| 123 | 翟春强 | 男 | 汉族 | 呼伦贝尔市南木森林公安局副局长 | 2014.12 | 国家林业局森林公安局 | 个人二等功 |
| 124 | 刘同友 | 男 | 汉族 | 呼伦贝尔市巴林森林公安局副局长 | 2014.12 | 国家林业局森林公安局 | 个人二等功 |
| 125 | 吴金泉 | 男 | 蒙古族 | 呼伦贝尔市红花尔基森林公安局局长 | 2014.12 | 国家林业局森林公安局 | 个人二等功 |
| 126 | 哈　图 | 男 | 蒙古族 | 呼和浩特市森林公安局大青山自然保护区分局局长 | 2014.12 | 国家林业局森林公安局 | 个人二等功 |
| 127 | 陈国林 | 男 | 蒙古族 | 兴安盟森林公安局副局长 | 2014.12 | 国家林业局森林公安局 | 个人二等功 |

（续表）

| 序号 | 姓名 | 性别 | 民族 | 工作单位及职务 | 获奖时间 | 授奖部门 | 授奖名称 |
|---|---|---|---|---|---|---|---|
| 128 | 任守成 | 男 | 蒙古族 | 通辽市森林公安局副局长 | 2014.12 | 国家林业局森林公安局 | 个人二等功 |
| 129 | 丁坤玉 | 男 | 满族族 | 兴安盟科尔沁右翼前旗森林公安局局长 | 2015.9 | 国家林业局森林公安局 | 个人一等功 |
| 130 | 吴宏才 | 男 | 蒙古族 | 赤峰市阿鲁科尔沁旗森林公安局局长 | 2015.9 | 国家林业局森林公安局 | 个人一等功 |
| 131 | 洪　海 | 男 | 蒙古族 | 赤峰市森林公安局局长 | 2015.12 | 国家林业局森林公安局 | 个人一等功 |
| 132 | 孙智德 | 男 | 汉族 | 阿拉善盟森林公安局局长 | 2015.12 | 国家林业局森林公安局 | 个人一等功 |
| 133 | 宋云峰 | 男 | 汉族 | 呼伦贝尔市扎兰屯市森林公安局副局长 | 2015.9 | 国家林业局森林公安局 | 个人二等功 |
| 134 | 郭俊峰 | 男 | 达斡尔族 | 呼伦贝尔市柴河森林公安局政委 | 2015.9 | 国家林业局森林公安局 | 个人二等功 |
| 135 | 宿海东 | 男 | 汉族 | 赤峰市克什克腾旗森林公安局副局长 | 2015.9 | 国家林业局森林公安局 | 个人二等功 |
| 136 | 魏利民 | 男 | 汉族 | 巴彦淖尔市森林公安局副局长 | 2015.9 | 国家林业局森林公安局 | 个人二等功 |
| 137 | 程秀国 | 男 | 汉族 | 赤峰市红山区森林公安局刑侦治安队队长 | 2015.9 | 国家林业局森林公安局 | 个人二等功 |
| 138 | 张秀斌 | 男 | 汉族 | 鄂尔多斯市达拉特旗森林公安局副局长 | 2015.9 | 国家林业局森林公安局 | 个人二等功 |
| 139 | 岳丰元 | 男 | 蒙古族 | 阿拉善盟阿拉善右旗森林公安局雅布赖派出所所长 | 2015.9 | 国家林业局森林公安局 | 个人二等功 |
| 140 | 乌力吉 | 男 | 蒙古族 | 阿拉善盟额济纳旗森林公安局巴彦宝格德派出所所长 | 2015.9 | 国家林业局森林公安局 | 个人二等功 |
| 141 | 白国瑞 | 女 | 汉族 | 阿拉善盟森林公安局副主任科员 | 2015.9 | 国家林业局森林公安局 | 个人二等功 |
| 142 | 赛希娅娜 | 女 | 蒙古族 | 自治区森林公安局政委 | 2015.12 | 国家林业局森林公安局 | 个人二等功 |
| 143 | 侯树春 | 男 | 汉族 | 赤峰市宁城县森林公安局局长 | 2015.12 | 国家林业局森林公安局 | 个人二等功 |
| 144 | 白会发 | 男 | 蒙古族 | 兴安盟森林公安局五岔沟分局局长 | 2015.12 | 国家林业局森林公安局 | 个人二等功 |
| 145 | 闫海军 | 男 | 蒙古族 | 兴安盟扎赉特旗森林公安局局长 | 2015.12 | 国家林业局森林公安局 | 个人二等功 |

（续表）

| 序号 | 姓名 | 性别 | 民族 | 工作单位及职务 | 获奖时间 | 授奖部门 | 授奖名称 |
|---|---|---|---|---|---|---|---|
| 146 | 樊　伟 | 男 | 汉族 | 包头市达茂旗森林公安局局长 | 2015.12 | 国家林业局森林公安局 | 个人二等功 |
| 147 | 车彦平 | 男 | 汉族 | 乌兰察布市凉城县森林公安局局长 | 2015.12 | 国家林业局森林公安局 | 个人二等功 |
| 148 | 赵　杰 | 男 | 汉族 | 乌兰察布市察右后旗森林公安局局长 | 2015.12 | 国家林业局森林公安局 | 个人二等功 |
| 149 | 杨培云 | 男 | 汉族 | 巴彦淖尔市磴口县森林公安局局长 | 2015.12 | 国家林业局森林公安局 | 个人二等功 |
| 150 | 葛日新 | 男 | 汉族 | 内蒙古大兴安岭森林公安局局长(退休） | 2005<br>2006<br>2009 | 国家林业局森林公安局 | 个人一等功 |
| 152 | 倪荣光 | 男 | 汉族 | 内蒙古大兴安岭森林公安局副局长 | 2014 | 国家林业局森林公安局 | 个人一等功 |
| 153 | 高蒙彬 | 男 | 汉族 | 内蒙古大兴安岭森林公安局警务保障室科长 | 2010 | 国家林业局森林公安局 | 个人一等功 |
| 154 | 田孝忠 | 男 | 汉族 | 内蒙古毕拉河森林公安局法制大队二级警员 | 2011 | 国家林业局森林公安局 | 个人一等功 |
| 155 | 王瑞喆 | 女 | 汉族 | 内蒙古伊图里河森林公安局办公室副主任科员 | 2012 | 国家林业局森林公安局 | 个人一等功 |
| 156 | 杨宏义 | 男 | 汉族 | 内蒙古大兴安岭森林公安局办公室副主任科员 | 2012 | 自治区公安厅 | 个人一等功 |
| 157 | 李凤春 | 男 | 汉族 | 内蒙古大兴安岭森林公安局调研员（退休） | 2005<br>2010 | 国家林业局森林公安局 | 个人二等功 |
| 158 | 鹿占海 | 男 | 汉族 | 内蒙古大兴安岭森林公安局副督察长（退休） | 2005<br>2010 | 国家林业局森林公安局 | 个人二等功 |
| 159 | 高志国 | 男 | 汉族 | 内蒙古满归森林公安局局长（退休） | 2005<br>2007 | 国家林业局森林公安局 | 个人二等功 |
| 160 | 杨　波 | 男 | 汉族 | 内蒙古乌尔旗汉森林公安局办公室主任 | 2005<br>2007 | 国家林业局森林公安局 | 个人二等功 |
| 161 | 冯荣繁 | 男 | 回族族 | 内蒙古金河森林公安局局长 | 2006<br>2012 | 国家林业局森林公安局 | 个人二等功 |
| 162 | 马金荣 | 女 | 汉族 | 内蒙古大兴安岭森林公安局副调研员（病故） | 2006 | 国家林业局森林公安局 | 个人二等功 |
| 163 | 刘福泉 | 男 | 汉族 | 内蒙古根河森林公安局国保大队大队长 | 2006 | 国家林业局森林公安局 | 个人二等功 |

（续表）

| 序号 | 姓名 | 性别 | 民族 | 工作单位及职务 | 获奖时间 | 授奖部门 | 授奖名称 |
|---|---|---|---|---|---|---|---|
| 164 | 孙　瑞 | 男 | 汉族 | 内蒙古牙克石森林公安局局长 | 2006<br>2010 | 国家林业局森林公安局 | 个人二等功 |
| 165 | 王景山 | 男 | 汉族 | 内蒙古莫尔道嘎森林公安局治安大队大队长（退休） | 2006 | 国家林业局森林公安局 | 个人二等功 |
| 166 | 鹿占魁 | 男 | 汉族 | 内蒙古根河森林公安局局长（退休） | 2006<br>2011 | 国家林业局森林公安局 | 个人二等功 |
| 167 | 葛日新 | 男 | 汉族 | 内蒙古大兴安岭森林公安局局长(退休) | 2007 | 国家林业局森林公安局 | 个人二等功 |
| 168 | 杨立春 | 男 | 汉族 | 内蒙古大兴安岭森林公安局法制监管支队支队长 | 2007 | 国家林业局森林公安局 | 个人二等功 |
| 169 | 李新华 | 男 | 汉族 | 内蒙古牙克石森林公安局副调研员 | 2007<br>2009 | 国家林业局森林公安局 | 个人二等功 |
| 170 | 王海金 | 男 | 汉族 | 内蒙古大兴安岭森林公安局刑侦支队支队长（病故） | 2007 | 国家林业局森林公安局 | 个人二等功 |
| 171 | 马义芳 | 男 | 汉族 | 内蒙古阿龙山森林公安局拘留所所长 | 2007 | 国家林业局森林公安局 | 个人二等功 |
| 172 | 林英武 | 男 | 汉族 | 内蒙古大兴安岭森林公安局纪委书记 | 2007 | 国家林业局森林公安局 | 个人二等功 |
| 173 | 于伟奇 | 男 | 汉族 | 内蒙古北部原始林区森林公安局局长 | 2007 | 国家林业局森林公安局 | 个人二等功 |
| 174 | 胡玉萍 | 男 | 汉族 | 内蒙古根河森林公安局法制大队一级警员 | 2007 | 国家林业局森林公安局 | 个人二等功 |
| 175 | 赵　瑞 | 男 | 汉族 | 内蒙古大兴安岭森林公安局消防支队副支队长 | 2008 | 国家林业局森林公安局 | 个人二等功 |
| 176 | 马雅杰 | 男 | 汉族 | 内蒙古大兴安岭森林公安局刑侦支队政委 | 2008<br>2010 | 国家林业局森林公安局 | 个人二等功 |
| 177 | 张三民 | 男 | 汉族 | 内蒙古库都尔森林公安局政委 | 2008 | 国家林业局森林公安局 | 个人二等功 |
| 178 | 曲秀山 | 男 | 汉族 | 内蒙古根河森林公安局副局长 | 2008 | 国家林业局森林公安局 | 个人二等功 |
| 179 | 张静辉 | 男 | 汉族 | 内蒙古根河森林公安看守所所长 | 2008 | 国家林业局森林公安局 | 个人二等功 |

（续表）

| 序号 | 姓名 | 性别 | 民族 | 工作单位及职务 | 获奖时间 | 授奖部门 | 授奖名称 |
|---|---|---|---|---|---|---|---|
| 180 | 郭　刚 | 男 | 汉族 | 内蒙古乌尔旗汉森林公安局政委 | 2008 | 国家林业局森林公安局 | 个人二等功 |
| 181 | 陈　伟 | 男 | 汉族 | 内蒙古牙克石森林公安看守所所长 | 2008 | 国家林业局森林公安局 | 个人二等功 |
| 183 | 谢祖刚 | 男 | 汉族 | 内蒙古大兴安岭森林公安局政治部副主任 | 2009 | 国家林业局森林公安局 | 个人二等功 |
| 184 | 腾文浩 | 男 | 汉族 | 内蒙古大兴安岭森林公安局副调研员 | 2009<br>2011 | 国家林业局森林公安局 | 个人二等功 |
| 185 | 石宝森 | 男 | 汉族 | 内蒙古大兴安岭森林公安局副局长 | 2009 | 国家林业局森林公安局 | 个人二等功 |
| 186 | 兰德才 | 男 | 汉族 | 内蒙古得耳布尔森林公安局副调研员 | 2009 | 国家林业局森林公安局 | 个人二等功 |
| 187 | 沈俊平 | 男 | 汉族 | 内蒙古克一河森林公安局局长（退休） | 2009 | 国家林业局森林公安局 | 个人二等功 |
| 188 | 郭尚河 | 男 | 汉族 | 内蒙古克一河森林公安局副局长 | 2009 | 国家林业局森林公安局 | 个人二等功 |
| 189 | 德志良 | 男 | 汉族 | 内蒙古大兴安岭森林公安局经侦支队支队长 | 2010 | 国家林业局森林公安局 | 个人二等功 |
| 190 | 李嘉森 | 男 | 汉族 | 内蒙古阿里河森林公安局局长 | 2010<br>2011 | 国家林业局森林公安局 | 个人二等功 |
| 191 | 倪荣光 | 男 | 汉族 | 内蒙古大兴安岭森林公安局副局长 | 2010 | 国家林业局森林公安局 | 个人二等功 |
| 192 | 张学伟 | 男 | 汉族 | 内蒙古莫尔道嘎森林公安局森保大队大队长 | 2010<br>2012 | 国家林业局森林公安局 | 个人二等功 |
| 193 | 吴芙蓉 | 男 | 汉族 | 内蒙古绰尔森林公安局政工监督室科员 | 2010 | 国家林业局森林公安局 | 个人二等功 |
| 194 | 薄效杰 | 男 | 汉族 | 内蒙古大兴安岭森林公安局副调研员 | 2011 | 国家林业局森林公安局 | 个人二等功 |
| 195 | 王　彪 | 男 | 汉族 | 内蒙古得耳布尔森林公安局局长 | 2011 | 国家林业局森林公安局 | 个人二等功 |
| 196 | 付志刚 | 男 | 汉族 | 内蒙古毕拉河森林公安局副局长 | 2011<br>2015 | 国家林业局森林公安局 | 个人二等功 |
| 197 | 蒋国平 | 男 | 汉族 | 内蒙古大兴安岭森林公安局局长 | 2012 | 国家林业局森林公安局 | 个人二等功 |
| 198 | 布　和 | 男 | 汉族 | 内蒙古大兴安岭森林公安局特警支队副支队长 | 2012 | 国家林业局森林公安局 | 个人二等功 |

（续表）

| 序号 | 姓名 | 性别 | 民族 | 工作单位及职务 | 获奖时间 | 授奖部门 | 授奖名称 |
|---|---|---|---|---|---|---|---|
| 199 | 刘啊伦 | 男 | 汉族 | 内蒙古根河森林公安局局长 | 2012 | 国家林业局森林公安局 | 个人二等功 |
| 200 | 李世勇 | 男 | 汉族 | 内蒙古北部原始林区森林公安局副局长 | 2012 | 国家林业局森林公安局 | 个人二等功 |
| 201 | 肖振江 | 男 | 汉族 | 内蒙古满归森林公安局局长 | 2012 | 国家林业局森林公安局 | 个人二等功 |
| 202 | 贾振喜 | 男 | 汉族 | 内蒙古莫尔道嘎森林公安局法制大队大队长 | 2012 | 国家林业局森林公安局 | 个人二等功 |
| 203 | 王　智 | 男 | 汉族 | 内蒙古乌尔旗汉森林公安局经侦大队大队长 | 2012 | 国家林业局森林公安局 | 个人二等功 |
| 204 | 刘心刚 | 男 | 汉族 | 内蒙古大兴安岭森林公安局技侦支队政委 | 2014 | 国家林业局森林公安局 | 个人二等功 |
| 205 | 刘　岩 | 男 | 汉族 | 内蒙古大兴安岭森林公安局刑侦支队三级警长 | 2014 | 国家林业局森林公安局 | 个人二等功 |
| 206 | 李春光 | 男 | 汉族 | 内蒙古乌尔旗汉森林公安局副局长 | 2014 | 国家林业局森林公安局 | 个人二等功 |
| 207 | 史晓兵 | 男 | 汉族 | 内蒙古库都尔森林公安局局长 | 2014 | 国家林业局森林公安局 | 个人二等功 |
| 208 | 崔天东 | 男 | 汉族 | 内蒙古大杨树森林公安局局长 | 2014 | 国家林业局森林公安局 | 个人二等功 |
| 209 | 李景军 | 男 | 汉族 | 内蒙古图里河森林公安局消防大队教导员 | 2014 | 国家林业局森林公安局 | 个人二等功 |
| 210 | 张国庆 | 男 | 汉族 | 内蒙古图里河森林公安局河北派出所一级警员 | 2014 | 国家林业局森林公安局 | 个人二等功 |
| 211 | 孟　猛 | 男 | 汉族 | 内蒙古大兴安岭森林公安局技侦支队副支队长 | 2014 | 国家林业局森林公安局 | 个人二等功 |
| 212 | 刘　辉 | 男 | 汉族 | 内蒙古大杨树森林公安局副调研员 | 2015 | 国家林业局森林公安局 | 个人二等功 |
| 213 | 包景忠 | 男 | 汉族 | 内蒙古阿尔山森林公安局局长 | 2015 | 国家林业局森林公安局 | 个人二等功 |
| 214 | 何金莲 | 女 | 汉族 | 内蒙古毕拉河森林公安局治安大队一级警员 | 2015 | 国家林业局森林公安局 | 个人二等功 |
| 215 | 兰德才 | 男 | 汉族 | 内蒙古得耳布尔森林公安局副调研员 | 2006 | 公安部 | 全国优秀人民警察 |
| 216 | 杨立春 | 男 | 汉族 | 内蒙古大兴安岭森林公安局法制监管支队支队长 | 2007 | 公安部 | 全国公安机关基层执法质量服务工作队先进个人 |

（续表）

| 序号 | 姓名 | 性别 | 民族 | 工作单位及职务 | 获奖时间 | 授奖部门 | 授奖名称 |
|---|---|---|---|---|---|---|---|
| 217 | 鹿占魁 | 男 | 汉族 | 内蒙古根河森林公安局局长（退休） | 2012 | 公安部 | 全国优秀人民警察 |
| 218 | 倪荣光 | 男 | 汉族 | 内蒙古大兴安岭森林公安局副局长 | 2006 | 国家林业局森林公安局 | 全国林业系统优秀人民警察 |
| 219 | 栾玉海 | 男 | 汉族 | 内蒙古库都尔森林公安局副局长 | 2006 | 国家林业局森林公安局 | 全国林业系统优秀人民警察 |
| 220 | 付志远 | 男 | 汉族 | 内蒙古牙克石森林公安局第四派出所三级警长 | 2006 | 国家林业局森林公安局 | 全国林业系统优秀人民警察 |
| 221 | 任永成 | 男 | 汉族 | 内蒙古图里河森林公安局森林资源保卫大队一级警员 | 2012 | 国家林业局森林公安局 | 全国林业系统优秀人民警察 |
| 222 | 马　俊 | 男 | 汉族 | 清水河林业局局长 | 2007 | 全国绿化委员会 | 全国绿化奖章 |
| 223 | 马荣华 | 男 | 蒙古族 | 呼和浩特市绿化委员会办公室 | 2007 | 全国绿化委员会、人力资源和社会保障部、国家林业局 | 全国绿化先进工作者 |
| 224 | 张红蕾 | 女 | 汉族 | 呼伦贝尔市林业科学研究所所长 | 2010 | 全国绿化委员会 | 全国绿化奖章 |
| | | | | | 2012 | 中共中央组织部、教育部、科学技术部、中国科学院 | “西部之光”访问学者 |
| | | | | | 2012 | 自治区妇女联合会 | 自治区三八红旗手 |
| 225 | 王玉华 | 男 | 汉族 | 呼伦贝尔市林业科学研究所所长 | 2006 | 国家林业局 | 全国优秀林业科技工作者荣誉称号 |
| | | | | | 2009 | 自治区党委、自治区政府 | 2009年度自治区深入生产第一线作出突出贡献科技人员 |
| | | | | | 2012 | 自治区政府 | 2012年度自治区有突出贡献中青年专家 |
| 226 | 米　勇 | 男 | 回族族 | 呼伦贝尔市防火办预防科科长 | 2006.7 | 自治区党委、自治区政府 | 扑救呼伦贝尔市免渡河“5·25”雷击火先进个人 |
| 227 | 白少春 | 男 | 蒙古族 | 呼伦贝尔市防火办通讯装备科科员 | 2006.7 | 自治区党委、自治区政府 | 扑救呼伦贝尔市免渡河“5·25”雷击火先进个人 |
| 228 | 孙成友 | 男 | 汉族 | 呼伦贝尔市防火办扑救科科长 | 2006.7 | 自治区党委、自治区政府 | 扑救呼伦贝尔市免渡河“5·25”雷击火先进个人 |
| 229 | 高希明 | 男 | 汉族 | 呼伦贝尔市根河林业局局长 | 2007.2 | 国家森林防火指挥部 | 2004—2006年度森林防火工作先进个人 |
| 230 | 孟　岩 | 男 | 蒙古族 | 呼伦贝尔市防火办通讯装备科科长 | 2007.2 | 国家森林防火指挥部 | 2004—2006年度森林防火工作先进个人 |

（续表）

| 序号 | 姓名 | 性别 | 民族 | 工作单位及职务 | 获奖时间 | 授奖部门 | 授奖名称 |
|---|---|---|---|---|---|---|---|
| 231 | 柳振江 | 男 | 汉族 | 呼伦贝尔市阿荣旗护林防火指挥部办公室主任 | 2007.2 | 国家森林防火指挥部 | 2004—2006年度森林防火工作先进个人 |
| 232 | 甄　光 | 男 | 汉族 | 呼伦贝尔市额尔古纳市林业局森林防火办公室主任 | 2007.2 | 国家森林防火指挥部 | 2004—2006年度森林防火工作先进个人 |
| 233 | 程寿斌 | 男 | 汉族 | 武警呼伦贝尔市森林支队参谋长 | 2007.2 | 国家森林防火指挥部 | 2004—2006年度森林防火工作先进个人 |
| 234 | 岳长安 | 男 | 汉族 | 呼伦贝尔市防火办副主任 | 2007.11 | 自治区防火指挥部 | 扑救内蒙古大兴安岭林管局毕拉河“9·20雷击火”先进个人 |
| 235 | 孔繁胜 | 男 | 汉族 | 呼伦贝尔市海拉尔航空护林站站长 | 2007.11 | 自治区防火指挥部 | 扑救内蒙古大兴安岭林管局毕拉河“9·20雷击火”先进个人 |
| 236 | 于乾龙 | 男 | 汉族 | 呼伦贝尔市森林支队阿荣旗大队大队长 | 2007.11 | 自治区防火指挥部 | 扑救内蒙古大兴安岭林管局毕拉河“9·20雷击火”先进个人 |
| 237 | 王　潇 | 男 | 汉族 | 呼伦贝尔市森林支队阿荣旗大队八中队三班班长 | 2007.11 | 自治区防火指挥部 | 扑救内蒙古大兴安岭林管局毕拉河“9·20雷击火”先进个人 |
| 238 | 崔永利 | 男 | 汉族 | 呼伦贝尔市森林支队莫旗大队教导员 | 2007.11 | 自治区防火指挥部 | 扑救内蒙古大兴安岭林管局毕拉河“9·20雷击火”先进个人 |
| 239 | 张晓志 | 男 | 汉族 | 呼伦贝尔市森林支队莫旗大队十四中队三班副班长 | 2007.11 | 自治区防火指挥部 | 扑救内蒙古大兴安岭林管局毕拉河“9·20雷击火”先进个人 |
| 240 | 李永兵 | 男 | 汉族 | 呼伦贝尔市森林支队司令部作训股参谋 | 2007.11 | 自治区防火指挥部 | 扑救内蒙古大兴安岭林管局毕拉河“9·20雷击火”先进个人 |
| 241 | 张德柱 | 男 | 蒙古族 | 呼伦贝尔市林业局局长、森林草原防火办公室主任 | 2009.10 | 自治区党委、自治区、政府 | 自治区森林草原防扑火先进个人 |
| 242 | 杜晓君 | 男 | 鄂温克族 | 呼伦贝尔市莫旗森林草原防火办公室主任 | 2009.10 | 自治区党委、自治区政府 | 自治区森林草原防扑火先进个人 |
| 243 | 刘　义 | 男 | 汉族 | 呼伦贝尔市红花尔基林业局防火办公室主任 | 2009.10 | 自治区党委、自治区政府 | 自治区森林草原防扑火先进个人 |
| 244 | 张万成 | 男 | 满族族 | 呼伦贝尔市红花尔基林业局局长 | 2010.3 | 国家森林防火指挥部、国家林业局 | 2007—2009年度森林防火工作先进个人 |
| 245 | 李国辉 | 男 | 汉族 | 武警呼伦贝尔市支队副支队长 | 2012.6 | 自治区政府 | 自治区森林草原防扑火工作先进个人 |

（续表）

| 序号 | 姓名 | 性别 | 民族 | 工作单位及职务 | 获奖时间 | 授奖部门 | 授奖名称 |
|---|---|---|---|---|---|---|---|
| 246 | 周宝华 | 男 | 汉族 | 武警呼伦贝尔市支队司令部警勤中队、助理工程师 | 2012.6 | 自治区政府 | 自治区森林草原防扑火工作先进个人 |
| 247 | 刘　磊 | 男 | 汉族 | 武警呼伦贝尔市支队海拉尔大队二中队班长 | 2012.6 | 自治区政府 | 自治区森林草原防扑火工作先进个人 |
| 248 | 王国林 | 男 | 汉族 | 呼伦贝尔市副市长 | 2012.6 | 自治区政府 | 自治区森林草原防扑火工作先进个人 |
| 249 | 胡连义 | 男 | 汉族 | 呼伦贝尔市防火办主任 | 2012.6 | 自治区政府 | 自治区森林草原防扑火工作先进个人 |
| 250 | 吴爱民 | 男 | 汉族 | 呼伦贝尔市新左旗林业局罕达盖林场场长 | 2012.6 | 自治区政府 | 自治区森林草原防扑火工作先进个人 |
| 251 | 娄松林 | 男 | 汉族 | 呼伦贝尔市巴林林业局防火办工作人员 | 2012.6 | 自治区政府 | 自治区森林草原防扑火工作先进个人 |
| 252 | 吴国兴 | 男 | 汉族 | 呼伦贝尔市免渡河林业局防火办工作人员 | 2012.6 | 自治区政府 | 自治区森林草原防扑火工作先进个人 |
| 253 | 李文富 | 男 | 汉族 | 呼伦贝尔市柴河林业局瞭望员 | 2012.6 | 自治区政府 | 自治区森林草原防扑火工作先进个人 |
| 254 | 张立岩 | 男 | 汉族 | 呼伦贝尔市南木林业局防火办工作人员 | 2012.6 | 自治区政府 | 自治区森林草原防扑火工作先进个人 |
| 255 | 李万龙 | 男 | 汉族 | 呼伦贝尔市乌奴耳林业局森保科工作人员 | 2012.6 | 自治区政府 | 自治区森林草原防扑火工作先进个人 |
| 256 | 韩格日乐图 | 男 | 蒙古族 | 呼伦贝尔市红花尔基林业局防火办工作人员 | 2012.6 | 自治区政府 | 自治区森林草原防扑火工作先进个人 |
| 257 | 赵　义 | 男 | 汉族 | 呼伦贝尔市直属额尔古纳市森源公司工作人员 | 2012.6 | 自治区政府 | 自治区森林草原防扑火工作先进个人 |
| 258 | 吴建华 | 男 | 鄂温克族 | 呼伦贝尔市鄂温克旗防火办工作人员 | 2012.6 | 自治区政府 | 自治区森林草原防扑火工作先进个人 |
| 259 | 王永新 | 男 | 汉族 | 呼伦贝尔市阿荣旗森林防火信息中心工作人员 | 2012.6 | 自治区政府 | 自治区森林草原防扑火工作先进个人 |
| 260 | 王国林 | 男 | 汉族 | 呼伦贝尔市森林草原防火指挥部常务副总指挥长 | 2013.3 | 国家森林防火指挥部、国家林业局 | 2010—2012年度森林防火工作先进个人 |
| 261 | 杜晓君 | 男 | 汉族 | 呼伦贝尔市莫旗森林草原防火办公室副主任 | 2013.3 | 国家森林防火指挥部、国家林业局 | 2010—2012年度森林防火工作先进个人 |
| 262 | 巴特尔 | 男 | 达斡尔族 | 呼伦贝尔市鄂温克族自治旗森林草原防火指挥部办公室主任 | 2014.7 | 农业部 | 2010—2013年度草原防火工作先进个人 |

（续表）

| 序号 | 姓名 | 性别 | 民族 | 工作单位及职务 | 获奖时间 | 授奖部门 | 授奖名称 |
|---|---|---|---|---|---|---|---|
| 263 | 蔺海涛 | 男 | 汉族 | 兴安盟林业工作站站长 | 2008.9 | 全国绿化委员会、人力资源和社会保障部、国家林业局 | 三北防护林体系建设突出贡献者荣誉称号 |
| | | | | | 2010 | 自治区政府 | 自治区突出贡献中青年专家 |
| 264 | 于宝山 | 男 | 汉族 | 兴安盟突泉县林业局副局长 | 2010.4 | 全国绿化委员会 | 全国绿化奖章 |
| 265 | 张树礼 | 男 | 汉族 | 兴安盟乌兰浩特市绿化化办主任 | 2013.4 | 全国绿化委员会 | 全国绿化奖章 |
| 266 | 柯　伟 | 男 | 汉族 | 兴安盟林业局防火科科长 | 2010.9 | 国家森林防火指挥部 | 全国森林防火工作先进个人 |
| 267 | 郭雨民 | 男 | 汉族 | 兴安盟林业局资源站站长 | 2010.7 | 自治区党委、自治区政府 | 自治区森林资源管理先进个人 |
| 268 | 唐银山 | 男 | 蒙古族 | 兴安盟科右中旗林业局副局长 | 2013.9 | 国家林业局 | 全国防沙治沙先进个人 |
| 269 | 周建军 | 男 | 汉族 | 科右前旗林业局股长 | 2014.11 | 国家林业局 | 全国生态建设突出贡献奖先进个人 |
| 270 | 张福军 | 男 | 汉族 | 兴安盟科右前旗林业局局长 | 2012.10 | 自治区政府 | 自治区森林草原防扑火工作先进个人 |
| 271 | 徐贵祥 | 男 | 汉族 | 兴安盟阿尔山市林业局股长 | 2013.9 | 自治区政府 | 自治区生态建设保护先进个人 |
| 272 | 刘立成 | 男 | 汉族 | 通辽市林业局副调研员 | 2006 | 国家林业局 | 全国优秀林业科技工作者 |
| 273 | 马　琢 | 男 | 汉族 | 通辽市林业局局长 | 2007 | 国家林业局、人事部 | 全国林业系统劳动模范 |
| 274 | 柴永江 | 男 | 汉族 | 通辽市林业局林业工作站站长 | 2008 | 全国绿化委员会、人力资源和社会保障部、国家林业局 | 三北防护林体系建设突出贡献奖 |
| 275 | 罗　君 | 男 | 汉族 | 通辽市林业局党组成员 | 2010 | 国家森林防火指挥部、国家林业局 | 2007—2009年度全国森林防火工作先进个人 |
| 276 | 赵国江 | 男 | 汉族 | 通辽市林业局局长 | 2013 | 全国绿化委员会 | 全国绿化奖章 |
| | | | | | 2013 | 国家林业局 | 全国生态建设突出贡献奖先进个体 |
| 277 | 张大力 | 男 | 汉族 | 通辽市科左后旗林业局局长 | 2013 | 全国绿化委员会 | 全国绿化奖章 |
| 278 | 张春民 | 男 | 汉族 | 通辽市奈曼旗林业局局长 | 2013 | 国家林业局 | 全国生态建设突出贡献奖先进个体 |
| 279 | 刘福庆 | 男 | 蒙古族 | 通辽市林业局产业科主任 | 2014 | 国家林业局、中国农林水利工会全国委员会 | 2012—2013年度“中国林业产业突出贡献奖” |

（续表）

| 序号 | 姓名 | 性别 | 民族 | 工作单位及职务 | 获奖时间 | 授奖部门 | 授奖名称 |
|---|---|---|---|---|---|---|---|
| 280 | 薛洪祥 | 男 | 汉族 | 通辽市林业局应急办主任 | 2014 | 农业部 | 2012—2014年度全国草原防火工作先进个人 |
| 281 | 刘立成 | 男 | 汉族 | 通辽市林业局副调研员 | 2015 | 自治区政府 | 自治区科学技术进步二等奖 |
| 282 | 李显玉 | 男 | 汉族 | 原敖汉旗林业局 | 2006 | 国家林业局 | 中国林业青年科技奖 |
| | | | | | 2007 | 自治区政府 | 自治区防沙治沙先进个人 |
| 282 | 李显玉 | 男 | 汉族 | 原敖汉旗林业局 | 2008 | 全国绿化委员会、人力资源和社会保障部、国家林业局 | 三北防护林体系建设突出贡献者 |
| | | | | 赤峰市林业科学研究院 | 2012 | 自治区政府 | 有突出贡献的中青年专家 |
| | | | | | 2015 | 自治区党委、自治区政府 | 自治区劳动模范 |
| 283 | 刘玉山 | 男 | 汉族 | 原赤峰市林业治沙管理站 | 2012 | 全国绿化委员会 | 全国绿化奖章 |
| | | | | | 2015 | 自治区党委、自治区政府 | 自治区先进工作者 |
| 284 | 乌志颜 | 男 | 蒙古族 | 赤峰市林业科学研究院 | 2010 | 自治区政府 | 自治区先进工作者 |
| | | | | | 2011 | 自治区党委、自治区政府 | 自治区深入生产一线作出突出贡献科技人员 |
| 285 | 宋维嘉 | 男 | 汉族 | 赤峰市林业科学研究院 | 2009 | 自治区政府 | 自治区五一劳动奖章 |
| 286 | 郑青春 | 男 | 汉族 | 林西县富林林场 | 2013 | 人力资源和社会保障部、国家发展改革委、国家林业局、农业部、水利部 | 全国京津风沙源治理工程先进个人 |
| 287 | 李景章 | 男 | 汉族 | 克什克腾旗人大常委会 | 2006 | 国家林业局、国家人事部、国家绿化委 | 全国绿化先进工作者 |
| 288 | 赵玉民 | 男 | 汉族 | 白音敖包国家级自然保护区管理处 | 2007 | 自治区政府 | 自治区防沙治沙先进个人 |
| 289 | 于国民 | 男 | 汉族 | 桦木沟林场 | 2013 | 全国绿化委员会、人力资源和社会保障部、国家林业局 | 全国防沙治沙先进个人 |
| 290 | 郝秀华 | 女 | 汉族 | 元宝山区林业局林工站 | 2013 | 全国绿化委员会 | 全国绿化奖章 |
| 291 | 毛军三 | 男 | 汉族 | 原赤峰市森林草原防火指挥部办公室 | 2010 | 国家森林防火指挥部、国家林业局 | 2007—2009年度全国森林防火先进个人 |
| 292 | 任利民 | 女 | 汉族 | 原赤峰市森林草原防火指挥部办公室 | 2009 | 自治区党委、自治区政府 | 自治区森林草原防扑火先进个人 |
| 293 | 王振生 | 男 | 汉族 | 敖汉旗陈家洼子林场 | 2012 | 国家林业局 | 全国生态建设突出贡献先进个人 |

（续表）

| 序号 | 姓名 | 性别 | 民族 | 工作单位及职务 | 获奖时间 | 授奖部门 | 授奖名称 |
|---|---|---|---|---|---|---|---|
| 294 | 吴建兴 | 男 | 汉族 | 巴林右旗林业局 | 2006 | 自治区政府 | 自治区防沙治沙先进个人 |
| 295 | 李永春 | 男 | 汉族 | 市林业治沙管理站 | 2010 | 全国绿化委员会 | 全国绿化奖章 |
| 296 | 刘国印 | 男 | 汉族 | 宁城县林业局 | 2006 | 国家林业局 | 造林质量先进工作者 |
| 297 | 鲍永新 | 男 | 蒙古族 | 敖汉旗莫敖润苏苏木荷也勿苏嘎查牧民 | 2007 | 全国绿化委员会、国家林业局 | 全国防沙治沙标兵 |
| 298 | 王振生 | 男 | 满族族 | 赤峰市农牧业局 | 2009 | 全国绿化委员会 | 全国绿化奖章 |
| 299 | 薛德凯 | 男 | 满族族 | 赤峰市农牧业局 | 2009 | 全国绿化委员会 | 全国绿化奖章 |
| 300 | 贾世瑞 | 男 | 汉族 | 赤峰市林业工作总站 | 2008 | 全国绿化委员会、人力资源和社会保障部、国家林业局 | 三北防护林建设突出贡献者 |
| 301 | 孙奎连 | 男 | 汉族 | 宁城县大城子镇鸡冠山村 | 2011 | 全国绿化委员会、人力资源和社会保障部、国家林业局 | 全国绿化劳动模范 |
| 302 | 韩静波 | 男 | 汉族 | 赤峰市森林病虫害防治检疫站 | 2011 | 全国绿化委员会、人力资源和社会保障部、国家林业局 | 全国林业有害生物防治工作先进个人 |
| 303 | 张喜斌 | 男 | 汉族 | 赤峰市林业局 | 2008 | 全国绿化委员会 | 全国绿化奖章 |
| 304 | 牛景富 | 男 | 汉族 | 赤峰市森防站 | 2009 | 自治区党委、自治区政府 | 自治区深入生产一线作出突出贡献的科技人员 |
|  |  |  |  |  | 2012 | 全国绿化委员会 | 全国绿化奖章 |
| 305 | 王国江 | 男 | 汉族 | 赤峰市林业局 | 2013 | 人力资源和社会保障部、国家发展改革委、国家林业局、农业部、水利部 | 京津风沙源治理工程先进个人 |
| 306 | 李凤杰 | 男 | 汉族 | 松山区林业局 | 2013 | 人力资源和社会保障部、国家发展改革委、国家林业局、农业部、水利部 | 京津风沙源治理工程先进个人 |
| 307 | 林景友 | 男 | 汉族 | 巴林左旗林业局 | 2013 | 人力资源和社会保障部、国家发展改革委、国家林业局、农业部、水利部 | 京津风沙源治理工程先进个人 |
| 308 | 王志学 | 男 | 汉族 | 巴林右旗林业局 | 2013 | 人力资源和社会保障部、国家发展改革委、国家林业局、农业部、水利部 | 京津风沙源治理工程先进个人 |
| 309 | 郑青春 | 男 | 汉族 | 林西县林业局 | 2013 | 人力资源和社会保障部、国家发展改革委、国家林业局、农业部、水利部 | 京津风沙源治理工程先进个人 |

（续表）

| 序号 | 姓名 | 性别 | 民族 | 工作单位及职务 | 获奖时间 | 授奖部门 | 授奖名称 |
|---|---|---|---|---|---|---|---|
| 310 | 董海军 | 男 | 汉族 | 翁牛特旗林业局 | 2013 | 人力资源和社会保障部、国家发展改革委、国家林业局、农业部、水利部 | 京津风沙源治理工程先进个人 |
| 311 | 贾青柏 | 男 | 汉族 | 宁城县林业局 | 2013 | 人力资源和社会保障部、国家发展改革委、国家林业局、农业部、水利部 | 京津风沙源治理工程先进个人 |
| 312 | 洪　海 | 男 | 蒙古族 | 赤峰市森林公安局 | 2011 | 公安部 | 全国优秀人民警察 |
| 313 | 居文华 | 男 | 蒙古族 | 巴林左旗林业局 | 2013 | 国家统计局 | 全国林业统计先进个人 |
| 314 | 刘跃军 | 男 | 汉族 | 赤峰市林业对外项目管理办公室 | 2010 | 国家林业局 | 日中友好绿化基金会先进个人 |
| 315 | 丁明秀 | 男 | 朝鲜族 | 赤峰市林业工作总站 | 2006 | 国家林业局 | 全国优秀林业科技工作者 |
| 316 | 肖凤和 | 男 | 汉族 | 巴林左旗花加拉嘎乡 | 2007 | 国家林业局 | 全国退耕先进户 |
| 317 | 潘　金 | 男 | 汉族 | 巴林右旗林业公安分局 | 2011 | 国家林业局 | 全国生态建设突出贡献奖先进个人 |
| 318 | 宋秀君 | 女 | 汉族 | 赤峰市林业局 | 2010 | 自治区党委、自治区政府 | 自治区森林资源管理先进个人 |
| 319 | 王　勇 | 男 | 汉族 | 锡林郭勒盟林业局调研员 | 2006 | 全国绿化委员会、人事部、国家林业局 | 全国防沙治沙先进个人 |
| 320 | 张永宏 | 男 | 汉族 | 锡林郭勒盟林业局副调研员 | 2007 | 全国绿化委员会、人事部、国家林业局 | 全国林业先进工作者 |
| 321 | 梁文秀 | 男 | 汉族 | 锡林郭勒盟森林病虫害防治检疫站副站长 | 2011 | 全国绿化委员会、国家林业局 | 全国林业有害生物防治工作先进个人 |
| 322 | 吉新华 | 男 | 汉族 | 原太仆寺旗林业局局长 | 2012 | 国家林业局、人力资源和社会保障部 | 全国林业系统先进工作者 |
| 323 | 张炳青 | 男 | 汉族 | 锡林浩特市林业水利局副局长 | 2012 | 全国绿化委员会、人力资源和社会保障部、国家林业局 | 全国防沙治沙先进个人 |
| 324 | 弓志强 | 男 | 汉族 | 苏尼特右旗森林病虫害防治检疫站站长 | 2013 | 自治区政府 | 自治区生态建设先进个人 |
| 325 | 立　平 | 男 | 汉族 | 多伦县林业工作站副站长 | 2013 | 自治区政府 | 自治区生态建设先进个人 |
| 326 | 侯宪梅 | 女 | 汉族 | 阿巴嘎旗森防站站长 | 2014 | 国家林业局 | 全国生态建设突出贡献奖先进个人 |
| 327 | 郑图雅 | 女 | 蒙古族 | 阿巴嘎旗林业工作站 | 2013 | 国家发展改革委员会 | 京津风沙源治理工程先进个人 |
| | | | | | 2016 | 全国绿化委员会 | 全国绿化奖章 |

（续表）

| 序号 | 姓名 | 性别 | 民族 | 工作单位及职务 | 获奖时间 | 授奖部门 | 授奖名称 |
|---|---|---|---|---|---|---|---|
| 328 | 陈树晓 | 男 | 汉族 | 乌兰察布市林业局副局长 | 2012 | 人力资源和社会保障部、国家林业局 | 全国林业系统先进工作者 |
| | | | | | 2012 | 中国人民解放军北京军区、自治区政府 | 军民融合共建商都义务植树基地先进个人 |
| 329 | 李万才 | 男 | 汉族 | 乌兰察布市林业局副局长 | 2008 | 全国绿化委员会、人事部、国家林业局 | 全国绿化奖先进工作者 |
| 330 | 温建新 | 男 | 汉族 | 乌兰察布市森林公安局局长 | 2007 | 国家林业局森林公安局 | 个人二等功 |
| 331 | 张志林 | 男 | 汉族 | 乌兰察布市森林病虫害防治检疫站站长 | 2009 | 自治区党委、自治区政府 | 自治区深入生产第一线作出突出贡献的科技人员 |
| | | | | | 2011 | 全国绿化委员会、国家林业局 | “十一五”期间林业有害生物防控工作成绩优异、贡献突出个人 |
| 332 | 渠　涛 | 男 | 汉族 | 乌兰察布市林业局副局长 | 2009 | 自治区党委、自治区政府 | 自治区森林草原防扑火先进个人 |
| | | | | | 2013 | 国家森林防火指挥部、国家林业局 | 2010—2012年度全国森林防火工作先进个人 |
| 333 | 牛金如 | 男 | 汉族 | 乌兰察布市林业局纪检组长 | 2012 | 全国绿化委员会 | 全国绿化先进个人 |
| 334 | 刘　杰 | 男 | 汉族 | 乌兰察布市林业局副局长 | 2012 | 人力资源和社会保障部、国家发展和改革委员会、国家林业局、农业部、水利部 | 全国京津风沙源治理工程先进个人 |
| 335 | 张建功 | 男 | 汉族 | 乌兰察布市林业局副局长 | 2012 | 人力资源和社会保障部、国家发展和改革委员会、国家林业局、农业部、水利部 | 全国京津风沙源治理工程先进个人 |
| 336 | 胡安英 | 男 | 汉族 | 乌兰察布市造林站站长 | 2012 | 人力资源和社会保障部、国家发展和改革委员会、国家林业局、农业部、水利部 | 全国京津风沙源治理工程先进个人 |
| | | | | | 2012 | 国家林业局 | 全国生态建设先进个人 |
| | | | | | 2010 | 自治区政府 | 自治区有突出贡献中青年专家 |
| 337 | 李来举 | 男 | 汉族 | 乌兰察布市绿化工作站站长 | 2013 | 自治区政府 | 自治区生态建设先进个人 |
| 338 | 丁崇明 | 男 | 汉族 | 鄂尔多斯市林业局原党组书记（退休） | 2007 | 全国绿化委员会、人事部、国家林业局 | 全国林业系统先进工作者（省部级劳模待遇） |
| 339 | 才　当 | 男 | 汉族 | 鄂尔多斯市乌审旗政府干部 | 2012 | 国家林业局 | 全国生态建设突出贡献先进个人 |
| | | | | | 2012 | 自治区绿化委员会 | 自治区绿化奖章 |

（续表）

| 序号 | 姓名 | 性别 | 民族 | 工作单位及职务 | 获奖时间 | 授奖部门 | 授奖名称 |
|---|---|---|---|---|---|---|---|
| 340 | 乌云斯庆 | 女 | 蒙古族 | 鄂尔多斯市乌审旗苏力德苏木昌黄嘎查牧民 | 2007 | 全国绿化委员会、国家林业局、全国妇联 | 全国三八绿色奖章 |
| | | | | | 2015 | 全国绿化委员会 | 全国绿化奖章 |
| 341 | 乌仁陶迪 | 女 | 蒙古族 | 鄂托克旗苏米图苏木伊连陶老盖嘎查牧民 | 2012 | 全国绿化委员会 | 全国绿化奖章 |
| 342 | 乌力吉德力格 | 男 | 蒙古族 | 鄂托克前旗昂素镇巴音乌素嘎查牧民 | 2015 | 全国绿化委员会 | 全国绿化奖章 |
| 343 | 白广平 | 男 | 汉族 | 内蒙古成吉思汗国家森林公园管理局局长 | 2015 | 全国绿化委员会 | 全国绿化奖章 |
| 344 | 白玉峰 | 男 | 汉族 | 鄂尔多斯市准格尔旗林业局原副局长 | 2007 | 自治区政府 | 自治区科技进步一等奖 |
| | | | | | 2007 | 自治区政府 | 自治区防沙治沙先进个人 |
| 345 | 刘和平 | 男 | 汉族 | 鄂尔多斯市天然林资源保护管理中心主任 | 2006 | 自治区政府 | 自治区科技进步一等奖 |
| 346 | 刘朝霞 | 女 | 汉族 | 鄂尔多斯市森林病虫害防治检疫站站长 | 2007 | 中国科学研究院 | 国家科技进步二等奖 |
| | | | | | 2007 | 国家林业局、中国林学会 | 梁希林业科技进步三等奖 |
| | | | | | 2008 | 全国妇女联合会 | 全国“三八”红旗手 |
| | | | | | 2011 | 自治区政府 | 自治区科技进步一等奖 |
| 347 | 吕　荣 | 男 | 汉族 | 鄂尔多斯市林业局原调研员（退休） | 2007 | 自治区政府 | 自治区科技进步一等奖 |
| 348 | 李京陆 | 男 | 汉族 | 自治区沙产业草产业协会副会长 | 2010 | 全国绿化委员会 | 全国绿化奖章 |
| 349 | 李泽江 | 男 | 汉族 | 鄂尔多斯市森林草原防火办公室副主任科员 | 2014 | 农业部 | 全国草原防火工作先进个人 |
| 350 | 杜　梓 | 男 | 汉族 | 鄂尔多斯市委原书记（调离） | 2007 | 全国绿化委员会 | 全国绿化奖章 |
| 351 | 折永东 | 男 | 汉族 | 鄂尔多斯市东胜区城郊绿化办公室主任 | 2012 | 自治区绿化委员会 | 自治区绿化奖章 |
| 352 | 杨奋勇 | 男 | 汉族 | 鄂尔多斯市森林病虫害防治检疫站原站长（退休） | 2009 | 自治区政府 | 自治区科技进步二等奖 |
| | | | | | 2009 | 中国林学会梁希科技教育基金委员会 | 梁希林业科学技术二等奖 |
| 353 | 苏　梅 | 女 | 汉族 | 鄂尔多斯市防沙治沙工程管理中心主任 | 2009 | 自治区政府 | 自治区科技进步二等奖 |
| | | | | | 2013 | 全国绿化委员会、人力资源和社会保障部、国家林业局 | 全国防沙治沙先进个人 |
| 354 | 阿拉腾乌拉 | 男 | 蒙古族 | 鄂尔多斯市乌审旗苏力德苏木昌黄嘎查牧民 | 2007 | 全国绿化委员会 | 全国绿化奖章 |

（续表）

| 序号 | 姓名 | 性别 | 民族 | 工作单位及职务 | 获奖时间 | 授奖部门 | 授奖名称 |
|---|---|---|---|---|---|---|---|
| 355 | 阿拉腾宝 | 男 | 蒙古族 | 鄂尔多斯市林业局副局长 | 2010 | 国家森林防火指挥部、国家林业局 | 全国森林防火工作先进个人 |
| 356 | 武　瑞 | 男 | 汉族 | 鄂尔多斯市伊金霍洛旗人大常委会干部 | 2007 | 自治区政府 | 自治区防沙治沙先进个人 |
| 357 | 贺丽萍 | 女 | 汉族 | 鄂尔多斯市林业局副局长 | 2006 | 自治区政府 | 自治区有突出贡献中青年专家 |
| | | | | | 2007 | 自治区政府 | 自治区科技进步一等奖 |
| | | | | | 2007 | 国家林业局 | 国家林业优秀工程咨询成果三等奖 |
| 358 | 贺振平 | 男 | 汉族 | 鄂尔多斯市森林草原防火办公室副主任 | 2013 | 人力资源和社会保障部、国家林业局 | 全国林业系统先进工作者（省部级劳模待遇） |
| 359 | 贺喜才 | 男 | 汉族 | 鄂尔多斯市乌审旗林业局干部 | 2008 | 国家林业局 | 全国“三北”防护林工程建设突出贡献者 |
| 360 | 袁庆东 | 男 | 汉族 | 鄂尔多斯市林业局副局长 | 2006 | 自治区政府 | 自治区科技进步一等奖 |
| | | | | | 2012 | 自治区绿化委员会 | 自治区绿化奖章 |
| 361 | 殷玉珍 | 女 | 汉族 | 鄂尔多斯市乌审旗无定河镇尔林川村井背塘农民 | 2008 | 国家林业局 | 全国“三北”工程建设突出贡献者 |
| 362 | 郭小平 | 男 | 汉族 | 鄂尔多斯市退耕还林工程管理中心主任 | 2008 | 国家林业局 | 退耕还林阶段验收先进工作者 |
| | | | | | 2010 | 全国绿化委员会 | 全国绿化奖章 |
| 363 | 高崇华 | 男 | 汉族 | 鄂尔多斯市林业治沙科学研究院院长 | 2006 | 自治区政府 | 自治区科技进步一等奖 |
| | | | | | 2007 | 自治区政府 | 自治区防沙治沙先进个人 |
| 364 | 梁振金 | 男 | 汉族 | 鄂尔多斯市绿化委员会办公室主任 | 2012 | 全国绿化委员会 | 全国绿化奖章 |
| 365 | 盛万忠 | 男 | 汉族 | 鄂尔多斯市乌审旗无定河镇尔林川村农民 | 2007 | 全国绿化委员会 | 全国绿化奖章 |
| | | | | | 2007 | 自治区政府 | 自治区防沙治沙先进个人 |
| 366 | 韩丽华 | 女 | 汉族 | 鄂尔多斯市林业种苗站（退休） | 2006 | 自治区政府 | 自治区科学技术进步一等奖 |
| | | | | | 2010 | 自治区政府 | 自治区有突出贡献中青年专家 |
| 367 | 斯庆巴特尔 | 男 | 蒙古族 | 鄂尔多斯市鄂托克旗苏米图苏木马什亥嘎查牧民 | 2015 | 全国绿化委员会 | 全国绿化劳动模范（省部级劳模待遇） |
| 368 | 张学军 | 男 | 汉族 | 巴彦淖尔市林业局副局长 | 2009 | 自治区党委、自治区政府 | 自治区森林草原防扑火先进个人 |
| | | | | | 2013 | 全国绿化委员会 | 全国绿化奖章 |

（续表）

| 序号 | 姓名 | 性别 | 民族 | 工作单位及职务 | 获奖时间 | 授奖部门 | 授奖名称 |
|---|---|---|---|---|---|---|---|
| 369 | 崔振荣 | 男 | 汉族 | 巴彦淖尔市林业局总工程师 | 2008 | 全国绿化委员会 | 全国绿化奖章 |
| 370 | 陈　峰 | 男 | 蒙古族 | 巴彦淖尔市林业局副局长 | 2010 | 自治区党委、自治区政府 | 自治区森林资源管理先进个人 |
| 371 | 乔建荣 | 男 | 汉族 | 巴彦淖尔市林业局副局长 | 2009 | 全国绿化委员会、财政部、国家林业局等六部委 | 梁希林业思想政治工作先进个人 |
| 372 | 郝耀光 | 男 | 汉族 | 巴彦淖尔市林业局副调研员 | 2014 | 国家林业局森林公安局 | 个人二等功 |
| 373 | 贾忠权 | 男 | 汉族 | 巴彦淖尔市治沙造林科科长 | 2015 | 全国绿化委员会 | 全国绿化奖章 |
| 374 | 孙孟和 | 男 | 汉族 | 巴彦淖尔市野生动植物和湿地保护中心 | 2015 | 国家林业局 | 全国保护森林和野生动植物资源先进个人 |
| 375 | 李建民 | 男 | 汉族 | 巴彦淖尔市林业勘测设计队队长 | 2010 | 自治区政府 | 自治区劳动模范 |
|  |  |  |  |  | 2010 | 国家林业局 | 全国生态建设突出贡献奖 |
| 376 | 魏立民 | 男 | 汉族 | 巴彦淖尔市森林公安局副局长 | 2015 | 国家林业局森林公安局 | 个人二等功 |
| 377 | 王秀莲 | 女 | 汉族 | 巴彦淖尔市国有林场管理站副站长 | 2011 | 国家林业局 | 保护森林和野生动植物资源先进个人 |
| 378 | 董锦兰 | 女 | 汉族 | 巴彦淖尔市造林技术推广站站长 | 2015 | 自治区妇女联合会 | 内蒙古“巾帼建功”标兵 |
| 379 | 鲁建强 | 男 | 汉族 | 乌拉特中旗林业局林业勘测设计队副队长 | 2007 | 国家林业局 | 全国退耕还林先进个人 |
| 380 | 赵建忠 | 男 | 汉族 | 磴口县防沙林场 | 2007 | 国家林业局 | 2005—2006年度全国优秀护林员 |
| 381 | 成建新 | 男 | 汉族 | 磴口县林业局森防站 | 2014 | 国家林业局 | 全国生态建设突出贡献奖先进个人 |
| 382 | 张俊霞 | 女 | 汉族 | 临河区林业总工程师 | 2011 | 国家林业局、全国绿化委员会 | “十一五”期间林业有害生物防控工作中成绩优异，贡献突出奖 |
| 383 | 段晓明 | 男 | 汉族 | 杭锦后旗林业局局长 | 2007 | 全国绿化委员会 | 全国绿化先进工作者 |
| 384 | 戴永福 | 男 | 汉族 | 杭锦后旗林业局林工站三道桥站长 | 2006 | 国家林业局 | 全国林业站先进工作者 |
| 385 | 刘立功 | 男 | 汉族 | 杭锦后旗林业局治沙站 | 2013 | 自治区政府 | 自治区生态建设先进个人 |
| 386 | 赵　海 | 男 | 汉族 | 原乌拉特前旗林业局局长 | 2012 | 国家林业局 | 全国生态建设突出贡献奖 |

（续表）

| 序号 | 姓名 | 性别 | 民族 | 工作单位及职务 | 获奖时间 | 授奖部门 | 授奖名称 |
|---|---|---|---|---|---|---|---|
| 387 | 蔺永旺 | 男 | 汉族 | 五原县林业局局长 | 2009 | 国家林业局森林公安局 | 个人二等功 |
| 388 | 史宝清 | 男 | 汉族 | 五原县林业局 | 2011 | 自治区党委组织部、自治区党委宣传部、自治区科学技术厅、自治区人力资源和社会保障厅 | 自治区优秀科技特派员 |
| 389 | 韩宝龙 | 男 | 蒙古族 | 乌海市林业局党组书记、局长 | 2006 | 全国绿化委员会 | 全国绿化奖章 |
| 390 | 周俊文 | 男 | 汉族 | 乌海市林业局治沙造林科科长 | 2009 | 全国绿化委员会 | 全国绿化奖章 |
| 391 | 董研生 | 男 | 汉族 | 乌海市治沙站队长 | 2012 | 全国绿化委员会 | 全国绿化奖章 |
| 392 | 杨利祥 | 男 | 汉族 | 乌海市治沙站站长 | 2013 | 全国绿化委员会 | 全国防沙治沙先进个人 |
| 393 | 郭春生 | 男 | 汉族 | 乌海市森林公安局局长 | 2007 | 国家林业局森林公安局 | 全国森林公安系统优秀人民警察 |
| 394 | 潘存忠 | 男 | 汉族 | 阿拉善左旗贺兰山国家级自然保护区森林公安局 | 2009 | 国家林业局森林公安局 | 个人二等功 |
| 395 | 何立明 | 男 | 汉族 | 阿拉善左旗贺兰山国家级自然保护区森林公安局 | 2012 | 国家林业局森林公安局 | 个人二等功 |
| 396 | 胡晨阳 | 男 | 汉族 | 阿拉善左旗森防站 | 2007 | 国家林业局 | 全国林业有害生物监测预报优秀测报员 |
| 397 | 魏建明 | 男 | 汉族 | 阿拉善左旗林业工作站 | 2012 | 国家林业局 | 全国生态建设突出贡献先进个人 |
| 398 | 聂聪远 | 男 | 汉族 | 阿右旗林工站 | 2008 | 全国绿化委员会、国家林业局 | 全国三北防护林体系建设先进个人 |
| 399 | 徐生智 | 男 | 汉族 | 阿右旗林工站 | 2014 | 国家林业局、中国农林水利工会全国委员会 | 中国林业产突出贡献先进个人 |
| | | | | | 2016 | 自治区农牧业丰收评审委员会 | 自治区农牧业丰收一等奖 |
| 400 | 张有拥 | 男 | 汉族 | 阿右旗林工站站长 | 2016 | 国家林业局 | 全国生态建设突出贡献先进个人 |
| 401 | 乌力吉莫日根 | 男 | 蒙古族 | 阿右旗林业局局长 | 2018 | 人力资源和社会保障部、国家林业局 | 全国林业系统先进工作者 |
| 402 | 杨学芹 | 女 | 汉族 | 额济纳旗公益林管理中心 | 2010 | 国家林业局 | 全国生态建设突出贡献奖——林木种苗先进工作者 |
| | | | | | 2013 | 全国绿化委员会 | 全国绿化奖章 |
| 403 | 王云霞 | 女 | 汉族 | 满洲里市林业局副局长 | 2010 | 全国绿化委员会 | 全国绿化奖章 |

（续表）

| 序号 | 姓名 | 性别 | 民族 | 工作单位及职务 | 获奖时间 | 授奖部门 | 授奖名称 |
|---|---|---|---|---|---|---|---|
| 404 | 王胜林 | 男 | 汉族 | 中苏护林防火联防满洲里联络站站长 | 2010 | 农业部 | 全国草原防火工作先进个人 |
| 405 | 赵建平 | 男 | 汉族 | 满洲里市林业工作站站长 | 2013 | 自治区政府 | 自治区生态建设先进个人 |
| 406 | 王学力 | 男 | 汉族 | 克一河林业局贮木场装车组组长 | 2010 | 国务院 | 全国劳动模范 |
| 407 | 李　涛 | 男 | 达斡尔族 | 绰源森工公司防火办主任 | 2010 | 国务院 | 全国劳动模范 |
| 408 | 杜　彬 | 男 | 汉族 | 内蒙古森工集团（林管局）资源处处长 | 2015 | 中共中央、国务院 | 全国劳动模范 |
| 409 | 田德山 | 男 | 蒙古族 | 乌尔旗汉林业局办公室主任 | 2006 | 全国总工会 | 全国五一劳动奖章 |
| 410 | 陈永秋 | 男 | 汉族 | 得耳布尔林业局防火办快扑班班长 | 2006 | 全国总工会 | 全国五一劳动奖章 |
| 411 | 徐广汉 | 男 | 汉族 | 根河林业局防火管理处主任 | 2006 | 全国总工会 | 全国五一劳动奖章 |
| 412 | 孙德志 | 男 | 蒙古族 | 根河林业局贮木场副主任 | 2006 | 全国总工会 | 全国五一劳动奖章 |
| 413 | 邓兴安 | 男 | 汉族 | 阿尔山林业局贮木场主任 | 2007 | 全国总工会 | 全国五一劳动奖章 |
| 414 | 李孝发 | 男 | 汉族 | 库都尔林业局原林苗圃科研组长 | 2008 | 全国总工会 | 全国五一劳动奖章 |
| 415 | 陈方文 | 男 | 汉族 | 满归林业局北岸林场主任 | 2009 | 全国总工会 | 全国五一劳动奖章 |
| 416 | 白俊山 | 男 | 蒙古族 | 满归林业局局长 | 2011 | 全国总工会 | 全国五一劳动奖章 |
| 417 | 马淑梅 | 女 | 汉族 | 绰尔林业局敖尼尔林场管护员 | 2011 | 全国总工会 | 全国五一劳动奖章 |
| 418 | 高希明 | 男 | 汉族 | 根河林业局局长 | 2012 | 全国总工会 | 全国五一劳动奖章 |
| 419 | 李学万 | 男 | 汉族 | 内蒙古森工集团矿业公司 | 2012 | 全国总工会 | 全国五一劳动奖章 |
| 420 | 陈国相 | 男 | 汉族 | 根河林业局贮木场 | 2013 | 全国总工会 | 全国五一劳动奖章 |
| 421 | 孙贤禄 | 男 | 汉族 | 莫尔道嘎林业局长青林场运材司机 | 2014 | 全国总工会 | 全国五一劳动奖章 |
| 422 | 周　恒 | 男 | 汉族 | 图里河森工公司生态产业部工人 | 2007 | 人事部、国家林业局 | 全国林业系统劳动模范 |
| 423 | 薛北辰 | 男 | 汉族 | 莫尔道嘎森工公司台圳木制品有限公司经理 | 2007 | 人事部、国家林业局 | 全国林业系统劳动模范 |
| 424 | 李　涛 | 男 | 达斡尔族 | 绰源森工公司防火办主任 | 2007 | 人事部、国家林业局 | 全国林业系统劳动模范 |

（续表）

| 序号 | 姓名 | 性别 | 民族 | 工作单位及职务 | 获奖时间 | 授奖部门 | 授奖名称 |
|---|---|---|---|---|---|---|---|
| 425 | 张重岭 | 男 | 汉族 | 内蒙古大兴安岭森林调查规划院高级、工程师 | 2007 | 人事部、国家林业局 | 全国林业系统劳动模范 |
| 426 | 王学力 | 男 | 汉族 | 克一河森工公司贮木场工人 | 2007 | 人事部、国家林业局 | 全国林业系统劳动模范 |
| 427 | 谢惠民 | 男 | 汉族 | 满归森工公司贮木场技术员 | 2007 | 人事部、国家林业局 | 全国林业系统劳动模范 |
| 428 | 廉俊东 | 男 | 汉族 | 金河森工公司董事长 | 2007 | 人事部、国家林业局 | 全国林业系统劳动模范 |
| 429 | 王忠宝 | 男 | 汉族 | 根河航空护林站站长 | 2007 | 人事部、国家林业局 | 全国林业系统劳动模范 |
| 430 | 王翠丽 | 女 | 汉族 | 阿里河林业局森林经营处 | 2012 | 人事部、国家林业局 | 全国林业系统劳动模范 |
| 431 | 齐国林 | 男 | 蒙古族 | 克一河森工公司防火防汛处 | 2012 | 人事部、国家林业局 | 全国林业系统劳动模范 |
| 432 | 邵宏波 | 男 | 汉族 | 阿龙山森工公司 | 2012 | 人事部、国家林业局 | 全国林业系统劳动模范 |
| 433 | 王秀成 | 男 | 汉族 | 乌尔旗汉西日特其林场 | 2012 | 人事部、国家林业局 | 全国林业系统劳动模范 |
| 434 | 杨绪龙 | 男 | 汉族 | 吉文林业局防火办 | 2012 | 人事部、国家林业局 | 全国林业系统劳动模范 |
| 435 | 徐志权 | 男 | 汉族 | 莫尔道嘎林业局贮木场 | 2012 | 人事部、国家林业局 | 全国林业系统劳动模范 |
| 436 | 宋德才 | 男 | 满族 | 金河森工公司（林业局） | 2012 | 人事部、国家林业局 | 全国林业系统劳动模范 |
| 437 | 杜　彬 | 男 | 汉族 | 内蒙古森工集团（林管局）资源处 | 2012 | 人事部、国家林业局 | 全国林业系统劳动模范 |
| 438 | 韩先福 | 男 | 汉族 | 阿尔山林业局贮木场 | 2010 | 自治区政府 | 自治区劳动模范 |
| 439 | 聂宪林 | 男 | 汉族 | 阿龙山林业局综合服务处主任 | 2010 | 自治区政府 | 自治区劳动模范 |
| 440 | 温建民 | 男 | 蒙古族 | 毕拉河林业局四方山外站站长 | 2010 | 自治区政府 | 自治区劳动模范 |
| 441 | 马淑梅 | 女 | 汉族 | 绰尔林业局敖尼尔林场森林管护员 | 2010 | 自治区政府 | 自治区劳动模范 |
| 442 | 董作星 | 男 | 蒙古族 | 绰源林业局翠岭林场 | 2010 | 自治区政府 | 自治区劳动模范 |
| 443 | 白春伟 | 男 | 汉族 | 大杨树林业局消防队班长 | 2010 | 自治区政府 | 自治区劳动模范 |
| 444 | 谢　文 | 女 | 汉族 | 甘河林业局甘源林场女子营林队队长 | 2010 | 自治区政府 | 自治区劳动模范 |
| 445 | 王永义 | 男 | 汉族 | 金河林业局亚金沟林场主任 | 2010 | 自治区政府 | 自治区劳动模范 |
| 446 | 赵　玉 | 男 | 汉族 | 克一河林业局诺敏经营所采伐工 | 2010 | 自治区政府 | 自治区劳动模范 |
| 447 | 冯国庆 | 男 | 回族 | 库都尔林业局小九亚林场主任 | 2010 | 自治区政府 | 自治区劳动模范 |

（续表）

| 序号 | 姓名 | 性别 | 民族 | 工作单位及职务 | 获奖时间 | 授奖部门 | 授奖名称 |
|---|---|---|---|---|---|---|---|
| 448 | 鲁国忠 | 男 | 汉族 | 满归林业局贮木场检尺队队长 | 2010 | 自治区政府 | 自治区劳动模范 |
| 449 | 关凤武 | 男 | 满族 | 莫尔道嘎林业局汽车队队长 | 2010 | 自治区政府 | 自治区劳动模范 |
| 450 | 梁福进 | 男 | 汉族 | 图里河林业局经营林场 | 2010 | 自治区政府 | 自治区劳动模范 |
| 451 | 许凤海 | 男 | 汉族 | 吉文林业局吉库林场加油工 | 2010 | 自治区政府 | 自治区劳动模范 |
| 452 | 宛　晨 | 男 | 汉族 | 伊图里河林业局温河贮木场主任 | 2010 | 自治区政府 | 自治区劳动模范 |
| 453 | 高希明 | 男 | 汉族 | 根河林业局局长 | 2010 | 自治区政府 | 自治区劳动模范 |
| 454 | 路　斌 | 男 | 汉族 | 得耳布尔林业局局长 | 2010 | 自治区政府 | 自治区劳动模范 |
| 455 | 田凤奇 | 男 | 汉族 | 乌尔旗汉林业局党委副书记 | 2010 | 自治区政府 | 自治区劳动模范 |
| 456 | 张春荣 | 女 | 蒙古族 | 阿里河林业局工会副主席 | 2010 | 自治区政府 | 自治区劳动模范 |
| 457 | 朱文杰 | 男 | 汉族 | 得耳布尔森工公司（林业局）总经理、局长 | 2015 | 自治区党委、自治区政府 | 自治区劳动模范 |
| 458 | 王成久 | 男 | 汉族 | 乌尔旗汉森工公司（林业局）工会主席 | 2015 | 自治区党委、自治区政府 | 自治区劳动模范 |
| 459 | 王志臣 | 男 | 汉族 | 阿里河森工公司（林业局）党委副书记 | 2015 | 自治区党委、自治区政府 | 自治区劳动模范 |
| 460 | 高　峰 | 男 | 汉族 | 金河森工公司（林业局）森林经营处营林技术股股长 | 2015 | 自治区党委、自治区政府 | 自治区劳动模范 |
| 461 | 张淑岩 | 女 | 汉族 | 根河森工公司（林业局）计划统计科统计员 | 2015 | 自治区党委、自治区政府 | 自治区劳动模范 |
| 462 | 顾广山 | 男 | 汉族 | 阿龙山森工公司（林业局）阿乌尼林场技术股长 | 2015 | 自治区党委、自治区政府 | 自治区劳动模范 |
| 463 | 郭凤玲 | 女 | 汉族 | 绰尔森工公司（林业局）热电厂生产技术股长 | 2015 | 自治区党委、自治区政府 | 自治区劳动模范 |
| 464 | 赵青海 | 男 | 回族 | 甘河森工公司（林业局）贮木场检验员 | 2015 | 自治区党委、自治区政府 | 自治区劳动模范 |
| 465 | 周义哲 | 男 | 汉族 | 满归森工公司（林业局）北岸林场工队长 | 2015 | 自治区党委、自治区政府 | 自治区劳动模范 |

（续表）

| 序号 | 姓名 | 性别 | 民族 | 工作单位及职务 | 获奖时间 | 授奖部门 | 授奖名称 |
|---|---|---|---|---|---|---|---|
| 466 | 王东升 | 男 | 蒙古族 | 莫尔道嘎森工公司（林业局）红旗管护所所长 | 2015 | 自治区党委、自治区政府 | 自治区劳动模范 |
| 467 | 赵玉华 | 女 | 汉族 | 克一河森工公司（林业局）贮木场木材监装员 | 2015 | 自治区党委、自治区政府 | 自治区劳动模范 |
| 468 | 沈良伟 | 男 | 汉族 | 森林调查规划院调查三大队302调查小队队长 | 2015 | 自治区党委、自治区政府 | 自治区劳动模范 |
| 469 | 刘俊友 | 男 | 汉族 | 库都尔森工公司（林业局）小九亚森林管护所电焊工 | 2015 | 自治区党委、自治区政府 | 自治区劳动模范 |
| 470 | 罗林生 | 男 | 汉族 | 内蒙古阿里河森工公司 | 2006 | 国家林业局 | 全国优秀林业科技工作者 |
| 471 | 杨英新 | 男 | 汉族 | 内蒙古库都尔森工公司 | 2006 | 国家林业局 | 全国优秀林业科技工作者 |
| 472 | 余　涛 | 男 | 汉族 | 内蒙古森工集团科技处 | 2006 | 国家林业局 | 全国优秀林业科技工作者 |
| | | | | 内蒙古森工集团技术中心 | 2012 | 国家林业局 | 全国生态建设突出贡献奖先进个人 |
| | | | | 内蒙古森工集团技术中心 | 2006 | 自治区党委、自治区政府 | 自治区深入生产第一线作出突出贡献的科技人员 |
| 473 | 王晓辉 | 男 | 汉族 | 内蒙古大杨树林业局林业生态研发中心 | 2012 | 国家林业局 | 全国生态建设突出贡献奖先进个人 |
| 474 | 王翠丽 | 女 | 汉族 | 内蒙古阿里河森工公司森林经营处 | 2015 | 国家林业局 | 第十三届林业青年科技奖 |
| 475 | 宋起平 | 男 | 汉族 | 内蒙古阿里河林业局 | 2006 | 自治区党委、自治区政府 | 自治区深入生产第一线作出突出贡献的科技人员 |
| 476 | 佟艳秋 | 女 | 蒙古族 | 内蒙古林业总医院 | 2006 | 自治区党委、自治区政府 | 自治区深入生产第一线作出突出贡献的科技人员 |
| 477 | 王耀国 | 男 | 汉族 | 内蒙古大兴安岭林管局营林生产处 | 2006 | 国家林业局 | 全国营造林质量管理先进工作者 |
| 478 | 王玉凯 | 男 | 汉族 | 内蒙古大兴安岭林管局绰尔林业局营林科 | 2007 | 国家林业局 | 全国绿化奖章获得者 |
| 479 | 闫万平 | 男 | 汉族 | 内蒙古大兴安岭林管局乌尔旗汉林业局营林科 | 2007 | 国家林业局 | 全国绿化奖章获得者 |
| 480 | 廉俊东 | 男 | 汉族 | 内蒙古大兴安岭林管局金河林业局 | 2008 | 国家林业局 | 全国绿化奖章获得者 |
| 481 | 王耀国 | 男 | 汉族 | 内蒙古大兴安岭林管局营林生产处 | 2008 | 国家林业局 | 全国绿化奖章获得者 |
| 482 | 韩志坚 | 男 | 汉族 | 内蒙古大兴安岭林管局营林生产处 | 2009 | 国家林业局 | 全国绿化奖章获得者 |

（续表）

| 序号 | 姓名 | 性别 | 民族 | 工作单位及职务 | 获奖时间 | 授奖部门 | 授奖名称 |
|---|---|---|---|---|---|---|---|
| 483 | 牛广忠 | 男 | 汉族 | 内蒙古大兴安岭林管局金河林业局 | 2009 | 国家林业局 | 全国绿化奖章获得者 |
| 484 | 安国通 | 男 | 蒙古族 | 内蒙古大兴安岭林管局局长 | 2010 | 国家林业局 | 全国绿化奖章获得者 |
| 485 | 白俊山 | 男 | 蒙古族 | 内蒙古大兴安岭林管局满归林业局局长 | 2010 | 国家林业局 | 全国绿化奖章获得者 |
| 486 | 田凤奇 | 男 | 汉族 | 内蒙古大兴安岭乌尔旗汉林业局副局长 | 2013 | 国家林业局 | 全国绿化奖章获得者 |
| 487 | 徐鹤忠 | 男 | 汉族 | 内蒙古大兴安岭林管局金河林业局副局长 | 2013 | 国家林业局 | 全国绿化奖章获得者 |
| 488 | 邵　华 | 男 | 蒙古族 | 内蒙古大兴安岭林管局甘河林业局副局长 | 2013 | 国家林业局 | 全国绿化奖章获得者 |
| 489 | 张会武 | 男 | 汉族 | 内蒙古大兴安岭林管局克一河林业局安全生产营林中心主任 | 2013 | 国家林业局 | 全国绿化奖章获得者 |
| 490 | 宋秀丽 | 女 | 汉族 | 内蒙古大兴安岭林管局营林生产处综合调度科科长 | 2013 | 国家林业局 | 全国绿化奖章获得者 |
| 491 | 徐成才 | 男 | 满族 | 内蒙古大兴安岭林管局营林生产处 | 2008 | 国家林业局 | 全国造林优秀信息员 |
| 492 | 高继承 | 男 | 汉族 | 内蒙古大兴安岭林管局绰尔林业局 | 2010 | 国家林业局 | 全国生态建设突出贡献奖——林木种苗先进个人 |
| 493 | 徐成才 | 男 | 满族 | 内蒙古大兴安岭林管局营林生产处 | 2010 | 国家林业局 | 全国生态建设突出贡献奖——林木种苗先进个人 |
| 494 | 李学彬 | 男 | 汉族 | 内蒙古大兴安岭林管局驻毕拉河林业局森林资源监督专员办监督员 | 2012 | 国家林业局 | 国土绿化突出贡献人物 |
| 495 | 孙扎根 | 男 | 汉族 | 内蒙古大兴安岭林管局局长 | 2007 | 国家林业局 | 2004—2006年度全国森林防火工作先进个人 |
| 496 | 田国庆 | 男 | 汉族 | 内蒙古大兴安岭林管局森林防火办公室副主任 | 2007 | 国家林业局 | 2004—2006年度全国森林防火工作先进个人 |
| 497 | 高希明 | 男 | 汉族 | 内蒙古大兴安岭林管局根河林业局局长 | 2007 | 国家林业局 | 2004—2006年度全国森林防火工作先进个人 |
| 498 | 李　英 | 男 | 汉族 | 内蒙古大兴安岭林管局毕拉河林业局防火办主任 | 2007 | 国家林业局 | 2004—2006年度全国森林防火工作先进个人 |
| 499 | 周建波 | 男 | 汉族 | 内蒙古大兴安岭林管局库都尔林业局防火办主任 | 2007 | 国家林业局 | 2004—2006年度全国森林防火工作先进个人 |

（续表）

| 序号 | 姓名 | 性别 | 民族 | 工作单位及职务 | 获奖时间 | 授奖部门 | 授奖名称 |
|---|---|---|---|---|---|---|---|
| 500 | 李　涛 | 男 | 达斡尔族 | 内蒙古大兴安岭林管局绰源林业局防火办主任 | 2007 | 国家林业局 | 2004—2006年度全国森林防火工作先进个人 |
| 501 | 安国通 | 男 | 蒙古族 | 内蒙古大兴安岭林管局局长 | 2010 | 国家森林防火指挥部、国家林业局 | 2007—2009年度全国森林防火工作先进个人 |
| 502 | 白俊山 | 男 | 蒙古族 | 内蒙古大兴安岭林管局满归林业局局长 | 2010 | 国家森林防火指挥部、国家林业局 | 2007—2009年度全国森林防火工作先进个人 |
| 503 | 吴玉柱 | 男 | 鄂伦春 | 内蒙古大兴安岭林管局森林防火办公室副处长 | 2010 | 国家森林防火指挥部、国家林业局 | 2007—2009年度全国森林防火工作先进个人 |
| 504 | 张阔海 | 男 | 汉族 | 内蒙古大兴安岭林管局阿尔山林业局防火办主任 | 2010 | 国家森林防火指挥部、国家林业局 | 2007—2009年度全国森林防火工作先进个人 |
| 505 | 张广栋 | 男 | 汉族 | 内蒙古大兴安岭林管局大杨树林业局防火办主任 | 2010 | 国家森林防火指挥部、国家林业局 | 2007—2009年度全国森林防火工作先进个人 |
| 506 | 王忠宝 | 男 | 汉族 | 根河航空护林站站长 | 2010 | 国家森林防火指挥部、国家林业局 | 2007—2009年度全国森林防火工作先进个人 |
| 507 | 路　斌 | 男 | 汉族 | 内蒙古大兴安岭林管局得耳布尔林业局局长 | 2013 | 国家林业局 | 2010—2012年度全国森林防火工作先进个人 |
| 508 | 杜爱民 | 男 | 汉族 | 内蒙古大兴安岭林管局森林防火办公室科长 | 2013 | 国家林业局 | 2010—2012年度全国森林防火工作先进个人 |
| 509 | 郑晓强 | 男 | 汉族 | 内蒙古大兴安岭林管局根河林业局森林消防队队长 | 2013 | 国家林业局 | 2010—2012年度全国森林防火工作先进个人 |
| 510 | 温建民 | 男 | 蒙古族 | 内蒙古大兴安岭林管局毕拉河林业局瞭望台站长 | 2013 | 国家林业局 | 2010—2012年度全国森林防火工作先进个人 |
| 511 | 鲍永新 | 男 | 蒙古族 | 自治区赤峰市敖汉旗敖润莫苏木荷也勿苏嘎查农民 | 2006 | 全国绿化委员会、人事部、国家林业局 | 全国防沙治沙标兵 |
| 512 | 金维林 | 男 | 汉族 | 自治区呼伦贝尔市林业局造林科干部 | 2006 | 全国绿化委员会、人事部、国家林业局 | 全国防沙治沙先进个人 |
| 513 | 贾振玉 | 男 | 汉族 | 自治区乌兰察布市察右后旗林业局副局长 | 2006 | 全国绿化委员会、人事部、国家林业局 | 全国防沙治沙先进个人 |
| 514 | 李西荣 | 男 | 汉族 | 自治区巴彦淖尔市乌拉特后旗林业局局长 | 2006 | 全国绿化委员会、人事部、国家林业局 | 全国防沙治沙先进个人 |
| 515 | 梁守华 | 男 | 汉族 | 自治区阿拉善左旗林业局工程师 | 2006 | 全国绿化委员会、人事部、国家林业局 | 全国防沙治沙先进个人 |
| 516 | 王　勇 | 男 | 汉族 | 自治区锡林郭勒盟林业局副局长 | 2006 | 全国绿化委员会、人事部、国家林业局 | 全国防沙治沙先进个人 |

（续表）

| 序号 | 姓名 | 性别 | 民族 | 工作单位及职务 | 获奖时间 | 授奖部门 | 授奖名称 |
|---|---|---|---|---|---|---|---|
| 517 | 李宝龙 | 男 | 汉族 | 武川县林业局副局长 | 2007 | 自治区政府 | 自治区防沙治沙先进个人 |
| 518 | 刘文碧 | 男 | 蒙古族 | 呼和浩特市赛罕区林业局副局长 | 2007 | 自治区政府 | 自治区防沙治沙先进个人 |
| 519 | 马　俊 | 男 | 汉族 | 清水河县林业局局长 | 2007 | 自治区政府 | 自治区防沙治沙先进个人 |
| 520 | 陈红芬 | 女 | 汉族 | 呼和浩特市林业局副局长 | 2007 | 自治区政府 | 自治区防沙治沙先进个人 |
| 521 | 徐　彪 | 男 | 汉族 | 固阳县林业局 | 2007 | 自治区政府 | 自治区防沙治沙先进个人 |
| 522 | 武文章 | 男 | 汉族 | 包头市九原区林业局 | 2007 | 自治区政府 | 自治区防沙治沙先进个人 |
| 523 | 曹玉庆 | 男 | 汉族 | 包头市林业工作站 | 2007 | 自治区政府 | 自治区防沙治沙先进个人 |
| 524 | 王　元 | 男 | 汉族 | 新巴尔虎左旗阿尔山林场场长 | 2007 | 自治区政府 | 自治区防沙治沙先进个人 |
| 525 | 鲁书泉 | 男 | 汉族 | 呼伦贝尔市林业局副局长 | 2007 | 自治区政府 | 自治区防沙治沙先进个人 |
| 526 | 夏文德 | 男 | 蒙古族 | 新巴尔虎右旗林业局业务股股长 | 2007 | 自治区政府 | 自治区防沙治沙先进个人 |
| 527 | 肖　平 | 男 | 汉族 | 呼伦贝尔市海拉尔区林业局局长 | 2007 | 自治区政府 | 自治区防沙治沙先进个人 |
| 528 | 尤木金 | 男 | 达斡尔族 | 鄂温克族自治旗林业局局长 | 2007 | 自治区政府 | 自治区防沙治沙先进个人 |
| 529 | 于志春 | 男 | 蒙古族 | 陈巴尔虎旗林业局 | 2007 | 自治区政府 | 自治区防沙治沙先进个人 |
| 530 | 照日格图 | 男 | 蒙古族 | 科尔沁右翼中旗义和塔拉林场场长 | 2007 | 自治区政府 | 自治区防沙治沙先进个人 |
| 531 | 谢晓文 | 男 | 汉族 | 兴安盟林业局副调研员 | 2007 | 自治区政府 | 自治区防沙治沙先进个人 |
| 532 | 周玉林 | 男 | 汉族 | 兴安盟林业局副局长 | 2007 | 自治区政府 | 自治区防沙治沙先进个人 |
| 533 | 于宝山 | 男 | 汉族 | 突泉县林业局副局长 | 2007 | 自治区政府 | 自治区防沙治沙先进个人 |
| 534 | 毕胜华 | 女 | 汉族 | 突泉县林业局干部 | 2007 | 自治区政府 | 自治区防沙治沙先进个人 |
| 535 | 吴彦君 | 男 | 蒙古族 | 通辽市林业局造林科科长 | 2007 | 自治区政府 | 自治区防沙治沙先进个人 |
| 536 | 李　祥 | 男 | 汉族 | 通辽市科尔沁区林业局局长 | 2007 | 自治区政府 | 自治区防沙治沙先进个人 |
| 537 | 齐凤江 | 男 | 汉族 | 开鲁县林业局局长 | 2007 | 自治区政府 | 自治区防沙治沙先进个人 |
| 538 | 杨明海 | 男 | 汉族 | 科尔沁左翼中旗林业局副局长 | 2007 | 自治区政府 | 自治区防沙治沙先进个人 |
| 539 | 隋子国 | 男 | 汉族 | 科尔沁左翼中旗包罕林场场长 | 2007 | 自治区政府 | 自治区防沙治沙先进个人 |
| 540 | 时作仁 | 男 | 汉族 | 奈曼旗林业工作站站长 | 2007 | 自治区政府 | 自治区防沙治沙先进个人 |

（续表）

| 序号 | 姓名 | 性别 | 民族 | 工作单位及职务 | 获奖时间 | 授奖部门 | 授奖名称 |
|---|---|---|---|---|---|---|---|
| 541 | 丁明秀 | 男 | 朝鲜族 | 赤峰市林业工作总站站长 | 2007 | 自治区政府 | 自治区防沙治沙先进个人 |
| 542 | 李显玉 | 男 | 汉族 | 敖汉旗林业局局长 | 2007 | 自治区政府 | 自治区防沙治沙先进个人 |
| 543 | 陈海东 | 男 | 汉族 | 喀喇沁旗林业工作站站长 | 2007 | 自治区政府 | 自治区防沙治沙先进个人 |
| 544 | 陈显东 | 男 | 汉族 | 林西县林业局局长 | 2007 | 自治区政府 | 自治区防沙治沙先进个人 |
| 545 | 吴建兴 | 男 | 汉族 | 巴林右旗林业局局长 | 2007 | 自治区政府 | 自治区防沙治沙先进个人 |
| 546 | 萨仁通拉嘎 | 男 | 蒙古族 | 赤峰市林业局副局长 | 2007 | 自治区政府 | 自治区防沙治沙先进个人 |
| 547 | 苏荣奎 | 男 | 汉族 | 赤峰市松山区林业工作站站长 | 2007 | 自治区政府 | 自治区防沙治沙先进个人 |
| 548 | 赵　宏 | 男 | 汉族 | 锡林郭勒盟林业局副局长 | 2007 | 自治区政府 | 自治区防沙治沙先进个人 |
| 549 | 高振岗 | 男 | 汉族 | 多伦县林业局局长 | 2007 | 自治区政府 | 自治区防沙治沙先进个人 |
| 550 | 齐晓英 | 女 | 汉族 | 锡林郭勒盟锡林浩特市林业工作站站长 | 2007 | 自治区政府 | 自治区防沙治沙先进个人 |
| 551 | 张鸿斌 | 男 | 汉族 | 乌兰察布市造林站站长 | 2007 | 自治区政府 | 自治区防沙治沙先进个人 |
| 552 | 梁　云 | 男 | 汉族 | 四子王旗林业局副局长 | 2007 | 自治区政府 | 自治区防沙治沙先进个人 |
| 553 | 王　理 | 男 | 汉族 | 乌海市林业局副局长 | 2007 | 自治区政府 | 自治区防沙治沙先进个人 |
| 554 | 杨生宝 | 男 | 回族 | 阿拉善左旗林业局局长 | 2007 | 自治区政府 | 自治区防沙治沙先进个人 |
| 555 | 徐世华 | 男 | 汉族 | 阿拉善盟林业工作站站长 | 2007 | 自治区政府 | 自治区防沙治沙先进个人 |
| 556 | 张宓柱 | 男 | 汉族 | 阿拉善右旗林业局局长 | 2007 | 自治区政府 | 自治区防沙治沙先进个人 |
| 557 | 王云霞 | 女 | 汉族 | 满洲里市林业局副局长 | 2007 | 自治区政府 | 自治区防沙治沙先进个人 |
| 558 | 孙向东 | 男 | 汉族 | 二连浩特市林业水利局局长 | 2007 | 自治区政府 | 自治区防沙治沙先进个人 |
| 559 | 陈华春 | 男 | 蒙古族 | 新巴尔虎左旗嵯岗林场场长 | 2008 | 全国绿化委员会、人力资源和社会保障部、国家林业局 | 三北防护林体系建设突出贡献者 |
| 560 | 贾树仁 | 男 | 汉族 | 呼伦贝尔市红花尔基林业局高级工程师 | 2008 | 全国绿化委员会、人力资源和社会保障部、国家林业局 | 三北防护林体系建设突出贡献者 |
| 561 | 蔺海涛 | 男 | 蒙古族 | 兴安盟林业工作站高级工程师 | 2008 | 全国绿化委员会、人力资源和社会保障部、国家林业局 | 三北防护林体系建设突出贡献者 |

（续表）

| 序号 | 姓名 | 性别 | 民族 | 工作单位及职务 | 获奖时间 | 授奖部门 | 授奖名称 |
|---|---|---|---|---|---|---|---|
| 562 | 柴永江 | 男 | 汉族 | 通辽市林业工作站教授级高级工程师 | 2008 | 全国绿化委员会、人力资源和社会保障部、国家林业局 | 三北防护林体系建设突出贡献者 |
| 563 | 朱振民 | 男 | 汉族 | 奈曼旗八仙筒国有经营林场高级工程师 | 2008 | 全国绿化委员会、人力资源和社会保障部、国家林业局 | 三北防护林体系建设突出贡献者 |
| 564 | 李显玉 | 男 | 汉族 | 敖汉旗林业局教授级高级工程师 | 2008 | 全国绿化委员会、人力资源和社会保障部、国家林业局 | 三北防护林体系建设突出贡献者 |
| 565 | 贾士瑞 | 男 | 汉族 | 赤峰市林业工作总站高级工程师 | 2008 | 全国绿化委员会、人力资源和社会保障部、国家林业局 | 三北防护林体系建设突出贡献者 |
| 566 | 辛庆瑞 | 男 | 汉族 | 锡林郭勒盟国有林场苗圃管理站高级工程师 | 2008 | 全国绿化委员会、人力资源和社会保障部、国家林业局 | 三北防护林体系建设突出贡献者 |
| 567 | 张圣军 | 男 | 汉族 | 西乌珠穆沁旗林业局工程师 | 2008 | 全国绿化委员会、人力资源和社会保障部、国家林业局 | 三北防护林体系建设突出贡献者 |
| 568 | 张建功 | 男 | 汉族 | 乌兰察布市集宁区林业局工程师 | 2008 | 全国绿化委员会、人力资源和社会保障部、国家林业局 | 三北防护林体系建设突出贡献者 |
| 569 | 任存才 | 男 | 汉族 | 卓资县上高台林场护林员 | 2008 | 全国绿化委员会、人力资源和社会保障部、国家林业局 | 三北防护林体系建设突出贡献者 |
| 570 | 李　新 | 男 | 汉族 | 呼和浩特市林业局科长 | 2008 | 全国绿化委员会、人力资源和社会保障部、国家林业局 | 三北防护林体系建设突出贡献者 |
| 571 | 李宝龙 | 男 | 汉族 | 武川县林业局工程师 | 2008 | 全国绿化委员会、人力资源和社会保障部、国家林业局 | 三北防护林体系建设突出贡献者 |
| 572 | 胡福云 | 男 | 汉族 | 包头市林业局局长 | 2008 | 全国绿化委员会、人力资源和社会保障部、国家林业局 | 三北防护林体系建设突出贡献者 |
| 573 | 王明海 | 男 | 汉族 | 鄂尔多斯市恩格贝生态示范区管理委员会经济师 | 2008 | 全国绿化委员会、人力资源和社会保障部、国家林业局 | 三北防护林体系建设突出贡献者 |
| 574 | 贺喜才 | 男 | 汉族 | 乌审旗林业局教授级高级工程师 | 2008 | 全国绿化委员会、人力资源和社会保障部、国家林业局 | 三北防护林体系建设突出贡献者 |

（续表）

| 序号 | 姓名 | 性别 | 民族 | 工作单位及职务 | 获奖时间 | 授奖部门 | 授奖名称 |
|---|---|---|---|---|---|---|---|
| 575 | 王力平 | 男 | 汉族 | 乌拉特前旗林业局局长 | 2008 | 全国绿化委员会、人力资源和社会保障部、国家林业局 | 三北防护林体系建设突出贡献者 |
| 576 | 卢凤光 | 男 | 汉族 | 杭锦后旗东风国营林场工程师 | 2008 | 全国绿化委员会、人力资源和社会保障部、国家林业局 | 三北防护林体系建设突出贡献者 |
| 577 | 董研生 | 男 | 汉族 | 乌海市治沙站队长 | 2008 | 全国绿化委员会、人力资源和社会保障部、国家林业局 | 三北防护林体系建设突出贡献者 |
| 578 | 聂聪远 | 男 | 汉族 | 阿拉善右旗林业工作站工程师 | 2008 | 全国绿化委员会、人力资源和社会保障部、国家林业局 | 三北防护林体系建设突出贡献者 |
| 579 | 崔清涛 | 男 | 汉族 | 自治区林业科学研究院研究员 | 2012 | 国家林业局 | 全国生态建设突出贡献奖先进个人 |
| 580 | 孙少辉 | 男 | 汉族 | 呼伦贝尔市林业科学研究所森保研究室主任 | 2012 | 国家林业局 | 全国生态建设突出贡献奖先进个人 |
| 581 | 姜　鹏 | 男 | 汉族 | 通辽市林业科学研究所副所长 | 2012 | 国家林业局 | 全国生态建设突出贡献奖先进个人 |
| 582 | 王振生 | 男 | 汉族 | 敖汉旗陈家洼子林场场长 | 2012 | 国家林业局 | 全国生态建设突出贡献奖先进个人 |
| 583 | 包金海 | 男 | 蒙古族 | 库伦旗三家子林场场长 | 2012 | 国家林业局 | 全国生态建设突出贡献奖先进个人 |
| 584 | 王　元 | 男 | 汉族 | 新巴尔虎左旗阿尔山林场场长 | 2012 | 国家林业局 | 全国生态建设突出贡献奖先进个人 |
| 585 | 刘志勇 | 男 | 汉族 | 鄂尔多斯市造林总场万太兴分场场长 | 2012 | 国家林业局 | 全国生态建设突出贡献奖先进个人 |
| 586 | 胡安英 | 男 | 汉族 | 乌兰察布市造林站站长 | 2012 | 国家林业局 | 全国生态建设突出贡献奖先进个人 |
| 587 | 吕景辉 | 男 | 满族 | 赤峰市林业治沙管理站副站长 | 2012 | 国家林业局 | 全国生态建设突出贡献奖先进个人 |
| 588 | 苏海林 | 男 | 汉族 | 正蓝旗林业工作站站长 | 2012 | 国家林业局 | 全国生态建设突出贡献奖先进个人 |
| 589 | 才　当 | 男 | 蒙古族 | 乌审旗林业局局长 | 2012 | 国家林业局 | 全国生态建设突出贡献奖先进个人 |
| 590 | 高　岗 | 男 | 汉族 | 呼和浩特市林业局业务科副科长 | 2012 | 国家林业局 | 全国生态建设突出贡献奖先进个人 |
| 591 | 贺丽萍 | 女 | 汉族 | 鄂尔多斯市林业局副局长 | 2012 | 国家林业局 | 全国生态建设突出贡献奖先进个人 |

（续表）

| 序号 | 姓名 | 性别 | 民族 | 工作单位及职务 | 获奖时间 | 授奖部门 | 授奖名称 |
|---|---|---|---|---|---|---|---|
| 592 | 胡连义 | 男 | 汉族 | 呼伦贝尔市林业局局长 | 2012 | 国家林业局 | 全国生态建设突出贡献奖先进个人 |
| 593 | 王伟业 | 男 | 汉族 | 扎赉特旗林业局副局长 | 2012 | 国家林业局 | 全国生态建设突出贡献奖先进个人 |
| 594 | 王秀莲 | 女 | 汉族 | 包头市林业局局长 | 2012 | 国家林业局 | 全国生态建设突出贡献奖先进个人 |
| 595 | 魏建民 | 男 | 汉族 | 阿拉善左旗林业工作站工程师 | 2012 | 国家林业局 | 全国生态建设突出贡献奖先进个人 |
| 596 | 吴宝卿 | 男 | 满族 | 乌海市林业局局长 | 2012 | 国家林业局 | 全国生态建设突出贡献奖先进个人 |
| 597 | 张春民 | 男 | 汉族 | 奈曼旗林业局局长 | 2012 | 国家林业局 | 全国生态建设突出贡献奖先进个人 |
| 598 | 赵国江 | 男 | 汉族 | 通辽市林业局局长 | 2012 | 国家林业局 | 全国生态建设突出贡献奖先进个人 |
| 599 | 赵　海 | 男 | 汉族 | 乌拉特前旗林业局局长 | 2012 | 国家林业局 | 全国生态建设突出贡献奖先进个人 |
| 600 | 于国民 | 男 | 汉族 | 赤峰市克什克腾旗治沙站站长 | 2013 | 全国绿化委员会、人力资源和社会保障部、国家林业局 | 全国防沙治沙先进个人 |
| 601 | 曹显军 | 男 | 汉族 | 赤峰市林业局副局长 | 2013 | 全国绿化委员会、人力资源和社会保障部、国家林业局 | 全国防沙治沙先进个人 |
| 602 | 曲香芝 | 女 | 汉族 | 呼伦贝尔市林业局造林科科长 | 2013 | 全国绿化委员会、人力资源和社会保障部、国家林业局 | 全国防沙治沙先进个人 |
| 603 | 赵国江 | 男 | 汉族 | 通辽市林业局调研员 | 2013 | 全国绿化委员会、人力资源和社会保障部、国家林业局 | 全国防沙治沙先进个人 |
| 604 | 张炳青 | 男 | 汉族 | 锡林郭勒盟锡林浩特市林业水利局、副局长 | 2013 | 全国绿化委员会、人力资源和社会保障部、国家林业局 | 全国防沙治沙先进个人 |
| 605 | 唐银山 | 男 | 蒙古族 | 兴安盟科尔沁右翼中旗林业局副局长 | 2013 | 全国绿化委员会、人力资源和社会保障部、国家林业局 | 全国防沙治沙先进个人 |
| 606 | 董金元 | 男 | 汉族 | 包头市达茂旗林业局副局长 | 2013 | 全国绿化委员会、人力资源和社会保障部、国家林业局 | 全国防沙治沙先进个人 |

（续表）

| 序号 | 姓名 | 性别 | 民族 | 工作单位及职务 | 获奖时间 | 授奖部门 | 授奖名称 |
|---|---|---|---|---|---|---|---|
| 607 | 苏　梅 | 女 | 汉族 | 鄂尔多斯市防沙治沙工程管理中心主任 | 2013 | 全国绿化委员会、人力资源和社会保障部、国家林业局 | 全国防沙治沙先进个人 |
| 608 | 杨利祥 | 男 | 汉族 | 乌海市林业科技推广中心主任 | 2013 | 全国绿化委员会、人力资源和社会保障部、国家林业局 | 全国防沙治沙先进个人 |
| 609 | 许文军 | 男 | 汉族 | 阿拉善盟林工站站长 | 2013 | 全国绿化委员会、人力资源和社会保障部、国家林业局 | 全国防沙治沙先进个人 |

# 四、全区林业系统正高级职称人员名录

人物-表-2　2006—2015年全区林业系统正高级职称人员统计表

| 序号 | 姓　名 | 性别 | 民族 | 出生年月 | 最高学历 | 政治面貌 | 工作单位 | 职称名称 | 评聘时间 |
|---|---|---|---|---|---|---|---|---|---|
| 1 | 程立岩 | 女 | 汉族 | 1967.3 | 大学 | 中共党员 | 呼伦贝尔市林业局 | 林业正高级工程师 | 2011.12 |
| 2 | 李　健 | 男 | 蒙古族 | 1970.10 | 大学 | 中共党员 | 呼伦贝尔市野生动植物保护站 | 林业正高级工程师 | 2013.12<br>2014.2 |
| 3 | 侯德海 | 男 | 汉族 | 1962.12 | 大学 | 中共党员 | 呼伦贝尔市天然林资源保护管理局 | 林业正高级工程师 | 2012.12 |
| 4 | 张红蕾 | 女 | 汉族 | 1968.1 | 研究生 | 中共党员 | 呼伦贝尔市林业科学研究所 | 林业正高级工程师 | 2007.6<br>2007.7 |
| 5 | 钟贵廷 | 男 | 蒙古族 | 1962.1 | 大学 | 中共党员 | 呼伦贝尔市林业科学研究所 | 林业正高级工程师 | 2008.8<br>2010.4 |
| 6 | 张克然 | 男 | 汉族 | 1962.11 | 大学 | 中共党员 | 呼伦贝尔市林业科学研究所 | 林业正高级工程师 | 2009.12<br>2010.4 |
| 7 | 包　彬 | 女 | 蒙古族 | 1962.11 | 大学 | 群　众 | 呼伦贝尔市林业科学研究所 | 林业正高级工程师 | 2009.12<br>2010.4 |
| 8 | 孙少辉 | 男 | 汉族 | 1960.8 | 大学 | 中共党员 | 呼伦贝尔市林业科学研究所 | 林业正高级工程师 | 2009.12<br>2010.4 |
| 9 | 孙国臣 | 男 | 汉族 | 1967.8 | 研究生 | 群　众 | 呼伦贝尔市林业科学研究所 | 林业正高级工程师 | 2013.12<br>2014.1 |
| 10 | 杜　敏 | 女 | 鄂温克 | 1967.8 | 大学 | 群　众 | 呼伦贝尔市林业科学研究所 | 林业正高级工程师 | 2010.12<br>2011.1 |

（续表）

| 序号 | 姓 名 | 性别 | 民族 | 出生年月 | 最高学历 | 政治面貌 | 工作单位 | 职称名称 | 评聘时间 |
|---|---|---|---|---|---|---|---|---|---|
| 11 | 胡 杰 | 男 | 满族 | 1960.11 | 大学 | 群 众 | 呼伦贝尔市林业科学研究所 | 林业正高级工程师 | 2012.12<br>2013.1 |
| 12 | 南海涛 | 女 | 汉族 | 1963.11 | 大学 | 群 众 | 呼伦贝尔市林业科学研究所 | 林业正高级工程师 | 2015.12<br>2016.1 |
| 13 | 焦 玲 | 女 | 汉族 | 1966.6 | 大学 | 中共党员 | 呼伦贝尔市林业科学研究所 | 林业正高级工程师 | 2011.12<br>2012.1 |
| 14 | 德灵胜 | 男 | 达斡尔族 | 1956.9 | 大学 | 中共党员 | 呼伦贝尔市林业科学研究所 | 林业正高级工程师 | 2008.8<br>2010.4 |
| 15 | 殷国亮 | 男 | 汉族 | 1953.10 | 大学 | 群 众 | 呼伦贝尔市林业科学研究所 | 林业正高级工程师 | 2006.6<br>2007.1 |
| 16 | 程秋菊 | 女 | 满族 | 1965.9 | 大学 | 中共党员 | 呼伦贝尔市蚕业科学研究所 | 林业正高级工程师 | 2014.12<br>2015.8 |
| 17 | 吐门岐 | 男 | 蒙古族 | 1960.9 | 研究生 | 中共党员 | 呼伦贝尔市林木种苗站 | 林业正高级工程师 | 2004.9<br>2004.10 |
| 18 | 安田喜 | 男 | 蒙古族 | 1961.10 | 大学 | 中共党员 | 呼伦贝尔市林业病虫害防治检疫站 | 林业正高级工程师 | 2011.12 |
| 19 | 吴秀丽 | 女 | 蒙古族 | 1962.8 | 大学 | 群 众 | 海拉尔区林业工作站 | 林业正高级工程师 | 2013.9<br>2015.4 |
| 20 | 白楷姝 | 女 | 汉族 | 1968.7 | 大学 | 群 众 | 牙克石市林业工作站 | 林业正高级工程师 | 2012.12<br>2015.8 |
| 21 | 张秋菊 | 女 | 汉族 | 1967.9 | 大学 | 中共党员 | 鄂伦春自治旗林业工作站 | 林业正高级工程师 | 2011.12<br>2012.4 |
| 22 | 贺其叶乐图 | 男 | 蒙古族 | 1967.2 | 大学 | 群 众 | 鄂温克旗林业工作站 | 林业正高级工程师 | 2016.12<br>2017.5 |
| 23 | 佟爱武 | 男 | 蒙古族 | 1963.5 | 大学 | 中共党员 | 鄂温克旗辉苏木林业工作站 | 林业正高级工程师 | 2016.12<br>2017.5 |
| 24 | 刘立成 | 男 | 汉族 | 1960.6 | 本科 | 中共党员 | 通辽市林业局 | 正高级工程师 | 2007.6 |
| 25 | 薛洪祥 | 男 | 蒙古族 | 1964.3 | 本科 | 群 众 | 通辽市林业灾害应急管理办公室 | 正高级工程师 | 2010.12<br>2012.11 |
| 26 | 宝金山 | 男 | 蒙古族 | 1963.3 | 大学 | 中共党员 | 通辽市林业科学研究院 | 正高级工程师 | 2008.11<br>2009.7 |
| 27 | 姜 鹏 | 男 | 汉族 | 1967.12 | 大学 | 中共党员 | 通辽市林业科学研究院 | 正高级工程师 | 2011.12<br>2012.6 |
| 28 | 王宝侠 | 女 | 蒙古族 | 1967.12 | 大学 | 群 众 | 通辽市林业科学研究院 | 正高级工程师 | 2011.12<br>2012.6 |
| 29 | 王 燕 | 女 | 汉族 | 1963.9 | 大学 | 中共党员 | 通辽市林业科学研究院 | 正高级工程师 | 2012.12<br>2012.12 |

（续表）

| 序号 | 姓　名 | 性别 | 民族 | 出生年月 | 最高学历 | 政治面貌 | 工作单位 | 职称名称 | 评聘时间 |
|---|---|---|---|---|---|---|---|---|---|
| 30 | 李艳华 | 女 | 满族 | 1963.12 | 大学 | 九三学社社员 | 通辽市林业科学研究院 | 正高级工程师 | 2008.11<br>2015. 9 |
| 31 | 柴永江 | 男 | 汉族 | 1960.12 | 大学 | 中共党员 | 通辽市林业科学研究院 | 正高级工程师 | 2007.6<br>2016.9 |
| 32 | 付贵生 | 男 | 汉族 | 1955.6 | 大学 | 中共党员 | 通辽市林业科学研究院（退休） | 正高级工程师 | 2009.12<br>2010.4 |
| 33 | 鲍生荣 | 男 | 汉族 | 1955.1 | 本科 | 中共党员 | 巴彦淖尔市国有林场管理站（退休） | 林业正高级工程师 | 2010.11<br>2012.10 |
| 34 | 武永胜 | 男 | 汉族 | 1964.7 | 本科 | 中共党员 | 巴彦淖尔市封育飞播管理站 | 林业正高级工程师 | 2010.12<br>2012.10 |
| 35 | 吴宏宇 | 女 | 汉族 | 1969.12 | 硕士研究生 | 中共党员 | 巴彦淖尔市封育飞播管理站 | 林业正高级工程师 | 2010.12<br>2012.11 |
| 36 | 乔艳荣 | 女 | 汉族 | 1967.8 | 本科 | 群　众 | 巴彦淖尔市封育飞播管理站 | 林业正高级工程师 | 2012.12<br>2014.10 |
| 37 | 徐占平 | 男 | 汉族 | 1962.1 | 本科 | 中共党员 | 巴彦淖尔市造林技术推广站 | 林业正高级工程师 | 2010.12<br>2015.8 |
| 38 | 董锦兰 | 女 | 汉族 | 1961.8 | 本科 | 中共党员 | 巴彦淖尔市造林技术推广站 | 林业正高级工程师 | 2007.6<br>2009.11 |
| 39 | 张林生 | 男 | 汉族 | 1956.9 | 专科 | 中共党员 | 乌拉特前旗森防站（退休） | 教授级高级工程师 | 2008.11<br>2009.12 |
| 40 | 布　和 | 男 | 蒙古族 | 1961.2 | 本科 | 中共党员 | 巴彦淖尔市林业种苗站 | 林业正高级工程师 | 2006.6<br>2009.11 |
| 41 | 王治国 | 男 | 汉族 | 1966.8 | 专科 | 中共党员 | 巴彦淖尔市森防站 | 林业正高级工程师 | 2011.12 |
| 42 | 王向霞 | 女 | 汉族 | 1964.12 | 本科 | 中共党员 | 巴彦淖尔市综合行政执法局 | 林业正高级工程师 | 2007.7<br>2009.11 |
| 43 | 贾昆峰 | 男 | 汉族 | 1964.4 | 本科 | 中共党员 | 乌拉特梭梭林蒙古野驴国家级自然保护区乌拉特后旗管理站 | 林业正高级工程师 | 2012.12<br>2014.7 |
| 44 | 温苏雅勒图 | 男 | 蒙古族 | 1968.12 | 本科 | 中共党员 | 乌拉特梭梭林蒙古野驴国家级自然保护区乌拉特后旗管理站 | 林业正高级工程师 | 2017.12 |
| 45 | 李建民 | 男 | 汉族 | 1961.2 | 本科 | 中共党员 | 巴彦淖尔市林业勘测设计队 | 林业正高级工程师 | 2007.8<br>2015.5 |
| 46 | 李燕萍 | 女 | 汉族 | 1965.10 | 本科 | 中共党员 | 巴彦淖尔市森林资源资产评估管理中心 | 林业正高级工程师 | 2009.12<br>2012.3 |
| 47 | 郭永祯 | 男 | 汉族 | 1959.2 | 本科 | 中共党员 | 巴彦淖尔市林业科学研究所 | 林业正高级工程师 | 2009.12 |

（续表）

| 序号 | 姓　名 | 性别 | 民族 | 出生年月 | 最高学历 | 政治面貌 | 工作单位 | 职称名称 | 评聘时间 |
|---|---|---|---|---|---|---|---|---|---|
| 48 | 赵忠和 | 男 | 汉族 | 1961.7 | 本科 | 中共党员 | 巴彦淖尔市林业科学研究所 | 林业正高级工程师 | 2009.12 |
| 49 | 张宏武 | 男 | 汉族 | 1967.8 | 硕士研究生 | 中共党员 | 巴彦淖尔市林业科学研究所 | 林业正高级工程师 | 2010.12<br>2014.7 |
| 50 | 潘瑞萍 | 女 | 汉族 | 1966.10 | 本科 | 群　众 | 巴彦淖尔市林业科学研究所 | 林业正高级工程师 | 2010.12 |
| 51 | 岳继雄 | 男 | 汉族 | 1962.8 | 本科 | 中共党员 | 巴彦淖尔市自然保护区管理局 | 林业正高级工程师 | 2010.12 |
| 52 | 韩二牛 | 男 | 汉族 | 1967.10 | 硕士研究生 | 中共党员 | 巴彦淖尔市自然保护区管理局 | 林业正高级工程师 | 2010.12 |
| 53 | 郑　平 | 男 | 汉族 | 1964.3 | 本科 | 中共党员 | 巴彦淖尔市自然保护区管理局 | 林业正高级工程师 | 2010.12 |
| 54 | 李　笑 | 男 | 汉族 | 1966.9 | 本科 | 中共党员 | 杭锦后旗林业局 | 林业正高级工程师 | 2008.11 |
| 55 | 杜凤梅 | 女 | 汉族 | 1968.2 | 本科 | 中共党员 | 巴彦淖尔市乌兰布和防沙治沙局 | 林业正高级工程师 | 2008.11<br>2009.9 |
| 56 | 张书理 | 男 | 蒙古族 | 1963.8 | 博士研究生 | 九三学社 | 赤峰市林业局 | 正高级工程师 | 2007.6 |
| 57 | 伊　梅 | 女 | 蒙古族 | 1970.3 | 本科 | 中共党员 | 赤峰市林业科学研究院 | 研究员 | 2011.12<br>2015.7 |
| 58 | 白玉茹 | 女 | 汉族 | 1963.4 | 本科 | 中共党员 | 赤峰市林业科学研究院 | 研究员 | 2008.11<br>2014.5 |
| 59 | 孙荣华 | 女 | 汉族 | 1960.7 | 本科 | 中共党员 | 赤峰市林业科学研究院 | 研究员 | 2011.12<br>2015.7 |
| 60 | 乌志颜 | 男 | 蒙古族 | 1962.5 | 本科 | 中共党员 | 赤峰市林业科学研究院 | 研究员 | 2009.12<br>2012.11 |
| 61 | 侯丽英 | 女 | 汉族 | 1967.10 | 本科 | 中共党员 | 赤峰市林业科学研究院 | 研究员 | 2009.12<br>2014.12 |
| 62 | 丁明秀 | 男 | 朝鲜族 | 1961.5 | 本科 | 中共党员 | 赤峰市林业种苗站 | 正高级工程师 | 2010.12 |
| 63 | 韩静波 | 男 | 蒙古族 | 1961.4 | 本科 | 中共党员 | 赤峰市林权服务中心 | 正高级工程师 | 2010.12 |
| 64 | 李永春 | 男 | 汉族 | 1959.11 | 本科 | 中共党员 | 赤峰市林业工作总站 | 正高级工程师 | 2010.12 |
| 65 | 张玉坤 | 男 | 满族 | 1949.11 | 专科 | 群　众 | 赤峰市林业科学研究院（退休） | 研究员 | 2007.6 |
| 66 | 李建华 | 男 | 汉族 | 1954.7 | 专科 | 中共党员 | 赤峰市林业科学研究院（退休） | 研究员 | 2007.6 |
| 67 | 刘士和 | 男 | 汉族 | 1954.11 | 专科 | 中共党员 | 赤峰市林业科学研究院（退休） | 研究员 | 2008.11 |

（续表）

| 序号 | 姓 名 | 性别 | 民族 | 出生年月 | 最高学历 | 政治面貌 | 工作单位 | 职称名称 | 评聘时间 |
|---|---|---|---|---|---|---|---|---|---|
| 68 | 高玉江 | 男 | 汉族 | 1955.4 | 本科 | 中共党员 | 赤峰市林业科学研究院（退休） | 研究员 | 2009.12 |
| 69 | 刘桂滢 | 女 | 汉族 | 1953.11 | 专科 | 中共党员 | 赤峰市林业科学研究院（退休） | 研究员 | 2010.12 |
| 70 | 齐 国 | 男 | 汉族 | 1952.2 | 本科 | 中共党员 | 赤峰市林业科学研究院（退休） | 研究员 | 2010.12 |
| 71 | 刘跃军 | 男 | 汉族 | 1957.12 | 本科 | 中共党员 | 赤峰市林业对外合作项目站（退休） | 正高级工程师 | 2008.11 |
| 72 | 刘 学 | 男 | 汉族 | 1953.2 | 专科 | 中共党员 | 赤峰市天然林资源保护站（退休） | 正高级工程师 | 2008.11 |
| 73 | 牛景富 | 男 | 汉族 | 1953.11 | 本科 | 中共党员 | 赤峰市森林病虫害防治检疫和野生动植物保护站（退休） | 正高级工程师 | 2010.12 |
| 74 | 庞秀谦 | 男 | 汉族 | 1965.2 | 本科 | 中共党员 | 赤峰市巴林左旗林业局 | 正高级工程师 | 2010.11<br>2012.1 |
| 75 | 刘向民 | 男 | 汉族 | 1966.10 | 本科 | 中共党员 | 赤峰市克什克腾旗林业局 | 正高级工程师 | 2011.12<br>2012.4 |
| 76 | 郭云义 | 男 | 汉族 | 1963.1 | 本科 | 群 众 | 赤峰市翁牛特旗林业局 | 正高级工程师 | 2008.11<br>2010.1 |
| 77 | 赵晓明 | 男 | 汉族 | 1966.1 | 本科 | 群 众 | 赤峰市宁城县林业局公益林站 | 正高级工程师 | 2011.12<br>2017.3 |
| 78 | 王晓东 | 男 | 汉族 | 1965.7 | 本科 | 中共党员 | 赤峰市敖汉旗林业局 | 正高级工程师 | 2011.12 |
| 79 | 刘素英 | 女 | 汉族 | 1964.10 | 本科 | 中共党员 | 赤峰市敖汉旗退耕还林办 | 正高级工程师 | 2011.12<br>2016.6 |
| 80 | 李 成 | 男 | 汉族 | 1955.6 | 专科 | 中共党员 | 赤峰市敖汉旗森林病虫害防治检疫站（退休） | 正高级工程师 | 2010.12 |
| 81 | 邹继录 | 男 | 满族 | 1955.5 | 专科 | 中共党员 | 赤峰市敖汉旗林木种苗站（退休） | 正高级工程师 | 2010.12 |
| 82 | 华玉文 | 男 | 汉族 | 1955.9 | 专科 | 中共党员 | 赤峰市敖汉旗古鲁板蒿林工站（退休） | 正高级工程师 | 2011.12 |
| 83 | 张亚荣 | 女 | 汉族 | 1957.9 | 专科 | 中共党员 | 赤峰市敖汉旗新惠林工站（退休） | 正高级工程师 | 2010.12 |
| 84 | 丁玉芝 | 女 | 汉族 | 1956.9 | 专科 | 中共党员 | 赤峰市敖汉旗林业工作站（退休） | 正高级工程师 | 2008.6 |
| 85 | 仉国富 | 男 | 汉族 | 1956.1 | 专科 | 中共党员 | 赤峰市敖汉旗木头营子林工站站（退休） | 正高级工程师 | 2011.12 |

（续表）

| 序号 | 姓　名 | 性别 | 民族 | 出生年月 | 最高学历 | 政治面貌 | 工作单位 | 职称名称 | 评聘时间 |
|---|---|---|---|---|---|---|---|---|---|
| 86 | 于和华 | 女 | 汉族 | 1965.10 | 本科 | 中共党员 | 赤峰市松山区林业局 | 正高级工程师 | 2012.12<br>2018.5 |
| 87 | 乔交其 | 男 | 汉族 | 1959.9 | 大学 | 中共党员 | 鄂尔多斯市林业局正处级 | 林业正高级工程师 | 2009.12 |
| 88 | 李　升 | 男 | 汉族 | 1960.12 | 专科 | 中共党员 | 鄂尔多斯市森林资源林政管理站站长 | 林业正高级工程师 | 2008.11 |
| 89 | 刘和平 | 男 | 汉族 | 1961.2 | 大学农学学士 | 中共党员 | 鄂尔多斯市天然林资源保护管理局局长 | 林业正高级工程师 | 2009.12 |
| 90 | 张志坚 | 男 | 汉族 | 1964.7 | 大学农学学士 | 中共党员 | 鄂尔多斯市野生动植物保护管理站站长 | 林业正高级工程师 | 2009.12 |
| 91 | 昭日格图 | 男 | 蒙古族 | 1961.9 | 大学农学学士 | 中共党员 | 鄂尔多斯市林业种苗站主任科员 | 林业正高级工程师 | 2007.6 |
| 92 | 包小峰 | 男 | 蒙古族 | 1964.8 | 农业推广硕士学位 | 中共党员 | 鄂尔多斯遗鸥国家级自然保护区管理局副局长 | 林业正高级工程师 | 2008.11 |
| 93 | 魏裕峰 | 男 | 汉族 | 1958.3 | 专科 | 中共党员 | 鄂尔多斯市森林资源资产评估管理中心主任 | 林业正高级工程师 | 2008.8 |
| 94 | 刘朝霞 | 女 | 汉族 | 1963.4 | 大学农学学士 | 中共党员 | 鄂尔多斯市林业治沙科学研究院院长 | 林业正高级工程师 | 2004.9<br>2005.5 |
| 95 | 高崇华 | 男 | 汉族 | 1960.1 | 专科 | 中共党员 | 鄂尔多斯市林业治沙科学研究院 | 林业正高级工程师 | 2007.6<br>2008.5 |
| 96 | 赵雨兴 | 男 | 汉族 | 1963.8 | 大学农学学士 | 中共党员 | 鄂尔多斯市林业治沙科学研究院副院长 | 林业正高级工程师 | 2005.6<br>2006.4 |
| 97 | 李维向 | 男 | 汉族 | 1959.2 | 大学农学学士 | 中共党员 | 鄂尔多斯市林业治沙科学研究院 | 林业正高级工程师 | 2004.9<br>2005.4 |
| 98 | 苏　梅 | 女 | 汉族 | 1963.4 | 大学 | 中共党员 | 鄂尔多斯市防沙治沙工程管理中心主任 | 林业正高级工程师 | 2008.11 |
| 99 | 高春明 | 男 | 汉族 | 1960.1 | 大学农学学士 | 中共党员 | 鄂尔多斯市国有林场和森林公园管理局局长 | 林业正高级工程师 | 2005.1 |
| 100 | 毛云峰 | 男 | 汉族 | 1957.2 | 专科 | 中共党员 | 鄂尔多斯市林业局 | 林业正高级工程师 | 2010.11 |
| 101 | 其　劳 | 男 | 蒙古族 | 1953.2 | 专科 | 中共党员 | 鄂尔多斯市林业治沙科学研究院 | 林业正高级工程师 | 2009.12 |
| 102 | 武生荣 | 男 | 汉族 | 1957.3 | 中专 | 中共党员 | 鄂尔多斯市林业治沙科学研究院 | 林业正高级工程师 | 2005.3 |
| 103 | 李志忠 | 男 | 汉族 | 1949.12 | 大学 | 中共党员 | 鄂尔多斯市林业工作站 | 林业正高级工程师 | 2005.3 |

（续表）

| 序号 | 姓　名 | 性别 | 民族 | 出生年月 | 最高学历 | 政治面貌 | 工作单位 | 职称名称 | 评聘时间 |
|---|---|---|---|---|---|---|---|---|---|
| 104 | 王美兰 | 女 | 汉族 | 1959.11 | 专科 | 群　众 | 鄂尔多斯市林业工作站 | 林业正高级工程师 | 2007.11 |
| 105 | 杨奋勇 | 男 | 汉族 | 1956.9 | 专科 | 中共党员 | 鄂尔多斯市森林病虫害防治检疫站 | 林业正高级工程师 | 2007.11 |
| 106 | 王蕴忠 | 男 | 汉族 | 1947.7 | 大学 | 中共党员 | 鄂尔多斯市天然林资源保护管理局 | 林业正高级工程师 | 1998.12 |
| 107 | 韩丽华 | 女 | 汉族 | 1960.2 | 大学 | 群　众 | 鄂尔多斯市林业种苗站 | 林业正高级工程师 | 2005.10 |
| 108 | 薛凤英 | 女 | 汉族 | 1960.8 | 专科 | 中共党员 | 鄂尔多斯市造林总场沟心召分场场长 | 林业正高级工程师 | 2008.11<br>2011.9 |
| 109 | 白永祥 | 男 | 汉族 | 1963.11 | 专科 | 中共党员 | 鄂尔多斯市造林总场九大渠分场场长 | 林业正高级工程师 | 2010.12<br>2011.5 |
| 110 | 安　保 | 男 | 汉族 | 1959.6 | 专科 | 中共党员 | 鄂尔多斯市造林总场主任工程师 | 林业正高级工程师 | 2009.12<br>2010.5 |
| 111 | 郚玉明 | 男 | 汉族 | 1961.11 | 本科 | 中共党员 | 鄂尔多斯市造林总场展旦召分场场长 | 林业正高级工程师 | 2011.12<br>2014.5 |
| 112 | 孙贵荣 | 男 | 汉族 | 1966.1 | 专科 | 中共党员 | 鄂尔多斯市造林总场行政办公室主任 | 林业正高级工程师 | 2009.12<br>2010.5 |
| 113 | 吕秀珍 | 女 | 汉族 | 1959.2 | 本科 | 中共党员 | 鄂尔多斯市造林总场退休 | 林业正高级工程师 | 2008.11<br>2009.5 |
| 114 | 郝星海 | 男 | 汉族 | 1956.6 | 专科 | 中共党员 | 鄂尔多斯市造林总场退休 | 林业正高级工程师 | 2009.12<br>2010.5 |
| 115 | 吴凤玲 | 女 | 汉族 | 1958.1 | 研究生 | 中共党员 | 鄂尔多斯市造林总场退休 | 林业正高级工程师 | 2011.12<br>2016.1 |
| 116 | 越文斌 | 男 | 汉族 | 1954.9 | 大学 | 中共党员 | 东胜区林业工作站 | 林业正高级工程师 | 2010.12 |
| 117 | 杨明亮 | 男 | 汉族 | 1957.9 | 本科 | 群　众 | 鄂托克旗林业局总工程师 | 林业正高级工程师 | 2007.6 |
| 118 | 贺喜才 | 男 | 汉族 | 1959.7 | 本科 | 中共党员 | 乌审旗林业局 | 正高级林业工程师 | 2006.6<br>2007.6 |
| 119 | 徐秀芳 | 女 | 汉族 | 1958.7 | 本科 | 中共党员 | 乌审旗林业局 | 正高级林业工程师 | 2005.6<br>2006.6 |
| 120 | 周子涛 | 男 | 汉族 | 1965.2 | 本科 | 中共党员 | 乌审旗林业局 | 正高级林业工程师 | 2007.6<br>2008.6 |
| 121 | 郝永峰 | 男 | 汉族 | 1960.11 | 专科 | 群　众 | 达拉特旗森林病虫害防治检疫站 | 林业正高级工程师 | 2009.12<br>2015.5 |

（续表）

| 序号 | 姓　名 | 性别 | 民族 | 出生年月 | 最高学历 | 政治面貌 | 工作单位 | 职称名称 | 评聘时间 |
|---|---|---|---|---|---|---|---|---|---|
| 122 | 王　霞 | 女 | 汉族 | 1960.5 | 本科 | 群　众 | 达拉特旗林业工作站 | 林业正高级工程师 | 2010.12 |
| 123 | 靳　嵘 | 男 | 蒙古族 | 1971.3 | 大学 | 群　众 | 准格尔旗林业局 | 正高级林业工程师 | 2016.12<br>2017.6 |
| 124 | 白存德 | 男 | 蒙古族 | 1963. 6 | 大学 | 中共党员 | 准格尔旗林业局 | 正高级林业工程师 | 2010.10 |
| 125 | 杨建荣 | 男 | 汉族 | 1966.2 | 大学 | 中共党员 | 准格尔旗林业局 | 正高级林业工程师 | 2011.12 |
| 126 | 白玉峰 | 男 | 汉族 | 1960.5 | 大学 | 中共党员 | 准格尔旗林业局（退休） | 正高级林业工程师 | 2007.6 |
| 127 | 赵玉珍 | 女 | 汉族 | 1959.5 | 大学 | 群　众 | 准格尔旗林业局（退休） | 正高级林业工程师 | 2009.12 |
| 128 | 王瑛凯 | 男 | 汉族 | 1956.2 | 大学 | 群　众 | 准格尔旗林业局（退休） | 正高级林业工程师 | 2010.12 |
| 129 | 宋世军 | 男 | 汉族 | 1958.4 | 大学 | 群　众 | 满洲里市边防机械化林场（退休） | 正高级林业工程师 | 2014.12 |
| 130 | 赵玉根 | 男 | 汉族 | 1967.11 | 本科 | 中共党员 | 呼和浩特市林木种苗站 | 正高级工程师 | 2011.12<br>2012.9 |
| 131 | 邢永亮 | 男 | 汉族 | 1963.11 | 本科 | 中共党员 | 呼和浩特市乌素图实验林场 | 正高级工程师 | 2009.12 |
| 132 | 马荣华 | 男 | 蒙古族 | 1957.1 | 本科 | 中共党员 | 呼和浩特市林业局（退休） | 正高级工程师 | 2007.6 |
| 133 | 张素华 | 女 | 汉族 | 1970.2 | 本科 | 中共党员 | 呼和浩特市森林保护站 | 正高级工程师 | 2014.12<br>2017.2 |
| 134 | 霍仲芳 | 女 | 汉族 | 1962.10 | 本科 | 中共党员 | 呼和浩特市赛罕区林业局 | 正高级工程师 | 2010.12 |
| 135 | 张志国 | 男 | 汉族 | 1963.2 | 本科 | 中共党员 | 乌兰察布市林业局 | 林业正高级工程师 | 2006.7 |
| 136 | 吴　彤 | 男 | 汉族 | 1968.10 | 本科 | 中共党员 | 乌兰察布市林业局 | 林业正高级工程师 | 2012.12 |
| 137 | 张志林 | 男 | 汉族 | 1966.1 | 本科 | 中共党员 | 乌兰察布市森林病虫害防治检疫站 | 林业正高级工程师 | 2010.12<br>2011.1 |
| 138 | 李生俊 | 男 | 汉族 | 1965.9 | 本科 | 群　众 | 乌兰察布市森林病虫害防治检疫站 | 林业正高级工程师 | 2011.12<br>2012.1 |
| 139 | 张宾兰 | 女 | 汉族 | 1962.9 | 本科 | 群　众 | 乌兰察布市森林病虫害防治检疫站 | 林业正高级工程师 | 2012.12<br>2013.1 |

（续表）

| 序号 | 姓 名 | 性别 | 民族 | 出生年月 | 最高学历 | 政治面貌 | 工作单位 | 职称名称 | 评聘时间 |
|---|---|---|---|---|---|---|---|---|---|
| 140 | 郭建明 | 男 | 汉族 | 1967.10 | 本科 | 中共党员 | 乌兰察布市林业产业化办公室 | 林业正高级工程师 | 2012.12<br>2013.1 |
| 141 | 贾秀荣 | 女 | 汉族 | 1962.6 | 本科 | 中共党员 | 乌兰察布市国有林场和森林公园管理站 | 林业正高级工程师 | 2008.11<br>2010.11 |
| 142 | 王世亮 | 男 | 汉族 | 1965.2 | 本科 | 中共党员 | 乌兰察布市天然林资源保护管理站 | 林业正高级工程师 | 2011.12<br>2012.1 |
| 143 | 武瑞霞 | 女 | 汉族 | 1967.10 | 本科 | 群 众 | 乌兰察布市天然林资源保护管理站 | 林业正高级工程师 | 2009.12<br>2010.11 |
| 144 | 靳文迪 | 男 | 汉族 | 1964.10 | 本科 | 中共党员 | 乌兰察布市林业监测规划站 | 林业正高级工程师 | 2010.12<br>2012.1 |
| 145 | 赵培珍 | 女 | 蒙古族 | 1963.11 | 本科 | 群 众 | 乌兰察布市林业监测规划站 | 林业正高级工程师 | 2008.11<br>2009.5 |
| 146 | 胡安英 | 男 | 汉族 | 1964.6 | 本科 | 中共党员 | 乌兰察布市造林站 | 林业正高级工程师 | 2007.06<br>2008.8 |
| 147 | 薛 斌 | 男 | 汉族 | 1964.11 | 本科 | 中共党员 | 乌兰察布市造林站 | 林业正高级工程师 | 2012.12<br>2013.1 |
| 148 | 李 滢 | 女 | 汉族 | 1968.7 | 本科 | 群 众 | 乌兰察布市造林站 | 林业正高级工程师 | 2011.12<br>2012.1 |
| 149 | 李来举 | 男 | 汉族 | 1963.2 | 专科 | 中共党员 | 乌兰察布市绿化工作站 | 林业正高级工程师 | 2011.12<br>2012.1 |
| 150 | 马世明 | 男 | 蒙古族 | 1963.11 | 本科 | 中共党员 | 乌兰察布市林业技术推广站 | 林业正高级工程师 | 2008.11<br>2009.5 |
| 151 | 牛 勇 | 男 | 达斡尔族 | 1964.5 | 本科 | 群 众 | 乌兰察布市林业种苗站 | 林业正高级工程师 | 2015.12<br>2017.3 |
| 152 | 王黔君 | 女 | 汉族 | 1963.11 | 本科 | 群 众 | 兴安盟乌兰浩特航空护林站 | 研究员 | 2015.12<br>2018.6 |
| 153 | 韦 勤 | 男 | 汉族 | 1962.7 | 研究生 | 中共党员 | 兴安盟林业科学研究所 | 研究员 | 2007.7<br>2010.1 |
| 154 | 王连军 | 男 | 回族 | 1960 | 本科 | 群 众 | 兴安盟森林资源管理站 | 正高级工程师 | 2008.12<br>2018.11 |
| 155 | 高士成 | 男 | 汉族 | 1960.8 | 本科 | 中共党员 | 兴安盟林业科学研究所 | 正高级工程师 | 2008.11<br>2010.1 |
| 156 | 赵满妞 | 女 | 蒙古族 | 1966.9 | 本科 | 群 众 | 兴安盟林业科学研究所 | 研究员 | 2009.12<br>2012.12 |
| 157 | 韩殿忠 | 男 | 汉族 | 1967.9 | 本科 | 中共党员 | 兴安盟林业科学研究所 | 研究员 | 2011.12<br>2012.12 |

（续表）

| 序号 | 姓　名 | 性别 | 民族 | 出生年月 | 最高学历 | 政治面貌 | 工作单位 | 职称名称 | 评聘时间 |
|---|---|---|---|---|---|---|---|---|---|
| 158 | 娜仁高娃 | 女 | 蒙古族 | 1969.6 | 本科 | 中共党员 | 兴安盟林业科学研究所 | 研究员 | 2012.12<br>2014.3 |
| 159 | 张艳青 | 女 | 蒙古族 | 1968.11 | 本科 | 中共党员 | 兴安盟突泉县林业工作站 | 正高级工程师 | 2009.12 |
| 160 | 张庆国 | 男 | 汉族 | 1965.7 | 本科 | 中共党员 | 兴安盟乌兰浩特市森林病虫害防治检疫站 | 正高级工程师 | 2009.1<br>2014.6 |
| 161 | 王百兴 | 男 | 蒙古族 | 1963.3 | 本科 | 中共党员 | 兴安盟白狼林业局 | 正高级工程师 | 2015.12<br>2016.3 |
| 162 | 宋连城 | 男 | 汉族 | 1963.8 | 本科 | 中共党员 | 内蒙古第二林业监测规划院 | 正高级工程师 | 2009.12<br>2011.5 |
| 163 | 李玉宝 | 男 | 汉族 | 1963.3 | 本科 | 中共党员 | 内蒙古第二林业监测规划院 | 正高级工程师 | 2006.6<br>2011.5 |
| 164 | 秦建明 | 男 | 汉族 | 1965.7 | 硕士<br>研究生 | 中共党员 | 内蒙古第二林业监测规划院 | 正高级工程师 | 2007.6<br>2011.5 |
| 165 | 李柱晓 | 男 | 汉族 | 1963.6 | 本科 | 中共党员 | 内蒙古第二林业监测规划院 | 正高级工程师 | 2006.6<br>2011.5 |
| 166 | 韩继荣 | 男 | 汉族 | 1961.8 | 本科 | 群　众 | 内蒙古第二林业监测规划院 | 正高级工程师 | 2007.6<br>2011.5 |
| 167 | 韩晓东 | 男 | 汉族 | 1963.11 | 本科 | 中共党员 | 内蒙古第二林业监测规划院 | 正高级工程师 | 2009.12<br>2011.5 |
| 168 | 刘　军 | 男 | 汉族 | 1961.11 | 本科 | 中共党员 | 内蒙古第二林业监测规划院 | 正高级工程师 | 2009.12<br>2011.5 |
| 169 | 胡万德 | 男 | 汉族 | 1965.10 | 本科 | 群　众 | 内蒙古第二林业监测规划院 | 正高级工程师 | 2010.12<br>2011.5 |
| 170 | 邹继峰 | 男 | 汉族 | 1965.2 | 本科 | 中共党员 | 内蒙古第二林业监测规划院 | 正高级工程师 | 2012.12<br>2013.3 |
| 171 | 孙国忠 | 男 | 汉族 | 1965.10 | 本科 | 中共党员 | 内蒙古第二林业监测规划院 | 正高级工程师 | 2012.12<br>2013.3 |
| 172 | 房宝龙 | 男 | 汉族 | 1963.5 | 本科 | 群　众 | 内蒙古第二林业监测规划院 | 正高级工程师 | 2011.12<br>2013.3 |
| 173 | 李明星 | 男 | 汉族 | 1964.7 | 本科 | 群　众 | 内蒙古第二林业监测规划院 | 正高级工程师 | 2010.12<br>2011.5 |
| 174 | 刘　梅 | 女 | 汉族 | 1969.6 | 本科 | 中共党员 | 内蒙古第二林业监测规划院 | 正高级工程师 | 2010.12<br>2011.5 |
| 175 | 高明福 | 男 | 汉族 | 1963.11 | 本科 | 中共党员 | 内蒙古第二林业监测规划院 | 正高级工程师 | 2014.12<br>2016.6 |

（续表）

| 序号 | 姓　名 | 性别 | 民族 | 出生年月 | 最高学历 | 政治面貌 | 工作单位 | 职称名称 | 评聘时间 |
|---|---|---|---|---|---|---|---|---|---|
| 176 | 贾淑媛 | 女 | 汉族 | 1965.9 | 本科 | 中共党员 | 内蒙古第二林业监测规划院 | 正高级工程师 | 2013.12 |
| 177 | 田　晋 | 男 | 汉族 | 1967.3 | 本科 | 群　众 | 内蒙古第二林业监测规划院 | 正高级工程师 | 2013.12 |
| 178 | 陶桂云 | 女 | 汉族 | 1964.8 | 本科 | 群　众 | 内蒙古第二林业监测规划院 | 正高级工程师 | 2012.12 |
| 179 | 李玉才 | 男 | 汉族 | 1963.8 | 本科 | 群　众 | 内蒙古第二林业监测规划院 | 正高级工程师 | 2014.12 |
| 180 | 王学文 | 男 | 汉族 | 1963.1 | 本科 | 群　众 | 内蒙古第二林业监测规划院 | 正高级工程师 | 2013.12 |
| 181 | 宋英春 | 男 | 汉族 | 1971.4 | 硕士研究生 | 中共党员 | 内蒙古第二林业监测规划院 | 正高级工程师 | 2015.12 |
| 182 | 张金娥 | 女 | 汉族 | 1964.1 | 本科 | 中共党员 | 内蒙古第二林业监测规划院 | 高级工程师 | 2008.8<br>2009.4 |
| 183 | 王玉山 | 男 | 蒙古族 | 1972.11 | 硕士研究生 | 中共党员 | 内蒙古第二林业监测规划院 | 高级工程师 | 2008.8<br>2009.4 |
| 184 | 王延鹏 | 男 | 汉族 | 1972.9 | 本科 | 中共党员 | 内蒙古第二林业监测规划院 | 高级工程师 | 2008.12<br>2009.4 |
| 185 | 周晓静 | 女 | 汉族 | 1964.11 | 本科 | 群　众 | 内蒙古第二林业监测规划院 | 高级工程师 | 2008.8<br>2009.4 |
| 186 | 刘建华 | 男 | 蒙古族 | 1969.4 | 本科 | 中共党员 | 内蒙古第二林业监测规划院 | 高级工程师 | 2008.8<br>2009.4 |
| 187 | 海　燕 | 女 | 蒙古族 | 1962.9 | 本科 | 群　众 | 内蒙古第二林业监测规划院 | 高级工程师 | 2006.6<br>2007.1 |
| 188 | 齐国军 | 男 | 汉族 | 1967.12 | 本科 | 群　众 | 内蒙古第二林业监测规划院 | 高级工程师 | 2008.8<br>2009.4 |
| 189 | 田振环 | 女 | 汉族 | 1964.8 | 专科 | 群　众 | 内蒙古第二林业监测规划院 | 高级工程师 | 2012.12<br>2013.3 |
| 190 | 邱　芳 | 女 | 汉族 | 1962.2 | 专科 | 群　众 | 内蒙古第二林业监测规划院 | 高级工程师 | 2012.12<br>2013.3 |
| 191 | 崔秀媛 | 女 | 蒙古族 | 1963.2 | 专科 | 群　众 | 内蒙古第二林业监测规划院 | 高级工程师 | 2011.12<br>2013.3 |
| 192 | 高维宇 | 男 | 汉族 | 1965.11 | 本科 | 中共党员 | 内蒙古第二林业监测规划院 | 高级工程师 | 2012.12<br>2013.3 |
| 193 | 贾艳玲 | 女 | 汉族 | 1960.1 | 专科 | 群　众 | 内蒙古第二林业监测规划院 | 高级工程师 | 2010.12<br>2011.5 |

（续表）

| 序号 | 姓　名 | 性别 | 民族 | 出生年月 | 最高学历 | 政治面貌 | 工作单位 | 职称名称 | 评聘时间 |
|---|---|---|---|---|---|---|---|---|---|
| 194 | 王　凯 | 男 | 汉族 | 1963.1 | 本科 | 中共党员 | 内蒙古第二林业监测规划院 | 高级工程师 | 2010.12<br>2011.5 |
| 195 | 田文会 | 男 | 汉族 | 1961.5 | 本科 | 中共党员 | 内蒙古第二林业监测规划院 | 高级工程师 | 2010.12<br>2011.5 |
| 196 | 车明东 | 男 | 蒙古族 | 1974.12 | 本科 | 中共党员 | 内蒙古第二林业监测规划院 | 高级工程师 | 2009.12<br>2010.9 |
| 197 | 李善杰 | 女 | 朝鲜族 | 1968.2 | 本科 | 中共党员 | 内蒙古第二林业监测规划院 | 高级工程师 | 2010.12<br>2011.5 |
| 198 | 张丽萍 | 女 | 汉族 | 1965.7 | 本科 | 中共党员 | 内蒙古第二林业监测规划院 | 高级工程师 | 2010.12<br>2011.5 |
| 199 | 杨　勇 | 男 | 蒙古族 | 1965.12 | 本科 | 中共党员 | 内蒙古第二林业监测规划院 | 高级工程师 | 2010.12<br>2011.5 |
| 200 | 史春凤 | 女 | 汉族 | 1968.5 | 本科 | 群　众 | 内蒙古第二林业监测规划院 | 高级工程师 | 2010.12<br>2011.5 |
| 201 | 刘　铁 | 男 | 满族族 | 1968.2 | 本科 | 群　众 | 内蒙古第二林业监测规划院 | 高级工程师 | 2010.12<br>2011.5 |
| 202 | 刘伟杰 | 男 | 汉族 | 1972.6 | 本科 | 群　众 | 内蒙古第二林业监测规划院 | 高级工程师 | 2010.12<br>2011.5 |
| 203 | 吴文秀 | 男 | 蒙古族 | 1970.8 | 本科 | 中共党员 | 内蒙古第二林业监测规划院 | 高级工程师 | 2010.12<br>2011.5 |
| 204 | 刘颖奇 | 男 | 汉族 | 1964.8 | 本科 | 群　众 | 内蒙古第二林业监测规划院 | 高级工程师 | 2010.12<br>2011.5 |
| 205 | 宋永灵 | 女 | 汉族 | 1965.12 | 本科 | 群　众 | 内蒙古第二林业监测规划院 | 高级工程师 | 2010.12<br>2011.5 |
| 206 | 张　岩 | 男 | 汉族 | 1962.9 | 本科 | 群　众 | 内蒙古第二林业监测规划院 | 高级工程师 | 2009.12<br>2010.9 |
| 207 | 辛凤丽 | 女 | 汉族 | 1970.5 | 本科 | 群　众 | 内蒙古第二林业监测规划院 | 高级工程师 | 2009.12<br>2010.9 |
| 208 | 山广君 | 男 | 汉族 | 1973.1 | 本科 | 群　众 | 内蒙古第二林业监测规划院 | 高级工程师 | 2010.12<br>2011.5 |
| 209 | 于凤祥 | 男 | 汉族 | 1963.5 | 专科 | 中共党员 | 内蒙古第二林业监测规划院 | 高级工程师 | 2010.12<br>2011.5 |
| 210 | 邓　辉 | 男 | 汉族 | 1965.7 | 本科 | 中共党员 | 内蒙古第二林业监测规划院 | 高级工程师 | 2010.12<br>2011.5 |
| 211 | 王艳辉 | 女 | 汉族 | 1970.7 | 本科 | 群　众 | 内蒙古第二林业监测规划院 | 高级工程师 | 2010.12<br>2011.5 |

（续表）

| 序号 | 姓　名 | 性别 | 民族 | 出生年月 | 最高学历 | 政治面貌 | 工作单位 | 职称名称 | 评聘时间 |
|---|---|---|---|---|---|---|---|---|---|
| 212 | 夏延冬 | 男 | 汉族 | 1972.11 | 本科 | 群　众 | 内蒙古第二林业监测规划院 | 高级工程师 | 2010.12<br>2011.5 |
| 213 | 朱晓静 | 女 | 汉族 | 1963.9 | 专科 | 群　众 | 内蒙古第二林业监测规划院 | 高级工程师 | 2012.12<br>2013.3 |
| 214 | 史凤海 | 男 | 蒙古族 | 1968.1 | 本科 | 群　众 | 内蒙古第二林业监测规划院 | 高级工程师 | 2011.12<br>2013.3 |
| 215 | 樊洪涛 | 男 | 满族族 | 1963.12 | 专科 | 群　众 | 内蒙古第二林业监测规划院 | 高级工程师 | 2012.12<br>2013.3 |
| 216 | 王向东 | 男 | 汉族 | 1970.1 | 本科 | 群　众 | 内蒙古第二林业监测规划院 | 高级工程师 | 2011.12<br>2013.3 |
| 217 | 付纪建 | 男 | 汉族 | 1970.2 | 本科 | 中共党员 | 内蒙古第二林业监测规划院 | 高级工程师 | 2012.12<br>2013.3 |
| 218 | 刘文峰 | 男 | 汉族 | 1972.5 | 本科 | 中共党员 | 内蒙古第二林业监测规划院 | 高级工程师 | 2012.12<br>2013.3 |
| 219 | 田文杰 | 男 | 汉族 | 1963.11 | 本科 | 群　众 | 内蒙古第二林业监测规划院 | 高级工程师 | 2011.12<br>2013.3 |
| 220 | 白丽岩 | 女 | 蒙古族 | 1970.11 | 本科 | 中共党员 | 内蒙古第二林业监测规划院 | 高级工程师 | 2011.12<br>2013.3 |
| 221 | 柴国林 | 男 | 蒙古族 | 1967.9 | 专科 | 群　众 | 内蒙古第二林业监测规划院 | 高级工程师 | 2010.12<br>2011.5 |
| 222 | 杨金成 | 男 | 汉族 | 1958.9 | 专科 | 群　众 | 内蒙古第二林业监测规划院 | 高级工程师 | 2012.12<br>2018.4 |
| 223 | 樊红君 | 女 | 汉族 | 1961.2 | 专科 | 群　众 | 内蒙古第二林业监测规划院 | 高级工程师 | 2015.12 |
| 224 | 孙世俊 | 男 | 汉族 | 1968.12 | 本科 | 群　众 | 内蒙古第二林业监测规划院 | 高级工程师 | 2013.12 |
| 225 | 肖黎峰 | 男 | 汉族 | 1963.1 | 专科 | 中共党员 | 内蒙古第二林业监测规划院 | 高级工程师 | 2014.12 |
| 226 | 王广才 | 男 | 蒙古族 | 1966.4 | 本科 | 群　众 | 内蒙古第二林业监测规划院 | 高级工程师 | 2012.12 |
| 227 | 李永春 | 女 | 汉族 | 1963.6 | 专科 | 群　众 | 内蒙古第二林业监测规划院 | 高级工程师 | 2013.12 |
| 228 | 付田喜 | 男 | 蒙古族 | 1963.5 | 本科 | 群　众 | 内蒙古第二林业监测规划院 | 高级工程师 | 2013.12 |
| 229 | 肖黎光 | 男 | 汉族 | 1964.9 | 专科 | 群　众 | 内蒙古第二林业监测规划院 | 高级工程师 | 2014.12 |

（续表）

| 序号 | 姓　名 | 性别 | 民族 | 出生年月 | 最高学历 | 政治面貌 | 工作单位 | 职称名称 | 评聘时间 |
|---|---|---|---|---|---|---|---|---|---|
| 230 | 孙宇涛 | 男 | 满族族 | 1964.4 | 专科 | 群　众 | 内蒙古第二林业监测规划院 | 高级工程师 | 2013.12 |
| 231 | 孙洪斌 | 男 | 汉族 | 1965.9 | 专科 | 群　众 | 内蒙古第二林业监测规划院 | 高级工程师 | 2014.12 |
| 232 | 张德生 | 男 | 蒙古族 | 1970.2 | 本科 | 群　众 | 内蒙古第二林业监测规划院 | 高级工程师 | 2013.12 |
| 233 | 王国林 | 男 | 汉族 | 1967.1 | 专科 | 群　众 | 内蒙古第二林业监测规划院 | 高级工程师 | 2011.12 |
| 234 | 姜秀滨 | 女 | 汉族 | 1965.1 | 专科 | 群　众 | 内蒙古第二林业监测规划院 | 高级工程师 | 2013.12 |
| 235 | 色汗塔拉 | 男 | 蒙古族 | 1975.7 | 本科 | 群　众 | 内蒙古第二林业监测规划院 | 高级工程师 | 2015.12 |
| 236 | 山晓燕 | 女 | 汉族 | 1976.5 | 本科 | 中共党员 | 内蒙古第二林业监测规划院 | 高级工程师 | 2013.12 |
| 237 | 金维芝 | 女 | 汉族 | 1964.5 | 专科 | 群　众 | 内蒙古第二林业监测规划院 | 高级工程师 | 2014.12 |
| 238 | 丹　梅 | 女 | 满族族 | 1966.8 | 专科 | 群　众 | 内蒙古第二林业监测规划院 | 高级工程师 | 2015.12 |
| 239 | 朱晓军 | 女 | 汉族 | 1970.11 | 本科 | 群　众 | 内蒙古第二林业监测规划院 | 高级工程师 | 2011.12 |
| 240 | 魏　芳 | 女 | 满族族 | 1967.8 | 本科 | 中共党员 | 内蒙古第二林业监测规划院 | 高级工程师 | 2014.12 |
| 241 | 陈敖仁 | 男 | 蒙古族 | 1968.7 | 专科 | 群　众 | 内蒙古第二林业监测规划院 | 高级工程师 | 2012.12 |
| 242 | 王阿拉坦仓 | 男 | 蒙古族 | 1977.11 | 本科 | 中共党员 | 内蒙古第二林业监测规划院 | 高级工程师 | 2013.12 |
| 243 | 姜　力 | 男 | 汉族 | 1975.6 | 本科 | 群　众 | 内蒙古第二林业监测规划院 | 高级工程师 | 2015.12 |
| 244 | 周宇峰 | 男 | 汉族 | 1968.5 | 本科 | 群　众 | 内蒙古第二林业监测规划院 | 高级工程师 | 2014.12 |
| 245 | 田　泰 | 男 | 汉族 | 1969.7 | 本科 | 群　众 | 内蒙古第二林业监测规划院 | 高级工程师 | 2012.12 |
| 246 | 尤　燕 | 女 | 汉族 | 1977.2 | 硕士研究生 | 群　众 | 内蒙古第二林业监测规划院 | 高级工程师 | 2013.12 |
| 247 | 廉洪英 | 女 | 汉族 | 1967.1 | 专科 | 群　众 | 内蒙古第二林业监测规划院 | 高级工程师 | 2015.12 |

（续表）

| 序号 | 姓　名 | 性别 | 民族 | 出生年月 | 最高学历 | 政治面貌 | 工作单位 | 职称名称 | 评聘时间 |
|---|---|---|---|---|---|---|---|---|---|
| 248 | 苏晓颖 | 女 | 汉族 | 1978.8 | 本科 | 中共党员 | 内蒙古第二林业监测规划院 | 高级工程师 | 2013.12 |
| 249 | 田海芹 | 女 | 蒙古族 | 1979.8 | 本科 | 中共党员 | 内蒙古第二林业监测规划院 | 高级工程师 | 2015.12 |
| 250 | 郭世芳 | 男 | 汉族 | 1962.2 | 本科 | 中共党员 | 内蒙古自治区林业监测规划院 | 林业正高级工程师 | 2007.6 |
| 251 | 赵学军 | 男 | 汉族 | 1964.5 | 硕士研究生 | 中共党员 | 内蒙古自治区林业监测规划院 | 林业正高级工程师 | 2009.12 |
| 252 | 邢利军 | 男 | 汉族 | 1962.10 | 本科 | 中共党员 | 内蒙古自治区林业监测规划院 | 林业正高级工程师 | 2007.6 |
| 253 | 邓　芳 | 女 | 汉族 | 1957.6 | 本科 | 中共党员 | 内蒙古自治区林业监测规划院 | 林业正高级工程师 | 2007.6 |
| 254 | 潘玉华 | 女 | 汉族 | 1960.10 | 本科 | 中共党员 | 内蒙古自治区林业监测规划院 | 林业正高级工程师 | 2008.12<br>2011.5 |
| 255 | 王志功 | 男 | 汉族 | 1956.8 | 本科 | 中共党员 | 内蒙古自治区林业监测规划院 | 林业正高级工程师 | 2006.6<br>2011.5 |
| 256 | 云秀丽 | 女 | 蒙古族 | 1961.2 | 本科 | 中共党员 | 内蒙古自治区林业监测规划院 | 林业正高级工程师 | 2008.11<br>2011.5 |
| 257 | 雅　洁 | 女 | 蒙古族 | 1963.12 | 硕士研究生 | 中共党员 | 内蒙古自治区林业监测规划院 | 林业正高级工程师 | 2007.6<br>2011.5 |
| 258 | 陈　杰 | 女 | 汉族 | 1963.9 | 硕士研究生 | 中共党员 | 内蒙古自治区林业监测规划院 | 林业正高级工程师 | 2008.12<br>2011.5 |
| 259 | 年学东 | 男 | 汉族 | 1965.10 | 硕士研究生 | 群　众 | 内蒙古自治区林业监测规划院 | 林业正高级工程师 | 2009.12<br>2011.5 |
| 260 | 李卓玲 | 女 | 汉族 | 1963.10 | 本科 | 中共党员 | 内蒙古自治区林业监测规划院 | 林业正高级工程师 | 2009.12<br>2011.5 |
| 261 | 布　和 | 男 | 蒙古族 | 1961.6 | 本科 | 群　众 | 内蒙古自治区林业监测规划院 | 林业正高级工程师 | 2010.12<br>2011.5 |
| 262 | 刘元直 | 男 | 汉族 | 1963.8 | 硕士研究生 | 中共党员 | 内蒙古自治区林业监测规划院 | 林业正高级工程师 | 2011.12<br>2015.6 |
| 263 | 韩振魁 | 男 | 汉族 | 1959.5 | 本科 | 中共党员 | 内蒙古自治区林业监测规划院 | 林业正高级工程师 | 2013.12<br>2015.6 |
| 264 | 周宝祥 | 男 | 汉族 | 1963.8 | 本科 | 中共党员 | 内蒙古自治区林业监测规划院 | 林业正高级工程师 | 2015.6 |
| 265 | 胡永宁 | 男 | 汉族 | 1978.7 | 博士研究生 | 中共党员 | 内蒙古自治区林业监测规划院 | 林业正高级工程师 | 2017.6 |

（续表）

| 序号 | 姓　名 | 性别 | 民族 | 出生年月 | 最高学历 | 政治面貌 | 工作单位 | 职称名称 | 评聘时间 |
|---|---|---|---|---|---|---|---|---|---|
| 266 | 钟晓云 | 女 | 汉族 | 1963.6 | 本科 | 中共党员 | 内蒙古自治区林业监测规划院 | 林业正高级工程师 | 2015.12 |
| 267 | 段树森 | 男 | 汉族 | 1964.3 | 本科 | 中共党员 | 内蒙古自治区林业监测规划院 | 林业正高级工程师 | 2015.12 |
| 268 | 张志东 | 男 | 汉族 | 1965.12 | 本科 | 中共党员 | 内蒙古自治区林业监测规划院 | 林业正高级工程师 | 2014.1 |
| 269 | 温　玫 | 女 | 汉族 | 1964.6 | 本科 | 群　众 | 内蒙古自治区林业监测规划院 | 林业正高级工程师 | 2012.12 |
| 270 | 马远震 | 男 | 汉族 | 1963.9 | 本科 | 群　众 | 内蒙古自治区林业监测规划院 | 林业正高级工程师 | 2009.12 |
| 271 | 曹　扬 | 女 | 汉族 | 1967.12 | 本科 | 群　众 | 内蒙古自治区林业监测规划院 | 林业正高级工程师 | 2014.1 |
| 272 | 张志红 | 女 | 汉族 | 1963.4 | 本科 | 群　众 | 内蒙古自治区林业监测规划院 | 林业正高级工程师 | 2015.12 |
| 273 | 鲁　海 | 男 | 汉族 | 1968.9 | 专科 | 中共党员 | 包头黄河国家湿地公园管理处 | 正高级林业工程师 | 2012.12<br>2014.1 |
| 274 | 康春凤 | 女 | 汉族 | 1965.1 | 本科 | 中共党员 | 包头市林木种苗站 | 正高级林业工程师 | 2008.9<br>2017.7 |
| 275 | 曹玉庆 | 男 | 汉族 | 1959.9 | 专科 | 中共党员 | 包头市林业工作站 | 正高级林业工程师 | 2009.12 |
| 276 | 张全如 | 男 | 汉族 | 1959.6 | 本科 | 中共党员 | 内蒙古大青山国家级自然保护区管理局 | 正高级林业工程师 | 2005.6 |
| 277 | 马燕春 | 女 | 蒙古族 | 1959.4 | 本科 | 群　众 | 内蒙古大青山国家级自然保护区管理局 | 正高级林业工程师 | 2004.1 |
| 278 | 苏喜富 | 男 | 汉族 | 1964.9 | 中专 | 中共党员 | 内蒙古大青山国家级自然保护区管理局 | 正高级林业工程师 | 2009.12 |
| 279 | 李福胜 | 男 | 汉族 | 1957.3 | 专科 | 中共党员 | 内蒙古自治区锡林郭勒盟湿地与野生动植物资源管理站 | 推广研究员 | 2002.12<br>2016.10 |
| 280 | 张　勇 | 男 | 汉族 | 1963.1 | 大学 | 群　众 | 内蒙古自治区锡林郭勒盟湿地与野生动植物资源管理站 | 林业研究员 | 2008.11<br>2011.1 |
| 281 | 杨全胜 | 男 | 汉族 | 1964.1 | 大学 | 群　众 | 内蒙古自治区锡林郭勒盟湿地与野生动植物资源管理站 | 林业研究员 | 2008.8<br>2012.7 |
| 282 | 刘新前 | 男 | 汉族 | 1965.09 | 硕士研究生 | 中共党员 | 内蒙古林科院 | 正高级工程师 | 2011.11<br>2011.06 |
| 283 | 张文军 | 男 | 汉族 | 1963.03 | 博士研究生 | 九三学社社员 | 内蒙古林科院 | 研究员 | 2005.07<br>2011.06 |

（续表）

| 序号 | 姓　名 | 性别 | 民族 | 出生年月 | 最高学历 | 政治面貌 | 工作单位 | 职称名称 | 评聘时间 |
|---|---|---|---|---|---|---|---|---|---|
| 284 | 刘清泉 | 男 | 汉族 | 1962.07 | 大学 | 中共党员 | 内蒙古林科院 | 正高级工程师 | 2008.08<br>2011.06 |
| 285 | 刘平生 | 男 | 汉族 | 1961.10 | 大学 | 中共党员 | 内蒙古林科院 | 研究员 | 2007.07<br>2011.06 |
| 286 | 李爱平 | 男 | 汉族 | 1960.09 | 大学 | 中共党员 | 内蒙古林科院 | 研究员 | 2005.07<br>2011.06 |
| 287 | 梁建平 | 男 | 蒙古族 | 1959.11 | 大学 | 中共党员 | 内蒙古林科院 | 研究员 | 2007.07<br>2011.06 |
| 288 | 刘永宏 | 男 | 汉族 | 1963.12 | 大学 | 中共党员 | 内蒙古林科院 | 研究员 | 2014.01<br>2014.06 |
| 289 | 王　俊 | 男 | 汉族 | 1962.12 | 大学 | 中共党员 | 内蒙古林科院 | 研究员 | 2007.07<br>2014.06 |
| 290 | 余伟莅 | 女 | 蒙古族 | 1963.06 | 博士<br>研究生 | 中共党员 | 内蒙古林科院 | 研究员 | 2009.07<br>2014.06 |
| 291 | 段玉玺 | 男 | 蒙古族 | 1964.01 | 博士<br>研究生 | 中共党员 | 内蒙古林科院 | 研究员 | 2009.07<br>2014.06 |
| 292 | 郭永盛 | 男 | 汉族 | 1960.03 | 博士<br>研究生 | 中共党员 | 内蒙古林科院 | 研究员 | 2000.06<br>2014.06 |
| 293 | 季　蒙 | 男 | 汉族 | 1962.10 | 大学后本 | 中共党员 | 内蒙古林科院 | 研究员 | 2011.09<br>2013.05 |
| 294 | 张幼军 | 女 | 汉族 | 1961.07 | 大学 | 中共党员 | 内蒙古林科院 | 研究员 | 2008.07<br>2011.06 |
| 295 | 王　俊 | 男 | 汉族 | 1962.07 | 大学 | 中共党员 | 内蒙古林科院 | 研究员 | 2007.07<br>2011.06 |
| 296 | 云林强 | 男 | 蒙古族 | 1961.05 | 大学 | 中共党员 | 内蒙古林科院 | 研究员 | 2008.07<br>2011.06 |
| 297 | 王熠清 | 男 | 汉族 | 1964.07 | 大学 | 中共党员 | 内蒙古林科院 | 研究员 | 2007.07<br>2011.06 |
| 298 | 齐　凯 | 男 | 蒙古族 | 1956.12 | 大学 | 中共党员 | 内蒙古林科院 | 研究员 | 2005.07<br>2011.06 |
| 299 | 张幼军 | 女 | 汉族 | 1961.07 | 大学 | 中共党员 | 内蒙古林科院 | 研究员 | 2008.07<br>2011.06 |
| 300 | 王　俊 | 男 | 汉族 | 1962.07 | 大学 | 中共党员 | 内蒙古林科院 | 研究员 | 2007.07<br>2011.06 |
| 301 | 田润明 | 男 | 汉族 | 1957.04 | 硕士<br>研究生 | 中共党员 | 内蒙古林科院 | 研究员 | 2010.09<br>2011.06 |

（续表）

| 序号 | 姓 名 | 性别 | 民族 | 出生年月 | 最高学历 | 政治面貌 | 工作单位 | 职称名称 | 评聘时间 |
|---|---|---|---|---|---|---|---|---|---|
| 302 | 白育英 | 女 | 汉族 | 1958.01 | 大学 | 中共党员 | 内蒙古林科院 | 研究员 | 2000.06<br>2013.01 |
| 303 | 谭 敬 | 女 | 汉族 | 1958.05 | 大学 | 中共党员 | 内蒙古林科院 | 研究员 | 2005.07<br>2011.06 |
| 304 | 王晶莹 | 女 | 汉族 | 1956.10 | 专科 | 中共党员 | 内蒙古林科院 | 正高级工程师 | 2005.06<br>2011.06 |
| 305 | 温 阳 | 女 | 汉族 | 1955.09 | 大学 | 中共党员 | 内蒙古林科院 | 研究员 | 2002.06<br>2011.06 |
| 306 | 葛莉莉 | 女 | 汉族 | 1956.08 | 大学 | 中共党员 | 内蒙古林科院 | 研究员 | 2002.06<br>2011.06 |

# 附　录

## 附录一　典型森林草原火灾扑救案例

### 一、2006年内蒙古免渡河“5·25”特大雷击森林火灾

（一）火区概况

火场位于大兴安岭西坡森林腹地，距离呼伦贝尔市免渡河镇120公里，距三根河林场40公里，距简易公路最近处5公里。火区山高坡陡，地形复杂，海拔高度900—1300米，主要树种有落叶松、白桦。火区50余年未发生过大的火灾，林密草高、腐殖质层厚，站干倒木纵横，扑救难度非常大。

（二）案例摘要

2006年5月25日10时20分，内蒙古自治区呼伦贝尔市免渡河林业局三根河林场发生雷击火灾。6月1日20时火场明火全部扑灭，历时8天。火场过火面积35400公顷，其中有林地面积占95%。扑救火灾共出动扑火人员11980人；动用飞机8架，飞行143架次；出动各种机动车辆970台，风力灭火机1750台。这是一次完全依靠人力扑灭特大森林火灾、没有造成人员伤亡的成功战例。

（三）扑救过程

火灾扑救分四个阶段。

第一阶段：紧急扑救。2006年5月25日10时20分，银红公路51公里45林班因雷击引发火灾，免渡河林业局三个瞭望塔同时发现三根河林场施业区内有烟，该局立即启动《扑火应急预案》，迅速调集扑火队200人，在第一时间到达火场扑救。鉴于起火点处于交通不便、通讯不畅、地形复杂的林区腹部，风大物燥，气温高，火势可能会迅速蔓延，危及免渡河、乌尔旗汉、乌奴耳等重点林区。根据自治区副主席雷·额尔德尼指示，呼伦贝尔市和自治区防火指挥部相继启动《扑火应急预案》，成立由呼伦贝尔市副市长安国通任总指挥的免渡河“5·25”森林火灾扑救前线指挥部和森林部队、内蒙古大兴安岭林管局分指挥部，立即调集武警森林海拉尔、鄂温克、阿荣旗、扎兰屯大队、乌奴耳中队、大兴安岭森林支队第一、二特勤大队，乌奴耳、巴林、南木林业局和内蒙古大兴安岭林管局专业扑火队共1573人赶赴指

定位置，在火场全力展开扑救。然而，前线指挥部通过航空护林飞机观察到，火场火势很猛，多火点向四周发展。因烟雾极浓，能见度低，飞机无法观察到全貌，仅在上风头观察到火线长约10公里。火场内以西南风为主，风力6—7级。通往火场的15座木质桥涵全部被大火烧毁，后续扑火队伍行进受阻，无法按时到达指定地点。前线防火指挥部紧急派出专业队伍抢修桥涵，疏通道路，为扑火队伍投入火场创造了必要的条件。由于火场较远，交通不便，投入兵力多，重型装备使用多，呼伦贝尔市防火指挥部紧急要求海拉尔区、鄂温克旗、牙克石市、陈巴尔虎旗等地方政府和有关单位支持后勤供应工作，在规定的时间内按标准把食品、油脂燃料等扑火物资运送到指定地点。22时，通过空中和地面运兵，火场兵力增至3220人。前线指挥部根据国家森林防火指挥部总指挥、国家林业局局长贾治邦指示，采取“打破区域，就近用兵，快速增援，重兵压境，速战速决”的战略措施，制订实施了“阻截南线，东西夹击，控制北线”的作战方案，经过一昼夜的奋力扑救，火场形势得到初步控制。26日凌晨，海拉尔航站2架飞机前往免渡河观察火场，火场风力8级左右，火借风势，向东南方向蔓延。自治区党委书记储波、自治区副主席雷·额尔德尼相继作出重要批示，要求组织足够兵力，重兵投入，科学指挥，落实具体措施，确保人员安全，实现“打早、打小”的目标。26日22时，继续增派增援部队，火场兵力增至3520人，其中森林部队1108人。由于火势向东南方向发展，危及乌奴耳等国有重点林区，前线指挥部利用夜晚有利时机，继续实施25日的作战方案，将扑救重点放在南线和西线。经过全体人员奋力扑救，27日0时，西线明火全部被扑灭，南线火势得到有效控制。

第二阶段：攻坚合围。其一，重兵围堵、打隔结合。27日凌晨，自治区移动航站到达前线防火指挥部，火场偏西风，火势仍向东南方向发展，前线防火指挥部根据自治区党委书记储波当日指示，立即调整兵力，制订实施了“重兵围堵、打隔结合”的作战方案，利用夜间风小的有利时机，在东线选择有利地形开辟隔离带，控制火势蔓延；调集以森林部队为主的有生力量，利用飞机、坦克、灭火水车等重型装备和各种扑火工具，对南线、北线的火线实施围堵。28日凌晨，火场东线明火全部扑灭，南线明火基本扑灭，北线火势得到有效控制。其二，两侧夹击，封堵火头。28日上午，风向转为偏南风，火借风势迅速向西北推进，危及乌尔旗汉国有重点林区。前线防火指挥部立即采取“两侧夹击，封堵火头，重兵防守，合围点烧”的作战方案，将森林部队指战员调集到西北线，对向西北发展的火头进行扑救，对已经控制的东南西三线由专业扑火队跟进死看死守。同时又调集武警锡盟森林支队、呼伦贝尔军分区、扎赉诺尔矿等430人赶赴火场承担清理工作。24时，火场除西北角有20公里长的火线外，其他各线均无明火。

第三阶段：全面决战。其一，重兵压境，合围点烧。5月30日，火场偏南风5—6级。前线防火指挥部根据兵力、气象、火场态势等实际，印发决战令，决定采取“重兵压境，合围点烧”等措施，及时调整兵力部署，将原东线、西线森林部队向西北线集结，对火场实施全线围歼。到30日午夜，共调集森林部队、地方专业扑火队优势兵力3769人，但由于当晚风力不减，总攻时间被迫推迟。为保证有足够的兵力对火场发动总功，30—31日，海拉尔农场局200人、吉林森林部队500人、内蒙古武警500人、武警120师1000人相继赶赴火场增援。国家森林防火指挥部调派3架直升机空中支援。两架人工增雨飞机分别从乌兰浩特、海拉尔机场起飞在火场实施增雨作业。但由于火区上空无增雨气象条件，增雨未果。其二，落实指示，全面总攻。31日下午，内蒙古自治区党委、政府向以国务院副总理回良玉为首的国务院扑火前线总指挥部全体成员汇报免渡河森林火灾扑救工作。国务院副总理回良玉作出“发挥政治优势，采取扑防结合的战略措施，3日内迅速扑灭火灾”的指示。前线防火指挥部经过研究，作出6月2日8时前，全部扑灭外线明火的作战方案，并连夜调集呼伦贝尔市各部门、单位750人增援火场，扑火人数最终达到

11980人。全体参战人员在回良玉副总理的亲切关怀和慰问下，士气高昂，不畏艰险，艰苦奋战，到6月1日20时，火场外线明火全部扑灭，提前实现回良玉副总理要求的目标。

第四阶段：清理守护。其一，抓准时机，人工增雨。6月1日夜间，火区出现小阵雨的天气条件。气象部门抓准时机，有效组织实施了人工增雨作业，整个火场降雨量达10—20毫米，对清理火场极为有利。其二，分段负责，清理守护。各参战队伍实行分区分段责任制，部署森林部队、武警、解放军和专业扑火人员及机关、企业职工对火场进行全面清理，看守72小时，确保无烟、无火，未出现死灰复燃，巩固了扑救火灾的胜利成果。

案例启示：

扑救本场森林火灾，历经8个昼夜，创造了完全依靠人力扑灭大面积森林火灾的优异战例。

启示一：领导重视，靠前线设防火指挥部，更切实际指挥部署灭火战斗举措。中共中央总书记胡锦涛，国务院总理温家宝、副总理回良玉，国家森林防火指挥部总指挥兼国家林业局局长贾治邦，国家林业局副局长雷加富、张建龙及防火办主任杜永胜，武警总部副司令员梁洪，武警森林指挥部副主任李文江，自治区党委书记储波，自治区副主席雷·额尔德尼，林业厅厅长高锡林以及武警内蒙古森林总队，呼伦贝尔市市委、市政府，内蒙古大兴安岭林管局等有关方面的主要领导，及时作出批示和指示，指导火灾扑救工作。主要领导及时赶赴火场一线，在第一时间掌握第一手情况，共同研究扑火方案，指挥协调扑救工作。前线指挥部传达贯彻领导批示、指示精神，及时研究落实扑救措施，圆满完成本次火灾扑救任务。

启示二：跨区作战，就近调兵，重兵投入是成功扑灭火灾的重要手段。1953年以后，该火区没有发生大的森林火灾，林下枯枝落叶层厚，站杆倒木纵横，加之植被茂盛，地形复杂，火灾扑救和清理难度都非常大。此次扑火从周边地区跨区调集了大量兵力，基本全部调动了锡林郭勒盟以东的武警森林部队和大兴安岭林管局的专业扑火队，参战队伍近1.2万人，扑火人员既有森林部队和地方、林业专业扑火队，又有解放军、武警战士、机关干部和企业职工；火场既有地方林业局施业区，又有内蒙古大兴安岭林管局施业区；指挥机构也发展为多元化。各级、各部队、各地方、林业专业扑火队和有关参战人员上下联动，不怕疲劳，连续作战，坚持"指挥以地方政府为主，扑火以专业队伍为主"，打边线、保重点、灭明火、防复燃、抓主攻、早合围，做到了忙而不乱、有序有效。特别是在白天风力较大、温度较高的形势下，多次成功封堵火头，开辟了白天打大火的先例，为夺取全线胜利奠定了坚实的基础。

启示三：运用高新技术和重型装备是成功扑灭火灾的重要保障。本次火灾扑救过程中，充分运用航空护林飞机开展机降、索降和吊桶、吊挂、化学灭火等作业，利用移动航站就近指挥调度飞机，快速侦察火场，快速开展灭火工作，结合坦克、装甲车、水枪、高压水泵等重型灭火装备，有效控制了火灾发展态势，为扑火工作提供了有力保障。

启示四：保障防火道路与通信畅通是成功扑灭火灾的坚实基础。林区交通条件差，路网密度低，有利于人为火源的管理，但对于火灾的扑救非常不利。特别是林区现役防火道路桥涵多为木质结构，火场大部分木质桥涵都被烧毁，造成物资和兵力运输中断。同时，林区人员稀少，商业回报率低，移动、联通等无线通讯不能普及，防火通讯主要依赖超短波，存在很多死角和盲区，特别缺少中继、终端设备，现役通讯设备老化，通讯效果下降，影响了扑火信息传递工作。因此，今后在林区要增建防火道路，改建林区木质桥涵为钢筋混凝土或铁架桥涵，增加超短波中继塔、中继台等通信设施建设，更新老化设备，增购卫星电话，加快综合通信指挥车建设步伐，确保林区道路、通讯畅通。

## 二、2007年根河林业局约安里林场“8·14”雷击森林火灾

2007年入夏以后，根河林区旱情严重，火险等级始终居高不下，森林火灾呈爆发态势，日森林火警次数最高达到十几起。8月14日，约安里林场南约主沟后堵与克一河林业局施业区接壤处发生雷击火。

（一）火场概况

火场位于大兴安岭北部林区根河、克一河、甘河林业局交界处，在根河林业局约安里林场施业区南约主沟208.209林班，距根河市中心约106公里。火区为山地，坡陡林密，地形复杂，山脊呈东西走向，北坡和南坡的山脊为南北走向，平均坡度达35度，海拔高度为1100米。火从南坡向北坡燃烧并向东西两侧发展。植被以落叶松、偃松为主，多年未抚育，小杂木、杂草覆盖度达95%。当日火场气温28℃，北风3级，阵风4—5级。

（二）扑救过程

第一，当机立断，部署方案。2007年8月14日，由于气候异常，干旱严重，干雷暴频发，甘河林业局、克一河林业局、根河林业局下央格气林场先后发生雷击火灾。11时30分，根河林业局森防火指挥部接到大白山瞭望员报告，约安里林场南约主沟后堵与克一河林业局施业区接壤处有两个烟柱。值班员接到报告后，立即汇报，指挥部领导考虑到事态的严重性，当即召开会议确定作战方案，并在离火场最近约6公里处的管护站，设立前线指挥部。

第二，迅速出击，控制火线。指挥部决定分空中和地面两路，向火场紧急运送急救人员，一路由30人的专业扑火队乘飞机机降火场，另一路组织联动单位开拉气和萨吉气林场的两支快速扑火队70人从林场就近出发赶赴火场。同时，命令相关部队向约安里施业区集结。13时20分，各类扑火队伍集结完毕，空中侦察组完成侦察任务后，也和地面部队进行了会合，220名转场至施业区还未吃饭的森警，与专业扑火队员立即赶赴一号火场（209林班），另外180名专业扑火队员向二号火场（208林班）前进。6时左右，两支扑火队到达火场，经过一昼夜的扑救，火势得到控制，于8月15日11时火线全部合围。

第三，火情突变，果断处置。16日6时，一号火场西南方向，克一河林业局施业区内，有一个火头正向东北方向约安里林场210林班发展。情况非常危急，火沿山脊发展极为迅速，火旋风此起彼伏，飞火随处可见，加之山势陡峭，灌木较多，扑火危险性非常大。如果该火头与约安里一号火场连接后，后果将不堪设想。大兴安岭林管局立即成立扑火总前线防火指挥部，将该火场命名为三号火场，同时命令森警部队100人在上午8时火速赶往210林班进行堵截。虽经奋力扑救，但因火势太猛，无法控制火势，灭火行动受阻。总前线防火指挥部意识到，如果15时之前阻拦不住对面的大火，在大风的助推下，火头将进入209林班与一号火场连成一片，那时就更难控制了。鉴于此，前线防火指挥部立即组织人员对火场进行勘查，结合当天及以后几天火场仍然高温大风的天气状况，果断决策，制订尽快结束战斗的“铁臂合围”计划。

第四，打防结合，重兵围歼。16日11时30分，总前线防火指挥部制订出三号火场（210林班）“控制东线，重点扑打北线并根据时机向西向南推进”的作战方案。考虑火场情况危机，决定先从一号火场抽调40人配合森警部队先控制东线，待后续人员到达后，实施“分兵合围”作战方案。并火速从根河、金河、得耳布尔、莫尔道嘎林业局调来森警和专业扑火队伍350人。13时，火场兵力已增至850人。各分场指挥部按照前线防火指挥部的部署分头行动，集中100人沿东线由北向南扑打，300人沿北线由东向西向南扑打与克一河作战部队会合，采取递进式战法；40人在二号火场和三号火场的连接处挖一条宽10米、长560米的防火隔离线，并用油锯将隔离线两侧10米以内的树木和杂灌全部清除，以防止东线扑打

不利而设立第二道防线，采取打防结合的战法。17时，火场全线告捷。

（三）火灾扑救评析

第一，战术得当是保证灭火作战全面胜利的关键。一号火场和二号火场，在400多人的扑救下得到有效控制。然而，三号火场的出现给刚刚控制的两个火场造成严重威胁。在森警部队灭火行动受阻无法实现指挥部意图的紧要关头，总前线防火指挥部紧急从一号火场抽调人员，并制订“重点防守，分兵合围”的作战方案。从而在兵力不足、条件困难、时间紧迫的情况下，为扑火战斗赢得了时间。在整个扑火作战中，指挥员根据地形、植被、气候、兵力状况，统一部署，各施其术，分别采取不同的方法扑救不同的火线。如：东线实施“打防结合”的战术，北线实施“递进式”战法，决策果断，指挥科学，部署严密，保证了灭火作战的全面胜利，体现了科学合理的战略战术。

第二，武警森林部队与专业扑火队伍的前打后清，是灭火作战的成功模式。此次灭火作战，武警森林部队主打火头，基干扑火队伍协助扑打，跟进清理。地方指挥员跟随森林部队指挥员在前面指挥灭火，把不同地段应如何清理的作战意图及时反馈到随后清理的基干扑火队伍，从而确保火线没有死灰复燃，为“递进式”战术的实施提供了保证。

第三，利用飞机定位侦察并快速运兵，是快速处置森林火灾的重要保证。火灾发生地离市区较远，又没有公路，在未知准确地理坐标和火场态势的情况下，贸然出兵，既浪费人力、物力，又浪费时间，特别是森林茂密，人一旦进入就很难辨别方向，无法快速及时赶到火场进行扑救。只有通过飞机观察定位，并实施空中运兵，才能确保“打早、打小、打了”。

第四，建立畅通的火场通信网络，是实现前线防火指挥部作战意图的重要保障。扑火过程中，总前线防火指挥部设在开拉气林场，防火指挥部与总前线防火指挥部之间采用微波通讯。在南约主沟25公里管护站设立前线防火指挥部，前线防火指挥部与总前线防火指挥部之间采用超短波通讯。畅通的通信网络，确保前线防火指挥部能及时掌握火场情况，防火指挥部精神和前线防火指挥部命令及时传达给各级指挥员，从而保证作战方案的快速正确实施。

第五，精通实战、素质过硬的一线扑火指挥员是科学组织灭火作战的必要条件。8月15日17时，一号火场东线风力风向突变，向扑火人员烧来，指挥员当即命令专业扑火队分两组前去扑救，同时命令其他单位在距火头100米处找有利地形打烧防火隔离线，清除可燃物，在较短的时间内使火头得到控制。如果指挥员没有临场经验，不能迅速、准确判断火势，不能正确下达作战命令，势必会导致安全事故。

**三、2008年大兴安岭地区“4·13”重大森林火灾**

2008年入春后，内蒙古东部遭遇50年不遇的高温干旱天气，防火形势十分严峻。4月13日，内蒙古大兴安岭毕拉河林业局因防火期前，点烧防火隔离带形成地下暗火引发森林火灾，并在短时间内迅速形成多个火场。与此同时，乌尔旗汉、毕拉河、扎文其汉、吉文地区也由于点烧防火隔离带相继发生森林火灾，其来势之猛、火点之多、涉及范围之广、持续时间之长、扑救难度之大为历史所罕见。内蒙古森林总队奉命出动大兴安岭、呼伦贝尔市、兴安盟支队共计2166名官兵，连续奋战13天，转战11个火场，圆满完成灭火作战任务。这是年内总队动用人员最多、装备最多、作战时间最长、扑救难度最大、战术运用最为合理、安全管理最为严密的一次战斗，创造了完全依靠人力扑灭森林大火的又一成功战例。

（一）上级意图和本级决心

内蒙古自治区大兴安岭敏感地区连续发生的森林火灾，引起党中央、国务院和武警总部、国家林业局领导的高度重视，先后多次作出重要批示，要求参战官兵充分发扬火场精神，尽快取得灭火战斗全胜。国务院副总理回良玉、国家林业局局长贾治邦、国家林业局副局长雷加富、自治区林业厅厅长高锡林、武警部队副司令员息中朝先后前往火场一线开设联合指挥所，现场指挥灭火作战。根据火场严峻态势，总队迅速组成基层指挥部、开设前线防火指挥部，按照“就近用兵、多点向心、快速增援”的作战原则，成建制调动优势兵力，先后集结3个支队，计2166名兵力投入灭火作战。同时，2个支队500人作为预备队，随时准备增援。总队长张忠国、副总队长贾宝世、参谋长陶谦亲赴火场一线，靠前线防火指挥部指挥部队投入火场，实施扑救。由于受持续高温干旱大风天气影响，以及火场发生地点分布在4个林业局，相互之间距离较远等不利因素的影响，火灾扑救进程异常艰苦，总队前线防火指挥部根据因情就势，及时制订“分级指挥、分片包打、独立作战”的作战原则，科学调整兵力，逐个封控火场。在兵力全部到位的最佳时机，总队前线防火指挥部正确判断火场形势，及时确定“先期控制、各个击破、确保重点、力夺全胜”的作战决心，果断实施指挥，灵活运用战术，牢牢把握了灭火作战的主动权。

（二）扑救过程

此次灭火作战，从4月13日开始至26日结束，历时13天，共扑灭11个火场。

第一阶段：初战北大河、乌尔旗汉（4月13—16日）。4月13日，内蒙古大兴安岭乌尔旗汉林业局温库图林场、毕拉河林业局北大河林场森林火灾，同时形成3个独立火场。内蒙古森林总队大兴安岭支队立即组织精干力量前往扑救。

北大河87林班火场：4月13日，毕拉河林业局北大河林场87林班发生森林火灾。17时20分大兴安岭支队毕拉河大队教导员何兵带50人前往扑救，14日10时20分，火场明火全部扑灭。

温库图火场：4月14日，大兴安岭林管局乌尔旗汉林业局温库图林场发生森林火灾。19时50分，大兴安岭支队韩亚民支队长带领276人前往扑救。15日13时10分，部队成功达成战术合围，火场明火全部扑灭。

北大河82林班火场：4月14日毕拉河林业局北大河林场82林班发生森林火灾。20时40分，大兴安岭支队毕拉河大队大队长刁泽庆带60人前往扑救。由于火势短时间内未能得到有效控制，15日15时10分，大兴安岭支队支队长韩亚民带186人由乌尔旗汉林业局温库图火场转场增援。

北大河火场：4月15日，由于受大风天气影响，北大河林场82.87林班部分地段出现复燃，19时00分，北大河82林班火场与87林班火场形成一个火场。鉴于北大河地区严峻的火场态势，4月16日，总队参谋长陶谦带前线防火指挥部火速赶往火场一线，靠前线设防火指挥部，指挥灭火作战。大兴安岭支队640名官兵严格落实总队前线防火指挥部作战意图，在火场距公路最近直线距离为42公里的不利条件下，采取徒步输送与装甲车辆输送相结合的方式，长途奔袭，连续作战，至17日14时00分，火场明火全部扑灭。

第二阶段：激战阿木珠苏、扎文其汉（4月17—18日）。受恶劣天气影响，此阶段火点呈多点开花之势，短时间内由前一阶段的4个火场猛增至10个火场，其中火势较大的7号火场由部队负责扑救，其余5个火势相对较小的火场由地方扑火队扑救。

阿木珠苏火场：4月17日00时10分，毕拉河林业局阿木珠苏林场发生森林火灾。大兴安岭支队于17日8时前，紧急调集830名兵力前往扑救，由于火场持续大风天气，火借风势迅速蔓延扩展，参战官兵扑救工作异常艰苦。考虑到火场严峻态势，总队前线防火指挥部及时将大兴安岭支队已扑灭的火场交由地方看守，调整大兴安岭支队750名兵力，调呼伦尔市支队690名兵力、调兴安盟支队200名兵力增援火场。4月17日，总队长张忠国、副总队贾宝世长亲赴一线指挥战斗行动。

扎文其汉1号火场：4月17日下午经飞机空中观察发现两处新火点，火场联合指挥部分别命名为扎文其汉1号、2号火场。4月17日17时10分，大兴安岭支队加格达奇大队中队长石俊带30人机降至扎文其汉1号火场并立即投入战斗，18日7时30分，火场明火全部扑灭，部队转入清理看守阶段。

扎文其汉2号火场：4月17日18时00分，加格达奇大队教导员康健友带22人机降至扎文其汉2号火场并展开扑救，18日18时30分，部队与图里河林业职工会合，并将火扑灭后移交地方职工看守，返回。

7号火场：4月18日下午，经飞机空中观察，毕拉河林业局管护区内发现有一处独立火点，火场联指命名为7号火场。16时30分，在前线防火指挥部待命作为机动兵力的呼伦贝尔市支队海拉尔大队大队长董大彬带50人机降至火场展开扑救，19时15分，火场明火全部扑灭，部队转入清理看守阶段。

第三阶段：分片包打、独立作战（4月19—20日）。4月18日下午，由于受持续高温大风影响，点烧隔离带的其他部位相继出现火点，由地方负责扑打的扎文其汉2号火场没有按时封控，同时北大河林场小奇河地区又发现新火点，考虑到火点多发的实际情况，总队前线防火指挥部采取“分级指挥、分片包打、独立作战”的指挥方式，决定由大兴安岭支队负责扑打阿木珠苏火场，呼伦贝尔市支队负责扑打扎文其汉火场，兴安盟支队负责扑打扎文其汉2号火场。

阿木珠苏火场：经参战官兵奋力扑救，至18日15时00分，火场全线合围，阿木珠苏火场明火全部扑灭，部队转入清理看守阶段。

扎文其汉火场：19日22时57分，扎文其汉火场全线合围，火场明火全部扑灭，部队转入清理看守阶段。

扎文其汉2号火场：19日10时00分，经飞机空中观察，由地方负责扑打的火场没有按时扑灭。根据前线防火指挥部部署，该火场由兴安盟支队负责扑打。至19日21时08分，火场明火全部扑灭，部队转入清理看守阶段。

第四阶段：鏖战木奎（4月20—23日）。4月20日，吉文林业局木奎林场发生火灾，火势较大，并且仍在继续发展，联指决定从火场形势比较稳固的阿木珠苏火场抽调大兴安岭支队部分官兵转场作战。总队参谋长陶谦、大兴安岭支队队长韩亚民率166人先期机降到火场。大兴安岭支队毕拉河大队在向火场实施机降时，由于飞机机械故障，迫降坠毁爆炸，导致机上部队9名官兵、5名机组人员不同程度被烧伤和摔伤，并引发新的火场。一线指挥部队作战的总队参谋长陶谦、大兴安岭支队队长韩亚民率领先期机降的参战官兵成功4次避险。飞机坠机时，成功避开飞机机体砸伤；飞机坠机后，及时抢救伤员，成功避免飞机爆炸造成舱内人员伤亡；飞机爆炸时，及时组织地面人员卧倒避险，成功避免飞机爆炸伤害；飞机爆炸后，及时组织人员点烧迎面火，成功避免因飞机爆炸而引发草甸大火的袭击。广大官兵一面积极组织力量救治、输送伤员，一面坚决贯彻落实火场联指作战意图，在连续转场作战、身体极度疲劳的情况下，圆满完成灭火作战任务。截至22日8时00分，木奎1号火场明火全部扑灭，部队转入清理阶段，并移交地方看守。

木奎2号火场：22日17时00分，由地方负责扑救的木奎2号火场未得到有效控制，火场面积逐步扩大，部队从木奎1号火场转入木奎2号火场。22日12时，大兴安岭支队参战官兵转场至木奎2号火场，23日4时55分，火场明火全部扑灭，部队转入清理看守阶段。至此，所有火场全线告捷，部队于4月26日全部安全归建。

（三）扑救过程

第一，正确决策，科学指挥。此次灭火作战，从整体火场态势看，各个火场均具有面积大、火线长、林相好、保护价值高的特点。从局部情况看，扎文其汉火场，如果继续向北发展越过山脊，将直接威胁自治区级诺敏自然保护区；阿木珠苏火场，面积最大、火头较多，是战略重点；北大河火场，火线极不规则，极难控制；温库图火场，火线较长，呈断续燃烧，有简易公路作依托；乌尔旗汉火场，地形复杂，火势发展快，常规灭火很难奏效。总队前线防火指挥部在深入火场一线勘察火情后，及时确定“先期控制、各个击破、确保重点、力夺全胜”的作战决心，在第一时间内集中大兴安岭支队主要兵力对乌尔旗汉火场实施全面总攻，仅用9个小时便将明火全部扑灭。随后，迅速转场对北大河火场形成战术合围，在取得阶段性战果后，再次转场决战阿木珠苏火场。从实际效果看，这个作战决策符合联合指挥部作战意图、符合作战原则、符合火场实际，有效避免了分散用兵造成的力量不足等问题，实现了“首战用我、用我必胜”。根据火场多、参战力量多等实际情况，按照成建制用兵、集中用兵、留有机动的原则，将呼伦贝尔市支队、兴安盟支队分别投到扎文其汉和温库图火场，并明确任务，落实责任，实施包打，使各参战力量均得到充分发挥。作战中，各级坚决服从联合指挥部命令，积极参与各个层次的工作，及时提出合理化建议，主动承担急难险重任务，做到在任何时候、任何情况下都不讲代价、不谈条件、不打折扣，赢得联合指挥部高度信任和支持。同时，对直属部队内部实行独立垂直指挥，保证各级牢牢掌控部队作战行动，实施统一指挥、统一调动、统一保障。

第二，快速反应，重拳出击。火灾发生后，总队高度重视，深刻领会回良玉副总理和武警总部、指挥部首长的重要批示精神，在第一时间做出反应，两次召开作战会议，分析火场态势，研究应对措施。总队参谋长陶谦率驻东北重点林区固定前线防火指挥部，始终在一线组织指挥，副总队长贾宝世在护送驻鄂赣部队返回后，第一时间赶赴火场，实施靠前线防火指挥，尤其是在火场多线告急的关键时刻，总队长张忠国将总队基指前移到火场第一线，全程调控部队灭火作战行动，确保了部队指挥不间断、行动不失控。按照总队“多点向心、重拳出击、速战速决”的作战意图，大兴安岭支队迅速调集11个大队1259名官兵，在受任5小时内全部投入战斗，形成重兵压境的有利态势。呼伦贝尔市支队第二梯队300名官兵，仅用20分钟就完成增援准备，特别是刚刚组建的机动大队，在运兵车辆等装备物资尚未到位的情况下，坚决服从命令，主动克服困难，乘坐平板拖挂车星夜赶赴火场，迅速投入灭火战斗。兴安盟支队利用战场勘察成果，优选最佳行军路线，缩短行程近380公里，提前2小时到达集结地域，为实现“打早、打小、打了”创造了先机。国家林业局副局长雷加富、指挥部副主任李文江、内蒙古自治区政府副秘书长于清理等领导率工作组亲临一线指挥灭火作战。确定打好“三个战役”、搞好“三个结合”、抓好“三项工作”的重大战略部署，使得这场森林大火在条件极为恶劣、形势极其严峻、扑救极度艰难的复杂情况下，被迅速彻底地扑灭，最大限度减少森林资源损失。

第三，因情就势，活用战法。火场地处大兴安岭山脉腹地，沟塘纵横地形复杂，林相植被多样密集，风力高达5—6级，火线发展极不规则，沿山势呈“鸡爪状”分布，且5个火场互成掎角之势，同步蔓延发展，一旦突破防线，后果不堪设想。总队前线防火指挥部针对火场特点，灵活运用战法，科学组织扑救，坚持做到一个火场多个方案，一条火线多种战法，针对蔓延速度快，火场面积大，易变化、易复燃的特点，对重点部位、主要地段及关键部位火线进行立体打击；针对地形复杂、没有道路、火线距简易公路长达42公里，且先期飞机运力不足的实际，迅速调集12台特种车实施装甲运兵。针对火场站杆、倒木等采伐剩余较多，个别地段形成地下火，火场清理难度较大的实际，发挥水泵、水枪等以水灭火装备的优势，成功地实施了以水灭火，收到以扑代清、以清代守、一次奏效的效果。特别是在18日晚第一次战役中，部队负责扑救形势最严峻、面积最大、难度最大的阿木珠苏火场，为实现副局长雷加富打好三个战役的战略部署，总队前线防火指挥部根据火场地形、地貌和植被特点，科学调整兵力部署，采用“穿插迂回、递进超越，打隔结合、分段合围，地空配合、立体灭火”等多种战法实施攻坚。加强对每个独立战斗单元的监控，以中队为单位划分战斗分界线、定时上报坐标点，指挥组随时标绘态势图，及时掌握作战进程，指挥督导作战行动，既保证了指挥的科学性，也提高了灭火作战效率。经参战官兵奋力扑救，到19日凌晨，由部队负责的阿木珠苏火场外线明火全部扑灭，实现了“一次投入一次奏效”的作战意图，为彻底扭转战局起到决定性作用，得到联指领导的充分肯定和赞誉。

第四，迎难而上，敢打必胜。2007年冬季以来，大兴安岭林区遭受了50年一遇的极度干旱，造成大量可燃物枯死、大部分水源干涸，加之火场气温高、风力大，火势发展十分迅猛。部分地段呈现地下火、地表火、树冠火立体燃烧，给兵力部署、人员投放、组织扑救和清理看守带来极大困难和挑战。全体参战官兵面对环境复杂、条件恶劣、时间较长、连续作战、久旱无雨等种种困难，牢记使命，勇挑重担，用实际行动践行了听党指挥、服务人民、英勇善战的光荣革命传统，展示了新时期森林部队官兵的精神风貌和过硬作风。战斗中，新组建的大兴安岭支队三大队90名官兵，先后转战乌尔旗汉、北大河和阿木珠苏3个火场，接连承担乌尔旗汉火场北线阻击战、北大河西线攻坚战、阿木珠苏火场东线保卫战任务，连续作战时间超过半个月，官兵身体极度疲劳，承受了常人难以忍受的生理挑战，充分展示了顽强的战斗精神和较强的战斗力。大兴安岭支队二大队圆满完成支援江西省灭火行动后，刚刚卸载完又赶赴火场一线。承担装甲运兵任务的12名特种车辆驾驶员，平均每天休息不足4小时，保证按时将兵力运送到一线。按照指挥部主任韩祥林“逐级加强指挥力量”的指示，参战部队逐级向下加强指挥力量，有20名团以上干部、3个支队主官始终坚守在火线最前沿，既当指挥员，又当战斗员，确保了组织严密、指挥有力。国家林业局副局长雷加富等领导在看望官兵时，对参战部队表现出的特别能战斗的英雄气概、特别能吃苦的优良作风、特别能忍耐的坚强意志、特别能奉献的崇高品德，给予了高度评价和褒奖。

第五，立足自我，全力保障。各级采取自我保障和地方保障相结合的方式，对参战部队实施有力保障。在火场通信保障上，依托总队350兆超短波通信网，建立以通信车为中心，横向通过转信台覆盖到火场，纵向通过短波和卫星电话与指挥部、总队基指建立联络网，实现了火场通、动中通。在政治保障上，紧贴灭火作战实际，因地制宜，实施不间断的宣传鼓动，及时印发战斗动员令和慰问电，并采取多种通信手段，传达、战斗间隙学习等方式，把各级领导的指示和亲切关怀传达到一线官兵，鼓舞士气，激励斗志，参战官兵始终保持了高昂的战斗热情和英勇顽强的战斗作风。在后勤保障上，部队严格按战斗基数携带装备和给养物资，减轻了地方政府的保障压力，最大限度地提高了自我保障能力；在火场安全上，我们把官兵的人身安全放在灭火作战的首位，树立了保安全就是保胜利的思想，抓住了部队开进、作战、转场、宿营等各个关键环节，不放过任何细节，不留安全隐患，确保了灭火作战安全顺利。

（四）火灾扑救评析

第一，火势发展迅速，火场多，面积大，扑救困难。由于大兴安岭地区长期干旱，多处地段形成地下火，加之风力、风向不定，火线复燃率高，地表火与地下火交替燃烧，火势向四周扩散，站杆倒木较多，腐殖质层厚，增加扑救和清理工作的难度，影响了灭火进程。

第二，正确领会意图，执行命令坚决。参战官兵坚持以党中央、中央军委的正确决策统一思想，坚决贯彻总前线防火指挥部的决心意图，时刻牢记森林部队神圣使命，服从命令，听从指挥，不怕艰苦，连续奋战。特别是驻赣部队的参战官兵刚刚归建不足24小时，直接投入扑火作战，经受了血与火、生与死的严峻考验，充分发挥了生力军和突击队的作用。

第三，领导身先士卒，官兵英勇作战。灭火战斗中，各级干部始终奋战在火场一线，既是指挥员，又是战斗员，总队参谋长陶谦始终与广大官兵在一线并肩作战，极大地激发了参战官兵的士气和斗志，参战官兵发场“火场精神”，在艰难困苦面前，在烈火考验面前，无一人叫苦，英勇作战，为灭火作战全面胜利奠定了基础。

**四、2008年吉文林业局木奎林场“4·17”特别重大森林火灾**

（一）案例摘要

2008年4月17日，内蒙古大兴安岭林管局吉文林业局吉库林场木奎施业区150林班（地理坐标：东经122°57′35″，北纬49°55′47″），因点烧防火隔离带暗藏地下火复燃引发火灾，4月20日在调集森警部队实施机降灭火增援扑救时，运输森警扑火人员的直升机发生坠机事故，引发新的火场，形成“4•17”重大森林火灾，共调集2540名森警官兵和林业职工投入扑火救灾，坠机事故造成14名森警官兵不同程度烧创伤，火场于4月21日实现全线合围，23日明火扑灭转入全面清理阶段。过火总面积2305公顷，受害森林面积1929公顷，扑火总经济损失7635.08万元，其中：扑火直接费用为580.16万元，其他损失折款7054.92万元。

（二）火灾概况

2008年2月14日，内蒙古大兴安岭林管局吉文林业局按照上级森防火指挥部的要求，开展了计划烧除工作。因三季连旱，天气异常，部分地段隐藏地下暗火，因大雪覆盖没有及时清理干净，遇高温大风天气上窜燃起形成多处火点，呈高发态势，引发木奎施业区森林火灾，在空投森警增援扑救木奎火场时发生坠机事故形成新火场，扩大了燃烧面积，最终导致木奎林场“4·17”重大森林火灾的发生。

（三）扑救过程

吉文林业局木奎林场“4·17”重大森林火灾扑救过程分为五个阶段：

1．初始阶段（4月17日13时至4月17日20时）。发现火情与启动扑火预案进行先期扑救阶段。2008年4月17日13时30分，林管局（森工集团）森林防火指挥部电话通知，吉文林业局吉库林场木奎施业区150林班（东经122°57′35″，北纬49°55′47″）有热点，经核查为吉文林业局吉库林场打烧防火隔离带形成地下火，大雪覆盖没有清理干净复燃发展成森林火灾。吉文林业局立即启动《防扑火预案》，命令吉莫火场指挥员吕连宽转场指挥，先后组织500余名林业职工和转场扑火队员第一时间火速赶赴木奎火场进行扑救。

2．扑救中期（4月17日20时至4月20日17时）。制订扑救方案、组织实施扑救阶段。火灾发生后，林管局（森工集团）高度重视，派出以纪委书记张日成为组长的4人防火督导组到吉文督战扑火工作。4月18日1时50分张日成一行到达吉文林业局，立即驱车前往木奎火场实地踏查，返回后在吉文林业局森防火指挥部召开专题会议研究部署具体扑救方案。根据木奎火场发展态势，以及当时同期吉文林业局发生多起火灾，吉文林业局扑救力量严重不足，扑火队员连续作战非常疲劳等因素，实现当晚全部消灭明火，靠火场现有人员很困难，必须在19日零时前增加200到400人外援。同时，要求吉文林业局还要再组织人员赶赴火场，进行扑救。经向林管局森林防火指挥部请示，由于同期外援扑火力量全部投入到乌尔旗汉、毕拉河等火场，林管局暂时没有扑火力量增援，吉文林业局只有依靠本局现有力量全力扑救。

4月19日，吉文林业局组织第二梯队80人，由指挥员赵柏林带队赶赴木奎火场投入战斗。4月20 日零时至7时，张日成在火场督战，总体战术是：吉库林场60名林业职工会同甘河林业局赶到增援的30名专业森林消防队员，从88岭顶由西向东打烧隔离带，至97岔口；吉文林业局专业森林消防队由南向北打烧隔离带至88岭顶，分路包抄，以火攻火，趁夜间气温低，风速小，全力奋战。两支队伍采取以火攻火战术完成打烧50米宽防火隔离带6公里，全线形成战术合围。

20日9时40分，木奎火场突起大风，风向突变西南，风力达7级以上，气温高达29℃，形成的飞火突破50米宽隔离带和8米宽的防火路障向火场东部、北部急速烧进，呈迅速发展扩大趋势。根据火场态势发展很难控制局面，当地复杂的地形地貌、森林植被及天气变化情况，林管局（森工集团）启动联动作战方案，调集克一河、根河、阿里河3个林业局500人扑火队伍火速增援。同时，从毕拉河火场转场调集森警向木奎实施机降增援灭火。15时37分，林管局（森工集团）党委书记扎布、副总经理鹿占山前往吉文林业局，到达后会同纪委书记张日成，靠前线设防火指挥部指挥。

3．坠机事故（4月20日17时至4月20日20时）。17时25分，森警部队机降大兴安岭支队毕拉河大队转场运兵过程中，一架“M-8”直升机在木奎施业区（东经123°02′09″，北纬49°55′40″）因机械故障坠落并起火爆炸，导致14名森警官兵和机组人员不同程度烧创伤，爆炸燃烧形成新的火场（后命名为2号火场），扩大了森林火灾燃烧面积。

20时40分，扎布书记、鹿占山副总经理到达吉文，立即组成医疗救治机构，先期到吉文林业医院看望慰问飞机坠毁烧创伤的14名森警官兵伤员。

4．火场合围（4月20日20时至4月21日18时）。全力攻坚、火场合围阶段。根据吉文林业局木奎火场严峻形势，成立以党委书记扎布任前线防火指挥部总指挥，武警内蒙古森林总队参谋长陶谦、林管局（森工集团）纪委书记张日成、副局长（副总经理）马春元、鹿占山、赵宝军分任副总指挥的前线总指挥部，确定4月17日起火的木奎火场为1号火场，飞机坠机引发的火场为2号火场。两个火场分设扑火前线分指挥部。1号火场前线分指指挥鹿占山、张日成，部署扑火总兵力1940人；2号火场前线分指指挥赵宝军，部署扑火总兵力400人。

4月21日10时，火场天气，晴间多云，西北风3—4级。扑火前线防火指挥部组织有效兵力对1、2号火场同时实施总攻。1号火场主要采取同时从火场东、西两侧火线底部沿火线多点切入、分割扑打、链式包抄、向前推进，顺势追打上山火，以及迎面堵截下山火相结合，全力以赴打歼灭战的措施。具体落实：东南火线由阿里河林业局200人、金河林业局200人，克一河林业局100人负责扑打清理，指挥员张永志、韩冰、马益青；西南火线由吉文林业局500人负责扑打清理，指挥员赵柏林、李丛明；北线由根河林业局300人负责扑打清理，指挥员张守利、陈文阳；东线森警部队640人，由参谋长陶谦负责扑打清理。2号火场以中间防火公路为依托，南侧火线由甘河林业局200人负责，多点切入、分割扑打、向前推进，指挥员张传柱；东北线由克一河林业局200人负责，多点切入、分割扑打、向前推进，指挥员王志臣。

1号火场于21日17时40分实现合围，2号火场于21日14时全线合围。

5．清理阶段（4月21日18时至5月3日）。扑灭明火、全面清理阶段。火场实现全线合围后，副总经理马春元向林管局（森工集团）森防火指挥部和林管局（森工集团）局长（总经理）安国通汇报吉文木奎1、2号火场扑救情况。由于1、2号火场山形地貌杂复、杂草灌木丛生，植被厚形成近1米深的地下火，清理难度极大。21日，所有参战人员都参加木奎火场全线合围扑救工作，森警部队官兵数次转场，广大林业职工和扑火队员连续扑火作战，身体透支，非常疲劳，林管局森林防火指挥部再次迅速增调克一河、根河、金河三局援外联动扑火队伍400人赶赴吉文木奎火场。

4月23日4时，明火全部扑灭，1、2号两个火场转入全面清理看守阶段。全体参战人员沿火场边缘向内部进行了分割区划，实行分段包片的办法，把看守清理火场的任务分解落实到具体责任单位林业局。具体做法：采取火线边缘开设50厘米深、1.5米宽的生土隔离带，火场内部锹挖水浇相结合进行拉网式反复排查，彻底清理树根、倒木潜存烟点，并把高火险隐患地段的防火隔离带进行拓宽和加深，真正达到生土闭合，避免死灰复燃，确保了火场安全。

4月23日晚至25日，根据火场扑救情况，森警部队分批撤离归建。26—29日，木奎火场各外援林业局防区完成分担清理任务，陆续与吉文林业局进行交接，撤离火场返程。

5月3日，吉文林业局森林防火指挥部组织人员对火场进行验收，已达到“三无”标准，吉文林业局参加扑火人员全部返回，要求吉库林场继续留守巡护一段时间，至此火灾扑救工作全部结束。

参加扑救吉文林业局木奎林场“4·17”重大森林火灾的总兵力为2540人，其中森警官兵716人，林业专业扑火队员和职工1824人；动用各种机动车148辆，风力灭火机、油锯、水枪、组合工具等扑火工器具2314余件（套）。这是一次在天气极其恶劣、火场地形异常复杂、扑救清理十分艰巨的条件下，在较短时间，完全凭借人力成功扑灭的重大森林火灾典型案例。

（四）伤员救治

4月20日下午5点30分左右，在吉文林业局木奎施业区97岔线121—122林班，“M-8”直升机在运送森警官兵执行扑救任务时，飞机失事坠毁、起火爆炸引发新火场，造成机组人员5人、森警官兵9人（共计14人）全部烧创伤。事发后，吉文林业局立即展开火场搜救工作，组织8台车辆火速救援，将伤员迅速送往就近的吉文林业局职工医院抢救。从飞机爆炸地点至吉文林业局职工医院有97公里的路程，由于吉文林业局组织得力，整个搜救过程只用了1小时30分钟。内蒙古大兴安岭林管局和吉文林业局的领导高度重视，立即成立以扎布书记为首的医疗救治领导机构，下设抢救组、救治组、药品供应组、后勤保障组，同时启动《吉文林业局职工医院突发公共事件医疗卫生救援应急预案》和东四局医疗救助联动机制，甘河、克一河、阿里河临近林业局的医护人员先后到达了吉文林业局职工医院，投入到紧张的抢救伤员工作中。林管局中心医院（内蒙古林业总医院）、加格达奇地区医院也及时组成专家组赶到吉文林业局职工医院进行会诊，整个抢救工作始终是在有组织、有领导、有协作，紧张有序的状态下进行。经过医务人员长达11小时的抢救，14名伤员全部脱离生命危险，并于4月21日转院到牙克石、北京等地继续治疗，全体医务工作者用实际行动谱写了一曲感人肺腑、爱的赞歌。

（五）火灾扑救评析

1．主观原因。吉文林业局木奎林场“4·17”重大森林火灾发生的主观原因：其一，宣教警示不到位。林区的春季防火期一般是从3月15日开始，4月份才陆续转入实质预防阶段，人们对宣教警示等方面及罕见的极端冬季干旱气候状况影响春季森林防火和计划烧除工作认识不足。其二，点烧清理不彻底。由于三季连旱，气候异常，点烧防火隔离带清理工作十分困难，后普降大雪覆盖，点烧队伍撤离。雪融后，疏于踏查，4月中上旬，气温回升，地下火复燃引发火灾。其三，扑救准备不充分。由于2008年进入春季防火期比较早，截至4月中旬吉文林业局已发生多起林火，大部分人员的扑火装备都是为扑救晚春和夏秋时期的火灾准备的，不能适应早春扑火需要，给扑火工作造成一定困难。

2．客观原因。吉文林业局木奎林场“4·17”重大森林火灾发生的客观原因：2007年秋冬至2008年春三季连旱，天气异常，吉文地区降水量比常年减少九成，土壤失墒，含水率不足5%，地表近1米左右腐殖质层无水分，水湿地出现龟裂现象，旱情异常严重，为50多年所罕见，发生火灾后即形成地下火，给扑救和清理工作带来极大困难。由于发生火灾的木奎林场临近毕拉河施业区，距离吉文林业局址100多公里，山高坡陡、地形复杂，因多年未发生大的森林火灾，林内可燃物荷载量严重超标，且木奎林场多为采伐集材简易林道，路况极差，通行不畅，造成扑火力量调动困难。在防火通讯方面，由于火场偏远，中继通讯无法覆盖，存在通讯盲区。

五、2009年图里河林业局“5·2”森林火灾

（一）案例摘要

2009年5月2日12时45分，图里河林业局南沟林场因地方农业点中午做饭跑火引发森林火灾，经过广大森警官兵和林业职工扑火队伍的奋力扑救，于4日凌晨将火全部扑灭。火场过火面积4165公顷，其中有林地面积981公顷。扑救火灾共出动扑火人员3660人，其中森警1540人；动用飞机 9架，出动各种机动车辆171辆，使用风力灭火机、油锯、水泵、水枪、组合工具、对讲机等各种扑火工器具3800余件（套）。

（二）火场概况

起火点经纬度为：北纬50°10′47″，东经121°17′24″，距图里河林业局局址约60公里。2009年4月以后，内蒙古大兴安岭林区降水较常年同期偏少5成以上，出现中度至重度干旱，气温较常年偏高2—3℃，森林火险等级持续偏高。特别是进入4月下旬以后，随着冷空气南下，林区各地出现4—6级、阵风7—8级极端恶劣天气，最高气温达23℃，这时植被尚未返青，草木干枯，防火形势极为严峻。火场天气条件恶劣，气温达21℃左右，西北风7—8级，伴有沙尘暴。火头在大风的助推下顺沟塘迅速向东南方向推进，发展迅猛，进入“鸡爪沟”后，向四周蔓延。这一地区属中低山丘陵台地，植被为以白桦为主体的草类次生林。由于2008年秋季雨水充沛，杂草生长茂盛，林内细小可燃物多，火场推进速度很快。但火区道路网密度低，交通不便，给火灾扑救工作带来重重困难。

（三）扑救过程

火灾扑救过程分为四个阶段，分别为启动预案阶段、全线攻坚阶段、巩固战果阶段和清理守护阶段。

第一，启动预案。5月2日13时10分，大兴安岭林管局森林防火指挥部接到图里河林业局火情报告后，鉴于风大、干旱，卫星热点监测达17个像素的紧急情况，迅速启动扑救森林火灾预备方案。决定：领导靠前线设防火指挥部指挥，投入重兵围歼，令根河航站直升机察明火情，合理布兵，实施联动作战措施。大兴安岭林管局局长、森林防火指挥部总指挥安国通、工会主席张良、林管局副局长、森林防火指挥部副总指挥赵宝军、武警内蒙古森林总队副总队长韩亚民率有关人员迅速赶赴南沟林场，组成扑火前线指挥部，靠前线设防火指挥部指挥扑救。指挥部紧急调动8个林业局1500名专业扑火队员、基干扑火队员和7个大队千余名森警官兵赴火场援助扑救。

与此同时，自治区防火指挥部高度重视，立即启动扑救重特大森林火灾应急预案，决定由自治区副主席郭启俊、政府副秘书长于清理、林业厅厅长高锡林、气象局局长乌兰、森林总队总队长张忠国、专职副总指挥阿勇嘎等组成赴火场工作组，拟以最快速度赶赴火场。同时紧急下达跨区域调兵扑火命令，派海拉尔航站2架直升机和海拉尔森林支队340名森警、兴安盟森林支队200名森警援助扑救。

第二，全线攻坚。5月2日晚，扑火前线指挥部在南沟林场召开扑火作战紧急会议，根据火场态势和已到达火场的3120名森警官兵、林业扑火队员的兵力部署情况，制订出“固守西线，控制北线，堵截东线，围歼南线”的扑火作战方案。由图里河林业局局长李绍鹏率620人负责坚守西南线；林管局工会主席张良率600人负责控制北线；林管局森林防火指挥部副总指挥赵宝军率1040人堵截南线；武警内蒙古森林总队副总队长韩亚民率860名森警官兵重点扑打向东北、东南蔓延的火头。同时，明确任务，落实责任，利用夜晚气温降低的有利时机，于当日夜间全线发起总攻，一鼓作气，奋勇攻坚，火场于5月3日6时实现全线合围，火灾扑救工作取得了决定性胜利。

第三，巩固战果。5月3日上午，由自治区副主席郭启俊带队的赴火场工作组到达一线，开始协调指挥扑救。下午，增调的根河机降大队、库都尔大队、加格达奇机降大队250名森警和兴安盟200名森警陆

续抵达火场，及时充实到尚有断续火线和烟点的火场东南线，增强了火场重点部位的有生力量。为加大清理守护力度，防止死灰复燃，扑火前线防火指挥部要求所有参战队伍乘胜追击，分段负责，迅速消灭断续火线和烟点。派根河航站7架化灭飞机实施化学灭火，采取水泵接力灭火等多种技术和手段，对火场内的余火进行扑打。到4日凌晨，整个火场明火全部扑灭。上午，国家森林防火指挥部办公室副主任焦德发率工作组到达火场一线，同自治区工作组一同考察火场，看望慰问了扑火前线指战员，并对扑火工作取得的显著成效给予充分肯定。

第四，清理守护。由于火区多年未发生火灾，腐殖层厚，站杆倒木、枯枝落叶多，加之持续高温、大风，火场清理难度很大。前线指挥部要求各线沿火场边缘向内纵深清理100米，确保达到无火、无烟、无味的“三无”要求。到5月7日清理守护达到72小时以上，火场清理工作全部完成，外援的森警部队和8个局的林业扑火队伍陆续撤离，火场交由图里河林业局420人继续清理看守。由于火区一直没有降雨，为确保万无一失，图里河林业局出动森林消防水车、增调灭火水枪对火场全线巡查守护，一直持续到5月15日后撤离。

（四）案例启示

第一，这起火灾的发生，暴露了一些地区在思想认识、责任落实、措施执行、宣传教育上还存在死角和漏洞。稍有不慎引发的森林火灾，不仅直接损害国家森林资源的安全，还需要动用大量的人力、物力、财力扑救，耗资巨大。“积小疾易成大害”“勤小物方无大患。”只有在源头上控制森林火灾的发生，重视林火预防才是治本之策。今后要进一步提高认识，深入查找火灾预防工作中存在的问题，吸取教训，引以为戒，扎实整改。同时，鉴于图里河林业局的这起森林火灾造成了较大的经济损失和一定的政治影响，大兴安岭林管局在2009年5月6日召开的电视电话会议上，总结了这起火灾的经验教训。林管局纪委、监察处对该起火灾作出处理决定：对图里河林业局党政班子给予全林区通报批评，责令党政主要领导作出深刻书面检查；责成图里河林业局按照干部管理权限对相关责任人，在查清事实的基础上严肃追究责任。火灾肇事者按相关法律规定做出严肃处理，公开曝光，以儆效尤。

第二，本次灭火作战，尽管气候条件不利，火势发展迅猛，但只要不折不扣地贯彻“打早、打小、打了”的扑火原则，主要领导亲临一线，周密部署，科学指挥，重兵投入，联动作战，运用正确的战略战术，调动扑火指战员高度的积极性，就能够完全依靠人力在短时间内扑灭森林大火。为今后灭火作战总结了经验，坚定了信念。

第三，实施重兵投入，全线围歼，是本次扑火中最重要的战略。为贯彻落实集中力量打歼灭战的指导思想，大兴安岭林管局森林防火指挥部从其他林业局紧急征调的森林部队和林业专业扑火队伍、基干专业扑火队伍达2700人，自治区防火指挥部从呼伦贝尔市和兴安盟跨区域增调森林部队540人，连同增援的2架飞机，共12架飞机进行火场巡护、运兵和灭火作业，体现了重兵投入、集团化灭火的优势。在兵力总数达到扑火需要的同时，前线指挥部明确各支队伍集结出征的时限、携带灭火工器具的数量、行车速度和到达火场的时间，并由图里河林业局派出向导及时引领到火场，抓住夜间扑火的有利时机，实行全线围歼决战，在当夜实现了全线合围，取得了灭火作战的决定性胜利。

第四，各方力量密切配合，协同作战，是取得扑火胜利的重要条件。参战的武警森林部队在本次扑火作战中勇挑重担，当先锋、打头阵，召之即来，来之能战，战之能胜，充分发挥了生力军和突击队的作用。各林业专业扑火队、基干专业扑火队服从命令，听从指挥，不怕疲劳，连续奋战，表现出了高尚的集体主义精神和大局意识。航空护林飞机充分发挥空中尖兵优势，在观察火情、空中运兵、灭火作业方面发挥了突出作用。自治区气象局、呼伦贝尔气象局及时提供火场气象信息资料。图里河林业局全力做好通讯、运输、物资等后勤保障工作。全体参战力量同心协力，密切配合，分工明确，步调一致，相关部门积极支持，鼎力相助，圆满完成各项任务，为扑火工作取得全胜提供了坚实的保障。

## 六、2012年兴安盟堵截扑救“4·20”蒙古国草原火

### （一）火灾概况

2012年4月20日8时30分，据瞭望塔观测，距兴安盟边境50公理处，蒙古国境内发生草原大火，火线长约80公理全线向中方推进，严重威胁中国北部重点林区。兴安盟及时成立扑火前线指挥部，立即启动扑救火灾应急预案。自治区党委、政府领导，自治区林业厅领导亲临火场一线指挥，前线防火指挥部领导勘察地形、判断火情、靠前线设防火指挥部指挥，灵活运用点烧迎面火、直接扑打等战术，“以防为主、以打为辅、打防结合”。截至24日7时，蒙古国草原火被堵截在国境线以外，堵截扑救工作取得了全面胜利。

### （二）火场天气

火场天气晴间多云，西南风5—6级，温度－2—10℃。火场气候干燥，火险等级高。

### （三）扑救经过

第一阶段：启动应急预案，快速出击。接到火情报告后，兴安盟党委、行署高度重视，立即召开会议，启动应急预案，成立前线指挥部，迅速沿边境防火隔离带布防兵力230人，紧跟火头严防死守。到20日11时，蒙古国草原大火距中国边境30公里左右。前线防火指挥部命令：调动全盟各类扑火队伍赶赴火场，至20日14时，火场总人数达到1772人（其中森林部队372人），全部部署在边境一线，投入各类车辆64台，飞机3架。待命2297人（其中森林部队253人，车辆198台，增雨火箭车3台）。

第二阶段：科学指挥，分段堵截。4月20日14时30分，蒙古国草原大火距我方边境5公里左右，兴安盟委副书记杜学军，盟委委员、副盟长刘福德在边防一连连部召开紧急会议，对蒙古国草原火情进行了系统分析，认为蒙古国草原大火来势凶猛，直接扑打难度较大，确定依托隔离带以火攻火进行堵截的战术。其一，明确扑火工作目标。切实做到“三个确保”，即：确保第一道防线将蒙古国草原大火阻隔在边防公路外；确保第二道防线将蒙古国草原大火阻隔在边境防火隔离带以外；确保在堵截蒙古国草原大火过程中不出现人员伤亡事故。其二，根据火场实际情况，将整个火场分为四段，并确认前线指挥员，即：阿尔山段（含阿尔山市林业局）、五岔沟段、白狼段、科右前旗段。其三，开展点烧边境防火隔离带。点烧的重点区域确定为白狼段至科右前旗段，阿尔山段以看守火场为主。点烧方向确定为白狼段由北向南点烧，科右前旗段由南向北点烧，争取以最快的速度实现整个边境防火隔离带的整体合围。同时，向毗邻地区通报了点烧计划。经全体参战人员的共同努力，截至21日7时，对198公里的边境防火隔离带全部实施点烧完毕，完成前线防火指挥部既定目标，将进入兴安盟境内的蒙古国草原大火全部堵截在防火隔离带之外。

第三阶段：巩固战绩，防止死灰复燃，夺取最后胜利。4月21日上午10时，前线指挥部召开会议，研究部署下一步扑救工作。前线总指挥刘福德对扑救工作进行深入分析，并对兴安盟周边地区火情进行了通报。兴安盟委书记王程熙对扑救工作所采取的措施给予了肯定，并对下一步扑救工作提了六点要求。兴安盟盟长邓月楼强调，前线防火指挥部科学研判，按照“三个确保”积极应对，取得了良好的效果，下一步要密切关注火情发展，采取有效措施，直至取得最后胜利。要继续盯住火场形势变化，防止死灰复燃。

（四）火灾扑救评析

第一，科学指挥合理布兵。根据火情发展态势，前线防火指挥部对堵截工作进行了具体部署，提出“六点”措施。其一，明确扑火目标；其二，成立前线扑火指挥部；其三，点烧拓宽边境防火隔离带；其四，合理部署兵力；其五，加强后勤保障；其六，保障通讯联络。参加此次作战的扑火队有地方扑火队、部队官兵。针对火线长、地形复杂的特点，确定全线堵截、分段实施的战略。

第二，战术运用得当。在堵截扑救本次蒙古国草原火中，前线防火指挥部准确把握火场态势，科学实施指挥，灵活运用战术，以边境防火隔离带为依托，利用界河等天然屏障进行阻隔，实施分段点烧，如期顺利合围。通过扑打、隔离、点烧、以火灭火等，高效地完成此次蒙古国入境火的堵截扑救任务。

第三，靠前设防火指挥部指挥，密切协同。火灾发生后，各级领导高度重视，靠前设防火指挥部，指挥堵截扑救工作，自治区、盟两级领导亲临火场勘察地形、选择有利位置观察火势、判断火情，正确指挥火场各参战队伍堵火灭火。各参战队伍各司其职，各负其责，迅速开展堵截扑救工作。

气象部门立即启用全部临时观测点，及时将火场未来几天的风力、风向、气温等数据提供给前线指挥部，确保增雨作业的火箭车和飞机到位，适时开展人工增雨作业。由于各级指挥员靠前指挥，密切协同，确保了堵截扑救作战的全胜。

第四，严密组织，安全防范措施得当。本次堵截扑救“4·20”蒙古国草原入境火，动用人员多、车辆多，火场地形复杂，火场态势难以掌握，不安全因素多，稍有不慎极易酿成事故。为安全堵截扑救火灾的目标，各级指挥员始终把安全工作放在首位，坚决落实堵截蒙古国草原火“三个确保”中的“确保在堵截蒙古国草原大火过程中不出现人员伤亡事故”的目标，确保人员车辆安全，发现情况及时预警，确保安全工作落到实处。

第五，加强后勤保障工作。为确保扑火工作需求，前线指挥部提前谋划，做到了后勤保障工作早安排、早部署。全面做好防扑火给养、燃油、车辆、通信、医疗以及扑火机具等各项保障工作。保证了堵截扑救工作的需要。

（五）教训

本次战役虽取得全胜，但也存在不足之处。其一，无边境防火公路。此次堵截扑救过程中发现，兴安盟无边境防扑火公路，必须依托边防巡逻路部分地段进行点烧，而边防巡逻路路况较差，影响了兵力运输和物资供应的速度。其二，通讯不畅现象依然存在。在扑火过程中发现，通讯设施滞后，电台、对讲机数量较少，移动、联通基站不足，部分火场仍处于通信盲区、死角。通讯不畅成为扑救工作的不利因素之一。其三，运兵车数量不足、性能较差，不能满足火场需求。各林业局运兵车数量远远达不到防扑火需要，而且现有的运兵车比较陈旧，安全性能得不到保障。

# 附录二　地方性法规

## 一、内蒙古自治区湿地保护条例

**第一条**　为加强湿地保护，维护湿地生态功能和生物多样性，促进湿地资源可持续利用，根据国家有关法律、法规，结合自治区实际，制定本条例。

**第二条**　本条例所称湿地是指自治区行政区域内的国际重要湿地、国家重要湿地和自治区政府根据国家有关规定确认并公布的河流、湖泊、沼泽和沼泽化草甸、库塘等。

**第三条**　在自治区行政区域内从事湿地保护、利用和管理活动的单位和个人，应当遵守本条例。

**第四条**　湿地保护工作应当遵循保护优先、科学规划、合理利用和持续发展的原则。

**第五条**　各级人民政府应当建立健全湿地保护与合理利用管理协调机制，加强对湿地保护工作的领导。

旗县级以上人民政府林业、环境保护、农牧业、水利、国土资源、建设等行政主管部门，按照各自的职责，依法做好湿地保护工作。

旗县级以上人民政府林业行政主管部门负责湿地保护的组织和协调工作。

**第六条**　各级人民政府及其有关行政主管部门应当开展湿地保护的宣传教育活动，提高公民的湿地保护意识。

一切单位和个人都有保护湿地资源的义务，并有权对破坏或者侵占湿地资源的行为进行检举和控告。

**第七条**　各级人民政府应当鼓励、支持单位和个人开展湿地保护和有关的科学研究，推广应用湿地保护先进技术。

**第八条**　旗县级以上人民政府及其有关行政主管部门，应当依照国家有关规定，加强湿地保护工作的国际合作，做好国际援助项目的实施工作。

**第九条**　自治区政府林业行政主管部门会同发展改革、农牧业、水利、国土资源、环境保护、建设等有关行政主管部门，依据全国湿地保护规划，编制自治区湿地保护规划，由自治区政府批准后组织实施。自治区湿地保护规划应当纳入自治区国民经济和社会发展规划。

旗县级以上人民政府组织林业等有关行政主管部门，依据上一级人民政府湿地保护规划，编制本行政区域湿地保护规划，报上一级人民政府备案。

各级人民政府应当保障用于湿地保护的资金投入。

**第十条**　自治区政府林业行政主管部门负责组织自治区湿地资源日常调查和定期普查工作，定期普查工作每五年进行一次。

旗县级以上人民政府林业、环境保护、农牧业、水利等行政主管部门，应当按照各自职责加强对湿地生态资源的监测。

旗县级以上人民政府林业行政主管部门应当在湿地资源调查和湿地生态资源监测的基础上，建立并及时更新湿地资源信息档案。

**第十一条** 具备下列条件之一的湿地，应当建立湿地自然保护区：

（一）生态系统具有代表性的；

（二）生物多样性丰富或者珍稀、濒危物种集中分布的；

（三）国家和地方重点保护鸟类的繁殖地、越冬地或者重要的迁徙停歇地；

（四）具有特殊保护或者科学研究价值的其他湿地。

湿地自然保护区的建立和管理，按照有关法律、法规执行。

**第十二条** 在自然景观适宜、生态系统完整、生态特征显著、历史和文化价值独特、便于开展科普宣传教育活动的湿地，可以建立湿地公园。

湿地公园的建立和管理办法，由自治区政府制定。

**第十三条** 在天然湿地内从事割芦苇、割草、放牧、捕鱼等活动，应当在旗县级人民政府公布的时限和范围内进行。

旗县级人民政府在规定上述时限和范围时，应当遵循候鸟迁徙和湿地植物生长规律，妥善安排当地居民的生产生活。

禁止在湿地范围内捡拾鸟卵、采用灭绝性方式捕捞鱼类及其他水生生物，禁止非法猎捕野生动物。

**第十四条** 旗县级以上人民政府应当采取措施，保护湿地水资源。对因水资源缺乏导致功能退化的湿地，应当通过调水等措施补水，维护湿地生态功能。

除抢险、救灾外，在湿地取水或者拦截湿地水源，不得影响湿地合理水位或者截断湿地水系与外围水系的联系，不得破坏鱼类等水生生物洄游通道和产卵场。

**第十五条** 旗县级以上人民政府环境保护行政主管部门应当对湿地及周边地区排放废水、倾倒固体废物等行为进行监督。

农用薄膜、农药容器、捕捞网具等不可降解或者难以腐烂的废弃物，其使用者应当回收。造成湿地环境污染的，按照谁污染、谁治理的原则，依法采取治理措施。

**第十六条** 向湿地引进外来物种，必须按照国家有关规定进行审批和试验。

旗县级以上人民政府林业、农牧业等有关行政主管部门对引进湿地的外来物种进行动态监测，发现有害的，及时报告本级人民政府和上一级行政主管部门，并采取措施，消除危害。

**第十七条** 开发利用天然湿地应当按照湿地保护规划进行，不得破坏湿地生态系统的基本功能，不得破坏野生动植物栖息和生长环境。

禁止在天然湿地内擅自进行采砂、采石、采矿、挖塘、砍伐林木和开垦活动。

**第十八条** 任何单位和个人不得擅自占用或者改变天然湿地用途。因重要建设项目确需改变天然湿地用途的，应当按照有关法律、法规的规定办理相关审批手续。

**第十九条** 自治区实行湿地生态效益补偿制度。因湿地保护使湿地资源所有者、使用者的合法权益受到损害的，政府应当给予补偿，并对其生产、生活作出妥善安排。具体办法由自治区政府制定。

**第二十条** 违反本条例规定的行为，法律、法规已有处罚规定的，从其规定。

**第二十一条** 国家机关及其工作人员在湿地保护工作中滥用职权、玩忽职守、徇私舞弊的，由有关部门对直接负责的主管人员和其他直接责任人员给予行政处分；构成犯罪的，依法追究刑事责任。

**第二十二条** 本条例自2007年9月1日起施行。

## 二、内蒙古自治区义务植树条例

（2009年11月27日内蒙古自治区第十一届人民代表大会常务委员会第十一次会议通过）

**第一条** 推动义务植树活动，增强公民国土绿化意识，保护和改善生态环境，根据国家有关法律、法规，结合自治区实际，制定本条例。

**第二条** 本条例所称义务植树是指适龄公民为国土绿化无报酬的完成规定劳动量的植树任务，或者完成相应劳动量的育苗、管护和其他绿化任务。

**第三条** 自治区行政区域内的适龄公民，除丧失劳动能力者外，应当参加义务植树。

前款所称适龄公民，是指十八周岁至六十周岁的男性公民和十八周岁至五十五周岁的女性公民。

已满十一周岁未满十八周岁的未成年人，应当根据实际情况，有组织的参加以保护生态环境为主的绿化活动或者力所能及的义务植树。

其他公民自愿参加义务植树的，应当予以鼓励。

**第四条** 旗县级以上人民政府绿化委员会负责本行政区域内的义务植树工作。

旗县级以上人民政府绿化委员会办公室是本级人民政府绿化委员会的办事机构，负责义务植树具体组织实施、协调指导、监督管理工作。

苏木乡镇人民政府、街道办事处协助旗县级人民政府绿化委员会办公室开展义务植树工作。

**第五条** 旗县级以上人民政府绿化委员会应当根据本行政区域土地利用总体规划和城乡规划，组织林业、建设、水利、交通、铁路等有关部门制定科学合理的义务植树规划。

旗县级以上人民政府绿化委员会办公室应当根据义务植树规划制定义务植树年度实施计划。

**第六条** 旗县级以上人民政府绿化委员会对在义务植树中作出显著成绩的单位和个人，给予表彰、奖励。

**第七条** 新闻媒体应当加强对义务植树和国土绿化的宣传，增强公民的义务植树意识和生态安全意识。中小学校应当结合综合实践课程，进行义务植树教育。

**第八条** 每年的四月十日至十六日为自治区义务植树周。各地应当根据当地自然条件集中组织义务植树。

**第九条** 国家机关、社会团体、企业事业单位负责组织本单位职工参加义务植树。

苏木乡镇人民政府负责组织其所在地的农牧民参加义务植树。

街道办事处负责组织其所在地的城镇个体工商户、无业适龄公民、居住一年以上流动人员参加义务植树。

**第十条** 自治区政府绿化委员会办公室每年应当根据义务植树年度实施计划和当地实际情况，将义务植树任务逐级下达到各级人民政府绿化委员会办公室。

旗县级人民政府绿化委员会办公室应当将义务植树任务分解到本行政区域内的苏木乡镇人民政府、街道办事处以及国家机关、社会团体、企业事业单位。

义务植树任务采用义务植树通知书的形式下达，并应当载明义务植树数量、品种、地点和完成时间以及其他要求。

**第十一条** 适龄公民每人每年应当义务植树三至五棵，或者义务完成相当于一至二个劳动日的与义务植树相关的活动。

铁路、公路、水利等部门除完成国家法律、法规规定的植树造林生产任务外，还应当承担旗县级以上人民政府绿化委员会办公室下达的义务植树任务。

**第十二条** 义务植树可以采取下列方式：

（一）直接参加义务植树劳动；

（二）参加与义务植树相关的活动；

（三）认养或者认管林木、林地、绿地；

（四）履行植树义务的其他方式。

**第十三条** 旗县级以下人民政府和村民委员会应当为义务植树的开展提供场地。城镇应当优先安排近郊宜林荒山荒地和公共绿地建设，并与城乡建设总体规划相衔接。农村牧区应当优先安排改善村容村貌的四旁植树和防护林建设。

**第十四条** 义务植树所需的苗木等应当由当地人民政府解决。

各级人民政府应当支持、鼓励单位和个人采用先进科学技术发展苗木生产，培育优良种苗，为义务植树提供合格苗木。

**第十五条** 义务植树的组织实施单位应当因地制宜，科学组织植树。旗县级人民政府绿化委员会办公室对参加义务植树的单位和个人进行技术指导。

参加义务植树的单位和个人，应当严格按照造林技术规程栽植树木，确保造林成活率。成活率未达到造林技术规程要求的，由承担义务植树任务的单位和个人进行补植。

**第十六条** 旗县级以上人民政府绿化委员会办公室应当对义务植树完成情况进行检查验收，并将检查验收结果报本级人民政府绿化委员会和上一级人民政府绿化委员会。

**第十七条** 义务植树实行建卡登记制度。旗县级人民政府绿化委员会办公室负责本辖区义务植树登记卡的建立和管理工作，并将每年义务植树任务完成情况向社会公布。

**第十八条** 义务栽植的树木实行管护责任制。成活前由栽种者或者旗县级人民政府绿化委员会办公室确定的单位或者个人管护，成活后由旗县级人民政府绿化委员会办公室移交林权所有人或者其指定的单位或者个人管护。

管护者应当落实管护经费和措施，确定专人培育管护，并达到国家造林技术规程规定的保存率。

**第十九条** 在国有土地上义务栽植的树木，归土地使用权人所有；没有明确土地使用权人的，由旗县级以上人民政府依法确定。在集体所有土地上义务栽植的树木，其权属按照国家和自治区的有关规定确定。

**第二十条** 旗县级以上人民政府绿化委员会办公室可以依法接受专项用于义务植树和造林绿化的社会捐赠资金和物资。

**第二十一条** 适龄公民和义务植树的组织实施单位没有按照规定完成义务植树任务的，依照国家和自治区的有关规定办理。

**第二十二条** 各级人民政府绿化委员会办公室和有关单位的工作人员在义务植树工作中有下列行为之一的，对直接负责的主管人员或者直接责任人员依法给予行政处分；构成犯罪的，依法追究刑事责任：

（一）贪污、挪用、私分义务植树相关经费和社会捐赠资金、物资的；

（二）提供的苗木不符合规定标准造成损失的；

（三）瞒报、拒报义务植树适龄公民人数和义务植树任务完成情况的；

（四）在义务植树的组织、管理和检查验收中严重失职的；

（五）其他滥用职权、玩忽职守、徇私舞弊的行为。

**第二十三条** 本条例自2010年2月1日起施行。1991年3月13日内蒙古自治区政府公布的《内蒙古自治区全民义务植树实施细则》同时废止。

## 三、内蒙古自治区大青山国家级自然保护区条例

（2013年9月29日内蒙古自治区第十二届人民代表大会常务委员会第五次会议通过）

### 第一章 总 则

**第一条** 为加强大青山国家级自然保护区（以下简称保护区）的管理，保护生物多样性，维护区域生态安全，根据《中华人民共和国森林法》《中华人民共和国自然保护区条例》和国家有关法律、法规，结合保护区实际，制定本条例。

**第二条** 保护区位于呼和浩特市、包头市、乌兰察布市境内，属于森林生态系统类型。保护区面积、界线以国务院批准的面积、界线为准。

**第三条** 在保护区内从事规划、保护、建设、利用和管理等活动，应当遵守本条例。

**第四条** 保护区的保护和管理应当坚持全面规划、严格保护、有序建设、科学管理、合理利用、持续发展的原则，妥善处理与当地经济社会发展和居民生产生活的关系。

**第五条** 自治区政府、呼和浩特市人民政府、包头市人民政府、乌兰察布市人民政府以及相关旗县级人民政府应当将本辖区保护区的建设、保护和管理纳入国民经济和社会发展规划，保护区的建设、保护和管理经费纳入本级财政预算，并逐年加大投入。

**第六条** 自治区政府、呼和浩特市人民政府、包头市人民政府、乌兰察布市人民政府，应当加强对本辖区保护区工作的领导，协调解决保护区关于自然保护、生态建设与经济社会发展等方面的重大事项。

**第七条** 自治区政府环境保护行政主管部门负责保护区的综合管理。

自治区政府林业行政主管部门主管保护区的工作，其直属的保护区管理机构负责保护和管理的具体工作。

保护区所在地的旗县级以上人民政府环境保护、林业、公安、农牧业、水利、国土资源、旅游等部门应当按照各自职责，做好保护区的保护和管理相关工作。

**第八条** 保护区管理机构的主要职责是：

（一）执行国家和自治区有关法律、法规、规章和方针、政策；

（二）负责组织实施保护区总体规划，制定和实施各项管理制度；

（三）负责保护区内生态保护与建设项目的申报实施工作；

（四）负责保护区内自然环境、自然资源的保护和管理工作；

（五）调查保护区内自然资源并建立档案及数据库，组织环境监测；

（六）组织开展科学研究和宣传教育活动；

（七）在不影响保护区的自然环境和自然资源的前提下，按照保护区总体规划，组织开展参观、旅游等活动；

（八）依法查处破坏保护区内自然资源、自然环境、保护设施的违法行为。

**第九条** 任何单位和个人都有保护保护区的义务，并有权对破坏自然资源、自然环境等行为进行制止、检举和控告。

**第十条** 保护区所在地旗县级以上人民政府应当对在保护区建设、保护和管理以及科学研究中作出显著成绩的单位和个人，给予表彰奖励。

## 第二章 规划和资源环境保护

**第十一条** 保护区总体规划由自治区政府林业行政主管部门会同发展和改革、住房和城乡建设、环境保护、农牧业、水利、国土资源、旅游等相关部门及保护区所在地人民政府编制。

编制保护区总体规划应当经过论证会、听证会等程序，广泛征求有关单位和公众的意见，经自治区自然保护区评审委员会评审后，报国务院林业行政主管部门批准。保护区总体规划应当向社会公布。

经批准的保护区总体规划应当严格执行，任何单位和个人不得擅自变更；确需变更的，应当按照原批准程序报批。

**第十二条** 保护区管理机构应当根据国务院批准的保护区的范围和界线，设置保护区区界标志和功能区区界标志，并报请自治区政府予以公告。

未经原审批机关批准，任何单位和个人不得改变保护区的性质及区界范围。

任何单位和个人不得破坏或者擅自移动保护区的界标及其他保护设施。

**第十三条** 保护区划分为核心区、缓冲区和实验区。

核心区为保存完好的天然状态的生态系统以及珍稀、濒危动植物的集中分布地，任何单位和个人不得擅自进入。

核心区外围为缓冲区，只准进入从事教学科研观测活动。

缓冲区外围为实验区，可以进行科学试验、教学实习、参观考察、旅游以及驯化、繁殖珍稀、濒危野生动植物等活动。

**第十四条** 呼和浩特市人民政府、包头市人民政府、乌兰察布市人民政府应当制定本辖区保护区生态移民规划，核心区应当逐步实现无人居住，缓冲区和实验区应当逐步减少居住人口。

**第十五条** 在保护区内的单位、居民和经批准进入保护区的人员，应当遵守保护区的各项管理制度，服从保护区管理机构的管理。因其生活和生产经营活动造成保护区自然资源和自然环境损害的，应当采取措施恢复生态环境。

**第十六条** 保护区所在地旗县级以上人民政府林业行政主管部门和保护区管理机构，应当加强森林防火、有害生物防治和水源保护工作，建立森林火情、火警、野生动植物疫病监测和预报体系，制定森林防火和野生动植物疫病应急预案。

**第十七条** 保护区管理机构应当在进出保护区的主要沟口设置检查哨卡，对进出保护区的车辆、人员进行检查登记。

**第十八条** 任何单位和个人发现受伤、病弱、饥饿、受困、迷途的国家和自治区重点保护野生动物时，应当及时报告当地林业行政主管部门或者保护区管理机构，由其采取救护措施；也可以就近送具备救护条件的单位救护。救护单位应当及时救护，并报告林业行政主管部门或者保护区管理机构。

**第十九条** 有关单位和个人对国家和自治区重点保护野生动物可能造成的危害，应当采取防范措施。因保护国家和自治区重点保护野生动物受到损失的，可以向所在地人民政府林业行政主管部门提出补偿要求。经调查属实并确实需要补偿的，由所在地人民政府按照自治区政府的有关规定给予补偿。

**第二十条** 保护区内单一野生动物的种群数量增长过快，超过保护区承载能力，可能造成其种群退化、危害其他野生动物物种生存或者引起生态灾难的，经依法批准后，保护区管理机构可以采取控制其种群数量的措施。

**第二十一条** 禁止任何单位和个人在保护区内从事下列活动：

（一）捕捞、采药、砍伐、放牧、狩猎、烧荒、开垦、探矿、开矿、采石、挖沙等活动，法律、行政法规另有规定的从其规定；

（二）建造坟墓；

（三）燃烧冥纸、取暖、野炊等野外用火；

（四）倾倒废弃物和排放污染物，储存、使用有毒化学、易燃易爆危险物品；

（五）携带动植物疫原体进入保护区；

（六）进行经营性取水或者除抢险、救灾外拦截水源；

（七）其他破坏林木、植被等自然资源和生态环境的行为。

## 第三章 资源利用管理

**第二十二条** 在保护区的核心区和缓冲区内，不得新建、改建、扩建任何生产经营设施。

在保护区的实验区内，不得建设污染环境、破坏资源或者影响景观的生产经营设施。经批准建设的其他项目，其污染物排放不得超过国家和自治区规定的排放标准。

**第二十三条** 在保护区外围建设的项目，不得影响保护区内的环境质量和生态功能。

**第二十四条** 保护区所在地旗县级以上人民政府应当限期关闭保护区内各类非法建设项目。造成生态破坏的，相关责任人应当依法承担生态恢复治理责任。

**第二十五条** 保护区成立前在保护区区域内合法从事资源利用的单位和个人，不得超过经批准的使用期限；不得超过国家和自治区规定的利用规模、强度和污染物排放标准。

因矿产资源开发造成生态环境破坏的，开发单位和个人应当依法承担生态恢复治理和赔偿责任。

**第二十六条** 对保护区内无证或者持过期失效许可证进行探矿、开矿、采石、挖沙的，依法予以取缔。有关部门不得批准其购买爆炸物品以及从事爆破作业；不得供电。

**第二十七条** 经依法批准占用保护区自然资源的项目，应当按照国家和自治区有关规定缴纳保护区生态环境恢复治理补偿费。

**第二十八条** 因科学研究需要，必须进入保护区核心区从事科学研究观测、调查活动的，应当向保护区管理机构提交书面申请和活动计划，经自治区政府林业行政主管部门批准后方可进入。

**第二十九条** 因教学科研需要进入缓冲区从事非破坏性的科学研究、教学实习和标本采集活动的，应当向保护区管理机构提交书面申请和活动计划，经保护区管理机构批准后方可进入。

从事前款规定相关活动的单位和个人，应当向保护区管理机构提交活动成果副本。

**第三十条** 在实验区组织参观、旅游等活动，应当遵守国家和自治区的有关规定；进入实验区参观、旅游的单位和个人，应当遵守保护区的相关制度。

**第三十一条** 旗县级以上人民政府环境保护、林业行政主管部门应当加强对本辖区保护区管理的监督检查。被检查的单位应当如实反映情况，提供必要的资料。检查者应当为被检查的单位保守技术秘密和业务秘密。

## 第四章 法律责任

**第三十二条** 违反本条例规定的行为，《中华人民共和国森林法》《中华人民共和国自然保护区条例》和国家有关法律、法规已经作出具体处罚规定的，从其规定。

**第三十三条** 违反本条例规定，在保护区非法从事捕捞、采药、砍伐、放牧、狩猎、烧荒、开垦、探矿、开矿、采石、挖沙等活动的，除可以依照有关法律、行政法规规定给予处罚的以外，由保护区管理机构责令停止违法行为，没收违法所得，限期恢复原状或者采取其他补救措施；造成损失的，依法承担赔偿责任；构成犯罪的，依法追究刑事责任。

**第三十四条** 违反本条例规定，在保护区内燃烧冥纸、取暖、野炊等野外用火的，由保护区管理机构责令停止违法行为，并处以1000元以上3000元以下的罚款；造成损失的，依法承担赔偿责任；构成犯罪的，依法追究刑事责任。

**第三十五条** 违反本条例规定，在保护区内建造坟墓、携带动植物疫原体进入保护区、进行经营性取水或者拦截水源的，由保护区管理机构或者有关部门责令停止违法行为，并处以5000元以上1万元以下的罚款；造成损失的，依法承担赔偿责任；构成犯罪的，依法追究刑事责任。

**第三十六条** 保护区所在地人民政府及其有关部门和保护区管理机构违反本条例规定，有下列情形之一的，由其所在单位或者上级主管部门对直接负责的主管人员和其他直接责任人员依法给予行政处分；构成犯罪的，依法追究刑事责任：

（一）不执行或者擅自变更保护区总体规划的；

（二）未经批准，擅自对保护区自然生态系统、野生动植物采取控制措施的；

（三）超越权限批准进入保护区从事相关活动的；

（四）未依法履行监督管理职责或者发现违法行为不予查处，造成严重后果的；

（五）其他玩忽职守、滥用职权、徇私舞弊的行为。

## 第五章 附 则

**第三十七条** 本条例自2013年12月1日起施行。

## 四、内蒙古自治区森林草原防火条例

（2004年3月26日内蒙古自治区第十届人民代表大会常务委员会第八次会议通过；2016年9月29日内蒙古自治区第十二届人民代表大会常务委员会第二十六次会议修订）

### 第一章　总　则

**第一条**　为有效预防和扑救森林草原火灾，保障人民生命财产安全，保护森林草原资源，维护生态安全，根据国务院《森林防火条例》和《草原防火条例》等国家有关法律、法规，结合自治区实际，制定本条例。

**第二条**　本条例适用于自治区行政区域内森林、林木、林地和天然草原、人工草地火灾的预防和扑救，但城市市区的除外。

**第三条**　森林草原防火工作坚持预防为主、积极消灭、科学扑救、以人为本、属地管理的原则。

**第四条**　预防森林草原火灾、保护森林草原资源是每个公民的义务。

**第五条**　旗县级以上人民政府应当将森林草原防火规划纳入国民经济与社会发展总体规划、年度计划以及林业、农牧业专项发展规划，并纳入当地防灾减灾体系建设，保障森林草原防火工作与经济社会发展相适应。

**第六条**　旗县级以上人民政府应当设立森林草原防火指挥机构，负责组织、协调和指导本行政区域的森林草原防火工作。

旗县级以上人民政府林业主管部门负责本行政区域森林草原防火的监督和管理工作。

旗县级以上人民政府其他有关部门按照职责分工，负责有关的森林草原防火工作。

**第七条**　森林草原防火工作实行各级人民政府行政首长负责制和部门、单位主要领导负责制。森林草原防火工作纳入各级人民政府年度考核体系。

**第八条**　森林、林木、林地和天然草原、人工草地的经营单位和个人应当在其经营范围内承担森林草原防火责任。

**第九条**　旗县级以上人民政府应当将森林草原防火专项经费纳入同级财政预算，保障森林草原防火工作的开展。森林草原防火专项经费主要用于宣传教育、基础设施建设和维护、扑救队伍训练和装备、巡查和值守、扑救和灾后处置等事项。

旗县级以上人民政府应当安排森林草原火灾预防和扑救储备金。

**第十条**　各级人民政府鼓励和支持森林、林木、林地和天然草原、人工草地的经营单位和个人参加森林草原火灾保险，提高防灾减灾能力和灾后自我救助能力。

**第十一条**　森林草原防火工作涉及两个以上行政区域的，有关地方人民政府应当建立森林草原防火联防机制，确定联防区域，建立联防组织和联防制度，实现信息共享。

**第十二条**　对在森林草原防火工作中成绩显著的单位和个人，按照国家和自治区有关规定，给予表彰和奖励。

对在扑救重大、特别重大森林草原火灾中表现突出的单位和个人，可以由森林草原防火指挥机构当场给予表彰和奖励。

## 第二章 森林草原防火组织

**第十三条** 旗县级以上人民政府森林草原防火指挥机构应当配备专职副指挥，办事机构设在同级人民政府林业主管部门，负责森林草原防火的日常工作。

有森林草原防火任务的苏木乡镇和街道办事处应当设立森林草原防火指挥机构，配备专职或者兼职工作人员，负责本行政区域的森林草原防火工作。

内蒙古大兴安岭国有林管理局及其直属国有林业局森林防火指挥机构，负责其经营管理范围内的防火工作。

**第十四条** 各级人民政府森林草原防火指挥机构应当履行下列职责：

（一）贯彻执行国家和自治区森林草原防火法律、法规、规章和政策；

（二）落实森林草原防火规划，制定工作计划和措施，完善火灾预防、扑救及其保障制度；

（三）组织森林草原防火安全检查，督促有关地区、部门和单位加强防火设施、设备以及扑火物资管理和火源管理；

（四）组织开展森林草原防火宣传教育、森林草原防火科学研究，推广使用先进技术和设备，培训森林草原防火专业人员；

（五）及时启动本级森林草原火灾应急预案，制定扑火方案，统一组织和指挥扑救森林草原火灾；

（六）负责火情监测、火险预测、预报和火灾调度、统计、建档工作，及时逐级上报和下传森林草原火情火灾信息以及有关事项；

（七）协调解决地区之间、部门之间有关森林草原防火的重大问题。

内蒙古大兴安岭国有林管理局及其直属国有林业局森林防火指挥机构依照前款规定执行。

旗县级以上人民政府森林草原防火指挥机构可以指挥调动武装警察森林部队和航空护林站开展防扑火工作。

**第十五条** 在森林草原防火区的林场、农场、牧场、铁路以及其他企业事业单位、部队、嘎查村等，应当建立相应的森林草原防火组织，负责防火责任区内的森林草原防火工作。

**第十六条** 旗县级人民政府应当建立专业森林草原消防队伍。

有森林草原防火任务的苏木乡镇和街道办事处应当组建半专业森林草原消防队伍或者群众扑火队伍。

嘎查村可以根据需要组建群众扑火队伍。

国有林业局和林场、农场、牧场、自然保护区、森林公园、旅游区、风景名胜区、工矿企业、野外施工企业等森林草原防火重点单位，应当组建专业、半专业森林草原消防队伍。

森林草原消防队伍的建设标准，由自治区政府制定。

**第十七条** 专业、半专业森林草原消防队伍和群众扑火队伍应当配备扑救工具和装备，并定期进行防扑火培训和演练。各级各类森林草原消防队伍应当接受当地森林草原防火指挥机构的指挥、调动和业务指导。

**第十八条** 森林草原防火巡护人员应当持有旗县级人民政府核发的防火巡护证件，管理野外用火，及时报告火情，宣传防火知识，协助有关部门调查森林草原火灾案件。

## 第三章　森林草原火灾的预防

**第十九条**　旗县级以上人民政府林业主管部门应当会同有关部门编制本行政区域森林草原防火规划，报本级人民政府批准后组织实施。

**第二十条**　自治区政府林业主管部门应当以旗（县、市、区）为单位确定森林、草原火险区划等级。

旗县级人民政府林业主管部门应当划定本行政区域内的森林草原防火区。

内蒙古大兴安岭国有林管理局应当在其经营管理范围内划定防火区。

森林草原火险区划等级和森林草原防火区，应当向社会公布。

**第二十一条**　各级人民政府应当组织有关部门和单位按照森林草原防火规划的要求，进行下列森林草原防火基础建设：

（一）在森林草原防火区的国界内侧以及林牧区的集中居民点、工矿企业、仓库、学校、部队营房、重要设施、自然保护区、名胜古迹和革命纪念地周围，设置防火隔离带或者营造防火林带；

（二）配备防火交通运输工具、灭火装备器具、瞭望和通讯设施设备等；

（三）在森林草原防火区，建设防火瞭望塔（台）；

（四）在重点防火地区建设机械防火站，修筑防火道路，建立防火物资储备库，储备必要的防火物资；

（五）在森林草原重点防火区，建立火险监测预警系统和预报站点；

（六）建立森林草原防火信息网络和指挥系统；

（七）开通森林草原防火报警电话12119。

**第二十二条**　旗县级以上人民政府森林草原防火指挥机构应当编制森林草原火灾应急预案，经本级人民政府批准，报上一级人民政府森林草原防火指挥机构备案。

国有林业局和林场、农场、牧场、自然保护区、森林公园、旅游区、风景名胜区、工矿企业等森林草原防火重点单位应当制定森林草原火灾应急方案，报本级人民政府森林草原防火指挥机构备案。

旗县级人民政府应当组织有森林草原防火任务的苏木乡镇和街道办事处制定森林草原火灾应急处置办法。

嘎查村民委员会应当协助做好森林草原火灾应急处置工作。

旗县级以上人民政府及有关单位应当每年组织开展森林草原火灾应急预案演练。

**第二十三条**　各级人民政府应当划定本行政区域内的森林草原防火责任区，确定森林草原防火责任单位，签订森林草原防火责任书。

森林、林木、林地和天然草原、人工草地的经营单位和个人，应当落实森林草原防火责任制，确定森林草原防火责任人。

无民事行为能力人和限制民事行为能力人的监护人应当履行监护责任，防止被监护人引发火灾。

**第二十四条**　有森林草原防火任务的单位和嘎查村，应当履行下列森林草原防火安全职责：

（一）制定森林草原防火安全制度；

（二）履行森林草原防火安全责任和义务，确定防火责任人和责任区；

（三）开展森林草原防火安全宣传教育活动；

（四）定期进行森林草原防火安全检查，及时消除火灾隐患；

（五）定期检查维护森林草原防火基础设施、设备和宣传标志。

**第二十五条** 各级人民政府和有关部门应当开展森林草原防火宣传教育，普及森林草原防火知识，提高公民的森林草原防火意识和自我保护能力。

广播、电视、报纸、互联网等媒体和电信业务经营单位，应当开展森林草原防火公益宣传。

交通运输、铁路、民航管理部门应当将监测到的森林草原火情及时通报森林草原防火指挥机构。

学校应当加强森林草原防火安全教育。

**第二十六条** 在林区、草原依法开办工矿企业、设立旅游区或者新建开发区的，其森林草原防火设施应当与该建设项目同步规划、同步设计、同步施工、同步验收；在林区成片造林的，应当同时配套建设森林防火设施。

在林区、草原生产、储存、装卸易燃易爆危险物品的，其场所应当设置在防火安全地带内。

**第二十七条** 铁路、公路、电力、石油、燃气、化工管道的管理单位、工矿企业在野外施工作业，应当在易引发火灾的地段和地带，设置防火隔离带和防火警示宣传标志，并做好防扑火工作。

**第二十八条** 各级人民政府森林草原防火指挥机构应当定期组织有关部门开展森林草原防火安全检查；对检查中发现的火灾隐患应当及时下达火灾隐患整改通知书，责令限期整改，消除隐患。

被检查单位应当积极配合，不得阻挠、妨碍。

**第二十九条** 每年三月十五日至六月十五日、九月十五日至十一月十五日为自治区森林草原防火期。旗县级人民政府可以根据本行政区域内自然气候条件和火灾发生规律，决定提前进入或者延期结束防火期。

**第三十条** 防火期内，各级人民政府森林草原防火指挥机构应当实行二十四小时值班制度，保证信息畅通。

**第三十一条** 防火期内，旗县级以上人民政府森林草原防火指挥机构应当根据高温、干旱、大风等高火险天气划定森林草原高火险区，规定高火险期并印发高火险警报。必要时，旗县级以上人民政府可以发布命令，禁止一切野外用火，严格管理可能引发森林草原火灾的居民生活用火。

**第三十二条** 森林草原高火险期内，任何单位和个人不得擅自进入森林草原高火险区。因科研、抢险等确需进入的，应当依法报请批准。

经批准进入森林草原高火险区的，应当严格按照批准的时间、地点、范围活动，并接受当地森林草原防火指挥机构的监督管理。

**第三十三条** 防火期内，经自治区政府批准，可以设立临时森林草原防火检查站。执行森林草原防火检查任务的人员应当佩戴专用标志，对进入森林草原防火区的车辆、人员进行防火安全检查和防火知识宣传，纠正违反防火规定的行为，任何单位和个人不得阻挠、拒绝。

**第三十四条** 防火期内，禁止在森林草原防火区烧灰积肥、烧荒烧炭、焚烧垃圾，点烧田（埂）、牧草、秸秆，吸烟、烧纸、烧香、烤火、野炊和燃放烟花爆竹、孔明灯等野外用火。

**第三十五条** 防火期内，在森林草原防火区内，因生产、生活特殊情况确需野外用火的，应当严格遵守下列规定：

（一）需要点烧防火隔离带、生产性用火的，应当经旗县级人民政府林业主管部门批准，经批准进行生产性用火的，应当设置防火隔离带，安排扑火人员，准备扑火工具，有组织地在四级风以下的天气用火，并将用火时间通知毗邻地区；

（二）需要野外生活用火的，应当选择安全地点，设置防火隔离带或者采取隔火措施，用火后必须彻底熄灭余火。

**第三十六条** 各级人民政府森林草原防火指挥机构应当配备森林草原防火专用车辆、器材、通讯等设施设备，并定期进行检查、维护和更新。

森林草原防火专用车辆免交车辆购置税、车辆通行费，并配备森林草原防火专用牌照。为执行扑火任务临时抽调、征用的车辆，在扑火期间免交车辆通行费。

森林草原防火专用电台免收无线电通讯频率占用费。

**第三十七条** 任何单位和个人不得破坏、侵占森林草原防火设施设备、阻碍设置防火隔离带、挤占干扰森林草原防火专用电台频率。

## 第四章 森林草原火灾的扑救

**第三十八条** 森林草原火灾信息由旗县级以上人民政府森林草原防火指挥机构按照国家和自治区规定的权限向社会发布，任何单位和个人不得擅自发布。

**第三十九条** 任何单位和个人发现森林草原火情，应当立即向所在地人民政府森林草原防火指挥机构报告。

所在地人民政府森林草原防火指挥机构接到火灾报警，应当立即调查核实，采取相应的扑救措施，并按照规定逐级上报。

跨行政区域或者跨国有林牧业经营单位交界处发生火灾，实行谁先发现、谁先报告、谁先扑救的原则，不受行政区域或者经营范围的限制。

**第四十条** 发生下列森林草原火灾，各级人民政府森林草原防火指挥机构应当立即逐级向自治区政府森林草原防火指挥机构报告：

（一）重大、特别重大森林草原火灾；

（二）造成一人以上死亡或者重伤的森林草原火灾；

（三）威胁居民区、重要设施、自然保护区、森林公园、旅游区等的森林草原火灾；

（四）国界附近发生的森林草原火灾；

（五）发生在与自治区交界地区危险性大的森林草原火灾；

（六）发生在未开发原始林区的森林火灾；

（七）十二小时尚未扑灭明火的森林草原火灾；

（八）需要国家和自治区支援扑救的森林草原火灾；

（九）其他需要报告的森林草原火灾。

**第四十一条** 发生森林草原火灾，旗县级以上人民政府森林草原防火指挥机构应当按照规定立即启动森林草原火灾应急预案。

森林草原火灾应急预案启动后，有关扑火指挥机构应当合理确定扑救方案，划分扑救地段，确定扑救责任人，并指定负责人到达火灾现场指挥扑救。

**第四十二条** 森林草原火灾的扑救应当由所在地人民政府森林草原防火指挥机构统一组织和指挥。

接到扑火命令的单位和个人应当按照规定时间、地点和要求投入扑救，不得推诿、拒绝。

**第四十三条** 旗县级以上人民政府森林草原防火指挥机构根据扑救森林草原火灾需要，可以设立扑火前线指挥机构，负责扑火现场的统一调度指挥。

扑救跨行政区域的重大、特别重大森林草原火灾，由火灾发生地的共同上一级人民政府成立扑火前线指挥机构。

扑救大兴安岭重点国有林区重大、特别重大森林火灾，由内蒙古大兴安岭国有林管理局组织成立扑火前线指挥机构。

**第四十四条** 扑救森林草原火灾应当以专业森林草原消防队伍为主，半专业森林草原消防队伍为辅。群众扑火队伍扑救森林草原火灾的，应当组织参加过培训并具备一定防扑火知识、技能和自我避险能力的人员。

扑救森林草原火灾，不得动员残疾人员、孕妇、未成年人和其他不适宜参加森林草原火灾扑救的人员。

**第四十五条** 驻自治区武装警察森林部队在执行森林草原火灾扑救任务时，应当服从火灾发生地旗县级以上人民政府森林草原防火指挥机构的统一指挥；执行跨盟市森林草原火灾扑救任务的，应当服从自治区森林草原防火指挥机构的统一指挥和调动。

**第四十六条** 驻自治区人民解放军、武装警察部队、公安边防部队在执行森林草原火灾扑救任务时，所在地人民政府应当提供物资、设备、交通运输保障。

**第四十七条** 发生森林草原火灾，有关部门应当按照森林草原火灾应急预案和森林草原防火指挥机构的统一指挥，做好扑救森林草原火灾的相关工作。

气象主管机构应当及时提供火灾地区天气预报，并根据天气条件适时开展人工增雨作业。

交通运输、民航等部门应当优先提供运输工具和场站服务，优先组织运送火灾扑救人员和扑救物资。

通信主管部门应当组织提供应急通信保障。

民政部门应当及时设置避难场所和救灾物资供应点，紧急转移并妥善安置灾民，开展受灾群众救助工作。

财政部门应当及时拨付扑火应急资金。

公安机关应当维护治安秩序，加强治安管理。

商务、卫生等主管部门应当及时组织做好物资供应、医疗救护和卫生防疫等工作。

所在地人民政府指定的有关部门、单位应当及时做好人员、财产的疏散、转移等工作。

**第四十八条** 森林草原火灾扑灭后，所在地人民政府森林草原防火指挥机构应当组织火灾扑救队伍对火灾现场进行全面检查，清理余火，并留有足够人员看守火场，经检查验收合格后，方可撤出看守人员。

## 第五章 灾后处置

**第四十九条** 森林草原火灾发生后，旗县级以上人民政府林业主管部门应当及时会同有关部门和单位，对森林草原火灾发生的时间、地点、原因、肇事者和受害森林草原面积、蓄积量、人员伤亡、受灾畜禽种类和数量、受灾珍稀野生动植物种类和数量，以及人力与物资消耗和其他经济损失、事故责任，进行调查和评估；当地人民政府应当根据调查和评估结果，确定森林草原火灾责任单位和责任人，并依法处理。

**第五十条** 国界附近的火灾和重大、特别重大火灾以及造成人身伤亡事故的火灾，所在地旗县级人民政府森林草原防火指挥机构应当建立专门档案。

**第五十一条** 因扑救森林草原火灾负伤、致残或者死亡的人员，旗县级以上人民政府应当按照国家和自治区有关规定给予医疗、抚恤。

符合烈士评定条件的，依照《烈士褒扬条例》《军人抚恤优待条例》等有关规定办理。

**第五十二条** 森林草原火灾扑救人员误工补贴和生活补助以及扑救森林草原火灾所发生的其他费用，应当按照自治区政府规定的标准，由火灾肇事单位或者个人支付；起火原因不清的，由起火单位支付；火灾肇事单位、个人或者起火单位确实无力支付的部分，由当地人民政府支付。误工补贴和生活补助费以及扑救森林草原火灾所发生的其他费用，可以由当地人民政府先行支付。

**第五十三条** 扑救跨行政区域火灾发生的费用，由火灾发生地旗县级人民政府协商解决；扑救跨大兴安岭重点国有林区范围火灾发生的费用，由旗县级人民政府和内蒙古大兴安岭国有林管理局协商解决。

**第五十四条** 森林草原火灾扑灭后，当地人民政府有关部门应当做好火烧迹地的有害生物防治和火灾地区人畜疫病的防治、检疫。

**第五十五条** 森林草原火灾扑灭后，当地人民政府应当组织有关部门及时制定并实施森林草原植被恢复方案。森林、林木、林地和天然草原、人工草地的经营单位和个人应当及时采取措施，恢复火烧迹地的森林草原植被；经营单位和个人确实无力承担的，由所在地旗县级人民政府负责恢复森林草原植被。

## 第六章 法律责任

**第五十六条** 违反本条例规定的行为，国务院《森林防火条例》和《草原防火条例》等国家有关法律、法规已经作出具体处罚规定的，由森林公安机关执行。

**第五十七条** 违反本条例第二十七条规定，铁路、公路、电力、石油、燃气、化工管道的管理单位和工矿企业在野外施工作业，未在易引发火灾的地段和地带设置防火隔离带和防火警示标志的，由旗县级以上森林公安机关责令改正，给予警告，对个人并处200元以上2000元以下罚款，对单位并处2000元以上5000元以下罚款。

**第五十八条** 违反本条例第三十四条规定，防火期内，在森林草原防火区烧灰积肥、烧荒烧炭、焚烧垃圾，点烧田（埂）、牧草、秸秆，吸烟、烧纸、烧香、烤火、野炊和燃放烟花爆竹、孔明灯等野外用火的，由旗县级以上森林公安机关责令停止违法行为，给予警告，对个人并处300元以上3000元以下罚款，对单位并处1万元以上5万元以下罚款；构成犯罪的，依法追究刑事责任。

**第五十九条** 违反本条例规定，各级人民政府和有关部门、森林草原防火指挥机构及其工作人员，有下列行为之一的，由其上级行政机关或者监察机关责令改正；情节严重的，对直接负责的主管人员和其他直接责任人员依法给予处分；构成犯罪的，依法追究刑事责任：

（一）未落实森林草原防火责任制，造成森林草原火灾的；

（二）未按照规定编制森林草原火灾应急预案，或者未按照规定启动、实施森林草原火灾应急预案的；

（三）发现森林草原火灾隐患未及时下达火灾隐患整改通知书的；

（四）瞒报、谎报或者故意拖延报告森林草原火灾的；

（五）发生森林草原火灾后，未按照规定及时组织扑救，或者拒绝、阻碍各级人民政府森林草原防火指挥机构统一指挥的；

（六）未按照规定检查、清理、看守火场，造成复燃的；

（七）贪污、挪用、截留防火资金、设施设备、物资的；

（八）其他玩忽职守、滥用职权、徇私舞弊的行为。

## 第七章　附　则

**第六十条**　本条例所称森林草原火灾，分为一般火灾、较大火灾、重大火灾和特别重大火灾，具体划分标准按照国务院《森林防火条例》和国家有关规定执行。

**第六十一条**　本条例自2016年12月1日起施行。

# 五、内蒙古自治区公益林管理办法

（2007年10月23日以内蒙古自治区人民政府令第152号公布；根据2012年4月26日内蒙古自治区人民政府令第186号公布的《内蒙古自治区政府关于修改部分政府规章的决定》修改）

**第一条**　为加强公益林的保护和建设，改善生态环境，保护公益林所有者、经营者的合法权益，根据《中华人民共和国森林法》和有关法律、法规，结合自治区实际，制定本办法。

**第二条**　在自治区行政区域内从事公益林保护、建设、管理等活动，应当遵守本办法。

**第三条**　本办法所称公益林，是指以生态效益和社会效益为主体功能，以提供公益性、社会性产品或者服务为主要利用方向，并依据国家规定划定的森林、林木和林地，包括防护林和特种用途林。

本办法所称防护林，是指以防护为主要目的的森林、林木和灌木丛，包括水源涵养林，水土保持林，防风固沙林，农田、牧场防护林，护路林。

本办法所称特种用途林，是指以国防、环境保护、科学实验等为主要目的的森林和林木，包括国防林、实验林、母树林、环境保护林、风景林，名胜古迹和革命纪念地的林木，自然保护区的森林。

**第四条**　公益林的保护和建设应当遵循政府主导、统一规划、社会参与、分步实施、严格保护、分级负责的原则。

**第五条**　旗县级以上人民政府林业行政主管部门主管本行政区域内的公益林工作。旗县级以上人民政府林业行政主管部门公益林管理机构具体负责公益林的日常管理工作。

**第六条**　各级人民政府对在公益林保护、建设、管理工作中成绩显著的单位和个人，应当给予表彰和奖励。

**第七条**　旗县级以上人民政府林业行政主管部门会同有关部门编制本辖区的公益林规划，报本级人民政府批准后实施，并报上一级林业行政主管部门备案。

公益林规划应当与土地利用总体规划、林业长远规划、环境保护规划、水土保持规划、城市总体规划以及其他有关规划相协调。

**第八条**　各级人民政府对本辖区内的公益林建立管护责任制，逐级签订管护责任书，落实管护责任。

**第九条**　旗县级以上人民政府林业行政主管部门应当与承担管护责任的公益林责任单位和个人签订

公益林管护合同，确认双方的权利和义务，并以此作为森林生态效益补偿的依据。

公益林管护合同的格式由自治区政府林业行政主管部门根据国家有关规定制定。

**第十条** 国有公益林管护的责任单位是国有林场、自然保护区及其它国有森林经营单位；集体公益林管护的责任单位是行政村、嘎查；个人所有或者经营的公益林，其管护责任由公益林所有者或者经营者承担。

公益林责任单位应当划定管护责任区，配备专职护林员，履行护林职责。

**第十一条** 旗县级以上人民政府林业行政主管部门组织公益林责任单位，对划定的公益林区域的林间空地进行人工造林和补植，对生态保护功能低下的疏林、残次林、低效林分进行改造。

**第十二条** 各级人民政府应当鼓励、支持社会力量参与公益林建设，公民义务植树造林年度计划应当优先安排公益林建设。

**第十三条** 公益林的建设应当利用原有地形、地貌、水系、植被，并符合国家有关技术标准。

**第十四条** 旗县级以上人民政府林业行政主管部门应当在公益林范围周边明显位置设立宣传牌。任何单位和个人不得毁坏或者擅自移动公益林宣传牌。

**第十五条** 在公益林内禁止从事下列活动：

（一）砍柴、狩猎、放牧；

（二）挖砂、取土和开山采石；

（三）野外用火；

（四）排放污染物和堆放固体废物。

**第十六条** 禁止采伐下列公益林：

（一）名胜古迹和纪念地的森林和林木；

（二）以濒危物种或者生态系统为保护对象的自然保护区的森林和林木；

（三）其他立地条件差、生态环境脆弱地区的森林和林木。

**第十七条** 除第十六条规定以外的公益林可以进行更新采伐、抚育采伐或者低效林分改造采伐，但下列公益林不得进行更新采伐：

（一）坡度二十五度以上的公益林；

（二）坡度二十五度以下天然形成的公益林；

（三）坡度二十五度以下人工形成的未达到防护成熟年龄的公益林。

公益林进行更新采伐、抚育采伐、低效林分改造采伐，应当依法取得林木采伐许可证。

**第十八条** 旗县级以上人民政府应当在公益林区域和外围设置森林防火宣传牌，开设跨区域防火隔离带，组建专业扑火队伍，预防和扑救森林火灾。

**第十九条** 旗县级以上人民政府林业行政主管部门定期对林业有害生物发生、发展情况进行预测、预报，控制林业有害生物的发生和蔓延。

**第二十条** 公益林所有者和经营者在其经营范围内，开展生态旅游及其他不影响森林景观和生态功能的经营开发，应当按照有关法律、法规的规定，办理审批手续。

**第二十一条** 旗县级以上人民政府林业行政主管部门组织建立公益林监测体系和公益林资源管理信息网络系统，设立监测点，监测本辖区内公益林资源和生态效益状况。

**第二十二条** 公益林的保护、建设和管理经费，按照财政分级管理、事权与财权相统一的原则，纳入旗县级以上地方各级人民政府财政预算，并根据经济发展情况逐步增加。

**第二十三条** 旗县级以上人民政府应当建立森林生态效益补偿基金，用于公益林管护责任单位和个人在管护中发生的营造、抚育、保护和管理等费用支出和收益补偿。森林生态效益补偿基金的具体管理办法由自治区政府林业行政主管部门会同自治区财政行政主管部门制定，报自治区政府批准后实施。对国家重点公益林的补偿，按照国家有关规定执行。

**第二十四条** 旗县级以上林业行政主管部门会同财政行政主管部门按照国家规定，编制年度森林生态效益补偿基金实施方案，并报自治区林业行政主管部门和财政行政主管部门批准后实施。

经批准的森林生态效益补偿基金实施方案不得更改；确需更改的，应当经原审批部门批准。

**第二十五条** 森林生态效益补偿基金实行专项管理，专款专用。任何单位和个人不得挪用、挤占、截留森林生态效益补偿基金。

**第二十六条** 对公益林保护和建设实行旗县级人民政府林业行政主管部门公益林管理机构自查，盟行政公署、设区的市人民政府林业行政主管部门公益林管理机构复查，自治区政府林业行政主管部门公益林管理机构核查的三级检查验收制度。

公益林保护和建设检查验收的内容应当包括：公益林保护管理法律、法规、规章的贯彻落实情况，保护管理各项指标的执行情况，公益林补偿基金的使用情况，档案、数据库的建设情况等。

**第二十七条** 旗县级以上人民政府林业行政主管部门公益林管理机构和管护责任单位应当建立公益林管理档案。管理档案的内容应当包括：专职管护人员、管护制度与责任、资金使用、经营活动、资源变化等情况。

因自然和人为因素影响，造成公益林地类、面积、蓄积量等资源变化的，应当进行实地调查，修正数据后及时进行档案更新。

**第二十八条** 违反本办法规定的行为，法律、法规已经作出行政处罚规定的，从其规定。

**第二十九条** 违反本办法规定，在公益林内从事下列活动的，旗县级以上地方人民政府林业行政主管部门责令停止违法行为：

（一）排放污染物和堆放固体废物；

（二）毁坏或者擅自移动公益林宣传牌。

**第三十条** 旗县级以上地方人民政府有关行政主管部门工作人员，有下列行为之一的，依法给予行政处分；构成犯罪的，依法追究刑事责任：

（一）违反本办法规定，对森林生态功能造成破坏的项目予以批准的；

（二）挪用、挤占、截留生态效益补偿基金的；

（三）违反本办法规定，拒绝与承担管护责任的公益林责任单位和个人签订公益林管护合同的；

（四）其他滥用职权、玩忽职守、徇私舞弊造成公益林毁损的。

第三十一条　本办法自2007年12月1日起施行。

## 六、内蒙古自治区退耕还林管理办法

（2007年10月23日以内蒙古自治区人民政府令第153号公布）

**第一条**　为规范退耕还林活动，保护退耕还林者的合法权益，巩固退耕还林成果，改善生态环境，根据国务院《退耕还林条例》和有关法律、法规，结合自治区实际，制定本办法。

**第二条**　在自治区行政区域内从事退耕还林活动，应当遵守本办法。

**第三条**　本办法所称退耕还林，是指国家规划范围内的退耕还林活动，包括退耕地还林、配套的荒山荒地造林和封山（沙）育林。

**第四条**　旗县级以上人民政府林业行政主管部门负责组织实施本办法。旗县级以上人民政府林业行政主管部门退耕还林管理机构负责退耕还林的日常管理工作。

发展和改革、财政、农牧业、水利等部门按照各自职责，做好退耕还林的相关工作。

**第五条**　退耕还林实行旗县级以上人民政府负责制，旗县级以上人民政府对本辖区的退耕还林工作实行统一领导。

**第六条**　旗县级以上人民政府应当采取措施，将退耕还林与基本农田建设、农村能源建设、生态移民、后续产业发展结合起来，巩固退耕还林成果。

**第七条**　旗县级以上人民政府应当支持退耕还林应用技术的研究和推广，提高退耕还林科学技术水平。

**第八条**　自治区政府林业行政主管部门根据国家退耕还林总体规划，会同有关部门组织编制自治区退耕还林规划，经自治区政府批准后实施，并报国务院有关部门备案。

盟行政公署、设区的市人民政府和旗县级人民政府林业行政主管部门根据自治区退耕还林规划，会同有关部门组织编制本辖区的退耕还林规划，经本级人民政府批准后实施，报上级林业行政主管部门备案。

**第九条**　自治区政府林业行政主管部门依据国家下达的年度计划，会同有关部门，编制自治区退耕还林年度实施方案，经国务院林业行政主管部门审核后，报自治区政府批准实施。

旗县级人民政府林业行政主管部门根据自治区退耕还林年度实施方案，编制本行政区域的退耕还林年度实施方案，报本级人民政府批准后实施。并报自治区林业行政主管部门备案。

**第十条**　退耕还林规划和退耕还林年度实施方案一经批准，应当严格执行，不得擅自调整；确需调整的，应当经原批准部门重新审批。

**第十一条**　旗县级人民政府林业行政主管部门根据退耕还林年度实施方案，组织有林业调查规划设计资质的单位，编制苏木、乡镇退耕还林作业设计，经盟行政公署、设区的市人民政府林业行政主管部门审批后实施。因特殊情况需要变更作业设计的，应当按原审批程序重新审批。

**第十二条**　苏木乡镇人民政府应当将退耕还林实施方案确定的内容落实到土地承包经营权人和具体地块。

集体机动耕地、国有农场耕地、林场耕地，应当先承包到户后再实施退耕还林。

**第十三条**　退耕地还林实行区域化规模治理，除整体移民以外，可以合理调整耕地，应当保留人均3亩以上的口粮田。

**第十四条** 旗县级人民政府或者其委托的苏木乡镇人民政府应当与有退耕还林任务的土地承包经营权人签订《退耕还林合同书》，明确双方的权利和义务。

**第十五条** 退耕还林者和承担配套荒山荒地造林的单位应当按照《退耕还林合同书》和作业设计进行施工。

**第十六条** 旗县级以上人民政府林业行政主管部门退耕还林管理机构要建立退耕还林技术承包责任制，组织林业科技人员进行技术指导、技术咨询服务和技术监督，推广先进的科学技术。

**第十七条** 退耕还林实行旗县自查、自治区复查的检查验收制度。

旗县级人民政府林业行政主管部门组织各乡镇林业等有关部门按照国家标准、退耕还林作业设计，采取全面检查的方法，对全部小班地块进行检查。检查结果应当经退耕还林者签字确认。

自治区政府林业行政主管部门按照国家制定的检查验收标准和办法，以旗县为单位，采取抽样检查的方法，对退耕还林进行复查，并向国务院林业行政主管部门上报复查结果。

**第十八条** 旗县级人民政府林业行政主管部门应当填写《退耕还林验收卡》。《退耕还林验收卡》一式三份，旗县级人民政府林业、财政部门和乡镇人民政府各执一份。旗县级人民政府或者其委托的苏木乡镇人民政府以《退耕还林合同书》及《退耕还林验收卡》为依据，向退耕还林者发放《内蒙古自治区退耕还林证》，作为退耕还林者领取粮食补助资金、生活补助费的凭证。

**第十九条** 退耕还林补助资金是指中央财政专项补助的粮食补助资金、生活补助费、种苗造林补助费、巩固退耕还林成果专项资金和地方配套的资金。具体补助标准和补助年限按照国家有关规定执行。

**第二十条** 各级人民政府财政管理部门负责退耕还林补助资金的监督、管理。退耕还林专项资金按资金用途，分别设立专户管理，单独核算，单独建账，专款专用。任何单位和个人不得挪用、截留、克扣和挤占。

**第二十一条** 旗县级人民政府财政部门发放粮食补助资金应当与退耕还林成活率、保存率挂钩。

退耕还林第一年，粮食补助资金可分两次兑付。第一次在完成整地并经检查验收合格后，可预先兑现50%粮食补助资金；造林后经检查验收，达到合格标准的，按国家补助标准兑现剩余的粮食补助资金；达不到合格标准的，当年不兑现剩余的粮食补助资金，第二年验收合格后兑现。

从退耕还林第二年起，检查验收达到合格标准的，在规定的补助期限内，一次兑现该年度粮食补助资金；检查验收仍未达到合格标准的，停发当年粮食补助资金。

**第二十二条** 退耕还林后，旗县级人民政府财政部门应当向持有验收合格证明的退耕还林者一次付清该年度生活补助费。

**第二十三条** 旗县级人民政府财政部门应当直接向退耕还林者发放粮食补助资金和生活补助费，不得扣收任何费用。粮食补助资金和生活补助费不得集中领取。

**第二十四条** 旗县级人民政府或者其委托的苏木乡镇人民政府发放退耕还林的种苗造林补助费，应当征求退耕还林者意见，直接发给退耕还林者和承担配套荒山荒地造林的单位，或者进行集中采购退耕还林种苗。

集中采购退耕还林种苗，所需种苗造林补助费超过国家补助标准的，不得向退耕还林者收取超出部分的费用；种苗造林补助费有节余的，只能用于补造补植和封育管护。

**第二十五条** 巩固退耕还林成果专项资金，应当用于退耕还林者的基本口粮田建设、农村能源建设、生态移民、补植补造和后续产业发展。

**第二十六条** 旗县级以上人民政府财政部门每年应当安排专项资金作为退耕还林的地方配套资金，用于退耕还林的前期费、管理费和验收费。地方配套资金的执行标准是以本级承担的退耕还林面积总量为基数，自治区政府和盟行政公署、设区的市人民政府财政部门分别按每亩0.6元的标准安排，旗县级人民政府财政部门按每亩1元的标准安排。

**第二十七条** 禁止在退耕还林实施范围内复耕和从事滥采、乱挖、放牧等破坏地表植被的行为。

**第二十八条** 旗县级以上人民政府应当扶持退耕还林后续产业发展，在各项支农资金、扶贫贴息贷款等方面给予优惠政策，引导退耕农户积极参与产业建设，增加农民收入。

**第二十九条** 旗县级以上人民政府林业行政主管部门应当建立退耕还林的统计管理和档案管理制度，退耕还林统计和档案管理不合格的，不予验收。

退耕还林统计和档案管理具体办法由自治区政府林业行政主管部门会同有关部门制定。

**第三十条** 旗县级以上人民政府林业行政主管部门应当设立举报信箱或者举报电话，接受群众对退耕还林活动的监督。

**第三十一条** 违反本办法规定的行为，依照国务院《退耕还林条例》和有关法律、法规的规定处罚。

**第三十二条** 本办法自2007年12月1日起施行。

# 附录三 政策性文件

## 一、国务院关于进一步促进内蒙古经济社会又好又快发展的若干意见（摘录）

国发〔2011〕21号

各省、自治区、直辖市人民政府，国务院各部委、各直属机构：

改革开放特别是实施西部大开发和振兴东北地区等老工业基地战略以来，内蒙古抢抓机遇，开拓进取，经济社会发展取得巨大成就，已经站在新的历史起点上。但内蒙古在发展中仍存在基础设施建设滞后、生态环境脆弱、产业结构单一、区域发展不平衡、公共服务能力不强等突出困难和问题，为进一步促进内蒙古经济社会又好又快发展，现提出以下意见：

**一、总体要求**

（一）重大意义。内蒙古位于我国北部边疆，是我国民族区域自治制度的发源地，煤炭、有色金属、稀土、风能等资源富集，发展潜力巨大，生态区位独特，在全国经济社会发展和边疆繁荣稳定大局中具有重要的战略地位。在新形势下，推进内蒙古加快转变经济发展方式、深化改革开放，有利于构筑我国北方重要的生态安全屏障，有利于形成我国对内对外开放新格局，有利于优化提升经济结构，有利于促进区域协调发展，有利于加强民族团结和边疆稳定。

（二）指导思想。高举中国特色社会主义伟大旗帜，以邓小平理论和“三个代表”重要思想为指导，全面贯彻落实科学发展观，坚持和完善民族区域自治制度，深入实施西部大开发和振兴东北地区等老工业基地战略，以加快转变经济发展方式为主线，以深化改革、扩大开放为动力，进一步加大国家支持力度，着力加强生态保护和基础设施建设，夯实可持续发展基础；着力推进经济结构战略性调整，提高发展质量和水平；着力培育新的经济增长点，促进城乡和区域协调发展；着力保障和改善民生，不断提高公共服务能力；着力加强社会建设和社会管理，促进民族团结边疆稳定，努力实现全面建设小康社会目标，为全国经济社会发展作出更大贡献。

（三）战略定位。

——我国北方重要的生态安全屏障。全面实施重点生态保护与建设规划，大力推进重大生态工程建设，加强重点区域、流域生态建设和环境保护，构筑以草原和森林为主体、生态系统良性循环、人与自然和谐相处的国家生态安全屏障。

——国家重要的能源基地、新型化工基地、有色金属生产加工基地和绿色农畜产品生产加工基地。充分发挥资源丰富、靠近市场、基础较好的优势，做大做强特色优势产业，加快构建多元化的现代产业体系，把内蒙古建设成为国家战略资源支撑基地和新的经济增长点。

——我国向北开放的重要桥头堡。大力实施沿边开放战略，依托重点口岸和合作园区，加快国际通道、对外窗口及沿边开发开放试验区建设。深化与俄罗斯、蒙古等国家的经贸合作与交流，发挥内引外联的枢纽作用，努力构建面向北方、服务内地的对外开放新格局。

——团结繁荣文明稳定的民族自治区。坚持和完善民族区域自治制度，发扬民族团结的优良传统，全面落实各项民族政策，大力繁荣民族地区经济，切实增进各族人民福祉，筑牢我国北方安全屏障，建设民族团结、经济繁荣、社会进步、边疆稳定的民族自治区。

（四）基本原则。

——坚持推进经济结构战略性调整。把经济结构战略性调整作为加快转变经济发展方式的主攻方向，协调推进新型工业化、新型城镇化和农牧业现代化，增强自主创新能力，加快产业结构调整升级，优化城乡结构和区域布局，促进经济社会协调发展。

——坚持保障和改善民生。走富民强区之路，始终把保障和改善民生作为经济社会发展的出发点和落脚点，着力解决各族人民最关心、最直接、最现实的利益问题，努力实现居民收入增长和经济发展同步，劳动报酬增长和劳动生产率提高同步，使发展成果惠及各族人民。

——坚持节约资源保护环境。树立绿色发展理念，加强生态建设和环境保护，开发利用低碳技术，落实节能减排措施，大力发展循环经济，提高资源综合利用水平，促进经济社会发展与人口资源环境相协调，不断提高可持续发展能力。

——坚持深化改革扩大开放。赋予先行先试政策，深化重点领域和关键环节的改革，力争取得突破；深化对内对外开放，不断拓展广度和深度，增强经济社会发展的活力和动力。

——坚持促进民族团结社会稳定。全面贯彻落实党的民族工作方针和政策，始终坚持各民族共同团结奋斗、共同繁荣发展，巩固和发展社会主义新型民族关系，加强和创新社会管理，提高社会管理的科学化水平，以繁荣发展促进团结稳定，以团结稳定保障繁荣发展。

（五）主要目标。

到2015年，交通、能源、水利、农牧业等基础设施瓶颈制约明显缓解；基本形成多元发展、多级支撑的产业体系，自主创新能力显著提高，综合经济实力进一步增强；农牧区生产生活条件明显改善，城乡居民收入达到全国平均水平；基本公共服务能力显著提高，区域发展差距明显缩小，贫困人口显著减少；生态环境恶化趋势得到有效遏制，治理区明显好转，基本实现草畜平衡，草原植被覆盖度达到43%，森林覆盖率达到21.5%；节能减排取得明显成效，单位地区生产总值能耗下降、主要污染物和二氧化碳减排实现预期目标。

到2020年，基础设施更加完善，基本适应经济社会发展需要；经济结构进一步优化，经济发展水平明显提升，城乡居民收入超过全国平均水平；实现基本公共服务均等化，区域内部发展的协调性明显增强；贫困地区经济社会发展水平全面提升，稳定实现扶贫对象脱贫致富；草原植被覆盖度和森林覆盖率进一步提高，生态状况明显改善，主要生态系统步入良性循环，可持续发展能力显著增强；形成生产发展、生活富裕、生态良好的现代化内蒙古新局面。

**二、全面推进生态建设和环境保护**

（六）加强草原生态保护与建设。推进草原生态保护与建设，在全国退牧还草工程建设中继续把内蒙古作为重点。全面落实草原生态保护补助奖励政策，严格执行草畜平衡、休牧轮牧制度，对严重退化、沙化草原实行禁牧。启动实施呼伦贝尔草原草甸、科尔沁草原、阴山北麓草原等重点生态功能区保护与建设工程。推进草原牧区基础设施建设，发展设施畜牧业和人工草场，稳步实施生态移民，培育后续产业。提高草原防灾减灾能力，加大草原防火和病虫鼠害防治力度。探索建立基本草原保护制度，研究制定草原征用占用补偿标准，依法征收草原植被恢复费。推进草原生态保护和治理的技术研究与应用，加强草原生态监测监理体系建设，加大草原管护力度。

（七）强化森林生态保护与建设。继续实施天然林保护和“三北”防护林工程，巩固退耕还林成果，支持人工造林和森林改造培育。加强林地管理，严禁毁林开荒，在林区逐步实施“代木能源”工程。加大重点湿地保护与恢复力度，严禁湿地开垦等破坏性活动，逐步扭转湿地萎缩趋势。推进大小兴安岭生态功能区的生态保护与建设，加快实施《大小兴安岭林区生态保护与经济转型规划（2010—2020年）》。提高森林防火和有害生物防治能力，加强大兴安岭寒带生物基因库保护和建设。继续实施森林管护中央财政补助政策，将符合规定的国家级公益林纳入中央财政森林生态效益补偿范围。

（八）加大沙地沙漠和水土流失治理力度。加强沙地沙漠综合治理，在京津风沙源治理工程建设中继续把内蒙古作为重点。启动重点地区防沙治沙专项治理工程和沙化土地封禁保护区建设，推广实用技术和模式，鼓励发展沙产业。加大水土保持重点工程建设规划实施力度，启动黄土高原综合治理工程，以多沙粗沙区为重点，实施黄河沿岸十大“孔兑”综合治理。加强江河源头地区水土保持和嫩江、辽河流域黑土区及中小河流水土流失治理，提高水土流失监测能力。实施阿拉善生态绿洲保护与治理工程。

（九）加强环境综合整治。加大黄河、辽河、松花江、海河等重点流域水污染防治力度，推进项目建设。抓紧开展乌梁素海综合治理，提高生态用水保障程度，严格控制污染源。强化水功能区和入河排污口监测，健全监督管理体系。加强城镇和工业园区污水、垃圾、危险废物处理等环保基础设施建设，实现危险废物全过程规范化管理。加大“以奖代补”力度，推进污水处理设施配套管网建设和既有居住建筑供热计量及节能改造。推进重点城市大气污染防治工程建设，支持燃煤电厂和工业锅炉除尘脱硫脱硝，发展集中供热，防治机动车尾气污染。全面加强矿区生态保护与环境综合治理。提高共伴生矿、煤层气、矿井水和粉煤灰、煤矸石、尾矿等工业“三废”综合利用水平。采取综合措施，开展农村面源污染治理。强化对持久性有机污染物和危险化学品的监管，开展重金属污染责任保险试点，建立重金属防治和事故应急体系。提高环境监管能力，完善管理体系。支持开展生态建设示范区和生态文明试点工作。

（十）切实做好节能减排工作。大力实施重点节能工程，支持高载能行业节能改造和重大节水技术改造工程建设。加快淘汰落后产能，推行清洁生产，积极发展循环经济。开展循环经济示范、主要污染物排污权有偿使用和交易试点工作。推广应用低碳技术，实施森林草原固碳增汇技术示范工程，控制温室气体排放。

**三、大力加强基础设施建设**

……

**四、积极发展现代农牧业**

……

（十七）深化农牧林业改革。稳定农村土地和草原家庭承包经营责任制。按照依法自愿有偿的原则，规范引导农村土地、草牧场承包经营权有序流转，稳妥推进农牧业规模化经营。深化农垦体制机制改革，建立有利于现代农业发展的经营管理制度，将国有农牧场纳入强农惠农政策范围，逐步实现垦区与地方的资源共享，支持垦区企业集团和国有农牧场发展。深化集体林权制度改革，加快国有林场改革，稳妥推进重点国有林区森林资源管理体制改革，完善林权改革配套政策。鼓励农牧区集体和个人以土地、草场使用权入股等方式参与当地资源开发建设，增加农牧民财产性收入。

五、积极构建多元化现代产业体系

……

六、统筹推进城乡区域协调发展

……

七、着力保障和改善民生

（二十九）改善农牧区生产生活条件。积极推进新农村新牧区建设，做好村镇发展建设规划。到2013年，解决规划内农牧民及农林场职工饮水安全问题和无电地区的用电问题，尽快实现城乡用电同网同价。到2015年，解决农牧民饮水安全问题，实现所有具备条件的乡镇（苏木）通沥青（水泥）路和建制村（嘎查）通公路。积极开发农村沼气，建设一批大中型养殖场沼气工程。加大农村危房改造和游牧民定居工程实施力度，加快林区棚户区改造和垦区危房改造及配套设施建设。开展农牧民聚居区环境综合治理，落实“以奖促治”政策。

八、不断深化改革扩大开放

……

九、努力构建和谐稳定边疆

……

十、加大政策支持力度

（四十三）产业政策。根据国家产业布局和专项规划，实施差别化产业政策，优先在内蒙古布局建设具有比较优势的煤炭、电力、煤化工、有色金属生产加工等项目，在项目核准、资源配置等方面给予积极支持。按照国家节能减排总体要求和环境容量，综合考虑经济发展、产业结构调整和能源供应等因素，合理确定内蒙古节能减排指标和主要污染物排放总量。支持具备条件的省级开发区升级为国家级开发区。建立健全电力市场机制，大力推进电力多边交易。制定促进风力发电、太阳能发电等行业发展的上网电价。建立健全节约用水和水资源保护机制，加快水权转换和交易制度建设，在内蒙古开展跨行政区域水权交易试点。

（四十四）财税政策。加大中央财政一般性转移支付和专项转移支付支持力度。推进资源税改革，研究完善内蒙古煤炭等矿产资源领域收费基金政策。完善风电产业税收政策，促进风电发展。将符合条件的公益性建设项目国债转贷资金全部改为拨款。中央财政对符合条件的农牧业保险给予适当补贴。鼓励中央企业在内蒙古的分支机构变更为独立法人，实行税收属地化管理。建立生态环境补偿机制，加大生态补偿力度。

（四十五）金融政策。鼓励股份制商业银行、外资银行和保险公司创新服务，支持内蒙古加快转变发展方式、调整经济结构。扶持地方性银行等金融机构发展。进一步加大对内蒙古的信贷支持力度。加快推进农村信用社股份制改造，培育发展村镇银行等新型农牧区金融机构。大力推进农村金融产品和服务创新，鼓励银行业经营机构在金融服务空白乡镇（苏木）设立服务网点。继续完善小额信贷和联保贷款制度。发挥邮政储蓄银行网点优势，进一步加大对“三农”的信贷投入。适度放宽扶贫贴息贷款条件。加快信用担保体系建设，积极探索扩大抵押品范围，完善农业巨灾风险分散机制。支持符合条件的企业上市和发行企业债券。

（四十六）投资政策。加大中央预算内投资支持力度，重点向民生工程、基础设施、生态环境等领域倾斜。提高对公路、铁路、民航、水利等建设项目投资补助标准。对中央安排的公益性建设项目，取消旗县以下（含旗县）以及集中连片特殊困难地区盟（市）的配套资金。加大企业技术改造和产业结构调整专项资金对优势产业的支持力度。安排中央预算内投资，支持纳入西部大开发的重点项目前期工作。

（四十七）国土资源政策。鼓励使用未利用土地，适当增加土地利用年度计划特别是未利用地计划指标。国家重点建设项目中的控制工期单体工程可申请办理先行用地手续，优先审批重大基础设施建设用地，支持盘活工矿废弃地。严格矿业权审批权限，建立健全资源型企业可持续发展准备金、矿山地质环境治理恢复保证金和生态恢复保证金制度。加强地质调查、资源勘查与评价，加大中央地质勘查基金、国土资源调查评价资金、矿山地质环境治理资金的支持力度，并向优势矿产资源重点规划区倾斜。推进基础测绘工作，支持基础地理信息库和测绘基准现代化建设。

（四十八）工资收入分配政策。进一步完善机关事业单位收入分配制度，落实艰苦边远地区津贴动态调整机制。建立企业职工工资正常增长机制，逐步提高职工收入水平。落实国家对基层边远地区教育、卫生和农牧业技术服务人员的工资倾斜政策，逐步提高边境一线地区干部职工工资收入水平和守土固边农牧民的生活补助标准。逐步提高老干部、老党员、老劳模生活补贴标准。

**十一、全面落实各项任务**

（四十九）切实加强组织领导。内蒙古自治区人民政府要加强领导，周密部署，创新机制，明确责任，切实承担起国家赋予的历史使命，认真完成各项重大战略任务。要加强与国务院有关部门的沟通衔接，强化与相关省（区、市）的协调配合。

（五十）积极做好指导协调。国务院有关部门要充分认识支持内蒙古又好又快发展的重要意义，按照职能分工，认真落实各项任务，抓紧制定细化方案和具体措施。国家发展和改革委员会要会同有关部门做好与相关规划的衔接，跟踪分析本意见实施情况，重大问题及时向国务院报告。

促进内蒙古经济社会又好又快发展，是实施国家区域发展总体战略的重要举措，是一项长期而艰巨的战略任务。各有关方面要进一步解放思想，提高认识，开拓创新，锐意进取，扎实工作，乘势而上，努力推动内蒙古经济社会发展实现新跨越。

国务院

2011年6月26日

## 二、内蒙古自治区党委、自治区人民政府关于深化集体林权制度改革的意见

内党发〔2008〕16号

林业是国民经济和社会发展的重要公益事业和基础产业，在经济社会可持续发展中具有重要地位和作用。集体林业是我区林业的重要组成部分，全区现有集体林地3.24亿亩。实施集体林权制度改革，是党中央、国务院确定的一项重大改革举措，是深化农村牧区综合改革的重要内容，是对农村牧区家庭承包经营制度的丰富和完善，是农村牧区生产关系的重大变革，是破解“三农三牧”问题、促进社会主义新农村新牧区建设的重要途径。为全面贯彻落实《中共中央国务院关于全面推进集体林权制度改革的意

见》（中发〔2008〕10号）精神，完善林业经营机制，增强林业发展动力，发展现代林业，落实兴林富民政策，推动生态文明建设，现就深化我区集体林权制度改革提出如下意见。

**一、集体林权制度改革的指导思想、基本原则和总体目标**

（一）指导思想。全面贯彻党的十七大精神，以邓小平理论和“三个代表”重要思想为指导，深入贯彻落实科学发展观，实施以生态建设为主的林业发展战略，依法明晰产权、放活经营权、落实处置权、保障收益权，完善政策，创新机制，进一步解放和发展林业生产力，为建设生态文明和构建我国北方重要生态屏障作出贡献。

（二）基本原则。坚持农村牧区家庭承包经营为主的基本经营制度，确保农牧民平等享有集体林地和林木承包经营权；坚持统筹兼顾，确保农牧民得实惠、生态受保护；坚持尊重农牧民意愿，确保农牧民的知情权、参与权和决策权，做到公开公平公正；坚持因地制宜、分类指导，确保改革符合当地实际；坚持依法依规，确保政策的稳定性和连续性。

（三）总体目标。用5年时间，基本完成明晰集体林产权和承包到户的改革任务。在此基础上，逐步建立起产权归属清晰、经营主体到位、责权划分明确、利益保障严格、流转顺畅规范、监管服务有效的集体林业管理体制和经营机制，实现资源增长、生态改善、产业壮大、农牧民增收、生态与经济社会和谐发展的目标。

**二、集体林权制度改革的范围**

集体林权制度改革的范围是农村牧区集体所有的商品林、公益林以及旗县级以上人民政府规划的集体宜林地。

各地可根据生态状况和林业资源条件，坚持分类指导、分区施策，因地制宜地确定林权制度改革范围、改革重点。对于林业生产条件较好、集体林资源较多的地区，应全面深化集体林权制度改革，放活经营，壮大集体林业；对于生态区位重要、天然次生林较多的地区，应稳妥推进集体林权制度改革，落实经营管护责任，合理利用林下资源；对于生态极度脆弱、以灌木林为主的地区，应努力探索集体林权制度改革方式，加快林权登记发证，加大封禁保护力度，落实管护经营主体。

国有林（农）场经营管理的集体林地、林木和自然保护区、森林公园、风景名胜区、河道湖泊、生态移民迁出区、拟划定的沙化土地封禁保护区以及距离国境线30—50公里范围等区域不列入本次改革范围，但要明晰权属关系，依法维护上述区域的稳定和林权权利人的合法权益。

**三、集体林权制度改革的主要任务**

（一）明晰产权。在保持集体林地所有权和林地用途不变的前提下，进一步明晰集体林地的使用权和林木所有权，落实和完善以家庭承包经营为主体、多种形式并存的集体林业经营机制，确立农牧民的经营主体地位，依法维护农牧民承包的权利。

对尚未承包到户的集体林地和林木，可采取以下方式明晰产权：

1．家庭承包经营。这是主要的明晰产权方式，能承包到户的都要到户，将林地使用权和林木所有权采取家庭承包经营的方式落实到本集体经济组织的农牧户。本集体经济组织成员平等享有承包权，按人口折算人均林地面积，以户为单位进行承包经营。

2．联户合作经营。对不宜实行家庭承包经营的集体林地和林木，依法经本集体经济组织成员同意，可将林地和林木评估作价，由本集体经济组织成员联户承包经营。

3．股份合作经营。对不宜实行家庭承包经营的集体林地和林木，依法经本集体经济组织成员同意，可将现有林地、林木折股分配给本集体经济组织成员均等持有，确定经营主体，实行股份合作经营，收益按股分配。

4．其他承包经营方式。对不宜实行家庭承包经营的集体林地和林木，依法经本集体经济组织成员同意，可将林地和林木评估作价，采取招标、拍卖、公开协商等方式承包，本集体经济组织成员依法享有优先承包权。

5．集体统一经营。村集体经济组织可保留少量的集体林地和林木，由本集体经济组织依法实行民主经营管理。

对已承包到户和流转的集体林地和林木，要进一步稳定和完善承包关系：

1．自留山稳定不变。对已经划定的自留山实行“增人不增地、减人不减地”的政策，由农牧户长期无偿使用，允许继承，不得擅自收回或调整。自留山上的林木除划分时对原有林木另有约定外，一律归农牧户所有，允许出售和转让。

2．稳定和完善“三定”以来的承包经营关系。对以家庭承包方式承包到户的集体林地和林木，上一轮承包到期后，可直接续包，并完善承包手续。对以其他方式承包的，凡符合法律规定，程序合法，合同规范，合同双方依法履行的，要予以维护；对承包合同不规范的，本集体经济组织多数成员没有意见且合同双方愿意继续履行合同的，可在协商的基础上，依法完善合同；对程序不合法、合同权利义务不对等、群众反映强烈、双方协商不成的，或承包方没有履行合同的，应依法修改或终止合同，重新确定承包经营关系。

3．完善有偿流转经营关系。对通过招标、拍卖、公开协商等方式有偿流转的集体林地和林木，凡符合法律法规和政策规定，流转程序合法、合同规范并依法履行的，要予以维护；对不符合法律法规和政策规定，严重侵害集体和农牧民利益，多数群众有意见的，可依照有关法律规定，调整原流转合同或通过司法程序妥善处理。

林地的承包经营期限为70年。承包期内允许继承，承包期届满，可以由林地承包经营权人按照国家有关规定继续承包。无论采用何种形式改革，都要制定承包方案，经村民会议三分之二以上成员同意后实施。

妥善解决有争议的林地和林木。按照分级负责、依法调处的原则，对权属不清以及有争议的集体林地和林木，要积极调处解决，纠纷解决后再落实经营主体。

（二）登记发证。产权明晰后，要依法依规进行勘验登记，按照林权证的发放程序和方法，核发全国统一式样的林权证，做到登记发证内容齐全规范，数据准确无误，图、表、册一致，人、地、证相符，并建立林权档案。核发和换发新林权证后，原有的权属证书要依法变更或注销，确保一地一证。各级林业主管部门要切实加强资源林政管理机构和队伍建设，强化林权管理工作，承办同级人民政府交办的林权登记造册、核发证书、档案管理、流转管理、林地承包争议仲裁、林权纠纷调处等工作。

（三）放活经营权。实行公益林、商品林分类经营管理。对商品林，农牧民可依法自主决定经营方向和经营模式，生产的木材自主销售，开发林下种养业。对公益林，在保障生态功能的前提下，允许依法合理开发利用林地资源，利用森林景观发展森林旅游业等。

（四）落实处置权。在不改变林地用途的前提下，林地承包经营权人可依法对拥有的林地承包经营权和林木所有权进行转包、出租、转让、入股、抵押、担保或作为合资、合作的条件，对其承包的林地、林木可依法开发利用。

（五）保障收益权。农牧户承包经营林地的收益，一律归农牧户所有。征收集体所有的林地，用地单位要依照国家有关规定足额支付林地补偿费、林木补偿费、安置补助费和地上附着物补偿费，安排被征收林地农牧民的社会保障费用。经政府划定为公益林的集体林，已承包到农牧户的，森林生态效益补偿费要落实到户。集体宜林地落实经营主体后，可按当地林业发展规划纳入国家重点林业工程和地方造林绿化工程项目。依法制止和查处乱收费、乱摊派行为，减轻农牧户负担，切实保障承包经营权人的收益权。

（六）落实责任。严格依照农村土地承包法有关规定，依法规范承包行为。产权落实后，应签订书面承包合同，明确宜林地造林和迹地更新的责任，并限期造林和更新；落实造林育林、保护管理、森林防火、病虫害防治等责任，促进森林资源可持续经营。旗县级林业主管部门要加强对集体林地和林木承包合同的规范化管理。

**四、完善有关政策措施**

（一）完善林木采伐管理。改进商品林采伐限额管理办法，确保经营主体享有充分的处置权。以旗县为单位编制的集体商品林采伐限额，允许跨年度使用。商品林抚育间伐胸径10厘米以下林木不占用商品材计划指标。在非规划林地上培育的人工商品林采伐，不纳入采伐限额管理范围。编制年森林采伐限额时，要足额满足商品林经营者依据森林经营方案确定的采伐指标。速生丰产林、工业原料林的采伐年龄由经营者自主确定。林业部门要加强指导和服务，组织集体林承包经营者以户、联户或经营单位编制森林经营方案，按照森林经营方案确定的采伐量、采伐方式和采伐年度自主安排采伐，生产的木材自主销售，采伐限额指标优先予以保障。大力支持灌木商品林资源培育、经营和采伐利用，提高经营效益。

公益林只能进行抚育和更新性质的采伐，对长势衰退的灌木公益林可有计划地进行平茬复壮。在有灌溉条件的地区，农田防护林杨树副林带更新采伐最低年限为12年。

严格执行林木采伐公示制度，将分配下达的采伐计划指标、批准采伐的农户、单位及采伐数量纳入政务公开、村务公开内容，接受群众监督。简化采伐审批程序，承包经营权人可直接向旗县林业主管部门申请林木采伐许可证。

（二）规范集体林地和林木流转。产权明晰后，按照依法、自愿、有偿、规范的原则，林地承包经营权人在承包期内可通过转包、出租、互换、转让等多种方式流转林地使用权和林木所有权。流转期限不得超过承包期的剩余期限，流转后不得改变林地用途。流转双方当事人应当凭合法有效的林权证和其他相关材料，依法签订书面流转合同。未取得林权证已经合理流转的，只要权属清晰，可以凭林权登记申请和流转合同等相关材料，经依法审查合格后，按规定程序办理林权登记，核发林权证。以转包、出租、互换或者其他方式进行流转的，应当报发包方备案；以转让方式进行流转的，应当经发包方同意。具体流转管理办法由自治区人民政府另行制定。

集体统一经营管理的林地和林木需要流转的，其流转方式、流转基价、流转收益的使用和分配等应在本集体经济组织内提前公示，依法经本集体经济组织成员同意后，报苏木乡镇人民政府批准，流转合同应当报旗县级林业主管部门备案，并办理林权变更登记手续。流转的收益应纳入集体财务管理，用于本集体经济组织内部成员分配和公益事业。

统筹规划，合理布局，培育建立林业要素市场等林业产权交易服务平台，规范交易行为，为广大农牧民和林业生产经营者提供林业法律政策、林业科技和实用技术、森林资源资产评估、森林资源资产抵押贷款、林地和林木产权流转等方面的信息咨询服务。各级林业主管部门要与有关部门协调配合，加强对林业要素市场的监管。

（三）建立支持集体林业发展的公共财政制度。各级政府要扩大公益林补偿范围，逐步提高公益林补偿标准。同时，按照“谁开发谁保护、谁破坏谁恢复、谁受益谁补偿”的原则，加快建立森林生态效益补偿基金，形成各级财政补偿和受益者补偿相结合，多渠道筹集公益林补偿资金的机制。森林生态效益补偿基金的具体管理办法由自治区林业主管部门和财政主管部门制定，报自治区人民政府批准后实施。各级财政要切实加大对林业事业的支持力度，建立造林、抚育、保护、管理投入的补贴制度，对森林防火、病虫害防治、林木良种、薪炭林和沼气建设给予补贴，对森林抚育、木本粮油、生物质能源林、珍贵树种、大径材培育和林业重点产业基地等给予扶持。改革育林基金管理办法，逐步降低育林基金征收比例，规范用途，将林业部门行政事业经费纳入各级财政预算。森林防火、病虫害防治以及林业行政执法体系等方面的基础设施建设要纳入各级政府基本建设规划，林区的交通、供水、供电、通讯等基础设施建设要依法纳入相关行业的发展规划，特别是要加大对偏远山区、沙区和少数民族地区林业基础设施的投入。集体林权制度改革工作经费，由盟市、旗县财政共同承担，自治区财政给予适当补助。对财政困难的县乡，自治区财政要加大转移支付力度。

（四）加强对林业发展的金融和保险支持。加大林业信贷投放，完善林业贷款财政贴息政策。不断完善林业信贷担保方式，健全林权抵押贷款制度。按照承包经营者的委托，森林资源资产评估机构对提出贷款要求所抵押的林木进行资产评估，金融部门合理确定林权抵押信贷的标准抵押率，开展林权抵押小额信贷。保险部门应扩大森林资源资产保险的新品种，提高农牧民抵御森林火灾、森林病虫害和其他自然灾害的抗风险能力。

（五）完善林业社会化服务体系。加快发展林业专业合作组织，扶持培育一批辐射面广、带动力强的龙头企业，促进林业规模化、标准化、集约化经营。发展林业专业协会，充分发挥政策咨询、信息服务、科技推广、行业自律、依法维权等作用。引导和规范森林资源资产评估、森林经营方案编制等中介服务机构发展。

**五、集体林权制度改革的保障措施**

（一）加强领导，明确责任。集体林权制度改革事关农村牧区发展与稳定的大局，涉及面广、政策性强，各级党委、政府要高度重视，切实加强组织领导，实行主要领导负责制，层层落实领导责任。各级党委、政府要成立集体林权制度改革领导小组及办事机构，加强领导、组织和协调等工作。建立旗县直接领导、苏木乡镇组织实施、嘎查村具体操作、部门搞好服务的工作运行机制，精心组织，周密安排，确保改革稳步推进。严格执行《森林法》《农村土地承包法》《物权法》《合同法》和《村民委员会组织法》等法律规定，在坚持改革基本原则的前提下，鼓励各地积极探索，确保改革符合实际，取得实效。各级组织、宣传和发展改革、财政、林业、农牧业、国土资源、民政、监察、审计、档案、金融、保险等相关部门和单位要各负其责，密切配合，积极支持改革。

（二）宣传发动，维护稳定。各级党委、政府在推进改革的过程中，要加强宣传教育，把握正确的舆论导向，让农牧民充分认识和了解改革的目的意义、方法步骤、主要内容等。要始终把农村牧区稳定和维护森林资源安全贯穿于改革的全过程，以稳定保改革，以改革促发展。坚决杜绝借改革之名，侵占毁坏集体林地和林木、侵占国有林地和林木。各级政府要高度重视林权纠纷调处工作，切实加强涉林信访和林改矛盾纠纷的排查调处，及时处理改革中出现的矛盾纠纷。各级林业部门要加强对各级领导干部、林改工作人员和农村牧区基层干部的培训，强化调度、统计、检查、督导和档案管理工作。

（三）严肃纪律，规范操作。集体林权制度改革涉及广大农牧民的切身利益，必须做到公开、公正、公平，决不允许暗箱操作，损害群众利益。各级干部特别是领导干部要以身作则，清正廉洁，依法依纪履行公职，决不允许在改革中利用职权为本人和亲友牟取私利，与农牧民争利。

（四）加强管理，改进服务。各级林业主管部门要进一步转变职能，加强林业宏观管理、公共服务、行政执法和监督，改进服务方式。要编制林地保护利用规划，严格保护林地资源。要认真总结林业综合行政执法试点经验，加强和完善林业执法工作。要健全政府主导、群防群治的森林防火、防病虫害、防乱砍滥伐的工作机制，完善公共服务体系。认真执行自治区党委、政府《关于深化改革加快林业发展的决定》，切实加强林业工作站等基层林业工作机构建设，解决人员编制，工作经费纳入同级财政预算。苏木乡镇林业工作站工作经费要列入旗县级财政预算，确保其工作正常开展。

## 三、内蒙古自治区人民政府关于加快林木种苗业发展的意见

内政发〔2011〕103号

各盟行政公署、市人民政府，自治区各委、办、厅、局，各大企业、事业单位：

根据中央林业工作会议和全国林木种苗工作会议精神，为加快自治区林木种苗业发展，确保完成自治区今后一个时期林业生态建设任务，现提出以下意见：

**一、提高思想认识，明确发展目标**

（一）林木种苗是造林绿化的基本材料，是一种具有生命的特殊商品，品种规格多、用途单一，生产周期长、储存时间短，具有很强的地域限制性。加快林木种苗业发展，是提高林业生产力、转变林业发展方式、建设现代林业的根本和关键，是实现林业生态效益、经济效益和社会效益的有效途径，对于建设森林生态系统、恢复湿地生态系统、治理荒漠生态系统、维护生物多样性具有重要作用。同时，林木种苗业也是一项重要的公益事业。

（二）多年来，我区各级党委、政府及其有关部门高度重视林木种苗工作，林木种苗生产建设和管理工作取得了显著成效，为自治区大规模林业生态建设提供了有力保障，为构筑我国北方生态屏障作出了重要贡献。但是，当前我区林木种苗工作也存在一些突出问题：林木种苗生产水平低、科技含量少，结构性供需矛盾突出，种苗质量有待进一步提高；林木良种产量小、使用率低；种苗管理机构不健全，质检执法能力薄弱，种苗生产经营许可制度难以全面落实。

（三）当前和今后一个时期，我区林业建设肩负着历史重任。实现林业“双增”目标，转变林业发展方式，保障林产品有效供给，深化集体林权制度改革，都对林木种苗业发展提出了迫切要求。各级政府及其有关部门要进一步增强责任感、使命感和紧迫感，加快林木种苗业发展，加强林木种苗工作。

（四）我区林木种苗业发展的基本目标和要求：以良种选育为基础，以保障供应为目标，以提高质量为核心，以执法监管为保障，全力推进良种化进程，完善生产供应基础，突出质检执法能力建设，着力抓好行政执法、质量监管工作，严格执行种苗生产经营许可制度，建立健全种苗专项投入与资金扶持制度，建立健全良种选育推广体系、种苗生产供应体系、种苗行政执法体系和种苗社会化服务体系，为自治区大规模生态建设奠定坚实基础。

二、推进基础建设，强化供应保障

（一）定期开展林木种质资源普查工作。在种质资源普查的基础上，建立以原地保存为主、异地保存为辅的林木种质资源保存库。对现有优良种质资源和具有开发利用价值的珍稀、濒危树种种质资源进行重点收集保存。

（二）全面推进林木良种化进程。以大力提高林木良种产量为主线，构建完备的林木良种选育、生产、使用、推广体系。在抓好国家重点林木良种基地建设的基础上，要加快自治区级重点林木良种基地建设步伐，全面加强我区现有林木良种基地的良种选育和管理工作。加大林木良种审定工作力度，满足自治区林木良种使用需求。

（三）抓好林木种苗基地建设与管理。对现有各类种苗生产基地进行分类指导，理顺管理体制，创新经营机制，提高科技含量，挖掘生产潜力，发挥生产能力。进一步加大种苗基地建设力度，以改扩建现有生产基地为主，大力发展乡土树种，调整完善树种结构，提高技术装备水平。

（四）加强政府宏观调控，确保种苗生产供应。要加强林木种苗生产供应管理工作，把林木种苗生产计划继续列入各级林业生产年度计划。根据当地各项林业建设任务，按照造林绿化规划和年度计划，做好林木种苗需求预测。坚持立足本地、保证质量、超前准备的原则，抓好林木种苗生产供应。对国家重点工程飞播造林和直播造林使用的林木种子，盟市林业主管部门要统一招标采购，集中加工净选，提前检验入库。对国家重点工程造林使用的苗木，旗县林业主管部门要与苗木生产单位签订培育合同，统一组织供应。

三、加强质量监管，加大执法力度

（一）加强林木种苗的种源和产地管理。严禁使用种源、产地不清楚或者不适宜的林木种苗造林。在造林作业设计中，明确林木种苗的树种、规格、质量、数量。林业重点工程造林使用的林木种苗，必须具有生产经营许可证、质量合格证、林木种苗标签。同时切实强化造林工程林木种苗档案建设。

（二）全面建立旗县林木种苗质量检验制度。旗县林业主管部门及其林木种苗管理机构要对本旗县林业重点工程造林使用的林木种苗质量进行全面检验，对本旗县生产经营的林木种苗质量进行监督检查。自治区和盟市林业主管部门及其林木种苗管理机构要加强林木种苗质量监督抽查工作。严格执行林木种苗调运检验制度，加大调运监管力度，防止不合格林木种苗调入调出自治区。

（三）贯彻落实《中华人民共和国种子法》和《内蒙古自治区林木种苗条例》，加大行政执法力度，全面落实林木种苗生产经营许可制度。严格执行林木种苗“两证一签”（生产经营许可证、质量合格证、标签）管理制度。坚决查处无证生产经营林木种苗、生产经营假冒伪劣林木种苗和使用不合格林木种苗造林的违法行为，进一步规范林木种苗生产经营秩序，切实维护林木种苗生产者、经营者和使用者的合法权益。

四、加强组织领导，强化种苗管理

（一）各级林木种苗管理机构是具有公共事务管理职能的行政执法单位。各地区要统一思想，提高认识，建立健全林木种苗管理机构，落实人员编制和工作经费。切实加强基层林木种苗管理机构质检执法能力建设，充分发挥各级林木种苗管理机构的种苗行政许可、种质资源保护、种苗基地建设、种苗行政执法、种苗质量监管、良种选育推广、种苗信息引导等职能作用。

（二）各级林业主管部门要把林木种苗生产建设作为林业重点工程建设最重要的基础保障来抓，作为“科技兴林”的关键环节来抓，作为林业建设的一项长期战略措施来抓。各级林业主管部门要继续坚持一把手抓种苗、超前抓种苗、下大力气抓种苗的基本要求，把林木种苗工作纳入议事日程，明确工作目标，研究具体办法，加强督促检查。

**五、加大投入力度，建立扶持政策**

（一）加大基础设施建设投入力度。积极争取国家基本建设投资，加强林木种苗生产基地建设和基层林木种苗质检执法能力建设。林木种苗专项资金要列入各级财政预算，用于林木良种补贴、林木种苗质检执法、林木种子储备和林木种质资源普查。自治区林木良种补贴资金和林木种子储备资金在本级部门预算中优先安排。

（二）建立自治区和盟市两级林木种子储备制度。制定林木种子储备管理办法，加强储备种子的收购、储存、使用、更新和损益管理。

（三）建立自治区级林木良种补贴制度。自治区林木良种补贴资金主要用于自治区级林木良种基地生产补贴和全区林木良种苗木培育补贴。

**六、搞好信息建设，提高科技含量**

（一）搞好社会化服务。鼓励和支持成立林木种苗协会，为种苗生产经营者与使用者搭建桥梁，开展技术交流、政策咨询、信息传递等中介服务。各级林业主管部门要加强信息化建设，配备和完善信息化设备，建立林木种苗信息网络，提供林木种苗供求信息。

（二）充分发挥自治区林业科研院所、大专院校的科研设施和人才优势，利用我区现有林木种苗基地及其基础设施、设备，通过合同约定、联合攻关、协作研究、成果共享等方式与途径，在林木良种选育和林木种苗生产技术、质量检验技术、加工贮藏技术等领域，加强科学研究，提高创新能力。

## 四、内蒙古自治区政府
## 关于加快推进重点区域绿化工作的意见

内政发〔2013〕69号

各盟行政公署、市人民政府，自治区各委、办、厅、局，各大企业、事业单位：

改革开放特别是西部大开发战略实施以来，我区把生态建设作为最大的基础建设来抓，生态建设与保护取得显著成效，生态总体恶化趋势趋缓，重点治理区生态明显改善。但与此同时，我区森林资源总量不足、分布不均、生态体系不完备，与建设北方重要生态安全屏障的要求仍有较大差距，特别是公路、城镇、村屯、矿区园区、黄河两岸、大青山前坡等重点区域的绿化工作明显滞后。为切实加强生态文明建设，维护生态安全，改善人居环境，建设美丽内蒙古，加快推进六大重点区域绿化工作，现提出以下意见。

**一、总体要求**

（一）指导思想

贯彻党的十八大精神，以科学发展观为指导，全面落实自治区“8337”发展战略，大力推进生态文明建设，在全面加强生态建设、继续实施国家重点工程的同时，着力推进重点区域的绿化美化，加快把内蒙古建成我国北方重要生态安全屏障，为自治区经济社会可持续发展奠定基础，为全面建成小康社会作出贡献。

（二）主要目标

至2015年，80%的高速公路、省际大通道、省际出区出口公路实现绿化，70%以上的城镇、60%以上适宜绿化的村屯得到绿化，50%以上的矿区、园区实现绿化达标，黄河两岸、大青山前坡绿化基本完成。全区森林覆盖率达到21.5%，重点区域绿化初显成效，人居环境得到基本改善。

到2020年，高速公路、国省干道、县乡公路适宜绿化地段、城镇、适宜绿化的村屯、矿区园区及黄河两岸、大青山前坡全部绿化，全区森林覆盖率达到23%，人居环境和生态状况明显改善，主要生态系统步入良性循环，基本建成北方重要生态安全屏障。

（三）基本原则

1．坚持政府主导、社会参与的原则。各级人民政府是重点区域绿化的责任主体，主要领导是第一责任人，分管领导是主要责任人。各部门分工负责、密切配合，社会各界积极参与，形成全区动员、全民动手、全社会搞绿化的建设格局。

2．坚持统筹兼顾、均衡发展的原则。重点区域绿化要纳入城乡一体化发展格局，与城乡基础设施建设相结合，与国家林业重点工程建设相结合，与经济建设相结合，与农牧民增收致富相结合，充分发挥重点区域绿化的生态、经济、社会效益，推动经济社会均衡发展和可持续发展。

3．坚持分类指导、遵循规律的原则。根据不同的治理区域，统一规划，分区施策，分类指导，分步实施；因地制宜，适地适树，乔灌花草、针阔混交，绿化美化有机统一，优先选择乡土树种。严格控制大面积使用大苗和大树移植，杜绝从天然林中移植大树。加强先进适用技术的应用，确保质量和效益。

4．坚持保护优先、建管并举的原则。树立尊重自然、顺应自然、保护自然的理念，加强现有植被保护，加快湿地恢复，促进保护区建设，保护生物多样性，严防严控森林草原火灾和林业有害生物危害，坚决制止边治理边破坏现象，巩固建设成果。

## 二、建设内容

（一）公路绿化

公路绿化主要是在公路用地范围内、公路沿线区域内、公路沿线视野范围第一层山脊线内宜林地段及服务区、收费站、出入口进行绿化。高速公路、国省干道、省际大通道在公路用地范围内和公路沿线区域内宜林地段，要根据地形地貌、立地条件等综合情况，采取防护、景观兼顾和乔、灌、花、草结合的绿化模式，每侧林带不得少于15米；公路沿线视野范围第一层山脊线内宜林地绿化要与公路绿化统一规划，整体推进；道路出口，根据地形、土壤、水源等情况，栽植乔灌木和铺植地被，高低错落，体现景观效果；服务区和收费站生活区、工作区绿化覆盖率要达到30%以上。县乡公路两侧宜林地段各栽植2行以上林带。新建、改建公路绿化，要与公路建设主体工程同步设计、同步实施，做到路成树就。在农田地段，要建设高标准农田防护林体系；在草原、湿地地段，实行禁牧、休牧、轮牧，保护原生植被；在沙区地段，要采取高标准沙障，生物措施和工程措施相结合；在荒漠化严重地区和极度干旱区，要以封为主，在适宜地段选择乡土树种实施造林。

（二）城镇绿化

城镇绿化主要是在城镇周边及城镇街道、庭院、公共绿地等开展绿化。要与城镇建设统筹规划，将绿化美化、休闲游憩和防护功能有机衔接，与城镇周边环境相互协调。在具备条件的城镇实施环城绿化工程，营造高质量的人居生态环境。加大城镇主要出入口、干道、街巷的绿化。城镇周边宜林地绿化率达到100%，城镇内机关、企事业单位、社会团体等用地范围内绿化覆盖率不得低于25%。盟行政公署、市人民政府所在地城区绿化覆盖率不得低于36%，街道100%进行绿化，旗（县、市、区）人民政府所在地城镇绿化覆盖率不得低于30%，苏木乡镇人民政府所在地绿化覆盖率不得低于25%。盟行政公署、市人民政府、旗（县、市、区）人民政府所在地城镇至少打造1处功能完善、植物多样、景观优美、特色鲜明、内涵丰富、以人为本的生态公园。城镇新增规划区的绿化要与城镇建设同步进行，绿地率不得低于35%。

（三）村屯绿化

村屯绿化主要是在村旁、路旁、宅旁、水旁及主要街道、公共绿地、村屯四周视野范围内宜林地进行绿化。要将村屯绿化纳入新农村新牧区建设总体规划，先易后难，先行试点，典型示范，逐步推进。重点在基础条件好、人口相对集中的行政村、中心村、移民村、撤村并屯新建村实施绿化。要根据不同地域条件，按照乡风文明、村容整洁的要求，合理布局，突出重点，探索建设生态园林型村屯、果树经济型村屯、生态防护型村屯等，实现人居环境、村屯环境、自然环境相互统一、相互协调。农区适宜绿化美化的村屯绿化覆盖率达到25%以上，绿化树种要尽量选择经济效益较好的乡土树种。牧区嘎查由旗县人民政府根据自然、立地、劳力等条件视情安排。

（四）矿区、园区绿化

矿区、园区绿化主要是在矿区、园区内及其周边范围进行绿化。已建园区绿化覆盖率要达到30%以上；新建园区绿化要与园区基础设施建设同步规划、同步设计、同步实施，绿地率要达到35%以上。进驻园区企业用地范围内绿化覆盖率要达到25%以上。矿区绿化要结合土地复垦、地质环境保护和恢复治理、生产生活区建设、采空区综合治理等工程进行。矿区、园区要建设绿化、美化、香化、净化等多功能相结合的各类绿地，主要通道绿化率达100%。厂矿外绿化要与城乡绿化相衔接，营造绿化林带。煤炭矿区井田范围内植被覆盖率达到80%以上，采空区、火区、沉陷区综合治理绿化率达到90%以上，露天煤矿土地复垦绿化率达到90%以上，排土场边坡具备固化绿化条件的100%进行固化绿化，煤炭矿区范围内宜林地全部进行造林绿化。

（五）黄河两岸绿化

黄河两岸绿化主要是在两岸10公里区域内、黄河干流堤防管理保护范围外的宜林地进行绿化。要依据不同的立地条件，营造综合防护林、特色景观林和生态经济兼用林。要与水利堤防建设紧密结合起来，保护好两岸现有植被，实施黄河两岸山、水、田、林、路的综合整治。在乌兰布和沙漠、库布齐沙漠地段建设大型综合防护体系；在河套平原和土默川平原地段建设带网片相结合的生态经济型防护体系；在荒漠地段实施封禁保护、生态移民，保护和恢复天然荒漠植被；在湿地地段加强湿地保护和治理，大力推进湿地公园、湿地保护区建设。

（六）大青山前坡绿化

大青山前坡绿化主要是在京藏高速和110国道以北，大青山前坡以南宜林地段进行绿化。大青山是重要的水源涵养地，在落实自然保护区总体规划的基础上，要对大青山前坡科学划定封禁保护区、恢复治理区和综合利用区，与公路、城镇、村屯、厂矿园区绿化相结合，将绿化建设、景观建设、林下经济、生态旅游等融为一体。严格禁牧、规范矿产开发及采石挖砂行为。对一些水源不足、生态破坏严重区域的农牧民，有计划实施生态移民，使原有植被得以休养生息，逐渐把大青山前坡打造成特色鲜明、环境优美、休闲宜居的综合型区域生态屏障，建成首府后花园。

## 三、保障措施

重点区域绿化是我区生态建设不可或缺的重要组成部分。各地区、各部门要充分认识重点区域绿化在建设祖国北方重要生态安全屏障中的特殊地位，着力强化六大体系建设，高位推动，齐抓共管，努力开创重点区域绿化工作的新局面。

### （一）强化组织体系建设，落实责任主体

各级人民政府要切实加强领导，成立推进重点区域绿化工作领导小组，领导小组办公室设在各级林业行政主管部门，负责对重点区域绿化工作的统一领导和组织协调；要组织制定重点区域绿化规划、年度实施方案和相关政策措施，落实土地、资金、苗木等绿化所需生产要素，健全管护机制，落实管护责任。各有关部门要各司其职、各负其责、密切配合。各级发展改革和财政部门要会同有关部门做好相关规划与项目的衔接，强化对绿化资金的投入和监管；各级林业、水利、交通运输、国土资源、住房城乡建设、经济和信息化等有关部门要根据职责分工，整合资金，加大投入，组织实施好绿化工作。公路用地范围内绿化由交通运输部门负责，公路用地以外、公路沿线区域内绿化由当地政府负责，交通运输部门积极配合；公路沿线至山脊内、城镇周边以及村屯绿化由林业部门负责，城镇绿化由住房城乡建设部门负责；非煤矿山绿化由国土资源部门负责，煤矿矿区和工业园区绿化由经济和信息化部门负责；黄河两岸和大青山前坡绿化由当地政府和相关部门负责。各级宣传教育部门和新闻媒体要加强舆论引导，进一步提高全区人民对推进重点区域绿化重要意义、建设任务和政策措施的认识，增强全社会爱绿、护绿、植绿意识。

### （二）强化投入体系建设，确保顺利推进

各级人民政府要建立健全绿化资金投入保障机制。要将绿化资金纳入年度财政预算，充分发挥财政资金的主导作用，采取财政投入、工程带动、部门筹集和社会、企业、个人出资等办法，多渠道筹措绿化资金。自治区每年安排一定经费对重点区域绿化成效显著的地区予以支持和奖励。要依法依规整合各类项目向重点区域绿化倾斜。在确保完成国家计划的同时，重点工程可向重点区域布局。坚持“六个结合”，即公路绿化与公路建设相结合，城镇绿化与城市建设相结合，村屯绿化与新农村新牧区建设相结合，厂矿园区绿化与资源开发、企业生产相结合，黄河两岸绿化与堤防工程建设相结合，大青山前坡绿化与保护利用相结合，确保工程项目建设与造林绿化同步开展。要从探矿采矿权使用费、煤炭资源基金、城市维护费、政府土地出让金、森林植被恢复费中安排一定比例资金用于重点区域绿化。

### （三）强化种苗体系建设，夯实绿化基础

各级人民政府要把林木种苗建设作为一项重要的基础产业来抓，努力促进种苗生产专业化、经营主体多元化、质量标准化和育繁销一体化。加强林木种苗基地的建设与管理，提高种苗生产能力。研究完善相关税费支持政策，引导各类社会主体参与种苗生产与经营。突出地域特色，培育发展符合当地实际的绿化苗木、花卉等种苗产业。加大对种苗生产龙头企业的扶持力度，大力发展设施生产和规模种植。加强林木种苗生产供应预测预报和余缺调剂，及时发布种苗供求信息，引导种苗生产、经营有序进行，尽量避免异地和远距离调运苗木，同时要防止苗木结构性过剩现象发生。加快区域性交易市场建设，拓展互联网交易平台，创新流通方式。加强质量监管，依法打击制售假、劣种苗等行为。整顿规范种苗市场秩序，为种苗产业发展创造良好的市场环境。各级林业部门要加强种苗检验检疫、有害生物防治及疫情监控等工作，杜绝携带检疫性、危险性林业有害生物的苗木出圃、调运；强化良种推广、信息引导等公共服务职能，为重点区域绿化顺利推进奠定良好的基础。

（四）强化政策体系建设，推动持续发展

各地区、各部门要执行造林绿化的法律法规和政策规定。深化集体林权制度改革，在保持林地承包关系稳定不变的前提下，健全林权流转机制，鼓励和支持林地向造林大户、林业专业合作社流转，发展多种形式的适度规模经营。严格执行国家级公益林森林生态效益补偿基金制度，建立各级地方公益林森林生态效益补偿基金制度，扩大补偿范围，提高补偿标准。研究建立全区煤炭资源可持续发展基金，用于支持跨区域生态治理、植被恢复和环境保护。严格执行全区矿山环境治理恢复保证金制度，按照“企业所有、专款专用、专户储存、政府监管”的原则，规范管理，由矿山企业提出生态治理方案，经自治区相关部门批准后，由企业组织实施。要进一步落实“谁开发、谁保护，谁破坏、谁恢复，谁治理、谁受益”和“谁造谁有，谁经营、谁受益”等政策，鼓励社会各界参与重点区域绿化。大力推进承包制、租赁制、股份制等方式，规范合同制、招投标制等管理机制，支持发展造林专业队、企业造林队、专业合作组织等，优先吸纳当地劳动力参与绿化。

（五）强化科技体系建设，提高质量效益

严格遵循科学规律，实行科学绿化。要因害设防、综合治理，坚持生物措施、工程措施相结合，多林种、多树种配置。严格执行技术规程和技术标准，提高成活率和保存率。加大先进适用技术和科技成果推广应用力度，建立健全科技推广和信息服务网络体系。强化对工程管理人员、技术人员和施工人员的科技培训。林业部门要切实履行职责，充分发挥行业管理作用，做好规划设计、技术指导等服务工作，加强对新造林的经营抚育，切实巩固绿化成果。

（六）强化监督体系建设，促进健康运行

各级人民政府要建立健全重点区域绿化监督管理机制和考核奖惩机制，对重大项目安排、重大资金支出以及招投标等活动进行充分论证，确保决策的科学性、民主性；主动接受人大、政协、新闻媒体和社会各界的监督，组织监察、审计等相关部门进行跟踪督查。各级督查部门要将重点区域绿化工作列入重要督查内容，定期开展专项督查。水利、交通运输、国土资源、住房城乡建设、经济和信息化等部门要自上而下，对相关区域绿化进行全过程监督。各级林业部门要加大监督和指导力度，从整地、种苗、栽植、抚育、管护等环节严格把关，全程督导；做好综合协调、联络会商、调度统计、汇总通报等日常工作，主动掌握绿化动态和工作进展；及时组织考核评比，为各级人民政府开展奖惩和决策提供依据。自治区将每年召开一次总结表彰大会或现场会，对工作突出的地区和单位给予表彰奖励，对工作滞后的地区和单位给予通报批评。

## 五、内蒙古自治区党委、自治区人民政府关于加快推进生态文明建设的实施意见

内党发〔2015〕16号

（2015年11月23日）

生态文明建设是中国特色社会主义事业的重要内容，是加快转变经济发展方式、提高发展质量和效益的内在要求。内蒙古横跨“三北”、毗邻八省，是我国北方面积最大、种类最全的生

态功能区，生态状况不仅关系全区各族群众生存发展，也关系东北、华北、西北乃至全国的生态安全。自治区党委、政府始终高度重视生态建设和环境保护，特别是国家实施西部大开发战略以来，相继实施了天然林资源保护、退耕还林、退牧还草、京津风沙源治理等一批生态建设重点工程，加快产业转型升级步伐，推动淘汰落后产能，实施了一大批节能环保重大工程，生态环境实现“整体恶化趋缓，治理区明显好转”，资源节约型、环境友好型社会建设成效明显。习近平总书记考察我区时，明确要求“内蒙古要大胆先行先试，积极推进生态文明制度建设和改革”。贯彻落实总书记重要指示精神，自治区深入实施“8337”发展思路，先行启动“编制自然资源资产负债表、领导干部自然资源资产离任审计和生态环境损害赔偿与责任终身追究制度”三项生态文明制度改革创新试点工作，制定出台《关于加快生态文明制度建设和改革的意见》，生态文明建设加快推进。但我区整体生态环境比较脆弱的局面仍未根本改变，随着工业化、城镇化加快推进，产业结构优化升级艰难爬坡，人与自然和谐发展的任务更加艰巨繁重，生态建设与环境保护进入“进则全胜、不进则退”的关键时期。一定要切实增强责任感和使命感，从战略和全局的高度充分认识加快推进生态文明建设的极端重要性，牢固树立尊重自然、顺应自然、保护自然的理念，努力建设天蓝地绿水净空气清新的美好家园。

根据《中共中央、国务院关于加快生态文明建设的意见》（中发〔2015〕12号）和党的十八届五中全会精神，结合自治区实际，提出如下实施意见。

**一、总体要求**

（一）指导思想。全面贯彻党的十八大和十八届三中、四中、五中全会精神，以马克思列宁主义、毛泽东思想、邓小平理论、“三个代表”重要思想、科学发展观为指导，贯彻习近平总书记系列重要讲话和考察内蒙古重要讲话精神，坚持以人为本、依法推进，坚持节约资源和保护环境的基本国策，牢固树立绿色发展理念，把生态文明建设放在更加突出的战略位置，坚定不移地走绿色富区、绿色惠民的文明发展道路，推动形成绿色发展方式和生活方式，加快形成人与自然和谐发展现代化建设新格局，切实筑牢我国北方重要生态安全屏障，为国家生态安全作出新贡献，努力把祖国北部边疆这道风景线打造得更加亮丽。

（二）工作原则。坚持全面贯彻中央决策部署与立足内蒙古实际紧密结合，创造性地开展工作，努力实现美丽与发展双赢；坚持完善制度与创新体制机制紧密结合，以完备的制度体系和科学的工作机制保障生态文明建设；坚持近期工作与实现长远发展目标紧密结合，科学制定近期、中期、远期发展规划和相应的工作举措，推动可持续发展；坚持重点突破与整体推进紧密结合，着力解决重点地区、重点领域突出问题，把生态文明建设融入经济建设、政治建设、文化建设、社会建设各方面和全过程；坚持顶层设计与鼓励基层探索创新紧密结合，调动发挥各级政府和基层干部群众的积极性、创造性；坚持政府推动与社会参与紧密结合，加强生态文明宣传教育，提高公民素质，在全社会营造人与自然和谐共生的良好风尚，引导全区各族人民积极投身于美丽内蒙古建设。

（三）总体目标。到2020年，全区森林覆盖率达到23%，草原综合植被覆盖度提高至46%以上，湿地面积不低于9000万亩，森林、草原、湿地、河流、沙漠沙地、农田六大生态系统趋于稳定，国土空间开发强度控制在1.6%以内，主体功能区布局和我国北方重要生态安全屏障架构基本形成；产业结构调整和转型升级实现重大突破，全面完成国家下达的节能减排降碳目标任务，大气环境质量明显改善；全区用水总量（不包括黑河水量）控制在211.57亿立方米以内，万元工业增加值用水量持续下降，农田灌溉用水有效利用系数提高至0.55以上，重要江河湖泊水功能区水质达标率达到71%以上；生态文明建设制度机制更加健全，基本形成源头预防、过程控制、损害赔偿、责任追究的生态文明制度体系；绿色发展理念深入人心，全民生态文明意识大幅度提高，生产方式和生活方式绿色、低碳水平得到较大提升，努力实现生产空间集约高效、生活空间宜居适度、生态空间山清水秀，更好地满足人民群众望得见山、看得见水、记得住乡愁的精神需求。

二、加快推进主体功能区建设

按照主体功能定位控制开发强度，有度有序利用自然，构建以空间规划为基础、以用途管制为主要手段的国土空间开发保护制度，合理布局和整治生产空间、生活空间和生态空间。

（一）全面落实主体功能区规划。推进盟市、旗（县、市、区）落实主体功能定位，形成“沿线、沿河”为主体的城市化和工业化发展格局，主要城市、重点园区集聚大部分人口和经济总量，大力发展循环经济和绿色城市，有效控制工业和生活污染排放，努力形成绿色、低碳生产生活发展方式。推动形成以河套—土默川平原农业主产区、西辽河平原农业主产区、大兴安岭沿麓农业产业带、呼伦贝尔—锡林郭勒草原畜牧业产业带为主体，以其他适宜农牧业发展区域为重要组成的农牧业发展空间战略格局，维护全区绝大多数耕地质量良好的局面，提高农畜产品保障能力，建设绿色农畜产品生产加工输出基地。重点生态功能区坚持保护优先和自然修复为主，建立生态保护长效机制。加强森林、草原、湿地保护，开展沙地沙漠和水土流失区综合治理。引导林区、垦区、矿区和生态环境脆弱区人口有序向城镇转移。实行产业准入负面清单，严格产业和环境准入，有选择地发展适宜产业，使生态空间更加秀美。禁止在自然保护区内新建矿产资源开发项目，对现有探矿、采矿行为进行限期清理。到2020年，基本农田不低于耕地保有量的80%，林地保有量增加至6.76亿亩以上。推进实施呼伦贝尔市、四子王旗国家主体功能区建设试点示范建设和准格尔旗、杭锦后旗、扎兰屯市“多规合一”试点，适时在全区推广，实现空间规划全覆盖。

（二）加强农村牧区环境建设。以推进农村牧区“十个全覆盖”工程为总抓手，深入推进农村牧区生态文明建设。健全农村牧区基础设施和公共服务投入长效机制，推动基本公共服务和基础设施向农村牧区延伸，转变农村牧区和农牧民生产生活方式。到2016年，基本完成“十个全覆盖”工程建设任务，农村牧区面貌和农牧民生活质量得到根本性改变，基本公共服务和基础设施建设水平得到显著提升。加大嘎查村绿化和生态环境治理力度，建立以绿色生态为导向的农牧业补贴制度，加大农牧业面源污染防治力度，加强农村牧区污水和垃圾处理等环保设施建设。加快推进化肥、农药、农膜减量化以及畜禽养殖废弃物资源化和无害化，完善农作物秸秆综合利用制度。采取政府购买服务等多种扶持措施，培育发展各种形式的农牧业面源污染治理、农村牧区污水处理市场主体。依托绿色资源，发展乡村旅游休闲业，支持31个国贫旗县、182个贫困嘎查村开展乡村旅游，培育农（牧）家乐接待户8000户。

（三）推进绿色城镇建设。落实《内蒙古自治区党委、自治区政府关于推进新型城镇化的意见》，以贯通自治区东西交通大动脉为城镇发展带，形成一核（呼包鄂城市群）、三群（赤通锡、呼伦贝尔—兴安、乌海及周边城镇为区域城镇群）、多中心（以盟市所在地城市为地区中心，以旗县城关镇和建制镇为重要节点）新型城镇化发展格局。科学划定和严格执行城镇“三区四线”，合理布局市政基础设施，设定不同功能开发的容积率和绿化率，促进城镇规模与产业规模、人口规模相协调，保障环境质量与水资源可持续供给。按照宜居城镇和生态园林城市标准，保护天然水系、自然山体与城镇周边地区的植被，提升城镇绿地功能，加大社区、街头公园、郊野公园、绿道绿廊和环城市绿化带规划建设力度，实现300米见绿、500米见园，形成绿带、绿廊、绿芯的绿化体系，到2020年，建成区绿地率达到35%。

建设雨水自然积存、自然渗透、自然净化的“海绵型城市”。大力发展绿色、低碳、节能、智能化建筑。坚持城市地上空间和地下空间整体开发，统筹推进信息、能源、气热、给排水等基础设施建设。推进包头市地下综合管廊试点建设。依法搬迁、整治、关闭污染物排放严重工业企业。实行垃圾分类收集、废弃电子电器资源化利用，推动呼和浩特、包头、赤峰、通辽建设“城市矿产”示范基地。实施生态宜居美丽县域行动，推进扎兰屯国家新型城镇化综合试点建设。到2020年，实现城镇生活污水垃圾处理设施全覆盖和稳定运行。

**三、加强自然生态系统保护和建设**

坚持山水林田湖生命共同体的理念，以草原、森林为主体，重点建设沙地防治区、沙漠防治区、草原保护与治理区、黄土高原丘陵沟壑水土保持区，建设大兴安岭、阴山和贺兰山生态防护屏障，加强湿地、自然保护区等禁止开发区域保护，实施十二大生态治理和保护工程，形成“三屏四区”，筑牢我国北方重要生态安全屏障。

（一）林业生态建设。编制《林业建设“十三五”规划》。继续实施天然林资源保护工程、退耕还林还草工程、三北防护林建设工程、重点区域绿化工程。天然林资源保护工程重点在黄河上中游、岭南八局、大兴安岭林区实施公益林补偿，逐步扩大到全区，全面停止商业性采伐，实现天然林资源保护全覆盖。退耕还林还草工程重点将全区411万亩严重沙化耕地和25度以上坡耕地全部退耕还林还草。三北防护林建设工程重点在呼伦贝尔沙地、科尔沁沙地和阿拉善盟实施营造林。重点区域绿化工程重点在公路两侧、城镇周边、村屯、矿区园区、黄河两岸、大青山前坡六大区域造林绿化。到2020年，完成营造林建设任务5000万亩，活立木蓄积量达到16亿立方米。

（二）加强天然草原恢复与治理。贯彻实施《内蒙古自治区草原管理条例》，严格执行基本草原保护、草畜平衡和禁牧休牧轮牧制度。落实《草原保护与建设规划纲要（2014—2020年）》，实施新一轮草原生态保护补助奖励机制、退牧还草等工程，重点加强呼伦贝尔草原、科尔沁草原、锡林郭勒草原、阴山北麓草原保护和建设，完成基本草原划定和草原确权承包工作，全面实施禁牧和草畜平衡制度。通过人工饲草地和棚圈等设施建设，推进舍饲圈养，加强呼伦贝尔、科尔沁、阿拉善天然草原保护。争取将锡林郭勒等草原区纳入退牧还草工程实施范围。到2020年，全区禁牧休牧草畜平衡面积达到10亿亩以上，草原建设面积累计达到2亿亩。

（三）加强沙地治理。落实自治区《防沙治沙规划（2011—2020年）》，依托京津风沙源治理二期等工程，建设沙漠锁边体系，建立封禁保护区，逐步控制沙漠化扩展。通过实施禁牧休牧、退耕还林还草、生态移民等措施，逐步恢复沙地林草植被。推动实施科尔沁沙地治理专项工程。到2020年，全区40%以上沙化土地得到治理。

（四）加强水土保持。大力实施坡耕地、小流域水土流失综合治理和东北黑土区水土流失治理等水土保持建设工程，重点治理黄河十大孔兑，加强呼伦贝尔市和兴安盟8个旗县的黑土区保护。到2020年，新增水土流失治理面积3250万亩。

（五）加强湖泊湿地保护。编制《湿地保护规划（2015—2020年）》，出台湿地保护名录，实施重点湿地保护和恢复工程，推进退耕还湿。积极建设河湖联通工程，为湖泊湿地提供水源。加强额尔古纳、达里湖、乌拉盖等湿地保护，对呼伦湖、乌梁素海、黄旗海和居延海采取补水治理等修复措施。到2020年，全区30%以上的重要湿地得到有效保护，逐步遏制湖泊湿地面积萎缩、水质恶化的趋势。

（六）加强自然保护区和国家公园建设。加强自然保护区管理，清理自然保护区内违规矿山企业和排污企业。逐步推进各类自然保护区、地质公园等功能重组，积极争取大兴安岭北部原始森林区设立国家公园。构建生物多样性保护网络，实施濒危野生动植物抢救性保护工程。到2020年，重点野生动植物物种和典型生态系统得到全面保护。

（七）推进江河治理。落实自治区《加快推进重大水利工程建设实施方案》，加快推进嫩江干流、辽河干流和黄河内蒙古段治理。推进“引绰济辽”工程建设，力争2016年开工，实现通辽地区地下水位逐步回升、漏斗区面积逐步缩小，改善生态环境。

（八）恢复和治理破损矿山生态环境。建立矿山环境治理和生态恢复保证金制度，组织实施矿山生态环境恢复与治理工程，采取工程、生物措施，加大以采空区、沉陷区、露天剥离坑等为重点的矿山地质环境修复治理力度。新建矿山要按照绿色矿山的标准进行规划、设计和建设。

**四、加强环境保护和资源综合利用**

实行最严格的环境保护制度，坚持源头预防、全过程预防和高效治理相结合，坚持政府、企业、公众共治，推进多污染物综合防治和环境治理，实施环境治理保护十大工程，改善环境质量。提高资源综合利用效率，实行能源和水资源消耗、建设用地等总量和强度双控行动，构建覆盖全面、科学规范、管理严格的资源总量控制和全面节约制度。

（一）加强大气污染治理。推动制定大气污染防治地方性法规，制定年度大气污染防治实施计划，将细颗粒物等环境质量指标列入约束性指标，全面加强工业烟尘、粉尘、燃煤锅炉整治和城市扬尘抑制。重点解决包头、呼和浩特、赤峰等人口集聚区域的大气污染，在“乌海—乌斯太—棋盘井”小三角及周边地区推进大气污染联防联控，推进各盟市所在地城乡结合部大气复合污染综合治理。加快淘汰黄标车和老旧车辆。落实国家大气污染防治行动计划，强化京津冀大气污染联防联控。

（二）加强水环境保护。编制自治区《水污染防治工作方案》，建立上下游水污染防治联动机制。重点加强黄河流域原料药制造、有色金属冶炼、化学原料等行业污染治理，沿黄河主要城市污水处理排放达到国家一级A标准。加强松花江、西辽河、海滦河流域工业园区和城镇污水处理工程建设，加大农村面源污染防治力度。推动制定饮用水水源保护地方性法规，开展全区饮用水水源地保护和安全保障达标建设工作，依法取缔和清理水源保护区内的违法建设项目、排污口、违章建筑及畜禽养殖业。划定地下水污染治理区、防控区和一般保护区，构建地下水污染防治体系。

（三）加强土壤污染防治。制定自治区《土壤污染防治行动计划实施方案》，确定土壤污染防控重点区域。开展污染土壤治理与修复试点示范工程，重点治理重污染工矿企业、废弃物堆存场等高风险场地。积极防治农田土壤面源污染，合理控制化肥施用量，禁用高毒和高残留农药。开展农田土壤修复与综合治理试点示范工程，重点治理基本农田和蔬菜基地的土壤重金属污染、有机物污染。

（四）加强城市噪声治理。积极治理机动车噪声，依法限制重型机动车（货车）进城，在噪声敏感建筑物集中区域的高架桥、快速路、高速公路、铁路等道路两边配套建设隔音屏障。严格执行城市功能区区划，严禁在人口密集区域布局工业企业，依法整治施工噪声，开展“宁静城市”“宁静社区”建设。

（五）加强重金属污染治理。以巴彦淖尔市、赤峰市为重点防控区，以重有色金属矿采选业、重有色金属冶炼业、化学原料及化学制品制造业、铅蓄电池和再生铅生产、制革和皮毛加工等行业为重点，加大重点区域、行业、企业重金属污染防治力度。

（六）加强重点领域节能降耗。编制《节能减排“十三五”规划》。围绕煤炭、焦化、化工、建材、钢铁、有色、电力等七大高耗能行业，实施能效提升计划，深入开展“万家企业节能低碳行动”，推动全区单位工业增加值能耗持续下降。积极发展绿色建筑，严格执行居住建筑和公共建筑节能设计标准，加快既有居住建筑节能和供热计量改造，推动绿色建筑规模化发展。持续推进“车船路港”千家企业低碳交通运输专项行动，开展交通运输绿色循环低碳发展试点示范，大力推广应用清洁能源和新能源交通运输装备，加快液化天然气加气站建设，提高对使用新能源车辆的补贴。优先发展公共交通，推进呼和浩特市“公交都市”创建活动，加快推进呼和浩特、包头等重点城市轨道交通建设。推广呼和浩特公共自行车服务模式，鼓励绿色出行。到2020年，基本实现100万以上人口城市中心城区公共交通站点500米全覆盖。继续实施节约型公共机构示范创建活动，树立节能标杆单位，引导和带动全社会节能。到2020年，形成3800万吨标准煤的节能能力。

（七）节约水资源。落实自治区《关于实行最严格水资源管理制度的实施意见》，严格实行取用水总量控制制度、取水许可制度、水资源有偿使用制度，建设节水型社会。主要运用价格和税收手段，逐步建立农业灌溉用水量控制和定额管理、高耗水工业企业计划用水和定额管理制度。按照国家统一部署，探索地下水征收资源税改革。大力发展节水型农业，实施管道输水、喷灌、微灌等田间高效节水灌溉工程，继续实施尼尔基、绰勒水利枢纽灌区续建配套与节水改造、牧区节水灌溉示范项目，到2020年，节水灌溉面积达到5000万亩以上。加强火电、化工、钢铁等重点行业节水技术改造，提高工业用水的重复利用率。在水资源短缺、生态环境脆弱地区建立用水定额准入门槛，严格限制高耗水工业项目和高耗水服务业发展，遏制农业粗放用水。建立地下水监测系统，加强地下水资源管理和保护，开展地下水超采区综合治理，到2020年，实现地下水超采区采补平衡。实施雨洪资源利用、再生水利用工程，推进苦咸水、矿井水综合利用。加强人工影响天气。

（八）节约用地。编制《土地利用与保护“十三五”规划》。严格土地用途管制，实施最严格耕地保护制度和土地节约集约利用制度。坚持开源与节流并重，保障经济社会发展与生态建设对土地资源的需求。开展城镇土地整治、城乡用地增减挂钩、工矿废弃地和废弃居民点复垦调整利用，清理整顿盘活闲置建设用地。调整按行政区和用地基数分配指标办法，将开发强度指标分解到旗（县、市、区）并作为约束性指标，控制建设用地总量。按照国家统一部署，重点在地下水漏斗区、重金属污染区、生态严重退化地区，探索实行耕地轮作休耕制度试点。

（九）节约矿产资源。提高矿区企业集中度，以大中型矿山为重点，稳步提高矿产资源开采回采率、选矿回收率和综合利用率，促进资源高效利用。转变矿产资源开发利用方式，加强环境保护、节能减排，促进传统矿业转型升级。建立矿产资源开发利用水平调查评估制度。

（十）推进低碳试点示范。落实《国家应对气候变化规划（2014—2020年）》，综合运用调整产业和能源结构、提高能效以及增加森林、草原、湿地等碳汇手段，有效控制温室气体排放。推进呼和浩特市和鄂尔多斯市与北京市、包头市与深圳市开展跨区域交易，推动融入全国统一碳排放交易市场。加强低碳试点示范，重点推动呼伦贝尔市低碳城市试点，加快鄂托克经济开发区、乌海经济开发区和赤峰红山经济开发区低碳产业园区建设。开展低碳社区试点创建工作。

**五、积极推动产业结构调整**

落实自治区《产业结构调整规划（2013—2020年）》和《重点产业布局调整和承接产业实施意见》，推进传统产业绿色改造，大力发展绿色新兴产业，加快建立绿色低碳循环发展产业体系。

（一）推进资源型产业转型升级。推动煤炭清洁循环高效利用，严格控制煤炭新增产能。实施循环发展引领计划，通过补链、延链、展链，促进企业间、行业间、园区间形成循环链接产业体系，重点打造“煤炭—电力—化工、煤炭—炼焦—化工、煤炭—电力—铝及铝后加工”一体化等循环产业集群。实施工业污染源全面达标排放计划，以煤炭、电力、钢铁、水泥、平板玻璃、电石、铁合金、有色、造纸、印染、制革等行业为重点，强化安全、环保、能耗、物耗、质量、土地等约束，加大落后产能淘汰力度，形成淘汰落后产能倒逼机制。

（二）大力发展战略性新兴产业。提升工程机械、矿山机械、煤炭机械、轨道交通设备和风电设备等优势制造业发展水平，积极发展乘用车、新型商用车和新能源汽车，推动形成装备制造产业集群。大力发展生物制药、现代中蒙药、生物疫苗及生物育种产业，推进生物发酵技术研发及产业化，重点建设呼和浩特、通辽、赤峰、乌兰察布、巴彦淖尔五大生物产业集聚区。加快大型云计算数据中心建设，完善国际、省际光缆网通道，加强云计算应用，承接上下游产业，建设呼和浩特、包头、鄂尔多斯、赤峰等全国重要的云计算产业基地。加快稀土采选—冶炼分离—新材料及应用一体化发展，建设包头稀土新材料基地。

（三）培育发展绿色产业。大力发展绿色农牧业，优先发展具有比较优势的优质玉米、高油大豆、强中筋小麦、专用马铃薯等优质粮食生产，继续实施畜牧业“双百千万”高产创建工程，巩固乳业领先地位，振兴羊绒产业，扩张肉类和优质粮油加工产业。加快培育果蔬、饲草料及林下产品加工业，积极发展沙产业、草产业和特色种养业。大力发展风电和太阳能发电，加快蒙东、蒙西两个千万千瓦级风电基地建设，在内蒙古西部地区建设3—4个百万级光伏发电基地。深入挖掘民族文化资源，实施旅游发展十大工程，规划建设黄金旅游线路和精品旅游景区，提升草原、沙漠、森林、冰雪、湿地、地质奇观和温泉旅游区的档次和水平，打造体现草原文化、独具北疆特色的旅游观光休闲度假基地。加快培育现代物流、研发设计、健康养老、家政等生产、生活性服务业。

（四）推动科技创新。加快构建与生态文明建设相适应的技术创新体系，在生态修复治理、新能源、高效节能、先进环保、资源循环利用等特色优势领域，努力突破一批重大技术瓶颈，掌握一批关键核心技术，提升科技进步对生态文明建设的贡献度。加强创新平台建设，强化企业技术创新主体地位，完善科技创新成果转化机制。到2020年，围绕草原修复、防沙治沙、煤炭清洁高效利用、节能环保等领域建成30个国家级（国家与地方联合共建）重点实验室、工程研究中心、工程实验室和企业技术中心。

**六、建立健全生态文明制度体系**

贯彻落实《中共中央、国务院印发〈生态文明体制改革总体方案〉的通知》和自治区《关于加快生态文明制度建设和改革的意见》，及时修订、清理现行法规制度中与生态文明制度建设要求不一致的内容。围绕自然资源资产管理、生态保护红线、生态补偿、生态环境保护与管理等关键环节，抓紧建立产权清晰、多元参与、激励与约束并重、系统完整的生态文明制度体系，引导、规范和约束各类开发利用自然资源、保护生态环境的行为。

（一）健全自然资源资产产权制度。开展自然资源资产状况调查评价工作，摸清自然资源资产底数，清晰界定全部国土空间各类自然资源资产的产权主体，构建归属清晰、权责明确、监管有效的自然资源资产产权制度。对森林、草原、农田、荒地、河流、湿地等所有自然生态空间和矿产等自然资源资产进行确权登记，明确所有者、监管者及其责任，除具有重要生态功能外，适度扩大使用权的出让、转让、出租、抵押、担保、入股等权能。建立自然资源资产核算体系，启动编制自然资源资产负债表。

（二）推进红线管理制度。将国家重点生态功能区、生态敏感区和脆弱区、禁止开发区、生物多样性优先保护区等重要区域划入生态保护红线。加快全区基本草原红线、基本农田红线、水资源管理“三条红线”（开发利用控制、用水效率控制、水功能区限制纳污）、林业“四条红线”（林地和森林、湿地、沙区植被、物种）划定工作，将主要环境资源要素控制在各类红线范围内。

（三）完善生态补偿制度。探索建立多元化的生态补偿机制，以草原、森林、耕地、河流、湿地、湖泊、地下水资源等为重点，推动国家建立体现自然价值和代际补偿的生态补偿制度。完善草原生态保护补助奖励机制，保持政策的连续性和稳定性。完善森林生态效益补偿制度，逐步建立森林生态效益补偿动态调整机制，扩大补偿覆盖面。支持各地开展耕地保护补偿，将全区基本农田纳入保护补偿范围。建立地区间横向生态保护补偿机制，建立生态受益地区与保护地区、河流上下游、重要水源地、重要水生态修复治理区跨区域生态补偿制度，争取纳入京津冀水源涵养区生态补偿试点，推动与东北三省建立嫩江、辽河流域生态补偿机制。按照“谁开发谁保护”和“谁受益谁补偿”的原则，提取矿山环境治理和生态恢复保证金，专项用于矿山地质环境治理和生态恢复，扩大生态补偿资金筹集能力。

（四）建立和完善自然资源资产保护制度。完善草原保护制度，研究制定禁牧和草畜平衡工作监督管理办法，进一步完善禁牧休牧划区轮牧和草畜平衡制度。深化国有林场改革，在大兴安岭林区建立经营权和监管权分离的国有林区经营管理体制。推进集体林权制度改革。建立沙化土地封禁保护区管理制度。健全矿产资源开发保护管理和生态修复制度，强化规划准入管理，优化勘查开发布局，合理控制矿产资源开发范围和开发强度。建立矿产资源开发使用成本评估机制，将资源所有者权益、生态环境损害等纳入矿产资源及其产品价格形成机制。

（五）推行用能权、用水权、排污权、碳排放权、林权交易制度。建立健全用能权、用水权、排污权、碳排放权初始分配制度。探索研究用能权、碳排放权交易管理办法和交易市场机制，制定试点工作方案，积极争取纳入全国碳排放权交易市场。制定《关于建立可再生能源保障性收购长效机制的指导意见》。制定《水权交易管理办法》，推动地区间、行业间、用水户间的水权交易，稳步推进黄河干流水权转让试点。依法建立覆盖所有固定污染源的企业排放许可制，实行排污权初始核定和有偿使用，完善排污权交易制度，建立排污权交易平台，扩大排污权有偿交易范围。推行合同能源管理和合同节水管理。完善林权流转机制，规范林权交易行为，健全林权抵押贷款制度。

（六）建立生态建设和环境污染治理市场化机制。推动构建运用经济杠杆进行环境治理和生态保护的市场体系，坚持“谁治理谁受益”和“谁污染谁付费”，建立政府引导、社会资本参与、市场化运作的生态建设和环境保护融资平台，拓宽融资渠道，加大生态建设和环境保护投入。发挥国有林区林场在绿化国土中的带动作用，鼓励和支持企业、农牧民专业合作社、家庭农林场、专业大户、个人参与生态建设，完善以购买服务为主的国有林场公益林等管护机制。探索政府与社会资本合作治理环境污染模式，在城镇污水处理、生活垃圾处理等政府公共环境保护设施建设和工业企业污染治理等领域，采取BT、BOT和PPP等投资运营方式。鼓励有能力的第三方进入污染治理市场，积极推进第三方治理、第三方检测、第三方服务。

（七）建立生态环境信息公开制度和公众参与制度。建立生态和环境信息公开制度，推进大气和水等环境信息公开、环境监管信息公开、生态信息公开，健全建设项目生态环境影响评价信息公开机制。建立企业污染物排放信息公开制度和在线查询系统，及时公布重点排污企业污染物排放情况，保障公众对环境信息的知情权、参与权和监督权。健全生态环境损害举报和反馈制度，推行有偿举报，发挥公众、新闻媒体和社会组织的监督作用。

七、强化生态文明建设保障措施

健全生态文明建设领导体制和工作机制，强化责任，狠抓落实，切实把生态文明建设各项工作抓紧、抓实、抓好。

（一）加强组织领导。自治区党委、政府成立生态文明建设委员会，统筹全区生态文明建设工作，制定重大政策，研究解决重大问题。自治区生态文明建设委员会下设办公室，负责委员会日常工作，对本意见的落实情况进行督促检查、跟踪评估，及时总结有效做法和成功经验，完善相关政策措施。各有关部门要按照职责分工，各司其职、各负其责、密切配合，形成推进生态文明建设的合力。各级党委、政府对本地区生态文明建设负总责，健全和完善相应的工作机制，积极推进各项工作落实。各地区各有关部门要按照本实施意见的要求，制定各领域专项规划和年度工作推进计划，年度工作推进计划于上年年底前报自治区生态文明建设委员会。年度工作推进计划完成情况纳入各级政府和各有关部门实际考核评价体系。

（二）加大政策支持。自治区重点增强限制开发区域基层政府实施公共管理、提供基本公共服务和落实各项民生政策的能力，逐步使限制开发区域的城乡居民收入和基本公共服务水平达到全区平均水平。增加生态环境补偿因素，加大对自治区重点生态功能区的转移支付力度。建立生态环境受益地区对重点生态功能区的援助机制，采取资金补助、定向援助、对口支援等多种形式进行补偿。自治区预算内投资重点用于生态修复、环境保护、基础设施和社会保障等民生工程。整合各类生态建设和环境保护专项资金，推动设立绿色发展基金。

（三）强化责任考核。贯彻实施《关于开展领导干部自然资源资产离任审计的试点方案》和《党政领导干部生态环境损害责任追究办法（试行）》，加强领导干部自然资源资产离任审计和生态环境损害责任追究，对因决策失误或失职渎职等造成生态环境损害的，进行终身责任追究。及时总结呼伦贝尔市自然资源资产负债表编制试点和领导干部自然资源资产离任审计试点经验，逐步推广到全区。制定生态文明建设目标评价考核办法，把资源消耗、环境损害、生态效益纳入经济社会发展评价体系。根据不同区域主体功能定位，实行差异化绩效评价考核。完善各级领导干部考核评价体系，加大生态、环境等指标在考核体系中的权重，强化考核结果运用，逐步取消限制开发区域和国家扶贫开发重点生态脆弱旗县的地区生产总值考核指标。

（四）加大环境风险防控和执法监督。按照国家统一部署，实行自治区级以下环境保护机构监测监察执法垂直管理制度，建立独立统一的环境监管体系。探索在重点地区建立跨区域环保机构。加快灾害调查评价、监测预警、防治和应急等防灾减灾体系建设。建立健全化学品、持久性有机污染物、危险废物等环境风险防范与应急管理工作机制。落实中央《生态环境监测网络建设方案》和《环境保护督察方案（试行）》，建立国土空间资源环境承载能力综合评价指标体系和动态监测预警机制，形成多部门跨地区协调联动的监测预警体系。明确各有关部门环境保护管理职责。加强基层监管能力建设。建立跨行政区域和跨部门的损害生态环境和污染联防联控机制，建立林业、草原、环境保护、国土资源、水利、公安等部门单位协同执法督查机制，依法严厉查处环境违法犯罪活动，构建监管统一、执法严明、多方参与的环境治理体系。

（五）清理、整治、规范工业园区。逐步规范各级各类工业园区建设，落实环境淘汰制度，开展园区环境综合整治。重点清理整治项目引进少、经济贡献低、环境污染大的“低、小、散”工业园，通过放缓建设、改变用途、整合升级、综合整治等措施逐步消化。对生态敏感脆弱区的工业园区，按照“市场导向、政府推动、优势互补、利益共享”的原则，采取共建或“飞地”等形式进行跨行政区域转移。强化工业园区环保基础能力和环境安全监测监控体系建设，减少污染物排放，防控环境风险。完善工业园区突发环境事件应急机制，提高与环境风险程度、污染物种类等相匹配的突发环境事件应急处置能力。

（六）发挥典型示范作用。坚持试点先行和整体协调推进相结合，推动巴彦淖尔市、鄂尔多斯市国家生态文明示范区和乌兰察布市、兴安盟、额尔古纳市、新巴尔虎右旗、科左后旗、林西县、多伦县、伊金霍洛旗等国家西部地区生态文明示范工程试点建设，以制度创新为核心，探索不同发展阶段、不同资源环境禀赋、不同主体功能定位的地区生态文明建设路径和模式，示范引领全区生态文明建设深入推进。开展全国生态文明示范省（区）创建。

（七）加强跨省区和国际合作。主动加强与毗邻省区在森林、草原、湿地、河流生态环境保护和防沙治沙、环境治理等方面的合作。加强同蒙古国、俄罗斯在森林草原病虫害防治和防火、生物多样性保护、动物疫情等领域的双边或多边合作，推动建立联合行动国际合作机制。加强额尔古纳、哈拉哈界河生态保护和环境联合监管。加强与国际社会在资源开发利用、生态环保产业、节能减排、应对气候变化等生态文明领域的对话交流，引进先进技术装备和管理经验，开展国际合作。

（八）提高全民生态文明意识。动员全社会共同参与生态文明建设，把尊重自然、顺应自然、保护自然等生态文明理念融入生活的方方面面，实现生活方式绿色化。深入开展生态文明建设进机关、进企业、进社区、进学校、进部队、进农村牧区“六进”活动，加强资源环境国情和生态文明主流价值观教育，培养公民环保意识，倡导绿色消费、合理消费。将每年7月第一周设为自治区生态文明宣传活动周，推进形成崇尚生态文明、建设生态文明的良好社会氛围。按照国家评比达标表彰管理有关规定，申请设立自治区生态文明建设奖，表彰为生态文明建设作出突出贡献的单位和个人。

## 六、内蒙古自治区政府关于印发《内蒙古自治区森林草原防火工作责任追究办法》的通知

内政发〔2015〕66号

各盟行政公署、市人民政府，满洲里市、二连浩特市人民政府，各旗县人民政府，自治区各委、办、厅、局，各大企业、事业单位：

现将《内蒙古自治区森林草原防火工作责任追究办法》印发给你们，请遵照执行。

2015年6月15日

## 内蒙古自治区森林草原防火工作责任追究办法

### 第一章　总　则

**第一条**　为建立健全全区森林草原防火工作责任机制，保护森林草原资源和人民群众生命财产安

全，推动生态文明建设，促进自治区经济社会可持续发展，根据《中华人民共和国森林法》《中华人民共和国草原法》《中华人民共和国公务员法》《中华人民共和国行政监察法》《森林防火条例》《草原防火条例》《国务院关于特大安全事故行政责任追究的规定》和《内蒙古自治区森林草原防火条例》等有关法律法规，结合自治区实际，制定本办法。

**第二条** 本办法适用于各级人民政府、有关行政机关、企业事业单位及其领导干部和工作人员，以及嘎查村（村民委员会）的负责人员。

**第三条** 森林草原防火工作实行地方各级人民政府行政首长负责制。各级人民政府及其有关行政部门、单位法定代表人或者主要负责人是本行政区、本部门或本单位森林草原防火工作的第一责任人，对森林草原防火工作负主要领导责任；各级人民政府及其有关行政部门分管领导和有关单位明确的森林草原防火责任人，对森林草原防火工作负直接责任。

**第四条** 各级人民政府落实森林草原防火责任制情况，应当纳入政府目标管理体系，定期进行考核。上级人民政府对下级人民政府实行量化考核，考核认定工作由上级人民政府森林草原防火指挥部办公室负责，考核认定结果上报同级人民政府。各单位落实森林草原防火责任制情况应当纳入本单位年度考核内容。根据各级人民政府及单位考核结果，应当按照森林草原防火法律、法规和责任制的规定，予以奖惩。

**第五条** 各级人民政府及有关单位应当逐级签订森林草原防火责任状；苏木乡镇要与本行政区域的嘎查村（村民委员会）签订森林草原防火责任状。

**第六条** 森林草原防火工作责任追究工作应本着实事求是、客观公正、有责必究及教育与惩戒相结合的原则，实行属地管理、分级负责，谁主管、谁负责。对各盟市、旗（县、市、区）、苏木乡镇和部门有关责任人及嘎查村（村民委员会）负责人的责任追究，由上一级森林草原防火指挥部及相关部门配合行政监察机关调查处理。各级行政监察机关依照《中华人民共和国行政监察法》的规定，对各级人民政府和有关部门及其工作人员履行森林草原防火管理职责和义务的情况实施监察，并按照干部管理权限，对森林草原火灾相关责任人进行责任追究。对非行政监察对象的责任人员，由其主管部门进行责任追究。

## 第二章 主要职责

**第七条** 盟市、旗（县、市、区）负责本行政区域内的森林草原防火工作，应当履行下列森林草原防火职责：

（一）贯彻实施国家、自治区森林草原防火法律、法规，宣传森林草原防火知识，增强公民的森林草原防火意识；

（二）建立健全森林草原防火机构，核定编制并配备专职人员负责日常工作；

（三）将森林草原防火基础设施建设纳入当地国民经济和社会发展规划，纳入当地林业、草原发展总体规划，使森林草原防火工作与维护生态安全和经济社会发展相适应；

（四）将森林草原火灾预防和扑救经费纳入当地年度公共财政预算，保障森林草原防火经费满足实际工作需要；

（五）凡划入国家一级、二级和自治区重点森林、草原火险区的旗（县、市、区）和国有企业事业单位，至少建立1支专业森林草原消防队伍，队伍数量和人员应当以满足当地森林草原防火工作需要为准（建议每超过20万亩森林面积或50万亩草原面积增建1支20人以上的森林草原消防队伍），苏木乡镇应当组建半专业森林草原消防队伍（建议每10至20万亩森林面积或25至50万亩草原面积建立1支10至15人的半专业森林草原消防队伍），各级人民政府及有关部门对专业、半专业的森林草原消防队伍定期进行培训和演练；

（六）凡有森林草原防火任务的旗（县、市、区），应当建立森林草原防火预警监测和信息指挥系统，配备满足森林草原防火任务需要的森林草原防火指挥、扑火、运兵等车辆和现代化防扑火机具、装备，储备足够的防扑火物资；

（七）将森林草原防火工作纳入各级人民政府主要议事日程，及时分析森林草原防火工作情况，研究解决森林草原防火工作中存在的重大问题；

（八）防火期内，加强野外火源管控，组织开展森林草原防火检查，重大节假日以及森林草原火灾多发季节，要加大检查力度，采取有效措施，消除火灾隐患；

（九）对森林草原防火机构因存在重大火灾隐患报请停产停业处理的请示事项，依法依规及时作出同意与否的决定；

（十）制定本地区森林草原火灾应急预案及应急处置办法，边境地区还应制定堵截扑救境外火专项应急预案；

（十一）组织森林草原火灾扑救及灾后处置工作。

**第八条** 苏木乡镇、林场、农牧场等成立森林草原防火办事机构，履行前款第（一）、（二）、（七）、（八）、（九）、（十）、（十一）等项职责。

**第九条** 嘎查村（村民委员会）履行下列森林草原防火职责：

（一）成立嘎查村森林草原防火组织，做好本嘎查村群众性的森林草原防火工作，维护当地森林草原安全；

（二）督促嘎查村直属经济组织做好森林草原防火工作；

（三）制定森林草原防火公约，开展森林草原防火宣传教育；

（四）根据生产季节，组织开展森林草原防火工作检查，消除火灾隐患；

（五）建立群众性扑火队伍，进行安全扑火及技能培训；

（六）发现森林草原火情时，及时向上级森林草原防火部门报告，并按照本苏木乡镇森林草原火灾应急处置办法组织人员进行扑救。

**第十条** 林区、农牧区的风景名胜区、旅游景区、自然保护区、居民区、军事管理区、森林公园、生态建设项目区、铁路、电力、电信、石油天然气等经营、施工单位及其他厂矿企业，都应当建立森林草原防火责任制度，履行下列森林草原防火职责：

（一）建立本单位的森林草原防火组织，确定本单位森林草原防火责任人和责任区；

（二）制定本单位森林草原防火安全制度；

（三）定期进行森林草原防火宣传和安全检查，及时消除火灾隐患；

（四）按照森林草原防火技术规范，配备必要的森林草原防扑火装备器材，设置森林草原防火宣传警示标志，并定期进行检查、维护，确保设施和器材完好、有效。

**第十一条** 各级人民政府森林草原防火指挥部负责组织、管理、协调和指导本行政区域内的森林草原防火工作，按照森林草原防火法律、法规及火灾应急预案规定履行好各自的职责；各级森林草原防火指挥部各成员单位以及相关部门，应当按照各自的职责分工，做好森林草原防火工作。

**第十二条** 各级人民政府森林草原防火指挥部接到森林草原火灾报告后，应当立即启动相应的森林草原火灾应急预案，组织人员进行扑救。初判为一般火灾，火灾发生地的苏木乡镇主要领导必须立即到达火灾现场组织指挥扑救，并成立扑火前线指挥部；初判为较大火灾，旗（县、市、区）主要领导必须赶赴火灾现场组织指挥扑救；初判为重大、特别重大火灾，盟市主要领导必须赶赴火灾现场组织指挥扑救。同时及时上报火情，不得瞒报、谎报或者故意拖延报告；发生边界火灾时，应当按规定向毗邻地区森林草原防火指挥部通报火情。

**第十三条** 扑救森林草原火灾工作必须坚持“以人为本、科学扑救”的原则，以武警森林部队和地方专业扑火队为主要力量；组织群众性扑火队扑救森林草原火灾的，必须是参加过组织培训并具备一定防扑火知识、技能和自我避险能力的人员，残疾人员、孕妇、未成年人、老年人和其他不适宜参加火灾扑救的人员一律禁止参加火灾扑救任务，严防人员伤亡事故发生。明火扑灭后，必须留足看守火场人员，明确责任，彻底消除隐患，严防死灰复燃。

## 第三章 责任追究

**第十四条** 对违反本办法的单位和个人，视情节轻重给予下列责任追究；受到责任追究的，取消年度评优评先资格：

（一）依法给予行政纪律处分；

（二）依法给予行政处罚；

（三）依法追究刑事责任。

**第十五条** 违反本办法规定，各级人民政府及其森林草原防火指挥部、林业、草原行政管理部门或者其他部门及其工作人员，有下列行为之一的，由上级行政主管部门或者监察机关责令改正；情节严重的，对直接负责的主管人员和其他直接责任人依法给予行政处分；构成犯罪的，依法追究刑事责任。

（一）森林草原防火责任制不落实，措施不得力，监督检查工作不到位，造成森林草原火灾的；

（二）未按照有关规定编制森林草原火灾应急预案的；

（三）发现森林草原火灾隐患未及时下达森林草原火灾隐患整改通知书的；

（四）对不符合森林草原防火要求的野外用火或者实弹演习、爆破等活动予以批准的；

（五）对不符合条件的车辆发放防火通行证的；

（六）发生森林草原火灾后，瞒报、谎报或者故意拖延报告森林草原火灾的；

（七）发生森林草原火灾后，未及时采取森林草原火灾扑救措施的；

（八）指挥扑救不力，造成人员伤亡和重大财产损失的；

（九）未按照规定检查、清理、看守火场，造成复燃的；

（十）不依法履行职责的其他行为。

**第十六条** 违反本办法规定，有下列情形之一的，由旗（县、市、区）以上人民政府林业、草原行政管理部门及授权部门依照国家和自治区森林草原防火行政法规的规定给予行政处罚；构成犯罪的，依法追究刑事责任：

（一）贪污、截留、挪用或占用中央和自治区防火项目资金、设施设备、物资的；

（二）拒绝、阻碍森林草原防火监督检查人员实施防火检查的；

（三）森林草原防火设施和措施不落实，消防安全检查不合格，有火灾隐患，未按照旗县级以上人民政府森林草原防火指挥部下达的森林草原火灾隐患整改通知规定期限进行改正和消除的；

（四）拒绝、阻碍各级人民政府或者森林草原防火指挥部统一指挥，延误扑火的；

（五）过失引起森林草原火灾的；

（六）不依法履行职责的其他行为。

**第十七条** 各级人民政府森林草原防火指挥部各成员单位未履行森林草原防火职责，致使森林草原防火工作受到影响的，各级人民政府或上一级森林草原防火指挥部责令其作出书面检查或通报批评，行政监察部门依法追究其责任人的责任。

**第十八条** 林区、农牧区的风景名胜区、旅游景区、自然保护区、居民区、军事管理区、森林公园、生态建设项目区、铁路、电力、电信、石油天然气等经营、施工单位及其他厂矿企业违反本办法之规定，由旗（县、市、区）及相关部门依照有关法律法规和规定给予行政处罚，并按照管理权限对有关责任人员给予行政处分；构成犯罪的，依法追究其刑事责任。

## 第四章 附 则

**第十九条** 内蒙古大兴安岭林管局及直属林业局参照本办法执行。

**第二十条** 本办法自2015年8月1日起施行。

# 附录四　领导讲话

## 一、自治区党委副书记、政府主席巴特尔在自治区推进重点工作动员大会上的讲话（摘要）

（2013年4月8日）

造林绿化是生态建设的重要举措。西部大开发以来，我区累计完成林业生态建设面积近1.5亿亩，年均建设面积超过1100万亩，全区森林面积和木材蓄积量持续增长，有力地促进生态状况的持续好转。同时，我们也要清醒地看到，与林业大区和内蒙古在全国生态文明建设中的重要地位不相适应的是，我区的森林覆盖率仍然低于全国平均水平，森林资源分布不均衡的问题十分突出，特别是在公路河流、城镇村屯、厂矿园区的周边区域，造林绿化工作明显滞后，成为全区生态建设的短板。这些区域，既是我区生态系统不可或缺的重要组成部分，也和人民群众的生产生活密切相关。加快推进这些区域的造林绿化工作，不仅是加强生态文明建设、构筑祖国北疆生态安全屏障的必然要求，也是满足人民群众“把森林建在身边，把绿色留在身边”的强烈呼声、营造良好人居环境和生态空间的迫切需要。为此，自治区党委、政府决定，在全面推进生态建设、继续实施重点生态工程的同时，加快推进道路两旁、村庄前后、园区内外、城镇周边等重点区域的造林绿化工作，实现“绿起来”与“美起来”的有机统一，提高我区生态建设整体水平和人居环境质量。各地区、各部门要深刻认识这一战略部署的重大意义，统一思想、集中力量、克难攻坚，加快推进重点区域的造林绿化步伐，尽快把生态建设的短板补长拉齐，筑牢祖国北疆重要生态安全屏障，加快建设美丽内蒙古。

当前，要抓紧启动实施六大重点区域造林绿化工作。其一，加快公路绿化。我区国省道绿化整体标准偏低、景观效果较差。要坚持防风固沙、保护路基与美化环境相结合，着重提高绿化标准，突出景观效果，打造高标准、近自然的绿色长廊。力争用3年时间，使我区京藏高速公路及省际大通道两侧、国省道15个出口实现高标准绿化，县乡公路绿化率明显提高。到2020年，高速公路适宜绿化路段全部实现高标准绿化，完成30个国省道出口及其它国省道高标准绿化5000公里。其二，加快村屯绿化。突出地域特色、乡土风貌，把绿化美化和促进农牧民增收结合起来，把村屯绿化与新农村新牧区建设同步推进。当前，要加快推进300个示范绿化村建设，力争至2015年完成900个村屯的绿化，到2020年完成3000个村屯的绿化，使全区40%以上的村屯得到绿化。其三，加快厂矿园区绿化。自治区经信委等有关部门要制定出台具体政策和指导意见，规范引导工业园区、厂矿绿化工作。坚持“谁开发、谁保护，谁破坏、谁恢复，谁治理、谁受益”和“不欠新账，渐还旧账”的原则，落实矿山企业绿化主体责任，推进“一矿一企治理一山一沟”活动，努力建设和谐矿区、绿色矿山、生态矿井。要鼓励支持工业园区企业广泛参与园区绿化建设，改善园区生产生活环境。力争至2015年全区一半以上的工业园区实现绿化达标，到2020年全区所有工业园区实现绿化达标，老煤矿采空区全部实现复垦绿化。其四，加快城镇周边绿化。

要结合城建规划，做好城区周边道路、公共绿地、城乡结合部的造林绿化工作。通过环城绿化工程，将林网化、水网化相结合，营造高质量的人居生态环境。力争用3年时间建成30个环境优美的特色城镇，到2020年全区90%以上的城镇建成绿化美化、生态宜居的绿化体系。其五，加快黄河两岸绿化。黄河是中华民族的母亲河，搞好沿岸绿化意义重大。沿黄各地要把水利护堤工程建设与造林绿化紧密结合起来，加快在黄河两岸建设综合防护林、特色景观林及实用护岸林，力争到2020年，在我区境内黄河沿岸营造防护林100万亩。其六，加快大青山绿化。大青山是自治区中西部重要生态屏障和水源地。近年来经过治理，生态环境得到初步改善，但生态承载力低、水土流失严重的情况仍很突出。沿山各地要高度重视、密切配合、协同推进大青山绿化工作。加快实施大青山前坡造林绿化、封育保护，严格禁牧、规范矿产及采石挖砂行为，坚决遏制对大青山生态环境的破坏。力争用3到5年时间，实现京藏高速公路以北、大青山前坡以南宜林地段全部绿化，使大青山生态环境得到根本改善。

当前，自治区重点区域绿化工作方案已经确定，要切实加强组织领导，抓好方案落实。其一，明确责任、狠抓落实。各级政府是造林绿化的责任实施主体，要切实组织实施好重点区域造林绿化工作。要全面落实领导干部任期造林绿化目标责任制和部门分工负责制，制定重点区域造林绿化规划，明确阶段性工作任务和目标，把造林绿化任务层层分解落实，明确到具体地块、具体负责人。加强监督检查和考核奖惩，确保责任任务落到实处、见到实效。其二，多措并举、加大投入。采取政府投入、工程带动、政策鼓励等办法，多形式、多渠道筹措造林绿化资金。各级政府要加大造林绿化投入，整合林业重点生态工程资金，向重点区域绿化倾斜。自治区本级每年安排一定经费，以奖代投，对重点区域绿化成效显著的地区予以奖励。要坚持“六个结合”，即通道绿化与公路建设相结合，村屯绿化与新农村新牧区建设相结合，厂矿园区绿化与资源开发、企业生产相结合，城镇周边绿化与城市建设相结合，黄河两岸绿化与堤防工程建设相结合，大青山前坡绿化与保护利用相结合，使工程项目建设与造林绿化同步开展，确保工程建设推进到哪里，造林绿化工作就延伸到哪里。要落实林业补贴政策，加大对经济林建设的政策扶持力度，调动农牧民造林绿化的积极性。其三，因地制宜、遵循规律。我区地大面广，各地情况不一，造林绿化工作要坚持分类指导、分区施策。平原、沙地、丘陵等不同区域要从当地自然地理条件出发，因地制宜、科学规划，乔灌草、封飞造、生物与工程措施相结合。在开展人工造林的同时，要树立尊重自然、顺应自然、保护自然的理念，加大封育保护力度，充分发挥大自然的自我修复功能。其四，创新机制、广泛参与。坚持“谁造谁有，合造有”和“谁投资、谁受益”的原则，创新营林造林激励机制，广泛动员社会力量参与造林绿化。深化集体林权制度改革，鼓励联合经营，支持发展合作组织、造林专业队等多种造林绿化组织形式，完善造林绿化合同制、股份制、租赁承包制、“四荒”拍卖等管理机制。鼓励支持企业及个人承包荒山荒地进行绿化，将景观建设、生态种养、林业产业、生态旅游等融为一体，充分发挥林业的生态与经济效益。要把国土绿化和义务植树结合起来，鼓励党政机关、企事业单位、社会团体建设义务植树基地，提高义务植树的实效性。其五，加强宣传、改进工作。要广泛深入开展造林绿化宣传，在全社会营造崇尚生态文明、植绿护绿爱绿的良好氛围。必须看到，随着公众环保意识的加强和网络新媒体的发展，生态环境问题日益成为社会关注的热点和媒体舆论的焦点。近一时期，围绕我区生态环境的负面舆情呈高发态势，诸如“呼伦贝尔草原受伤了”“阿拉善腾格里工业园区向沙漠排污”“达茂旗开矿、风电破坏草原”等报道多次出现在电视、报纸和网络上，对地区形象造成负面影响。对此，各级要引起高度重视。必须认识到，环境问题社会关注度高、最容易激起民愤。一个孤立的环境事件如果被别有用心的人利用和煽动，很容易被扯到民族问题或党委、政府的思路政策上，造成事件的扩大化，影响社会稳定。近年来，各级党委、政府在保护生态环境方面下了很大的力气，取得了明显的成效，但不可否认的是，由于工作疏漏、监管不力等原因，破坏生态、污染环境等问题仍时有发生。我们要高度重视并解决这些问题，对新闻媒体反映的问题，涉及的有关地区和部门要调查核实，情况属实的要处理解决，并及时通过媒体网络作出正面回应，做到事事有落实、件件有回音。同时，各级领导干部要切实增强政治敏锐性和研判力，提高对网络舆情的认识和应对处置、正面引导的能力，及时回应和解决涉及本地区本部门的网络舆情。对于因工作不重视、不务实、不扎实引起网上大范围负面炒作造成不良影响的，要严肃追究有关领导责任。

另外，涉及草原生态的问题有两件事向大家交代。第一，要让农牧民吃上定心丸。原来国务院关于实施草原生态补奖政策的文件确定5年为一个补助周期，期满后视情况再定。最近国务院领导明确表态：由于这项政策行之有效，要长期不懈地坚持下去。盟市旗县的同志们要向广大农牧民讲清楚，草原生态补奖不是一个权宜之计，而是一项长期政策，从而坚定农牧民的信心，并从思想上和牧业生产上做好长远打算。第二，关于提高草原生态补奖标准的问题，自治区一直在通过各种途径向国家积极争取。基层的同志们要告诉广大农牧民，要相信国家会考虑到牧业生产成本上升和肉类价格上涨等因素，给予农牧民必要的补偿和激励。

同志们，当前正值我区建设发展的关键时期。我们要贯彻落实自治区党委、政府的决策部署，加快推进重点区域造林绿化，扎实做好当前各项工作，推动经济社会平稳健康发展。

## 二、自治区党委副书记、政府主席巴特尔在全区构筑祖国北方重要生态安全屏障工作电视电话会议上的讲话

（2013年9月26日）

这次会议的主要任务是，贯彻落实自治区“8337”发展思路，总结近年来全区生态保护和建设取得的成绩，研究部署当前和今后一个时期生态保护和建设工作，加快构筑我国北方重要的生态安全屏障。下面，我讲几点意见。

**一、深刻认识建设我国北方重要生态安全屏障的重大意义**

西部大开发以来，在国家的大力支持和全区上下的共同努力下，我区生态保护和建设取得了令人瞩目的重大成就。2000年以来，全区累计投入生态保护和治理资金超过1000亿元，生态治理面积达到4.4亿亩，累计增加森林面积9400万亩，增加林木蓄积量1.9亿立方米，森林覆盖率由14.8%提高至20%，草原植被平均盖度由30%提高至43%，亩均产草量由32公斤提高至60公斤，荒漠化和沙化土地面积分别减少3100万亩和918万亩，全区生态环境呈现“整体恶化趋缓、治理区明显好转”的良好局面。今年以来，自治区全面启动重点区域造林绿化工作，目前已投入资金160亿元，完成绿化面积159万亩，实现了良好开局。

在长期的生态保护和建设实践中，我们积累了许多好的经验和做法，主要是：坚持保护与建设并重、保护优先的方针，实施大面积的封育保护，加快调整生态脆弱地区人口和生产力布局；坚持把生态建设作为最大的基础建设来抓，不断加大生态建设投入，实施一系列重点生态建设工程；坚持保护生

态与转变农牧业发展方式相结合，大力推行禁牧休牧轮牧和草畜平衡，加快发展林沙草产业和农区畜牧业；坚持制度机制创新，在全国率先推出惠牧补贴政策并争取国家出台草原生态补奖机制，大力推进集体林权制度改革、基本草原保护和草牧场确权工作；坚持依法保护、科学治理，在草原管理、防沙治沙、森林管护、水土保持、湿地保护等方面出台多部地方性法规和规章，实施乔灌草相结合的防护植被建设等。对此，我们要继续坚持并不断完善这些好的经验和做法。

今年以来，自治区党委贯彻落实党的十八大和习近平总书记一系列重要讲话精神，着眼全国大局，立足区情实际，提出了“8337”发展思路。其中，在发展定位中明确提出要把内蒙古建设成为我国北方重要的生态安全屏障。这是我区生态保护和建设工作面临的重大任务，我们一定要从战略和全局高度，深刻认识这一决策部署的重大意义。首先，建设我国北方重要生态安全屏障是我们的重大责任。内蒙古地域广阔、横跨“三北”、毗邻京津，拥有我国面积最大的森林、草原生态系统，同时也是全国荒漠化和沙化土地最集中、生态最脆弱的地区之一。内蒙古的生态状况，不仅关系到自治区的可持续发展，也关系到全国的生态安全大局；保护好内蒙古的草原林海，不仅是我们自身发展的需要，也是中央交给我们的重大政治任务。我们必须肩负起这一重大责任，为保障国家生态安全作出应有的贡献，为促进自治区可持续发展奠定良好的基础。其次，建设我国北方重要生态安全屏障是我们的艰巨任务。必须看到，尽管我区生态保护和建设取得了显著成绩，但生态环境仍十分脆弱，中度以上生态脆弱区域占全区土地面积的62.5%，其中重度和极重度的占36.7%；退化、沙化、盐渍化草原面积占草原总面积的61.2%；森林覆盖率低于全国平均水平，森林资源分布不均衡的问题十分突出；部分地区生态环境仍在恶化，沙化沙害、水土流失现象依然严重，巩固生态建设成果的任务十分艰巨，祖国北方生态安全屏障建设任重道远。第三，建设我国北方重要生态安全屏障是增进人民福祉的迫切需要。良好的生态环境是最公平的公共产品，是最普惠的民生福祉。随着经济社会发展和生活水平的不断提高，人民群众对良好生态环境的要求越来越高，社会各界对生态环境问题的关注度也越来越高，环境问题日益成为媒体舆论的热点和焦点，处理不当就容易被别有用心的人利用和煽动，影响社会稳定大局。对此，我们要有清醒的认识，正确处理好经济社会发展与保护生态环境的关系，坚持不懈地推进生态保护和建设，牢牢把握工作的主动权。

**二、加快构筑祖国北方重要生态安全屏障**

自治区政府已组织编制完成《构筑北方重要生态安全屏障规划纲要（2013—2020年）》，即将印发执行，各级要贯彻落实。当前和今后一个时期，我区生态建设的总体目标是：到2020年，全区森林覆盖率达到23%，林木蓄积量达到14.6亿立方米；草原植被盖度稳定在45%以上，草原得到自我修复，植被明显恢复；全区森林、草原、湿地、农业等四大生态系统趋于稳定，城市和荒漠生态系统明显好转，生态服务功能进一步加强，北方重要生态安全屏障的架构初步成型。实现上述目标，要重点抓好以下工作。

（一）加强草原生态保护和建设。其一，落实“五个严格”的保护措施，合理安排阶段性禁牧区和草畜平衡区，科学实施休牧和划区轮牧。进一步完善草原承包、基本草牧场保护制度，严守草原保护红线。其二，坚持不懈落实好草原生态保护补助奖励机制。草原生态补奖是国家将长期坚持的一项重要政策，我们一方面要加大宣传力度，让农牧民吃上定心丸，从思想和生产经营上做好长远打算；同时要根据牧业生产成本上升和肉类价格上涨等新情况，积极向国家争取提高草原生态补奖标准，有效调动农牧民的积极性。其三，要加快推进草原畜牧业转型升级。加强牧业基础设施建设，大力发展人工种草和饲草料基地建设，提高草原畜牧业可持续发展能力。鼓励发展专业合作社、家庭牧场等新型经营主体，推进规模化、集约化养殖，提高草原畜牧业发展质量与效益。其四，积极稳妥地推进生态移民。健全和完善转移安置政策，在保证转移牧民长远生计和享受各项补奖政策不变的前提下，实现“移得出、稳得住、能致富”。

（二）加强林业生态保护和建设。其一，要深入推进重点区域造林绿化工作。目前这项工作开局良好、进展顺利，要坚持不懈地继续推进。各级政府、各有关部门要切实加强组织领导，加大资金投入，强化政策支持，完善考核奖惩，加快推进公路、村屯、厂矿园区、城镇周边、黄河两岸和大青山前坡绿化工作。实施中要注意严格控制大面积使用大苗和大树移植，杜绝从天然林中移植大树，坚决制止边治理边破坏现象，切实巩固建设成果。其二，要继续组织实施好林业重点工程和项目，落实林区生态保护和经济转型规划，巩固退耕还林成果。加大营造林质量监管力度，确保工程建设质量。进一步加强森林资源管理，依法严厉打击破坏林区植被和野生动植物资源等违法行为。其三，要提高防沙治沙水平。加快编制乌兰布和、毛乌素、科尔沁、呼伦贝尔沙地治理专项规划。加大防沙治沙综合示范区建设力度，探索不同类型区防沙治沙的政策措施和技术模式。加快发展林沙草产业，培育和扶持大型龙头企业，促进防沙治沙后续产业的发展，带动沙区农牧民增收和沙区生态建设。

（三）加大重点生态工程建设力度。当前，国家正在陆续启动京津风沙源治理、天保工程、退牧还草、退耕还林、“三北”防护林、水土保持等重点生态工程二期的规划和建设，我们要总结一期工程的成效和经验，谋划实施好下一步重点生态工程建设。其一，抓好规划编制和方案制定。根据各地实际情况，编制好重点生态工程规划和实施方案。自治区要抓紧做好以新一轮退耕还林为重点的规划编制，盟市旗县重点抓好年度计划制定和治理工程的实施方案，形成层层推进、重点明确的工程推进方式。其二，积极争取国家支持。针对目前生态建设工程投资标准偏低、地方配套能力差、建设地点向远山大漠等难点地区推进的实际，要努力争取国家提高重点生态工程建设投资标准，做好同类项目资金的整合工作，全力争取国家更多的建设任务。其三，加强工程质量的监督检查。对京津风沙源治理等重大工程要实行工程实施与监理完全分离，实施全过程监管。各行业主管部门要做好项目的指导、检查和验收，审计、稽查等部门要加大监督检查力度。

（四）加强生态环境综合整治。其一，加大水土保持综合治理和水资源保护力度，实施好重点水土保持工程，全面落实最严格的水资源管理制度，建立水资源管理责任和考核制度，严格控制超采地下水。加强水环境治理，加大黄河、辽河、松花江、海河等重点流域水污染防治力度，做好呼伦湖、乌梁素海、居延海等湖泊的综合治理。其二，加强城乡环境综合整治，推进重点城市大气污染防治工程建设，加强城镇和工业园区污水、垃圾处理等环保基础设施建设，开展土壤污染防治，减少农村牧区面源污染。其三，狠抓节能减排工作，大力实施重点节能工程，加快淘汰落后产能，开展循环经济示范、主要污染物排污权有偿使用和交易试点工作。全面推行清洁生产，推广利用低碳技术，严格控制污染排放。

（五）加大“点上开发”的环境整治力度。这些年来我们坚持点上开发、面上保护，通过局部的开发，换取绝大部分区域的休养生息和自然恢复，比较好地处理了发展与保护的关系。但同时，我们也要看到，近年来绝大多数引发负面炒作的环境问题，都是发生在“点”上的，这就警示我们：点上开发绝不能忽视环境问题，特别是在一些生态环境敏感脆弱的地区，点上开发要慎之又慎，严格控制开发强度和规模。为此，要搞好布局规划，坚持集中集约发展，把好市场准入关，切实解决产业布局分散、资源开发布点过多等问题。要切实加强“点”上的环境治理，按照“谁污染，谁治理；谁开发，谁保护”“缺什么，补什么”的原则，督促生产企业治理环境问题，加强防尘绿化、复垦填平、矿区道路及废水废气废渣处理设施的建设，完善矿产资源开发补偿和利益共享机制，维护农牧民合法权益。

## 三、切实把各项目标任务落到实处

一要落实领导责任。各级党委、政府要把生态保护和建设摆在更加重要的位置，建立生态保护和建设目标责任制，政府一把手是第一责任人，分管领导是主要责任人。建立责任追究和奖励机制，加强监督检查和考核奖惩，确保责任任务落到实处。林业、农牧业、发改、财政、环保、国土等部门要按照职能分工，各负其责，密切配合，形成合力。要有效整合资源，充分调动各方面参与生态保护和建设的积极性，努力形成全社会共同参与、上下齐抓共管的工作格局。

二要创新体制机制。进一步深化林业、农牧业、水利等产权制度改革，积极推进农村集体林地、草牧场有序合理流转，探索国有林地产权流转的有效实现形式。坚持“谁治理、谁管护、谁受益”的原则，积极推行承包造林种草政策，调动农牧民参与生态建设的积极性。要进一步拓宽融资渠道，各部门要加大工作力度，积极争取国家生态保护建设项目和资金的支持。统筹整合现有专项资金，充分发挥财政资金在生态建设中的引导作用，广泛吸纳社会资金投入生态保护与建设，建立多元化的投融资机制。要加强生态环境立法，建立健全法规制度，使保护与治理有法可依。

三要强化科技支撑。树立尊重自然、顺应自然、保护自然的理念，平原、沙地、丘陵等不同区域要从当地自然地理条件出发，因地制宜、科学规划、分类实施。要针对生态保护和建设的重点和难点问题，加大科技投入，开展科研攻关，进一步增强科技创新能力。要切实提高科技服务水平，鼓励科技人员深入生产一线指导工作，大力推广科技成果与实用技术，开展科技培训，切实提升生态保护和建设的科技水平，提高建设质量。

四要加强舆论宣传。要充分利用各种媒体，广泛宣传生态保护和建设方面的法律法规、方针政策，大力宣传我区生态保护和建设实践中涌现出的先进典型，引导广大干部群众树立生态意识，增强爱绿、护绿和参与生态建设的自觉性、积极性，为加强生态文明建设营造良好氛围。

构筑祖国北方重要生态安全屏障，意义重大，任务艰巨。我们要贯彻落实自治区党委、政府的决策部署，扎实做好各项工作，为加快建设美丽内蒙古、保障国家生态安全作出新的更大贡献！

# 修志始末

第二轮《内蒙古自治区志·林业志》（以下简称《林业志》）编纂工作由内蒙古自治区林业厅承担，于2016年8月启动。8月，为确保编纂任务顺利完成，林业厅成立《林业志》编纂委员会和编纂办公室，编委会主任和办公室主任分别由厅主要领导和分管领导担任。具体编纂工作主要由林业厅办公室负责，初拟定《林业志》篇目大纲。2016年11月，厅主要领导在全区林业系统办公室工作座谈会上，对《林业志》编纂工作进行进一步部署，资料搜集工作全面展开。2017年12月，自治区林业厅印发《关于加快推进第二轮〈内蒙古自治区志·林业志〉编纂工作的通知》。

2018年，《林业志》编纂工作进入攻坚阶段，为加快修志工作进度，3月26日，林业厅召开《林业志》编纂工作推进会暨业务培训班，各处室、单位主要负责人和《林业志》全体编辑人员参加会议。厅党组书记、厅长、《林业志》编纂委员会主任牧远对编纂工作进行再动员、再部署，并与各处室、直属单位、盟市林业局主要负责人签订编纂工作责任状。明确各参编单位交稿时限，进一步落实和压实责任。自治区地方志办公室（简称区志办）副主任孟秀芳应邀出席会议，区志办副处长孟国荣、何晓伟对编撰人员作讲座培训。紧接着，厅党组书记、厅长牧远主持召开党组会议，决定向社会聘用3名专业人员从事《林业志》编纂工作。

2018年4月初，《林业志》编纂办公室聘用巴彦淖尔市临河区史志办原主任高智常和内蒙古农业大学原教授马玉明担任责任编辑。4月8日，编纂办公室召开业务培训会议。7月，根据人员调整和工作需要，及时对编纂委员会和编纂办公室成员进行了调整。8月24日，自治区地志办“三全目标”第三攻坚组实地督导调研了志书编修情况，对《林业志》编纂工作给予及时指导。9月，《林业志》进入组稿阶段，12月，初稿第一稿全面完成，并反馈各参编单位征求意见，修改、补充完善。

2018年末，全区进行机构改革，内蒙古自治区林业厅改称内蒙古自治区林业和草原局，《林业志》编纂机构随之改称。

2019年4月，全区地方志工作电视电话会议后，《林业志》编纂办公室及时将自治区主席布小林批示和自治区副主席包钢讲话精神向局领导汇报，向各参编单位进行传达，进一步加快修志工作进度。5月，《林业志（内部评审稿）》编纂完成，印发各参编单位和局领导做进一步修改。8月初，《林业志（内部评审稿）》送交自治区地方志办公室审核。9月23日，《林业志》编纂委员会组织召开《林业志》内审初评会议，自治区地志办分管人员对《林业志》内审稿进行了详细点评，进一步完善了篇目大纲。会后，《林业志》编纂办公室对评审意见进行梳理，召集编辑人员召开专门会议，部署修改工作。经过两个月上下配合、反复修改，三易其稿。11月，《林业志（送审稿）》呈报自治区地志办，进行全面细致修改。12月23日，自治区地志办与《林业志》编纂委员会共同组织召开了《林业志》评审会议，对《林业志》进行全面评审，提出进一步完善的修改意见。12月27日，《林业志》编委会召开专门会议，对修改完善工作进行后期部署。编纂办公室又对《林业志》进行了再修改工作。编委会、厅办公室集中力量，全力以赴，进行最后审核校对工作。2020年4月，《林业志（终审稿）》顺利通过自治区地志办终审验收。2020年5月，第二轮《内蒙古自治区志·林业志》送出版社排版，后经多次审校，并两次送自治区地志办审订，于10月正式付印。

第二轮《内蒙古自治区志·林业志》编纂出版，是在自治区地志办直接指导下，自治区林业和草原局党组和《林业志》编纂委员会主持下，全区林业系统上下配合，分工协作、责任到人、团队合力完成的。在编纂过程中得到社会各界和业内同仁的广泛支持。全书各篇章的作者分别是：

编纂说明、专记：高智常；概述：马玉明、武国庆；大事记：武国庆、高智常；第一章林业机构：金宇利、刘林福、王晔、辛睿文、张树文、宋涛、敖日格勒、胡新培、胡双成、李昌隆、张建忠、马芯蕊、刘瑞龙、梁振金、白敬、王泽、王晓东、郭博男、乔文贵、郑伟；第二章森林湿地野生动植物资源：苏密清、那日苏、闫峰、李亚莉、冯海叶；第三章造林育林：佟金壮、高建平、刘林福、鲁智丛；第四章防沙治沙：丁荣、云杰超；第五章林业重点工程：宿胜华、高建平、刘树海、王昭才、多化豫、吴建新、张新宇、云杰超；第六章森林资源保护：赵胜国、群力、张俊华、春英、徐静、刘树海；第七章林业产业：韩英、郑伟、张凤娇；第八章林政管理与法治建设：高娃、苏密清、李志超、那日苏、包国庆；第九章林业改革：刘军、张明、薛敏、王昭才、王建和、张阳；第十章森林草原防火：孙福琴、雪蓓、张磊；第十一章森林公安：王莉、闫宇峰、王胜、杨波、赖文柱、高吉峰、刘晓辉；第十二章林业调查监测与规划设计：赵学军、梁斌、雅洁、刘元直、陈杰、张芳、韩芳、秦家炜；第十三章林业科技　对外合作　宣传教育：刘博、鲍春生、范明浩、王玉芝、李艳慧、滕飞、于杰、郭利平、王晔；第十四章林业计划　统计　财务：隋建鹏、高阳、张梁；第十五章党群工作：苏丽娅、金黎光、吕朝阳、费菲、杜拥政；第十六章盟市及大兴安岭林管局林业概况：张树文、宋涛、敖日格勒、胡双成、李昌隆、张建忠、马芯蕊、刘瑞龙、梁振金、白敬、王泽、王晓东、郭博男、乔文贵、郑伟；人物：相关单位撰稿人；附录：武国庆、孙福琴、何泉玮。总纂统稿：牛喜山、武国庆、高智常、马玉明。审定校对：牛喜山、武国庆、迟晓旭、敖东、黄东、赵伟波、王守礼、王磊、何泉玮、胡涛、薛俊鹏、于杰、郭利平、高智常、马玉明。总校对：武国庆、高智常。照片摄影及供稿人：敖东、于杰、郭利平、高晓龙、赵学军、王志强、杨茂勇、吴文俊、邢桂春、宋 涛、席青虎、胡双成、李昌隆、谭靖然、李晓龙、张 燕、刘 涛、李晓军；彩页编制：敖东、武国庆、郭利平、高智常。

《林业志》编纂完工，浸注了自治区林业和草原局与自治区地志办及所有参编单位、参编人员辛勤的笔耕劳作和无私奉献。他们放弃节假日、牺牲休息时间，加班加点，默默无闻、不计报酬、忘我工作，圆满完成这一浩繁的文化工程。反映和体现了《林业志》每位成员和编纂团队崇高的政治思想觉悟、过硬的文化修养和淳朴的敬业精神！在此，《林业志》编委会向自治区地志办、全区林业系统所有参编单位和每位工作者致以诚挚的敬意和感谢！

由于编纂时间和编者的水平所限，且在本志审核校对过程中又遭遇新型冠状病毒感染肺炎流行大疫，编委会未能投入更多精力反复校对，书中文理修辞差错和史实误差、舛漏在所难免，恳请业内同仁在审览使用过程中予以斧正，我们将在下轮志中弥补和采纳。

第二轮《内蒙古自治区志·林业志》编纂委员会

2020年5月